Monika Donner

CORONA-DIKTATUR
Wissen, Widerstand, Freiheit

Monika Donner

CORONA-DIKTATUR
WISSEN, WIDERSTAND, FREIHEIT

www.monithor.at

Alle Rechte vorbehalten:
Ohne vorherige schriftliche Genehmigung durch die Autorin darf kein Teil dieses Buches reproduziert werden, egal in welcher Form, ob durch elektronische oder mechanische Mittel, einschließlich der Speicherung durch Informations- und Bereitstellungssysteme, außer durch einen Buchrezensenten, der kurze Passagen in einer Buchbesprechung zitieren darf.

Haftungsausschluss:
Das vorliegende Buch wurde sorgfältig erarbeitet. Dennoch erfolgen alle Angaben ohne Gewähr. Weder Autorin noch Verlag übernehmen für eventuelle Nachteile oder Schäden, die aus den im Buch gemachten theoretischen Erläuterungen sowie praktischen Hinweisen und Anleitungen resultieren, eine wie auch immer geartete Haftung.

1. Auflage: 03/2021

© Monithor – Akademie für Strategische Bildung
Mag.a iur. Monika Donner
Carl-Appel Straße 7/31/4
1100 Wien
www.monithor.at

Die Einschweißfolie besteht aus biologisch abbaubarer PE-Folie.
Dieses Buch wurde auf chlor- und säurefreiem Papier gedruckt.

Lektorat, Satz/Umbruch, Bildbearbeitung, Umschlaggestaltung: Monithor Verlag:
Cover-Zeichnung: Jasmin Donner

Sämtliche Ansichten oder Meinungen, die in unseren Büchern stehen, sind die der Autoren und entsprechen nicht notwendigerweise den Ansichten des Monithor Verlags.

ISBN 978-3-9503314-4-8

INHALTSVERZEICHNIS

Kurzfassung 11

Einleitung 13
Kampf für die Freiheit 16
Aufforderung zum Einlenken 18
Gliederung und Inhalt 20

1. Rechtzeitig verfügbare Fakten 25
A. Krankmachendes Geschäft mit der Angst 26
   Wertlose Impfungen 27
   Schützendes Immunsystem 28
   Exosomen (Hypothese) 31
B. Hinweise, Übungen, Vorwarnungen 33
   Blaupause des Impfziels 36
   Blaupause der Gleichschaltung 39
      Dezimierung der Weltbevölkerung 42
   Blaupause der Diktatur 44
   Blaupause der Propaganda 49
      Vorhergesagtes Wuhan-Szenario 52
   Blaupause des Chaos-Managements 53
      Musterlösung der Autorin 55
C. Hilfreiche Infos und Studien 61
   Wertloser Corona-Test 62
   Keine Ansteckung durch Symptomlose 66
   Zu 81 % keine oder leichte Symptome 70
   99,2 % tödlich Vorerkrankte 72
Zusammenfassung 73

2. Soll: faktenbasiertes Gesundheitsmanagement 75
A. Staatliche Aufgabe 76
   Keine Definition für Pandemie / Epidemie 77
   Anwendung bestehender Krisengesetze 78
   Fakten als Entscheidungsgrundlage 79
B. Geringes Übertragungsrisiko 81
   Bekannte Risikogruppen 83
   Kinderimmunität 83
   Immune und symptomlose Erwachsene 85

  Wertlose Reproduktionszahl......86
C. NIEDRIGE STERBERATE......87
  Bestätigung durch Oxford Universität......89
  Viel mehr Tote durch Krankenhauskeime......90
    SUPERERREGER AUS PROFITGIER......92
  Weit mehr Grippe-Tote......95
D. FAST 100 % TÖDLCH VORERKRANKTE......97
E. WEITERHIN WERTLOSER TEST......100
F. GEFÄLSCHTE STATISTIK......102
  COVID-19 als Grippe-Ersatz......102
  Biologische Waffe......107
G. NATÜRLICHES ABSINKEN......109
  Untersterblichkeit......110
  Sinnloser Lockdown......111
  COVID-19 endet im Mai 2020......116
  COVID-19 ist die Grippe......119
H. VORZEIGEMODELL SCHWEDEN......119
  Herdenimmunität und Risikogruppenschutz......120
  Unsachliche Kritik......121
I. IMMUNSCHWÄCHE DURCH 5G UND KONSORTEN......122
  Krankmachende EMF-Strahlung......125
  Schuldhaft verletztes Vorsorgeprinzip......130
  Ignorieren frei zugänglicher Studien......132
  Ignorieren von Hinweisen auf Studien......138
    PROFITGIER ALS TREIBENDE KRAFT......138
    ERSEHNTE DIGITALE DIKTATUR......140
    5G-WAFFENTECHNIK......146
  Ignorieren direkt vorgelegter Studien......154
  Abschließende Bewertung......166
J. LIBERALE UND RECHTSKONFORME MASZNAHMEN......169
  Besonderer Schutz der Risikogruppen (I.)......170
  Maßnahmen II. bis V.......173
  Natürliche Herdenimmunität (VI.)......174
ZUSAMMENFASSUNG......178

3. IST: RECHTSWIDRIGES CHAOS-MANAGEMENT......179
A. AMTLICHER PENDELUHRSCHLAF......183
B. STAATLICHER PSYCHOTERROR......191
  Absichtliche Panikmache......192
  Terror des Todes......195
C. POLITISCH-MEDIALE FAKE NEWS......196

Sieben Kategorien der Desinformation 198
Fake News als Ersatzgesetze 219
D. RECHTSWIDRIGE MASZNAHMEN 221
Diktaturfreundliche Sollbruchstelle 222
Passive Grundrechtsverletzungen 234
  GROBE VERNACHLÄSSIGUNG DER RISIKOGRUPPEN (I.) 234
  VERNACHLÄSSIGUNG DER KRANKENHAUSHYGIENE (II.) 235
  KAUM AUFSTOCKUNG DES MEDIZINISCHEN MATERIALS (III.) 235
  DESINFORMATION DER BEVÖLKERUNG (IV.) 236
  FORTGESETZTE 5G-AUSROLLUNG (V.) 237
Aktive Grundrechtsverletzungen 238
I. Keine Eingriffssituation 240
  KEINE TAUGLICHEN RICHTLINIEN 241
  VERFASSUNGSWIDRIGE ERSATZGESETZGEBUNG 242
  JURISTISCHE BEURTEILUNG 244
  VERFASSUNGSWIDRIGE NORMEN 245
  VERFASSUNGSWIDRIGKEIT IN JEDEM FALL 246
II. Keine legale Eingriffsermächtigung 247
  UNZULÄSSIGE MACHTKONZENTRATION 247
  FEHLENDE BESTIMMTHEIT 249
  PARLAMENTARISCHE SELBSTENTMACHTUNG 250
  AUSKLAMMERUNG SÄMTLICHER GREMIEN 251
  UNVERSTÄNDLICHE NORMENFLUT 253
III. Keine Eingriffsverhältnismäßigkeit 254
  1. KEIN LEGITIMES ZIEL 255
  2. KEINE EIGNUNG 263
  3. KEINE NOTWENDIGKEIT 277
  4. KEINE ADÄQUANZ 280
  ZUSAMMENFASSUNG 282
Detailprüfung der Maßnahmen 283
  1. ABSTANDHALTEN 284
  2. HYGIENEDIKTATUR 286
  3. MASKENPFLICHT 287
  4. TESTWAHNSINN 303
  5. VERSAMMLUNGSVERBOTE 311
  6. BETRETUNGSVERBOTE 318
  7. SCHLIESSUNG ÖFFENTLICHER EINRICHTUNGEN 321
  8. AUSGANGSBESCHRÄNKUNGEN 325
  9. SCHLIESSUNG VON BETRIEBEN 341
  10. QUARANTÄNE FÜR EINZELPERSONEN 345

>   *11. Angekündigte App-Pflicht* 349
>   *12. Angekündigter Impfzwang* 357
> E. Schädliche Wirkungen 418
>   *Schädigung der Volksgesundheit* 419
>   *Ruinierung der Volkswirtschaft* 421
>   Corona-Pleiten und Massenarbeitslosigkeit 422
>   Angriff auf die Unabhängigkeit 425
>   *Zersetzung der Gesellschaft* 427
>   Blutige Politikerhände 429
>   Agenda des Umsturzes 430
>   *Ignorierte Warnungen* 431
> F. Cui bono? 435
>   *1. Globale Machtelite* 437
>   *2. NWO-Agenten* 439
>   *3. Supranationale Organisationen* 441
>   *4. Nationale Regierungen* 444
>   *5. Medien* 450
>   *6. »Experten«* 452
>   *7. Blockwarte* 452
> G. Rechtsfolgen 453
>   *1. Strafbare Verfassungsbrüche* 453
>   Putsch gegen die Bevölkerung 454
>   Ermächtigungsgesetz 1933 vs. 2020 457
>   Unmittelbare Anwendung der Grundrechte 459
>   Drittwirkung der Grundrechte 460
>   *2. Viele Straftatbestände* 462
>   Delikte gegen Freiheit, Leben etc. 463
>   Hochverrat 464
>   Amtsmissbrauch 466
>   Landzwang 468
>   Verhetzung 469
>   Krisenverbrechertribunal 470
>   *3. Pflicht zur Gehorsamsverweigerung* 470
>   *4. Recht zum Widerstand* 473
>   Individueller Widerstand 475
>   Kollektiver Widerstand 476
>   *5. Voller Schadenersatz* 479
> Zusammenfassung 482

4. Vision 2030 485
A. Neue Welt-Unordnung 485

Masterplan und Umsetzung 486
    ERSATZRELIGION: ZWECK, ZIELE, MITTEL 490
    ANGLO-AMERIKANISCH ERZEUGTE URKATASTROPHE 492
    VOM ZWEITEN WELTKRIEG ZUM SELBSTHASS 496
    EINPRÄGSAMER NWO-AUFTAKT: 9/11 502
Digitales Imp(f)erium 505
    PROPAGANDA-STRATEGIE 506
    REDUKTION DER WELTBEVÖLKERUNG 512
    VOLLDIGITALISIERTE VERSKLAVUNG 518
    PANDEMISCHES 9/11: COVID-19 528
    MITTEL ZUR FINALISIERUNG 532
Ausblick 2030 540
    GRUPPE A 541
    GRUPPE B 544
    KRISE ALS CHANCE 545
B. FREIE WELTORDNUNG 548
Entscheidungshilfe 550
    LINKS IST FALSCH 552
    RECHTS IST RICHTIG 554
Empfehlungen 556
    SELBSTHILFE 557
    ICH-REFORM 561
    WIR-REFORM 564
ZUSAMMENFASSUNG 569

ABBILDUNGSVERZEICHNIS 571

ABKÜRZUNGSVERZEICHNIS 573

DANKSAGUNG 575

ÜBER DIE AUTORIN 575

ENDNOTEN 576

Verum

ipsum

factum

KURZFASSUNG

Mit diesem Buch haben Sie ein Grundlagenwerk für den rechtmäßigen Widerstand gegen die hochgradig illegalen Corona-Maßnahmen in der Hand. Es gilt auch im Falle einer vielleicht noch kommenden schweren COVID-ähnlichen Epidemie. Die sogenannte Corona-Krise ist eine von den Regierungen selbst verschuldete Katastrophe. Es handelt sich um den massivsten und folgenschwersten künstlichen Ausnahmezustand seit 1945. Machthungrige Politiker ignorieren bewusst die medizinischen Wissenschaften und brechen gnadenlos die Rechtsordnung.

Das vorliegende Buch beweist unwiderlegbar, dass alle relevanten Informationen über COVID-19 bereits ab Januar 2020 verfügbar waren. Medizinische Fakten zeigten schon vor der ersten Corona-Gesetzgebung auf, dass es sich um kein Killervirus und daher um eine für die Masse der Bevölkerung ungefährliche Krankheit handelt. Folglich sind Eingriffe in die Grund- und Freiheitsrechte der Bürger absolut unnötig und illegal. Sowohl in Österreich als auch in Deutschland hätte ein faktenbasiertes, liberales und rechtskonformes Gesundheitsmanagement durchgeführt werden können und müssen. Bei diesem hätte der freiwillige Schutz der Risikogruppen völlig ausgereicht. Die Bevölkerung wäre völlig frei gewesen und die Wirtschaft heil geblieben. Allerdings hätte die Ausrollung des Mobilfunknetzes 5G verboten werden müssen, weil dessen Strahlung gemäß medizinischen Fakten für die wenigen schweren COVID-Krankheitsverläufe mitverantwortlich ist.

Im schärfsten Kontrast zum liberalen Sollzustand steht der katastrophale Istzustand. Es wird ein massiv rechtswidriges Chaosmanagement betrieben. Sämtliche, das heißt ausnahmslos alle verhängten Maßnahmen wie insbesondere Maskenpflicht, Ausgangsbeschränkungen, Betriebsschließungen, und der bereits angekündigte Impfzwang sind schwer illegal. Sie sind epidemiologisch sinnlos, nicht notwendig und obendrein mehrfach schädlich. Die dafür Verantwortlichen brechen geltendes Recht, machen sich anscheinend mehrfach strafbar und schadenersatzpflichtig. Mit den rechtswidrigen Corona-Maßnahmen soll die Bevölkerung zum Erdulden zweier für sie schädliche Massenexperimente gezwungen werden: gefährliche genetische Impfungen und vollständige Ausrollung des 5G-Netzes. Die damit verfolgten Ziele sind längst offiziell angekündigt: Reduzierung der Weltbevölkerung und Implementierung einer digitalen Diktatur.

Doch die Bevölkerung muss sich nicht an illegale Vorschriften halten. Schon gar nicht an den bereits angekündigten Impfzwang. Der Bürger hat das Recht zum Widerstand. Ob er es wahrnimmt, liegt nur an jenem Menschen, dessen Abbild er täglich im Spiegel sieht. Mit diesem Buch hat der Leser die relevanten medizinischen und rechtlichen Fakten in der Hand. Die Entscheidung für oder gegen den Widerstand muss jeder für sich selbst treffen. Falls man sich dafür entscheidet, sollte es unbedingt passiv und friedlich erfolgen, so lange das noch möglich ist. Es genügt, den Unsinn einfach nicht mehr mitzumachen ...

EINLEITUNG

*Wenn Unrecht zu Recht wird,
wird Widerstand zur Pflicht,
Gehorsam aber Verbrechen!*

Bertold Brecht (vermutlich)[1]

Aus der Geschichte und dank Bertolt Brecht wissen wir, dass Widerstand eine Pflicht und Gehorsam ein Verbrechen ist, wenn Unrecht zu »Recht« wird. Aus moralischer und naturrechtlicher Sicht bleibt despotisches Unrecht immer illegal, selbst wenn es in Schriftform gegossen wird. Man spricht auch vom gesatzten Recht. Das in Verbindung mit COVID-19 (Corona Virus Disease 2019) erzeugte Recht ist großteils massives Unrecht. Daraus resultiert das **Recht** zum Widerstand der Bevölkerung und die **Pflicht** zur Gehorsamsverweigerung der Beamten. Die Vermittlung der diesbezüglichen Grundlagen ist die Kernaufgabe dieses Buchs. COVID-19 ist nur für eine winzige Minderheit gefährlich. Für die Masse der Bevölkerung ist die Krankheit absolut harmlos, vor allem für Kinder. Die Bevölkerung wird intensiv getäuscht, manipuliert und dazu genötigt, epidemiologisch sinnlose Corona-Maßnahmen zu befolgen. Diese sind allesamt, ohne jede Ausnahme, schwer rechtswidrig. Sie wären sogar bei einer theoretisch schweren COVID-Epidemie illegal. Der Bevölkerung steht es frei, nicht mehr mitzumachen. Beamte müssen die Befolgung grob rechtswidriger Weisungen ablehnen.

Das Cover-Bild dieses Buchs soll zum Aufrechtstehen ermutigen. Der aufrechte Stand steht sowohl für einen klaren Blick auf die Dinge als auch für den Mut, die Wahrheit laut auszusprechen und danach zu handeln. Die Zeichnerin des Bildes heißt Jasmin Donner. Sie ist meine Ehefrau und hat mir intensiv beim Recherchieren und Gestalten dieses Buchs geholfen. Wir wünschen uns eine Gesellschaft, in der alle Menschen ihre Meinung frei heraus sagen dürfen und danach handeln können. Ohne Furcht vor sozialer Ächtung, medialer Hetze, Kündigung und sonstiger Verfolgung. Schließlich ist die Meinungsfreiheit eine wichtige, vielleicht sogar die bedeutendste aller Grundlagen der Demokratie. Genau deshalb ist sie, also die Meinungsfreiheit, ein von der Verfassung geschütztes Grundrecht, ein **Freiheitsrecht** im Sinne eines Rechts des Individuums auf Freiheit von staatlichen Eingriffen.

Das unten gezeigte Bild (Abb. 01) verwende ich regelmäßig bei Vorträgen bzw. Power-Point-Präsentationen. Bei den gezeichneten Figuren vom Primaten bis zum aufrechtstehenden Menschen handelt es sich um relativ freie und intelligente Wesen. Der ständig auf den praktischen Nervtöter namens »Smartphone« glotzende Mensch hat bereits den klaren Blick auf die Dinge rund um ihn herum verloren. Tunnelblick und gebückte Haltung symbolisieren die Hörigkeit gegenüber fremden Meinungen aus den Sprachrohren der modernen Unterdrückung: Politik und Medien. Dieser manipulierte Mensch war schon mehr oder weniger in sich selbst isoliert, bevor er überhaupt in die neue Welt von Masken, Abstandsregeln und Hausarrest gestoßen werden konnte. Der stark gebückte Maskenträger repräsentiert sein nahezu völlig fremdbestimmtes Leben. Von ihm, dem bereits mit geistigen Viren befallenen Befehlsempfänger, ist es nur noch ein kurzer Schritt zum niedergespritzten restmenschlichen Etwas.

Abb. 01

Den finalen Schritt zum zwangsgeimpften Zombiewesen gilt es aufzuhalten. Hierbei ist die Courage der gesamten Bevölkerung gefragt. Vor allem die Beamtenschaft könnte endlich aus ihrer von der Bevölkerung finanzierten Komfortzone hervortreten. Vielleicht fühlt sich der eine oder andere Staatsdiener von meiner persönlichen Herangehensweise angesprochen?

Hauptberuflich bin ich zwar als Juristin und Ministerialrätin im österreichischen Verteidigungsministerium (BMLV) beschäftigt, zuvor war ich aktiver Offizier des Bundesheers. Gegenständliche strategische Analyse ist jedoch ausschließlich Ausdruck meiner ganz privaten Meinung. Diese gebe ich im Rahmen des verfassungsmäßig garantierten Rechts auf freie Meinungsäußerung wieder. Weder möchte ich jemanden belehren noch zu irgendetwas anleiten. Ganz im Gegenteil. Der geneigte Leser kann und soll meine Angaben überprüfen. Hierzu dienen die zahlreichen Quellenangaben in den Fußnoten (Endnoten). Ich trage lediglich zum Erkenntnisgewinn bei und gebe Anregungen. Für sein Handeln ist jeder **selbst** verantwortlich. Der Widerstand, den ich meine, kommt aus dem Innersten des einzelnen Menschen und schöpft aus seiner eigenen Urkraft: der gelebten **Individualität**. Die real im Alltag praktizierte Freiheit ist der Schlüssel zum positiven Wandel.

Dieser alles entscheidenden Erkenntnis folgend, halte ich nicht allzu viel von Vereinen und organisiertem Massenprotest. Selbstverständlich kann dieser ein guter erster Augenöffner sein. Oft sind jedoch Menschenansammlungen nur der verzweifelte Ausdruck der eigenen privaten Hilflosigkeit vieler einzelner Menschen. Darum wimmelt es in diversen Vereinen nur so von diktatorisch auftretenden Selbstdarstellern, die der Sache, um die es wirklich geht, der Freiheit, mehr schaden als nützen. Meiner persönlichen Wahrnehmung nach sind Vereine Ansammlungen schwacher Menschen. Das mag daran liegen, dass ich vom angeblich bereits wissenschaftlich entdeckten Freiheitsgen eine besonders große Portion abbekommen haben muss. Wer die Freiheit bedroht, befindet sich mit mir in einem Krieg, in dem ich bis zum äußersten gehe. Mit allen Vor- und Nachteilen.

Im Alleingang habe ich bereits ab 2015 die Regierung und den Nationalrat **mehrfach** und **zeitgerecht** vor Verletzungen unserer Verfassung gewarnt, wobei ich jeweils umsetzbare Lösungskonzepte bereitgestellt habe. Diese betreffen in erster Linie unsere völkerrechtswidrig ausgehebelte Neutralität, das verfassungswidrig kaputtgesparte Bundesheer,[2] die illegale Massenmigration und muslimische Terroranschläge in Europa.[3] Da meine auf Fakten basierenden Analysen nicht zu widerlegen sind, versuchten gewisse Leute einige Male, mich mundtot zu machen, mir also einen **Maulkorb** umzuhängen und gleichzeitig meine wirtschaftliche Existenz zu vernichten. Das Spektrum reichte von Hetzartikeln und absurden Strafanzeigen über eine parlamentarische Anfrage bis hin zu Kündigungsdrohungen und -versuchen.[4]

Diese zwar juristisch gescheiterten, aber psychologisch wirksamen Maßnahmen änderten nichts an der Richtigkeit meiner Analysen. Gerade deshalb ist bemerkenswert, dass von der sogenannten politischen Opposition nicht einmal die angeblich heimatverbundene FPÖ zum Elfmeterpunkt angelaufen ist, obwohl bereits der Ball hingelegt und der Tormann in der Umkleidekabine festgebunden waren. Offenbar geht es den meisten Parteipolitikern vorwiegend um sich selbst, also ihre Macht und den eigenen Platz am parlamentarischen Futtertrog. Vom Stimmvieh finanzierte Selbstinszenierung.

Ein erneuter Kündigungsversuch erfolgte im Sommer 2017 und damit bereits drei Monate **vor** Erscheinen meines Buchs über die Unschuld Deutschlands und Österreich-Ungarns am Beginn der europäischen Urkatastrophe, des Ersten Weltkriegs.[5] Der willkommene Anlass für den erneuten Versuch, mich kaputtzumachen, waren völlig unsachliche Presseartikel (*Standard, Heute, oe24*). Obwohl die Redakteure das Buch nachweislich gar **nicht** gelesen haben konnten, war es ihnen nicht zu blöd, eine Schrift zu »kritisieren«, die erst drei Monate später erscheinen sollte. Hierin besteht ein neuerlicher Hinweis auf das Zusammenwirken von Politik und Presse bei der illegalen Unterdrückung unerwünschter Expertisen. Virtuelle Bücherverbrennung.

Meinungsterror und massives Unrecht habe ich also schon lange vor COVID-19 am eigenen Leib erfahren. Im Gegensatz zu heute waren die Meinungsdiktatoren damals noch einigermaßen gut maskiert. Deren Hinterhältigkeit machte mir besonders zu schaffen, gerade weil ich mich bewusst für den riskanten Kampf mit offenem Visier nicht gegen jemanden oder etwas, sondern **für** einen positiven Zweck entschieden hatte: die Stärkung der Sicherheit und Freiheit unseres Volkes, das ich als Soldat und Offizier mit meinem Leben zu schützen gelobt hatte.

Kampf für die Freiheit

Wenn Freiheit überhaupt etwas bedeutet,
dann bedeutet sie das Recht, den Menschen
zu sagen, was sie nicht hören wollen.
George Orwell[6]

Wer das Gelöbnis, Volk und Land zu schützen, ernst nimmt, ist zweifach in der Zwickmühle. Zum einen legt man sich indirekt mit jenen maskierten Psychoterroristen an, die für die aufgezeigten Zustände politisch verantwortlich sind. Zum anderen werden diese Leute indirekt (mittels Wahlen) von jenem Volk an die Macht gebracht, das man beschützen möchte. Letztlich müsste man das Volk vor sich selbst schützen. Aus dieser Quadratur des Kreises gibt es meiner Beurteilung nach nur einen Ausweg: die schonungslose Veröffentlichung der Wahrheit, die den Menschen Gelegenheit zum Umdenken und Neuorientieren bietet. Dies auf die Gefahr hin, als Überbringer unangenehmer Fakten attackiert zu werden. So kam es dann auch. Nach jahrelangem Psychoterror von vielen Seiten bricht auch der stärkste Mensch irgendwann zusammen. Bei mir geschah es Mitte 2018. Seither war ich sozusagen untergetaucht, um meine Wunden zu lecken.

Obwohl ich noch nicht komplett erholt war, brach ich gleichzeitig mit COVID-19 aus meinem Käfig aus. Mein Zorn über das unwissenschaftliche und rechtswidrige Verhalten der Regierung war es, der mich förmlich aus der Versenkung trieb. Im Spiel war aber auch eine gewisse Erleichterung. Irgendwie war ich erfreut darüber, dass die Unterdrücker ihre Masken endgültig fallen lassen, indem sie uns allen welche aufzwingen: epidemiologisch sinnlose Masken, die daher faktisch nichts anderes sind als Maulkörbe, äußerlich bereits aus der Ferne gut erkennbare Symbole der Unterdrückung.

Wenn ich seither wieder kämpfe, dann abermals nicht gegen, sondern für etwas: die Freiheit. Einfach nur gegen etwas zu kämpfen, erachte ich als kontraproduktiv, weil man dabei letztlich zu dem wird, wogegen man sich stemmt. Man mutiert zu dem, was man hasst. Denken Sie jetzt bitte nicht an den vielzitierten rosaroten Elefanten. Was haben Sie vor ihrem geistigen Auge gesehen? Unser Unterbewusstsein blendet Negationen wie »kein«, »nicht« und »anti« aus. Darum ist gemäß meiner Beurteilung die sogenannte Antifa nichts anderes als eine zutiefst faschistische und demokratieverachtende Bewegung, die auf alles losgeht, was ihre eigene Ideologie bedroht. Man sollte stets positive Ziele verfolgen, also beispielsweise nicht gegen die Unterdrücker kämpfen, sondern **für** die Freiheit. Ihre Wegbereiter sind die Liebe zur Wahrheit und der Mut zur Veränderung.

Beides – Wahrheit und Mut – zu unterdrücken, ist das oberste desinformative Ziel besonders für die heute mehr oder weniger offen operierenden Meinungsdiktatoren. Denn wenn ein nennenswerter Bruchteil der Bevölkerung von etwa **10 Prozent** die Wahrheit kennt und den Mut findet, einfach nicht mehr mitzumachen, ist die Corona-Diktatur auf der Stelle vorbei und auch Schluss mit der Macht der Unterdrücker.

Besonders in diesen Tagen kann und möchte ich persönlich aus einer inneren Gewissheit heraus gar nicht anders, als die von mir herausgefundene Wahrheit zu verbreiten. Schließlich handelt es sich bei COVID-19 um einen **Testlauf** im Sinne der Vorbereitung einer modernen Form der Gewaltherrschaft, einer digitalen Diktatur, einer im wahrsten Sinne des Wortes viralen Tyrannei, die alles normalmenschlich Vorstellbare in den Schatten stellt. Bestimmt wurde längst ausgebrütet, was man bei der nächsten Taktung »besser« machen kann, um uns noch mehr ins Joch zu spannen. Die Unterdrücker operieren mit der fundamentalsten aller Ängste, nämlich der Angst vor dem Tod bzw. vor dem Sterben. Weiters benutzen sie die

Angst vor Nonkonformität und Repressalien. Garantiert geht es daher um unsere **Freiheit**. Wer nicht für sie kämpft, hat sie bereits verloren. Positiv formuliert:

Freiheit kann man sich nur selbst geben!

Diesem Grundsatz folgend, habe ich schon 2009, nach einem fordernden Rechtskampf, beim Verfassungsgerichtshof (VfGH) die Aufhebung des staatlichen Operationszwangs gegenüber transsexuellen Menschen bewirkt. Bis zu diesem Zeitpunkt wurden die Betroffenen für eine simple papiermäßige Änderung des Personenstands von der Regierung zu irreversiblen, gefährlichen, verstümmelnden Genitaloperationen inklusive anschließender Fleischbeschau genötigt. Man fühlt sich an die Zwangssterilisationen im Rahmen des »Unfruchtbarmachens lebensunwerten Lebens« während der verbrecherischen Nazi-Herrschaft erinnert. Mit derlei menschenverachtenden Maßnahmen ist seit 2011 auch in Deutschland Schluss, nachdem das Bundesverfassungsgericht (BVerfG) endlich »meinem« VfGH-Erkenntnis gefolgt war. Seither werden in beiden Ländern die verfassungsmäßig gewährleisteten Freiheitsrechte der Transsexuellen insbesondere auf Achtung des Lebens, körperliche Unversehrtheit und Privatleben geachtet.[7]

Lange Rede, kurzer Sinn. Ich habe bereits erfolgreich für die Freiheit gekämpft, auf eklatante Verfassungsbrüche hingewiesen und umsetzbare Lösungskonzepte veröffentlicht. Deshalb bin ich heute umso weniger gewillt, mir von halbgebildeten Rotznasen und größenwahnsinnigen Pharmalakaien das Tragen eines medizinisch wertlosen Maulkorbs oder gar demnächst die bereits angekündigte Zwangsimpfung verpassen zu lassen. Spätestens beim Maskenzwang hat die Regierung meine persönliche rote Linie überschritten. Die von Sebastian Kurz und Konsorten ausgesprochene Kriegerklärung habe ich angenommen.

Aufforderung zum Einlenken

Am 22. 03. 2020, genau eine Woche nach dem Beschluss des ersten COVID-19-Gesetzesbündels durch den österreichischen Nationalrat, habe ich den relevanten Regierungsmitgliedern, allen im Parlament vertretenen politischen Parteien sowie den sogenannten Leitmedien meine strategische Corona-Analyse Nr. 02 mit **offenem** Brief übermittelt. Darin werden zum einen jene hochrangigen Ärzte, Virologen und Epidemiologen zitiert, die schon zum damaligen Zeitpunkt richtig erkannt hatten, dass es sich bei COVID-19 um eine grippe-ähnliche Krankheit und bei der »Krise« in Wahrheit um eine unbegründete Hysterie handelt. Zum anderen habe ich die sofortige Einsetzung parlamentarischer **Untersuchungsausschüsse** dringend empfohlen, um insbesondere zu klären, ob es sich tatsächlich um eine Pandemie handelt, welche die kurz davor verhängten Maßnahmen rechtfertigt.[8]

Von den angeschriebenen Regierungsmitgliedern hat einzig und allein das Bürgerservice des Gesundheitsministers (BMSGPK) geantwortet und am 25. 03. 2020 zumindest pro forma bestätigt: »Da haben Sie vollkommen Recht. Fakten schaffen Sicherheit.« Sonst ist nichts Konstruktives geschehen. Relevant ist, dass der Empfang meiner Analyse und der darin aufgezählten medizinischen Expertisen zeitnah **bestätigt** wurde. Spätestens seit 25. 03. 2020 kann sich daher die Regierung nicht herausreden, keine Kenntnis von abweichenden Fachmeinungen zu haben. Allein darauf kam es mir an. Eine echte Reaktion im Sinne eines Einlenkens zu bewirken, wäre in Anbetracht der bis dahin gesammelten Erfahrungen doppelt und dreifach illusorisch gewesen.

Dass von den im Nationalrat vertretenen politischen Parteien nicht einmal eine einzige »oppositionelle« Fraktion (SPÖ, FPÖ, Neos) mittels Rückschreiben reagiert hat, spricht für die Richtigkeit der erwähnten Beurteilung, dass viele vermeintliche Volksvertreter in Wirklichkeit nur um ihre eigenen Egos kreisen. Auch nahezu die gesamte Presse scheint ausschließlich mit sich selbst zufrieden zu sein und ihren Kontrollauftrag gegenüber der Regierung tief unten im Sumpf der Inseratengebühren und Fördergelder ertränkt zu haben. Lediglich der pflichtbewusste *Nachrichtenspiegel* hat merkbar reagiert und meine Analyse sogar im Volltext abgedruckt.[9] Fast alle sogenannten Künstler schweigen, womit erwiesen ist, dass sie nicht viel mehr als systemisierte Bettelsänger sind.

In Ermangelung eines sichtbaren Einlenkens der Regierung und der offenbar von Beginn an größtenteils gleichgeschalteten Medien lud mich der vormalige Nationalratsabgeordnete Dipl.-Ing. Karlheinz Klement nach Klagenfurt zu einem gefilmten Interview ein. Das am 30. 05. 2020 veröffentlichte Video enthält jene anschaulich präsentierten Fakten, aus denen sich die Verfassungswidrigkeit der gesetzten Maßnahmen ergibt. Außerdem wird das Recht zum Widerstand erklärt.[10] Hierauf haben, obwohl sie mehrfach darauf hingewiesen wurden, nicht einmal die sogenannten alternativen Medien reagiert. Mit ihren unzähligen Beiträgen über Nebensächlichkeiten, Halb- und Unwahrheiten lassen sich eben mehr Einnahmen erzielen als mit einer umfassenden faktenbasierten Analyse nebst Lösungsvorschlägen. Da mich sämtliche Medien im Stich gelassen haben, wende ich mich nun mit diesem Buch direkt an den interessierten Teil der Bevölkerung, also an Sie, liebe Leserin und lieber Leser!

Gliederung und Inhalt

Der Kern des Manuskripts zum vorliegenden Buch wurde mit Stand vom 31. 10. 2020 fertiggestellt. Trotz des hohen Zeitdrucks konnten einige nach diesem Zeitpunkt hervorkommende Fakten im Zuge der finalen Überarbeitung (Lektorat, Korrektorat) berücksichtigt werden. Der Stichtag hierfür war der 31. 12. 2020, wobei die jüngsten Gegebenheiten fast ausschließlich das Kapitel über den bereits avisierten Impfzwang betreffen.

Wenn im Folgenden von der Regierung oder den Regierungen die Rede ist, dann sind die für die COVID-19-Maßnahmen verantwortlichen Entscheidungsträger auf der Bundesebene sowohl in Österreich als auch in Deutschland gemeint. Das sind primär der jeweilige Bundeskanzler und Gesundheitsminister.

Der erste Schwerpunkt gegenständlicher Analyse liegt auf den medizinischen Fakten (erstes Kapitel) und dem davon ableitbaren Sollzustand (zweites Kapitel). Den zweiten Schwerpunkt bildet die Rechtswidrigkeit des Istzustandes (drittes Kapitel). Danach folgt ein relativ kurzer Ausblick auf die Zukunft (viertes Kapitel).

Gesichertes Wissen über das faktisch erreichbare liberale Modell führt das Unrecht des tatsächlichen diktatorischen Istzustandes besonders anschaulich vor Augen. Die Erkenntnis, dass zu keiner Zeit eine Pandemie / Epidemie vorlag, die den Eingriff in unsere menschliche Freiheit rechtfertigt, ist eine gute Entscheidungsgrundlage für die Wahrnehmung des Widerstandsrechts der Bevölkerung und der damit korrespondierenden Pflicht der Beamten zur Gehorsamsverweigerung. Gegen evident rechtswidrige COVID-19-Normen und -Maßnahmen wurden schon frühzeitig jede Menge Rechtsmittel eingelegt sowie Klagen eingereicht. Deren Fokus liegt, vermutlich zeitbedingt, oft auf der rechtlichen Beurteilung. Die Rechtsmittelbehörden und Gerichte erster Instanz sehen sich zwar in erster Linie als Tatsacheninstanz, verkennen jedoch völlig den wichtigsten Teil des Sachverhalts: COVID-19 stellt als leichte Pseudo-Epidemie überhaupt keine Eingriffssituation im Sinne einer Grundlage für Grundrechtseingriffe dar. Es liegt schlicht und ergreifend keine Eingriffssituation und schon gar keine legale Eingriffsermächtigung vor. Außerdem wird regelmäßig der desaströse Schweregrad der Rechtswidrigkeit der verfügten Maßnahmen verkannt: Sie sind absolut unverhältnismäßig. Möge die vorliegende

Analyse die eine oder andere juristische Arbeit erleichtern. Im ersten Kapitel wird die rechtzeitige Verfügbarkeit jener Fakten nachgewiesen, denen zufolge es sich bei COVID-19 um keine allgemein gefährliche Seuche bzw. Epidemie handelt, sondern am ehesten um eine leichte bis maximal mittlere Grippe (Influenza). Für die große Masse der Bevölkerung ist COVID-19 völlig harmlos und lediglich – wie die Grippe – für die Risikogruppen gefährlich. Risikogruppen sind jene kleine Minderheit, bei der besonders schwere Krankheitsverläufe und Sterbefälle zu erwarten sind: Hochbetagte und bereits tödlich Vorerkrankte. In den meisten Fällen liegen beide Kriterien, also hohes Alter und tödliche Vorerkrankung, zugleich vor. Aus dieser und anderen objektiven Entscheidungsgrundlagen war ein rechtskonformer, weil Grundrechte und Wirtschaft schonender Sollzustand ableitbar.

Das mögliche liberale Modell wird im zweiten Kapitel vorgestellt. Darin wird herausgearbeitet, dass sich das Virus namens »SARS-CoV-2« ab 11. 03. 2020 von selbst abgebaut hat und COVID-19 spätestens mit Ablauf des Monats Mai 2020 **beendet** war. Außerdem wird erklärt, dass und warum der prophylaktische Schutz der hinlänglich bekannten Risikogruppen völlig ausgereicht hätte. Der Schutz der Risikogruppen bei gleichzeitigem Zulassen einer **natürlichen** Herdenimmunität war und ist die beste Strategie zur Bewältigung der »Krise«. Das steht mit absoluter Sicherheit fest.

Unabhängig davon legt die Zusammenschau wissenschaftlicher Fakten nahe, dass COVID-19 gar keine viral ausgelöste Krankheit ist. Viel eher handelt es sich um einen Sammelbegriff für jene vom Corona-Test gefundenen Abwehrstoffe, mit denen sich der Körper vor Viren und allen möglichen schädlichen Einflüssen schützen und sich dabei entgiften will. Die Rede ist von Exosomen und retro-integrierter Virus-DNA. Sie werden anscheinend fälschlicherweise als SARS-CoV-2 dokumentiert. Derart logische Schlussfolgerungen werden im vorliegenden Buch lediglich als rechtlich unverbindliche **Hypothese** behandelt. Ihre Bestätigung durch einschlägige Experten ist zwar sehr wahrscheinlich und wünschenswert, aber nicht erforderlich, um das offizielle Narrativ von der bösen Killerseuche als blanken Unsinn zu widerlegen. An der relativen Harmlosigkeit von COVID-19 kann auch die von chinesischen Virologen festgestellte labortechnische Herstellung und absichtliche Verbreitung von SARS-CoV-2 auf Befehl der Chinesischen Kommunistischen Partei nichts ändern. Exosomen und retro-integrierte Virus-DNA hin, biologische Waffe her: Die extrem niedrige Sterberate und das sehr hohe durchschnittliche Sterbealter zeigen, dass COVID-19 nicht viel mehr ist als eine leichte Grippe. Für die Beweisführung im rechtlichen Sinne genügt es – und ist es auch vorerst sinnvoll –, sich an das offizielle Wording von der natürlich ausgelösten und viral verbreiteten Krankheit zu halten. Dadurch eröffnet man keine zusätzlichen Argumentationsfronten, die aufwendig gegen Berufszweifler und Systemwächter verteidigt werden müssen.

Die offiziellen Statistiken belegen, dass COVID-19 nichts anderes ist als die vermeintlich verschwundene Grippe. Es muss daher geklärt werden, warum diese harmlose Krankheit für die Risikogruppen besonders gefährlich ist. Parallel zur schlüssigen Beweisführung, dass Schweden fast alles richtig gemacht hat, wird die ausschließlich negative Wirkung der in Österreich und Deutschland tatsächlich getroffenen Maßnahmen gegenübergestellt. In einem Aufwasch werden auch die vermeintlichen Argumente gegen das hier vorgestellte liberale Modell widerlegt. Richtig gedeutet, handelt es sich sogar um Argumente für den idealen Sollzustand. Das trifft in erster Linie auf die **elektromagnetische Strahlung** des relativ neuen Mobilfunksystems 5G zu, deren Schädlichkeit für das Immunsystem mitsamt ihrer Mitverantwortlichkeit für die angeblich mysteriösen höheren Sterberaten in Ländern wie Italien systematisch aus dem Gewirr von Ignoranz und Lügen herausgeschält wird. Es ist mitunter die schädliche Wirkung der elektromagnetischen Strahlung, welche bei den offiziellen Corona-Opfern zum Tod führt.

Das dritte Kapitel handelt vom katastrophalen Istzustand, dem tatsächlich betriebenen Chaos-Management. Anhand staatlicher Dokumente werden nach der Entlarvung der pseudo-wissenschaftlichen Entscheidungsgrundlagen die manipulativen Methoden der Regierung beleuchtet, mit denen die Bevölkerung getäuscht und zur Duldung der rechtswidrigen Maßnahmen gezwungen wird: gelenkter Psychoterror bzw. absichtlich erzeugte Angst in der Bevölkerung, staatliche und mediale Desinformation in Form von **sieben** Kategorien von Fake News, Hantieren mit verwirrenden und verbal anders kommunizierten Anordnungen (Fake Laws), psychologischer und gruppendynamischer Druck zu deren Befolgung, geheucheltes Lob für Gefügige, denunzierender Tadel für Andersdenkende sowie Unterdrückung abweichender Expertenmeinungen. Symptome einer Diktatur.

Auch für juristische Laien wird nachvollziehbar erklärt, warum die verordneten Maßnahmen allesamt unzulässig und **verfassungswidrig** sind. Anhand eines praxisrelevanten Prüfschemas erfolgt die Beweisführung, dass alle 12 ausgewählten Maßnahmen nicht nur bei jeder COVID-ähnlichen milden Pseudo-Epidemie, sondern sogar im Rahmen einer theoretisch gefährlichen Corona-Pandemie illegal gewesen wären. Besonders gründlich werden die Nutzlosigkeit und Schädlichkeit des Tragens von Masken belegt. Der einzige Sinn der vor COVID-19 noch strikt und zu Recht verbotenen Vermummung scheint die symbolische **Unterwerfung** der Bürger zu sein. Sie ist die psychologische Brücke zur Erduldung der ebenfalls unnützen und gesundheitsschädlichen Impfung. Nach dem Motto »Wehret den Anfängen!« wird klargestellt, dass sowohl ein direkter als auch ein indirekter Impfzwang rechtswidrig wäre. Dessen Erduldung soll offenbar die bereits mehrfach angekündigte sogenannte zweite und jede weitere »Welle« dienen. Diese gibt es jedoch nicht, weil ja COVID-19 bereits seit Ende Mai 2020 Geschichte ist. In Wahrheit wird es sich bei den sogenannten Wellen ab Herbst 2020 um neue jährliche Krankheitssaisonen handeln, die COVID-20, COVID-21 etc. heißen müssten.

Wenn im vorliegenden Buch von der Gefährlichkeit der elektromagnetischen Feldstrahlung (wie etwa von 5G) und der genetischen Corona-Impfstoffe für die menschliche Gesundheit und ihrem menschenverachtenden Potenzial zur Reduktion der Weltbevölkerung die Rede ist, handelt es sich stets um meine analytische Beurteilung, der die Auswertung sehr vieler Studien und Expertenmeinungen zugrundliegt. Diese sind im Endnotenverzeichnis angeführt.

Nach einer eher kurzen Darstellung der schädlichen Folgewirkungen rundet die Antwort auf die Frage, wem das Ganze nützt, das skizzierte Bild des Unrechts ab. Sodann werden die wichtigsten Rechtsfolgen des hochgradig verfassungswidrigen Chaosmanagements behandelt: anscheinend mehrfache strafrechtliche Verantwortlichkeit der Entscheidungsträger, Verpflichtung der Exekutive zur Ablehnung strafrechtwidriger Weisungen, Widerstandsrecht der Bevölkerung, Schadenersatz. Anhand der nun vorliegenden medizinischen Fakten und der rechtlichen Beurteilung kann der Leser selbst entscheiden, ob er sich den illegalen Maßnahmen beugt oder ob er sich widersetzt.

Hierzu muss man das vierte Kapitel zwar nicht unbedingt gelesen haben, dessen Lektüre empfiehlt sich jedoch schon wegen der Erkenntnis, dass der Corona-Wahnsinn nicht von selbst enden wird. Es werden zwei mögliche Szenarien der Zukunft skizziert. Enden wir in der totalen digitalen Versklavung, die den längst veröffentlichten Zielen und Plänen der Hauptdrahtzieher entspricht? Oder erkämpfen wir uns unsere Freiheit zurück? Gelingt es uns vielleicht sogar, das liberale Prinzip individuell und kollektiv auszubauen? Der letztgenannten Möglichkeit sollen die abschließenden Empfehlungen zum Durchbruch verhelfen.

1.
RECHTZEITIG VERFÜGBARE FAKTEN

Selbst den frühzeitig bekannten Fakten zufolge ist COVID-19 mit absoluter Sicherheit keine schwere Pandemie bzw. keine gefährliche Seuche. Mit an Sicherheit grenzender Wahrscheinlichkeit liegt überhaupt keine Pandemie vor, ja nicht einmal eine neue Krankheit. Einen gewissen Unsicherheitsfaktor gerade am Anfang der »Krise« berücksichtigend, wird im Folgenden zugunsten der Regierung(en) das Vorliegen einer leichten Pandemie angenommen. Es handelt es sich also – der Fairness halber – um eine hypothetische Annahme. Ein gewisser Beurteilungsspielraum muss eingeräumt werden, solange eine Grundlage in der Realität zumindest vage denkbar ist.

Für dieses Kapitel und das gesamte Buch macht es keinen Unterschied, ob gewisse Berater und Entscheidungsträger von Anfang an wussten, dass COVID-19 maximal eine leichte Pandemie ist, oder ob sie wirklich an das Hirngespinst der Monsterseuche glaubten. In beiden Fällen hätten sie nachfolgende Informationen, die allesamt öffentlich zugänglich und frei verfügbar waren und sind, einholen und gewissenhaft prüfen müssen. Bereits ab 2002 gab es etliche Andeutungen, konkrete Hinweise und ausdrückliche Warnungen bezüglich einer künftig durch ein Corona-Virus ausgelösten Pandemie. Ab 1999 fanden sogar einige pandemische Planspiele statt. Außerdem stellten chinesische und italienische Wissenschaftler **zeitgerecht** Studien über die damals aktuelle COVID-19-Pandemie bereit, aus denen sowohl die Symptomgrade und Risikogruppen hervorgehen als auch eine Sterberate in der Größenordnung der herkömmlichen Grippe und sogar ein überdurchschnittlich hohes Sterbealter ableitbar sind.

Zwecks psychologischer Erklärung der surrealen Corona-Massenhysterie ist vorab ein kurzer Rückblick in die Geschichte der medizinischen Wissenschaft angebracht. Damit sollen keinesfalls die großartigen Erfolge der restaurativen Medizin (Notfallmedizin, Chirurgie) heruntergespielt oder die hervorragenden Leistungen des Pflegepersonals geschmälert werden. Im Brennpunkt der nachfolgenden Kritik steht primär die sogenannte präventive Medizin, weil sie zwar nicht immer, aber doch sehr oft und sogar regelmäßig nicht den Erkrankungen vorbeugt, sondern regelrecht die Gesundheit gefährdet und Leben zerstört.

A. Krankmachendes Geschäft mit der Angst

Nach einer von phantastischem Glauben und finsterer Willkür geprägten Epoche entwickelte sich Mitte des 17. Jahrhunderts von Großbritannien ausgehend der Grundsatz der wissenschaftlichen Beweisführung. Ab dann war die Medizin konsequenterweise realitätsnah geprägt »von einer komplexen, ganzheitlichen Sichtweise in Bezug darauf, wie Krankheiten entstehen.« Ab der Mitte des 19. Jahrhunderts fand jedoch die Rückentwicklung zu einem grundlegend falschen Bewusstsein statt, das auf »einer **monokausalen** und **eindimensionalen** Denkweise« beruht. Die Gründe hierfür und die dadurch verursachten Missstände im öffentlichen Gesundheitswesen erläutern der Facharzt für Innere Medizin Dr. Claus Köhnlein und der freie Journalist Torsten Engelbrecht in ihrem erstmals 2006 erschienenen und exzellent aufbereiteten Buch *Virus-Wahn*.[11]

Wie ein Virus mutierte die Medizinwissenschaft zur **Ersatzreligion** und somit zu einer gewissenlos profitsüchtigen »Glaubenschaft«, die Krankheiten und Seuchen erfindet, einen faulen Erlösungszauber propagiert und in regelrechten Medienfeldzügen Wundermittel verheißt, die es in Wahrheit gar nicht gibt.[12]

Bis heute ist jedenfalls die sognannte präventivmedizinische Wissenschaft vom starren Denkmodell der Spezifizität dominiert. Dieses monokausale Konstrukt, das in der Physik und der Chemie durchwegs Berechtigung hat, weist jedem Phänomen eine ganz spezifische Ursache zu. Besagtes Denkmodell ist jedoch denkbar ungeeignet, um die komplexe Kausalität von Krankheiten zu erklären. Denn wie der gesunde Hausverstand weiß, haben Krankheiten mehrere Ursachen. Das zutreffende Stichwort lautet Multikausalität. Dennoch begründeten der französische Chemiker Louis Pasteur und der deutsche Mediziner Robert Koch die monokausale Mikroben-Theorie, die »ganz bestimmte (spezifische!) Mikroorganismen« – also Viren, Bakterien und Pilze – »zur Ursache von bestimmten Krankheiten erklärte, darunter Massenleiden wie Cholera und Tuberkulose.«[13]

Wertlose Impfungen

Impfungen sind epidemiologisch wertlos. Es ist längst anhand von statistischen Auswertungen Schwarz auf Weiß belegt, dass die für die Gefährlichkeit von Seuchen alles entscheidenden Sterberaten insbesondere bei der Tuberkulose, Diphterie, den Masern und Pocken ab dem Ende des 19. Jahrhunderts ausschließlich aufgrund der allgemeinen Verbesserung der sozialen Lebensbedingungen und des dadurch **gestärkten** menschlichen **Immunsystems** erheblich zurückgingen. Darauf konnte der erst viel später aufkommende Impftrend keinerlei Einfluss haben. Beispielsweise war die Mortalitätsrate der Masern in England von ihrem Höchststand im Kriegsjahr 1916 (Mangelversorgung) »bereits um erstaunliche 99,96 Prozent gefallen, als 1968 der Impfstoff eingeführt wurde.« Hierzu hat die US-amerikanische Ärztin und vormalige Assistenzprofessorin Dr. Suzanne Humphries zusammen mit dem Technologie- und Computerwissenschaftler Roman Bystrianyk zahllose statistische Daten und Zahlen ausgewertet, diese im erstmals 2013 veröffentlichten Buch *Dissolving Illusions* (Illusionen auflösen) auch für Laien verständlich zusammengefasst und sehr anschaulich anhand von Diagrammen präsentiert.[14] Das auch unter dem deutschen Titel *Die Impf-Illusion* publizierte Werk beweist unwiderlegbar, dass die genannten Seuchen schon aus logischen Gründen (zeitliche Abfolge) gar **nicht** vom späteren Impf-Wahn entschärft werden konnten.[15] Zur Wiederholung:

Impfungen haben keinen Einfluss auf die Senkung der Seuchenmortalität.

Genau dieses Faktum bestätigen Wissenschaftler der US-amerikanischen Behörde für Krankheitskontrolle und Prävention (CDC), spät aber doch und dafür gleich mehrfach, im Jahr 2000: »Fast 90 % des Rückgangs der Sterblichkeit bei Infektionskrankheiten von US-Kindern traten vor 1940 auf, als nur wenige Antibiotika oder Impfstoffe verfügbar waren.«[16] Mit gutem Recht verkündete daher der deklarierte Impfgegner Robert F. Kennedy Jr. auf seinem Portal für die Verteidigung der Kindergesundheit (Children's Health Defence): »CDC-Wissenschaftler geben zu, dass 90% der Sterblichkeitsrate bei Infektionskrankheiten in den USA vor der Verfügbarkeit von Impfstoffen eingetreten sind.«[17]

Ganz allgemein ist nicht nur das natürliche Absinken der Sterbekurven, sondern auch die gesundheitsschädigende Wirkung von Impfstoffen bewiesen. So liegt zum Beispiel der medizinische Nachweis dafür vor, dass bei Erwachsenen »das Impfen Nierenversagen verursachte beziehungsweise verschlimmerte.«[18] Trotz allem werden nach wie vor sogar **Babys** geimpft, und zwar bis zum 18. Monat angeblich mehr als 30 Mal, bis zur Vollendung des zweiten Lebensjahrs knapp 40 Mal.[19] Wobei hier der begründete Verdacht besteht, dass diese Impfungen nicht nur Allergien, sondern auch Asthma, ADHS und Autismus auslösen.[20] Dass Kinder regelmäßig **krankgeimpft** werden, berichten aus erster Hand die Ärzte Dr. Carola Javid-Kistel und Dr. Rolf Kron. Aufgrund ihrer jahrzehntelangen Erfahrung in der Behandlung impf-geschädigter Kinder geben sie den persönlichen Erfahrungen vieler betroffener Eltern das praktisch angewandte wissenschaftliche Fundament. Im Buch *Krank geimpft* wird auch das hinter der Duldung gesundheitsschädlicher Impfungen stehende Phänomen beleuchtet: das Geschäft mit der Angst.[21]

Angst und Wunderglaube führen zu einem krankmachenden »Gesundheitssystem«. Mehrere diesbezügliche Studien bringt der dänische Medizinprofessor Peter Christian Gøtzsche wie folgt auf den Punkt: »In den USA und Europa stellen verschreibungspflichtige Medikamente nach Herzleiden und Krebs die **dritthäufigste** Todesursache dar.« Allein in den USA sterben jährlich rund 800.000 Patienten aufgrund fehlerhaften ärztlichen Handelns, und damit mehr als durch Herzkrankheiten (700.000) oder Krebs (500.000). Daraus schlussfolgert Gary Null, der Präsident des amerikanischen Ernährungsinstituts (Nutrition Institute of America) in New York, dass der wahre »Killer Nummer eins« das falsche ärztliche Handeln ist. Auf Deutschland umgerechnet, bedeutet das pro Jahr etwa 300.000 Geschädigte und 30.000 Sterbefälle.[22]

Schützendes Immunsystem

Die positive Ableitung aus alldem ist, dass die beste Krankheitsprävention die Stärkung des **Immunsystems** ist. Unser Immunsystem ist Millionen Jahre alt, so alt wie die Wirbeltiere und vermutlich sogar so alt wie die wirbellosen Tiere. Daher ist das Immunsystem als das grundlegende Selbstverteidigungssystem des Körpers garantiert nicht nur weiser als die Impflobby, sondern meint es auch grundlegend besser mit uns. Es schützt uns von Kindesbeinen an erfolgreich, ohne dafür auch nur einen einzigen Cent zu verlangen. Folglich bezeichnet der indische Systembiologe Dr. Shiva Ayyadurai das Immunsystem völlig zurecht als das Betriebssystem des Körpers. Mit ca. 80 Billionen Viren im Körper sind wir Menschen nichts anderes als wandelnde Keimfabriken.[23] Dass das die ganz normale Realität eines natürlichen Kreislaufs ist, ergibt sich aus dem Faktum, dass Viren, Bakterien und Keime um etwa 600 Millionen Jahre älter sind als der Mensch. Darum erklärt der deutsche Zell- und Entwicklungsbiologe Dr. Thomas Bosch: »Es gibt in der Natur keine keimfreien, keine bakterienfreien Organismen, aus einem guten Grunde. Die Bakterien waren evolutionsgeschichtlich weit vor uns da.«[24]

Halten wir uns vor Augen: Unser Körper war, ist und bleibt ein »Metaorganismus«, zu dessen integralen Bestandteilen nun einmal auch Viren gehören. Dies zu leugnen oder Angst davor zu haben, wäre nicht nur realitätsfremd und absurd, sondern auch schädlich. In etwa so schädlich wie der unter Medizinern weit verbreitete scheinwissenschaftliche Irrglaube, ein bestimmtes eindringendes Virus sei (allein) für eine Erkrankung verantwortlich. In Wahrheit liegt einer Erkrankung, wie bereits erwähnt, ein multikausales Geschehen zugrunde, welches das Immunsystem schwächt. Dr. Shiva Ayyadurai vergleicht das Immunsystem mit einem Motor, bei dem unter ungünstigen Bedingungen drei von vier Zylindern ausfallen. Der letzte noch laufende Zylinder versucht unentwegt, die Fehlleistung der anderen Zylinder zu kompensieren. Dabei greift das überstrapazierte Immunsystem nicht nur eindringende Viren an, sondern auch jene Zellteile, in denen sich die Viren gerade befinden. Genau das passiert beispielsweise bei den COVID-19-Risikogruppen: Hochbetagten und tödlich Vorerkrankten.[25] Der beste Schutz für diese Risikogruppen ist daher die Kräftigung ihres natürlichsten Verbündeten: des Immunsystems.

Wer jedoch nutzlose bis schädliche Medizin verkaufen und mehrfach bedenkliche Spritzen verabreichen will, muss sowohl Angst vor realen Krankheiten schüren als auch ganze Krankheiten[26] oder zumindest alleinige virale Ursachen erfinden.[27]

Ein anschauliches Beispiel ist das Erworbene Immunschwächesyndrom, kurz AIDS (Acquired Immune Deficiency Syndrome). Wie der Name schon sagt, handelt es sich nicht um eine genetisch bedingte, sondern um eine durch äußere Einflüsse hervorgerufene **Schwächung** des Immunsystems. Mit dem medial befeuerten Mythos von der ausschließlich vom angeblich sexuell übertragbaren Killervirus »HIV« (Humanes Immundefizienz-Virus) ausgelösten tödlichen Massenseuche hatten schon sehr früh zahlreiche Experten aufgeräumt. An erster Stelle ist einer der beiden Entdecker des HI-Virus zu nennen: der französische Virologe Prof. Dr. Luc Montagnier, dem im Jahr 2008 gemeinsam mit Prof. Dr. Françoise Barré-Sinoussi für die Entdeckung des HIV der Nobelpreis verliehen wurde.[28] Im Rahmen eines Interviews für die mit dem Prädikat »besonders wertvoll« ausgezeichnete Kinofilm-Dokumentation *Die AIDS-Rebellen* aus dem Jahr 1992[29] erklärt Prof. Dr. Montagnier, dass das von ihm entdeckte Virus keineswegs die alleinige Ursache für AIDS sein kann. Weil von den untersuchten Zellen »nur eine von 10.000 oder 100.000

vom Virus infiziert ist«, **muss** die Krankheit noch andere Ursachen haben. Der ansteckende Erreger HIV sei zwar der Überträger von AIDS, für seine schädliche Wirkung sei jedoch das vorherige **immunschwächende** Verhalten der erkrankten Homosexuellen und Drogensüchtigen ausschlaggebend. Der Raubbau am eigenen Körper und die dadurch verursachte Immunschwäche begünstigen die Virusinfektion.[30]

Zeitgleich stellte der mit Montagnier befreundete und von ihm auch als Wissenschaftler hochgeachtete deutsche Virologe Prof. Dr. Peter Duesberg fest, dass AIDS rein gar nichts mit einem Virus zu tun haben kann. Laut dem Professor für Molekular- und Zellbiologie mit damaligem Lehrstuhl an der Universität von Kalifornien kann AIDS unmöglich die einzige Infektionskrankheit der Menschheitsgeschichte sein, die sich nicht gleichmäßig unter der Bevölkerung und unter den Geschlechtern verteilt. Geradezu grotesk ist die Annahme, ein Virus suche sich zu etwa 90 Prozent Männer aus, obendrein im besten Alter zwischen 20 und 50 Jahren, und nicht in den anfälligeren jüngeren oder hochbetagten Jahren. Zu den **Risikogruppen**, bei denen besonders schwere Verläufe bis zum Tod zu erwarten sind, zählen in Europa und den USA sexuell aktive Schwule und Bisexuelle sowie Drogensüchtige im besten Alter. Wichtig zu betonen ist, dass beide Gruppen grundsätzlich schon lange vor dem Krankheitsausbruch einer intensiven Sucht erlegen waren. Bei Schwulen sticht der Langzeitmissbrauch der Designer-Sexdroge »Poppers« hervor. Allein der intensive Drogenkonsum nebst immunschwächendem Lebensstil kann laut Duesberg und anderen Experten erklären, warum nur ca. 20.000 der rund acht Millionen US-amerikanischen Schwulen jährlich an AIDS erkranken, also lediglich zwischen 0,25 und 0,3 Prozent. Fazit: Die Betroffenen erkranken und sterben nicht an einem Virus, sondern an einer **Vergiftung**. Außerdem verhalte sich das Virus nicht aggressiv. Selbst bei Sterbenden sei es inaktiv. Für diesen Umstand hat Harvard-Absolvent Dr. John Lauritsen folgenden Vergleich parat: »Niemand kann im Schlaf liegen und gleichzeitig eine Bank ausrauben!« Als weiteren Beweis führt Prof. Dr. Peter Duesberg an, dass das vermeintliche Virus im Westen die genannten Risikogruppen nicht verlässt, während es in Afrika ganz andere Krankheitssymptome verursacht.[31] Offensichtlich hat AIDS im Westen ganz andere Risikogruppen als in Afrika. Hier haken auch der vorhin erwähnte Dr. Claus Köhnlein und sein Co-Autor Torsten Engelbrecht ein. Dem nicht einmal korrekt definierten Krankheitsbündel AIDS liegt eine Schwächung des Immunsystems zugrunde, die in reichen Ländern hauptsächlich durch Missbrauch von Drogen inklusive »Poppers« verursacht wird, was das relativ hohe Männersterben erklärt. Wo man sich derlei

Sexdrogen nicht leisten kann, also in ärmeren Regionen wie vor allem Afrika, ist die primäre Ursache die eklatante **Unterernährung**, die bekanntlich beiden Geschlechtern gleichermaßen hart zusetzt. Neben einer umfassenden medizinischen Faktenzusammenschau erbringen die Autoren auch eine lupenreine Beweisführung über die Hintergründe des Milliarden Dollar schweren AIDS-Geschäfts, das freilich auf Angstmacherei beruht.[32]

Exosomen (Hypothese)

Obwohl die Angst vor dem Virus aus den genannten Gründen medizinisch unbegründet ist, bedeutet das nicht, dass die Nobelpreisträger Barré-Sinoussi und Montagnier nichts Wesentliches entdeckt hätten. Im Gegenteil. Offenbar haben sie mit dem HI-Virus nicht den AIDS-Erreger, also nicht die Ursache der Krankheit gefunden, sondern deren **Wirkung**. Beim HIV scheint es sich nämlich um Partikel der Abwehrreaktion des Körpers zu handeln, also im Mikroskop erkennbare Spuren der **Entgiftung** und Neugestaltung der Zellen. Dies legt die angeblich »kühne« Studie dreier immunologischer Forscher der Johns Hopkins Universität aus dem Jahr 2003 nahe, der zufolge es sich bei gewissen Viren oder Retroviren in Wahrheit um **Exosomen** handelt. Das sind kleine Vesikel, die lebende Zellen abscheiden und das interzelluläre Kommunikationssystem sowohl für ihre Verbreitung als auch für ihre Biogenese nutzen, das Entstehen einer neuen biologischen Struktur.[33] Vesikel haben einen ähnlich einfachen Aufbau wie das, was offenbar fälschlich als Viren interpretiert wird: runde bis ovale Bläschen mit einer Größe von etwa einem Mikrometer (1 μm). Ihre Hauptaufgabe ist der Transport gewisser Stoffe, größtteils körpereigener Produkte. Eine Untergruppe der Exosomen bilden die für verschiedenste Stoffwechselfunktionen wichtigen Peroxisomen. Sie treten gesteigert in den Leberzellen auf, vermehren sich durch Teilung und sind für die besonders wichtige Aufgabe der Entgiftung durch **oxidative Prozesse** zuständig.[34]

In diesem Sinne sind auch der sogenannten Milieu-Theorie zufolge Keime nichts als anderes als winzige Teile des menschlichen Reparaturmechanismus. Angeblich erst im Jahr 1964 veröffentlichte geheime Aufzeichnungen von Louis Pasteur sollen belegen, dass er bestimmte Forschungsergebnisse so manipuliert hatte, dass sie seine Virentheorie »beweisen.« Folglich ist nach-

> zuvollziehen, wenn insbesondere Naturmediziner davon überzeugt sind, dass die heutige Infektionslehre auf einem Wissenschaftsbetrug basiert, »der von schulmedizinischer Seite bisher nicht korrigiert wurde, und nach wie vor die (wirtschaftlich äußerst lukrative) Basis für alle antibiotischen Behandlungen und die offiziellen Impfprogramme darstellt.«[35]
>
> Allem Anschein nach sind Viren nur ein zelluläres Abfallprodukt, also **totes Zellmaterial**, das bei der versuchten Entgiftung entsteht und ausgeschieden wird. Vereinfacht ausgedrückt, sind Viren bei schweren Krankheiten vermutlich nicht das Feuer, sondern viel eher die lädierten Wassereimer, mit denen die heillos überlastete Betriebsfeuerwehr mitunter vergeblich versucht, den schon jahrzehntelang wütenden Waldbrand zu löschen.

Die endgültige Klärung dieser Detailfragen können wir getrost den medizinischen Experten überlassen. Für die Auseinandersetzung mit COVID-19 nehmen wir jedenfalls mit, dass die offizielle AIDS-Virus-Theorie wissenschaftlich unhaltbar ist und die ab Mitte der 1980er Jahre von Virologen und Journalisten geschürte Massenpanik grundlos war, weil die prophezeite AIDS-»Pandemie« genauso wenig kam wie das bereits für 1986 versprochene »Heilmittel«. Dennoch hat das erwiesenermaßen falsche AIDS-Dogma den ominösen Virenjägern »einen nahezu gottgleichen Status« verschafft. Just in diesem Phänomen der surrealen Panik und der logisch noch weniger nachvollziehbaren Vergötterung ihrer Verursacher ist das Bindeglied zwischen AIDS und COVID-19 zu erblicken:

> *»Und so kam es erneut, dass, obwohl die Theorie, wonach ein neues Corona-Virus praktisch die ganze Menschheit bedroht, ohne Fundament ist, die wichtigsten Artikel, die dazu in den bedeutenden medizinischen Fachzeitschriften publiziert wurden und die eine Panik ungeahnten Ausmaßes befeuert haben, auf dieser haltlosen Theorie beruhen.«*[36]

Wahrscheinlich haben wir es mit einer Art Stockholm-Syndrom zu tun, bei dem sich die Opfer mit den Tätern solidarisieren. Nach AIDS kommt bei COVID-19 vermutlich noch die Scham darüber hinzu, trotz reichlichstem alternativem Informationsangebot in Büchern, in Filmen und im Internet wieder einmal auf eine Propaganda des Mainstreams hereingefallen zu sein. Oder zumindest ein gewisser Verdrängungsmechanismus, der kaschieren möchte, trotz besseren Wissens monatelang das entwürdigende Signum der Unterwürfigkeit (Maske) getragen und vielleicht sogar einen der wenigen schlauen Verweigerer denunziert zu haben. Im Nachhinein will halt niemand der dumme Mitläufer gewesen sein. Dies ist eine unverkennbare Parallele zur verbrecherischen Nazi-Zeit, in der regelmäßig warnende Stimmen so lange überhört wurden, bis sie verstummt sind.

B. Hinweise, Übungen, Vorwarnungen

In den 20 Jahren vor dem ersten offiziellen Auftreten von COVID-19 in Wuhan, sprich im Zeitraum von 1999 bis 2019, gab es von Seiten der Wissenschaft einige Hinweise auf die Gefahr einer durch ein Corona-Virus ausgelösten Pandemie. In derselben Zeitspanne haben seriöse Mediziner rechtzeitig und völlig korrekt darauf hingewiesen, dass es sich beim »Rinderwahn«, bei SARS (2002), bei der »Vogelgrippe« (2004), bei der »Schweinegrippe« (2009) und bei MERS (2012) um keine Killerseuchen, ja nicht einmal um echte Pandemien handelt. Dennoch häuften sich, ausgehend von den USA, die ganz offiziell abgehaltenen pandemischen Konferenzen und Planspiele. Eine tabellarische Aufstellung von acht ausgewählten Planspielen (Nr. 1 bis 5 und 8 bis 10) sowie zwei schriftlichen Dokumenten (Nr. 6 und 7) befindet sich in Abbildung 02.

Die acht Veranstaltungen und ein schriftliches Szenario (Nr. 6) stellen jeweils **Blaupausen** im Sinne von Vorlagen für das staatliche Verhalten bei realen Pandemien oder Pseudopandemien inklusive COVID-19 dar. Nr. 1, das Symposium von 1999, ist vor allen anderen Events die erste Blaupause für das Impfziel: zwangsweise Massenimpfungen. Global Mercury (Nr. 4) ist die technische Vorlage für die internationale Gleichschaltung. Das Rockefeller-Szenario Lock Step (Nr. 6) wirbt offen für eine moderne Diktatur. Die deutsch organisierte G20-Pseudoübung (Nr. 8) steht für systematische Propaganda. Das wichtigste Event von allen ist Event 201 (Nr. 10), denn bei ihm laufen die Vorlagenbausteine der vorigen Planspiele zusammen. Deshalb ist Event 201 die Blaupause für ein bewusst betriebenes Chaos-Management. Im Rahmen von COVID-19 wirkt fast das komplette staatliche »Planungs«- und Handlungsspektrum wie aus den genannten Blaupausen abgekupfert.

Die korrekte deutsche Risikoanalyse von 2012 (Nr. 7) hat sich nicht durchgesetzt. Sie kommt, in starker Anlehnung an die Realität, selbst bei einer schweren SARS-Pandemie ganz **ohne** Lockdown und andere Zwangsmaßnahmen aus.

Pandemische Planspiele und Dokumente 1999-2019

Nr.	Jahr	Form	Name	TN-Kreis / Erstellung	Virus	Bioterror	Natürlich	Tote in Mio.	Notstand	Impfungen	Impfzwang	Lockdown	Infopolitik	PCR-Test	Masken	Biometr. ID
1	1999	Symposium	Bio Terrorism	USA	Pocken	✓			✓	✓	✓		✓			
2	2000	Symposium	Bio Terrorism	USA	Pest	✓			✓	✓	✓		✓			
3	2001	Übung	Dark Winter	USA	Pocken	✓		1,0	✓	✓	✓		✓			
4	2003	Übung	Global Mercury	International	Pocken	✓			✓	✓	✓		✓			
5	2005	Übung	Atlantic Storm	International	Pocken	✓			✓	✓	✓	✓	✓			
6	2010	Bericht	Lock Step	USA	Grippe		✓	8,0	✓			✓				✓
7	2012	Risikoanalyse	Pandemie Modi-SARS	DEU	SARS		✓	7,5				✓			✓	
8	2017	Übung	SC Health Emergency	International	MARS	✓			✓	✓			✓	✓		
9	2018	Übung	Clade X	USA	Clade-X	✓		150,0	✓	✓			✓	✓	✓	
10	2019	Übung	Event 201	International	Corona		✓	65,0	✓	✓			✓		✓	

ABB. 02 (DATENQUELLE: FN GEMÄSS DIESEM KAPITEL)

Die pandemischen Planspiele und Lock Step verkörpern das glatte Gegenteil und haben daher einige Parameter gemeinsam:

1. Sie gehen nicht von den Vereinten Nationen (UNO) oder der Weltgesundheitsorganisation (WHO) aus, sondern zum überwiegenden Teil von einer einzigen zivilen **US-amerikanischen** Institution, dem Center for Civilian Biodefense Strategies (CCBS, Zentrum für zivile Bioverteidigungsstrategien). Das Zentrum CCBS gehört zur Johns Hopkins School of Public Health. Diese Schule wurde 1916 »mit Mitteln der Rockefeller Foundation gegründet«,[37] also finanziert vom reichsten Mann der Welt: John D. **Rockefeller**, dem kriminell agierenden Chef des größten Erdölraffinerieunternehmens namens Standard Oil. Ab 2003 wurden die gleichbleibenden Aufgaben des CCBS in das Johns Hopkins Center for Health Security (Zentrum für Gesundheitssicherheit) übergeleitet.[38]

2. Das gewünschte Übungsverhalten wird zuerst in den USA auf der nationalen Ebene trainiert, erst danach erfolgt die Anhebung auf ein internationales Niveau.

3. Bei den frühen Planspielen wird die simulierte Pandemie ausschließlich bioterroristisch ausgelöst, d.h. durch mutwillige Freisetzung von Erregern. Später wird auch auf eine natürliche Entstehung durch eine rein virale Verbreitung abgestellt.

4. Inhaltlich findet **keine** aussagekräftige Situationsanalyse statt, bevor man an die simulierte Tat schreitet. Von einer epidemiologisch sinnvollen Zweck-Ziel-Mittel-Relation kann nicht im Entferntesten die Rede sein. Dennoch sind die meisten der bei den (hypothetisch) gefährlichen Krankheiten gesetzten Maßnahmen zwar streng, aber immer noch um einiges **milder** als die COVID-19-Maßnahmen.

5. Das von Beginn an als »alternativlos« hingestellte und konsequent verfolgte Hauptziel ist immer dasselbe: **Massenimpfungen**, die teils ausdrücklich verpflichtend sein sollen.

6. Hierzu wird in der Regel eine medizinische Krise zum politischen **Machtausbau** in Richtung autoritärer Staat oder Teildiktatur genutzt. Obwohl es im realen Leben weder nötig noch legal wäre, wird ein politischer Ausnahmezustand dazu benutzt, die bürgerlichen Grund- und Freiheitsrechte einzuschränken oder ganz aufzuheben.

7. Ein weiterer Fokus wird auf eine zentral gesteuerte und vor allem gleichgeschaltete **Informationspolitik** gelegt. Je näher das Jahr 2020 rückt, desto intensiver wird gefordert, dass von der Regierungslinie abweichende Meinungen unterdrückt werden.

8. Den technisch perfekt vorbereiteten Veranstaltungen liegen Drehbücher zugrunde, die einen massiven Einfluss auf das Verhalten der speziell ausgewählten Teilnehmer ausüben. Meist bekleiden sie im realen Leben öffentliche Ämter und Funktionen. Im Verbund mit der gruppendynamischen Bekräftigung im Spielerkreis sowie einseitigen, weil unkritischen Presseberichten werden die Verantwortungsträger im Hinblick auf ihr künftiges Verhalten bei einer echten Pandemie **vorprogrammiert** bzw. formatiert wie eine Festplatte. Das entspricht der Blaupausenfunktion der Events.

Selbige werden im Folgenden gemäß der zeitlichen Abfolge behandelt, wobei am Anfang jeweils die Nummer gemäß obiger Tabelle (Abb. 02) angeführt wird. Am ausführlichsten wird das kurz vor dem offiziellen COVID-19-Ausbruch stattfindende Event 201 behandelt. Zwischen den Planspielen werden auch einige coronarelevante Hinweise und Vorwarnungen erläutert.

Blaupause des Impfziels

Ad Nr. 1. Mitte Februar 1999 fand nahe Washington ein zweitägiges nationales Symposium über »die Reaktion von Medizinern und der öffentlichen Gesundheit auf Bioterrorismus« statt. Schließlich seien die Vereinigten Staaten wie auch andere Nationen laut den »meisten Experten« schlecht auf einen Bioterror-Angriff mit Pokken-Viren vorbereitet.[39] Schon bei diesem Kickoff-Planspiel wird unter Verweis auf einen Fall aus dem Jahr 1905 verzweifelt die Legalität von ausdrücklich so bezeichneten **Pflichtimpfungen** (»compulsory vaccinations«) zu konstruieren versucht.[40] Eine Quarantäne käme jedenfalls nur lokal in Betracht und wäre überdies vom Krankenhaus wahrzunehmen. Diskutiert wird die Rechtmäßigkeit polizeilicher Festnahmen quarantänisierter Patienten. Hygienemaßnahmen und Filter-Masken werden nur für das Gesundheitspersonal empfohlen.[41]

Hierbei ist zu berücksichtigen, dass die Pocken viel gefährlicher sind als COVID-19. Die Pocken sind hochansteckend, wobei die Übertragung durch

Tröpfchen- und Schmierinfektion erfolgt. Die Sterblichkeit liegt bereits bei den milderen weißen Pocken bei ca. einem Prozent, während an den echten Pocken etwa ein Drittel der Betroffenen verstirbt.[42] Zum Vergleich: Bei COVID-19 liegt die Erkrankungswahrscheinlichkeit bei lediglich rund 0,025 Prozent, die Sterberate bei allerhöchstens 0,26 Prozent (siehe zweites Kapitel). Dies indiziert die maßlose Übertriebenheit und Rechtswidrigkeit der bei COVID-19 verhängten Maßnahmen, vor allem der allgemeinen Maskenpflicht.

Ad Nr. 2. Das zweite rein US-amerikanische Bioterrorismus-Symposium wurde von 28. bis 29. 11. 2000 in Washington veranstaltet. Bei diesem Planspiel wird laut Drehbuch die Pest verbreitet.[43] Auch hier dreht sich sofort und bis zum Schluss fast alles um **Impfungen**. Diesmal werden staatliche Anordnungen zwar nicht nur bezüglich des Impfens, sondern allgemein »in Bezug auf Isolation, Reiseverbote, obligatorische Behandlung und Quarantäne« sowie auch der »Einsatz von Streitkräften« gegen ungehorsame Bürger diskutiert.[44] Jedoch erfolgt trotz der extrem gefährlichen Krankheit **kein** genereller Lockdown, der damals noch Quarantäne genannt wird. Diese betrifft nicht das komplette Land, sondern nur »ganze Gebiete« (»forced quarantine of entire areas«).[45] Auch das Tragen von Masken ist **nicht** verpflichtend. Hier erinnert ein Teilnehmer an eine fast identische Übung vom Mai 2000 über die mit Aerosolen übertragene Pest, wobei der Bevölkerung das Maskentragen ebenfalls nicht befohlen, sondern lediglich empfohlen wird.[46]

Die Sterblichkeit der Pest beträgt durchschnittlich 8 bis 10 Prozent, bei der Beulenpest sogar zwischen 50 und 60 Prozent.[47] Wenn nicht einmal bei der hochgefährlichen Pest das ganze Land heruntergefahren wird, sind die Corona-Lockdowns umso unbegreiflicher. Apropos unbegreiflich:

Ad Nr. 3. Bei dem am 22. und 23. 06. 2001 im Andrew Luftwaffenstützpunkt bei Washington abgehaltenen nationalen Bioterror-Planspiel Dark Winter wird eine Art Teil-Lockdown über die ganzen USA verhängt, obwohl diesmal wieder »nur« die Pocken an der Reihe sind. Dem Drehbuch zufolge kosten sie zwar einer Million Menschen das Leben, man will aber »**keine** volle Quarantäne haben.« Immerhin sind landesweit alle Schulen geschlossen, das Recht auf öffentliche Versammlungen ist eingeschränkt, in einigen Bundesstaaten sind der Reiseverkehr und »nicht dringende Versammlungen« untersagt. Über einzelne oder größere Quarantänen haben diesmal die Behörden zu entscheiden. Zudem steht im Raum, ob man sich »im Krieg« befindet, ob also Kriegsrecht anzuwenden ist. Die Wirtschaft scheint jedoch ungestört weiterzulaufen. Der Maßnahmenfokus liegt erneut auf den **Impfungen**, wobei man auch diesmal erwägt, sie zwangs- und **massenweise** vorzunehmen. Für die Herstellung eines neuen Impfstoffs wird ein extra schnelles »**Crash-Produktionsprogramm**« verfolgt.[48] Pro Monat sollen 12 Millionen Dosen produziert werden, wobei zu bedenken ist, »dass dies ein **nicht lizenzierter** Impfstoff sein wird, der nicht am Menschen getestet wurde.«[49] Dafür kommt das Wort »Masken« im gesamten 40-seitigen Skript nur ein einziges Mal vor, und zwar zum Schutz des Gesundheitspersonals.[50] Eine Massenquarantäne ist nur für »bestimmte Bereiche« möglich.[51] Insgesamt sind die Maßnahmen im Verhältnis zum vorigen Event (Pest) sehr streng, in Relation zu den Corona-Maßnahmen 2020 aber geradezu locker. Damit ist die Phase der auf die USA beschränkten pandemischen Übungen vorüber.

Bereits am 07. 11. 2001, keine zwei Monate nach den Terroranschlägen in den USA vom 11. 09. 2001 (9/11), haben die jeweiligen Gesundheitsminister Mexikos und der G7-Staaten (USA, Kanada, Großbritannien, Frankreich, Deutschland, Italien und Japan) gemäß den US-amerikanischen Vorgaben den Bioterrorismus zum »**internationalen** Thema« erklärt. Man einigte sich darauf, »die gemeinsame Bevorratung von **Impfstoffen** und Antibiotika zu untersuchen« sowie die Überwachungssysteme aufeinander abzustimmen.[52] Hierbei war ganz offensichtlich der 9/11-Schock behilflich. Dass jedoch dieselbe Ministerrunde mehr als ein Jahr später, konkret am 06. 12. 2002, die vermeintlichen Gemeinsamkeiten ihrer sogenannten Notfallplanung vom Bioterrorismus auf **Grippe-Pandemien** erstreckt, ist weder notwendig noch logisch.[53]

Einleuchtend ist aber, dass der sogenannte **Rinderwahn** (BSE) zu keiner Zeit eine Epidemie war. Das ist heute gemeinhin bekannt. Auf dieses Faktum hatte der damalige Leiter des Instituts für Mikrobiologie und Hygiene der Universität Mainz Prof. Dr. Sucharit Bhakdi bereits im Jahr 2002 öffentlich und ausdrücklich hingewiesen. Bhakdi ist einer der weltweit renommiertesten Fachärzte für Mikrobiologie und Infektionsepidemiologie. Seiner korrekten Expertise zufolge waren die BSE-Tests bei Rindern »vollkommen sinnlos« und eine reine Geldverschwendung. Die gesamte BSE-Hysterie habe Deutschland bis dahin rund 1,5 Milliarden Euro gekostet. Schließlich waren von ca. 5,1 Millionen getesteten Rindern nicht mehr als 200 erkrankt. Und diese 200 »BSE-Rinder« hätten gemäß der Beurteilung von Prof. Dr. Bhakdi »höchstens drei Menschen anstecken können – und zwar in den nächsten 30 Jahren.«[54]

Dass dieser regelmäßig konsultierte und mehrfach ausgezeichnete Fachmann nicht nur dieses Mal rechtzeitig vor einem Spuk gewarnt und dabei jeweils Recht behalten hatte (siehe unten), dürfte die Begründung dafür sein, warum Sucharit Bhakdi in der sogenannten Corona-Krise 2020 weder von der Politik noch von den sogenannten Leitmedien angehört wird.

Von November 2002 bis Juni 2003 hatte sich die durch ein **Corona-Virus** mit der Bezeichnung SARS-CoV-1 verursachte Atemwegsinfektionskrankheit namens SARS (Schweres Akutes Respiratorisches Syndrom) weltweit verbreitet.[55] Obwohl es sich bei SARS laut mehreren bis 2006 veröffentlichten Expertisen lediglich um »eine Hysterie auf den Spuren von AIDS und BSE« handelte,[56] verweist der 2006 aufgelegte, jedenfalls bis Mitte 2020 unverändert gültige und einzige bundesweite Influenza-Pandemieplan Österreichs ausdrücklich auf die Erklärung eines Pandemiefalls durch die WHO »analog zu SARS«.[57]

Auch der bundesdeutsche Pandemieplan aus dem Jahr 2007 bezieht sich explizit auf die »SARS-Epidemie 2003« bzw. »die Verbreitung eines neuartigen Erregers über die ganze Welt«.[58] An derlei inhaltlich überholten, aber prinzipiell nachvollziehbaren Plänen ist auszusetzen, dass ihnen keine erkennbaren praxisrelevanten Maßnahmen folgten. Diese Papiere dokumentieren jedenfalls eines: Die Regierungen wussten spätestens ab 2006/2007 über eine potenzielle Bedrohung durch ein Corona-Virus Bescheid, egal ob es sich um eine reale oder nur phantasierte Gefahr handelt.

Blaupause der Gleichschaltung

Ad Nr. 4. Zurück ins Jahr 2003. Am 22. und 23. September findet das erste internationale Pandemieplanspiel namens Global Mercury statt; und zwar in Form einer Command-post exercise, also einer Simulationsübung zur Erprobung der Kommunikationsverbindungen. Daran nehmen Vertreter der vorhin erwähnten G7-Staaten, Mexikos, der WHO und der Europäischen Kommission teil. In Deutschland wirkt auch das Robert-Koch-Institut (RKI) mit. Obwohl SARS längst bekannt ist, wird erneut gegen die terroristisch verbreiteten Pocken gekämpft. In erster Linie geht es ja um die Festigung internationaler Kommunikationswege. Als zentrale Stelle des Informationsmanagements wünscht man sich die WHO. Die einzige besprochene pandemische Maßnahme betrifft, wie sollte es anders sein, das **Impfen**. Dabei verfolgen die Länder zwar verschiedene Ansätze, jedoch erkennen sie »die Wichtigkeit, die Gründe für Impfstrategien oder andere Kontrollmaßnahmen **vor** ihrer Umsetzung miteinander zu teilen.«[59]

Somit hat die amerikanische Führungsnation die anderen Teilnehmer sowohl auf der inhaltlichen als auch auf der technischen Ebene auf das »alternativenlose« Mittel Impfungen konditioniert.

Die nächste epidemiologisch nutzlose Arznei (Tamiflu) betrifft die ab 2004/2005 kursierende »Vogelgrippe« (H5N1). Diese war keine für den Menschen bedrohliche Epidemie, sondern – in Ermangelung von Beweisen – viel eher ein von den Leitmedien gepflegtes Hirngespinst der Pharmaindustrie.[60] Von 2003 bis 23. 10. 2020 sind an oder mit H5N1 weltweit gerade einmal 455 Menschen verstorben.[61] Aus pandemischer Sicht reicht das nicht einmal für den vielzitierten Sturm im Wasserglas.

Ad Nr. 5. Zu mehr reichte es inhaltlich trotz des hochtrabenden Namens auch bei Atlantic Storm nicht, der internationalen Pandemieübung in Washington vom 14. 01. 2005. Hingegen war die technisch-materielle Aufbereitung, wie gehabt, sogar ein Orkan. Teilgenommen haben 10 Ländervertreter, einige reale Presseleute als Darsteller für eine gespielte **Pressekonferenz** sowie 100 Beobachter aus folgenden Bereichen: **Pharmabranche** (an erster Stelle genannt), Gesundheitswesen, nationale Sicherheit, Medien und diverse Regierungsmitglieder.[62]

Aus dem gewohnt minimalistischen Szenario einer bioterroristischen Verbreitung der Pocken resultierte auch diesmal keine brauchbare Analyse und daher auch keine nachvollziehbare Strategie. Es fand lediglich eine Interessenabwägung zwischen einer vollen Quarantäne (das Wort »Lockdown« ist noch immer nicht geläufig) und **Massenimpfungen** statt. Wie zu erwarten war, fällt die Wahl auf die Impfungen, weil eine »Quarantäne in großem Maßstab schwerwiegende wirtschaftliche, soziale und politische Auswirkungen haben könnte.« Mit den am ersten Tag verfügbaren 720 Millionen Impfdosen könne man lediglich 10 Prozent der Weltbevölkerung impfen. Die gemeinsamen Produktionskapazitäten schaffen jährlich 480 Millionen Dosen. Man brauche zusätzliche 700 Millionen bis **3,5 Milliarden Dosen** – »genug für die halbe Weltbevölkerung«.[63] Präzise Angaben über die Krankheit wie Ansteckungs- und Sterberate oder Risikogruppen sind nicht zu finden, folglich auch keine andere »Strategie« als das wahllose Durchimpfen der Bevölkerung. Es fehlen nur noch die Preisangaben neben den Impfdosen, um die letzte Gewissheit zu haben, dass die »Übung« in Wahrheit eine große Auftragsgenerierung für Pharmakonzerne ist.

Aus pandemischer Sicht viel relevanter ist eine Studie der US-amerikanischen Akademie der Wissenschaften aus dem Jahr 2008. Sie beschreibt ein synthetisches »Fledermaus-Corona-Virus« (»Bat-SCoV«), das dem Vorläufer des **SARS-Corona-**

Virus entspricht.⁶⁴ Corona-Viren machen zwischen 10 und 15 Prozent jener vier bekannten Viren aus, welche die **Grippe** auslösen.⁶⁵ Dass eine Grippe-Pandemie aufgrund der relativ verbesserten Gesundheitssysteme auch künftig eher milde zu Buche schlagen wird, teilte die WHO im Mai 2009 mit. Erwähnt wurde allerdings auch, welche Teile der Bevölkerung besonders anfällig sind und ein erhöhtes Risiko tragen: »Menschen mit chronischen Grunderkrankungen wie Herz-Kreislauf-Erkrankungen, Bluthochdruck, Asthma, Diabetes, rheumatoider Arthritis und mehrere andere.« Das Vorherrschen (Prävalenz) einer dieser Erkrankungen »kann in Kombination mit anderen Faktoren wie dem Ernährungszustand die Schwere einer Pandemie erheblich beeinflussen.«⁶⁶

Kurzum: Wer entsprechend **vorerkrankt** ist, hat ein beachtlich höheres Risiko, an bzw. mit der Grippe noch schwerer zu erkranken oder gar zu sterben. Über dieses Grundwissen hat selbstverständlich jeder Mediziner zu verfügen. Besagte WHO-Information ist jedoch insofern bedeutsam, als trotz ihres Vorliegens sowohl bei den pandemischen Planspielen als auch bei COVID-19 vielerorts der Schutz der evidenten Risikogruppen verabsäumt wurde.

Die im Jahr 2009 auftretende »Schweinegrippe« (H1N1) war entgegen der medialen Panikmache sehr viel ungefährlicher als die herkömmliche Grippe. Dass sie zumindest nicht schlimmer war, stellten schon 2010 zahlreiche Mediziner fest.⁶⁷ Die Schätzungen der US-Gesundheitsbehörde CDC aus dem Jahr 2010 sind zwar extrem überzogen, weil sie vom hypothetischen 15-fachen Wert jener Zahlen ausgehen, die der WHO tatsächlich gemeldet wurden. Jedoch ist der anhand der geschätzten 151.700 bis 575.400 Verstorbenen im ersten Schweinegrippejahr⁶⁸ errechnete Mittelwert von 363.550 deutlich niedriger als jener der 490.000 alljährlich an der normalen Grippe Versterbenden.⁶⁹ Sohin ist die Aussage von Dr. Köhnlein verifiziert, dass die Schweinegrippe sogar nach offiziellen Quellen »harmloser als eine normale Virusgrippe« ist.⁷⁰

Der epidemiologisch nutzlos hergestellte **Impfstoff** im Wert von hunderten Millionen Euro musste letztlich als überteurer **Restmüll** in den Verbrennungsanlagen entsorgt werden, was dem deutschen Steuerzahler ein zweites Mal sein mühsam verdientes Geld kostete: »Die Fehleinschätzung der Pandemie hat den Ländern hohe Kosten beschert.«⁷¹ Rund 330 Millionen Euro berappen die deutschen Steuerzahler für den von 2002 bis 2009 getätigten Ankauf der medizinisch völlig nutzlosen Pillen Tamiflu und Relenza. Laut unabhängigen Experten sind nämlich beide Mittel »für eine Pandemiebekämpfung nicht geeignet« und daher »Fehlkäufe und die Verschleuderung von Steuergeldern«.⁷²

An dieser Stelle ist erneut auf das rechtzeitige Wirken des Infektionsepidemiologen Sucharit Bhakdi hinzuweisen. Gemeinsam mit dem damaligen Vorsitzenden des Unterausschusses für Gesundheit im Europarat, Amtsarzt Dr. Wolfgang Wodarg, betonte Bhakdi sofort die **Sinnlosigkeit** der beabsichtigten Erzeugung eines mit Verstärkern versehenen **Impfstoffs**: »Macht das nicht, Leute! Nicht gut!«[73] Ebendieser Umstand trägt offenbar dazu bei, dass bei der COVID-19-»Krise« weder Prof. Dr. Bhakdi noch Dr. Wodarg Gehör bei Politik und Leitmedien findet. Da diese Medien offenbar intensiv bei der Erzeugung von Leid mithelfen, darf man sie getrost Leidmedien nennen.

Nicht die harmlose Schweinegruppe, wohl aber potenziell gefährliche Infektionskrankheiten hatten die NATO – ausschließlich zum Schutz ihrer Soldaten – dazu bewogen, in den Jahren 2008 bis 2010 im realen Kosovo-Einsatz (KFOR) unter deutsch-französischer Führung multinationale Übungsserien zum Thema **Früherkennung** von Epidemien bzw. Gesundheitsüberwachungsfähigkeit, kurz *DHSC* (Deployment Health Surveillance Capability), durchzuführen. Dass diese Übungen als erfolgreich eingestuft wurden, ist die logische Konsequenz aus der bereits 2006 bestätigten internationalen Leistungsfähigkeit des angewandten französischen Alarm- und Kontrollsystems ASTER (Alert et Surveillance en Temps Reel), das gemäß seinem Namen (nahezu) in Echtzeit läuft. Anstoß für die bis dato erfolgreiche Implementierung war der NATO-Gipfel in Prag im Jahr 2002.[74]

Dezimierung der Weltbevölkerung

Im Jahr nach dem Ausbruch der »Schweinegrippe«, im Februar 2010, sprach der US-amerikanische Microsoft-Gründer Bill Gates bei einer TED-Konferenz (TED für Technology, Entertainment, Design) primär über Energie und Klima. Der CO_2-Ausstoß müsse unbedingt gegen Null gesenkt werden, weil dadurch der Temperaturanstieg verlässlich nachlasse. Die erste Variable in Gates' mathematischer Klimagleichung ist die Weltbevölkerung, die von damals 6,8 Milliarden demnächst auf neun Milliarden anwachsen werde. Der drohenden Überbevölkerung will der Techniker mittels künstlicher Geburtenkontrolle entgegentreten: »Wenn wir eine sehr gute Arbeit mit neuen **Impfstoffen**, Gesundheitsvorsorge und Reproduktionsmedizin [Fortpflanzungsmedizin] machen, könnten wir das [Ansteigen auf neun Milliarden Menschen] um 10 bis 15 Prozent **senken**.« Demnach will Bill Gates seit 2010 die Weltbevölkerung mittels künstlicher Eingriffe reduzieren, wobei Impfungen offenbar eine zentrale Rolle spielen. Bitte glauben Sie meinen Ausführungen nicht einfach, sondern prüfen Sie diese selbst nach, indem Sie sich Herrn Gates im Originalwortlaut anhören und -sehen.[75]

Anfang Februar 2011 wiederholte Gates seine Ziele gegenüber dem Massenmedium *CNN*. Auf die intelligente Frage des Reporters, was Gates exakt darunter versteht, dass er in den nächsten 10 Jahren 10 Milliarden Dollar investiert, um daraus jeweils ein »Jahr der Impfstoffe« zu machen, nannte der Multimilliardär unter anderem folgendes Ziel: »das **Bevölkerungswachstum reduzieren**«. So ist das Interview verkürzt im Artikel abgedruckt.[76] Im darin verlinkten Video sagt Bill Gates unmittelbar danach, wozu die impfbedingte Bevölkerungsreduktion dient: »Es gibt der Gesellschaft wirklich die Möglichkeit, sich um sich selbst zu kümmern, sobald man diese **Intervention** gemacht hat.«[77] Offensichtlich meint Gates eine Art Heilung der überbevölkerten Gesellschaft durch deren Dezimierung. Der volle Text kann auch im *CNN*-Transkript nachgelesen werden.[78] Nach diesen klaren Ansagen besteht kein Zweifel, was dieser nicht demokratisch legitimierte Mann im Kontext von Impfungen vorhat:

Massensterilisation

Grundsätzlich sind zwar Gates' Grundgedanken zur Überbevölkerung und zu einer erforderlichen Ausdünnung nachvollziehbar, sein Lösungsansatz entspringt jedoch dem typischen binären Denken eines Demagogen und Computermenschen, der sich stur an die dualen Extrempositionen »1« für wahr und »0« für falsch hält, ohne wenigstens einen einzigen Platzhalter für die im realen Leben zuhauf möglichen Zwischenstufen oder Alternativen vorzusehen. Folglich setzt seine Idee der faktisch-technischen Geburtenreduktion weder auf die Einsicht noch auf die Freiwilligkeit der Weltbevölkerung, sondern erinnert stark an die menschenverachtende Nazi-Methode der Zwangssterilisationen an gewissen Minderheiten. Doch Bill Gates hat mehr vor und ist zudem ein Multimilliardär, der zwar massiven Einfluss auf die Öffentlichkeit ausübt, aber von niemandem gewählt wurde.

Beides, unmenschliche Methoden und diktatorische Allüren, sind Parallelen zwischen Gates und jenem Mann, der bereits um 1925 schrieb, man könnte »die Zunahme der Geburten künstlich einschränken und damit einer Überbevölkerung begegnen.« Adolf Hitler hielt aber diese von ihm favorisierte Methode wegen des kursierenden Humanismus für nicht umsetzbar, was ihm schließlich ein weiteres Argument dafür lieferte, sein revanchistisch und vor allem rassistisch motiviertes geopolitisches Konzept des Kampfes um Lebensraum im Osten zu propagieren.[79] Nicht nur auf den Osten, sondern auf die ganze Welt hat es offenbar Bill Gates abgesehen, vorgeblich aus »humanitären Gründen«. Werden ihn die nächsten Generationen einer ausgedünnten Weltbevölkerung Kill Gates nennen?

Blaupause der Diktatur

Ad Nr. 6. Wir kehren zurück in das Jahr 2010, in dem die milliardenschwere **Rokkefeller** Foundation in Kooperation mit GBN (Global Business Network) im Hinblick auf künftige Technologien und internationale Entwicklungen eine Matrix von vier möglichen Szenarien entwickelte. Das erste Szenario mit dem militärisch angehauchten Namen »Lock Step« (Gleichschritt) beschreibt eine hochansteckende und tödliche Pandemie, die im Jahr 2012 von einem »neuen Influenza-Stamm« ausgelöst wird und in nur sieben Monaten acht Millionen Menschen tötet. Während dieser Planspiel-Pandemie, gelegentlich auch Plandemie genannt, bauen die nationalen Regierungen ihre Macht in etwa so aus, wie es 2020 anlässlich COVID-19 tatsächlich geschehen ist. Im Rahmen der »extrem virulenten und tödlichen« Plandemie wird als erste der strengen Maßnahmen das verordnete Tragen von **Masken** genannt. **China** setzt von Beginn an auf strenge Quarantäne für alle Bürger. Das chinesische Regime fungiert als Vorbild für den Westen, wo der »festere Griff nach der Macht« seitens der Regierenden vorerst von der Bevölkerung akzeptiert wird. Für sie sind bereits **biometrische Ausweise** angedacht, und zwar für alle Bürger: »biometric IDs for all citizens«. Außerdem werden jene Schlüsselindustrien eng reguliert, deren Stabilität als wichtig für nationale Interessen gelten. Als die Pandemie bereits abgeflaut ist, kehren die Regierungen im bis 2030 fortgeschriebenen Szenario nicht etwa zur Normalität zurück. Im Gegenteil. Im künstlichen Dauernotstand betreiben sie sogar noch einen **Machtausbau**. Dennoch geben die Bürger bereitwillig einen Teil ihrer Souveränität und ihrer Privatsphäre auf. Unmut regt sich erst ab 2025, aktiver Widerstand entsteht erst 2026 in Afrika. Auffällig ist, dass im ganzen Szenario Impfungen **kein** Thema sind.[80] Dieser Begriff taucht, jeweils zwangsfrei, lediglich in den drei anderen hypothetischen Szenarien auf, und auch das nur als Randthema.[81] Folglich stellt Lock Step kein Impfdrehbuch dar, wohl aber eine Blaupause für angehende Diktatoren.

In der realen Welt, wir schreiben 2012, verursachte ein **Corona-Virus** (MERS-CoV) das mittelöstliche Atemwegssyndrom **MERS** (Middle East Respiratory Syndrome).⁸² Daran sind von den weniger als 2.500 gemeldeten Infizierten letztlich 858 Menschen verstorben.⁸³ Ganz offensichtlich ist MERS keine Killerseuche.

Ad Nr. 7. Noch im selben Jahr, am 10. 12. 2012, erstellte die deutsche Bundesregierung eine fundierte Risikoanalyse über den Bevölkerungsschutz in einer plausibel simulierten Pandemie durch das hypothetische »Virus Modi-SARS«. Diese realitätsnah konzipierte Analyse wurde vom deutschen Bundestag Anfang Januar 2013 veröffentlicht.⁸⁴ Das Vorbild für das erfundene Virus war namentlich »die natürliche Variante 2003«, insbesondere das »**SARS-Corona-Virus** (CoV)«. Das erdachte Szenario geht von einer hohen Infektiosität, rund 7,5 Millionen Toten in drei Jahren und einer nicht zu bewältigenden Überlastung des Gesundheitssystems aus.⁸⁵ Dennoch – und das ist in Bezug auf COVID-19 von außerordentlicher Relevanz – sehen die Ersteller besagter Risikoanalyse **keinen** Lockdown, **keine** Maskenpflicht für die Bevölkerung und auch **keine** angeordneten Abstandsregeln vor. Zur Eindämmung der Infektionen zwecks Zeitgewinns für eine möglichst gleichmäßige Auslastung des Gesundheitssystems werden lediglich die Befolgung von Hygieneregeln, das Vermeiden von Massenveranstaltungen sowie weitere im Infektionsschutzgesetz (IfSG) vorgesehene behördliche Maßnahmen erwähnt. Als besonders wichtig hervorgehoben wird die gesetzlich vorgesehene Absonderung bzw. **Isolierung kranker** sowie krankheits- und ansteckungsverdächtiger Menschen.⁸⁶ Der vermutlich wichtigste Punkt in Relation zu COVID-19 ist folgende realitätsnahe Feststellung:

> *»Ein Impfstoff steht ebenfalls für die ersten*
> *drei Jahre nicht zur Verfügung.«*⁸⁷

Diese Beurteilung ist ein deutliches Signal dafür, dass der in nur wenigen Monaten produzierte COVID-Impfstoff weder wirksam noch sicher sein kann. Dass er beides nicht ist, wird im dritten Kapitel bewiesen. Die gegenständliche deutsche Risikoanalyse ist jedenfalls gewissenhaft vorbereitet und plausibel ausgearbeitet worden. Sie zieht selbst bei rund 2,5 Millionen Toten pro Jahr das Wegsperren der gesunden Masse und die generelle Einstellung der Betriebe **nicht** einmal leise in Erwägung. Auch eine Eilproduktion von Impfstoffen wird **nicht** angedacht.

2014 forderte die US-Regierung ihre Forscher zum Stopp der gefährlichen pathogenen Forschung an Grippe-, SARS- und MERS-Viren auf.⁸⁸ Doch dieses Moratorium ist längst aufgehoben worden, sodass die **Züchtung** gefährlicher Grippeviren weiterging. Bis heute stellt die »Gain-of-Function-Forschung« künstlich gefährlichere Viren her, um sie ansteckender und zwischen Säugetieren übertragbar zu machen. Das größte Biosicherheitslabor Chinas steht in **Wuhan**, dem offiziellen »Epizentrum« von COVID-19. Dass auch dort gefährliche Experimente mit Viren stattfinden, sogar mit **Corona-Viren,** ist kein Geheimnis. Und dass diese tödliche Technologie nicht nur nutzlos, sondern auch verrückt und höchstgefährlich ist, erklärt beispielsweise der Professor für Biomedical Engineering an der Johns Hopkins Universität Dr. Steven Salzberg.[89]

Ein weiterer US-Amerikaner, diesmal wieder Bill Gates, warnte Mitte März 2015 vor einer besonders virulenten **Grippe-Pandemie**, für die man global bei weitem nicht bereit sei. Sie könne aber sehr wahrscheinlich in den nächsten 20 Jahren eintreten und weltweit mehr als 10 Millionen Menschen töten.[90] Zumindest zum damaligen Zeitpunkt (2015) spielen unter den vorgeschlagenen Maßnahmen Impfungen eine eher untergeordnete Rolle. Primär empfiehlt Gates die Stärkung der öffentlichen Gesundheitssysteme vor allem in ärmeren Ländern, die rasche Implementierung eines globalen Frühwarn- und Kontrollsystems, die optimierte Prophylaxe und Behandlung des Schlüsselpersonals sowie die Ausdehnung diagnostischer Tests.[91] Zwecks breiter Veröffentlichung wurde Gates die Möglichkeit eingeräumt, einen Artikel in den *New York Times* zu verfassen.[92]

Genau in diesem Sinne und mit dem strategischen Blick auf die Ebola-Epidemie in Westafrika ab Dezember 2013 gerichtet, wurden Ende Mai 2015 im Auftrag des Planungsamtes der Bundeswehr an der hauseigenen Universität in Hamburg zwecks Vorhersage eines künftigen Epidemieverlaufs verschiedene operative Untersuchungsmodelle einer Prüfung nach mehreren mathematischen Methoden unterzogen. In Anbetracht der einige Jahre nach dem blutigen Bürgerkrieg in Liberia (1989 bis 2003) immer noch mangelhaften medizinischen Infrastruktur zeigt die abschließende Simulation der Studie, »dass der Einsatz von Community Health Workern im Vergleich zum Einsatz von professionellem medizinischen Personal einen Vorteil bei der Früherkennung und Einschätzung von Epidemien bringen würde.«[93]

Apropos epidemiologische Früherkennung. Die Stärkung der Kapazitäten aller Länder, vor allem der Entwicklungsländer, in den Bereichen »Frühwarnung, Risikominderung und Management nationaler und globaler Gesundheitsrisiken« wird von der Generalversammlung der UNO am 25. 09. 2015 explizit als eines der zu verfolgenden Ziele der Agenda 2030 genannt.[94] Im Rahmen der allgemeinen Gesundheitsvorsorge steht neben hochwertigen Gesundheitsdiensten auch der freie Zugang zu ebensolchen Arzneimitteln und **Impfstoffen für alle** auf dem Programm. Die

Forschung und Entwicklung zu Impfstoffen und Medikamenten zielt ausdrücklich auf Krankheiten ab, »von denen hauptsächlich Entwicklungsländer betroffen sind.«[95] Es ist keine Rede von flächendeckenden Impfungen oder gar einem Zwang hierzu. Vielmehr geht es, zumindest offiziell, um die prinzipielle Verfügbarkeit und Verteilungsgerechtigkeit. Die Pharmazie wird korrekterweise erst nach dem umfangreich behandelten Ziel der **Ernährungssicherheit** genannt: »Den Hunger beenden, Ernährungssicherheit und eine bessere Ernährung erreichen und eine nachhaltige Landwirtschaft fördern.«[96] Das hinter der Resolution steckende Konzept ist (theoretisch) insofern vorbildlich, als es dem Gedanken der Immunitätsstärkung als proaktive Krankheitsabwehr verschrieben zu sein scheint. Demselben Ziel dient der postulierte Ausbau der Früherkennung von Epidemien.

In diesem Kontext sticht folgender Widerspruch ins Auge. Obwohl 1. die NATO unter maßgeblicher deutscher Beteiligung seit 2006 über ein adäquates epidemiologisches Frühwarnsystem verfügt, 2. ein solches von einflussreichen Multimilliardären wie Bill Gates seit spätestens 2015 auch für die Zivilbevölkerung gefordert und 3. genau das vom deutschen Militär nicht nur ebenfalls vorgeschlagen, sondern sogar im Rahmen einer Expertise ausgearbeitet worden war, spielte dieses sehr wichtige Thema beim deutsch geführten G7-Gipfel im Juni 2015 **nicht** die geringste Rolle. Der Begriff »Frühwarnsystem« wird einzig und allein in der Rubrik »Klimawandel« genannt.[97] Die Gesundheit der Weltbevölkerung ist für die G7-Staaten offenbar ein mehr oder weniger finanzieller Aspekt, was schon die formal nachgeordnete Behandlung des Themas hinter »Finanzmarktregulierung«, »Handel« und »Verantwortung in der Lieferkette« nahelegt.[98] Inhaltlich erklärt der G7-Gipfel zwar seine Bereitschaft zur Stärkung der Gesundheitssysteme, betont dabei aber die zentrale Bedeutung von Notfallfonds und der Entwicklung einer »Pandemie Emergency Facility«. Dabei handelt es sich ausschließlich um die geforderte enge Kooperation zwischen WHO, Weltbank und Internationalem Währungsfonds.[99]

Also geht es vorwiegend nicht um den prophylaktischen Schutz von Menschenleben, sondern um ein finanzielles Reagieren. Nicht einmal in den reichen G7-Staaten wurde ein adäquates Frühwarnsystem zum Schutz der Zivilbevölkerung vor Epidemien eingerichtet, ganz zu schweigen von einer umfassenden aktiven Gesundheitsvorsorge im Sinne einer echten Prophylaxe. Diese und etliche andere Regierungen fördern daher nicht das effiziente kleine Geschäft mit der Prävention, sondern das menschenunwürdige große Geschäft mit der nachträglichen Intervention und damit das aus der Angst geschöpfte Kapital, an dem das Blut von Millionen Menschen klebt.

Im November 2015 legte eine internationale Studie nahe, dass der Ursprung des **SARS-Corona-Virus** tatsächlich ein »Fledermaus-Corona-Virus« ist.[100] Kurz darauf, von 08. bis 09. 12. 2015, hielt die WHO einen Workshop für die Vorbereitung von Forschung und Entwicklung sowie die Reaktion auf Notfälle im Bereich der öffentlichen Gesundheit aufgrund hochinfektiöser Krankheitserreger ab. Auf der dabei erstellten »Blueprint List«, einer am 10. 12. 2015 veröffentlichten Prioritätenliste mit potenziellen Krankheitserregern, stehen weit oben auf Platz drei »hoch pathogene neu auftretende **Corona-Viren**, die für den Menschen relevant sind (MERS Co-V & SARS).«[101]

Eine Studie über Tests mit SARS-ähnlichen **Corona-Viren**, »die in menschlichen Populationen eine begrenzte Übertragung erfahren und direkt infizieren können«, publizierte die US-amerikanische Akademie der Wissenschaft im März 2016.[102] Der im selben Jahr vom RKI erstellte wissenschaftliche Teil des deutschen Nationalen Pandemieplans 2017 enthält eine vorbildliche Prüfung pandemierelevanter Maßnahmen anhand der SARS-Epidemie und insbesondere in Bezug auf das SARS-assoziierte Corona-Virus.[103] Damit korrelieren die alljährlichen Blueprint-Listen der WHO. Jene vom Jahr 2018 weist erneut (wie schon 2015) die von einem Corona-Virus verursachten Krankheiten SARS und MERS aus. Allerdings taucht auch die ominöse »Disease X« auf, eine durch ein noch unbekanntes Virus ausgelöste »Krankheit X«.[104]

Sowohl vor natürlichen Epidemien als auch vor bioterroristischen Angriffen warnte Bill Gates beim Treffen einer privatrechtlichen Stiftung namens Weltwirtschaftsforum, kurz **WEF** (World Economic Forum), in Davos am 17. 01. 2017. Das Zerstörungspotenzial der »neuen« Form des Terrorismus sei sehr groß, weshalb man »nach **neuen Impfstoffen**« forschen müsse, »um den Ausbruch künftiger Epidemien verhindern zu können.«[105] Das internationale Wirtschaftsmagazin *Financial Times* ernennt das besagte WEF-Treffen in Davos zum Startpunkt einer »**globalen Milliarden-Dollar-Koalition**« zur Entwicklung neuer Impfstoffe. Zur Anschubfinanzierung von 460 Millionen Dollar habe neben Gates' Stiftung unter anderem auch die **deutsche Regierung** beigetragen. Über das von ihm angestrebte Entwicklungsverfahren erklärt Bill Gates, er wolle die »Zeit zwischen der Identifizierung und dem Einsatz eines Impfstoffs von heute 10 Jahren auf **weniger als 12 Monate** verkürzen.« Im Fall des Scheiterns sei er enttäuscht.[106]

Kurz darauf, am 18. 02. 2017, durfte der Laie Gates auf der Münchner Sicherheitskonferenz sprechen. Dort erklärte er, das Gesundheitswesen und die nationale Sicherheit seien dicht verwoben. Zum Beispiel könne die terroristische Verbreitung einer »synthetischen Version der Pocken oder einer super ansteckenden und tödlichen Version der Grippe« in kürzester Zeit Millionen von Menschen töten. Nachdem er den Eintritt derartiger pandemischer Horrorszenarien für »wahrscheinlich« erklärt hat, meint Bill Gates, der keinen Militärdienst geleistet hat, auf Epidemien müsse man sich vorbereiten »wie das Militär auf den **Krieg**.« Hierzu sei ein »Arsenal mit neuen **Waffen** – Impfstoffen, Medikamenten und Diagnose« zu errichten. Neue Impfstoffe genetischer Art seien »so schnell« zu entwickeln wie neue Bedrohungen auftauchen. Ohne hierfür eine plausible Erklärung anzubieten, behauptet Gates abermals, dass man bei neuen Impfstoffen die Entwicklungsdauer drastisch beschneiden könne.[107] Logisch gedacht, ist genau das Gegenteil der Fall. Dass ein Nichtmediziner und Nichtsoldat der Weltöffentlichkeit erklärt, wie Medizin und Militär zu funktionieren haben, hat einen gewissen kabarettistischen Unterhaltungswert.

Blaupause der Propaganda

Ad Nr. 8. Gesteigert absurd ist jene als Realsatire einzustufende »Krisensimulationsübung«, die vom deutschen BMG organisiert und im Rahmen des G20-Gipfels vom 19. und 20. 05. 2017 in Berlin[108] lächerliche **vier Stunden** »gespielt« im Sinne von abgespult wurde. Teilgenommen haben die jeweiligen Gesundheitsminister der G20-Staaten sowie Vertreter der WHO und der Weltbank. »Die erfolgreiche Übung war einzigartig in diesem Kontext«, lautet die Beschreibung seitens des BMG.[109] Der einzige Erfolg scheint, beabsichtigt oder nicht, die geistige Dressur der Teilnehmer mittels technisch perfekt aufbereiteter Vorgaben zu sein. Die Einzigartigkeit liegt zweifellos in der nicht zu unterbietenden inhaltlichen Schwäche.

Augenfällig stellt das BMG entgegen der üblichen Praxis das Arbeitsprotokoll der Übung nicht online zur Verfügung. Offenbar wurden die Teilnehmer nicht ordentlich beübt, sondern vorwiegend berieselt. Die einzigen auf der Homepage des BMG abrufbaren Dokumente sind die im »5C-Gesundheitskrisenübungs-Paket« abrufbaren Elemente.[110] Darin befindet sich kein Ergebnisprotokoll (Summary), sondern lediglich **vorgefertigte** Präsentationsunterlagen, die den Teilnehmern vorgespielt und vorgelegt wurden, darunter neun ca. zweiminütige Videos und ein Zeitungsartikel. Dem beiliegenden Agenda-Muster zufolge besteht die »Übung« aus kurzen Segmenten, in denen jeweils zuerst ein Video gezeigt und danach darüber diskutiert wird. Die Gesamtdauer beträgt vier Stunden.[111] Im erwähnten Zeitungsartikel wird von einem an das SARS-Virus angelehnten Erreger namens MARS (Mountain Associated Respiratory Syndrome) berichtet, der seit Beginn der sogenannten Epidemie ab Anfang 2017 bis zum 20. Mai im Staat »Anycountry« und seinem Nachbarland »Nexdoria« **einige hundert** Menschen getötet hat.[112] »Anycountry« allein hat acht Millionen Einwohner.[113] Über das Nachbarland liegen keine Daten vor. Zusammen haben sie jedenfalls mehr Einwohner als Österreich. In beiden fiktiven Staaten hat die »Pandemie« nach knapp fünf Monaten nicht einmal tausend Opfer gefordert. Im Kleinstaat Österreich sterben pro Saison viel mehr Menschen an der Grippe (siehe zweites Kapitel). Ein solcher Vergleich hätte den Übungsteilnehmern die relative Harmlosigkeit von MARS vor Augen geführt. Jedoch wurden brauchbare Vergleichswerte weder bereitgestellt noch selbständig eingeholt.

Die Aufmerksamkeit der »Übenden« wurde in die von den Drehbuchautoren bzw. ihren Auftraggebern gewünschte Richtung gelenkt. In einer technisch hochwertig produzierten TV-Nachrichtensendung (Video 7) wird verkündet, dass »Anycountry« den nationalen Notstand ausrufen musste. Sodann sagt die Sprecherin, außerhalb vom Ursprungsland gebe »es **27 bestätigte Fälle** auf der ganzen Welt.« Diese aberwitzige Meldung läuft noch schriftlich am unteren Bildrand weiter, als in der nächsten Szene MARS von der WHO zum »öffentlichen **Gesundheitsnotfall** von internationaler Tragweite« erklärt wird. Als wäre das noch nicht absurd genug, wird die weltweite sofortige Durchsetzung folgender Maßnahmen als nötig erachtet: strenge Hygiene, Identifikation der Infizierten (Tests?) und Tragen persönlicher **Schutzausrüstung** (Maske?). Der Handels- und Reiseverkehr müsse noch nicht eingeschränkt werden.[114] Dieselbe abstruse TV-Meldung mit den 27 weltweiten Fällen wird auch im nächsten Video (8) gezeigt, wobei die Sprecherin vom »**ersten Fall auf unserem Boden**« (im eigenen Land) spricht. Kurz darauf werden hysterische Menschen gezeigt, die ihre Angst artikulieren, sich auf Twitter aufregen, Grenzschließungen fordern und die **Untätigkeit** der Regierung beklagen.[115]

Die plumpe Manipulation zielt offensichtlich darauf ab, den teilnehmenden Politikern Angst vor enttäuschten Wählern und Stimmenverlusten zu machen, um sie dadurch zur Initiative zu zwingen, wozu aber bei klarem Verstand bzw. mangels Notsituation gar keine Veranlassung besteht. Auf diese Weise werden Politiker darauf konditioniert, auch im realen Leben simple absolute **Zahlen** (Infektionszahlen) selbst dann mit Schreckensbildern und Handlungsbedarf zu assoziieren, wenn sie so extrem niedrig wie jene in den offenbar von allen Übungsteilnehmern akzeptierten Videos sind. Die beste Propaganda ist bekanntlich jene, an die der Empfänger glaubt oder glauben will. Die Erzeugung der dazu nötigen Emotionen wird auf pandemischen »Übungen« wie der vom Mai 2017 eindrucksvoll bewerkstelligt. Das Event liefert geradezu ein Musterdrehbuch für pandemische Propaganda. Der anscheinend gewünschte Erfolg lässt sich sehen: In der Berliner Erklärung der G20-Gesundheitsminister vom 20. 05. 2017 für eine gesündere Zukunft geht es in sage und schreibe sechs von 32 Punkten um Impfstoffe, vor allem um **neue Impfstoffe** für Pandemien und die »**Impfung für alle**«.[116] Meiner Beurteilung nach ist das besagte Event nichts anderes als eine extrem erfolgreiche Werbeveranstaltung für Impfstoffhersteller, bei der es nicht um eine gesündere Zukunft für alle Menschen, sondern um eine noch reichere Zukunft weniger Pharmabonzen geht. Dabei scheint die WHO eine tragende Rolle zu spielen. Nach US-amerikanischem Vorbild (Nr. 4) wird beim G20-Treffen die angeblich tragende Rolle der WHO betont, die hierzu massiv von der internationalen Gemeinschaft unterstützt werden müsse.[117]

Ad Nr. 9. Die rein US-amerikanische Pandemieübung Clade X (analog zu Disease X) wird am 15. 05. 2018 vom Johns Hopkins Center for Health Security in Washington organisiert und ausgerichtet. Ganz ohne ausländische Beteiligung, aber vor ausgewählten Zusehern und live auf Facebook übertragen, üben 10 US-amerikanische Spieler aus den praxisrelevanten Bereichen nationale Sicherheit und Epidemiebewältigung die Bekämpfung einer bioterroristisch verbreiteten Pandemie. Dieser fallen letztlich 150 Millionen Menschen weltweit zum Opfer, davon 15 Millionen in den USA. Die verfolgte Agenda wirkt doppelt schizophren. Erstens wird das von Bill Gates ganz real artikulierte Ziel der **Bevölkerungsreduktion** bei der Übung einer fiktiven Terrorgruppe angedichtet. Psychoanalytisch betrachtet, handelt es sich um eine klassische Abwehr durch Projektion: Das eigene Übel wird in der Außenwelt einem oft nur konstruierten Bösewicht übergestülpt, in diesem Fall einer Gruppe von Terroristen. Zweitens wird die von Gates vorgeschlagene Verkürzung der Entwicklungsdauer für Impfstoffe zur ersten und wichtigsten Empfehlung erhoben:

> »*1. Die Fähigkeit, innerhalb von <u>Monaten</u> und nicht Jahren*
> *neue Impfstoffe und Medikamente für neuartige*
> *Krankheitserreger herzustellen.*«[118]

Dies ist nicht schlüssig, weil im ganzen sogenannten Übungsablauf der Maßnahmenfokus fast ausschließlich auf der Impfstofferzeugung liegt, während andere Maßnahmen entweder gar nicht vorkommen oder nur halbherzig angedeutet werden. Offensichtlich lässt das Drehbuch die besagten 150 Millionen Menschen mit voller Absicht sterben, um die besagte erste Empfehlung abgeben zu können. Als einzigem der behandelten Pandemiespiele liegt Clade X eine relativ gut aufbereitete Information über das fiktive Virus zugrunde. Es wird von Mensch zu Mensch übertragen und ist hochansteckend. Die Fallsterblichkeit (CFR) wird mit extrem hohen 20 Prozent angegeben. Es wurden sogar virale Modellgleichungen angestellt. Allerdings besteht gut die Hälfte der Virus-Beschreibung aus der Impfstoff-Modellierung.[119]

Sie hat dort überhaupt nichts zu suchen, weil die Übungsteilnehmer nicht manipuliert werden dürfen, damit sie die antiepidemischen Maßnahmen eigenverantwortlich festlegen können. Doch das war allem Anschein nach gar nicht erwünscht. Es ist daher kein Wunder, dass sich die sehr kurze »Übung« hauptsächlich auf noch gar nicht vorhandene Impfstoffe stürzt. Obwohl das gefährliche Virus zwischenmenschlich übertragen wird und laut Übungsvorgabe »die öffentliche Nachfrage nach Operationsmasken und Atemschutzmasken steigt«, wird diesem wichtigen Punkt **keine** weitere Beachtung geschenkt.[120] Eine zentral verfügte Massenquarantäne wird nicht angeordnet, weil sie »beispiellos« wäre. Nur ein einziger US-Bundesstaat verhängt die Quarantäne.[121] Ansonsten ist ein Lockdown – trotz 15 Millionen Toten – **kein** Thema. Das Thema Impfen kommt hingegen reichlich und intensiv vor.[122] Kein Wunder. Die im Drehbuch angelegte Manipulation hat gewirkt und bis zu einer prioritären Empfehlung geführt, die aus der Feder von Bill Gates stammen könnte.

Nach dieser eindrucksvollen Auflistung, die keinen Anspruch auf Vollzähligkeit erhebt, könnte man sich nur noch eine »Weissagung« über einen bevorstehenden Ausbruch einer Corona-Pandemie wünschen.

Vorhergesagtes Wuhan-Szenario

Eine ausdrückliche prophetische Warnung wurde tatsächlich am 02. 03. 2019 ausgesprochen, und zwar öffentlich von vier Mitarbeitern des Virologischen Instituts der Chinesischen Akademie der Wissenschaften in **Wuhan**:

> »Es wird allgemein angenommen, dass durch Fledermäuse übertragene Corona-Viren wieder auftreten und den nächsten Krankheitsausbruch verursachen. In dieser Hinsicht ist China ein wahrscheinlicher Hotspot.«

Virus, Überträger und Hotspot-Nation wurden demnach bereits knapp 10 Monate vor dem offiziellen COVID-19-Ausbruch in Wuhan von dort ansässigen Virologen vorausgesagt und mittels profunder Studie im frei zugänglichen Journal *MDPI* (Multidisciplinary Digital Publishing Institute) veröffentlicht.[123] Das Journal hat seinen Hauptsitz in der Schweiz und ist weltweit vernetzt.[124] Besagte Studie wurde daher auch in der US-amerikanischen Medizinischen Bibliothek ebenfalls Anfang März 2019 online gestellt.[125]

Auf diese explizite und sehr konkrete Warnung nimmt jedoch erstaunlicherweise der jährliche Bericht der WHO-anhängigen[126] Organisation GPMB (Global Preparedness Monitoring Board) vom September 2019 **keinen** Bezug, obwohl sich bei ihr – dem Begriff nach – alles um globale Vorbereitung und Überwachung von Gesundheitsgefahren dreht. Aber immerhin lautet eine ihrer nachvollziehbaren Forderungen: »Die Welt muss proaktiv die Systeme und das Engagement etablieren, die erforderlich sind, um Potenziale zu erkennen und Krankheitsausbrüche zu kontrollieren.« Damit ist das schon mehrfach postulierte epidemische Frühwarnsystem erneut auf dem Tablett. Schließlich sei die ganze Welt »zunehmend mit infektiösen Krankheitsausbrüchen konfrontiert.« Von diesen werden primär SARS, MERS und die Grippe genannt. Für eine globale Bedrohung ist man jedoch gemäß der Beurteilung der GPMB »unzureichend vorbereitet«. Mehr noch. Für eine pandemische Gefahr sei man gar nicht gewappnet: »Die Welt ist nicht auf eine sich schnell bewegende, virulente Erregerpandemie vorbereitet.« Diesem Umstand scheint die oftmalige ausdrückliche Forderung nach Impfungen geschuldet zu sein. Bis Juni 2019 seien bereits 750 Millionen US-Dollar für die Entwicklung von **Impfstoffen** gesammelt worden, »um zukünftige Epidemien zu stoppen.«[127]

Blaupause des Chaos-Managements

Ad Nr. 10. Sehr intensiv um Impfstoffe ging es wieder bei der formal glänzend organisierten High-Level-Pandemie-Übung Event 201, die am 18. 10. 2019 vom Johns Hopkins Center for Health Security, dem **WEF** und der Bill & Melinda **Gates** Stiftung in New York veranstaltet und mittels Livestream im Internet übertragen wird. Hier wird mit internationaler Besetzung technisch nachexerziert, was bereits bis inklusive Mai 2018 in der US-amerikanischen Klausur (Clade X, Nr. 9) generalgeprobt wurde. Bei Event 201 fügen sich alle vorher geübten Blaupausen zu einem Ganzen zusammen: Massenimpfungen, internationale Gleichschaltung und

Propaganda. Die von Rockefeller mit Lock Step propagierte Teildiktatur spiegelt sich in einem exzessiven Propagandafeldzug gegen Andersdenkende wieder.

Bei der simultanen virtuellen Übung ist eine schwere Pandemie namens CAPS zu bewältigen, eine fiktive Lungenkrankheit, die gemäß Namensgebung von einem **Corona-Virus** ausgelöst wird (CAPS: Corona-Virus Associated Pulmonary Syndrome).[128] Das ganze Szenario wird von 15 hochrangigen internationalen Vertretern aus öffentlichem Gesundheitswesen, Politik und Wirtschaft in einer Sitzrunde gespielt.[129] Positiv festzuhalten ist, dass dieses Event in völliger Transparenz stattgefunden hat, und welcher Zweck dabei offiziell verfolgt wurde: die Verdeutlichung »der Bemühungen zur Vorbereitung auf eine Pandemie, die erforderlich sind, um die großen wirtschaftlichen und gesellschaftlichen Folgen einer schweren Pandemie zu verringern.«[130]

Vernichtend negativ fällt beim Inhalt auf, dass trotz reichlicher Vorbereitungszeit und bester technischer Ausstattung eine adäquate Gefahrenanalyse und -bewertung nicht einmal im Ansatz stattfindet. Hierin kommt die vorgeübte Gleichschaltung zum Ausdruck. Nach der kurzen Feststellung der Sterblichkeit von 10 Prozent (analog zu SARS) werden keine weiteren Daten über das Virus eingeholt und daher auch keine Risikogruppen definiert. Infolgedessen werden weder ein Zweck noch konkrete Ziele oder so etwas wie eine Gesamtstrategie festgelegt. Stattdessen stürzt sich das gesamte Team, wie seit bereits 20 Jahren vorexerziert, sofort auf das vermeintliche Wundermittel der Massenherstellung von **Impfstoffen** und HIV-Medikamenten, deren Finanzierung, Logistik und Versorgungskette. Die restliche Zeit der »Planungsphase« wird der Informationspolitik gewidmet, insbesondere der Kontrolle über die sozialen Medien zum Verhindern von **Desinformationen**. Dabei wird vor allem an sogenannte Verschwörungstheorien gedacht, die der Pharmaindustrie und der UNO zu Unrecht unterstellen, sie hätten die Pandemie absichtlich zu ihrem eigenen Vorteil ausgelöst.[131] Hier wird also schon wieder Abwehr durch Projektion betrieben.

Zwar wird korrekt bedacht, dass auch Unternehmen und Regierungen Verbreiter von Falschinformationen sein können.[132] Jedoch beziehen sich die Empfehlungen für künftige Pandemien einzig und allein auf die Verbreitung von Desinformation durch Privatpersonen. Hohe Priorität wird der Zusammenarbeit von »traditionellen Regierungen und Unternehmen der sozialen Medien« zuerkannt, »um flinke Ansätze zur Bekämpfung von Fehlinformationen zu erforschen und zu entwickeln.« Es müsse die Fähigkeit ausgebildet werden, die Medien wortwörtlich »mit schnellen, genauen und konsistenten Informationen zu überfluten.« Wichtig seien auch die von nationalen Gesundheitsbehörden und WHO gemeinsam erarbeiteten und sodann veröffentlichten »Gesundheitsbotschaften«. Außerdem sollten sich laut den Organisatoren von Event 201 die Medienunternehmen »ihrerseits dafür einsetzen, dass amtliche Nachrichten [»authoritative messages«] priorisiert und falsche Nachrichten **unterdrückt** werden, auch durch den Einsatz von Technologie.«[133] Demnach sollen die Medien nur staatliche Informationen als korrekt und alles andere als falsch behandeln.

Exakt auf diesem Denkmuster basiert jene staatlich-mediale Propagandamaschinerie, die ab März 2020 anlässlich COVID-19 zwar selber laufend Fake News produzierte, insgesamt sieben Kategorien der Desinformation (siehe das gleichnamige Kapitel), dafür aber seriöse Experten wie Wodarg und Bhakdi ignoriert oder übel denunziert.

Abgesehen davon, weist Event 201 einige weitere unverkennbare Parallelen zur völlig misslungenen österreichischen und bundesdeutschen COVID-19-Regierungsarbeit auf. Zwar werden militärische Begriffe benutzt, wenn der Pandemie der Kampf (»Combat«) erklärt oder zur Info-Koordination eine Einsatzgruppe (»Task Force«) eingerichtet wird. Von strategischem Denken und einfachsten militärischen Grundsätzen fehlt jedoch jede Spur. Mit diesen hätte man Event 201 relativ einfach einer logischen und effizienten Lösung im Sinne der Volksgesundheit zuführen können.

Die nun folgende Musterlösung erhebt keinen Anspruch auf Vollständigkeit. Sie wird an dieser Stelle vorgenommen, um einerseits das absolut falsche und Chaos erzeugende Vorgehen im Rahmen von Event 201 transparenter zu machen und seinen wahren Zweck herauszufinden. Andererseits liegt ein nützlicher Bezugspunkt für die nachfolgenden Kapitel über den liberalen Sollzustand, den rechtswidrigen Istzustand und die Vision für die Folgejahre vor.

Musterlösung der Autorin

Zweck, Ziele, Mittel. Sowohl beim Militär als auch in der Privatwirtschaft findet das strategische Planungsinstrument der Zweck-Ziele-Mittel-Relation vielfache Anwendung. Der Zweck drückt aus, warum bzw. wozu etwas gemacht wird. Die Ziele besagen, was zu tun ist. Wie sie erreicht werden, bestimmen die Mittel. Die Zweck-Ziele-Mittel-Relation wurde erstmals vom preußischen Militärwissenschaftler Generalmajor Carl von Clausewitz

Musterlösung

(1780 bis 1831) in seinem Hauptwerk *Vom Kriege* formuliert. Zweck, Ziele und Mittel stehen in dieser Reihenfolge in einer klaren Hierarchie zueinander. Was Clausewitz auf rund 40 Seiten formuliert, lässt sich wie folgt auf den Punkt bringen: Der (politische) Zweck steht an oberster Stelle. Er ist das »ursprüngliche Motiv«, eine Vision vom angestrebten Endzustand oder Sollzustand. Dessen Verwirklichung dienen die festzulegenden Ziele. Sie sind die Meilensteine auf dem Weg vom Istzustand zum Sollzustand. Zur Erreichung der Ziele werden schließlich verschiedenste Mittel eingesetzt.[134] Anders ausgedrückt: Der allem übergeordnete Zweck bildet den Gesamtrahmen und das Maß sowohl für die aus ihm abgeleiteten Ziele als auch für die zu deren Erreichung festgelegten Mittel. Ziele und Mittel müssen stets dem übergeordneten Zweck dienen. Alles ist vom zu allererst definierten Zweck abhängig. Der wohl meistzierte Ausspruch von Generalmajor von Clausewitz ist folgender: »Der Krieg ist eine bloße Fortsetzung der Politik mit anderen Mitteln.« Krieg hat keinen Selbstzweck, »denn die politische Absicht ist der Zweck, der Krieg ist das Mittel, und niemals kann das Mittel ohne Zweck gedacht werden.« Beim Beispiel der militärischen Auseinandersetzung bleibend, ist ihr Zweck, dem Gegner den eigenen politischen Willen aufzuzwingen. Das Ziel ist, den Feind wehrlos zu machen. Ein mögliches Mittel hierzu ist physische Gewalt im Sinne von Krieg.[135]

Der Zweck bzw. angestrebte Endzustand ist eine **positiv** formulierte Momentaufnahme in der Zukunft: der bereits gegenüber dem Feind durchgesetzte Wille, also erfolgreich ausgeübte Macht. Umgemünzt auf eine Pandemie, ist der Zweck ihrer Bewältigung das weitere Funktionieren, ja der Machterhalt des sozialen Gemeinwesens. Die Eindämmung der Pandemie ist lediglich ein mögliches Ziel, nie aber der höhere Zweck.

Entgegen diesen relativ simplen und gleichsam unverrückbaren Grundsätzen haben die Darsteller von Event 201 ihren wirren Krieg gegen ein Virus offenbar zum Selbstzweck geführt. Dabei wäre es ein Leichtes gewesen, einen Zweck im Sinne eines positiv formulierten Sollzustands zu definieren (das Warum), konkrete Ziele festzulegen (das Was) und die Mittel zur Durchführung zu bestimmen (das Wie). Der dazu erforderliche Prozess ist ein in der militärischen Führung normiertes Standardverfahren: 1. Problemerfassung, 2. Beurteilung der Lage, 3. Entschlussfassung, 4. Planentwicklung und 5. Auftragserteilung zur Umsetzung. Mit diesen Grundsätzen nicht vertrauten Pandemieplanern, Politikern und Beamten wird hiermit das mustergültige und auch für Zivilisten frei verfügbare Reglement der Schweizer Armee empfohlen.[136]

Hätte man dieses Basiswissen bei Event 201 zumindest teilweise angewandt, wäre der im Rahmen der Problemerfassung (1.) zu definierende Zweck des Ganzen die Bewältigung der Pandemie bei weitestgehend aufrechtem sozialem Leben. Der angestrebte Sollzustand (das Warum) hat die nahezu vollständig **erhaltene Leistungsfähigkeit** der Wirtschaft zu sein. Denn sie hält letztlich auch das Gesundheitssystem am Leben. Dieser Zweck entspricht den realen Bedürfnissen von Volk und Land. Zudem resultiert er, wie noch zu zeigen ist, auch aus den Regelungsgehalten des österreichischen Epidemiegesetzes (EpG) und des bundesdeutschen Infektionsschutzgesetzes (IfSG).

Anhand der medizinischen Faktenbasis ergibt sich sodann aus der umfassenden Lagebeurteilung (2.) die korrekte Risikoeinschätzung, auf **wen** es das CAPS-Virus mit seiner 10-prozentigen Sterberate abgesehen hat. Die gesunde Masse der Bevölkerung ist grundsätzlich nicht ernsthaft betroffen. Gefährdet sind lediglich die Risikogruppen, in der Regel Hochbetagte und schwer Vorerkrankte. Bei einer ultrainfektiösen und tödlichen Pandemie könnte die gleichzeitige schwere Erkrankung zu vieler Risikopatienten zum zeitnahen Kollaps des Gesundheitssystems führen. Folglich ist Ziel 1 der besondere Schutz der Risikogruppen. Dieser dient zugleich Ziel 2, nämlich der kapazitätsgerechten Krisenbewältigung durch eine möglichst gleichmäßige Auslastung der Gesundheitseinrichtungen. Ziel 3 ist die Ermöglichung der seit Anbeginn der Menschheit vorgesehenen natürlichen Immunität der grundsätzlich gesunden Masse der Bevölkerung durch Infektion und Überstehen der Krankheit. Damit geht konsequenterweise Ziel 4 einher: die vollständige Bewegungsfreiheit der gesunden Masse, welche die Wirtschaft intakt hält.

Im Rahmen der Entschlussfassung (3.) werden die Mittel festgelegt. Beim Militär spricht man von Operationen. Hier sind die zur Erreichung der Ziele erforderlichen Maßnahmenpakete gemeint: von proaktiven Schutzmaßnahmen für die Angehörigen der Risikogruppen über allgemeine medizinische Vorbereitungen über die wahrheitsgetreue Informierung der Bevölkerung bis hin zur natürlichen Stärkung des Immunsystems. Diese Maßnahmenbündel, die **keine** Impfungen beinhalten, werden im zweiten Kapitel über den erreichbaren Sollzustand im Detail behandelt. Nach dem Entschluss folgt

> **Musterlösung**
>
> die Entwicklung des Plans (4.) zur koordinierten Umsetzung bei möglichst effizientem Einsatz der vorhandenen Ressourcen. Hier geht es vor allem um das Wann, Wo und Wer der Durchführung. Zuletzt erfolgt der Auftrag zur Umsetzung (5.) an die Behörden. Mit dieser einfachen Herangehensweise lässt sich die fiktive schwere CAPS-Pandemie gut überstehen – und umso mehr eine Pseudo-Pandemie namens COVID-19.

Weil das Team von Event 201 bereits bei Punkt 1. (Problemerfassung) kläglich gescheitert ist, hat es die alles entscheidende Lagebeurteilung (2.) einfach übersprungen, um sodann auch bei der Entschlussfassung (3.) komplett zu versagen. In Ermangelung von Zweck und Zielen wurde lediglich eine einzige Sofortmaßnahme festgelegt: flächendeckende Impfungen. Diese fixe Idee wurde weder auf Exklusivität (Alternativen) noch auf Tragbarkeit (Angemessenheit) und Vollständigkeit (Ergänzungen) geprüft. Im Grunde beruht die ganze weitere Team-Tätigkeit inklusive zeitraubender Diskussionen über einen Lockdown bzw. eine Massenquarantäne einzig und allein auf einer verfrühten und völlig falschen Planentwicklung (4.), die im Rahmen eines ordentlichen Risikomanagements maximal eine Eventualplanung oder eine unterstützende Begleitmaßnahme (freiwilliger Impfschutz für medizinisches Personal) sein dürfte. Mit anderen Worten: Von den bekannten W-Fragen hat man vergeblich versucht, das Wie festzulegen, ohne sich vorher die Fragen nach dem Warum (Wozu) und dem Was zu stellen.

Es gibt jedoch auch einige positive Gründe, sich die im Internet frei zugänglichen fünf Videos (Segmente) mit einer Gesamtdauer von knapp 3,5 Stunden anzusehen.[137] Erstens wird es auch bei exponentiell steigenden Infektionszahlen der **Bevölkerung frei** überlassen, ob und wie sie den Handel fortsetzt und ob sie verreist. Man setzt auf die bestmögliche Informierung der Menschen und vertraut auf ihr verantwortungsbewusstes Handeln.[138] Gesichtsmasken und Ausgangsbeschränkungen sind überhaupt **kein** Thema. Selbst als für die nächsten drei Monate weltweit 30 Millionen Infizierte und drei Millionen Tote prognostiziert werden, wird im Hinblick auf etwaige Lockdowns eine mustergültige Abwägung zwischen den Risiken und Vorteilen im Sinne einer Balance zwischen Schaden und Nutzen diskutiert. Schließlich verzichtet man auf Lockdowns, weil »ganze Städte mehr unter den Interventionen leiden würden als unter CAPS.«[139]

Trotz 65 Millionen Toten in den ersten 18 Monaten[140] wird in den Fabriken fleißig weitergearbeitet. Allerdings haben viele Dienstleister von sich aus zugesperrt bzw. einen lokalen Shutdown (Betriebsschließung) gemacht.[141] Die primäre Schlussfolgerung der Spieler lautet, dass von den nationalen Regierungen ab sofort Kooperationen mit der Wirtschaft abzuschließen sind, um auf eine etwaige schwere Pandemie bestmöglich vorbereitet zu sein. Bei herkömmlichen Epidemien bzw. unterhalb einer schweren Pandemie genügen folgende Maßnahmen, die sich bisher vielfach bewährt haben:

> ➢ Isolation der Kranken
> ➢ Soziales Abstandhalten
> ➢ Überwachung des Epidemieverlaufs[142]

Allerdings wurde das alles entscheidende Ziel des prophylaktischen Risikogruppenschutzes ausgelassen. Auch sind die für CAPS und andere schwere Pandemien geplanten flächendeckenden Impfungen zwar absoluter Schwachsinn, weil ihre Bedeutungslosigkeit für epidemische Eindämmungen längst wissenschaftlich erwiesen ist (siehe oben). Dennoch hat der Wahnsinn insofern System, als er anscheinend folgendem mechanischem Denkmuster entspringt: Keine Gesundheitsprophylaxe und kein epidemisches Frühwarnsystem bedeuten ein globales Impfsystem. Doch liegt der vielleicht sogar absichtlich gepflegte Denkfehler offen da. Würde man nämlich vom alljährlichen Rüstungsbudget nur wenige Prozent abzweigen und sie in die Verbesserung des Ernährungs- und Gesundheitswesens sowie der Lebensbedingungen ärmerer Regionen investieren, wäre die dadurch bedingte Stärkung des menschlichen Immunsystems die beste, weil natürlichste und effizienteste Pandemieprävention. An ein absurdes Injizieren hochgiftiger Substanzen müsste man gar nicht erst denken. Soweit zur Logik.

Es drängt sich daher die Frage auf, ob die im Hinblick auf Volksgesundheit und -wirtschaft hirnrissig anmutende Herangehensweise im Rahmen von Event 201 mit voller Absicht gewählt wurde. Soll sie im tatsächlichen oder vermeintlichen Katastrophenfall, für den so gut wie niemand adäquat vorbereitet ist und in dem es dann drunter und drüber geht, von den Entscheidungsträgern bereitwillig als vermeintlich alternativenlose **Blaupause** für deren eigenes Handeln übernommen werden? In der Not frisst der Teufel bekanntlich Fliegen. Im vorliegenden Zusammenhang spielt er möglicherweise ein vorbereitetes Drehbuch für ein vorsätzlich betriebenes **Chaos-Management** nach. Gemeint ist ein bewusst falsch vollzogenes Krisenmanagement im Sinne eines organisiert ablaufenden Chaos. Dadurch wäre ein großer Schritt in Richtung globaler Impfaktion getan. Und genau das ist der logische

Zweck von Event 201, einer knapp drei Monate vor dem offiziellen Ausbruch von COVID-19 durchgeführten Plandemie, die vom WEF und vom Impfpapst Bill Gates persönlich gesponsert wurde.

Für die gesundheitlich und wirtschaftlich geschädigten Bürger ist es freilich nicht logisch, dass die Regierungen Österreichs und Deutschlands die vielen und regelmäßigen Warnungen internationaler und eigener Experten vor heranstehenden Pandemien einfach überhört oder überlesen haben. Zum Beispiel zählen die vom österreichischen Verteidigungsministerium herausgegebenen Sicherheitspolitischen Jahresvorschauen der Jahre 2015 bis 2019 jeweils **Pandemien** ausdrücklich zu den umfassenden Risiken und Bedrohungen für die nationale und internationale Sicherheit.[143]

Laut der Sicherheitspolitischen Jahresvorschau 2020, die am 18. 12. 2019 veröffentlicht wurde und sich nachweislich auch an die Politik richtet,[144] bleibt neben einem umfassenden Blackout auch eine schwere Epidemie auf der Risikoskala »im Bereich des Möglichen – mit schwersten Schädigungen der Infrastruktur, der Wirtschaft, des öffentlichen Lebens und natürlich bei der Bevölkerung selbst.«[145] Die Eintrittswahrscheinlichkeit wird mit höher als 50 Prozent und jene der schädlichen Folgen mit nahezu 100 Prozent beurteilt. Die Auslösung der Krankheit durch einen gänzlich unbekannten Erreger wird für möglich gehalten,[146] gleichzeitig jedoch »die Sicherheitsvorsorge im Bereich der Pandemierisiken als unzureichend beurteilt.« Es steht ausdrücklich »außer Frage, dass auch Österreich von all diesen Erregern getroffen werden kann« – wie insbesondere jenen von Disease X, SARS und Influenza. Deshalb müssen, so lautet die zutreffende Konsequenz, »die Verantwortungsträger weltweit **proaktiv** zur **Vorsorge** motiviert werden.« Folgende Empfehlung von Frau Brigadier Dr. Dr. Sylvia-Carolina Sperandio, der Leiterin des Militärischen Gesundheitswesens im Bundesministerium für Landesverteidigung (BMLV), ist in ihrer Klarheit unübertreffbar und hätte am besten sofort in den Kanzleien des Bundeskanzlers, des Innenministers und des Gesundheitsministers ausgehängt werden sollen:

> *»Die Vorbereitung auf eine Pandemie, sei sie natürlich oder als terroristischer Akt ausgelöst, muss ein prioritäres Ziel der Regierung und der österreichischen Sicherheitsstrategie sein. [...] Stetige Evaluierung, Aktualisierung der Pandemiepläne und regelmäßige Übungen des Zusammenwirkens aller Beteiligten dürfen in Österreich nicht länger verabsäumt werden.«*[147]

Wohlgemerkt stammen diese eindringlichen Worte von einer Offizierin des BMLV, die sich grundsätzlich »nur« um das militärische Gesundheitswesens kümmern müsste. Sie dachte jedoch löblicherweise weit über ihren Zuständigkeitsbereich hinaus. Dies war auch nützlich, zumal sich der vom Gesundheitsministerium erstellte Pandemieplan 2006 offenbar erstmals mitten in der Corona-»Krise« bis mindestens Mitte 2020 in der Phase der »Überarbeitung« befand. Auf das auch in Deutschland katastrophale »Krisenmanagement«, das schon vor COVID-19 eine Krise für sich war, kommen wir noch einmal im dritten Kapitel über den rechtswidrigen Istzustand zu sprechen. Die evidente Rechtswidrigkeit der tatsächlich verhängten Maßnahmen ergibt sich in erster Linie aus einer absoluten Faktenresistenz bzw. aus der Negierung jener gewissenhaft aufbereiteten Informationen und Studien, die chinesische Experten rechtzeitig und öffentlich abrufbar zur Verfügung gestellt haben.

C. Hilfreiche Infos und Studien

Bereits am 30. 12. 2019 warnte der 34-jährige chinesische Augenarzt Li Wenliang seine Kollegen via Internet über verdächtige Krankheitsfälle in Wuhan. Diese Warnung verbreitete sich rasant im Netz, weshalb der junge Arzt angeblich von der chinesischen Polizei dazu angehalten wurde, keine »die öffentliche Ordnung störenden Gerüchte zu verbreiten.« Beginnend beim US-amerikanischen TV-Sender CNN wurde von einigen Medien das Gerücht verbreitet, der inzwischen mit COVID-19 verstorbene Arzt sei zur Vertuschung genötigt worden.[148] Auf diese Weise wird dem Zuseher und Leser – nach dem allgemein üblichen Muster raffinierter Kriegspropaganda – suggeriert, China hätte absichtlich eine schwere Seuche verheimlicht. Dies erscheint jedoch plausibel, weil die Gesundheitskommission von Wuhan erst am selben Tag, also ebenfalls am 30. 12. 2019, die medizinischen Einrichtungen über eine »unbekannte Lungenentzündung« in Kenntnis setzte und dabei die Warnung aussprach, ohne vorherige Genehmigung »keine Informationen zur Behandlung der Krankheit an die Öffentlichkeit weiterzugeben.«[149] Auf den ersten Blick handelt es sich um eine sinnvolle und gerade in einer Diktatur wie China gängige Praxis der zentralen Steuerung. Bevor man etwas anordnet, muss zuerst intern geklärt werden, womit man es zu tun hat und wie darauf zu reagieren ist. Dennoch kommt die Maßnahme reichlich spät. Allem Anschein nach ist sie eine vertuschende Notlösung. Denn wie eine Studie chinesischer Virologen darlegt, wurde SARS-CoV-2 offenbar im Auftrag der chinesischen Regierung labormäßig entwickelt.[150]

Nur einen Tag später, sohin am 31. 12. 2019, wurde die WHO rechtzeitig und konkret von China über ein neuartiges Corona-Virus bzw. darüber informiert, »dass in der Stadt Wuhan in der chinesischen Provinz Hubei mehrere Fälle von Lungenentzündung unbekannter Ursache aufgetreten sind.« Mit der diesbezüglichen Veröffentlichung seitens der WHO am 10. 01. 2020[151] war der Beginn von COVID-19 offiziell markiert. Über das weitere Geschehen folgten Unmengen an WHO-Informationen, davon **19 Meldungen** – auch in deutscher Sprache – im relevanten Zeitraum 31. 12. 2019 bis 13. 03. 2020.[152] Die Relevanz des genannten Zeitraums ergibt sich aus dem unmittelbar daran anknüpfenden Beginn der Phase der ersten Anlassgesetzgebung in Österreich (15. 03. 2020) und Deutschland (23. 03. 2020).

Einer der ersten, die reagiert haben, ist der Professor für Medizinische Mikrobiologie und Virologie der Martin-Luther-Universität in Halle (Saale) Dr. Alexander Kekulé. Bereits am **22. 01. 2020** warnte der deutsche Epidemiologe vor der rasanten Verbreitung des COVID-19-Virus in Europa und empfahl der bundesdeutschen Regierung öffentlich die Testung von Reisenden an Grenzen und Flughäfen.[153] Doch auf ihn gehört hat man nicht. Stattdessen findet ein wissenschaftlich wertloser Test sogar weltweite Anwendung.

Wertloser Corona-Test

Der Corona-PCR-Test ist virologisch und daher auch epidemiologisch absolut wertlos. Das geht bereits aus der von Prof. Dr. Christian Drosten und seinen Kollegen selbst angelegten Studie hervor, die schon am 23. 01. 2020**,** noch **vor** der ersten chinesischen Publikation, im europäischen Journal für Infektionskrankheiten *Eurosurveillance* veröffentlicht wurde. Behauptet wird zwar der erste Nachweis des neuartigen Corona-Virus 2019-nCoV, das später in SARS-CoV-2 umgetauft wurde. Jedoch können mit dem verwendeten Test vom Typ RT-PCR (Reverse Transcription Polymerase Chain Reaction), der genetische Viren-Substanzen von RNA in DNA umwandelt, nur winzige **tote** Virenpartikel gefunden werden. Folglich können **keine** neuen Viren-Sequenzen oder gar neue vollständige Viren und erstrecht **keine** akuten Infektionen nachgewiesen werden.

Hierzu hätte ein vollständig isoliertes und reines Exemplar des aktuellen Virus verwendet werden müssen. Das Erfordernis der vollständigen Partikelbereinigung geht auf Robert Koch höchstpersönlich zurück, den Begründer der Mikroben-Theorie. Im Jahr 1890 stellte Koch, der Namenspatron des RKI (Robert-Koch-Instituts), hinsichtlich der Ursache-Wirkung-Beziehung zwischen Virus und Krankheit drei Postulate auf, die bis heute anerkannt sind: 1. Das Virus muss in jedem einzelnen Fall der Krankheit anzutreffen sein, welche immer dieselben Symptome aufzuweisen hat. 2. Dasselbe Virus darf bei keiner anderen Krankheit vorkommen. 3. Entscheidend ist zudem, dass das Virus »von dem Körper vollständig **isoliert** und in **Reinkulturen** hinreichend oft umgezüchtet, imstande ist, von neuem die Krankheit zu erzeugen.«[154] Das dritte Postulat setzt sich sohin aus drei wesentlichen Bedingungen zusammen, die sicherstellen müssen, dass dieses und nur dieses konkrete Virus die Ursache der Krankheit ist. Diese Erfordernisse werden bis heute von sämtlichen Virologen und insbesondere auch von den erwähnten HIV-Retrovirologen Luc Montagnier und Francoise Barré-Sinoussi anerkannt und eingefordert,[155] so auch vom deutschen Virologen und Molekularbiologen Dr. Stefan Lanka.[156]

Genau diese unabdingbaren wissenschaftlichen Mindestanforderungen konnten jedoch aufgrund der uneinheitlichen Symptomatik der angeblichen Krankheit COVID-19 nicht erfüllt werden. Die Koch'schen Postulate 1. und 2. werden bis zum heutigen Tag verletzt. Auch das dritte Postulat wird nicht erfüllt, weil alle drei Bedingungen mangels Materials aus Wuhan schlichtweg unerfüllbar sind, was schon die Einleitung der vorhin genannten Studie vom 23. 01. 2020 verrät, der zufolge zwar an einer »robusten Diagnosemethode« gearbeitet worden sei, jedoch »**ohne Virenmaterial verfügbar zu haben.**« Dieser unlösbare Widerspruch durchzieht die ganze dadurch wertlose Arbeit. Das tatsächliche Auffinden des gesuchten neuen Virus wird nicht einmal behauptet, sondern nur, dass »die verwendeten Genomsequenzen auf das Vorhandensein eines Virus hindeuten«, das mit SARS-CoV-1 eng verwandt sein könnte (Konjunktiv).[157]

Zudem beruht die Erzeugung des nahezu in Echtzeit laufenden angepriesenen Tests nicht auf geprüftem Wissen, sondern lediglich auf der Annahme, dass der COVID-19-Ausbruch mit einem SARS-ähnliches Corona-Virus zusammenhängt. Ausschließlich auf Gerüchte aus den »Sozialen Medien« gestützt, hat die Forschergruppe rund um den deutschen Virologen Prof. Dr. Christian Drosten »also **angenommen**, dass ein SARS-bezogener CoV an dem Ausbruch beteiligt ist.« Übereilt, weil ohne die ersten chinesischen Ergebnisse abzuwarten, wurden alle online verfügbaren 729 SARS-bezogenen Sequenzen gesammelt und von diesen die synthetischen und duplizierten abgezogen. Die finale Liste enthält immer noch sage und schreibe **375 genetische Sequenzen.**[158] Das Basismaterial besteht also lediglich aus kleinsten Schnipseln von toten Viren, die allesamt nicht SARS-CoV-2 heißen.

Man muss kein Virologe sein, um auf den logischen Gedanken zu kommen, dass just diese hohe Sequenzdichte, die nachweislich nicht von einem einzigen reinen und isolierten Virus stammt, die Quelle der inzwischen erwiesenen Unbrauchbarkeit des Tests ist. Prof. Dr. Ulrike Kämmerer ist eine Virologin, Zellbiologin, Humanbiologin und Immunologin am Würzburger Universitätsklinikum.[159] Sie bestätigt, dass der PCR-Test kein immunologischer Test ist, sondern nur ein Nukleinsäure-Nachweis. Als solcher kann er **keine** Infektion nachweisen. Denn er »multipliziert nur einen kleinen Genabschnitt aus einer ausgewählten Region des Virus, ohne sagen zu können, ob das Full-Length-Virus [Virus in voller Länge] überhaupt vorhanden ist.« Bereits kleinste Trümmer führen zu einem »positiven« Test.[160]

Wie weiter unten gezeigt wird, wird die epidemiologische Unbrauchbarkeit sogar von der Testanleitung selbst sowie seitens des RKI bestätigt. Außerdem schlägt der Test, wie ebenfalls noch zu zeigen ist, nicht nur bei älteren Corona- und Grippe-Viren sowie neuartigen Corona-Viren von Fledermäusen und Schuppentieren an, sondern auch bei Ziegen und sogar bei exotischen Früchten. Es drängt sich der vielleicht etwas holprige Vergleich mit dem vergeblichen Versuch eines Lesers auf, in einem umfangreichen digitalen Schriftstück das Wort »Virusisolation« zu finden, indem er in die elektronische Suchfunktion nicht den korrekten Begriff, sondern nur dessen Buchstaben jeweils einzeln eingibt. Das Ergebnis wird nicht das eigentlich gesuchte Wort, wohl aber eine Unmenge an wertlosen Treffern sein.

Die Sequenzdichte ist bei PCR-Tests generell hoch, was zu deren erhöhter Sensibilität, zu falschen Ergebnissen und letztlich zur Verfälschung der Statistik führt. Auf diesen Umstand hatte Kary B. Mullis, einer der beiden **Entwickler** des PCR-Tests, schon frühzeitig hingewiesen. Der schon verstorbene Mullis war ein US-amerikanischer Biochemiker. 1993 wurde ihm für die Entwicklung des PCR-Tests der **Nobelpreis** verliehen.[161]

Im Zusammenhang mit HIV erklärte Kary B. Mullis in einem TV-Interview, der von ihm geschaffene PCR-Test erlaube nur, »eine winzige Menge von irgendetwas zu nehmen, es messbar zu machen und es dann so darzustellen, als ob es wichtig wäre. Das ist eine falsche Interpretation. Der Test sagt **nicht** aus, ob man krank ist oder ob das, was gefunden wurde, uns wirklich schadet.«[162]

Auf exakt denselben Umstand hatte im Jahr 2014 niemand anderer hingewiesen als Christian Drosten. Als MERS auf der arabischen Halbinsel »ausgebrochen« war, wusste Drosten über die zu hohe Empfindlichkeit des PCR-Tests wie folgt zu berichten: Die Methode »ist so empfindlich, dass sie ein einzelnes Erbmolekül dieses Virus nachweisen kann.« Selbst eine Krankenschwester, der ein Erreger »mal eben einen Tag lang über die Nasenschleimhaut huscht, ohne dass sie erkrankt oder sonst irgend etwas davon bemerkt,« wurde zum Befremden Drostens »plötzlich ein MERS-Fall. Wo zuvor Todkranke gemeldet wurden, sind nun plötzlich milde Fälle und Menschen, die eigentlich **kerngesund** sind, in der Meldestatistik enthalten.« Dies sei eine Erklärung für »die Explosion der Fallzahlen in Saudi-Arabien«. Außerdem haben »die Medien vor Ort die Sache unglaublich hoch gekocht.«[163]

So lautet die korrekte Erklärung jenes Mannes, der im Januar 2020 selber hastig einen wissenschaftlich unhaltbaren PCR-Test produziert hat, dessen mangelnde Eignung die Corona-Statistiken weltweit explodieren lässt. Von der genannten Studie ist daher zu erwähnen, dass der daran beteiligte Prof. Dr. Christian Drosten, der Leiter des Virologischen Instituts der Universitätsmedizin Berlin (Charité) und hoher Berater der deutschen Bundesregierung, bei der Testerzeugung den Löwenanteil geleistet hat: »Planung von Experimenten, Konzeption der Laborarbeit, Konzeption der Gesamtstudie, Verfassen des Manuskriptentwurfs«.[164] Die gesamte Vorgangsweise erweckt den Anschein absoluter Unlogik und Unwissenschaftlichkeit. Ob auch ein Interessenkonflikt, Betrug, Anstellungsbetrug und gar ein Verbrechen gegen die Menschlichkeit vorliegen, wird noch zu klären sein. Schlüssig darauf abzielend, hat Dr. Stefan Lanka bereits Strafanzeige gegen Prof. Dr. Drosten erstattet.[165]

Derart braucht man gegen chinesische Wissenschaftler nicht vorzugehen, denn diese meldeten gewissenhaft weiter. Die erste chinesische Studie über das neue Corona-Virus erschien am 24. 01. 2020. Sie liefert **keinen** Beweis für die Auslösung von COVID-19 durch ein bestimmtes Virus, sondern ausdrücklich nur Hinweise auf die »Anwesenheit« eines neuartigen Corona-Virus in hospitalisierten Lungenpatienten. Auch wird ehrlich zugegeben, dass die Studie »[Robert] Kochs Postulate **nicht** erfüllt« und nur implizite Beweise erbringt für die Präsenz eines neuen Corona-Virus beim Wuhan-Ausbruch.[166] Auch die nächste chinesische Studie vom 03. 02. 2020 liefert lediglich Anscheinsbeweise dafür, dass zwischen dem neuen Corona-Virus »und dem anhaltenden Ausbruch von Atemwegserkrankungen in Wuhan und auf der ganzen Welt eine Verbindung [»association«] besteht.« Schließlich reicht die Isolierung des Virus von nur einem Patienten »**nicht** aus, um den Schluss zu ziehen, dass es diese respiratorischen Symptome verursacht hat.«[167] Wie die beiden chinesischen Studien behauptet auch die erste Studie aus Korea über die vermeintliche Isolation eines Virus einer COVID-19-Patientin nicht einmal, dass vollständig gereinigte Partikel gefunden worden seien.[168] Auf dezidierte Nachfrage räumten die Forscher ein, es seien »**keine** vollständig gereinigten [»purified«] Partikel zu sehen.«[169]

In diesem Zusammenhang sticht eine Studie der Universität von Barcelona heraus, die zum einen belegt, dass »SARS-CoV-2« kein neues Virus sein kann. Zum anderen legt sie nahe, dass es sich nicht um ein »Virus« handelt, wohl aber um ein genetisches Abfallprodukt. In den eingefrorenen Abwasserproben von Barcelona vom **12. 03. 2019** wurden mit dem PCR-Test »Kopien des Virus-Genoms« gefunden. Da die Proben bereits ein Jahr vor der Ausrufung der Pandemie genommen wurden, kann das sogenannte Virus nicht neu sein. Besagte Studie wurde zwar als noch zu evaluierender Vorabdruck (Preprint) veröffentlicht,[170] die Universität von Barcelona erklärte sie jedoch kurz darauf insofern als überprüft, als »Exkremente, die das Abwasser erreichen, große Mengen des Corona-Virus-Genoms enthalten.«[171] In der Studie wird mit keinem Wort behauptet, ein vollständig isoliertes Virus in Reinform entdeckt zu haben. Unter den Proben vom Januar 2018 bis zum Dezember 2019 wurden ausschließlich in jenen vom 12. 03. 2019 explizit »Genomkopien« und »Genomkopie-Nummern« entdeckt. Bemerkenswert ist auch folgende Schlussfolgerung: »Ein signifikanter Anteil nicht diagnostizierter und asymptomatischer Träger scheidet SARS-CoV-2 im Stuhl aus.«[172]

Es folgt ein Einschub zur weit verbreiteten Mähr von der »asymptomatischen Ansteckung«, also der vermeintlichen Infektion durch Menschen ohne (typische) Symptome.

Keine Ansteckung durch Symptomlose

Was man bis unmittelbar vor COVID-19 als **kerngesund** bezeichnet hat, lautet seither im Neusprech der Pseudo-Experten »asymptomatisch infiziert«. Gemeint sind Infizierte, die keine Symptome der Krankheit COVID-19 zeigen. Es wird auch der gesteigerte Unsinn behauptet, asymptomatisch Infizierte könnten andere Menschen mit COVID-19 anstecken. So etwas gibt es aber nicht. Man kann auch nicht ohne sexuelle Penetration vergewaltigt werden oder nur ein bisschen schwanger sein. Über dieses Grundwissen muss jeder Virologe und epidemiologische Berater der Regierung allzeit verfügen, sohin auch vor und während COVID-19.

Allerspätestens seit 21. 11. 2020 sollte die ganze Welt wissen, dass die sogenannten asymptomatisch Infizierten die Krankheit COVID-19 **niemals** weitergeben. Das beweist eine am besagten Tag erschienene Studie über das wohl größte Massenexperiment mit technischer Kontaktverfolgung (Contact Tracing). Daran haben in Wuhan knapp **10 Millionen** Stadtbewohner ab dem sechsten Lebensjahr teilgenommen. Das Ergebnis: Es wurden »keine neuen symptomatischen Fälle und 300 asymptomatischen Fälle identifiziert. Es gab **keine** positiven Tests unter 1.174 engen Kontakten asymptomatischer Fälle.«[173] Damit ist auf der höchsten wissenschaftlichen Stufe nachgewiesen, nämlich massenexperimentell und daher unwiderlegbar **bewiesen**, dass »asymptomatisch Infizierte« die Erkrankung COVID-19 niemals weitergeben, weshalb sie auch keinen Beitrag zur Ausbreitung der »Epidemie« leisten können. Folglich sind sämtliche Corona-Maßnahmen bei der deutlich überwiegenden Mehrheit der Bevölkerung von vornherein und generell epidemiologisch sinnlos und rechtswidrig. Punkt.

Was die in vielen Fällen unwissende WHO dazu zu sagen hat, ist zwar nicht relevant, in diesem Fall aber interessant. Zwar hat sie nicht direkt aufgeklärt, dass die »asymptomatische Infektion« ein absurdes Hirngespinst ist, aber zumindest hat sie bereits im Juni 2020 eingeräumt, dass »asymptomatisch infizierte Personen das Virus viel seltener übertragen als Personen, die Symptome entwickeln.«[174] Dass die WHO das Konstrukt vom »Silent Carrier« (Stillen Träger) seither **bezweifelt**, kommentiert der Schweizer Professor für Immunologie und vormalige Direktor des virologischen Instituts an der Berner Universität Dr. Beda Stadler mit der nüchternen Feststellung, dass der Begriff des »Stillen Trägers« schlicht und ergreifend »aus dem Hut gezaubert« wurde. Die Behauptung, man könne krank sein, ohne entsprechende Symptome zu haben, bezeichnet der Schweizer Professor zutreffend als Witz. Der nächste Ulk ist die von gewissen Virologen postulierte Ansteckung durch »symptomlos Kranke«. Dass die angeblichen stillen Verbreiter in Korea allesamt immun und gesund waren, wurde erst etwas später zugegeben. Hierzu bringt der Immunologe Stadler auch etwas Wesentliches über den PCR-Corona-Test aufs Tablett: Bei einem immunen Menschen wird »kein Virus detektiert, sondern nur ein **kleines Stück** des viralen Genoms. Der Test wird so lange positiv sein, als keine Trümmer des Virus mehr vorhanden sind.« Diese zumindest im Hinblick auf die winzigen Teilchen korrekte Feststellung beruht auf jener virologischen Betrachtungsweise, der zufolge Viren jeden Menschen befallen, worauf das Immunsystem zuerst die Antikörper ins Gefecht schickt, um eine Bindung der Viren an die Zellen zu verhindern. Wenn das Andocken nicht oder nur teilweise verhindert werden kann und die Viren in die Zellen eindringen, eilen die **T-Zellen** (Lymphozyten = weißen Blutkörperchen) zu Hilfe. Nach dem Motto »Suchen und Zerstören« bringen diese Killerlymphozyten so lange Viren ausbrütende Zellen um, bis »das letzte Virus ausgerottet ist.« Folglich, so Prof. Dr. Beda Stadler, findet der Corona-Test nur noch kleine virale Genom-Stücke.[175]

Das Auffinden lediglich von Teilchen hängt ganz offensichtlich mit einem Vorgang zusammen, den der Infektionsepidemiologie Prof. Dr. Sucharit Bhakdi als »ganz eigenartig« beschreibt: Nachdem die Viren in die Zellen eingedrungen sind, »erscheinen Teile des Virus, **Abfallprodukte**, an der Oberfläche der Zelle, und die Abfallprodukte werden erkannt von Lymphozyten. Und die Lymphozyten, die Killerlymphozyten, bringen diese Zellen um.«[176]

Diese strikt virologische Darlegung vermag jedoch nicht zu erklären, warum der PCR-Test auch bei offiziell an COVID-19 Erkrankten lediglich kleine genetische Teile eines vermeintlichen Virus findet. Das von Beda Stadler zu Recht kritisierte absurde Konstrukt der symptomlosen Krankheitsüberträger soll zwar offenbar die bereits wackelnde Virus-Theorie am Leben erhalten, legt jedoch nahe, dass es Viren, wie man sie sich herkömmlich vorstellt, gar nicht gibt. Dass vor allem das Corona-Virus gar nicht in Reinform existiert, lässt eine Erklärung der italienischen Top-Virologin Prof. Dr. Maria Rita Gismondo vermuten: Das keineswegs neue Corona-Virus war bereits **Mitte 2019** auch in italienischen Gewässern vorhanden, wobei den Proben des Flusswassers vom November 2019 – wie in Spanien – **kein** einziges existenzfähiges Virus zu entnehmen war.[177]

Dass es sich bei SARS-CoV-2 gemäß den besagten spanischen und italienischen Proben um kein neues »Virus« handeln kann, belegt auch eine der wichtigsten Studien überhaupt: die von 38 Wissenschaftlern erstellte Expertise der Medizinischen Universität Tübingen vom 16. 06. 2020. Die Auswertung von 185 Blutspenden, die im Zeitraum zwischen Juni 2007 und November 2019 genommen wurden, zeigen, dass 81 Prozent der Proben reaktive T-Zellen aufweisen, die das sogenannte Virus SARS-CoV-2 **erkennen**, obwohl sie aus einer Zeit lange vor COVID-19 stammen.[178]

Umso augenfälliger ist der Umstand, dass der Nachweis einer viralen Verursachung von COVID-19 bis zum heutigen Tag nicht gelungen ist. Möglicherweise können gar keine Viren gefunden werden, sondern lediglich kurze körpereigene **genetische** Substanzen, die entweder unabsichtlich als Virus fehlgedeutet oder absichtlich als solches dokumentiert werden.[179]

> **Hypothese**
>
> Dafür kommen gemäß meinen Recherchen und Beurteilungen zwei Erklärungsmodelle in Betracht, denen zufolge keine Viren, sondern Spuren der bereits erfolgten **Virenabwehr** gefunden werden. Diese Spuren könnten Exosomen oder Teile der im menschlichen Körper retro-integrierten Virus-DNA sein.

Ad Exosomen. Ich stelle hiermit die Hypothese auf, dass der sogenannte Corona-Test gar kein Virus sucht und daher auch keines finden kann. Die sogenannte Krankheit namens COVID-19 wird allem Anschein nach nicht von einem Virus ausgelöst. Gemäß seiner Entwicklung und festgelegten Funktionsweise sucht der Test hunderte genetische Sequenzen – und findet sie. Doch offenbar handelt es sich um **falsch positive** Ergebnisse. Schließlich entstammen die dem Test zugrundeliegenden 375 Sequenzen mangels Isolation und Reinheit ganz offensichtlich nicht dem sogenannten SARS-Virus, weil es dieses vermutlich als solches gar nicht gibt. Höchstwahrscheinlich handelt es sich bei besagten 375 Sequenzen um nichts anderes als die genetischen Teilchen der entgiftenden Exosomen / Peroxisomen. Folglich könnte es sich beim vermeintlichen »Virus SARS-CoV-2«, wie beim »HI-Virus«, zumindest teilweise um Exosomen bzw. Peroxisomen handeln, also um Spuren der versuchten **Entgiftung** des Körpers, dessen natürlich erzeugtes genetisches Material (RNA/DNA) vom PCR-Test korrekt als jener »genetische Müll« ausgelesen wird, der statistisch falsch als SARS-CoV-2 bzw. COVID-19 erfasst wird. Möglicherweise werden in Labors heimlich Stoffe hergestellt, die Exosomen verursachen oder imitieren. Kurzum: Mit hoher Wahrscheinlichkeit sucht und findet der PCR-Test keine krankmachenden lebenden Elemente (Viren), sondern tote Spuren der versuchten **Heilung** (Exosomen). Damit wäre der von Prof. Dr. Sucharit Bhakdi als ganz eigenartig beschriebene Vorgang möglichst einfach und stringent erklärt. Wissenschaftler aller relevanten Disziplinen sind hiermit aufgefordert, diese Hypothese zu verifizieren oder sie zu falsifizieren.

Ad retro-integrierte Virus-DNA. Neben den Exosomen ist die Retro-Integration von viraler DNA eine alternative Erklärung für falsch positive PCR-Testergebnisse. Vor einigen Jahren fanden Virologen heraus, dass virale RNA »in doppelsträngige DNA transkribiert« (überschrieben) wird. Sodann wird sie »als Virus-DNA in den Zellkern importiert« und dort **integriert**. Dabei schützt ein spezielles Bindungsprotein (ORF1) vor dem Nuklease-Abbau. Forscher sind nicht überrascht, »dass Zellen Strategien zur Einschränkung der Mobilität und der schädlichen Folgen einer unkontrollierten Retrotransposition entwickelt haben.« Dem gesamten Vorgang werden »potenzielle evolutionäre Vorteile zugesprochen.«[180] Die Begründung liegt auf der Hand: »Integrierte Virussequenzen wirken als vererbbare Immunität« – und das

Hypothese

sogar in zellulären Lebewesen ohne eigenen Zellkern (Prokaryoten). Hierbei fungieren sogenannte »Spacer [Abstandhalter] als immunologisches Gedächtnis für den Langzeitschutz der Zelle und zukünftiger Generationen.«[181] Anders ausgedrückt: Der menschliche Organismus speichert die Signatur des bereits eingedrungenen Feindes (Virus) im eigenen Körper ab, um künftig ähnliche Angriffe schneller abwehren zu können. Es könnte also gut sein, dass genau diese abgespeicherten genetischen Mikrosignaturen vom wertlosen Drosten-PCR-Test gefunden und sodann, statistisch falsch, als eingedrungenes Virus aufgezeichnet und behandelt werden.

Möglicherweise treffen beide Erklärungsvarianten, also Exosomen und Virus-DNA-Retro-Integration, gleichzeitig zu. Im Hinblick auf falsch-positive Corona-Testergebnisse haben sie gemeinsam, dass die vermeintlich entdeckten Virusteilchen mit an Sicherheit grenzender Wahrscheinlichkeit in Wirklichkeit die Spuren von bereits erfolgten antiviralen **Abwehrmaßnahmen** bzw. die sichtbaren Wirkungen eines natürlichen Abwehrmechanismus sind. Gefunden werden also nicht die Flammen, sondern die Löscheimer. Soweit zur Theorie.

Kommen wir nun zurück zu den bereits bestätigten handfesten Fakten. Der Präsident der Chinesischen Akademie der Medizinwissenschaften Dr. Wang Chen erklärte bereits im Februar, dass die Zuverlässigkeit des Corona-Tests bei lediglich »30 bis 50 Prozent« liegt. Das bedeutet, dass der Test in **50 bis 70** von 100 Fällen **falsche** Ergebnisse liefert. Und weil diese Aussage sowohl im chinesischen Fernsehen *CCTV* als auch am 11. 02. 2020 in der *South China Morning Post* auf Englisch veröffentlicht wurde,[182] kann sich seither – objektiv gesehen – keine sorgfältig beobachtende Regierung der Welt herausreden, von der Unbrauchbarkeit des Corona-Tests nichts gewusst zu haben.

Zu 81 % keine oder leichte Symptome

Bereits am **17. 02. 2020** wurde die erste Studie über 72.314 untersuchte chinesische »Corona-Fälle« im Fachblatt China CDC herausgegeben,[183] schon tags darauf im deutschen Ärzteblatt ausgewertet[184] und eine Woche später, am 24. 02. 2020, auch im US-amerikanischen Journal of the American Medical Association (JAMA) veröffentlicht. Von 44.415 Krankheitsfällen (61 Prozent) hatte bemerkenswerterweise die Masse von rund **81 Prozent** (36.160 Personen) gar keine oder nur leichte Symptome. Sie wurden daher als **milde** Fälle diagnostiziert. 14 Prozent (6.168 Personen) gelten als schwer und nur 5 Prozent (2.087) als kritisch (siehe Abb. 03). Bei den milden und schweren Verläufen wurden **keine** Todesfälle verzeichnet, ebenso wenig bei Kindern im Alter von bis zu 9 Jahren. Ältere Menschen zwischen 70 und 79 Jahren hatten eine Fallsterblichkeit von 8 Prozent, jene ab 80 Jahren von knapp 15 Prozent.[185]

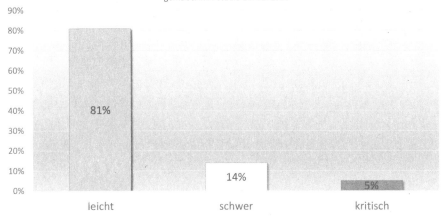

Abb. 03 (Datenquelle: China CDC Weekly 2020, 2/8)[186]

In den kritischen Fällen beträgt die Fallsterblichkeit 49 Prozent, wobei sie hauptsächlich bei Patienten mit bereits bestehenden komorbiden (mitsterblichen) Zuständen zu verzeichnen war. Bei diesen bereits aktuell multimorbid **Vorerkrankten** war COVID-19 nicht die Todesursache. Aus virologischer Sicht stellt das Vorhandensein von SARS-CoV-2 lediglich einen Zufall dar, weil die multimorbid Vorerkrankten jeweils nicht an COVID-19, sondern an der Vorerkrankung gestorben sind. Sie sind daher nicht an, sondern **mit** COVID-19 verstorben. Registrierte Vorerkrankungen sind: Herz-Kreislauf-Erkrankungen (10,5%), Diabetes (7,3%), chronische Atemwegserkrankungen (6,3%), Bluthochdruck (6,0%) und Krebs (5,6%). Bei evidenter unzureichender Testdichte beträgt die generelle Fallsterblichkeit (CFR = Case Fatality Rate) in Hubei 2,9 Prozent und außerhalb von Hubei lediglich **0,4**

Prozent.[187] Die Fallsterblichkeit bezieht sich auf alle dokumentierten Fälle. Warum der letztgenannte Wert von 0,4 Prozent maßgeblich und deshalb für Österreich und Deutschland als provisorischer Höchstwert heranzuziehen ist, wird weiter unten erörtert.

Spätestens bis 03. 03. 2020 veröffentlichte der chinesische Inselstaat Taiwan sämtliche seiner mindestens 124 antipandemischen Maßnahmen, die zwischen 20. 01. und 24. 02. 2020 erfolgreich umgesetzt worden waren. Über einen Lockdown oder Shutdown wurde offenbar nicht einmal nachgedacht. Zu nennen sind vor allem Grenzkontrollen, elektronische Fallidentifikation, besondere Überwachung und Schutz der **Risikogruppen** sowie beruhigende und sachliche **Informierung** der Öffentlichkeit. Der Erfolg der Maßnahmen ist in erster Linie auf das blitzschnelle Reagieren Taiwans ab dem 05. 01. 2020 zurückzuführen. Schließlich war man ab 2004 bestens vorbereitet, also gleich nach SARS im Jahr 2003. Gegenständliche Publikation erfolgte in Zusammenarbeit mit der Kalifornischen Universität im JAMA.[188]

In einer weiteren chinesischen Studie, die am 11. 03. 2020 veröffentlicht wurde, werden die Risikofaktoren für die COVID-19-Sterblichkeit erwachsener stationärer Patienten behandelt. 48 Prozent der Untersuchten hatten eine Komorbidität, also eine aktuelle Vorerkrankung, an der sie ohnehin gestorben wären.[189]

99,2 % tödlich Vorerkrankte

Keine ganze Woche später, genau am 17. 03. 2020, veröffentlichte das oberste italienische Gesundheitsinstitut (Istituto Superiore di Sanità) eine Studie über 2.003 bis dahin positiv auf COVID-19 getestete Verstorbene. Gemäß Gesamtstichprobe weisen lediglich 0,8 Prozent keine Komorbiditäten auf. Demnach beträgt die damalige italienische Komorbidität **99,2 Prozent**. Im Durchschnitt hatten die Untersuchten 2,7 tödliche Vorerkrankungen (gemäß Punkt 3. »Patologie pre-esistenti«). Durchschnittlich war das nahezu biblische Sterbealter der Frauen 83,7 Jahre, jenes der Männer 79,5 Jahre (gemäß Punkt 2. 2. »Dati demografici«).[190] Sohin beträgt bei italienischen COVID-19-Toten das daraus errechnete mittlere Sterbealter **81,6 Jahre**.

Im Vergleich dazu wirft das Italienische Statistische Institut für das Jahr 2018 eine durchschnittliche allgemeine Lebenserwartung von **82,3 Jahren** aus.[191] Die durchschnittlichen Lebenserwartungen 2018 in der Europäischen Union (EU) und der Welt liegen deutlich darunter: EU 81,1 Jahre, Welt 72,6 Jahre.[192] In Italien wird man demnach mit COVID-19 durchschnittlich fast so alt wie die dortige generelle Lebenserwartung, rund fünf Monate älter als der EU-Bürger und stolze neun Jahre älter als der »Weltbürger« (siehe auch Abb. 04).

Darüber konnten und mussten die österreichischen und bundesdeutschen Entscheidungsträger spätestens ab 17. 03. 2020 Bescheid wissen, also **rechtzeitig**, nämlich nur zwei Tage nach bzw. fünf Tage vor der ersten COVID-19-Anlassgesetzgebung (Österreich:15. 03. 2020, Deutschland: 23. 03. 2020). Seither hat sich an den Zuordnungskriterien für Risikogruppen nichts Wesentliches geändert. Laut einer Information des RKI vom 13. 11. 2020 beträgt das durchschnittliche Alter (Altersmedian) für schwere COVID-19-Verläufe nach wie vor **82 Jahre**.[193]

Zusammenfassung

Dank der rechtzeitigen und hochqualitativen Informationsbereitstellung seitens chinesischer und italienischer Experten standen spätestens ab Mitte Februar 2020 die zu schützenden Risikogruppen fest, nämlich Hochbetagte und multimorbid Vorerkrankte. Tatsächlich kannte sie der Expertenstab der »Corona-Task-Force« des österreichischen Gesundheitsministeriums bereits ab Anfang **Januar** 2020. Dies erklärt niemand anderer als das damalige Expertenstabmitglied Dr. Martin Sprenger.[194] Zeitgerecht bekannt waren auch das fast biblische durchschnittliche Sterbealter der durch die Bank tödlich Vorerkrankten sowie der sehr hohe Prozentsatz der milden Krankheitsverläufe.

Wer entgegen obigen Fakten chinesischen oder italienischen Wissenschaftlern ein informatives Fehlverhalten andichtet, ist entweder grobfahrlässig ahnungslos oder verfolgt wider besseres Wissen vorsätzlich unredliche Ziele. Und wer entgegen den Fakten die Bevölkerung falsch informiert und in Panik versetzt, ist entweder inkompetent oder kriminell. Oder beides. Dazu kommen wir im dritten Kapitel über den rechtswidrigen Istzustand. Vorher wird gezeigt, dass ein auf Fakten und Evidenz beruhendes Gesundheitsmanagement nicht nur rechtlich geboten, sondern auch tatsächlich möglich gewesen wäre.

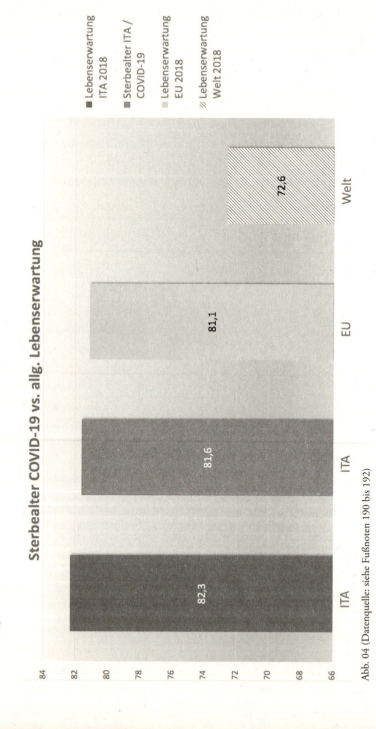

Abb. 04 (Datenquelle: siehe Fußnoten 190 bis 192)

2.
SOLL: FAKTENBASIERTES GESUNDHEITSMANAGEMENT

Verum ipsum factum

Eine gewissenhaft agierende Regierung hätte anhand der ab Januar 2020 vorliegenden Daten und Zahlen umgehend eine vernünftige Zweck-Ziele-Mittel-Relation hergestellt. Der Zweck musste die Krisenbewältigung unter Aufrechterhaltung des sozialen und wirtschaftlichen Lebens sein. Im Rahmen der Lagebeurteilung war eine wissenschaftlich fundierte Gefahrenanalyse und -bewertung durchzuführen. Auf diese Weise hätte man zum Ergebnis kommen müssen, dass COVID-19 sowohl betreffend den symptomatischen Schweregrad als auch hinsichtlich der Sterberate der Grippe sehr ähnlich ist, es sich also um keine schwere Pandemie oder Killerseuche handelt, sondern höchstens um eine leichte Epidemie. Auf dieser medizinischen Grundlage war die rechtlich verbindliche Hauptzielsetzung festzulegen, COVID-19 ähnlich wie eine herkömmliche **Grippe** zu handhaben. Nach objektiven Maßstäben waren der gesunden Bevölkerung **keinerlei** Beschränkungen aufzuerlegen und eine natürliche Herdenimmunität zuzulassen. Darunter versteht man das gesellschaftliche Durchstehen der Infektion auf dem herkömmlichen Weg, also eine ohne Medikation und Impfungen erreichte natürliche Gruppenimmunität von ca. 60 Prozent der Bevölkerung. Allerdings hätte man hierbei die längst bekannten Risikogruppen wegen ihrer Gefährdung durch COVID-19 unter besonderen Schutz stellen müssen. Zur Erreichung dieser Teilziele war die Schnürung folgender Maßnahmenpakete geboten:

    I. **Besonderer Schutz der Risikogruppen**
    II. **Verbesserung der Krankenhaushygiene**
    III. **Aufstockung des medizinischen Materials**
    IV. **Wahrheitsgemäße Information der Bevölkerung**
    V. **Vorsorge durch sofortigen Stopp der 5G-Ausrollung**
    VI. **Gewährleistung einer natürlichen Herdenimmunität**

Die umsetzenden Maßnahmen werden am Ende des Kapitels »J. Liberale und rechtskonforme Maßnahmen« konkretisiert. Jetzt wird erst einmal beleuchtet, warum es sich beim Krisenmanagement um eine nationale bzw. staatliche Aufgabe handelt, bei der bestehende Gesetze anzuwenden und eine auf Fakten basierende Entscheidungsgrundlage herzustellen ist. Von besonderer Relevanz ist das Übertragungsrisiko für die Risikogruppen. Hinsichtlich der Beurteilung der Gefährlichkeit ist gerade bei einer relativ jungen Krankheit wie COVID-19 nicht die überstrapazierte Reproduktionszahl maßgeblich, sondern die Sterberate. Wie anhand von wissenschaftlichen Expertisen gezeigt wird, entspricht die Sterberate von COVID-19 am ehesten jener der Grippe. Dass etliche Corona-Fälle de facto zur Grippe zählen müssen, belegen die statistischen Werte. Bei COVID-19 haben wir es also mit keinem Killervirus zu tun. Im Gegenteil: Alljährlich sterben weit mehr Menschen an der Grippe und noch mehr an der Infektion mit Krankenhauskeimen (Supererregern).

Außerdem wird bewiesen, dass die statistischen Kurven der COVID-Neuerkrankungen bereits vor der Verhängung des Lockdowns deutlich von selbst abflachen und daher drakonische Maßnahmen wie generelle Ausgangsbeschränkungen und Betriebsschließungen sinnlos und sogar schädlich sind. COVID-19 war spätestens Ende Mai 2020 abgeschlossen.

Im Rahmen der Betrachtung des liberalen Vorzeigemodells Schweden werden wir feststellen, dass die natürliche Herdenimmunität – aus strikt virologischer Sicht – auch in Österreich und Deutschland viel schneller hätte erreicht werden können und müssen. Vermeintliche Gegenargumente werden stichhaltig widerlegt und sogar als Bekräftigung des schwedischen Modells entlarvt. Zu den relativ erhöhten Sterbezahlen in gewissen Regionen hat die verstärkte elektromagnetische Feldstrahlung im Rahmen der 5G-Ausrollung einen maßgeblichen Beitrag geleistet. Auch hier haben oberste Staatsorgane beim Schutz der Bevölkerung auf voller Linie versagt.

A. Staatliche Aufgabe

Das Gesundheitsmanagement ist im Falle einer Pandemie oder Epidemie gleichzeitig ein Risiko- bzw. Krisenmanagement und als solches eine **nationale** Angelegenheit. Ob eine globale Pandemie vorliegt, die sich im Staat als eine dermaßen gefährliche Epidemie austobt, sodass Eingriffe in die Grund- und Freiheitsrechte erforderlich sind (Eingriffssituation), ist vom nationalen Gesetzgeber zu entscheiden. Diese Entscheidung hat auf einer **rechtlichen** Beurteilung zu beruhen, die von Juristen auf der Grundlage medizinischer Fakten vorzunehmen ist. Dass es sich um eine Aufgabe für Juristen handelt, wird bereits daran ersichtlich, dass jeder Staat die von der WHO nicht nachvollziehbar bzw. messbar definierten Begriffe »Pandemie« und »Epidemie« selbständig auslegen muss.

Keine Definition für Pandemie / Epidemie

Zwar erklärte die WHO den COVID-19-Ausbruch am 12. 03. 2020 offiziell zur Pandemie.[195] Was genau diese Krankheit zur Pandemie macht, begründet die UN-Sonderbehörde jedoch nicht. Eine Definition, was überhaupt eine Pandemie ist, findet man nicht einmal im »Influenza-Pandemieplan« der WHO aus dem Jahr 2017. Dieser beschreibt zwar die Aufgaben der Pandemie-Phasen, definiert aber nicht deren Voraussetzungen.[196] Dem WHO-Chef Tedros Adhanom Ghebreyesus zufolge sei der Begriff »Pandemie« aus den »Kategorie-Bezeichnungen gestrichen« worden.[197]

Der WHO-Direktor für Notfallprogramme Dr. Michael Ryan ist hingegen um eine Definition bemüht. Unter einer Pandemie verstehe man eine Situation, in der die ganze Weltbevölkerung einem Erreger potenziell ausgesetzt ist und ein Teil von ihr potenziell daran erkrankt. Diese schwammige Formulierung sagt jedoch nichts darüber aus, wie gefährlich die Ansteckung mit der jeweiligen Krankheit ist.[198] Bis 2009 war zumindest die Tödlichkeit der Infektion (Letalität, Mortalität) das ausschlaggebende Kriterium. Ein solches fehlt seit 2009, wie zum Beispiel die bereits erwähnte italienische Virologin Prof. Dr. Maria Rita Gismondo zurecht bemängelt. Heute stellt man nur noch auf die Anzahl der betroffenen Länder ab.[199]

Eine im Jahr 2011 in der US-amerikanischen Medizinischen Bibliothek veröffentlichte Studie erklärt, dass die WHO ihre Definition der pandemischen Influenza aus dem einfachen Grund gar nicht geändert haben kann, »weil sie die pandemische Influenza **nie** offiziell definiert hat.« Zwar liegen viele WHO-Beschreibungen vor, es wurde aber eben »nie eine formale Definition festgelegt.« Die Wurzel des auch COVID-19 betreffenden Übels wird wie folgt beschrieben: »Was als Pandemie deklariert werden würde und was nicht, hängt jedoch von einer **Vielzahl willkürlicher Faktoren** ab, z. B. davon, wer die Deklaration durchführt, und von den Kriterien, die für die Abgabe einer solchen Deklaration gelten.«[200]

Nachvollziehbare oder gar messbare Kriterien wie Infektionsraten, Symptomgrade und Sterberaten spielen bei der WHO offenbar keine Rolle. Ebensowenig beim deutschen RKI, das aber wenigstens das Verhältnis zur lokal begrenzten Epidemie erklärt: »Eine Pandemie ist eine weltweite Epidemie.«[201] Laut der rechtlich nicht verbindlichen Definition im Duden versteht man unter einer Epidemie eine »zeitlich und örtlich in besonders starkem Maß auftretende, ansteckende Massenerkrankung, Seuche.«[202] Aber auch hier mangelt es an messbaren Kriterien. Mit einiger Kreativität könnte man behaupten, die Hunderttausende Menschenleben fordernde Feinstaubbelastung stelle eine »Pandemie« dar. Um einem Missbrauch vorzubeugen, hat jede Nation die medizinischen Fakten selbst auszuwerten und zu beurteilen, ob eine potenzielle Eingriffssituation vorliegt.

Anwendung bestehender Krisengesetze

Das österreichische Epidemiegesetz (EpG) und das bundesdeutsche Infektionsschutzgesetz (IfSG) enthalten keine Definitionen für »Epidemie« oder »Pandemie«, sondern setzen sie voraus oder halten sie für unwesentlich. Folglich hat sich die jeweilige Regierung am Schutzzweck ihres einschlägigen Krisengesetzes (EpG, IfSG) zu orientieren und **selbst** zu beurteilen, ob sich die von der WHO global ausgerufene Pandemie im eigenen Hoheitsbereich lokal zur Epidemie von nationaler Tragweite entwickelt oder nicht. Unter dem Epidemiegesetz und dem Infektionsschutzgesetz ist im Folgenden grundsätzlich die unveränderte Fassung unmittelbar vor der ersten COVID-19-Gesetzgebung gemeint.

Liegt eine Epidemie vor, ist das bereits bestehende Krisengesetz anzuwenden. Zum einen haben sich derartige Normen schon in Krisen bewährt. Zum anderen wurden sie in ruhigeren Zeiten in komplexen demokratischen Prozessen optimiert, um insbesondere ein maximales Gleichgewicht zwischen etwaigen Zwangsmaßnahmen einerseits sowie den Bedürfnissen der Volkswirtschaft und dem höchstmöglichen Erhalt der bürgerlichen Grundrechte andererseits sicherzustellen. Das Stichwort lautet **Verhältnismäßigkeit**. Aus diesem Grund sehen weder das EpG noch das IfSG grundrechtseinschränkende Maßnahmen flächendeckend gegenüber der gesamten Bevölkerung vor. Es ist vielmehr so, dass gemäß beiden Gesetzen lediglich eine möglichst **regional** begrenzte Minderheit in ihrer Freiheit eingeschränkt werden darf: die **Adressatengruppen**. Das sind tatsächlich Kranke sowie konkret nachweisbar Krankheits- und Ansteckungsverdächtige.

Es liegt auf der Hand, dass weder das EpG noch das IfSG den während COVID-19 praktizierten Lockdown erlauben. Die Rechtswidrigkeit des Hausarrests für mehr als 99 Prozent gesunde Menschen lässt sich bereits an der hastigen Umgehung und/oder Umgestaltung der ursprünglichen Krisengesetze erkennen. Hinzu kommt, dass beide epidemiologischen Gesetze den erheblichen Fehler aufweisen, dass sie zwar auf der einfachen gesetzlichen Stufe beschlossen wurden, aber dennoch Eingriffe in Grundrechte erlauben, die eine Stufe höher, nämlich verfassungsmäßig garantiert sind und in Summe das eine weitere Stufe höher angesiedelte staatstragende liberale Prinzip bilden. Diese Sollbruchstelle wurde während COVID-19 genutzt, um ein einzelnes Verwaltungsorgan (Gesundheitsminister) zu einer grob verfassungswidrigen Art von Ersatzgesetzgebung zu ermächtigen (siehe drittes Kapitel). Offenbar hat man nicht korrekt aus der Geschichte gelernt. Denn wohin übereilte Ermächtigungsgesetze führen können, zeigt Hitlers absolute Machtergreifung im Jahr 1933.[203]

Das abgesehen von gewissen Mängeln höchstvorsorglich für den Fall einer Epidemie geschaffene Recht darf nur unter sorgfältiger Beachtung der Verfassung und insbesondere des Grundrechtskatalogs umgangen oder geändert werden. Prinzipiell sind also die bereits bestehenden Gesetze anzuwenden, wobei vorher als Entscheidungsgrundlage alle verfügbaren Daten und Zahlen bzw. die Fakten einzuholen sind.

Fakten als Entscheidungsgrundlage

Fakten sind die wichtigste Grundlage des Risikomanagements. Schließlich sind aus den Fakten jene Erkenntnisse zu gewinnen, aus denen wiederum handlungsbestimmende Konsequenzen abgeleitet werden. Im Rahmen des pandemischen Risikomanagements sollen künftige Entwicklungen und Ereignisse (Risiken) realistisch prognostiziert werden: Ist COVID-19 eine echte Killerseuche oder doch nur eine milde Grippe? Wer sind die Risikogruppen und wie schützt man sie? Durch eine möglichst korrekte Einschätzung sollen bestmöglich die Gesundheit der gesamten Bevölkerung geschützt, das Gesundheitssystem effizient eingesetzt sowie die gesamtstaatlichen Ressourcen und privaten Kapazitäten geschont werden. Das soeben skizzierte Risikomanagement erfolgt im Rahmen der bereits erörterten Zweck-Ziele-Mittel-Relation. Selbst die nur ansatz- oder teilweise Anwendung dieser ursprünglich militärischen Grundsätze ermöglicht das Erreichen des liberalen Sollzustands.

In einem echten demokratischen Rechtsstaat wird der vermeintliche Widerspruch zwischen den menschlichen Grundbedürfnissen Ordnung und Freiheit aufgelöst: Die staatliche Ordnung hat die maximale Freiheit der Menschen zu gewährleisten. Nicht umsonst stehen Soldaten und Polizisten im engsten Treueverhältnis zu Volk und Land.

Die Einholung, Verarbeitung und Bewertung epidemiologischer Fakten sind von der dafür zuständigen staatlichen Organisation zentral und permanent wahrzunehmen; also nicht temporär durch eine nebenamtliche Projektgruppe oder eine anlassbezogen hastig zusammengestoppelte »Task Force«. Die beauftragte Dienststelle, die es offenbar de facto nicht gibt, nennen wir hier übungsweise EMZ für Epidemiologische Monitoring Zentrale. Sie muss permanent so eingerichtet sein, dass sie im Krisenfall sofort, das heißt ohne zeitraubende Zwischenschritte, quasi per Knopfdruck von der Minimalbesetzung zur längst festgelegten und erfolgreich beübten maximalen Krisenorganisation hochgefahren werden kann. Das spart wertvolle Zeit, Menschenleben und Steuergelder. Auf diese Weise kann das ständige Monitoring (Überwachen) national und international bedeutsamer epidemiologischer Daten gewährleistet werden, unter anderem durch verständige Verarbeitung medizinischer Studien wie jener im JAMA.

Die (leider nur fiktive) EMZ ist zwar im Gesundheitsministerium anzusiedeln, stellt jedoch gleichzeitig die Grundorganisation des Krisenstabs im Bundeskanzleramt dar, der im Anlassfall prompt gemäß einem bereits erprobten Organigramm zu formieren ist. Außerdem ist die EMZ die nationale Leitstelle für das von der WHO, der UNO und auch Bill Gates mehrfach geforderte sowie bei der NATO längst eingeführte Früherkennungssystem. Dieses wäre in Österreich und Deutschland allerspätestens seit 02. 03. 2019 – also ab der ausdrücklichen Warnung des Virologischen Instituts der Chinesischen Akademie der Wissenschaften in Wuhan vor einer potenziell durch ein Corona-Virus ausgelösten Pandemie – zumindest auf nationaler Ebene – auch für zivile Belange zu implementieren gewesen. Außerdem hätte die zuletzt von der Johns Hopkins Universität im Rahmen von Event 201 im Oktober 2019 empfohlene enge Kooperation zwischen öffentlichen und privaten Stellen längst abgeschlossen sein müssen.

Für die pandemische Alarmphase empfiehlt die WHO »eine erhöhte Wachsamkeit und sorgfältige Risikobewertung auf lokaler, nationaler und globaler Ebene.« In allen Phasen – von der zwischenpandemischen Phase über den Alarm bis hin zur ausgerufenen Pandemie – hat die Risikobewertung »hauptsächlich auf virologischen, epidemiologischen und klinischen Daten zu basieren.« Die Bereitstellung der aktuellsten Evidenz (Fakten, Beweise) für politische Entscheidungen ist laut der WHO eine Kernaufgabe des staatlichen Katastrophenschutzes. Während eines Gesundheitsnotfalls oder einer Katastrophe »sind **präzise** Informationen eines der wertvollsten Güter« – und zwar innerhalb der Behörden sowie insbesondere gegenüber der Bevölkerung.[204]

Wir halten zur Sicherheit nochmals fest, dass laut der Weltgesundheitsorganisation jeder Risikoanalyse in erster Linie virologische, epidemiologische und klinische Daten zugrunde zu liegen haben. Anhand dieser Daten ist von unserer fiktiven Dienststelle EMZ konsequenterweise das Übertragungsrisiko für die Risikogruppen festzulegen.

B. Geringes Übertragungsrisiko

Durch COVID-19 ist lediglich eine kleine Minderheit ernsthaft gesundheitlich gefährdet: die Risikogruppen. Für alle anderen Menschen, d.h. all jene, die keiner Risikogruppe angehören, birgt das sogenannte SARS-CoV-2-Virus keine nennenswerte Gefahr. Sie selbst stellen für die Angehörigen der Risikogruppen nur dann ein aktives Übertragungsrisiko dar, wenn sie selbst infiziert sind und gleichzeitig Symptome von COVID-19 zeigen. Hingegen sind Kinder, immune und symptomlos infizierte Erwachsene generell keine Bedrohung für die Risikogruppen.

Das Risiko, an COVID-19 zu erkranken, ist äußerst gering. Es liegt bei lediglich ca. 0,025 Prozent. Das hängt einerseits mit der niedrigen Übertragungsrate und andererseits mit der geringen Prävalenz oder »Erkrankungsgrate« zusammen. Die allerwenigsten Menschen, die das Virus SARS-CoV-2 im Körper haben, erkranken daran. Die meisten Infizierten bleiben gesund. Um sich überhaupt mit einer Infektionskrankheit anzustecken zu können, muss logischerweise zuerst einmal eine **Infizierung** erfolgen. Darunter versteht man »einen rein mechanischen Vorgang, bei dem Infektionserreger, also pathogene Mikroorganismen, mit einem Wirt in Kontakt kommen.« Es bedarf einer Mindestinfektionsdosis, damit es zu einer Ansiedelung des Erregers (Virus) im Organismus und danach zur Erkrankung kommt.[205] Infiziert zu sein, bedeutet daher noch lange **nicht**, dass man auch erkrankt.

Der Corona-PCR-Test kann laut offiziellen Angaben zwar eine Infektion nachweisen, jedoch potentiell keine korrekte Diagnose einer Erkrankung gewährleisten. Gemäß den bisherigen Feststellungen kann er beides nicht (siehe oben). Selbst wenn man dem Test entgegen der Faktenlage eine Tauglichkeit zuspricht, beweist er maximal, dass COVID-19 keine Epidemie von nationaler Tragweite sein kann. Seit Beginn des Testwahnsinns wurden bis 30. 09. 2020 etwa 20 Prozent der Bevölkerung getestet. Daher liegen bei etwa 80 Prozent keine Testungen vor. Obwohl die Corona-PCR-Testungen vielfach falsch-positive Ergebnisse liefern, beträgt die durchschnittliche Negativrate der Testergebnisse ca. **98 Prozent**. Das bedeutet, dass pro 100.000 Getesteten stolze 98.000 nicht infiziert sind. Diesem von Beginn an anhaltenden Trend entspricht die österreichische Statistik vom 30. 09. 2020: Von bis dahin insgesamt 1.617.987 Tests (ca. 18 % der Bevölkerung) sind lediglich 45.120 positiv,[206] das sind magere 2,79 Prozent. Demnach wurden 97,21 Prozent negativ getestet. Die bis zum selben Stichtag in Deutschland vorgenommenen 16.999.253 Testungen (ca. 21% der Bevölkerung) sind lediglich in 328.566 Fällen positiv,[207] also zu nur 1,93 Prozent. Sohin wurden 98,07 Prozent negativ getestet. Daher weisen von 100.000 Getesteten sage und schreibe 98.070 **kein** Virus auf.

Die sehr wenigen positiv Getesteten werden offiziell nur selten als das gehandhabt, was sie sind, nämlich als Infizierte. Regelmäßig ist von »Fällen« oder gar »COVID-19-Fällen« die Rede, wodurch der falsche Eindruck erweckt wird, es handle sich durch die Bank um Erkrankte. Dass dem bei weitem nicht so ist, weil tatsächlich nur eine winzige Minderheit der Infizierten erkrankt, legen jüngste Zwischenergebnisse der COVID-Impfstofferzeugung offen. Gemäß der vom Mainzer Unternehmen Biontech gemeinsam mit dem US-Impfstoffhersteller Pfizer erstellten Zwischenprüfung sind im Rahmen der klinischen Testphase von den 21.999 Mitgliedern der **nicht** geimpften Kontrollgruppe, die nur ein Placebo erhalten hatte, lediglich 86 an COVID-19 erkrankt,[208] also gerade einmal **0,39 Prozent**. Das entspricht 390 Erkrankten und 99.610 Gesunden pro 100.000 getesteten Infizierten. Die jeweils 21.999 Personen starke Impf- und Kontrollgruppe ergibt zusammen 43.998 Probanden. Bei diesen wird in Summe von 186 Erkrankten ausgegangen.[209]

Da sich die besagte Erkrankungsrate von unter 0,4 Prozent ausschließlich auf die wenigen Positivgetesteten bezieht, ist bei der mit Masse nicht getesteten Gesamtbevölkerung von einer weit niedrigeren Prävalenz auszugehen. Die Prävalenz, sprich die Häufigkeit von COVID-19, wurde vom Deutsches Netzwerk für evidenz-basierte Medizin (EbM) im September 2020 wie folgt berechnet: Deutschland 0,025 Prozent, Österreich ca. 0,03 Prozent, Schweiz rund 0,04 Prozent.[210] Die im gesamten deutschsprachigen Raum naheliegendste Prävalenz von **0,025 Prozent** bedeutet, dass von 100.000 Menschen lediglich 25 von der Krankheit COVID-19 unmittelbar betroffen sind. Auf die gesamte Bevölkerung umgelegt, heißt das, dass mehr als **99,97 Prozent gesund** bleiben. Der Trend zur extrem niedrigen Prävalenz war bereits im März 2020 erkennbar, wie einerseits die damals längst verfügbaren ausländischen Studien und andererseits die eigenen Testergebnisse beweisen.

Bekannte Risikogruppen

Wie erwähnt, waren die Risikogruppen in Österreich bereits Anfang **Januar** 2020 bekannt.[211] Den »ständigen Ideenaustausch« zwischen Österreich und Deutschland betreffend die zu schützenden Gruppen betont zum Beispiel RKI-Präsident Prof. Dr. Lothar Wieler.[212] Der für Deutschland oberste zuständige Experte legte die Risikogruppen am 13. 03. 2020 wie folgt fest: Hochbetagte und bereits chronisch Kranke[213] bzw. komorbid Vorerkrankte. Gemäß der Risikobewertung der WHO vom 12. 03. 2020 trifft COVID-19 »ältere Menschen und Personen mit Vorerkrankungen am härtesten.«[214] Demnach entsprechen die von der WHO, Österreich und Deutschland jeweils festgelegten Risikogruppen unwiderlegbar jenen der erwähnten chinesischen Studie vom 17. 02. 2020 über mehr als 72.000 COVID-19-Fälle in Hubei.[215] Allein bei diesen Risikogruppen ist die Ansteckung mit COVID-19 mit einer relativ hohen Sterblichkeit verbunden. Die Ansteckung kann grundsätzlich nur durch jene infizierten Erwachsenen stattfinden, die bereits Symptome zeigen.

Kinderimmunität

Kinder zählen ausdrücklich nicht zu den Risikogruppen – nicht einmal Ungeborene, Babys und Kleinkinder. Mit der Erklärung der diesbezüglichen Ursache ließ der bis Ende Mai 2020 als Leiter der Abteilung Übertragbare Krankheiten beim Schweizer Bundesamt für Gesundheit (BAG) fungierende Dr. Daniel Koch aufhorchen: »Kleine Kinder sind nicht infektiös, weil sie die Rezeptoren gar nicht haben, um infiziert zu werden.«[216] Kochs Beobachtung, dass Kinder kein treibendes Moment für das Virus sind, ist korrekt, wie beispielsweise der Schweizer Immunologe Prof. Dr. Beda Stadler bestätigt. Allerdings sei die Annahme mangelnder Rezeptoren »natürlich Unsinn«. Laut Stadlers aus immunologischer Sicht plausibler Erklärung sind Kinder »**offensichtlich immun**.«[217] Damit scheidet die These vom Killervirus eindeutig aus. Denn welches Killervirus verschont ausgerechnet die hochvulnerable Gruppe der Kinder?

Das offizielle Narrativ von der Tröpfcheninfektion kann nicht stimmen, da ja die höchst verletzliche Gruppe der Kinder nicht davon betroffen ist. Laut einschlägigen Studien ist es sogar so, dass sich das sogenannte Virus nicht einmal dann von der positiv getesteten schwangeren Mutter auf das Embryo bzw. ihr ungeborenes Kind überträgt, wenn die Mutter offiziell an COVID-19 erkrankt ist. Laut einer frühen chinesischen Studie vom 25. 03. 2020 wurde eine Infektion mit SARS-CoV-2 »bei Neugeborenen von schwangeren Frauen mit COVID-19 **nicht** gefunden.«[218] Einer weiteren Studie aus China vom nächsten Tag zufolge wurden von 33 Neugeborenen von Müttern mit »COVID-19« lediglich drei mit derselben »Krankheit« identifiziert, wobei die radiologischen Befunde nicht spezifisch waren und keine Todesfälle gemeldet wurden. Die Untersuchung ergibt ausdrücklich und »in Übereinstimmung mit früheren Studien«, dass die klinischen Symptome von 33 Neugeborenen mit einem Risiko für COVID-19 **mild** und die Ergebnisse **günstig**« waren. Von den drei Neugeborenen mit angeblich symptomatischem COVID-19 war »das am schwersten erkrankte Neugeborene möglicherweise eher frühgeburtlich symptomatisch (Asphyxie und Sepsis) als von einer SARS-CoV-2-Infektion.«[219] Demnach weist der einzige vermeintlich (schwerere) COVID-19-Fall de facto die klassischen Symptome einer herkömmlichen Frühgeburt auf, die nichts mit Corona zu tun haben. Am selben Tag, also am 26. 03. 2020, wurde eine weitere chinesische Studie über die vermeintliche Übertragung von COVID-19 von Müttern auf ihre Kinder veröffentlicht: Die Rachenabstriche und Blutproben an Neugeborenen ergaben »**alle** negative RT-PCR-Testergebnisse.« Bei allen Säuglingen wurden »**Antikörper** im Serum nachgewiesen.«[220]

Anhand besagter Studien tritt die nicht wegzuleugnende Parallele zu AIDS hervor, dass die bei sogenannten Viruserkrankungen grundsätzlich **hochvulnerable** Gruppe der Ungeborenen und Babys nahezu **kein** einziges jener Anzeichen aufweist, die offiziell COVID-19 zugerechnet werden. Dies ist ein deutlicher Beleg dafür, dass es sich bei COVID-19 – wie bei AIDS – um keine durch ein Virus übertragbare Krankheit handeln kann, schon gar nicht um ein Killervirus. Ein solches würde beide verletzlichen Leben, das der Mutter und das des Kindes, unverzüglich auslöschen. Offenbar haben wir es, analog zu AIDS, bei COVID-19 mit den Symptomen einer Immunschwäche zu tun, die weder von der Mutter auf das Kind vererbt noch über das Blut oder die Muttermilch[221] übertragen wird. Babys von sogenannten COVID-19-Müttern weisen ja mit Masse weder das »Virus« noch die dazu passenden Symptome auf. Viel mehr entwickeln Babys sogar Antikörper, die grundsätzlich nicht von der Mutter stammen bzw. »nicht transplazentar übertragbar sind«,²²² d.h. nicht im Mutterkuchen übertragen werden. Beim vom Kind selbst produzierten Schutzstoff (Antikörper), der im Blutserum als Reaktion auf eindringende Antigene gebildet wird, könnte es sich um Antikörper gegen die Exosomen (Peroxisomen) und/oder retro-integrierte Virus-DNA der Mutter handeln. Dies wäre die logische Konsequenz aus der evidenzbasierten Annahme, dass es sich bei »SARS-CoV-2« nicht um ein Virus, sondern um physische Abwehr- und Entgiftungsspuren handelt.

Bei der offiziellen Virustheorie bleibend, halten wir fest, dass Kinder aller Altersgruppen gegen SARS-CoV-2 grundsätzlich immun sind und daher kein Übertragungsrisiko darstellen. Dasselbe wird wohl auch für Jugendliche gelten.

In diese Richtung ist der Bericht des RKI von Mitte November 2020 zu interpretieren, auch wenn er auf tönernen Füßen steht. Zum einen wird nachvollziehbar eingeräumt, dass das aktive Infektionsgeschehen bei Kindern »in den meisten Fällen niedriger als bei den Erwachsenen« ist und dass Kinder im Kindergartenalter »weniger empfänglich für eine Infektion mit SARS-CoV-2 als Kinder im Schulalter« sind. Zum anderen wird ganz offen kommuniziert, dass die Infektiosität im Kindesalter »bisher selten untersucht« wurde und »daher **nicht** abschließend bewertet werden« kann. Behauptet wird jedenfalls, dass die Mehrzahl der Kinder einen »**asymptomatischen** oder milden Krankheitsverlauf« zeigt. Bei hospitalisierten Kindern sind pulmonale (Lunge) oder kardiale (Herz) »**Vorerkrankungen** häufiger registriert worden.« Zu den Risikofaktoren zählt auch eine »Infektion der unteren Atemwege«.²²³ Die Behauptung einer asymptomatischen Erkrankung ist, wie gesagt, blanker Unsinn. Die angeführten Vorerkrankungen könnten die Ursache für die Ausschüttung jener Exosomen und/oder retro-integrierter Virus-DNA sein, die fälschlich als SARS-CoV-2 gelesen werden. Jedenfalls steht gemäß offiziellen Studien fest, dass die Erkrankung von Kindern an COVID-19 nicht die Regel, sondern die absolute Ausnahme ist. Die selten untersuchte Infektiosität von Kindern ist offenbar darauf zurückzuführen, dass sie eben nur ganz selten »infiziert« sind. Für derlei Untersuchungen liefert trotz hoher Fehlerquote anscheinend nicht einmal der Drosten-PCR-Test ausreichend Material (siehe Kapitel »4. Testwahnsinn«).

Immune und symptomlose Erwachsene

Dass auch immune und symptomlos respektive asymptomatisch infizierte Erwachsene entgegen anderslautender Propaganda **kein** Übertragungsrisiko darstellen, wurde bereits im Kapitel »Keine Ansteckung durch Symptomlose« behandelt. Daraus folgt, dass eine virale Übertragung in der Regel ausschließlich durch einen erwachsenen Infizierten mit Symptomen aktiv erfolgen kann.

Für den Empfänger ist das Virus nur dann bedrohlich, wenn er zu einer Risikogruppe gehört. Die Masse der Bevölkerung ist daher von COVID-19 in der Regel überhaupt nicht betroffen. Das von ihr ausgehende Übertragungsrisiko ist als eher gering einzustufen. Das beweisen die relativ niedrige Sterberate und die ebenfalls nicht sehr hohe Reproduktionszahl, die aber ohnehin irrelevant ist.

Wertlose Reproduktionszahl

Es sei kurz erklärt, warum bei COVID-19 die Sterberate ausschlaggebend ist und nicht etwa die Reproduktionszahl. Wie bei allen Infektionskrankheiten ist auch bei der angeblich viral übertragbaren Krankheit COVID-19 die Anzahl der positiv getesteten **Toten** der **einzige** verlässliche, weil tagesaktuell absolute Wert. Ihn kann bzw. muss man in Relation zu den positiv Getesteten bzw. dokumentierten Infizierten setzen und so die Fallsterberate (CFR) errechnen. Die grundsätzlich viel niedrigere Infektionssterberate (IFR = Infection Fatality Rate) berechnet man, indem die – wie bei der Grippe – zu schätzende Dunkelziffer der nicht erfassten Infizierten addiert wird. Dieser Wert soll für Vergleiche mit anderen und vor allem ähnlichen Krankheiten herangezogen werden. Die Reproduktionszahl stellt quasi den »viralen Multiplikator« dar, also die Anzahl von Personen, die ein Infizierter ansteckt. Hat sie den Wert 1 oder niedriger, verläuft die Epidemie, vereinfacht gesagt, ruhig und problemlos. Wie bei der Sterberate gibt es für die junge Krankheit COVID-19 weder Referenzwerte aus den Vorjahren noch eine ausreichende Testdichte. Der grundlegende Unterschied zur Sterberate ist jedoch, dass sich die Reproduktionszahl auf **keinen** einzigen absoluten Wert (wie die Anzahl der Toten) beziehen kann. So lange eine Region nicht annähernd flächendeckend getestet wurde – wovon wir bis November 2020 weltweit Lichtjahre entfernt waren –, bleibt die Reproduktionszahl ein Scheinwert, der sich lediglich auf die relativ wenigen positiv Getesteten beziehen kann und generell sowohl die Genesenen als auch die Dunkelziffer nicht berücksichtigt. Kurz: Ohne flächendeckende Testungen ist und bleibt die Reproduktionszahl eine nichts sagende statistische Spielerei, ein sinnloser mathematischer Bruch mit unbekanntem Zähler X und unbekanntem Nenner Y. Daher ziehen wir die Sterberate heran.

C. Niedrige Sterberate

Am 23. 02. 2020 setze die WHO eine horrende Falschmeldung ab, der zufolge etwa zwei Prozent der an COVID-19 Erkrankten verstorben seien.[224] Diese Fallsterberate (CFR) würde, wenn sie wahr wäre, für eine schwere Krankheit sprechen. Dass dem nicht so ist, weil die COVID-19-Sterberate ähnlich der **Grippe** sehr niedrig ist, war bereits lange vor der ersten Maßnahmenverhängung im März 2020 berechenbar.

Von der vorhin erwähnten chinesischen Studie ist neben den Risikogruppen auch die außerprovinzielle CFR von 0,4 Prozent als Anhalt für Österreich und Deutschland heranzuziehen. Auf ihrer Grundlage hätte bis allerspätestens Mitte März 2020 eine Infektionssterberate (IFR) von **maximal 0,26 Prozent** angenommen werden dürfen. Dieser Prozentsatz ist extrem konservativ berechnet, weshalb bereits laut damaliger Sachlage davon auszugehen war, dass die Sterblichkeit mit an Sicherheit grenzender Wahrscheinlichkeit tatsächlich niedriger ausfällt. Die Infektionssterberate ist, wie gesagt, die geschätzte oder hochgerechnete Sterberate in Bezug auf alle Infizierten inklusive der Dunkelziffer, also einschließlich der nicht offiziell erfassten Fälle. Die IFR beschreibt die Wahrscheinlichkeit, nach der Infektion mit einer Krankheit an dieser zu sterben.[225]

Nun zur bereits avisierten Begründung für das provisorische Heranziehen der Fallsterberate von 0,4 Prozent als maximale Infektionssterberate. Erstens sind rund 99 Prozent der Patienten nicht an, sondern **mit** COVID-19 gestorben. Fast alle waren multimorbid vorerkrankt. Zweitens ist die frühe Testdichte von Wuhan unbefriedigend, weshalb eine relativ hohe Dunkelziffer anzunehmen ist. Darunter sind jene Personen zu verstehen, die infiziert waren, bereits immun sind und daher die offizielle urbane Fallsterberate von 2,9 Prozent deutlich senken. Drittens liegt der epidemiologische Herd mitten in einem extrem dicht besiedelten Bezirk von Wuhan. In diesem Gebiet namens Jianghan leben rund 460.000 Einwohner auf etwa 33 Quadratkilometern.[226] Das ergibt eine Dichte von ca. 14.000 Einwohnern pro km^2. Selbige ist mehr als doppelt so hoch wie jene im dichtest besiedelten Wiener Gemeindebezirk (Favoriten)[227] und etwa 3,5 Mal so hoch wie die durchschnittliche Besiedelung Berlins.[228]

Dieselbe relativ niedrige Fallsterberate von 0,4 Prozent gibt der niederösterreichische Privatdozent Dr. Stefan Wöhrer an. Als einer der ersten Ärzte im deutschsprachigen Raum veröffentlichte er seine Expertise bereits am 14. 03. 2020.[229] Mit offenem Brief vom 22. 03. 2020 habe ich Österreichs Regierung, Nationalrat und Presse meine strategische Analyse Nr. 02 zu COVID-19 übermittelt. Darin wird auch die besagte Sterberate von 0,4 Prozent dargelegt und zudem auf Dr. Wöhrers Ausarbeitung Bezug genommen.[230] Schließlich decken sich unsere Beurteilungen weitgehend, wobei wir beide schon damals die Sterberate bewusst konservativ beurteilt und eine **niedrigere** Rate als 0,4 Prozent für wahrscheinlich gehalten haben.[231]

Wichtig ist, dass unsere Beurteilungen in unmittelbarer zeitlicher Nähe zur ersten Corona-Gesetzgebung in Österreich und Deutschland stehen und die Regierungen daher zu einem ähnlichen Ergebnis hätten kommen können und müssen. Wie gesagt, wurde die Sterberate mit 0,4 Prozent sehr konservativ bzw. vorsichtig geschätzt. Sie könnte also durchwegs viel niedriger sein.

Die Richtigkeit obiger Ausführungen wird von der vorbildlichen deutschen Heinsberg-Studie bestätigt: Bereits das am 09. 04. 2020 veröffentlichte Zwischenergebnis weist eine Infektionssterberate (IFR) bzw. »Letalität« von lediglich 0,37 Prozent aus. Studienleiter Prof. Dr. Hendrik Streeck und sein Team haben 509 positive Tests aus dem deutschen »Epizentrum«, der Gemeinde Gangelt im Landkreis Heinsberg, ausgewertet und eine Durchseuchung bzw. bereits vorhandene »natürliche Immunität« von 15 Prozent errechnet. Diese ist – aus streng virologischer Sicht – auf die relativ zügige »Übertragung« des Virus SARS-CoV-2 im Rahmen der dortigen **Karnevalsfeiern** zurückzuführen.[232] In Wahrheit liegt der relativ hohe Durchseuchungsgrad wohl an der verhältnismäßig hohen Testdichte. Jedenfalls werden die besagten beiden Werte – Sterblichkeit von 0,37 Prozent und Durchseuchung von 15 Prozent – von der komplett abgeschlossenen und am 04. 05. 2020 veröffentlichten Studie verifiziert. Ausgewertet wurden 919 Tests aus 405 Haushalten.[233] Die bereits erwähnte Studie der Medizinischen Universität Tübingen über zu 81 Prozent SARS-CoV-2 erkennende T-Zellen, die Blutproben aus den Jahren 2007 bis 2019 entstammen, wertete auch COVID-19-aktuelle Proben vom April und Mai 2020 aus. Die daraus entnommenen T-Zellen, auch jene von symptomfreien Verläufen, sind zu **100 Prozent** hochreaktiv.[234] Daraus zieht Prof. Dr. Sucharit Bhakdi im August die absolut korrekte virologische Schlussfolgerung, dass die Infektion mit SARS-CoV-2 wie eine Auffrischungsimpfung gewirkt habe. Die T-Zellen-Kreuzimmunität sei dafür verantwortlich, dass die europäische Statistik über 40 bis 50 Prozent symptomlose und 30 bis 40 Prozent milde Verläufe sowie 17 Prozent schwere Fälle (Krankenhausbehandlungen gemäß RKI) nur dahingehend verstanden werden kann, dass bereits ca. **85 Prozent** der Bevölkerung ausreichend geschützt sind:

> *»Das ist die Herdenimmunität«.*[235]

Je höher die Herdenimmunität ist, desto niedriger muss logischerweise die Gefährlichkeit und letztlich auch die Sterblichkeit sein. Laut der vom Leiter der Abteilung für Allgemein- und Familienmedizin der medizinischen Universität Wien Prof. Dr. Andreas Sönnichsen im ORF erwähnten SORA-Studie beträgt die COVID-19-Sterblichkeit in Österreich 0,3 Prozent.[236] Eine statistische Auswertung von 55 Studien weltweit ergibt eine durchschnittliche Infektionssterberate von 0,36 Prozent.[237] Der österreichische Physiker Dr. Peter F. Mayer leitet aus 47 Studien einen »Medianwert« respektive eine durchschnittliche Sterberate von lediglich 0,2 Prozent ab – »ähnlich wie bei einer stärkeren Grippe.«[238]

Bestätigung durch Oxford Universität

Dass Dr. Mayer korrekt gerechnet hat, legt die bis dahin wohl präziseste Studie nahe. Sie kommt von der Universität Oxford, genauer gesagt vom Oxford COVID-19 Evidence Service, einer Dienstleistung des Zentrums für evidenzbasierte Medizin, kurz CEBM (Centre for Evidence-Based Medicine). Der dort beschäftigte Professor für evidenzbasierte Medizin Dr. Carl Heneghan[239] und sein Kollege, der Senior Statistiker Dr. Jason Oke,[240] haben gemeinsam das global vorhandene Datenmaterial ausgewertet. Am 17. 03. 2020, sowie aktualisiert am 17. 05. 2020, kamen die beiden Experten betreffend der Infektionssterberate zu folgendem Ergebnis: »Die Berücksichtigung historischer Erfahrungen, Trends in den Daten, erhöhter Anzahl von Infektionen in der Bevölkerung am Höchststand sowie möglicher Auswirkungen einer Fehlklassifizierung von Todesfällen ergibt eine vermutete Schätzung für die COVID-19-IFR irgendwo zwischen 0,1% und 0,41%.«[241]

Eine darunter liegend globale durchschnittliche IFR von kleiner/gleich 0,1 Prozent wird in einer immunologischen Studie vom 23. 05. 2020 berechnet. Und etliche ab Mitte Mai veröffentlichte Studien kommen sogar bei einigen Hotspots auf unter 0,18 Prozent.[242] Bei 100.000 Infizierten wären das 180 Tote. Berücksichtigt man, dass davon ca. 99 Prozent komorbid vorerkrankt sind, das sind ca. 178 Patienten, verbleiben lediglich zwei an COVID-19 Verstorbene. Zwei von 100.000 ergibt eine Infektionssterberate von **0,002 Prozent**.

Da wir jedoch aus der Perspektive Mitte März beurteilen, ziehen wir zugunsten der Regierung die erwähnte IFR zwischen 0,1 und 0,41 Prozent heran. Der sich daraus ergebende Mittelwert von **0,26 Prozent** wird in gegenständlicher Darstellung fortan als hypothetische COVID-19-Infektionssterblichkeit herangezogen. Da diese Sterberate alleine relativ wenig aussagt, ist sie mit jener einer ähnlichen Krankheit in **Relation** zu setzen. Keine liegt näher als die Grippe (Influenza = echte Grippe), zumal die Symptome ähnlich sind[243] und Corona-Viren etwa 10 bis 15 Prozent der vier bekannten auslösenden Viren ausmachen.[244]

Grippe-Saison 2017/2018

Land	Fälle	Tote	CFR
CH	330.700	2.500	0,65%
AUT	440.000	2.851	0,65%
DEU	9.000.000	25.100	0,28%
USA	20.731.323	61.099	0,29%

Abb. 05 (Datenquelle der Fälle und Toten: nationale Statistiken)[245]

Wie der Tabelle in Abbildung 05 zu entnehmen ist, beträgt die auf Schätzungen bzw. Hochrechnungen beruhende Fallsterberate (CFR) in der Grippe-Saison 2017/2018 in Österreich und der Schweiz jeweils 0,65 Prozent, jene Deutschlands 0,28 Prozent und die der USA 0,29 Prozent. Der diesbezügliche Mittelwert von 0,47 Prozent liegt etwas über der erwähnten Fallsterberate außerhalb von Wuhan (0,4 Prozent). Bei der Grippe wird die Infektionssterberate (IFR) mit etwa 0,1 bis 0,2 Prozent veranschlagt,[246] womit wir selbst beim Mittelwert von **0,15 Prozent** durchwegs noch in der Nähe unserer COVID-19-IFR von 0,26 Prozent sind. Letztere liegt jedenfalls zwischen der Grippe und Masern mit rund 0,5 Prozent[247] sowie weit unter SARS mit rund 10 Prozent und MERS mit ca. 35 Prozent.[248] Siehe auch Abbildung 06.

Im starken Kontrast zur tatsächlichen grippeähnlich-niedrigen COVID-19-Sterberate und im Geiste der erwähnten WHO-Falschmeldung vom 23. 02. 2020 erzeugen Politiker und Medien regelmäßig Panik mit der Nennung absoluter Zahlen respektive der tagesaktuellen Anzahl der Corona-Toten. Doch die offenbar absichtlich erzeugte Beunruhigung[249] entbehrt jeder realen Grundlage. Die viel höheren absoluten Zahlen der jährlich an Krankenhauskeimen und Grippe Versterbenden beweisen es.

Viel mehr Tote durch Krankenhauskeime

In Deutschland sterben alljährlich rund **40.000** Patienten aufgrund einer Infektion mit Keimen, die sie im Krankenhaus aufgenommen haben. Das besagt eine Analyse der Deutschen Gesellschaft für Krankenhaushygiene (DGKH), der zufolge pro Jahr mindestens eine Million derartige nosokomiale Infektionen zu verzeichnen sind.[250] In Österreich erkranken daran jährlich ca. 95.000 Patienten, wobei davon etwa

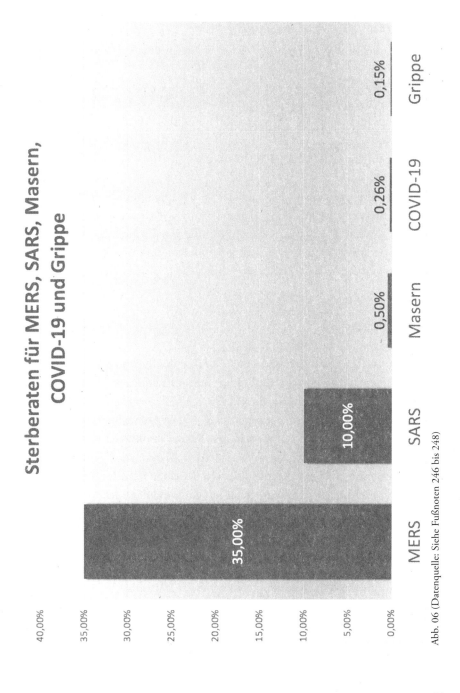

Abb. 06 (Datenquelle: Siehe Fußnoten 246 bis 248)

5.000 versterben.[251] Auf der ganzen Welt versterben offiziell rund 700.000 Menschen an der Infektion durch Krankenhauskeime.[252]

Nirgends hat bisher ein Hahn danach gekräht, zumindest kein politischer. Und das obwohl alljährlich in Deutschland knapp **fünfmal** (Faktor 4,69), in Österreich **7,5 Mal** (Faktor 7,49) und weltweit offiziell knapp zweimal (Faktor 1,86) so viele Menschen an besagten Krankenhauskeimen sterben als bis Juni 2020 mit/an COVID-19 verstorben sind. Mit Stand vom 02. 06. 2020, als die COVID-19-Saison auch in Europa bereits abgeschlossen war,[253] gab es offiziell 8.522 bundesdeutsche, 668 österreichische und global 376.320 Corona-Tote.[254] Siehe auch die Abbildungen 07 und 08.

Dass das unnötige massive Krankenhaussterben politisch kaum beachtet wird, dürfte mit der Fehlentscheidung zusammenhängen, dass der Westen vor einigen Jahren aus Kostengründen begann, seine Antibiotika-Herstellung in das östliche Ausland zu verlagern. Dadurch hat sich insbesondere Europa tödliche Supererreger aus östlichen Pharmafabriken indirekt in die eigenen Spitäler geholt.

Supererreger aus Profitgier

Inzwischen werden etwa 90 Prozent aller Antibiotika in Indien produziert. Dort ansässige Pharmafabriken leiten mit Keimen und Antibiotika verseuchtes Abwasser ungefiltert in die Umwelt ab. In diesem Giftcocktail entstehen Supererreger, die gegen so gut wie alle Antibiotika resistent sind, sich ultraschnell teilen und vermehren und über die Haut und Nahrung in den Körper des Menschen gelangen. Auf dem Reise- und Transportweg kommen sie in den Westen, wo die multiresistenten Supererreger insbesondere in Krankenhäusern Patienten befallen, die zwar oft nur an Bagatellkrankheiten leiden, aber schließlich aufgrund der Infektion mit Supererregern sterben, weil gegen sie so gut wie kein Antibiotikum hilft.

Die Aufdeckung dieses Skandals mit handfesten Belegen (Proben) ist insbesondere der investigativen Journalistin Christine Adelhardt und dem Chefarzt der Abteilung Infektiologie der Universitätsklink Leipzig Dr. Christoph Lübbert zu verdanken. Eine diesbezügliche TV-Doku wird seit 2017 im öffentlich-rechtlichen Fernsehen gezeigt.[255]

Diese hervorragende Arbeit ist hier aus drei Gründen relevant. Erstens sind sowohl die Ursachen und Auswirkungen als auch die Untätigkeit der Verantwortlichen bestens dokumentiert. Zweitens wirken sich die Supererreger in Regionen

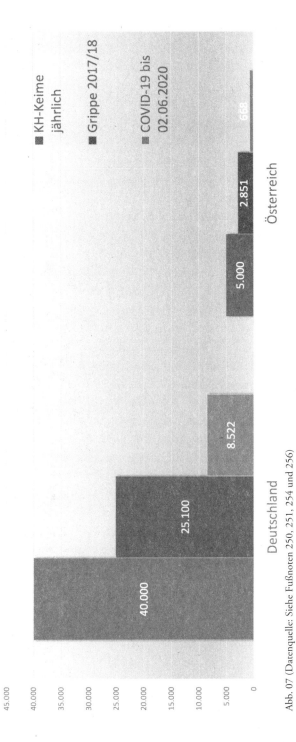

Abb. 07 (Datenquelle: Siehe Fußnoten 250, 251, 254 und 256)

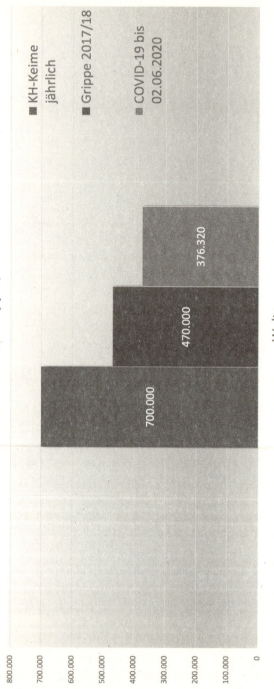

Abb. 08 (Datenquelle: Siehe Fußnoten 252, 254, 257 und 258)

mit schlechten hygienischen Standards besonders schädlich aus, sodass sie drittens höchstwahrscheinlich mitursächlich sind für die relativ hohen COVID-19-Sterberaten in Ländern wie Italien und Spanien. Darauf kommen wir noch zurück.

Weit mehr Grippe-Tote

Nun behandeln wir die jährlichen Grippe-Toten in absoluten Zahlen und vergleichen sie mit der Anzahl der bisher in Verbindung mit COVID-19 Verstorbenen. An der echten Grippe (Influenza) starben in der Saison 2017/2018 gemäß Statistik 2.851 österreichische[256] und rund 25.100 bundesdeutsche Patienten.[257] Laut WHO kostet die Grippe jedes Jahr weltweit zwischen 290.000 und 650.000 Menschen das Leben,[258] durchschnittlich demnach 470.000. Bis zum 02. 06. 2020 sind, wie bereits erwähnt, 668 österreichische, 8.522 bundesdeutsche und global 376.320 Corona-Tote dokumentiert. Demzufolge sind an der Grippe gestorben: in Deutschland etwa **dreimal** (Faktor 2,95), in Österreich mehr als **viermal** (Faktor 4,27) und weltweit rund 1,25 Mal so viele Menschen als im Zusammenhang mit COVID-19. Siehe auch die Abbildungen 07 und 08. Die absoluten Sterbezahlen sprechen deutlich für eine sehr niedrige COVID-19-IFR, die weit unterhalb unseren extrem konservativ geschätzten 0,26 Prozent liegt. Dass der Tod zum Leben dazugehört, wird oft ausgeblendet. Das ändert jedoch nichts daran, dass im Jahr 2020 voraussichtlich etwa 87.000 Österreicher, rund 970.000 Bundesdeutsche und weltweit ca. 59,2 Millionen Menschen sterben (werden). Nachfolgende Tabelle (Abb. 09) enthält in den ersten beiden Spalten die gesamten für Österreich, Deutschland und die ganze Welt kalkulierten Einwohner[259] und Sterbefälle[260] im Jahr 2020. Den Spalten rechts davon sind jeweils die an Krankenhauskeimen und Grippe Versterbenden analog 2017/2018 und der COVID-19-Toten mit Stand 02. 06. 2020 zu entnehmen. Diese drei Gruppen fallen in der Gesamtschau nicht ins Gewicht, was von den extrem niedrigen Prozentsätzen verdeutlicht wird, von denen jener für COVID-19 der Kleinste unter den Zwergen ist. Bis zum 02. 06. 2020 sind lediglich **0,0049 Prozent** der Weltbevölkerung in Verbindung mit COVID-19 verstorben.

Etwaigen Zweiflern in Ihrem Umfeld zeigen Sie am besten das besonders anschauliche Kreisdiagramm der kalkulierten Sterbefälle 2020 (siehe Abb. 10). Die drei winzigen Kreissegmente repräsentieren die jeweils an Krankenhauskeimen, an der Grippe und im Zusammenhang mit COVID-19 Verstorbenen. Auch hier ist der Gnom unter den Zwergen COVID-19.

Sterbefälle 2020				analog 2017/2018				per 02. 06. 2020	
		Tote 2020 gesamt		KH-Keim-Tote		Grippe-Tote		COVID-19-Tote	
Land	Einwohner	Anzahl	Prozent	Anzahl	Prozent	Anzahl	Prozent	Anzahl	Prozent
AUT	8.859.449	86.823	0,98%	5.000	0,0564%	2.851	0,0322%	668	0,0075%
DEU	80.159.662	969.932	1,21%	40.000	0,0499%	25.100	0,0313%	8.522	0,0106%
Welt	7.684.292.383	59.169.051	0,77%	700.000	0,0091%	470.000	0,0061%	376.320	0,0049%

Abb. 09 (Datenquelle: Siehe Fußnoten 250 bis 252, 254, 256 bis 258, 259 und 260)

Alljährlich sterben weltweit rund **neun Millionen** Menschen an den Folgen der Umweltverschmutzung.[261] Davon fallen etwa 6,5 Millionen der Luftverschmutzung zum Opfer, allein in China sind es ca. 1,8 Millionen. Im diesbezüglichen Pressebericht der *South China Morning Post* befinden sich drei große Fotos von chinesischen Bürgern, die wegen des städtischen Smogs Masken tragen.[262] Die Luftverschmutzung ist übrigens der einzige reale Grund für das Tragen eines Mund-Nasen-Schutzes. Bei COVID-19 ist das hingegen völlig sinnlos (siehe Kapitel »3. Maskenpflicht«). Bezüglich der Corona-Sterbezahlen ist noch anzuführen, dass die in Verbindung mit COVID-19 ausgewiesenen Toten mit Masse nicht daran verstorben sind, sondern an einer bereits zuvor vorhandenen tödlichen Krankheit, an der die Patienten auch ohne COVID-19 unausweichlich aus dem Leben geschieden wären. Fast alle waren komorbid vorerkrankt, wie das nun folgende Kapitel zeigt.

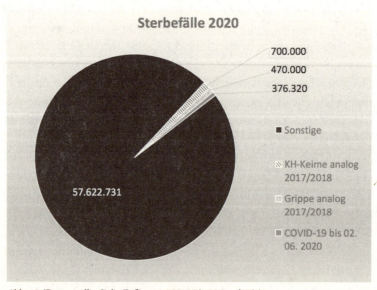

Abb. 10 (Datenquelle: Siehe Fußnoten 252, 254, 258 und 260)

D. Fast 100 % tödlch Vorerkrankte

Wie bereits erwähnt, sind in Wuhan sehr viele COVID-19-Infizierte nicht an, sondern **mit** dem Virus SARS-CoV-2 zwingend aufgrund einer Vorerkrankung verstorben. In Italien waren es mit Stand vom 17. 03. 2020 mit 99,2 Prozent nahezu alle Patienten. Diese Zahl wurde am 24. 04. 2020 annähernd bestätigt, als der italienische Politiker Vittorio Sgarbi in einer genialen, weil auf Fakten beruhenden und gleichzeitig wütenden Rede die Regierung darauf hinwies, dass gemäß den offiziellen Daten des Gesundheitsamts »**96,3 Prozent** an anderen Krankheiten gestorben sind!«

Im selben Atemzug warf Sgarbi den Entscheidungsträgern der »Lügenkammer« (des Parlaments) ausdrücklich Staatsterrorismus gegenüber Millionen Italienern vor: »Sie sprechen von 25.000 Toten! Das ist nicht wahr! Benutzen Sie die Toten nicht für Ihre Rhetorik, für Ihren Terrorismus!«[263] Bei einer so gut wie ausschließlich nicht durch COVID-19 verursachten Sterblichkeit ist der Zorn des wahrhaftigen Volksvertreters Vittorio Sgarbi absolut berechtigt. Von ihm können die österreichischen und deutschen »Oppositionsparteien« jede Menge lernen. Sgarbis Rede sollte man gelesen und vor allem gehört haben, insbesondere die Leidenschaft, mit der er folgende alte Weisheit ausspricht:

> »*Verum ipsum factum!*«[264]

Diese lateinischen Worte besagen wörtlich übersetzt »Das Wahre ist dasselbe wie die Tat«. Die Bedeutung im gegebenen Zusammenhang ist, dass die wissenschaftlich festgestellte Wahrheit die Grundlage des politischen Handelns sein muss.

Beachtenswert ist daher die offene Korrektheit der schon zitierten italienischen Top-Virologin Prof. Dr. Maria Rita Gismondo, die über die wahren Verhältnisse in Italien im März / April 2020 berichtet, dass eine regelrechte Verwirrung aufgrund vieler falscher Zahlen über angebliche positive Tests und vermeintliche Corona-Tote bestand. Tatsächlich seien insgesamt lediglich **10 (zehn)** Patienten, oder ein wenig mehr, an COVID-19 verstorben. So gut wie alle Patienten verstarben an ihren schweren Vorerkrankungen. COVID-19 sei daher keine Primärinfektion, sondern eine »opportunistische Infektion«. Folglich hätten die Medien kein Recht, Horrorbilder von angeblichen Corona-Leichen zu verbreiten, weil dies schädliche psychologische Folgen habe. Das Resümee der renommierten Virologin lautet, dass COVID-19 eine sehr niedrige Sterblichkeit hat.[265]

Ebenfalls im Geiste von »Verum ipsum factum!« handelt der Hamburger Rechtsmediziner Prof. Dr. Püschel. Bereits am 09. 04. 2020 tat er im Fernsehen seine Überzeugung kund, dass »in diesem Jahr in Deutschland nicht mehr Menschen als zuvor sterben« und es »den Corona-Toten gar nicht gibt.« Dafür wurde er von seinem Gastgeber Markus Lanz quasi für verrückt erklärt.[266] Doch die Wissenschaft gibt nicht dem Show-Menschen, sondern dem renommierten Rechtsmediziner Recht. Einerseits weist EUROMO für Deutschland – wie auch für Österreich (siehe unten) – bis zur 17. Kalenderwoche 2020 eine deutliche Untersterblichkeit aus.[267] Andererseits waren **alle** der 133 »Corona-Toten«, die Prof. Dr. Klaus Püschel bis etwa Mitte April 2020 obduziert hat, nachweislich komorbid vorerkrankt und daher nicht an, sondern **mit** COVID-19 verstorben.[268] Auch die an der Universität Augsburg zwischen 04. und 19. 04. 2020 obduzierten 10 Patienten waren **allesamt** tödlich vorerkrankt, durchschnittlich wiesen sie sogar vier Komorbiditäten auf. Das durchschnittliche Sterbealter von stolzen 79 Jahren ist fast so hoch wie jenes in Italien.[269] Demnach lagen schon im April 2020 wissenschaftliche Studien vor, die zur logischen Schlussfolgerung führen, dass auch die deutsche COVID-19-Komorbidität generell an die 100 Prozent beträgt.

Wenig aussagekräftig, verzerrend und alles andere als repräsentativ sind die ersten Auswertungen der Obduktionen in Österreich. Immerhin geht aus der Analyse vom 21. 04. 2020 hervor, dass von den bis dahin registrierten 439 Todesfällen »die Gruppe der über **85-Jährigen** überrepräsentiert ist.« Mangels konkreter Zahlenangaben kann aus den angehängten Tabellen, die ebenfalls keine absoluten Zahlen enthalten, nur geschätzt werden, dass das durchschnittliche COVID-19-Sterbealter bei rund 80 Jahren liegt.[270] Bis Anfang Mai 2020 wurden an der Medizinischen Universität Graz lediglich 14 »Corona-Tote« seziert. Davon sind nur zwei nicht an Lungenversagen, sondern an anderen Ursachen verstorben. Von den fünf in Wien Obduzierten sind ebenfalls »die meisten an der COVID-Erkrankung gestorben.« Allerdings räumt der Chefpathologe Prof. Dr. Martin Klimpfinger ein, dass »man diese Fälle für die Obduktion auswählt, die nicht ganz klar sind, und dass Fälle mit Patienten, die über 80 Jahre alt sind und schwere Diabetes, Hochdruck und Herzkrankheiten haben, dass die dann zum Teil **nicht** obduziert wurden.«[271] Hier gibt es offenbar keinen nachvollziehbaren Plan und folglich auch keine Stringenz (Schlüssigkeit). Zum einen wurde gerade die größte Risikogruppe der Hochbetagten teils gar nicht untersucht. Zum anderen wurden möglicherweise Ursache und Wirkung vertauscht. Dass nämlich die meisten Patienten an Lungenversagen verstorben sind, bedeutet schließlich nicht automatisch, dass dafür das SARS-CoV-

2-Virus verantwortlich war. Die Tiroler Tageszeitung berichtete jedenfalls korrekt, dass Österreichs »COVID-19-Opfer« altersgerecht sterben.[272]

Zum Tod könnte die Infektion mit **Supererregern** in Spitälern und in Pflegeheimen maßgeblich beigetragen haben. Schließlich raten etliche Ärzte schon lange davon ab, sich bspw. mit Lungenproblemen ins Spital zu begeben. Das Risiko für die Gesundheit ist dort wesentlich höher als anderswo.[273] Schon die erste vom internationalen Netzwerk für Pflegewesen LTC (International Long Term Care Policy Network) vorgenommene statistische Auswertung vom 12. 04. 2020 erklärt plausibel, dass durchschnittlich rund 50 Prozent aller Toten im Zusammenhang mit COVID-19 **Pflegeheimbewohner** waren: »Daten aus 5 europäischen Ländern legen nahe, dass die Bewohner von Pflegeheimen zwischen 42% und 57% aller Todesfälle im Zusammenhang mit COVID-19 ausmachten.« Diese fünf Länder sind Belgien, Frankreich, Irland, Italien und Spanien.[274] Deren durchschnittliche COVID-19-Pflegeheimsterberate fügt sich nahtlos in das letzte Update vom 21. 05. 2020 ein, welches bereits 20 Nationen umfasst, in denen es insgesamt mindestens 100 Todesfälle gab und offizielle Zahlen vorlagen. Bei diesen »liegt der Prozentsatz der COVID-bedingten Todesfälle bei Pflegeheimbewohnern zwischen 24% in Ungarn und 82% in Kanada.« In Österreich sind 41 Prozent aller COVID-19-Toten im Pflegeheim verstorben, in Deutschland 37 Prozent.[275]

In einer französischen Studie vom 19. 03. 2020 wird COVID-19 mit drei traditionellen Corona-Viren verglichen. Die sechs Forscher kommen anhand der relativ wenigen COVID-19-Toten zu dem Schluss, dass die Sterblichkeitsrate bei allen Corona-Viren gleich ist und »dass das Problem von SARS-CoV-2 wahrscheinlich überschätzt wird, da jedes Jahr 2,6 Millionen Menschen an Atemwegsinfektionen sterben [...].«[276]

Mit hoher Wahrscheinlichkeit liegt die Rate der komorbid Vorerkrankten nicht nur in Ländern wie Italien und Deutschland, sondern auch beim Rest der Welt bei annähernd 100 Prozent. In den USA gibt es dafür bereits erste Hinweise. Immerhin argumentiert die Gesundheitsbehörde CDC gegenüber CNN, bei 94 Prozent der COVID-19-Todesfälle »sind neben COVID-19 weitere Erkrankungen aufgeführt.« Zu diesen anderen Ursachen zählen chronische Erkrankungen wie Diabetes oder Bluthochdruck. In lediglich sechs Prozent der Fälle, in denen COVID-19 in den Sterbeurkunden eingetragen ist, sei »nur eine Ursache oder ein Zustand angeführt.« Zwar erklärte der CDC-Sprecher, das bedeute bei den anderen Fällen (94 Prozent) nicht automatisch, »dass die Patienten nicht am Corona-Virus gestorben sind«,[277] das wird jedoch noch zu klären sein. Schließlich liegt in den USA wie auch in anderen Ländern aus virologischer Sicht nahe, dass das bei den Toten gefundene Virus gar nicht SARS-CoV-2, sondern ein älteres Corona-Virus bzw. wahrscheinlich sogar ein Corona-Grippe-Virus war. Da dem offenbar so ist (siehe unten), gewinnt die ohnehin naheliegende Annahme einer generellen COVID-19-Komorbidität von nahezu 100 Prozent analog zu Italien und Deutschland deutlich an Substanz. Die Höhe dieses Prozentsatzes hängt höchstwahrscheinlich indirekt proportional mit dem Wert der COVID-19-Tests zusammen: Je wertloser der COVID-19-Test ist, desto höher muss die Zahl der Grippe- und Krankenhausvirentoten sein, und desto höher daher auch der Prozentsatz der COVID-19-Komorbidität.

E. Weiterhin Wertloser Test

Die bereits erörterte, schon im Januar 2020 feststehende virologische und epidemiologische Wertlosigkeit des Corona- PCR-Tests geht sogar aus seiner offiziellen Anleitung vom Juli 2020 hervor: »Der Nachweis von viraler RNA weist möglicherweise **nicht** auf das Vorhandensein eines infektiösen Virus hin oder darauf, dass 2019-nCoV der Erreger für klinische Symptome ist.«[278] Darum gibt auch das RKI im September 2020 offen zu, dass der vermeintliche Nachweis des SARS-CoV-2-Genoms »**keinen** unmittelbaren Beleg der Ansteckungsfähigkeit eines Patienten« darstellt, weil eben »**nicht** jedes Genom repräsentativ für ein infektiöses Viruspartikel ist.« Schließlich weisen In-vitro-Daten »auf ein Verhältnis von 10 : 1 bis 100 : 1 zwischen genomischer RNA und infektiösen Viruspartikeln hin.«[279]

Hiervon ist von entscheidender Bedeutung, dass das RKI den Personenkreis der zu Testenden nicht etwa mit gesunden Menschen, sondern ausdrücklich und ausschließlich mit »Patienten« festlegt, wobei selbst bei diesen **keine** zuverlässige Diagnostizierung möglich ist. Den Formulierungen der Testanleitung und des RKI zufolge ist auf der Grundlage des besagten Drosten-PCR-Tests keinesfalls der Nachweis eines aktuellen Krankheitserregers, keine exakte Diagnose und daher auch keine korrekte Statistik möglich. Deshalb wird in den offiziellen Statistiken, insbesondere jenen der WHO, bei den sogenannten Fällen **nicht** zwischen Infizierten und Erkrankten unterschieden. Dahinter steckt die bereits dargelegte Tatsache, dass dem Test kein reines und isoliertes Virus zugrundeliegt, sondern eine willkürliche Sammlung von 375 genetischen Sequenzen.

Ähnlich wie der Präsident der Chinesischen Akademie der Medizinwissenschaften (siehe oben) bestätigt auch der deutsche Internist und »Virus-Wahn«-Co-Autor Dr.

Claus Köhnlein, dass der Großteil der auf der PCR-Technik beruhenden COVID-19-Tests extrem unzuverlässig und folglich sinnlos ist. **Mindestens 50 Prozent** der Ergebnisse sind **falsch**.[280] Die Sinnlosigkeit der Tests erklärt der bereits erwähnte Dr. Wolfgang Wodarg unter anderem anhand des Umstands, dass sie auch ältere Corona-Viren anzeigen.[281] Wir erinnern uns, dass Dr. Wodarg gemeinsam mit Prof. Dr. Bhakdi die Sinnlosigkeit der Schweinegrippe-Impfungen rechtzeitig korrekt konstatiert hatte. Auch diesmal gibt ihm die wissenschaftliche Evidenz Recht.

Eine britische Studie vom 08. 06. 2020 über die klinischen Merkmale von Kindern mit dem sogenannten Pädiatrischen Entzündlichen Multisystem-Syndrom zeigt, dass dieses zeitlich begrenzt mit SARS-CoV-2 assoziiert wurde:»Insgesamt hatten 45 von 58 Patienten (78%) Hinweise auf eine aktuelle oder frühere SARS-CoV-2-Infektion.« Hierbei besteht die Möglichkeit, dass zum genannten Syndrom eine abweichende bzw. autoaggressive Entwicklung der Immunität gegenüber SARS-CoV-2 gehört. Derartige Hinweise gibt es bereits bei **SARS-CoV-1**,[282] also dem offiziellen Verursacher von SARS. Da laut der Londoner Immunologin Julia Kenny von der Evelina Kinderklinik nur bei einem kleinen Teil der behandelten Kinder eine akute Corona-Infektion nachgewiesen, aber bei der Mehrheit ein positiver Antikörpertest existiert,[283] liegt aus strikt virologischer Sicht nahe, dass nur bei der Minderheit der Kinder das ältere SARS-Corona-Virus (SARS-CoV-1) gefunden wurde. Die überwiegend vorhandenen Antikörper zeigen jedenfalls unverrückbar auf, dass Kinder weder zur Risikogruppe gehören noch bei der Verbreitung des sogenannten Virus eine nennenswerte Rolle spielen.

Eine von chinesischen Medizinern verfasste Studie beweist, dass die sogenannten neuartigen tierischen Corona-Viren von Fledermäusen und Schuppentieren gegenüber SARS-CoV-2 eine Sequenzidentität von über **90 Prozent** haben.[284]

Zudem spricht der höchst unzuverlässige PCR-Corona-Test neben **Vögeln** und **Ziegen** sogar bei der **Papaya-Frucht** an, wie das Staatsoberhaupt von Tansania John Magufuli schlüssig anhand exakt beschriebener Testreihen darlegt.[285] Dies könnte mit der erwähnten hohen Sequenzdichte zu tun haben, die dem Test zugrunde gelegt wurde, weil sie entgegen dem unabdingbaren wissenschaftlichen Standard nicht von einem reinen und isolierten Originalvirus stammt, sondern von den besagten 375 genetischen Sequenzen. Es liegt daher auf der Hand, dass der sogar bei Früchten anschlagende Test sowohl ältere Corona-Viren als auch Partikel von Exosomen und/oder retro-integrierter Virus-DNA anzeigt, wobei es sich bei den älteren Corona-Viren durchwegs ebenfalls um ebendiese genetischen Sequenzen handeln könnte. Jedenfalls ist dem Test-Instrument nicht zu trauen.

Daher haben 22 renommierte Wissenschaftler Ende November 2020 eine umfangreiche und profunde Analyse des Drosten-PCR-Tests vorgelegt. Dabei wurden neun Pakete von Kritikpunkten erstellt, deren Kurzfassung wie folgt lautet: unzureichendes Primer-Design, ungenaue Basenzusammensetzung, zu niedriger GC-Gehalt, zu hohe Konzentrationen im Test, nicht überprüftes und nicht von der WHO empfohlenes PCR-N-Gen, zu hohe Anbindungstemperatur, keine Definition der Schwelle für echt positive Werte, keine biomolekulare Validierung, keine Bestätigung der Echtheit der Amplifikate, keine Kontrollen mit Blick auf die Virusdetektion, keine standardisierten Handhabungsanweisungen, unpräziser Versuchsaufbau und dadurch bedingte Gefahr **falsch-positiver** Ergebnisse, sehr unwahrscheinliches Stattfinden des Peer-Review-Prozesses, massive Interessenkonflikte bei mindestens vier der Autoren inklusive Drosten.[286] Infolge dieser vernichtenden Aufzählung wurde sogleich die Zurückziehung der am 23. 01. 2020 veröffentlichten Studie über den Drosten-PCR-Test gefordert.[287]

Wenn nur die Hälfte der genannten Kritikpunkte zutrifft, wurde der Drosten-PCR-Test mit an Sicherheit grenzender Wahrscheinlichkeit unter vorsätzlicher Missachtung fundamentaler Leitlinien wissenschaftlichen Arbeitens erstellt. Und das wäre nichts anderes als Betrug.

F. Gefälschte Statistik

Auch die Grippestatistik 2019/2020 weist erhebliche Mängel auf. Offensichtlich wurde die Anzahl der Grippefälle so stark nach unten gefälscht, dass sie ab Mitte März 2020 rasch gegen Null sinken, wo sie bis mindestens Ende November bleiben. Die faktisch fehlenden Grippe-Fälle werden fälschlich der Corona-Statistik zugerechnet. Da sie dort eine beachtliche Größe ausmachen, ist COVID-19 großteils oder vielleicht sogar zur Gänze nichts anderes als die Grippe selbst. Fest steht, dass die Grippe seit März 2020 COVID-19 heißt.

COVID-19 als Grippe-Ersatz

Bemerkenswerterweise erklärte das RKI die Grippe-Saison 2019/2020 etwas verfrüht in der 12. Kalenderwoche 2020 (16. 03. bis 22. 03. 2020) für beendet.[288] Eine Woche später, also in der 13. KW, wurde das Ende der Grippewelle von der Österreichischen Apothekerkammer verkündet.[289] Exakt zu diesen Zeitpunkten fallen die statistischen Kurven der grippeähnlichen Erkrankungen (ILI = Influenza-like-Illness) beider Länder ungewöhnlich steil und geradlinig nach unten. Abbildung 11 zeigt, dass die deutsche Grippekurve 2019/2020 ab besagtem Zeitpunkt deutlich unter die Werte der Vorsaisonen sinkt. Denselben Trend in Österreich veranschaulicht Abbildung 12. Ungefähr zeitgleich mit dem Abfallen der Grippekurven wurden in Deutschland und Österreich die ab Ende Februar einsetzenden COVID-19-Testungen intensiviert.

Zufall ist ausgeschlossen. Mit absoluter Sicherheit sind **etliche** »Corona-Fälle« in Wirklichkeit ganz normale Grippe-Fälle, höchstwahrscheinlich sogar alle. Ohne die falsch getesteten »Corona-Fälle« würden die Grippe-Kurven nicht steil, sondern ganz normal abfallen. Die offizielle Grippe-Statistik der WHO beweist, dass seit der 12. KW 2020, der Startphase des ersten **Lockdowns**, weltweit nach und nach so gut wie **keine Grippe-Fälle** mehr gezählt und dokumentiert werden. In Abbildung 13 werden die Abfragen der WHO-Datenbank für die Zeiträume 39. KW 2018 bis 48. KW 2019 (oben) und 39. KW 2019 bis 48. KW 2020 (unten) gegenübergestellt.[292]

Im ersten Zeitraum hat die Grippe-Kurve die übliche harmonische Wellenform. Die Kurve darunter sackt ab der 12. KW 2020 unnatürlich steil ab und läuft ab der 17. KW bis zur 48. KW ganz flach auf der Nullpunktlinie dahin. Diese künstlich abgeflachte Kurve beweist, dass es sich a. um ein **globales** Phänomen handelt, dass b. erstmals unmittelbar während der Verhängung des erstens Lockdowns auftritt und c. seither unverändert anhält. Alldem muss ein von der WHO zentral gesteuertes Meldeverhalten zugrunde liegen, das nur einen plausiblen Schluss zulässt: Die fehlenden Grippe-Fälle werden absichtlich falsch als Corona-Fälle geführt und als solche in der Corona-Statistik eingetragen.

Dieser Etikettenschwindel hat offenbar den Zweck, die magere Corona-Statistik aufzupeppen, um dadurch bei der Weltöffentlichkeit den falschen Eindruck einer Corona-Pandemie zu erzeugen. Propaganda. Derselbe verdächtige Zeitraum stellt sich auf der jeweiligen nationalen Ebene fast identisch dar, wie am Beispiel Deutschlands zu sehen ist (Abb. 14).

Dass die Grippe-Statistik systematisch nach unten und jene von Corona nach oben verfälscht wird, beweisen nicht nur die beschriebenen statistischen Abweichungen. Dieses Faktum wird zudem durch die erwiesene Unzuverlässigkeit der COVID-19-Tests und die üblicherweise viel höhere Anzahl der Infektions- und Sterbefälle der Grippe erhärtet.

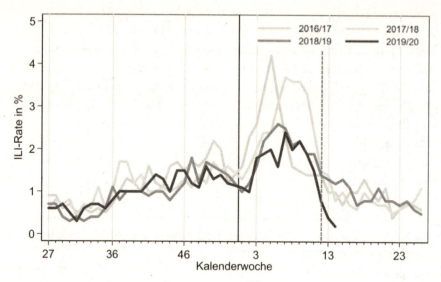

Abb. 11 (Quelle: RKI, Influenza-Wochenbericht 14/2020)[290]

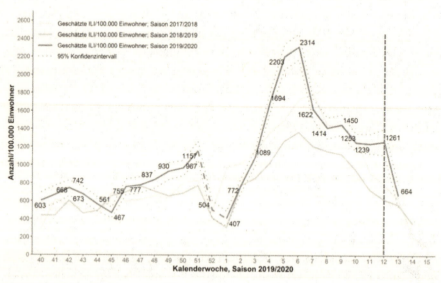

Abb. 12 (Quelle: AGES, 01. 04. 2020)[291]

World Health Organization

Influenza Laboratory Surveillance Information
by the Global Influenza Surveillance and Response System (GISRS)

Global circulation of influenza viruses

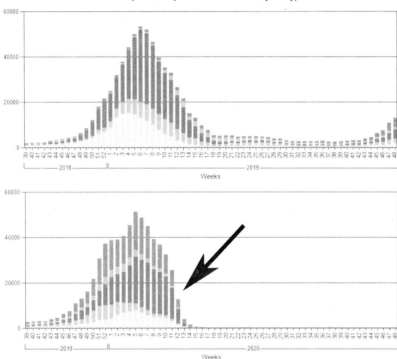

Abb. 13 (Quelle: WHO, 30. 11. 2020)[293]

Die viel höheren Sterbezahlen der Grippe wurden von österreichischen Experten bereits am 27. 01. 2020 ins Treffen geführt. Anlässlich COVID-19 bestehe kein Grund zur Panik, lautet die zutreffende Einschätzung von Prof. Dr. Ursula Wiedermann-Schmidt, der Leiterin der Infektiologie an der Medizinischen Universität Wien. Die Ansteckungsgefahr sei gering. Betont wurde jedoch das höhere Risiko für »ältere Menschen und Patienten mit Vorerkrankungen«. Die Veröffentlichung dieser Expertise erfolgte durch den ORF.[295]

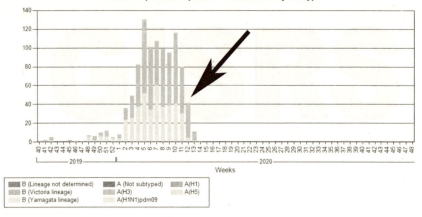

Abb. 14 (Quelle: WHO, 30. 11. 2020)[294]

Die sehr ähnliche COVID-19-Risikobewertung des RKI vom 06. 03. 2020 lautet: »Die Gefahr für die Gesundheit der Bevölkerung wird in Deutschland aktuell als **mäßig** eingeschätzt.«[296]

Wie unschwer zu erkennen ist, stand für medizinische Experten in hohen Funktionen seit Januar 2020 fest, dass wir es bei SARS-CoV-2 mit keinem Killer-Virus und bei COVID-19 mit keiner Killerseuche zu tun haben, die mit einer echten Pandemie wie der von 1918 bis 1920 tobenden sogenannten Spanischen Grippe (die am ehesten eine US-amerikanische war)[297] vergleichbar wäre. COVID-19 ist überwiegend mit der herkömmlichen Grippe gleichzusetzen. Die besondere Gefährlichkeit für die Risikogruppen ergibt sich offensichtlich nicht aus der Grippe selbst, sondern aus einer bereits vorhandenen Schwächung des Immunsystems, wie sie insbesondere bei einer erhöhten Exposition gegenüber elektromagnetischer Feldstrahlung zu verzeichnen ist (siehe Kapitel »I. Immunschwäche durch 5G und Konsorten«). Möglicherweise hängt damit auch die von renommierten Experten festgestellte labortechnische Erzeugung des Virus SARS-CoV-2 zusammen.

Biologische Waffe

Am 17. 04. 2020 ließ der für die Entdeckung des HIV mit dem Nobelpreis geehrte Prof. Dr. Luc Montagnier im französischen TV mit der Erklärung aufhorchen, das Virus SARS-CoV-2 sei eine von Spezialisten der Molekularbiologie im Labor von Wuhan erzeugte HIV-Modifikation: »Das Corona-Virus stammt aus dem seit den frühen 2000er Jahren darauf spezialisierten Wuhan-Labor.« Einem klassischen Corona-Virus seien **Sequenzen** des AIDS-Virus hinzugefügt worden. Indische Kollegen, die zum selben Ergebnis kamen, seien zum Widerruf gezwungen worden. Es gelänge jedoch nicht, Montagnier unter Druck zu setzen, weil er ein sehr alter Nobelpreisträger (geboren 1932) und zudem unabhängiger Forscher ist.[298] Nur einen Tag später wurde besagte TV-Sendung mit deutschen Untertiteln online gestellt.[299] Das tags darauf veröffentlichte Video mit englischen Untertiteln[300] ist auch in der Berichterstattung von Global Research verlinkt.[301]

Professor Montagniers Ausführungen werden in ihrem Kerngehalt von der chinesischen Virologin Dr. Li-Meng Yan bestätigt. Sie war unter anderem an der Universität von Hongkong tätig. Auf die Frage, ob das Corona-Virus von Menschenhand gemacht worden war, antwortet Dr. Yan: »Ja! Es kommt aus dem Labor in Wuhan. Die **Genomsequenz** ist wie ein menschlicher Fingerabdruck.«[302] Zusammen mit drei weiteren chinesischen Kollegen hat Li-Meng Yan in einer Studie der Rule of Law Society & Rule of Law Foundation von New York den Nachweis erbracht, dass SARS-CoV-2 ein »Produkt der **Labormodifikation**« ist. Dieser liegt angeblich ein Vorlagevirus («template virus«) zugrunde, das einem Labor der legalen chinesischen Streitkräfte gehört: der Chinesischen Volksbefreiungsarmee. Auf der Basis dieses Vorlagevirus wurde SARS-CoV-2 vom Virologischen Institut in Wuhan und anderen Institutionen erschaffen, die ebenfalls der Chinesischen Kommunistischen Partei unterstehen. Es liege ein seit langem geplanter und groß angelegter wissenschaftlicher Betrug vor, der von der chinesischen Regierung aus gutem Grund vertuscht werde. Denn laut dem chinesischen Forscherteam erfüllt das zwar vergleichsweise harmlose Virus SARS-CoV-2 dennoch sämtliche Kriterien einer uneingeschränkt einsetzbaren biologischen Waffe, die absichtlich freigesetzt wurde, um unbeschränkten biologischen Krieg gegen die ganze Menschheit zu führen.[303]

Was aufs Erste wie eine sonderbare anglo-amerikanische Verschwörungstheorie oder die Inhaltsangabe eines Hollywood-Films klingt, stammt von namhaften chinesischen Medizinern, die nichts anderes zu erwarten haben als Ärger mit ihrem Heimatland China. Außerdem leiten sie ihre Aussagen streng wissenschaftlich aus der Faktenevidenz ab. Die von Dr. Li-Meng Yan und ihren Kollegen erstellte Studie umfasst 33 Seiten und 123 vertiefende Quellenangaben. Anhand biologischer Verfahren und eingehender Analysen wird schlüssig **bewiesen**, dass die neuartigen tierischen Corona-Viren, namentlich die Fledermaus-Viren RaTG13 und RmYN02 sowie eine Serie von Viren vom Schuppentier (Pangolin), entgegen der offiziellen Propaganda allesamt nicht in der Natur existieren. Ihre »**genomischen Sequenzen** sind die Ergebnisse einer künstlichen Herstellung« (»fabrication«),[304] wobei diese Sequenzen eine mehr als 90-prozentige Identität mit SARS-CoV-2 aufweisen.[305] Mithilfe eines Vorlagevirus namens ZC45/ZXC21 aus dem Bestand eines chinesischen Armeelabors konnte SARS-CoV-2 binnen ca. sechs Monaten fabriziert werden.[306] Dass die Chinesische Kommunistische Partei der koordinierende Auftraggeber ist, ergibt sich sowohl aus ihrer Befehlsgewalt über die herstellenden Institutionen als auch aus ihren mühevollen Vertuschungsbemühungen, die sie gemeinsam mit der WHO vorgenommen hat. Dass die Vertuschung ganz offensichtlich »vor dem COVID-19-Ausbruch geplant und initiiert gewesen war«, lässt nur den logischen Schluss zu, dass die Freisetzung des Virus kein Unfall war, sondern eine »geplante Ausführung«.[307] Das Ergebnis – die durch COVID-19 eingeleitete Entrechtung der Weltbevölkerung – entspricht der hochoffiziellen Zielsetzung der Kommunistischen Partei Chinas, den Sozialismus nach chinesischem Muster in die ganze Welt zu exportieren. Darauf kommen wir noch am Ende des dritten Kapitels zu sprechen.

Ob die Genomsequenzen von SARS-CoV-2 den ausdrücklich so genannten »menschlichen Fingerabdruck« zumindest ansatzweise im Sinne von Exosomen und/oder retro-integrierter Virus-DNA darstellen, ist von Medizinern zu klären. Vorerst begnügen wir uns zum einen mit einer weiteren Bestätigung der Wertlosigkeit der Corona-PCR-Tests und zum anderen mit der Feststellung der künstlichen Erzeugung von SARS-CoV-2. Zweitere ändert zwar bei COVID-19 nichts an der extrem niedrigen Sterberate und dem sehr hohen durchschnittlichen Sterbealter. Wir müssen jedoch damit rechnen, dass die chinesische Regierung, ihre westlichen Kollaborateure und Nutznießer bereits eine tödlichere Variante des SARS-CoV oder ein ganz anderes »hartes« Virus für den Fall in der Pipeline haben, dass sich die Weltbevölkerung vom kollektivistischen Zwangssystem nach Chinas Muster nicht freiwillig verschlucken lässt.

Unabhängig davon steht jedenfalls fest, dass SARS-CoV-2 kein Killervirus ist. Dieses Faktum spiegelt sich nicht nur in den bisher dargelegten Daten und Zahlen wieder, sondern auch in jenen offiziellen Corona-Statistiken, die mit unbereinigten

Werten hantieren. Diese nicht zwischen an und mit COVID-19 Verstorbenen differenzierenden und dennoch offiziell als »kritisch« deklarierten Zahlen begannen – auch für Politiker ohne ihre Experten wahrnehmbar – bereits **vor** der staatlichen Entscheidung zu antiepidemischen Maßnahmen deutlich zu sinken.

G. Natürliches Absinken

Die österreichische Statistik über die prozentuelle Steigerung der bestätigten COVID-19-Fälle (gegenüber dem jeweiligen Vortag) zeigt, dass es entgegen der politischen und medialen Panikmache zu keiner Zeit eine exponentielle Infektionsrate gab. Die Kurve fällt zudem spätestens ab 14. 03. 2020 (senkrechte strichlierte Linie) und damit bereits einen Tag **vor** der ersten COVID-19-Bündelgesetzgebung vom 15. 03. steil in den Keller (siehe Abb. 15).

Abb. 15 Österreich (Quelle: Trending Topics, 25. 05. 2020)[308]

Dieses Phänomen kann unmöglich auf die zaghaften bis höchst widersprüchlichen Regelungsversuche ab 10. 03. 2020 zurückgeführt werden. Schließlich beträgt die generelle **Wirkungsverzögerung** unter idealen Voraussetzungen mindestens 14 Tage. Sogar im totalitären China flachte die Kurve erst 14 bis 21 Tage nach Beginn der drakonischen Maßnahmen ab.[309] Einer Studie der Technischen Universität Wien zufolge können die »Maßnahmen der Regierung der vergangenen Tage« (jene ab 10. 03. 2020) nach rund 14 Tagen »erste Auswirkungen« zeigen. Dies jedoch unter der ausdrücklichen Bedingung, dass »alle mitmachen.«[310]

Bekanntlich haben bei weitem nicht alle mitgemacht. Selbst wenn man wohlwollend vom Gegenteil ausginge, wäre frühestens am 22. 03. 2020 mit den ersten Auswirkungen zu rechnen gewesen.[311] Wie jedoch gegenständliche statistische Kurve unwiderlegbar beweist, fielen die Werte bereits spätestens ab 14. 03. 2020.

Untersterblichkeit

Das Fallen der Werte ab Mitte März 2020 wird auch durch einen Blick auf die wöchentlich erfassten Sterbedaten Europas (EUROMOMO) bestätigt. Der in Abbildung 16 gezeigte Überblick über die Jahre 2017 bis 2020 veranschaulicht, dass in Österreich während der gesamten Grippe-Saison 2019/2020 (Ellipse) eine sogar **unterdurchschnittliche** Sterblichkeit gegeben ist. Die Werte jeweils unter der horizontalen strichlierten Linie weisen eine sogenannte Untersterblichkeit aus, jene darüber eine Übersterblichkeit. In den Grippe-Saisonen 2016/2017 und 2017/2018 gibt es jeweils eine deutliche Übersterblichkeit. Hingegen liegt 2018/2019 und 2019/2020 jeweils hochoffiziell eine **Untersterblichkeit** vor.

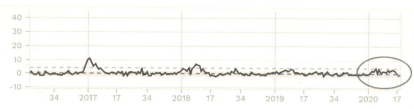

Abb. 16 (Quelle: EUROMOMO 20 /2020)[312]

Wäre COVID-19 eine eigenständige Krankheit bzw. eine andere Krankheit als die Grippe, dann müsste die Gesamtsterblichkeit etwas höher liegen. Das ist aber sichtlich nicht der Fall. Folglich bestätigt das anhaltend niedrige Niveau der Gesamtsterblichkeit die bereits getroffene Feststellung, dass COVID-19 an die Stelle der

Grippe gerückt ist bzw. statt dieser statistisch erfasst wird. Warum und wie diese statistische Verfälschung stattfindet, wird im Kapitel über die siebte Kategorie der politisch-medialen Fake News erklärt.

Betrachten wir nun den Bildausschnitt für 2019/2020 (Abb. 17). Die senkrechte strichlierte Linie markiert in etwa die elfte Kalenderwoche (09. 03. bis 15. 03. 2020), in der ab 10. 03. die ersten Maßnahmen verhängt wurden. Wie deutlich zu sehen ist, sinkt die Kurve bereits einige Wochen **vorher** deutlich ab. Während und nach der Umsetzung der Maßnahmen steigt die Kurve an, um einige Wochen später wieder auf das durchschnittliche Niveau zu fallen. Dies beweist zweierlei: Erstens hatten die COVID-19-Maßnahmen **keine** senkende Wirkung auf die Sterbekurve. Zweitens liegt eine Sterblichkeit ähnlich der Grippe-Vorsaison (2018/2019) vor.

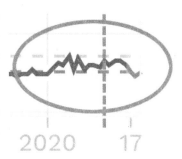

Abb. 17 Österreich (Quelle: EUROMOMO 20/2020)[313]

Sinnloser Lockdown

In der gesamten bisherigen Menschheitsgeschichte wurde vor COVID-19 kein einziges Mal ein Lockdown verhängt, **nicht** einmal im Rahmen der jahrhundertelangen Epidemie mit dem hochansteckenden Pockenvirus und seiner etwa 30-prozentigen Sterblichkeit. Folglich sind die Grundlagen des **erstmals** ausgerechnet bei der grippeähnlichen Pseudo-Epidemie COVID-19 verhängten Lockdowns einem vertieften Realitäts-Check zu unterziehen.

Aus der Praxis ist hinlänglich bekannt, dass besagte Maßnahmen ab 10. 03. 2020 zu chaotischem Handeln der Bevölkerung und insbesondere zu Hamsterkäufen inklusive eines gewissen Hangs zu Klopapier geführt haben. Damals ist, trotz zeitlicher Nähe zum Fasching, noch niemand mit einer (medizinisch ohnehin sinnlosen) Maske bzw. Atemschutzmaske herumgelaufen. Der offiziellen Version zufolge müsste sich also das ach so böse Virus gerade in dieser Hamsterkaufphase binnen kürzester Zeit explosionsartig verbreitet haben. Eine rapide gestiegene Übertragungsrate müsste sich in einem extremen und anhaltenden Anstieg der statistischen Kurve niedergeschlagen haben. Nichts von dem ist passiert.

Aufgezeichnet wurde lediglich ein minimaler »Peak« (Höhepunkt, Gipfel) um den 25. 03. (siehe Abb. 15) bzw. im Bereich der 13. Kalenderwoche (rechts der strichlierten Linie in Abb. 17). Dieses Gipfelchen ist zwar vermutlich auf das von der Regierung ausgelöste Chaos zurückzuführen, die Sterblichkeit bleibt jedoch weiterhin unterdurchschnittlich. Aufgrund des allgemeinen Absinktrends schlägt sich der »Peak« zwar nur als geringfügiger »Ausreißer« nach oben nieder, aber immerhin als kurzer Anstieg der Todesrate. Demnach haben sich die Maßnahmen der Regierung auf das Infektionsgeschehen bestenfalls negativ ausgewirkt. Im Endergebnis steht unverrückbar fest, dass die verhängten Maßnahmen **nicht kausal** für die Senkung der Fallzahlen waren. Folglich ist die Kurve vollkommen natürlich abgefallen. Mit anderen Worten: Die verhängten Maßnahmen hatten überhaupt keine Auswirkung auf das Abflachen der Kurve. Es handelt sich um den natürlichen Zurückgang der »Epidemie«. Ergo:

Der Lockdown war epidemiologisch sinnlos.

Dasselbe gilt für Deutschland. Dass die erwähnte Risikobewertung des RKI vom 06. 03. 2020 (»mäßige Gefahr«)[314] völlig korrekt war, verdeutlichen dessen eigene nachfolgende Auswertungen über den Reproduktionsfaktor von SARS-CoV-2, der nie exponentiell zugenommen hat. Im Gegenteil. Die Kurve fällt schon ab dem 11. 03. deutlich ab. Bereits am 20. 03. – und damit schon drei Tage **vor** dem deutschen Lockdown – fällt die Kurve deutlich auf bzw. unter den maßgeblichen Wert 1 (siehe die strichlierten Linien in Abb. 18). Folglich waren auch die von der deutschen Bundesregierung ab dem 23. 03. 2020 verhängten Maßnahmen wie Kontaktsperren und vor allem der Lockdown **nicht kausal** für das Abflachen der Kurve.

Denn für das deutliche Abfallen der Kurve ab dem 11. 03. können unmöglich die vorerst lockeren Empfehlungen der Regierung verantwortlich sein. Bis mindestens 06. 03. bestand ja laut RKI nur mäßige Gefahr für die Bevölkerung. Erst am 09. 03. wurden im Rahmen einer Bundespressekonferenz etwaige Maßnahmen zur Verlangsamung der Ausbreitungsdynamik angekündigt, aber noch nicht verordnet. Der Bevölkerung wurde lediglich ein umsichtiges Verhalten wie bei der Grippe angeraten. Eine wahrnehmbar etwas ernstere Information erfolgte erst im Zuge der Pressekonferenz vom 11. 03. 2020.[316]

Den einschlägigen Studien über die Wirkungsverzögerung von mindestens 14 Tagen folgend, wäre sogar bei einer für die deutsche Regierung günstigen Annahme des Maßnahmenbeginns am 11. 03. (Kalenderwoche 11) allerfrühestens am 25. 03.

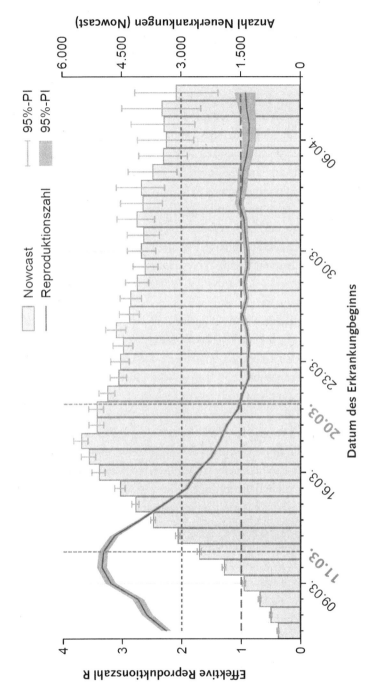

Abb. 18 (Quelle: RKI, 23. 04. 2020)[315]

2020 (Kalenderwoche 13) mit **ersten** erkennbaren Wirkungen zu rechnen gewesen. Das erste Abfallen der Kurve fand jedoch bereits ab 11. 03. statt. Und ab 20. 03. war sogar schon der ersehnte Reproduktionsfaktor kleiner/gleich 1 erreicht. Darauf konnten die besagten Maßnahmen keinen wie auch immer gearteten Einfluss haben.

Wie für Österreich weisen die Daten von EUROMOMO auch hinsichtlich der zwei einzigen angeführten deutschen Regionen (Berlin und Hessen) für die gesamte Grippe-Saison 2019/2020 eine deutlich erkennbare **Untersterblichkeit** aus (siehe Abb. 19). Ebenfalls analog zu Österreich steigen die Kurven erst einige Zeit nach den in der 12. Kalenderwoche (16. 03. bis 22. 03. 2020) verhängten Maßnahmen unwesentlich nach oben und fallen einige Wochen später wieder auf das Durchschnittsniveau zurück (siehe Abb. 20 und 21). Folglich erhöhten auch die deutschen Maßnahmen die Sterblichkeit geringfügig. Die Begründung wird wohl dieselbe wie jene für Österreich sein: Panik, Hamsterkäufe, kurzfristig erhöhte Ansteckungsraten.

Gemäß den offiziellen Statistiken und Daten war also auch der deutsche Lockdown aus epidemiologischer Sicht völlig sinnlos bis kontraproduktiv. Das schlussfolgert zum Beispiel Dr. Stefan Homburg, seines Zeichens Wirtschaftsprofessor, Direktor des Instituts für Öffentliche Finanzen der Leibniz Universität Hannover und vormaliger Regierungsberater.[320] In dasselbe Horn stößt Petr Bystron, AfD-Obmann im Auswärtigen Ausschuss.[321] Entgegen der evidenten Faktenlage mutmaßt der sogenannte Wissenschaftsjournalist Ranga Yogeshwar, dass es allem Anschein nach allein die Vorsicht der sensibilisierten deutschen Bevölkerung war, die den Abfall der Reproduktionszahl unter 1 bewirkt habe. Allerdings hält er die am 23. 03. 2020 verhängte Kontaktsperre für wichtig, weil die Vorsicht der Leute nicht ewig halte.[322] Doch für diese Behauptungen gibt es keinen einzigen Anhaltspunkt in der Realität. Schließlich ist erwiesen, dass die verhängten Maßnahmen gar nicht ursächlich für den Abfall des Reproduktionsfaktors sein konnten und diese Maßnahmen daher **nicht geeignet** waren, die Verbreitung von COVID-19 einzudämmen, sondern kurzfristig das glatte Gegenteil bewirkten.

Wie der aufmerksame Leser vielleicht schon erwartet, war auch der Lockdown in der Schweiz flüssiger als flüssig, nämlich überflüssig. Eine diesbezügliche Studie der Eidgenössischen Technischen Hochschule (ETH) in Zürich belegt anhand einer Grafik (siehe Abb. 22), dass die Reproduktionsrate unmittelbar **vor** dem Beschluss des Lockdowns am 13. 03. 2020 und bereits vier Tage **vor** dessen Beginn (17. 03.) »auf praktisch 1 gefallen war.«[323]

Abb. 19 (Quelle: EUROMOMO 20/2020)[317]

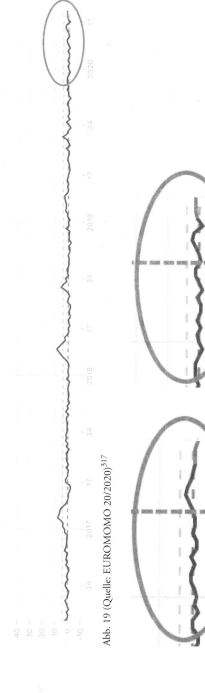

Abb. 20 Berlin (Quelle: EUROMOMO 20/2020)[318]

Abb. 21 Hessen (Quelle: EUROMOMO 20/2020)[319]

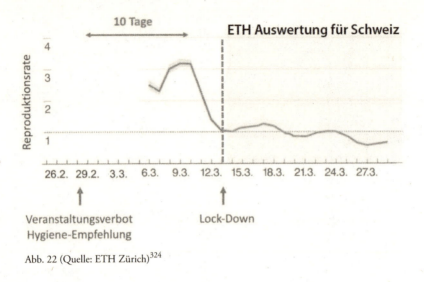

Abb. 22 (Quelle: ETH Zürich)[324]

Eine offenbar auf »korrigierten« Daten beruhende zweite Grafik derselben ETH verlegt das Absinken der Reproduktionsrate auf den Wert 1 in die Richtung des 20. 03. 2020 (siehe die senkrechte strichlierte Linie in Abb. 23), demnach drei Tage nach Beginn des Lockdowns. Beiden Grafiken ist zu entnehmen, dass a. die Kurve bereits lange vor dem Lockdown deutlich sinkt und b. die Verringerung des Reproduktionsfaktors auf den Wert 1 entweder vier Tage nach oder vier Tage vor dem Lockdown-Beginn erfolgt. Analog zu den obigen Ausführungen über die Wirkungsverzögerung von mindestens 14 Tagen ist daher festzuhalten, dass auch der Schweizer Lockdown epidemiologisch sinnlos war.

Strenge Maßnahmen wie »Ausgangssperren« und generelle Betriebsschließungen waren offenbar auch in vielen anderen oder vielleicht sogar in allen übrigen Ländern wirkungslos. Warum das so ist, dafür hat der israelische Professor Dr. Isaac Ben-Israel eine plausible Erklärung.

COVID-19 endet im Mai 2020

Dr. Isaac Ben-Israel ist nicht nur ein hochangesehener Mathematiker, sondern auch der Vorsitzende des Nationalen Rats für Forschung und Entwicklung des israelischen Wissenschaftsministeriums. Anhand der weltweiten Statistiken hat er mit

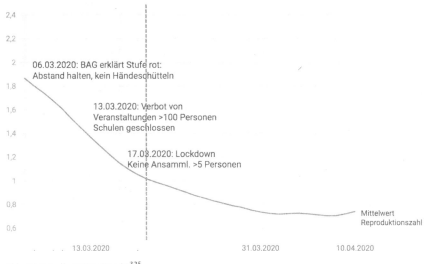

Abb. 23 (Quelle: ETH Zürich)³²⁵

seinem Team analysiert, dass die Anzahl der Neuerkrankungen nach etwa 40 Tagen den Höhepunkt erreicht und sich das Virus daher nach 70 Tagen **von selbst** auf nahezu Null abbaut. Die milden Maßnahmen in Ländern wie in Singapur, Taiwan und Schweden bei dennoch relativ niedrigen Todesraten bestätigen, dass die radikale Politik der Lockdowns epidemiologisch sinnlos und ein klarer Fall von Massenhysterie sind.³²⁶

Der selbständige Virusabbau binnen 70 Tagen nach der Ausrufung der »Pandemie« durch die WHO am 12. 03. 2020 bedeutet, dass COVID-19 allerspätestens mit Ablauf des Monats **Mai 2020 beendet** war. Das ist anhand umfangreicher virologischer und immunologischer Daten unwiderlegbar bewiesen: a. natürliches Absinken der Infektionszahlen bereits ab 11. 03. 2020 gemäß den offiziellen Statistiken und b. Herdenimmunität von rund 85 Prozent gemäß Auswertung der Blutproben vom April und Mai 2020 (siehe oben). Das faktische Ende von COVID-19 per Ende Mai beweisen auch die im Spätfrühling und Sommer 2020 tatsächlich durchgeführten Großdemonstrationen, bei denen die behördlichen Auflagen (Masken, Abstandhalten) kaum oder gar nicht eingehalten wurden.³²⁷ Dass sie dennoch keinen Corona-Tsunami ausgelöst haben, ja nicht einmal einen Mini-Peak, zeigt in aller Klarheit, dass COVID-19 bereits gegen Ende des Monats Mai 2020 abgeschlossen gewesen sein muss. Dass es sich bei COVID-19 um eine Saison-Erkrankung handelt, stellte der bereits erwähnte Schweizer Immunologe Prof. Dr. Beda Stadler fest. SARS-CoV-2 ist gar nicht so neu, »sondern eben ein **saisonales Erkältungsvirus**, das mutiert ist und wie alle Erkältungsviren im Sommer verschwindet – was jetzt auch fast überall auf der Welt beobachtbar ist.«[328] Daraus ist aus virologischer Sicht abzuleiten, dass das mutierende Virus – analog zur Grippe – im Winter wiederkommen wird. Konsequenterweise müsste die Krankheit in ihrer zweiten Wintersaison (2020/2021) nicht COVID-19, sondern COVID-20 heißen.

Professor Isaac Ben-Israels evidenzbasierte Analyse ist also bestens abgesichert. In allen Ländern zeigt sich ein konstantes Muster, das zum einen vom Härtegrad der Maßnahmen unabhängig ist und zum anderen den Abfall der Neuinfektionen ab dem 41. Tag belegt. Anhand von unstrittigen Fakten wird dargelegt, dass die Pandemie **nicht** exponentiell gewachsen ist. Da die Theorie der exponentiellen viralen Ausbreitung widerlegt wurde, hat Ben-Israel seiner Regierung Mitte April die Beendigung der Lockdown-Strategie bis Ende April 2020 und den Ersatz durch ein Konzept der gemäßigten sozialen Distanzierung empfohlen. Die israelische Regierung ist Professor Ben-Israels Empfehlungen vorsichtig gefolgt. Am 25. 04. 2020 öffneten die meisten Geschäfte wieder.[329]

Im Rahmen der generellen Lockerung des israelischen Lockdowns verstärkte sich die Kritik an Ministerpräsident Benjamin Netanjahu, dessen Gerichtsprozess wegen **Korruption** in drei Fällen bereits Mitte März hätte beginnen sollen. Dass dem israelischen Regierungschef schon seit Monaten Betrug, Untreue und Bestechlichkeit vorgeworfen wurden, ist seit spätestens November 2019 auch aus deutschsprachigen Medien bekannt.[330]

Netanyahus Ersuchen um Aufschub wurde seitens des Gerichts abgelehnt. Dies ist der im Internet allgemein zugänglichen israelischen Presse vom März 2020 zu entnehmen.[331] Wie das israelische Blatt *Haaretz* berichtet, haben die rigiden COVID-19-Maßnahmen Netanjahu nicht nur bei der Erzwingung einer Koalition, sondern auch bei der **Verzögerung** des Korruptionsprozesses geholfen.[332]

Ein gezielter Missbrauch von COVID-19 für machtpolitische Zwecke liegt nahe. Über diese Situation hätte sich der österreichische Kanzler Sebastian Kurz erkundigen müssen, bevor er sich bei seinem Gespräch mit Netanjahu um den 09. 03. 2020 dessen Rat zu einem Lockdown in Österreich aufschwatzen ließ.[333] Eine etwaige strafrechtliche Verantwortung des Herrn Kurz ist von der Staatsanwaltschaft zu prüfen.

COVID-19 ist die Grippe

Wie die Grippe-Zahlen fallen auch die Corona-Zahlen ab Mitte März 2020 in den Keller. Es gibt jedoch einen wesentlichen Unterschied: Während die Grippe-Zahlen auf der Nulllinie bleiben, laufen die Corona-Zahlen – wie sonst bei der **Grippe** üblich – auf niedrigem Niveau weiter. Würde man die Corona-Kurven über die jeweiligen Grippe-Kurven legen, ergäben die Gesamtbilder höchstwahrscheinlich die üblichen harmonischen Verläufe wie bei der Grippe-Saison 2018/2019. Dass COVID-19 nichts anderes ist als die Grippe, wird anhand der unveränderten Gesamtsterblichkeit bestätigt, die regelmäßig eine **Untersterblichkeit** aufweist. Die im Laufe des Jahres 2021 erfolgende Auswertung aller Sterbedaten wird mit hoher Wahrscheinlichkeit zeigen, dass neben den Grippe-Toten auch etliche aufgrund von Krankenhauskeimen Verstorbene fälschlich unter COVID-19 erfasst wurden.

H. Vorzeigemodell Schweden

Seit Beginn der sogenannten COVID-19-Krise ist die schwedische Bevölkerung in ihrem Handeln weitestgehend frei. Lediglich Veranstaltungen mit mehr als 50 Personen sind untersagt. Anderen Veranstaltungen und Versammlungen steht nichts im Wege. Auch sonst gibt es keine Verbote und Gebote, insbesondere keine Maskenpflicht oder zwangsweise Abstandsregeln. Daher gibt es auch keine Strafen. Empfohlen werden nur Hygiene und Social Distancing (Soziales Abstandhalten). Punkt. Auch hier setzt die schwedische Regierung – typisch für einen liberalen Staat, der sich um das Wohl von Volk und Land kümmert – ausschließlich auf die **Eigenverantwortung** der Bevölkerung, deren Mehrheit hinter diesem Modell steht.[334]

Kein Wunder. Denn das öffentliche Leben bleibt intakt und die Volkswirtschaft weitgehend unversehrt.[335] Außerdem darf man der schwedischen Regierung (zumindest in Sachen COVID-19) getrost vertrauen, weil sie offensichtlich ehrlich agiert. Schließlich hat sie sehr früh entschieden, »dass wir nur **evidenzbasierte** Maßnahmen anwenden sollten.«[336]

Und die Evidenz lässt eben keinen Lockdown zu. Schließlich gibt es faktisch keinen einzigen wissenschaftlichen Beleg dafür, dass Lockdowns irgendeinen Effekt haben. Diese korrekte Aussage tätigte ein wichtiger Berater der schwedischen Regierung: Prof. Dr. Johan Giesecke, einer der angesehensten schwedischen Epidemiologen. Seiner plausiblen Erklärung zufolge verschiebt der Lockdown die Toten nur in die Zukunft.[337] Hierzu erklärt der schwedische Staatsepidemiologe und Architekt des liberalen Modells Dr. Anders Tegnell, dass Schweden zwar eine etwas höhere COVID-19-Sterberate habe, dem Land dafür aber künftig »nicht das Risiko einer riesigen Infektionsspitze wie in den Nachbarländern« drohe.[338]

Zur niedrigen Sterberate von COVID-19 ist die mit den obigen Darlegungen übereinstimmende Fachmeinung von Dr. Giesecke zu zitieren: »Ich erwarte etwa 0,1 oder 0,2 Prozent, dieselbe Sterblichkeit wie bei **Influenza**. Ich denke, dieses Virus ist mit der Influenza vergleichbar.« Ehrlicherweise fügt er im Konjunktiv hinzu: »Es könnte aber etwas gefährlicher sein.«[339]

Herdenimmunität und Risikogruppenschutz

Über die natürliche Immunität in der Bevölkerung sagt Prof. Dr. Giesecke: »**Herdenimmunität** zu erreichen, wird in Schweden eine indirekte Konsequenz unserer ersten Priorität sein, die lautet: die Risikogruppen zu schützen.« Auch hier fehlt es nicht an Offenheit, denn der schwedische Experte gibt Säumnisse beim Schutz der Risikogruppen zu: »Ja, wir haben unsere Maßnahmen zum Schutz der Alten und Gebrechlichen bis zu einem gewissen Grad verfehlt. Wir haben Ausbrüche in Pflegeheimen und in den Häusern von Menschen, die zu Beginn des Ausbruchs besser hätten isoliert werden sollen.«[340]

Dieselbe Ehrlichkeit zeigt der schwedische Premierminister Stefan Lofven, wenn er zugibt: »Beim Schutz der Menschen in **Pflegeheimen** traten klare Schwächen zum Vorschein, was zu den relativ höheren Todesraten beigetragen hat.«[341]

Beim schwedischen Modell kommt ganz offensichtlich der allgemeingültige Grundsatz zum Tragen, dass nicht die gesunde Masse weggesperrt werden darf, sondern die gefährdete Minderheit gewissermaßen zu isolieren ist. Auf diese Weise ist nämlich die Risikogruppe geschützt **und** die gesunde Masse kann sowohl das wirtschaftliche Leben aufrechterhalten als auch eine kontrollierte Herdenimmunität aufbauen, die zu einem späteren Zeitpunkt ebenso den bis dahin »isolierten« Risikogruppen zu Gute kommt. Exakt so will bzw. wollte es übrigens das bis COVID-19 geltende österreichische und bundesdeutsche Recht, jedenfalls sofern man von einer durch ein Virus ausgelösten Pandemie ausgeht. Dazu kommen wir weiter unten.

Das schwedische Modell wird jedenfalls von der **WHO** als zukunftsfähiges Vorbild für alle anderen Staaten nach Beendigung deren (sinnloser) Lockdowns empfohlen. So lobte der Top-Notfall-Experte der WHO Dr. Mike Ryan die schwedische Strategie zur Bekämpfung von COVID-19 als mögliches »**Zukunftsmodell**«, das in anderen Ländern bei der »Anpassung der Gesellschaft an das Virus« nach dem Lockdown-Ende folgen soll.[342]

Unsachliche Kritik

Dem wissenschaftlich fundierten und in der Praxis erwiesenermaßen erfolgreichen schwedischen Modell kann lediglich unsachliche bzw. unwissenschaftliche Kritik entgegengehalten werden. So geschehen zum Beispiel im ORF in der Person der vormaligen österreichischen Gesundheitsministerin und amtierenden SPÖ-Bundesparteivorsitzenden Dr. Pamela Rendi-Wagner, die nebenbei auch Ärztin ist. Ihre Erklärung beschränkt sich im Wesentlichen auf die höhere COVID-19-Sterblichkeit in Schweden und angeblich relevante Unterschiede in der Bevölkerungsdichte. Diese »Argumente« sprechen allerdings – bei entsprechender Anwendung der Logik – nicht gegen, sondern deutlich **für** das schwedische Modell.

Wir beginnen bei der Bevölkerungsdichte und geben Frau Rendi-Wagner etwas Nachhilfeunterricht in Geographie. Für einen wissenschaftlichen Vergleich zählen nicht die über weite Strecken extrem dünn besiedelten Gebiete Schwedens, sondern ausschließlich Ballungszentren. Schwedens Hauptstadt Stockholm, die auch ein 14-gliedriges Inselarchipel umfasst, hat bei mehr als 974.000 Einwohnern auf 188 Quadratkilometern[343] und der sich daraus ergebenden Dichte von mindestens 5.180 Ew./km² eine nur geringfügig schwächere Dichte als Wiens »dichtester« Gemeindebezirk (6.485 Ew./km²) und eine etwas größere Dichte als Berlin (4.055 Ew./km²).[344]

Da die Hauptstädte Schwedens, Österreichs und Deutschlands eine sehr ähnliche Bevölkerungsdichte aufweisen, ist das schwedische Modell ein **sehr guter** Tipp für Österreich und Deutschland. Dieses Faktum verkennend, liebäugelt ausgerechnet der österreichische Kanzler mit den drakonischen Maßnahmen Chinas, obwohl die Bevölkerungsdichte von Wuhan um ein Vielfaches größer ist als jene von Wien (sowie Berlin und Stockholm). Mit Logik hat das freilich nichts zu tun. Verblendung und gefährliche Halbbildung scheinen hier in die engste Auswahl zu kommen. Vielleicht auch eine gewisse kriminelle Ader.

I. Immunschwäche durch 5G und Konsorten

Nun kommen wir zur gegenüber Österreich und Deutschland tatsächlich etwas höheren schwedischen Sterberate. Bis zum Stichtag 02. 06. 2020 sind in Schweden 4.403 Menschen im Zusammenhang mit COVID-19 verstorben. Im Verhältnis zu Deutschland mit 8.522 und Österreich mit 668 Toten besteht unstrittig eine erhöhte Sterberate. Gegenüber anderen Nationen wie bspw. Spanien, Großbritannien und Italien hat Schweden jedoch nachweislich eine **niedrigere** Sterberate.[345] Bereits deshalb zieht das »Argument« des unterlassenen Lockdowns nicht. Obendrein hätte selbiger, wie bereits hinlänglich behandelt wurde, ohnehin keinen Einfluss gehabt.

Für die relativ hohe Sterberate muss es daher andere Gründe geben. Diese sind offenbar das für viele Dunkelhäutige tödliche Medikament Hydroxychloroquin (HCQ), die bereits behandelten Krankenhauskeime und der Mobilfunk der fünften Generation (5G). Um der Sache auf den Grund zu gehen, vergegenwärtigen wir uns ein Diagramm mit einer Auswahl von sieben Nationen, die gegenüber anderen eine relativ hohe Sterberate aufweisen. Darin wird das jeweilige Verhältnis der COVID-19-Sterberate zur jeweiligen für das Jahr 2020 kalkulierten weltweiten Gesamtsterblichkeit dargestellt (siehe Abb. 24).

Hier fällt sofort ins Auge, dass fünf der sieben Länder mit den höchsten COVID-19-Sterberaten ehemalige Kolonialmächte sind: Spanien, Großbritannien, Italien, Frankreich und die USA. Bekanntlich haben diese Länder einen relativ hohen Anteil an **dunkelhäutigen** bzw. »farbigen« Einwohnern. Dies trifft gewissermaßen auch für Schweden zu, weniger jedoch für die Schweiz. Der profunden Analyse von Dr. Wolfgang Wodarg zufolge ist das relativ erhöhte Sterben an COVID-19 in den besagten Ländern auf einen Enzymmangel dunkelhäutiger Menschen zurückzuführen. Dieser macht sie zwar immun gegen Malaria, führt jedoch aufgrund der Behandlung des vielfach verabreichten, aber für sie unverträglichen Malaria-Medikaments **HCQ** zu Mini-Embolien und nicht selten zum Tod.[346] Außerdem gibt es etliche unnötige Sterbefälle, die auf einer falschen Verabreichung von HCQ an Patienten aller Hautfarben beruhen. Der stringenten Erklärung des vorwiegend in den USA tätigen Mediziners Dr. Dietrich Klinghardt zufolge ist für eine erfolgreiche Heilbehandlung mit HCQ die Zugabe dreier weiterer Substanzen nötig: Zink, Heparin und ein Antibiotikum. Die unterlassene Verabreichung dieser drei Wirkstoffe führte bei vielen mit HCQ Behandelten zum Tod.[347]

Als weitere Faktoren kommen in Betracht: desolate öffentliche Gesundheitssysteme, die bereits erwähnten Superreger bzw. Krankenhauskeime in Verbindung mit

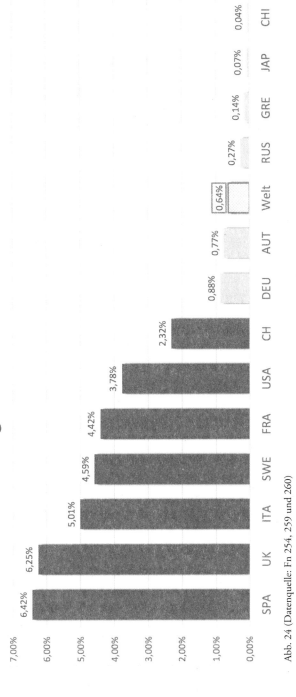

Abb. 24 (Datenquelle: Fn 254, 259 und 260)

schlechten Hygienestandards, die Verabreichung gefährlicher Impfungen, regional unterschiedliche Sozial- und Familienstrukturen, wie etwa das dichtere Zusammenleben mit älteren Generationen im südlichen Europa sowie regional höhere Luftverschmutzung. Dass nicht nur in Schweden, sondern insbesondere auch in Italien und den USA die Risikogruppen so gut wie gar nicht geschützt wurden, legt der erwähnte schwedische Epidemiologe Prof. Dr. Johan Giesecke plausibel dar.[348]

Was alle genannten Länder – inklusive Schweiz – verbindet und daher den größten Anteil an der relativ erhöhten Sterblichkeit ausmachen dürfte, ist der Ausbau des **5G-Mobilfunks** in den relevanten Regionen. Natürlich ist die gelegentlich vertretene Theorie, 5G transportiere Viren oder löse sie aus, absoluter Schwachsinn. Sogar die WHO fühlt sich befleißigt, mit kindischen Bildchen darüber aufzuklären, dass »Viren nicht über Radiowellen und Mobilfunknetze reisen können.«[349] Auf diesem argumentativen Tretroller schlängelt sich auch die Internationale Kommission für nicht-ionisierenden Strahlungsschutz durch, kurz ICNIRP (International Commission on Non-Ionizing Radiation Protection): »Da die EMF [elektromagnetischen Felder] von 5G keine Viren übertragen können, können sie Sie nicht mit dem Virus in Kontakt bringen.«[350] Derlei Intelligenzbeleidigungen haben einen desinformativen Charakter. Denn durch die Herausstellung dessen, was für jeden Menschen mit einem IQ ab Wurstsemmel ohnehin klar ist, wird vom Wesentlichen abgelenkt.

Und das Wesentliche ist, dass bereits seit vielen Jahren zehntausende wissenschaftliche Expertisen vorliegen, denen zufolge die Strahlung künstlicher elektromagnetischer Felder (EMF) sowie Millimeterwellen das menschliche **Immunsystem schwächen**, die Gesundheit schädigen, Krebs verursachen, das Erbgut (DNA) nachteilig verändern und zur Unfruchtbarkeit führen. Noch gefährlicher als die bereits langjährig genutzten EMF-Systeme ist ganz offensichtlich die 5G-Technik, die bekanntlich höhere Frequenzen nutzt und hierzu neben zehntausenden Satelliten etliche Millionen von Sendemasten und Antennen braucht. Die Bedeutung des Kürzels »5G« als fünfte Generation des Mobilfunks darf nicht darüber hinwegtäuschen, dass es sich um eine im zivilen Bereich völlig neuartige Technik handelt, deren stark konzentrierte und fokussierte elektromagnetische Strahlung viel höher als die der bisherigen Systeme ist. Man kann daher 5G durchwegs mit der gerichteten Energie militärischer Waffensysteme vergleichen. Im Verbund mit den weiterhin genutzten älteren Netzen 2G bis 4G, Radio- und Radarwellen sowie generellem Elektrosmog birgt 5G das katastrophale Übel der überlappenden Verstärkung durch Addition und Potenzierung bereits bestehender gesundheitsschädigender EMF-Effekte. Diese werden, wie gesagt, bereits seit vielen Jahren in unzähligen wissenschaftlichen Arbeiten nachgewiesen.

Krankmachende EMF-Strahlung

Millimeterwellen haben eine Wellenlänge von maximal 10 Millimetern. Sie bilden einen Teil des von 5G genutzten Frequenzspektrums. Da diese Wellen zwar von festen Strukturen wie Gebäuden abgelenkt werden, jedoch eine gute »Konnektivität« (Vernetzung) erwünscht ist, behilft man sich sogenannter Small Cells (kleiner Zellen). Die dafür erforderlichen eher kleinen Antennen werden alle drei bis zehn Häuser respektive nach jeweils ca. 100 Metern aufgestellt. Sie können so gut wie überall angebracht werden, wie etwa an Bushaltestellen, Straßenlaternen, Strommasten und Gebäuden.[351] Die entlang der Berliner Ost-Westachse verlaufende Straße des 17. Juni wurde schon im April 2017 anlässlich des Projektbeginns für automatisiertes und vernetztes Fahren der Technischen Universität Berlin zum »urbanen Testfeld« erklärt. In ihrer selbsternannten Funktion »als Treiberin von Innovationen in der Gesellschaft« rücken Vertreter der Wissenschaft ganz unverblümt mit der Wahrheit heraus: »Dafür nutzen wir Berlin als **Reallabor** [...]« Im zur Smart City ausgerufenen Berlin sollen auf der Grundlage von 4G und 5G sämtliche Fahrzeuge permanent sowohl untereinander als auch mit der umgebenden Kommunikationsinfrastruktur Daten austauschen.[352] Für das Sammeln von Informationen entlang der Strecke ist »eine Vielzahl unterschiedlicher Sensoren« erforderlich.[353]

Die totale Umzingelung des Menschen mit Antennen war schon sehr früh beschlossene Sache, wie auch der Ankündigung des Leiters der österreichischen Regulierungsbehörde RTR Johannes Gungl vom September 2018 zu entnehmen ist: »Beim Endausbau von 5G wird auf **jedem zweiten** Gebäude eine Antenne installiert sein.«[354] Die dadurch bewirkte Verdichtung ruft allerdings einen exponentiellen Anstieg der Belastung des Menschen und der Umwelt durch EMF hervor. Daher stellte der an der Universität von Washington tätige Professor für Biochemie und medizinische Grundlagenwissenschaften Dr. Martin Pall bereits im August 2018 nüchtern fest:

> *»Das Einsetzen von zig Millionen 5G-Antennen ohne einen einzigen biologischen Sicherheitstest muss die dümmste Idee sein, die jemals jemand in der Geschichte der Welt gehabt hat.«[355]*

Die 5G-Ausrollung ist »totally insane«, also **total wahnsinnig**. Sie läuft exakt in die falsche Richtung. Das erklärte Prof. Dr. Pall im März 2019 im Fernsehen. Schließlich ist bereits über die anderen EMF-Strahlungen, denen wir schon lange vor 5G ausgesetzt sind, hinlänglich bekannt, dass sie **substanzielle** Bedrohungen für unsere Gesundheit sind. Gegenüber den von 2G, 3G und 4G ausgehenden Risiken inklusive der Auslösung von Krebs ist 5G eine sogar noch **massivere** Bedrohung. Dies führt der biologisch-medizinische Experte auf drei Faktoren zurück: 1. die von 5G benutzen Frequenzen, 2. die außerordentlich hohe Rate der Pulsung und 3. die hohe Intensität der Strahlung. Eine Unmenge von Studien zeigt, dass gepulste EMF **deutlich stärkere** biologische Einflüsse haben als nicht gepulste EMF. Diese Fakten werden jedoch von der Telekomindustrie ignoriert, obwohl es »absolut essentiell« ist, sie nicht zu ignorieren. Auf dezidierte Nachfrage der Redakteurin stellt Professor Martin Pall klar, dass die Konsumenten, wir alle, nichts anderes sind als **Versuchskaninchen**.[356]

Da die langfristigen gesundheitlichen Folgen von 5G katastrophal sein werden, aber eben noch nicht konkret abschätzbar sind, bezeichnet der renommierte US-amerikanische Arzt Dr. Joseph Mercola die großteils ahnungslose Bevölkerung ebenfalls als Versuchskaninchen im **größten Gesundheitsexperiment aller Zeiten.** In seinem Buch *EMF* erbringt der von den Medien als »Ultimate Wellness Game Changer« titulierte Mediziner schlüssige Beweise dafür, dass und wie die elektromagnetische Feldstrahlung dem menschlichen Körper generell schadet, also schon lange vor der 5G-Ausrollung. Denn unser Körper war, was viele nicht wahrhaben wollen, »niemals dazu angelegt, sich derartigen Strahlenmengen auszusetzen.«[357]

Die Liste der durch EMF ausgelösten Beschwerden und Krankheiten ist lang:

- Störung der Blut-Hirn-Schranke
- Höhere Giftstoffabsorption
- Ohrenklingeln (Tinnitus)
- Störung des Darmtrakts
- Grauer Star (Katarakt)
- Krebs (allgemein)
- Schlafstörungen
- Hirntumore
- Brustkrebs

- Kinderleukämie
- Unfruchtbarkeit
- Herzerkrankungen
- Beschleunigte Alterung
- Stimmungsschwankungen
- Neuropsychiatrische Zustände
- Neurodegenerative Krankheiten
- Elektromagnetische Hypersensibilität

Hinter diesen vermeidbaren Erkrankungen[358] stecken viel zu niedrige offizielle Grenzwerte. Diese sind in der Regel um ein Vielfaches höher als jene Feldstärken (Strahlungswerte), die gemäß wissenschaftlich verfassten Studien Krankheiten auslösen können. Als erster Überblick leistet die Tabelle über gewisse EMF-Strahlungswerte 2017 (Abb. 25) gute Dienste. Ihr liegt die vorzügliche optische, akustische und schriftliche Darstellung in der mehrfach ausgezeichneten Filmdokumentation *Take back your Power* über die Gefährlichkeit von Smart-Metern (intelligenten Stromzählern) und den darin angegeben Studien in der finalen Version 2017 zugrunde.[359]

Die genannten Werte sind in Mikrowatt pro Quadratzentimeter ausgewiesen, kurz µW/cm². Der niedrigste Wert von 0,0000000002 entspricht 0,2 Milliardstel eines µW/cm², der minimalen Signalstärke für funktionierenden Mobilfunk. Bereits beim ebenfalls sehr niedrigen Wert von 0,000027 µW/cm² werden an Bäumen erste Schädigungen beobachtet: Dieser Feldstärke ausgesetzte Nadeln von Pinien (Gattung Kiefer) altern vorzeitig. Schon ab 0,5 µW/cm² geht es Kindern im Alter zwischen acht und 17 Jahren an den Kragen: Kopfschmerzen, Irritationen, Konzentrations- und Verhaltensprobleme. Dennoch ist der baubiologisch definierte Richtwert doppelt so hoch angesetzt (0,1 µW/cm²). Gemäß Studien über die WLAN-gebundene Laptop-Nutzung wird ab einem Strahlungswert von 1 µW/cm² die Lebensfähigkeit der Spermien reduziert und ihre DNA zersplittert. Außerdem treten gewisse alltägliche Beeinträchtigungen auf – von Kopfschmerzen und Schwindel über Reizbarkeit, Ermüdung und Schwächegefühlen bis hin zu Schlaflosigkeit, Brustschmerzen, Atemproblemen und Verdauungsschwierigkeiten. Ab 2,5 µW/cm² wird in den Muskelzellen des Herzens ein veränderter Kalziumstoffwechsel verzeichnet. Bei Werten von 4 µW/cm² und darüber finden Veränderungen im Hippocampus statt, dem ringförmigen Teil des Endhirns. Dadurch werden das Lern- und Erinnerungsvermögen beeinträchtigt.

EMF-Strahlungswerte 2017 in Mikrowatt/Quadratzentimeter (µW/cm2)

µW/cm2	Datenbasis	Wirkungen / Grenzwerte
1.000,00	Grenzwert	USA und Kanada (600 bis 1.000 µW/cm2)
19,80	Tests	12 Smart-Meter in einer Wohnung
10,00	Grenzwert	China, Polen, Russland
10,00	Studien	Reflexartige Verhaltensänderungen nach 30-minütiger Exposition
9,50	Grenzwert	Liechtenstein, Luxemburg, Schweiz
7,93	Tests	1 Smart-Meter (Abstand 0,3 bis 1 Meter)
6,00	Studien	DNA-Schäden in Zellen
4,00	Studien	Veränderungen im Endhirn (Hippocampus): Beeinträchtigungen der Lern- und Erinnerungsfähigkeit
2,50	Studien	Herzmuskelzellen: veränderter Kalziumstoffwechsel
1,00	Studien	WLAN / Laptop: DNA-Fragmentierung und reduzierte Lebensfähigkeit der Spermien, Kopfschmerzen, Schwindel, Reizbarkeit, Ermüdung, Schwäche, Schlaflosigkeit, Brustschmerzen, Atemprobleme, Verdauungsstörungen
0,10	Richtwert	Baubiologie: extreme Besorgnis
0,05	Studien	Kinder (8-17): Kopfschmerzen, Irritationen, Konzentrationsschwierigkeiten, Verhaltensprobleme
0,000027	Studien	Piniennadeln: vorzeitiges Altern
0,0000000002	Studien	Mobiltelefone: erforderliche Minimum-Signalstärke

Abb. 25 (Datenquelle: *Take back your Power*, 2017)[361]

Sehr viel heftiger wird es ab 6 µW/cm², denn ab diesem Wert wird die DNA der Zellen beschädigt. Unverantwortlich ist daher der mit 7,93 µW/cm² getestete Strahlungswert eines einzigen Smart-Meters in einem Abstand zwischen 30 Zentimetern und einem Meter, in dessen Anlehnung sich durchwegs das Bett oder die Spielecke eines Kindes befinden kann. Die von Dr. Frank Springob ausgewerteten Feldversuche mit Smart-Metern zeigen jedenfalls, dass das menschliche Energiefeld aller Probanden zusammengebrochen ist.[360] Reflexartige Verhaltensänderungen im Sinne einer Vermeidung durch Abstandnehmen treten ab einer gemessenen Feldstärke von 1 µW/cm² auf. Man darf sich daher wundern, warum die Grenzwerte einiger

Länder gleich hoch sind (China, Polen und Russland) oder nur knapp darunter liegen (Liechtenstein, Luxemburg und Schweiz mit 9,5 µW/cm^2), wo sie doch **200 Mal höher** sind als jener Wert, ab dem Kinder insbesondere mit Kopfschmerzen und Konzentrationsstörungen geplagt werden (0,5 µW/cm^2). Ebenfalls unbegreiflich und geradezu geistesgestört sind die rund 20.000-fach darüber liegenden Grenzwerte in den USA und Kanada (600 bis 1.000 µW/cm^2).

Obwohl die WHO bereits im Oktober 1999 zutreffend festgestellt hatte, dass keine Normungsbehörde Grenzwerte mit dem Ziel erlassen hat, »vor langfristigen gesundheitlichen Auswirkungen wie einem möglichen Krebsrisiko zu schützen«, ist dies bis zum heutigen Tag nicht erfolgt. Das hängt damit zusammen, dass die verantwortungslos hohen gesetzlichen Grenzwerte lediglich vor kurzfristigen unmittelbaren gesundheitlichen Auswirkungen vor allem durch erhöhte Gewebetemperaturen schützen sollen. Diesen untragbaren Zustand kommentiert die gemeinwohlorientierte Privatinitiative Mobilfunkzukunft mit den treffsicheren Worten: »Sie [die Grenzwerte] schützen also erstens **nicht** vor Langzeitwirkungen und zweitens **nicht** vor Kurzzeitwirkungen, die auf anderen Ursachen als erhöhter Gewebetemperatur beruhen.« Für die extrem hohen Grenzwerte wird eine plausible Begründung geliefert: Einerseits müssen sich die Mobilfunkbetreiber »keine Gedanken um die Einhaltung der Werte machen, weil diese praktisch immer unterschritten werden.« Andererseits werden »die gemessenen Belastungen unter Bezugnahme auf den Grenzwert als harmlos dargestellt«, um die Bevölkerung zum Beispiel wie folgt zu täuschen: »Die gemessenen Belastungen betragen weniger als ein Prozent des Grenzwertes.«[362]

Weil die Grenzwerte offensichtlich nicht vor Langzeitrisiken wie Blutkrebs, Brustkrebs, Depressionen sowie Selbstmorden von dauerhaft unter Hochspannungsleitungen wohnenden Menschen schützen, kommt die Umwelt- und Verbraucherschutzorganisation diagnose:funk zu folgendem einleuchtenden Resümee:

»Die Grenzwerte schützen die Industrie vor Investitionen in die Vorsorge.«[363]

Die ganze Angelegenheit riecht, nein stinkt erbärmlich nach Betrug. Haben Sie von diesen katastrophalen Missständen jemals in den Mainstream-Medien oder aus dem Mund eines Politikers gehört? Den Deckmantel des Schweigens erklärt Dr. Joseph Mercola anhand der unverkennbaren Parallelen zwischen den vertuschenden Propagandamaßnahmen der Telekommunikationslobby und jenen der Tabakindustrie, die jahrzehntelang geschickt vom Faktum abgelenkt hatte, dass ihre Rauchwaren

Krebs verursachen. Damals wie heute wird die Bevölkerung hinsichtlich der EMF-Strahlung belogen, indem man ihr die negativen Wirkungen nicht nur verschweigt, sondern sogar vorsätzlich fragwürdige und verzerrende Studien finanziert, um sodann die Zweifel schürende Botschaft von der »wissenschaftlichen Uneinigkeit« zu verkünden. Kritische Wissenschaftler werden systematisch ignoriert oder durch den Dreck gezogen, während Gesetzgeber und Regierungen im Sinne der Telekommunikationslobby beeinflusst werden.[364]

Doch das macht die Wahrheit um keinen Deut unwahrer. Ganz im Gegenteil. Das verdächtige Lobby-Verhalten, das jeder sachlichen Grundlage entbehrt, untermauert den Wert der wissenschaftlichen Evidenz. Diese hat die Grundlage für die Erfüllung der staatlichen Verpflichtung zur vorverlagerten Gefahrenabwehr zu sein.

Schuldhaft verletztes Vorsorgeprinzip

Das Verschulden sowohl der Mobilfunkbetreiber als auch der Regierungen scheint gegeben zu sein, weil sie den 5G-Ausbau durchpeitschen, obwohl sie jeweils über die Schädlichkeit der EMF-Strahlung Bescheid wissen oder zumindest darüber aus **eigenem** Antrieb Kenntnis erlangen mussten. Es ist nicht etwa so, dass 5G-Kritiker eine Gefährlichkeit nachweisen müssen. Eine derartige Forderung käme einer unzulässigen Beweislastumkehr gleich. Schließlich hat der Mobilfunkbetreiber **vor** dem geplanten Netzausbau die Ungefährlichkeit seines Vorhabens schlüssig nachzuweisen. Die Erfüllung dieser absoluten Pflicht ist von der Regierung einzufordern. Sie darf nicht abgewälzt oder umgangen werden.

Fest steht nämlich, dass im Bereich der EMF das **Vorsorgeprinzip** anzuwenden ist, eine vorverlagerte Gefahrenabwehr. Diese wurde von der EU rechtsverbindlich für die Umweltpolitik festgelegt und ist daher in jedem EU-Staat anzuwenden: »Sie beruht auf den Grundsätzen der Vorsorge und Vorbeugung, auf dem Grundsatz, Umweltbeeinträchtigungen mit Vorrang an ihrem Ursprung zu bekämpfen, sowie auf dem Verursacherprinzip.«[365] In diesem Sinne hat das deutsche Umweltbundesamt das Vorsorgeprinzip zur Leitlinie der Umweltpolitik erklärt.[366] Das österreichische Umweltbundesamt erhebt sowohl das Verursacher- als auch das Vorsorgeprinzip zur »Grundlage für alle Regelungen«.[367] Und in der Schweiz, die bekanntlich kein EU-Mitglied ist, erläutert das Bundesamt für Umwelt anlässlich einer Entscheidung des eidgenössischen Bundesrats über 5G, dass am Vorsorgeprinzip festzuhalten ist.[368]

Demnach beruht das Vorsorgeprinzip nicht nur auf Verträgen und ausdrücklichen Anordnungen, sondern auch auf den allgemeinen Rechtsgrundsätzen und letztlich auf logischem Denken. Wenn also bürgerliche Interessenvertretungen wie die deutsche Verbraucherschutz-Organisation *diagnose:funk* vom Bundesamt für Strahlenschutz bei 5G die Einhaltung des Vorsorgeprinzips fordern,[369] beruht dies zum einen nicht auf einer unbegründeten Hysterie und stellt es zum anderen auch kein Ersuchen um etwas Neues oder Abwegiges dar, sondern eine auf bereits existierenden wissenschaftlichen Fakten basierende, löbliche, höchstvorsorgliche und entgegenkommende Erinnerung des Staates an seine aus eigenem Antrieb wahrzunehmende **Verpflichtung** zur vorverlagerten Gefahrenabwehr.

Diese besteht insbesondere bei 5G auch aus verfassungsrechtlicher Sicht, nämlich im Hinblick auf das Grundrecht auf Leben und körperliche Unversehrtheit. Grundrechte sind, wie gesagt, verfassungsmäßig gewährleistete Freiheitsrechte. Sie gewähren dem Individuum einerseits Freiraum vom Staat und andererseits speziellen Schutz. Das Recht auf Leben ist nicht nur in den nationalen Verfassungen verankert, sondern auch in Artikel 2 der Europäischen Menschenrechtskonvention (EMRK).[370] Im Hinblick auf dieses essentielle Grundrecht bejaht der Europäische Gerichtshof für Menschenrechte (EGMR) ausdrücklich »eine **Verpflichtung** des Staates, das Leben der unter seiner Jurisdiktion stehenden Personen zu schützen.«[371] In seiner jüngeren Judikatur (Rechtsprechung) betont der EGMR, dass der Staat seine aus der EMRK abgeleiteten aktiven Schutzpflichten verletzt, sofern er »trotz Handlungsfähigkeit untätig bleibt.«[372]

Folglich darf der Staat nicht passiv bleiben. Viel mehr ist er zu aktivem Handeln verpflichtet. Für einen effektiven prophylaktischen Schutz hat der EGMR »die Messlatte durchaus hoch angesetzt und somit einen wertvollen Mindeststandard kreiert.« Dieser Mindeststandard gewährleistet allen Menschen, »dass sie sich auf staatlichen Schutz vor Angriffen durch private Dritte, aber auch durch staatliche Organe verlassen können.«[373] Hierzu hat das deutsche Bundesverfassungsgericht (BVerfG) schon 1975 vortrefflich ausgeführt, dass die Schutzplicht dem Staat gebietet, »sich schützend und fördernd vor dieses [bedrohte] Leben zu stellen, das heißt vor allem, es auch vor rechtswidrigen Eingriffen von Seiten anderer zu bewahren.«[374]

Summa summarum steht unverrückbar fest, dass der Staat zum **aktiven** Schutz der Bevölkerung vor Gefährdungen durch EMF verpflichtet ist. Hierzu hat er proaktiv jene Fakten einzuholen, die eine sachliche Beurteilung und Entscheidung sowie angemessene Maßnahmen ermöglichen. Ausgerechnet bei 5G wurden – wie bei COVID-19 – offenbar die unzähligen unabhängigen und frei zugänglichen Studien entweder gar nicht abgerufen oder zwar gelesen, aber einfach ignoriert. Es wurden sogar etliche Appelle der Bevölkerung mit ihren ausdrücklichen Hinweisen auf vorhandene Dokumentationen schlichtweg ausgeblendet. Die Steigerung zu alldem ist, dass sogar jene fundierten Studien ignoriert werden, die dem Volksvertretungskörper (Parlament) nachweislich direkt und rechtzeitig übermittelt wurden. Einen höheren Grad an objektiver Kenntnis gibt es nicht. Die Stufenleiter der staatlichen Ignoranz stellt sich chronologisch folgt dar:

- Ignorieren frei zugänglicher Studien
- Ignorieren von Hinweisen auf Studien
- Ignorieren direkt vorgelegter Studien

Es gibt **mehr als 10.000** wissenschaftlich verifizierte Studien, die zeigen, dass sich EMF »bereits bei Intensitäten **weit unterhalb** der meisten Grenzwerte auf lebende Organismen zerstörerisch auswirken.«[375] Es ist weder möglich noch sinnvoll, im vorliegenden Buch alle verfügbaren Dokumente zu beleuchten. Es kann nur ein repräsentativer Abriss dargestellt werden. Wie im Folgenden gezeigt wird, kommt man mit jeder staatlichen Ignoranz-Stufe immer näher an die Zeit der Verhängung des COVID-19-Lockdowns heran. Die dritte Stufe reicht sogar unmittelbar in sie hinein.

Ignorieren frei zugänglicher Studien

Zahlreiche, für jeden Interessierten frei einsehbare Studien anerkannter Experten beweisen die Schädlichkeit der EMF auf Punkt und Strich.

Schädliche Wirkungen der Millimeterwellen auf den Organismus wurden bereits in den 1970er Jahren in Russland erforscht.[376] 1977 erklärte die russische Mikrobiologin N. P. Zalyubovskaya anhand von an Menschen und Tieren durchgeführten Studien, »dass Millimeterwellen Veränderungen im Körper verursachten, die sich in **strukturellen Änderungen** in der Haut und den inneren Organen manifestierten, in qualitativen und quantitativen Veränderungen der Zusammensetzung des Blutes und Knochenmarks sowie in Veränderungen der bedingten Reflexaktivität, der **Gewebeatmung** und der Aktivität von Enzymen, die an der Gewebeatmung und dem Nuklein-Stoffwechsel beteiligt sind.« Hierbei war das Ausmaß der unerwünschten Millimeterwelleneffekte nicht nur von den Charakteristika des Organismus, sondern jeweils auch von der Bestrahlungsdauer abhängig. Diese Studie war in den USA nur für die Augen der Regierung bestimmt, bis sie erst im Jahr 2012 vom Auslandsgeheimdienst CIA desklassifiziert und zur Veröffentlichung freigegeben wurde.[377]

20 Jahre zuvor, nämlich 1992, wurde in Deutschland eine umfassende US-amerikanische Studie veröffentlicht, der zufolge eine Reihe experimenteller Hinweise nahelegt, »dass elektromagnetische Felder **immunologische** Parameter in Organismen beeinflussen können.« Die elektromagnetischen Feldwechselwirkungen mit dem Immunsystem wurden von Dr. Jan Walleczek vom Institut für medizinische Forschung und Strahlenbiophysik der Universität von Berkeley in Kalifornien eingehend untersucht. Die Ergebnisse sind im 35. Band der sogenannten Kleinheubacher Berichte abgedruckt, der Sammlung der Vorträge und Sitzungen der gemeinsamen Tagung des deutschen Landesausschusses der Union Radio-Scientifique Internationale (URSI) und der Fachausschüsse der Informationstechnischen Gesellschaft (ITG).[378]

Auf der Grundlage von rund 2.000 wissenschaftlichen Belegen stand bereits 2007 für die 29 Verfasser der internationalen Studie »Bioinitiative 2012« fest, dass EMF etliche Krankheiten verursachen, vor allem Krebs. Das Dokument umfasst 1.557 Seiten, wobei die Kernaussagen übersichtlich geordnet sind. Ziemlich am Anfang kommen die Initiatoren, darunter 21 Akademiker, zu einem sehr traurigen Ergebnis: Es kann kaum ein Zweifel darüber bestehen, dass die Exposition gegenüber EMF »**Leukämie bei Kindern** verursacht.«[379]

Im Jahr 2009 stellte auch Dr. Olle Johansson, Professor des Karolinska Instituts, des größten schwedischen Zentrums für akademische medizinische Forschung, EMF ein vernichtendes Zeugnis aus: »**EMF stören die Immunfunktion** durch Stimulation verschiedener allergischer und entzündlicher Reaktionen sowie durch Auswirkungen auf Gewebereparaturprozesse.« Durch solche Störungen wird das Risiko für verschiedene Krankheiten wie insbesondere Krebs erhöht. Sogar bei deutlich **unter** den meisten nationalen und internationalen Sicherheitsgrenzen liegenden Expositionsniveaus wirken sich EMF-Effekte schädlich auf andere biologische Prozesse aus: »DNA-Schäden, neurologische Effekte usw.«[380]

Beschädigungen der menschlichen Fruchtbarkeit durch EMF-Strahlung wurden in etlichen Studien nachgewiesen. Zum Beispiel wurde im November 2011 belegt, dass die Verwendung von Laptops, die mittels Wi-Fi an das Internet angeschlossen sind, sowohl die Beweglichkeit der Spermien verringern als auch ihre DNA-Fragmentierung erhöhen.[381] Eine breite Palette wissenschaftlicher Arbeiten zeigt, dass die hochfrequente elektromagnetische Strahlung von Mobiltelefonen, Laptops, WLAN und Mikrowellenherden »schädliche Auswirkungen auf die Spermienparameter (wie Spermienzahl, Morphologie, Motilität) haben«, wobei oxidativer Stress letztlich »zu **Unfruchtbarkeit** führen kann.«[382] In einem Interview vom Jahr 2013 prognostiziert Prof. Dr. Olle Johansson, dass aufgrund des »Vollzeitexperiments« mit WLAN Frauen bereits in der fünften Generation **irreversibel unfruchtbar** sein könnten. Das wäre in etwa 150 Jahren, wobei es dann natürlich für eine Umkehr zu spät wäre.[383]

Der Ärztearbeitskreis Digitale Medien Stuttgart, dem mit Stand Oktober 2014 immerhin 20 Mediziner aus dem baden-württembergischen Raum angehörten, wandte sich zu diesem Zeitpunkt mit offenem Brief an die Sozialministerin und den Kulturminister von Baden-Württemberg, um die Einführung von WLAN, Smartphones und Tablets als elektronische »Unterrichtsmittel« an Schulen zu beanstanden. Die Belastung durch die nichtionisierende Strahlung der WLAN-Frequenz wird aus ärztlicher Sicht als besonders besorgniserregend erachtet, weil deren Gesundheitsschädlichkeit nach dem Stand der Wissenschaft **eindeutig** feststeht und sowohl die Hersteller selbst als auch das Bundesamt für Strahlenschutz vor körpernaher Nutzung der Geräte warnen und Mindestabstände fordern. Zur Beweisführung verweist der Ärztearbeitskreis ausdrücklich auf »die Erkenntnisse aus mehr als 40 in seriösen Fachzeitschriften veröffentlichten Arbeiten«, denen zufolge die weit unter den Grenzwerten liegende Strahlenbelastung im Normbetrieb »zu Konzentrationsstörungen, Kopfschmerzen, ADHS, Spermienschädigungen bis hin zu DNA-Strangbrüchen und damit zu Krebs führen kann.« Außerdem werden die zuständigen Politiker auf über 70 Studien aufmerksam gemacht, in denen unter dem Wirkmechanismus der EMF-Strahlung vor allem oxidativer Stress in Verbindung mit »Burnout« genannt wird.[384]

Eine im Juli 2015 in der US-amerikanischen Medizinischen Bibliothek veröffentlichte Studie fasst die Ergebnisse von damals 100 verfügbaren Untersuchungen über experimentelle Daten zu oxidativen Effekten von EMF respektive Radiowellen niedriger Frequenzstrahlung in lebenden Zellen zusammen. Beachtliche 93 wissenschaftliche Arbeiten bestätigen im Allgemeinen, dass sogar eine Strahlung geringer Intensität »oxidative Wirkungen in biologischen Systemen induziert.« Demnach erzeugen sogar EMF niedriger Intensität oxidativen Stress. Darunter versteht man eine Stoffwechsellage, bei der reaktive Sauerstoffverbindungen gebildet werden, deren Menge das physiologische Ausmaß überschreitet. Bei einer Überforderung der Reparatur- und Entgiftungsfunktion der Zellen kann es zur Schädigung der zellulären und extrazellulären Makromoleküle kommen. Der zusammenfassenden Studie zufolge haben EMF vielerlei molekulare Effekte im Sinne einer »Reihe von biologischen / gesundheitlichen Auswirkungen« mit einem hohen und breiten pathogenen Potenzial bis hin zur »oxidativen Schädigung der **DNA** und Änderungen der Aktivität von antioxidativen Enzymen.« Das auswertende Team fordert, dass der durch die Strahlungsexposition »induzierte **oxidative Stress** als einer der Hauptmechanismen der biologischen Aktivität dieser Art von Strahlung erkannt werden sollte.«[385]

Staatliche Wissenschaftler der USA veröffentlichten im Mai 2016 die Teilergebnisse ihrer 25 Millionen Dollar teuren Tierstudie und lieferten »die bislang stärksten Beweise« dafür, dass die Exposition mit EMF-Strahlung »mit der Bildung seltener **Krebsarten** in mindestens zwei Zelltypen im Gehirn und in den Herzen von Ratten verbunden ist.« Dabei wird als wichtig erachtet, dass die Tiere trotz nicht signifikanter Erhöhung der Körpertemperaturen weiterhin **Tumore** entwickeln. Im Hinblick auf die Schädigung der menschlichen Gesundheit durch die Mobiltelefonie wird die Verringerung der Strahlungsexposition empfohlen: Telefon nicht auf dem Körper tragen, Verwendung kabelgebundener Headsets.[386]

Bei der Vielzahl einschlägiger Studien und der engen internationalen Vernetzung verwundert es nicht, dass sich 40 US-amerikanische Ärzte und Wissenschaftler an der von insgesamt 180 internationalen Experten aus 35 Ländern unterschriebenen Petition an die EU Mitte September 2017 beteiligt haben.[387] Sie fordern einen **Aufschub** (Moratorium), der die 5G-Einführung so lange stoppen soll, »bis potenzielle Gefahren für die menschliche Gesundheit und die Umwelt von industriell unabhängigen Wissenschaftlern vollständig untersucht wurden.« Denn laut diesen hochkarätigen Fachleuten »erhöht 5G die Exposition gegenüber hochfrequenten elektromagnetischen Feldern (RF-EMF) zusätzlich zu 2G, 3G, 4G, Wi-Fi usw. für die bereits vorhandene Telekommunikation erheblich. RF-EMF ist nachweislich **schädlich** für Mensch und Umwelt.«[388]

Im selben Jahr (2017) wurde von Prof. Dr. Olle Johansson und einem Kollegen eine weitere Studie über denkbare Wirkmechanismen zwischen EMF und der **Verschlechterung der Immunität** veröffentlicht.[389] In diesem Sinne ist auch folgende Gesundheitswarnung zu verstehen, die in der im September 2017 von der deutschen Telekom herausgegebenen und bis heute gültigen Bedienungsanleitung für das »Speedport Smart« abgedruckt ist: »Die integrierten Antennen Ihres Speedport senden und empfangen Funksignale bspw. für die Bereitstellung Ihres WLAN. Vermeiden Sie das Aufstellen Ihres Speedport in unmittelbarer Nähe zu Schlaf-, Kinder- und Aufenthaltsräumen, um die Belastung durch elektromagnetische Felder so gering wie möglich zu halten.«[390] Exakt dieselbe Warnung befindet sich in der Bedienungsanleitung für das neuere Speedport Smart 2.[391] Man beachte, dass sogar die unmittelbare WLAN-Nähe zu normalen **Aufenthaltsräumen** als EMF-Gefahrenzone erachtet wird. Folglich war und ist sich die Telekom vollkommen darüber im Klaren, dass sie potenziell gesundheitsschädigende Produkte vertreibt und aufstellt. Aus denselben Gründen, auf denen schon die erwähnte Petition aus 2017 beruht, fordert im April 2018 auch die Internationale Gesellschaft der Ärzte für die Umwelt (International Society of Doctors for Environment) die Einhaltung des Vorsorgeprinzips und den damit verbundenen Stillstand der 5G-Netze in allen europäischen Ländern.[392]

Eine mehrere wissenschaftliche Untersuchungen auswertende Studie vom Dezember 2018 kommt zum Ergebnis, dass die für drahtlose Kommunikation und Überwachungstechnologien generierte Mikrowellenstrahlung den ganzen Planeten global und rapide elektromagnetisch verschmutzt. 1.546 von 2.266 Studien, das sind mehr als 68 Prozent, offenbaren, dass die menschengemachten EMF »schwerwiegende biologische und gesundheitliche Effekte« haben, vor allem die Erhöhung des oxidativen Stresses, der DNA-Schäden und des Krebsrisikos. Der durch Mobilfunk, WLAN und Bluetooth verursachte Anstieg der schädlichen Wirkungen ist sogar exponentiell, wobei besondere auf die »von 5G zusätzlich hinzugefügten Millionen von Hochfrequenztransmittern um uns herum« hingewiesen wird. Es gibt deutliche Hinweise dafür, dass EMF bei **Embryos** zu »strukturellen und funktionellen Veränderungen des **Gehirns**« führen. Experimentell nachgewiesen ist die elektromagnetische Verursachung von neurologischen Veränderungen und ADHS-ähnlichen Verhaltensstörungen bei Kindern. Bewiesen ist auch der Einfluss künstlicher EMF auf Fauna und Flora, wobei hier explizit auf das »global berichtete Zurückgehen der Bienen und anderer Insekten« Bezug genommen wird. Das hochsensible Navigationssystem zahlreicher Insekten wird von menschengemachten EMF gestört. Daher sollte der EMF-Einfluss auf atmosphärische Komponenten, Wetter und Klima verstärkt in den Fokus der Forschung geholt werden. Abschließend wird nochmals das experimentell bewiesene Faktum betont, dass auch nichtionisierende EMF-Strahlung das Trägermaterial der Gene (die DNA) beschädigt: »Hochfrequente elektromagnetische Strahlung verursacht **DNA-Schäden** anscheinend durch oxidativen Stress.«[393]

Die Beschädigung genetischen Materials durch oxidativen Stress ist offenbar auch bei COVID-19 von entscheidender Relevanz. Darauf kommen wir bald zu sprechen.

Mit Stand Januar 2019 waren und sind auf dem vom Forschungszentrum für Elektromagnetische Umweltverträglichkeit (femu) der Universitätsklinik Aachen betriebenen EMF-Portal **mehr als 27.100** wissenschaftliche Publikationen und andere relevante Arbeiten »über die Auswirkungen von elektrischen, magnetischen und elektromagnetischen Feldern auf die menschliche Gesundheit und biologische Systeme« uneingeschränkt abrufbar. Dies ist die weltweit größte wissenschaftliche Literaturdatenbank über die Wirkungen nicht-ionisierender elektromagnetischer Strahlung im Frequenzbereich von 0 bis 300 GHz (Gigahertz). Sie richtet sich ausdrücklich »gleichermaßen an Wissenschaftler, Politiker, Ärzte, Rechtsanwälte, Journalisten und die interessierte Öffentlichkeit.«[394]

Ebenfalls mit Stand Januar 2019 veröffentlichte Dr. Karl Hecht, Professor für Neurophysiologie und emeritierter Professor für experimentelle und klinische pathologische Physiologie der Humboldt-Universität Berlin (Charité), seine 88 Seiten starke Studie über die **gesundheitsschädigenden** Effekte von Smartphones, Radar, 5G und WLAN. In dieser ebenfalls frei zur Verfügung stehenden profunden Ausarbeitung wird die ungeheure Strahlenlast des 5G-Funkwellensystems auch für absolute Laien verständlich und graphisch untermauert erklärt. Den letzten Zweifel räumt Prof. Dr. Hecht aus, wenn er darlegt, dass statt bisher nur einer Strahlenkeule pro Senderichtung bei den 5G-Sektorstrahlern sage und schreibe bis zu **64 Strahlenkeulen** gleichzeitig zuschlagen.[395] Neben den Sektorstrahlern kommen auch Rundstrahler zum Einsatz. Solche verkauft zum Beispiel Swisscom (Ericsson) für die 28-GHz-Frequenz, wobei fünf übereinander angeordnete Keulenkränze aus jeweils 50 im Kreis herum nebeneinander liegenden Keulen bestehen, sohin aus insgesamt **250 Strahlenkeulen**.[396] Im Verbund mit zehntausenden Satelliten wird 5G, so die Planung, ein von oben und unten nach allen Seiten strahlendes Netz über die gesamte Erde legen.

Die bereits vorher bzw. im Stadium der 5G-Einführung registrierten gesundheitsschädlichen EFM-Wirkmechanismen erklärt der bereits erwähnte Professor Dr. Martin Pall in seiner exzellent aufbereiteten, 114 Seiten umfassenden Studie. Diese liefert stichhaltige Beweise für acht große Gruppen von Gesundheitsgefahren, die von EMF ausgehen.

Es handelt sich um 1. Angriffe auf Nervensystem und Gehirn, 2. Angriffe auf das Hormonsystem, 3. Erzeugung oxidativen Stresses, 4. Angriffe auf das Erbgut (DNA), 5. Erhöhung des genetisch programmierten Zelltods, 6. Senkung der Fruchtbarkeit, 7. durch Calcium-Überschussproduktion verstärkte Signalübertragung sowie 8. Krebs-Auslösung durch 15 Mechanismen.[397]

Im August 2019 warnte der vorhin erwähnte Medizinprofessor der Berliner Charité Dr. Karl Hecht über eine Zeitung und damit für die Öffentlichkeit leicht wahrnehmbar, die thermischen Wirkungen von 5G »bewirken ein sanftes **Vergrillen** des Lebens auf der Erde. Mensch, Tiere, Pflanzen.« Zudem würde eine 5G-vernetzte Welt eine massive Erhöhung des Stromverbrauchs verursachen und eine Erwärmung der Planetenhülle bewirken.[398] Wie war das nochmal mit den angeblichen Zielen der Regierungen, der Erderwärmung entgegenwirken und »das Klima retten« zu wollen? Der Erreichung dieser Ziele steht ganz offensichtlich die von denselben Regierungen massiv unterstützte Ausdehnung des 5G-Netzes wie eine selbst aufgestellte unüberwindbare Hürde entgegen. Sehr verdächtig. Mindestens so suspekt ist, dass dieselben Regierungen zwar für das Wohl der Bevölkerung zu sorgen haben, die von ihnen geförderte 5G-Technologie aber eine intensive Gefährdung unserer Gesundheit und des gesamten Lebens auf diesem Planeten darstellt.

Ignorieren von Hinweisen auf Studien

Auf der Grundlage fundierter wissenschaftlicher Studien bildete sich insbesondere zwischen 2017 und 2019 **weltweiter Widerstand** gegen den 5G-Ausbau.[399] Auch in Österreich, Deutschland und der Schweiz lehnten sich viele Bürger auf: »Mit jedem 5G-Mast, der errichtet wird, wächst der Protest gegen das superschnelle, mobile Netz.« Zusätzlich spornte an, dass sich ausgerechnet der EU-Sitz Brüssel dem 5G-Netzausbau verweigert hatte. Immerhin war die damalige belgische Gesundheitsministerin Céline Fremault, die wohlgemerkt Juristin ist, Ende März 2019 auf das Wohl der Bevölkerung bedacht, als sie sagte: »Die Brüsseler sind keine Versuchskaninchen, deren Gesundheit ich für den Profit verkaufen kann.« Als wären diese Worte nicht klar genug, versucht sie die Zeitung *Welt* zu relativieren, indem auf ein läppisches Gewinnverteilungsproblem hingewiesen wird. Allerdings räumt das Blatt zutreffend ein, dass Belgien die weltweit strengsten Strahlungsnormen hat, die auch der neu bestellte Gesundheitsminister nicht senken wollte.[400]

Profitgier als treibende Kraft

Im erwähnten Artikel wird auch das höchst lukrative Geschäft mit der EMF-Strahlung erwähnt: Die EU-Kommission sieht im 5G-Ausbau einen »Schlüsselfaktor der

Wettbewerbsfähigkeit«, der zudem ein »Marktvolumen von 225 Milliarden Euro bereits 2025« verspricht.[401] Oxford Economics, das Wirtschaftsprognose-Institut der Universität von Oxford, schätzte im November 2019 die makroökonomischen Auswirkungen von 5G auf der ganzen Welt zusammenfassend mit einem Beitrag zum globalen BIP (Bruttoinlandsprodukt) »in den nächsten 10 bis 15 Jahren auf **1,4 bis 3,5 Billionen US-Dollar.**« Bis zum Jahr 2035 werde die globale 5G-Wertschöpfungskette 3,5 Billionen US-Dollar zum BIP leisten und 22 Millionen Arbeitsplätze schaffen. In den USA werde der 5G-BIP-Beitrag 500 Milliarden US-Dollar und in China 6,3 Billionen Yuan (925 Milliarden US-Dollar) ausmachen.[402]

Winkende Profite sind ganz offiziell der wahre Motor des 5G-Netzausbaus und nicht etwa das Wohl der Bevölkerung. Der österreichische Mobilfunkkonzern A1 erklärte Mitte Januar 2020, dass jedes Jahr rund 450 Millionen Euro »in die digitale Infrastruktur Österreichs« investiert werden. Bei einer Pressekonferenz kündigte A1 gemeinsam mit Kanzler Kurz »das größte 5G-Netz für den österreichischen Markt an.« Man verfolge das Ziel, »Österreich zu einer der führenden Digitalnationen Europas zu machen.«[403] Bevor das von einer winzigen Minderheit beschlossen wurde, sind die davon intensiv betroffenen Menschen – rund 99,99 Prozent der Bevölkerung – nicht gefragt worden.

Dass es gar nicht um die Interessen des Volks geht, ergibt sich auch aus der Unlogik des offiziellen Wordings der Politiker. Mitte Januar 2020 feuerte die frisch gebackene österreichische Bundesministerin für Landwirtschaft, Regionen und Tourismus Elisabeth Köstinger den 5G-Startschuss für 350 Mobilfunk-Basisstationen in allen österreichischen Bundesländern mit dem Slogan »Nicht Menschen, sondern Daten sollen pendeln« ab.[404] Doch kaum jemand scheint bemerkt zu haben, dass die Verminderung des menschlichen Pendelverkehrs – logisch gedacht – nicht den Ausbau, sondern das endgültige Aus für das antennenbasierte 5G-Netz bedeuten müsste. Denn gerade die offenbar erwünschte Einschränkung der Mobilität nebst Plus an Telearbeit bzw. Homeoffice macht den Mobilfunk so gut wie überflüssig. In letzter Konsequenz wäre der schnellere Datentransfer zwischen Unternehmen, Haushalten und Behörden durch den Ausbau der viel gesünderen Glasfaserstandleitungen zu gewährleisten.

Die Entscheidung für 5G beruht auf der unbestrittenen Tatsache, dass die Grabungen für Glasfaserleitungen zu jedem Haus einerseits lange dauern und andererseits teuer sind.[405] Demnach lassen sich mit 5G schnellere und höhere Profite einfahren, die nicht der Bevölkerung zugutekommen, sondern den Wirtschaftsmagnaten.

Ersehnte digitale Diktatur

Jedenfalls ist die Digitalisierung des Alltags längst politisch entschiedene Sache, und zwar gänzlich am Bürger vorbei. Beim Beispiel Österreich bleibend, fällt auf, dass die hochoffizielle Beraterin des alten und neuen Kanzlers Sebastian Kurz keine Österreicherin ist, sondern die italienische **Unternehmensberaterin** Antonella Mei-Pochtler. Die demokratisch nicht legitimierte, nicht der Regierung angehörende und umso mehr die Interessen der Wirtschaft vertretende Machtfrau beschäftigt sich mit globalen Themen wie der »Digitalisierung und Ökologisierung der Industrie«.[406] Seit spätestens Anfang 2019 treibt Mei-Pochtler die Digitalisierung Österreichs öffentlich voran, wobei sie sich dabei selbst als »Strategin« und ihren Du-Freund Sebastian als »Kapitän« sieht.[407]

Schon 2003 machte die Vertraute des jungen Kanzlers von sich reden, als sie die Demokratie für veraltet erklärte und ihr Zukunftsmodell einer **Teildiktatur** propagierte. Die offensichtlich demokratieabtrünnige Globalistin wünscht sich die Staatsform »Diktokratie«, eine von ihr selbst erfundene Mischung aus Diktatur und Demokratie. In einer solchen müsse man sich an das Wechselspiel von »Zuckerbrot und Peitsche« gewöhnen. Diese kruden Gedanken hat sie anscheinend nicht in der geschlossenen Abteilung einer Nervenheilanstalt an die Wand gekritzelt. Dafür hat ihr das anscheinend neoliberale Blatt *Standard* extra eine eigene Kolumne eingerichtet. Die mehrfache Mutter macht nicht einmal einen Hehl daraus, dass sie sogar bei der Kindererziehung in einer bipolaren Welt der Extreme gefangen ist:

Führen oder verführen?
Einpeitschen oder einflüstern?
Diktatur oder Demokratie?

Weil sie sich zwischen diesen jeweils dualen Extrempositionen, die dem binären Denken des Computermenschen Gates frappierend ähneln, hin- und hergerissen fühlt, entscheidet sich Mei-Pochtler für eine Kombination aus beidem.[408] Ins Auge jedes Demokraten und vor allem jedes wirklich Liberalen sticht, dass die engste Beraterin des österreichischen Kanzlers das »Verführen« und »Einflüstern« ganz offensichtlich mit demokratischen Vorgängen gleichsetzt. Eine sachliche Informierung zwecks echter demokratischer Ausübung des freien Willens scheint ihr nicht einmal bei den eigenen Kindern in den Sinn zu kommen. Just diese soziopathisch anmutende Geisteshaltung, die man am ehesten bei einem eingefleischten Nazi oder Bolschewisten (Kommunisten) vermuten würde, erklärt das entgegen der Wissenschaft und den Volksinteressen vorgenommene Einführen des 5G-Netzes ebenso wie das auf gröbster Faktenresistenz beruhende Einpeitschen der mehrfach schädlichen COVID-19-Maßnahmen.

Mit ihren diktatorischen Wünschen steht die Beraterin des österreichischen Kanzlers nicht alleine da. Da wäre zum Beispiel noch Wirtschaftsprofessor Dr. Jacques Attali, der Berater von fünf französischen Präsidenten (Mitterand, Chirac, Sarkozy, Hollande und Macron). Im Jahr der Schweinegrippe, also 2009, wünschte er sich anlässlich einer echten Pandemie, dass eine gerechte Verteilung von Arzneimitteln und Impfstoffen erfolgt sowie »eine **globale Polizei**, ein globales Lager und damit ein globales Steuersystem« eingeführt werden. Die Menschheit würde sich nur dann signifikant entwickeln, »wenn sie wirklich **Angst** hat.« Ein Pandemiebeginn »könnte eine dieser **Strukturierungsängste** auslösen.« So schreibt es Attali selbst im *L'Express*, einem der ältesten und auflagenstärksten Nachrichtenmagazine Frankreichs.[409] Der Kerngehalt des Artikels wird im französischen Parteiblatt *Solidarité & Progrès* wie folgt zusammengefasst: »Wo der Finanzcrash bisher gescheitert ist, könnte eine gute, kleine Pandemie unsere Führer dazu bringen, die Bildung einer **Weltregierung** zu akzeptieren!«[410] Demnach wünscht sich Attali eine auf Terror (Schrecken) basierte globale Diktatur.

Nichts anderes als eine weltweite technokratische bzw. **digitale Diktatur** propagiert Prof. Dr. Klaus Schwab, der Gründer und Leiter des zwar privaten, aber politisch höchst einflussreichen WEF in seinem 2016 erschienenen Buch *Die Vierte Industrielle Revolution*. Schwab gibt zwar offen zu, dass die »digitale Revolution« in den nächsten 10 bis 20 Jahren etwa »47 Prozent der Arbeitsplätze gefährdet« und dass die ausdrücklich so bezeichnete »Arbeitsplatzvernichtung« rasant voranschreitet,[411] jedoch sieht er keinerlei Alternative zur Volldigitalisierung. Die Umwälzung sei unvermeidbar, meinen Schwab und sein Stab von 800 hochrangigen Führungskräften der Wirtschaft. Als ersten von 23 Schritten der technokratischen Umgestaltung der Welt nennen sie »implantierbare Technologien«: zwecks nonverbaler Gedankenübermittlung in menschliche Körper eingebaute Mobiltelefone, Chips und »intelligente Tattoos« zur Identifizierung und Standortbestimmung. Ja, Sie haben richtig gelesen. Es geht um die totale Entmenschlichung des Menschen, seine digitale Vollversklavung im »Internet aller Dinge«. Die meisten negativen Folgen, vor allem jene für die Gesundheit und die individuelle Freiheit, werden von Schwab und seinen Mitarbeitern völlig ausgeblendet. Dafür werden die vermeintlichen Vorteile überbetont. Es wird sogar eine »steigende Lebenserwartung« behauptet.[412] Kann es wirklich sein, dass dem Leiter des WEF und seinen einflussreichen Mitgliedern die vielen gesundheitsschädlichen Wirkungen der elektromagnetischen Strahlung nicht bekannt sind, obwohl sie längst von zehntausenden Studien bewiesen sind?

Schwabs Schrift ist jedenfalls nicht wissenschaftlich verfasst, ja nicht einmal ein mittelmäßig aufbereitetes Sachbuch. Es handelt sich um ein utopisches Programmheft, eben »eine Art Einführung in die Vierte Industrielle Revolution«.[413] Als deren zentralen Knackpunkt hat Klaus Schwab die vermutlich **mangelnde** Bereitschaft der Bevölkerung zur Annahme der technischen Innovationen korrekt erkannt. Zudem kritisiert der WEF-Leiter die in allen Sektoren **mangelnde** Führungsstärke und den nur unzureichenden Organisationsrahmen. Sein Lösungsansatz lautet:

> *»Wir müssen unsere Wirtschaft-, Gesellschafts- und politischen Systeme überdenken, um sie für die Vierte Industrielle Revolution fit zu machen.«*[414]

Der greise Technokrat sieht also keinen Bedarf, dass sich die relativ neuen Techniken den uralten menschlichen Bedürfnissen und vor allem den gegebenen politischen Systemen anpassen. Nein, der 1938 Geborene und seine kleine Minderheit der sogenannten wirtschaftlichen Elite wollen den Menschen, die ganze Gesellschaft und mit ihr auch die Demokratie so verändern, dass sie in ihr utopisches Weltsystem passen. Sowohl die Denkweise als auch die Zielsetzung sind eindeutig **diktatorisch**. Das Volk und die von ihm gewählten Parlamentarier sollen von einer anscheinend am Cäsarenwahn leidenden Minderheit übergangen und technokratisch unterjocht werden. Ganz offensichtlich handelt es sich um Umsturzpläne. Diese Leute wollen ihre Revolution von oben gegen die berechtigten Interessen und den deklarierten Willen der Bevölkerung durchführen. Das hängt nicht zuletzt mit Schwabs zutreffender Beurteilung zusammen, dass ihm und seinen Kumpanen »ein sich stimmiges, positives und verbindendes Narrativ« für die Volldigitalisierung **fehlt**. Daher will der Leiter des WEF unbedingt **verhindern**, »dass eine breite gesellschaftliche Gegenreaktion gegen die grundlegenden Veränderungen entsteht.«[415]

Demnach scheint »Desinformation«, wie sie im vom Schwab-WEF mitorganisierten Event 201 vorkommt und bekämpft wird (siehe oben), nichts anderes zu sein als ein Code-Wort für »Unterdrückung der Wahrheit«. Derart hinterhältiger Verdrehungen der Realität bedienen sich umstürzlerische Minderheiten, wenn sie die Mehrheit täuschen und ausbeuten wollen. Jedenfalls scheinen sich Klaus Schwab und Konsorten eine globale Diktatur oder Teildiktatur zu wünschen, in der das Volk nicht einmal dann mitreden darf, wenn es um seine Gesundheit sowie seine sozialen und materiellen Lebensgrundlagen geht. Wir sind Zeitzeugen des anlässlich COVID-19 versuchten Regimewechsels hin zur längst angekündigten globalen Diktatur. Schon zuvor wurden die Kritiker des weltweiten Projekts 5G geflissentlich überhört. Der Widerstand wird bis dato selbst dort ignoriert, wo er von parlamentarischen Abgeordneten zum Ausdruck gebracht wird.

Ende April 2019 wurde im deutschen Bundestag der Kommunikationsstandard 5G auf dessen »Aspekte zu möglichen Gesundheitsrisiken« geprüft. Die abschließende Bewertung möchte zwar glauben machen, dass trotz umfangreicher Untersuchungen »kein eindeutiger Zusammenhang zwischen Mobilfunk und den gesundheitlichen Auswirkungen bestätigt werden« konnte. Jedoch sind »die Unsicherheiten hinsichtlich möglicher **Gefahren** für den Menschen nicht ausgeräumt.«. Daher sehen die zuständigen öffentlichen Stellen weiterhin Forschungsbedarf.[416]

Trotz aufrechten Forschungsbedarfs verlief die Beratung des deutschen Bundestags vom 23. 09. 2019 über die zweite Petition gegen den Ausbau des 5G-Netzes ganz im Interesse der Telekommunikationslobby. Nachfolgender Ablauf ist ein Paradebeispiel dafür, wie eine Regierung eine völlig korrekte Petition herunterspielt und deren Kraft verpuffen lässt. Die Bundesregierung sah nämlich »keinerlei Bedenken hinsichtlich gesundheitlicher Gefahren im Zusammenhang mit dem beabsichtigten 5G-Netzausbau.« Ohne dafür einen einzigen Beleg vorzuweisen, behauptete der parlamentarische Staatssekretär im Bundesministerium für Umwelt, Naturschutz und nukleare Sicherheit, Florian Pronold (SPD), man verfüge über ein »sehr gesichertes, wissenschaftliches Umfeld.« Außerdem könne er »gesundheitliche Gefahren, soweit man das wissenschaftlich mit absoluter Sicherheit sagen kann, ausschließen.«

Auf diese unhaltbare Aussage hin verwies der Petent Eduard Meßmer auf die in etlichen Studien nachgewiesenen gesundheitlichen Gefahren durch Mobilfunk-EMF. Die von 5G zu befürchtenden Wirkungen umfassen ein »erhöhtes Krebsrisiko, zellulären Stress, einen Anstieg gesundheitlicher freier Radikale, unkalkulierbare genetische Veränderungen, Änderungen der Strukturen und Funktionen im Reproduktivsystem, Defizite beim Lernen und Erinnern, neurologische Störungen und negative Auswirkungen auf das allgemeine Wohlbefinden.« Folglich fordert die Petition die Aussetzung der Vergabe von 5G-Mobilfunklizenzen sowie die Unterbindung der Einführung des 5G-Mobilfunkstandards, »solange wissenschaftlich begründete Zweifel über die Unbedenklichkeit dieser Technologie bestehen.« Außerdem müsse die Forschung nach 5G-Alternativen gestärkt werden. Die Einführung der 5G-Technik finde ohne vorherige Folgenabschätzung statt. Während in die 5G-Technologie »reichlich Forschungsgelder gesteckt« werden, investiere man sehr wenig »in die Fragestellung nach dem Schutz der Menschen.«

Massives Unterstützungsfeuer erhält Petent Meßmer von Wilfried Kühling, dem Vorsitzenden des Wissenschaftlichen Beirats beim Bund für Umwelt- und Naturschutz. Dieser ortet mangels operationalisierter Vorsorge ein »juristisches Defizit«, das in der Missachtung des Grundgesetzes (der deutschen »Verfassung«) gipfelt. Schließlich werde der gemäß Artikel 20a angeordnete staatliche Schutz der natürlichen Lebensgrundlagen nicht ausreichend wahrgenommen. Zudem wird deutlich auf den längst in Tierversuchen erbrachten Nachweis der **tumorverstärkenden** Wirkung der Mobilfunkstrahlung hingewiesen. Zuletzt verweist Kühling auf das Vorsorgeprinzip, wenn er fordert, man solle »nicht auf das Vorhandene mit 5G noch etwas aufsetzen, bis die Unbedenklichkeit nicht nachgewiesen ist.«

Bei seiner spärlichen »Entgegnung« beschränkte sich der besagte Regierungsvertreter auf die bereits bestehenden Grenzwerte für Mobilfunkfrequenzen, die angeblich laufend »wissenschaftlich untersucht« werden. Zuletzt gestand er jedoch die Existenz wissenschaftlicher Lücken. Dieses pseudo-demokratische Schauspiel verdient es, im Original nachgelesen zu werden.[417]

Vor diesem Hintergrund führt man sich am besten den von 70 Ärzten aus Baden-Württemberg unterfertigen offenen Brief an den dortigen Ministerpräsidenten Winfried Kretschmann zu Gemüte. In diesem lautet es unter deutlicher Anführung einer Quellenangabe: »Zahlreiche Studien haben deutliche Hinweise auf die **krebsfördernde** Wirkung von Mobilfunkstrahlung ergeben.« Des Weiteren erklärt der Ärztearbeitskreis den generellen Zusammenhang zwischen EMF und »unspezifischen Symptomen wie Kopfschmerzen, Schlafstörungen, Tinnitus, Konzentrationsschwierigkeiten, Nervosität, Herzrhythmusstörungen, Burnout etc.« Dabei handelt es sich nicht um Hypochondrie (Krankheitseinbildung). Die wissenschaftlich erfassten Beschwerden sind auf eine tatsächliche Elektrohypersensibiltät zurückzuführen, die nicht selten in mobilfunkarmen Gegenden gelindert wird. Weil die anlässlich der 5G-Ausrollung zu erwartende Verschlimmerung der Symptome von etwa **fünf bis zehn Prozent** elektrohypersensiblen Deutschen nur durch die Verminderung des Elektrosmogs verhindert werden kann, fordern besagte Ärzte ein 5G-Moratorium. Um das erforderliche medizinische Verständnis zu schaffen, wird der baden-württembergische Ministerpräsident höflich um ein persönliches Gespräch ersucht, wobei man als erste Übersicht höchstvorsorglich eine leicht verständliche audio-visuelle Präsentation der Fakten über die Gefährlichkeit des Elektrosmogs in Form einer TV-Dokumentation von *Arte* anbietet.[418]

Der diesbezügliche Hyperlink wurde unübersehbar angebracht.[419] Ebenso markant ist der im Format A1 gedruckte offene Brief, den die mehr als 20-köpfige Ärztedelegation am 23. 10. 2019 vor dem Amtssitz des Ministerpräsidenten nebst riesiger Unterschriftenliste überreichte. Die Initiatorin Dr. Cornelia Mästle wies zudem auf das Faktum hin, dass die Mobilfunkstrahlung bereits seit 2011 als »möglicherweise krebserregend« eingestuft wird. Mehr noch: »Die tumorpromovierende, also wachstumsfördernde Wirkung auf Krebsgeschwüre durch Mobilfunkstrahlung gilt als **gesichert**, wie das Bundesamt für Strahlenschutz auch durch eigene Studien belegt hat.« Weiterer Forschungsbedarf ist eindeutig gegeben, Präventionsstrategien zum Schutz der Bevölkerung sind dringend erforderlich. Folglich ist dem Moratorium Folge zu leisten. Auch laut Dr. Jörg Schmid sind die wissenschaftlichen Hinweise auf das durch Mobilfunk- und WLAN-Strahlung erhöhte Krebsrisiko »klar und deutlich.« Es folgt der korrekte Hinweis auf die prägnante Forderung des EMF-Expertenausschusses der **WHO** vom April 2019, aufgrund aktuellster Studienergebnisse über die EMF-Gefährlichkeit die Höherstufung in »wahrscheinlich krebserregend« oder gar »**krebserregend**« vorzunehmen. WLAN-freie Schulen und das 5G-Moratorium seien zum Schutz der Bevölkerung dringend erforderlich.[420]

Gelesen haben sollte man auch jene zusammenfassende Studie eines Forschers der Universität von Michigan vom November 2019, die über eine »um **80 Prozent** erhöhte Prävalenz (Häufigkeit) von Nebenwirkungen wie neurologische Verhaltenssymptome oder **Krebs** in Populationen« berichtet, die weniger als 500 Meter von Mobilfunk-Basisstationen entfernt leben. Es gibt eine große und wachsende Zahl von Beweisen dafür, dass die physische Nähe zu Basisstationen für Mobiltelefone etliche negative Auswirkungen auf die menschliche Gesundheit hat, insbesondere »neuropsychiatrische Beschwerden wie Kopfschmerzen, Konzentrationsschwierigkeiten, Gedächtnisveränderungen, Schwindel, Zittern, depressive Symptome, Müdigkeit und Schlafstörungen, erhöhte Inzidenz von Krebs.« Folglich sollen Mobilfunkstationen horizontal mindestens 500 Meter und in der Höhe 50 Meter von der Bevölkerung entfernt sein.[421]

Aus der erwiesenen Gesundheitsschädigung der Bevölkerung durch sogar weniger intensive Strahlung von weiter entfernten Masten (als bei 5G) ergibt sich, dass die erdgebundene Abdeckung mit 5G mittels Millionen von Antennen, die etwa alle 100 Meter und zudem in niedriger Höhe (Bushaltestellen, Laternenmasten etc.) angebracht werden, strikt und ausnahmslos zu verbieten ist.

Dasselbe Verbotserfordernis leitet sich auch aus der Zusammenfassung jener offiziellen Studie vom Januar 2020 über die Hochfrequenzstrahlung von Mobiltelefonen in den Netzen 2G und 3G ab, die im Auftrag des US-amerikanischen Gesundheitsamts für sage und schreibe 30 Millionen US-Dollar durchgeführt wurde. Sogar in diesen – im Verhältnis zu 5G schwachen – Netzwerken gab es bei den Versuchstieren (männlichen Ratten) deutliche Hinweise auf **bösartige Tumore** im Herzen sowie einige Hinweise auf bösartige Tumore im Gehirn und auf Tumore in den Nebennieren. Aus verständlichen Gründen wird den Mobiltelefonnutzern von amtlicher Seite angeraten, den Lautsprechermodus oder ein Headset zu benutzen, »um mehr Abstand zwischen Ihrem Kopf und dem Mobiltelefon zu schaffen. Reduzieren Sie den Zeitaufwand für Ihr Mobiltelefon.«[422]

Ein wichtiges Bindeglied zwischen den durch EMF verursachten Tumoren und DNA-Schäden einerseits und dem ebenfalls vielfach genannten oxidativen Stress andererseits scheinen die vom schweizerischen Molekularbiologen Prof. Dr. Marco Ruggiero studierten Mikrobiome (»Microbiota«) zu sein. Auf diesen basiert das **Immunsystem,** und sie bilden eine Art drittes Gehirn.[423] Denn im Gehirn sind Mikrobiome essentiell für die Entwicklung und Funktion aller Organe im körperlichen System des Menschen. Laut Professor Ruggiero zerstört die 5G-Strahlung die Mikrobiome und damit auch das Gehirn: »Mit 5G töten wir unser Gehirn, das ist überhaupt nicht klug.«[424]

Entgegen den evidenten Fakten setzte man sich nahezu weltweit über jene internationale Beschwerde an UNO, WHO, EU und nationale Regierungen hinweg, in der Ende 2019 rund 200.000 Wissenschafter, Ärzte, Umweltorganisationen und Bürger aus aller Welt die dringende Einstellung des drahtlosen 5G-Netzwerks einschließlich Weltraumsatelliten forderten. Mit Stichtag 28. 06. 2020 haben knapp **300.000** Experten und besorgte Bürger mit ihrer Unterschrift ihre korrekte Rechtsansicht kundgetan: »Der Einsatz von 5G ist ein Experiment an der Menschheit und der Umwelt, was durch internationales Recht als **Verbrechen** definiert wird.«[425]

5G-Waffentechnik

Dass die entgegen jeder Vernunft und Wissenschaft begonnene Ausrollung von 5G tatsächlich ein Verbrechen und die wohl größte Gefahr für die Menschheit darstellt, hängt unter anderem mit der Nutzung einer ursprünglich **militärischen** Technik zusammen. Vermutlich werden die nachfolgenden Ausführungen einige Leser verstören. Mir ging es genauso, als ich zum ersten Mal damit konfrontiert war, obwohl das Analysieren ungeheuerlicher Zusammenhänge mein Steckenpferd ist. Wenn jemand entgegen der Faktenbasis die waffentechnischen Grundlagen von 5G nicht wahrhaben will, tut das im Endergebnis nichts zur Sache. Denn auch ohne die Berücksichtigung dieses Kapitels ist die Schädlichkeit der EMF für den Menschen hinlänglich bewiesen. Der Mehrwert nachfolgender Ausführungen hängt mit jenen perfiden Plänen zusammen, die längst veröffentlicht sind und im vierten Kapitel dieses Buchs behandelt werden.

Die unverkennbare Parallele zwischen 5G und moderner Fernlenkwaffentechnik wurde im Mai 2018 vor der **UNO**, und damit von der Weltöffentlichkeit und den Regierungen direkt wahrnehmbar, von der langjährigen Mitarbeiterin Claire Edwards in aller Deutlichkeit ausgesprochen. Zuerst klärte Edwards den sich ahnungslos gebenden Generalsekretär unter Berufung auf den schwedischen Professor Dr. Olle Johansson darüber auf, dass die 5G-Strahlung um eine Quintillion (Zahl mit 30 Nullen) höher ist als die natürliche Strahlung. Sodann wies sie ausdrücklich auf die Existenz tausender Studien hin, die seit 1932 die hohe Gefährlichkeit der EMF belegen. Man steuere auf eine globale Gesundheitskatastrophe zu. Deshalb forderte die UNO-Mitarbeiterin den Generalsekretär nicht nur auf der Grundlage des Vorsorgeprinzips zur Entfernung aller EMF-emittierenden Geräte und zum Stopp der 5G-Einführung an UN-Dienststellen auf, sondern erklärte dies auch ausdrücklich damit, dass 5G »darauf ausgelegt ist, eine konzentrierte und fokussierte elektromagnetische Strahlung zu liefern, die mehr als das 100-fache des Strompegels beträgt, genauso wie es wie **gerichtete Energiewaffen** tun.«[426]

Die Richtigkeit dieser Feststellung wird von jenen israelischen Studien bestätigt, die unter Leitung des Physikprofessors Dr. Yuri Feldmann erstellt und im Zuge einer dreitätigen internationalen Konferenz im Januar 2017 präsentiert wurden.[427] Renommierte Mitarbeiter der Hebräischen Universität in Israel hatten herausgefunden, dass 5G **dieselben** elektromagnetischen Frequenzen benutzt, die auch für **Massenkontrollwaffen** verwendet werden. Mit Crowd Control Weapons werden unerwünschte Menschenansammlungen aufgelöst, indem hochfrequente Strahlen direkt auf Menschen gerichtet werden, worauf sie ein unerträgliches Brennen empfinden und fluchtartig das Weite suchen. Ein Faktenblatt über Funktion und Wirkungsweise dieses zum nicht tödlichen Waffenprogramm zählenden Systems mit dem Namen »Active Denial Technology« (aktive Verweigerungstechnologie) kann jederzeit auf der Homepage des US-Verteidigungsministeriums abgerufen werden.[428]

Exakt dieselben Frequenzen, die für Massenkontrollwaffen eingesetzt werden, »bilden die Grundlage des neuesten Netzwerks – bezeichnet als 5G –, das mehr als 50 Milliarden Geräte als Teil des Internets der Dinge miteinander verbinden wird.« Laut besagten israelischen Forschungen belasten Funkfrequenzen im Millimeter- und Submillimeterbereich direkt die menschliche Haut und die Augen.[429] Dr. Paul Ben-Ishai vom Institut für Physik der Hebräischen Universität erklärt in allen Details die direkte Interaktion dieser Wellen mit der Haut, insbesondere den Schweißdrüsen.[430] Den Millimeterwellen ausgesetzte Schweißkanäle verhalten sich wie eine Reihe von **Helix-Antennen** (wendelförmige Antennen). Zu den auf sie einwirkenden EMF-Wellen erklärt die Präsidentin des Environmental Health Trust Dr. Devra Davis: »Die meisten Menschen wissen nicht, dass diese Wellen mehrere Milliarden Mal pro Sekunde zyklieren. 75 GHz sind in der Tat **75.000.000.000 Zyklen pro Sekunde**.« Demzufolge handelt es sich beim 5G-Internet der Dinge um ein »riesiges unkontrolliertes Experiment an der menschlichen Bevölkerung.« Damals schon (2017) lebten vor allem die Bewohner der Region Washington sowie 100 chinesischer Städte »in einem riesigen experimentellen Millimeterwellen-Netzwerk, dem sie nicht zugestimmt haben«, aber das obendrein mit ihren Steuern finanziert wird.[431]

Die Kernaussagen der Konferenz, insbesondere Warnungen vor der Einführung einer 5G-Technik, die Millimeterwellen nutzt, wurden zeitnah auch auf Deutsch veröffentlicht.[432] Auf die israelischen Studien und andere Experten bezugnehmend, warnte Prof. Dr. Werner Thiede bereits 2018, dass die intensivere, kurzwelligere und »härtere« 5G-Strahlung in ihrer Wirkung einer Strahlenwaffe ähnle und auch selbst eine »hochwirksame Strahlenwaffe« sei.[433]

Kommen wir kurz zu den als Helix-Antennen arbeitenden Schweißdrüsen zurück. Auch die DNA fungiert in elektromagnetischen Feldern als Antenne. Dass unsere Erbgutträger **fraktale Antennen** sind, ist das Ergebnis einer Studie der physiologischen Abteilung der Universität von Columbia aus dem Jahr 2011. Bei der Überprüfung von EMF-bedingten DNA-Schäden haben besonders sorgfältige US-amerikanische Wissenschaftler auch die »Antenneneigenschaften wie die elektronische Leitung innerhalb der DNA und ihre kompakte Struktur im Kern berücksichtigt.« Sogar im extrem niedrigen Frequenzspektrum (Radio) treten EMF-Wechselwirkungen mit der DNA auf. Diese, d.h. die DNA, besitzt nämlich beide strukturellen Merkmale fraktaler Antennen: »elektronische Leitung und Selbstsymmetrie.« Weil diese Eigenschaften »zu einer größeren Reaktivität der DNA mit EMF in der Umwelt beitragen«, könnte der DNA-Schaden »für eine Zunahme der Krebsepidemiologie« verantwortlich sein.[434] Demnach hatte man bereits im Jahr 2011 eine plausible Erklärung für den Anstieg der Krebserkrankungen.

Vereinfacht gesagt, ist der Mensch eine riesige Antenne, die mit EMF interagiert und deren schädliche Wirkungen in den Körper lässt.

Wegen ihrer Eigenschaft als fraktale Antennen besteht für Prof. Dr. Marco Ruggiero nicht der geringste Zweifel, dass die Erbgutträger Funkwellen senden, empfangen und verarbeiten – und dass die neuen 5G-Türme mit ihrer extrem hohen Signaldichte die Übermittlung biologischer Signale in unserer DNA stören.[435] Hier schließt sich also der Kreis zur Zerstörung der Mikrobiome durch die 5G-Strahlung.

Den praktischen Bezug zwischen dem als EMF-Antenne funktionierenden Menschen und den israelischen Studien über die Parallele zwischen 5G und Strahlenwaffen erbringt Dr. Barrie Trower, ein Experte für Mikrowellenwaffen der britischen Kriegsflotte (Royal Navy): Mikrowellen sind perfekt getarnte Waffen, die längst **erfolgreich** eingesetzt wurden, zum Beispiel zur Crowd Control gegen Demonstranten in Greenham und gegen Katholiken in Nordirland. Die relativ geringe »Dosis« von 5G sei insofern gefährlicher und mache sie zur perfekten Waffe für Regierungen, als die Opfer den Beschuss nicht unmittelbar wahrnehmen und infolgedessen langsam, aber sicher neurologisch geschädigt und krebskrank gemacht werden können.[436] Auch der wissenschaftliche Leiter der New Earth University Thomas Joseph Brown führt aus, dass ein Teil der von 5G beanspruchten Frequenzen den aktiven Frequenzen jener Waffensysteme entspricht, die gegen Menschenmengen eingesetzt werden. Die Frequenz von 60 GHz schränkt die Sauerstoffaufnahme ein und gefährdet unser Lebenserhaltungssystem.[437]

Die Gefährlichkeit des auch von Prof. Dr. Martin Pall kritisierten hochfrequenten und außerordentlich stark gepulsten 5G-Systems sieht Mark Steele, ein britischer Experte für militärische Waffensysteme, in der Nutzung just jener phasengesteuerter Gruppenantennen, die das Militär zur Erfassung feindlicher Ziele und deren Bekämpfung mit Fernlenkwaffen verwendet. Mit diesem nun auch im Zivilbereich eingesetzten »Schlachtfeldradar« bzw. **Zielerfassungssystem** kann jeder Mensch identifiziert und überwacht oder angegriffen werden. Laut Steele, der begreiflicherweise ein vehementer Anti-5G-Aktivist ist, sind die oberhalb der LED-Straßenbeleuchtung montierten 5G-Antennen in ihrer Verdichtung zwar als Kontrollsystem getarnt, stellen aber de facto Waffensysteme für das Schlachtfeld dar. Das hochoffiziell benutzte Kürzel SMART stehe für »Secret Militarized Armaments in Residential Technology«, also für eine geheime militarisierte Rüstung in der Wohntechnologie. Durch die kommerzielle Nutzung elektronischer Geräte holt sich der ahnungslose Bürger die militärische Zielerfassungstechnik bis in die eigenen vier Wände.[438]

Dass die 5G-Technologie auch künftig »von herausragender militärischer Bedeutung« sein wird, erklärt der ehemalige Offizier der italienischen Streitkräfte Marco Pizzuti: »In Zukunft wird sie zur Steuerung von intelligenten Waffensystemen genutzt werden.« Aus militärischer Sicht ist 5G »eine absolut unverzichtbare Technologie.« Die mit enormer Geschwindigkeit ablaufende weltweite Abdeckung mit 5G komme einem »neuen atomaren Wettlauf« gleich, zumal es sich keine Großmacht leisten könne, ihre neuen intelligenten Waffen nicht mit der Künstlichen Intelligenz zu verbinden. Diese werde ebenso wie ein starkes Frequenzband benötigt, um »Ziele mit **höchster Präzision** zu treffen.« Letztlich ist 5G jenes Mittel, das die Künstliche Intelligenz zum militärischen und geopolitischen Herrn machen kann. In das Internet der Dinge werde schließlich auch der Mensch derart intensiv eingebunden, dass sich für denjenigen, der das Netzwerk kontrolliert und verwaltet, ein Potenzial eröffnet, das George Orwells Vision von einer vollkontrollierten Welt (»1984«) verblassen lässt.[439]

Nicht gerade wenige Experten nehmen an, unter dem Deckmantel der angeblich nützlichen Digitalisierung der Welt werde eine moderne Megawaffe, die sowohl überwachen als auch die Gesundheit schädigen und Leben auslöschen kann, in Position gebracht. Gegen das Volk. Weltweit. Zu den 5G-kritischen Experten, die das so beurteilen, zählt zum Beispiel die an der Universität von Oxford ausgebildete Hochenergiephysikerin Dr. Katherine Horton. Bevor sie der 5G-Ausrolling den Informationskrieg erklärte, hatte die hochkarätige Teilchenphysikerin am Electronsynchrotron DESY in Hamburg und am Large Hadron Collider gearbeitet, dem gigantischen unterirdischen Teilchenbeschleuniger am CERN in Genf. Als Opfer westlicher Geheimdienste leitet Dr. Horton nunmehr das von ihr gegründete US-europäische Untersuchungsteam für gerichtete Energiewaffen, militärische Neuro-Biotechnologie und systemische Korruption. Das Ziel dieser Vereinigung ist, »den Opfern zu helfen und einen globalen Völkermord zu stoppen.«[440]

Gemäß der Expertise von Katherine Horton ist das 5G-System ohne jeden Zweifel ein »System **direkt gerichteter Energiewaffen**« (DEW), also »Waffen der Massenvernichtung«. Bei den EMF-Waffen handelt es sich um die »schlimmsten Waffen der Massenzerstörung«. Als Produkte einer boomenden Industrie funktionieren sie geheim, versteckt und präzise. Sie arbeiten leise und tödlich. Und im Gegensatz zum herkömmlichen Maschinengewehr (MG) sind sie immer von selbst geladen. Das Waffensystem 5G ist »non-stopp pulsierend«. Es wird in der Öffentlichkeit ausgerollt und im Zivilbereich eingesetzt. Als Instrument der Massenauslöschung »tötet es bereits jetzt.« Weil die 5G-Abstrahlung auf jede Distanz nahezu dieselben

Werte erzielt, bringt Abstandhalten keinen Schutz. Menschen werden auch dann durch EMF-Pulse »MG-isiert«, wenn sie selbst nicht Telefonieren.[441]

Zur Veranschaulichung ihrer Ausführungen zieht Dr. Horton unter anderem die PowerPoint-Präsentation »The road to 5G« des Hightech-Unternehmens Rohde & Schwarz aus dem Jahr 2016 sowie ein Werbevideo für die »RADWIN 5000 Jet Beamforming Technology« aus demselben Jahr heran. Zu den Geschäftsfeldern von Rohde & Schwarz zählen Kommunikations-, Aufklärungs- und Sicherheitsprodukte vor allem im **militärischen** Bereich.[442] Die besagte Präsentation veranschaulicht die scharf fokussierten, ellipsenförmigen **Pulsstrahlenkeulen** des 5G-Systems.[443] Und das RADWIN-Reklamevideo verdeutlicht, wie mit der Technik der **Strahlenformung** (Beamforming) verschiedene Antennen kombiniert ausgelastet werden, um gepulste Strahlen zu erzeugen. Dadurch werden ultimative Netzwerkkapazitäten, höchste Spektrum-Effizienz, extrem hohe Reichweiten und exzellente Störungsimmunität erzielt.[444] Anhand dieser detaillierten offiziellen Darstellungen erläutert die Hochenergiephysikerin Dr. Katherine Horton, dass es sich beim 5G-System um »das Adverb für Genozid« handelt.[445]

In diesem Kontext bringen einige die sogenannten Chemtrails ins Spiel. Seit vielen Jahren sprühen angeblich spezielle Flugzeuge winzige Metallpartikel ab, mit denen wir regelmäßig überzogen werden, sodass sie auf und in den Körper gelangen und einen phosphoreszierenden Schein erzeugen. Hierdurch könne man über 5G mit bestimmten Ortungssystemen jeden Menschen überall aufstöbern, auch in Gebäuden.[446] Exakt so beurteilt es zum Beispiel Waffenexperte Mark Steele.[447] Diese Theorie ist meiner Einschätzung nach um einiges plausibler als die vielfach verbreitete Idee, Chemtrails seien von Flugzeugen abgesprühte Chemikalien, mit denen die ganze Menschheit vergiftet werden soll. Dieses Ziel ließe sich viel einfacher, diskreter und effizienter erreichen. Bitte um Verständnis, dass diese Gedanken hier nicht näher ausgeführt werden.

Für die Richtigkeit der Theorie von den abgesprühten Metallpartikeln spricht, dass dies tatsächlich in regelmäßigen Abständen militärisch stattfindet, wenngleich in einem anderen Zusammenhang und in geringeren Mengen: Haardünne mit **Aluminium** beschichtete Glasfasern, sogenannte Düppel, werden von den Flugzeugen der Luftwaffe als Täuschmittel (englisch Chaff) in Mengen von jeweils ca. 200 Kilogramm ausgestoßen. Die dadurch entstehenden Düppelwolken dienen der Abwehr radarunterstützter Bedrohungen. Laut einer offiziellen Auskunft der deutschen Bundesregierung wurden in den Jahren 2004 bis 2008 bei militärischen Übungen jeweils (pro Übung) bis zu 2.500 Kilogramm ausgebracht.[448] Auch im Weltraum werden regelmäßig Substanzen ausgestoßen. Laut der US-Weltraumbehörde NASA werden die Strömungen ionisierter und neutraler **Partikel** entweder durch Lumineszenz oder durch Streuung des Sonnenlichts sichtbar gemacht. Dafür werden Trimethylaluminium (TMA), Lithium und Barium verwendet.[449]

Anscheinend beschäftigt sich die NASA auch mit universell einsetzbaren Waffensystemen, die künftig auf der Erde zum Einsatz kommen sollen. Im Internet kursiert ein 113-seitiges PDF,[450] bei dem es sich anscheinend um einen PowerPoint-Vortrag handelt, der vom Chef-Ingenieur der NASA Dennis M. Bushnell im Juli 2001 erstellt und zwischen 13. und 16. 08. 2001 im Rahmen des Symposiums des Defense Technical Information Center (DTIC) gehalten wurde.[451] Der Titel des Vortrags lautet »Future Strategic Issues/Future Warfare (circa 2025)«. Es geht also um eine strategische Vorschau, wie man sich die Kriegsführung etwa im Jahr 2025 vorzustellen hat. Die programmatische Präsentation suggeriert, dass die beschriebenen Szenarien jedenfalls eintreten werden, denn »die Zukunft ist jetzt!« Es wird ausdrücklich betont, dass der Vortrag in allen Fällen auf bereits existierenden Daten, Trends, Analysen und Technologien beruht. Auf Slide 43 werden **Mikrostaubwaffen** (»Micro Dust Weaponry«) genannt. Dabei handelt es sich um mechanisierten Staub, der sich in das Lungengewebe bohrt, um diverse »pathologische Missionen« auszuführen. Diese völlig »neue« (Apostrophierung durch den Ersteller) Klasse von Waffen sei legal. In der sehr langen Aufzählung verschiedenster heimtückischer Hightech-Waffen sticht folgender Satz hervor: »**Strahlwaffen** werden immer häufiger eingesetzt.«[452]

Für die Echtheit des Dokuments sprechen mehrere Faktoren. Zum einen haben Form und Inhalt einen Grad der Professionalität, wie man ihn tatsächlich von einem wissenschaftlichen Leiter einer Behörde wie der NASA erwarten würde. Zum anderen sind Name und Funktion des ausgewiesenen Vortragerstellers identisch mit dem wirklichen Chef-Wissenschaftler der NASA in Langley: Dennis M. Bushnell.[453] Sollte es sich um eine Fälschung handeln, ist sie sehr gut gelungen. Denn inhaltlich besteht weitest gehende Übereinstimmung mit den längst veröffentlichten größenwahnsinnigen Plänen anglo-amerikanischer Globalisten, auf die wir im vierten Kapitel über die Zukunftsvorschau 2030 zu sprechen kommen.

Bezüglich 5G und Strahlenwaffen werden die Angaben der genannten Experten von einigen meiner Offizierskameraden, darunter Generalstabsoffiziere sowie Truppenoffiziere der Luftstreitkräfte, dahingehend bestätigt, dass das vom militärischen Zielerfassungssystem genutzte Frequenzspektrum neuerdings auch 5G stützt. Bei einer entsprechenden Netzdichte (Masten pro Flächeneinheit) und Leistungsdichte (überlappender Abdeckung) sowie dem Zugriff auf die Frequenzbänder sei eine militärische Nutzung von 5G – beispielsweise zur punktgenauen Zielerfassung und Bekämpfung mit Fernlenkwaffen – grundsätzlich möglich. Die Funktionsweise wird am Beispiel der nicht radargestützten Präzisionslandung eines Flugzeugs verständlich. War GPS (Global Positioning System) früher ein sekundäres Ortungssystem, sind heute Landungen auf Flugplätzen ohne bodengestütztes Radar Standard. Je mehr Satelliten verfügbar sind und je mehr 5G-Sendemasten als Referenzstationen dienen, desto genauer kann ein Flugzeug das Ziel anfliegen. Dasselbe differentielle Prinzip, das unter dem Namen D-GPS (Differential Global Positioning System) bekannt ist, kommt auch beim Einsatz von Fernlenkwaffen zum Tragen.

Bezüglich des Zugriffs auf diverse Frequenzbänder war bereits 2002 ein zivilmilitärisches Frequenzabkommen mit der NATO vorgesehen. Das diesbezügliche NATO-Dokument ordnet die Frequenzen 1.215 bis 1.350 MHz (Megahertz) der »Funklokalisierung« (Ortung) und der »Funknavigation« inklusive Satellitenbetrieb zu. Die militärische Nutzung wird wie folgt definiert: »1. grundlegende militärische Anforderungen für Luftverteidigungs- und Fernwarnradare, 2. militärische Anforderungen für NAVSTAR GPS.«[454] Letzteres, also NAVSTAR GPS, ist die offizielle Bezeichnung für GPS. Entsprechend dem besagten NATO-Dokument ordnet im Jahr 2017 die ECA-Tabelle, das ist die Europäische Tabelle der Frequenzzuordnungen und -anwendungen im Frequenzbereich 8,3 kHz bis 3000 GHz, die Frequenzen 1.215 bis 1.350 MHz vorwiegend GPS, ziviler und militärischer Funklokalisierung, militärischen Satellitensystemen sowie generell den Systemen der Satellitennavigation zu.[455] Falls noch kein (geheimes) Abkommen für die anlassbezogene oder generelle Freischaltung ziviler Frequenzen für die militärische Nutzung besteht, wäre dies wahrscheinlich ohne allzu großen Aufwand zu bewerkstelligen. Es ist nicht nur die gleichartige Technik, die zivile und militärische Interessen verweben, sondern auch das bereits 2016 definierte Ziel der lückenlosen 5G-Abdeckung bis »in jede Ecke«. Dafür werden zehntausende Satelliten benötigt (siehe unten).

Den von Claire Edwards vor der UNO angeprangerten erhöhten Strahlungswerten ging Mark Steele sehr konkret nach, indem er Messungen in jenen Bereichen vornahm, in denen britische Kinder seit der Implementierung von 5G erstmals und regelmäßig unter Nasenbluten leiden. An den Antennen oberhalb der Straßenbeleuchtung war die Strahlung mit über 3.000 Millivolt mehr als sechsmal höher als die offiziell erlaubten 600 Millivolt, jene in den Schlafzimmern von mindestens 4.000 Millivolt betrug mehr als das 20-fache vom erlaubten Wert (200 Millivolt).[456] Meiner Beurteilung nach sind die Ausführungen der genannten Experten stringent und plausibel. Sie passen perfekt zu den israelischen Studien und ins Gesamtbild der zehntausendfach wissenschaftlich nachgewiesenen Gesundheitsschädlichkeit künstlicher EMF-Strahlung.

Die für die Ausrollung Verantwortlichen haben sich allem Anschein nach strafbar gemacht. Strafbarkeit setzt die subjektive Vorwerfbarkeit voraus, also ein Verschulden. Dieses liegt jedenfalls vor, wenn direkt vorgelegte Beweise missachtet werden.

Ignorieren direkt vorgelegter Studien

Eine der bedeutendsten Studien zur Gefährlichkeit von EMF für Mensch und Tier wurde vom **EU-Parlament** bereits im März 2001 veröffentlicht. Sie ist sowohl inhaltlich als auch formal betrachtet außerordentlich wichtig. Einerseits stellt die von der Abteilung für Physik der Universität von Warwick (Großbritannien) gemeinsam mit dem in Deutschland ansässigen Internationalen Institut für Biophysik erstellte Expertise schon damals inhaltlich zusammenfassend fest:

> *»Gegenwärtig ist der vom Menschen verursachte ›Elektrosmog‹ eine wesentliche Bedrohung für die öffentliche Gesundheit. Diese nicht ionisierende elektromagnetische Verschmutzung technischen Ursprungs ist insofern besonders heimtückisch, als sie sich der Erkennbarkeit unserer Sinne entzieht – ein Umstand, der eine eher sorglose Herangehensweise in Bezug auf den eigenen Schutz fördert.«*[457]

Andererseits weisen die internationalen Experten ausdrücklich auf die formale und juristisch besonders bedeutsame Tatsache hin, »dass **bereits verfügbare Hinweise** darauf, dass die Technologie möglicherweise nicht gerade sicher ist, sowohl von der Industrie als auch von nationalen und internationalen Kontrollbehörden beflissen **ignoriert** wurden und werden.« Dass die Besorgnis der Öffentlichkeit begründet ist, wird mitunter darauf zurückgeführt, dass bezüglich Mobiltelefone und deren Basisstationen die »Sicherheitsrichtlinien elektronischen Instrumenten mehr Schutz bieten als dem Menschen!« Das Eigentum der Mobilfunkbetreiber wird demnach besser geschützt als die durch sie gefährdete Bevölkerung. Deren Skepsis wird zudem von »Forschungen« genährt, die von der Mobilfunkindustrie finanziell unterstützt werden, um »ihre Resultate tatsächlich zu ändern und ›**marktfreundlicher**‹ zu machen«, weil deren Ergebnisse sonst »der Marktentwicklung schaden könnten.«

Eine sehr vorsichtige Umschreibung für Urkundenfälschung, Betrug und Körperverletzung. Es werden von der WHO betriebene Versuche dargestellt, Russland und China dahingehend zu beeinflussen, ihre besseren Sicherheitsstandards auf das viel niedrigere westliche Niveau herabzusenken. Die hundertmal strengeren Belastungsrichtlinien Russlands werden ausdrücklich auf die dortige erstmalige »Entdeckung frequenzspezifischer Empfindlichkeit lebender Organismen gegenüber Mikrowellenstrahlung ultrageringer Intensität vor mehr als 30 Jahren« in Verbindung gebracht.[458]

Damit haben die bereits erwähnten russischen Studien der 1970er Jahre über die schädlichen Wirkungen der Millimeterwellen auf den Organismus im Jahr 2001 offiziell Einzug in das kollektive Gedächtnis des Europäischen Parlaments gefunden. Gegenständliche Studie ist daher ein Zeitdokument von enormer Tragweite.

Schließlich wird auch offengelegt, dass der mangelnde Konsens unter Fachleuten unerklärlich ist, zumal ja viele übereinstimmende Berichte über gesundheitsschädigende Wirkungen der Mobilfunk-EMF vorliegen. Der unstrittige Mangel an Konsens spricht für sich allein schon deutlich gegen die Bewilligung des Mobilfunks. Denn läge er bei einem neuen Medikament oder Lebensmittel in gleicher Stärke vor, dürfte »es **niemals zugelassen** werden.«[459] Berichtet wird über »ernstlich geschädigtes Vieh auf Höfen in der Nähe von Basisstationen«, menschliche Gesundheitsprobleme in Verbindung mit einigen derartigen Sendern sowie konsistente Indizienbeweise über schädliche EMF-Einflüsse bzw. biologische Effekte sogar noch in Entfernungen von 150 bis 200 Metern zu typischerweise 15 Meter hohen Masten. Folglich stellen derartige Basisstationen in der Nähe von Häusern, Schulen und Krankenhäusern eine permanente und unausweichliche Belastung für die dort lebenden Menschen dar. Aus Sicht der Fachleute liegt ein »völlig inakzeptabler Sachstand« vor. Weil das Vorhandensein kommunikationstechnologischer EMF die Gehirnwellen und die Durchlässigkeit der Blut-Hirn-Schranke beeinflussen sowie Gehirntumore und epileptische Anfälle auslösen kann, wird auf die »Irrationalität der gegenwärtigen Situation« und auf die »Realität gesundheitsschädigender Auswirkungen« hingewiesen, zu denen »ein verstärktes Auftreten einer seltenen Art von Gehirntumor« zählt.[460] Eltern und Lehrer sollten sich folgende Empfehlung zu Herzen nehmen: »Notfälle ausgenommen, wird von der länger andauernden Benutzung von Mobiltelefonen durch Kinder – besonders vor der Pubertät – wegen ihrer erhöhten Anfälligkeit für potenzielle gesundheitsschädliche Wirkungen dringend abgeraten.«[461] Im Hinblick darauf, dass zwar die Schwere der beschriebenen schädlichen Effekte »mit der Stärke (Intensität) der fraglichen Felder zunimmt«,[462] aber seit 2001 sowohl die Dichte des Ausbaus mit Sendemasten als auch das Spektrum der Frequenzen erheblich gesteigert wurden, ist umso befremdlicher, dass »die Gesundheitsproblematik in Zusammenhang mit elektromagnetischen Feldern« gemäß dem gleichlautenden Amtsblatt der Europäischen Union vom April 2009 offiziell noch immer keiner Lösung zugeführt worden war. Das Europäische Parlament bedauerte die seit 2006 expressis verbis **systematisch verzögerte** Veröffentlichung der Schlussfolgerungen der internationalen epidemiologischen Studie Interphone, »deren Ziel es ist zu untersuchen, ob eine Beziehung zwischen der Benutzung von Mobiltelefonen und bestimmten **Krebsarten**, darunter insbesondere Tumore des Gehirns, des Hörnervs und der Ohrspeicheldrüse, besteht.«[463]

Es werden also nicht nur bereits vorhandene und vorgelegte Studien ignoriert und marktfreundlich gefälscht, man sabotiert auch die Erstellung und Vorlage neuer Studien. Über Manipulationsversuche seitens industrieller Auftraggeber berichtet ganz konkret Dr. Jerry Phillips von der Universität von Colorado im Februar 2016. Als die universitäre Studie zu ersten unbequemen Ergebnissen kam, versuchte Auftraggeber Motorola, dem strikt wissenschaftlich arbeitenden Dr. Phillips Formulierung und Inhalt der relevanten Aussagen zu diktieren. Weil er sich nicht beugte, wurde Jerry Phillips bedrängt, seine Expertise nicht zu veröffentlichen.[464]

Ein Übermaß an extremkapitalistischer Dreistigkeit stellt die Besetzung des Postens des Vorsitzenden der US-amerikanischen Bundesbehörde für Kommunikationswesen FCC (Federal Communications Commission) ausgerechnet mit einem der stärksten und am längsten gedienten Zugpferde der Telekommunikationslobby dar: 2013 wurde Tom Wheeler von Präsident Obama zum Chef jener Behörde ernannt, welche eigentlich den Auftrag hat, die von Wheeler vertretene Branche zu kontrollieren. Norm Alster von der Universität von Harvard[465] spricht daher ausdrücklich von der Übernahme der FCC von jener Industrie, die sie regulieren soll.[466] Das ist in etwa so, als würde man den Chef-Lobbyisten der Tabakindustrie zum Gesundheitsminister bestellen oder einen Tiger zum Schafshirten. Brutalster Missbrauch vorprogrammiert.

In konsequenter Überspitzung dieser rechtsstaatlichen Unvereinbarkeit erklärte der zum Gärtner gemachte Bock (Wheeler) bei einer Pressekonferenz am 20. 06. 2016, dass 5G das »Internet von allem« werde, in dem Hunderte von Milliarden von Mikrochips von der Pillendose bis zum Rasensprenger miteinander verbunden werden, wozu eine massive Verteilung von Sendern erforderlich sei, um die ausdrücklich so bezeichnete »5G-Revolution« von der Weltführungsmacht USA nicht nur in die Städte, sondern »in jede Ecke« zu bringen. Allerdings gab Wheeler unverblümt zu, dass man nicht auf staatliche Richtlinien warte, sondern einfach sofort loslege: »Wir werden **nicht** darauf warten, dass die Standards zuerst im manchmal mühsamen Standardisierungsprozess oder in einer von der Regierung geführten Aktivität entwickelt werden.«[467] Diese klare Aussage ist keinesfalls nur in der Hitze des Erklärungsgefechts aus Wheeler herausgesprudelt, denn sie ist exakt so in seiner schriftlichen Redevorbereitung abgedruckt.[468] Nach meinem Dafürhalten ist Wheeler ein Psychopath im klinisch-medizinischen Sinne. Wenn man ihm vor dem Hintergrund der zehntausendfach belegten Gesundheitsschädlichkeit der EMF-Strahlung beim irrationalen Schwärmen über Milliarden von vernetzten Mikrochips in die starren Augen blickt,[469] kann man sich Tom sehr gut in der Gummizelle vorstellen, gleich neben jenen von Antonella und Bill.

Als weiterer Zellennachbar kommt Larry Kudlow in die nähere Auswahl, der Direktor des US-amerikanischen Bundesumweltrates. Als solcher gab er zwar beim 5G-Gipfel im Weißen Haus Ende September 2018 vor führenden Vertretern der Wirtschaft, der FCC, des Senats und der Presse offen zu, dass oft er von Dingen spreche, von denen er keine Ahnung habe. So auch im Falle 5G. Dennoch erklärte Kudlow im selben Atemzug, dass man 5G so schnell wie möglich flottmachen müsse, damit Amerika Nummer eins ist. Dann berief er sich auf den österreichischen Ökonom Joseph Schumpeter, den angeblich miserablen Finanzminister nach dem Ersten Weltkrieg, um die »Stürme der **kreativen Zerstörung**« zu entfesseln: Man müsse einfach loslegen, das Alte einreißen, damit es durch das Neue ersetzt werden kann. Die Schlacht auf dem freien Markt werde bestimmt gewonnen. Bundesstaaten und Städten dürfe es nicht erlaubt werden, Hindernisse in den Weg zu stellen. Im Bedarfsfall müsse man eben den zehnten Zusatzartikel zur Verfassung, der verfassungsmäßig nicht geregelte Befugnisse den Staaten bzw. dem Volk überlässt, einfach »überschreiben«.[470] Für diesen Herren, der eigentlich für den Schutz der Umwelt zuständig ist, haben die Interessen der Industrie ganz offensichtlich unbedingten Vorrang vor dem Recht und dem Wohl der Bevölkerung.

Nachdem einige Mediziner, darunter Dr. Sharon Goldberg, Dr. Angie Colnbeck und Dr. Paul Héroux, im Herbst 2018 vor dem **US-Senat** dargelegt hatten, dass EMF-Strahlung für etliche Gesundheitsschädigungen wie insbesondere Krebs, die Zerstörung der menschlichen Fruchtbarkeit und die Beeinträchtigung des Erbguts (DNA) verantwortlich ist und dies durch tausende Studien belegt ist, wurde auf dezidierte Anfrage des Senators und Juristen Dr. Richard Blumenthal im Februar 2019 eine inakzeptable »schwere Nachlässigkeit der FCC« durch das simple Faktum festgestellt, dass von dieser Behörde kein einziger Cent für eine unabhängige

Studie über die Auswirkungen der Mobilfunktechnik auf die Biologie und Gesundheit ausgegeben wurde. Diese nachgewiesene Unverantwortlichkeit gegenüber der Bevölkerung gestanden zwei hochrangige Vertreter der Telekomindustrie auf die explizite Nachfrage von Senator Blumenthal: »Das heißt, die Antwort auf meine Frage, wie viel Geld sie in Untersuchungen finanziert haben, ist **null**?« Darauf Mr. Gillen von der Telekombranche: »Ich kann Ihnen nur beipflichten, Senator! Es gibt meines Wissens zu diesem Thema **keine** Studien der Industrie.« Auch sonst konnte keiner der angesprochenen Branchenvertreter eine Studie nennen: »Nein, ich bin mir keiner bewusst«, sagte Mr. Berry. Darüber sichtlich betroffen, brachte Senator Richard Blumenthal die Situation we folgt auf den Punkt:

»Das heißt, wir fliegen blind, was Gesundheit betrifft!«[471]

Trotz der dichten Vernetzung anglo-amerikanischer und europäischer Mobilfunklobbiesten konnte die im Auftrag des ITRE-Ausschusses des **EU-Parlaments** von Dr. Colin Blackman und Dr. Simon Forge im April 2019 erstellte Tiefenanalyse über den Status quo der 5G-Einführung in Europa, den USA und Asien nicht unterdrückt werden. Im Abschnitt über elektromagnetische 5G-Strahlung und Sicherheit wird die generelle Gefährlichkeit der 5G-Strahlung sowohl für sich allein als auch im Verbund mit anderen Strahlungen herausgestellt, wie sie insbesondere im urbanen Raum auftreten: »Es gibt **erhebliche Bedenken** hinsichtlich der möglichen Auswirkungen auf Gesundheit und Sicherheit, die sich aus einer möglicherweise viel höheren Exposition gegenüber hochfrequenter elektromagnetischer Strahlung aufgrund von 5G ergeben.« Besagte erhöhte Exposition könne »nicht nur auf die Verwendung viel höherer Frequenzen in 5G zurückzuführen sein, sondern auch auf das Potenzial für die Aggregation verschiedener Signale, ihre dynamische Natur und die komplexen Interferenzeffekte, die insbesondere in dichten städtischen Gebieten auftreten können.« Die daraus konsequent abgeleitete erste Empfehlung lautet: »Langfristige Technologieforschung ist unerlässlich.«[472]

Aufgrund besagter Studie hat seit April 2019 nicht nur das EU-Parlament, sondern auch jeder einzelne Mitgliedsstaat der EU objektive Kenntnis über die potenzielle Gefährlichkeit von 5G für Mensch und Umwelt sowie darüber, dass jedenfalls Langzeitforschungen nötig sind, bevor man überhaupt an die flächendeckende 5G-Implementierung auch nur zu denken wagt.

In Österreich lag unmittelbar vor der Verhängung des surrealen COVID-19-Lockdowns ein unumstößlicher Beweis für das Wissen der Regierung und des

Nationalrates über die Gefährlichkeit elektromagnetischer Felder inklusive 5G für die menschliche Gesundheit vor. Im offiziellen Auftrag des **Parlaments** unterzog die Österreichische Akademie der Wissenschaften (ÖAW) zusammen mit dem Institut für Technikfolgen-Abschätzung (ITA) und dem Österreichischen Institut für Technologie (AIT) ab 01. 08. 2019 insgesamt **24 Studien** von **15 anerkannten** wissenschaftlichen Gremien einer zusammenfassenden Auswertung, um den aktuellen Evidenzstand zu potenziellen Gesundheitsrisiken von Mobilfunk-EMF möglichst korrekt einzuschätzen. Es wurden ausdrücklich nur die vorhandenen einschlägigen Dokumente ausgewertet; eine eigenständige Auswertung fand nicht statt. Dem Endbericht vom Januar 2020 zufolge sind im Bereich der 5G-Millimeterwellen jedenfalls Schädigungen der Augen und der Haut möglich. »Darüber hinaus gibt es begründete Wirkhypothesen in Bezug auf kleine und sehr kleine Organismen (Insekten, Pilze und Bakterien).«[473]

Schon bei geringen Feldstärken reagieren Pflanzen »sehr empfindlich mit oxidativem Stress und veränderter Genexpression«, lautet der alarmierende Befund einer vom rumänischen Ministerium für Forschung und Innovation finanzierten Studie vom 06. 02. 2020. Alle Testergebnisse zeigen, »dass die bestrahlten Pflanzen während ihrer langfristigen Exposition gegenüber der spezifischen EM-Strahlung **signifikante morphologische Veränderungen** erlitten haben.«[474] Dass Bakterien durch die Einwirkung von Millimeterwellen **resistent** gegen Antibiotika werden können, geht schon aus einer mikrobiologischen Studie aus 2016 hervor.[475] In Anbetracht des Wissens der Regierungen, dass alljährlich Hunderttausende Menschen durch Krankenhauskeime und antibiotikaresistente Supererreger ums Leben kommen, ist der Ausbau des 5G-Netzes faktisch Mord, und zwar Massenmord.

An dieser Stelle halten wir fest, dass der Mensch durch EMF nicht nur direkt gefährdet ist, sondern auch indirekt über die Verstrahlung der Umwelt und die dadurch beeinträchtigte Nahrungskette. Wenn sich der Mensch schon nicht um Umwelt und Tiere schert, wird er sich dann wenigstens um sein eigenes Wohlergehen durch den Erhalt seiner Lebensgrundlagen kümmern?

Zurück zum ÖAW-Endbericht. Aufgrund erheblicher Wissenslücken hinsichtlich EMF und 5G wurde von allen Gremien einstimmig ein Forschungsbedarf festgestellt. Übereinstimmung besteht auch darüber, »dass sich die **reale Expositionssituation** der Bevölkerung durch die zunehmende Allgegenwart elektronischer Geräte (vom Babyphone über Kinderspielzeug bis hin zu Mobiltelefonen, Smart Metern, selbst-fahrenden Autos und Internet-of-Things) mit unterschiedlichsten Strahlungsimmissionen aus einer Vielzahl von Quellen weiter kompliziert und (zumindest in Hinblick auf Allgegenwart und Dauer) **verschärft.**« Übereingekommen wird auch betreffend »der allgemeinen Notwendigkeit vorsorgender Maßnahmen und verbesserter Risikokommunikation.«[476]

Außerdem wies die ÖAW auf jene Klassifikation der elektromagnetischen Felder des Mobilfunks als »möglicherweise **karzinogen**« (krebserzeugend) hin, die bereits 2011 von der Internationalen Agentur für Krebsforschung IARC vorgenommen worden war.[477] Der tabellarischen Zusammenschau der Aussagen aller 15 Gremien zu den EMF-Wirkungen auf die Gesundheit des Menschen ist zu entnehmen, dass der Effekt **Krebs** von vier Gremien ausreichend und von zwei Gremien limitiert nachgewiesen wurde. Hinsichtlich nachteiliger Wirkungen auf die **Reproduktion** und Entwicklung liegt dreimal ausreichender und einmal limitierter Nachweis vor. Elektrosensibilität und Beeinträchtigungen des Schlafs sind vier Mal ausreichend und einmal limitiert nachgewiesen. Von allen neun nachteiligen Effekten werden **acht** von mindestens einem Gremium ausreichend nachgewiesen (siehe Abb. 26). Die von anerkannten wissenschaftlichen Gremien erbrachten Beweise – wir sprechen hier immerhin von **sechs Nachweisen** allein bei **Krebs** (4+2) – müssten jede gewissenhafte Regierung zum sofortigen Stopp des 5G-Ausbaus veranlassen. Der gegenständliche ÖAW-Endbericht wurde am 06. 03. 2020, also in der Woche vor der ersten COVID-19-Gesetzgebung und dem Lockdown, auf der Homepage des Parlaments veröffentlicht. Die in alarmroten Lettern gehaltene Überschrift lautet: »Studie zu Gesundheitsrisiken von 5G verweist auf fehlenden Konsens der Risikobewertung und weiteren Forschungsbedarf.«[479] Nach dem abschließenden Hinweis, dass die gewonnenen Erkenntnisse »nun im Ausschuss für Forschung, Innovation und Digitalisierung mit der zuständigen Ministerin beraten werden« können, befindet sich der Hyperlink zum vollständigen Endbericht, einer Kurzfassung und anderen einschlägigen Dokumenten.[480]

Der Staat hat also laut seiner eigenen Dokumentation Kenntnis – unabhängig davon, ob der Endbericht von Entscheidungsträgern gelesen wurde oder nicht. Objektive Kenntnis ist gegeben. Ein Radargeblitzter kann sich auch nicht auf das Nichtlesen des mit Rückscheinbrief zugestellten Bußgeldbescheids berufen. Objektiv gesehen, hat er Kenntnis erlangt. Das gilt natürlich umso mehr für die »Selbstzustellung« in Form des Online-Stellens relevanter Dokumente auf eine staatliche Internetseite. Dieser Vorgang ist das stärkste Beweismittel überhaupt.

Bevor man sich jedoch unter Regierungsbeteiligung an die parlamentarische Arbeit machen konnte, kam »leider« COVID-19 dazwischen, eine leichte Grippe, die man »zufällig« falsch als Killerseuche eingestuft hat. Und wie es der »Zufall« will,

Organisationstyp*	SSK	SCENIHR	ICNIRP	IARC	DKFZ	Bioinitiative	WHO	LUBW & LfU	BfS	Kompetenzinitiative	IZMF	Ecolog	Diagnose Funk	BUND
	W	W	W	W	W	W	S	S	S	Z	Z	Z	Z	Z
Krebs	1	1	1	3	2	4	1	2	1	4	2	4	4	2
Kardiovaskuläre Effekte	2	1	2				1				1			3
Neurodegeneration		1								3	1	3	4	3
Reproduktion/Entwicklung	1	1	1			4	1		1	4			4	
EEG	1	2	1			4	1		1		2			
Kognition	1	1	1			4			1		1			
Hormone/Stress		1				4	1	1	1		1	2	2	3
Elektrosensibilität/Schlaf	1	1	1				1		1		1		4	3
Blut-Hirn-Schranke						3							4	

Quelle: Eigene Darstellung nach Dürrenberger und Höög (2016, S. 5)
Legende: * W .... Wissenschaft, S .... Staatliche Organisation, Z .... Zivilgesellschaft

	Keine Aussage
1	Kein gesundheitlicher Effekt nachgewiesen
2	Effekt ist inadäquat nachgewiesen
3	Effekt ist limitiert nachgewiesen
4	Effekt ist ausreichend nachgewiesen

Abb. 26 (Quelle: ARGE »ITA-AIT-Parlament«, 01/2020)[478]

verhinderten die medizinisch absolut nutzlosen und sogar schädlichen bzw. kontraindizierten (gegenangezeigten) Corona-Maßnahmen die parlamentarische Befassung mit der EMF-Gefahr für Leib und Leben der Bevölkerung. Dass diese den rasanten 5G-Ausbau kaum wahrnehmen und noch weniger dagegen protestieren konnte, ist dem »zufällig« absurden Wegsperren der gesunden Mehrheit geschuldet. Aus purem »Zufall« passen das Übergehen des Volks und des Parlaments sowie das Durchpeitschen von 5G exakt in das von der Kanzler-Chefberaterin gestrickte Konzept der Teildiktatur und in jenes der zwangsweisen Digitalisierung. Die »Zufälle« häufen sich, finden Sie nicht auch? Willkommen im Testlauf der digitalen Diktatur!

Eine um die Gesundheit der Bevölkerung bemühte Regierung sollte auf jeden Fall nicht nur den Endbericht der ÖAW, sondern auch das ebenfalls im Parlament aufliegende Statement des Präsidenten der Österreichischen und der Wiener Ärztekammer Universitätsprofessor Dr. Thomas Szekeres vom 04. 11. 2019 gelesen und verinnerlicht haben: »Führende Wissenschaften kamen zu dem Schluss, dass hochfrequente elektromagnetische Strahlung für den Menschen als **eindeutiges Karzinogen** (Gruppe 1) einzustufen ist. In der Medizin beobachten wir aber auch zunehmend die Folgen durch falsches Nutzungsverhalten, wie beispielsweise Sucht, Verhaltensstörungen oder Erhöhung der Unfallgefahr durch Ablenkung.«[481] Mit der Einstufung als eindeutig krebserregend stimmt die abschließende Bewertung zahlreicher Expertisen seitens der Ärztekammer Wien in ihrem 165 Seiten umfassenden Dokument vom 14. 02. 2020 überein. Darin wird klargestellt, dass sogar das gegenüber 5G relativ harmlose 2G »möglicherweise krebserregend« für den Menschen ist. Generell fungiert der Mobilfunk als »**hochsignifikanter tumorfördernder** Co-Faktor.« Anderslautende offizielle Sprachregelungen der Regierungen und Medien sind als »Täuschungsmanöver« insbesondere gegenüber Unwissenden auszulegen.[482]

Am selben Tag wies Dr. Szekers bei einer Veranstaltung mit dem Titel »Zukunftsinfrastruktur 5G: Vom digitalen Traum zur Wirklichkeit« auf die erwiesene Gesundheitsschädlichkeit des Vorhabens und darauf hin, dass bereits mehrere Gerichtsurteile vorlagen, welche »die Gesundheitsschäden durch Mobilfunkstrahlung unmissverständlich anerkennen.« Außerdem forderte der Ärztekammerchef »von unseren Politikern daher entsprechend des Prinzips der Vorsorge eine genauere Überprüfung der 5G-Technologie.«[483] Somit wurde die Regierung ein weiteres Mal zur Ordnung gerufen.

Aus demselben Grund ist eine Gruppe deutscher Ärzte mit offenem Brief vom 06. 04. 2020 an die deutsche Bundeskanzlerin herangetreten. Die am 16. 04. 2020 aktualisierte Expertise nimmt auf etliche Studien industrie-unabhängiger Fachleute

Bezug und bringt die »überall vorhandene Dauerbelastung durch Mobilfunk« mit folgenden Auswirkungen in Verbindung, die sich allesamt auf das menschliche Immunsystem **schädlich** auswirken: Schlafstörungen, Erschöpfungszustände, Kopfschmerzen, Gedächtnisdefizite, Lern- und Verhaltensstörungen, kognitive Beeinträchtigungen, Depressionen, oxidativer Stress aufgrund erhöhter Produktion freier Radikale, Veränderung des Herzrhythmus, Herz-Kreislauf-Erkrankungen, Veränderung des Stoffwechsels, Veränderung der Gen-Expression, Veränderung der Entwicklung der Stammzellen, Entstehung von Krebs, DNA-Schäden und so weiter.[484]

Dermaßen starke Negativwirkungen auf die Gesundheit inkludieren – zumindest bei schwer Vorerkrankten – höchstwahrscheinlich auch schwere Lungenschäden bis hin zum qualvollen Lungenversagen. Schon 1982 hatte man bei Ratten, die Mikrowellen mit hohen Leistungsdichten ausgesetzt waren, »ein vermehrtes Größenwachstum bei transplantierten Lungensarkomzellen« festgestellt. Darauf weisen die vom deutschen Bundesministerium für Umwelt, Naturschutz und Reaktionssicherheit gemeinsam mit dem Bundesamt für Strahlenschutz übersetzten »Richtlinien für die Begrenzung der Exposition durch zeitlich veränderliche elektrische, magnetische und elektromagnetische Felder (bis 300 GHz)« aus dem Jahr 1998 hin. Diesen zufolge zählen zu den indirekten Effekten elektromagnetischer Felder insbesondere auch **Atemprobleme**.[485]

Die erwähnte Augsburger Studie über Obduktionen von mehrfach komorbid vorerkrankten »COVID-19-Fällen« enthält Bilder von unappetitlich verändertem Lungengewebe, das wie eine extrem abgelatschte und teils durchlöcherte Lederschuhsohle aussieht.[486] Die medizinische Beschreibung der **massiven Lungenschäden** lautet: »Mikroskopisch sichtbare ausgedehnte Fibrosierung (Vernarbung) des Lungengewebes und Zerstörung der Lungenbläschenstruktur (Alveolarstruktur) mit eingestreuten Entzündungszellen (Lymphozyten) bei COVID-19-Obduktion.« Zum Ableben der tödlich vorerkrankten Hochbetagten führte jeweils »die massiv beeinträchtigte Sauerstoffaufnahme der Lungen.«[487]

Was einen längeren Prozess des Erstickens vermuten lässt, wird exakt so vom New Yorker Notarzt Dr. Cameron Kyle-Sidell beschrieben und als eine Art Höhenkrankheit bezeichnet. COVID-19 sei nicht die offiziell beschriebene Lungenkrankheit. Man behandle eindeutig die falsche Krankheit. Kyle-Sidell nimmt seine Patienten wie die Passagiere eines in ca. 10.000 Metern (30.000 Fuß) Höhe fliegenden Flugzeugs wahr, die bei langsam abnehmenden Kabinendruck qualvoll ersticken. Dieses Ersticken vergleicht er mit einer Überforderung der Lunge, die eintritt, wenn man einen Menschen unvorbereitet und ohne Sauerstoffflasche auf den Gipfel des Mount Everest stellen würde.[488] Es sieht ganz danach aus, dass schwerkranke Angehörige der COVID-19-Risikogruppen letztlich aufgrund von hochfrequenter EMF-Strahlung keine Luft mehr bekommen und dabei elendiglich zugrundegehen.

Wie Dr. Dietrich Klinghardt berichtet, starben just in jenem Vorort von Seattle besonders viele Menschen offiziell mit/an COVID-19, in dem seit September 2019 flächendeckend 5G-Technologie installiert wurde. Dieser Stadtteil heißt Kirkland und ist einer der fünf am dichtesten mit 5G ausgebauten Gebiete in den ganzen USA. Die Verstorbenen waren allesamt Bewohner des im Zentrum des 5G-Feldes befindlichen Altersheims von Kirkland. Sie wurden in das vollständig mit 5G bestückte Evergreen Spital gebracht, in dem Dietrich Klinghardt Dienst versieht. Als sachkundiger Augenzeuge vor Ort braucht Dr. Klinghardt kein weiteres Beweismaterial dafür, dass es eine Verbindung zwischen der relativ hohen Anzahl an »COVID-19«-Toten und 5G gibt.[489]

Einen weiteren handfesten Hinweis für den Konnex zwischen sogenannten Corona-Toten und 5G liefert eine in der Medizinischen Bibliothek der USA veröffentlichte Studie, der zufolge »5G-Millimeterwellen von dermatologischen Zellen absorbiert werden können, die wie **Antennen** wirken, auf andere Zellen übertragen werden und die Hauptrolle bei der Produktion von Corona-Viren in biologischen Zellen spielen.« Die detaillierte Begründung lautet, dass die aus geladenen Elektronen und Atomen bestehende DNA verschiedenförmige Induktoren aufweist, die »mit externen **elektromagnetischen Wellen** interagieren, sich [dadurch] bewegen und innerhalb der Zellen einige zusätzliche Wellen erzeugen.« Diese durch die Interaktion mit externen elektromagnetischen Wellen entstandenen neuen Wellen haben ihrerseits Formen, die denen der »hexagonalen und fünfeckigen Basen ihrer DNA-Quelle« ähneln. Besagte Wellen löchern die Flüssigkeiten im Kern. Zwecks Füllung dieser Löcher »werden einige **zusätzliche** sechseckige und fünfeckige Basen hergestellt«, die sich miteinander verbinden und **virusähnliche** Strukturen bilden, die mit dem Corona-Virus vergleichbar sind. Damit diese Viren überhaupt in der Zelle erzeugt werden können, muss die Länge der externen Wellen jedenfalls kürzer als die Zellgröße sein. Auf diese Weise »könnten 5G-Millimeterwellen gute Kandidaten für die Anwendung beim Aufbau virusähnlicher Strukturen wie Corona-Viren (COVID-19) in Zellen sein.«[490]

Offensichtlich löst die 5G-Strahlung im menschlichen Körper Prozesse aus, im Rahmen welcher jene Substanzen erzeugt werden, die von einigen Forschern für das Virus SARS-CoV-2 gehalten werden und daher auch als dieses in den veröffentlichten Statistiken aufscheinen. Doch diese Zuordnung ist allem Anschein nach falsch.

Meiner Beurteilung nach handelt es sich bei den von der 5G-Strahlung indirekt verursachten Substanzen nicht um Corona-ähnliche Viren, sondern um jene genetischen Entgiftungsspuren, die auch Exosomen (Peroxisomen) genannt werden. Sie scheinen für die Entgiftung durch **oxidative** Prozesse verantwortlich zu sein.

Meine Hypothese begründe ich wie folgt:

Generell werden auch bei grundsätzlich gesunden Menschen durch Mobilfunk-EMF sogar niedriger Intensität Körperzellen oxidativ gestresst bzw. beschädigt und vergiftet, worauf das Immunsystem mit der (versuchten) Entgiftung reagiert. Aufgrund der oxidativen Überlastung der zellulären Reparatur- und Entgiftungsfunktion werden jene genetischen Moleküle beschädigt, die als **Exosomen** ausgeschüttet werden. Deren genetische Bestandteile (RNA/DNA) werden aufgrund der hohen genetischen Sequenzdichte des Corona-PCR-Tests zwar korrekt als »genetischer Abfall« gelesen, in der offiziellen Statistik jedoch zu Unrecht als COVID-19 eingetragen.

Dasselbe könnte auch für alle anderen das Immunsystem schwächenden Faktoren – wie etwa Umweltverschmutzung und Angststress – gelten, sodass die sogenannte Krankheit COVID-19 überhaupt nichts mit einem Virus zu tun haben, sondern in Wahrheit nichts anderes sein könnte als ein Sammelbegriff für alle erdenklichen **Entgiftungsspuren** (Exosomen). Dazu passt die wissenschaftliche Evidenz, dass das sogenannte Virus SARS-CoV-2 weder von der offiziell »infizierten« noch von der offiziell »erkrankten« Mutter auf ihr ungeborenes Kind übertragen wird.

Die Theorie von COVID-19 als Sammelbegriff für Exosomen wird auch von der bereits erwähnten Annahme gestützt, dass die regelmäßig von Babys gebildeten Antikörper eine Abwehrreaktion auf eindringende Entgiftungsspuren der Mutter sind. Für Exosomen sprechen zudem das eher geringe virale Übertragungsrisiko, die eher niedrigen Reproduktionszahlen und die auffällig niedrige Sterberate. Exosomen erklären auch, warum die allermeisten, wahrscheinlich sogar sämtliche »Corona«-Patienten an ihren tödlichen Vorerkrankungen gestorben sind. Hierbei scheint vielen chronisch und komorbid Vorerkrankten die 5G-Strahlung den letzten Nagel in den Sarg getrieben zu haben. Wenn meine Hypothese richtig ist, dann sind die elektromagnetischen Wellen im Kontext von 5G zumindest teilweise die **Ursache**

> **Hypothese**
>
> von »COVID-19«. Diese aufgrund der bekannten Fakten mit sehr hoher Wahrscheinlichkeit korrekte Hypothese ist so lange gültig, bis sie von Experten widerlegt wird. Es ist jedoch viel eher davon auszugehen, dass sie verifiziert wird, vielleicht sogar experimentell nachgewiesen.

Die vorhin erwähnte Gruppe deutscher Ärzte macht jedenfalls den Zusammenhang zwischen »den stark von Erkrankungen betroffenen Gebieten« – namentlich in Wuhan (China), in Südkorea, in norditalienischen Großstädten und in New York – und der dort bereits erfolgten Einführung von 5G sichtbar.[491] Da besagter offener Brief direkt an Dr. Angela Merkel gerichtet ist, war nachweislich, synchron zu Österreich, auch die deutsche Regierung in Kenntnis der Schädlichkeit der EMF-Strahlung inklusive 5G-Millimeterwellen.

Werfen Sie bitte einen weiteren Blick auf obiges Diagramm über die COVID-19-Sterbezahlen (Abb. 24). Bezüglich aller Länder mit überdurchschnittlich hoher Corona-Sterblichkeit hat der an der Universität von Barcelona beschäftigte Mikrobiologe Dr. Bartomeu Payeras i Cifre Mitte April 2020 eine vergleichende Studie über den evidenten Konnex zum Ausbau des 5G-Netzes veröffentlicht: Die neun Länder mit den höchsten Ansteckungsraten weltweit verfügen in den relevanten Regionen faktisch über ein sehr gut ausgebautes **5G-Netzwerk**. Die mathematische Wahrscheinlichkeit dafür, dass kein Zusammenhang besteht, ist 1 zu 680 Millionen[492] und geht damit gegen Null. Mit anderen Worten: Die Wahrscheinlichkeit für einen Konnex zwischen dem fortgeschrittenen 5G-Ausbau und erhöhter COVID-19-Sterblichkeit beträgt 680 Millionen zu 1, also fast **100 Prozent**.

Abschließende Bewertung

> **Bewertung**
>
> Die abschließende rechtliche Beurteilung lautet: Im Verbund mit der gezeigten statistischen Eindeutigkeit verdichten sich die einschlägigen Studien über die gesundheitsschädigenden Wirkungen der EMF und die praktisch eruierten Todeszahlen zu einer soliden Beweiskette, die sowohl die mitunter tödliche Gefährlichkeit von 5G als auch das deutlich indizierte Verschulden der Entscheidungsträger offenlegen. Diese hätten die unzähligen Warnungen unabhängiger Wissenschaftler ernstnehmen und die 5G-Implementierung **verbieten** respektive unterlassen müssen. Da der 5G-Ausbau trotz bes-

seren Wissens zügig durchgepeitscht wurde und weiterhin wird, ist mit dem **Ansteigen** der 5G-bedingten Krankheits- und Todesfälle zu rechnen. Diese werden höchstwahrscheinlich weiterhin fälschlich den offiziellen Corona-Statistiken zugerechnet. Dadurch wird der Bevölkerung die Schädlichkeit von 5G nicht bewusst, während das Trugbild der COVID-19-Gefährlichkeit verstärkt wird.

Es besteht der dringende Verdacht, dass das von Dr. Joseph Mercola so benannte »größte Gesundheitsexperiment aller Zeiten« eine zumindest bedingt vorsätzliche Schädigung der als ahnungslose Versuchsmasse missbrauchten Bevölkerung inkludiert. Allem Anschein nach handelt es sich um einen

gezielten Angriff auf die Bevölkerung.

Dass ein solcher vorliegt und höchste Politiker aller Couleurs von Beginn an genau darüber Bescheid wussten, beweist zum Beispiel die veröffentlichte Aussage des »grünen« Ministerpräsidenten von Baden-Württemberg Winfried Kretschmann im Juli 2018: »Und was die flächendeckende Versorgung mit 5G betrifft, will ich nicht verschweigen, dass dabei auch auf die Bevölkerung noch **einiges** zukommen wird. Denn klar ist: wir werden dafür **wesentlich** mehr Sendemasten benötigen als heute.«[493] Diese klaren Worte aus dem Munde eines Mitglieds der angeblich um das Wohl von Mensch, Tier und Natur bemühten »grünen« Partei bedeuten im Konnex mit den der Regierung nachweislich bekannten Studien über die gegenüber der herkömmlichen EMF-Strahlung sogar noch gesteigerten Gefährlichkeit von 5G, dass auf der Grundlage eines breiten parteipolitischen Konsenses – im vollen Wissen und absichtlich – die Bevölkerung, ihre natürlichen Lebensgrundlagen und ihre **physische Reproduktion** (Fortpflanzung) einem Angriff ungeahnten Ausmaßes ausgesetzt werden. Gemäß Dr. Chris Cleverly vom Internationalen Tribunal für natürliches Recht ist es zweifelsfrei passiert, dass die Verantwortlichen

»Wissenschaft und Innovation dazu benutzen,
unser Recht zu leben zu gefährden!«

Dem ist ebenso zuzustimmen wie dem abschließenden Statement des Friedensaktivisten Sacha Stone in seinem Film »5G Apokalypse«, dass wir uns mit absoluter Sicherheit im Endspurt des Auslöschungsereignisses (extinction event) befinden.[494] Ein derartiger Genozid entspricht der mehrfach artikulierten Zielsetzung von Bill Gates, die Weltbevölkerung zu reduzieren. Zu ergänzen ist noch, dass die bereits in die Wege geleitete Ausrottung verhindern werden muss und hoffentlich wird!

Aus strategisch-analytischer Sicht ist festzustellen, dass die auch bei COVID-19 gezeigte Ignoranz gegenüber der Wissenschaft und die Skrupellosigkeit bei der Durchsetzung der rechtswidrigen Corona-Maßnahmen zu folgender logischer Schlussfolgerung hinführen: Die sogenannte Pandemie ist in Wahrheit ein konzertiertes Cover-Up (Vertuschung) im Sinne einer **verdeckten Operation.** Mit dieser soll – der rechtlich gebotenen Vorsorgepflicht, den umfangreichen wissenschaftlichen Studien und dem bis dahin geleisteten bürgerlichen Widerstand zum Trotz – die Ausrollung von 5G nunmehr so durchgepeitscht werden, dass sie von der im Hausarrest befindlichen und mit weiteren skurrilen Maßnahmen abgelenkten Bevölkerung weder wahrgenommen noch bekämpft werden kann. Auch dieses Faktum erhärtet den dringenden Verdacht, dass es sich bei COVID-19 um eine **psychologische Kriegsführung** und insgesamt um einen modernen hybriden Krieg gegen die Bevölkerung mit unkonventionellen Waffen handelt. Dass diese hybride (vermischte) Kriegsführung auch **biologische Waffen** umfasst, zeigen im Blitzverfahren hergestellte genetische COVID-Impfstoffe, welche einerseits mit Sicherheit das menschliche Immunsystem schädigen und andererseits höchstwahrscheinlich auch unfruchtbar machen (siehe das Kapitel über den bereits angekündigten Impfzwang). Der damit verbundene Primärzweck ist anscheinend die von Bill Gates und seinen Gesinnungsgenossen ersehnte Dezimierung der Weltbevölkerung. Ein weiterer Zweck könnte, wie im vierten Kapitel erklärt wird, die Etablierung eines globalen **kollektivistischen Zwangssystems** zur Beherrschung der restlichen Weltbevölkerung sein.

Die naheliegendste Erklärung für die relativ höhere COVID-19-Sterberate in gewissen Ländern wird wohl letztendlich eine Mischung aller bisher genannten Einflussfaktoren sein – **vor allem 5G**, aber auch HCQ und Krankenhauskeime. Freilich könnte unter dem Mantel der Corona-Krise in gewissen Regionen absichtlich eine tödlichere Virusversion (Biowaffe) losgelassen worden sein. Dafür liegen jedoch gemäß meinen bisherigen Recherchen keine Anhaltspunkte vor. Was für die Kritiker des schwedischen Modells übrigbleibt, ist der Blick auf die eigene Unzulänglichkeit. Aufgrund falscher Beurteilungen, schädlicher Maßnahmen und potenziell unterdrückter respektive verzögerter Herdenimmunität werden ihre eigenen Länder an der sogenannten zweiten Welle mit hoher Wahrscheinlichkeit viel härter zu kauen haben als das bis dahin vermutlich vollständig herdenimmune Schweden, dessen Strategie problemlos jahrelang fortgeführt werden kann. Dies ist die strikt virologische respektive epidemiologische Betrachtung, die von einer durch ein Virus verursachten Krankheit ausgeht. Wie die obigen Ausführungen über Exosomen und retro-integrierte Virus-DNA nahelegen, wird den weiteren »Wellen« gerade kein verstärkt aktives Virus zugrundliegen, sondern eine höhere Testdichte über tote genetische Entgiftungsspuren nebst hysterischer Überbetonung der weiterhin relativ niedrigen Fallzahlen. Diese könnten tatsächlich etwas steigen, weil während der Lockerung von Lockdowns die Menschen in gewissen Regionen (im Freien) einer höheren EMF-Strahlung ausgesetzt sind als während des Lockdowns in den eigenen vier Wänden. Dass die illegale Massenquarantäne gar nicht nötig war, zeigt das liberale Modell.

J. Liberale und rechtskonforme Masznahmen

Eine im realen Interesse von Volk und Land agierende Regierung hätte im Rahmen der Problemerfassung einen obersten Zweck definiert. Dieser muss, wie gesagt, die Krisenbewältigung bei intakter Gesamtgesellschaft umfassen. Gemäß den bisher beschriebenen evidenzbasierten Beurteilungsgrundlagen hatte – sofern die Regierung tatsächlich an das Vorliegen einer viral ausgelösten Pandemie glaubte – das staatlich definierte Hauptziel wie folgt zu lauten: COVID-19 ist analog zur Grippe zu bewältigen, wobei eine möglichst gleichmäßige Belastung des Gesundheitssystems zu ermöglichen ist (kapazitätsgerechte Krisenbewältigung).

Der Prozess der Entschlussfassung musste zur Erkenntnis führen, dass zur Erreichung des Hauptziels ausschließlich Maßnahmenpakete in Betracht, die sowohl einen ausreichenden Schutz der Risikogruppen sicherstellen als auch die bürgerlichen Freiheitsrechte und die heimische Volkswirtschaft weitestgehend schonen. Diesem als **Verhältnismäßigkeitsprinzip** bezeichneten Grundsatz folgen sowohl das österreichische Epidemiegesetz[495] als auch das bundesdeutsche Infektionsschutzgesetz[496] jedenfalls in der Fassung vor COVID-19. Im Rahmen eines faktenbasierten

Gesundheitsmanagements waren ab Januar 2020 **maximal** jene Maßnahmenbündel medizinisch indiziert und rechtlich geboten, die hier noch einmal angeführt werden:

    I.   **Besonderer Schutz der Risikogruppen**
   II.   **Verbesserung der Krankenhaushygiene**
  III.   **Aufstockung des medizinischen Materials**
  IV.   **Wahrheitsgemäße Information der Bevölkerung**
   V.   **Vorsorge durch sofortigen Stopp der 5G-Ausrollung**
  VI.   **Gewährleistung einer natürlichen Herdenimmunität**

Sowohl die seit Jahrhunderten erfolgreich gepflegte Praxis als auch die Logik und das geltende Recht stehen für den Grundsatz des **eigenverantwortlichen Selbstschutzes**. Dieser besagt, dass sich jeder, der Angst vor Ansteckung hat, selbst und freiwillig schützen soll. Eine Verpflichtung hierzu existiert nicht. Wer sich durch eine Krankheit nicht bedroht fühlt, hat das natürliche Recht, sich frei und uneingeschränkt zu bewegen. Da sogar der besondere Schutz der Risikogruppen auf Freiwilligkeit zu beruhen hat, beeinträchtigt das dargestellte liberale Modell die Freiheiten des Individuums nicht im Geringsten. Grundrechtseingriffe sind nicht erforderlich. Weder gegenüber der gesunden Masse noch gegenüber den Risikogruppen.

Besonderer Schutz der Risikogruppen (I.)

Als Risikogruppen hätte man frühzeitig ausdrücklich sehr alte Menschen (Hochbetagte) und tödlich vorerkrankte Patienten definieren müssen. Die Regierung war **sofort** verpflichtet, zum prophylaktischen Schutz dieser potenziellen Risikopatienten sowohl in deren eigenen vier Wänden als auch in Pflege-, Senioren- und Behindertenheimen sowie deren Betreuungspersonal beizutragen. Zu denken gewesen wäre auch an Obdachlose und Drogensüchtige.

    Unter besonderem Schutz ist keinesfalls ein sinnloses Wegsperren der gesunden Masse der Bevölkerung und auch keine zwangsweise Isolierung der Risikogruppen selbst zu verstehen. Zweiteres wäre maximal für einzelne Angehörige der Risikogruppen erlaubt, wenn sie mit COVID-19 angesteckt sind und eine ernste Gefahr für andere darstellen. Hier geht es aber nicht um den Schutz der anderen, sondern um jenen der Hochbetagten und tödlich Vorerkrankten. Legal sind ausschließlich prophylaktische Maßnahmen zum selbstbestimmten Eigenschutz der potenziellen Risikopatienten und zur Stärkung ihres Immunsystems. Hierbei kommt eine schonende »Isolation« der Risikogruppen in Betracht, die im Sinne des in demokratischen Ländern gepflegten Selbstbestimmungsrechts auf **Freiwilligkeit** und Eigenverantwortung beruhen muss. Niemand darf vom Staat bevormundet werden, ob er sich einer Infektion aussetzt oder nicht.

Zur Wiederholung: Es sind einzig und allein die hochbetagten Risikopatienten zu schützen. Dass sogar ich als Juristin und offenkundige medizinische Laiin bereits im April 2020 auf diese von mir im Mai 2020 veröffentlichte Lösung gekommen bin,[497] ist ein deutlicher Hinweis darauf, dass die Experten der Regierung schon vor Mitte März zum selben Ergebnis hätten kommen müssen. Die Richtigkeit meiner Analyse wird indirekt vom weltweit anerkanntesten Experten für Meta-Forschung bestätigt: Stanford-Professor Dr. John Ioannidis. Seine Studie, die sämtliche COVID-19-Daten weltweit mit Stichtag 01. 05. 2020 auswertet, drückt das absolute Sterberisiko bei COVID-19 »als Äquivalent zum Todesrisiko beim Fahren eines Kraftfahrzeugs« aus und kommt zum Ergebnis, dass Menschen im Alter von unter 65 Jahren ohne komorbide Vorerkrankungen nur 0,7 bis 2,6 Prozent aller COVID-19-Todesfälle ausmachen.[498] Die abschließende Empfehlung lautet daher, dass unabhängig von der gewählten Strategie zur Bekämpfung von COVID-19 in den gegenwärtigen oder zukünftigen sogenannten Epidemie-Wellen

»ein besonderer Schwerpunkt auf den Schutz
sehr alter Menschen gelegt werden sollte.«[499]

Dass die Beschränkung auf den »Schutz der über 65-jährigen Risikopersonen« völlig ausreicht, um der sogenannten Pandemie Herr zu werden, erklärt auch der schon mehrfach zitierte Professor Dr. Beda Stadler, der immerhin Direktor des Instituts für Immunologie an der Universität von Bern war. Außerdem führt Stadler plausibel aus, dass im Altersheim – am selben Ort – neben den Verstorbenen »Pensionäre mit den gleichen Risikofaktoren völlig unbehelligt bleiben«, woraus zu schließen ist, »dass diese eben **immun** waren«. Zudem werde die öffentlich totgeschwiegene Immunität in der Bevölkerung therapeutisch eingesetzt.[500]

Der besondere Schutz der Risikogruppen ist gewährleistet, wenn man sie rechtzeitig **wahrheitsgemäß** informiert bzw. sensibilisiert sowie höchstvorsorglich allgemeine organisatorische und spezielle **gesundheitserhaltende** Vorkehrungen trifft.

Exemplarisch seien genannt: Verbesserung der Hygiene in Alten- und Pflegeheimen und Spitälern, Einteilung homogener Diensträder des medizinischen und betreuenden Personals, optimale und gesundheitsschonende Schutzkleidung für ebendiese, Vorbereitung möglichst schonender Schutzmaßnahmen bei Besuchen (Besucher-Container), reichhaltiges Bewegungsangebot an der frischen Luft auch mit Angehörigen (Abstand) sowie präventive Einnahme der Vitamine C und D. Und so weiter. Sinnvoll ist alles, was das **Immunsystem** erhält und stärkt. Apropos Immunsystem. Nicht zuletzt für den Schutz alter und vorerkrankter Menschen ist jede künstliche **EMF-Strahlung**, die nicht unbedingten erforderlichen medizinischen Zwecken dient, aus den Gesundheitseinrichtungen selbst und in gehöriger Entfernung rundum abzuschirmen oder ganz zu entfernen. Das gilt insbesondere für die 5G-Technologie.

Generell wird sogar von vielen medizinischen Experten das Faktum übersehen, dass der besondere Schutz der Risikogruppen nicht nur zur Zielerreichung geeignet ist, sondern sogar das **ultimative Mittel** zur Verhinderung einer Überlastung des Gesundheitswesens. Wenn nämlich diese Risikogruppen dergestalt aktiv geschützt im Sinne von schonend abgeschirmt werden, dass sie nicht infiziert (Virus-Theorie) oder sonst wie immungeschwächt werden können, ist eine Überstrapazierung des Gesundheitssystems von vornherein ausgeschlossen. Zumindest wegen COVID-19. Folglich gibt es keinen Grund, die Isolation der gesunden Masse auch nur leise in Erwägung zu ziehen.

Ähnlich argumentiert eine von wenigen Ärztinnen, nämlich die deutsche Virologin Prof. Dr. Karin Mölling. Sie war sowohl Direktorin des Instituts für Medizinische Virologie an der Universität Zürich als auch Leiterin der Forschungsgruppe am Max-Planck-Institut für Molekulargenetik in Berlin.[501] Ihrer Expertise zufolge haben sich lediglich Hochbetagte über 80 und Vorerkrankte **selbst**, d.h. aktiv, vom öffentlichen Leben zurückzuziehen und sich etwa beim Einkaufen mittels Masken oder Schals vor der Tröpfcheninfektion zu schützen. Gerade diese Risikogruppen sollten aber auch (bei Abstandswahrung) so oft wie möglich raus in die Natur und unter die Sonne kommen.[502]

Zur Erinnerung: Besagte Risikogruppen waren bereits ab Januar 2020 bekannt. Dass man sie schützen müsste, war den Experten bewusst. Das damalige Mitglied des Expertenstabs des Gesundheitsministeriums Dr. Martin Sprenger hat es bereits zugegeben.[503] Ebenso der Leiter des RKI Prof. Dr. Lothar Wieler, dem auch rechtzeitig bewusst war, dass es sich bei den Risikogruppen grundsätzlich um die bereits in der chinesischen Studie vom 17. 02. 2020 genannten **fünf Prozent** an kritischen

Fällen mit etwaigem künstlichem Beatmungsbedarf handelt.[504] Möchte man besondere Sorgfalt walten lassen, könnte man die ebenfalls aus besagter Studie bekannten 14 Prozent an schweren Fällen dahingehend genauer unter die Lupe nehmen, ob eventuell ein gewisser Anteil zu den Risikogruppen hinzuzuzählen wäre.

Außer Diskussion steht jedenfalls, dass bei COVID-19-Infizierten **81 Prozent** symptomlos oder milde verlaufen, also in 4 von 5 Fällen. Dieses Faktum wird von der Fachwelt einstimmig anerkannt, wie zum Beispiel von Prof. Dr. Lothar Wieler.[505] Wie gesagt, hatte das deutsche Ärzteblatt die besagte chinesische Studie bereits einen Tag nach ihrem Erscheinen (17. 02. 2020) ausgewertet.[506] Besagte Großgruppe besteht gemäß Faustformel aus Menschen unter ca. 70 Jahren ohne aktuelle Vorerkrankungen. Bei diesen 81 Prozent besteht aufgrund der maximal milden Symptomatik **keine** direkte Gefahr für gegebenenfalls knapp werdende medizinische Kapazitäten. Für diese besteht auch **keine** indirekte Gefahr mittels Ansteckung von Risikopatienten, weil diese ja in unserem liberalen Modell abgeschirmt sind.

Maßnahmen II. bis V.

Die von etlichen Ärzten seit vielen Jahren geforderte Verbesserung der Krankenhaushygiene war und ist ebenso überfällig wie die Entfernung des medizinisch unnötigen Elektrosmogs und die Aufstockung des medizinischen Materials in den verantwortungslos kaputtgesparten Spitälern.

Nicht zu viel verlangt ist auch die ehrliche Informierung der Bevölkerung. Erforderlich ist eine vollständige, auf Fakten basierte und daher korrekte Darstellung des Infektionsgeschehens und der daraus abzuleitenden Maßnahmen, die vom Individuum im Rahmen seines Rechts auf Selbstbestimmung freiwillig und eigenverantwortlich wahrgenommen werden. Ein derartiger Informationsfluss ist sowohl im Interesse der Aufrechterhaltung des Gemeinwesens und der Gesundheit, der Menschenwürde und der Demokratie dringend geboten. Wer sich infizieren lassen will, um sein eigenes Immunsystem und letztlich auch das der Gemeinschaft zu stärken, kann und soll es tun. Wer sich keiner Infektion aussetzen will, kann sich auf freiwilliger Basis davor schützen.

Während das deutsche Infektionsschutzgesetz (IfSG) gleich zu Beginn auf »Prävention durch Aufklärung« respektive auf die informativen Möglichkeiten zur Krankheitsverhütung setzt,[507] schweigt sich das österreichische Epidemiegesetz (EpG) dazu aus. Allerdings wird von der WHO ohnehin die ehrliche und möglichst präzise Informierung der Bevölkerung ausdrücklich empfohlen.[508] Besonderes Augenmerk ist auf die Enthängstigung und die Beruhigung der Menschen sowie einen sachlichen, auf Einsicht beruhenden Umgang mit der sogenannten Krise zu legen, um eine von echter Freiwilligkeit getragene **Akzeptanz** der verhängten Maßnahmen zu erzielen. Außerdem sollte der Bevölkerung generell und insbesondere in Krisenzeiten alles empfohlen werden, was das **Immunsystem** eigenverantwortlich stärkt: gesunde Ernährung, ausreichend Schlaf, Sonnenlicht auf nackter Haut, viel Bewegung in der frischen Luft – möglichst oft barfuß –, Sport, weitestgehende EMF-Abstinenz (Verzicht auf Smartphone, WLAN, Computer), regelmäßige Psychohygiene (Meditation), Liebe, Sex, Pflege sonstiger sozialer Kontakte und so weiter.

Gemäß Vorsorgeprinzip hätte die Regierung die 5G-Ausrollung sofort stoppen müssen. Hierzu wird auf die bisherigen Ausführungen verwiesen.

Durch die Einhaltung der genannten Selbstverständlichkeiten hätte sich – in Kombination mit der Gewährleistung einer natürlichen Herdenimmunität (VI.) – die gelegentlich geforderte kapazitätsgerechte Steuerung des Pandemieverlaufs sogar bei einer fiktiven schweren COVID-ähnlichen Pandemie / Epidemie von selbst erledigt.

Natürliche Herdenimmunität (VI.)

Die gewissenhafte Umsetzung der Maßnahmen I. bis IV. erhält die **uneingeschränkte Bewegungsfreiheit** der Masse der Bevölkerung, was wiederum eine gut kontrollierte natürliche Durchseuchung analog zur Grippe ermöglicht, in der weitestgehend freie Individuen das öffentliche Leben und die Wirtschaft aufrechterhalten. Dies schützt indirekt die Risikogruppen. Eine derart gefestigte Gesellschaft ist sehr lange durchhaltefähig, wahrscheinlich ewig bzw. so lange die Menschheit existiert.

Die Wichtigkeit einer natürlichen Durchseuchung hebt auch der schon vielfach zitierte Leiter des RKI Prof. Dr. Lothar Wieler hervor. Bei der Pressekonferenz vom 13. 03. 2020 erklärte er, warum auch immer, dass es ein bis zwei Jahre dauern würde, »bis 60 bis 70 Prozent immun sind.« Wie aber die Tübinger T-Zellen-Studie aus Blutproben vom April und Mai 2020 in Verbindung mit den offiziellen epidemiologischen Daten zeigt, war die Herdenimmunität zu rund 85 Prozent bereits frühzeitig gegeben (siehe oben). Zurück zum Monat März, in dem Wielers zuversichtlicher Kommentar zur Herdenimmunität lautete: »Es wird so kommen!« Da ein Impfstoff frühestens irgendwann 2021 zur Verfügung stünde, kann Wieler nur eine natürliche Immunität gemeint haben. Schließlich hebt er wahrheitsgemäß hervor: »Ganz, ganz viele [Infizierte] hatten keine Symptome und scheinen nicht im Meldesystem auf.« Diese bereits **natürlich** immunen Menschen zählen, wie Wieler korrekt ausführt, zu den für eine Durchseuchung erforderlichen 60 bis 70 Prozent. Abschließend hält der RKI-Leiter fest:

»Je mehr es von denen gibt, umso besser!«[509]

Für eine natürliche Herdenimmunität spricht sich auch der Leiter des virologischen Instituts der Universität Kiel Prof. Dr. Helmut Fickenscher aus: »Der sicherste Weg ist eine Gemeinschaftsimmunität.« Und weiter: »Zu diesem [schwedischen] Ziel der Gemeinschaftsimmunität **müssen** wir alle [kommen]!«[510]

Just bei diesem an sich selbstverständlichen Punkt haben ausgerechnet einige medizinische Experten, auch kritisch-aufrichtige, eine riesige Bruchlinie in ihrem Denkgebäude. Zum Beispiel die bereits erwähnten Herren, deren beider Statements durchwegs ehrlich klingen. Der RKI-Leiter besteht – trotz von ihm selbst betonter Wichtigkeit der natürlichen Herdenimmunität – auf die Verlangsamung der Epidemie mittels Isolation der Infizierten.[511] Darauf pocht auch der Leiter des virologischen Instituts der Uni Kiel, indem er sich für die langsame Öffnung von Kindergärten und Schulen ausspricht.[512]

Ein wenig Mauerkitt bietet Prof. Dr. Andreas Sönnichsen an, der Leiter der Abteilung Allgemeinmedizin an der Medizinischen Universität Wien. Er kritisiert zu Recht: «Man hat die Schulen geschlossen, ohne das wissenschaftlich zu begleiten.« Man müsse die Schulen öffnen, Messungen (Tests) durchführen und gegebenenfalls regional reagieren.[513] Doch derlei zeitraubende Maßnahmen stehen dem Erfordernis einer raschen Herdenimmunität wie die Chinesische Mauer entgegen. Zudem zählen Kinder grundsätzlich zur gesunden Masse von 81 Prozent, deren Testung nichts zum Selbstschutz der Risikogruppen beizutragen vermag. Daher weg mit diesen technisch ohnehin wertlosen Tests!

Dass die natürliche Herdenimmunität aus virologischer / epidemiologischer Sicht die **einzige** Option ist, erklärt auch Dr. Alexander Kekulé, anerkannter Epidemiologe sowie Professor für Mikrobiologie und Virologie an der Universität Halle. Ein Lockdown ist schädlicher als COVID-19 und auf einen Impfstoff kann (besser: soll) man nicht warten, lautet die korrekte Analyse. Einziger Wermutstropfen: Kekulé pocht auf die Maskenpflicht nicht nur für bestimmte Berufsgruppen und Kassiere, sondern auch für die Allgemeinheit.[514] Doch auch hier gilt, dass der Selbstschutz der Risikogruppen völlig ausreicht. Zudem sind Masken wirkungslos und sogar schädlich für den Träger. Das wird im dritten Kapitel über den rechtswidrigen Istzustand bewiesen.

Sogar der mutige Experte für das öffentliche Gesundheitswesen Dr. Martin Sprenger unterliegt einem evidenten Denkfehler, wenn er die Bewegungsfreiheit der Bevölkerung vom Prozentsatz der bisherigen Durchseuchung oder gar von der Verfügbarkeit eines Impfstoffs abhängig macht: »Wenn die Herdenimmunität nur bei einem Prozent läge, müssten wir uns alle massiv einschränken, bis es einen Impfstoff gibt. Wenn wir dagegen bei 15 Prozent liegen, können sich Menschen mit niedrigem Risiko viel freier bewegen.«[515] Offenbar darf man nicht müde werden, immer wieder auf das Offensichtliche hinzuweisen: Wenn man von einer durch ein Virus übertragbaren Krankheit ausgeht, muss die rasche natürliche Herdenimmunität das **Ziel** sein. Und dieses Ziel verträgt keine Beschränkungen der Bewegungsfreiheit der gesunden Masse. Im Gegenteil. Deren Bewegungsfreiheit ist die Conditio sine qua non, also die unabdingbare Voraussetzung für die natürliche Herdenimmunität.

Denn für eine zügige, wenngleich gegebenenfalls kontrollierte Durchseuchung ist eben die rasche Weitergabe des Virus in allen Gesellschaftsschichten und vor allem unter jungen Menschen erforderlich. In diesem Sinne argumentierte die erwähnte Virologin Prof. Dr. Karin Mölling schon am 22. 03. 2020, statt einer sinnlosen, kontraproduktiven und gefährlichen Ausgangssperre sollte raschest möglich unter rund **50 Millionen** Deutschen eine natürliche Herdenimmunität aufgebaut werden. Im sogenannten Ungehorsam der Jugendlichen erkennt Prof. Dr. Mölling verständlicherweise eine **Chance**, weil durch sie die allgemeine Immunität vorbereitet wird. Das gesamte öffentliche Leben inklusive Wirtschaft und Schulleben kann und soll ganz normal weiterlaufen.[516]

Auch der renommierte Infektiologe Prof. Dr. Ansgar W. Lohse plädierte bereits im März 2020, und damit rechtzeitig, für den Aufbau einer natürlichen Herdenimmunität. Als Direktor der Universitätsklinik Hamburg-Eppendorf weiß Lohse, wovon er spricht, wenn er neben dem besseren Schutz der Risikogruppen auch die **sofortige** Öffnung der Kitas (Kindertagesstätten) und Schulen fordert: »Wir müssen zulassen, dass sich diejenigen, für die das Virus am ungefährlichsten ist, zuerst durch eine Ansteckung immunisieren.«[517] In dasselbe Horn stößt hier erfreulicherweise der schon mehrfach erwähnte Public-Health-Experte Dr. Marin Sprenger, der das Schließen von Parks und Wandergebieten ausdrücklich als »nicht nachvollziehbar« bezeichnet.[518] Außerdem müsse man »möglichst bald nach Ostern damit beginnen, Kindergärten und Volksschulen zu öffnen.«[519] Sprengers Beraterkollege in der sogenannten Task Force des Gesundheitsministerium, Prof. Dr. Franz Allerberger, seines Zeichens Facharzt für Infektionskrankheiten und Leiter der Abteilung Öffentliche Gesundheit der AGES (Agentur für Gesundheit und Ernährungssicherheit) war ebenfalls von Beginn an gegen die höchstabsurden Schließungen: »Nach meiner Meinung hätten wir nicht nur die Bundesgärten, sondern auch die Kindergärten verpflichtend **offenhalten** müssen.«[520]

Schon am 25. 03. 2020 bestätigte das unabhängige britische medizinische Journal *The Lancet*, »dass Kinder zwar anfällig für SARS-CoV-2-Infektionen sind, aber häufig **keine** nennenswerte Krankheit haben.« Es sei jedoch dringend erforderlich, »die Rolle von Kindern in der Übertragungskette weiter zu untersuchen.«[521] In Wuhan wurde fleißig weiter untersucht. Das am 29. 04. 2020 präsentierte Ergebnis lautet, »dass Kinder zwischen 0 und 14 Jahren weniger anfällig für SARS-CoV-2-Infektionen sind als Erwachsene zwischen 15 und 64 Jahren (Odds Ratio 0,34, 95% CI 0,24 bis 0,49), während Personen über 65 Jahre anfälliger sind zur Infektion (Odds Ratio 1,47, 95% CI: 1,12-1,92).«[522] Aus dem umfangreichen Zahlenmaterial der Studie lässt sich zweifelsfrei ableiten, »dass die Infektionsgefahr von Kindern **70 Prozent** weniger ist als bei Erwachsenen.« Dieses Faktum wurde von europäischen Medizinern zur Kenntnis genommen, zum Beispiel von Prof. Dr. Matthias Keller, dem Chefarzt der Kinderklinik Dritter Orden in Passau und Vorstand der Süddeutschen Gesellschaft für Kinder- und Jugendmedizin.[523]

Es war also bereits im April 2020 wissenschaftlich nachgewiesen, dass Kinder ein äußert geringfügiges bzw. gar kein Übertragungsrisiko darstellen. Allerdings sind solche Studien im Endergebnis unnütz, weil das Wegsperren bewegungshungriger Kinder sogar dann idiotisch wäre, wenn sie eine 200 Prozent höhere Infektionsgefahr als Erwachsene darstellen würden. Schließlich reicht der schon vielfach erwähnte abschirmende Schutz der Risikogruppen völlig aus. Für diese korrekte Beurteilung muss man kein Arzt sein. Hierzu genügt der Hausverstand eines durchschnittlich denkbegabten medizinischen Laien.

Jedenfalls forderte der deutsche Rechtsmediziner Prof. Dr. Klaus Püschel, weil es sich bei COVID-19 um »eine vergleichsweise harmlose Viruserkrankung« handelt, bereits im April 2020 von der Kanzlerin Dr. Angela Merkel und den anderen anscheinend unterdurchschnittlich denkbegabten medizinischen Laien der deutschen Regierung: »Macht Deutschland wieder auf!«[524] All diese Fachmeinungen werden vom Erfolg des schwedischen Modells bestätigt. Wir erinnern uns, dass der schwedische Epidemiologe und Regierungsberater Prof. Dr. Johan Giesecke von Beginn an die natürliche Herdenimmunität als indirekte Folge des Schutzes der Risikogruppen definiert hatte.[525] Und die erwähnte Heinsberg-Studie belegt, dass im deutschen Epizentrum Gangelt – trotz rigider Maßnahmen – die damals relativ hohe natürliche Durchseuchung von rund 15 Prozent auf die ursprünglich rasche Virusübertragung im Rahmen von **Karnevalsfeiern** zurückgeführt wird.[526]

Um eine rasche natürliche Herdenimmunität zu erreichen, könnte man als »Virus-Gläubiger« durchwegs flächendeckende Corona-Partys in Betracht ziehen. Natürlich auf freiwilliger Basis und unter Ausklammerung der Risikogruppen. Für die Erreichung des definierten Ziels der kapazitätsgerechten Krisenbewältigung analog zur Grippe reichen aber die bisher definierten Maßnahmen völlig aus.

Zusammenfassung

Zusammenfassend halten wir fest, dass die Bundesregierungen Österreichs und Deutschlands aufgrund der ab Januar 2020 verfügbaren Informationen bei gehöriger Sorgfalt zu einer **evidenzbasierten** Beurteilung der Lage hätten kommen können und müssen, der zufolge COVID-19 eine mit der Grippe vergleichbare Sterblichkeit aufweist und dass sogar die Kurven der unbeachtlichen Reproduktionszahlen bereits vor und während der Entscheidungsphase für oder gegen drakonische Maßnahmen (Lockdown) deutlich abgeflacht sind. Die Symptomgrade und die zu schützenden Risikogruppen – Hochbetagte und Vorerkrankte – waren nachweislich bereits ab Januar 2020 bekannt. Ein auf diesen Fakten basiertes Gesundheitsmanagement gemäß dem hier vorgestellten liberalen Modell schützt die Risikogruppen, bewahrt die individuelle Freiheit und hält die Wirtschaft am Leben. Auf diese Weise bleibt das ganze Volk gesund. Denn Gesundheit braucht Freiheit. Zu diesem Ergebnis wäre eine an die Gefährlichkeit der Epidemie glaubende und wirklich um das Wohl der Menschen bemühte Regierung allerspätestens Mitte März 2020 und damit rechtzeitig vor der tatsächlichen Beschlussfassung rigider Maßnahmen gekommen. Systematische Desinformation, vorsätzliche Panikmache, schädliche Lockdowns, sinnlose Maskenpflicht, Drohverhalten und Impfzwang-Phantasien fallen hingegen in das Fachgebiet von Inkompetenten, Psychopathen und Kriminellen …

3.
IST: RECHTSWIDRIGES CHAOS-MANAGEMENT

> *Wie kann des sein, dass a poar Leut*
> *glauben zu wissen, wos a Land so wü?*
> *Is des der Sinn einer Demokratie,*
> *dass ana wos sogt und die andern san stü?*
>
> Andreas Gabalier und Xavier Naidoo[527]

> *Im Lauf der Zeit wurde hinter der demokratischen*
> *Fassade ein System etabliert, in dem völlig andere*
> *Regeln gelten als die des Grundgesetzes.*
>
> Hans Herbert von Arnim

Frage: Was hat die Regierung falsch gemacht?
Antwort: alles.

Die Regierung hat nicht rechtzeitig vorgesorgt bzw. agiert, sondern **viel zu spät** und darüber hinaus **absolut falsch** reagiert. Folglich wurde die sogenannte Krise von der Regierung selbst erschaffen. Den verhängten Maßnahmen liegen weder ein offizieller logischer Zweck noch legitime Ziele zugrunde. Sie haben keinerlei wissenschaftlich haltbare Grundlagen sowie – gewollt und systembedingt – auch keine verbindlichen Schranken. Im Hinblick auf die Realinteressen von Volk und Land ist das Gesamtpaket der verordneten Maßnahmen das denkbar dümmste Resultat, das die Regierung überhaupt erzielen konnte. In seiner Schädlichkeit und Rechtswidrigkeit ist es nicht zu überbieten. Dass wegen einer vergleichsweise harmlosen Pseudo-Epidemie das gesamte soziale Leben und die ganze Wirtschaft auf ein absolutes Minimum heruntergefahren werden, ist ein einzigartiges Ereignis der Menschheitsgeschichte, über das bereits in naher Zukunft weltweit der Kopf geschüttelt wird.

Was wissenschaftlich nicht nachvollziehbar ist, kann von der Bevölkerung nicht korrekt verstanden und schon gar nicht wirklich freiwillig mitgetragen werden.

Darum wird das offenkundig Falsche mit spaltender Medienpropaganda, rechtswidrigen Sanktionen und der Förderung von kollektivem Zwang durchgesetzt. Die sogenannte Corona-Krise ist de facto ein Ausnahmezustand im wissenschaftlichen Denken, die Quarantäne des Rechtsstaats und die endgültige Bankrotterklärung der Parteipolitik. Man beachte, wie augenfällig die tatsächliche Herangehensweise vom leicht erreichbaren Sollzustand abweicht und völlig unnötig einen ins Gegenteil verkehrten Istzustand erzeugt:

I. **Grobe Vernachlässigung der Risikogruppen**
II. **Vernachlässigung der Krankenhaushygiene**
III. **Kaum Aufstockung des medizinischen Materials**
IV. **Desinformation der Bevölkerung**
V. **Fortgesetzte 5G-Ausrollung**
VI. **Herdenhausarrest / Lockdown**
   1. Abstandsregeln
   2. Hygienediktatur
   3. Maskenpflicht
   4. Testwahnsinn
   5. Versammlungsverbote
   6. Betretungsverbote
   7. Schließung öffentlicher Einrichtungen
   8. Ausgangsbeschränkungen
   9. Schließung von Betrieben
   10. Quarantäne für Einzelpersonen
   11. Angekündigte App-Pflicht
   12. Angekündigter Impfzwang

Alle Maßnahmenpakete werden weiter unten im Detail behandelt. Die Pakete I. bis III. sind schädliche Unterlassungen im Sinne von passiven Grundrechtsverletzungen. Sie sind mitursächlich für die Schnürung des ebenfalls rechtswidrigen Lockdown-Pakets (VI.). Die Desinformation der Bevölkerung, also Paket IV., hat sowohl einen passiven Charakter (Vorenthalten der Wahrheit) als auch einen aktiven Charakter (Vermittlung der Unwahrheit). Das ist wiederum die psychologische Flankensicherung für das Lockdown-Paket (VI). Auch die Fortsetzung der 5G-Ausrollung (V.) ist zugleich passiv (unterlassenes Verbot) und aktiv (Durchpeitschen) rechtswidrig. Paket VI. besteht aus 12 aktiv gesetzten Maßnahmen, welche aktive Grundrechtsverletzungen darstellen. Diese Maßnahmen sind mit einem von oben nach unten ansteigenden Schweregrad gelistet, wie er vermutlich von beruflich Unselbständigen durchschnittlich wahrgenommen wird. Die Maßnahmen 11 (App-Pflicht) und 12 (Impfzwang) waren zwar zur Zeit der Erstellung des Manuskripts zu diesem Buchs nicht verhängt, wurden aber bereits frühzeitig zumindest laut angedacht oder verdeckt angekündigt.

Paket VI. hat den Titel »Herdenhausarrest / Lockdown«, damit es leichter dem Paket VI. des liberalen Sollzustands gegenübergestellt werden kann, der Gewährleistung einer natürlichen Herdenimmunität. Diese wurde beim rechtswidrigen Istzustand schuldhaft verunmöglicht. Hier stellt Paket VI. das Endergebnis dar, sprich einen Herdenhausarrest oder Lockdown im weiteren Sinne. Zum Lockdown im engeren Sinne gehören, wie Abbildung 27 zeigt, nur jene fünf Maßnahmen, die das Potenzial haben, der gesamten Gesellschaft das Rückgrat zu brechen: von den Versammlungsverboten (5.) bis zur Schließung von Betrieben (9.). Eine Betriebsschließung wird gemeinhin auch Shutdown genannt. Er ist das für gewerbliche Unternehmen schädlichste Segment des Lockdowns. Die Maßnahmen 5 bis 9 belasten natürlich auch den einzelnen Menschen massiv, sie zielen aber primär auf das Kollektiv ab. Hingegen haben die Maßnahmen 1 bis 4 sowie 10 bis 12 primär das Individuum im Visier. Sekundär wirken sie sich auch auf die Gesellschaft negativ aus.

Zielrichtung der COVID-19-Maßnahmen

Nr.	Individuum	Kollektiv
1	Abstandhalten	
2	Hygiene, Fiebermessen	
3	Maskentragen an öffentl. Orten	
4	Testung (PCR-Test)	
5		Versammlungsverbote
6		Betretungsverbote
7		Schließung öffentl. Einrichtungen
8		Ausgangsbeschränkungen
9		Schließung von Betrieben
10	Quarantäne für Einzelpersonen	
11	Handy-App-Pflicht (avisiert)	
12	Indirekter Impfzwang (avisiert)	

(Maßnahmen 5–9: Lockdown)

Abb. 27

Sämtliche Maßnahmenpakete und Maßnahmen sind sowohl im Verbund als auch einzeln nicht nur **grob verfassungswidrig**, sondern auch **massiv grundrechtswidrig**. Denn durch sie werden so gut wie alle Freiheitsrechte beeinträchtigt, teilweise sogar völlig aufgehoben. Nicht umsonst sprach der Professor für Öffentliches Recht und Verfassungstheorie an der Universität Münster Dr. Oliver Lepsius schon Anfang April 2020 »vom Niedergang grundrechtlicher Denkstrategien in der Corona-Pandemie« und von einem bedauerlichen »Ausnahmezustand im juristischen Denken.«[528]

Diesem bei weitem massivsten staatlichen Rechtsbruch seit 1945 leistete jene von politischen Machthabern betriebene systematische Aushöhlung des Rechtsstaates Vorschub, die ein weiterer deutscher Professor für Öffentliches Recht und Verfassungslehre, Dr. Hans Herbert von Arnim, bereits 2004 beschrieben hatte: Hinter der Fassade der Demokratie wurde ein zweites System etabliert, »in dem völlig andere Regeln gelten als die des Grundgesetzes.« Ebendieses inoffizielle zweite System, das zwar im Verborgenen wuchert, aber spätestens seit COVID-19 von breiten Teilen der Bevölkerung zumindest unbewusst erahnt wird, »unterläuft das offizielle System und beeinträchtigt seine Funktionen. Es führt dazu, dass sich zwischen unseren Idealen und der Wirklichkeit, zwischen Norm und Realität, eine riesengroße Lücke auftut.«[529] Die Eintrittspforte für die systematische Aushöhlung der staatlichen »Verfassung« ist diese selbst. Denn sie ist, wie im Kapitel »Diktaturfreundliche Sollbruchstelle« gezeigt wird, mangels Volksentscheids nicht echt.

Was den Kritikern der Regierung seit dem Frühling 2020 blüht, wurde von Prof. Dr. Hans Herbert von Arnim bereits 16 Jahre vorher niedergeschrieben: Wer über die Kluft zwischen Norm und Realität spricht, »droht das ganze System zu delegitimieren«, ihm also die Berechtigung abzusprechen, »und provoziert deshalb Widerstand und Widerspruch auf breiter Front.«[530] Die ersten Leidtragenden sind die vielen mutigen aufklärenden Mediziner, die dafür sowohl von der Politik als auch von den Medien bestenfalls ignoriert wurden. Meist hat man sie systematisch ausgegrenzt, beleidigt, denunziert und sogar mit dem Entzug der ärztlichen Zulassung bedroht. Aufrichtige Wissenschaftler kämpften und kämpfen immer noch gegen die Windmühlen des längst etablierten inoffiziellen zweiten Systems, das im Jahr 2020 endgültig die Maske fallen ließ und daher von jedem erkannt werden kann, der mit offenen Augen und Ohren durch die Welt geht.

Allein mit dem Hausverstand und durchschnittlicher mathematischer Begabung kann man leicht feststellen, dass den massiven Rechtsbrüchen anlässlich COVID-19 gröbste Verstöße sowohl gegen wissenschaftliche Prinzipien als auch gegen das allgemeine logische Denken vorausgehen. Allen voran warnte Prof. Dr. John Ioannidis[531] bereits am 17. 03. 2020 vor dem potenziellen »Evidenz-Fiasko des Jahrhunderts« (»once-in-a-century evidence fiasco«). Ioannidis ist Statistiker sowie Professor für Epidemiologie und Bevölkerungsgesundheit. Er gilt quasi als Großmeister der Wissenschaftsoptimierung. Als solcher klagte er frühzeitig und öffentlich:

»Uns fehlen verlässliche Beweise dafür, wie viele Menschen mit SARS-CoV-2 infiziert wurden oder weiterhin infiziert sind. Bessere Informationen sind erforderlich, um Entscheidungen und Maßnahmen von monumentaler Bedeutung zu treffen und ihre Auswirkungen zu überwachen.«[532]

Der Mangel an Beweisen ist, wie im folgenden Kapitel dargelegt wird, in erster Linie auf schuldhafte Säumnis zurückzuführen. Dass die Darstellung des amtlichen Pendeluhrschlafs etwas mehr auf Österreich fokussiert, ist dem Umstand geschuldet, dass Deutschland zwar eindeutig faktennäher und daher besser vorbereitet war, jedoch letztlich dem österreichischen Negativbeispiel gefolgt ist.

A. Amtlicher Pendeluhrschlaf

Nicht einmal anlässlich der ausdrücklichen Warnung aus China vom 02. 03. 2019 vor der potenziell durch ein Corona-Virus ausgelösten nächsten Pandemie wurden eine zuständige Behörde wie unsere fiktive EMZ und ein nationales ziviles Früherkennungssystem eingeführt oder die erforderlichen Kooperationen mit zivilen Partnern abgeschlossen. Sollte es geschehen sein, ist es nicht wahrnehmbar und obendrein höchst ineffektiv erfolgt.

Mindestens grob fahrlässig wurde der im Jahr 2006 erstellte und zuletzt im November desselben Jahres überarbeitete österreichische Influenza-Pandemieplan (3. Auflage) offenbar bis zum Ausbruch von COVID-19 **nicht** evaluiert geschweige denn auf die neue Lage hin ergänzt oder abgeändert. Auf eine Presseanfrage Ende Januar 2020 erklärte das Gesundheitsministerium, der Pandemieplan werde »derzeit überarbeitet.«[533] Dieser war jedoch bis mindestens 21. 06. 2020 nicht auf der Homepage des BMSGPK abrufbar und dort nicht einmal als Suchbegriff zu finden.[534] Lediglich die alte Version vom November 2006 konnte und kann exklusiv auf der Homepage der dafür gar nicht zuständigen Österreichischen Apothekerkammer heruntergeladen werden.[535] Darin sucht man die Begriffe »COVID-19« und »SARS-CoV-2« natürlich genauso vergeblich wie im sogenannten Staatlichen Krisen- und Katastrophenmanagement (SKKM) des Innenministeriums,[536] das jedoch zumindest die generelle Eintrittswahrscheinlichkeit einer Pandemie und deren Auswirkungen jeweils als hoch bzw. groß einschätzt (siehe Abb. 28).

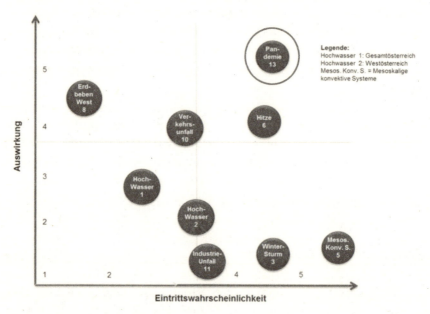

Abb. 28 (Quelle: BMI, 21. 06. 2020)[537]

Entgegen der angeblich hohen Pandemiewahrscheinlichkeit wurde die sogenannte Corona-Task-Force des BMSGPK viel zu spät, nämlich erst am **28. 02. 2020** implementiert. Deren Beraterstab trat nachweislich erstmals am selben Tag zusammen. Im Ergebnisprotokoll der ersten Sitzung wird verdächtigerweise zu allererst festgehalten, dass »**keine Haftung** für Einzelpersonen des Beraterstabs« besteht.[538] Die Berater sollen also für ihre höchst einflussreiche und folgenschwere Tätigkeit nicht verantwortlich gemacht werden können. Zudem werden zwar die Namen der Mitglieder des Beratungsstabs eingangs gelistet, aber weder deren Qualifikationen erwähnt, noch deren Sprechbeiträge als solche deklariert. Die faktisch anonymen Gesprächsinhalte werden im zweiten Sitzungsprotokoll vom 03. 03. 2020 sogar ausdrücklich zur Geheimsache erklärt: »Alles, was in der Task Force besprochen wird, ist **vertraulich**.«[539] Dies kommt einer staatlich garantierten Narrenfreiheit auf Kosten der Bevölkerung gleich, einem mit den Prinzipien der Demokratie und Rechtsstaatlichkeit unvereinbaren absoluten No-Go.

In besagter erster Sitzung vom 28. 02. 2020 wird auf die seit 10 Tagen veröffentlichte Studie aus Wuhan über mehr als 72.000 Patienten mit keinem Wort eingegangen, woraus zu schließen ist, dass man sie jedenfalls zu diesem Zeitpunkt gar **nicht** kannte. Dementsprechend wurden offenbar überhaupt keine relevanten Fakten eingeholt, weshalb das gesamte Dokument auch kein faktenbasiertes Risikomanagement enthalten kann, keine Problemerfassung, keine Lagebeurteilung und so weiter. Weder wird die Gefährlichkeit der Krankheit anhand der inzwischen längst ermittelbaren Sterberate beurteilt, noch werden die zu schützenden Risikogruppen definiert oder das Erfordernis der zügigen natürlichen Durchseuchung der Bevölkerung erwogen.

Als habe man die unprofessionelle Herangehensweise der Blaupause Event 201 einstudiert, sie als alternativenlos übernommen, legt die sogenannte Task Force keinen logischen Zweck fest und definiert daher auch keine daraus ableitbaren Ziele. Stattdessen stürzt man sich nach der erwähnten Haftungsfreistellung der Berater sofort auf das zentrale Thema: »die **Ressourcenfrage**«. Es geht vorwiegend um Kapazitäten von Tests, Masken, Schutzausrüstungen für Ärzte und sonstigem medizinischem Material, bevor man letztendlich über Grenzschließungen und ein Containment (Eindämmung) diskutiert: »Sehr striktes Containment« sei nur in einem totalitären System möglich. »**Physische Distanzierung**« habe sich bis dahin »als **effektivste** Maßnahme erwiesen.« Diese Feststellung ist von erheblicher Relevanz für das Verschulden der Regierung im Rahmen des später tatsächlich verordneten Lockdowns. Es wird durch folgendes Faktum erhärtet, das sogar unter Bezugnahme auf einen Artikel im Magazin *Nature* **protokolliert** ist:

»Verkehrseinschränkungen hätten hingegen deutlich geringere Effekte gezeigt.«[540]

Es liegt sohin unstritig das **Wissen** des Beraterstabs und damit auch jenes der von ihm beratenen Regierung vor, dass gegenüber Verkehrseinschränkungen und Lockdowns das soziale Abstandhalten nicht nur das mildere, sondern auch das **besser** geeignete Mittel ist. Es ist also nicht nur die Bedingung der **Eignung**, sondern ebenso jene der **Notwendigkeit** geläufig, des Nichtvorliegens eines gelinderen Mittels. Nicht minder relevant ist die Diskussion über Universitäts- und Schulschließungen auf folgender Grundlage, die ebenfalls schriftlich dokumentiert ist und bis heute uneingeschränkt für alle möglichen Schließungen gelten würde, wenn man nur wollte:

> »*Es gäbe keine objektiven Kriterien für Schließungen.*«

Dennoch werden unmittelbar nach dieser zutreffenden Feststellung nicht etwa die relevanten Fakten (objektiven Kriterien) eingeholt, sondern unverblümt Schließungen von Universitäten und Schulen diskutiert. Man dürfe nicht zu früh damit beginnen, »wenngleich man die Situation **ständig** genau beobachten und gegebenenfalls **reevaluieren** muss.«[541]

Folglich ist man sich auch des unabdingbaren Erfordernisses der ständigen Evaluierung der verhängten Maßnahmen bewusst, also der Notwendigkeit permanenter Untersuchung, Bewertung und Nachjustierung.

Ein ähnliches Bild zeigt das zwar (noch) nicht veröffentlichte, aber immerhin dem Blatt *Falter* vorliegende Besprechungsprotokoll der sogenannten Planungszelle des SKKM im Innenministerium vom 28. 02. 2020. Auch hier sprechen sich die Experten explizit für das »Isolieren und Schützen« der Kranken respektive Krankheitsverdächtigen aus: »Die Masse der Verdachtsfälle« müsse »dezentral mittels Verkehrsbeschränkung isoliert« werden. Deren »zentrale Unterbringung« in »Quarantäne-Unterkünften« wird erst für den Fall erwogen, dass die »Überwachung« bzw. »Bestreifung« durch die Exekutive deren personelle Kapazitätsgrenze überschreitet.[542] Demnach war man sich auch im Innenministerium über den seit Jahrhunderten gültigen epidemiologischen Grundsatz im Klaren, dass nicht die gesunde Masse, sondern maximal die infizierte oder erkrankte Minderheit zu isolieren ist.

Das offiziell aufliegende erste Sitzungsprotokoll des Beraterstabs im BMSGPK ist aus vier Gründen juristisch besonders beachtlich. Erstens liegt ein unwiderlegbarer schriftlicher formaler Beweis für schuldhafte Versäumnisse bei der Einholung und Prüfung der rechtzeitig verfügbaren Fakten vor. Zweitens belegt das inhaltliche Chaos die Unfähigkeit zur Vornahme eines echten Risikomanagements. Unter dem Deckmäntelchen des ursprünglich militärischen Begriffs »Task Force« wird ohne vorherige Aufklärung des Feindes ein Rundumschlag zum Selbstzweck »geplant«. Doch gerade beim Militär lernt schon jeder Gefreite den Grundsatz »Wer alles sichert, sichert nichts!« Drittens handelt es sich um den katastrophalen Startschuss für jene pseudo-wissenschaftliche Herangehensweise, die sich wie ein roter Faden durch die weiteren 10 veröffentlichten Protokolle bis zum 09. 04. 2020 zieht, deren

Lektüre für jeden halbwegs strukturiert arbeitenden Menschen eine regelrechte Tortur ist.[543] Wie die *Kleine Zeitung* zur Schlussfolgerung gelangt, in den elf Krisensitzungen seien »alle Corona-relevanten Fragestellungen eingehend nach wissenschaftlichen Kriterien erörtert« worden,[544] darf daher ein Rätsel bleiben. Die Wühlarbeit durch die von Ziel- und Planlosigkeit geprägten Dokumente lohnt sich aber, zumal dabei viertens Beweise für die Kenntnis des Beraterstabs und des Gesundheitsministers bezüglich umsetzbarer Alternativen hervorkommen. Darauf wird im Folgenden eingegangen.

Gleich am Anfang der zweiten Sitzung, die am 03. 03. 2020 stattfand, wird ohne Nennung etwaiger Beurteilungsgrundlagen das Ressourcenchaos heraufbeschworen: »Die Knappheit scheint jedenfalls nicht mehr vermeidbar.« Unweigerlich fühlt man sich an eine religiöse Sekte erinnert, die das nahe Ende kommen sieht, weil man bisher untätig war und auf ein Wunder hoffte. Aber wenigstens wird konstatiert, dass insbesondere Masken nur dort eingesetzt werden sollen, »wo sie tatsächlich benötigt werden.« Voreilig bei den Maßnahmen angelangt, die erneut jeder Faktengrundlage entbehren, wird erfreulicherweise besprochen, »dass – abhängig von den **Gegebenheiten** – nicht ganz Österreich in ›eskalierter Lage‹ sein muss.« Betont wird auch die Zuständigkeit der **Bezirksverwaltungsbehörden**. Also ist man zumindest theoretisch mit dem regionalen Prinzip der Regionalität vertraut, demzufolge eindämmende Maßnahmen nicht flächendeckend, sondern möglichst schonend und daher lediglich **regional** anzuordnen sind. Allerdings wird für das Absagen von Veranstaltungen eine unbrauchbare Faustformel definiert: »Etablierte Infektketten mit mehr als 50 Neuinfektionen am Tag.«[545] Ohne zu wissen, womit man es eigentlich zu tun hat, legt man einfach eine quasi mathematische Definition fest, für die der inzwischen als untauglich bekannte PCR-Test gar keine Datenbasis liefern kann. Jedenfalls ist hier der Grundstein für die spätere Bezugnahme auf die wertlose Reproduktionszahl gelegt.

Zwar werden die Risikogruppen noch immer nicht beim Namen genannt, jedoch schätzt ein einziges (!) Beratungsmitglied, dass 90 Prozent der im Krankenhaus behandelten Patienten einer »vulnerablen Gruppe angehören«, sowie chronisch kranke Patienten und Schulkinder, alleinstehende Ältere und Personen in Alten- und Pflegeheimen. Bei der letztgenannten Gruppe wird zwar erwogen, dass es »keine realen, gänzlich effektiven Schutzmöglichkeiten gibt«, jedoch müsse die **Verzögerung** bzw. die Verhinderung der Virus-Ausbreitung in diesen Betreuungseinrichtungen das »Ziel **aller** Maßnahmen sein.« Mittendrin (auf Seite 7) wird also erstmals so etwas wie ein plausibles und legitimes Gesamtziel formuliert.[546] Im Hinblick auf chronisch kranke Kinder wird das »straffreie« Daheimbleiben gemäß der Einschätzung der **Eltern** als völlig ausreichend beurteilt. Eine vorsorgliche Isolierung wäre hingegen »primär stigmatisierend.« Jedenfalls müsse sichergestellt werden, dass die durch Maßnahmen verursachten Schäden »**möglichst gering**« bleiben. Zum Beispiel sind bei der Absage von Veranstaltungen auch die negativen Folgen wie wirtschaftliche Schäden, Stigmatisierung und soziale Isolation zu berücksichtigen. Mehr noch: Die großflächige Aussetzung von Veranstaltungen wurde völlig korrekt als unangemessene bzw. »unverhältnismäßige Maßnahme« beurteilt, die daher nicht zu erfolgen habe. Deutschland mache das auch nicht. Sogar an die Schadenersatzpflicht wird kryptisch gedacht: »Verbot nach Epidemiegesetz würde auch Schadensbegleichung durch Bund bedingen.«[547]

Die ersten beiden Sitzungstage verraten uns, dass trotz mangelnder Fakten durchwegs plausible Maßnahmen diskutiert wurden, weil man sich der juristischen Bedingungen für die Einschränkung von Grund- und Freiheitsrechten von Beginn an zumindest vage bewusst war: legitimes Ziel, Eignung, Notwendigkeit und Angemessenheit. Diese vier Kriterien bilden das Verhältnismäßigkeitsprinzip. Darauf wird bei der rechtlichen Beurteilung der tatsächlich verhängten Maßnahmen näher eingegangen.

Im Verhältnis zur gar nicht vorhandenen österreichischen strategischen Vorbereitung auf COVID-19 (nicht aktualisierter Pandemieplan 2006) ist die bundesdeutsche Herangehensweise zwar ein Quantensprung, der jedoch letztlich im Dunklen verpufft. Immerhin wurde der deutsche Pandemieplan 2017 mit Stand vom 04. 03. 2020 hinsichtlich COVID-19 aktualisiert. Allerdings spiegeln sich darin die Erkenntnisse der ab 17. 02. 2020 verfügbaren chinesischen Studien ebenfalls **nicht** wieder. Mangels korrekter Problemerfassung und Lagebeurteilung empfiehlt das RKI – synchron zur österreichischen Task Force – statt der Förderung einer natürlichen Herdenimmunität »eine **Eindämmungsstrategie** (›Containment‹). Die massiven Anstrengungen auf allen Ebenen des ÖGD [Öffentlichen Gesundheitsdienstes] verfolgen das Ziel, einzelne Infektionen so früh wie möglich zu erkennen und die weitere Ausbreitung des Virus dadurch so weit wie möglich zu verhindern.« Das Ziel dieser schuldhaft evidenzlosen und viel zu spät entwickelten »Strategie« ist also auch in Deutschland ausdrücklich der **Zeitgewinn**; hier jedoch um vor allem »mehr über die Eigenschaften des Virus zu erfahren, Risikogruppen zu identifizieren, Schutzmaßnahmen für besonders gefährdete Gruppen vorzubereiten, Behandlungskapazitäten in Kliniken zu erhöhen, antivirale Medikamente und die Impfstoffentwicklung auszuloten.«[548]

Man beachte: Abgesehen von der absolut unnötigen Impfstofferzeugung, ist auch die bundesdeutsche Beurteilung der ansonsten milden Maßnahmen plausibel. Lockdowns und generelles Maskentragen werden nicht erwähnt. Atemschutzmasken sind explizit dem Sanitätspersonal vorbehalten.[549] Ohne Faktenbasis steht das Risikomanagement zwar auf wackeligen Beinen, rechtskonforme liberale Maßnahmen sind aber immerhin möglich.

Allerdings hätte man, wie schon mehrfach erwähnt, die ab Januar auch in Deutschland und Österreich bekannten Risikogruppen längst schützen müssen, um eine natürliche Herdenimmunität der gesunden Masse tatkräftig zu unterstützen. Objektiv betrachtet, haben die verantwortlichen Beamten in der Pendeluhr geschlafen und dadurch zum Ausdruck gebracht, dass sie die ab dem Jahr 2002 vorliegende Flut von Hinweisen, Übungen, Warnungen und Studien **nicht ernst genommen** haben. Von der Alternative, einer absichtlichen Unterlassung, wird hier zugunsten der Beamten nicht ausgegangen.

Auch in der dritten Beraterstabssitzung im österreichischen BMSGPK vom 09. 03. 2020 erfolgt keine faktenbasierte Gefahrenanalyse und -bewertung. Zu Beginn beschwert sich Gesundheitsminister Rudolf Anschober, der weder Arzt ist noch eine andere akademische Ausbildung hat, »dass die EU leider nicht geschlossen auftritt.« Anstatt die Sache endlich selbst ordentlich anzugehen, erwähnt man kurz die Empfehlung des deutschen Gesundheitsministers und ebenfalls Nichtmediziners Jens Spahn zur Absage von Großveranstaltungen, um sich sogleich auf die mangelnden Kapazitäten in italienischen Spitälern zu stürzen. Ein einziges Mitglied, das wie gehabt anonym bleibt, verweist auf die Wichtigkeit der Konzentration auf die Risikogruppen.

Während ältere Menschen »persönliche soziale Kontakte möglichst einschränken« sollen, erachtet der intelligente namenlose Berater »die Absage von Veranstaltungen mit jungen Menschen (Stichwort Großveranstaltungen wie Konzerte etc.)« ganz korrekt als »**nicht so wichtig**« wie den Schutz älterer Personen, denen man zur Vermeidung von Ansteckungen zum Beispiel die Einkäufe abnehmen könnte. Etwas später wird das höchstbedeutsame Faktum betont, dass nur zwei Prozent der Todesfälle keine Vorerkrankungen haben und dass man bei der Definition der Risikogruppen auf die zwar namentlich nicht genannten, aber »zunehmend verfügbaren Publikationen« zurückgreifen könne.[550]

Hier liegt ein schriftlicher Beweis dafür vor, dass man rechtzeitig einschlägige Studien kannte, aus denen sich die Risikogruppen ergeben und dass in diesem Kontext zumindest ein leider ignoriertes Mitglied deren Schutz als vorrangiges Ziel definiert und die Absage von Großveranstaltungen als eher unbeachtlich eingestuft hat. Wäre man dieser korrekten Fachmeinung gefolgt, wäre es nie und nimmer zu einem Lockdown gekommen. Vorliegendes Protokoll vom 09. 03. 2020 ist daher ein Schlüsseldokument für jeden juristischen Schriftsatz, der sich gegen die tatsächlichen rechtswidrigen COVID-19-Maßnahmen in Österreich richtet.

Selbigen Maßnahmen liegt offenbar die ebenfalls am 09. 03. 2020 kommunizierte Tendenz eines weiteren Mitglieds des Beraterstabs zugrunde, es ja zu keiner Herdenimmunität kommen zu lassen. Diese für die Volksgesundheit schädliche Tendenz ergibt sich aus dem Postulat der vermeintlichen Wichtigkeit von Maßnahmen, »um die Verbreitung aufzuhalten.« Da der ihm zustimmende anonyme Vertreter des BMSGPK das »**Gefühl**« hat, dass das aktuelle Bewusstsein der Wiener nicht ausreiche, hat er neben Sofortmaßnahmen wie Telearbeit und Online-Kursen prompt auch eine psychologische »Lösung« zur Sensibilisierung aller Österreicher für den Schutz der Angehörigen parat:

» Wir sollten mehr die Emotion ansprechen [...]«[551]

Das ist ein psychologischer Grundstein der Angstpolitik. In Ermangelung eines faktenbasierten Risikomanagements und jeder sonstigen Logik vertraut ein Regierungsmitglied auf sein eigenes Gefühl über die Zuverlässigkeit der Bevölkerung, setzt auf deren Emotionalisierung und verletzt damit das von der WHO und von ausländischen Regierungen wie jener von Taiwan empfohlene Prinzip der beruhigenden und sachlichen Informierung der Öffentlichkeit.

Zwar ohne erkennbaren Plan, bunt zusammengewürfelt und ohne sich konkret festzulegen, werden immerhin erstmals organisatorische Maßnahmen zum »Schutz der vulnerablen Personen« diskutiert, mit denen offenbar der liberale schwedische Weg nachgezeichnet werden soll. Bei der generellen Verminderung des Kontakts zwischen alten Menschen und Kindern fällt das Stichwort der »Vereinsamung« als »ein nicht zu vernachlässigendes Problem.« Entgegen der realen niedrigen Auslastung der Beatmungsgeräte wird das apokalyptische »Problem« der mangelnden Vorgaben für die Triage (Auslese) jener Patienten besprochen, die gegebenenfalls nicht mehr beatmet werden sollen. Auch bei der etwaigen Absage von Veranstaltungen wird nicht auf die realen Gegebenheiten oder gar regionalen Unterschiede abgestellt, sondern allein auf das abstrakte Erfordernis der »Rechtssicherheit«. Aber immerhin werden derlei Absagen sowie betriebliche Vorkehrungen (noch) nicht als zwangsweise Anordnungen, sondern vielmehr als Empfehlungen bzw. Sollbestimmungen im Sinne der »Selbstverantwortung« der Bürger verstanden. Auch die für Wien bereits etablierte App zur Registrierung abgesonderter Personen beruht auf dem Prinzip der Freiwilligkeit; worin der tiefere Sinn des »Monitoring« liegt und wie dieses gehandhabt werden soll, bleibt jedoch offen. Schmeißt man wild mit Begriffen um sich, damit möglichst viel im Protokoll steht? Nach der Diskussion des angeblich beliebten Schweizer Modells wird auf bereits existente **mathematische Modelle** verwiesen, von denen man sich »Prognosen zur Krankheitsausbreitung« und die Abschätzung des Impacts der getroffenen Maßnahmen erwartet. Die Reduzierung der Kontakte um 25 Prozent helfe bei der Senkung des Erkrankungspeaks um 58 Prozent, bei einer Kontaktreduktion um 50 Prozent falle der Peak sogar auf 25 Prozent.[552]

Pseudo-analytisches Chaos, Ignorieren intelligenter Fachmeinungen, wirre Gefühle und wertlose mathematische Berechnungen sind die Wurzeln für den alsbald folgenden systematischen Terror der Regierung, die für ihre eigenen Fehler die gesamte Bevölkerung büßen lässt.

B. Staatlicher Psychoterror

Terror ist das lateinische Wort für ein Angst und Schrecken verbreitendes Geschehen. Unter dem Einfluss des französischen Begriffs »Terreur« entwickelte sich die deutsche Bedeutung als rücksichtsloses Vorgehen, Unterdrückung und Schreckensherrschaft.[553]

Das Handeln der Regierung im Zusammenhang mit COVID-19 ist in vielerlei Hinsicht staatlich ausgeübter Terror gegen die eigene Bevölkerung und anscheinend ein gegen die Verfassung und das Volk gerichteter Putsch. Mit voller Absicht werden Angst und Panik verbreitet sowie gefälschte Nachrichten (Fake News) in Umlauf gebracht: Von der Unterdrückung abweichender Expertenmeinungen bis hin zur Verfälschung der Statistiken bilden die staatlich erzeugten und medial transportierten Fake News den Rahmen für verfassungswidrige echte und unechte Gesetze (Fake Laws) sowie die Befolgung rechtswidriger und irrationaler Maßnahmen aufgrund gruppendynamischen Zwangs und Angst vor Sanktionen. Dabei haben die Medien und die politische Opposition ihren Kontrollauftrag gegenüber der Regierung aufs Gröbste verletzt und sich sogar als deren Handlanger betätigt.

Absichtliche Panikmache

Statt auf sachliche Information und Einsicht wird in der sogenannten gesundheitlichen Aufklärung schon seit langem auf Angst und Schrecken gesetzt. Die dafür zuständige deutsche Bundeszentrale riet bereits 1998 in einer Studie, es wären »angemessene Bewältigungsstrategien (entspricht hohen Konsequenz- und Kompetenzerwartungen) für die dargestellte Bedrohung massenmedial zu vermitteln«, damit »**Furchtappelle** motivational wirksam werden und in gesundheitsbezogene Intentionen oder Handlungen münden.« Hierzu sei bevorzugt **Todesangst** zu schüren: »Furchtappelle mit starkem Bedrohungscharakter und massiven Folgen (z. B. AIDS) wirken eher als solche mit nicht-letaler Bedrohung.«[554] Mit anderen Worten: Die Angstwirte (Angsterzeuger und -nutzer), also grundsätzlich Staat und Pharmaindustrie, peitschen ihren Opfern jene Angst ein, die sie dazu veranlasst, das angestrebte »Lösungsverhalten« an den Tag zu legen. Das ist mit dem schmucken Wort »Bewältigungsstrategien« gemeint, mit dem der Sturz ins tiefste Mittelalter kaschiert werden soll.[555]

Irreführend suggerierend, die simple Infektion mit dem Virus SARS-CoV-2 bedeute automatisch die Erkrankung an COVID-19, verlautbarte die deutsche Kanzlerin Dr. Angela Merkel bei einer Pressekonferenz vom 11. 03. 2020 gemeinsam mit Gesundheitsminister Jens Spahn und RKI-Präsident Prof. Dr. Lothar Wieler, die Ausbreitung des Virus müsse verlangsamt werden, weil sich bis zu 70 Prozent der Bevölkerung »anstecken« könnten. Mit dieser Aussage wurde die für die Volksgesundheit erforderliche natürliche Herdenimmunität als **Bedrohung** dargestellt. Unter der Prämisse, das Gesundheitssystem nicht zu überlasten, riefen Merkel und Co zum gemeinsamen Einsatz gegen die Verbreitung des Virus auf. Ohne zwischen der Minderheit der hinlänglich bekannten Risikogruppen und der gesunden Masse zu differenzieren, rang Merkel um Verständnis für den sagenhaften Unsinn, dass ein Fußballspiel ohne Publikum in Deutschland medizinische Kapazitäten für ältere Menschen erhalte. Gleichzeitig wurden das Erfordernis eines koordinierten Vorgehens innerhalb der EU betont und sogenannte Liquiditätshilfen von 25 Milliarden Euro im Rahmen eines flexiblen europäischen Stabilitäts- und Wachstumspakts angekündigt.[556] Der unnötige **Lockdown** und seine katastrophalen wirtschaftlichen Folgen waren sohin bereits am 11. 03. 2020 indirekt angekündigt.

Unter direktem Bezug auf diese Pressekonferenz und insbesondere auf Merkels »Prognose« von bis zu 70 Prozent Angesteckten kalkulierte das private Wiener Unternehmen *dwh* am 12. 03. 2020 für Österreich ein »Worst Case Szenario« von 5,2 bis 6,2 Millionen Infizierten, davon jedenfalls einen Peak von etwa zwei Millionen bis Ende Mai. Der »agentenbasierten Epidemie-Simulation« zufolge bedeute eine 25-prozentige Kontaktreduktion eine Peak-Senkung von 80 Prozent. Diese rein mathematische Betrachtung, bei der man ganz **ohne** Risikogruppen, Sterberate, Sterbealter und sogar ohne Reproduktionsfaktor auszukommen glaubt, resultiert in der Hypothese, dass die Absenkung des Peaks »zwingend notwendig« sei, um die Verzögerung der Epidemieausbreitung und dadurch die Versorgungssicherheit zu gewährleisten.[557]

»Nicht genügend, setzen!« wäre die korrekte Bewertung jeder derartigen Hausarbeit eines Mittelschülers, der ohne korrekte Problemerfassung und mit möglichst vielen Variablen zu einem zwar konkreten, aber praktisch unbrauchbaren Ergebnis gelangt, das jeder rationalen Grundlage entbehrt. In der offenbar verrückt gewordenen Welt der Erwachsenen hingegen scheint alles plausibel zu sein, solange die Grundlage des Irrsinns von höchster Stelle kommt.

Nachdem sich der relativ unerfahrene österreichische Kanzler bereits am 09. 03. 2020 vom angeblichen Rechtsbrecher Netanyahu einen Lockdown einreden ließ (siehe oben), nahm der ohne abgeschlossene berufliche und akademische Ausbildung ausgestattete Herr Kurz am 12. 03. 2020 persönlich an der vierten Sitzung des Beraterstabs der Task-Force Corona teil. Gerade weil sich »Sebastian« laut eigenen Angaben gerne von Netanyahu und anscheinend auch von diktatorischen Regierungen wie jener Chinas inspirieren lässt, scheint er jenes anonyme »Mitglied« zu sein, dass gegen Ende der Sitzung verlangt,

> *»dass die Menschen vor einer Ansteckung Angst haben sollen bzw. Angst davor, dass Eltern/Großeltern sterben.«*

Mittels dieser absichtlich erzeugten Angst[558] müsse man der Bevölkerung klarmachen, dass es sich um eine »potenziell **tödliche** Krankheit« handle, die nicht mit der Grippe vergleichbar sei. Auf derlei faktenfernem Unsinn beruht dann die weitere Forderung, man müsse »jedenfalls ein **emotionales** Commitment [Verpflichtung] für die nächsten Monate aufrechterhalten.« Insbesondere beim Schutz der Alten durch persönliches Fernhalten »müsse man die Leute dahingehend auf einer **emotionalen** Ebene erreichen.«[559] Auf dieser gefühlsbetonten Basis wird der österreichische Kanzler – wie ein Schauspieler – den einstudierten Text über angeblich mehr als 100.000 zu erwartende Corona-Tote allein in Österreich und den unleidlichen Sager vortragen, dass bald jeder einen Corona-Toten kenne. Dazu weiter unten.

Hätte man sich statt auf Gefühlsduselei auf die Wissenschaft besonnen, wäre mit einem Blick auf die damals schon sinkenden Reproduktions- und Sterbezahlen klar gewesen, dass weder das Angstschüren noch die Verhängung drakonischer Maßnahmen angebracht waren. Eine treibende Kraft im Chaos sind die dramatischen Bilder aus Italien und die dortige Überlastung des Gesundheitssystems, wobei man diesen bei jeder Grippe-Epidemie vorherrschenden Zustand beflissen ausblendet. Nach der Erklärung von COVID-19 zur Pandemie durch die WHO beruft sich die österreichische Task-Force am 12. 03. 2020 auf das »tägliche Wachstum an Infizierten« zwischen angeblich 40 bis 50 Prozent, wobei sowohl die Abhängigkeit von der willkürlichen Testdichte als auch die prinzipielle Untauglichkeit des PCR-Tests sowie der Umstand ignoriert werden, dass alltäglich zwischen 80 und 95 Prozent der Tests **negativ** ausfallen bzw. keine Infektion anzeigen. Nach der nachweislich falschen Prophezeiung »der Kernschmelze des Gesundheitssystems«, für die man sich mittendrin explizit auf **Merkels** »Worst Case Szenario« von 60 Prozent (tatsächlich bis zu 70 Prozent) an Infizierten und die überhaupt nicht vergleichbare Situation in Italien beruft,[560] folgt ein ziel- und zusammenhangloses Wirrwarr von Maßnahmen, deren absurdeste sogar mehrfach als wichtig hervorgehoben wird: die elektronische Kontaktverfolgung, also »Big Data / Contact Tracing« und die dazugehörende App.[561] Lobend zu erwähnen ist der Hinweis eines einzigen Beraters:

»Eine Herdenimmunität sei möglich.«[562]

Dass eine natürliche Herdenimmunität auch in Deutschland möglich und erwünscht ist, brachte der von Kritikern gelegentlich zu Unrecht ins Fadenkreuz genommene RKI-Präsident, wie erwähnt, am 13. 03. 2020 unmissverständlich zum Ausdruck, wenngleich mit einem viel zu lange beurteilten Zeitraum.

Dennoch fordert das deutsche Bundesinnenministerium Mitte März[563] in seinem vormals geheimen respektive als »Verschlusssache nur für den Dienstgebrauch« deklarierten Strategiepapier mit dem Titel »Wie wir COVID-19 unter Kontrolle bekommen« die Anordnung von Maßnahmen, die eine Herdenimmunität potenziell erheblich verzögern und fast die ganze Wirtschaft zum Stillstand bringen, nämlich auf ein Minimum reduzierte Sozialkontakte sowie bei großen Fallzahlen oder nicht ausreichender Testkapazität auch einen **Lockdown**: »Heimarbeit, Verbieten von Massenanlässen in Sport und Kultur, Schließung der Schulen und Universitäten, Schließung von selbst kleinen sozialen Anlässen wie Sportclubs, Schließung von Restaurants und Bars, Schließung von allen nicht lebenswichtigen Läden, bis hin zur Schließung von allen nicht lebenswichtigen Betrieben.«[564] Ohne Angabe von Gründen wird die schon vom RKI zu hoch geschätzte Fallsterblichkeit von 0,56 Prozent »in der weiteren Modellierung« des BMI auf 1,2 Prozent erhöht.[565]

Terror des Todes

Ebenso willkürlich wird das Erfordernis breitflächiger Tests und längerfristig »der Einsatz von Big Data und Location Tracking [als] unumgänglich« postuliert.[566] Um die hierfür erforderliche Bereitschaft in der Bevölkerung zu erzeugen bzw.

»um die gewünschte Schockwirkung zu erzielen«,

wird empfohlen, die angeblich negativen Auswirkungen einer Durchseuchung auf die menschliche Gesellschaft zu verdeutlichen. Was unsere Gattung, also die Menschheit, seit gut 300.000 Jahren vor dem Aussterben bewahrt, wird im Frühling 2020 ins absolute Gegenteil verkehrt, indem man propagandistisch überzeichnet: »Das Ersticken oder nicht genug Luft kriegen ist für jeden Menschen eine Urangst.« (Hervorhebung durch den Verfasser des Dokuments). Das längst erwiesene Faktum, dass Kinder kaum direkt unter der Epidemie leiden, soll ausdrücklich als »falsch« herausgestellt werden. Sogar bei den bereits Geheilten müssen jederzeitige Rückfälle, »die dann ganz plötzlich **tödlich** enden,« behauptet werden.[567]

Diese Scheinrealität des Schreckens hätte Dr. Joseph Goebbels, der verlogene Propaganda-Chef der Nazis, nicht besser inszenieren können. Der britische Sozialanthropologe und Pulitzer-Preisträger Dr. Ernest Becker drückt die zentrale Rolle der Urangst vor dem Tod wie folgt aus: »Von allen Dingen, die den Menschen bewegen, ist eines der wichtigsten sein Terror des Todes.«[568] Mit dessen psychosomatischen Wirkungen befasst sich zum Beispiel der US-amerikanische Psychiater William Breitbart: In Anbetracht der Todesgefahr »geht von unserem Nervensystem ein Alarm aus und wird unser Körper mit Katecholaminen überflutet, die uns zur ›Flucht oder zum Kampf‹ zwingen. Was angesichts der Todesgefahr biologisch produziert wird, ist ein Adrenalinschub, der zu **intensiver Angst** führt.«[569]

Dass die nachhaltige Verängstigung der Bevölkerung anlässlich COVID-19 politisch gewollt ist, steht dank schriftlicher Belege außer Zweifel. Beim besagten deutschen Strategiepapier beachten Sie bitte den Irrsinn einer selbsterfüllenden Prophezeiung: »In der exponentiellen Phase kann man in europäischen Ländern von einer vorläufigen (naive) Fallsterblichkeitsrate (Tote geteilt durch bestätigte Fälle) von 1% ausgehen, wenn ein Großteil aller Fälle durch Testen gefunden wird. Wenn die Fallsterblichkeit unter diesem Wert liegt, muss davon ausgegangen werden, dass die Anzahl der Toten nicht richtig gezählt wird.«[570] Nach dieser absurden Theorie kann also nur richtig gezählt worden sein, wenn die vollkommen willkürlich und viel zu hoch festgelegte Sterblichkeit bestätigt wird. Nach meinem Dafürhalten ein klarer Anlassfall für die Ausgabe von Zwangsjacken.

Apropos geschlossene Anstalt. Möglicherweise versteht nur ein Berufswahnsinniger das kunterbunte, kreuz und quer verschachtelte »Organigramm« des österreichischen Corona-Krisenstabs im BMSGPK. Von den militärischen Grundsätzen der Klarheit und Einfachheit geleitet, müssten gerade bei einer krisenrelevanten »Task Force« die Zuständigkeiten klipp und klar geregelt bzw. auf einen Blick erkennbar sein. Bei der Betrachtung von Abbildung 29 können Sie selbst beurteilen, ob hier ein gewissenhafter Experte oder doch eher Dr. Mabuse am Werk war.

Schließt man Wahnsinn aus, bleiben als Erklärung nur noch absolute Inkompetenz oder absichtliches Teilen und Beherrschen übrig. Werden verschiedene Stellen, die niemals das Gesamtbild kennen und auch keine Verantwortung tragen, mit unterschiedlichen Aufgaben befasst, um sie – frei nach Niccolò Machiavelli – bei Bedarf leicht ignorieren, übergehen und gegeneinander ausspielen zu können? Auf Kosten der Steuerzahler versteht sich.

Keinesfalls möchte ich jemanden persönlich beleidigen, wenn ich feststelle, dass man in Anbetracht des katastrophalen Ergebnisses erwägen könnte, die Funktionen nicht nur der sündteuren Krisenstäbe, sondern auch so mancher Regierungsmitglieder fortan durch eine kostengünstige Gruppe von Schimpansen wahrnehmen zu lassen. Ohnehin im Zoo untergebracht, bräuchte man für das anlassbezogene wilde Herumtrommeln auf einem Schaltpult (Zufallsgenerator) lediglich eine Zulage von einer Kiste Bananen springen lassen. Mit an Sicherheit grenzender Wahrscheinlichkeit hätte man keinen schlechteren Output als jenen, den die Regierung anlässlich COVID-19 erzielt hat. Dieser unsachliche Exkurs war dringend nötig. Mit Humor ist die lösungsresistente Herangehensweise der Regierung etwas erträglicher.

C. Politisch-Mediale Fake News

Für den Begriff »Fake News« gibt es bis dato keine gesetzliche Definition. Hier ist jedenfalls nicht der missbräuchliche politische Kampfbegriff gemeint, mit dem un-

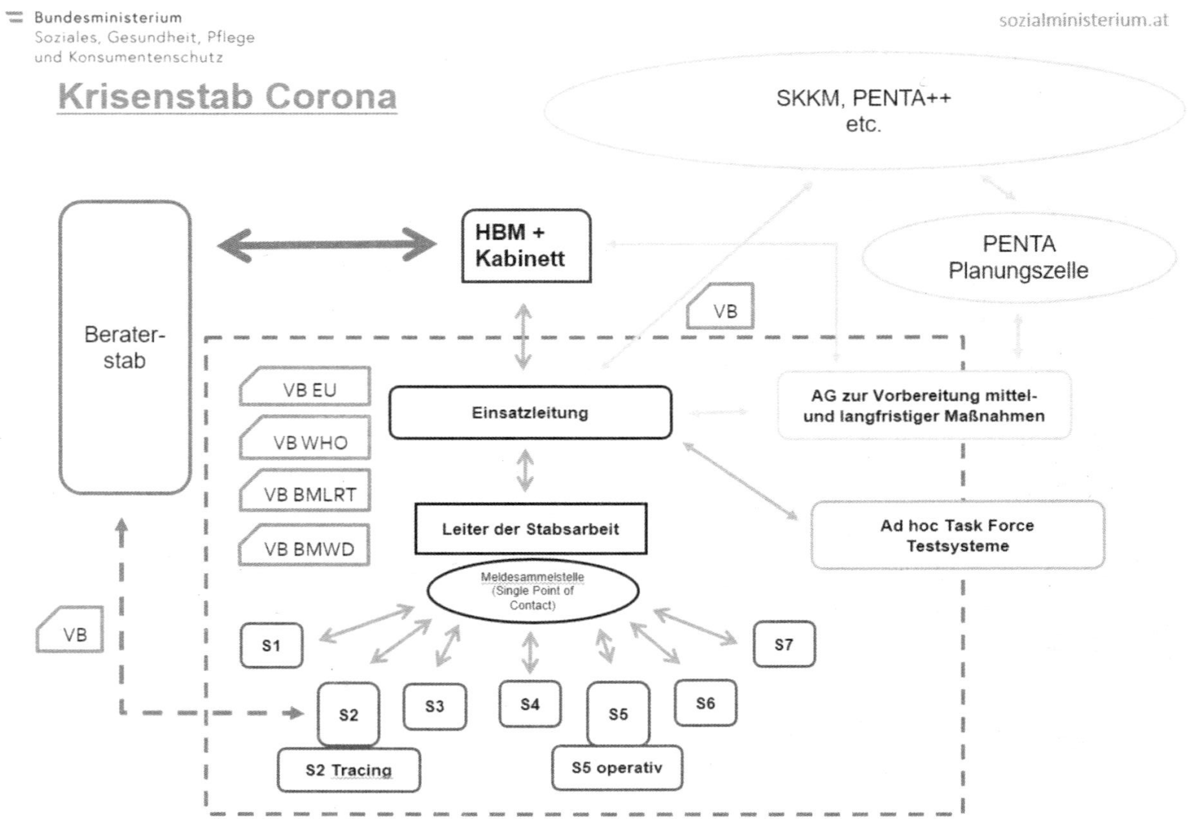

Abb. 29 (Quelle: Parlament)[571]

bequeme Tatsachen unbrauchbar gemacht und deren Überbringer (Kritiker) diskreditiert werden sollen. Es geht um **absichtlich gefälschte Nachrichten**, die bewusst als solche wiedergegeben werden, um beim Empfänger das gewünschte Verhalten auszulösen.[572] Die Wissenschaftlichen Dienste des Deutschen Bundestags verstehen unter Fake News zwar ebenfalls »absichtlich falsche Nachrichten«, beschränken diese jedoch insofern auf den privaten Bereich, als »sie eigens zum Zweck der viralen Verbreitung über das Internet und die sozialen Netzwerke produziert wurden. Ziel solcher Nachrichten ist, die Öffentlichkeit für bestimmte politische und/oder kommerzielle Ziele zu **manipulieren**.«[573]

In Österreich stellte die vorsätzliche Verbreitung falscher Gerüchte von Anfang 2002 bis Ende 2015 einen Straftatbestand dar: »Wer ein Gerücht, von dem er **weiß**, dass es falsch ist, und das geeignet ist, einen großen Personenkreis zu **beunruhigen** und dadurch die öffentliche Ordnung zu gefährden, absichtlich verbreitet, ist mit Freiheitsstrafe bis zu sechs Monaten oder mit Geldstrafe bis zu 360 Tagessätzen zu bestrafen.« Höhere Strafen waren für bestimmte Folgewirkungen vorgesehen: schwere oder längere Zeit anhaltende Störung des öffentlichen Lebens, schwere Schädigung des Wirtschaftslebens, Tod eines Menschen, schwere Körperverletzung einer größeren Zahl von Menschen, Versetzen vieler Menschen in Not, Tod einer größeren Zahl von Menschen.[574]

Wie im Folgenden gezeigt wird, hätten bei aufrechter Gültigkeit dieser Strafbestimmung (§ 276 StGB) im Jahr 2020 Teile der Regierung, insbesondere Sebastian Kurz, höchstwahrscheinlich gleich aus mehreren Anlässen angezeigt und verurteilt werden müssen. Es gibt jedoch aktuell gültige Straftatbestände, die sowohl für österreichische als auch für bundesdeutsche Politiker und Journalisten in Betracht kommen, die absichtlich falsche Nachrichten verbreiten, um die Bevölkerung zu beunruhigen, sie zu einem gewissen Verhalten zu manipulieren und Kritiker mundtot zu machen: Nötigung, Gefährliche Drohung, Täuschung, Beleidigung und Üble Nachrede. Durch das rechtswidrige Verhalten der Regierung wird die Demokratie in ihrem Kern erschüttert, weil keine auf Evidenz und Transparenz basierende Risikokommunikation stattfindet.

Sieben Kategorien der Desinformation

COVID-19 wurde nicht durch ein Virus, sondern durch politisch-mediale Fake News zur »Epidemie« gemacht. Anstatt einer demokratiefreundlichen Informierung wird die Bevölkerung so manipuliert, wie es grundsätzlich in Diktaturen üblich ist. Hierbei sind folgende Kategorien der Desinformation zu unterscheiden:

1. **Erzeugung eines falschen Bildes über COVID-19**
2. **Vorsätzlich manipulatives Angstmachen**
3. **Zensur und Spaltung der Gesellschaft**
4. **Nichtbeachtung profunder Experten**
5. **Apokalyptisches Pseudo-Gutachten**
6. **Leugnung geplanter Maßnahmen**
7. **Verfälschung der Statistiken**

Bei der Erzeugung und Verbreitung von Fake News haben sich sowohl die meisten Leitmedien als auch viele sogenannte Alternativmedien als eifrige Erfüllungsgehilfen der Regierung und damit als Mittäter erwiesen. In ihrem Grundauftrag als »vierte Macht« bzw. bei der Kontrolle der anderen drei Kräfte (Gesetzgebung, Verwaltung, Gerichtsbarkeit) haben sie so versagt, wie man nur versagen kann. Journalistische Standards wurden über Bord geworfen. In Ermangelung von ordentlich aufbereiteten Fakten und kritischer Berichterstattung werden beim Zuseher und Leser negative psychologische Reaktionen ausgelöst, vor allem Angst, Panik und Obrigkeitshörigkeit.

Die einen, nämlich die meisten Leitmedien, haben nahezu alles unreflektiert nachgeplappert, was von der Regierung erwünscht war. Im Krieg um Klicks und Marktanteile wurden erbsengroße Verdachtsfälle zu Heißluftballons aufgeblasen und Infektionen zu Krankheiten umgedeutet, wodurch sich eine unerträgliche Reizüberflutung breitmachte. Die rare »Kritik« beschränkte sich zumeist auf offensichtlich widersprüchliche Details, rüttelte jedoch nicht wirklich am desolaten wissenschaftlichen und rechtlichen Fundament. In Frage gestellt wurden nicht das Warum (Zweck) und Was (Ziele), sondern höchstens das Wie (Mittel). Dieser Anscheinsjournalismus wird auch von etlichen anderen Medien betrieben, die das selbstverliehene Prädikat »alternativ« offenbar mit »kontra« verwechseln. Denn in Wahrheit behaupten sie meist nur das glatte Gegenteil des vom Mainstream Propagierten, weshalb sie nur die Kehrseite derselben fakten- und lösungsresistenten Medaille sind. Löbliche Ausnahmen gibt es erfreulicherweise in beiden Medienarten. Aus eigener Wahrnehmung seien im COVID-19-Kontext folgende Beispiele für zumindest teilweise kritische Beiträge hervorgehoben: *Nachrichtenspiegel, Falter,*

Addendum, Servus-TV, Wochenblick, Österreich, Standard, Profil, Express-Zeitung, Bild-Zeitung. Bei Medienberichten ist stets das Motiv des Redakteurs zu berücksichtigen. Dieses ist gemäß meiner langjährigen Erfahrung mit beiden Medienarten als Interviewte oder Protagonistin[575] in erster Linie das Eigeninteresse des Redakteurs, das auch dem Interesse des Mediums dient: mehr Umsatz durch erhöhte Aufmerksamkeit und Bekanntheit. Die Interessen der Bevölkerung werden maximal dann berücksichtigt, wenn sie primär dem Interesse des Mediums bzw. dessen Sponsoren und Inserenten dienen. Folglich sollte man sich nicht im Sinne eines Entweder-Oders nur von den Leitmedien oder nur von den »Alternativmedien« vereinnahmen lassen, sondern nach dem Motto »sowohl als auch« die Wahrheit aus den seltenen gewissenhaften Berichten beider Medienarten herausfiltern. Das betrifft vor allem die Veröffentlichungen fundierter Expertenmeinungen.

Ad 1. Erzeugung eines falschen Bildes über COVID-19. Die bereits ausführlich behandelte Nichtvornahme einer adäquaten faktenbasierten Gefahrenanalyse und -bewertung, vor allem das Ignorieren bereits vorliegender Studien, erzeugten ein verzerrtes und damit falsches Bild über die Krankheit COVID-19, das regelmäßig in unzähligen Pressekonferenzen und auch von den Medien gebetsmühlenartig wiedergegeben wird. Nachdem die eindringlichen Warnungen der höchsten denkbaren wissenschaftlichen Instanz, Prof. Dr. John Ioannidis, von der Politik ignoriert wurden, verschärfte sich der Ton des sympathischen griechisch-amerikanischen Professors: »Dieses **Nichtwissen**, diese wissenschaftliche Widersprüchlichkeit, dieser Mangel an Wissensbasierung. Es ist ein **Wissenschaftsdesaster**!«[576]

Dass er damit ins Schwarze trifft und woran es liegt, wurde bereits gezeigt. Amtlicher Pendeluhrschlaf und absichtlich geschürte Angst verdeutlichen, dass ab Januar 2020 nicht nur das wissenschaftliche Denken vernachlässigt, sondern offenbar auch der Hausverstand im Urlaub oder im von der Pharmaindustrie bereitgestellten Schmiergeldkoffer versperrt wurde. Zumindest bei jenen Politikern, die sogar seriöse epidemiologische Empfehlungen der eigenen Expertenstäbe vorsätzlich ignorieren. Wie sonst sollte man erklären, dass anstatt wissenschaftlicher Beurteilungsgrundlagen unhaltbare pseudo-mathematische Horrorszenarien entwickelt wurden? Eines dieser epidemiologisch wertlosen Modelle wurde bereits vorgestellt. Ein weiteres, ein vermutlich bestelltes apokalyptisches Pseudo-Gutachten, betrachten wir im gleichnamigen Kapitel.

Wie bereits erwähnt, gaben sowohl österreichische als auch bundesdeutsche Experten rechtzeitig Bescheid, dass im jeweils eigenen Land **kein** Grund zur Panik bestand. Die Situation in Europa war weder mit China noch mit Italien zu vergleichen, die sogenannte Infektionsgefahr daher **viel niedriger**. Schon Im Januar 2020 haben etliche Mediziner eine 80-prozentige Übereinstimmung zwischen CoV-2 und dem SARS-Virus festgestellt sowie demzufolge auch die Risikogruppen korrekt beurteilt. Für Österreich wurde von höchster medizinischer Stelle dezidiert festgestellt, dass hier die Grippe »viel näher und gefährlicher als das Corona-Virus« ist.[577]

Den Mut, sich offiziell gegen den falschen Kurs der eigenen Regierung zu stellen, fand der Verwaltungswissenschaftler Stephan Kohn, ein Oberregierungsrat des Referats *KM4* in der Abteilung für Krisenmanagement und Bevölkerungsschutz des deutschen Bundesinnenministeriums. Sein auf der Grundlage diverser Fachgutachten verfasster Auswertungsbericht mit dem Titel »Corona-Krise 2020 aus Sicht des Schutzes Kritischer Infrastrukturen« gelangte in der zweiten Maiwoche an die Öffentlichkeit.

Der letzte Punkt der zusammengefassten Analyseergebnisse (8.) lautet: »Die Defizite und Fehlleistungen im Krisenmanagement haben in der Konsequenz zu einer Vermittlung von nicht stichhaltigen Informationen geführt und damit eine **Desinformation** der Bevölkerung ausgelöst.« Aus dieser korrekten Feststellung leitet Kohn folgenden möglichen Vorwurf ab:

> *»Der Staat hat sich in der Corona-Krise als einer der größten Fake-News-Produzenten erwiesen.«*[578]

Dies begründet der beherzte Krisenfachmann mit dem evidenten Faktum, dass die gesamte Öffentlichkeitsarbeit bzw. Krisenkommunikation und alle Maßnahmen »auf einseitigem oder suboptimalem fachlichem Input« beruhen und daher leider auch »alle Maßnahmen und Entscheidungen des Krisenmanagements potentiell suboptimal« sind. Daraus ist wiederum abzuleiten, dass der Staat in der größten Krise der Bundesrepublik »potentiell der größte Produzent von Fake News war, gegen die er gerade in der Krise vorzugehen propagierte.« Genau dadurch, so Kohn weiter, hat ausgerechnet der Staat »dazu beigetragen, dass ein wichtiges Unterstützungspotential zur Bewältigung der Krise blockiert wurde.«[579]

Mit anderen Worten: Die Regierung selbst hat zu allererst und gleich mehrfach Fake News erzeugt, indem sie ihre eigenen Halb- und Unwahrheiten als Fakten präsentiert und echte Fakten als falsch deklariert hat. Durch dieses Spiel der doppelten Unwahrheit hat die Regierung obendrein jede sachliche Richtigstellung unterbunden und eine adäquate Krisenbewältigung vereitelt.

Ad 2. vorsätzlich manipulatives Angstmachen. Ziel und zugleich Methode der Fake News war, wie gesagt, die Verbreitung von Furcht und Schrecken. Die Bevölkerung sollte gefügig gemacht werden, damit sie die von der Regierung beschlossenen irrationalen, unnötigen und großteils schädlichen Maßnahmen toleriert. Die Bedeutung des Wortes »tolerieren« ist nicht umsonst eine Ableitung aus dem lateinischen Verb »tolerare«, das bekanntlich für Erdulden, Aushalten und Erleiden steht. Damit dieses aufgezwängte Erdulden nicht also solches wahrgenommen wird, bediente man sich eines weiteren psychologischen Tricks:

Ad 3. Zensur und Spaltung der Gesellschaft. Bis zum Frühling 2020 üblicherweise als faul geltende Stubenhocker werden in der sogenannten Corona-Krise plötzlich als »Helden« und »Lebensretter« gefeiert. Zugleich denunziert man kritische und unbeugsame Menschen als »Lebensgefährder«. Außerdem diskreditiert man sie vielfach zu Unrecht als »Aluhutträger«, »Rechtsextremisten« oder »Verschwörungstheoretiker«. Auf diese Weise werden kritische Stimmen zensiert. Außerdem wird das Hochkochen und Überschwappen des berechtigten Volkszorns auf die Regierung verunmöglicht. Stattdessen kommt es zur Teilentladung innerhalb der Bevölkerung. Das Volk wird gespalten und mit sich selbst beschäftigt, was man daran ablesen kann, dass bereits Ende März 2020 in Österreich mehr als 10.000 Anzeigen wegen Verstößen gegen die epidemiologisch sinnlosen Ausgangsbeschränkungen dokumentiert waren,[580] demnach eine größere Anzahl als positive Corona-Tests. Wie leicht sich im angeblich aufgeklärten und liberalen 21. Jahrhundert ein Blockwartsystem und Denunziantentum etablieren lassen, darf zum Denken anregen.

Zum Begriff »Verschwörungstheorie« ist festzuhalten, dass die Entstehung von Theorien über eine Verschwörung auf die Kappe der Regierung geht. Denn wo Intransparenz, Unlogik und Chaos herrschen, fragen sich viele Menschen zurecht, ob es sich um ein dunkles abgekartetes Spiel handelt.

Exkurs zum ursprünglich neutralen Begriff »Verschwörungstheorie«. Dieser wurde anlässlich einer echten Verschwörungspraxis von staatlicher Seite ins Negative umgedeutet, um Kritiker mundtot zu machen, die Bevölkerung zu spalten und die Weltöffentlichkeit irrezuführen. Gemeint ist der Putsch der US-Schattenregierung 1963 im Rahmen der Hinrichtung des damaligen Präsidenten John F. Kennedy (JFK). Dass es tatsächlich ein Putsch war, hat der Chefanalyst der 1998 vom US-Kongress eingesetzten Kommission zur Überprüfung der Attentatsbeweismittel (ARRB) anhand einer enormen Anzahl bis dahin von staatlicher Seite unterdrückter und gefälschter Beweismittel im Mordfall JFK **hochoffiziell** festgestellt.[581] Dass dennoch viele immer noch an die absurde alte Einzeltätertheorie glauben, hängt mit der gezielten Stigmatisierung der Kritiker zusammen.

Als 1967 etwa die Hälfte der US-Bürger richtig lag und eine Verschwörung gegen JFK, Volk und Land witterte, entwickelte der US-Auslandsgeheimdienst CIA eine bis heute verwendete Taktik zum Mundtotmachen unliebsamer Kritiker. Das von der ARRB ausgewertete CIA-Dokument 1035-960 vom 04. 01. 1967[582] empfiehlt das systematische Ignorieren kritischer Argumente sowie die gezielte Diffamierung ihrer Verfasser als egozentrische und systemfeindliche »Verschwörungstheoretiker«. Die Kernbotschaft der CIA an diverse Medien lautet, dass man auf den Inhalt der gegnerischen Argumente auf keinen Fall sachlich eingehen dürfe.[583] Diese Empfehlung wird bis zum heutigen Tag regelmäßig praktisch angewandt. Seit der Ermordung JFKs zieht sich ein roter Faden von den zahlreichen völkerrechtswidrigen Kriegen der USA, die gerade dieser Präsident verhindern wollte, über 9/11 und die Ukraine-Krise bis hin zur illegalen Massenmigration 2015 – und nun auch COVID-19, einer selbstgemachten Krise, in der erneut Kritiker mundtot gemacht werden.[584] Auf Internetplattformen wie YouTube verschwinden regelmäßig kritische Videos oder sie werden als »krude Verschwörungstheorien« hingestellt. Generell wurde der Algorithmus geändert. Twitter löscht »bedenkliche« öffentliche Mitteilungen (Tweets). Facebook kennzeichnet »auf Fakten geprüfte Fehlinformationen«. Und Google programmierte seine Suchmaschine für Anfragen zum Thema COVID-19 so, dass Behörden oder »seriöse Medien« priorisiert werden.[585]

Was politisch nicht erwünscht ist, wird zensiert, auch – oder gerade – wenn es sich um Fakten handelt. Hiermit habe ich persönliche Erfahrungen. Zum Beispiel hat YouTube das von meiner Frau und mir sorgfältig produzierte Video »Krise als Chance« ohne jede Klärungsmöglichkeit mit der Begründung gelöscht, es widerspreche der etablierten »Expertenmeinung« über das Impfen. Dabei werden im Video lediglich die offiziellen Impfziele von Bill Gates in Form von dessen eigenen audio-visuellen Präsentationen **korrekt** zitiert: erstens die Dezimierung der Weltbevölkerung[586] und zweitens das konsequente Durchimpfen aller Menschen.[587] Aber zusammengefasste Fakten sind bei Digitalkonzernen offenbar nicht erwünscht. Deshalb wurde unser Video von YouTube einfach entfernt. Es ist jedoch inzwischen mehrfach auf unabhängigen Servern gesichert und abrufbar.[588]

Die von den genannten Technologie-Unternehmen gesetzte Zensur wurde, wir erinnern uns, bereits im Oktober 2019 von Event 201 vorkonzipiert. Doch die gesetzten Maßnahmen genügen gewissen Leuten nicht. Am 07. 05. 2020 forderten 100 Ärzte und Krankenpfleger, darunter Prof. Dr. Christian Drosten, mittels offenen Briefs von besagten Technologie-Unternehmen strengere Maßnahmen gegen die von ihnen so bezeichnete »Infodemie«: konsequente Kennzeichnung von »Fehlinformationen«, deren Korrekturen, Warnungen an aller User, Entgiftung der Algorithmen inklusive Herabsetzung des Benutzerrangs (Feeds) statt der gebührenden Hinaufstufung.[589] Diese Forderungen beruhen auf der geschickten Mischung eines kleinen Teils Wahrheit mit einem großen Teil Unwahrheit. Zum einen werden tatsächlich absurde Ratschläge wie das Trinken eines Desinfektionsmittels in denselben Topf der Falschinformationen geworfen wie die berechtigte Verweigerung von Abstandhalten, Masken und **Impfungen**. Zum anderen wird daran die falsche Behauptung geknüpft, die Verweigerer wurden »ihre Mitbürger gefährden.« Außerdem würden durch die über die sozialen Medien viral verbreiteten Fehlinformationen »auf der ganzen Welt Menschenleben gefährdet werden.« Der relativ kurze Brief bezieht sich noch ein zweites Mal auf das Thema Impfen, indem er den Begriff »Impfgegner-Propaganda« nennt.[590]

Spätestens an diesem Punkt sollte jedem kritischen Leser klar sein, dass der offene Brief exakt den Empfehlungen im Chaosdrehbuch Event 201 entspricht. Der Plan liegt offen. Dieses keiner Widerlegung zugängliche Faktum beweist, dass es sich mangels Geheimnisses um keine Verschwörung handelt. Auch haben wir es mit keiner Theorie, sondern mit einer praktischen Anwendung zu tun. Die Diffamierung von Kritikern ist daher nichts anderes als die praktische Umsetzung einer offiziellen Agenda. Besonders unverschämt ist, dass ausgerechnet ein Regierungsberater wie Herr Drosten, der Hauptverantwortliche für den nachweislich wertlosen Corona-PCR-Test und dessen dramatische Folgen für die ganze Menschheit, eine strenge Zensur von Fake News fordert. Wie dieses Kapitel beweist, ist die politisch-mediale Propagandamaschinerie der größte Fake-News-Produzent. Zu dessen **Agenda-Praxis** zählen auch das Ignorieren und Denunzieren aufrichtiger Wissenschaftler.

Ad 4. Nichtbeachtung profunder Experten. Dass und wie sehr die Regierung gegen die Fachmeinungen der eigenen Experten handelte, ist seit der Veröffentlichung der Protokolle des BMSGPK-Beraterstabs kein Geheimnis mehr. Darüber wurde in vereinzelten Medien berichtet.[591] Von den meisten Medien und der Politik ignoriert werden jedoch nicht nur die offiziellen Berater mit abweichenden Meinungen, sondern auch unabhängige externe Experten, die sich privat kritisch zu Wort melden. In dieser Angelegenheit hat die sogenannte politische Opposition ebenfalls auf voller Linie versagt.

Hier sticht vor allem der vermeintliche Volksvertreter Herbert Kickl von der angeblich freiheitlichen Partei FPÖ besonders negativ hervor. Als vormaliger Innenminister hätte er wissen müssen, wie man ein korrektes Lagebild erstellt oder zumindest wie man alternative Meinungen einholt. Offenbar hat er nichts dergleichen getan. Im Gegenteil. Am 27. 02. 2020 attackierte der teuer bezahlte Nationalratsabgeordnete Kickl in hysterischer Manier die Regierung und forderte epidemiologisch völlig nutzlose Aktionen wie hochqualitative Atemschutzmasken für die Polizei, eine Corona-App sowie eine umfangreiche Info-Kampagne mit durchgeschalteten Spots im TV, in den sozialen Medien und auf verschiedenen Homepages.[592] Am 13. 03. 2020, zwei Tage vor Beschluss des ersten COVID-19-Gesetzesbündels, als sich der Absturz der Infektionskurve sogar schon anhand der unbeachtlichen Reproduktionszahlen abzeichnete, forderte Herbert Kickl einen massiven Maßnahmenansatz im Sinne eines **Lockdowns** für ganz Österreich, um die vermeintliche »exponentielle Steigerung der Infektionen zu durchbrechen.« Alle Tätigkeiten seien auf ein Mindestmaß herunterzusetzen.[593]

Weil die FPÖ ganz offensichtlich von der Regierung keine Vorlage der Faktenbasis verlangt, keine eigenen Recherchen angestrengt und nicht einmal Experten mit divergierenden Meinungen konsultiert hat, sondern in Ermangelung all dessen sogar noch schärfste Maßnahmen verlangt hat, ist diese Partei, allen voran Herr Kickl, in hohem Maße mitverantwortlich für das zwei Tage später gesetzlich beschlossene Schlamassel. Die späteren Attacken der FPÖ gegen Kanzler und Gesundheitsminister können daher nur noch als Polit-Show verstanden werden – oder als »das Kasperletheater am Ring« (um den ersten Wiener Bezirk), »in dem Kasperl und Krokodil nach der Aufführung auf ein Bier gehen«, wie mein leider schon verstorbener Vater es auszudrücken pflegte.

Ähnlich verhält es sich bei der deutschen »freiheitlichen« Partei FDP, die den Corona-Regierungskurs anfangs brav mitgetragen hatte, um sich dann doch auf die »opponierende« Rolle zu besinnen.[594] Um welche Freiheit handelt es sich eigentlich bei den sogenannten freiheitlichen Parteien? Geht es um die Freiheit von jeglicher selbständiger Faktenprüfung, die Freiheit von jeder Verantwortung für Volk und Land sowie die Freiheit des Stammplatzes am parlamentarischen Futtertrog?

Wir halten fest, dass die vermeintlich freiheitlichen »Oppositionsparteien« nicht nur versagt haben, sondern zugleich **Mittäter** am schwerwiegendsten Verfassungsbruch seit 1945 sind. Dieser Rechtsbruch war möglich, weil mutige und aufrichtige Wissenschaftler von allen Seiten ignoriert wurden. Mehr noch: Gegen sie wurden und werden regelrechte Schmutzkübelkampagnen betrieben.

Weil ich derlei Maßnahmen schon mehrfach am eigenen Leib erlebt hatte, hielt ich es für erforderlich, einen Nachweis für das objektive Wissen der Regierung über die Existenz der schon im März vorliegenden divergierenden externen Fachmeinungen zu erbringen. Dazu ließ ich meine bereits zweifach erwähnte strategische Analyse vom 22. 03. 2020 der österreichischen Bundesregierung, allen im Parlament vertretenen Parteien – inklusive **Opposition** – und den Medien mit offenem Brief zukommen. Zuerst habe ich auf die besagte **Studie aus Wuhan** hingewiesen, der zufolge 81 Prozent der COVID-19-Fälle milde verlaufen und die Sterblichkeit jener der Grippe entspricht. Sodann habe ich jene medizinischen Fachleute zitiert, die schon bis Mitte März 2020 virologische bzw. epidemiologische Entwarnung gegeben hatten:

- Dr. Wolfgang Wodarg
- Prof. Dr. Sucharit Bhakdi
- Prof. Dr. Karin Mölling
- Dr. Claus Köhnlein
- Dr. Stefan Wöhrer
- Dr. Jörg Spitz

Aus ihren privat veröffentlichten Expertisen ließ sich noch vor (Deutschland) bzw. spätestens kurz nach (Österreich) dem Beschluss des ersten COVID-19-Gesetzes das Gesamtbild erstellen, dass keine gefährliche Pandemie vorlag, die Tests wertlos sowie die angekündigten Maßnahmen epidemiologisch sinnlos bis lebensverkürzend sind und der wahre Krankmacher die künstlich erzeugte Panik ist. Die eventuell getäuschte Regierung war nackt wie der Kaiser, dem es niemand zu sagen wagte. Außerdem wurde auf die effizienten Krisenbewältigungsstrategien der Krankheitsprävention durch Stärkung des Immunsystems und die menschliche Fähigkeit zur Selbstheilung hingewiesen.

Zuletzt habe ich die sofortige Einsetzung parlamentarischer Untersuchungsausschüsse zur Klärung der offenen Fragen empfohlen, ob tatsächlich eine Krankheit vorliegt, die drastische Maßnahmen rechtfertigt, wie der Staat den Selbstheilungsprozess proaktiv fördern kann und so weiter.[595]

Seit 22. 03. 2020, dem Datum der nachweislichen Übermittlung meiner Analyse, gibt es in Österreich weder für die Politik noch für die Medien eine Ausrede in Richtung Unkenntnis anderslautender Expertisen außerhalb des eigenen Beraterkreises, also von Fachleuten, die sowohl von Politikern und Beamten als auch von den Leitmedien totgeschwiegen wurden. Aus objektiver Sicht haben sie spätestens seit besagtem Datum Kenntnis.

Dies hält jedoch Herrn Kurz[596] nicht davon ab, ihm medizinisch und intellektuell um Lichtjahre überlegene Experten als »Verharmloser«[597] oder gar als »dumm« zu bezeichnen, wenn sie COVID-19 faktenkonform als eine mit der Grippe vergleichbare Krankheit einstufen. Denn, so die kurzsichtige Meinung des Kanzlers, wer COVID-19 mit der Grippe vergleicht, der »argumentiert dumm.«[598] Blöd ist jedoch, wenn überhaupt, maximal der faktenresistent, arrogant und selbstherrlich auftretende Herr Kurz, der mit seinem in einer Demokratie untragbaren Verhalten den Eindruck erweckt, er wolle – einem Diktator gleich – mit der Beleidigung der Experten zugleich der gesamten Bevölkerung jenen Maulkorb umhängen, der von vielen Österreichern verächtlich »Goschenfetzen« oder »Anschoberschürze« genannt wird. Auf diese Weise wagen Laien jene Wahrheit maximal indirekt anzusprechen, für die sogar Fachleute »von ganz oben« als quasi gemeingefährliche und dumme Verharmloser abgestempelt werden.

Derart dreiste Verdrehungen der Tatsachen und Köpfe gebieten einen genaueren Blick auf den Urheber. »Kurz ist die totale Kontrolle«, lautet die zutreffende Beschreibung der Historikerin und Kurz-Biographin Barbara Tóth.[599] Bereits 2017 hat sie den machthungrigen Jungspund, »der keinerlei berufliche Erfahrung außerhalb der Politik, keinerlei zusätzliche berufliche Fähigkeiten, nicht mal ein abgeschlossenes Hochschulstudium« vorweisen kann, weniger als echten Politiker skizziert, sondern viel mehr als einen überwiegend im Neoliberalen verorteten »perfekten **Politdarsteller**«. Kurz ist also ein Schauspieler, der alle Informationen seiner Berater aufsaugt und dann »auf dieser Basis **performt**.« Er betreibt eine »unglaublich gute öffentliche **Vermarktung** seiner selbst.« Privat beobachtet, verhält er sich »zeitweise überheblich mit heruntergezogenen Mundwinkeln« und macht sich auf eine Weise über etwas oder jemanden lustig, »wie sich halt ein 31-jähriger, kinderloser Student in seinem Alter benimmt.« Sebastian Kurz, der der FPÖ die Wahlthemen weggeschnappt und schon sehr früh »seine Kontakte in Richtung Wirtschaft und Industrie« gepflegt hat, »ist durchaus auch **Marionette**.«[600] Als Sprachrohr oder Mietmaul muss man eben herhalten, wenn man selbst nichts auf dem Kasten hat außer der eigenen Inszenierung. Diese war schon 2011 äußert fragwürdig, als das wandelnde ÖVP-Erotisiakum in seinem »Geilomobil« mit dem geistbefreiten Sager »Schwarz macht geil« auf den Lippen durch Wien brauste.[601]

Dass billige Effekthascherei und schauspielerische Begabung keinesfalls für das Amt des Bundeskanzlers ausreichen, beweisen sowohl die Kurz'sche Zerstörung der

Regierung anlässlich der Ibiza-Affäre 2019[602] als auch das Kurz'sche Scheitern in der Corona-Krise, das er ebenfalls zu einem großen Anteil selbst verschuldet hat. Dieses Verschulden erstreckt sich gerade bei einem relativ ungebildeten und wenig erfahrenen Politiker in erster Linie auf die Auswahl seiner Experten. Da gerade Kurz jene Berater, auf die er hört, anscheinend danach auswählt, ob sie ihm nach dem Munde reden, ist ihm ein **Auswahlverschulden** anzulasten, auch Culpa in eligendo genannt. Darunter fallen ausgewählte Dritte, die erkennbar **ungeeignet** sind oder deren Einschaltung zumindest mit erkennbaren **Risiken** verbunden ist.

Dass die »öffentliche Äußerung von wissenschaftlichem Dissens nicht so gern gehört« wird, weil vor allem Kurz »auf eine einheitliche Linie ohne Zwischenrufe bedacht« ist, offenbart der bereits mehrfach erwähnte, aber leider nicht gehörte und daher freiwillig aus dem Beraterstab ausgeschiedene Public-Health-Experte Dr. Martin Sprenger,[603] der es gewagt hatte, sich gegen das absurde Schließen der Wiener Parkanlagen auszusprechen. Deshalb hatte ihm Herr Kurz, zwei Tage vor Dr. Sprengers Ausscheiden, über die Medien ausrichten lassen, dass er, der Kanzler, »zum Glück nicht auf die falschen Experten« höre.[604] Es wurde daher mehrfach nachgefragt, wer denn die »richtigen« Experten seien. Die auf den Dauersager des Kanzlers »Experten haben uns gesagt« zigfach gestellte Frage, um welche Fachleute es sich dabei konkret handle, blieb jedoch unbeantwortet.[605] Allein das beharrliche Schweigen ist zwar schon verdächtig genug, es scheint aber ohnehin klar zu sein, dass die Kurz'schen »Experten« in Wahrheit ungeeignete Auftragsgutachter sind.

Ad 5. Apokalyptisches Pseudo-Gutachten. Zwecks nachträglicher Rechtfertigung der mit der Anlassgesetzgebung vom 15. 03. 2020 ermöglichten drakonischen COVID-19-Maßnahmen ließ Kanzler Kurz nicht etwa medizinische Experten zu Wort kommen. Weil das für ihn gefährlich hätte werden können, erklärte Kurz am 30. 03. 2020 selbst – nach dem Muster seiner deutschen Amtskollegin Angela Merkel –, es gebe keine Alternative. Ohne den Hauch einer Begründung hierfür anzuführen, malte er den Teufel an die Wand: **Jeder** von uns kenne bald jemanden, »der an Corona **verstorben** ist.«[606] Kurz darauf begründete er das harte Durchgreifen der Behörden damit, dass wir sonst in Österreich bis zu »100.000 Tote« erleben könnten.[607] Dass dies absoluter Quatsch ist, weiß jeder, der die mathematischen Basics beherrscht. Selbst unter Heranziehung einer konservativ bzw. hoch angesetzten Infektionssterberate von 0,26 Prozent wären beim völlig unmöglichen Fall der gleichzeitigen Ansteckung aller rund 8,8 Millionen Einwohner Österreichs maximal 22.900 Corona-Tote zu erwarten gewesen. Bekanntlich sind aber in Anbetracht der ohnehin untauglichen Maßnahmen bis zum 02. 06. 2020 nicht einmal 670 Menschen hauptsächlich mit – und nicht etwa an – COVID-19 verstorben (siehe oben).

Einige Medien, allen voran das in Österreich den massenmedialen Ton angebende und auflagenstärkste Quantitätsmedium *Kronen Zeitung*[608] gab den Kanzler-O-Ton nicht nur ungefiltert wieder, sondern verstärkte sogar noch dessen destruktive Wirkung, indem es »düstere Zeiten« prophezeite und bereits im vorauseilenden Gehorsam für Maskenpflicht, Corona-App und langfristige kulturelle Veränderungen das massenpsychologische Feld bereitete.[609] Von derart gleichgeschalteten Medien konnte Adolf Hitler bei seiner absoluten Machtübernahme 1933 nur träumen. Die Regierung Kurz war hier klar im Vorteil. Weil trotz der ausbleibenden Leichenberge und Massengräber aus den ominösen »100.000 Opfern« ein tagespolitisches Mantra wurde, das jede sachliche Kritik im Keim ersticken sollte, handelt es sich der korrekten Beurteilung eines *Profil*-Journalisten zufolge um ein **Killerargument**.[610] Und genau dieses Killerargument hat seine Wurzel in der besagten Beratungssitzung vom 12. 03. 2020, an der Kurz teilnahm und allem Anschein nach höchstpersönlich forderte, dass die Menschen Angst vor der Ansteckung und dem Tod naher Verwandter haben sollen (siehe oben).

Übrigens existiert ein bereits veröffentlichter Audio- und Videomitschnitt, der unzweideutig belegt, dass Sebastian Kurz seine theatralischen Auftritte einstudiert und sie auch vor der laufenden Kamera probt. Seine eigene Regie-Anweisung lautet »Entschuldigung! Ich werde es ein paar Mal machen müssen, weil ich bin noch nicht gut genug drin!« Mit »drin« meint er die mit priesterlich erhobenen Armen gestützte Italien-Schock-Theatralik.[611] Ein Laienschauspieler als Kanzlerdarsteller oder ein »Bundeskurzler«, wie er seit COVID-19 auch genannt wird.[612] Über die bei Pressekonferenzen und gefilmten Sitzungen regelmäßig wie die Dalton-Brüder maskiert antanzende Regierung legt die aufrichtig wirkende oppositionelle Nationalratsabgeordnete und Ärztin Dr. Dagmar Belakowitsch (FPÖ) im Parlament offen, dass das alles nur ein Schauspiel ist: »Wenn die Kameras weg sind, trägt keiner von Ihnen eine Maske!« Zu den Angesprochenen zählen ausdrücklich sämtliche Club-Mitglieder der Regierungsparteien, von denen offenbar die Maske vor Wendung mitunter als Tischputzlappen verwendet wird.[613] Wenn wir schon so weit sind, dass die Politiker der Bevölkerung ein Verhalten vorspielen, das sie selbst nicht ernstnehmen, dann gute Nacht, du armes Österreich!

Seinem Killerargument, das mangels realer Substanz lediglich eine Killerphrase ist, legt Kurz offenbar jene fragwürdige Ausarbeitung vom 30. 03. 2020 (aktualisiert am 31. 03. 2020) zugrunde, an der kein einziger Epidemiologe oder Virologe beteiligt war, ja nicht einmal ein Allgemeinmediziner. Das im Internet nur schwer auffindbare Dokument wurde von vier **Mathematikern** (Universität Wien) und einem Biologen (ÖAW) erstellt.[614]

Darin lautet es: »Ganz allgemein wollen wir exponentielles Wachstum tunlichst vermeiden. Sobald R_0 längerfristig über 1 liegt, sagen Modelle für Österreich etwa **100.000 zusätzliche Tote** voraus.«[615] Hierbei handelt es sich um eine unzulässige Hochrechnung, die auf Annahmen beruht, für deren Beurteilung es an den grundlegenden Daten, Zahlen und Fakten ermangelt,[616] ähnlich einer Bruchrechnung mit ausschließlich unbekannten Zählern und Nennern. Anstatt Referenzdaten anzufordern oder die längst vorhandenen chinesischen Studien zwecks eigener Berechnung einer plausiblen Sterberate heranzuziehen, beschränken sich die »Gutachter« auf den wertlosen Reprofaktor, »berechnen« ein Horrorszenario und nehmen sich zudem heraus, freiheitsbeschränkende Maßnahmen zu empfehlen, die eindeutig nicht in ihren Zuständigkeitsbereich fallen: »Maskenpflicht im öffentlichen Raum«, »stärkeren Einsatz von Tests« und »Tracking der Kontakte«. Diese Maßnahmen sollen jedoch »nur« gelten,

»bis ein flächendeckender Einsatz von Impfstoffen möglich ist.«[617]

Auch hier gilt wegen absoluter Themenverfehlung: »Nicht genügend, setzen!« Liegt auch in diesem Fall wie schon bei Bill Gates und Kurz-Chefberaterin Antonella Mei-Pochtler ein bis zum Größenwahn reichendes einseitiges respektive binäres Denken nahe oder haben wir es doch eher mit einem aus dem Kurz-Dunstkreis angeforderten »Gefälligkeitsgutachten« zu tun? Für ein Auftragsgutachten mit **vorgegebenem Ergebnis** spricht das protokollarisch erwiesene Faktum, dass mehr als zwei Wochen vor seiner Erstellung, am 12. 03. 2020, von Kurz und Konsorten die Notwendigkeit des Angstschürens festgelegt worden war. Die epidemiologisch wertlose Ausarbeitung dient offenbar einem einzigen Ziel: dem suggerierten Anschein einer »wissenschaftlichen« Grundlage für das absichtliche Schüren von Angst. Für den Inhalt des »Gutachtens« ist jedenfalls der Auftraggeber verantwortlich. Denn wie gesagt: Wer nicht selbst denkt, ist auf andere angewiesen, die das für ihn übernehmen. Dabei ist man jedoch gerade in der hohen Politik zur sorgfältigsten Auswahl von Experten verpflichtet. Dass vier Mathematiker und ein Biologe zur Vornahme echter epidemiologischer Berechnungen absolut ungeeignet sind und ihre über den Kompetenzbereich weit hinausgehenden pseudo-epidemiologischen Empfehlungen hohe

Risiken für die ganze Nation bergen, musste sogar jedem gefährlich halbgebildeten Jüngling bewusst sein, sohin auch dem Kanzler.

Rein mathematische Modelle mit zu vielen Variablen sind nun einmal für die epidemiologische Modellierung völlig ungeeignet. Das hat nicht nur die von mir zitierte Professorin Dr. Karin Mölling frühzeitig offenbart,[618] sondern lässt sich auch problemlos aus einer rechtzeitig Anfang April 2020 publizierten Studie über 27 zweifelhafte Prognosemodelle herleiten, die von einer internationalen Prognoseforschergruppe einer genauen Prüfung unterzogen wurden. Beteiligt waren renommierte Experten der Abteilung für Klinische Biometrie an der Medizinischen Universität Wien sowie der Universitäten von Oxford, Keele, Maastricht, Leiden, Leuven und Utrecht.[619] Für englischunkundige Regierungsmitglieder bietet die Medizinische Universität Wien eine Kurzfassung in deutscher Sprache an: »Alle 27 untersuchten Modelle mussten aufgrund fehlerhafter Methodik oder unklaren Angaben zur Methodik mit einem **hohen Risiko für Verzerrungen** bewertet werden.«[620] Demnach bleibt für eine etwaige Ausrede, man habe das Auswahlrisiko nicht korrekt beurteilen können, kein Quadratmillimeter Argumentationsfläche übrig.

Übrig hat man trotz allem auch in deutschen Medien jede Menge Spott für jene ehrlichen Fachleute, die im Grunde den Job der Redakteure übernehmen und selbst an die Öffentlichkeit gehen. So wurde beispielsweise Oberregierungsrat Stephan Kohn vom *KM4* des deutschen BMI intensiv angegangen, indem man seine fundierte Analyse als »Corpus Delicti« im anhängigen Disziplinarverfahren und den inzwischen vom Dienst suspendierten SPD-Politiker als »Wichtigtuer«, »Spinner« und Held »in rechtslastigen Internetforen, in denen Verschwörungsmythen populär sind«, darstellt. Von Qualitätsjournalismus keine Spur. Kein adäquater inhaltlicher Bezug auf die vollkommen korrekte Analyse, kein kritisches Hinterfragen der Regierung. Stattdessen hagelt es im kurzen, offenbar nur auf möglichst hohe Klickzahlen ausgelegten Artikel der *Süddeutschen Zeitung* jede Menge Diffamierungen, die sich im Mittelteil auf das Thema **Kündigung** des mutigen Analytikers zuspitzen.[621] Profunde Kritiker sollen also nicht nur psychisch fertig gemacht, sondern auch wirtschaftlich ruiniert werden.

Wegen dieser groben Verletzung der journalistischen Sorgfaltspflicht müsste man die verantwortliche Redakteurin auf der Stelle feuern und sie wegen übelster Beleidigungen vor den Strafrichter stellen. Frei nach dem jüdischen Impressionisten Max Liebermann kann man gar nicht so viel essen, wie man kotzen möchte. Denn durch besagten Artikel fühlt man sich unweigerlich an einen Hetzbeitrag im *Völkischen Beobachter* erinnert, in dem einer der wenigen frühen beamteten Warner vor dem für Deutschland und insbesondere für das Judentum katastrophalen Naziregime als »Volksschädling« denunziert und sodann aus seinem Amt gedrängt wird.

Auch Dr. Wodarg, Dr. Bhakdi und einige andere hochrangige Experten werden unterhalb der Gürtellinie attackiert, und zwar als pensionierte Wichtigtuer, verwirrte Außenseiter und Verschwörungstheoretiker. Doch gerade die Mediziner Wodarg und Bhakdi hatten schon einige Jahre vor COVID-19 jeweils rechtzeitig und mit Nachdruck Pseudo-Seuchen als solche entlarvt und dadurch Volk und Land vor größerem Schaden bewahrt. Dass ausgerechnet sie bei COVID-19 als »Verschwörungstheoretiker« gebrandmarkt werden, ist ein absurder Irrwitz, den Abbildung 30 veranschaulichen soll.

Abb. 30

Die mediale Hetze gegen profunde Warnstimmen untermauert die Aussage von Dr. Wolfgang Wodarg, dass im Hinblick auf COVID-19 nicht nur die den Impfzwang vorantreibende »Wissenschaft«, sondern auch die Medien »institutionell korrupt« sind.[622] Korruption ist der Missbrauch einer Vertrauensstellung zwecks Erlangung eines Vorteils, auf den in aller Regel kein rechtlich gedeckter Anspruch besteht, jedenfalls nicht in einer funktionierenden Demokratie.

Laut dem in der *Frankfurter Allgemeine Zeitung* vom 23. 04. 2020 abgedruckten Artikel »Lob und Geld vom Kanzler« gibt Gerald Fleischmann, der Mediensprecher von Sebastian Kurz, das Offensichtliche zu: »Ohne die Information und die Bildung der Medien wäre es undenkbar gewesen, dass die Bevölkerung die Maßnahmen so mitträgt.« Auch bezüglich des extra dafür geschaffenen finanziellen Anreizsystems nimmt sich der Regierungssprecher kein Blatt vor den Mund: Als einzige Wirtschaftsbranche bekommen die Medien eine massive »Sonderförderung«. Davon ausgeschlossen sind, angeblich traditionsbedingt, lediglich die (nicht selten kritischen) reinen Online-Medien. Das ist schon einmal sehr verdächtig. Mindestens so suspekt ist der gleichheitswidrige Umstand, dass das größte Stück vom Förderkuchen ausgerechnet in den Rachen der auflagenstärksten Blätter rutscht, die mit Inseraten und nebensächlichen Skandalmeldungen ohnehin den größten Umsatz verzeichnen. Absolut unverständlich ist daher, »dass das Massenblatt *Kronen Zeitung* (2,7 Millionen Euro) und die zur kostenfreien Mitnahme in den Eingängen der U-Bahn stoßweise ausgelegten Blätter *Heute* und **Österreich** mit je 1,8 Millionen Euro zusammengenommen mehr als die Hälfte der Corona-Printhilfen einstecken.«[623]

Kommt hier wirklich nur ein Schelm auf den schlüssigen Gedanken, dass die Regierung mit der Nichtförderung reiner Online-Medien jedwede Diskussion im Internet verhindern will, in der kritische Geister oder gar ehrliche Experten wie Prof. Dr. Sucharit Bhakdi zu Wort kommen?

Jener Jurist und Intendant von *Servus-TV*, der Sucharit Bhakdi ausgiebig und ohne jede Einschränkung zu Wort kommen ließ, ist Dr. Ferdinand Wegscheider.[624] Der korrekten Beurteilung des zur Wahrheit stehenden Medienmachers zufolge hat die Masse der öffentlichen Kommunikationsträger über Nacht ihren »demokratischen Kontrollauftrag über Bord geworfen und sich von kritischer Berichterstattung eilends verabschiedet. Stattdessen macht sich ein Großteil der Medien – gestärkt durch üppige Regierungsinserate und Sonderförderungen – zum eifrigen Erfüllungsgehilfen, der nicht nur wochenlang die Zwangsverordnungen der Regierung kritiklos verlautbart, sondern auch **aktiv** mithilft, aus allen Rohren auf Kritiker zu feuern, und wacker versucht, jeden Widerstand schon im Keim zu ersticken.«[625] So, und nur so, wird begreiflich, warum in den Medien sogar das ganz offensichtlich Wahre verdreht und geleugnet wird.

Ad 6. Leugnung geplanter Maßnahmen. Im selbst verschuldeten Corona-Chaos wird die Öffentlichkeit sogar über bereits geplante Maßnahmen in die Irre geführt. Am 14. 03. 2020, etwa eine Woche vor Verhängung der deutschen COVID-19-Maßnahmen, wurde die Bevölkerung mit folgender **staatlicher Falschmeldung,** die in den Medien lanciert wurde, in falscher Sicherheit gewogen: »Achtung Fake News! Es wird behauptet und rasch verbreitet, das Bundesministerium für Gesundheit / die Bundesregierung würde bald massive weitere Einschränkungen des öffentlichen Lebens ankündigen. Das stimmt NICHT! Bitte helfen Sie mit, ihre Verbreitung zu stoppen.«[626] Da der Lockdown bereits drei Tage zuvor, also am 11. 03. 2020, indirekt angekündigt worden war (siehe oben), muss es sich bei der vermeintlichen Fake-News-Warnung wohl um eine vorsätzliche Irreführung handeln. Selbiges trifft auch auf die Verlautbarung des rhetorisch geschulten österreichischen Innenministers zu, der zwei Tage vor dem tatsächlichen Beschluss des Lockdowns beschwichtigte, es werde »natürlich keine Ausgangssperren« geben.[627] Der für den Hauptempfänger der Botschaft, den unbedarften Bürger, unerhebliche Unterschied zwischen einer vollumfänglichen Ausgangssperre im klassischen Sinne und den faktisch massiv die Bewegungsfreiheit einschränkenden verhängten Maßnahmen sind nichts anderes als eine rhetorische Haarspalterei, die der Taktik des psychologisch zermürbenden Crazy-Makings (Verrücktmachens) entspricht.

Diesem Umstand Rechnung tragend, stellt Hanno Settele in seiner sehr gut recherchierten ORF-Sendung »Glauben statt Wissen – Fake News«[628] nicht nur wirre Theorien von Privatpersonen bloß, sondern auch die berechtigte Frage, »ob die verwirrenden Regelungen und Vorgaben, die unsere **Regierung** zuletzt auf uns losgelassen hat, nicht auch eine Art Fake News darstellen.« In der nächsten Sequenz wird der dramaturgisch geschulte Kanzler bei seinem Ausspruch gezeigt, dass wir in Österreich bald die Situation haben werden, in der jeder einen Corona-Toten kennen wird.[629]

Ad 7. Verfälschung der Statistiken. Die grundlegendste Verzerrung ist, dass wichtige virologische und epidemiologische Zusammenhänge dem Laien nicht verständlich erklärt, sondern einseitig dargestellt und höchst manipulativ ins Gegenteil verkehrt werden. So wird bei den offiziell angeführten Zahlen der wichtigste Teil nicht erwähnt – zum Beispiel das Faktum, dass ein beträchtlicher Teil der vermeintlichen Corona-Fälle de facto in die Statistik der **Grippe** gehört.

Beim Corona-Test-Fiasko wird vertuscht, dass mehr als **99,97 Prozent** der Bevölkerung **nicht** positiv getestet und damit gemäß Statistik weder infiziert noch krank sind. Wie gesagt, sind mit Stand vom 30. 09. 2020 rund 80 Prozent der Bevölkerung nicht getestet, und von den ca. 20 Prozent Getesteten sind rund 98 Prozent negativ. Außerdem wird der Öffentlichkeit vorenthalten, dass aufgrund der Benutzung wertloser Tests viele Menschen – wie auch Huftiere und tropische Früchte – **fälschlich** als positiv getestet gelistet werden. Diese Verfälschung beruht aber nicht nur auf den an sich wertlosen Tests, sondern auch auf der extrem niedrigen Prävalenz, die im deutschsprachigen Raum wohl bei 0,025 Prozent liegt. Dass pro Saison nur 25 von 100.000 Menschen krank werden, zeigt, dass wir es mit keiner Epidemie von nationaler Tragweite zu tun haben. Wie das deutsche EbM (Netzwerk für evidenzbasierte Medizin) zutreffend ausführt, würde bei einer derart niedrigen Prävalenz »auch ein Test mit einer 99,9%igen Spezifität zu deutlich mehr falsch-positiven als richtig-positiven Befunden« führen.[630]

Die extrem niedrige Prävalenz macht COVID-19 nachweislich zu einer **seltenen** Krankheit (orphan disease). Denn in der EU gilt eine Erkrankung dann als selten, »wenn von ihr maximal 5 von 10.000 Menschen betroffen sind.«[631] Das sind 50 pro 100.000, was einer maximalen Prävalenz von 0,05 Prozent entspricht. Demnach wäre COVID-19 in Deutschland selbst bei einer Verdoppelung der tatsächlichen Prävalenz von 0,025 auf 0,05 Prozent immer noch eine seltene Krankheit. Haben Sie das jemals in den Leitmedien gehört?

Aufgrund der evidenten Wertlosigkeit der Tests wird außerdem – entgegen der üblichen Praxis – in den offiziellen Statistiken nicht zwischen positiv Getesteten (Infizierten) und den sogenannten Erkrankten unterschieden. Zudem wird dem Leser die wesentliche Information vorenthalten, dass erstens nur sehr wenige Infizierte erkranken sowie zweitens von den Erkrankten nur eine äußert geringe Anzahl medizinische Betreuung und lediglich ein mikrominimaler Bruchteil intensivmedizinische Versorgung braucht. Ein Blick auf das WHO-Dashbord genügt. Dort werden lediglich die bestätigten Fälle (»Confirmed cases«) und die Toten (»Deaths«) aufgezählt.[632] Dadurch wird beim Betrachter der **falsche** Eindruck erweckt, bei allen Fällen lägen Erkrankungen vor, von denen zudem ein gewisser Anteil zum Tod führe. Wie wir wissen, trifft das nicht zu. Denn die Masse der genannten ca. 81 Prozent hat gar keine oder nur milde grippeähnliche Symptome. Wer keine Symptome hat, ist nicht krank. Die sehr hohe Immunität von rund 85 Prozent der Bevölkerung gemäß den Blutproben der Monate April und Mai 2020 spricht in aller Deutlichkeit dafür, dass die überwiegende Mehrheit der »Fälle« frühzeitig symptomlos und daher frei von Krankheit war. Folglich stellt die nicht vorgenommene Unterscheidung zwischen Infizierten und Erkrankten eine wissenschaftlich nicht zulässige und darüberhinaus höchstmanipulative Verzerrung des Bildes über COVID-19 dar, die aus einer Mücke (Grippeähnlichkeit) einen Elefanten (Killerseuche) macht.

Wie gezeigt wurde, ergibt sich aus den statistischen Werten, dass ein beachtlicher Teil der vermeintlichen Corona-Fälle faktisch in die Grippe-Statistik gehört. Ihr Verbleib in der COVID-Listung ist daher wissenschaftlicher Betrug.

Eine weitere offensichtliche Verzerrung im Sinne einer Verfälschung ist das offizielle Narrativ vom »exponentiellen Wachstum« bei einem vollkommen willkürlich testbedingten Ansteigen der Fallzahlen, wobei die jeweilige Differenz gegenüber dem Vortag fast immer gleichbleibt. Die meisten Dashbords bringen auf den ersten Blick ein kontinuierliches Ansteigen der Infektionen zum Ausdruck, während die konstanten bis rückläufigen Tagesdifferenzen und hohen Genesungszahlen gut versteckt oder gar nicht ausgewiesen sind.

Erschwerend kommt hinzu, dass ein Teil der Ansteckungsverdächtigen länger als zulässig in der Statistik aufscheint, mitunter sogar mehrfach. Die mit Erlass des BMSGPK verfügte behördliche Anleitung zur Kontaktpersonennachverfolgung legt fest, dass Kontaktpersonen eines Infizierten mit hohem Expositionsrisiko (Kategorie I) sogar dann weiterhin bis zu 10 Tage den verordneten Corona-Maßnahmen ausgesetzt **bleiben**, wenn »die virologische Untersuchung keinen Nachweis von SARS-CoV-2« erbringt.[633] Bei Kontaktpersonen mit niedrigem Expositionsrisiko (Kategorie II) hat eine negative Testung zur Folge, dass der Betroffene trotzdem »**weiterhin** als Kontaktperson Kategorie II bis Tag 10 nach dem letzten kontagiösen [ansteckenden] Kontakt zu handhaben« ist.[634]

Laut der vom RKI erstellten Richtlinie werden bei Kontaktpersonen der Kategorie I das Gesundheitsmonitoring und die Quarantänezeiten selbst **nicht** aufgehoben bzw. verkürzt, wenn ein negatives Testergebnis vorliegt. Und wer schon früher »selbst ein Quellfall war«, wird bei einer neuerlichen positiven Testung als Kontaktperson »**wieder** zu einem Fall«.[635] Wer also einmal auf dem Corona-Radar aufscheint, speist die Statistik gelegentlich mehrfach. Dazu trägt auch die ungebührliche Prolongierung der Maßnahmen trotz Negativtestung bei. Denn bei der nächsten Testung kann der wertlose PCR-Test ein falsches positives Ergebnis ausspucken. Wenn der Sinn der unzulässigen Maßnahmenverlängerung nicht eine absichtliche Quälerei der Bevölkerung ist, bleiben nur noch zwei Möglichkeiten, die durchwegs beide zugleich zutreffen können: 1. Die Behörden vertrauen dem Test selber nicht. 2. Die Test-Fehlfunktionen werden gezielt dazu verwendet, die Corona-Statistik in die Höhe zu treiben.

Wissenschaftlich unhaltbar sind auch jene permanenten irreführenden Meldungen, die sich in der Bekanntgabe lediglich absoluter Zahlen **ohne** Nennung einer relevanten Bezugsgröße erschöpfen. Es gibt keinen populationsbezogenen Ansatz. Dass die absoluten Zahlen auch nicht in das Verhältnis zur Grippe geschweige denn zur Gesamtsterblichkeit gesetzt werden, stellt eine niederträchtige Manipulation sondergleichen dar.

Ganz leicht erkennbar ist auch, dass die Statistiken entgegen der üblichen Praxis über das Ende der »Krankheitssaison« hinaus **fortgeführt** werden. Wie gezeigt wurde, war COVID-19 jedenfalls Ende Mai 2020 abgeschlossen. Während bei der Grippe regelmäßig ein kürzerer Abschnitt von etwa Herbst bis Frühling herangezogen wird, werden bei »COVID-19« sämtliche »Fälle« von Beginn an weit über das Ende (Mai 2020) hinaus fortlaufend durchgezählt.[636] Auf diese Weise wird das Verhältnis zwischen Grippe und COVID-19 zusätzlich zugunsten COVID-19 verfälscht und das Trugbild von der Killerseuche verstärkt.

Einen weiteren Beitrag zu diesem Trugbild leistet die ursprüngliche Empfehlung des RKI, an vermeintlichen Corona-Toten **keine Obduktionen** durchzuführen: »Eine innere Leichenschau, Autopsien oder andere aerosolproduzierenden Maßnahmen sollten vermieden werden.« Man hat also trotz längst vorliegender lehrreicher Obduktionsberichte aus China versucht, den deutschen Patholgen die Hände zu binden. Kritiker meinen daher zu Recht, man wolle die wahre Todesursache verschleiern.[637] Schließlich protestierten der Bundesverband Deutscher Pathologen und die Deutsche Gesellschaft für Pathologie. Sie forderten das offensichtlich Notwendige, nämlich »weitere Erkenntnisse über die Erkrankung und deren oft erstaunlich fulminanten Verlauf zu gewinnen und offene Fragen zu beantworten.«[638] Erst auf diesen Druck hin änderte das RKI seine Empfehlungsstrategie in die bei Obduktionen ohnehin übliche Einhaltung der Basishygienevorschriften.[639]

Auf der offiziellen Homepage des österreichischen Gesundheitsministeriums wird die falsche Eintragung von den mit überwiegender Mehrheit an morbiden Vorerkrankungen Verstorbenen unverblümt zugegeben: »Jede verstorbene Person, die zuvor COVID-positiv getestet wurde, wird in der Statistik als ›COVID-Tote/r‹ geführt, unabhängig davon, ob sie direkt an den Folgen der Viruserkrankung selbst oder ›mit dem Virus‹ (an einer potentiell anderen Todesursache) verstorben ist.«[640] Dasselbe Faktum bringt RKI-Leiter Prof. Dr. Lothar Wieler wie folgt zum Ausdruck: »Bei uns gilt jemand als Corona-Todesfall, bei dem eine Corona-Infektion nachgewiesen wurde.«[641] Eine ausdrückliche Rückvergewisserung beim RKI bestätigt, dass in Deutschland sogar faktisch durch **gewaltsame** Eigen- oder Fremdeinwirkung verstorbene Infizierte in der Sterbestatistik als COVID-19-Tote ausgewiesen werden.[642] Zweifelsohne handelt es sich hierbei um staatlicherseits betriebene Urkundenfälschungen.

Mitten in der Krise wird gelegentlich die Zählweise geändert. So geschehen in Österreich, wo die Sterbedaten des Gesundheitsministeriums plötzlich nicht mehr mit jenen des Innenressorts zusammenpassen wollten. Anstatt diesen Anlass endlich zur Aufrollung sämtlicher Urkundenfälschungen zu nutzen und dem Corona-Spuk ein Ende zu bereiten, begnügte sich die Presse mit der »lustigen« Frage, ob die Differenz an Toten auferstanden sei.[643]

Für derlei von den Medien nicht aufgedeckte Urkundenfälschungen werden in den USA stattliche staatliche **Kopfprämien** ausbezahlt. US-Senator und Arzt Dr. Scott Jensen, der die verordnete Zählweise als »lächerlich« bezeichnet, erklärte bereits Anfang April 2020 gegenüber *Fox News*, die bundesstaatliche öffentliche Krankenkasse *Medicare* habe »festgelegt, dass Sie bei einer COVID-19-Aufnahme in das Krankenhaus 13.000.- US-Dollar erhalten. Wenn dieser COVID-19-Patient ein Beatmungsgerät bekommt, erhalten Sie 39.000.- US-Dollar; dreimal so viel.« Jensen selbst werde sich nicht zu Fälschungen hinreißen lassen: »Ich werde keine Dinge hinzufügen, nur weil es praktisch ist.« Natürlich haben aber besagte Prämien Auswirkungen auf das Verhalten anderer Ärzte und insbesondere der Krankenhäuser, lautet die logische und lebenspraktische Beurteilung des Mediziners und Politikers.[644]

Es würde an ein Wunder grenzen, wenn die mit den wahren Hintergründen von COVID-19 vielfach nicht vertrauten Krankenhausleitungen keine verrückte Zählweise anordnen, um mit leicht verdientem Geld etwas Gutes zu finanzieren: die Verbesserung des seitens der hohen Politik jahrzehntelang kaputtgesparten Gesundheitswesens. Dieser vermutlich auch in anderen Nationen plötzlich ausgeschüttete Geldsegen fügt sich nahtlos in das Bild der staatlich geförderten Korruption zwecks propagandistischer Suggestion einer Killerseuche.

Dubios ist auch der offen angesprochene »Paradigmenwechsel«, der zwangsweise mit COVID-19 einhergehe und vor allem ältere Menschen verstärkt zur Abgabe einer Patientenverfügung ermutigen soll, die gegebenenfalls den Willen zum Unterlassen einer künstlichen Beatmung ausdrückt.[645] Offiziell stehen derlei Anregungen natürlich im Dienst der Menschlichkeit und Entscheidungsfreiheit. Tatsächlich möchte man wohl ältere Menschen billig loswerden und dadurch die COVID-19-Statistik aufbessern.

Getürkte Statistiken haben ganz offensichtlich den Zweck, die schon mit untauglichen Tests nach oben verfälschten COVID-19-Sterbezahlen noch mehr künstlich zu erhöhen, weil sie faktisch nicht einmal an jene einer leichten Grippe herankommen und daher keinesfalls den gewünschten Eindruck einer Killerseuche erwecken. Durch das gezielte Aufpeppen der Sterbezahlen wird versucht, das ursprünglich erzeugte falsche Bild über COVID-19 durch ewiges Wiederholen als Killerseuche ins Gedächtnis des darüber nicht reflektierenden Betrachters einzubrennen.

Fake News als Ersatzgesetze

Die Bevölkerung wird im ganz großen Stil belogen und betrogen. Analog zur Blaupause Event 201 wurde eine politisch-mediale Propagandamaschinerie in Gang gesetzt und nicht mehr abgeschaltet. Hierfür war das mediale Feld bereits bestellt, zumal der ursprünglich einmal elementare journalistische Grundsatz der Trennung von Nachricht und Meinung längst aufgegeben worden war. Schon lange vor COVID-19 war die in der Regel politisch opportune Meinung des Redakteurs ein wesentlicher Teil der »Nachricht«. Die Wirklichkeit wurde also nicht mehr abgebildet, sondern medial kreiert. So verkümmerten die meisten Medien zum politischen Propagandainstrument. Die schon vorhandene Propagandamaschinerie läuft während COVID-19 auf Hochtouren. Es findet keine evidenzbasierte und transparente Risikokommunikation statt. Die gezeigten sieben Kategorien von Fake News lassen sowohl quantitativ und qualitativ als auch in ihrer dichten Verwobenheit keinen Zweifel darüber zu, dass die Regierung und ihre Handlanger, die Medien, regelmäßig als absolutistische Herrscher über den Informationsfluss auftreten. Ihr besonders grobes schuldhaftes Verhalten resultiert aus dem Faktum, dass der allgemein übliche Grundsatz »Audiatur et altera pars«, also das Anhören der anderen Seite, nicht einfach nur grobfahrlässig oder nach dem Motto »Na wenn schon!« bedingt vorsätzlich verletzt wird Viel mehr geschieht es systematisch und kontinuierlich, infolgedessen mit voller **Absicht**. Dadurch wird ein ordentlicher wissenschaftlicher Diskurs konsequent verunmöglicht. Hierzu besagt der in den 1970er Jahren formulierte Beutelsbacher Konsens: »Wenn unterschiedliche Standpunkte unter den Tisch fallen, Optionen unterschlagen werden, Alternativen unerörtert bleiben, ist der Weg zur **Indoktrination** beschritten.«[646]

Diese ist mit dem Wesen der Demokratie absolut unvereinbar. Denn Indoktrination ist das massenpsychologische Kernelement jeder Diktatur. Mittels Propagandakampagnen wird die Bevölkerung gezielt manipuliert, indem sie mit einseitig ausgewählten Informationen versorgt wird. Dadurch soll jedwede Kritik ausgeschaltet werden, um die eigenen Ziele effizienter zu erreichen. Dem Volk werden weder die relevanten Fakten mitgeteilt noch wird es gefragt, was es will. Im Gegenteil. Den Untertanen wird eingetrichtert, was es zu denken und zu tun hat. In seinem erstmals 1924 aufgelegten Buch *Mein Kampf* schreibt der angehende Diktator Adolf Hitler, optimale Propaganda müsse den »wissenschaftlichen Ballast« abwerfen. Anstatt der ganzen Wahrheit seien permanent dieselben kurzen, simplen, eindeutigen Botschaften zu wiederholen: »Diese Empfindung aber ist nicht kompliziert, sondern sehr einfach und geschlossen. Sie gibt hierbei nicht viel Differenzierungen, sondern ein Positiv oder ein Negativ, Liebe oder Hass, Recht oder Unrecht, Wahrheit oder Lüge, niemals aber halb so und halb so oder teilweise und so weiter.« Schließlich sei die Aufnahmefähigkeit der großen Masse »nur sehr beschränkt, das Verständnis klein, dafür jedoch die Vergesslichkeit groß.« Die Darstellung des Gegners hat »**nicht** objektiv auch die Wahrheit, soweit sie den anderen günstig ist, zu erforschen, um sie dann der Masse in doktrinärer Aufrichtigkeit vorzusetzen, sondern ununterbrochen der eigenen zu dienen.«[647] Die unverkennbaren Parallelen zwischen dem Propagandaleitfaden in *Mein Kampf* und moderner politisch-medialer Indoktrinierung haben Prof. Dr. Michael Vogt und ich anhand von konkreten Beispielen im Rahmen eines gefilmten Interviews im Jahr 2015 aufgezeigt.[648]

Deutlich intensiver im Sinne von Hitlers Anleitung wird im Rahmen von COVID-19 vorgegangen. Die selbst eingebrockte Krise ist eine regelrechte Desinformationsseuche, eine politisch-medial erzeugte Infodemie, eine propagandistisch erzeugte Pseudopandemie, also eine **Propagandemie**. Entgegen den wissenschaftlichen Fakten wird ein unethisches und grob rechtswidriges Blendwerk von einer speziellen Situation und einer außergewöhnlichen Lage konstruiert. Daran wird die wahre Bedeutung des Wortes »Nachrichten« sichtbar: nachträglich gerichtete im Sinne von nachjustierten Informationen (Manipulationen), nach denen sich der Empfänger richten bzw. sein Verhalten ausrichten soll. Wir sollen uns da**nach richten**. Der Begriff »Gehirnwäsche« ist völlig verfehlt, weil Waschen bekanntlich reinigt. Gehirnverschmutzung trifft es auf den Punkt. Zu denken ist auch an eine staatliche **Müllpresse**, also eine von der Regierung gelenkte Presse, die den Lesern jede Menge Müll in die Köpfe presst. Der unbedarfte Bürger soll sich – wie bereits im Kommunismus und im Nationalsozialismus anschaulich vorexerziert – an einer

Art von medial verkündeten, quasistaatlichen »Ersatzgesetzen« orientieren. Dabei wird der Empfänger so umfangreich getäuscht, wie man ihn nur täuschen kann. Mit dieser aufwändigen Propaganda werden zwei fundamentale Ängste erzeugt: die Angst vor dem Tod (Sterben) und die Angst vor sozialer Ausgrenzung. Diese beiden Psychowaffen versperren die realistische Sicht auf die vielfach rechtswidrigen staatlichen Corona-Maßnahmen. Der Bürger wird zum obrigkeitshörigen Manipulationsobjekt gemacht, zum »alternativenlosen« Erdulden seines in Wahrheit völlig unnötigen Freiheitsverlusts genötigt.

D. Rechtswidrige Masznahmen

Das Thema ist zwar komplex, aber auch für juristische Laien durchschaubar. Damit sich der mit der Materie noch nicht vertraute Leser besser zurechtfindet, enthält dieses Kapitel eine kurze Einführung in das Verfassungsrecht, ein praxisrelevantes Prüfschema sowie eine Beschreibung jener Grundsätze, auf die bei der Detailprüfung der Maßnahmen Bezug genommen wird. Graphische Darstellungen, Tabellen sowie regelmäßige Wiederholungen, Querverweise und Zusammenfassungen erleichtern das Verständnis. Man muss sich aber trotzdem nicht alles merken. Ein Buch hat man ja, um die Grundzüge zu verstehen und die Details bei Bedarf noch einmal nachzulesen.

Zur Einführung ist nochmals festzustellen, dass **sämtliche** von der Regierung gesetzten Maßnahmen illegal und verfassungswidrig sind. Die Regierung ist allem Anschein nach sowohl passiv (durch Unterlassen) als auch aktiv (durch Handlungen) schuldhaft vorgegangen. Die nicht gesetzten Maßnahmen zur Förderung der Herdenimmunität stellen rechtswidrige **Unterlassungen** dar, die als passive Grundrechtsverletzungen obendrein verfassungswidrig sind. Außerdem sind **sämtliche** im Zusammenhang mit COVID-19 verordnete Maßnahmen vom simplen Abstandhalten bis hin zum angekündigten Impfzwang – ausnahmslos – bereits aus dem evidenten Grund rechts- bzw. verfassungswidrige aktive Grundrechtsverletzungen, dass in Ermangelung eines Killervirus eindeutig keine Pandemie oder Epidemie vorliegt, aus deren Anlass Grundrechtseingriffe angeordnet werden dürften. Dennoch werden durch eine Flut von Regelungen und Maßnahmen nahezu alle Grund- und Freiheitsrechte verletzt, teilweise eingeschränkt und teilweise gebrochen.

Es ist nicht die Aufgabe dieses Kapitels, alle rechtswidrigen Gesetze, Verordnungen und Einzelmaßnahmen lückenlos aufzuzählen. Das wäre bei der gewaltigen

Flut an Normen kaum möglich und weder angemessen noch zweckdienlich, weil sie vielfach irreführend bis rechtswidrig und daher dem Aufhebungsverfahren unterworfen sind. Demgemäß ist das Ziel der folgenden Darstellung, die Muster der zahlreichen Verfassungsbrüche chronologisch und möglichst verständlich herauszuarbeiten sowie jenes rechtliche Rüstzeug zu vermitteln, mit welchem wir uns adäquat wehren und auf weitere staatliche Rechtsbrüche vorbereiten können.

Die Grund- und Freiheitsrechte stehen, wie gesagt, im Verfassungsrang. Exemplarisch seien genannt: das bereits erwähnte Recht auf Leben und körperliche Unversehrtheit (siehe Kapitel »Schuldhaft verletztes Vorsorgeprinzip«), das Recht auf persönliche Freiheit sowie das Recht auf Achtung des Privat- und Familienlebens. In Österreich sind die Grundrechte kreuz und quer in 12 verschiedenen Rechtsquellen verstreut, insbesondere im chaotisch zusammengewürfelten Bundes-Verfassungsgesetz (B-VG)[649] und in der Europäischen Menschenrechtskonvention (EMRK),[650] aber auch in veralteten Nebengesetzen wie etwa dem Staatsgrundgesetz von 1867 (StGG) und dem Staatsvertrag von St. Germain von 1918.[651] Im Gegensatz dazu enthält das vorbildlich strukturierte deutsche Grundgesetz (GG) gleich im ersten Abschnitt einen mustergültigen Katalog an Grundrechten.[652] Deutschland ist allerdings auch Mitglied der EMRK. Auf sie beziehen wir uns daher hauptsächlich, wenn wir herausarbeiten, dass die COVID-19-Maßnahmen so gut wie alle Grundrechte verletzen.

Die den Maßnahmen zugrundeliegenden Gesetze und Verordnungen sind mehrfach verfassungswidrig, was sowohl das Formale als auch den Inhalt betrifft. Genau durch diese gehäuften Rechtsbrüche werden sogar die Baugesetze der Verfassung verletzt. Dass der juristische Laie nur ganz selten weiß, was Baugesetze sind, stelle ich regelmäßig bei meinen Vorträgen fest. Es folgt daher ein Schnellsiedekurs in Verfassungsrecht unter Bezugnahme auf COVID-19.

Diktaturfreundliche Sollbruchstelle

Wenn Sie bisher wenig Ahnung vom gesatzten (erzeugten) nationalen Recht hatten, empfiehlt sich vor dem Weiterlesen ein erster Überblick auf Abbildung 31. Der dort gezeigte Stufenbau der Rechtsordnung auf der Bundesebene, der in Österreich und Deutschland so gut wie identisch ist, besteht, vereinfacht dargestellt und ohne Berücksichtigung des EU-Rechts, aus fünf hierarchisch gegliederten Ebenen. Von Stufe 1 ganz oben bis zur Stufe 5 ganz unten sind dies: Baugesetze, Verfassung, ein-

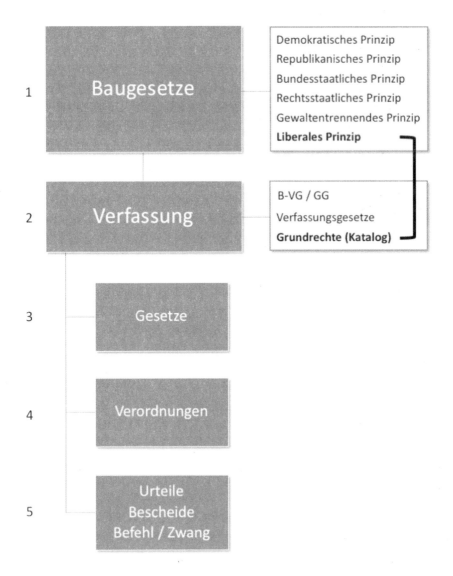

Abb. 31: Stufenbau der Rechtsordnung A

fache Gesetze, Verordnungen sowie Urteile, Bescheide und verwaltungsbehördliche Befehls- und Zwangsgewalt.[653] Anhand dieses Stufenbaus wird eine im Rechtssystem bewusst angelegte **Schwachstelle** (Sollbruchstelle) ersichtlich, die im Zuge

223

von COVID-19 schändlich missbraucht wird: Die grundsätzlich auf Stufe 2 (Verfassung) garantierten Grundrechte werden aufgrund einer einfachen gesetzlichen Ermächtigung (Stufe 3) durch Verordnungen (Stufe 4) sowie auf deren Grundlage ergehenden individuellen Rechtsakten (Stufe 5) so stark verletzt, dass mindestens ein oberstes Verfassungsprinzip bzw. Baugesetz (Stufe 1) illegal und zum Nachteil der Bevölkerung ausgehebelt wird: das **liberale Prinzip**. Diese für einen echten Rechtsstaat untragbaren Vorgänge veranschaulichen die Pfeile und die Klammer in Abbildung 32.

Ad Baugesetze (Stufe 1). Die an der Spitze stehenden Baugesetze stellen die verfassungsrechtliche Grundordnung dar, die leitenden Grundprinzipien der Verfassung. Entweder werden die Baugesetze direkt in der Verfassung genannt oder sie lassen sich indirekt aus ihr ableiten. Neben dem demokratischen Prinzip (Volk als Souverän), dem republikanischen Prinzip (Bundespräsident als Staatsoberhaupt), dem bundesstaatlichen Prinzip (Bund selbständiger Länder), dem rechtsstaatlichen Prinzip (Verfassung, Rechtssicherheit, Rechtsschutz) und dem gewaltentrennenden Prinzip (organisatorische Trennung der Gesetzgebung, Verwaltung und Gerichtsbarkeit) ist das in der Causa COVID-19 besonders beschädigte **liberale Prinzip** hervorzuheben. Während das demokratische Prinzip mit der Teilnahme an der staatlichen Willensbildung (Wahlen, Volksabstimmung etc.) – bisher leider nur theoretisch – eine Identität von Herrschern und Beherrschten herstellen und dadurch den Bürgern maximale Freiheit im Staat garantieren soll, hält das liberale Prinzip bestimmte Lebensbereiche von staatlichen Eingriffen frei. Diese **Freiheit vom Staat** ergibt sich aus einer Fülle von Grund- und Freiheitsrechten, also einem Grundrechtskatalog, der in seinem Gesamtbestand das liberale Prinzip bildet.[654] Die auch historisch begreifliche Verbindung zwischen dem liberalen Prinzip und den Grundrechten symbolisiert jeweils die Klammer in Abbildung 31 und 32.

Soll auch nur eines der Baugesetze aufgehoben oder ihr Verhältnis untereinander wesentlich verändert werden, wäre das eine Gesamtänderung der Verfassung. Einer solchen sind in Österreich massive rechtliche Schranken gesetzt. Zum einen gelten die für die Erzeugung von Verfassungsbestimmungen allgemein verschärften Bedingungen: Beteiligung von mindestens der Hälfte der Abgeordneten (Präsenzquorum) und Zustimmung von mindestens zwei Dritteln der abgegebenen Stimmen (Konsensquorum). Zum anderen hat **zwingend**, bei sonstiger Ungültigkeit, eine **Volksabstimmung** stattzufinden, also eine obligatorische »Abstimmung des gesamten Bundesvolkes«.[655] Bekanntlich wurde das österreichische Volk im März 2020 nicht gefragt, sondern belogen und getäuscht, bevor man im Parlament – unter kräftigem Zutun der beruflich nickenden »Opposition« – das liberale Prinzip mit dem schwersten Rechtsbruch seit Bestehen der Zweiten Republik aus den Angeln gehoben hat. Der Bevölkerung steht daher das Recht auf **Widerstand** zu, wenngleich es in der Bundesverfassung bedenklicherweise nicht ausdrücklich genannt wird. Hier sind die bundesdeutschen Bürger formaljuristisch bessergestellt. Denn zum Schutz des Verfassungsstaats normiert das GG explizit »das Recht zum Widerstand« für alle Deutschen.[656]

Ad. Verfassung (Stufe 2). Weil die Verfassung unterhalb der Baugesetze steht, darf sie nicht gegen diese verstoßen. Deshalb spricht man auch vom einfachen Verfassungsrecht. Darunter ist vor allem das staatliche Grundregelwerk zu verstehen, nämlich in Österreich das schon erwähnte B-VG und in Deutschland das GG.

Beide Regelwerke sind jedoch nach korrektem demokratischem und rechtstheoretischem Verständnis keine echten demokratischen Verfassungen, weil sie nicht von der Bevölkerung beschlossen wurden. Dennoch wird das Volk von beiden »Verfassungen« zum Souverän erklärt. Das Recht der demokratischen Republik Österreich »geht vom **Volk** aus.«[657] Auch in Deutschland geht alle Staatsgewalt »vom **Volke** aus.«[658] Dass die staatliche Macht vom Volk ausgeht, bedeutet seit Beschluss beider »Verfassungen«, dass die Macht in aller Regel nicht direkt vom Volk erzeugt und ausgeübt wird. Schließlich ist das Wesen unserer größtenteils indirekten Demokratie, dass die vom Volk gewählten Repräsentanten – leider nur theoretisch – in seinem Auftrag das Recht setzen. Ebendiese repräsentative Demokratie wurde jedoch zu **keiner** Zeit vom Volk selbst beschlossen. Das bedeutet daher, dass sich die sogenannten Volksrepräsentanten hierzu auf der Stufe der »Verfassung« selbst zu den Vertretern der Wählermassen ernannt haben. Das ist freilich ein juristisches Ding der Unmöglichkeit. Denn ein fundamentaler Rechtsgrundsatz, der dem römischen Recht entlehnt ist, lautet im Original: »Nemo plus iuris ad alium transferre potest quam ipse habet.« In der Sprache von uns Volksdeutschen:[659] Niemand kann mehr Recht auf einen anderen übertragen, als er selber hat. Da das Volk seine Macht niemals auf den sogenannten Verfassungsgeber übertragen hatte, konnte dieser es sich auch nicht rechtmäßig einverleiben und schon gar nicht auf die nachfolgenden »Volksvertretungsorgane« weitergeben. Weder am Anfang noch zu einem späteren Zeitpunkt wurde dem Volk etwas anderes gewährt als die repräsentative Demokratie. Die gestärkte oder gar vollständige direkte Demokratie wird bis heute verwehrt. So schockierend es für manche sein mag, so einfach, logisch und wahr ist es: Die sogenannte repräsentative oder indirekte Demokratie ist der größte Etikettenschwindel bzw. Volksbetrug in der relativ kurzen Geschichte der Demokratie.

Dass der direkte Volksentscheid ausschlaggebend für das Vorliegen einer Verfassung ist, geht eindeutig und direkt aus dem angeblich nur vorläufigen Grundgesetz hervor, das nicht einmal Verfassung heißt, bis heute gilt und zudem gemäß Artikel 146 seine Gültigkeit erst an dem Tag verlieren soll, »an dem eine Verfassung in Kraft tritt, die von dem deutschen **Volke** in freier Entscheidung beschlossen worden ist.«[660] Das Grundgesetz kann somit erst dann eine Verfassung sein, wenn sie sich das freie deutsche Volk erstmals selbst gibt. Dasselbe trifft für Österreich zu, wo die sogenannte Verfassung analog zu Deutschland im Gefolge des Zweiten Weltkriegs und daher unter scharfer Beobachtung der alliierten Siegermächte nicht vom eigenen Volk, sondern von einer von fremden Mächten kontrollierten kleinen Gruppe demokratisch nicht legitimierter »Repräsentanten« der provisorischen Staatsregierung beschlossen wurde, die in Wien obendrein an die alte »Verfassung« von 1920 angeknüpft haben.[661] Es steht daher unverrückbar fest, dass weder das GG noch das B-VG echte Verfassungen sind.

Im Zuge der in beiden Ländern längst fälligen Volksabstimmung sollte unbedingt die direkte Demokratie zur Maxime erhoben werden. Das österreichische B-VG muss massiv entrümpelt und nach dem Vorbild des gewissenhaft strukturierten GG gestaltet werden. Zweiteres sollte insofern optimiert werden, als die Änderung der Baugesetze nur mit der Zustimmung des Volks erfolgen darf. Es muss aber ein noch stärkerer Schutz her, wie Österreich anlässlich COVID-19 unrühmlich gezeigt hat.

Das Volk hat weder über die Art des politischen Systems entschieden noch über dessen nähere Ausgestaltung. Folglich handelt es sich um keine echte Verfassung. Diese Scheinverfassung ist die erwähnte Eintrittspforte für das von Prof. Dr. Hans Herbert von Arnim entlarvte fassadendemokratisch getarnte **Zweitsystem**, in dem ganz andere Regeln gelten als jene der offiziellen »Verfassung« (GG, B-VG). Im Rahmen der vermeintlich repräsentativen Demokratie haben sich die sognannten Volksvertreter von Beginn an selbst zu den Herren des Systems gemacht. Dass sie allein die Spielregeln bestimmen, äußert sich auch darin, dass sie nicht einmal für absichtlich gebrochene Wahlversprechen faktisch belangt werden können. Laut B-VG sind die Mitglieder des Nationalrates und des Bundesrates »bei der Ausübung dieses Berufes an **keinen** Auftrag gebunden.«[662] Und die oberflächlich wohlklingendere Formulierung des GG lautet, dass Abgeordnete als »Vertreter des ganzen Volkes, an Aufträge und Weisungen **nicht** gebunden und nur ihrem Gewissen unterworfen« sind.[663] Doch das bedeutet in der Praxis nichts anderes, als dass die vermeintlichen

Volksvertreter »wegen ihres parlamentarischen Abstimmungsverhaltens oder politischer Meinungsäußerungen weder dienstlich noch gerichtlich zur Verantwortung gezogen werden können.« Diese sogenannte Indemnität besteht sogar »nach Beendigung des Mandats fort.« Wer das nicht glauben will, möge es in einem Artikel der Bundeszentrale für politische Bildung (BPB) nachlesen.[664]

Jeder Bäckerlehrling hat mehr Verantwortung als höchste Politiker. Die modernen Herrscher haben es sich auf Lebenszeit gemütlich eingerichtet – in mehrfacher Hinsicht auf Kosten des Volkes. Denn wer gegenüber dem Volk de facto nicht verantwortlich ist, ist nicht sein Diener, sondern sein Herr, der obendrein fürstlich bezahlt wird. Jean-Jacques Rousseau hat schon im Jahr 1758 erklärt, dass in einer echten Demokratie die Abgeordneten nicht mehr und nicht weniger sein dürfen als die vom Volk Bevollmächtigten, denen es daher nicht zusteht, etwas selbst entscheidend zu beschließen. Denn »jedes Gesetz, das das Volk nicht persönlich bestätigt hat, ist null und nichtig; es ist kein Gesetz.«[665] Das Wesen der Demokratie ist eben, dass das Volk selbst und direkt entscheidet. Eine »Demokratie«, die nicht direkt ist, kann daher keine (echte) Demokratie sein. Das Unwesen der repräsentativen Demokratie verdeutlicht Rousseau am Beispiel Englands, wo sich das »Volk wähnt frei zu sein; es täuscht sich außerordentlich; nur während der Wahlen der Parlamentsmitglieder ist es frei; haben diese stattgefunden, dann lebt es wieder in **Knechtschaft**, ist es nichts.«[666] Diese bis heute währende Knechtschaft beruht auf der Illusion, eine mikrominimale Minderheit von Politikern könne Millionen von Menschen vertreten. Beim Wahlgang wird die eigene Stimme wortwörtlich abgegeben, nämlich in der sogar so bezeichneten Urne zu Grabe getragen. Hinsichtlich dieser geistesmorbiden Illusion entlarvte der britische Staatsphilosoph Edmund Burke bereits im Jahr 1790 die vielen zeitlosen Irrtümer, die »in der Allgemeinheit und Zweideutigkeit der Begriffe ›unzureichende Repräsentation‹ lauern.« Das House of Lords »ist kein Vertreter der Menschen überhaupt, auch nicht in ›Schein oder in Form‹.« Aber auch das vermeintlich bürgerlich ausgerichtete Unterhaus des britischen Parlaments, das House of Commons, ist lediglich »Schatten und Spott der Repräsentation.«[667] Diese Zeilen sind mitnichten veraltet. Schließlich hat sich an der modernen Form der Diktatur – auch lange nach dem Zweiten Weltkrieg und dem sogenannten Kalten Krieg – bis heute nichts geändert, wie die durch und durch korrumpierte Politik tagtäglich und insbesondere mit den absurden Corona-Maßnahmen anschaulich unter Beweis stellt.

Zurück zu Stufe 2 der Rechtsordnung. Der Einfachheit halber bleiben wir im Folgenden beim Begriff der Verfassung. Das B-VG und das GG verstoßen insofern gegen das darin artikulierte demokratische Prinzip (Baugesetz, Stufe 1), als das Volk zwar zum Souverän erklärt wird, gewisse demokratiefeindliche Spielregeln jedoch keine echte Demokratie gewährleisten, sondern lediglich den um ihren Platz am parlamentarischen Futtertrog ringenden Abgeordneten einen fürstenähnlichen Status verleihen.

Zur Verfassung zählen auch einzelne Verfassungsgesetze sowie natürlich die Grund- und Freiheitsrechte, die jedes für sich im sogenannten einfachen Verfassungsrang und damit (einzeln) eine Stufe unter den Baugesetzen stehen. Die rechtswidrigen Corona-Maßnahmen wirken sich auf so gut wie alle Lebensbereiche aus: Kontakt- und Ausgangssperren, sogar für nächste Angehörige verbotene Besuche von Sterbenden, streng limitierte Teilnahmemöglichkeit an Beerdigungen, ausgesetzte medizinische Behandlungen und Operationen, zwangsweise abgenommene Corona-Tests, verordnetes Maskentragen, Betretungsverbote im Handel- und Dienstleistungsgewerbe, untersagte berufliche Erwerbstätigkeit für breite Teile des Wirtschaftslebens, verbotene Versammlungen inklusive Gottesdienste und so weiter. Von diesen illegalen Maßnahmen bleibt kaum eines der vielen Grundrechte verschont, die folgende Schutzgüter haben bzw. folgende Freiheiten schützen sollen:

- Leben / körperliche Unversehrtheit[668]
- Meinungs- und Pressefreiheit[669]
- Unverletzliche Privatsphäre[670]
- Ungestörtes Familienleben[671]
- Gleichheit vor dem Gesetz[672]
- Versammlungsfreiheit[673]
- Gesetzlicher Richter[674]
- Bildung / Unterricht[675]
- Persönliche Freiheit[676]
- Bewegungsfreiheit[677]
- Selbstbestimmung[678]
- Eigentumsfreiheit[679]
- Menschenwürde[680]
- Religionsfreiheit[681]
- Erwerbsfreiheit[682]
- Briefgeheimnis[683]
- Datenschutz[684]
- Hausrecht[685]

Dass die Grundrechte im deutschen Grundgesetz seit 1949 deutlich exponiert an den Anfang gestellt sind, ist »den Erfahrungen des nationalsozialistischen Unrechts im Deutschen Reich von 1933 bis 1945« geschuldet.[686] Weil es kollektivistischen Staatsterror zu unterbinden gilt, werden die Grundrechte in erster Linie als **Abwehrrechte gegen den Staat** verstanden (Freiheit vom Staat). Wie das deutsche BVerfG in ständiger Rechtsprechung betont, sollen die Grundrechte »die Freiheitssphäre des Bürgers vor Eingriffen der öffentlichen Gewalt sichern.«[687] Von der vorbildlich festen Verankerung der Grundrechte im deutschen GG kann sich Österreich insofern eine dicke Scheibe abschneiden, als sämtliche Grundrechte bereits im ersten Artikel ausdrücklich den ganzen Staatsapparat **direkt** in die Pflicht nehmen: »Die nachfolgenden Grundrechte binden Gesetzgebung, vollziehende Gewalt und Rechtsprechung als **unmittelbar** geltendes Recht.«[688] Die unmittelbare Wirkung der Grundrechte wird in Österreich vom VfGH in neuerer Judikatur insofern vorgesehen, als die Behörden – auch entgegen einem anderslautenden gesetzlichen Wortlaut – Grundrechte nur unter den in der EMRK genannten Bedingungen (Verhältnismäßigkeit) einschränken dürfen.[689] Anders ausgedrückt: Die Behörden haben grundrechtseinschränkende Gesetze und Verordnungen verpflichtend von sich aus, also aus eigenem Antrieb, einer Prüfung auf Verhältnismäßigkeit und Verfassungskonformität zu unterziehen.

Demnach steht außer Zweifel, dass sowohl in Deutschland als auch in Österreich die Behörden und Beamten, insbesondere Polizisten, die Befolgung jener Gesetze und Verordnungen ablehnen müssen, die anlässlich COVID-19 massiv in die Grundrechte eingreifen. Die **Ablehnungspflicht** ergibt sich primär aus dem Faktum, dass mangels echter Pandemie und Eingriffssituation gar keine Rechtfertigung für Grundrechtseingriffe gegeben ist. Außerdem liegt ein schwerer formaljuristischer Fehler vor, weil die massiven Verletzungen der Grundrechte einer Aufhebung des liberalen Prinzips gleichkommen, dafür aber keine Beschlussfassung des Verfassungsgesetzgebers und auch keine Zustimmung der Bevölkerung existiert. Die Suspendierung (Außerkraftsetzung) des Grundrechtskatalogs ist jedoch in der Verfassung **nicht** vorgesehen.

Einzelne Grundrechte können zwar gemäß Artikel 15 EMRK außer Kraft gesetzt werden, dies darf jedoch nur im Falle eines »öffentlichen Notstandes, der das Leben der Nation bedroht« und lediglich im unbedingt erforderlichen Umfang erfolgen. Ein derartiger öffentlicher Notstand im Sinne einer Eingriffssituation liegt aber nicht einmal bei einer (fiktiv angenommenen) schweren COVID-19-Pandemie vor. Außerdem steht jedwede Einschränkung von Grundrechten – aus korrekter verfassungsrechtlicher Sicht – ausschließlich dem Verfassungsgesetzgeber zu.[690] Es ist absolut logisch, dass ein im Verfassungsrang stehendes Recht nur durch eine Regelung **derselben** Stufe eingeschränkt werden darf, demnach durch eine verfassungsgesetzliche Normierung (Stufe 2). Doch die EMRK sieht das befremdlicherweise viel lockerer vor, wie wir gleich sehen werden.

Ad Gesetze (Stufe 3). Alles unterhalb der Verfassung stehende Recht (Stufen 3 bis 5) muss im Einklang mit den Baugesetzen und der Verfassung sein, widrigenfalls es ungültig und aufzuheben ist. Die in der Praxis wichtigsten Normen sind die sogenannten einfachen Gesetze (Stufe 3). Weil sie sich ohnehin im Rahmen der Verfassung bewegen müssen, sind für einfache Gesetze **niedrigere** Entscheidungsquoren festgelegt als für Verfassungsgesetze.

Genau hier liegt bei den Grundrechten der Hase im Pfeffer. Denn verschiedene Grundrechte stehen gemäß EMRK unter einem Eingriffsvorbehalt, der auch Gesetzesvorbehalt genannt wird. Diesem nachweislich falschen Prinzip zufolge wird behauptet, durch ein **einfaches Gesetz** könne in ein verfassungsrechtlich garantiertes Recht eingegriffen werden. So dürfe laut EMRK beispielsweise das Grundrecht auf Achtung des Privat- und Familienlebens im öffentlichen Interesse eingeschränkt werden, wenn »dieser Eingriff gesetzlich vorgesehen« ist.[691] Das ist aber nicht korrekt, wobei es noch schlimmer kommt: Der Europäische Gerichtshof für Menschenrechte (EGMR) versteht unter dem Gesetzesvorbehalt nicht einmal das Erfordernis eines Gesetzes im formalen Sinne. Dem Straßburger Gericht genügt eine ausreichend präzise formulierte und angemessen zugängliche staatliche Regelung, für die bedenklicherweise auch Gewohnheitsrecht in Betracht komme.[692] Wenn es also nach dem EGMR geht, wären – entgegen dem klaren EMRK-Wortlaut (»gesetzlich vorgesehen«) – Grundrechtseinschränkungen allein auf der Grundlage von Verordnungen (Stufe 4) bzw. ohne Zwischenschaltung von echten Gesetzen möglich.

Doch das ist mit dem im österreichischen B-VG festgelegten Legalitätsprinzip unvereinbar. Dieses besagt nämlich, dass die gesamte staatliche Verwaltung »nur auf Grund der Gesetze« ausgeübt werden darf.[693] Darunter sind eben Gesetze im formalen Sinne (Stufe 3) zu verstehen, weshalb der VfGH auf das in der EMRK ausdrücklich genannte gesetzliche Eingriffserfordernis wie folgt abstellt: »In Österreich müssen dem Art 18 B-VG zufolge die Eingriffsmöglichkeiten in einer auf **Gesetzesstufe** stehenden Norm vorgesehen sein.«[694] In dieselbe Richtung geht das deutsche GG, dessen Artikel 20 normiert, dass die Gesetzgebung an die verfassungsmäßige Ordnung gebunden ist, sowie die vollziehende Gewalt und die Rechtsprechung an

Gesetz und Recht.[695] Zusätzlich legt Artikel 19 fest, dass ein grundrechtseinschränkendes Gesetz nicht nur für den Einzelfall, sondern allgemein gelten und zudem das Grundrecht nebst Artikel ausdrücklich benennen muss.[696]

Das in Österreich und Deutschland vorherrschende Prinzip des formalen Gesetzesvorbehalts ist zwar zweifelsfrei eine Verbesserung gegenüber der unzutreffenden EGMR-Judikatur. Es darf jedoch nicht davon ablenken, dass auch ein Grundrechtseingriff mittels einfachen Gesetzes aus korrekter rechtsstaatlicher und demokratischer Perspektive absolut **unzulässig** ist. Dafür existiert nämlich keine gültige verfassungsrechtliche Grundlage. Schließlich darf der Verfassungsgesetzgeber seine ureigene legislative Befugnis **nicht** auf den einfachen Gesetzgeber abwälzen. Hierzu ist er nicht von der Bevölkerung ermächtigt worden. Aus verfassungsrechtlicher Sicht ist es daher **verboten**, dass mittels Anwendung der niedrigeren Schranken für einfachgesetzliche Regelungen die Entrechtung der Bevölkerung erheblich erleichtert wird. Doch genau das haben die Parlamente schon lange vor COVID-19 getan, indem sie das österreichische EpG und das deutsche IfSG auf einfachgesetzlicher Ebene (Stufe 3) beschlossen und darin obendrein einzelne nicht vom Volk gewählte Funktionsträger der Verwaltung (Gesundheitsminister, Landeshauptmänner bzw. Landesregierungen) zur Grundrechtseinschränkung mittels Verordnung (Stufe 4) ermächtigt haben.

Im Verbund mit der nicht vom Volk autorisierten repräsentativen Demokratie liegen nun schon zwei hochgradige Betrügereien vor: Verfassungsrechtlich nicht vom Volk legitimierte »Volksvertreter« nehmen sich aufgrund eines nicht vom Volk beschlossenen Regelwerks heraus, auf einem höheren Level (Stufe 2) verankerte Grundrechte dem Volk im Bedarfsfall mittels einer Normierung auf einem darunter liegenden Level (Stufe 3) zu entziehen. Das erinnert unweigerlich an kollektivistische Zwangssysteme wie den Kommunismus oder den Nationalsozialismus, in denen man den Menschen offiziell erklärte, wie stolz sie auf ihre »Freiheiten« sein dürfen, die man jedoch längst im Hintergrund mit juristischen Kniffen abmontiert hatte. Nichts anderes sind die besagten Gesetzesvorbehalte, allerdings in moderner kapitalistisch-globalistischer Ausprägung. Sie sind jene **Sollbruchstelle**, derer man sich im Frühjahr 2020 zur Aushebelung der Grundrechte auf Stufe 4 bedient hat.

Ad Verordnungen (Stufe 4). Eine Stufe unterhalb der einfachen Gesetze befinden sich die Verordnungen, die einer gesetzlichen Ermächtigung bedürfen, hauptsächlich von Ministerien erlassen werden und die Gesetze näher aus- oder durchführen. Der Verordnungsgeber darf lediglich den im übergeordneten Gesetz erstellten Rahmen ausfüllen bzw. das Gesetz nur in dem Sinne konkretisieren, dass er die grundlegenden Gedanken des Gesetzgebers im Detail zu Ende denkt.

Anlässlich COVID-19 haben einfache Gesetze auf der Bundebene regelmäßig einen **einzelnen** Funktionsträger zur Beschränkung der Grund- und Freiheitsrechte mittels Verordnungen ermächtigt: den Gesundheitsminister. Dieser macht davon ebenso reichlich Gebrauch wie die auf der Landesebene ermächtigten Landeshauptmänner (Österreich) bzw. Landesregierungen (Deutschland). Dabei kommen zwei Formen von Verordnungen zur Anwendung. Die erwähnten Durchführungsverordnungen richten sich direkt verbindlich an den Normadressaten, also an den Bürger. Die sogenannten Rechtsverordnungen hingegen sind rein verwaltungsinterne Anordnungen, die das Vorgehen der Beamten regeln. Um Verwechslungen vorzubeugen, werden die Rechtsverordnungen regelmäßig Erlässe genannt. Auf ihrer Grundlage greifen die Behörden mit individuellen Rechtsakten in die Rechtssphäre der Bürger ein, vor allem mit Bescheiden sowie unmittelbarer Befehls- und Zwangsgewalt (Stufe 5).

Somit erfolgen die faktischen Beschränkungen der Grundrechte durch Corona-Maßnahmen auf den beiden untersten Stufen. Dabei werden kontinuierlich so gut wie alle Grundrechte der gesamten Bevölkerung verletzt, was einer **Aufhebung des liberalen Prinzips** gleichkommt, einer hochgradig verfassungswidrigen Aushebelung eines Baugesetzes (Stufe 1) durch Verordnungen (Stufe 4) und Einzelfallentscheidungen (Stufe 5). Siehe Abbildung 32.

Ad Urteile, Bescheide, Befehls- und Zwangsgewalt (Stufe 5). Die unterste Stufe bilden die auf Basis der Gesetze, Verordnungen und Erlässe getroffenen Einzelfallentscheidungen, nämlich gerichtliche Urteile, verwaltungsbehördliche Bescheide und faktische Amtshandlungen. Letztere werden auch verwaltungsbehördliche Befehls- und Zwangsgewalt genannt. Sie alle müssen erlass-, verordnungs- respektive gesetzeskonform und letztlich verfassungskonform sein, wodurch sich der Kreis zu den Baugesetzen schließt.

Verstoßen Erlässe, Verordnungen oder einfache Gesetze gegen die Verfassung oder die Baugesetze, wie es bei den Corona-Maßnahmen 2020 der Fall ist, dürfen sie von den Behörden und Gerichten nicht zur Setzung individueller Rechtsakte herangezogen werden. Die Befolgung derart rechtswidriger Grundlagen **muss** abgelehnt werden. Darauf kommen wir im Kapitel über die Rechtsfolgen zurück. Es wurde schon erwähnt, dass die Behörden und Gerichte die Grundrechte **unmittelbar** zu beachten haben. Demnach ist es ihre amtliche Pflicht, jedweden Grund-

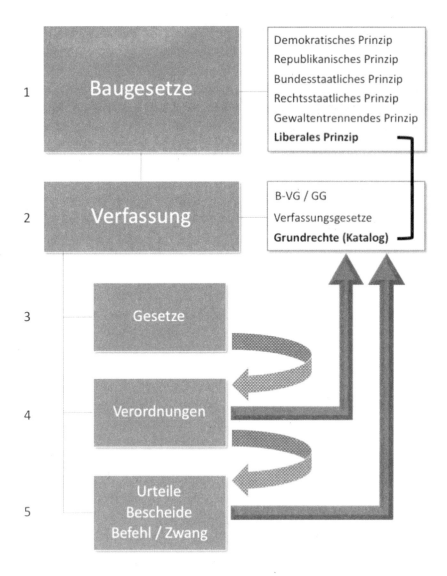

Abb. 32: Stufenbau der Rechtsordnung B

rechtseingriff selbst dann gewissenhaft zu prüfen, wenn er gesetzlich gedeckt zu sein scheint. Das gilt sowohl für passive (Unterlassungen) als auch für aktive Grundrechtseingriffe (Handlungen).

Passive Grundrechtsverletzungen

Eine offiziell an die virale Ansteckung glaubende und mit der geschürten Angst vor einer gefährlichen Epidemie operierende Regierung muss den berechtigten Vorwurf hinnehmen, dass sie die Bevölkerung in einigen verfassungsmäßig garantierten Grundrechten mittels der eingangs aufgezählten Unterlassungen verletzt: grobe Vernachlässigung der Risikogruppen (I.), Vernachlässigung der Krankenhaushygiene (II.), kaum Aufstockung des medizinischen Materials (III.), Desinformation der Bevölkerung (IV.) und fortgesetzte 5G-Ausrollung. Die Desinformation hat, wie gesagt, sowohl eine passive (Unterdrückung der Wahrheit) als auch eine aktive Komponente (Verbreitung der Unwahrheit). Auch das anscheinend schuldhaft unterlassene 5G-Verbot (V.) weist einen aktiven Aspekt auf, nämlich das gezielte Durchpeitschen.

Grobe Vernachlässigung der Risikogruppen (I.)

Das sogenannte Virus SARS-CoV-2 ist hochoffiziell nur für eine sehr kleine und genau bekannte Minderheit gefährlich. Dennoch wurden die seit Januar 2020 bestens bekannten Risikogruppen grob vernachlässigt. Indem die Angehörigen dieser Risikogruppen nicht vom Staat vor den Wirkungen einer für sie besonders gefährlichen Krankheit gewarnt und geschützt wurden, hat man sie in ihrem verfassungsmäßig garantierten Recht auf **Leben** und **körperliche Unversehrtheit** verletzt. Denn wie bereits erwähnt, ist der Staat zum aktiven Schutz des Lebens der auf seinem Gebiet lebenden Menschen verpflichtet. Gemäß der Rechtsprechung des EGMR wird diese Schutzpflicht durch eine Untätigkeit des generell handlungsfähigen Staates verletzt.[697]

Die Regierung wäre dazu verpflichtet gewesen, die Angehörigen der Risikogruppen umfassend und korrekt zu informieren, zum **freiwilligen Selbstschutz** proaktiv anzuleiten und sie dabei im Bedarfsfall tatkräftig zu unterstützen. Dabei muss stets das Selbstbestimmungsrecht der Betroffenen beachtet werden. Hinsichtlich der Details wird auf das Maßnahmenpaket I. des liberalen Sollzustands verwiesen. Dass der Staat trotz rechtzeitigen Wissens über den Personenkreis der Risikogruppen ab Januar 2020 untätig blieb, bestätigt die schon mehrfach zitierte Aussage des »Kronzeugen« und Public Health Experten Dr. Martin Sprenger.

Vernachlässigung der Krankenhaushygiene (II.)

Auch bezüglich der seit vielen Jahren hinlänglich bekannten Missstände im Bereich der Krankenhaushygiene, insbesondere betreffend der von gewissenhaften Journalisten und Medizinern aufgezeigten Katastrophe der Krankenhauskeime und Supererreger, hat der Staat anscheinend seine Schutzpflicht schuldhaft nicht erfüllt. Dieses Unterlassen kostet alljährlich tausenden Menschen das Leben, wobei man das Verschulden im Jahr 2020 offenbar teils auf COVID-19 abzuwälzen versucht.

Kaum Aufstockung des medizinischen Materials (III.)

Rechtswidrige Untätigkeit trotz regelmäßiger korrekter Berichte aus China ab Januar 2020 liegt anscheinend auch bei der verspäteten oder nur teilweise erfolgten Aufstockung des medizinischen Materials vor. Die erste von mehreren veröffentlichten Fachinformationen des BMSGPK[698] erging sehr spät, nämlich am 12. 03. 2020 an die Krankenanstalten. Erst zu diesem fortgeschrittenen Zeitpunkt wurden den Krankenanstalten Vorbereitungsmaßnahmen im Hinblick auf die zu erwartenden Entwicklungen empfohlen, insbesondere die Verschiebung nicht vordringlicher Untersuchungen, Behandlungen und Operationen.[699] Demnach trifft den zu spät agierenden Staat, der aus der grippeähnlichen Mücke COVID-19 eine elefantöse Killerseuche konstruiert hat, allem Anschein nach nicht nur im Bereich der Gesundheitsvorsorge (ausgesetzte Untersuchungen) ein Verschulden, sondern auch im besonders sensiblen Bereich der Wiederherstellung der Gesundheit (ausgesetzte Behandlungen und Operationen).

Dass keine wahrnehmbare Aufstockung der Intensivbetten erfolgt ist, stellt zwar im Rahmen von COVID-19 keine Sorgfaltsverletzung dar, zumal die dokumentierte Gesamtauslastung der Intensivmedizin zu keiner Zeit bedrohliche Ausmaße angenommen hat (siehe Kapitel »1. Kein legitimes Ziel«). Allerdings beweist das diesbezügliche Unterlassen das Wissen der Regierung, dass das vermeintliche Ziel der kapazitätsgerechten intensivmedizinischen Auslastung mangels gefährlicher Seuche bzw. mangels Notsituation gar nicht zu verfolgen war. Infolgedessen beweist die Regierung durch die nicht erfolgte Aufstockung der intensivmedizinischen Kapazitäten, dass sie sich allzeit voll darüber im Klaren war, dass COVID-19 keine echte Epidemie ist, welche Grundrechtseingriffe rechtfertigen könnte. Die Regierung ist daher ihr eigener Ankläger für das **Nichtvorliegen** einer Eingriffssituation.

Desinformation der Bevölkerung (IV.)

Die korrekte Informierung der Bevölkerung wurde nicht nur durch Verschweigen relevanter Fakten passiv unterlassen, sondern auch mittels systematischer Desinformation im Rahmen eines regelrechten Staatsterrors und insbesondere mittels der gezeigten sieben Kategorien von politisch-medialen Fake News aktiv betrieben. Dieses Vorgehen ist mehrfach verfassungswidrig.

Zum einen schädigt regelmäßiger Psychoterror nachweislich die **Gesundheit** bzw. die körperliche Integrität. Im Kontext von COVID-19 erklärte der deutsche Immunologe und Toxikologe Prof. Dr. Stefan Hockertz bereits am 24. 03. 2020 im Radio, nicht das grippeähnliche Virus, sondern »die **Angst** davor macht uns krank.«[700] Denn wie der Neurobiologe Dr. Gerald Hüther erklärt, unterdrückt zunehmende Angst das Immunsystem, was uns anfälliger für Viren macht.[701] Der staatlich betriebene Corona-Terror ist sohin ein treibender Aspekt von COVID-19. Als Auslöser der Immunschwäche kommen alle möglichen Angstzustände in Frage, vor allem die absichtlich erzeugte Todesangst. Diese wirkt sich mitunter in Schlaflosigkeit und Depressionen aus. Den durch staatlichen Psychoterror Geschädigten steht, wie bei einer herkömmlichen Körperverletzung, gemäß ständiger Rechtsprechung Schadenersatz in Form von Schmerzensgeld zu.[702] Gesundheitsschädliche Wirkungen gehen auch auf die staatlicherseits unterlassene Aufklärung über immunstärkende Maßnahmen im Verantwortungsbereich der Bürger zurück. Die in Dauerschleife optisch und akustisch aufgezwängten, wenngleich sinnlosen technischen Maßnahmen wie vor allem der Mund-Nasen-Schutz (Maske) und der gebetsmühlenartig verheißene Impfstoff als einziger wundersam messianischer Retter sind geeignet, bei der Bevölkerung die absolut falsche Überzeugung zu manifestieren, das Millionen Jahre alte und bestens bewährte Immunsystem sei nichts wert. Hierin liegt der psychologische Anteil der Verletzung des Rechts auf **natürliche Immunität**, die sich wie ein roter Faden über die verhängten Maßnahmen bis hin zum bereits angekündigten Zwang zu Impfungen mit gefährlichen genverändernden Stoffen zieht.

Zum anderen verletzt die politisch-mediale Desinformation die im österreichischen B-VG nicht einmal erwähnte, aber sowohl in der Grundrechte-Charta der EU[703] als auch im deutschen GG gleich an erster Stelle[704] für unantastbar erklärte **Menschenwürde**, indem gerade in Krisenzeiten vom öffentlichen Informationsfluss abhängige Menschen auf diktatorische Art und Weise als Manipulationsobjekte missbraucht werden. Außerdem wird durch die gezielte Desinformation die

Bildung einer auf Fakten basierten eigenen Meinung verhindert, wodurch das verfassungsrechtlich garantierte Grundrecht auf **Meinungsfreiheit**[705] bereits im Keim erstickt wird.

Hierdurch werden gleich zwei Baugesetze in ihren Grundfesten erschüttert. Erstens wird das **demokratische** Prinzip an seiner Basis angegriffen, weil die Meinungsfreiheit und -vielfalt einen essentiellen Grundpfeiler der Demokratie bilden. Zweitens erzwingt die vom Staat mit tatkräftiger Unterstützung durch die Medien erzeugte Desinformation vorerst das Ertragen verfassungswidriger Maßnahmen seitens der Bevölkerung, wodurch nicht nur das demokratische, sondern auch das **rechtsstaatliche** Prinzip an seiner Wurzel benagt wird. Die von der Propagandamaschinerie viral verbreiteten Desinformationen sind schließlich das, was in den Gehirnen der Masse der Bevölkerung hängenbleibt. Diese liest die Gesetze und Verordnungen grundsätzlich selten selber im staatlichen Rechtsinformationssystem nach, sondern vertraut eher auf die Kurzfassungen in den Medien. Dies trifft in verstärktem Maße auf die Corona-Maßnahmen zu, weil nicht einmal mehr Juristen einen Überblick über eine Normenflut haben können, die überdies inhaltlich schwer verständlich bis widersprüchlich ausgestaltet ist. Hierin spiegelt sich die Funktion der politisch-medialen Fake News als jene »Ersatzgesetze«, an die sich der von der Regulierungswut überrollte und genervte Bürger halten soll.

Dieser Schuss könnte und wird hoffentlich nach hinten losgehen. Nach dem Durchschauen des Systems der Unwahrheit werden wohl breite Teile der Bevölkerung das Vertrauen in die Regierung endgültig verlieren. Doch mit diesem berechtigten Misstrauen ist auch das Risiko verbunden, dass die Bevölkerung der Regierung nicht einmal mehr im Falle einer echten Pandemie glauben wird. Das würde sich wiederum verstärkt negativ auf die Volksgesundheit auswirken.

Fortgesetzte 5G-Ausrollung (V.)

In ihrem Recht auf **Leben** und **körperliche Unversehrtheit** potenziell massiv verletzt wird die Bevölkerung durch das rechtswidrige Unterlassen des 5G-Verbots, das nach der Missachtung des Vorsorgeprinzips, dem systematischen Ignorieren wissenschaftlicher Studien und der Nichtbeachtung des sich sukzessive aufbauenden Widerstands in der Bevölkerung letztlich in einem regelrechten Durchpeitschen auch während der künstlich erzeugten COVID-19-Krise gipfelt, die offenbar in mehrfacher Hinsicht ein Deckmantel für die 5G-Ausrollung ist: von der Verhinderung des fortgesetzten Widerstands durch kollektiven Hausarrest (Lockdown) über die Ablenkung und Spaltung der Bevölkerung bis zur Tarnung der 5G-Opfer als Corona-Tote. Ließ man alte und vorerkrankte Menschen absichtlich sterben, um das Horrorbild einer Killerseuche entstehen zu lassen?

Dass der Druck der Telekommunikationslobby auf die EU inzwischen größer denn je sein muss, lässt der Rat der Europäischen Union in einem Ergebnisprotokoll vom 09. 06. 2020 bezüglich des Vorhabens »Ausformung Europas digitaler Zukunft« vermuten. Darin wird ausgerechnet »die Bedeutung des Kampfes gegen die Verbreitung von Fehlinformationen im Zusammenhang mit 5G-Netzen« ausgedrückt, und zwar »unter besonderer Berücksichtigung falscher Behauptungen, dass solche Netze eine Gesundheitsbedrohung darstellen oder mit COVID-19 verbunden sind.«[706]

Entgegen wissenschaftlich klar belegten Fakten wird also ein Propagandafeldzug in die genau entgegengesetzte Richtung empfohlen, höchstwahrscheinlich um die schuldhafte Gefährdung der Bevölkerung unter den Teppich zu kehren und die 5G-Agenda ungebremst durchzuziehen. Um 180 Grad verdreht sind auch die aktiv gesetzten Corona-Maßnahmen, weil sie sowohl das erwähnte Recht der Bevölkerung auf natürliche Immunität verletzen als auch die materiellen Lebensgrundlagen und die gesamte soziale Ordnung gefährden.

Aktive Grundrechtsverletzungen

Die hier behandelten **12 Corona-Maßnahmen** sind, wie gesagt, eingangs symbolisch unter der Überschrift »Herdenhausarrest / Lockdown« (Maßnahmenpaket VI.) gelistet. Dadurch wird der diametrale Widerspruch zu jenem zweckdienlichen Maßnahmenpaket verdeutlicht, das im Rahmen eines rechtmäßigen Gesundheitsmanagements aktiv zu verfolgen gewesen wäre: Gewährleistung einer natürlichen Herdenimmunität. Wie gezeigt wurde, hätte der besondere Schutz der Risikogruppen völlig ausgereicht, um sowohl die kapazitätsgerechte Auslastung des Gesundheitssystems als auch die dringend erforderliche natürliche Herdenimmunität der gesunden Masse risikolos sicherzustellen. Trotz leichter Umsetzbarkeit wurde der Schutz der Risikogruppen unterlassen. Hat man sie vorsätzlich gefährdet und sterben lassen, um nicht nur die wenig beeindruckende Corona-Statistik aufzupeppen, sondern auch eine natürliche Herdenimmunität zu verhindern oder zumindest hinauszuzögern?

In Bezug auf die Gesundheit bedeutet Immunität die Freiheit von Krankheit. Die natürliche Immunität der Bevölkerung und damit die Volksgesundheit sind zwar seit spätestens August 2020 gegeben (siehe oben). Sie wurde und wird jedoch weitestgehend untergraben, indem man das Volk manipuliert, in Panik versetzt und zur Duldung schädlicher Maßnahmen zwingt, deren Einhaltung kontrolliert und Verstöße sanktioniert werden, um völlig überhastet auf einen kollektiven Impfzwang hinzusteuern. Der Entscheidung der Regierung für die tatsächlichen Corona-Maßnahmen und dem dadurch bedingten massiven Eingriff in die Grundrechte liegen die Vernachlässigung sowohl des juristischen Handwerkzeugs als auch des Hausverstands zugrunde. Die Prüfung der Rechtmäßigkeit anhand verbindlicher Kriterien ergibt die Verfassungswidrigkeit und Illegalität sämtlicher Maßnahmen auf nahezu jeder einzelnen Ebene. Die zu prüfenden Kriterien habe ich in folgendes Prüfschema für Grundrechtseingriffe gepackt:

I. **Eingriffssituation**
II. **Eingriffsermächtigung**
III. **Eingriffsverhältnismäßigkeit**
   1) Legitimes Ziel
   2) Eignung des Mittels
   3) Notwendigkeit des Mittels
   4) Adäquanz (Angemessenheit)

Nachfolgende Prüfung bezieht sich sowohl auf COVID-19 als auch auf eine hypothetische bzw. künftige **schwere COVID-ähnliche** Pandemie / Epidemie mit vergleichbaren Risikogruppen und einer annähernden Kinderimmunität. Im Falle gröberer Abweichungen wäre das Prüfschema entsprechend anzupassen. Schwere Pandemien / Epidemien jenseits des Corona-Spektrums sind zwar nicht Gegenstand dieses Buchs und daher auch nicht der nachfolgenden Analyse, für sie gelten jedoch ebenfalls die Kriterien gegenständlichen Prüfungsschemas. Diese müssten inhaltlich entsprechend ergänzt oder abgeändert werden.

Bei der Eingriffssituation geht es darum, ob Grundrechtseingriffe überhaupt zulässig sind. Wer diese vornehmen darf, regelt die Eingriffsermächtigung. Wie Eingriffe vorzunehmen sind, bestimmt der Grundsatz der Eingriffsverhältnismäßigkeit. Diese drei Kriterien wären im Anlassfall von oben nach unten durchzuprüfen, wobei der Vorgang grundsätzlich bereits beim ersten nicht erfüllten Kriterium vorzeitig zu enden hätte – mit der Wirkung, dass die zu beurteilenden Grundrechtseingriffe unzulässig und rechtswidrig sind. Wie nachfolgender Prüfvorgang zeigt, ist bei COVID-19 und einer fiktiven schweren COVID-ähnlichen Pandemie / Epidemie jeweils **kein einziges** der Kriterien erfüllt. Die Durchprüfung sämtlicher Kriterien veranschaulicht die Schwere der Rechtswidrigkeit sämtlicher Corona-Maßnahmen.

I. Keine Eingriffssituation

Bei der grippeähnlichen Pseudo-Epidemie COVID-19 liegt **keine** Eingriffssituation vor, weil gemäß der evidenten Faktenbasis keine epidemische Ausnahmesituation im Sinne einer außerordentlichen Notlage von nationaler Tragweite gegeben ist. Anders ausgedrückt: Es besteht nicht einmal eine Anscheinsgefahr. Diese fehlt daher auch bei jeder etwaigen weiteren Saison, die beispielsweise ab Herbst 2020 faktisch COVID-20 genannt werden müsste. Schließlich ist davon auszugehen, dass bei den fälschlich als weitere »Wellen« bezeichneten Phänomenen in etwa dieselbe geringe Gefährlichkeit vorliegen wird wie bei COVID-19.

Die Kriterien für die folgenschwere Beurteilung, ob eine Eingriffssituation vorherrscht, hat der vom Volk gewählte verfassungsmäßige Vertretungskörper, also der Gesetzgeber, im Vorfeld festzulegen. Doch gerade bei diesem entscheidenden Punkt hat sogar die vermeintliche politische Opposition auf voller Linie versagt. Im März 2020 hat auch sie die Corona-Gesetzgebung großteils eingefordert, einhellig mitgestimmt und beklatscht, ohne auch nur ein einziges Mal nach dem Zweck des Ganzen zu fragen. Jedes Kind fragt regelmäßig und aus gutem Grund nach dem Warum und dem Wozu. Mit dem Versagen der erwachsenen »Opposition« in der Lage der demokratiefeindlichen Bedrängnis hat sie die Parteipolitik endgültig für Bankrott erklärt.

Zurück zur Anscheinsgefahr und wie ihre Beurteilung ablaufen sollte. Anhand der vom Gesetzgeber aufgestellten transparenten Kriterien obliegt es den Juristen, zu beurteilen, ob eine Situation gegeben ist, welche die Eingriffe in Grundrechte rechtfertigt. Auf der Grundlage der juristischen Beurteilung hat sodann der Gesetzgeber eine politisch wertende Entscheidung über das Vorliegen oder Nichtvorliegen einer außerordentlichen Notlage zu treffen. Doch für diese in einem Rechtsstaat unabdingbaren Vorgänge hat der Gesetzgeber keine angemessene Vorsorge geleistet. Er hat es unterlassen, eine Informationsbasis und jene konkreten Richtlinien nachvollziehbar und verbindlich aufzustellen, nach denen die juristische Beurteilung und die politische Entscheidung erfolgen müssen. Allein schon diese Säumnis verursacht die **Verfassungswidrigkeit** sämtlicher Grundrechtseingriffe anlässlich COVID-19. Erschwerend kommt hinzu, dass der Gesetzgeber seine ihm alleine zustehende Befugnis zur Rechtssetzung auf ein nicht vom Volk gewähltes oberstes Verwaltungsorgan, in der Regel den Gesundheitsminister, illegal übertragen und dadurch zugleich mehrere Baugesetze verletzt hat.

Keine tauglichen Richtlinien

Wie bereits erläutert, werden die Begriffe »Pandemie« und »Epidemie« weder von der WHO noch vom RKI brauchbar definiert. Das österreichischen EpG und das deutsche IfSG schweigen sich hierzu völlig aus, weil sich die Gesetzgeber offenbar mit den vollkommen untauglichen Definitionen seitens WHO und RKI abfinden. Obwohl es ein Leichtes wäre, wird dieses Problem nicht einmal durch eine gesetzliche Festlegung jenes Schweregrads gelöst, ab dem eine Epidemie Eingriffe in die verfassungsmäßig garantierten Grundrechte rechtfertigen könnte. Es wurde mithin unterlassen, das naheliegendste Kriterium der faktenbasiert zu beurteilenden Sterblichkeit mit einem Prozentsatz oder einer absoluten Zahl pro 10.000 bzw. 100.000 Einwohner festzulegen. Es wurden überhaupt **keine** messbaren wissenschaftlichen Kriterien vorgegeben. Das EpG enthält nicht einmal objektivierbare Richtlinien, ja nicht einmal eine einheitliche Zweck- oder Zielbestimmung des Gesetzes. Unkoordiniert und pauschal ist an vereinzelten Stellen lediglich von der »Verhütung der Weiterverbreitung und Bekämpfung anzeigepflichtiger Krankheiten« die Rede.[707]

Nach demselben Muster stellt auch das am 15. 03. 2020 **einstimmig** verabschiedete[708] österreichische COVID-19-Gesetz ausschließlich auf die »Verhinderung der Verbreitung von COVID-19« ab, wenn es **ohne** jedwede Zwischenschaltung eines parlamentarischen oder anderen Gremiums den Gesundheitsminister dazu ermächtigt, das Betreten von Betriebsstätten, Arbeitsorten und bestimmten anderen Orten bundesweit mittels Verordnung einzuschränken oder ganz zu verbieten.[709] Auf diese Weise gibt das verfassungsmäßige Vertretungsorgan (Gesetzgeber) das Ruder vollständig aus der Hand und überreicht es einem vom Volk nicht gewählten einzelnen Regierungsmitglied (Vollziehung), das deshalb sowohl über das Vorliegen einer Eingriffssituation (das Ob) als auch über die Setzung von Maßnahmen (das Wie) im Alleingang entscheidet. Folglich sind die Eingriffssituation und die davon ableitbare Eingriffsermächtigung nicht scharf voneinander zu trennen. Denn die genannte dubiose Systematik ermöglicht eine auf der selbstermächtigten Rahmenvorgabe basierende Ersatzgesetzgebung, die ohne die geringste Zwischenschaltung eines parlamentarischen Vorbehalts eindeutig hochgradig **verfassungswidrig** ist.

Verfassungswidrige Ersatzgesetzgebung

Besagte Systematik verstößt gegen das erwähnte Legalitätsprinzip gemäß Artikel 18 B-VG, demzufolge die Ausübung der gesamten staatlichen Verwaltung an die Gesetze gebunden ist. Daraus leitet der Verfassungsgerichtshof in ständiger Rechtsprechung das einleuchtende **Determinierungsgebot** für Gesetze ab (Bestimmtheitsgebot). Diesem unumstößlichen Prinzip zufolge muss das verwaltungsbehördliche Verhalten in einem solchen Ausmaß gesetzlich determiniert werden, dass sowohl »die Übereinstimmung der individuellen Verwaltungsakte mit dem Gesetz von den Gerichtshöfen des öffentlichen Rechtes überprüft werden kann« als auch »das Verhalten der Verwaltungsbehörden für den Rechtsunterworfenen vorausberechenbar ist.«[710] Die nicht vorhandenen Richtlinien für das Vorliegen einer Eingriffssituation verhindern aber nicht nur die vom VfGH geforderte gerichtliche Überprüfbarkeit und die Vorhersehbarkeit für den Bürger, wie die Verwaltung vorzugehen hat. Darüberhinaus wird auch vernebelt, **ob** bzw. unter welchen Voraussetzungen die Verwaltung überhaupt tätig werden darf. Durch eine derart viel zu weit reichende pauschale Ermächtigung, die eine unzulässige **formalgesetzliche Delegation** darstellt,[711] fungiert ein einzelner oberster Funktionär der Verwaltung (Regierung) quasi als Gesetzgeber, ohne dass ihm der dafür erforderliche Rahmen vorgegeben wurde. Diese legistische Fehlleistung lässt sich keineswegs mit dem Erfordernis einer raschen Reaktionsfähigkeit in Krisen rechtfertigen, zumal der Gesetzgeber bereits mehrfach unter Beweis gestellt hat, dass er auch in der aktuellen Krise regelmäßig und zügig im Parlament zusammentreten und beschließen kann. In einer eskalierten Lage wäre insbesondere an Videokonferenzen und entscheidungsbefugte Ausschüsse zu denken.

Die Lage in Deutschland ist so gut wie identisch. Grundsätzlich dürfen Grundrechtseingriffe lediglich »durch Gesetz oder auf Grund eines Gesetzes eingeschränkt« werden.[712] Obwohl der Gesetzgeber zur hinreichenden Determinierung verpflichtet ist, wird mit dem am 27. 03. 2020 **nahezu einstimmig** beschlossenen[713] »Gesetz zum Schutz der Bevölkerung bei einer epidemischen Lage von nationaler Tragweite«[714] – entgegen dem verheißungsvollen Titel – gerade nicht festgemacht, unter welchen Voraussetzungen eine Epidemie von ebendieser nationalen Tragweite gegeben sein könnte. Vielmehr erschöpft sich der mit diesem Gesetz abgeänderte § 5 IfSG darin, dass der Deutsche Bundestag »eine epidemische Lage von nationaler Tragweite« feststellt und diese auch wieder aufhebt, »wenn die Voraussetzungen für ihre Feststellung nicht mehr vorliegen«, wobei jedoch ebendiese Voraussetzungen **nicht** genannt werden.[715] Dieser an sich schon mit dem Grundgesetz nicht zu vereinbarenden Bestimmung folgt die umfangreiche Ermächtigung des Gesundheitsministers zur Erlassung von Verordnungen, mit denen grundsätzlich **ohne Mitwirkung des Bundesrates** mitunter geltende Gesetze ausgesetzt, verdrängt und verändert werden dürfen.[716] Darauf gehen wir im nachfolgenden Kapitel über die Eingriffsermächtigung näher ein.

Wie das österreichische BMSGPK stellt auch das deutsche Bundesgesundheitsministerium (BGM) zwar »nicht selbst den Krisenfall fest, gibt aber den **rechtlichen Rahmen** des Ausnahmezustands aus – und zwar durch Gesetzesvollzug im Zuständigkeitsbereich der Länder und durch Verordnungen, welche die bestehenden Gesetze verdrängen.« So lautet die zutreffende Beurteilung im exzellenten Rechtsgutachten des Rechtsanwalts und Fachanwalts für Verwaltungsrecht Prof. Dr. Thomas Mayen.[717] Die Vorgabe des Rahmens für das Verwaltungshandeln durch die Verwaltung selbst ist in Deutschland genauso unzulässig wie in Österreich. Schließlich verknüpft das deutsche Bundverfassungsgericht mit dem zahlreich ausjudizierten Bestimmtheitsgebot die Sicherstellung, »dass der demokratisch legitimierte **Parlamentsgesetzgeber** die wesentlichen Entscheidungen über Grundrechtseingriffe und deren Reichweite **selbst** trifft, dass Regierung und Verwaltung im Gesetz steuernde und begrenzende Handlungsmaßstäbe vorfinden und dass die Gerichte eine wirksame Rechtskontrolle durchführen können.« Bestimmtheit und Klarheit von Gesetzen sollen ferner gewährleisten, dass sich »der betroffene Bürger auf mögliche belastende Maßnahmen einstellen kann.« Damit sind das gewaltenteilende Prinzip und das rechtsstaatliche Prinzip der Rechtssicherheit angesprochen. Das BVerfG berücksichtigt aber auch das demokratische Prinzip und dabei insbesondere das Grundrecht der Meinungsfreiheit. Denn in enger Beziehung zum Bestimmtheitsgebot verortet das Höchstgericht den sogenannten Parlamentsvorbehalt. Selbiger soll gewährleisten, dass folgenschwere Entscheidungen über Grundrechtseingriffe aus einem determinierten Verfahren resultieren, »das der Öffentlichkeit Gelegenheit bietet, ihre Auffassungen auszubilden und zu vertreten.« Zudem soll die verfassungsmäßige Volksvertretung dazu angehalten werden, »Notwendigkeit und Ausmaß von Grundrechtseingriffen in öffentlicher Debatte zu klären.«[718]

In Übereinstimmung mit dieser obersten verfassungsrechtlichen Rechtsprechung hat der Deutsche Ethikrat bereits in seiner Ad-hoc-Empfehlung vom 27. 03. 2020 anlässlich der neuen bundesdeutschen Rechtslage daran erinnert, dass es für den Rechtsstaat elementar wichtig ist, »nicht in ein Denken in Kategorien des Ausnahmezustands zu verfallen.« Der alte Spruch, dass Krisen die »Stunde der Exekutive« seien, greife zu kurz, zumal man gerade in der Krise »auf das Zusammenwirken des gewaltengegliederten und zudem föderal differenzierten Staates mit der Vielfalt gesellschaftlicher und namentlich wissenschaftlicher Stimmen« setzen muss. Weil die anlässlich COVID-19 zu klärenden Fragen die gesamte Gesellschaft berühren, dürfen sie eben »nicht an einzelne Personen oder Institutionen delegiert werden.«[719] In diesem Kontext stellt das BVerfG klar, dass sich die konkreten Anforderungen an die Bestimmtheit und Klarheit der Ermächtigung »nach der Art und Schwere des Eingriffs« richten. Folglich muss die gesetzliche Eingriffsgrundlage »erkennen lassen, ob auch schwerwiegende Eingriffe zugelassen werden sollen.« Schließt der Gesetzgeber die Möglichkeit derartiger Eingriffe nicht deutlich genug aus, dann muss die gesetzliche Ermächtigung jene »besonderen Bestimmtheitsanforderungen wahren, die bei solchen Eingriffen zu stellen sind.«[720] Mit anderen Worten: Je intensiver in Grundrechte eingegriffen wird, desto genauer muss der verbindliche Rahmen der Ermächtigung vorgegeben sein.

Aus der höchsten verfassungsgerichtlichen Rechtsprechung sowohl in Deutschland als auch in Österreich ist das unbedingte Erfordernis abzuleiten, dass hinsichtlich der massiven Grundrechtseingriffe anlässlich COVID-19 zu allererst der rechtliche Rahmen für die Beurteilung der außergewöhnlichen Notlage (Eingriffssituation) ausreichend gesetzlich determiniert sein muss. Doch genau das ist nicht passiert. In beiden Ländern wird das Verhältnis zwischen Gesetzgebung und Verwaltung dermaßen auf den Kopf gestellt, dass dadurch drei Baugesetze verletzt werden: das **demokratische** Prinzip (Volk als Souverän), das **rechtsstaatliche** Prinzip (Verfassung, Rechtssicherheit) sowie vor allem das **gewaltentrennende** Prinzip (organisatorische Trennung der Gesetzgebung von der Vollziehung). Dies gilt gleichermaßen für die allzu unbestimmte Eingriffsermächtigung.

Juristische Beurteilung

Mangels geeigneter gesetzlicher Vorgaben ist das Vorliegen oder Nichtvorliegen einer Eingriffssituation mit dem allgemeinen juristischen Werkzeug zu beurteilen.

Vor allem im Hinblick auf die untauglichen Definitionen für Pandemie und Epidemie dürfen die Juristen ihre Verantwortung nicht auf Mediziner und schon gar nicht auf Mathematiker abwälzen. Die von den Medizinern bereitgestellten Fakten ersetzen nicht das rechtskundige Handwerk, sondern haben die Grundlage der juristischen Beurteilung über das Vorliegen einer Eingriffssituation zu sein. Zum Vergleich: Bei einem Strafverfahren wegen Körperverletzung, in dem sich der Angeklagte auf Notwehr beruft, muss der Richter das Vorliegen einer Notwehrsituation ebenfalls anhand der ihm vorgelegten Fakten **selbst** beurteilen. Keinesfalls darf er diese rechtliche Beurteilung dem Sachverständigen oder gar dem Staatsanwalt überlassen. Bei COVID-19 fällt die rechtliche Beurteilung relativ leicht, zumal man für das korrekte Lesen der offiziellen Statistiken kein rechtswissenschaftliches und auch kein medizinisches oder mathematisches Studium braucht. Hierzu genügt der bei Akademikern leider oft verkümmerte Hausverstand.

Denn die mehrfache und massive Verfassungswidrigkeit des staatlichen Chaosmanagements ergibt sich bereits aus dem im zweiten Kapitel gezeigten Faktum, dass schon einige Tage vor der staatlichen Entschlussfassung zu schweren und folgenreichen Grundrechtseingriffen sogar die von der Regierung überbewerteten Reproduktionszahlenkurven von selbst steil ins Tal fielen, wie es eben bei saisonalen Erkältungsviren üblich ist. Wenn man also unbedingt eine virale Krankheit annehmen möchte, entspricht COVID-19 vom Schweregrad her einer leichten bis maximal mittleren Grippe.

Aus diesen und anderen statistisch belegten Fakten ergibt sich in Verbindung mit der erwähnten Blutprobenauswertung vom April und Mai 2020 durch die Medizinische Universität Tübingen, dass trotz der immunitätsschädlichen Maßnahmen und dank natürlicher T-Zellen-Kreuzimmunität etwa 85 Prozent der Bevölkerung immun gegen die »Krankheit« waren und folglich relativ frühzeitig eine Herdenimmunität vorgelegen hat.

Verfassungswidrige Normen

Weil die genannten Fakten nicht nur von Seiten der Politik und der Medien, sondern auch von den Verfassungsgerichten regelmäßig ignoriert werden, sei nochmals in aller Deutlichkeit wiederholt, dass bei COVID-19 mangels Killervirus und bedrohlicher Pandemie/Epidemie zu **keiner** Zeit eine Anscheinsgefahr im Sinne einer Situation vorlag, die den staatlichen Eingriff in Grundrechte rechtfertigen könnte.

In nachweislicher Ermangelung einer Eingriffssituation sind Einschränkungen der Grundrechte **nicht** erlaubt. Punkt.

Das trifft natürlich auch auf jede weitere ähnlich schwache Saison (COVID-20 etc.) zu, auch wenn sie unzutreffend »zweite Welle« usw. getauft wird. Folglich sind nicht nur die COVID-19-Normen vom Frühjahr 2020, sondern auch sämtliche weiteren Gesetze und Verordnungen verfassungswidrig, die nach dem Ende von COVID-19 (Ende Mai) bzw. **ab Juni** 2020 unter Bezugnahme auf COVID-19 weitergelten sollen oder gänzlich neu erlassen werden. Bei diesen späteren Normen liegt nach wie vor keine Eingriffssituation vor. Obendrein ist der Anknüpfungspunkt an die nicht mehr existente Krankheit COVID-19 ein sowohl medizinisches als auch formaljuristisches Unding. Hinsichtlich COVID-19 und ähnlichen COVID-Pseudo-Epidemien hat die Prüfung bereits bei Punkt I. zu enden. Wir machen weiter, um zu beweisen, dass die besagten Maßnahmen in jedem Fall verfassungswidrig gewesen wären, also auch beim fiktiv angenommenen Vorliegen einer echten bzw. schweren COVID-ähnlichen Pandemie / Epidemie.

Verfassungswidrigkeit in jedem Fall

Gerade für juristische Laien ist interessant, warum es sich empfiehlt, die Verfassungswidrigkeit sämtlicher Eingriffe in unsere Grundrechte auch unter der rein **fiktiven** Annahme des Vorliegens einer wirklich gefährlichen Pandemie **hilfsweise** zu begründen. Einerseits könnten die Entscheidungsträger bei COVID-19 weiterhin – entgegen der Faktenlage – das Vorliegen einer gefährlichen Seuche bzw. echten Pandemie/Epidemie annehmen. Schließlich lassen die laschen Definitionen von WHO und RKI mit etwas Phantasie sogar das weltweite Sterben wegen der Feinstaubbelastung als Pandemie durchgehen. So lange COVID-19 nicht als genau das rechtlich anerkannt wird, was es nun mal ist, nämlich eine grippeähnliche Pseudo-Pandemie, endet jeder öffentliche Diskurs in der Zerstreuung und Ablenkung vom Wesentlichen. Demzufolge dient die nachfolgend fortgesetzte rechtliche Beurteilung der Unterstützung und Absicherung der bisherigen Argumentation für den sehr wahrscheinlichen Fall einer weiterhin falschen bzw. überzogenen Auslegung der Begriffe »Pandemie« und »Epidemie«. Andererseits sollten wir uns auch auf den nicht gerade unwahrscheinlichen Fall neuerlicher Verfassungswidrigkeiten im Zuge der von Politikern bereits mehrfach angekündigten weiteren »Wellen« von COVID-19, anderer Phantasiepandemien oder eines plötzlich auftauchenden (künstlich erschaffenen) wirklich »harten Virus« bestmöglich argumentativ wappnen. Nur nebenbei sei erwähnt, dass es sich in Wirklichkeit um keine zweite oder weitere »Welle« handeln wird. Sollte tatsächlich ein Virus verantwortlich sein, haben wir es mit einer von einem permanent mutierenden oder im Labor erschaffenen neuen Corona-Virus ausgelösten Krankheit zu tun, die daher COVID-20, COVID-21 etc. genannt werden müsste. Meiner bereits dargestellten Beurteilung zufolge werden die Tests weiterhin lediglich die genetischen Teile von Exosomen und/oder retro-integrierter Virus-DNA aufspüren. Falls dann Politiker erneut zu machthungrigen Unterdrückern mutieren, ist es ratsam, geistig gut gerüstet sein, damit wir unsere Grundrechte besser als bisher schützen können. Hierzu empfiehlt sich die relativ simple Prüfung, ob überhaupt eine verfassungskonforme Eingriffsermächtigung vorliegt.

II. Keine legale Eingriffsermächtigung

Es existiert keine legitime Eingriffsermächtigung. Die nicht durch die Verfassung, sondern lediglich per einfachem Gesetz erteilte Ermächtigung zu Grundrechtseingriffen ist mehrfach rechtlich bedenklich und obendrein verfassungswidrig, vorwiegend aus formalen bzw. organisationsrechtlichen Gründen. Die bereits vor COVID-19 im EpG und im IfSG normierten Ermächtigungen zu Grundrechtseingriffen sind einerseits aus dem erwähnten simplen Grund verfassungswidrig, dass die besagten Normen nicht verfassungsrechtlicher, sondern nur **einfachgesetzlicher** Natur sind. Andererseits gehen diese Ermächtigungen viel zu weit, weil die Verfassung keine Machtkonzentration bei einzelnen Funktionsträgern der Verwaltung zur Aushebelung der Grundrechte erlaubt. Diese ohnehin schon illegale Machtfülle wurde anlässlich COVID-19 zu einem hochgradig verfassungswidrigen Ausnahmerecht umgestaltet und funktionell ausgebaut, ohne messbare Kontrollkriterien oder eine Verpflichtung zur nachvollziehbaren Maßnahmenbegründung aufzustellen. Dadurch werden abermals die rechtsstaatlichen Erfordernisse der Bestimmtheit und der Rechtssicherheit, aber auch das demokratische Prinzip verletzt.

Unzulässige Machtkonzentration

Für die Durchführung der im österreichischen EpG vorgesehenen Maßnahmen sind gemäß dem regionalen Prinzip die Bezirksverwaltungsbehörden zuständig. Erst sobald mehrere politische Bezirke oder das gesamte Landesgebiet betroffen sind, darf der jeweilige Landeshauptmann zwecks Koordination Verordnungen erlassen.[721] Mit der bundesweiten Koordination und der Vollziehung des EpG ist der Gesundheitsminister betraut.[722] Hierdurch wird er generell zum Erlassen bundesweit geltender Verordnungen ermächtigt, wobei diese Befugnis vereinzelt ausdrücklich genannt wird.[723] Gemäß dieser Systematik obliegt dem **Gesundheitsminister** auch die Vollziehung des am 15. 03. 2020 einstimmig beschlossenen österreichischen COVID-19-Gesetzes. Aufgrund dieser Norm, die bis Jahresende 2020 in Kraft sein soll, wird – ohne dazwischengeschaltete Gremien – der Gesundheitsminister **allein** dazu ermächtigt, das Betreten von Betriebsstätten, Arbeitsorten und bestimmten anderen Orten bundesweit mittels Verordnung einzuschränken oder ganz zu verbieten. Lediglich zur Verkehrseinschränkung bestimmter anderer Orte sind auch die Landeshauptmänner und Bezirksverwaltungsbehörden in ihren jeweiligen Zuständigkeitsbereichen berufen, jedoch ebenfalls ohne Einbindung parlamentarischer oder anderer Gremien.[724]

In Deutschland sind zur Vollziehung des IfSG grundsätzlich die Landesregierungen im Wege der von ihnen bestimmten Behörden berufen.[725] Allerdings räumt der vorhin erwähnte § 5 IfSG dem Gesundheitsminister im zweiten Absatz in acht Punkten und insgesamt 24 Unterpunkten umfangreiche Ermächtigungen ein, die nicht nur die Zuständigkeit der Länder verdrängen, sondern auch zu erheblichen Teilen verfassungsgemäß ausschließlich dem Gesetzgeber zustehen: selbständige Ausführung von Bundesgesetzen (Nr. 1., 2., 5. und 6. erster Halbsatz), diesbezügliche Ausführung durch vom BMG beauftragte Behörden (Nr. 6. zweiter Halbsatz), Schaffung von Ausnahmen von den Regelungen insbesondere des **IfSG** jeweils **ohne** Zustimmung des Bundesrates (Nr. 3. und 4.) sowie die Abweichung, Aussetzung, Ergänzung und Änderung von bestehenden bundesgesetzlichen Vorgaben ebenfalls jeweils **ohne** Zustimmung des Bundesrates (Nr. 7. und 8.).[726] Die sogannte Notfallkompetenz des BMG erstreckt sich daher auf nahezu alle Gesetze im Bereich des öffentlichen Gesundheitsrechts.[727]

Bemerkenswerterweise legt ausgerechnet das vorgeblich für den Erhalt der Volksgesundheit geänderte IfSG mit seinem neuen § 5 im Zuge der gesamten Notfallkompetenz des BMG wortwörtlich fest: »Das Grundrecht der **körperlichen Unversehrtheit** (Artikel 2 Absatz 2 Satz 1 des Grundgesetzes) wird im Rahmen des Absatzes 2 insoweit **eingeschränkt**.«[728] Damit wurde offensichtlich die Grundlage für die Durchsetzung jener Maßnahmen geschaffen, die für die Normadressaten gesundheitsschädlich sein können. Vor allem gegenüber dem Tragen von Masken sowie einem für das medizinische Personal oder gegebenenfalls auch für die gesamte Bevölkerung angeordneten Impfzwang soll anscheinend die Berufung auf das Grundrecht der körperlichen Integrität verwehrt sein. Fest steht jedenfalls, dass gemäß besagter Notfallkompetenznorm einzig und allein das Grundrecht auf körperliche Unversehrtheit eingeschränkt werden darf. Da gemäß Artikel 19 (1) GG jedes eingeschränkte »Grundrecht unter Angabe des Artikels« benannt werden muss, dies aber nur für das Grundrecht der körperlichen Integrität vorgenommen wurde, steht außer Streit, dass im Rahmen der Notfallkompetenz des BMG keine anderen Grundrechte wie beispielsweise die persönliche Bewegungsfreiheit (Freizügigkeit) oder das Versammlungsrecht eingeschränkt werden dürfen. Die auf ein einziges Grundrecht bezogene Notfallkompetenz wirkt sich insofern auf den restlichen Anwendungsbereich des IfSG aus, als sie »zumindest zu einer verfassungskonformen Einschränkung der diesbezüglich zulässigen Grundrechtseingriffe« nötigt.[729] Abgesehen davon, ermangelt es für eine verfassungskonforme Einschränkung von Grundrechten an der dafür erforderlichen gesetzlichen Determiniertheit (Bestimmtheit).

Fehlende Bestimmtheit

Bezüglich der Verletzung des Determiniertheitsgebots wird einerseits auf das bereits zur Eingriffssituation Ausgeführte verwiesen. Andererseits ist darauf hinzuweisen, dass das in Österreich vom VfGH judizierte Bestimmtheitsgebot im deutschen Grundgesetz vorbildlich verankert ist: Im Falle der Ermächtigung zum Erlassen von Rechtsverordnungen müssen gemäß Artikel 80 »**Inhalt, Zweck und Ausmaß** der erteilten Ermächtigung im Gesetz bestimmt werden.«[730] Aus diesen Anforderungen der Wesentlichkeitsdoktrin schlussfolgert das BVerfG mit Fug und Recht, dass das Grundgesetz – in bewusster Abkehr von der Weimarer Staatspraxis – es dem Parlament verwehrt, »sich seiner Verantwortung als gesetzgebende Körperschaft zu entäußern.« Wenn das Parlament die Verwaltung zum Verordnungserlass ermächtigt, dann muss es hierzu »die **Grenzen** der übertragenen Kompetenzen bedenken und diese nach Tendenz und Programm so genau umreißen, dass schon aus der Ermächtigung selbst erkennbar und vorhersehbar ist, was dem Bürger gegenüber zulässig sein soll.« Offenbar den katastrophalen Folgen der absoluten Machtergreifung Adolf Hitlers im Jahr 1933 mittels Ermächtigungsgesetz und daraus resultierenden sogenannten Notverordnungen gedenkend, stellt das BVerfG klar, dass sich das Parlament »nicht durch eine Blankoermächtigung an die Exekutive seiner Verantwortung für die Gesetzgebung entledigen und damit selbst entmachten« darf. Entsprechend dem gewaltenteilenden Prinzip muss das Parlament »stets Herr der Gesetzgebung bleiben.« Infolgedessen verkörpert Artikel 80 GG die »bereichsspezifische Konkretisierung« des Rechtsstaats-, Gewaltenteilungs- und Demokratieprinzips.[731]

Dass genau diese drei Baugesetze bereits durch die Nichtanordnung von Richtlinien zur Eingriffssituation verletzt werden und dies auch auf die verfassungswidrig unbestimmte Eingriffsermächtigung zutrifft, wurde bereits dargelegt.

Parlamentarische Selbstentmachtung

Der jeweilige Gesetzgeber Österreichs und Deutschlands ist seiner Verpflichtung nicht respektive nur unzureichend nachgekommen, jene Grundlagen aktenmäßig zu dokumentierten, die der Verordnungsgeber (Minister) für seine eigene Abwägung heranzuziehen hat, ob und gegebenenfalls wie er in Grundrechte einzugreifen gedenkt. Zum einen räumt die vom Gesetzgeber rechtswidrig unterlassene Dokumentation der Beurteilungs- und Entscheidungsgrundlagen dem Verordnungsgeber eine gesetzgeberische Macht ein, die ihm von der Verfassung her nicht zusteht. Dadurch hat sich der gewählte Volksvertretungskörper ohne Auftrag des Souveräns, also ohne Ermächtigung durch das Volk, selbst entmachtet. Es handelt sich um eine parlamentarische Selbstentmachtung mittels verfassungswidriger Blankovollmacht. Zum anderen wird die Bevölkerung um ihr Recht auf Transparenz und Nachvollziehbarkeit staatlicher Normen betrogen. Außerdem wird den Verfassungsgerichten die Überprüfung der Verordnungen auf ihre Gesetzmäßigkeit und das verfassungsmäßig gebotene Bestimmtheitsgebot erheblich erschwert.

In besonderem Maße gilt das für die vermeintlich intelligenten »Ampellösungen«, bei denen hinsichtlich der Festlegung der Schwellenwerte (Obergrenzen) für strengere Maßnahmen nicht etwa auf das einzig relevante Kriterium der Sterberate abgestellt wird, sondern einzig und allein auf die absoluten Zahlen der neu positiv Getesteten, wie etwa 100,[732] 50 oder gar nur 35 pro 100.000 Einwohner binnen einer Woche.[733]

Derartige Festlegungen sind wissenschaftlich und auch juristisch unhaltbar, weil sie überhaupt nichts über eine angebliche Gefährlichkeit des Infektionsgeschehens aussagen. Dadurch wird der verfassungswidrigen **Willkür** der Verwaltungsorgane Tür und Tor geöffnet. Schon sehr früh, nämlich im Jahr 1967, hat der österreichische VfGH erkannt, dass eine Behörde gegen das Willkürverbot verstößt, »wenn sie von einer bisher allgemein geübten und als rechtmäßig anzusehenden Praxis abweicht, ohne hiefür Gründe anzugeben oder wenn die angegebenen Gründe offenkundig **unzureichend** sind.«[734] Das deutsche BVerfG erachtet es als einen Verstoß gegen das Verbot objektiver Willkür, wenn die »angegriffene Rechtsanwendung oder das dazu eingeschlagene Verfahren fehlerhaft sind«, die Rechtsanwendung oder das Verfahren »unter keinem denkbaren Aspekt mehr rechtlich vertretbar sind und sich daher der Schluss aufdrängt, dass die Entscheidung auf **sachfremden** und damit willkürlichen Erwägungen beruht.«[735] Sohin verstoßen die allein auf den (angeblichen) Infektionszahlen beruhenden Schwellenwerte beider Länder gemäß deren höchsten Verfassungsgerichten eindeutig gegen das Willkürverbot, weil es an einem aussagekräftigen Tatsachensubstrat bzw. an einer sachlichen und nachvollziehbaren Begründung für Grundrechtseingriffe mangelt.

Ausklammerung sämtlicher Gremien

Betreffend der neuen Notverordnungskompetenz gemäß § 5 IfSG hat der bundesdeutsche Gesetzgeber der Regierung kein anleitendes Programmheft überreicht, sondern ihr dessen Ausgestaltung überlassen. Das stellt eine mit dem Bestimmtheitsgrundsatz unvereinbare und daher verfassungswidrige Blankoermächtigung dar, mit welcher der Regierung eine ihr nicht zustehende gesetzgeberische Funktion übertragen wird. Denn wie das BVerfG schon 1988 ausgeführt hat, gehört es zum nicht verrückbaren rechtsstaatlich-demokratischen Gehalt des Bestimmtheitsgebots (nach Artikel 80 GG), dass in einer Verordnung »**niemals** originärer politischer Gestaltungswille der Exekutive zum Ausdruck kommen darf.«[736] Unter anderem weil es um erhebliche Grundrechtseingriffe geht, sprechen sich im April 2020 auch die Wissenschaftlichen Dienste des Deutschen Bundestags »**gegen** die Zulässigkeit einer umfassenden Delegation der Gesetzesabweichung an die Exekutive« aus, wobei diese korrekte Rechtsansicht auf etliche Stellungnahmen verschiedener Verfassungsrechtler abgestützt wird.[737]

Besagte COVID-19-Ermächtigungsgesetzgebung ist hochgradig verfassungswidrig. Denn sie dreht das von der Verfassung festgelegte Verhältnis zwischen Gesetzgebung und Verwaltung um. Obendrein schließt sie die Oppositionsparteien von der Krisengesetzgebung aus. Es ist daher nur konsequent, dass diese Normierung auch von Dr. Thorsten Kingreen, einem Professor für öffentliches Recht an der Universität Regensburg, für verfassungswidrig erklärt wird. Seine korrekte rechtliche Beurteilung, die er als geladener Sachverständiger erstellt hat, ist seit 02. 09. 2020 beim Bundestag anhängig.[738]

Dort sollte auch die profunde Ausarbeitung des bereits zitierten Staatsrechtsprofessors Dr. Oliver Lepsius gelesen werden, der zufolge »nichts falscher« sein konnte, »als Gesundheitsminister mit einem Sonderverordnungsrecht auszustatten, wie es der Deutsche Bundestag bei der Ad-hoc-Novelle des Infektionsschutzgesetzes getan hat.« Schließlich wird gerade bei der Abwägung der mildesten Mittel, ihrer Geltungsdauer und der zu schützenden Rechtsgüter »das Erfahrungswissen aller Verfassungsorgane und der gesamten Zivilgesellschaft« benötigt. Die anderen verfassungsmäßig bestellten Organe, vor allem der Bundestag und die Landesparlamente, dürfen sich ihre Kompetenzen nicht »von der Exekutive klauen lassen.« Gefragt ist aber auch die Mitwirkung der sogenannten Gegenöffentlichkeiten namens Wissenschaft, Medien und Kirchen.[739]

Diese wurden in Österreich jedenfalls bis August 2020 ebenfalls völlig ausgeblendet. Amnesty International bemängelt zu Recht, dass sämtliche COVID-19-Gesetzesentwürfe »unter dem Argument der Dringlichkeit als Initiativanträge beschlossen wurden«, weshalb **keine** (außer-) parlamentarischen Begutachtungen möglich waren, obwohl das Mittragen der Corona-Maßnahmen seitens der Bevölkerung umso wahrscheinlicher ist, je breiter die Zivilgesellschaft vorher eingebunden wird. Folglich ist auch die anlässlich der Novellenentwürfe vom August 2020 mit zwei Wochen äußert knapp bemessene Begutachtungsfrist zu kritisieren.[740]

Hierzu wird auch vom Verfassungsdienst des Bundeskanzleramtes beanstandet, dass die üblicherweise mindestens sechswöchige Frist[741] nicht festgelegt wurde, obwohl sie »bei hochsensiblen und eingriffsintensiven Materien wie der vorliegenden geboten« ist.[742]

Es ist ein demokratischer Skandal, dass bei der größten Krise seit 1945 die Zivilgesellschaft nicht einmal dann angemessen eingebunden wird, wenn im Rahmen der parlamentarischen Sommerpause keinerlei Zeitdruck besteht. Ganz offensichtlich wollen sich die mit Angst und Panik operierenden Regierungsparteien nicht in ihre gezinkten Karten schauen lassen, unter denen der Joker der verfassungswidrigen Ermächtigung eines einzelnen Ministers zu massiven Verletzungen unserer Grundrechte hervorblitzt. So viel nicht gehörig determinierte Macht in einer einzigen Hand konzentriert, ist für sich allein schon verfassungswidrig. Es gesellen sich aber noch weitere Gründe hinzu.

Unverständliche Normenflut

Sowohl in Österreich als auch in Deutschland existiert eine von unzähligen Gesetzen, Verordnungen und Erlässen durchtränkte Rechtslage, sie sogar für Fachjuristen zahlenmäßig unüberblickbar und auch inhaltlich vielfach undurchschaubar ist.

In diesem Sinne äußerte sich zum Beispiel Dr. Georg Eisenberger, der sowohl Professor für Verfassungs- und Verwaltungsrecht an der Universität Graz als auch Rechtsanwalt ist. Bereits Anfang April 2020 fand Eisenberger »rechtlich bedenklich, wie unser freies, demokratisches, die Grundrechte hochhaltendes Heimatland innerhalb kürzester Zeit über **unlesbare**, im Wochenrhythmus erscheinende Eilgesetze, nahezu täglich verschärfte Verordnungen und **widersprüchliche** Erlässe in eine Richtung bewegt wird, die nicht länger unproblematisch ist.«[743] Eine ähnliche Kritik brachte die österreichische Richterin Mag. Sabine Rossmann gegen Ende Juli 2020 im Fernsehen an. Rossmann, die auch Mitbegründerin der Initiative für Grund- und Freiheitsrechte ist, sagte schonungslos offen, dass die mit Stand vom Juli 2020 existierenden 170 Corona-Gesetze und -Verordnungen »schlicht und ergreifend **nicht** mehr lesbar sind.« Wenn sie als Juristin sich schon nicht auskennt, sei diese Normenflut »auch für einen Laien nicht lesbar oder gar verständlich.« Das Wichtigste in einer Demokratie ist aber, dass das Recht von der Bevölkerung mitgetragen wird. Dazu müssen folgende Kriterien eingehalten werden: Klarheit, Sicherheit, Bestimmtheit und Transparenz.[744]

Dass diese Kriterien allesamt nicht erfüllt werden, wurde bereits ausführlich dargestellt. Auch der wahre Zweck der sieben Kategorien von politisch-medialen Fake News wurde schon behandelt: Der von der unverständlichen Normenflut überrollte und genervte Bürger soll sich an die neuen »Ersatzgesetze« halten. Diese weichen nicht selten vom schriftlich gesatzten Recht ab, wie noch im Kapitel über die Ausgangsbeschränkungen gezeigt wird.

Die Verfassungswidrigkeit der Corona-Maßnahmen resultiert also nicht nur aus der unzulässig »geregelten« Eingriffs- und Ermächtigungslage, sondern auch aus der massiven Verletzung fundamentalster demokratischer und rechtsstaatlicher Rechtsgrundsätze.

Daher leuchtet ein, dass tschechische Richter bereits im April 2020 jene COVID-19-Verordnungen für rechtswidrig erklärt haben, mit denen willkürlich der Einzelhandel geschlossen sowie Ausgangsbeschränkungen verfügt wurden. Auch in Krisenzeiten müsse das rechtsstaatliche Prinzip gewahrt werden, weshalb diese Maßnahmen als Notstandsgesetze verfügt werden müssten.[745]

Wie insgesamt leicht zu erkennen ist, wurde und wird die bewusst angelegte Sollbruchstelle der Verfassung exzessiv genutzt. Wer sich gegen diese Darstellung verwehrt, weil er sie schlichtweg nicht wahrhaben will oder beim Jura-Studium etwas anderes gelernt hat, der muss spätestens beim systematischen und vielfachen Bruch des Grundsatzes der Verhältnismäßigkeit zugeben, dass hierdurch das Ende der verfassungsrechtlichen Fahnenstange erreicht ist. Schließlich wird gegen den im deutschen Grundgesetz sogar explizit verankerten Grundsatz verstoßen, dass Grundrechte »in keinem Fall« in ihrem Wesensgehalt angetastet werden dürfen.[746]

III. Keine Eingriffsverhältnismäßigkeit

Auch die Eingriffsverhältnismäßigkeit ist nicht gegeben. Nimmt man entgegen der Realität eine Eingriffssituation und eine korrekte Ermächtigung als gegeben an, erfolgt die weitere Prüfung der Rechtmäßigkeit von Grundrechtseingriffen anhand von vier juristischen Kriterien, die zusammen das erwähnte **Verhältnismäßigkeitsprinzip** bilden, die Verhältnismäßigkeit im weiteren Sinne. Es handelt sich um jene vier entscheidenden Prüfungsschritte,[747] die gemäß der ständigen Judikatur des EGMR, des deutschen BVerfG und des österreichischen VfGH beim Eingriff in die verfassungsmäßig garantierten Grund- und Freiheitsrechte **unbedingt** allesamt erfüllt sein müssen: 1. legitimes Ziel, 2. Eignung des Mittels, 3. Notwendigkeit des Mittels und 4. Adäquanz (Angemessenheit).

Ist auch nur ein einziges dieser Kriterien nicht erfüllt, ist der beabsichtigte Eingriff in ein Grundrecht verfassungsrechtlich nicht gerechtfertigt. Er hat dann zu unterbleiben. Die strikte Einhaltung dieses Prüfungsschemas bzw. des Verhältnismäßigkeitsprinzips ist dem **liberalen Prinzip** geschuldet, demzufolge der Grundrechtskatalog sämtliche Freiheiten des Individuums vom Staat reglementiert und unter den besonderen Schutz der Verfassung stellt.[748]

Aus diesem Grund liegen den sowohl im österreichischen EpG als auch im bundesdeutschen IfSG (jedenfalls in den Fassungen vor der COVID-19-Krise) vorgesehenen antiepidemischen Maßnahmen wohldurchdachte Abwägungen im Sinne des Verhältnismäßigkeitsprinzips zugrunde. Es handelt sich grundsätzlich um regelmäßig und sorgfältig angepasste und daher zeitgemäße Gesetze. Das aus dem Jahr 1920[749] stammende EpG wurde anlässlich der »Spanischen Grippe« beschlossen, wegen der ab der Endphase des Ersten Weltkriegs (1918) bis 1920 zwischen 20 und 50 Millionen Menschen gestorben sind.[750]

Für derartige Katastrophen wollten unsere Altvordern künftig auf der Grundlage des EpG gewappnet sein. Das 1950 wiederverlautbarte Gesetz wurde seither bis inklusive 2018 ganze 13 Mal novelliert bzw. modernisiert.[751] Und das erst 2001 in Kraft getretene IfSG wurde vor COVID-19 ganze 16 Mal geändert, zuletzt am 01. 03. 2020.[752] Folglich handelte es sich bei beiden Normen gemäß dem Willen des jeweiligen Gesetzgebers bis zu COVID-19 um zeitgemäße und inhaltlich ausgereifte Regelwerke, wenn man einmal von den bereits beleuchteten strukturellen Mängeln absieht (unzulässige Grundrechtseinschränkungen durch einfaches Gesetz, unzureichend determinierte Eingriffssituation, rechtswidrige Machtanhäufung bei der Verwaltung). Gerade in Bezug auf die selbstgemachte Corona-Krise sind daher die Nichtanwendung gesetzlich verankerter Wertungsmaßstäbe sowie übereilte verschärfende Änderungen von Notfallgesetzen just in jenem Krisenfall, für den sie beschlossen wurden, sehr deutliche Indizien für vorsätzlichen Rechtsbruch und Verfassungswidrigkeit. Diese Rechtswidrigkeit ergibt sich ganz offensichtlich aus der Prüfung der Verhältnismäßigkeit im weiteren Sinne nach den besagten vier Kriterien.

Es folgt die Darstellung der Grundsätze mit lockerem Bezug auf die besagten 12 ausgewählten Corona-Maßnahmen gemäß Maßnahmenpaket VI. (siehe Abb. 27). Deren Rechtswidrigkeit wird sodann zusammengefasst und auch in einer weiteren Tabelle dargestellt (Abb. 35). Danach werden alle Maßnahmen einer Detailprüfung unterzogen.

1. Kein legitimes Ziel

Der beabsichtigte Grundrechtseingriff muss an ein bestimmtes legitimes Ziel gebunden sein. Zum Beispiel setzt ein staatlicher Eingriff in das Recht auf Achtung des Privat- und Familienlebens voraus, dass er auf der Grundlage eines Gesetzes erfolgt und die Maßnahme zudem »in einer demokratischen Gesellschaft für die nationale Sicherheit, die öffentliche Ruhe und Ordnung, das wirtschaftliche Wohl des Landes, die Verteidigung der Ordnung und zur Verhinderung von strafbaren Handlungen, zum Schutz der Gesundheit und der Moral oder zum Schutz der Rechte und Freiheiten anderer notwendig ist.«[753] Entsprechend der Judikatur des EGMR muss jeder Eingriff in ein Freiheitsrecht einem »zwingenden sozialen Bedürfnis« und dem Grundsatz der Verhältnismäßigkeit entsprechen.[754] Jede Beschränkung eines Grundrechts hat also im öffentlichen Interesse geboten zu sein, wie der VfGH zutreffend feststellt.[755] Ganz in diesem Sinne verlangt das BVerfG ein »hinreichend schwerwiegendes, spezifisch öffentliches Interesse«.[756] Es muss demnach eine tatsächliche Notsituation (Eingriffssituation) bestehen, zu deren Meisterung ein legitimes Ziel verfolgt wird.

Wie gesagt, bieten die schwammigen Definitionen für Pandemie und Epidemie keine objektivierbaren Anhaltspunkte dafür, ab wann auf nationaler Ebene eine Notsituation vorliegen könnte. Abgesehen davon, ist nochmals mit aller Deutlichkeit festzustellen, dass keine Anscheinsgefahr besteht. Daher ist das erforderliche öffentliche Interesse bei COVID-19 **nicht** gegeben. Als Maßstab hierfür ist die Grippe heranzuziehen. Da die Gefährlichkeit von COVID-19 in etwa jener der herkömmlichen Grippe entspricht, bei der regelmäßig keine drakonischen Maßnahmen verhängt werden, besteht auch bei COVID-19 kein ausreichend gewichtiges spezifisches öffentliches Interesse und daher auch **kein** daraus ableitbares legitimes Ziel, das die Einschränkung von Freiheitsrechten rechtfertigen würde. Punkt. Damit könnte man es, korrekt juristisch beurteilt, getrost belassen und bereits beim ersten Punkt der Verhältnismäßigkeitsprüfung aussteigen – mit der bereits bekannten Konsequenz, dass alle verhängten Maßnahmen rechtswidrig sind.

Der guten Ordnung halber, vor allem im Hinblick auf propagierte oder gar künstlich verschärfte weitere »Wellen«, setzen wir die Fallprüfung hypothetisch fort und kommen zum Ergebnis, dass der COVID-19-Gesetzgeber einerseits den unumstößlichen Schutzzweck bestehender epidemiologischer Krisengesetze (EpG, IfSG) ignoriert und andererseits bis mindestens Mitte 2020 selbst **keinen** anderen obersten Zweck und auch **kein** einziges legitimes Ziel festgelegt hat.

Der fundamentale Schutzzweck des EpG und des IfSG ist die schon mehrfach erwähnte Krisenbewältigung im Rahmen einer möglichst intakten Gesamtgesellschaft und Wirtschaft. Dieser Schutzzweck und das daraus ableitbare Ziel der aufrechten **Bewegungsfreiheit** der **gesunden Masse** der Bevölkerung sind zwar nicht ausdrücklich im Gesetz genannt. Sie ergeben sich aber aus dem gesetzlichen Regelungsgehalt, demzufolge nicht die gesunde Masse, sondern lediglich die kranke sowie konkret krankheits- oder ansteckungsverdächtige Minderheit im regional unbedingt erforderlichen Ausmaß isoliert werden darf. Darauf wird im Detail unter Punkt 2. über die mangelnde Eignung des Mittels eingegangen. Der Schutzzweck ergibt sich auch aus einem allgemeingültigen Grundsatz, der schon seit Jahrhunderten oder Jahrtausenden gepflegt wird. Das verdeutlicht schon das Wort »Quarantäne«. Es leitet sich von einem Zeitraum von 40 Tagen ab (italienisch »quaranta giorni«), die ab dem 14. Jahrhundert von seuchenverdächtigen Schiffen abgewartet werden musste, bevor sie in den Hafen von Venedig einlaufen durften.[757] Unsere Altvorderen waren nicht so dumm, gleich ganze Städte und Länder lahmzulegen. Denn sie wussten, dass man ausschließlich die potenziell für die gesunde Allgemeinheit gefährliche Minderheit isolieren darf, weil ansonsten massive Schäden für die Wirtschaft und letztlich das gesamte Gemeinwesen drohen.

Genau das sind die Folgen von COVID-19, weil moderne Politdarsteller den gesetzlichen Schutzzweck gröblich missachten. Die gesunde Masse wird weggesperrt oder zumindest in ihrer Bewegungs- und Handlungsfähigkeit eingeschränkt, um, so lautet die offizielle verbale Behauptung, zwei **nicht** einmal gesetzlich definierte Ziele zu verfolgen: die gleichmäßige Auslastung des Gesundheitssystems und das Retten der Leben älterer Menschen.

Beide Ziele werden jedoch weder im EpG und im IfSG genannt noch in den speziellen COVID-19-Normen definiert. Das österreichische COVID-19-Maßnahmengesetz dient lediglich dem pauschal umschriebenen Ziel der »Verhinderung der Verbreitung von COVID-19«.[758]

In diesem Sinne ist das offizielle Ziel des deutschen IfSG gemäß seinen determinierenden Paragraphen 1 und 28 die »Verhinderung der Verbreitung übertragbarer Krankheiten«.[759]

Dieses Ziel wird zwar vom deutschen Gesetzgeber ausdrücklich als »Zweck« tituliert. In Wahrheit handelt es sich jedoch um keinen übergeordneten Zweck, sondern lediglich um das spärlich definierte Hauptziel der Verbreitungsverhinderung. Damit übereinstimmend, stellt die anlässlich COVID-19 beschlossene Neufassung des § 5 IfSG einerseits auf die »Verhinderung der Einschleppung einer bedrohlichen übertragbaren Krankheit«[760] ab. Andererseits wird aber auch das äußerst dürftig formulierte Ziel der Aufrechterhaltung der medizinischen Versorgung der Bevölkerung genannt.[761] In Österreich wird dieses Ziel gesetzlich überhaupt nicht erwähnt. Aber beide Länder nennen, jeweils außerhalb des Gesetzes und daher rechtlich unverbindlich, das vermeintliche Ziel des Rettens von Menschenleben. Doch sowohl das »Hauptziel« der Verbreitungsverhinderung als auch ihre angeblichen Teilziele der Versorgungssicherstellung und des Lebensrettens sind viel zu unscharf formuliert bzw. nicht ausreichend konkretisiert, um das Verwaltungshandeln angemessen einzugrenzen und vorhersehbar zu machen. Demnach ist die Hauptzielsetzung mitsamt ihren angeblichen Teilzielen mangels Bestimmtheit verfassungswidrig. Außerdem entsprechen beide vermeintlichen Teilziele nicht der medizinisch-wissenschaftlichen Faktenlage.

Kapazitätsgerechte Auslastung

Ein denkbares legitimes Teilziel der Verhinderung der Ausbereitung von COVID-19 könnte die Verlangsamung des Infektionsgeschehens zur adäquaten Bewältigung der »Krise« analog zu einer (hypothetisch) stärkeren Grippe-Epidemie sein. Gemeint ist die möglichst gleichmäßige Belastung der Gesundheitsinfrastrukturen bzw. der Schutz der öffentlichen Gesundheit durch den Erhalt der medizinischen Versorgung der Bevölkerung. In Deutschland wurde dieses Teilziel lediglich teilweise und auch dann nur sehr vage gesetzlich angedeutet, sodass keine dem Bestimmtheitsgrundsatz entsprechende Regelung vorliegt. In Österreich wurde nur ein vages »Ziel« verbal formuliert, das jedoch überhaupt keinen Einzug in das Gesetz fand. In beiden Nationen wurde in Ermangelung einer fundierten Gefahrenanalyse und -bewertung anstatt einer ordentlichen gesetzlichen Regelung ein pervertiertes Spiel mit der Angst inszeniert. Dieser Staatsterror hängt mit der schon mehrfach gezeigten Faktenresistenz zusammen, wie sie sich auch in der fehlerhaften Vorhersage des angeblich drohenden Zusammenbruchs des Gesundheitswesens offenbart.

»Die Prognosen für COVID-19 sind **fehlgeschlagen**«, lautet der Titel einer Studie, die unter der Leitung des international anerkannten Obermeisters der Statistik erstellt wurde: Prof. Dr. John Ioannidis. Das umfassende Werk fasst nicht nur die tatsächliche Faktenbasis, sondern auch die Ursachen der utopischen Fehleinschätzungen zusammen. Sie reichen von schlechten Dateneingaben und falschen Modellannahmen über die mangelnde Einbeziehung epidemiologischer Merkmale und mangelnde Transparenz bis hin zu fehlendem Fachwissen in entscheidenden Disziplinen und selektiver Berichterstattung.[762] Mit der medizinischen Faktenlage eingehend beschäftigt sich auch das deutsche Netzwerk für evidenzbasierte Medizin (EbM). Seiner profunden Analyse zufolge kam es in Deutschland, Österreich und der Schweiz **niemals** »zu einer Überlastung des Gesundheitssystems«, wobei die Kapazitätsgrenzen nur in der Schweiz – angeblich – knapp erreicht wurden.[763]

In Deutschland betrug die maximale intensivmedizinische Auslastung der Intensivbetten mit Stand vom 22. 04. 2020 lediglich **8,78 Prozent**. Denn laut den Angaben des in Zusammenarbeit mit dem RKI erstellten DIVI-Intensivregisters gab es bei einer Gesamtkapazität von 31.885 Betten nur 2.799 Intensivfälle.[764] Die synchron zu anderen Grippewellen von selbst kontinuierlich fallenden Zahlen resultieren am 31. 08. 2020 in einem Stand von 246 Patienten in intensivmedizinischer Betreuung. Bei insgesamt 30.630 Intensivbetten ergibt das eine intensivmedizinische Auslastung von lediglich **0,8 Prozent**.[765] Generell befanden sich während der Corona-Krise, man horche auf, mehr als 400.000 medizinische Mitarbeiter in **Kurzarbeit**. I der angeblich heißesten Phase von März bis Mai 2020 meldeten »bundesweit 1.200 Krankenhäuser für 83.300 Beschäftigte und 48.300 Arztpraxen für 326.700 Mitarbeiter Kurzarbeit an.«[766] Das geht mitunter auf die gähnende Leere in den extra eingerichteten Corona-Stationen zurück.[767] Weiter von einem Kollaps des Gesundheitswesens entfernt konnte man also gar nicht sein.

Sehr ähnlich stellt sich die Lage in Österreich dar. Hier war die stationäre Kapazität Anfang April 2020 zu maximal etwa fünf Prozent und die Intensivkapazität zu lediglich rund **26 Prozent** ausgelastet.[768] Per 31. 08. 2020 waren nur 31 der insgesamt 678 Intensivbetten mit intensivmedizinisch zu betreuenden Patienten belegt. Die Auslastung beträgt daher nur **4,57** Prozent.[769] Wegen mangelnder Auslastung musste auch in Österreich Krankenhauspersonal in **Kurzarbeit** geschickt werden,[770] darunter einige Spitäler in der angeblichen Krisenregion Tirol ausgerechnet im März und April 2020.[771] Ein besserer Beleg dafür, dass es sich bei COVID-19 um eine Show-Epidemie handelt, ist kaum vorstellbar.

Sogar in der hochoffiziell am stärksten von COVID-19 betroffenen Schweiz waren nie mehr als etwa 60 Prozent der Intensivbetten belegt, wobei die Beanspruchung durch COVID-Patienten zu keiner Zeit höher als etwa die Hälfte war. Laut einer nachweislich falschen Horrormeldung der Schweizerischen Gesellschaft für Intensivmedizin soll die Bettenauslastung am 10. 04. 2020 einen Höchststand von 98 Prozent bei einem COVID-Anteil von 56 Prozent (Stand vom 05. 04. 2020) erreicht haben.[772] Das ist blanker Unsinn. Denn tatsächlich war die Intensivbettenauslastung ausgerechnet in der heißesten Phase, der 14. und 15. Kalenderwoche (30. 03. bis 12. 04. 2020), synchron zu den Grippe- und COVID-Fallzahlen auf rund 50 Prozent **gesunken**. Der Anteil der intensivbetreuten COVID-Patienten machte ausschließlich zu dieser Zeit etwa 50 Prozent aus. Danach sank er beträchtlich, wie Abbildung 33 beweist. Dieses Diagramm entstammt der offiziellen Statistik des schweizerischen Bundesgesundheitsamts. Ebendieser Faktenevidenz zufolge fiel die Anzahl der COVID-Intensivpatienten (synchron zur Grippewelle) gleich ab der 14. Kalenderwoche kontinuierlich in den Keller, wo sie sich zwischen der 24. und der 36. Kalenderwoche auf durchschnittlich nur noch etwa 30 Intensivpatienten einpendelte.[773] Bei rund 1.100 Intensivbetten ergibt das um den 31. 08. 2020 einen Tiefstand von weniger als **drei Prozent**. Zu erwähnen ist noch, dass sich auch in schweizerischen Spitälern bereits in der angeblichen heißesten Phase März/April 2020 **Kurzarbeit** breitmachte.[774] Vom drohenden medizinischen Kollaps war also auch in der Schweiz keine Spur.

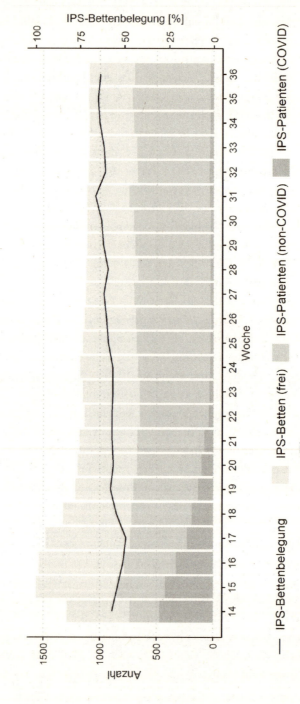

Abb. 33 (Quelle: BAG-Situationsbericht, 08. 09. 2020)[775]

Die offiziellen Auslastungsstatistiken bestätigen zum einen das bereits bewiesene Faktum, dass die Fallzahlen unabhängig von irgendwelchen Maßnahmen sanken. Folglich ist der parallel zu den von selbst sinkenden Infektionszahlen konstant eher niedrige Auslastungsgrad der Intensivbetten ebenfalls **nicht** auf irgendwelche Maßnahmen zurückzuführen. Zum anderen beweisen die gesammelten Auslastungszahlen, dass das von der Regierung angeblich befürchtete Zusammenbrechen des Gesundheitssystems **nicht** einmal in der Schweiz eine reale Grundlage hatte. In Deutschland ist dieses Faktum sogar bis inklusive Mitte Juli 2020 höchstgerichtlich bestätigt. Mit seiner prägnanten Entscheidung vom 16. 07. 2020 lehnt das BVerfG eine Verfassungsbeschwerde behinderter Beschwerdeführer über die behauptete Untätigkeit der Regierung bei der Festlegung von Triage-Richtlinien mit folgender Begründung ab:»Das zum entscheidungserheblichen Zeitpunkt erkennbare Infektionsgeschehen und die intensivmedizinischen Behandlungskapazitäten lassen es in Deutschland **nicht** als wahrscheinlich erscheinen, dass hier die gefürchtete Situation der Triage eintritt.«[776] Diese korrekte Feststellung trifft auf die gesamte Krise (erste »Welle«) zugleich auch für Österreich und die Schweiz zu. Denn wie obige statistische Daten zeigen, hat die angeblich befürchtete Überlastung der Intensivmedizin zu **keiner** Zeit gedroht. Es gab keine nennenswerten Kapazitätsengpässe.

Das vermeintliche Teilziel der kapazitätsgerechten Auslastung ist daher **nicht** legitim, weshalb hierzu keine Grundrechtseingriffe vorgenommen werden dürfen. Die einzige reale, wenngleich ausschließlich normalmedizinische Mehrbelastung des Gesundheitssystems hat die **Regierung** selbst erzeugt, indem sie abertausende epidemiologisch sinnlose Testungen angeordnet und im Verbunde mit den übrigen verfassungswidrigen Corona-Maßnahmen die Bevölkerung unnötigen psychischen und physischen Gesundheitsschäden ausgesetzt hat.

Etliche medizinische Behandlungen und Operationen wurden ausgesetzt, während die Krankenhäuser halbleer standen und das Personal teils in Kurzarbeit war. Daran ist besonders anschaulich zu erkennen, dass die Corona-Maßnahmen keinesfalls den Schutz der Gesundheit oder gar das Retten von Menschenleben bezwecken.

Ein Wort ist noch zu den unzulässigen Vergleichen des heimischen Gesundheitssystems mit jenen des südlichen Auslands angebracht: Schwachsinn. Das war auch den Regierungen bis unmittelbar vor COVID-19 bewusst. So betont eine RKI-Studie vom November 2019 über zahlreiche Patienten, die alljährlich wegen Krankenhausviren insbesondere an Lungenentzündungen erkranken und sterben, dass bei einem Vergleich verschiedener Nationen die Zahlen nicht isoliert betrachtet werden dürfen. Vielmehr »müssen die unterschiedlichen Gesundheitssysteme in den europäischen Ländern mitberücksichtigt werden.«[777] Das Wissen der Regierung um das zu keiner Zeit bedrohte Funktionieren des Gesundheitswesens dürfte der Grund für die nicht erfolgte bzw. nicht ausreichend bestimmte gesetzliche Definition des Teilziels der kapazitätsgerechten Auslastung sein. Dasselbe trifft auch auf das vermeintliche Teilziel des Lebensrettens zu.

Retten von Menschenleben

Das nicht ausschließlich auf die hinlänglich bekannten Risikogruppen begrenzte Hauptziel der Verbreitungsverhinderung ist bereits aus dem offensichtlichen Grund verfassungswidrig, dass es das Leben der gesunden Masse der Bevölkerung nicht retten kann, weil es von COVID-19 gar nicht bedroht ist. Zudem wird die **gesunde Masse** in ihrem Recht auf natürliche Herdenimmunität und dadurch gleichfalls in ihrem Grundrecht auf Gesundheit bzw. **körperliche Unversehrtheit** verletzt.

Aber auch das von Politikern hochemotional postulierte Retten älterer Menschenleben, das im Gesetz ebenfalls nicht genannt wird, ist kein legitimes Teilziel. Zum einen ist nur eine winzige Minderheit der Älteren betroffen, nämlich der komorbid vorerkrankte Anteil. Zum anderen war und ist der direkte Schutz individueller Leben überhaupt nicht der Zweck oder das Ziel der Maßnahmen, sondern lediglich deren mögliche indirekte Wirkung bzw. deren potenzieller mittelbarer Effekt. Wenn es tatsächlich um den Schutz besonders gefährdeter Individuen an sich ginge, hätte man längst das viel größere Problem der Krankenhauskeime (Supererreger) lösen müssen. Offenbar haben sich aber Medizin, Regierung und Gesellschaft mit den diesbezüglichen Sterbezahlen abgefunden, die viel höher sind als jene von COVID-19. Dasselbe gilt für die Grippe. An ihr zu erkranken, fällt wie auch bei COVID-19 unter das sogenannte allgemeine **Lebensrisiko**.

Hierzu existiert bereits eine vorbildliche Judikatur des deutschen BVerfG, die eins zu eins auf Österreich umgelegt werden kann. Anlässlich einer Verfassungsbeschwerde wegen einer vermeintlichen Gesundheitsgefährdung durch COVID-19 durch einen nicht aufgehobenen strafrechtlichen Hauptverhandlungstermin bringt das Karlsruher Gericht unmissverständlich zum Ausdruck, dass die Verfassung »keinen vollkommenen Schutz vor jeglicher mit einem Strafverfahren einhergehender Gesundheitsgefahr« gebietet. Dies hat umso mehr zu gelten, »als ein gewisses Infektionsrisiko mit dem neuartigen Corona-Virus derzeit für die **Gesamtbevölkerung** zum allgemeinen **Lebensrisiko** gehört, von dem auch der Angeklagte in einem Strafverfahren nicht vollständig ausgenommen werden kann.«[778] Was selbst für einen unter staatliche Aufsicht Gestellten gilt, muss umso mehr auf freie Bürger zutreffen. Wie wir dem allgemeinen Lebensrisiko begegnen, obliegt alleine uns und unserem freien Willen. Nicht einmal potenzielle Risikopatienten dürfen dazu gezwungen werden, sich zu schützen. Das widerspräche dem Selbstbestimmungsrecht und käme einer in demokratischen Ordnungen illegalen Bevormundung durch den Staat gleich.

Beim Lebensrisiko ist generell auch an ganz andere soziale Phänomene zu denken, wie etwa die vielen Verkehrstoten, stressbedingte Herzinfarkte und das verfrühte Ableben ärmerer Menschen. Dass Autofahren, beruflicher Stress und Armut alljährlich etliche Menschenleben fordern, sind offenbar gesellschaftlich akzeptierte Risiken im Sinne von Kollateralschäden unserer mehr oder weniger rücksichtslos materialistischen Lebensweise. Diese verändern wir nicht einmal anlässlich der etwa **6,5 Millionen** Menschen, die weltweit jedes Jahr wegen der Luftverschmutzung sterben. Auch wegen der gegenüber COVID-19 viel höheren Lebensgefahr durch Krankenhauskeime und schwere Grippe-Saisonen hatte man vor dem März 2020 niemals das Ziel »Menschenleben retten« definiert oder Grundrechtseingriffe auch nur leise angedacht.

Garantiert nicht unter das allgemeine Lebensrisiko fällt der – entgegen dem verbindlichen Vorsorgeprinzip – vorsätzlich von Menschenhand betriebene Ausbau des 5G-Netzes trotz der erwiesenermaßen schädlichen EMF-Strahlung gerade für ältere Menschen. Mit der Ausrollung von 5G wird die Bevölkerung sogar im vollen Bewusstsein über die schwerwiegenden Folgen für Leib und Leben einer massiven Bedrohung ausgesetzt. Hätte man wirklich Menschenleben retten wollen, hätte man 5G sofort verbieten müssen. Umso mehr muss für COVID-19 gelten, dass das »Retten von Menschenleben« **kein** von der Regierung verfolgtes Ziel sein kann. Die Behauptung des Gegenteils ist rechtlich unbeachtlich und obendrein zynisch.

Apropos zynisch. Trotz der offenkundigen und realistischen Möglichkeit, durch eine geringfügige Umwidmung der weltweiten Rüstungsbudgets den globalen Hunger sofort zu beenden und damit jährlich etwa neun Millionen Menschen das Leben zu retten, wird dafür seit Jahrzehnten nichts Nennenswertes unternommen. Im Jahr 2014 veröffentlichte die UNO eine WHO-Studie, der zufolge jährlich 842 Millionen Menschen weltweit am Hunger leiden und davon **3,1 Millionen Kinder verhungern**.[779] Daran hat sich bis heute nichts geändert. Alljährlich gehen von weiterhin rund 822 Millionen hungernden Menschen nach wie vor rund **neun Millionen** Menschen ausschließlich des Hungers wegen zugrunde,[780] obwohl der globale

Hunger mit einem geringen Prozentsatz der alljährlichen Rüstungsausgaben ein für alle Mal beendet werden könnte. Der organisierte Wahnsinn wurde im gleichnamigen Buch des ehemaligen deutschen Bundeskanzlers Willy Brandt bereits 1985 während des irren Wettrüstens im Kalten Kriegs beschrieben. Im Kapitel »Der gefährdete Frieden« schlägt Brandt vor, einige wenige Prozent der Rüstungsausgaben so umzulenken, dass diese Mittel »sinnvollen, friedenssichernden Zwecken zugutekommen und Massenhunger und krasses Elend verschwinden.«[781]

Doch dazu waren und sind gewisse Entscheidungsträger nicht bereit. Bekanntlich erhöhten sich regelmäßig sowohl die Rüstungsbudgets der Großmächte als auch die Anzahl der Hungerleidenden. Eine geringfüge Abzweigung von Kriegsmitteln, vor allem der USA, würde nicht einmal in bestehende Rechte eingreifen, sondern könnte zum einen alle Mäuler stopfen und zum anderen dadurch indirekt dem Frieden dienen, das menschliche Immunsystem stärken und gefährliche Erkrankungen wie beispielsweise AIDS in hohem Maße reduzieren. Da nichts dergleichen geschieht, ist auch in diesem Punkt festzustellen, dass es den Regierungen bei der vergleichsweise läppischen Causa COVID-19 keinesfalls darum gehen kann, Leben zu retten. Im Gegenteil. Wie noch zu zeigen ist, werden die absurden COVID-19-Maßnahmen weltweit – und damit auch in Europa – Hunderttausende zusätzliche Menschenleben fordern.

Das Fazit ist, dass das vorgebliche Hauptziel der Verhinderung der Verbreitung von COVID-19 mit den beiden angeblichen Teilzielen **keine** legitime Grundlage für Grundrechtseingriffe darstellt. Die nicht einmal im Ansatz bedrohten medizinischen Kapazitäten und die extrem niedrige Sterberate zeigen zudem auf, dass gar **keine** »epidemische Lage von nationaler Tragweite« besteht. Somit wird auch auf dieser Ebene bestätigt, dass es weder eine Eingriffssituation noch eine legale Eingriffsermächtigung gibt. Aus den vorhin genannten Gründen müsste man eigentlich bereits beim ersten Kriterium des viergliedrigen Prüfschemas der Verhältnismäßigkeit aussteigen. Das heißt, dass die offiziell im Hinblick auf die Verbreitungsverhinderung angedachten Maßnahmen nicht mehr auf Eignung, Notwendigkeit und Angemessenheit zu prüfen wären. Demnach dürfen zur Verfolgung dieses schwammigen Hauptziels keine Grundrechtseingriffe vorgenommen werden. Ein anderes Ziel wurde weder rechtswirksam definiert noch könnte es der medizinischen Realität entsprechen. Nehmen wir entgegen der Faktenlage mit zwei zugedrückten Augen wohlwollend irgendein ein legitimes und ernsthaft verfolgtes Ziel an, ist auf jeden Fall zu prüfen, ob die zur Zielerreichung festgelegten Umsetzungsmaßnahmen überhaupt geeignete Mittel sind.

2. Keine Eignung

Hier geht es um die prinzipielle Tauglichkeit zur Zielerreichung.[782] Das bedeutet, dass das in Betracht kommende Mittel grundsätzlich geeignet sein muss, das definierte (legitime) Ziel zu erreichen.[783]

Ob ein Mittel tauglich ist oder nicht, ist im gegebenen Corona-Kontext primär eine medizinische Beurteilung, vor allem eine virologische und epidemiologische. Die abschließende juristische Aufgabe ist die Überprüfung, ob die medizinische Zurechnung tatsächlich eine plausible Kausalitätsannahme darstellt. Juristen haben zu beurteilen, ob die medizinisch angenommene Eignung des Mittels tatsächlich derart gegeben ist, dass sie Grundrechtseingriffe rechtfertigt. Bei der Beurteilung der Eignung ist zwischen absolut untauglichen, bedingt tauglichen und absolut tauglichen Mitteln zu unterscheiden. Von den zu prüfenden 12 Corona-Maßnahmen sind vier absolut untauglich und acht nur bedingt tauglich. Keine einzige Maßnahme ist absolut tauglich.

Absolute Untauglichkeit

Absolut untauglich sind jene Mittel, die bereits aus technischen Gründen zu jedem Zeitpunkt, an jedem Ort und bei jeder Personengruppe ungeeignet sind. Zur Bekämpfung von COVID-19 sind folgende vier Mittel absolut ungeeignet: Maske (3), Test (4), App (11), Impfung (12). Mit der verordneten Maskenpflicht werden Viren nicht aufgehalten. Die unwissenschaftlich erzeugten Tests spüren nicht das gesuchte Virus auf und sind überdies höchst unzuverlässig. Mit Corona-Warn-Apps kann die Übertragungskette nicht unterbrochen werden. Impfungen verhindern die virale Verbreitung nicht.

Bei drei Mitteln, nämlich Maske, App und Impfung, ist es sogar nachweislich so, dass sie das Immunsystem des Anwenders schädigen und ihn anfälliger für Viren machen. Folglich **erschweren** besagte Mittel die Erreichung des vermeintlichen Ziels der Verbreitungsverhinderung.

Diese Kernaussagen werden bei der jeweiligen Detailprüfung umfangreich begründet. Die absolute Untauglichkeit trifft nicht nur bei der Pseudo-Pandemie COVID-19 zu, sondern auch bei jeder wirklich schweren Pandemie. Folglich dürften absolut untaugliche Mittel nicht einmal bei einer COVID-ähnlichen Killerseuche angeordnet werden.

Bedingte Tauglichkeit

Von den insgesamt 12 Mitteln sind acht lediglich eingeschränkt tauglich: Abstandhalten (1), Hygienemaßnahmen (2), Versammlungsverbote (5), Betretungsverbote (6), Schließung öffentlicher Einrichtungen (7), Ausgangsbeschränkungen (8), Betriebsschließungen (9) und Quarantäne (10).

Im Rahmen von **COVID-19** waren die bedingt tauglichen Maßnahmen grundsätzlich **nicht** geeignet, das Infektionsgeschehen nennenswert abzubremsen, weil sie schlicht und ergreifend zu spät gesetzt wurden. Bei neuen ähnlich milden Pseudo-Epidemien läge ebenfalls keine Eignung vor. Die bis dahin gesammelten Erfahrungswerte berücksichtigend, ist nämlich vom zeitgerechten hinreichenden Schutz der Risikogruppen auszugehen. Sodann bestünde keinerlei Gefahr für die Erreichung der beiden vermeintlichen Ziele der kapazitätsgerechten Auslastung der Gesundheitsreinrichtungen und des Rettens der Leben vor allem der Hochbetagten.

Die Eignung der bedingt tauglichen Mittel ist maximal bei einer theoretisch **schweren COVID-ähnlichen** Pandemie / Epidemie unter der Bedingung denkbar, dass die Regierung den Schutz des relativ kleinen Kreises der Risikogruppen neuerlich rechtswidrig **vernachlässigt**. Diesfalls müssten die Maßnahmen auf den etwas größeren Kreis der Adressatengruppen angewandt werden. Diese umfassen jenen Personenkreis, auf den die Maßnahmen primär anzuwenden sind. Es handelt sich um gesetzlich definierte Kategorien von Zielgruppen: Kranke, Krankheits- und Ansteckungsverdächtige. Nur wenn die gesetzlich vorgeschriebene Spezifizierung auf die Adressatengruppen nicht erfolgt, also erneut das Recht gebrochen wird, kommt die Eignung der generellen Anordnung besagter acht Maßnahmen in Betracht. Ausgeschlossen davon sind jedenfalls Kinder. Das gilt grundsätzlich auch für immune und symptomlos infizierte Erwachsene, wobei zu deren Identifizierung geeignete schonende Instrumente entwickelt werden müssen.

Die relevanten Personengruppen werden in Abbildung 34 dargestellt. Das kleine schwarze Feld links unten symbolisiert den Schutz einer winzigen Minderheit, also der Risikogruppen (RG). Dieser reicht, wie gesagt, auch bei einer fiktiven schweren COVID-ähnlichen Pandemie / Epidemie völlig aus, um die angeblichen beiden Ziele zu erreichen. Sind die hochvulnerablen Problemgruppen proaktiv bzw. selbstisolierend geschützt, kann weder deren Leben bedroht sein noch das Gesundheitssystem überlastet werden. Die restliche Bevölkerung kann sich inklusive der Adressatengruppen (AG) völlig frei bewegen, wie es im zweiten Kapitel über den liberalen Sollzustand dargestellt wird. Würde jedoch das Recht von der Regierung gebrochen und der Schutz der Risikogruppen nicht gewährleistet, wären die bedingt tauglichen Maßnahmen ausschließlich auf die Adressatengruppen anzuwenden. In diesem Fall muss man sich die strichlierte Linie als vollen Strich im Sinne einer Abkapselung vorstellen. Die gesunde Masse wäre immer noch voll selbstbestimmt, bewegungs- und handlungsfrei, wie es sich in einem liberalen demokratischen Rechtsstaat geziemt. Erst im zweiten rechtswidrigen Fall der nicht adressatenspezifischen Regelung wäre eine auch auf die gesunde Masse (großes hellgraues Rechteck) erstreckte generelle Maßnahmenanwendung ein geeignetes Mittel. Innerhalb der gesunden Masse bilden jedoch die Kinder eine absolut unantastbare Gruppe, zu der auch Erwachsene zählen, die bereits immun oder immerhin symptomlos infiziert sind (Ellipse).

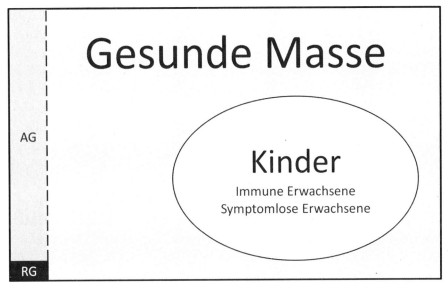

Abb. 34: Relevante Personengruppen

Um die weiter unten erfolgende Detailprüfung der Corona-Maßnahmen zu erleichtern, werden vorweg folgende Grundsätze festgelegt: Bei den bedingt tauglichen Mitteln ist zum einen der Zeitpunkt der geplanten Verhängung maßgeblich. Zum anderen sind die betroffenen Regionen und vor allem die Adressatengruppen möglichst exakt festzulegen. Weder das EpG noch das IfSG erlauben die flächendeckende Verhängung grundrechtseinschränkender Maßnahmen über die gesamte Bevölkerung, schon gar nicht über die etwa 99 Prozent ausmachende gesunde Masse.

a. Zeitpunkt. Als Faustregel gilt: Je intensiver ein Grundrechtseingriff ist und je länger er dauert, desto kürzer müssen die Intervalle für die regelmäßige Eignungsprüfung der Maßnahmen sein, und desto präziser die Spezifizierung der Regionen und Adressatengruppen. Pauschal für die Allgemeinheit angeordnete Eingriffe sind am ehesten am Beginn einer neuartigen schweren Pandemie / Epidemie denkbar, über deren Übertragungsrisiko und Gefährlichkeit mangels ausreichender Informationen noch keine korrekte Lagebeurteilung erfolgen kann. Dies gilt jedoch gerade nicht für COVID-19. Denn aufgrund der zeitgerechten und korrekten Meldungen aus China und Italien waren die relevanten Fakten bereits ab Januar 2020 verfügbar. Eine pauschale Anwendung von Maßnahmen ohne Rücksichtnahme auf Regionen und Adressatengruppen ist daher völlig ausgeschlossen. Doch auch eine spezifizierte Mittelanwendung kommt **nicht** in Betracht, weil die sogenannten Infektionskurven bereits am 11. 03. 2020 und damit einige Tage **vor** der Verhängung der Corona-Maßnahmen (Österreich am 15. 03. 2020, Deutschland am 23. 03. 2020) von selbst und sogar anhand der offiziellen Reproduktionszahlen erheblich sanken. Anlässlich COVID-19 scheidet daher die Anwendung bedingt tauglicher Maßnahmen aus, weil sie schlicht und ergreifend ungeeignet sind, eine bereits automatisch zurückgehende Mini-Epidemie nennenswert zu verzögern oder gar aufzuhalten. Hiermit sind wir bezüglich **COVID-19** und ähnlichen Pseudo-Epidemien am definitiven **Ende** der Verhältnismäßigkeitsprüfung angelangt. Das Ergebnis lautet, dass sämtliche Mittel zur Eindämmung von COVID-19 und Konsorten ungeeignet sind und folglich deren Anordnung illegal ist.

Die fortgesetzte Prüfung der Mittel auf Verhältnismäßigkeit bezieht sich ausschließlich auf eine hypothetische **schwere** Pandemie / Epidemie. Ist diese **COVID-ähnlich,** dann muss aufgrund der bereits bestehenden Studien und Erfahrungen mit COVID-19 der besondere Schutz der Risikogruppen sofort möglich sein. Nur für den Fall der neuerlichen **Säumnis** der Regierung erscheinen die besagten acht Mittel als bedingt tauglich. Von diesem eklatant rechtswidrigen Fall sollte zwar bei einer juristischen Beurteilung grundsätzlich nicht ausgegangen werden, jedoch macht das meiner Beurteilung nach demonstrativ schuldhafte Verhalten höchster Staatsorgane eine außerplanmäßige Eventualbewertung erforderlich. Dabei darf nicht vergessen werden, dass die tatsächliche Sicherstellung des Risikogruppenschutzes etwaige weitere Mittel sofort ungeeignet macht.

b. Regionale Spezifizierung. Dem EpG und dem IfSG liegt das bereits erwähnte regionale Prinzip zugrunde. Die örtliche Spezifizierung erfordert, dass die Maßnahmen im **kleinsten** Bereich anzuwenden sind, in dem die Verhinderung der Krankheitsverbreitung erforderlich ist. Das generelle Herunterfahren von Gesellschaft und Wirtschaft ist weder bundes- noch landesweit und auch nicht in einer ganzen Region zulässig. Nicht einmal im Verteidigungsfall (Krieg) dürften die Verfassung und die Grundrechte so intensiv ausgehebelt werden, wie es anlässlich der Show-Epidemie COVID-19 grob rechtswidrig geschehen ist.

Das EpG bezieht sich regelmäßig auf ein betroffenes Gebiet[784] bzw. auf betroffene Bezirksverwaltungsbehörden.[785] Für die Maßnahmendurchführung sind daher, wie gesagt, die Bezirksverwaltungsbehörden zuständig.[786] Auch gemäß IfSG sind die »Schutzmaßnahmen« nicht generell landes- oder gar bundesweit, sondern lediglich an bestimmten oder öffentlichen Orten durchzuführen. Dafür muss jedoch bereits eine Adressatengruppe (Kranke, Krankheits- / Ansteckungsverdächtige oder Ausscheider) festgestellt worden sein.[787] Zur Vollziehung des IfSG sind die von den Landesregierungen eingesetzten Behörden berufen.[788] In beiden Gesetzen kommt sowohl anhand der Abstellung auf das betroffene Gebiet (Ort) als auch aufgrund der dezentralen Zuständigkeiten das regionale Prinzip zum Tragen. Diese Grundregel verbietet eine generelle landes- oder bundesweite Verhängung von Maßnahmen, die nicht durch medizinische Notwendigkeiten gerechtfertigt ist. Neben den Orten der Mittelanwendung sind auch die Personengruppen zu spezifizieren.

c. Personelle Spezifizierung. Eine pauschale Anwendung von Maßnahmen auf einen unbestimmten Personenkreis wie insbesondere die gesamte Bevölkerung ist weder geeignet noch rechtlich zulässig. Es hat der in der gesamten Rechtsordnung verankerte Grundsatz Anwendung zu finden, dass sich Menschen, von denen keine konkrete Gefahr für andere Menschen ausgeht, frei bewegen können. Die vorwiegend gesunde Bevölkerung darf nicht unter den Generalverdacht gestellt werden, eine Infektionsgefahr zu sein. Im Gegenteil! So lange nicht substantiierte Anhaltspunkte für eine von einem konkreten Individuum ausgehende Gefahr vorliegen, ist jeder Mensch als nicht infiziert zu betrachten und auch so zu behandeln.

* **Kinder, immune und asymptomatisch infizierte Erwachsene.** Unabhängig vom Schutz der Risikogruppen stellen Kinder sowie immune und asymptomatisch infizierte Erwachsene für niemanden eine Bedrohung dar. Wie im Kapitel »Keine Ansteckung durch symptomlos Infizierte« bewiesen wurde, können nicht einmal die sogenannten Silent Carrier jemanden mit COVID-19 anstecken. Somit sind sowohl bei ihnen als auch bei immunen Erwachsenen und Kindern sämtliche Corona-Maßnahmen von vornherein und generell epidemiologisch sinnlos.

Ein glasklarer Fall sind sämtliche **Kinder**, insbesondere Klein-, Kindergarten- und Schulkinder. Nur für sehr wenige Kinder, nämlich jene mit Atemwegserkrankungen, stellt das Virus (angeblich) eine potenzielle Bedrohung dar. In aller Regeln verkörpern Kinder jedoch keinen Verbreitungsfaktor. Deshalb sind anlässlich einer COVID-ähnlichen Krankheit bei Kindern prinzipiell zu **keiner** Zeit irgendwelche Maßnahmen geeignet. Demnach auch nicht während einer Säumnis der Regierung beim Schutz der Risikogruppen. Denn ein Virus, das bei jungen Menschen nicht vorhanden ist, kann von ihnen auch nicht verbreitet werden. Folglich ist bei Kindern, die vielfach über Antikörper verfügen, keine einzige Corona-Maßnahme denkbar, die geeignet wäre, die Verbreitung einer Infektion zu verhindern. Für diese Einsicht muss man weder Medizin noch Rechtswissenschaften studiert haben. Sowohl der Hausverstand als auch das Gesetz besagen, dass niemand unter den Generalverdacht einer Infektion gestellt und dadurch zu einer Adressatengruppe gezählt werden darf. Was im Strafrecht »Unschuldsvermutung« heißt, könnte man im gegebenen Zusammenhang als Antikörpervermutung bezeichnen. Fest steht jedenfalls, dass über Kinder mangels Eignung keinerlei Corona-Maßnahmen verhängt werden dürfen. Dasselbe gilt für bereits immune und asymptomatisch infizierte Erwachsene. Diese sind schonend zu identifizieren, wobei damit weder die wertlosen Corona-PCR-Tests noch zwangsweise Blutabnahmen gemeint sind. Hier ist medizinische Kreativität im menschenfreundlichen Sinne gefragt.

Exkurs. Ganz anders gelagert ist lediglich der Fall einer völlig **neuartigen** schweren Pandemie / Epidemie außerhalb des Corona-Spektrums, die jedoch nicht Gegenstand des vorliegenden Buchs und daher auch nicht der nachfolgenden Detailprüfung ist. Es sei nur so viel gesagt: Bis zum raschest möglichen besonderen Schutz der erst festzustellenden Risikogruppen sind sowohl gegenüber Erwachsenen als auch gegenüber Kindern taugliche Maßnahmen denkbar; und zwar unabhängig davon, ob sie selbst infiziert sind oder nicht. Dies ist dem erhöhten Sicherheitsbedarf in einer noch unklaren Gefahrensituation bei einerseits hohem Zeitdruck und andererseits Nichtverfügbarkeit eines tauglichen Tests geschuldet. Selbst wenn sofort geeignetes Testmaterial zur Verfügung stünde, wäre die Durchtestung der gesamten Bevölkerung weder in angemessener Zeit machbar noch wäre sie notwendig (es gibt mildere Mittel wie Abstandhalten und Hygiene). Beim Testen beißt sich also der viel zitierte Hund in den eigenen Schwanz. Da Abstandhalten und Hygiene in der Regel ausreichenden Primärschutz bieten, ist bei der Eignung der schärferen übrigen sechs Mittel – Versammlungsverbot bis Quarantäne – strikt auf die nachweislich betroffenen Regionen und Adressatengruppen abzustellen.

Diesen Erfordernissen ist selbstverständlich auch bei einer theoretisch schweren **COVID-ähnlichen** Pandemie / Epidemie Rechnung zu tragen. Dies betrifft jedoch nur die Prüfung der Eignung der Mittel. Das Ergebnis sagt noch nichts darüber aus, ob ein potenziell geeignetes Mittel auch notwendig und adäquat ist. Die folgenden Ausführungen begründen die bedingte Eignung der Mittel nur bis zu jenem Zeitpunkt, an dem die Risikogruppen ausreichend geschützt sind.

* **Adressatengruppen.** Auch bei den nachweislich Kranken sowie den konkret Krankheits- und Ansteckungsverdächtigen ist eine ordentlich differenzierte Zuordnung und Behandlung nicht nur aus verfassungsrechtlicher Sicht geboten, sondern auch aus epidemiologischen und logischen Gründen. Substantiierte Verdachtsmomente sind individuell festzustellen, also bezogen auf konkrete Individuen. Dieses Abstellen auf besondere Merkmale kann man Adressatenspezifität nennen. Eine planlos gleichförmig-sture Anwendung ein und derselben Maßnahme auf verschiedene Personengruppen verletzt die weniger oder gar nicht betroffenen Gruppen in ihrem subjektiven Recht auf **sachliche Differenzierung**. Das verstößt wiederum gegen den Gleichheitsgrundsatz. Diesem zufolge muss der Staat, vereinfacht gesagt, Gleiches gleichbehandeln und Ungleiches ungleich. Werden bei COVID-19 oder einer schweren COVID-ähnlichen Epidemie die verschiedenen Personengruppen ohne jede sachliche Differenzierung gleichbehandelt, indem sie alle denselben Maßnahmen unterworfen sind, werden die gesunde Masse der Bevölkerung und die von der »Krankheit« symptomlos oder nur milde betroffenen 81 Prozent in ihrem Recht auf sachliche Differenzierung und dadurch im Grundrecht auf Gleichheit vor dem Gesetz[789] verletzt.

Schließlich hat der VfGH aus dem Gleichheitsgrundsatz überhaupt erst »das Gebot der Verhältnismäßigkeit staatlicher Eingriffe in Rechtspositionen der einzelnen abgeleitet.«[790] Gemäß der ständigen höchstgerichtlichen Rechtsprechung sind an gleiche Tatbestände gleiche Rechtsfolgen zu knüpfen.[791] Daher **müssen** auch wesentliche Unterschiede im Tatsachenbereich zu unterschiedlichen Regelungen führen.[792] Den Gleichheitssatz, wie er in Deutschland genannt wird, verknüpft auch das BVerfG mit dem Verhältnismäßigkeitsprinzip: »Aus dem allgemeinen Gleichheitssatz ergeben sich je nach Regelungsgegenstand und Differenzierungsmerkmalen **unterschiedliche** Grenzen für den Gesetzgeber, die vom bloßen Willkürverbot bis zu einer strengen Bindung an Verhältnismäßigkeitserfordernisse reichen.«[793]

Ungleiches muss also ungleich behandelt werden. Einfacher wäre es, die Höchstgerichte würden aus dem Gleichheitsgrundsatz neben dem Recht auf Gleichbehandlung ausdrücklich auch ein Grundrecht auf Ungleichbehandlung ableiten. Darauf läuft es nämlich hinaus. Dass dieser logische Gedanke von Politikern bis zum heutigen Tag nicht verfolgt wird, legt deren Affinität zu kollektivistischen Systemen nahe. Wer nicht vom Grunde auf sachlich differenziert, dient jedenfalls nicht dem Individualismus und der Freiheit. Sämtliche COVID-Maßnahmen sind kollektivistisch und sprechen daher eindeutig die Sprache der Diktatur, in der das Individuum bekanntlich nichts zählt. Darin waren sich schon Stalin und Hitler einig.

Das verfassungsrechtliche Fazit im Hinblick auf die selbstgeschnitzte Corona-Krise lautet, dass weder die gesunde Masse noch die rund 81 Prozent der symptomlos oder nur milde »Erkrankten« denselben Maßnahmen unterworfen werden dürfen wie die vulnerablen Gruppen. Jedem Kind leuchtet ein, dass COVID-19 oder eine ihr ähnliche schwere Krankheit nur eine kleine Gruppe betrifft und daher Maßnahmen grundsätzlich nur für ebendiese kleine Gruppe verhängt werden dürfen: die Risikogruppen. Gegenüber der gesunden und nicht infizierten Masse, insbesondere Kindern, ist jede Maßnahme von vornherein ungeeignet. Die gesunde Masse darf also auch aus diesem Grund (unabhängig von der absoluten Untauglichkeit der Mittel) nicht zwangsvermummt oder zwangsgetestet werden. Auch das generelle Wegsperren ist mit der Logik und der Rechtsordnung unvereinbar. Gegen das Prinzip der sachlichen Differenzierung verstoßende Maßnahmen sind rechtswidrig.

Ebenso illegal ist ein wochenlang nicht überprüftes Fortlaufen von Maßnahmen. Gerade das wird aber von den Regierungen regelmäßig praktiziert, wobei dieses illegale Verhalten sogar noch vorangekündigt wird. Nachdem der österreichische Jungkanzler in Europa epidemiologisch sinnlose Lockdowns und die absurde Maskenpflicht eingepeitscht hatte, verlautbarte die deutsche Dauerkanzlerin am 06. 04. 2020 – ganz im Stil einer DDR-Diktatorin –, dass die Beschränkungen jedenfalls bis 19. 04. 2020 bestehen bleiben.[794] Dadurch hat sie nicht nur das Fortlaufen der kollektivistischen Maßnahmen angeordnet, sondern auch implizit die Suche nach weiteren bzw. milderen Mitteln verboten. Vor diesem rechtswidrigen Hintergrund erklärte Staatsrechtsprofessor Dr. Oliver Lepsius noch am selben Tag (06. 04. 2020), wie wichtig es ist, »differenzierte Lösungen zu fördern, also nicht rigide und einheitlich zu handeln [wie Frau Merkel], sondern **flexibel** und **alternativ**.« Außerdem ist es unverzichtbar, »**zielgenauere** Adressatengruppen auszudifferenzieren (wer? wie? wo?).«[795]

Einheitlich starre Regelungen sind zwar sehr praktisch für denkfaule und machthungrige Politiker, das ändert aber nichts am reichlich ausjudizierten Faktum, dass derartige Anordnungen nicht einfach jeden Einwohner in seinen Rechten beschneiden dürfen. Denn genau das ist verfassungswidrig. Darum gehen die Adressatengruppen, an die sich die potenziell geeigneten Maßnahmen primär richten, aus dem Regelungsgehalt des EpG und des IfSG klar hervor. Gemäß österreichischem EpG sind das:

- Kranke
- Krankheitsverdächtige
- Ansteckungsverdächtige[796]

Zu exakt denselben Gruppen kommen in Deutschland nur noch die »Ausscheider« hinzu.[797] Das IfSG ordnet zudem ausdrücklich an, dass lediglich Kranke, Krankheitsverdächtige, Ansteckungsverdächtige oder Ausscheider Schutzmaßnahmen unterworfen werden dürfen, »soweit und solange es zur Verhinderung der Verbreitung übertragbarer Krankheiten erforderlich ist.« (§ 28). Aus der gesetzlich festgelegten Adressatenspezifizierung ergibt sich zum einen die Verpflichtung zur permanenten Evaluierung der Mitteleignung. Zum anderen muss der Staat gegenüber dem Bürger den Nachweis für dessen Zugehörigkeit zu einer Adressatengruppe (Krankheit, Infektion, Verdachtsmomente) erbringen. Hierzu bringt eine Regierungsvorlage zum EpG aus dem Jahr 2016 unmissverständlich zum Ausdruck, »dass nach der Art der Erkrankung und dem bisherigen oder zu erwartenden Verhalten des Betroffenen **substantiierte** Anhaltspunkte für eine Fremdgefährdung durch eine übertragbare Krankheit bestehen« müssen.[798]

Daher normiert die vor COVID-19 zuletzt am 31. 01. 2020 geänderte Absonderungs-Verordnung, dass nur als krank zu gelten hat, bei wem die Krankheit bereits **festgestellt** ist, während beim Krankheitsverdächtigen (äußere) »Erscheinungen« (Symptome) auf das Vorliegen der Krankheit schließen lassen und beim Ansteckungsverdächtigen ohne Krankheitssymptome ein bakteriologischer **Nachweis** vorliegen muss.[799]

Im Hinblick auf die potenzielle Gefährlichkeit der Adressatengruppen für die restliche Bevölkerung zielt der Schutzzweck des jeweiligen Gesetzes ganz offensichtlich nicht auf die Hochvulnerablen (Risikogruppen) ab, sondern auf die **durchschnittlich** Gesunden. Wer durch Krankheiten besonders gefährdet ist (Risikogruppen), muss sich eben **selbst** schützen. Hierzu hat der Staat anzuleiten und im Bedarfsfall Hilfsmittel bereitzustellen. Diese Auslegung entspricht der Logik und der altbewährten Praxis.

Ad Ansteckungsverdächtige. Die Zuordnung zu den Gruppen der Kranken und Krankheitsverdächtigen ist anhand der Symptomatik im Großen und Ganzen transparent und nachvollziehbar. Hingegen befinden sich die **Ansteckungsverdächtigen** in einer starken Grauzone. Zum einen gibt es für das Vorliegen eines ersten Verdachts keine brauchbaren Beurteilungsregeln, zum anderen fehlt auch das zur Substantiierung des Verdachts geeignete Instrument (Test). Eine kurze physische Nähe zu einer infizierten Person, auch zu einem schwer Erkrankten, begründet für sich allein noch **keinen** ausreichenden Ansteckungsverdacht. Vielmehr muss laut Prof. Dr. Alexander Kekulé genau eruiert werden, »wen und wie viele Menschen jemand in den letzten 14 Tagen getroffen hat und wie das Verhältnis zu diesen aussieht.« Ansonsten läuft man Gefahr, dass jeder zum Verdachtsfall wird, »bloß weil er in der Nähe eines Betroffenen war.«[800] In diesem Sinne und vor dem Hintergrund der vielfach falsche Ergebnisse liefernden Tests empfiehlt die WHO Anfang September 2020 den Anwendern: »Berücksichtigen Sie positive Ergebnisse (SARS-CoV-2 nachgewiesen) oder negative Ergebnisse (SARS-CoV-2 nicht nachgewiesen) in **Kombination** mit klinischen Beobachtungen, Patientenanamnese und epidemiologischen Informationen.«[801]

Es müssen also sehr konkrete Anhaltspunkte vorliegen, dass beim konkret Verdächtigten bezüglich einer konkreten Krankheit tatsächlich eine Ansteckungsgefahr vorliegt: äußere lokale Umstände, individuelles Verhalten, anklingende Symptome etc. Selbst eine Infektion reicht hierzu für sich allein noch nicht aus, schon gar nicht die realitätsfremde Annahme einer asymptomatischen Infektion.

Ohne substantiierten Verdacht vorgenommene Maßnahmen wie insbesondere Testungen von ganzen Klassenzimmern, Schulen, Behörden und Betrieben an fast ausschließlich gesunden Menschen sind hochgradig rechtswidrig. Der Test ist, wie gesagt, gemäß RKI ausschließlich für Patienten gedacht – und sogar dort versagt er. Der Test kann schlicht und ergreifend keine Viruslast nachweisen. Wie kommen also gesunde Menschen dazu, eine derart sinnlose Einschränkung und Tortur über sich ergehen zu lassen? Anhand welcher Kriterien soll – ohne eine rechtswidrige und ohnehin nutzlose Zwangstestung – die Zuordnung zweckdienlich und zugleich objektiv erfolgen, sodass in einem sich entwickelnden Unrechtsstaat niemand entgegen den medizinischen Fakten als Ansteckungsverdächtiger seiner Rechte beraubt werden kann? Auf jeden Fall ungeeignet und daher **unzulässig** sind die in Österreich und Deutschland definierten Kategorien von Personen, die kürzlich mit Infizierten in Kontakt standen.

Gemäß dem erwähnten BMSGPK-Erlass werden Kontaktpersonen mit hohem Infektionsrisiko (Kategorie I) im Wesentlichen dadurch festgelegt, dass sie »15 Minuten oder länger in einer Entfernung ≤ 2 Meter [zwei Meter oder weniger] Kontakt von Angesicht zu Angesicht mit einem bestätigten Fall hatten« oder sich mit diesem im selben Raum »aufgehalten haben«, zum Beispiel im Klassenzimmer. Dieselbe Entfernung von ≤ 2 Metern bei einer Exposition von weniger als 15 Minuten generiert laut Erlass Kontaktpersonen mit niedrigem Infektionsrisiko (Kategorie II).[802] Diese rein technische Zuordnung ist schon aus dem einfachen Grund verrückt und **gesetzwidrig**, dass der in Österreich verordnete Mindestabstand nicht zwei, sondern lediglich einen Meter beträgt.[803] Sohin ist gemäß Erlass jeder, der den verordneten Mindestabstand exakt oder bis maximal zwei Meter einhält, ein potenzieller Ansteckungsverdächtiger – auch wenn er eine Maske trägt. Selbst wenn das Ansteckungsrisiko maßnahmenkonform minimiert wird (Maske, Trennwand), kommt lediglich die Herabstufung von Kategorie I auf II in Betracht.[804] Außerdem bleiben sowohl relevante äußere Umstände (Position, Winkel, Belüftung, Windrichtung, Temperatur etc.) als auch die individuelle Konstitution des Verdächtigen (Immunität, Antikörper) unberücksichtigt. Aus der Schublade der Verdächtigen soll man offensichtlich nicht leicht herauskommen. Die ohnehin kaum umsetzbare Regelung wird durch etliche Details so verzwickt, dass sie wahrscheinlich gar nicht vollzogen werden kann. Die zwölfseitige Anordnung liest sich, als wolle jemand die mit der Umsetzung beauftragten Behörden absichtlich verwirren und zur rigorosen Umsetzung drängen.

Nicht weniger konfus ist die deutsche Regelung. Die bereits erwähnten, ebenfalls zwölf Seiten umfassenden RKI-Richtlinien setzen für die Zuordnung zu Kategorie I zwar wie in Österreich einen »mindestens 15-minütigen« sogenannten Gesichtskontakt »face to face« fest, jedoch bei einem Abstand von ≤ 1,5 Metern.[805] Das Virus scheint in beiden Ländern dieselbe Uhr zu tragen, in Deutschland wohl aber ein defektes Maßband dabeizuhaben oder anders zu messen. Schließlich beträgt der dort verordnete Mindestabstand 1,5 Meter.[806] Wer diesen haargenau einhält, ist potenziell ansteckungsverdächtig. Folglich muss auch die RKI-Richtlinie **rechtswidrig** sein. Für Kategorie II muss die Expositionsdauer unter 15 Minuten liegen, wobei kein Anhalt dafür bestehen darf, »dass eine Aerosolübertragung jenseits von 1,5 m vom Quellfall entfernt stattgefunden hat.«[807] Hier steht ausdrücklich »jenseits« und nicht »unter« den besagten 1,5 Metern. Demnach liegt der Wortinterpretation zufolge bei einem Abstand von weniger als 1,5 Metern kein Ansteckungsverdacht vor. Unabhängig davon, was auch immer sich das RKI dabei gedacht haben mag, ist auch die deutsche Zuordnungsvorgabe rein technischer Natur, zu komplex und allem Anschein nach nicht durchführbar, ohne Menschen in ihren Grundrechten zu verletzen. Ist vielleicht genau das der versteckte Zweck?

Die Zuordnung eines Menschen zur Adressatengruppe der Ansteckungsverdächtigen hat die konkreten äußeren und individuellen Umstände angemessen zu berücksichtigen. Solange kein
substantiierter Infektionsverdacht vorliegt, ist jeder Mensch analog zur strafrechtlichen Unschuldsvermutung als **nicht infiziert** zu betrachten und zu behandeln. Dass der Corona-PCR-Test ein untaugliches Instrument ist, darf nicht zu Lasten der Bevölkerung gehen. Wie gesagt, obliegt es dem Staat, einen konkreten Ansteckungsverdacht zu substantiieren. Gelingt dies nicht, gilt der erste Verdacht als erloschen.

Aus dem oben dargestellten Regelungsgehalt des EpG und des IfSG betreffend die Adressatengruppen ist die Ratio legis abzuleiten, der hinter einem Gesetz stehende Hauptgedanke, in diesem Fall der Schutzzweck. Dieser ist eindeutig der bestmögliche Erhalt der Lebensgrundlagen. Die Masse der Bevölkerung ist gesund und soll sich folglich frei bewegen können. Sie darf unter Umständen vor der erkrankten Minderheit geschützt werden. Aber nicht umgekehrt! Die Absicht des Gesetzgebers war ganz offensichtlich der seit Jahrhunderten oder Jahrtausenden bewährte Schutz der Gesunden durch die **Isolation der Kranken**. Es sind daher prinzipiell lediglich die Adressatengruppen mit Mahnamen zu belegen, nicht aber die gesunde Masse. Der Großteil der Bevölkerung gehört keiner Adressatengruppe und erstreckt keiner Risikogruppe an. Wie daher unzweifelhaft feststeht, sind bei COVID-19 und bei einer schweren COVID-ähnlichen Pandemie alle allgemeinen Corona-Maßnahmen illegal, weil sie letztlich die überwiegende Mehrheit der gesunden Menschen unter den rechtlich nicht zulässigen, weil weder evidenzbasierten noch logischen Generalverdacht stellen, dass sie einer Adressatengruppe angehören. Doch das ist erwiesenermaßen nicht der Fall.

Dass ein pauschales Vorgehen prinzipiell illegal ist, dessen waren sich vor COVID-19 sowohl der Gesetzgeber als auch die Regierung voll bewusst. Nicht umsonst verbietet der bis mindestens Mitte 2020 nicht redigierte österreichische Pandemieplan 2006 pauschale Maßnahmen: »Eine Anordnung von Schutzmaßnahmen ist **NICHT** generell für die Allgemeinbevölkerung möglich.« Das Wörtchen »NICHT« ist auch im Originaldokument in Großbuchstaben hervorgehoben.[808] Auch der vorbildlich durchdachte und ideal strukturierte deutsche Pandemieplan 2017 sieht keinerlei generell grundrechtseinschränkende Maßnahmen vor. Im Gegenteil. In der Rubrik »Beeinflussung der Ausbreitungsdynamik« sind neben der Information der Bevölkerung und bestimmten Verhaltensmaßnahmen (Hustenetikette, Händehygiene) ausdrücklich »an die jeweilige **Situation angepasste** kontaktreduzierende Maßnahmen« gelistet, die sich primär an die Adressatengruppen richten: »Ausschluss Erkrankter aus Gemeinschaftseinrichtungen, Absonderung Erkrankter, Isolierung Erkrankter im medizinischen Bereich«. Danach kommen nur noch Maßnahmen mit beschränkt öffentlichem Charakter: Aufnahmestopp in Massenunterkünften, Schließung von Gemeinschaftseinrichtungen und Verbot von Veranstaltungen.[809] Keine Rede von generellen Einschränkungen für alle Menschen.

Diese werden auch von der WHO abgelehnt. Im globalen Influenzaprogramm 2019 zur Verminderung des Risikos und der Auswirkungen von Epidemien und Pandemien durch nichtpharmazeutische Maßnahmen werden sogar beim **höchsten** epidemischen und pandemischen Schweregrad, sprich »außerordentlich« (»extraordinary«), explizit und fett hervorgehoben »nicht empfohlen unter welchen Umständen auch immer« (»not recommended in any circumstances«): Kontaktverfolgung, Quarantäne exponierter Personen, Ein- und Ausreisekontrolle, Grenzschließung.[810] Die kategorische Ablehnung genereller rigider Maßnahmen beruht auf der korrekten Beurteilung der Nichtangemessenheit (siehe unten).

Wir halten nochmals fest, dass sowohl bei leichten COVID-Pseudo-Epidemien als auch bei einer hypothetisch schweren COVID-ähnlichen Pandemie / Epidemie die pauschale Anordnung von Mitteln unzulässig ist. Bei Kindern sowie immunen und asymptomatisch infizierten Erwachsenen gibt es kein geeignetes Mittel. Eine Eignung kommt ausnahmslos regional und adressatenspezifisch eingeschränkt sowie obendrein nur so lange in Frage, bis der Schutz der Risikogruppen sichergestellt ist. Da eine derart bedingte Tauglichkeit zumindest vage denkmöglich ist, muss auch deren Notwendigkeit geprüft werden.

3. Keine Notwendigkeit

Es sei vorweggenommen, dass die generelle Anordnung der insgesamt 12 Mittel in **keinem** einzigen Fall notwendig ist. Beim rechtzeitigen Schutz der Risikogruppen ist nicht einmal die auf Regionen und Adressatengruppen maßgeschneiderte Anwendung von Maßnahmen erforderlich. Ein geplantes Mittel ist laut dem Karlsruher BVerfG erforderlich, wenn es unverzichtbar ist. Es darf daher kein milderes Mittel geben, das für die Erreichung desselben Ziels gleich geeignet wäre. Außerdem muss das entsprechende Vorhaben vernünftigerweise zum Wohl der Allgemeinheit geboten sein.[811] Es geht um die Zumutbarkeit, die sich am wenigsten belastenden Mittel bemisst. Da stets das **mildeste** Mittel anzuwenden ist, müssen in einem permanenten Prozess der Evaluierung stets neuere und gelindere Mittel gesucht und erprobt werden. Die Beurteilung, ob ein Mittel milder als ein anderes ist, darf nicht nur im Hinblick auf die Wirkung für den einzelnen Menschen erfolgen, sondern muss auch die Bedeutung für das nationale Gemeinwesen berücksichtigen.

Unter diesem Gesichtspunkt ist die Anordnung des besonderen Schutzes der relativ kleinen Risikogruppen nicht nur generell besser geeignet, sondern in jedem Fall auch schonender als die pauschale Maßnahmenverhängung über die gesamte Bevölkerung. Verzögert sich der besondere Schutz der Risikogruppen, sind unbedingt modifizierte Maßnahmen anzudenken: Signalwesten und persönliche Schutzausrüstung für besonders Gefährdete (statt generellem Abstandhalten und Hygienediktatur), Ausschluss besonders Gefährdeter oder kanalisierten Gruppierungen bei Versammlungen (statt deren völliger Untersagung), Einbahnsystem und besondere Hygienemaßnahmen in Geschäften, öffentlichen Einrichtungen und Betrieben (statt deren Schließung). Die Liste der Mittelvarianten kann und muss beliebig ergänzt werden. Der Phantasie sind keine Grenzen gesetzt, sofern das Ergebnis real umsetzbar ist.

Abgesehen vom Kriegsrecht, sind die epidemiologischen Gesetze (EpG und IfSG) die größten Toröffner für Grundrechtseingriffe. Folglich müssen die Corona-Maßnahmen besonders genau und idealerweise täglich evaluiert werden. Genau in diesem Sinne betonte Prof. Dr. Lepsius Anfang April 2020 die vorhin erwähnte Wichtigkeit sachlich differenzierter, flexibler und alternativer Lösungen.

Doch was kümmert eine Physikerin schon die Expertise eines Verfassungsrechtsexperten? Offensichtlich nichts. Dafür scheint Merkel wie ein Schoßhündchen einem halbgebildeten Informatiker verfallen zu sein, der viel Geld mit noch immer nicht gelösten Virenproblemen macht – zuerst in der Computerwelt und seit einigen Jahren auch im medizinischen Sektor. Gemeint ist Bill Gates. Dieser gab am 12. 04. 2020 in der *Tagesschau* in einer bemerkenswert langen Sprechzeit von bis dahin unerreichten 9,5 Minuten einige Erklärungen ab, die auch im Drehbuch des von ihm eingefädelten Event 201 stehen könnten: »Wir werden den zu entwickelnden Impfstoff letztendlich **sieben Milliarden** Menschen verabreichen.« So lautet die korrekte Übersetzung seitens der Redaktion. Dass der offenbar größenwahnsinnig gewordene Gates tatsächlich die gesamte Menschheit durchimpfen will, steht außer Zweifel. Denn laut seinen Angaben wird die Impfstoffproduktion langfristig »so hochgefahren, dass **alle** Menschen auf unserem Planeten damit geimpft werden können.« Zur **Normalität** vor Corona könne man erst zurückkehren, wenn entweder ein (imaginäres) »Wundermittel« gefunden wurde, das in 95 Prozent der Fälle hilft, oder eben »wenn wir einen **Impfstoff** entwickelt haben.« Weder Gates noch der TV-Sprecher ließen einen Zweifel darüber aufkommen, dass lediglich die schnellstmögliche Herstellung eines Impfstoffs der Schlüssel zur Normalitätsrückkehr ist.[812]

Diesem realitätsfremden und menschenverachtenden Beispiel folgte Frau Dr. Angela Merkel bereits drei Tage später, nämlich am 15. 04. 2020 in der Telefonschaltkonferenz mit den Länderregierungschefs. Dabei sprach sie erwiesenermaßen die Unwahrheit: »Eine zeitnahe Immunität in der Bevölkerung gegen SARS-CoV-2 ohne **Impfstoff** zu erreichen, ist ohne eine Überforderung des Gesundheitswesens und des Risikos vieler Todesfälle nicht möglich.« Das ist zweifach falsch. Erstens war die Infektionskurve bereits seit mehr als einem Monat (ab 11. 03. 2020) unabhängig vom sinnlosen Lockdown deutlich nach unten gegangen.[813] Zweitens lag die Intensivbettenauslastung, wie vorhin gezeigt, in Deutschland auch in der heißesten Phase nie über neun Prozent. Dass eine Physikerin des sinnerfassenden Lesens von Statistiken unfähig ist, scheint eher ausgeschlossen zu sein. Offenbar verschrieb sich die in der DDR-Diktatur sozialisierte Kanzlerin schon frühzeitig einer kollektivistischen Impfagenda. Aufbauend auf besagten zwei Unwahrheiten propagierte Merkel gegenüber den Landeschefs, der raschest möglichen Impfstoffentwicklung komme »eine zentrale Bedeutung« zu. Vom Impfstoff, dem Wundermittel ihrer Wahl, macht Merkel das Ende der epidemiologisch sinnlosen Corona-Maßnahmen abhängig: »Ein Impfstoff ist der **Schlüssel** zu einer Rückkehr des **normalen** Alltags.« Anders formuliert: kein Impfstoff, kein Ende des verhängten Ausnahmezustands. Diese für das ganze Volk folgenschwere Kernaussage kommt nicht etwa zu Beginn der Rede bzw. des Transkripts, wo die Aufmerksamkeit der Zuhörer und Leser noch frisch ist. Nein, sie ist weit hinten gereiht im drittletzten Punkt von 19.[814]

Mit der Zwangsbeglückung des deutschen Volks gibt sich Merkel jedoch nicht zufrieden. Zur Einstimmung auf eine internationale »Geberkonferenz« erklärte die deutsche Kanzlerin in ihrer Video-Rede vom 02. 05. 2020 ganz im Sinne von Bill Gates, man müsse »für **alle** Menschen auf der **Welt** Impfstoffe entwickeln«, wobei die WHO eine Schlüsselrolle spiele und Deutschland ganz vorne dabei sein müsse. Ausdrücklich begrüßt Frau Merkel die Beteiligung der Melinda- und Bill-Gates-Stiftung im Rahmen einer Impfallianz, an der weitere private Akteure wie insbesondere die Hersteller CEPI und GAVI maßgeblich beteiligt sind.[815]

Die von Angela Merkel ge- und verführte deutsche Koalition verabschiedete am 03. 06. 2020 ein 57 Eckpunkte umfassendes Planungspapier zur vermeintlichen Bekämpfung der Corona-Folgen. Wie gehabt, ganz weit hinten versteckt (Punkt 53.), lautet es wie aus dem Chaosdrehbuch Event 201 abgekupfert: »Die Corona-Pandemie **endet**, wenn ein **Impfstoff** für die Bevölkerung zur Verfügung steht.« Das Wort »Impfstoff« ist auch im Originaldokument fett hervorgehoben. Die Produktion soll rasch und für die nächsten Ereignisse noch schneller gehen.[816] Obwohl die sogenannte Pandemie Anfang Juni 2020 längst beendet war, erdreisten sich Politiker, das fiktive Ende sowohl ungebührlich hinauszuzögern als auch dessen Eintritt – unabhängig von epidemiologischen Grundlagen – selbst und ausschließlich politisch festzulegen. Hierdurch erhärtet sich der Eindruck einer beabsichtigten **Verstetigung** des Ausnahmezustands, einer Fortsetzung des verfassungswidrigen Zustandes bis zum Sankt Nimmerleinstag. Obendrein bestimmen die Politiker das einzige in Betracht kommende Ereignis, sprich das alleinige generelle Wundermittel, das die »Pandemie« gemäß ihren Vorstellungen stoppen darf: den Impfstoff. Hierbei ist offenkundig von Anfang an Dr. Angela Merkel der oberste deutsche Drahtzieher. Ist es wieder soweit, dass ein deutscher Kanzler in einer maßgeblich selbstverschuldeten Katastrophe vom Endsieg durch die Wunderwaffe träumt, um die ganze Welt zu beglücken?

Hinsichtlich der hier behandelten Notwendigkeit halten wir fest, dass bei keinem einzigen Mittel eine pauschale Zwangsverpflichtung der gesamten Bevölkerung erforderlich ist. Sind die Risikogruppen geschützt, dürfen nicht einmal über die Adressatengruppen zwangsweise Maßnahmen verhängt werden. Unterbleibt der Schutz der Risikogruppen, ist gemäß verfassungsrechtlichen, epidemiologischen und denkrichtigen Maßstäben stets die mildeste Mittelvariante in Bezug auf möglichst präzise definierte Regionen und Adressatengruppen zu wählen. Diesen Grundsätzen entsprechende Mittel sind zwar notwendig, aber noch lange nicht legal. Hierzu müssten sie auch adäquat sein.

4. Keine Adäquanz

Aber auch die Adäquanz ist bei keiner einzigen Maßnahme erfüllt. Bei der Prüfung der Verhältnismäßigkeit im engeren Sinne geht es, vereinfacht gesagt, um eine Schaden-Nutzen-Analyse: Ist das Verhältnis zwischen der **Schwere** des Eingriffs in Grundrechte (Schaden) im Verhältnis zum **Beitrag** für das Gemeinwohlvorhaben

(Nutzen) angemessen bzw. adäquat? Es hat eine Gesamtabwägung stattzufinden zwischen dem Gewicht des Eingriffs in ein Grundrecht einerseits und dem Beitrag, den das eingeschränkte oder entzogene Recht zur Realisierung des Ziels realistischerweise zu leisten vermag. Das BVerfG führt dazu konsequent und schlüssig aus, dass dem Gemeinwohlvorhaben »auch die ihm entgegenstehenden **öffentlichen Belange** gegenüberzustellen« sind.[817]

Dabei ist insbesondere zu beurteilen, ob und in welchem Umfang das geliebäugelte Mittel selbst bei den Verpflichteten direkte oder indirekte Schädigungen der Gesundheit, der Lebensqualität und der Lebenserwartung nach sich ziehen wird. Zu berücksichtigen sind auch andere Nachteile für das Gemeinwesen, wie etwa die zu erwartenden Beeinträchtigungen der Umwelt und der Wirtschaft. Erst wenn keine öffentlichen Interessen dagegensprechen, darf die angedachte Maßnahme verfügt und umgesetzt werden. Umgekehrt und bezogen auf COVID-19 und eine hypothetische schwere COVID-ähnliche Pandemie bedeutet das, dass jene politisch angeordneten »Eindämmungsmaßnahmen« ganz offensichtlich illegal sind, die hohe Kollateralschäden erwarten lassen.

Diese Erwägungen liegen, wie vorhin erwähnt, der strikten Ablehnung genereller rigider Maßnahmen seitens der WHO zugrunde. Als »effektivste Strategie zur Abschwächung der Auswirkungen einer Pandemie« erachtet die WHO zwar die Kontaktverringerung zwischen Infizierten und Nichtinfizierten, jedoch muss bei den sich potenziell »sehr störend« auswirkenden sozialen Distanzierungsmaßnahmen wie etwa »Kontaktverfolgung, Isolation, Quarantäne, Schul- und Arbeitsplatzmaßnahmen und -schließungen sowie Vermeidung von Überfüllung« stets der für diese Maßnahmen zu zahlende Preis »gegen ihre möglichen Auswirkungen abgewogen werden.« Infolgedessen empfiehlt die WHO bei allen Influenza-Pandemien und -Epidemien die Reduzierung der Übertragung dadurch, »dass diejenigen, die krank sind, sich zu Hause isolieren.« Die Erhöhung der sozialen Distanzierung ist laut WHO lediglich bei schwereren Pandemien anzudenken.[818]

Eine solche liegt jedoch bei COVID-19 erwiesenermaßen nicht vor. Auch eine COVID-ähnliche Pandemie / Epidemie würde mit an Sicherheit grenzender Wahrscheinlichkeit keinen dermaßen erhöhten Schweregrad aufweisen, dass er gravierende Schädigungen öffentlicher Interessen zulässt. Dafür kommen lediglich besonders schwere Pandemien im Sinne von echten Killerseuchen in Betracht.

Zusammenfassung

Eine konsequente Verhältnismäßigkeitsprüfung ergibt die Verfassungswidrigkeit **aller** 12 COVID-19-Maßnahmen des Lockdown-Pakets im weiteren Sinne (VI.), demnach auch bei der mildesten Maßnahme, dem Abstandhalten. Generell fehlt ein legitimes Ziel. Die Mängel betreffend Eignung, Notwendigkeit und Adäquanz sind in der Tabelle gemäß Abbildung 35 aufgelistet.

Vier Maßnahmen sind absolut untauglich, also auch im Falle einer wirklich schweren Pandemie / Epidemie vollkommen ungeeignet (Nein). Acht nur bedingt taugliche Maßnahmen sind bei COVID-19 zu spät angeordnet worden und daher bei dieser Pseudo-Epidemie nicht geeignet. Sie wären lediglich bei einer theoretisch schweren COVID-ähnlichen Pandemie / Epidemie und auch dann nur bei mindestens einem zugedrückten Auge bedingt geeignet (»Ja«). Eigentlich bräuchte man drei Augen, die man übergnädig vor der Realität schließen müsste.

Das erste geschlossene Auge hätte zu ignorieren, dass es zur Eruierung der einzelnen Angehörigen der Adressatengruppen, insbesondere der Ansteckungsverdächtigen, eines brauchbaren Tests bedarf. Da er nicht existiert, müsste man ihn wohlwollend hinzudenken. Mit dem zweiten geschlossenen Auge wäre auszublenden, dass eine Eignung nur für die Adressatengruppen und ausschließlich unter der rechtswidrigen Bedingung des unterlassenen Schutzes der Risikogruppen in Betracht käme. Das dritte Auge wäre vor dem Faktum zu schließen, dass eine generelle Anordnung für die gesamte Bevölkerung prinzipiell unzulässig ist. Denn sie kommt maximal unter der ebenfalls rechtswidrigen Bedingung der nicht adressatenspezifischen Maßnahmenanwendung in Frage. Die Regierung müsste sich also gleich **zweimal** einer rechtswidrigen Unterlassung schuldig machen, bevor an eine generelle Verhängung einer der acht bedingt tauglichen Maßnahmen gedacht werden dürfte.

Wichtig: Prinzipiell ungeeignet sind gegenständliche acht Maßnahmen bei Kindern, zumal diese kein bzw. kein nennenswerter Verbreitungsfaktor sind. Auch bei immunen und asymptomatisch infizierten Erwachsenen ist die Eignung der Maßnahmen ausgeschlossen. Insgesamt ist das ein beachtlicher Teil der Bevölkerung. Mit den Details über die Eignung muss man sich jedoch nicht unbedingt befassen, weil ohnehin **alle** zwölf Maßnahmen jeweils an der Notwendigkeit scheitern. Schließlich gibt es eine Menge milderer Mittel (Nein). Letztlich erfüllt auch keine einzige Maßnahme das Kriterium der Adäquanz, zumal der Verhängung wichtige öffentliche Interessen entgegenstehen (Nein).

Prüfung der Verhältnismäßigkeit von COVID-19-Maßnahmen

Nr.	Allgemein verordnete Maßnahmen	Eignung	Notwendigkeit	Adäquanz
1	Abstandhalten	»Ja«	Nein	Nein
2	Hygiene, Fiebermessen	»Ja«	Nein	Nein
3	Maskentragen an öffentl. Orten	Nein	Nein	Nein
4	Testung (PCR-Test)	Nein	Nein	Nein
5	Versammlungsverbote	»Ja«	Nein	Nein
6	Betretungsverbote	»Ja«	Nein	Nein
7	Ausgangsbeschränkungen	»Ja«	Nein	Nein
8	Quarantäne für Einzelpersonen	»Ja«	Nein	Nein
9	Schließung öffentl. Einrichtungen	»Ja«	Nein	Nein
10	Schließung von Betrieben	»Ja«	Nein	Nein
11	Handy-App-Pflicht (avisiert)	Nein	Nein	Nein
12	Indirekter Impfzwang (avisiert)	Nein	Nein	Nein

Abb. 35

Detailprüfung der Maßnahmen

Bevor die einzelnen Maßnahmen durchgeprüft werden, sei in Erinnerung gerufen, dass es sich in Ermangelung einer Eingriffssituation und einer zulässigen Eingriffsermächtigung lediglich um eine hypothetische und hilfsweise Prüfung handelt. Auch werden seitens der Regierung keine legitimen Ziele verfolgt. Folglich nimmt gegenständliche Detailprüfung die Legalität der Ziele der kapazitätsgerechten Auslastung und des Rettens von Menschenleben nur hypothetisch an. Die vielfach fehlende Eignung der Mittel sowie ihre gänzlich nicht vorhandene Notwendigkeit und Adäquanz untermauern das systematische staatliche Agieren gegen die Volksgesundheit bzw. gegen die natürliche Herdenimmunität und die damit verbundene Rechtswidrigkeit sämtlicher Maßnahmen. Alle Maßnahmen hätten ganz einfach durch den besonderen Schutz der Risikogruppen (Hochbetagte, multimorbid Vorerkrankte) ersetzt werden können und müssen. Denn wenn die Risikogruppen geschützt sind, muss niemand – nicht einmal die Adressatengruppen – irgendwelche Abstände einhalten, gewisse Orte meiden, sein Unternehmen zusperren oder andere schädliche Maßnahmen über sich ergehen lassen. Nachfolgende Prüfung dient auch der geistigen Vorbereitung auf die zu erwartende höhere Taktung und Schärfe im Rahmen der längst angekündigten »zweiten Welle«. Auch bei dieser wären zwar sämtliche pauschal angeordneten Maßnahmen ungeeignet. Dennoch werden Notwendigkeit und Adäquanz hilfsweise geprüft, um die unbedingte Rechtswidrigkeit sogar im fiktiven Fall einer schweren COVID-ähnlichen Pandemie / Epidemie zu untermauern.

1. Abstandhalten

Zur gelindesten der verfügten Maßnahmen sei die persönliche Anmerkung erlaubt, dass ich außerhalb des engsten privaten Umfeldes vom allgemeinen Abstandhalten begeistert bin. Das hat aber nichts mit COVID zu tun. Generell bin ich froh, wenn Menschen regelmäßig den Blick vom »Kastl« (Smartphone) lösen, ihr Umfeld wahrnehmen, von selbst eine gewisse physische Distanz wahren, nicht rücksichtslos rempeln oder drängeln und mir nicht vor die Füße respektive in die Aura latschen. Auch wenn ich die Abstandsregeln begrüße, ist ihre generelle Verhängung dennoch rechtswidrig.

Weder im österreichischen EpG und COVID-19-Maßnahmengesetz noch im deutschen IfSG wird bis jedenfalls Mitte 2020 eine derartige Maßnahme erwähnt. Bis dahin hat der Gesetzgeber offenbar zu keiner Zeit das absurde Mittel des generellen Abstandhaltens als geeignet, notwendig und angemessen erachtet. Das allein schon macht jene Regierungsbeschlüsse verdächtig, die ab März 2020 das allgemeine Abstandhalten zur Grundregel erheben.[819]

»Eignung«

Im Rahmen von COVID-19 führen die Regierungen die von ihnen verordneten Abstände selbst ad absurdum, indem sie ausgerechnet jene Menschen für potenziell ansteckungsverdächtig erklären, die sich als Kontaktpersonen genau an die Regierungsvorgaben halten (siehe oben). Aufgrund des automatischen Abflachens der Infektionskurven vor Maßnahmenverhängung wurden die Abstandsregeln aber ohnehin zu spät angeordnet. Sie konnten daher keinen beachtenswerten Einfluss auf das Infektionsgeschehen haben. Folglich war das Mittel des Abstandhaltens während COVID-19 ungeeignet und illegal.

Eine bedingte Eignung ist lediglich bei einer theoretisch schweren COVID-ähnlichen Pandemie / Epidemie gegeben. Doch selbst wer entgegen berechtigten Zweifeln an der Virustheorie und der Tröpfcheninfektion zu Gunsten der Regierung die Eignung des Mittels zur Eindämmung der Übertragung bejaht, muss einsehen, dass dies nicht auf Kinder, immune und asymptomatisch infizierte Erwachsene zutrifft. Was nicht da ist, kann auch nicht übertragen werden.

Unter aufrechtem Schutz der Risikogruppen liegt bei der gesunden Masse schlichtweg keine Eignung des Abstandhaltens vor. Nur solange der Schutz der Risikogruppen schuldhaft verabsäumt wird, ist Abstandhalten lediglich adressatengruppenspezifisch geeignet. Anderslautende gleichförmige Regelungen, die ein generelles Abstandhalten festlegen, sind nicht ausreichend sachlich differenziert bzw. nicht gerechtfertigt, sondern offenkundig gleichheitswidrig. Sie verletzen die zu Unrecht Verpflichteten in ihrem verfassungsmäßig garantierten Grundrecht auf **Gleichbehandlung** vor dem Gesetz (Gleichheitsgrundsatz).

Keine Notwendigkeit

Wie Kinder und nicht infizierte Erwachsene kann auch der Großteil der Adressatengruppen, nämlich die vermutlich analog zu COVID-19 feststehenden 81 Prozent an symptomlos oder milde »Erkrankten«, das Gesundheitssystem nicht einmal bei einer fiktiven schweren COVID-ähnlichen Pandemie / Epidemie direkt belasten. Ihnen ist daher eine Einschränkung in der Bewegungsfreiheit nicht zumutbar. Die Rechtswidrigkeit des generellen Abstandhaltens von mindestens einem Meter (Österreich) oder eineinhalb Metern (Deutschland) resultiert hier aus der mangelnden Notwendigkeit.

Schließlich gibt es mildere Mittel wie etwa die regionale Einschränkung auf echte Krisenherde und die dortige Verpflichtung zum Abstandhalten lediglich für die Angehörigen der Risikogruppen. Bei diesen sind sowohl das Tragen einer Signalweste als auch der auf Freiwilligkeit beruhende aktive Selbstschutz denkbar: wirksame Masken mit Spezialfiltern und Auslassventilen, Besucher-Container, Selbstisolation und so weiter. Da es einige mildere Mittel gibt, ist das generelle Abstandhalten keinesfalls notwendig.

Keine Adäquanz

Auch die Adäquanz ist nicht gegeben, zumal das öffentliche Interesse am uneingeschränkten Wirtschaftsleben durch absurde Abstandsregeln massiv beeinträchtigt wird. Außerdem wird die Masse der Bevölkerung in ihrem Grundrecht auf uneingeschränkte **Bewegungsfreiheit** geschädigt. Auch nur kurzfristig nicht im selben Haushalt lebenden Ehegatten, Partnern und Familienmitgliedern verbietet die Regierung, sich wie gewohnt zu umarmen, zu küssen etc. Das stellt jedenfalls einen verfassungswidrigen Eingriff in das Grundrecht auf ungestörtes **Privat- und Familienleben** dar. Letztlich wirkt sich allgemeines physisches Abstandhalten negativ auf das gesamte gesellschaftliche Leben aus. Es erzeugt und manifestiert Angst, spaltet die ganze Gesellschaft, schädigt die Wirtschaft und ist vom virologischen Standpunkt aus obendrein geeignet, eine natürliche Herdenimmunität erheblich zu verzögern oder gar zu verhindern. Hierdurch werden breite Teile der Bevölkerung in ihrem Grundrecht auf **körperliche Integrität** verletzt.

Folglich sind die verordneten Abstandsregeln völlig sinnlos – ausgenommen aus der Perspektive teilender und herrschender Kontrollfreaks. Wollen sie uns nur vorgaukeln, dass sie alles im harten Griff haben, um der drohenden Haftung für den langen amtlichen Pendeluhrschlaf zu entgehen? Liegt der tiefere Grund der Abstandsregeln darin, uns jetzt schon wie Zirkusäffchen zu dressieren und uns auf jene physischen Zwischenräume zu anderen Menschen zu konditionieren, die erforderlich sind, damit man uns analog zum Gefechtsfeldradar beim 5G-Vollbetrieb auch in größeren Menschenmengen problemlos orten kann?

2. Hygienediktatur

Nichts spricht gegen eine ordentliche Hygiene, solange sie auf Freiwilligkeit beruht. Im Rahmen von COVID-19 ist das Mittel jedoch spätestens seit dem selbständigen Sturzflug der Infektionskurven ungeeignet und daher unzulässig. Im Falle einer schweren COVID-ähnlichen Pandemie / Epidemie wäre ein Hygienezwang nur bedingt tauglich und würde jedenfalls an den Kriterien der Notwendigkeit und Adäquanz scheitern.

Bis mindestens Mitte 2020 kennen das EpG und das COVID-19-Maßnahmengesetz sowie das IfSG keine hygienischen Zwangsmaßnahmen gegenüber einzelnen Bürgern. Im IfSG werden lediglich die Betreiber von Krankenanstalten und diversen Massenunterkünften zur Einhaltung der Hygienestandards verpflichtet.[820] Eine zwangsweise generelle Verpflichtung zum Händewaschen, zur Handdesinfektion oder gar zum Fiebermessen ist aus nachfolgenden Gründen unzulässig.

»Eignung«

Die Eignung der Handhygiene wird in einer Metastudie der Universität von Hongkong, die auch von der US-amerikanischen Gesundheitsbehörde CDC veröffentlicht wurde, massiv in Frage gestellt. Denn die Auswertung mehrerer Studien liefert »**keine** Belege für eine Schutzwirkung der Handhygiene gegen die Übertragung einer im Labor bestätigten Influenza.«[821] Bei Kindern, immunen und asymptomatisch infizierten Erwachsenen ist die Eignung jedenfalls generell ausgeschlossen. Handdesinfektion und Fiebermessen wären maximal bei den substantiiert festgestellten Angehörigen der Adressatengruppen im Rahmen einer schweren COVID-ähnlichen Pandemie / Epidemie geeignet.

Keine Notwendigkeit und Adäquanz

Neben der generell in Frage stehenden Eignung ist ein massenhysterischer Zwang zu völlig überzogener Hygiene nebst obligatorischem Fiebermessen bei sonstiger Verweigerung gewisser Dienstleistungen keinesfalls notwendig. Das gelindere Mittel regional sowie auf Risiko- und Adressatengruppen eingeschränkten Abstandhaltens reicht völlig aus. Bezüglich der mangelnden Adäquanz wird auf die Ausführungen zum Abstandhalten verwiesen.

An Grundrechtsverletzungen kommen neben dem beeinträchtigten **Gleichheitsgrundsatz** die Schädigung der **körperlichen Integrität** (Hautirritationen, keine natürliche Immunität), die Einschränkung der **Bewegungsfreiheit** (Kanalisierung) und die unzulässige Einmischung in das **Privatleben** in Betracht.

3. Maskenpflicht

Der Zwang zum Tragen des augenfälligsten Symbols der Corona-Diktatur, der sogenannten Maske, ist ein eklatanter Verstoß gegen das unauflösliche natürliche Recht des Menschen auf freies Atmen und unbedecktes Gesicht. Obendrein ist staatlicher verordneter Maskenzwang ein absolut ungeeignetes, kein notwendiges und auch kein angemessenes Mittel. Zum Zeitpunkt der Beschlussfassung der COVID-19-Gesetze waren einerseits die ohnehin lächerlich niedrigen Infektionszahlen bereits in den Keller gefallen. Andererseits standen auch die mangelnde technische Eignung sowie die fehlende Notwendigkeit und Adäquanz längst fest, insbesondere die **Gesundheitsschädlichkeit** des Maskentragens.

Es ist daher absolut schlüssig und rechtseinheitlich, dass sowohl im EpG und COVID-19-Maßnahmengesetz als auch im IfSG zumindest bis Mitte 2020 die Begriffe »Maske« oder »Mund-Nasen-Schutz« (MNS) kein einziges Mal erwähnt werden. Aufgrund der absoluten Untauglichkeit des Mittels darf das allgemeine Tragen von Masken weder während einer leichten Corona-»Epidemie« noch im Zuge einer theoretisch schweren COVID-ähnlichen Pandemie / Epidemie angeordnet werden.

Keine Eignung

Unabhängig vom Zeitpunkt, von der Region und vom konkreten Träger sind die anlässlich COVID-19 verordneten Masken kein taugliches Mittel. Zum einen ist das Material technisch nicht geeignet, die Übertragung von Viren zu verhindern. Zum anderen schädigt das Maskentragen das menschliche Immunsystem. Obendrein fördert es die Entstehung und Verbreitung von Bakterien und Viren. Dies läuft dem offiziell erklärten Ziel der Verbreitungsverhinderung entgegen, weshalb es sich um ein stark kontraindiziertes Mittel handelt. Damit wird die absolute Untauglichkeit des Mittels bestätigt. Nur wegen der einheitlichen Darstellung wird dieser Punkt im Zusammenhang mit der fehlenden Adäquanz abgehandelt. Schließlich gehen mit dem Tragen von Masken Gesundheitsschädigungen einher. In diesem Abschnitt geht es ausschließlich um die materiell-technische Untauglichkeit.

Trotz ihrer angeblichen Wichtigkeit sind die vermeintlichen Anti-Corona-Masken verdächtigerweise ausgerechnet in den regelwütigen Nationen Deutschland und Österreich nicht genormt. Das für medizinische Produkte übliche Zertifizierungsverfahren wird bei den meisten von der Bevölkerung getragenen Masken nicht durchlaufen, weshalb sie auch keine CE-Kennzeichnung aufweisen. Seit spätestens 29. 04. 2020 muss jedoch in allen deutschen Bundesländern in gewissen öffentlichen Räumen eine »Mund-Nasen-Bedeckung« (textile Barriere) getragen werden, wobei diese Maskenpflicht länderweise inhaltlich sehr unterschiedlich und teils sehr unverständlich geregelt ist.[822] In ganz Österreich ist seit 01. 05. 2020 in öffentlichen geschlossenen Räumen (Verkehrsmittel, Betriebe, Veranstaltungsorte) eine »den Mund- und Nasenbereich abdeckende mechanische Schutzvorrichtung zu tragen.«

Darunter fallen hochoffiziell ebenfalls textile Barrieren wie Tücher und Schals. Diese verschärfende Maßnahme wird in einer irreführend als »Lockerungsverordnung« titulierten Rechtsvorschrift angeordnet, die bis inklusive 31. 12. 2020 in Kraft ist und deren neunseitige Fassung selbst für Juristen eine Herausforderung darstellt.[823] Beide Nationen verordnen also der gesamten Bevölkerung eine allgemeine MNS-Tragepflicht, obwohl diese Maßnahme generell absolut ungeeignet ist.

Gemäß deutschem Pandemieplan 2017 gibt es insgesamt »wenige aussagekräftige Studien aus dem Krankenhausbereich zur Effektivität des Tragens von MNS bzw. Atemschutzmasken zur Verhinderung einer Influenzainfektion.«[824] Der Vizepräsident des RKI, Prof. Dr. Lars Schaade, erklärte bei der Pressekonferenz vom 28. 02. 2020 auf dezidierte Nachfrage einer Redakteurin: »Die Masken: Das ist mehrfach untersucht worden. Es gibt einfach **keine** wissenschaftliche Evidenz, dass das irgendeinen Sinn hätte.«[825] Diese korrekte Aussage wurde unmittelbar vor Beginn der selbstgemachten Krise dahingehend bestätigt, dass einige Studien die mangelnde Eignung des generellen Maskentragens anschaulich belegen. So wurde am 04. 03. 2020 ein JAMA-Artikel veröffentlicht, dem zufolge die üblicherweise auch von Privatpersonen getragenen (medizinischen) Gesichtsmasken lediglich die Verbreitung **großer** »Sprüher« und Tropfen verhindern können. Diese Masken sollen daher **ausnahmslos** von Personen mit Infektionssymptomen (Husten, Niesen, Fieber), Gesundheitspersonal und Betreuern von Infizierten getragen werden.[826] Das entspricht einer rechtlich korrekten Eingrenzung auf die Adressatengruppen. Im Artikel enthalten war auch ein einprägsames Merkbild mit Kurztext, dessen oberer Teil Abbildung 36 entspricht.

Dieser Expertise folgend, empfiehlt die WHO gesunden Menschen das Tragen von Masken nur dann, wenn sie COVID-19-Patienten behandeln oder wenn sie selbst husten oder niesen. Besagte kurze und bündige Information stand inklusive eingebetteter Video-Erklärung bis mindestens 22. 05. 2020 online (siehe Abb. 37). Das Video ist zwar dank des US-amerikanischen Ministeriums für Information und Rundfunk nach wie vor abrufbar,[827] auf der Homepage der WHO wurde es jedoch durch ein unübersichtliches Sammelsurium teils widersprüchlicher Informationen ersetzt.[828]

Über die ursprünglich korrekte WHO-Darstellung wurde sowohl in englischsprachigen[831] als auch in deutschsprachigen Medien zeitgerecht berichtet.[832] Der englischen Sprache nicht mächtige Politdarsteller und deren recherchefaule »Experten« können sich daher nicht erfolgreich auf mangelnde Kenntnis berufen. Außerdem erklärte Regierungsberater und Charité-Institutsdirektor Prof. Dr. Christian

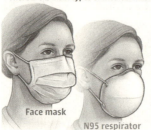

Abb. 36 (Quelle: JAMA, 04. 03. 2020)[829]

Drosten bereits am 29. 01. 2020 öffentlich im *Rundfunk Berlin-Brandenburg* die epidemiologische Sinnlosigkeit des Maskentragens: »Damit hält man das **nicht** auf. Da können wir noch mal separat drüber reden, aber die technischen Daten dazu sind nicht gut für das Aufhalten mit der Maske.«[833] Ob Herr Drosten die Wahrheit erkannt hat oder ob er nur gegen Masken ist, weil er sie als Konkurrenz für den von ihm entwickelten (ebenfalls nutzlosen) Test wahrnimmt, darf dahingestellt bleiben.

Denn die mangelnde technische Eignung verschiedenster MNS zeigt eindeutig besagte Metaanalyse der Hongkonger Universität, die erstmals Anfang Februar 2020 veröffentlicht wurde. Insbesondere hinsichtlich medizinischer Einwegmasken (chirurgischer Masken), die nur vor einer versehentlichen Kontamination von Patientenwunden und den Träger vor gröberen Spritzern oder »Sprühern« mit Körperflüssigkeiten schützen können, ergibt die systematische Überprüfung mehrerer Studien mit mehr als 6.500 Teilnehmern »**keinen** signifikanten Effekt von Gesichtsmasken auf die Übertragung der im Labor bestätigten Influenza.«[834]

Passend zu dieser umfassenden Expertise und zur ursprünglichen WHO-Darstellung erklärte RKI-Präsident Prof. Dr. Lothar Wieler am 13. 03. 2020, dass Masken nur im Kontakt mit hustenden und niesenden infizierten Personen schützen.[835]

Ende März 2020 verdeutlichte eine 15 verschiedene Studien einbeziehende Metaanalyse, dass es sowohl für Masken in der Allgemeinbevölkerung als auch bei

When and how to wear medical masks to protect against coronavirus?

- If you are healthy, you only need to wear a mask if you are taking care of a person with COVID-19.
- Wear a mask if you are coughing or sneezing.
- Masks are effective only when used in combination with frequent hand-cleaning with alcohol-based hand rub or soap and water.
- If you wear a mask, then you must know how to use it and dispose of it properly.

Abb. 37 (Quelle: WHO, bis mindestens 22. 05. 2020)[830]

Beschäftigten im Gesundheitswesen »im Vergleich zu keinen Masken **keine** Verringerung der Fälle von influenza-ähnlichen Erkrankungen gab.« Hierbei wurde kein Unterschied zwischen Operationsmasken und N95-Atemschutzmasken verzeichnet.[836] Demnach sind sogar die qualitativ hochwertigen medizinischen Masken aus epidemiologischer Sicht völlig **unbrauchbar**, was auch der Leiter des United States Public Health Service und Generalchirurg Dr. Jerome Adams bereits am 29. 02. 2020 mit seinem Appell auf Twitter mit jenen einfachen Worten erklärt hatte, die auch Einzug in eine JAMA-Studie vom 19. 03. 2020 fanden:

»Ernsthaft Leute – hört auf, Masken zu kaufen! Sie verhindern NICHT wirksam, dass sich die Öffentlichkeit das Corona-Virus einfängt.«[837]

Damit übereinstimmend, sagte der WHO-Nothilfedirektor Dr. Michael Ryan am 30. 03. 2020, dass auch er im Kampf gegen die Ausbreitung des Corona-Virus **keinen** Nutzen im allgemeinen Mundschutztragen sieht.[838]

Die Richtigkeit dieser Beurteilung bestätigt eine weitere wissenschaftliche Untersuchung, nämlich die am 06. 04. 2020 in den US-amerikanischen Annalen der Internen Medizin veröffentlichte experimentelle Studie: Sogenannte COVID-19-Patienten husten ihre Viren sowohl durch chirurgische Masken als auch durch Baumwollmasken **hindurch**, weil die Gewebeöffnungen schlicht und ergreifend viel größer als das Virus sind.[839]

Darüber wusste man fast gleichzeitig auch im deutschsprachigen Raum Bescheid; nicht zuletzt, weil es das deutsche Ärzteblatt gleich am darauffolgenden Tag berichtete: Die mittlere Viruslast der Probanden betrug »vor dem Experiment im Nasopharynx-Abstrich 5,66 log Kopien/ml und in den Speichelproben 4,00 log Kopien/ml. Beim Husten ohne Maske wurden in den Petrischalen 2,56 log Kopien/ml gemessen, beim Husten durch die chirurgische Maske wurden 2,42 log Kopien/ml gefunden und beim Husten durch die Baumwollmaske 1,85 log Kopien/ml.« Da fast die gesamte Viruslast durch die Masken hindurch dringt, zeigen die Experimente, »dass weder Baumwollmasken noch chirurgische Masken die Viren von hustenden Patienten sicher aufhalten können.«[840]

Sohin sind sämtliche MNS nutzlos bzw. technisch nicht geeignet. Derartige Studien beweisen nicht nur die Nutzlosigkeit der Masken, sondern erschüttern oder widerlegen auch die uns als Wahrheit verkaufte Theorie der viralen Übertragung mittels Tröpfcheninfektion. Selbst wer an die Virustheorie glaubt, muss sich eingestehen, dass laut wissenschaftlichen Experimenten das Virus nicht mit Masken aufgefangen werden kann. Mit einem Tennisnetz lassen sich auch keine Fliegen fangen.

Zur Nutzlosigkeit der Masken äußert sich die niederländische Gesundheitsministerin Tamara van Ark wie folgt: »Aus medizinischer Sicht gibt es **keinerlei** Beweis für den medizinischen Nutzen, eine Gesichtsmaske zu tragen. Daher haben wir uns dafür entschieden, auf nationaler Ebene keine Maskenpflicht einzuführen.«[841]

Dass Masken epidemiologisch nutzlos sind, formuliert Prof. Dr. Franz Allerberger, der Leiter der Abteilung Öffentliche Gesundheit der Agentur für Gesundheit und Ernährungssicherheit (AGES), des Pendants zum deutschen RKI, am 10. 05. 2020 sehr vorsichtig, aber korrekt: »**Kein** Beleg für Nutzen der Maskenpflicht.«[842]

Eine diesbezügliche Studie des Verbandes der Amerikanischen Ärzte und Chirurgen (AAPS) stellt unmissverständlich klar, dass sogenannte Designermasken und -schals nur minimalen Schutz bieten und sowohl dem Träger als auch seinen Mitmenschen ein »falsches Sicherheitsgefühl« im Sinne einer perversen Unbeschwertheit geben. Die abschließende logische Empfehlung lautet: »Wenn Sie alleine gehen, **keine** Maske – vermeiden Sie Leute – das ist gesunder Menschenverstand.«[843]

Der gesunde Hausverstand funktionierte beim RKI bis mindestens 22. 05. 2020 sehr gut. Bis dahin war nämlich seine korrekte Beurteilung online abrufbar, dass die (besseren) medizinischen Masken nur für Anwendungsfelder in der Klinik vorgesehen und »**nicht** für den Fremdschutz ausgelegt sind.« Deshalb sollen sie ausdrücklich »**nicht** in der Bevölkerung getragen« werden. Obwohl nicht einmal professionelle medizinische Masken den von der Regierung angeblich angestrebten Fremdschutz der Risikogruppen vor Ansteckung bieten, dasselbe Faktum selbstverständlich erstrecht für die viel schwächeren privaten »textilen Barrieren« gilt und dies bereits durch Studien bewiesen ist, empfiehlt das RKI der Bevölkerung das Tragen eines textilen MNS zwar nicht immer, aber doch »in bestimmten Situationen im öffentlichen Raum«, obendrein in Verbindung mit dem ohnehin schon ausreichenden Abstandhalten (siehe Abb. 38). Dieser Beitrag wurde am 21. 08. 2020, offenbar auf Druck der Regierung, völlig abgeändert. Der sogar bei Profimasken fehlende Fremdschutz wird nicht mehr erwähnt, dafür aber das als untauglich erwiesene Tragen der viel schwächeren textilen Barrieren ab sofort »generell« und von möglichst vielen Personen zum vermeintlichen »Fremdschutz« (!) der Risikogruppen vor der Tröpfcheninfektion empfohlen.[844] Mit freundlichen Grüßen aus Absurdistan.

Wie auch der Experte des Apothekerwesens Prof. Dr. Markus Veit weiß, leitet sich die mangelnde Eignung des Maskentragens daraus ab, dass sowohl chirurgische Masken als auch Alltagsmasken (sehr) kleine Teilchen durchlassen und lediglich größere Partikel zurückhalten. Da Aerosole und Corona-Viren im Freien nicht lange leben, werden dort »Masken eigentlich **nicht** gebraucht.« Schließlich sind Aerosole nur dann langlebiger, »wenn die Partikelgrößen sehr klein sind und dann aber mit ›normalen‹ Masken **kein** Schutz besteht.«[846]

Am 18. 11. 2020 wurde eine groß angelegte Studie veröffentlicht, die von an dänischen Universitätskliniken beschäftigten Ärzten durchgeführt worden war. Deren Ergebnisse legen nahe, dass das Tragen von chirurgischen Masken »die Inzidenz von SARS-CoV-2-Infektionen bei Maskenträgern in einem Umfeld, in dem soziale Distanzierung und andere öffentliche Gesundheit herrschen, bei herkömmlichen statistischen Signifikanzniveaus **nicht** verringert.« Das experimentelle Verfahren haben

ROBERT KOCH INSTITUT   Kontakt | Inhalt | Hilfe | Impressum | Datenschutzerklärung | RSS | English | Schriftgröße A+ A-

Gebärdensprache · Leichte Sprache   Suchbegriff eingeben

| Institut | Gesundheitsmonitoring | Infektionsschutz | Forschung | Kommissionen | Service |

Navigation > Ist das Tragen einer Mund-Nasen-Bedeckung in der Öffentlichkeit zum Schutz vor SARS-CoV-2 sinnvoll?

Navigation

Ist das Tragen einer Mund-Nasen-Bedeckung in der Öffentlichkeit zum Schutz vor SARS-CoV-2 sinnvoll?

Um sich selbst und andere vor einer Ansteckung mit SARS-CoV-2 zu schützen, sind Selbstisolierung bei Erkrankung, eine gute Händehygiene, Einhalten von Husten- und Niesregeln und das Abstandhalten (mindestens 1,5 Meter) die wichtigsten und effektivsten Maßnahmen.

Mehrlagiger medizinischer (chirurgischer) Mund-Nasen-Schutz (MNS) und medizinische Atemschutzmasken, z.B. FFP-Masken, müssen medizinischem und pflegerischem Personal vorbehalten bleiben. Der Schutz des Fachpersonals ist von gesamtgesellschaftlich großem Interesse. FFP-Masken mit Ventil filtern nur die eingeatmete Luft und sind daher nicht für den Fremdschutz ausgelegt. Solche Masken sind für sehr wenige Anwendungsfelder in der Klinik vorgesehen und sollten nicht in der Bevölkerung getragen werden.

Für die Bevölkerung empfiehlt das RKI das Tragen einer Mund-Nasen-Bedeckung (textile Barriere im Sinne eines MNS) in bestimmten Situationen im öffentlichen Raum. Das Tragen der Mund-Nasen-Bedeckung kann ein zusätzlicher Baustein sein, um die Ausbreitungsgeschwindigkeit von COVID-19 in der Bevölkerung zu reduzieren – allerdings nur, wenn weiterhin Abstand (mind. 1,5 Meter) von anderen Personen, Husten- und Niesregeln und eine gute

Infektionskrankheiten A-Z ▶
Gesundheit A-Z ▶

Neu

Häusliche Isolierung bei bestätigter Erkrankung: Flyer für Patienten - jetzt auch in verschiedenen Sprachen (20.5.2020)

Testung von Personal in Alten- und Pflegeheimen auf SARS-CoV-2 durch Mitglieder des Praxisnetzes Paderborn e.V, EpidBull 21/20 (20.5.2020)

Corona-Monitoring lokal: Antikörperstudie an besonders betroffenen Orten in Deutschland (18.5.2020)

Abb. 38 (Quelle: RKI, bis mindestens 22. 05. 2020)[845]

4.862 Teilnehmer abgeschlossen, wobei die Differenz der Infektionen der Gruppe der Maskenträger (42) und jener der Gruppe der maskenlosen Kontrollgruppe (53) lediglich -0,3 Prozentpunkte ausmacht.[847]

Summa summarum ist hinreichend medizinisch und experimentell erwiesen, dass Masken gegenüber dem vermeintlichen Virus SARS-CoV-2 nutzlos sind, folglich nichts zur Eindämmung einer Pandemie und auch nichts zur Schonung der medizinischen Kapazitäten beitragen können. Mangels grundsätzlicher Eignung hätte die staatliche Verordnung einer Maskenpflicht wegen Verfassungswidrigkeit unterbleiben müssen. Bereits an dieser Stelle könnten wir die Verhältnismäßigkeitsprüfung abbrechen. Wir setzen sie nur fort, um die letzten Zweifel auszuräumen, die durch die permanente politisch-mediale Gehirnverschmutzung (bei einer Gehirnwäsche wären die Gedanken sauber) verursacht werden. Wer beim diktatorischen Maskenball nicht mitmacht, braucht gute Argumente.

Keine Notwendigkeit

Dass das soziale Abstandhalten sogar gegenüber Verkehrseinschränkungen und Lockdowns nicht nur das mildere, sondern auch das besser geeignete Mittel ist und die österreichische Regierung darüber bereits am 28. 02. 2020 in Kenntnis war, beweist das Sitzungsprotokoll der sogenannten Corona-Task-Force des BMSGPK vom selben Tag (siehe oben).[848] Auch ohne dieses Protokoll ist evident, dass das Social Distancing jedenfalls in geschlossenen Räumen eine denkbare mildere Maßnahme darstellt. Da grobe Partikel kaum mehr als einen Meter weit übertragen werden können, brauchen wir für den Schutz vor solchen Partikeln keine Masken, wenn wir zu anderen Menschen genügend Abstand halten. Das trifft vor allem auf geschlossene Räume zu.[849] Bei der höchstabsurden allgemeinen Maskenpflicht tritt das grob vernachlässigte Erfordernis der permanenten Evaluierung milderer Maßnahmen besonders deutlich zutage. Der schon mehrfach dargelegte besondere Schutz der Risikogruppen durch freiwillige Selbstisolation, wie sie auch die WHO empfiehlt, wäre nicht nur das gesamtgesellschaftlich gelindeste, sondern auch das tauglichste Mittel schlechthin gewesen. Dabei wären auch spezielle Lösungen in Betracht gekommen, wie etwa Besucher-Container mit Trennwänden oder topsichere und obendrein trägerfreundliche Vollschutzmasken mit Spezialfiltern und Auslassventilen. Auf solche Ideen wäre man mit Leichtigkeit gekommen, wenn es wirklich um den Schutz der Risikogruppen und die Abwendung der angeblich drohenden Überlastung des Gesundheitssystems gegangen wäre …

Keine Adäquanz

Generelles Maskentragen ist nicht nur epidemiologisch sinnlos und nicht erforderlich, sondern überdies auch unverhältnismäßig, weil erwiesenermaßen **gesundheitsschädlich** für die Träger. Denn wie eine experimentelle Studie der Technischen Universität München aus dem Jahr 2005 zeigt, stellen insbesondere handelsübliche chirurgische Masken sogar bei relativ kurzem Anlegen ein nicht unerhebliches Gesundheitsrisiko dar. Von Dr. Ulrike Butz durchgeführte Tests mit verschiedenen Masken in der Dauer von lediglich 30 Minuten haben ergeben, dass die Akkumulation (Ansammlung) von Kohlendioxid (CO_2) unter jeder Maske bei den Probanden den transkutan gemessenen CO_2-Partialdruck **signifikant** erhöht. Weil ein erhöhter Stickstoffgehalt im Blut (Hyperkapnie) »verschiedene **Hirnfunktionen einschränken**« kann, [...] muss der Einsatzbereich von OP-Masken kritisch diskutiert und definiert werden, um unnötige Tragezeiten zu vermeiden.«[850] Was für eine kurze Dauer von einer halben Stunde zutrifft, gilt umso mehr bei längerem und vor allem täglichem Maskentragen wie etwa bei Kassiererinnen, Schalterpersonal und Sicherheitskräften sowie bei längeren bzw. regelmäßigen Fahrten in öffentlichen Verkehrsmitteln. Besagte Studie von Dr. Ulrike Butz wird von einer weiteren experimentellen Beweisführung bestätigt, die der österreichische gerichtlich beeidete Sachverständige Ing. Dr. Helmut Traindl vor laufender Kamera an drei Probanden vorgenommen hat, darunter eine Jugendliche. Mittels Messgeräts wurden unter dem handelsüblichen Mund-Nasen-Schutz CO_2-Werte angezeigt, welche die rechtlich verbindlichen Grenzwerte **massiv** überschreiten und daher ohne jeden Zweifel gesundheitsschädlich sind. Die live vorgenommenen Testungen ergaben insbesondere beim Mädchen – nach nicht einmal einer Minute unter der Maske – im Bereich zwischen Mund und Nase eine CO_2-Anreicherung von ca. fünf Volumprozent, das sind 50.000 ppm[851] bzw. 50.000 Teilchen pro Million (ppm = parts per million).

Der bei gesunden Personen im erwerbsfähigen Alter im Arbeitsumfeld[852] für Kohlendioxid (CO_2) höchstzulässige Tagesmittelwert (TMW) beträgt jedoch laut der österreichischen Grenzwerteverordnung 2020 lediglich 5.000 ppm (0,5 Volumprozent). Dieser Grenzwert gilt grundsätzlich für eine Arbeitszeit von acht Stunden täglich und 40 Stunden pro Woche.[853] Die Ausnahme von dieser Regel ist der sogenannte Kurzzeitwert (KZW), der bei CO_2 höchstens 10.000 ppm (ein Volumprozent) beträgt und pro Arbeitsschicht (acht Stunden) maximal dreimal zu je 60 Minuten anfallen darf.[854] Wie gesagt, gelten diese Höchstwerte für gesunde Erwerbstätige.

Jede Verkäuferin, jede Krankenschwester, jeder Wachmann, jeder Pendler im öffentlichen Verkehr, aber auch jedes Schulkind ist durch das Tragen von Masken bei 50.000 ppm tagtäglich einer **zehnfach** höheren CO_2-Belastung als dem für Erwerbstätige erlaubten Tagesmittelwert ausgesetzt. Hierzu einige Vergleichswerte. Laut einer Richtlinie des österreichischen Umweltministeriums aus dem Jahr 2017 empfinden etwa 20 Prozent der Menschen ab einer CO_2-Konzentration von 1.000 ppm die Raumluft als unbefriedigend. Die allgemeine Belästigungsschwelle liegt bei 1.500 ppm.[855] Gemäß der gesundheitlichen Bewertung des CO_2-Gehalts in der Innenraumluft seitens des deutschen Umweltbundesamts im Jahr 2008 wird eine Konzentration von mehr als 2.000 ppm als inakzeptabel empfunden, bei Werten oberhalb des Arbeitsplatzgrenzwertes von 5.000 ppm wird die Denkleistung signifikant verlangsamt.[856] Die Toleranzgrenze von 2.000 ppm zeigt auf, dass einerseits der arbeitsplatzspezifische Tagesmittelwert von 5.000 ppm viel zu hoch angesetzt ist und andererseits das Tragen von Masken wegen des bereits in der ersten Minute gemessenen Werts von 50.000 ppm absolut unzumutbar ist.

Von den im Internet kursierenden »Faktenchecks«, die vorgeben, dass das Tragen von Masken zu keinem Anstieg des CO_2-Gehalts führen und daher auch nicht gesundheitsschädlich sein kann, sollte man sich nicht ablenken lassen. Deren unwissenschaftliche Herangehensweise und reißerischer Ton sprechen am ehesten dafür, dass es um die Recherche- und Denkleistung der »Redakteure« nicht gut bestellt ist. Mit wenigen Klicks lassen sich im Netz einige profunde Studien finden.

Die Daten einer Studie des Universitätsklinikums Leipzig vom 06. 07. 2020 quantifizieren die Einschränkung der Leistungsfähigkeit durch Maskentragen wissenschaftlich und bestätigen zudem »das subjektive Gefühl vieler Menschen« hinsichtlich einer »erheblichen Beeinträchtigung verschiedener Parameter des Wohlbefindens.« Die ausgewerteten Daten zeigen, »dass die sogenannte kardiopulmonale [Herz und Lunge betreffende] Leistungsfähigkeit durch beide Masken-Typen **signifikant** reduziert wird.« Das Tragen von Masken beeinträchtigt die Atmung, »vor allem das Volumen und die höchstmögliche Geschwindigkeit der Luft beim Ausatmen.« Auf dem Fahrrad-Ergometer ist die maximal mögliche Kraft **deutlich** reduziert, wobei im Stoffwechsel »eine schnellere Ansäuerung des Blutes bei Anstrengung registriert« wird.[857]

Die renommierte italienische Virologin Prof. Dr. Maria Rita Gismondo erklärt das für jeden Hausverstandsnutzer Offensichtliche, dass nämlich Gesichtsmasken für den Träger **gefährlich** sind, weil man ständig Mikroben und schlechte Luft einatmet.[858]

Laut dem Mediziner Dr. Christian Fiala sind die der Bevölkerung aufgezwungenen Masken im Dauergebrauch »Viren- und Bakterien- und Pilzschleudern. Sie können den Träger und Menschen in der Umgebung sogar gefährden.«[859]

Diese medizinischen Beurteilungen sind korrekt, wie der Stichprobentest des schweizerischen Konsumentenmagazins *K-Tipp* vom August 2020 **beweist**. Im Labor wurden 20 von Pendlern getragene Einwegmasken mikrobiologisch untersucht. Sie waren voll von Bakterien und Schimmelpilzen. Diese bleiben in den Fasern des Maskengewebes hängen, wo sie sich aufgrund des feuchtwarmen Milieus rasch vermehren. 11 von 20 Masken enthielten mehr als 100.000 bakterielle Kolonien, davon drei Masken über eine Million. In 14 Masken befanden sich die hochgefährlichen Staphylokokken, die Lungen- und Hirnentzündungen verursachen können. Schimmel- und Hefepilze nisteten sich in 15 Masken ein.[860] Folglich sind ausgerechnet jene Masken, die uns angeblich schützen, die »eigentliche **Gesundheitsfalle**.«[861]

Auf dieses offensichtliche Faktum weist auch Prof. Dr. Klaus Veit hin, wobei er zusätzlich das wissenschaftlich angeblich noch nicht erwiesene Risiko der **Erhöhung** des Übertragungsrisikos wie folgt ins Treffen führt: Vor allem bei den häufig empfohlenen Masken aus Wolle oder Baumwolle kondensiert sich beim Ausatmen die »Feuchtigkeit in der Atemluft an den Fasern.« Der mit der Mikrostruktur der Fasern zusammenhängende »Wasserfilm« bildet ein optimales Zuhause für Viren, also ein Habitat, in dem sie bestens überleben können. Mit der Verwendung (selbst) genähter Masken kann insofern eine **Gefährdung** für andere verbunden sein, als sie regelmäßig wiederverwendet und beim vielfach verlangten Ablegen, wie etwa in Schulen und Gaststätten, möglicherweise zur viralen Verbreitung beitragen.[862]

Betreffend Maske als gemütliches Virenzuhause hat die deutsche approbierte Ärztin Dr. Jette Limberg-Diers im April 2020 eine eidesstattliche Versicherung (Erklärung) abgegeben: »Es bildet sich in dem Atemschutz (egal ob Maske oder Tuch) eine sog. feuchte Kammer durch die Atemluft. Erreger jeglicher Art (ob nun Virus oder Bakterien) lieben ein feucht-warmes Milieu, in dem sie sich dann vermehrt reproduzieren.« Aufgrund der von Dr. Ulrike Butz bewiesenen vermehrten Rückatmung von zuvor ausgeatmetem CO_2 und der dadurch bedingten »Minderversorgung der Lunge mit Sauerstoff ist das Lungengewebe leichter und schneller für Keime jeglicher Art, somit auch das sog. Corona-Virus, **angreifbar**.« Demnach schädigt das absurde Tragen von Masken die Träger nicht nur durch eine deutlich überhöhte CO_2-Konzentration, sondern auch mittels Schwächung der Lungen gegenüber dem sogenannten Virus. Daher sind laut Dr. Limberg-Diers mit Asthma, Allergien und

Lungenerkrankungen schwerpunktmäßig vorbelastete Patienten besonders gefährdet. Diese eidesstattliche Erklärung ist eines von mehreren Beweismitteln in jenem Antrag auf Normenkontrolle, den Rechtsanwalt Wilfried Schmitz beim Bayrischen Verwaltungsgerichtshof gegen die Bestimmungen der zweiten Bayerischen Infektionsschutzmaßnahmenverordnung über das verpflichtende Tragen eines MNS eingebracht hat. Seine fundierten Ausführungen sollte man gelesen haben. Durch die genannte eidesstaatliche Erklärung werden sie vollinhaltlich bestätigt.[863]

Hier schließt sich der Kreis zur mangelnden Eignung. Denn was das Immunsystem angreifbarer für Viren macht, kann nie und nimmer dem angeblichen Ziel der Viruseindämmung dienen, weil es dessen Erreichung erschwert oder verhindert.

Des Weiteren zeigen US-amerikanische Top-Zahnärzte auf, dass der »Maskenmund« zu einem neuen Phänomen führt, »weil sie bei Patienten nach dem Tragen von Gesichtsbedeckungen eine Explosion von **Karies** und **Zahnfleischerkrankungen** beobachten.« Das beim Maskentragen typische nasale Atmen trocknet den Mund aus. Die dadurch bedingte Speichelabnahme neutralisiert jene Säuren, die Karies und Zahnfleischerkrankungen verhindern sollen. Die langfristigen Folgen könnten schwerwiegend sein: »Zahnfleischerkrankungen werden letztendlich zu Schlaganfällen und einem erhöhten Risiko für Herzinfarkte führen.«[864]

Unbegreiflich, grotesk und unverantwortbar ist daher die Empfehlung der WHO vom 03. 08. 2020, »die routinemäßige, nicht unbedingt notwendige Mundgesundheitspflege – zu der in der Regel Mundgesundheitsuntersuchungen, Zahnreinigungen und Vorsorge gehören – so lange zu verschieben, bis die COVID-19-Übertragungsraten [...] ausreichend gesenkt wurden.«[865] In völliger Ignoranz gegenüber dem Notwendigkeitsprinzip und der adressatengruppenspezifischen Maßnahmengestaltung sollen also, wenn es nach der WHO geht, breite Teile der überwiegend gesunden Bevölkerung absolut unnötig an Karies, Zahnfleischerkrankungen und deren Folgen leiden.

Immer mehr Mediziner stehen auf. Am 09. 11. 2020 wandten sich mehr als 300 besorgte deutsche Ärzte und Therapeuten mit offenem Brief an die Kanzlerin, den Bundestag und die Medien. Über die Gefahren und schädlichen Nebenwirkungen des Maskentragens wird aus eigener Erfahrung berichtet: »Täglich sehen wir in Klinik und Praxis zunehmend Patienten, die über Kopfschmerzen, Müdigkeit, Konzentrationsverlust, Übelkeit, Sehstörungen und Nebenhöhlenprobleme klagen.« Zudem erkennen die Experten eine »Maskendermatitis« und »eine Häufung von Ohnmachts-Ereignissen. Angsterkrankungen und Panikattacken nehmen massiv zu. Stets hören wir: ›Ich bekomme unter der Maske keine Luft‹. Patienten klagen über Atembeschwerden, ›Luftnot‹ und Hyperventilation aufgrund des Tragens von Alltagsmasken.« Außerdem wird die menschliche Immunität geschädigt, weil »das angesammelte CO_2 zu einer toxischen Übersäuerung des Organismus« führt.[866]

Neben dem negativen Einfluss auf die physische Gesundheit, beeinträchtigt das Maskentragen das gesamte soziale Leben und auch die Psyche der einzelnen Menschen. Regelmäßig wird berichtet, dass Masken den Trägern den Antrieb rauben, mit ihren Mitmenschen zu sprechen. Besondern stark sind Kinder betroffen, deren soziales Lernen nicht nur von der Stimme, sondern auch von der Mimik des Gegenübers abhängig ist. Diese Gesellschaft ist im Begriff, eine schon durch die berufliche Doppelbelastung der Eltern und die generelle Smartphone-Sucht erzeugte soziale Verwahrlosung auf ein ungeahntes Ausmaß zu potenzieren.

Katastrophale Auswirkungen auf die menschliche Psyche beweist die erste deutschlandweite psychologische Studie (128 Seiten) über nennenswerte Belastungen, Beschwerden und bereits eingetretene Folgeschäden »im Rahmen der aktuellen Mund-Nasen-Schutz-Verordnungen« mit Stand Juni/Juli 2020. Die Maske hat »das Potenzial, über entstehende Aggression **starke** psychovegetative Stressreaktionen zu bahnen, die signifikant mit dem Grad belastender Nachwirkungen korrelieren.« Die überwiegende Mehrheit (60 Prozent) der Menschen, die sich durch die Verordnungen deutlich belastet erleben, litt bereits damals an schweren psychosozialen Folgen. Diese sind insbesondere eine stark reduzierte Teilhabe am gesellschaftlichen Leben, sozialer Rückzug, herabgesetzte gesundheitliche Selbstfürsorge bis hin »zur Vermeidung von Arztterminen oder die Verstärkung vorbestandener gesundheitlicher Probleme (posttraumatische Belastungsstörungen, Herpes, Migräne).« Die Forscherin kommt zu jenem Ergebnis, zu dessen Umsetzung die vielfach beratene Regierung bereits vor Mitte März 2020 verpflichtet war: »eine sehr zeitnahe Prüfung der Nutzen-Schaden-Relation der MNS- Verordnungen.«[867]

Insgesamt erhöht Maskentragen das Erkrankungsrisiko, COVID-19 eingeschlossen. Durch den generellen Maskenzwang werden folgende Schutzgüter potenziell verletzt: **Gleichheit, Privatsphäre, körperliche Integrität.** Weiters verletzt die verpflichtende Anschaffung von Masken die Träger in ihrem Grundrecht auf **Eigentumsfreiheit.** Außerdem beeinträchtigt eine generelle Maskenpflicht die Durchführung von Versammlungen, was wiederum einen massiven Eingriff in verfassungsmäßig garantierte **demokratische** Rechte darstellt (siehe 5. Versammlungsverbot). Hinsichtlich der sonstigen verletzten öffentlichen Interessen gelten die Ausführungen zu den Maßnahmen 1 und 2. Zusätzlich werden durch die Produktion von Millionen nur temporär nutzbarer Masken wertvolle Ressourcen vergeudet. Außerdem wird das allgemeine Maskentragen durch einen Zuwachs an Abfall und Müllverbrennung zu einer größeren **Umweltverschmutzung** führen. Die Regierung tritt also die von ihr selbst zuvor hochtrabend postulierten Ziele der Abfallvermeidung und des Umweltschutzes mit Füßen.

Fake Laws

Mit den Füßen treten Politiker auch ihre eigenen Corona-Anordnungen. Dass die Mitglieder der Regierungsparteien die Masken nur tragen, wenn sie gefilmt werden, wurde bereits behandelt. Der österreichische Vizekanzler Mag. Werner Kogler hält sich nicht einmal in der Öffentlichkeit an die von ihm selbst eingeforderte und mitbeschlossene Maskenpflicht. Wie Fotos beweisen, geht er schamlos ohne Maske Einkaufen.[868]

Und Kanzler Sebastian Kurz setzt seine Maske nicht einmal dann auf, wann in der Vorarlberger Krisenregion Kleinwalsertal in einer Menschenmenge der vorgeschriebene Mindestabstand nicht eingehalten wird. Seine peinlichen Ausflüchte[869] sprechen eindeutig dafür, dass Europas jüngster und erster Lockdown- und Maskeneinpeitscher selbst nicht an die vermeintliche Gefahr glaubt, sondern nichts anderes ist als ein mit Steuergeldern finanzierter Schauspieler. Ein weniger begabter Politdarsteller ist der »grüne« Gesundheitsminister, der sich nach den öffentlichen Fehltritten des Kanzlers und Vizekanzlers sogar erdreistet, an die Bevölkerung zu appellieren, ausgerechnet ab Sommerbeginn freiwillig Masken zu tragen, wenn es »zu eng« wird.[870] Und wieder grüßt Absurdistan, wo ein billig abgekartetes Schauspiel für ordentliche Staatsführung gehalten wird. Wer etwas vorspielt, hat andere Ziele als jene, die er zu haben vorgibt.

In Anbetracht der ignorierten eindeutigen Studien und Erklärungen höchster Vertreter des Gesundheitswesens kann kein vernünftiger Zweifel daran bestehen, dass die politischen Entscheidungsträger mit der epidemisch wertlosen und auf allen Stufen illegalen Maskenpflicht bewusst geltendes Recht verletzen und dabei auch noch unklare Regelungen verabschieden, an die sie sich selber nicht halten. Die inzwischen unüberblickbare Dichte an unverständlichen Anordnungen soll offenbar den Anschein einer in der Krise aktiven und starken Regierung erwecken, um einerseits anlässlich der langen Untätigkeit selbst einem Schadenersatzverfahren zu entgehen. Mit den nicht normierten Masken wird ja der falsche Eindruck der

Verantwortung des Trägers für das Material des von ihm angeblich selbst gewählten Maulkorbs erweckt. Warum sollten Politiker just für jene gesundheitlichen Schäden haften wollen, die sie allem Anschein nach vorsätzlich verursachen? Andererseits soll das Volk obrigkeitshöriger denn je gemacht werden.

Im Grunde handelt es sich um Fake Laws, also um gefälschte Gesetze, die in Wahrheit nicht dem vorgeblichen Ziel, sondern verdeckten Zwecken dienen. In Betracht kommen etwa die Beschäftigung und Ablenkung der Bevölkerung vor der gegen ihren Willen auf Hochtouren laufenden 5G-Ausrollung, die zu erzwingende »Bereitschaft« zur Impfung sowie die generelle Dressur des Stimmviehs für die heranstehende vollständige Diktatur digitaler Ausprägung.

Dass es sich um bewusst konstruierte Fake Laws handelt, legt die Aussage der Wiener Spitzenpolitikerin Ulrike Sima (SPÖ) nahe, der »**soziale Druck**« werde bei der Einhaltung der Maskenpflicht helfen.[871] Demnach bestehen gegenständliche Fake Laws aus zwei Elementen:

1. **Illegale Rechtsgrundlage**
2. **Verschlimmernde Begleitpropaganda**

Das erste Element, die vorgeschobene Rechtsgrundlage (Gesetz, Verordnung), ist an sich schon rechtswidrig. Das zweite Element stellt die politisch-mediale Dauerpropaganda (Fake News) dar, die im Volk einen gruppendynamischen Zwang erzeugen soll, der weit über den Wirkungsgrad der schriftlichen Norm hinausgeht. In diesem Kontext haben die Massenmedien vielfach die Bezeichnung »Maskenmedien« verdient. Im Endergebnis sollen bloße politische Wunschvorstellungen oder Empfehlungen als geltendes Recht umgedeutet und als solches befolgt werden.

Aufgrund dieses **indirekten Zwangs** verlangen nicht selten Privatpersonen von anderen Menschen die Befolgung einer überzogenen Maskenpflicht, zum Beispiel von ihren Kunden auf Freiluftverkaufsflächen, von ihren hinter Glasscheiben sitzenden Angestellten oder von ihren Fahrgästen, die ganz allein in einem ansonsten leeren Zugabteil sitzen. Das ist freilich ebenso illegal wie der vom Staat direkt ausgeübte Zwang. Schließlich ist kein besserer Fall als COVID-19 vorstellbar, bei dem die Grundrechte nicht nur zwischen dem Staat und den Bürgern, sondern auch im Bereich der Beziehungen zwischen den Bürgern gelten. Für die sogenannte **Drittwirkung** der Grundrechte im Bereich der Bürger untereinander ist COVID-19 sogar der Idealfall. Denn der soziale Druck wurde vollständig von der Regierung aufgebaut. Schließlich wurde die unnötige Ausnahmesituation von derselben Regierung künstlich erschaffen, die obendrein nicht nur die absurden Maßnahmen vorgibt, sondern auch Privatpersonen in Machtpositionen (Handel, Dienstleister, Arbeitgeber) mittels Fake Laws und der Angst vor Sanktionen wie hohe Geldstrafen und Betriebsschließungen geradezu zu drakonischen Maßnahmen nötigt. Daher sind diese spezifische faktische Übermacht und die dadurch ermöglichte Fremdbestimmung von Bürgern über andere Bürger letztlich der Regierung zuzurechnen. Mehr Details hierzu folgen in den Kapiteln über den avisierten Impfzwang und die Rechtsfolgen.

Indirekter Gehorsamszwang hat schon unter Stalin und Hitler nahezu reibungslos funktioniert. Heute treibt er gemäß der vorhin erwähnten psychologischen Studie aufrechtstehende Menschen, die das Maskentragen mit gutem Recht verweigern, in die soziale Isolation. Die Maske hat vier wesentliche psychologische Funktionen: Tarnung der wahren politischen Absicht, Spaltung der Gesellschaft, Unterwerfung der Bürger und Brücke zur Impfung. Letztere soll von den bis dahin noch mehr verwirrten und existenziell besorgten Menschen »freiwillig« in der Hoffnung angenommen werden, künftig von jedem weiteren Affenzirkus verschont zu werden, der auch absolut untaugliche Corona-Tests im Pflichtprogramm hat.

4. Testwahnsinn

Wie der Maskenzwang sind auch die sogenannten Corona-Testungen absolut ungeeignet, nicht notwendig und nicht angemessen, weshalb deren zwangsweise Durchführung rechts- und verfassungswidrig ist. Dies gilt sowohl für COVID-19 und jede weitere pseudo-epidemische »Welle« als auch für eine etwaige tatsächlich schwere COVID-ähnliche Pandemie / Epidemie. Jedenfalls unzulässig sind auf direktem oder indirektem Zwang beruhende Massentestungen.

Dem entspricht die österreichische und bundesdeutsche Krisengesetzgebung bis zumindest Mitte 2020. Gemäß EpG sind lediglich die Adressatengruppen zur Duldung der »Entnahme von Untersuchungsmaterial« zwecks Feststellung der Krankheit und der Infektionsquelle verpflichtet.[872] Die ähnlich formulierte Bestimmung des IfSG zählt zu den Entnahmen ausdrücklich »Blutentnahmen und Abstriche von Haut und Schleimhäuten«.[873] Hierzu muss, wie gesagt, ein **substantiierter** Verdacht vorliegen, dass eine konkrete Person bereits krank oder zumindest ansteckend ist. Plumpe Mutmaßungen und Hüftschussbeurteilungen begründen ebensowenig einen hinreichend substantiierten Verdacht wie die bereits erörterten technischen Zuordnungen aufgrund diverser zeitlicher und entfernungsmäßiger Expositionen.

Keine Eignung

Die nicht vorhandene Eignung der gegenständlichen PCR-Corona-Tests resultiert aus jenen Fakten, die in den Kapiteln »Wertloser Corona-Test« und »E. Weiterhin wertloser Test« genannt werden. Die mangels reinem und isoliertem Virus gezogenen 375 genetischen Sequenzen sind lediglich Bruchstückchen eines anderen und obendrein toten vermeintlichen SARS-Virus. Ihre Verwendung erfüllt nicht einmal die primitivsten wissenschaftlichen Anforderungen. Mit an Sicherheit grenzender Wahrscheinlichkeit sucht der Test gar kein Virus namens »SARS-CoV-2«, weshalb er es auch nicht finden kann. Wir rufen uns die offizielle Testanleitung in Erinnerung, der zufolge etwaig nachgewiesene virale RNA »möglicherweise **nicht** auf das Vorhandensein eines infektiösen Virus« und folglich auch **nicht** darauf hinweist, »dass 2019-nCoV der Erreger für klinische Symptome ist.« Dies ist aber nur ein fundamentaler Mangel aus einer Liste von sage und schreibe 12 Einschränkungen (»Limitations«).[874] Dem RKI zufolge sind die Tests nicht auf gesunde Menschen, sondern explizit nur auf **Patienten** anzuwenden, wobei sie **nicht** einmal bei diesen eine korrekte Diagnose ermöglichen. Dass die Tests bei dem, was auch immer sie aufspüren mögen, zu mindestens 50 Prozent falsche Ergebnisse liefern, wird sowohl von etlichen Medizinern bestätigt als auch anhand von verdeckten Testreihen mit Tieren und Früchten empirisch nachgewiesen. Dass die Regierungen selbst nicht an das Funktionieren des Tests glauben, offenbart die Fortsetzung behördlich verordneter Maßnahmen gegenüber ansteckungsverdächtigen Kontaktpersonen, auch wenn diese korrekt negativ getestet wurden (siehe die siebte Kategorie der politischmedialen Fake News).

Wie erwähnt, stellt die Professorin Dr. Ulrike Kämmerer vom Universitätsklinikum Würzburg ernüchternd fest, dass der PCR-Test **kein** immunologischer Test ist, der daher gar keine Infektion nachweisen kann.[875] Außerdem erklärt die Virologin und Zellbiologin, dass der PCR-Test **nicht** anzeigen kann, ob das Virus replikationsfähig ist, sich in dem Wirt tatsächlich vermehrt und ob der Mensch damit ursächlich krank wird. Auf der Oberfläche des Testabstrichs befindliche Virus-RNA-Stückchen bedeuten noch lange nicht, »dass es [das Virus] in den Zellen drin ist und ob eine intakte vermehrungsfähige Viruslast vorhanden ist.«[876] Das ist die logische Begründung für den auf der Testanleitung selbst ausgewiesenen Mangel, dass potenziell gar kein Virus festgestellt wird. Das Wort »möglicherweise« ist zu streichen, da dem Test laut der bereits zitierten Drosten-Studie gar kein reines und vollständiges Virus zugrundeliegt, das man SARS-CoV-2 nennen dürfte.

Weil das Wissenschaftsfiasko unverändert anhält, teilte Prof. Dr. Werner Burgholz dem Deutschen Bundestag im Rahmen der öffentlichen Anhörung des Ausschusses für Gesundheit am 28. 10. 2020 mit: »Im momentanen Zustand entspricht die Teststrategie in **keiner** Weise den Qualitätsanforderungen der Technik oder dem Stand der Wissenschaft.«[877]

Wie wahr! Aufgrund der evidenzbasierten Faktenlage ist das Testmaterial absolut **nicht** dazu geeignet, eine Infektion nachzuweisen. Folglich ist der Drosten-PCR-Test **keinesfalls** geeignet, auch nur irgendeinen Zusammenhang zwischen dem vermeintlichen Virus SARS-CoV-2 einerseits und der sognannten Krankheit COVID-19 andererseits herzustellen. Infolgedessen muss den Tests die technische Eignung abgesprochen werden, auch nur den geringsten Beitrag zur Erhärtung eines Ansteckungsverdachts oder gar zur Eindämmung der angeblichen Pandemie / Epidemie zu leisten. Die Tests sind maximal als Werkzeug für Psychopathen geeignet, die die gesamte Bevölkerung kontrollieren und sogar Kinder verängstigen wollen.

Bei der generellen Testung von Kindern trifft der Superlativ von ungeeignet voll ins Schwarze: am ungeeignetsten. Denn Corona-Tests an Kindern sind per se schon epidemiologisch sinnlos, weil Kinder erwiesenermaßen, d.h. laut etlichen wissenschaftlichen Studien, keine bzw. keine nennenswerten Faktoren bei der Verbreitung von COVID-19 sind.[878]

Demzufolge verwundert es nicht, dass eine Studie der Medizinischen Fakultät an der Universität Leipzig über das Infektionsgeschehen in sächsischen Schulen folgendes Ergebnis präsentiert: Von insgesamt 2.599 getesteten Schülern und Lehrkräften wurde **keine** einzige Person positiv getestet.[879] Auf diese Studie wird auch auf der Homepage des RKI verwiesen.[880]

Demnach bestätigen sogar Tests, die vielfach falsche positive Ergebnisse liefern, wie unbedeutend Kinder bei der Verbreitung der Phantasiepandemie COVID-19 sind. Die fehlende Eignung der Tests wird aber auch von den Massentestungen an Erwachsenen aufgezeigt.

Trotz einer extrem niedrigen Prävalenz der positiv Getesteten bzw. Infizierten zwischen 0,025 und 0,04 Prozent (Deutschland 0,025 %, Österreich 0,03 %, Schweiz 0,04 %) mit Stand Ende August / Anfang September 2020 werden nach wie vor »in allen drei Ländern Massentestungen auf SARS-CoV-2 durchgeführt, in Deutschland zuletzt fast 900.000 Tests pro Woche (33. KW 875.524), in Österreich 63.000 und in der Schweiz 73.000.« Dennoch liegt die Rate der positiven Tests bei lediglich zwischen einem und drei Prozent (Deutschland unter 1 %, Österreich etwa 2 %, Schweiz ca. 3 %). Die Einbeziehung von sowohl symptomatischen als auch asymptomatischen Personen und die dadurch erzeugte »weite Indikationsstellung« führen zu einer »wahllosen Überdiagnostik«. Dementsprechend ernüchternd ist die Gesamtbeurteilung des EbM-Netzwerks: »Abgesehen davon, dass die derzeitigen Testkapazitäten für diese umfangreichen Messungen nicht ausreichend sind, gibt es **keinen** wissenschaftlichen Nachweis oder nur Hinweis, dass diese Teststrategie zu einer Verminderung von Hospitalisierungen oder Todesfällen durch COVID-19 führt.« Mit hoher Wahrscheinlichkeit ist die aktuell propagierte »Teststrategie« nicht nur teuer, sondern auch nutzlos, »weil es aufgrund der nicht ausreichend hohen Sensitivität, der hohen Rate asymptomatisch Infizierter und der unbekannten Dunkelziffer von Virusträgern **nicht** gelingen kann, SARS-CoV-2 aus der deutschen, österreichischen oder Schweizer Bevölkerung zu eliminieren.«[881]

Diese profunde Analyse ist in zwei Punkten zu ergänzen. Erstens steht die ohnehin hinlänglich bewiesene Nutzlosigkeit der Tests nicht nur mit hoher Wahrscheinlichkeit fest, sondern mit absoluter Sicherheit. Dies ergibt sich nicht zuletzt aus der EbM-Argumentation selbst, die ja korrekt feststellt, dass das propagierte Eliminationsziel gar nicht gelingen kann. Was von vornherein nicht klappen kann, ist mit absoluter Gewissheit untauglich. Zweitens handelt es sich in Anbetracht des plan- und ziellosen Vorgehens der Regierungen um keine Strategie. Diesem Testwahnsinn liegt viel eher eine primitive Pauschaltaktik zugrunde, wie sie üblicherweise von psychopathischen Führern in kollektivistischen Systemen (Bolschewismus, Nationalsozialismus) betrieben wird. Die angestrebte Hopp-oder-Drop-Durchtestung der gesamten Bevölkerung ist keinesfalls zulässig. Uneingeschränkte, plan- und ziellose sowie völlig intransparente Massentestungen sind vollkommen ungeeignet, insbesondere an der gesunden Bevölkerung und unabhängig vom Lebensalter.

Eine bewertende Studie der Medizinischen Universität Graz vom 24. 11. 2020 über das von der Bundesregierung geplante Vorhaben zur bevölkerungsweiten Testung hat »**gravierende Defizite**« detektiert, die eine qualitativ hochwertige Durchführung einer österreichweiten Testung nicht ermöglichen.« Folglich ist »dringend davon abzuraten, eine – wie von der österreichischen Bundesregierung ab Anfang Dezember 2020 geplant – flächendeckende Testung zu starten.« Die geringe Prävalenz von SARS-CoV-2-Infizierten, die »**vielen falschen Ergebnisse**«, die fragliche Überprüfung der Testergebnisse, das unklare weitere Prozedere für die Getesteten und Kontaktpersonen sowie die gänzlich unklare logistische Durchführung könnten dazu führen, dass wir »in ein sinnloses und andernfalls vermeidbares Chaos zu schlittern.«[882]

Der vormalige Amtsarzt Dr. Wolfgang Wodargweist völlig korrekt darauf hin, dass die in aller Welt in über 300 Variationen mit »Notfallzulassungen« verwendeten PCR-Tests weder etwas über ein Erkrankungsrisiko noch über Ansteckungsgefahren aussagen. Schließlich sind sie mitunter positiv mit uralten SARS-Viren, »die auch bisher keine Gefahr begründet haben. Die Welt fällt auf einen Schwindel rein!« Und das findet Dr. Wodarg verständlicherweise peinlich.[883]

Aufgrund der mehrfach evidenten Untauglichkeit des Drosten-PCR-Tests sollte das Prädikat »ungeeignetest« mit der Aussprachempfehlung »ungeeignet-test« als Synonym für den Corona-PCR-Test Einzug in den Duden finden.

Selbst wenn (Konjunktiv!) die Tests geeignet wären, dürften sie laut EpG und IfSG maximal an den Adressatengruppen vorgenommen werden, wobei auch für den Verdacht einzelner Infektionen, wie gesagt, **substantiierte** Anhaltspunkte vorliegen müssten. Stichprobentests kämen jedenfalls ausschließlich unter Beschränkung auf die Hochrisikogruppen in Betracht. Hierzu erklärt das erwähnte deutsche Netzwerk für evidenzbasierte Medizin, dass es bei repräsentativen Stichproben unter den Hochrisikogruppen darum geht, die sogenannte Vortestwahrscheinlichkeit zu erhöhen, »also Personen mit COVID-typischen Symptomatiken und vorangegangener Exposition.« In jedem Fall ist ein »Testen nur bei **begründetem** Verdacht« besser.[884] Mangels Eignung dürfen jedoch nicht einmal einzelne Angehörige der Risikogruppen zwangsweise getestet werden.

Trotz mangelnder Eignung durchgeführte Massentestungen, bei denen sich regelmäßig mehrere Menschen am selben Ort einfinden, zeigen unmissverständlich auf, dass die Regierung selbst nicht an die Wirksamkeit ihrer kontaktmindernden Corona-Maßnahmen glaubt.

Keine Notwendigkeit

Auch die lediglich hilfsweise Prüfung der Notwendigkeit ergibt die Rechtswidrigkeit sowohl der Technik der praktizierten Testvorgänge als auch der Anordnung genereller Testungen. Zum einen ist nicht einzusehen, warum sich Menschen von anderen Personen einige Zentimeter tief in die Nase bohren und/oder in den Rachen fahren lassen sollen, wo doch das Virus angeblich bis zu eineinhalb bzw. zwei Meter über die Luft übertragen wird. Logischerweise muss die gewöhnliche Abgabe von Speichel durch Spucken völlig ausreichen. Zum anderen hat das mildere und zugleich besser geeignete Mittel der verdachtsbegründeten Einzelfalltestung von potenziellen Angehörigen der Adressatengruppen absoluten Vorrang und schließt daher generelle Testungen kategorisch aus. Doch auch diese sind nicht erforderlich, schon gar nicht bei Kindern. Es gibt einige mildere Mittel. Zu denken ist in erster Linie an den spezifischen Schutz der Risikogruppen.

In Frage kommen auch Abstandhalten und Hygienebestimmungen. Warum diese beiden Maßnahmen rechtswidrig sind, wurde bereits erklärt. Als mildere Mittel ersetzen sie jedoch jedenfalls das härtere Mittel der ebenfalls rechtswidrigen Testungen. Ist den Anordnenden nicht klar, dass sie mit der hysterischen Testung von Kindern geradezu auf die epidemiologische Sinnlosigkeit von Abständen und Masken an Schulen aufmerksam machen? Offenbar glauben die Verantwortlichen selber nicht, dass diese Maßnahmen das sogenannte Virus aufhalten können. Gut, dass man darüber nicht diskutieren muss. Kinder sind erfreulicherweise keine (relevanten) SARS-CoV-Träger.

Keine Adäquanz

Generelle Testungen verstoßen aus mehreren Gründen gegen das Erfordernis der Adäquanz (Angemessenheit): schmerzhafte Eingriffe in die körperliche Integrität, psychische Schädigung von Kindern, Ressourcenvergeudung, Umweltbelastung.

Wer den Corona-Test nicht kennt oder ihn aus anderen Gründen für harmlos hält, sollte sich das Schulungsvideo der Medizinischen Universität Mannheim ansehen. Darin wird erklärt und gezeigt, dass der Rachen-Nasen-Abstrich mittels Einführens eines langen Tupfers bis hinter den Gaumenzapfen an die Rachenhinterwand sowie anschließend durch beide Nasenlöcher bis zur Nasopharynx, die Nasenhinterwand, vorgenommen wird. Dass dieser Eingriff sogar für darauf bestens vorbereitete Erwachsene schmerzhaft ist, zeigt der verzerrte Gesichtsausdruck der anscheinend profimäßigen Probandin.[885] In einer weiteren Videoszene weicht eine andere eingeweihte Testperson vor dem tief eindringenden Tupfer ruckartig zurück.[886] Ein derartiger Vorgang ist, wenn er nicht auf Freiwilligkeit beruht, garantiert ein unzulässiger Eingriff in die **körperliche Integrität**.

Die schon für geschulte Erwachsene sehr unangenehmen Testungen sind für Kinder umso anstrengender. Etwa 10 Prozent der Kinder (2 von 20) haben laut wissenschaftlicher Evidenz gröbere Probleme mit derartigen Eingriffen. Die Folgen sind Traumatisierungen und Schäden fürs Leben. Darüber berichtet der oberösterreichische Psychologe Dr. Wolfhard Klein gemeinsam mit seiner Gattin Thusnelda auf einer Demonstration in Linz. Der Anlass: Zwei ihrer fünf rundum gesunden und aus Prinzip nicht geimpften Kinder sollten im März 2020 – ohne Einverständnis der Eltern – überrumpelnd und zwangsweise in einer Tiefgarage getestet werden. Obwohl sie sich ohnehin in »Niedrigquarantäne« befanden, hätten die beiden vollständig gesunden Kinder im Alter von 2,5 und sechs Jahren wegen eines angeblichen allgemeinen »Verdachts« an einer oberösterreichischen Schule zwangsgetestet werden sollen. Unter Androhung von Geldstrafen bis zu 1.450.- Euro und sogar Haftstrafen wurden laut Dr. Klein bereits mehrere Eltern, die es bis dahin zu Recht verweigert hatten, dazu gezwungen, an ihren Kindern Tests vornehmen zu lassen. Als sich auch das besagte Ehepaar dem Druck beugte, wurde ihm vom Arzt erklärt, dass die negativen Tests ungültig seien. Laut Schreiben der Ärztekammer seien lediglich die von Dr. Drosten erstellten Tests erlaubt,[887] obwohl gerade diese nachweislich absolut untauglich sind (siehe oben). Eine Intervention beim oberösterreichischen Landeshauptmann wurde schriftlich dahingehend beantwortet, dass in Zeiten, in denen die Polizei Ausgangsverbote überwacht, eine Verweigerung von Tests nicht möglich sei.[888] Anscheinend sollen Eltern mit falschen Rechtsauskünften dazu gezwungen werden, entgegen ihrer korrekten Überzeugung an ihren Kindern illegale Eingriffe vornehmen zu lassen. Hatten wir das nicht schon einmal in der Zeit zwischen 1933 und 1945?

Im September 2020 wurden an einer deutschen Waldorfschule an Schülern Zwangstestungen vorgenommen, wie eine betroffene Mutter berichtet. Trotz Erreichbarkeit wurde sie weder über den Termin und den Grund informiert noch medizinisch aufgeklärt, sondern erst nach vorgenommener Testung ihres traumatisierten Sohns vor vollendete Tatsachen gestellt.[889] Weil weder geeignet noch notwendig und angemessen, sind derart ohne Einwilligung der Eltern oder (wie im vorhin erwähnten Fall) gegen den ausdrücklich erklärten Willen der Eltern aufgezwungene Eingriffe, um wieder einen Superlativ zu verwenden, am absolut illegalsten.

Eine Regierung, die ein dermaßen rechtwidriges und menschenverachtendes Verhalten an den Tag legt, darf sich nicht wundern, wenn unter ihren eigentlichen Schutzbefohlenen, den Bürgern, weit schlimmere Befürchtungen kursieren. Die gelegentlich behauptete direkte Verletzung der Blut-Hirn-Schranke durch Teststäbchen ist zwar schon deshalb unmöglich, weil es sich um eine relative starke physiologische Barriere handelt.[890] Allerdings ist eine indirekte Schädigung durch **Keime** möglich, zum Beispiel von »bakteriellen oder viralen Erregern einer Hirnhautentzündung.« Aus medizinischen Gründen finden tatsächlich regelmäßig Einschleusungen von Medikamenten in die Blut-Hirn-Schranke statt.[891] Es ist daher denkbar und möglich, dass durch Teststäbchen immunschwächende Substanzen an der hinteren Nasenhinterwand abgelagert werden. Dieser absichtlich mit Angst, Psychoterror und illegalen Zwangsmaßnahmen operierenden Regierung traue ich inzwischen so gut wie alles zu. Jedenfalls lasse ich mir von einem Gesundheitspersonal, das regelmäßig mit todbringenden Krankenhauskeimen in Kontakt ist, garantiert keinen Abstrich verpassen.

Verpflichtende allgemeine Testungen oder gar Massentestungen von gesunden Menschen verletzten in mehrfacher Hinsicht das Grundrecht auf **körperliche Integrität,** das Grundrecht auf ungestörtes **Privat- und Familienleben** sowie das Grundrecht auf **Gleichbehandlung.** Durch jede Speicherung und Verwendung personenbezogener Daten, die mit dem untauglichen Drosten-PCR-Test in Verbindung stehen, verstoßen die Labore gegen das Grundrecht auf **Datenschutz**. Es besteht eine große Gefahr des Missbrauchs – von der zwangsweisen Quarantänisierung über die Zuordnung zu einer prioritären Impfgruppe bis hin zum völligen Ausschluss vom öffentlichen Leben im Falle der Impfverweigerung.

Bei der regelmäßig sehr niedrigen positiven Rate von ca. zwei Prozent sind Massentestungen völlig unangebracht. Deren rechtswidrige Vornahme dient offenbar einem einzigen Zweck: der pharmafreundlichen »Testung« der Bevölkerung auf ihre **Impfbereitschaft**. Die Gewinnung eines Gesamtbildes über den Grad der Verängstigung in der Bevölkerung, sprich die Anzahl der »freiwillig« in Masse Getesteten, ermöglicht die Einschätzung, wie viele Menschen sich »freiwillig« einen völlig unausgereiften, epidemiologisch nutzlosen und schädlichen Impfstoff injizieren lassen werden. Das für hunderttausende epidemiologisch sinnlose Tests verschwendete Steuergeld verletzt die Bevölkerung in ihrem Recht auf zweckmäßige, wirtschaftliche und sparsame staatliche **Haushaltsführung**. Weil bei jedem Abstrich ein neues, ebenfalls vom Steuerzahler finanziertes Paar Wegwerfhandschuhe zu verwenden ist,[892] hängt damit auch eine erhebliche Ressourcenvergeudung nebst **Umweltbelastung** zusammen, die keinesfalls im öffentlichen Interesse ist.

Fake Laws

Wirken sich illegale Gesetze und Verordnungen inklusive der darüberhinausgehenden politisch-medialen Begleitpropaganda dahingehend aus, dass Bürger über andere Bürger eine überzogene Macht ausüben, so ist auch diese Fremdbestimmung rechtswidrig. Das hängt mit der erwähnten Drittwirkung der Grundrechte zusammen. Verlangen Händler, Dienstleister oder Arbeitgeber in ihrem Einflussbereich von anderen Menschen medizinisch nicht indizierte Testungen, so stellen sie Verletzungen der **Grundrechte** auf körperliche Integrität, ungestörte Privatsphäre und Gleichbehandlung dar (siehe auch das Kapitel über die Rechtsfolgen).

Dieser auch gesellschaftlich untragbare Zustand scheint von der Regierung erwünscht zu sein. Selbige verletzt anlässlich COVID-19 sogar ein gewichtiges öffentlich-rechtliches Grundrecht, nämlich das in einer Demokratie unabdingbare Versammlungsrecht.

5. Versammlungsverbote

Nach den allgemeinen Ausgangsbeschränkungen (8.) sind im Rahmen von COVID-19 die generellen Versammlungsverbote die zweitwichtigste Zutat des Lockdown-Giftcocktails. Sie sind jedoch kein geeignetes Mittel, weil sie das bereits automatisch verringerte Infektionsgeschehen gar nicht beeinflussen konnten. Bei einer theoretisch schweren COVID-ähnlichen Pandemie / Epidemie wären generelle Versammlungsverbote ein nur bedingt geeignetes Mittel. Die Rechtswidrigkeit der Anordnung ergibt sich primär aus der mangelnden Notwendigkeit und Adäquanz.

Das EpG erlaubt die Untersagung von »Veranstaltungen, die ein Zusammenströmen größerer Menschenmengen mit sich bringen«, lediglich sofern und solange dies zum Schutz vor der Weiterverbreitung einer meldepflichtigen Krankheit »**unbedingt erforderlich** ist.«[893] Das IfSG nennt neben dem Erfordernis der Verbreitungsverhinderung auch jenes der bereits erfolgten Feststellung einer Adressatengruppe (Kranken, Krankheits- / Ansteckungsverdächtigen oder Ausscheidern) am **Ort** der Veranstaltungen oder sonstigen Ansammlungen. Nur wenn beide Voraussetzungen erfüllt sind, dürfen Ansammlungen beschränkt oder verboten werden.[894] Sowohl die österreichische als auch die bundesdeutsche Rechtslage stellen eine deutlich auf Region und Adressatengruppe spezifizierte Schranke für verwaltungsbehördliche Willkür dar.

Abgesehen von Soziopathen und Psychopathen, die es hauptsächlich in die Politik und die Wirtschaft zieht, sind Menschen grundsätzlich soziale Wesen. Für unser Wohlbefinden und gesellschaftliches Vorankommen ist ein gesundes Maß an mitmenschlichem Zusammensein unerlässlich, von dem letztlich auch das staatliche Gemeinwesen profitiert. Von den skurrilen Corona-Versammlungsbeschränkungen und -verboten sind sämtliche Formen des Zusammenseins betroffen: Familie, Freunde, Bekannte, Kirche, Vereine, Arbeit, Gewerkschaft, Demonstrationen.

Dass im Folgenden der Fokus auf Demonstrationen liegt, ist deren staatserhaltender Funktion geschuldet. Außerdem verdeutlicht der Größenschluss, in diesem Fall die Schlussfolgerung vom Größeren auf das Kleinere (argumentum a maiore ad minus), dass die Rechtswidrigkeit von Eingriffen in das gemeinsame Wirken von Großgruppen (Demonstrationen) umso mehr auf die Beschränkungen des Zusammenseins kleiner Gruppen zutrifft. Wenn schon behördliche Beschränkungen großer Menschenansammlungen (Demos) unzulässig sind, muss dies erstrecht für mittelgroße und kleinere Sportveranstaltungen, Gottesdienste, Feste und dergleichen, aber auch für zufällige Begegnungen und den Bereich der Wirtschaft zutreffen. Der Bezugspunkt des Größenschlusses ist die vermeintliche virale Verbreitungsgefährlichkeit: Eine selbst bei großen Zusammenkünften illegale Beschränkung ist bei Gruppen kleinerer Dimension noch weniger zulässig.

»Eignung«

Da Kinder, immune und asymptomatisch infizierte Erwachsene nachweislich keine bzw. keine nennenswerten Verbreiter von SARS-CoV-2 und folglich auch ähnlicher Corona-Viren sind, können ihnen auferlegte Beschränkungen oder Verbote von Zusammenkünften selbst bei einer fiktiven schweren COVID-ähnlichen Pandemie / Epidemie keinen wie auch immer gearteten Beitrag zur Eindämmung leisten. Demnach scheidet bei einem beträchtlichen Teil der gesunden Bevölkerung die Eignung der Einschränkungen und Verbote von Versammlungen zu feierlichen, sportlichen, kulturellen, politischen und sonstigen Anlässen von vornherein aus.

Bei aufrechtem Schutz der Risikogruppen ist sogar der Ausschluss der Adressatengruppen von Demonstrationen kein geeignetes Mittel. Nur im zweifach rechtswidrigen Fall des unterlassenen Risikogruppenschutzes und der gleichzeitig nicht auf die Adressatengruppen spezifizierten Beschränkung wäre ein allgemeines Demonstrationsverbot ein geeignetes Mittel. Ausgenommen Kinder, immune und symptomlos infizierte Erwachsene.

Keine Notwendigkeit

Besonders skurril sind behördliche Auflagen, die den durch die Bank gesunden Demonstranten neben mengenmäßigen Beschränkungen zusätzlich ausgerechnet jene absurden Maßnahmen aufzwingen, gegen die sie mit gutem Recht protestieren, weil sie ungeeignet und insgesamt illegal sind. Wenn den Demonstranten das Abstandhalten und insbesondere das Tragen der Maske aufgezwungen wird, ist das in etwa so, als müssten vegetarische Tierschützer einen Pelzmantel tragen und dabei auch noch eine vergammelte Schweinshaxe essen. Dass derlei Auflagen (Maßnahmen) – Abstandhalten und Maskentragen – bei Nichtangehörigen der Adressatengruppen ungeeignet sind, wurde bereits dargelegt. Mangels Eignung sind sie zwar keine zulässigen Mittel, jedoch wäre ihnen als milde Mittel gegenüber dem gänzlichen Demo-Verbot der Vorzug zu geben.

Doch nicht einmal bei einer hypothetischen schweren COVID-ähnlichen Pandemie / Epidemie dürften gegenüber den Adressatengruppen bei Demos Abstandhalten und Maskentragen verordnet werden, weil, wie gesagt, der Schutz der Risikogruppen das mildeste und zugleich ideale Mittel ist. Eine Untersagung ist daher weder gemäß EpG unbedingt erforderlich noch genügt hierfür die gemäß IfSG verbindliche Feststellung einer Adressatengruppe am Ort des Geschehens. Für den rechtswidrigen Fall des unterlassenen Schutzes der Risikogruppen sind mildere Mittelvarianten zu wählen. In die nähere Auswahl kommt der Ausschluss besonders gefährdeter Personen. Denkbar sind auch bestimmte Zeitfenster sowie Gruppierungen, deren Fortbewegung in nur eine Richtung kanalisiert wird.

Keine Adäquanz

Eingeschränkte oder verbotene Demonstrationen verstoßen mehrfach gegen zwingende öffentliche Interessen.

Ähnlich wie schon der RKI-Präsident im März stellte der österreichische Wissenschaftsminister Dr. Heinz Fassmann am 10. 04. 2020 vor der Öffentlichkeit fest, dass die vermeintlich exponentielle Ausbreitung von COVID-19 nicht durch eine große Anzahl an Immunisierten gebremst werde.[895] Aus konsequent virologischer Sicht wird durch Demo-Beschränkungen und -Verbote das natürliche Zustandekommen der Herdenimmunität zumindest verlangsamt, wodurch auf lange Sicht die Volksgesundheit geschädigt und bei jedem einzelnen Bürger das Grundrecht auf **körperliche Unversehrtheit** verletzt wird. Schließlich ist ein gegen das ursprüngliche Virus SARS-CoV-2 schutzloses Immunsystem noch anfälliger gegenüber den potenziell gefährlicheren Mutationsvarianten SARS-CoV-3, SARS-CoV-4 und wie sie dann alle heißen mögen. Darauf bauen die Allmachtsphantasien über einen genverändernden Impfstoff auf, der den Menschen als »einzige Alternative« verkauft werden soll, obwohl er noch sinnloser und gefährlicher als herkömmliche Impfstoffe sein wird (siehe 12. Indirekter Impfzwang).

Durch illegale Demoauflagen und -verbote wird zudem das in der Demokratie unveräußerliche Grundrecht auf **Versammlungsfreiheit** verletzt. An der uneingeschränkten Aufrechterhaltung des Demonstrationsrechts besteht ein massives öffentliches Interesse, das Eingriffen anlässlich COVID-19 selbst bei deren (hypothetischer) Eignung und Notwendigkeit wie die Chinesische Mauer gegenübersteht. Für unzufriedene Teile der Bevölkerung ist die Abhaltung von Demos der letzte große friedliche Schritt, bevor es handgreiflich zur Sache geht. Immerhin ist die Versammlungsfreiheit »das Ergebnis eines naturrechtlichen, gegenstaatlichen Widerstandsrechts«, das aufgrund seiner verfassungsrechtlichen Verankerung heute ein »staatsbegründender, **staatserhaltender** Faktor« ist.[896] Obwohl es zu wenig wahrgenommen wird, ist das verfassungsmäßig garantierte Grundrecht, sich friedlich zu versammeln, ein Grundpfeiler der Demokratie und ein Garant für den Bestand des Staates. Denn die gemeinsame Bekanntgabe des Unmutes über gewisse Zustände kann ein wichtiger Motor für gewaltfreie und konstruktive Veränderungen sein. Wer die Wahrnehmung dieses Grundrechts einschränkt oder gar verweigert, muss mit dem aktiven, gegebenenfalls gewalttätigen Widerstand der Bevölkerung rechnen. Darf das Volk seinen Unmut nicht angemessen verbal artikulieren, lässt es beizeiten die Fäuste sprechen. Unzulässige Eingriffe in das Recht zum Demonstrieren gefährden daher nicht nur das **demokratische** Prinzip, sondern auch den sozialen Frieden und damit auch den Bestand des Staates.

Vor diesem Hintergrund sind nicht nur die anlässlich COVID-19 erfolgten Demoverbote besonders kritisch zu betrachten. Auch bloße Einschränkungen stellen ein massives Hindernis für das gemeinsame Auftreten und Wirken der Bevölkerung dar. Denn solche Maßnahmen sind aufgrund des allgemeinen staatlichen Psychoterrors geeignet, potenzielle Interessenten von der Demo fernzuhalten und die von den Organisatoren erwünschte Wirkung zu unterminieren. Weder entsteht das für Demonstrationen typische körperlich bedingte Gemeinschaftsgefühl (Abstand) noch kann sich eine solidarische Stimmgewalt entfalten (Abstand, Maske). Viel mehr dienen solche Maßnahmen der Regierung, die über die Medien das gefilmte Bild von ausgedünnten, kraftlosen Demonstrationen, an denen nur »Spinner« teilnehmen, vermitteln können (Fake News), um so jeden weiteren friedlichen »Widerstand« bereits im Keim zu ersticken.

Diesem Ziel scheinen auch die plötzlich in Europa problemlos erlaubten Demos nach dem Motto »Black lives matter« (»Schwarze Leben zählen«), kurz BLM, zuträglich zu sein. Dies ist mehrfach verdächtig. Erstens ist der US-amerikanische Anlassfall, die Tötung eines Schwerkriminellen[897] durch Polizisten zwar tragisch, aber dennoch mehr als nur suspekt. Beweismaterial legt nahe, dass die ganze Aktion geschickt eingefädelt worden war.[898] Zweitens geschehen BLM-Demos ausgerechnet in einer Zeit, in der dunkelhäutigen Menschen längst alle sozialen und beruflichen Möglichkeiten offenstehen, auch das Amt des US-Präsidenten (siehe Barack Obama). In diesem Sinne nennt eine Afro-Amerikanerin die BLM-Bewegung einen »Witz« (»Joke«). Sie fühle sich überhaupt nicht unterdrückt. Wie sie selbst könne auch jeder andere dunkelhäutige Mensch durch Fleiß in der Arbeit Anerkennung bekommen. Ganz alleine hält sie eine Menge Demonstranten in Schach, die kein einziges vernünftiges Argument entgegensetzen können, als sie von der mutigen Dame als Heuchler, faule Feiglinge und Rassisten bezeichnet werden. In den USA gebe es am meisten Gewalt von »Schwarzen« gegen andere »Schwarze«. Und niemand kümmere sich darum, dass auch sehr viele »Weiße« Gewaltopfer sind.[899] Eine weitere afro-amerikanische Dame aus New York erklärte bereits im April 2019, dass die BLM-Bewegung zwar ursprünglich eine gute Idee war, die jedoch niemandem mehr hilft, weil sie zu gewalttätig wurde und sich dabei in eine »**terroristische** Organisation verwandelt hat.«[900]

Drittens darf gefragt werden, warum nur dunkelhäutige und nicht alle Menschenleben zählen sollen. Warum gibt es in Europa, wo viele hellhäutige Menschen der Gewalt dunkelhäutiger Menschen ausgesetzt sind, keine Demos mit dem Aufhänger »White lives matter too« (weiße Leben zählen auch)? Viertens ist nicht einzusehen, warum bei uns in Europa die Rechte der »Schwarzen« in den USA wichtiger sein sollen als der hiesige generelle Schutz der Menschenrechte durch den Grundrechtskatalog, der zwar ohnehin auch für »Schwarze« gilt, aber gerade durch die Corona-Maßnahmen massiv beschnitten wird.

Folglich stößt fünftens freiheitsliebenden Demokraten die evidente Ungleichbehandlung verschiedener Demos bitter auf. Vor den BLM-Demos Anfang Juni 2020 wurden jene Demonstrationen verboten oder aufgelöst, die sich gegen die Corona-Maßnahmen richteten. Zehn derartige Demos wurden zwischen 16. 03. und 24. 04. 2020 allein in Wien wegen angeblicher Virusverbreitungsgefahr polizeilich untersagt.[901] Später durften Demos nur unter strengen Auflagen stattfinden. Als jedoch bei der stark frequentierten BLM-Demo in Wien vom 04. 06. 2020, man spricht von ca. 50.000 Teilnehmern, die Abstände **nicht** eingehalten wurden, sahen darin weder der Wiener Polizeipräsident noch der Bundespräsident ein Problem. Letzterer meinte, friedliche Proteste »gegen strukturellen Rassismus und unverhältnismäßige Gewaltanwendung durch Sicherheitskräfte sind verständlich und gerechtfertigt.«[902]

Im Spätfrühling und Sommer 2020 tatsächlich durchgeführte Großdemonstrationen, im Rahmen welcher die behördlichen Auflagen zum Abstandhalten und Maskentragen kaum bzw. nicht eingehalten wurden, haben dennoch keinen Anstieg der Infektionskurven verursacht. Dadurch wird einmal mehr bewiesen, dass das sogenannte epidemiologische Geschehen von COVID-19 spätestens Ende Mai 2020 erledigt war.

Dennoch waren im Sommer 2020 die äußerst friedlichen Proteste gegen die abstrusen Corona-Maßnahmen und für unser aller Menschenrechte politisch unerwünscht. Der Berliner Innensenator Andreas Geisel (Nomen est omen) hat es Ende August 2020 klipp und klar zum Ausdruck gebracht. Bei dem vorerst verhängten Verbot über die große Demo gegen die Corona-Maßnahmen in Berlin am 31. 08. 2020 beteuerte Geisel zwar, es ginge rein um die Abwehr der Virusverbreitung durch die befürchtete Nichtbefolgung der Auflagen (Abstand, Maske). Allerdings sagte er auch explizit: »Ich bin nicht bereit, ein zweites Mal hinzunehmen, dass Berlin als Bühne für Corona-Leugner, Reichsbürger und Rechtsextremisten missbraucht wird.«[903]

Derlei unzulässige Pauschalwertungen, die noch dazu falsch sind und trotzdem fleißig von den Medien transportiert werden, schrecken viele potenzielle Demonstranten genauso vor einer Teilnahme ab wie eine knapp vor dem angesetzten Veranstaltungstermin erteilte und dann kurzfristig widerrufene Absage. Außerdem geht aus der unterschiedlichen Bewertung der BLM-Demos einerseits und den Corona-Demos andererseits eindeutig hervor, dass Politiker selbst nicht an den Blödsinn der viralen Bedrohung glauben. Falls sie es im Sommer 2020 immer noch getan haben, sind sie, mit Verlaub, selber blöd. Die instrumentalisierten BLM-Demos dienten der **Ablenkung** von den gerechtfertigten Demos gegen die unzulässigen Corona-Maßnahmen und der **Spaltung** der Bevölkerung aufgrund der Hautfarbe. Das sind wohl die wahren, eher oberflächlichen Hintergründe der von den Regierungen offenbar erwünschten BLM-Demos.

In diesem Kontext ging der Protest zweier dunkelhäutiger Damen aus Chicago gegen die BLM-Bewegung durch die US-amerikanische Presse. Vor einer Gruppe überwiegend hellhäutiger und lateinamerikanischer Demonstranten bezeichneten die beiden Afro-Amerikanerinnen die BLM-Bewegung »als dämonisch und betrügerisch.« Ihrer Ansicht nach werden die Demonstranten missbraucht und **bezahlt** vom globalistischen Hedgefonds-Milliardär **George Soros**. Einen der Demonstranten sprachen sie ausdrücklich als den »Hausneger« von Soros an.[904] Der wahrscheinlich damit zusammenhängende Hauptgrund für die politische Förderung der

BLM-Bewegung ist dermaßen menschenverachtend und rassistisch, dass er erst im vierten Kapitel behandelt wird.

Die rechtwidrige und demokratiefeindliche Beschränkung des Versammlungsrechts dient auch der gewissenlosen 5G-Ausrollung. Wir erinnern uns, dass bis unmittelbar vor der Verhängung der COVID-19-Lockdowns bereits vielfach Unmut gegen 5G und die Ignoranz der Regierung gegenüber unzähligen Studien gezeigt wurde, die Schwarz auf Weiß die Schädlichkeit der EMF-Strahlung und daher auch von 5G beweisen. Ohne ablenkende und einsperrende Corona-Maßnahmen hätten sich breite Teile der Bevölkerung mit an Sicherheit grenzender Wahrscheinlichkeit nicht länger von einer winzigen politischen Minderheit auf der Nase herumtanzen lassen. Ohne Lockdown wäre man gewiss noch intensiver gegen die 5G-Ausrollung vorgegangen. Illegale Corona-Maßnahmen haben jedoch den Demonstrationen sowohl einen psychologischen als auch einen faktischen Riegel vorgeschoben. Versammlungsbeschränkungen verletzen daher nicht nur das Grundrecht auf Versammlungsfreiheit, sondern schädigen die Bevölkerung letztlich auch in ihrer **Gesundheit** aufgrund erhöhter EMF-Strahlenbelastung.

Wie gezeigt wurde, ist die Erschwerung oder Verhinderung von Demonstrationen in mehrfacher Hinsicht rechtswidrig. Was auf große Menschenmassen zutrifft, gilt laut dem erwähnten Größenschluss vom Großen zum Kleinen umso mehr für menschliche Zusammenkünfte geringeren Ausmaßes.

Zum Beispiel verletzt der durch Abstandsregeln und Sitzplatzordnungen eingeschränkte oder durch behördliche Anordnung gänzlich verwehrte Zutritt zu Kirchen die Gläubigen in ihrem Grundrecht auf **Religionsfreiheit**. Denn diese garantiert nicht nur die Freiheit der Wahl der Religion, sondern auch die ungestörte Möglichkeit, sie »in **Gemeinschaft** mit anderen öffentlich oder privat, durch Gottesdienst, Unterricht, Andachten und Beachtung religiöser Gebräuche auszuüben.«[905] Gemäß der Judikatur des VfGH ist das Grundrecht auf Religionsausübung bereits dann verletzt, wenn einem einzelnen Häftling der »Gebrauch eines Gebetriemens (samt Gebetsschal) verwehrt« wird.[906] Und laut der Rechtsprechung des BVerfG verletzen generelle Bedeckungsverbote an Schulen Lehrkräfte in ihrem Recht auf das Tragen eines religiös gebotenen »islamischen Kopftuchs«. Dadurch werde das Recht auf ungestörte Religionsausübung[907] bzw. das Grundrecht auf Religionsfreiheit verletzt.[908] Was bei einzelnen Personen und bloßen Gegenständen gilt, muss umso mehr für ein Kollektiv von Gläubigen und ihre komplexen Gebräuche gelten. Bei diesem Größenschluss vom Kleinen zum Großen (argumentum a minori ad maius) wird auf die Eingriffsintensität abgestellt.

Hingegen wird beim eingangs erwähnten Größenschluss vom Großen zum Kleinen anhand des illegalen Demonstrationsverbots, wie gesagt, auf die vermeintliche Gefahr durch die angebliche Virusverbreitung Bezug genommen. Dass nicht einmal Großveranstaltungen wie Demonstrationen beeinträchtigt werden dürfen, hat zur Folge, dass auch die restlichen vier Elemente (6. bis 9.) des Lockdowns im engeren Sinne verfassungswidrig sind. Gegenüber Demonstrationen haben sie eine niedrigere regionale soziale Komponente. Folglich können sie relativ zügig behandelt werden. Nur die Ausgangsbeschränkungen (8.) werden etwas umfangreicher geprüft, weil sie das zentrale Element der illegalen Lockdowns sind. Bei den Betretungsverboten (6.) werden wegen inhaltlicher Überschneidungen die Beschränkungen gewerblicher Betriebe gleich mitbehandelt.

6. Betretungsverbote

Allgemeine Betretungsverbote wurden bei COVID-19 nachweislich zu spät verhängt, weshalb sie als ungeeignetes Mittel rechtswidrig sind. Im Rahmen einer theoretisch schweren COVID-ähnlichen Pandemie / Epidemie wären generelle Betretungsverbote zwar bedingt geeignet, jedoch mangels Notwendigkeit und Adäquanz ebenfalls unzulässig und rechtswidrig.

Dies legen bereits die österreichischen und bundesdeutschen Krisengesetze in der Fassung bis jedenfalls Mitte 2020 nahe. An dieser Stelle wird in erster Linie der Zusammenhang zwischen Betretungsverboten und Betriebsbeschränkungen dargestellt.

Das EpG kennt kein bundesweit über bestimmte Orte erstrecktes allgemeines Betretungsverbot. Generell verboten ist lediglich das Betreten von verseuchten Räumen (Zimmern) durch Unbefugte.[909] Hinsichtlich gewerblicher Betriebe hatte der Gesetzgeber primär die Beschränkung der »Abgabe von Lebensmitteln« lediglich im Falle von schweren Krankheiten wie Ruhr, Cholera und Pest im Auge.[910] Bei anderen Gewerben kommt eine Schließung ausdrücklich nur in **bestimmten** zu bezeichnenden Gebieten und lediglich dann in Betracht, wenn »deren Betrieb eine besondere Gefahr für die Ausbreitung« schwerer Krankheiten (Cholera, Pest, Milzbrand etc.) mit sich bringt. Anstatt der kompletten Schließung eines gewerblichen Betriebes, die nur durch »ganz **außerordentliche** Gefahren« gerechtfertigt ist, kann über **einzelne** Personen, die »mit Kranken in Berührung kommen«, ein Betretungsverbot ausgesprochen werden.[911]

Über die Bewohner **bestimmter** Ortschaften können durch die Bezirksverwaltungsbehörde nicht näher definierte »Verkehrsbeschränkungen« nur dann verhängt werden, wenn es »im Hinblick auf Art und Umfang des Auftretens einer meldepflichtigen Erkrankung zum Schutz vor deren Weiterverbreitung unbedingt erforderlich ist.«[912]

Gemäß bundesdeutschem IfSG darf das Betreten **bestimmter** oder öffentlicher Orte nur unter der Voraussetzung beschränkt werden, dass an diesen konkreten Orten bereits eine Adressatengruppe festgestellt wurde. Ebenfalls unter nur unter dieser Voraussetzung können Veranstaltungen und sonstige Versammlungen beschränkt oder verboten werden.[913]

Ob unter bestimmten oder öffentlichen Orten auch private gewerbliche Betriebe zu subsumieren sind, ist fraglich. Jedenfalls fallen sie nicht unter Veranstaltungen oder Versammlungen. Dass der Gesetzgeber überhaupt nicht an harte Betriebsbeschränkungen gedacht haben könnte, lassen die Bestimmungen über den Infektionsschutz in Unternehmen vermuten. Diese sehen lediglich die infektionshygienische Überwachung im Falle einer möglichen Übertragung von Krankheitserregern durch das Blut vor.[914] Sogar für gewisse Einrichtungen zum Zweck der Massenbeherbergung ist nur die Verpflichtung zur Duldung ärztlicher Untersuchungen normiert.[915] Auch in der corona-bedingten Novellierung des IfSG sind bei Unternehmen des grenzüberschreitenden Reiseverkehrs hauptsächlich Mitwirkungspflichten zur Unterstützung der Behörden geregelt. Von diesbezüglichen Betriebsschließungen ist nicht die Rede.[916]

Besagte gesetzliche Bestimmungen pflegen das ihnen immanente Prinzip der regionalen und personellen Spezifizierung. Die Koppelung etwaiger Beschränkungen an außerordentliche Gefährdungen, unbedingte Erforderlichkeit, tatsächlichen Kontakt mit Kranken respektive Feststellung einer Adressatengruppe am konkreten Ort verdeutlichen sehr anschaulich den vom Gesetzgeber verfolgten Zweck: den seit Jahrtausenden erfolgreich gepflegten Schutz der Gesunden, nicht aber deren Freiheitsbeschränkung. Im Verbund mit den anderen Regelungen über die Adressatengruppen steht außer Zweifel, dass das EpG und das IfSG **keine** generellen Vertretungsverbote zulassen. Selbige wurden jedoch anlässlich COVID-19 nicht nur rechtswidrig für die gesamte gesunde Masse verhängt, sondern auch zu besonders niederträchtigen Ausgangsbeschränkungen erweitert, dem Kernelement des Lockdowns. Damit befassen wir uns in Kürze (siehe Punkt 8). Hier und jetzt geht es um die Rechtswidrigkeit genereller Betretungsverbote für bestimmte Orte.

»Eignung«

Die gezeigten Regelungsgehalte des EpG und des IfSG entsprechen der epidemiologischen Realität. Dieser zufolge sind Betretungsverbote ausschließlich im konkreten Einzelfall und im regional unbedingt erforderlichen Ausmaß geeignete Mittel. Wie bei allen anderen Maßnahmen sind Beschränkungen für Kinder, immune und asymptomatisch infizierte Erwachsene in jedem Fall ungeeignet. Bei aufrechtem Schutz der Risikogruppen würde eine Verhängung genereller Betretungsverbote über die gesunde Masse diese auch bei einer theoretisch schweren COVID-ähnlichen Pandemie / Epidemie in ihren Grundrechten auf **Gleichheit** vor dem Gesetz, **Bewegungsfreiheit** und Achtung der **Privatsphäre** verletzen. Wird das Betreten von gesundheitserhaltenden Einrichtungen verboten (Sportplätze, Kuranstalten und dergleichen), liegt eine Verletzung des Grundrechts auf **körperliche Integrität** vor. Gegenüber den Adressatengruppen wäre ein allgemeines Betretungsverbot nur im Falle des unterlassenen Schutzes der Risikogruppen ein geeignetes Mittel.

Keine Notwendigkeit

Das gesamtgesellschaftlich mildeste Mittel ist, wie schon sehr oft gesagt, der besondere Schutz der Risikogruppen. Er macht alle anderen Maßnahmen überflüssig. Nur für den rechtswidrigen Fall des unterlassenen Risikogruppenschutzes sind andere mildere Mittel auszuwählen. Hierfür kommen primär zulässige Mittelvarianten in Betracht, wie insbesondere das Kanalisieren der Bewegungsrichtung zur Ermöglichung eines geordneten Betretens und Verlassens in Betracht (Einbahn, Kreisverkehr). Anzudenken sind auch Zeitfenster für die ausschließliche Nutzung durch die Risikogruppen. In Frage kommen zudem alle bisher genannten Maßnahmen, obschon sie rechtswidrig sind. Aus der Sicht des verpflichteten Bürgers ist das kleinere Unrecht allemal besser als das größere. Beispielsweise sind Abstandhalten und Hygienebestimmungen für manche erträglicher, als das Kino, den Baumarkt oder die Kraftkammer gar nicht betreten zu dürfen.

Keine Adäquanz

Generelle Betretungsverbote und -beschränkungen stören und ruinieren große Bereiche des gesellschaftlichen Lebens. Sie schädigen insbesondere jene Unternehmen, die nicht dem Digitalgewerbe angehören bzw. diesem nicht zugänglich sind, deren

Waren nicht einfach nur zugestellt werden, die vom persönlichen Kontakt zum Kunden leben. Für Dienstleister aller Arten vom Friseur über Fachhandel, Gastronomie, Sport und Kultur bis zum Heilmasseur stellen Betretungsbeschränkungen praktisch Betriebsbeschränkungen dar. Über ihre Betriebe verhängte Betretungseinschränkungen und den dadurch bedingten Kundenausfall werden die Unternehmer massiv in ihren Grundrechten auf **Erwerbsfreiheit** (Gewerbeausübung) und **Eigentumsfreiheit** (Nutzung betrieblicher Anlagen und Vermögen) verletzt.

Die hierdurch verursachte massive gesamtwirtschaftliche Schädigung ist enorm und wird wohl erst im Nachhinein plausibel beziffert werden können. Experten des Österreichischen Instituts für Wirtschaftsforschung (WIFO) sprechen bereits im September 2020 von einem »wirtschaftlichen Schock«, dem sie eine katastrophale historische Dimension zuordnen: »Tatsächlich hat die Unsicherheit seit Ausbruch der COVID-19-Krise eine Größenordnung erreicht, die jener der **Weltwirtschaftskrise** 1929 bis 1933 entspricht.«[917]

Dass es sich um einen volkswirtschaftlichen Schaden enormen Ausmaßes handeln wird, war auch für kognitiv Minderbemittelte bereits vor der Beschließung der COVID-19-Normen absehbar. Ein dermaßen überdimensionierter wirtschaftlicher Kollateralschaden hätte selbst bei einer schweren COVID-ähnlichen Pandemie / Epidemie unterbleiben müssen. Schließlich wiegt das öffentliche Interesse am wirtschaftlichen Fortbestand, von dem das materielle Wohl der Bevölkerung abhängt, deutlich schwerer als die vermeintlichen Ziele der kapazitätsgerechten Auslastung des Gesundheitswesens oder des Rettens einer winzigen Gruppe komorbid Vorerkrankter und Hochbetagter (die ohnehin durch Selbstisolation ausreichend geschützt sind). Zum materiellen Wohl der Bevölkerung zählt auch ein intaktes Gesundheitswesen, dessen Fundament gerade im Rahmen einer Wirtschaftskrise zu bröckeln beginnt. Dadurch werden nicht nur die gesunde Allgemeinheit, sondern eben auch die Risikogruppen einer massiven Bedrohung ausgesetzt. Stirbt die Wirtschaft, stirbt auch das Gesundheitssystem. Daher sind sämtliche Kollektivmaßnahmen wegen ihrer offenkundig wirtschaftsschädigenden Tendenz nichts anderes als selbstzerstörerischer Wahnsinn. Und natürlich verfassungswidrig.

7. Schließung öffentlicher Einrichtungen

Wie gehabt, kam auch diese Maßnahme bei COVID-19 viel zu spät. Sie war daher bereits mangels Eignung illegal. Bei einer fiktiven schweren Pandemie / Epidemie, die COVID-ähnlich ist, wäre die Schließung öffentlicher Einrichtungen nur bedingt geeignet. Es sind aber ohnehin in beiden Fällen die Kriterien der Notwendigkeit und Adäquanz nicht erfüllt. Wegen der besonders evidenten Rechtswidrigkeit und Schädlichkeit stehen die für Kinder und ihre Zukunft nachteiligen Schulschließungen im Fokus der folgenden Betrachtung.

Dem EpG und dem IfSG ist bis mindestens Mitte 2020 das Mittel allgemeiner und flächendeckender Schließungen von öffentlichen Einrichtungen aller Arten völlig fremd. Im EpG sind Beschränkungen lediglich für ausgewählte öffentliche Einrichtungen vorgesehen: Lehranstalten wie Kindergärten und Schulen sowie wassernutzende Einrichtungen wie Bäder, Wasch- und Bedürfnisanstalten in jeweils bestimmten Ortschaften. Bei den Lehranstalten wird primär der Ausschluss einzelner Personen[918] und erst danach die teilweise oder gänzliche Schließung durch die betreffende Schulbehörde behandelt.[919] Hinsichtlich der wassernutzenden Anstalten werden nicht nur die Benutzungsbeschränkung und -untersagung, sondern explizit auch »andere geeignete Vorsichtsmaßnahmen« ermöglicht.[920] Das IfSG nennt ähnliche öffentliche Institutionen, nämlich Badeeinrichtungen sowie andere Gemeinschaftseinrichtungen wie insbesondere Kindertageseinrichtungen, Schulen, Ausbildungseinrichtungen, Heime und Ferienlager. Allerdings sind Beschränkungen, analog zu den Betretungsverboten, nur dann zulässig, wenn vor Ort bereits eine Adressatengruppe festgestellt wurde.[921]

Beide Gesetze verfolgen konsequent die Prinzipien der Regionalität und Adressatenspezifität. Hinzu kommt die Beschränkung auf bestimmte Kategorien öffentlicher Einrichtungen, die primär mit der Wassernutzung sowie der Beaufsichtigung und Ausbildung junger Menschen zu tun haben. Jedenfalls ist die Schließung von Einrichtungen, von denen keine konkret nachgewiesene Gesundheitsgefährdung ausgeht, nicht vom Regelungsgehalt des EpG und des IfSG abgedeckt und daher illegal.

»Eignung«

Entsprechend allen anderen Maßnahmen, ist die Schließung öffentlicher Einrichtungen bei Kindern, immunen und symptomlos infizierten Erwachsenen generell kein geeignetes Mittel. Dieses Faktum passt zu den frühzeitigen Empfehlungen renommierter Virologen vom Februar und März 2020, wenigstens die Kindergärten und Schulen nicht zu schließen oder sie zumindest rasch wieder zu öffnen.[922] Die Richtigkeit dieser von der Regierung vielfach ignorierten Expertisen wird von einer länderübergreifenden Auswertungsstudie bestätigt. Sie hat schon Ende April 2020 streng wissenschaftlich nachgewiesen, dass Schulschließungen und -sperrungen »am **wenigsten** wirksam« sind.[923] Die epidemiologisch absolut wertlose Schließung von Kindergärten und Schulen verletzt Kinder und Jugendliche in ihrem mehrfach verfassungsgemäß garantierten Recht auf **Bildung** und die Eltern in ihrem Grundrecht auf Achtung der Privatsphäre bzw. Nichteinmischung in das **Familienleben.** Schließlich wird den Eltern, die in unserem familienunfreundlichen Gemeinwesen vielfach zum Doppeleinkommen genötigt sind, die dafür erforderliche Mobilität genommen, wenn sie wegen COVID-19 als »Ersatzlehrer« fungieren müssen. Die eigentlichen Pädagogen werden in ihrem Grundrecht auf **Erwerbsfreiheit** verletzt und die Institutsleiter in jenem auf **Unterrichtsfreiheit.**

Sind die Risikogruppen rechtskonform geschützt, dürfen die Türen und Tore der gesetzlich genannten öffentlichen Einrichtungen nicht einmal vor den Adressatengruppen geschlossen werden. Ein pauschales bundesweites Zusperren auch anderer Arten von öffentlichen Einrichtungen wie insbesondere von Kuranstalten, Universitäten, Ämtern, Bibliotheken, Museen, Kinos, Sportplätzen und Parks ist ungeeignet und rechtswidrig. Zum Beispiel werden Beteiligte an zivil- oder strafrechtlichen Prozessen in ihrem Grundrecht auf den **gesetzlichen Richter** verletzt, wenn sich das Verfahren wegen der Schließung des Gerichts ungebührlich in die Länge zieht. Schließlich hat jedermann das von der EMRK eingeräumte Recht, dass »seine Sache in billiger Weise öffentlich und innerhalb einer angemessenen Frist gehört wird.«[924] Dem Öffentlichkeitsprinzip laufen die praktizierten Einvernahmen von Beteiligten und Zeugen mittels Videokonferenz zuwider. Denn der Richter hat seine Eindrücke möglichst objektiv, tunlichst persönlich und mit allen Sinnen zu sammeln.

Beim Zusperren von staatlich betriebenen Einrichtungen handelt es sich obendrein für den überwiegenden Teil der Bevölkerung um eine verfassungsrechtlich unzulässige Verweigerung des Zutritts zum Volkseigentum. In einer Demokratie ist das Staatseigentum zugleich Volkseigentum. Die Errichtung, der Erhalt und der Betrieb öffentlicher Einrichtungen werden regelmäßig mit Steuergeldern, Abgaben und anderen Einnahmen finanziert, die von der Bevölkerung erwirtschaftet bzw. hart erarbeitet werden. Da der Bürger Teil des Staates und Miteigentümer am Staatseigentum ist, stellt der zu Unrecht verweigerte Zutritt zu öffentlichen Einrichtungen bei jedem einzelnen betroffenen Bürger eine Verletzung seines Grundrechts auf **Eigentumsfreiheit** dar. Das wird vermutlich noch von den Verfassungsgerichten festzustellen sein. Ein Anknüpfungspunkt hierfür könnte die Judikatur des EGMR darstellen, der zufolge sogar die rein vermögensrechtliche Anwartschaft eines Einwohners ohne Staatsbürgerschaft auf staatliche Notstandshilfe unter den von der EMRK geschützten Eigentumsbegriff fällt.[925] Umso mehr muss das für das Nutzungsrecht der Staatsbürger an bereits vorhandenem materiellem öffentlichem Eigentum gelten.

Keine Notwendigkeit

Die Schließung öffentlicher Einrichtungen ist auch bei einer theoretisch schweren COVID-ähnlichen Pandemie / Epidemie keinesfalls notwendig. Bis zur Etablierung des besonderen Schutzes der Risikogruppen könnten, falls überhaupt vorhanden, ansteckungsverdächtige Personen zu speziellen teilnahmeberechtigten Gruppen zusammengefasst werden. In Betracht kommen auch der gesetzlich vorgesehene Ausschluss von Einzelpersonen an konkreten Orten sowie die milderen Mittel des Abstandhaltens und der Hygiene. Zu denken ist auch an zeitlich gestaffelte oder räumlich untergliederte Zutrittsregelungen, Einbahn- und Kreisverkehrsysteme etc. Diese bei weitem nicht erschöpfende Aufzählung leicht umsetzbarer milderer Mittel zeigt, dass Schließungen öffentlicher Einrichtungen, insbesondere von Schulen, nicht im Geringsten erforderlich sind.

Keine Adäquanz

Abgesehen von der nur bedingten Tauglichkeit und der fehlenden Notwendigkeit, stehen der Schließung öffentlicher Einrichtungen auch einige öffentliche Interessen entgegen. Die Bevölkerung hat ein massives Interesse am möglichst reibungslosen Funktionieren der staatlichen Verwaltung und Gerichtsbarkeit sowie generell des öffentlichen Lebens. Die dazu erforderlichen Einrichtungen dienen nicht nur der Wirtschaft, sondern auch der Erholung, Regeneration und körperlichen Ertüchtigung, sohin mitunter dem Erhalt der psychischen und physischen Gesundheit. Am intensivsten sind wohl die Kinder betroffen, die Hoffnungsträger der gesellschaftlichen Zukunft. In Schulen wird nicht nur Wissen vermittelt, für Kinder sind sie auch wichtige Zentren des sozialen Lebens und die Grundlage für ihr künftiges berufliches Vorankommen.

Eine US-amerikanische Studie kommt zu folgendem wenig überraschenden Ergebnis: »Die mit Schulschließungen verbundenen **Schäden** sind **tiefgreifend.**« Die im JAMA veröffentlichte Expertise beschäftigt sich auch mit den langfristig schädlichen Folgen für die **Gesundheit** von Kindern. Diese reichen »wahrscheinlich bis

ins Erwachsenenalter«, was auf den »starken Zusammenhang zwischen Bildung, Einkommen und Lebenserwartung« zurückzuführen ist. Nicht zuletzt wirken sich Schulschließungen auch auf die Arbeitsfähigkeit der Eltern nachteilig aus.[926]
Einer Studie der Universitätsklinik Leipzig zufolge leiden die Schüler massiv unter den Beschränkungen des Schulalltags. Drei Viertel der ca. 900 befragten Kinder »wünschten sich, wieder zur Schule gehen zu können.« Unter der Isolation leiden »vor allem Kinder aus sozial benachteiligten Familien«. Aufgrund der fehlenden Tagesstruktur »stieg auch die Nutzung von elektronischen Geräten.« Kinder sorgen sich aber primär »nicht um sich selbst, sondern um ihre Familie.« Im Ganzen ist es nicht von der Hand zu weisen, wenn der Direktor der Leipziger Klinik für Kinder- und Jugendmedizin, Hochschullehrer und Kinderarzt Dr. Wieland Kiess sagt:

» Wenn wir Kindern schaden wollen,
dann sind Schulschließungen sehr effektiv.«[927]

Die mangelnde Adäquanz der Schulschulschließungen könnte nicht treffender formuliert werden. Da die Schädigung der Kinder und die damit verbundenen Nachteile für die Zukunft der ganzen Gesellschaft für jeden durchschnittlich intelligenten Erwachsenen vorhersehbar sind, scheinen sie generell zumindest ein Teilziel im Rahmen der COVID-19-Maßnahmen zu sein. Die Intensität der Rechtsbrüche lässt keine andere logische Schlussfolgerung zu.

8. Ausgangsbeschränkungen

Die anlässlich COVID-19 verfügten Ausgangsbeschränkungen wurden nachweislich zu spät verfügt. Sie sind zwar das Kernstück des Herdenhausarrests bzw. der Massenquarantäne, für die sich weltweit der englische Begriff »Lockdown« eingebürgert hat. Jedoch, und das ist von entscheidender Bedeutung, wären generelle Ausgangsbeschränkungen sogar im Falle einer schweren COVID-ähnlichen Pandemie / Epidemie illegal. Die Eignung wäre höchst fraglich, während die Notwendigkeit und Adäquanz garantiert ausgeschlossen wären. Die Rechtswidrigkeit der generellen Ausgangsbeschränkungen ist bereits im Vorfeld mehrfach indiziert.

Erstens handelt es sich um eine im EpG und IfSG (Stand bis mindestens Mitte 2020) **nicht** vorgesehene Mischung aus generellem Betretungsverbot und allgemeiner Quarantäne. Zweitens sind diese beiden Elemente aus gutem Grund auch einzeln ebenfalls **nicht** in besagten Gesetzen enthalten. Wie unter Punkt 6. erläutert, sind Betretungsverbote nur regional und personell spezifiziert anwendbar. Eine generelle Anordnung für eine unbestimmte Vielzahl von Menschen ist sohin grundsätzlich nicht zulässig. Keine Ersatzlösung sind die sogenannten Verkehrsbeschränkungen gemäß EpG. Sie kommen nämlich ebenfalls ausschließlich auf bestimmte Ortschaften lokal beschränkt und ausdrücklich nur dann in Frage, wenn es »unbedingt erforderlich ist.«[928] Die diesbezügliche Stelle im IfSG macht die Untersagung des Verlassens und Betretens bestimmter Orte überdies von der allgemeinen Bedingung einer bereits vor Ort festgestellten Adressatengruppe abhängig.[929] Die strenge Richtschnur der Spezifizierung gilt im Besonderen auch für die Quarantänisierung. Sie ist explizit ausschließlich gegenüber den Adressatengruppen erlaubt und obendrein nur mit richterlichem Befehl zwangsweise durchsetzbar (siehe Punkt 10.). Im Endergebnis stellen generelle Ausgangsbeschränkungen im Rahmen von COVID-19 gemäß der **Wunschvorstellung** der Regierung eine illegale Ausgangssperre für die gesamte Bevölkerung mit einer kleinen Ausnahmeliste für gewisse unbedingt erforderliche Tätigkeiten dar. Drittens entspricht die Nichterwähnung in den grundlegenden epidemiologischen Gesetzen dem offensichtlichen Umstand, dass das Instrument der Massenquarantäne zwecks Krankheitsbekämpfung im 20. Jahrhundert »im Wesentlichen **aufgegeben**« wurde.[930] Viertens hat die WHO, wie erwähnt, bereits im Jahr 2019 sogar beim **höchsten** epidemischen Schwergrad dringend von Lockdowns bzw. von folgenden generellen Maßnahmen **abgeraten**: Quarantäne exponierter Personen, Ein- und Ausreisekontrolle, Grenzschließung.[931] Fünftens werden Lockdowns **nicht** einmal beim Szenario von 65 Millionen Toten binnen 18 Monaten im Rahmen der Pandemieübung Event 201 vom Oktober 2019 angeordnet.

Somit stand bis unmittelbar vor COVID-19 sowohl auf nationaler und internationaler Ebene als auch im öffentlich-rechtlichen und privatwirtschaftlichen Rahmen außer Frage, dass das Mittel der bevölkerungsweiten Quarantäne nicht einmal in besonders schweren Krisen in Betracht kommt. Dieser allumfassende Konsens deckt sich vollinhaltlich mit gegenständlicher Detailprüfung.

»Eignung«

Betreffend die personelle Spezifizierung gilt das bisher Gesagte: generell keine Eignung bei Kindern, immunen und asymptomatisch infizierten Erwachsenen; keine Eignung bezogen auf die Adressatengruppen unter aufrechtem Schutz der Risikogruppen; keine Eignung hinsichtlich der gesunden Masse bei Anwendung auf die Adressatengruppen. Über ungleiche Personengruppen undifferenziert verhängte allgemeine Ausgangsbeschränkungen verletzten die zu Unrecht Zwangsverpflichteten in ihrem Grundrecht auf **Gleichbehandlung** vor dem Gesetz. Das ist gerade beim Herdenhausarrest in aller Regel die gesunde **Masse** der Bevölkerung. Nirgendwo tritt deutlicher zutage, dass die logischen und rechtlichen Verhältnisse bei COVID-19 völlig ins Gegenteil verkehrt werden. Nachfolgende Ausführungen veranschaulichen, dass die umgehende Rückkehr zum Grundsatz des eigenverantwortlichen Selbstschutzes insbesondere bei COVID-19 und einer COVID-ähnlichen Pandemie / Epidemie auch und vor allem aus **epidemiologischer** Sicht dringend geboten ist: Wer sich frei bewegen will, darf und soll es tun. Und wer aus welchem Grund auch immer Angst vor Ansteckung hat, darf zuhause bleiben, muss es aber nicht.

Vom Prinzip der personellen Spezifizierung abgesehen, ist die Eignung der Massenquarantäne im Allgemeinen deutlich in Frage gestellt. Paradoxerweise scheint sie erst dann gegeben zu sein, wenn die Ausbreitung einer Krankheit unumkehrbar ist. Zu diesem Ergebnis kommt eine im *Amerikanischen Journal für Epidemiologie* veröffentlichte Studie aus dem Jahr 2006, die auf probabilistischen Modellen beruht. Das sind mathematische Modelle inklusive Zufallsvariablen und Wahrscheinlichkeitsverteilung. Diese besagen, dass »die Anzahl der durch die Verwendung von Quarantäne abgewendeten Infektionen (pro anfänglich infiziertes Individuum) voraussichtlich **sehr gering** ist.« Gemäß schlüssigen Berechnungen wird die Anzahl der abgewendeten Infektionen nur dann signifikant, »wenn die Wirksamkeit der Isolierung so weit abnimmt, dass die Ausbreitung der Krankheit nicht mehr gestoppt werden kann.«[932]

Daraus ist eindeutig die Schlussfolgerung abzuleiten, dass eine Massenquarantäne erst dann ein geeignetes Mittel sein kann, wenn der betreffende geographische Ort bereits ein **Hotspot** ist. Vor dessen Gefahrenpotenzial sind bei tödlichen Seuchen die noch nicht oder weniger stark betroffenen umliegenden Orte nicht durch deren Abriegelung, sondern jener des Hotspots zu schützen.

Hierzu ist anzumerken, dass der Begriff »Lockdown« bei der Pseudo-Pandemie COVID-19 am ehesten mit der Entscheidung der chinesischen Behörden zusammenhängt, »die Bewegung von Menschen in und aus der Stadt Wuhan zu stoppen.« Später wurde diese geographische Eingrenzung von der Stadt Wuhan zwar auf die gesamte Provinz Hubei ausgedehnt, **nicht** aber auf ganz China. Das Ziel einer solchen Eindämmung wird von einer internationalen Studie erklärt: zu verhindern,

»dass epidemische Hotspots das Virus auf andere Teile eines Landes oder einer Region übertragen.«[933]

Demnach soll ein Lockdown gerade nicht an jedem x-beliebigen Ort für eine potenzielle Gefahrenabwehr von außen verhängt werden. Es ist genau umgekehrt: Der Lockdown ist dazu da, einen konkret **festgestellten** Hotspot abzuriegeln, um alle anderen Orte vor seiner Ausbreitungsgefahr zu schützen. Es handelt sich um eine Quarantänisierung eines konkreten Gebietes zum Schutze anderer Gebiete. Das entspricht dem im österreichischen und deutschen Rechtsbestand verankerten Prinzip der regionalen Spezifizierung. Während COVID-19 wurde es im totalitären Ursprungsland China beachtet. In den angeblich liberalen Ländern Österreich und Deutschland hingegen wurde das regionale Prinzip völlig ignoriert und stattdessen ein perverses System des kollektiven Hausarrests etabliert.

Dieses epidemiologisch sinnlose, unlogische und rechtswidrige Verhalten der hierortigen Regierungen wird noch verwerflicher, wenn man berücksichtigt, dass unmittelbar vor deren faktischer Lockdown-Durchsetzung der stellvertretende Generaldirektor der **WHO** Dr. Bruce Aylward die chinesische Massenquarantäne wie folgt bewertet hatte: Die Schnelltestung jedes verdächtigen Falles, bei Infektion dessen Isolierung und die Quarantänisierung seiner engen Kontakte »waren die Maßnahmen, die die Übertragung in China gestoppt haben, **nicht** die großen Reisebeschränkungen und Lockdowns.« Bruce Aylward ist ein kanadischer Arzt und Epidemiologe. Seine Beurteilung wurde veröffentlicht, unter anderem am 16. 03. 2020 im weltweit renommierten Wissenschafts- und Technologiemagazin *New Scientist*.[934]

Am 17. 03. 2020 wurde die zu allen obigen Ausführungen perfekt passende Fachmeinung von Dr. Crystal Watson publiziert, einer Assistenzprofessorin und leitenden Wissenschaftlerin im Zentrum für Gesundheitssicherheit an der Johns Hopkins Universität:[935] »Unsere historischen Erfahrungen mit obligatorischen Quarantänen und Massenquarantänen und -kordonen sind einfach nicht gut, sie sind **nicht effektiv**.«[936]

Der im restlichen Europa vielfach ignorierte schwedische Epidemiologe Prof. Dr. Johan Giesecke veröffentlichte den Kerngehalt seiner faktenbasierten und in der Lebensrealität bestätigten Interview-Aussagen über die epidemiologische Sinnlosigkeit von Lockdowns Anfang Mai 2020 in *The Lancet*. Die Conclusio lautet: »Maßnahmen zum Abflachen der Kurve können Auswirkungen haben, aber ein Lockdown schiebt die schwerwiegenden Fälle nur in die Zukunft – er wird sie **nicht** verhindern.«[937]

Analog zu ihrem Pandemieplan 2019 sehen auch die Richtlinien der **WHO** vom 19. 03. 2020 und vom 19. 08. 2020, also über den ganzen Zeitraum von COVID-19 (»erste Welle«), jedenfalls **keine** Massenquarantäne vor. Zwar wird mit Nachdruck empfohlen, bestätigte Infizierte und deren Kontakte zu isolieren, von Massenquarantänen ist jedoch nicht die Rede.[938] Auf dieses Faktum weist eine Studie des Max Planck Instituts über das internationale Recht im Rahmen der COVID-19-Maßnahmen ausdrücklich hin.[939] In einer öffentlichen Stellungnahme vom 15. 10. 2020 erklärt die WHO ihre Position zu »Lockdowns«, unter denen sie **nicht** ein komplettes soziales Herunterfahren versteht, sondern ausdrücklich nur »große physische Distanzierungsmaßnahmen und Bewegungseinschränkungen«. Selbst bei diesen fordert die WHO zur **restriktiven** Handhabung auf und hofft, »dass die Länder je nach **lokaler** Situation **gezielte** Maßnahmen ergreifen werden, wo und wann immer dies erforderlich ist.«[940]

Sämtliche Empfehlungen der WHO passen ideal zu den davor genannten Informationen über die mangelnde Eignung. Diese zeigen, dass vor der Entstehung eines Hotspots dort nicht einmal ein genereller scharfer Lockdown ein geeignetes Mittel sein kann. Das trifft dem Größenschluss (argumentum a maiore ad minus) zufolge umso mehr auf die allgemeinen Corona-Ausgangsbeschränkungen mit Ausnahmeliste zu. Dieses Faktum musste den Regierungen Österreichs und Deutschlands im Wege ihrer eigenen Experten bekannt sein. Jedenfalls ist von deren Wissen auszugehen, dass – dem verbindlichen Grundsatz der Spezifizierung folgend – eine landes- oder gar bundesweite Verhängung von Ausgangsbeschränkungen sogar im Fall einer schweren COVID-ähnlichen Pandemie / Epidemie unzulässig wäre.

Keine Notwendigkeit

Wer entgegen obigen Fakten der Massenquarantäne eine Eignung zuspricht, muss spätestens wegen der mangelnden Notwendigkeit das Handtuch werfen. Dass es einige mildere Mittel gibt, ist zwar ohnehin evident. Dennoch existieren auch hierzu einige fundierte Expertisen aus der Zeit vor, während und nach COVID-19.

Bei den im ersten Kapitel behandelten pandemischen Planspielen war – erstmals in der jüngeren Geschichte der USA – die Auferlegung einer großflächigen Quarantäne für die potenziell exponierte Bevölkerung vorgesehen. Vor diesem verdächtigen Hintergrund wurde die Quarantäne von einem US-amerikanischen Forscherteam hinsichtlich der Eignung als fraglich und hinsichtlich der Notwenigkeit hochoffiziell als »**nicht** massenhaft gerechtfertigt« eingestuft.[941] Es handelt sich um hochrangige Experten, die unter anderem der George Washington Universität, der Georgetown Universität, der Johns Hopkins Universität und dem Zentrum für zivile Bioverteidigung angehören. Ihre bezugnehmend auf Bioterrorismus-Übungen ausgearbeitete Empfehlung lautet, dass die Auferlegung einer groß angelegten Quarantäne »unter den denkbarsten Umständen **nicht** als primäre Strategie für die öffentliche Gesundheit angesehen werden« sollte. In den meisten Fällen sind nämlich »andere weniger extreme Maßnahmen im Bereich der öffentlichen Gesundheit wahrscheinlich wirksamer und führen zu weniger unbeabsichtigten nachteiligen Folgen als die Quarantäne.«[942]

Bezüglich der vielen Analysen, die schon im Anfangsstadium von COVID-19 in Verbindung mit dem liberalen Modell Schwedens das mangelnde Erfordernis von Lockdowns sowie die prinzipielle Sinnlosigkeit der Schließungen von Kindergärten und Schulen festgestellt haben, wird auf das zweite Kapitel verwiesen.

Der Infektiologe Prof. Dr. Franz Allerberger, bei dem als AGES-Abteilungsleiter für Öffentliche Gesundheit alle österreichischen Corona-Zahlen zusammenlaufen, erklärte im Oktober 2020 in einer Radiosendung, warum er einen zweiten Lockdown in **keinem** Fall für notwendig erachtet: »Ich glaube, dass man mit Maßnahmen, die **gelinder** sind, das gleiche Ziel erreichen kann.«[943]

Zu den milderen Mitteln zählt, wie gehabt, primär der Schutz der Risikogruppen. Nur im Falle des Unterbleibens kommen die bisher schon mehrfach genannten Maßnahmen und Modifikationen in Betracht. Grundsätzlich muss das auf konkret betroffene Regionen und Adressatengruppen spezifizierte Einhalten von Abstand- und Hygienemaßnahmen völlig ausreichen. Wenn Politiker, aus welchen skurrilen Gründen auch immer, eine größere Quarantäne zum Beispiel für sogenannte Quellcluster für unerlässlich halten, müssen sie diese aus rechtlichen Gründen auf die kleinste mögliche Region und auf die verifizierten Adressatengruppen beschränken. So will es die Rechtsordnung und so empfiehlt es auch die WHO.[944] Eine Massenquarantäne wird vom EpG und vom IfSG jedenfalls in der Fassung bis Mitte 2020 nicht vorgesehen. Der jeweilige Gesetzgeber war offenbar schlau genug, sie als nicht notwendig zu erachten (siehe auch Punkt 10.).

Keine Adäquanz

Die Gestalter der laufend überarbeiteten Krisengesetze EpG und IfSG waren sich allem Anschein nach auch der mangelnden Angemessenheit genereller Ausgangsbeschränkungen bewusst. Seit Mitte März 2020 dürfte es den Politdarstellern am nötigen Verstand und an der Phantasie ermangeln, dass einem generellen Herdenhausarrest einige gravide öffentliche Interessen entgegenstehen. Hier schafft die vorhin erwähnte US-amerikanische Lockdown-Studie aus dem Jahr 2006 Abhilfe: »Massenquarantäne kann **erhebliche** soziale, psychologische und wirtschaftliche Kosten verursachen, ohne dass viele infizierte Personen entdeckt werden.«[945]

An erster Stelle sind die schädlichen Wirkungen auf die menschliche Gesundheit zu nennen. Ein Lockdown hat, wie gesagt, das Potenzial, die natürliche Durchseuchung der Bevölkerung erheblich zu verzögern. Wie Dr. Franz Allerberger ausführt, ist nach neuesten Erkenntnissen für die Durchseuchung der Bevölkerung nicht der ursprünglich beurteilte Anteil von 70 bis 80 Prozent maßgeblich. Damit »das Ganze von selbst zum Stillstand« kommt, zeigen die Werte beispielsweise von Ischgl, Bergamo oder Wuhan, »dass bereits eine Durchseuchung von **42 Prozent** dazu führen könnte, dass die Leute sich nicht mehr gegenseitig anstecken.«[946] Folglich könne man mit einer früheren Entspannung rechnen, wobei Allerberger grundsätzlich nicht an das Kommen antiviraler Medikamente glaubt. Auch einem Impfstoff, der frühestens im Juli 2020 zur Verfügung stünde, steht er kritisch gegenüber. Das Virus könne nicht ausgerottet werden, wie sich die WHO das vorstellt: »Das muss man abhaken, das Virus wird bei uns bleiben.«[947] Diese Prognose stammt von einem hochrangigen Experten. Denn Prof. Dr. Allerberger gilt als »Österreichs oberster Virendetektiv«.[948]

Seinen Ausführungen zufolge ist also die Gewährleistung der natürliche Herdenimmunität nicht nur das gegenüber einem (weiteren) Lockdown gelindere Mittel, sondern in Ermangelung von wirksamen Medikamenten und Impfstoffen überdies die **einzige** wirksame Maßnahme, zumindest mittel- bis langfristig. Allgemeine Ausgangsbeschränkungen und erstrecht scharfe Lockdowns würden die Entstehung der natürlichen Herdenimmunität unnötig in die Zukunft verschieben. Hierdurch würde die Bevölkerung in ihrem verfassungsmäßig garantierten Recht auf **Gesundheit** bzw. Volksgesundheit verletzt werden. Damit dieser Schaden nicht eintritt, haben Ausgangsbeschränkungen und dergleichen wegen Unangemessenheit zu unterbleiben.

Durch einen Massenhausarrest wird die Immunität der menschlichen »Herde« nicht nur im Ganzen verzögert. Sie wird auch insofern geschwächt, als unzählige Menschen im Rahmen des Lockdowns in ihrer psychischen und physischen Gesundheit geschädigt werden. Durch zu wenig Bewegung, zu wenig frische Luft, zu wenig Sonnenlicht und zu wenig körpereigener Produktion von Vitamin D wird das individuelle Immunsystem geschwächt. Dadurch erhöht sich die virale Anfälligkeit des Einzelnen, was letztlich auch der Herdenimmunität schadet. Diese schädlichen Wirkungen ergeben sich aus einer logischen Beurteilung. Dazu nicht fähige Politdarsteller und ihre »Experten« hätten zumindest jene Studien lesen müssen, die zeitgerecht vor dem Corona-Lockdown oder knapp nach dessen Beginn vorlagen.

Bereits am 14. 03. 2020 wurde in *The Lancet* eine Überblicksstudie veröffentlicht, die 24 Studien über die psychologischen Auswirkungen der Quarantäne im Rahmen von SARS, Ebola und Schweinegrippe anhand von drei elektronischen Datenbanken überprüft und auswertet. Zumeist wird über »**negative psychologische Effekte**, einschließlich posttraumatischer Stresssymptome, Verwirrung und Wut« berichtet. Zu den Stressfaktoren zählen »eine längere Quarantänedauer, Infektionsängste, Frustration, Langeweile, mangelhafte Versorgung, unzureichende Informationen, finanzielle Verluste und Stigmatisierung.«[949]

Weitere schädliche Lockdown-Folgen wurden von deutschen Verhaltensforscheren bereits am 01. 04. 2020 in *Zeit Online* veröffentlicht. Vor allem die durch die soziale Isolation bedingten posttraumatischen Stresssymptome, Frustration und Schlafmangel setzen »den **meisten** Menschen **extrem** zu.« Hinzu kommen Übergewicht und Diabetes. Die Folgen werden umso »schwerwiegender und längerfristiger« sein, »je länger der zeitweilige Shutdown [gemeint: Lockdown] unserer Gesellschaft dauert und je drastischer die Isolation zu Hause ausfällt.«[950]

Großteils physische Auswirkungen werden von einer am 07. 04. 2020 publizierten Studie erörtert. Durch die mit Lockdowns verbundene körperliche Inaktivität werden breite Teile der Bevölkerung dem erhöhten Risiko ausgesetzt, an folgenden **Erkrankungen** zu leiden: Insulinresistenz, Muskelatrophie, erhöhter Blutdruck, gesteigerte Herzfrequenz, Fettleber, nichtalkoholische Leberentzündung (Steatohepatitis), Fettstoffwechselstörung etc.[951]

Eine britische Analyse, die Ende April 2020 unter Mitwirkung des University College London und des Forschungszentrums für Krebsbehandlungsdaten (DATA-CAN) erstellt wurde, ergibt, dass anlässlich COVID-19 die Anzahl der **Krebstoten** möglicherweise um ca. 18.000 zusätzliche Fälle ansteigt. Das geht auf die um ca. 76 Prozent verminderten hausärztlichen Dringlichkeitsüberweisungen mit Krebsverdacht zurück. Im Durchschnittsjahr könnten in Großbritannien nun etwa 6.000 Menschen mehr an Krebs versterben. Unter Berücksichtigung aller derzeit mit Krebs lebenden Menschen können die zusätzlichen Todesfälle auf besagte 18.000 ansteigen.[952] Sehr ähnlich dürfte die Lage in Österreich und Deutschland sein.

Ebenfalls nicht von der Hand zu weisen ist ein mehrfach artikuliertes Argument, dem der Statistikexperte Prof. Dr. John Ioannidis mit einer Anfang Juni 2020 veröffentlichten Studie Substanz verleiht: Mit der Dauer der Massenquarantäne nehmen vor allem bei den unterprivilegierten Teilen der Bevölkerung **Selbstmorde** sowie Fälle von häuslicher **Gewalt** und **Kindesmissbrauch** erheblich zu. Längere Lockdowns können zu einem Massenselbstmord führen.[953] Dass die generell tiefgreifenden negativen Auswirkungen der Lockdown-Maßnahmen jene benachteiligten Gruppen, die auf tägliche Arbeit angewiesen sind, überproportional hart treffen, bestätigt auch die WHO.[954]

Den Anstieg der Suizidfälle brachte Professor Ioannidis schon im April 2020 mit der wachsenden Arbeitslosigkeit in Verbindung: »Wir wissen, dass mit jedem Anstieg der Arbeitslosigkeit um 1% auch die Selbstmorde um 1% steigen.«[955] Bekanntlich sind die Arbeitslosenzahlen durch den epidemiologisch sinnlosen Lockdown und den dazugehörenden Shutdown extrem gestiegen.

Über das deutlich unangemessene Verhältnis zwischen der durch den gesamten Lockdown massiv geschädigten Volkswirtschaft und dem vermeintlichen Ziel des Lebensrettens legte der deutsche Universitätsprofessor für Volkswirtschaftslehre Dr. Dr. Ulrich Schmidt bereits im Mai 2020 folgendes ernüchterndes Resümee vor: »Mit Investitionen in Höhe der Kosten des Shutdowns im Gesundheits- oder auch im Verkehrsbereich hätte man **viel mehr** Leben retten können. Damit wäre der Shutdown nicht nur ökonomisch, sondern auch moralisch fragwürdig.« Zum einen spricht Prof. Schmidt die mangelnde Eignung des Mittels ganz offen an: Der Lockdown trägt wegen der zu keiner Zeit gefährdeten Auslastung der Intensivmedizin und der geringen Prävalenz »im Moment eigentlich gar **nicht** zur Lebensrettung bei.« Zum anderen hätte man sich jene Kosten (Schaden) ersparen können, die der epidemiologisch sinnlose Lockdown verursacht hat. Mit dem damals (Mai 2020) berechneten Betrag von 225 Milliarden Euro könnte man künftig bzw. an anderer Stelle rund **355.000** Menschenleben retten, das sind **1,42 Millionen** bewahrte Lebensjahre (QALYS). Dahinter steckt zwar eine kühle Berechnung des Geldwertes von Lebensjahren, anhand dieser wird jedoch gerade nicht menschliches Leben gegen Finanzmittel aufgerechnet. Im Gegenteil. Es findet eine logische und moralisch tadellose Abwägung zwischen sehr wenigen vermeintlich geretteten hochbetagten und in der Regel tödlich vorerkrankten Patienten einerseits und offenkundig gesamtgesellschaftlich sinnvolleren Investitionen in das Gesundheitswesen andererseits statt. Bezogen auf das gewaltige Potenzial von 355.000 geretteten Menschenleben bzw. 1.420.000 erhaltenen Lebensjahren, erklärt Professor Schmidt: »Selbst bei einem schlimmeren Verlauf der Epidemie hätte man durch den Shutdown **niemals** eine so hohe Anzahl von Leben retten können.«[956]

Damit steht im Hinblick auf den Aspekt der Lebenserhaltung fest, dass generelle Ausgangsbeschränkungen auch für den Fall einer hypothetisch schweren COVID-ähnlichen Pandemie / Epidemie inadäquat und folglich illegal wären. Zu addieren sind die unmittelbaren negativen Folgen für die psychische und physische Gesundheit sowie die mittelbare Beeinträchtigung der natürlichen Herdenimmunität. In Summe steht einem Herdenhausarrest bzw. Lockdown das öffentliche Interesse am Erhalt der Volksgesundheit so massiv entgegen wie der Mount Everest einem Rollstuhlfahrer. Ein dennoch angeordneter Lockdown schädigt die Masse der Bevölkerung in ihren Grundrechten auf **Leben** und **Gesundheit**, **Selbstbestimmung**, ungestörte **Privatsphäre** inklusive Familienleben und **Bewegungsfreiheit**. Bisher unberücksichtigt blieben die enormen Schäden an der Volkswirtschaft. Diese werden bei den Betriebsschließungen abgehandelt (Punkt 9.)

In Anbetracht der zahlreichen und rechtzeitig vorliegenden Expertisen renommierter Stellen drängt sich die Frage auf, ob die österreichischen und deutschen Verantwortlichen oder deren »Experten« nicht recherchiert haben, nicht sinnerfassend Lesen können oder den Sinn mutwillig umdeuten. Sind sie inkompetent, dumm oder kriminell? Mit der Antwort beschäftigen wir uns im Kapitel »F. Cui bono?« Jetzt rufen wir uns in Erinnerung, dass die Regierung mit sieben Kategorien von Fake News zwei hinterhältige psychologische Waffen gegen das »eigene« Volk einsetzt, um es zur Duldung des Lockdowns zu nötigen: die Angst vor dem Tod (Sterben) und die Angst vor sozialer Ächtung. Eine dritte Psychowaffe, die Angst vor staatlicher Strafe, wird mit besonders gefinkelten Fake Laws erzeugt.

Fake Laws

Mit der Anordnung allgemeiner Ausgangsbeschränkungen, dem Kernelement der illegalen Lockdowns, hat Österreich im März 2020 unrühmlich vorgearbeitet und Deutschland ist prompt ebenso unrühmlich gefolgt. Es liegen Fake Laws vor, die sich hier nicht mehr aus zwei, sondern bereits aus drei heimtückischen Elementen zusammensetzen:

1. **Illegale Rechtsgrundlage**
2. **Umgedrehte Regelungstechnik**
3. **Verschlimmernde Begleitpropaganda**

Wie bei der Maskenpflicht ist auch hier das erste Element eine illegale Rechtsgrundlage (Gesetz, Verordnung). Darin werden zwei Maßnahmen vermischt, die bislang in dieser Form auch einzeln nicht gesetzlich vorgesehen waren: generelles Betretungsverbot und allgemeine Quarantäne. Das zweite Element bildet eine entgegen der ständigen Rechtspraxis plötzlich völlig umgedrehte juristische Regelungstechnik, die Betretungen pauschal verbietet, aber auch einige Ausnahmen vorsieht. Es handelt sich um einen von der Regierung aufgestellten Stolperstein. Über diesen fällt die Bevölkerung erst, als das dritte Element, die politisch-mediale Begleitpropaganda, die Betretungsverbote schärfer kommuniziert als in der juristischen Grundlage. Dadurch wird ein Maximum an nie dagewesener Verwirrung gestiftet und die **verunsicherte** Bevölkerung zur Befolgung von Regierungswünschen und -empfehlungen genötigt, die in keinem Gesetz und in keiner Verordnung Deckung finden. Daran hätten Stalin und Hitler ihre Freude.

Ad 1. Illegale Rechtsgrundlage. Diese verkörpert die im österreichischen EpG zwar aus gutem Grund nicht vorgesehene, aber dennoch vom Nationalrat am 15. 03. 2020 im COVID-19-Maßnahmengesetz **einstimmig** beschlossene Ermächtigung des Gesundheitsministers, mittels Verordnung das Betreten von Betriebsstätten und »bestimmten Orten« bundesweit zu verbieten.[957] Diese Orte werden weder bezeichnet noch definiert. Faktisch handelt es sich daher eben nicht um bestimmte, sondern ganz **pauschal** um alle erdenklichen Orte. Für die per se schon rechtswidrige Abtretung gesetzgeberischer Befugnisse auf ein einzelnes Verwaltungsorgan gibt der Nationalrat obendrein nicht die geringsten überprüfbaren Richtlinien oder wissenschaftlich messbaren Kriterien vor (siehe auch die Kapitel »Keine Eingriffssituation« und »Keine legale Eingriffsermächtigung«).

Ad 2. Umgedrehte Regelungstechnik. Von der uneingeschränkten und daher hochgradig verfassungswidrigen Ermächtigung zur Ersatzgesetzgebung machte der österreichische Gesundheitsminister unverzüglich und reichhaltig Gebrauch. Seine noch am selben Tag (15. 03. 2020) verfügte und am 16. 03. 2020 in Kraft getretene Verordnung erklärt das Betreten **sämtlicher** öffentlicher Orte für verboten. Von dieser Regel gibt es lediglich fünf Ausnahmen: Gefahrenabwehr, Hilfeleistung, Deckung der Grundbedürfnisse, Berufsausübung sowie Aufenthalt im Freien. Die drei letztgenannten Ausnahmen sind an die Bedingung des Abstandshalters geknüpft.[958] Rein vom Wortlaut her ist der Bürger in seiner Bewegungsfreiheit nicht großartig eingeschränkt, denn der Aufenthalt im Freien ist an **keine** Voraussetzung (wie etwa eine besondere persönliche Dringlichkeit) gebunden und daher **jederzeit** möglich. Nur der Abstand zu anderen Menschen muss eingehalten werden. Doch die ungewöhnliche Ausgestaltung des Textes macht ihn zum Stolperstein. Abgesehen vom eklatanten Verstoß gegen das regionale Prinzip, ist auch die Regelungstechnik rechtswidrig, weil sie gegen das im Strafrecht geltende besondere Bestimmtheitsgebot verstößt. Zum einen wurde nicht definiert, was unter öffentlichen Orten zu verstehen ist. Zum anderen wird das seit geraumer Zeit international gültige Regel-Ausnahme-Prinzip, demzufolge alles erlaubt ist, was nicht ausdrücklich verboten ist, völlig auf den Kopf gestellt. Die plötzlich geänderte Regelungstechnik verbietet pauschal alles, was nicht ausdrücklich erlaubt ist. Dadurch wird beim unbedarften Leser, der schon von der Regierung massiv verängstigt wird, der subjektive Eindruck erweckt, er müsse sich grundsätzlich zuhause einsperren. Die dargelegte mangelnde Bestimmtheit ist also jener Stolperstein, über den auch einige Juristen gefallen sind. Insgesamt wurde eine rechtswidrige Mischung aus allgemeinem Betretungsverbot und genereller Quarantäne erzeugt. Auf dieser kollektivistischen Grundlage wurde die Bevölkerung unter einen grob verfassungs- und grundrechtswidrigen Herdenhausarrest gestellt (Lockdown).

Denn alle Menschen pauschal in häusliche Isolation zu stellen, lässt das Grundrecht auf **persönliche Freiheit** nicht zu. Auch die **Freizügigkeit**, das Recht, sich frei von Ort zu Ort zu bewegen, wird durch besagte Verordnung im Kern getroffen. Darauf hat Dr. Michael Mayrhofer, Dekan und Professor für Verwaltungsrecht an der Universität Linz,[959] schon Anfang April 2020 deutlich hingewiesen.[960] Allerdings hielten er und drei weitere Professoren der rechtswissenschaftlichen Fakultät die Verordnung des BMSGPK (zumindest damals) für gerade noch an der Grenze des rechtlich Gedeckten.[961] Zudem gingen sie fälschlich zugunsten der Regierung von einer »dünnen Datenbasis« und dem gesetzlichen Ziel aus, einen »Kollaps des Gesundheitssystems zu vermeiden.«[962] Sohin haben gleich vier Professoren der Rechtswissenschaften jenen fundamentalen Grundsatz verletzt, den man schon im ersten Semester des Jura-Studiums intus haben muss: Zuerst kommt die Feststellung des objektiven Sachverhalts. Eine dagegen verstoßende Prüfungsarbeit eines Studenten müsste mit »Nicht genügend« benotet werden. Dass die ab Januar bis spätestens Mitte März 2020 tatsächlich vorliegende Datenbasis ausschließlich ein liberales Gesundheitsmanagement ohne jegliche Grundrechtseingriffe erlaubt hätte, wurde bereits im ersten und zweiten Kapitel behandelt. Die fehlende Eingriffssituation und die illegale Eingriffsermächtigung sind Gegenstand dieses dritten Kapitels. Und die nicht vorhandene Verhältnismäßigkeit wurde vorhin bewiesen.

Die mehrfach rechts- und verfassungswidrige Verordnung des BMSGPK wurde frühzeitig und öffentlich – mitunter im ORF – als eine Art »Blaupause für einen **Staatsstreich**« bezeichnet. So zum Beispiel Anfang April 2020 von Dr. Georg Eisenberger,[963] seines Zeichens Universitätsprofessor für Verfassungs- und Verwaltungsrecht sowie renommierter Rechtsanwalt.[964] Sein Zitat fand kurz darauf Einzug in die gedruckten Nachrichten, wo auch die schweren Bedenken des Verfassungsexperten und vormaligen Präsidialchefs des Bundeskanzleramts Dr. Manfred Matzka genannt werden: Die COVID-19-Gesetzgebung erinnert ihn (zurecht) an das Kriegswirtschaftliche **Ermächtigungsgesetz** von 1917.[965] Mit diesem Ermächtigungsgesetz wurde 1933 der Rechtsstaat außer Kraft gesetzt, um in Österreich den **Faschismus** (Austrofaschismus) einzuführen. Ebendieses Ermächtigungsgesetz »ist mit der aktuellen Rechtssetzung **ident** – nur das Wort ›Krieg‹ wurde durch ›COVID-19‹ und ›wirtschaftlich‹ durch ›gesundheitlich‹ ersetzt.«[966] Ebenfalls im schicksalsträchtigen Jahr 1933 verhalf, wie gesagt, ein Ermächtigungsgesetz den **Nationalsozialisten** zur absoluten Macht. Die Parallelen zwischen dem COVID-19-Ermächtigungsgesetz einerseits und der Etablierung der Verbrecherregime der Bolschewisten und Nationalsozialisten andererseits zeige ich seit April 2020 auf.[967]

Obwohl die Verantwortlichen in Deutschland bereits im März 2020 zu denselben Ergebnissen kommen mussten, haben sie das österreichische Negativbeispiel auf direktem Weg kopiert. Den Anfang machte Bayern, dessen Ministerpräsident Dr. Markus Söder, ein Jurist, am 20. 03. 2020 die Verhängung von landesweiten Ausgangssperren ab Mitternacht verkündete. Das diesbezügliche Konzept werde ausdrücklich »eins zu eins« an Österreich angepasst.[968] Die im Bayrischen Ministerialblatt abgedruckte Allgemeinverfügung vom 20. 03. 2020 ist zwar formal **keine** Rechtsverordnung, aber inhaltlich tatsächlich nahezu identisch mit der österreichischen BMSGPK-Verordnung: »Das Verlassen der eigenen Wohnung« ist insofern pauschal verboten, als es nur beim »Vorliegen triftiger Gründe erlaubt« ist. Diese werden, ähnlich wie in Österreich, in einer kurzen Ausnahmeliste von Regelbeispielen normiert.[969] Sohin ist die bayrische Regierung eindeutig über den österreichischen Stolperstein gefallen: In Bayern hat man die BMSGPK-Verordnung genauso scharf interpretiert, wie sie auch die österreichische Bevölkerung verstehen sollte (siehe unten). Welch leichtes Spiel! Im Gegensatz dazu musste sich der gebürtige Österreicher Adolf Hitler ab 1919 in Bayern, vor allem in München, lautstark und konsequent Gehör verschaffen, um nach mäßigem Erfolg bis 1929 erst 1933 an die absolute Macht zu kommen. Im März 2020 scheint die bayrische Regierung sofort, von sich aus und ohne jede reale Not der österreichischen Blaupause für die exzessive Machtausdehnung auf Kosten der eigenen Bevölkerung gefolgt zu sein. Auf diese Weise setzte Bayern die restlichen deutschen Landesregierungen und nicht zuletzt die Bundesregierung unter Zugzwang. So haben die deutschen Landeschefs (Ministerpräsidenten) gemeinsam mit der Bundeskanzlerin bereits am 22. 03. 2020 eine **Erweiterung** der erst kurz zuvor (12. 03. 2020) vereinbarten Leitlinien zur Beschränkung sozialer Kontakte beschlossen.[970] CSU-Chef Söder hofft früh, »bundesweit unter seinen Kollegen Nachahmer zu finden.«[971]

Ad 3. Verschlimmernde Begleitpropaganda. Mit Hilfe der politisch-medialen Propagandamaschinerie wurde sofort dafür gesorgt, dass die grundsätzlich mit Gesetzestexten wenig vertraute Bevölkerung ebenso über den konstruierten Stolperstein fällt wie die bayrische Regierung. Obwohl sich die österreichischen Bürger gemäß Verordnungswortlaut mehr oder weniger frei bewegen dürfen, verkündet Kanzler Kurz **parallel** zur Verabschiedung gegenständlicher BMSGPK-Verordnung über die **Medien**, es gebe »nur noch drei Gründe, die eigenen vier Wände zu verlassen: 1. Um zur Arbeit zu gehen, für die, die den Notbetrieb aufrechterhalten wie Gesundheitspersonal, Sicherheitskräfte und Personal in Lebensmittelgeschäften, Apotheken und Drogerien, 2. bei notwendigen Besorgungen, 3. um andere Menschen zu unterstützen, die sich nicht selbst helfen können.«[972] Selbst wenn man zu 3. wohlwollend auch die Gefahrenabwehr zählt, unterschlägt der von Beginn an auf Terror und Angst setzende Kanzler immer noch die **wichtigste** der mit Verordnung geregelten Ausnahmen vom Betretungsverbot: den grundsätzlich unbeschränkten Aufenthalt im Freien. Wer in so einem wichtigen Kontext ein wesentliches Faktum nicht nennt, der **lügt** ganz gezielt, um seine rechtlich **nicht** abgedeckten persönlichen Vorstellungen durchzuboxen. In diesem Kontext darf nicht unerwähnt bleiben, dass der Gesundheitsminister im Geiste seines zuvor öffentlich belächelten, weil faktisch undurchführbaren »Ostererlasses« vom 01. 04. 2020[973] wenige Tage später den Landeshauptleuten mittels Erlass die falsche Auskunft erteilte, seiner eigenen Verordnung zufolge sei »das Betreten von öffentlichen Orten grundsätzlich verboten.«[974]

Es verwundert daher nicht, dass schon Anfang April renommierte Verfassungsjuristen kritisieren, die Vermittlung der Corona-Maßnahmen erfolge eher kommunikativ-rhetorisch anstatt auf rechtlicher Grundlage.[975] Auch auf Pressekonferenzen, auf ministeriellen Internetseiten und in sozialen Medien werden bloße politische Wunschvorstellungen als bereits geltende rechtliche Verbote umgedeutet. Daher sprechen einige Juristen schon relativ früh – quasi als Pendant zu den Fake

News – von Fake Laws, also von gefälschten Gesetzen. Immerhin lassen sich dadurch viele Menschen aus **Angst** vor vermeintlichen Strafdrohungen viel stärker in ihren Grundrechten einschränken, als dies sonst nach geltendem Verfassungsrecht möglich wäre.[976] Im Geiste dieser Manipulation wird den Österreichern in Zeitungsartikeln vorgegaukelt, dass sie nicht nur einen triftigen Grund zum Verlassen der Wohnung bräuchten, sondern am besten auch gleich eine **Bescheinigung** zum Beispiel »vom Arbeitgeber, Dienstausweis, Terminkarte für Arztbesuch.« So geschehen bereits am 15. 03. 2020 ausgerechnet in Tirol,[977] der Heimat des großen Freiheitskämpfers Andreas Hofer.

Und im schönen Bayern verkündet Landeschef Söder entgegen dem Wortlaut seiner eigenen Allgemeinverfügung vom 20. 03. 2020, die ausdrücklich »Sport und Bewegung an der frischen Luft« (alleine oder mit Hausstandangehörigen) erlaubt,[978] über die Zeitung, die 13 Millionen Einwohner Bayerns »sollen das Haus oder die Wohnung nur noch im **Notfall** verlassen.« Unter dieser rechtlich keinesfalls abgedeckten Wunschvorstellung (Lüge) befindet sich in der massenmanipulativen Online-Version mit Stand vom 19. 04. 2020 eine immer noch abrufbare Abstimmung, ob Söder der **nächste Kanzler** werden soll.[979] Anstatt das hochgradig verfassungswidrige Treiben der bayrischen Regierung zu hinterfragen oder wenigstens deren Datenbasis einzufordern, wird in einem Medium Wahlwerbung für den Hauptprofiteur der selbstgemachten Krise und eines massiven Rechtsbruchs betrieben. Dies ist umso bedenklicher, als das Bayrische Verwaltungsgericht München bereits am 24. 03. 2020 entschieden hatte, einer Klage gegen besagte Allgemeinverfügung mit der Begründung aufschiebende Wirkung zuzuerkennen, dass es sich um einen reinen Verwaltungsakt handelt, der **nicht** als Rechtsnorm umgedeutet werden kann. Die Allgemeinverfügung ist nichts anderes als eine »in das Gewand eines Verwaltungsaktes gekleidete, beinahe **verkleidete** Rechtsnorm«, die dem Bürger wegen des mangelhaften Rechtsschutzes massiv zum Nachteil gereicht. Schließlich betrifft die unzulässige Regelung einen unbestimmten Personenkreis und bezieht sich auch nicht auf einen konkreten, abgrenzbaren Lebenssachverhalt. Vielmehr wirkt sich die generell-abstrakte Regelung »massiv auf alle Lebensbereiche« aus:[980] Die Ausgangsbeschränkungen greifen in die Grundrechte der allgemeinen **Handlungsfähigkeit**, **Versammlungsfreiheit**, **Freiheit der Person** und **Freizügigkeit** ein.[981]

Mit der Einstufung als »verkleidete Rechtsnorm« konnte das Verwaltungsgericht nicht besser zum Ausdruck bringen, dass die besagte Allgemeinverfügung bereits der Form nach ein **Fake Law** ist. Die leider unterlassene eingehende Prüfung der Faktenbasis hätte ergeben müssen, dass nicht einmal eine Eingriffssituation und auch keine legale Eingriffsermächtigung vorliegt. Auf diese Idee ist auch der VfGH in Wien bei der Erledigung von 19 von insgesamt 70 Fällen bis Mitte Juli 2020 ebensowenig gekommen wie auf die Prüfung der von ihm selbst in jahrzehntelanger Judikatur aufgestellten Kriterien der Verhältnismäßigkeit. Aber immerhin wurde die BMSGPK-Verordnung teilweise wegen mangelnder einfachgesetzlicher Deckung aufgehoben. Denn die Verfügung von allgemeinen Ausgangsbeschränkungen, ein derart umfassendes Verbot, ist »vom COVID-19-Maßnahmengesetz **nicht** gedeckt. Dieses Gesetz bietet **keine** Grundlage dafür, eine Verpflichtung zu schaffen, an einem bestimmten Ort, insbesondere in der eigenen Wohnung, zu bleiben.«[982]

Den Fake-Law-Charakter der besagten Verordnung haben die Richter des VfGH also problemlos erkannt, während sie bei ihrem Kernauftrag, der Wahrung der Verfassung, auf voller Linie versagt haben. Im Sinne der Unschuldsvermutung sei nicht unterstellt, dass es sich um politisch motivierte Urteile bzw. reine Systemtreue gegenüber jenen handelt, welche sie ins Amt gesetzt haben. Bei der Mehrheit der Richter darf angenommen werden, dass sie, wie die genannten Linzer Universitätsprofessoren und viele andere Juristen, der permanenten politisch-medialen Angstpropaganda auf den Leim gegangen sind. Daran, dass selbst bestens ausgebildete Juristen in ihren sicheren Positionen keinen klaren Kopf behalten haben, ist zu ermessen, wie effizient die politisch-mediale Propagandamaschinerie arbeitet – und wie sehr sie erst die juristisch ungebildeten, um ihr Leben und ihre wirtschaftliche Existenz bangenden Normalbürger zu ihrem Nachteil in die Irre führen konnte.

Wie weit diese Irreführung reicht, zeigt die in das Intimleben eingreifende Schlagzeile »Bussi baba: Küssen in der Öffentlichkeit verboten.« Von einem generellen öffentlichen Kussverbot in Österreich konnte aber nicht die Rede sein. Erst im dritten Absatz des Artikels erfährt man die nicht minder absurde ganze Wahrheit: »Auch das Küssen in der Öffentlichkeit sollte man meiden. Für alle, die nicht im selben Haushalt wohnen, ist das nämlich weiterhin verboten.«[983] Falls hier nicht ausschließlich eine unangebrachte reißerische Provokation durch einen nicht problembewussten Redakteur vorliegt, kann es sich nur um die absichtliche Verbreitung von Fake Laws unter ohnehin schon verunsicherten Bürgern handeln. Auf diese Weise wird der von diktatorischen Politikern gewünschte indirekte bzw. gruppendynamische Zwang erzeugt und verstärkt. Natürlich ist dieser auch hier wegen der Drittwirkung der Grundrechte rechtswidrig.

Jedenfalls lässt das weit über den Auslaufzeitraum von COVID-19 (Mai 2020) fortgesetzte Gesamtverhalten der österreichischen und deutschen Verantwortungsträger gemäß meiner Beurteilung keine andere Interpretation als eine **vorsätzliche**

Täuschung der gesamten Bevölkerung im strafrechtlichen Sinne zu. Dass die Fake Laws nicht dem vorgeblichen Ziel, sondern verdeckten Zwecken dienen, verraten auch die völlig unnötigen gewerblichen Beschränkungen.

9. Schließung von Betrieben

Wie alle anderen bedingt tauglichen COVID-19-Maßnahmen sind die Betriebsbeschränkungen viel zu spät erfolgt. Sie sind bereits mangels Eignung rechts- und verfassungswidrig. Bezüglich aller Arten von Betriebsbeschränkungen, insbesondere der Schließungen gewerblicher Unternehmen, gelten im Rahmen einer hypothetisch schweren COVID-ähnlichen Pandemie / Epidemie die Ausführungen in den Kapiteln über die Betretungsverbote (6.) und die Schließung öffentlicher Einrichtungen (7.) sinngemäß.

Einige dieser Ausführungen werden von der Rechtsprechung im Kontext von COVID-19 bestätigt. Die Judikatur weist jedoch auch katastrophale Mängel auf. Aufgrund der regelmäßig nicht oder nicht korrekt vorgenommenen juristischen Beurteilung, ob überhaupt eine Eingriffssituation und eine legale Eingriffsermächtigung vorliegen, wird offenbar auch die Verhältnismäßigkeit im weiteren Sinne falsch beurteilt. Die im Folgenden dargelegten Fehlbeurteilungen stehen für viele höchstgerichtliche Entscheidungen sowohl in Österreich als auch in Deutschland.

Der VfGH stellt in seinen bis zum 22. 07. 2020 veröffentlichten Entscheidungen zutreffend fest, dass aus Sicht des jeweiligen Unternehmers ein über seine Betriebsstätten verhängtes Betretungsverbot einem **Betriebsverbot** gleichkommt und »insofern einen erheblichen Eingriff in das **Eigentumsgrundrecht**« bildet. Außerdem erkennt der VfGH zurecht, dass der Gesetzgeber des EpG »lediglich die Schließung **einzelner** Betriebe vor Augen hatte, nicht aber großräumige Betriebsschließungen, wie sie sich aus dem COVID-19-Maßnahmengesetz ergaben.« Jedoch geht das Gericht fälschlich davon aus, »dass dem Gesetzgeber bei der Bekämpfung der wirtschaftlichen Folgen der COVID-19-Pandemie ein weiter rechtspolitischer Gestaltungsspielraum zukommt.«

Weiters haben die Richter »keine verfassungsrechtlichen Bedenken«, weil sie im COVID-19-Maßnahmengesetz (§ 2) eine »hinreichend bestimmte gesetzliche Grundlage« erblicken.[984] Doch auch das ist falsch. Denn wie wir bereits festgestellt haben, liegt weder eine Eingriffssituation noch eine legale Eingriffsermächtigung vor.

Diese juristischen Fakten werden auch von deutschen Höchstgerichten übersehen oder ignoriert. Laut den Angaben des deutschen Richterbundes haben die Verwaltungsgerichte im Zuge des zweiten Lockdowns vom November 2020 bei etwa 90 Prozent (»neun von zehn«) der rund 600 Eilanträge die staatlichen Corona-Maßnahmen bestätigt. Die Gerichte sprechen dem sogenannten Gesundheitsschutz der Bevölkerung eine höhere Gewichtung zu als den von den Antragstellern geltend gemachten Grundrechten.[985] Als kleines Trostpflaster wird teilweise in Frage gestellt, ob überhaupt eine ausreichende Ermächtigungsgrundlage besteht. So hat der Verwaltungsgerichtshof Baden-Württemberg (VGH B-W) anlässlich einer teilweisen Untersagung eines Restaurantbetriebs (keine Bewirtung im Lokal) berechtigte Zweifel geäußert, »ob Maßnahmen der Exekutive zur Bekämpfung der Corona-Pandemie noch mit den Anforderungen des Parlamentsvorbehalts vereinbar sind, wenn die Maßnahmen bereits über einen längeren Zeitraum in Bezug auf dieselben Personen Grundrechtseingriffe bewirkt haben und weiter bewirken.« Die Klärung dieser Frage wurde jedoch einer allfälligen Hauptverhandlung vorbehalten. Außerdem ging das Gericht offenbar nicht nur von einer Eingriffssituation aus, sondern ausdrücklich auch von legitimen Zielen. Wenn dabei auf »125,8 Fälle pro 100.000 Einwohner«, den »R-Wert« und den Anstieg der intensivmedizinisch Betreuten abgestellt wird,[986] fungiert der VGH B-W mehr oder weniger als Sprachrohr des RKI. Er hat es verabsäumt, die Sterberaten heranzuziehen, die Zahlen in Relation zu anderen Krankheiten wie der Grippe zu setzen und die vermeintliche Notlage nachvollziehbar darzustellen. In weiterer Folge wird der Eingriff in das Grundrecht auf Berufsfreiheit insgesamt »aller Voraussicht nach als verhältnismäßig« beurteilt.[987]

»Eignung«

Die vermeintliche Eignung des Mittels wird vom baden-württembergischen VGH lediglich pauschal behauptet und sehr oberflächig mit der mutmaßlichen Unterbrechung der Infektionsketten begründet. Es wird weder regional noch personell spezifiziert, geschweige denn das ultimativ geeignete Mittel des besonderen Schutzes der Risikogruppen ins Treffen geführt.[988]

Keine Notwendigkeit

Auch die »Erforderlichkeit« wird nur notdürftig behauptet. Das Gericht bezieht sich neuerlich auf eine »Auswertung« des RKI, diesmal über »ein zumeist diffuses Infektionsgeschehen«, **ohne** es einer juristischen Prüfung auf Plausibilität zu unterziehen. Vielmehr räumt der VGH B-W unverblümt ein, dass die bisherigen Maßnahmen wie »Maskenpflicht, Abstandhalten, Teilnahmeverbote« etc. viele Infektionen **nicht** verhindert haben.[989] Damit ist gerichtlich bestätigt, was im vorliegenden Buch bewiesen wird: Die genannten Mittel sind entweder absolut untauglich oder nur bedingt geeignet. Außerdem bestätigt das Gericht zwar, dass sich das Virus auch außerhalb der »Hotspots« in beinahe allen Bundesgebieten ausbreiten konnte, **ohne** jedoch die mangelnde regionale Eingrenzung seitens der Behörden zu kritisieren. Vielmehr erklärt das Gericht pauschal und ohne jede nachvollziehbare Begründung, dass die von der Antragstellerin aufgezeigten milderen Maßnahmen »nicht ebenso effektiv« wie die teilweise Betriebsuntersagung seien.[990]

Auch nennt das Gericht selbst **keine** einzige der denkbaren Mittelmodifikationen, von denen bisher einige genannt wurden: Einbahn, Kreisverkehr, Trennwände, Zeitfenster für bestimmte Gruppen und so weiter. Bekanntlich arbeitet der Großteil der Dienstleister auf der Grundlage von Terminvereinbarungen. Dadurch kann der jeweilige Kundenstrom punktgenau gesteuert werden, sodass im Bedarfsfall relativ wenige Kunden gleichzeitig anwesend sind. Folglich sind generelle Betretungsverbote für alle Kategorien der Gastronomie- und Eventbranchen, der Dienstleistungsgewerbe und des Handels hochgradig gesetzes- und verfassungswidrig. Das Recht auf **Gleichheit** vor dem Gesetz wird durch jene unsachlich differenzierenden Verordnungen verletzt, die Betriebsbeschränkungen lediglich von der Größe der Verkaufsfläche im Inneren abhängig machen. Wie auch der VfGH zutreffend erkennt, ist es nicht zulässig, über Betriebe mit mehr als 400 m² ein Betretungsverbot zu verhängen, während Unternehmen mit kleineren Verkaufsflächen (zurecht) offen haben dürfen.[991]

Keine Adäquanz

Ein besonders schwerer Denkfehler liegt der Beurteilung des VGH B-W hinsichtlich der Angemessenheit der teilweisen Betriebsuntersagung zugrunde. Im längsten Abschnitt (20 Absätze bzw. Randnummern) des gegenständlichen Beschlusses wird abermals eine RKI-Risikobewertung ungefiltert als juristische Tatsache übernommen.[992] Zwar wird korrekt festgestellt, dass auch eine teilweise Betriebsuntersagung für die jeweils betroffenen Unternehmen »in vielen Fällen spürbare wirtschaftliche Einbußen« und Nachteile »von **erheblichem** Gewicht« bedeuten, die (ohne Ausgleichszahlungen) per se dazu geeignet sind, sie in Anbetracht der schon monatelangen Grundrechtseingriffe »auch **existenziell** zu treffen.«[993] Sodann werden jedoch zwei unzulässige Wertungen vorgenommen.

Erstens wird der vermeintlich hohen Gefährdung der (gesamten) Bevölkerung durch COVID-19 nicht etwa die zu erwartende Schädigung der Gesamtwirtschaft durch sämtliche Betriebsuntersagungen gegenübergestellt, sondern lediglich die von einer **einzelnen** Antragstellerin glaubhaft dargelegten beträchtlichen Einnahmenausfälle, durch welche sie nachweislich »erheblich beeinträchtigt« wird. Deshalb geht das Gericht zu Unrecht davon aus, dass der besagten Antragstellerin der Eingriff in ihr Grundrecht auf Erwerbsfreiheit zumutbar sei.[994] Dem Recht des einzelnen wird also das vermeintliche Interesse des Kollektivs gegenübergestellt. Das ist eine in Diktaturen übliche Vorgangsweise, bei der jedes einzelne Individuum solange für eine kollektivistische Utopie geopfert wird, bis es nur noch gleichgeschaltete Sklaven gibt.

Zweitens führt das Gericht zwar korrekt an, dass die deutsche Bundesregierung zusätzlich zu bereits bestehenden Zuschüssen für außerordentliche Wirtschaftshilfen »bis zu **10 Milliarden Euro**« bereitstellt. Dabei werden jedoch harte Fakten außer Acht gelassen. Zum einen decken die Zuschüsse in der Regel nicht den vollen Verdienstentgang ab. Zum anderen werden für diese Mittel Staatsschulden aufgenommen, die jeden einzelnen Bürger belasten – und damit letztlich auch die Antragstellerin. Das mag Richter mit Fixgehalt in warmen Stuben nicht sonderlich berühren. Noch unverständlicher ist, dass sie nicht einmal den längst erkennbaren Schaden für das Kollektiv berücksichtigen. Die Krise wurde von unfähigen Politdarstellern geschaffen, die nun künstlich in ein bereits marodes System digitales Geld pumpen, das weder durch reale Arbeit erwirtschaftet wird noch durch Gold gedeckt ist, ja nicht einmal auf Noten gedruckt. Diese unnötige und desaströse Finanzgebarung stellt eine besonders grobe Verletzung der Grundsätze der Zweckmäßigkeit, Wirtschaftlichkeit und Sparsamkeit dar. Hierdurch wird jeder einzelne Bürger in seinem subjektiven Recht auf korrekte staatliche **Haushaltsführung** verletzt. Zudem hat die von Finanzexperten längst erklärte Dimension der Weltwirtschaftskrise (siehe oben) das Potenzial, ab etwa Mitte 2021 zum Crash des europäischen Währungssystems zu führen (siehe das Kapitel über die schädlichen Wirkungen).

Regierungsfreundliche eklatante gerichtliche Fehlbeurteilungen wie die vorhin dargestellten fördern die Verletzung vieler Wirtschaftstreibender in ihren Grundrechten auf **Erwerbs- und Eigentumsfreiheit**, dadurch den wirtschaftlichen Ruin des Staates, damit auch die massive Schwächung des Gesundheitssystems und letztlich die Verletzung der Bevölkerung in ihrem Grundrecht auf **körperliche Un-**

versehrtheit. Am Beispiel der Betriebsbeschränkungen ist besonders deutlich zu erkennen, dass die Corona-Maßnahmen potenziell genau das schädigen, was die Regierung angeblich schützen will. Ginge es ihr wirklich um Menschenleben, hätte sie rechtzeitig etliche Milliarden Steuergelder in das Gesundheitssystem investiert, vorwiegend in die Aufstockung der Intensivbetten und Pflegekräfte. Stattdessen werden Unmengen von Geldmitteln in eine politisch ruinierte Wirtschaft gepumpt, der weiterhin mittels epidemiologisch sinnloser Quarantänisierungen Arbeitspersonal entzogen wird ...

10. Quarantäne für Einzelpersonen

Als nur bedingt taugliches Mittel wurden die Quarantänisierungen anlässlich COVID-19 viel zu spät verfügt, zumal das Infektionsgeschehen bereits ab Mitte März 2020 von selbst abnahm, bis diese Pseudo-Epidemie bzw. die sogenannte erste Welle spätestens Ende Mai 2020 abgeschlossen war. Folglich waren sämtliche Absonderungen wegen mangelnder Eignung rechts- und verfassungswidrig. Zudem ermangelte es an der Notwendigkeit und Adäquanz, was sogar bei einer hypothetisch schweren COVID-ähnlichen Pandemie / Epidemie der Fall wäre.

Die Bestimmungen des EpG und des IfSG über die Absonderung in der Fassung bis mindestens Mitte 2020 bilden geradezu die **Richtschnur** für das Prinzip der personellen Spezifizierung. Wie bereits mehrfach erwähnt, dürfen in beiden Ländern ausschließlich Kranke, Krankheits- und Ansteckungsverdächtige unter Quarantäne gestellt werden, in Deutschland zusätzlich die Ausscheider. Für die Zuordnung zu einer Adressatengruppe müssen substantiierte Anhaltspunkte vorliegen. Die Nachweispflicht trifft die Behörden. Generelle Verdächtigungen sind nicht zulässig.[995]

Absonderungen sind gemäß EpG nur dann erlaubt, »sofern nach der Art der Krankheit und des Verhaltens des Betroffenen eine ernstliche und **erhebliche** Gefahr für die Gesundheit anderer Personen besteht, die nicht durch gelindere Maßnahmen beseitigt werden kann.« Und weil Quarantänisierungen stets Freiheitsentziehungen darstellen, unterliegen sie in Österreich der (nachträglichen) **richterlichen** Kontrolle. Die Bezirksverwaltungsbehörden haben jede Anhaltung dem jeweiligen Bezirksgericht anzuzeigen. Dieses hat zwar die Zulässigkeit der Absonderungen in regelmäßigen Abständen von Amts wegen zu überprüfen und sie gegebenenfalls aufzuheben. Dasselbe kann jedoch jederzeit auch vom Abgesonderten selbst beantragt werden.[996] Das gesetzlich genannte Erfordernis der **Notwendigkeit** (»nicht durch gelindere Maßnahmen beseitigt«) kommt im selben Gesetz nochmals zum Ausdruck, wenn es sogar bei Personen, die »bei der Gewinnung und Behandlung von Lebensmitteln« tätig sind, primär »eine besondere Meldepflicht« oder erforderlichenfalls eine Desinfektion vorsieht. Erst an **letzter** Stelle wird das Mittel der Absonderung genannt.[997] Der Ort der Absonderung hat primär die Wohnung des Betroffenen und nur sekundär ein anderer Raum wie etwa eine Krankenanstalt zu sein.[998] Das deutsche IfSG unterwirft die Betroffenen zuerst der Beobachtung mitunter in ihren eigenen Wohnungen.[999] Erst an **zweiter** Stelle ermächtigt das Gesetz bei allen Krankheiten zur Absonderung in einem Krankenhaus oder »in sonst geeigneter Weise«. Hierzu ist die Behörde jedoch grundsätzlich **nicht** verpflichtet. Außer bei der Lungenpest und hämorrhagischem Fieber handelt es sich um eine Kannbestimmung. Die Quarantänisierung in abgeschlossenen Räumen kommt nur für Quarantänebrecher in Betracht.[1000] Über die Zulässigkeit und Dauer jedweder Absonderungsmaßnahme hat in Deutschland von vornherein und ausschließlich der **Richter** zu entscheiden, weil es sich um eine Freiheitsentziehung handelt.[1001] Den diesbezüglichen Antrag hat die zuständige Behörde unter Bekanntgabe der von ihr beurteilten Tatbestandsmerkmale und ihrer Ermessensabwägungen zu stellen. Nur bei Gefahr im Verzug darf die Anordnung einer Absonderung von der Behörde selbst vorgenommen werden, wobei sie spätestens »bis zum Ablauf des nächsten Tages die richterliche Entscheidung nachholen« muss. Ansonsten ist der Betroffene umgehend aus der Absonderung zu entlassen. Diesfalls wäre im Hinblick auf § 28 IfSG[1002] **nicht** einmal die Anordnung einer Heilbehandlung zulässig.[1003]

Absonderungen sind also nur bei richterlicher Verfügung durchsetzbar und bußgeldbewehrt. Daraus sowie aus den gesetzlich verankerten Prinzipien der Spezifizierung und der Notwendigkeit ergibt sich, dass gemäß beiden nationalen Krisengesetzen Massenquarantänen völlig ausgeschlossen sind und einzelne Absonderungen besonders sensibel zu handhaben sind. Hierin spiegelt sich der altbewährte Grundsatz, dass nur die potenziell für die Allgemeinheit **besonders** gefährliche Minderheit zu isolieren ist – und zwar zum Schutz der gesunden Masse. Vor diesem Hintergrund tritt die Unverhältnismäßigkeit des Mittels auch bei einer fiktiv schweren COVID-ähnlichen Pandemie / Epidemie besonders deutlich zutage.

»*Eignung*«

Wie gehabt, liegt bei Kindern, immunen und symptomlos infizierten Erwachsenen keinerlei Eignung vor. Deren zwangsweise Quarantänisierung ist in Anbetracht der vielen falsch-positiven Tests, der rechtswidrigen Kategorisierung der Kontaktpersonen und der damit verbundenen skurrilen Erfindung der »asymptomatischen Ansteckungsgefahr« an peinlicher Rechts- und Verfassungswidrigkeit kaum zu überbieten. Wahrscheinlich wird man sich in naher Zukunft auf den Kopf greifen beim Gedanken, dass in einem liberalen demokratischen Rechtsstaat vielfach falschpositiv getestete Menschen, die weder krank noch konkret krankheits- oder ansteckungsverdächtig waren, nur deshalb mit behördlichem Zwang unter Quarantäne gestellt wurden, weil die Regierung nicht in der Lage war, erstens die Risikogruppen zu schützen und zweitens die Adressatengruppen korrekt zu spezifizieren. In diesem Kontext verdient das Wort »Absonderlichkeit« einen ergänzenden Eintrag im Duden: »Absonderlächerlichkeit – abgewandeltes Synonym für die absonderlichen Absonderungen im Rahmen der hausgemachten Corona-Krise.«

Keine Notwendigkeit

Neben der regional und personell spezifizierten Anwendung der bisher genannten gelinderen Mittel und ihrer Modifikationen kommen insbesondere die gesetzlich konkret vorgesehenen Maßnahmen in Frage: besondere Meldepflichten und Beobachtung. Keinesfalls erforderlich (und wohl auch nicht geeignet) ist die Isolation hochbetagter Menschen in den ohnehin nach außen abgeriegelten Alten- und Pflegeheimen, wo strenge Hygieneregeln und noch strengere Vorschriften für das Pflegepersonal gelten.

Keine Adäquanz

Dass die völlige Isolation für alle Menschen und vor allem für Hochbetagte psychisch belastend und auch für das Immunsystem massiv schädlich ist, war schon lange vor COVID-19 hinlänglich bekannt. Da der Mensch gemäß der biologischen Systematik zur Familie der Menschenaffen zählt, verdienen die Studien von Dr. Steven Cole, einem Professor der Abteilung für hämatologische Onkologie an der David Geffen School of Medicine, verstärkte Beachtung. Cole hat experimentell nachgewiesen, dass bei isolierten Affen mit eingeschränkter antiviraler Genexpression, denen das Affen-Immundefizienz-Virus (das Äquivalent zu HIV bei Menschen) eingeführt wird, ein **schnelleres** Virenwachstum zu verzeichnen ist.[1004] Die Schädlichkeit der Einsamkeit für das menschliche Immunsystem wurde in einer Langzeitstudie der Universität von Chicago aus dem Jahr 2010 bewiesen: Mit den

Gefühlen der Einsamkeit steigt die Wahrscheinlichkeit für ein **schwächeres Immunsystem,** einen höheren Blutdruck und das Risiko, an Alzheimer zu erkranken. Zudem beeinflusst Einsamkeit die physiologischen Funktionen derart, dass sie »die Schlafqualität verringern sowie die Morbidität und **Mortalität erhöhen.**«[1005] Weitere Studien zeigen, dass chronisch einsame Menschen ein signifikant erhöhtes Risiko für Schlaganfälle, Herzerkrankungen, metastasierenden Krebs und neurodegenerative Erkrankungen wie Alzheimer haben. Einsame Erwachsene sterben um **25 Prozent** häufiger vorzeitig als diejenigen, die sozial verbunden sind. Ältere einsame Menschen sterben sogar **doppelt** so schnell.[1006] Die Kernaussagen derartiger Expertisen werden seit 2010 auch in deutschsprachigen Medien veröffentlicht.[1007]

Bei einer Aufrechnung gegen die vermeintlich geretteten Jahre der Angehörigen der Risikogruppen oder den vermeintlich abgewendeten Schaden für das Gesundheitssystem würde mit an Sicherheit grenzender Wahrscheinlichkeit die Summe der verlorenen Lebensjahre aller zu Unrecht Quarantänisierter deutlich überwiegen. Zu berücksichtigen wäre natürlich auch die zusätzliche Belastung des Gesundheitswesens durch die Aufarbeitung der absonderungsbedingten Gesundheitsschäden.

Bis Herbst 2020 sind in Österreich vermutlich Hunderttausende Menschen abgesondert worden, in Deutschland müssen es wohl Millionen gewesen sein. Die Masse dieser Menschen, vor allem Kinder, wurde garantiert zu Unrecht quarantänisiert und daher in ihren Grundrechten auf **Freiheit, Selbstbestimmung,** ungestörtes **Privat- und Familienleben, körperliche Integrität, Erwerbsfreiheit** (Berufstätige), **Bildung** (Schüler, Studenten) und **Gleichbehandlung** verletzt. Weiters wurden den Unternehmern Teile der angestellten Arbeitskräfte vorenthalten, was ihren Gewinn schmälert und eine Verletzung des Grundrechts auf **Eigentumsfreiheit** darstellt. Der Beitrag zur Schädigung der Volkswirtschaft dürfte beträchtlich sein. Außerdem werden durch die Dokumentation unzulässiger Absonderungen und ihrer Folgewirkungen die Betroffenen potenziell im Grundrecht auf **Datenschutz** beeinträchtigt. Hinzu kommt bei Absonderungen in öffentlichen Einrichtungen die Verletzung des **Briefgeheimnisses** durch fremdgeöffnete Pakete und Postsendungen.

Summa summarum wiegen die genannten Grundrechte so schwer, dass pauschal vorgenommene Quarantänisierungen auch bei einer schweren COVID-ähnlichen Pandemie / Epidemie inadäquat und daher verfassungswidrig wären.

Das musste, durchschnittliche Intelligenz vorausgesetzt, sowohl den Regierungen als auch den Medien allerspätestens ab April 2020 bewusst sein. Umso befremdlicher sind Schlagzeilen, denen zufolge Quarantäneverweigerer demnächst in

Psychiatrien gesperrt werden sollen (Deutschland, 10. 04. 2020)[1008] oder Klartext sprechende Ärzte bereits in eine psychiatrische Klinik eingewiesen wurden (Schweiz, 15. 04. 2020).[1009] Laut Medienberichten wurde vom deutschen SWR das Gerücht in die Welt gesetzt, dass Quarantänebrecher einfach erschossen werden dürfen oder wenigstens für fünf Jahre hinter Gitter müssen (September 2020).[1010]

Hier haben der kollektivistische Politapparat und seine Propagandamaschinerie wieder einmal brutal zugeschlagen. Die Verantwortlichen gehören, so meine Beurteilung, umgehend in die Klapsmühle gesteckt und zur wohltätigen Zwangsarbeit verpflichtet. Schließlich wurden mit der Lancierung derartiger Horrorbotschaften etliche Menschen zur Duldung illegaler Absonderungen genötigt sowie dadurch in grundlegenden Rechten verletzt und gesundheitlich geschädigt. Da den Zuständigen inzwischen so gut wie alles zuzutrauen ist, werden im Folgenden zwei zwar noch nicht verfügte, aber dennoch denkbare Zwangsmaßnahmen auf ihre Verhältnismäßigkeit geprüft: Corona-App-Pflicht und Impfzwang.

11. Angekündigte App-Pflicht

Unter der Corona-App wird gemeinhin die auf einem mobilen Endnutzergerät (Smartphone) installierte Applikation zur digitalen Unterbrechung der Infektionskette verstanden. Diese digitale Form der Kontaktpersonennachverfolgung, auch »Contact Warning & Contact Tracing« genannt, soll den Anwender warnen, wenn er in jüngster Vergangenheit eine bestimmte Zeit in der näheren Umgebung einer positiv auf SARS-CoV-2 getesteten Person verbracht hat. Diesfalls soll er sich freiwillig in Selbstisolation begeben. Die Corona-Warn-App ist daher per se kein selbständiges Mittel, sondern wird lediglich als ein von weiteren Maßnahmen abhängiger »**Baustein** der Pandemiebekämpfung« gehandhabt.[1011] Auch in Südkorea ist das Contact Tracing nur ein Element in einem totalüberwachenden System aus Kontaktnachverfolgung, Testung und Behandlung.[1012]

Die absolute Untauglichkeit des Mittelbausteins resultiert nicht nur aus der in westlichen Demokratien undurchführbaren Zwangsverpflichtung der Bevölkerung, die mit Masse nicht einmal zum Herunterladen der Applikation bereit ist. Das Instrument weist zudem gravierende technische Mängel auf. Eine etwaige verpflichtende Anwendung ist auch aufgrund der mangelnden Notwendigkeit und Adäquanz sowohl bei COVID-19 als auch bei einer hypothetisch schweren COVID-ähnlichen Pandemie / Epidemie rechtlich unzulässig. Eine App-Pflicht wäre unabhängig davon illegal, ob es sich um direkten Zwang durch staatliche Anordnung nebst Strafen handelt oder ob die Regierungen mittels Fake Laws auf den von Privatpersonen ausgeübten Zwang hinwirken, wie etwa Leistungsverweigerungen oder Kündigungen im Falle der App-Enthaltung.

Wohl aus diesen Gründen ermöglichen weder das österreichische EpG noch das deutsche IfSG in den Fassungen bis mindestens Mitte 2020 die Anordnung einer App-Pflicht. Derartiges ist den genannten Gesetzen bereits begrifflich fremd. Auch in den nationalen Pandemieplänen (Österreich 2006, Deutschland 2017) sucht man Worte wie »Warn-App« oder »Contact Tracing« vergeblich. Sogar mitten in der Corona-Krise betont die österreichische Regierung hinsichtlich der Anwendung von Contact-Tracing-Apps das Prinzip der **Freiwilligkeit**, vorgeblich aus Datenschutzgründen.[1013] Eine Rolle spiele auch, dass die Europäische Kommission »**keine** europaweite Contact-Tracing-App« entwickelt und zur Verfügung stellt.[1014] Es verwundert daher nicht, dass die deutsche Bundesregierung erklärt: »Download und Nutzung der App sind vollkommen **freiwillig**.«[1015]

Dabei scheint es sich jedoch um ein taktisches Kalkül zu handeln. Denn die Regierungen treten bei allen anderen Corona-Maßnahmen, die ebenfalls epidemiologisch sinnlos sind, sowohl das Prinzip der Freiwilligkeit als auch die Grundrechte kontinuierlich und fest mit Füßen. Bei der Corona-Warn-App wird – mangels technischer Eignung – die Freiwilligkeit nicht aus motivierenden Gründen, sondern höchstwahrscheinlich nur zum Schein betont, um die Bevölkerung durch indirekten Zwang in die gewünschte Richtung zu lenken. Naheliegend ist, dass die Regierungen dem schon 2010 von Rockefeller und Konsorten definierten Ziel der weltweiten Einführung **biometrischer Identitätsausweise**[1016] zum Durchbruch verhelfen wollen. Immerhin orientieren sich führende Politiker offenbar an folgender Empfehlung des von der *Rockefeller Foundation* im April 2020 erstellten COVID-19-Plans für Massentestungen: »Digitale Apps und datengeschützte Tracking-Software sollten auf breiter Ebene angenommen werden, um eine vollständigere Kontaktverfolgung zu ermöglichen. Wann immer möglich sollten Anreize geschaffen werden, um die **freiwillige** Verwendung dieser Apps anzukurbeln, anstatt sie einzufordern.«[1017] Allerdings ist das deklarierte Primärziel die Durchimpfung der gesamten Bevölkerung. Da sich der überwiegende Teil der Bevölkerung mit an Sicherheit grenzender Wahrscheinlichkeit nicht »freiwillig« impfen lassen wird, könnte es im Rahmen einer allgemeinen Maßnahmenverschärfung doch noch zur staatlich verordneten App-Pflicht kommen. Aus diesem Grund ist es wichtig, bereits jetzt die absolute Untauglichkeit des Mittelbausteins festzustellen.

Keine Eignung

Die Corona-Warn-App ist dreifach untauglich: technisch, psychologisch und immunologisch. In diesem Abschnitt wird die technische in Verbindung mit der psychologischen Untauglichkeit behandelt, das ist die mangelnde Bereitschaft der Bevölkerung zur App-Anwendung. Die Schädlichkeit der App für das Immunsystem unterstreicht zwar die mangelnde Eignung, sie wird jedoch, wie gehabt, im Abschnitt über die fehlende Adäquanz erörtert.

Die Beweispflicht für die Eignung trifft die Regierung. Diese kann sie aber nicht erfüllen. Etliche dem Staat zurechenbare Experten erklären bis mindestens September 2020, dass noch **nicht** genügend Daten vorliegen, um den Einfluss der Corona-Warn-App auf die Übertragung von COVID-19 nachzuweisen. In diesem Sinne äußerte sich beispielsweise der an einer Metastudie mitwirkende Dr. Isobel Braithwaite vom University College London.[1018]

Schon im April 2020 haben mehr als 300 Wissenschaftler weltweit, darunter 57 Deutsche, überwiegend Universitätsprofessoren, in einem offenen Brief zum Thema Contact Tracing mitgeteilt, dass GPS hierfür viel zu **ungenau** ist.[1019] Darüber wurde auch in deutschsprachigen Medien berichtet.[1020] Dr. Mathias Fischer, Professor für IT-Sicherheit und Sicherheitsmanagement an der Universität Hamburg, bestätigt die öffentliche Stellungnahme seiner Kollegen: »GPS ist viel zu ungenau und in Gebäuden nicht verfügbar. Mobilfunkdaten sind ebenfalls ungenau, da man damit nur prüfen kann, ob Mobilgeräte in derselben Funkzelle sind.«[1021]

Auch Bluetooth ist nicht geeignet. Eine im Juni 2020 vorveröffentlichte irische Messstudie in Pendlerbussen zwischen 60 Paar Mobilteilstandorten weist in der Praxis nach, dass »**keine** Expositionsbenachrichtigungen ausgelöst« wurden, obwohl sich alle Mobilteilpaare mindestens 15 Minuten lang innerhalb von lediglich zwei Metern voneinander entfernt befanden. Das hängt zum einen mit der metallischen Abschirmung in Bussen und zum anderen mit der unzureichenden Funktionsweise von Bluetooth zusammen.[1022] Die Ergebnisse dieser Studie hält Dr. Hannes Federrath, Professor für Sicherheit in verteilten Systemen an der Universität Hamburg und Präsident der Gesellschaft für Informatik, »für durchaus belastbar und nicht überraschend.« Bluetooth ist zwar aktuell das großflächig Beste, aber eben »**nicht** für Anwendungen zur Abstandsmessung entwickelt worden.«[1023]

Eine zweite irische Messstudie, diesmal in Straßenbahnen, kommt zum Ergebnis, »dass die schweizerischen und deutschen Erkennungsregeln **keine** Expositionsbenachrichtigungen auf unsere Daten auslösen, während die italienische Erkennungsregel eine wahre positive Rate von 50% und eine falsche positive Rate von 50% generiert.«[1024]

Dr. Stephen Farrell, der die irischen Studien mit durchgeführt hat, erklärt, dass die Absorption der Strahlung durch den menschlichen Körper, aber auch andere »Hindernisse« wie Taschen, Wände, Böden und Möbel Störquellen für Hintergrundrauschen sind. Dieses beeinträchtigt die Zuverlässigkeit der App. Derlei Effekte beruhen auf der Physik der Funkausbreitung, weshalb sie sich wahrscheinlich »**nicht** leicht beheben« lassen. Folglich gibt es »anhaltende, begründete Bedenken«, ob die Corona-Warn-App überhaupt wirksam ist. Bluetooth ist jedenfalls »in einem Bus oder in einer Straßenbahn« **nicht** dazu geeignet, »um eine Annäherung innerhalb von zwei Metern zu erkennen.«[1025]

Was für Busse und Straßenbahnen gilt, muss auch und umso mehr auf Eisenbahnzüge und U-Bahnwagen zutreffen. Ausgerechnet im sensibelsten Bereich des öffentlichen Lebens, wo die Corona-Mindestabstände oft nicht eingehalten werden können, funktioniert die digitale Kontaktnachverfolgung nicht oder zumindest nicht ausreichend, um die offiziell gewünschte Wirkung zu erzielen. In diesem Sinne hat beispielsweise die österreichische Zeitung *Standard* im August 2020 verstanden, »dass Contact-Tracing-Apps ausgerechnet in einem der am stärksten beworbenen Einsatzszenarien **praktisch wirkungslos** sind.«[1026] Eine Verwendung von Corona-Warn-Apps in den öffentlichen Verkehrsmitteln »gleicht eher einem ›Trial-and-Error‹, bei dem das Zufallsprinzip eine höhere Erkennungstrefferquote mit sich bringt als die Warn-Apps.«[1027]

In weiser Voraussicht hatte Prof. Dr. Alexander Kekulé schon im April 2020 darauf hingewiesen, dass es für den Erfolg des Handytracking keinen wissenschaftlichen Nachweis gibt. Außerdem erklärt der deutsche Epidemiologe: »Es ist **keineswegs** richtig, dass das [die App] in Südkorea Erfolg hat.« Die Methode scheitert, so der Experte, an der mangelnden Nachvollziehbarkeit. Denn schließlich müsse es bei einer Ansteckung einen gewissen Körperkontakt geben. Wie der Kontakt ausgesehen haben soll, kann aber gerade von der Corona-Warn-App nicht nachgewiesen werden.[1028] Eine gemeinsam von der Universität Würzburg und der Technischen Universität Darmstadt erstellte Studie vom Oktober 2020 über die Effektivität der Corona-Warn-App besagt, dass sie **nicht** erkennt, »wie und wo der Kontakt zustande kommt. Menschen bewegen und begegnen sich eben nicht unter Laborbedingungen, sondern in Räumen, im öffentlichen Nahverkehr oder im Freien.«[1029]

Die mangelnde technische Eignung wird durch die fehlende Bereitschaft der breiten Masse der Bevölkerung ergänzt, die Corona-Warn-App herunterzuladen, sie anzuwenden oder ihr Verhalten darauf abzustimmen. Bis zum 01. 09. 2020 wurde die deutsche App rund 17,8 Millionen Mal heruntergeladen.[1030] Das bedeutet aber nicht, dass gleich viele Menschen die App haben und nutzen. Die Anzahl der Downloads sagt nämlich nichts darüber aus, wie oft die App bereits deinstalliert oder deaktiviert wurde und noch wird. Nimmt man für Deutschland wohlwollend eine Nutzung von 22 Prozent (17,8 von 88,1 Millionen) an, würde das bei weitem nicht ausreichen. Denn wie der wissenschaftliche Leiter und Geschäftsführer des Harding-Zentrums für Risikokompetenz an der Fakultät für Gesundheitswissenschaften der Universität Potsdam Dr. Felix Rebitschek ausführt, müssten gemäß reinen Modellierungsstudien »56 bis 95 Prozent einer Bevölkerung Apps wie diese nutzen, um ein pandemisches Geschehen wie COVID-19 zu kontrollieren.« Die aktuelle Version könne jedoch theoretisch von maximal 60 Prozent genutzt werden. Da aber nur »grob 20 Prozent der Bevölkerung die App nutzen,« sind bis zu **96 Prozent** der kritischen Begegnungen zweier Menschen **nicht** erfassbar. Zudem birgt eine hohe Anzahl von Fehlalarmen das Schadenspotenzial des **Vertrauensverlusts**.[1031]

Der Hauptgrund für das mangelnde Vertrauen der Bevölkerung sind aber, wie Dr. Paula Stehr von der Universität Erfurt zutreffend feststellt, die »Datenschutzbedenken« der deutschen Bürger. Entscheidend ist aber auch, dass immer weniger Menschen den vermeintlichen Nutzen erkennen, weil die individuelle »Risikowahrnehmung im Laufe der Pandemie **abgenommen** hat.« Schließlich haben »vergleichsweise wenige Menschen direkte Erfahrung mit dem neuartigen Corona-Virus gemacht.«[1032]

Erfreulicherweise scheint die Masse der deutschen Bevölkerung über einen gesunden Hausverstand zu verfügen und die politisch-mediale Irreführung durchschaut zu haben. Das Misstrauen gegenüber der App deckt sich anscheinend mit dem Vertrauensverlust gegenüber der Staatsführung. Anzunehmen ist, dass das Vertrauen in die Regierung vermutlich nicht wiederhergestellt werden kann, während jenes in die App-Technik bei der Masse der Bevölkerung mit an Sicherheit grenzender Wahrscheinlichkeit unwiederbringlich verloren sein müsste. Denn man kann nur schwer an etwas glauben, das von vornherein zum Scheitern verurteilt ist. Es ist daher so gut wie ausgeschlossen, dass jemals auch nur annähernd 50 Prozent der Bevölkerung die Corona-Warn-App nutzen. Dazu kommt, dass alte Menschen und insbesondere die Angehörigen der Risikogruppen in der Regel mit der App-Technik nicht vertraut sind. Höchstwahrscheinlich wären sie nicht in der Lage, dem digitalen Meldevorgang zu nachzukommen.[1033] Außerdem werden sich in

Anbetracht der von der Regierung verursachten Wirtschaftskrise und der damit verbundenen Verarmung wahrscheinlich immer weniger Menschen teure Technik leisten können.

Unabhängig von obigen Ausführungen liegt, wie gehabt, bei Kindern, immunen und symptomlos infizierten Erwachsenen generell keine Eignung vor. Sollte jemals eine technisch geeignete Corona-Warn-App eingeführt werden (was deutlich zu bezweifeln ist), wäre diese bei der restlichen Bevölkerung nur dann und solange wirksam, als die Risikogruppen noch nicht geschützt und die Adressatengruppen noch nicht spezifiziert sind. Eine undifferenzierte Mittelanwendung auf verschiedene Personengruppen verletzt jedenfalls einen beträchtlichen Teil der Bevölkerung im Grundrecht auf **Gleichbehandlung** vor dem Gesetz.

Keine Notwendigkeit

Weil jede Menge gelindere Mittel in Betracht kommen, scheidet eine zwangsweise App-Anwendung auch aufgrund der fehlenden Notwendigkeit aus. Hierbei ist vor allem die potenzielle Schädlichkeit der App für die **Gesundheit** zu berücksichtigen. Bei einer entgegen den Fakten angenommenen technischen Eignung müsste die Mehrheit der Bevölkerung die App heruntergeladen haben und sie bei eingeschalteter Bluetooth-Funktion »**kontinuierlich** laufen lassen.« In diesem Sinne argumentieren zum Beispiel die Experten Dr. Isobel Braithwaite, Dr. Felix Rebitschek sowie Christine Utz, eine wissenschaftliche Mitarbeiterin am Institut für IT-Sicherheit der Ruhr-Universität Bochum.[1034]

An dieser Stelle sei an jene Studien erinnert, welche die Schädlichkeit der EMF-Strahlung und insbesondere von WLAN und Bluetooth für das Gehirn und die DNA des Menschen nachweisen. Speziell im Hinblick auf die Interkonnektivität von Mobiltelefonen bezeichnet eine Studie der Universität von Portland aus dem Jahr 2018 die heranstehende 5G-Ausrollung aus gutem Grund als »Russisches Roulette«: Bereits eine kurzfristige (30-minütige) Exposition gegenüber 900 MHz der älteren Mobilfunkgenerationen hat Auswirkungen auf die DNA-Integrität. Gemäß Tierstudien erzeugt eine langfristige Exposition (48 Minuten für 30 bis 180 Tage) gegenüber 900 bis 1.800 MHz Schäden am Hippocampus (Endhirnteil). Beim Menschen verursacht die nur 10-minütige Exposition gegenüber 1.800 MHz eine erhöhte Anfälligkeit für oxidativen Stress.[1035]

Daraus folgt, dass schon bei der Bluetooth-Schnittstelle im herkömmlichen Betrieb und daher noch viel mehr im geplanten 5G-Vollbetrieb eine **beträchtliche**

Gesundheitsbedrohung besteht. Deshalb wäre sogar dem nachweislich gesundheitsschädlichen Maskentragen als schonenderem Mittel der Vorzug zu geben.

Keine Adäquanz

Mitten in der COVID-19-Krise wurde das 5G-Netz rasant erweitert, was der deutsche Megakonzern unter der Schlagzeile »Telekom zündet den 5G-Turbo«[1036] stolz herausposaunt: »Trotz der Corona-Krise haben wir 5G ohne Umwege ausgebaut.« Bis Mitte Juni 2020 wurden über 12.000 Antennen für die Abdeckung von 16 Millionen Menschen fertiggestellt. Der flächendeckende Ausbau kreuz und quer durchs Land soll dermaßen rasant stattfinden, dass bereits Mitte Juli halb Deutschland mit 5G »versorgt« ist, also rund 40 Millionen Menschen. Bis Jahresende 2020 sollen 40.000 Betriebsstationen aktiv sein.[1037]

Höchstwahrscheinlich wird alsbald der Versuch unternommen, die fehlende Eignung von GPS und Bluetooth mit der vollen 5G-Ausrollung auszugleichen und so das Corona-App-Problem zu »lösen«. Das wäre jedoch illegal. Denn aus dem mit dem 5G-Startschuss bereits massiv verletzten Vorsorgeprinzip und den potenziellen Gesundheitsschädigungen durch die geplante App-Daueranwendung ergibt sich in erster Linie deren fehlende Angemessenheit und, konsequent weitergedacht, auch deren mangelnde Eignung. Schließlich ist die Gesundheitsschädlichkeit der EMF-Strahlung ebenso belegt wie die höhere »COVID«-Sterblichkeit in 5G-intensiven Gebieten. Folglich darf die Corona-App nicht als Trojanisches Pferd für die vollständige Implementierung des Internets aller Dinge in Stellung gebracht werden. Diesen existentiellen Angriff auf die **Volksgesundheit** und unsere natürlichen **Lebensgrundlagen** gilt es mit allen Mitteln zu verhindern!

App-Zwangsverpflichtungen haben weiters zu unterbleiben, weil sie massiv in das Recht auf **Selbstbestimmung** eingreifen und eine Zweckentfremdung persönlicher Daten ermöglichen. Vor der Gefahr beispielloser Überwachungsmöglichkeiten und der damit einhergehenden Störung der **Privatsphäre** und der Verletzung des Grundrechts auf **Datenschutz** warnt zum Beispiel der vorhin erwähnte offene Brief der mehr als 300 internationalen Wissenschaftler.[1038] Es gibt keinen Grund, einer Regierung zu trauen, die sogar unfähig oder unwillig ist, die simplen Corona-Daten korrekt auszuwerten. Es besteht keine Veranlassung, sich durch einen Missbrauch epidemiologisch nutzlos eingeholter Daten ein großes Stück mehr zum Objekt der Massenüberwachung zu machen, zum vollständig gläsernen Menschen zu werden. Der Gesundheitssprecher der SPÖ Philip Kucher befürchtet zurecht, dass die Regierung eine »verpflichtende Corona-App durch die Hintertür« verabschieden könnte. Durch einen etwaigen Blankoscheck für Eingriffe in Grundrechte sind »grundlegende Demokratie- und Freiheitsrechte der Bevölkerung betroffen.«[1039]

Erscheint es vor diesem Hintergrund nicht verdächtig, dass sich die österreichische und die deutsche Bundesregierung besonders hinsichtlich der Corona-App just an China orientieren, wo genau dieses digitale Kontrollinstrument dazu missbraucht wird, kritische Menschen aus dem Verkehr zu ziehen? Wie schon im April 2020 berichtet wurde, verschwinden mit Hilfe der App regelmäßig Personen, die ganz offen über Corona-Fakten sprechen oder gar Kritik am kommunistischen Regime anbringen, spurlos von der Bildfläche.[1040] Wo bleibt hier der Protest seitens der westlichen Politiker, die aus weitaus geringeren Anlässen jahrzehntelang einen regelrechten Shitstorm gegen Russland betrieben haben? Gefällt ihnen, was in China passiert? Finden sie toll, dass die Corona-Warn-App zum Beispiel in Peking dazu herangezogen wird, die Nichtanwender komplett vom sozialen Leben auszuschließen? Dort gibt es ohne App keinen Zutritt zum Restaurant, kein Spazieren im Park, keinen Kinobesuch und so weiter. Einlass wird nur gewährt, wenn die App »auf Grün springt.«[1041] Die Corona-App ist in China allmächtig, denn ohne sie darf man inzwischen nicht einmal mehr Einkaufen gehen.[1042]

Wie die *New York Times* berichtet, wird in China ein neuartiges Software-System eingesetzt, »um Quarantänen zu diktieren« und »personenbezogene Daten an die **Polizei** zu senden – ein beunruhigender Präzedenzfall für die **automatisierte soziale Kontrolle.**«[1043] Eingesetzt werden auch Wärmebildkameras und QR-Scan-Codes. Solche und ähnliche Maßnahmen gibt es in jeder chinesischen Provinz, wobei seit längerem kommuniziert wird, dass sie mit Sicherheit auch nach Corona bestehen bleiben.[1044]

In China, einem Land, in dem »Säuberungswellen« gegen unliebsame Religionsgesellschaften stattfinden, Häftlinge zwecks Organentnahmen ermordet werden und Angriffe auf Regimekritiker, Journalisten und Anwälte erfolgen, wird mit Hilfe einer Software zur Gesichtserkennung der **digitale Polizeistaat** ausgebaut. Alle Bürger werden gezielt überwacht und im Rahmen eines »sozialen Punktesystems« klassifiziert, sprich für Wohlverhalten belohnt oder für rebellisches Verhalten bestraft, zum Beispiel mit Arbeitsentzug. Viele zu viele »Aufmüpfige« verschwinden in den sogenannten Umerziehungslagern.[1045]

In diesem Dauerzustand kann die Kommunistische Partei Chinas jede Kritik im Keim ersticken und ihren totalen Überwachungsstaat vervollkommnen. Der Westen protestiert nicht. Er eifert sogar China nach und lässt sich von der kommunistischen Expansion überrollen. Sind unsere Politiker zu dumm, dies zu erkennen? Oder sind sie kriminell und machen absichtlich mit?

Fake Laws

Die genannte Hintertür für die App-Pflicht könnte sich zu gegebener Zeit, in Anlehnung zu den längst gesetzlich verankerten Ausgangsbeschränkungen, in Form von Fake Laws öffnen. Diesfalls wäre in Ermangelung staatlicher Normen und Strafen der soziale Zwang nicht nur das sekundäre, sondern das primäre Element. Hier würde sich die Regierung ja in erster Linie auf den indirekten Zwang in der Privatwirtschaft verlassen: ohne App-Nutzung keine Dienstleistungen, keine Teilnahmen an Veranstaltungen, keine aufrechten Arbeitsverträge etc. Freilich wäre der indirekte Zwang auch hier illegal, weil bei COVID-19 die Grundrechte unter den Bürgern definitiv eine Drittwirkung entfalten (siehe auch das Kapitel über die Rechtsfolgen).

12. Angekündigter Impfzwang

Den Gipfel oder Kulminationspunkt der selbstgeschaffenen Corona-Krise bildet der von Beginn an im Raum stehende, sodann sukzessive intensiver angedeutete und von skrupellosen Zeitgenossen sogar offensiv geforderte Impfzwang. Ganz offensichtlich handelt es sich um ein **Primärziel** gewisser Drahtzieher, die genau wissen, dass Impfen ein absolut untaugliches Mittel ist. Aus virologischer und insbesondere epidemiologischer Sicht ist die Anwendung im Eilverfahren gentechnisch entwickelter »Anti-Corona-Impfstoffe« völlig sinnlos, weil massiv gesundheitsschädlich und daher hochgradig kontraindiziert sowie grob rechtswidrig. Anscheinend handelt es sich um einen massiven Angriff auf die biologischen Lebensgrundlagen des Menschen im Sinne eines schleichenden Völkermordes.

Wenn im Folgenden von der Illegalität des Impfens die Rede ist, ist darunter primär der verfassungs- und strafrechtlich **verbotene** Impfzwang zu verstehen. Auf einem anderen Blatt steht, ob ein verfassungsrechtlich möglicher freiwilliger Impfvorgang auch strafrechtlich zulässig ist oder ob er, wie die Zwangsimpfung, eine Körperverletzung darstellt. Die nachfolgenden Darlegungen über die Unwirksamkeit (kein Schutz vor viraler Übertragung) sowie die Unsicherheit (impfbedingte Gesundheitsschädigung) von Corona-Impfstoffen sprechen zwar deutlich für eine **Körperverletzung.** Nach meinem Dafürhalten muss es aber eine liberale Gesellschaft aushalten, wenn sich jemand freiwillig vergiftet, sei es mit Alkohol, harten Drogen oder eben mit gefährlichen Impfungen. Allerdings müsste eine Regierung, die offiziell an eine schwere Epidemie und an die Bedrohung der Intensivmedizin durch deren zu hohe Auslastung glaubt, nicht nur jeden Gedanken an einen Impfzwang bereits im Keim ersticken. Sie müsste auch jedwede freiwillige Impfung mit Corona-Impfstoffen verbieten und unter Strafe stellen.

Jedenfalls ist nicht nur der direkte Impfzwang durch staatliche Maßnahmen, sondern auch der indirekte Impfzwang durch hohen sozialen Druck absolut illegal – und zwar sowohl gegenüber der Zivilbevölkerung als auch gegenüber dem Personal im Gesundheitsdienst. Das gilt während einer sogenannten weiteren »Welle« von COVID-19 und auch im Rahmen einer hypothetisch schweren COVID-ähnlichen Pandemie / Epidemie. Deshalb wird ja die ganze Corona-Echtzeit-Show veranstaltet. Zuerst wurde eine künstliche Panik kreiert, um sodann das als alternativlos propagierte »Heilmittel« an die Frau und an den Mann zu bringen. Unweigerlich wird man an die Mafia erinnert, die ihre Opfer einschüchtert, um Schutzgeld zu erpressen. Doch der Vergleich hinkt, zumal die Mafia wenigstens eine gewisse reale und nützliche Gegenleistung bietet, nämlich den Schutz vor anderen Kriminellen. Hingegen stellt die sogenannte Anti-Corona-Impfung gemäß den vorliegenden Studien für den Verpflichteten keine brauchbare Gegenleistung dar, sondern eine Verschlechterung der Gesamtsituation. Bereits die betrügerische Taktik des angstbasierten Gefügigmachens ist ein deutlicher Hinweis darauf, dass der Impfzwang, in welcher Form auch immer, ein absolut untaugliches und sogar stark **kontraindiziertes** Mittel ist. Dass er genau das ist, wird in diesem Kapitel bewiesen.

Wir Menschen haben ein naturgegebenes bzw. natürliches Recht auf die Freihaltung unseres Körpers vor unerwünschten Eingriffen. Es handelt sich um einen tief (genetisch und psychisch) in uns angelegten Selbsterhaltungstrieb und damit um das stärkste naturrechtliche Prinzip überhaupt. Es ist unaufhebbar und demnach stärker als die verfassungsrechtlich garantierten Grundrechte auf Leben und körperliche Unversehrtheit mitsamt ihren ohnehin illegalen Gesetzesvorbehalten. Allerdings schützt gemäß der Praxis der Europäischen Kommission für Menschenrechte das Grundrecht auf Leben »nicht nur vor absichtlicher Tötung, sondern auch vor Gefährdungen des Lebens durch **staatlich organisierte freiwillige** Impfaktionen [...].«[1046]

Damit steht im Einklang, dass der österreichischen und der deutschen Rechtsordnung bis zumindest Ende November 2020 eine allgemeine Impfpflicht weder in direkter noch in indirekter Form bekannt ist.

Im EpG ist die Anordnung von Impfungen nach wie vor lediglich für zwei Personengruppen vorgesehen: erstens für **Personal** im Gesundheitswesen (Krankenbehandlung, Krankenpflege, Hebammen, Leichenbesorgung) und zweitens für **besonders gefährdete** Menschen. Beim Gesundheitspersonal werden an erster Stelle Verkehrs- und Berufsbeschränkungen und erst danach Schutzmaßnahmen pauschal erwähnt, von denen nur die »Schutzimpfungen« namentlich genannt werden.[1047] Im EpG sind sohin zwei Ausnahmen von der **Grundregel der Impffreiheit** angeordnet. Damit übereinstimmend und in Großbuchstaben hervorgehoben, lautet es im Pandemieplan (2006): »Eine Anordnung von Schutzmaßnahmen ist **NICHT** generell für die Allgemeinbevölkerung möglich.«[1048]

Diesem Prinzip folgt grundsätzlich auch die deutsche Rechtslage. Zwar normiert das IfSG keine unmittelbare Anordnung eines Impfzwangs für **Personal** im Gesundheitswesen, jedoch eröffnet eine datenschutzrechtliche Bestimmung die Möglichkeit eines **indirekten** Impfzwangs. Die Leitungen von Gesundheitseinrichtungen dürfen nämlich als »Arbeitgeber personenbezogene Daten eines Beschäftigten über dessen Impf- und Serostatus verarbeiten, um über die Begründung eines Beschäftigungsverhältnisses oder über die Art und Weise einer Beschäftigung zu entscheiden.«[1049] In der Praxis bedeutet das, dass wohl nur entsprechend den Vorstellungen der Anstaltsleitung Geimpfte einen Job bekommen oder ausführen dürfen. Im Übrigen enthält das Anfang 2001 in Kraft getretene IfSG Verordnungsermächtigungen für das Bundesgesundheitsministerium und subsidiär für die Landesregierungen, mit denen mitunter Schutzimpfungen angeordnet werden können. Das gilt jedoch ausdrücklich nur für »**bedrohte** Teile der Bevölkerung« sowie unter den Voraussetzungen, dass es sich erstens um »eine übertragbare Krankheit mit klinisch **schweren** Verlaufsformen« handelt und dass zweitens »mit ihrer **epidemischen** Verbreitung zu rechnen ist.« Besonders hervorzuheben ist eine weitere Einschränkung: Bei wem eine medizinische Kontraindikation vorliegt, der darf **nicht** zur Teilnahme an Schutzimpfungen und sonstigen Maßnahmen gezwungen werden.[1050] Von verfassungsrechtlicher Relevanz ist zudem, dass der Gesetzgeber mit Wirkung vom 01. 03. 2020 jene Bestimmung **aufgehoben** hat, die zuvor eine Einschränkung des Grundrechts auf körperliche Unversehrtheit durch Impfungen für zulässig erklärt hatte.[1051] Somit bekannte sich der bundesdeutsche Gesetzgeber unmittelbar vor COVID-19 mit einem gesetzlichen Streichungsakt, zumindest pro forma, zur Grundregel der Impffreiheit.

Selbst bei den Masern liegt in Deutschland seit März 2020 zwar ein höchst bedenklicher, aber dennoch **kein** genereller Impfzwang für die gesamte Bevölkerung vor.[1052] Nach dem 31. 12. 1970 Geborene, die in gewissen sozialen Einrichtungen wie KiTas, Schulen, Heimen etc. betreut werden oder beruflich tätig sind, müssen entweder einen Impfschutz bzw. eine Immunität gegen Masern oder eine Unverträglichkeit (Kontraindikation) auf- und nachweisen.[1053] Zwar wird hier das Grundrecht auf körperliche Unversehrtheit ausdrücklich eingeschränkt,[1054] jedoch sieht das IfSG keine unmittelbare Durchsetzung der Impfpflicht durch Zwangsgewalt vor. Aber immerhin stellt die unterlassene Nachweispflicht eine Ordnungswidrigkeit dar, die mit einem **Bußgeld** von bis zu 2.500.- Euro beschwert ist, in anderen Fällen sogar bis zu 25.000.- Euro.[1055] Außerdem dürfen über Krankheitsverdächtige wegen Masern oder anderen Krankheiten **Aufenthaltsverbote** und berufliche **Tätigkeitsverbote** angeordnet werden.[1056]

Derartige empfindliche Sanktionen stellen einen massiven **indirekten** Impfzwang dar, der nicht mit der Verfassung vereinbar ist. Dieses juristische Faktum ist sowohl für Deutschland als auch für Österreich im Hinblick auf COVID-19 bedeutsam.

Hierbei ist das Rechtsgutachten vom 11. 10. 2019 von Dr. Stephan Rixen richtungsweisend, eines Professors für Öffentliches Recht, Sozialwirtschafts- und Gesundheitsrecht an der Universität Bayreuth. Die ausdrücklich so bezeichnete Impfpflicht im damals erst entworfenen Masernschutzgesetz[1057] erklärt der renommierte Staatsrechtler für »in mehrfacher Hinsicht verfassungswidrig«. Verletzt werden die grundrechtlich geschützten Rechte auf **körperliche Unversehrtheit** und **Gleichheit** der Kinder, das **Elternrecht**, die **ärztliche Berufsfreiheit** sowie die **Freizügigkeit** der Kinder und Eltern durch Aufnahme- und Aufenthaltsverbote.[1058] Die gesetzliche Verpflichtung zur Herstellung des Impfschutzes ist unverhältnismäßig, zumal nicht notwendig.[1059] Professor Rixen schließt sich der schon bestehenden verwaltungsgerichtlichen Rechtsprechung bzw. Betrachtungsweise an, dass ein Schulbesuchsverbot aufgrund einer Maserninfektion einem »faktisch **indirekten** Impfzwang« gleichkommt.[1060] Die zu befürchtende Nichtaufnahme eines Kindes in die KiTa im Falle des nicht vorgelegten Impfnachweises stellt eine »indirekte Beeinträchtigung der Grundrechte durch Abschreckung« respektive »Einschüchterung« dar.[1061] Die Unzumutbarkeit eines derartigen Impfzwangs resultiert insbesondere aus dem Fehlen einer akuten Bedrohungssituation und »mangels folgerichtig umgesetzten Schutzkonzepts«.[1062]

Den Kerngehalt dieser Ausführungen wiederholte Prof. Dr. Stephan Rixen im März 2020 – anlässlich COVID-19 – gegenüber der Presse. Dabei stellte er klar, dass ein Impfzwang stets zu »kontraproduktiven Effekten« führt und es nicht verfassungskonform ist, »mehr oder weniger offen mit Zwang zu drohen: Verlust des Kita-Platzes, Meldepflichten der Kita-Leitung an die Gesundheitsämter.« Diesen obliegt es, sogenannte Verbotsverfügungen zu erlassen, »die mit Verwaltungszwang und Bußgeldern durchgesetzt werden können, und am Horizont taucht der Teilentzug der elterlichen Sorge auf.« Anstatt solcher Einschüchterungsszenarien wäre es besser, »sich auf die existenzielle Bedeutung der körperlichen Unversehrtheit und der Elternverantwortung zu besinnen.« Außerdem, und hier wird es im Hinblick auf die selbstverschuldete Corona-Krise topaktuell, betont Rixen die **Gewährleistungsverantwortung** des Gesetzgebers bei Eingriffen in die körperliche Integrität durch Impfungen, die schließlich, einmal vorgenommen, **irreversibel** sind.[1063]

Im öffentlichen Diskurs darf man nicht müde werden, zu betonen, dass bei COVID-19 eine wie auch immer geartete Impfpflicht illegal wäre, weil keine Eingriffssituation vorliegt. Und keine legale Eingriffsermächtigung. Und kein legales Ziel. Daher müsste man die nachfolgenden Kriterien gar nicht prüfen. Dies geschieht lediglich hilfsweise, um einerseits die hochgradige Verfassungswidrigkeit aufzuzeigen und andererseits Rückschlüsse auf die wahren Absichten der Regierung zu ermöglichen. Ihr Verschulden bei der ganz offensichtlichen Verletzung der Gewährleistungsverantwortung für wirksame und sichere Impfstoffe spricht meiner Beurteilung nach Bände.

Keine Eignung

Impfungen waren schon vor COVID-19 **generell nicht** dazu geeignet, ein epidemiologisches Geschehen positiv zu beeinflussen oder gar die Seuchensterblichkeit zu senken. Das beweisen die im ersten Kapitel erläuterte statistische Auswertung von Dr. Suzanne Humphries und Roman Bystrianyk sowie die ebenfalls dort erwähnte Expertise der US-amerikanischen Behörde CDC. Außerdem ist die Schädlichkeit von Impfungen für das menschliche Immunsystem belegt, insbesondere für jenes von Kindern (siehe Kapitel »Wertlose Impfungen«). Infolgedessen scheinen Impfungen prinzipiell **kontraindiziert** zu sein, wenn es darum geht, Menschen weniger anfällig für Viren zu machen. Hier spielen also Unsicherheit und Unwirksamkeit eng zusammen.

Die Nachweispflicht für die Wirksamkeit und Sicherheit von generellen Impfmaßnahmen obliegt der anordnenden Regierung. Der Nachweis kann aber, wie bei der Corona-Warn-App, gar nicht gelingen. Im Speziellen, sprich bei COVID-19, ist die **technische Untauglichkeit** von Impfungen, also deren Unwirksamkeit, nicht nur wegen der viel zu kurzen Entwicklungszeit von nur **wenigen Monaten** indiziert, sondern auch im Rahmen der eigenen Studien der Impfstoffproduzenten belegt. Bei den neuartigen »Anti-Corona-Impfstoffen« ist deren Unwirksamkeit so eng an die ebenfalls belegte Unsicherheit gekoppelt, dass sie nahezu eins sind. Deshalb wird die Unsicherheit hier im Rahmen der mangelnden Eignung behandelt (und nicht erst bei der fehlenden Adäquanz). Mit der technischen Untauglichkeit hängt auch die fehlende Impfbereitschaft des Großteils der Bevölkerung zusammen.

Um die Aussichtslosigkeit des Corona-Impfunterfangens besser zu verstehen, beschäftigen wir uns zuerst mit dem strengen Entwicklungs- und Zulassungsverfahren für Arzneimittel, wie es vor COVID-19 üblich war und abseits der inszenierten Plandemie nach wie vor ist. Danach wird gezeigt, wie sehr bestens bewährte wissenschaftliche und rechtliche Grundlagen anlässlich einer Pseudo-Epidemie verletzt werden. Anschließend wird die daraus resultierende Untauglichkeit (Unwirksamkeit) dargelegt. Zuletzt wird auf die mangelnde Impfbereitschaft eingegangen.

Übliches strenges Reglement

Für die Entwicklung eines wirksamen und sicheren Impfstoffs sind, konservativ beurteilt, **15 Jahre** anzusetzen, das sind **180 Monate**. Hierfür werden die nun folgenden Angaben herangezogen.

Die Entwicklung herkömmlicher Arzneimittel nimmt laut Fachauskunft des Verbandes der pharmazeutischen Industrie Österreichs (PHARMIG) im Durchschnitt 13 Jahre in Anspruch.[1064] Gemäß dem deutschen Bundesverband der Pharmazeutischen Industrie (BPI) vergehen von der Entdeckung einer Substanz »bis zur Zulassung eines Medikaments bis zu 14 Jahre. Von ca. 10.000 Molekülen, die potenziell als Wirkstoff in Frage kommen, schafft es »in der Regel nach etwa acht bis zwölf Jahren« gerade einmal eine einzige (1) Substanz, »den behördlichen Zulassungsprozess erfolgreich zu absolvieren.«[1065] 1 von 10.000 entspricht 0,01 Prozent. Demnach scheiden **99,99 Prozent** der Kandidaten aus.

Gegenüber herkömmlicher Arznei ist die Herstellung von Impfstoffen noch zeitintensiver. Die Europäische Kommission wusste bis mindestens 17. 06. 2020, dass die Impfstoffentwicklung »in der Regel über 10 Jahre« dauert.[1066] Laut dem deutschen Fachmagazin *Laborpraxis* vom 18. 03. 2020 vergehen vom Auffinden geeigneter Substanzen bis hin zum zugelassenen Medikament (Impfstoff) »meist 15 Jahre.«[1067] Und gemäß dem Literaturstudium zum Diplom-Fortbildungsprogramm 2017 der Österreichischen Ärztekammer ist die Entwicklung von Impfstoffen mit einer Dauer »von 15 bis 20 Jahren« anzusetzen.[1068] **Konservativ** beurteilt, dauert die Impfstoffentwicklung also **15 Jahre**. Das ist die reine Entwicklungsdauer, also die Zeitspanne vom ersten Auffinden der Substanz bis zur abgeschlossenen Zulassung. Nicht einzurechnen ist die Zeit der gewerblichen Massenproduktion. Diese darf nämlich erst nach der Zulassung erfolgen (siehe unten).

Die lange Entwicklungsdauer von 15 Jahren und die extrem hohe Ausscheidungsquote von rund 99,99 Prozent sind der Gewährleistungsverantwortung geschuldet, sprich dem **Vorsorgeprinzip** und der daraus abgeleiteten sorgfältigen Prüfung der Arznei bzw. des Impfstoffs auf Wirksamkeit, Nebenwirkungen und Unbedenklichkeit. Das Prüfverfahren ist **fünfstufig** und aus guten Gründen äußerst komplex. Zuerst erfolgen in der Forschungsphase präklinische Laborversuche an Zellen und Tieren, um die Wirksamkeit zu testen und gefährliche Nebenwirkungen auszuschließen. Erst danach dürfen Testungen an Menschen durchgeführt werden. Diese finden in vier klinischen Phasen statt, in denen sich die Anzahl der Probanden von Phase zu Phase steigert. In Phase I werden die Aufnahme, die Verteilung und die Ausscheidung des Wirkstoffs an gesunden Freiwilligen getestet. Phase II dient der Dosisfindung und Verträglichkeitsprüfung in den bereits kranken Organismen freiwilliger Patienten, meist hunderter. Dabei kommen grundsätzlich auch wirkungslose Kontrollsubstanzen (Placebos) »doppelblind« zum Einsatz. Das bedeutet, dass weder die durchführenden Ärzte noch die Patienten wissen, wer der echten Impfgruppe bzw. Experimentalgruppe (Wirkstoff) oder der Kontrollgruppe (Placebo) angehört. Niemand weiß, wer welche Substanz erhält. Mit derselben Vorgangsweise wird der Wirkstoff in Phase III an einer großen Anzahl von Patienten getestet, oft an tausenden. Hier wird auch auf langzeitliche und zeitverzögerte **Nebenwirkungen** geprüft. Nach Abschluss der dritten klinischen Phase kann der Hersteller einen Antrag auf amtliche Zulassung des Medikaments stellen. Die behördliche Zulassung wird immer öfter mit der Auflage der Durchführung weiterer Studien in Phase IV verbunden. Diese Abläufe sind international weitgehend standardisiert, zumindest sind sie in Österreich vom PHARMIG[1069] und in Deutschland vom BPI[1070] so gut wie identisch ausformuliert worden.

Den soeben skizzierten Herstellungsphasen werden vom österreichischen Bundesamt für Sicherheit im Gesundheitswesen (BSAG) respektive von der AGES folgende Zeitspannen zugeordnet: der Forschung inklusive präklinischer Phase etwa 4 bis 10 Jahre (jeweils etwa 2 bis 5 Jahre), den drei klinischen Phasen zusammen ca. 4 bis 7 Jahre (siehe Abb. 39).

Phasen der Impfstoff-Entwicklung

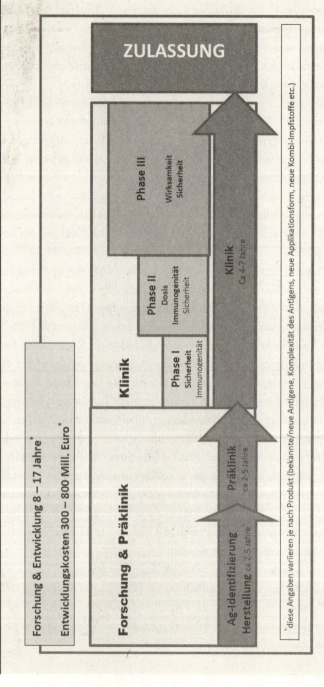

Abb. 39 (Quelle: BASG / AGES gem. ÖÄZ, 15. 12. 2017)[1071]

Die Dauer der einzelnen klinischen Phasen wird von *Laborpraxis* wie folgt präzisiert: Phase I ca. 1,5 Jahre, Phase II ca. bis zu 2 Jahre und Phase III ca. bis zu 3 Jahre.[1072] Laut der Österreichischen Ärztekammer dauern Phase I und II jeweils ca. 1 bis 1,5 Jahre, während Phase III mit bis zu 4 Jahren bemessen wird.[1073] Gemäß beiden Angaben kann die Gesamtdauer der drei klinischen Phasen mit etwa **6,5 Jahren** angesetzt werden. Rechnet man den Mittelwert von **7 Jahren** (zweimal 3,5 Jahre) für Forschung und Präklinik gemäß AGES hinzu, beträgt die gesamte reguläre Entwicklungszeit im Durchschnitt 13,5 Jahre. Wenngleich es sich nur um einen Anhalt handelt, so liegt er doch nahe an den vorhin konservativ festgestellten 15 Jahren.

Die Staffelung der Herstellungsphasen für Standardimpfstoffe wird von der Europäischen Arzneimittel-Agentur, kurz EMA (für European Medicines Agency), im November 2020 zwar nicht im richtigen Verhältnis zur Dauer der einzelnen Phasen, aber dennoch ablaufmäßig korrekt dargestellt (siehe Abb. 40). Denn die Phasen überlappen sich auch hier nicht, sondern finden jeweils **nacheinander** statt, damit die Testergebnisse und Erfahrungen der vorigen Phase in die nächste Phase einfließen können. Auf diese Weise werden sichere Erkenntnisse über Wirksamkeit und nicht erwünschte Nebeneffekte gesammelt und verarbeitet. Die strichlierte Linie rechts außen markiert die Verfügbarkeit des fertigen Impfstoffs.

Bei den dargestellten Herstellungsphasen handelt es sich um anerkannte und regelmäßig angewandte wissenschaftliche **Standards** respektive »etablierte Produktionsschemata«. Sie sollen, wie auch die Experten der EMA wissen, die Herstellung »**sicherer** und **effektiver** Impfstoffe« sicherstellen.[1075] Besagte Standards dienen also nachweislich dem Schutz der Öffentlichkeit vor gefährlichen Wirkstoffen und letztlich dem Erhalt der öffentlichen Gesundheit. Sie entsprechen dem Vorsorgeprinzip, das seinen Ausdruck in den **strengen** Regelwerken für Arzneimittelzulassungen sowohl auf EU-rechtlicher als auch auf nationaler Ebene in Österreich und Deutschland findet. Das nationale Arzneimittelrecht tritt zwar teils gegenüber dem EU-Recht zurück, so auch während der Corona-Krise, jedoch spiegeln sich darin dieselben hohen wissenschaftlichen Ansprüche für das Inverkehrbringen neuer Medikamente und Impfstoffe.

Im Rahmen der EU ist primär die Verordnung des Europäischen Parlaments und des Rates vom 31. 03. 2004 zur Festlegung des Unionverfahrens für die Genehmigung und Überwachung von Arzneimitteln zu nennen.[1076] Diese stellt **mehrfach** auf das Erfordernis wissenschaftlichen Arbeitens ab[1077] und ordnet bei Antragstellung auf Zulassung die Vorlage mitunter folgender Unterlagen an: »vollständige

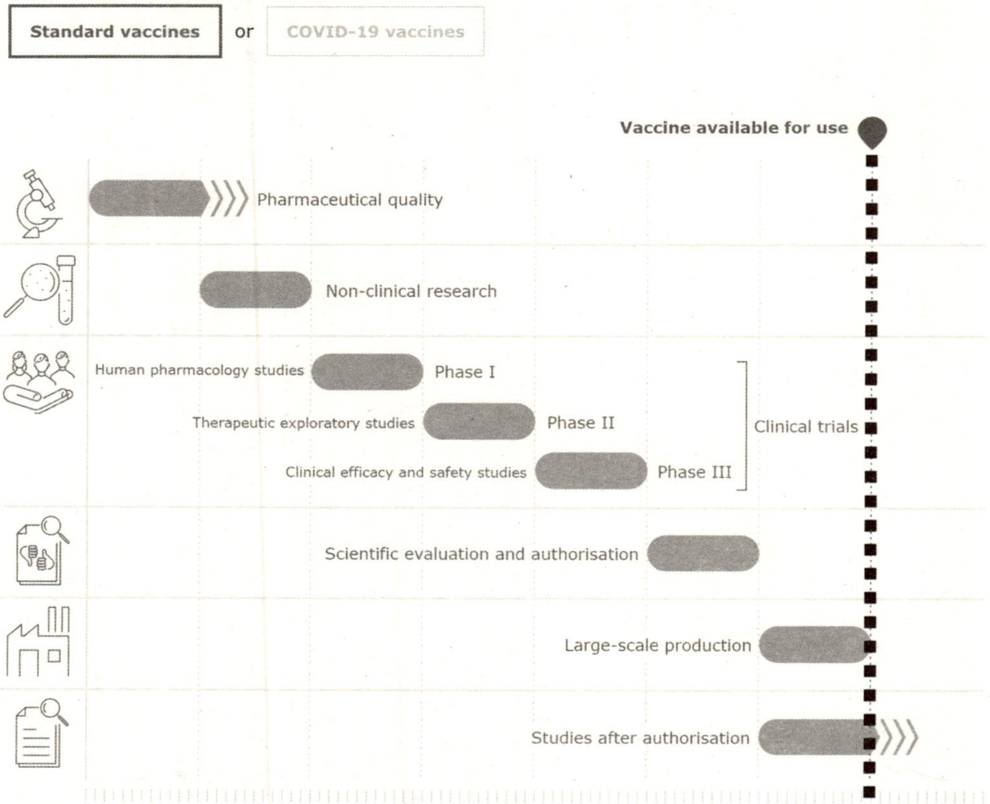

Abb. 40 (Quelle: EMA, 30. 11. 2020)[1074]

technische Unterlagen« sowie Ergebnisse zu »Untersuchungen zu Forschungs- und Entwicklungszwecken«.[1078] Nach Eingang des Antrags hat die Europäische Arzneimittel-Agentur innerhalb von **210 Tagen** (7 Monaten) die Abgabe eines Gutachtens sicherzustellen, wobei die Dauer der Analyse der wissenschaftlichen Daten grundsätzlich nicht unter **80 Tagen** (knapp 3 Monaten) liegen darf.[1079] Im Falle eines positiven Gutachtens sind weitere Unterlagen vorzulegen.[1080] Auch **nach** einer Erteilung der Genehmigung zum Inverkehrbringen eines Arzneimittels oder Impfstoffs kann der Hersteller zur Vorlage von Unbedenklichkeits- und Wirksamkeitsstudien verpflichtet werden.[1081] Die Genehmigung ist (für den gesamten EU-Raum) zu versagen, wenn »die Qualität, die Sicherheit oder die Wirksamkeit des Arzneimittels nicht angemessen oder ausreichend nachgewiesen« hat oder unrichtige Angaben respektive Unterlagen vorgelegt wurden.[1082] Eine Zulassung verliert ihre Gültigkeit grundsätzlich nach fünf Jahren.[1083] Ausnahmen vom strengen Reglement sieht die Verordnung lediglich bei Krankheiten vor, die zu schwerer Invalidität führen oder die lebensbedrohlich sind. In nicht näher definierten »Krisensituationen« kann zwar eine Zulassung vor dem Vorliegen vollständiger präklinischer oder pharmazeutischer Daten erteilt werden. Diesfalls hat jedoch eine sorgfältige Nutzen-Risiko-Abwägung stattzufinden, im Rahmen welcher der Arzneimittelhersteller besondere Verpflichtungen zu erfüllen hat.[1084]

Die jeweiligen nationalen Arzneimittelgesetze sind inhaltlich sehr ähnlich gestaltet. An dieser Stelle werden in aller Kürze nur jene Regeln behandelt, welche die hohen Sicherheitsstandards zusätzlich bestätigen und den Normzweck unterstreichen: den vorsorglichen Schutz der öffentlichen Gesundheit. Das österreichische Arzneimittelgesetz ordnet an, dass die Herstellung oder das Inverkehrbringen von Arzneimitteln und Wirkstoffen **verboten** ist, »die in ihrer Qualität dem jeweiligen Stand der Wissenschaft nicht entsprechen.«[1085] Fast dieselbe Bestimmung enthält das deutsche Arzneimittelgesetz, wobei sich das Verbot des Inverkehrbringens bedenklicher Arzneimittel ausdrücklich auch auf »die **Anwendung** bei einem anderen Menschen« bezieht. Bedenklichkeit liegt vor, wenn bei einem Arzneimittel »nach dem jeweiligen Stand der wissenschaftlichen Erkenntnisse der begründete Verdacht besteht, dass sie bei bestimmungsgemäßem Gebrauch schädliche Wirkungen haben, die über ein nach den Erkenntnissen der medizinischen Wissenschaft vertretbares Maß hinausgehen.«[1086] Beide Gesetze regeln die Bedingungen für klinische Prüfungen streng und konsequent.[1087]

Dennoch, und das ist von enormer Wichtigkeit, ist auch noch so regelkonform zugelassene Arznei nicht automatisch wirksam und sicher. Eher das Gegenteil ist der Fall: »Der in der Öffentlichkeit immer noch vorherrschende Irrglaube, ein Arzneimittel, das zugelassen ist, ist sicher, ist eindeutig **nicht** richtig.« So erklärt es Prof. Dr. Wolf-Dieter Ludwig, der Vorsitzende der Arzneimittelkommission der deutschen Ärzteschaft.[1088] Daraus folgt, dass jeder Regelbruch die Gefahr von Qualitätsverschlechterungen birgt, die insbesondere Impfstoffe nicht nur wirkungslos machen, sondern auch unsicher bzw. gefährlich für den Patienten.

Massive Regelbrüche während COVID

Die Herstellung eines qualitätsgesicherten Corona-Impfstoffes müsste **viel mehr** Zeit als die konservativ beurteilten 15 Jahre in Anspruch nehmen. Zum einen wäre das der offiziellen Neuartigkeit des Virus SARS-CoV-2 und dessen Tendenz zur Dauermutation geschuldet. Zum anderen sollen technisch neuartige, nämlich genetisch veränderte Substanzen zum Einsatz kommen, für die noch keine Erfahrungswerte vorliegen. Gerade bei solchen Substanzen ist die Risikotoleranz sehr niedrig einzustufen, weil es sich bei deren Anwendung um keine therapeutischen Maßnahmen an zum Tode geweihten Patienten handeln würde, sondern um vermeintlich präventive Eingriffe an gesunden Menschen, die zu einem hohen Anteil Kinder und bereits immune Erwachsene sind. Demzufolge könnte die Entwicklungsdauer durchwegs mit 20 Jahren veranschlagt werden. Der Einfachheit bleiben wir aber bei besagten 15 Jahren. Unter Einhaltung des regulären Entwicklungsverfahrens wäre daher frühestens im Jahr **2035** mit einem wirksamen und sicheren Corona-Impfstoff zu rechnen.

Doch statt der Anhebung oder zumindest der Beibehaltung der regulären Herstellungsdauer wurde deren drastische Kürzung auf wenige Monate nebst Überlappung der klinischen Phasen gewerblich gewünscht und politisch genehmigt.

Ein Wegbereiter hierfür ist der einflussreichste Impfbefürworter und laut eigenen Angaben mit seiner Stiftung »größte Förderer von Impfstoffen« weltweit: Bill Gates.[1089] Gemeinsam mit seinen beiden Co-Veranstaltern des Pandemieplanspiels vom 18. 10. 2019, dem Johns Hopkins Center for Health Security und dem von Klaus Schwab geleiteten Weltwirtschaftsforum (WEF), erinnerte Gates bereits am 17. 01. 2020 mittels Pressemitteilung an die angeblich für die »nächste schwere Pandemie« relevanten politischen Empfehlungen, die sich aus **Event 201** ergeben. Die Regierungen sollten mit Konzernen zusammenarbeiten sowie mitunter »mehr Ressourcen und Unterstützung« für die Entwicklung und Herstellung von Impfstoffen bereitstellen.[1090]

Hierzu fordern die im Artikel mehrfach verlinkten Event-201-Empfehlungen unter Punkt 4 »die Fähigkeit, sie **schnell** zu entwickeln, herzustellen, zu vertreiben und zu verteilen.« In enger Abstimmung zwischen der WHO, den von Gates gesponserten weltweiten Impfallianzen CEPI (Coalition for Epidemic Preparedness Innovations) und GAVI (Global Alliance for Vaccines and Immunisation) sowie »anderen relevanten multilateralen und inländischen Mechanismen« soll in neue Technologien und industrielle Ansätze investiert werden, die eine gleichmäßig verteilte Fertigung gewährleisten. Dies erfordere »unter anderem die **Beseitigung** rechtlicher und regulatorischer Hindernisse.«[1091]

Gegenständliche Erinnerung an die Aufforderung zum verantwortungslosen Bruch mit rechtlichen und wissenschaftlichen Normen erfolgte genau eine Woche nach der Veröffentlichung der ersten WUHAN-Berichte durch die WHO (10. 01. 2020) und knapp eine Woche vor der Publikation der Studie über den Drosten-PCR-Test. Folglich mussten Gates und Konsorten mit besagtem Artikel bereits COVID-19 im Auge gehabt haben, obwohl die Krankheit damals noch hochoffiziell und korrekt als harmlos eingestuft wurde.

Dass es Bill Gates dennoch schon frühzeitig um Corona-Impfstoffe ging, verrät ein von ihm verfasster Artikel, der am 28. 02. 2020 im *New England Journal of Medicine* veröffentlicht wurde. Dass der steinreiche Nichtmediziner, der weder über eine abgeschlossene akademische noch über eine berufliche Ausbildung verfügt, für eine weltweit angesehene medizinische Fachzeitschrift schreiben darf, ist schon ein Kuriosum für sich. Noch unverständlicher ist, dass darin Gates' Falschannahmen über COVID-19 und die daraus resultierenden Fehlbeurteilungen über eine rasche Impfstofferzeugung abgedruckt werden, die komplett auf der Linie des von ihm bzw. seiner Stiftung mitveranstalteten Event 201 liegen. Bill Gates erfindet eine nachweislich falsche Fallsterblichkeit (CFR) von »etwa 1%«, die neben den Risikopatienten auch gesunde Erwachsene dahinraffe. Um Leben zu retten, hätten der Milliardär und seine Gattin Melinda in Entwicklungsländern mit kräftigen Finanzspritzen schon »den Kickstart für die globale Reaktion auf COVID-19« initiiert. Schon wieder spielen analog zu Event 201 Impfungen die Hauptrolle, wobei diesmal bereits von »bis zu acht vielversprechenden Impfstoff-Kandidaten« die Rede ist, die »innerhalb **weniger Tage**« entwickelt worden seien und bereits im Juni (2020) in groß angelegten klinischen Phasen getestet werden sollen. Die Herstellung erfordere »Milliarden mehr Dollar«, für die eine staatliche Finanzierung nötig sei, weil es sich bei »Pandemieprodukten« um »außerordentlich risikoreiche Investitionen« handle. Mit öffentlichen Mitteln müsse man das »Risiko für Pharmaunternehmen minimieren«, um diese dazu zu bringen, »mit beiden Beinen einzuspringen.« Mehrfach wird behauptet, es sei »keine Zeit zu verlieren.«[1092]

Für »Abkürzungen bei der Impfstoffzulassung« plädiert auch der Hauptverantwortliche für den wertlosen Corona-PCR-Test: Christian Drosten. Dieser höchst fragwürdige Mann sprach sich – ganz auf der Linie von Bill Gates – bereits am 18. 03. 2020 dafür aus, das Risiko für Impfstoffnebenwirkungen auf den Staat und damit letztlich auf die Bevölkerung abzuwälzen: »Ja. Und für so ein Risiko müsste dann auch der **Staat haften**.«[1093]

Das ist zusätzlicher Brennstoff in der Zeitdruckdampfwalze von Bill Gates, der genau weiß, dass die Herstellung von wirksamen und sicheren Impfstoffen viele Jahre in Anspruch nimmt. Er selbst erklärt in der bereits erwähnten *Tagesschau* vom 12. 04. 2020, dass die Impfstoffherstellung »normalerweise ungefähr fünf Jahre« dauert. Das ist zwar nachweislich falsch, weil es tatsächlich mindestens 15 Jahre sind (siehe oben). Die von Gates angegebene Dauer liegt aber immer noch weit oberhalb der von ihm selbst für Corona-Impfstoffe angepeilten **18 Monate**, die er sogar noch **unterschreiten** will. Hier spricht der von niemandem gewählte Laientechniker bereits in der Gegenwartsform, wodurch er die Weltöffentlichkeit vor vollendete Tatsachen stellt: »Und wir sind **jetzt** dabei, diese Zeitspanne [fünf Jahre] auf rund 18 Monate zu **komprimieren**. Wenn alles super läuft, geht es vielleicht noch **schneller**.«[1094]

Hingegen postuliert der vielfach im Kreuzfeuer der Kritik stehende US-amerikanische Chef-Immunologe Dr. Anthony Fauci wenigstens eine Entwicklungsdauer von eher 18 Monaten als nur 12.[1095]

Gates glaubt, alles besser zu wissen. Hinter seiner Straffung steckt, so gibt er vor, der entgegen der üblichen Praxis bereits **jetzt** (April 2020) beginnende Aufbau der gewerblichen Herstellungskapazitäten.[1096] Doch die Vermischung der Massenproduktion mit der von Gates viel zu niedrig angesetzten Entwicklungszeit kommt einer besonders hinterlistigen **Irreführung** gleich. Schließlich zählt die gewerbliche Massenproduktion, wie gesagt, nicht zur Entwicklung. Produziert werden darf ja erst nach der Zulassung. Gates täuscht also die Öffentlichkeit, indem er einerseits die massive Verletzung der Entwicklungsregeln kaschiert und dabei andererseits der von ihm bereits am 28. 02. 2020 geforderten staatlichen Übernahme des gewerblichen Risikos weiterhin Vorschub leistet. Ein Meisterstück massenmedial betriebener Manipulation. Bei der besagten *Tagesschau* sagte Gates zudem, zwecks schnellen Fortschritts müsse die Entscheidung zum Einsatz für einen neuen Impfstoff »auf einer **geringeren Datengrundlage** als sonst« gefällt werden.[1097] Umso unlogischer sind jene Aussagen, denen zufolge es ohne ein Durchimpfen der gesamten Weltbevölkerung keine Rückkehr zur Normalität geben könne.[1098]

Kurzgefasst: Mit der hastigen Einführung neuer Impfstoffe fordert Bill Gates die Maximierung des Risikos für die Gesundheit der zu Impfenden bei gleichzeitiger Minimierung des Risikos für die Gewinnerzielung der Hersteller. Das kann sehr leicht als Anleitung zur Korruption verstanden werden. Zur Erinnerung: Zeitnah, konkret am 15. 04. 2020, propagierte die deutsche Kanzlerin den Impfstoff zum alternativenlosen Mittel für eine Rückkehr der Normalität. Am 02. 05. 2020 trat sie für eine Beglückung der ganzen Welt mit Impfstoffen ein. In einem deutschen Regierungspapier vom 03. 06. 2020 wird verfügt, dass die »Corona-Pandemie« erst nach der Verfügbarkeit eines Impfstoffes für die ganze Bevölkerung endet.[1099] Und am 15. 06. 2020 verkündete der österreichische Kanzler, dass auch er den »Corona-Impfstoff für jeden Bürger« haben will. Schließlich hatte sich bereits die aus Deutschland, Frankreich, Italien und den Niederlanden bestehende Impfallianz zusammengeschlossen und sich einen damals noch »nicht existenten Impfstoff für 400 Millionen Menschen [der EU] beim britisch-schwedischen Pharmakonzern Astrazeneca gesichert.« Gemäß BMSGPK sei dies ein »Vorteil für alle EU-Mitgliedsstaaten und damit auch für Österreich.« Sebastian Kurz setzt zudem »auf seine persönliche Achse zu Deutschlands Gesundheitsminister Jens Spahn.« Selbiger verlässt sich »nicht nur auf die Viereralianz und die EU«, denn Deutschland ist auch »mit 300 Millionen Euro beim Biotech-Unternehmen Curevac eingestiegen.«[1100]

Übereinstimmend mit den bisher genannten Forderungen und Mitteilungen erklärt auch die von der Europäischen Kommission am 17. 06. 2020 veröffentlichte »EU-Strategie für COVID-19-Impfstoffe« die noch nicht einmal autorisierten Substanzen **ohne** jede Begründung zur »am ehesten« geeigneten Option für eine dauerhafte Krisenbewältigung. Zwar gebe es »**keine** Garantie dafür, dass bald ein sicherer und wirksamer Impfstoff verfügbar sein wird.« Jedoch gelte »ein wirksamer und sicherer Impfstoff gegen COVID-19 im Allgemeinen als die wahrscheinlich dauerhafteste Lösung zur Bewältigung der anhaltenden Pandemie.«[1101] Man weiß zwar, dass die reguläre Herstellungsdauer aufgrund der Komplexität des Prozesses mehr als 10 Jahre beträgt, damit ein erfolgreicher Impfstoff »den strengen Qualitäts-, Sicherheits- und Wirksamkeitsstandards entspricht.« Dennoch wird lapidar und ebenfalls **nicht** begründet angemerkt, ein COVID-19-Impfstoff sei »dringender erforderlich.« Offensichtlich wird begrüßt, dass bereits weltweit Teams daran arbeiten, »innerhalb von **12 bis 18 Monaten** einen erfolgreichen Impfstoff herzustellen.« Zudem bekenne sich die EU zum angeblichen Erfordernis, den Corona-Impfstoff

»für **alle** Regionen der Welt zugänglich zu machen.«[1102] Dies ist der technische Anschluss an die erwähnte Transformationsagenda der UNO aus dem Jahr 2015, die zwar nicht den Impfzwang, aber immerhin die Verfügbarkeit von Impfstoffen für **alle** Menschen fordert.[1103]

Bemerkenswerterweise werden von der Europäischen Kommission zwei Ziele definiert, die sich diametral gegenüberstehen bzw. gegenseitig ausschließen: erstens die »Sicherstellung der Qualität, Sicherheit und Wirksamkeit von Impfstoffen« und zweitens die »Gewährleistung eines **raschen** Zugangs« zu selbigen.[1104] Bezüglich des beschleunigten Zulassungsverfahren wird explizit eingeräumt, »dass die ursprüngliche Zulassung auf **weniger** umfassenden Daten beruht, als dies normalerweise der Fall wäre,« wobei trotzdem »ein positives Nutzen-Risiko-Verhältnis« bestehe.[1105] Diese Behauptung deckt sich zwar mit der Geisteswelt des Herrn Gates, sie ist aber absolut unlogisch und nicht mit der Realität in Einklang zu bringen. Aufgrund der Unvereinbarkeit der genannten Ziele liegt auch keine plausible Erklärung für deren angebliche Erreichbarkeit bei. Stattdessen werden die beiden Säulen der »Strategie« genannt: erstens **Abnahmegarantien** inklusive finanzieller und sonstiger Unterstützungen für Impfstoffhersteller durch die Mitgliedsstaaten sowie zweitens die »**Anpassung** des EU-Rechtsrahmens«.[1106]

Hinsichtlich von Impfstoffen, die mit genetisch veränderten Organismen (GVO) arbeiten, das sind abgeschwächte Viren und virale Vektoren, wird eine Verordnung zur zeitweisen **Ausnahme** vom Gebot der Umweltverträglichkeit empfohlen.[1107] Die schon am 15. 07. 2020 erlassene EU-Verordnung normiert, dass für sämtliche Vorgänge im Rahmen von klinischen Prüfungen »**keine** vorherige Umweltverträglichkeitsprüfung oder Zustimmung« erforderlich ist. Diese Anordnung gilt, solange COVID-19 laut WHO eine Pandemie ist oder die Kommission eine »gesundheitliche Notlage« feststellt.[1108]

Bei der europäischen COVID-19-Impfstoffstrategie handelt es sich ausdrücklich (auch) um eine »Absicherungsstrategie«, mit der »ein Teil des Risikos von der Industrie auf die Behörden übertragen« werden soll. Für die »Rettung von Menschenleben« müsse ein weiteres »**ganz konkretes Risiko**« eingegangen werden, nämlich jenes, »dass **keiner** der unterstützten Kandidaten das Zulassungsverfahren erfolgreich abschließt.«[1109] Wie daher unschwer zu erkennen ist, fungiert die EU als Sprachrohr und Handlanger von Bill Gates. Zugunsten der raschen Gewinne der Pharmaindustrie soll die Bevölkerung als kollektives Versuchskaninchen herhalten.

In einer Zeit, in der man anhand der offiziellen Statistiken längst wusste, dass nie eine Notlage von nationaler Tragweite bestand und dass COVID-19 in Zentraleuropa bereits spätestens seit Ende Mai 2020 beendet war, wurde die Entwicklungsdauer für Impfstoffe von den regulären 15 Jahren bzw. 180 Monaten letztendlich auf ca. **10 Monate** reduziert. Da laut obigen Berichten die Impfstoffentwicklung seit Februar 2020 läuft und die Europäische Kommission von den ersten Verabreichungen ab Ende Dezember 2020 ausgeht,[1110] beträgt die tatsächlich angepeilte Entwicklungsdauer nicht die ursprünglich schon unverantwortlich gekürzten 12 bis 18 Monate, sondern ganz offensichtlich nur noch 10 Monate. Die reguläre Entwicklungszeit wurde demnach um **170 Monate** gekürzt, das sind knapp **95 Prozent**. Andersrum ausgedrückt, beträgt die nunmehrige Entwicklungsdauer nur noch fünf Prozent der regulären.

Dass dabei ausgerechnet Deutschland mitspielt und sogar eine führende Rolle einnimmt, kann nicht logisch erklärt werden, ohne ein Verschulden festzustellen. Denn in der erwähnten profunden Risikoanalyse der deutschen Bundesregierung aus dem Jahr 2012 wird bezüglich eines Impfstoffs gegen ein (fiktives) SARS-corona-ähnliches Virus an mindestens drei Stellen deutlich betont, dass in den ersten **drei Jahren** der Krise **kein** Impfstoff bereitstehen kann.[1111]

Anstatt wenigstens diese drei Jahre zuzüglich eines Zeitpolsters für die Neuartigkeit genetischer Impfstoffe vorzusehen, ist die deutsche Bundesregierung ein Motor für die massive Beschneidung der regulären Entwicklungsdauer auf rund 10 Monate.

In diesem Zusammenhang wird weiterhin die Verstümmelung der Entwicklungsstandards gewerblich betrieben und politisch geduldet. Mindestens bis 30. 11. 2020 waren das reguläre Phasenmodell und dessen corona-bedingte Schrumpfung auf der Homepage der EMA abrufbar. Zwecks Anschaulichkeit werden hier beide Ablaufdiagramme übereinandergestellt (siehe Abb. 41).

Oberhalb befindet sich das bereits bekannte Regelmodell. Im darunter platzierten COVID-19-Modell überlappen sich die einzelnen Phasen anscheinend jeweils ab ca. dem ersten Drittel, und die gesamte Entwicklungsdauer wirkt um »nur« etwa 60 Prozent verkürzt. Doch das ist eine graphische Verzerrung im Sinne einer gezielten Irreführung. Schließlich raubt das unzulässige Eilverfahren, wie vorhin festgestellt, stolze ca. 95 Prozent der Entwicklungszeit. Die einzelnen »Zäpfchen«, welche die Phasendauern symbolisieren, müssten daher sowohl erheblich kürzer als auch viel stärker überlappend dargestellt sein. Folglich muss man sich das untere Ablaufdiagramm noch einmal deutlich zusammengepresst und erheblich nach links verschoben vorstellen. Die gesamte neue Entwicklungsdauer von 10 Monaten ist schließlich kürzer als die Dauer der kleinsten einzelnen Phase des Regelmodells: Die

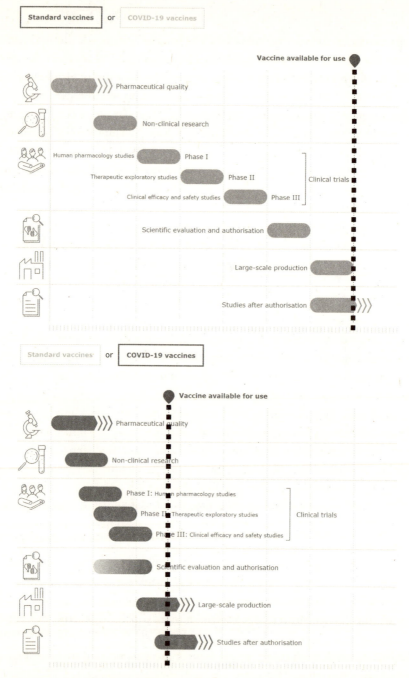

Abb. 41 (Quelle: EMA, 30. 11. 2020)[1112]

erste klinische Phase des Regelmodells ist mit ca. 18 Monaten (1,5 Jahren) um gute 8 Monate länger als die Gesamtdauer des Corona-Eilverfahrens.

Abbildung 42 zeigt eine Gegenüberstellung der Phasendauern, wobei jene des COVID-19-Modells (jeweils unten) gegenüber jenen des Regelmodells (jeweils oben) durchgängig um 95 Prozent gekürzt sind.

Weil anlässlich COVID-19 die Entwicklungsphasen zwecks Verkürzung der Gesamtlänge wie die Elemente eines Teleskops zusammengeschoben und dabei massiv überlappt werden, spricht man von der **Phasen-Teleskopierung**. Diese wird im Endergebnis vorhersehbar katastrophale Auswirkungen haben: Die im überlappten Bereich gewonnenen Informationen über Unwirksamkeit und unerwünschte Nebenwirken (Unsicherheit) stehen in der nächsten Phase nicht bzw. nicht rechtzeitig zur Verfügung. Das wiederum muss zwangsweise eine intensive Verschlechterung der Impfstoffqualität zur Folge haben. Denn jede Verkürzung insbesondere der drei klinischen Phasen, die zusammen regulär etwa 6,5 Jahre dauern, erhöht das Risiko, dass gefährliche zeitverzögerte oder langzeitliche Nebenwirkungen übersehen oder erst dann erkannt werden, wann der Impfstoff bereits angewandt wird. Demnach steht außer Zweifel, dass dem Schutz der Volksgesundheit dienende Qualitätsstandards **absichtlich** auf ein absolutes Minimum heruntergeschraubt wurden, was auf eine zumindest bedingt **vorsätzliche** Verletzung des Vorsorgeprinzips nach dem Motto »Na, wenn schon!« schließen lässt. Bei den zu erwartenden Schäden wird daher jeweils eine vorsätzliche Körperverletzung vorliegen. Ein reichhaltiges Betätigungsfeld für Rechts- und Patientenanwälte.

Jedenfalls ist die bereits praktizierte Phasen-Teleskopierung, wie sollte es anders sein, gänzlich im Interesse von Bill Gates. Schon Ende April 2020 hatte er öffentlich erklärt, dass der üblicherweise gut funktionierende »normale Entwicklungszeitplan derzeit nicht gut genug ist. Jeder Tag, den wir aus diesem Prozess herausholen können, wird einen großen Unterschied für die Welt bedeuten, wenn es darum geht, Leben zu retten und wirtschaftlichen Schaden in Billionenhöhe zu reduzieren.«[1113] Offensichtlich hat der Zahlenmensch Gates ein Problem mit dem logischen Denken. Mehrfach verdreht er das Verhältnis zwischen Ursache und Wirkung. Zum einen dient das reguläre Phasenmodell dem vorsorglichen Schutz der öffentlichen Gesundheit. Eine rigorose Teleskopierung bringt daher jene Leben in Gefahr, die Gates angeblich zu retten beabsichtigt. Zum anderen sind exorbitante wirtschaftliche Schäden keine Folgeerscheinung einer Krankheit, sondern der epidemiologisch sinnlosen Lockdowns. Anderslautenden Unsinn gäbe Bill Gates nicht von sich, wenn er auf seriöse medizinische Experten hören würde.

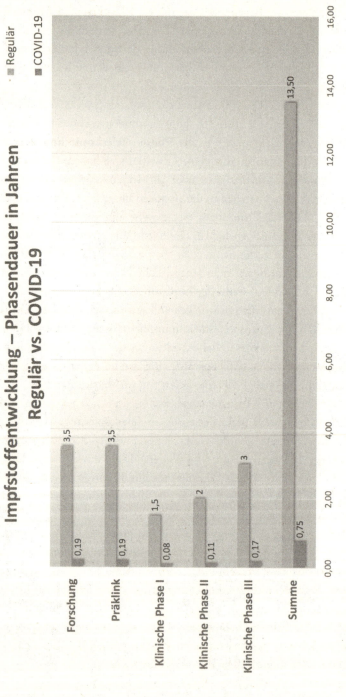

Abb. 42 (Datenquelle: Fn 1070 und 1072)

Auf die unnötigen Gefahren des Telekopierens weist zum Beispiel der hochangesehene US-amerikanische Molekularbiologe Dr. William A. Haseltine hin, vormals Professor am Institut für Krebsforschung der Harvard Medical School und unternehmerischer Beteiligter am Human Genome Project. Im *Scientific American*, einer der ältesten und weltweit angesehensten populärwissenschaftlichen Zeitschriften, die Bill Gates und ihm hörige Pharmalakaien kennen müssten, schreibt Dr. Haseltine über die Risiken eines übereilt hergestellten COVID-19-Impfstoffs: »Das Teleskopieren von Zeitplänen und Zulassungen kann uns alle **unnötigen Gefahren** aussetzen.«[1114] Wenn potenzielle Impfstoffe keine Sicherheit erwarten lassen, fehlt mit hoher Wahrscheinlichkeit auch deren Wirksamkeit. Denn wo strenge praxisbewährte Qualitätssicherungsregeln intensiv gebrochen werden, dort stehen logischerweise massive Qualitätseinbußen heran.

Unwirksamkeit

Obwohl Corona-Impfungen zu jeder Zeit und bei jedem Menschen ein absolut untaugliches Mittel sind, ist es gerade wegen der politisch-medial erzeugten Impfhysterie dringend nötig, besonders auf die generelle Untauglichkeit aller Maßnahmen bei Kindern, immunen und asymptomatisch infizierten Erwachsenen hinzuweisen. Wer bereits immun ist, kann nicht mehr vom selben Virus angesteckt werden und kann es auch nicht an andere weitergeben.

Das unwiderlegbare Faktum der aufrecht bleibenden Immunität wird von einer Tiroler Studie vom 09. 12. 2020 im Hinblick auf immune Erwachsene erneut bestätigt. Das Forscherteam hat herausgefunden, dass auch noch »6 Monate nach der Infektion eine **stabile und anhaltende** Antikörperantwort« gegen SARS-CoV-2 besteht.[1115]

Aus virologischer und epidemiologischer Sicht wären also Impfungen von immunen Menschen selbst dann völlig sinnlos, wenn die Impfstoffe wirksam und sicher wären. Mehr noch: Gerade bei COVID-19 birgt die Impfung immuner Menschen das extrem hohe Risiko von Autoimmunerkrankungen. Diese sehr ernste Bedrohlichkeit sowohl für den Impfling als auch die vermeintlichen Impfziele (Leben retten, schonende Auslastung der Intensivmedizin) bedeutet eine glasklare Kontraindikation. Wie noch gezeigt wird, haben die Impfstoffhersteller auch dieses wichtige Faktum nicht berücksichtigt.

Zudem darf und sollte regelmäßig daran erinnert werden, dass sich die prinzipielle Untauglichkeit von Impfstoffen aus der Medizingeschichte respektive aus gewissenhaft ausgewerteten statistischen Daten ergibt. Bei COVID-19 kommt erschwerend hinzu, dass zu einem sehr hohen Anteil **genetische** Impfstoffe zum Einsatz kommen sollen, deren Wirksamkeit bisher noch nie nachgewiesen werden konnte und die zudem noch **höhere** Gesundheitsrisiken bergen als herkömmliche Substanzen. Dennoch sind die von der EU im November 2020 vorbestellten Impfdosen zu knapp **85 Prozent** genetisch basiert.

Gegen COVID-19 sollen überwiegend nicht die bisher üblichen Totviren oder die speziell in Hühnereiern gezüchteten und dann abgeschwächten Viren selbst geimpft werden. Ausgerechnet in einer aktuellen Krise soll zum ersten Mal Gentechnik zum Einsatz kommen. Hauptsächlich werden genetische Impfstoffe entwickelt, die auf viraler DNA oder RNA basieren. Das Erbmaterial des Virus wird teils direkt in die menschlichen Muskelzellen übertragen, teils durch virale Vektoren. Das sind genetisch manipulierte Trägerviren.

DNA-Impfstoffe sind »noch problematischer« als alle anderen, wie zum Beispiel der deutsche Immunologe und Toxikologe Prof. Dr. Stefan Hockertz erklärt.[1116] RNA-basierte Impfstoffe enthalten genetische Abschnitte des Erregers, in diesem Fall von SARS-CoV-2, in Form einer Boten-RNA, kurz mRNA (für Messenger-RNA). Theoretisch werden nach der Verimpfung in den Körperzellen Proteine hergestellt, »die dann das Immunsystem zu einer gezielten Antikörperbildung gegen SARS-CoV-2 und einer zellulären Abwehr gegen SARS-CoV-2-infizierte Zellen anregen und so eine Immunreaktion erzeugen.«[1117] Bei den vektorbasierten Impfstoffen dienen angeblich ursprünglich harmlose Viren, die gentechnisch verändert werden, als »Fähre« für das Gen des sogenannten Spike-Proteins. Mit anderen Worten: In das Genom der »Genfähre« wird ein Gen eingebaut, »das den **Bauplan** für das SARS-CoV-2-Oberflächenprotein« enthält, eben das Spike-Protein.[1118]

Anfang Juni 2020 lagen bei der WHO Meldungen über insgesamt 132 Impfstoffkandidaten weltweit vor. Deren Basis bestand bei 11 aus DNA, bei 18 aus RNA und bei 33 aus viralen Vektoren.[1119] Folglich sind knapp 47 Prozent genetische Impfstoffe (62 von 132). Nur fünf Monate später, am 03. 11. 2020, besteht die WHO-Liste bereits aus 202 Kandidaten, deren genetische Grundlagen sich wie folgt darstellen: 21 DNA, 22 RNA, 49 virale Vektoren.[1120] Das ergibt knapp 46 Prozent genetische Impfstoffe (92 von 202). Obwohl der reguläre Zeitrahmen für Forschung und Präklinik mit sieben Jahren bzw. 84 Monaten anzusetzen ist (siehe oben) und seit Entwicklungsbeginn im Februar bis Anfang November 2020 gerade einmal neun Monate vergangen sind, wird bereits zu diesem Zeitpunkt an 47 Substanzen die **klinische** Evaluierung vollzogen, also die Testung an Menschen. Von besagten 47 Kandidaten sind fast die Hälfte, nämlich 23, genetischer Art: 8 DNA, 3 RNA, 12 virale Vektoren.[1121]

Gemäß Faktenblatt vom 30. 11. 2020 hat die Europäische Kommission bei sechs Herstellern insgesamt bis zu **zwei Milliarden** Impfdosen »gesichert«, sprich verbindlich vorbestellt.[1122] Laut der erwähnten WHO-Datenbank befanden sich zum Zeitpunkt ihrer Erstellung (03. 11. 2020) **alle** sechs Impfstoffkandidaten in der **klinischen** Testung.

Für Phase II liegen der WHO lediglich zwei Berichte vor. Nichtsdestotrotz weisen fünf Produktanwärter bereits Berichte über Phase III auf. Offenbar werden die Phasen nicht nur zeitlich extrem verkürzt, sondern teils auch inhaltlich stark vernachlässigt oder gar völlig ausgelassen (Phase II). Dies ist umso gefährlicher, als fünf von sechs Kandidaten offiziell genetische Impfstoffe sind. Jener von Biontech / Pfizer und zwei weitere arbeiten mit **RNA**, zwei andere mit viralen Vektoren.[1123] Die Viralvektoren sowohl von Astrazeneca[1124] als auch jene von Johnson & Johnson bzw. dessen belgischer Abteilung Janssen Pharmaceutica nutzen **doppelsträngige DNA**.[1125] Nur ein einziger der von der EU bestellten Kandidaten verwendet eine »Protein-Untereinheit«.[1126] Der hierfür anhand der bestellten Impfdosen berechnete Anteil beträgt lediglich knapp 15,3 Prozent, jener der hochoffiziell genetischen Impfstoffe demnach rund **85 Prozent.**

Eine tabellarische Zusammenfassung befindet sich in Abbildung 43. In dieser sind auch die für Deutschland und Österreich mit Recherchestand vom 31. 12. 2020 **vorbestellten** Impfdosen aufgelistet. Mit knapp 300 Millionen Dosen[1127] könnte Deutschland fast jeden Einwohner zweimal mit je zwei Dosen impfen. Für jeden in Österreich Wohnhaften sind zwei Dosen bemessen, also insgesamt 16,5 Millionen.[1128]

Im Folgenden werden die Impfstoffkandidaten von Astrazeneca (Viraler Vektor mit DNA) und Biontech / Pfizer (RNA) unter die Lupe genommen. Zum einen sind sie vom Substanzspektrum her repräsentativ für die Masse aller Kandidaten, zum anderen scheinen sie in der Entwicklung am weitesten fortgeschritten zu sein. Außerdem decken Deutschland und Österreich ihren angeblichen Bedarf zu rund 50 Prozent bei Astrazeneca und Biontech / Pfizer ab.

Im angeblich aufgeklärten und humanistischen 21. Jahrhundert werden also tatsächlich Menschen als Versuchskaninchen für gentechnisch veränderte Substanzen missbraucht. Über die neuartigen RNA-Impfstoffe, wie sie bei COVID-19 in signifikanter Anzahl zum Einsatz kommen sollen, kann man laut dem grundsätzlich optimistischen Prof. Dr. Alexander Kekulé nicht oft genug sagen: »Das sind **experi-**

Impfstoffentwicklung gem. WHO (03. 11. 2020) und bestellte Impfdosen (Stand 31. 12. 2020)

Hersteller	Impfstoff-Basis	Klinik / Berichte			Bestellte Impfdosen in Millionen					
		Ph. I	Ph. II	Ph. III	EU	Anteil	DEU	Anteil	AUT	Anteil
Astrazeneca	DNA Viralvektor	4	1	4	400,0	20,4%	56,2	19,0%	6,0	36,4%
Biontech / Pfizer	RNA	8	-	1	300,0	15,3%	90,0	30,5%	3,5	21,2%
Curevac	RNA	1	-	1	405,0	20,6%	62,0	21,0%	3,0	18,2%
Johnson & Johnson	DNA Viralvektor	1	-	1	400,0	20,4%	37,3	12,6%	2,5	15,2%
Moderna / NIAID	RNA	3	1	1	160,0	8,1%	50,0	16,9%	-	-
Sanofi / GSK	Protein Subunit	1	-	-	300,0	15,3%	-	-	1,5	9,1%
Summen		18	2	8	1.965,0	100,0%	295,5	100,0%	16,5	100,0%

Abb. 43 (Datenquelle: Fn 1109, 1119, 1125 und 1127)

mentelle Impfstoffe [...]. Diese RNA-Impfstoffe hat es noch nie zuvor gegeben. Es wurde **nie** bewiesen, dass sie überhaupt funktionieren.«[1129]

Dass der Funktionsbeweis generell, d.h. bei sämtlichen Corona-Impfstoffen inklusive den nicht genetischen, gar nicht gelingen kann, resultiert nicht nur aus den historischen Daten, sondern ergibt sich zusätzlich auch aus folgenden Indizien und Fakten:

1. **Massive Qualitätseinbußen**
2. **Permanente Virus-Mutation**
3. **Durch Studien belegte Unwirksamkeit**
4. **Durch Studien belegte Unsicherheit**
5. **Mangelnde Impfbereitschaft der Bevölkerung**
6. **Massenbestellungen nicht autorisierter Impfstoffe**

Ad 1. Massive Qualitätseinbußen. Aus den vorhin dargelegten Regelbrüchen sind ganz allgemein und im Speziellen bei genetischen Impfstoffen mit an Sicherheit grenzender Wahrscheinlichkeit hohe Qualitätseinbußen verbunden. Aufgrund des Vorsorgeprinzips haben daher sowohl die Impfstoffhersteller als auch die Regierungen eine **verstärkte** Nachweispflicht für die Wirksamkeit und Sicherheit der Impfstoffkandidaten zu erfüllen. Gerade das corona-bedingt grob sorgfaltswidrige Eilzugstempo gebietet, jedem noch so leisen Indiz für eine Wirkungslosigkeit und Unsicherheit noch intensiver als üblich nachzugehen. Es liegen jedoch nicht nur etliche gut hörbare Indizien, sondern auch lautstark brüllende Beweise vor.

Ad 2. Permanente Virus-Mutation. Gegen ein Virus, das so rasch und kontinuierlich mutiert wie das Corona-Virus (SARS-CoV-2 und Varianten), kann es **keinen** erfolgreichen Impfstoff geben. Schließlich ist es unmöglich, einen zuverlässigen Impfstoff gegen ein noch nicht einmal bekanntes Virus der Zukunft zu entwickeln. Auch der aktuellste Impfstoff wird stets der sehr rasch vorauseilenden Virusevolution hinterherhinken. Daher ist die Unwirksamkeit der Corona-Impfstoffe vorprogrammiert. Um das zu verstehen, muss man kein Mediziner sein.

Weil sie belgische Politiker und Medien wachrütteln wollen, haben mehr als 600 Ärzte und über 2.200 medizinisch trainierte Gesundheitsexperten in ihrem offenen Brief vom 05. 09. 2020 das Offensichtliche erklärt: »Aufgrund der kontinuierlichen natürlichen Mutation von Viren, wie wir sie auch jedes Jahr beim Influenzavirus sehen, ist ein Impfstoff **höchstens** eine vorübergehende Lösung, für die jedes Mal neue Impfstoffe erforderlich sind.«[1130]

In der schon zweifach erwähnten Risikoanalyse der deutschen Bundesregierung aus 2012 wird mehrfach beurteilt, dass die Mutation des (fiktiven) SARS-corona-ähnlichen Virus jene Eigenschaften entwickelt, die »zur besseren Übertragbarkeit auf den Menschen« führen.[1131] Bereits Infizierte bleiben zwar etwa 360 Tage immun, werden aber von der mutierten Virusversion **erneut infiziert**, sprich re-infiziert.[1132]

Besonders SARS-CoV-2, das zu den RNA-Viren zählt, hat eine **extrem hohe** Mutationsrate. Eine anschauliche Darstellung wird vom Projekt »CoV-GLUE« der Universität von Glasgow und des britischen genomischen COVID-19-Konsortiums geboten.[1133]

In der laufend aktualisierten Datenbank scheinen mit Stand vom 04. 05. 2020 mehr als 7.200 nicht-synonyme Mutationen auf, welche die Aminosäuren verändern (»Replacements«). Ende November 2020 waren es bereits rund 30.000.[1134] Im selben Zeitraum steigerten sich die zusätzlich eingefügten Basen (»Insertions«) von sechs auf 66,[1135] während der Wegfall von Basen (»Deletions«) von 87 auf knapp 600 zunahm.[1136] Mit einer ca. vierfachen (»Replacements«), zehnfachen (»Insertions«) und siebenfachen (»Deletions«) Zunahme der Einträge binnen ca. einem halben Jahr scheint SARS-CoV-2 geradezu der **Inbegriff** einer intelligenten Mutation zu sein.

Folglich hat Dr. Wolfgang Wodarg, der, wie gesagt, schon die Schweinegrippe rechtzeitig als Pseudopandemie entlarvt hatte, bei COVID-19 erneut völlig Recht, wenn er Impfungen indirekt für virologisch und epidemiologisch nutzlos erklärt: »Es ist völlig sicher, dass sich auch das SARS-Virus laufend und in großer Geschwindigkeit ändert. Und was nützt eine Impfung gegen etwas, das sich längst unkalkulierbar geändert hat?« Weil die Wirkung eines Impfstoffs »schnell vergänglich« ist, sind etwaige gesetzlich angeordnete Immunitätsnachweise »eine gesundheitlich nicht begründbare Schikane«.[1137]

Auch der zweite große Schweinegrippe-Aufdecker, der Virologe Prof. Dr. Sucharit Bhakdi, erklärte schon frühzeitig (im April 2020) und öffentlich, dass Impfungen gegen SARS-CoV-2 aus virologischer Sicht völlig nutzlos sind: Bei einem nicht gefährlichen und sich dauernd verändernden Erreger wie SARS-CoV-2 »da werden sie scheitern. Es hat **keinen Sinn** so etwas zu machen.«[1138]

Die in der Natur der Sache angelegte Nutzlosigkeit bzw. Unwirksamkeit der Corona-Impfungen wird von einigen Studien bestätigt, wobei dafür mehrere Gründe ausschlaggebend sind.

Ad 3. Durch Studien belegte Unwirksamkeit. Ein wirksamer Impfstoff muss in erster Linie präventiv vor den schweren Verlaufsformen der bekämpften Krankheit inklusive dem Tod schützen. Gewährleistet er das nicht, dann ist der Impfstoff unwirksam. Der präventive Schutz ist (theoretisch) nur gegeben, wenn die Impfung im Vorfeld der Virusausbreitung erfolgt. Gegen die längst verbreitete und seit Ende Mai 2020 beendete Krankheit COVID-19 kann es daher keine präventive Schutzwirkung mehr geben. Dasselbe muss wegen der blitzartigen Dauermutation des SARS-Corona-Virus und der langen Dauer der Impfstoffentwicklung auch für alle weiteren COVID-Krankheiten gelten. Höchst zweifelhaft ist, ob die an Anti-Corona-Impfstoffe gestellte Anforderung der Ansteckungsverhinderung überhaupt technisch möglich ist. Dies scheint so gut wie ausgeschlossen zu sein. Denn etliche medizinische Fachberichte erklären frühere und COVID-bezogene Entwicklungsversuche von Corona-Impfstoffen eindeutig als erfolglos. Weitgehend trifft das auch auf Grippe-Impfstoffe zu.

    a. Früher gescheiterte Corona-Versuche. Dass schon »frühere Versuche, Impfstoffe gegen Corona-Viren zu entwickeln, **scheiterten**«, ist einem sehr gut recherchierten Artikel der Schweizerischen Ärztezeitung vom Juli 2020 zu entnehmen.[1139] Eine essentielle Erklärung hierfür lieferte Dr. Shibo Jiang, Professor für Virologie an der Fudan Unversität in Shanghai und am New Yorker Blutzentrum, bereits im März 2020: **Kein einziger** der bisherigen Versuche, einen Impfstoff gegen Corona-Viren herzustellen, hat die Hürde der präklinischen Phase überwunden. Das heißt, dass nicht einmal Tests an Tieren eine Wirksamkeit begründen können, weshalb anher keine klinischen Tests vorgenommen werden dürfen. Prof. Dr. Jiang, der seit 2003 regelmäßig vergeblich an Entwicklungsversuchen arbeitet und sowohl von sich selbst als auch von seinen Kollegen eine »starke präklinische Evidenz« einfordert, musste schon im Rahmen der Testungen von Impfsubstanzen gegen das SARS-Virus »bei Frettchen und Affen **besorgniserregende Immunantworten**« beobachten.[1140]

Der seriös arbeitende chinesische Professor für Virologie erinnert zudem an vor Jahrzehnten entwickelte Impfstoffe gegen ein anderes Corona-Virus (das infektiöse Peritonitis-Virus), welche für Katzen »das Risiko **erhöhten**, die durch das Virus verursachte Krankheit zu entwickeln.«[1141] Gemäß einer diesbezüglichen Studie aus dem Jahr 2019 wurde bei geimpften Katzen genau jene Krankheit »mit einer Wahrscheinlichkeit von 50% **verursacht**«, vor der sie die Impfung eigentlich schützen sollte.[1142] »Ähnliche Phänomene wurden in Tierstudien für andere Viren beobachtet, einschließlich jenes Corona-Virus, das SARS verursacht.«[1143] So ist zum Beispiel experimentell nachgewiesen, dass »Impfstoff-induzierte Antikörper« Infektionen durch Corona-Viren »bei Katzen **verschlimmern**« können.[1144] Tierversuche belegen also, dass bisher entwickelte Corona-Impfstoffkandidaten nicht nur unwirksam, sondern auch kontraindiziert und damit absolut untauglich sind.

b. Unwirksame Grippe-Impfstoffe. Die evidente Ähnlichkeit (bzw. Identität) zwischen COVID-19 und der Grippe (Influenza), die regelmäßig teils durch Corona-Viren ausgelöst wird, verlangt einen kritischen Blick auf die angebliche Wirksamkeit der bisher in Umlauf gebrachten Impfstoffe gegen Influenza. Gemäß Umfragestudien zu Influenza-Impfungen ist es in 10 Jahren nur dreimal gelungen, »einen Impfstoff mit einer Effizienzrate von mehr als 50 Prozent zu entwickeln.« Auf diese Kernaussage bezieht sich der erwähnte offene Brief von mehr als 600 Ärzten und über 2.200 Gesundheitstrainern.[1145]

Dieselben knapp 3.000 Experten erachten insbesondere die Impfung älterer Menschen als **ineffizient,** denn »im Alter von über 75 Jahren ist die Wirksamkeit fast nicht vorhanden.«[1146] Diese fundamentale Bankrotterklärung für den Impfschutz der Risikogruppen wird schon von der Einleitung einer umfangreichen Studie aus dem Jahr 2015 bestätigt: »Influenza-Impfstoffe haben die Immunogenität [Eigenschaft der Auslösung einer Immunantwort] und die Wirksamkeit bei älteren Menschen **reduziert.**« Außerdem ist bekannt, dass trotz jährlicher Impfstoffabdeckung **mehr als 90 Prozent** der »jährlichen Todesfälle im Zusammenhang mit Influenza bei Erwachsenen ab 65 Jahren« auftreten.[1147]

Somit sind Unwirksamkeit und Kontraindikation auch bei bereits in den Verkehr gebrachten Grippeimpfstoffen belegt – zumindest im Hinblick auf die wichtigsten potenziellen Impflinge, nämlich ältere Menschen. Diese klaren Belege indizieren, dass der Entwicklung von COVID-Impfstoffen ebenfalls kein Erfolg beschieden sein kann.

c. Unwirksame COVID-19-Impfstoffe. Am 13. 11. 2020 verkündete das RKI den Tatsachen entsprechend, dass aktuell »**kein** Impfschutz vor COVID-19 zur Verfügung« steht.[1148] Dieselbe Information übermittelte die EMA bis mindestens Ende November: »In der EU sind noch keine Impfstoffe zur Vorbeugung oder Behandlung von Infektionen mit humanem Corona-Virus zugelassen, einschließlich solcher, die Erkältungen oder schwerwiegendere Erkrankungen verursachen.«[1149] Obwohl SARS-CoV-2 hochoffiziell »ein **neues** Virus ist, das noch nie zuvor gesehen wurde,«[1150] sollen bereits »gegen Jahresende 2020 klinische Daten der am weitesten entwickelten Impfungen« vorliegen.[1151] Damit hängen die zwei erwähnten kontraindizierten Ziele zusammen: erstens »so früh wie möglich« verfügbare

Impfstoffe bei zweitens »gleich hohen Standards« für pharmazeutische Qualität, Sicherheit und Wirksamkeit wie für andere Arzneimittel.[1152]

Dafür, dass sich diese Ziele gegenseitig ausschließen, sind die Impfstoffkandidaten von Astrazeneca und Biontech / Pfizer sehr gute Beispiele.

* Viraler Vektor mit DNA (Astrazeneca). Der vom britisch-schwedischen Pharmakonzern Astrazeneca in Kooperation mit der Universität von Oxford entwickelte Kandidat auf Basis eines doppelsträngige DNA transportierenden viralen Vektors ist ein Paradebeispiel der Unwirksamkeit. Man müsste es erfinden, wenn es nicht schon bittere Realität wäre. »Zweifel am Oxford-Impfstoff, da er das Corona-Virus in Tierversuchen nicht stoppen kann« lautet die Schlagzeile der britischen Zeitung *The Telegraph* vom 18. 05. 2020. Laut den Testergebnissen mit Rhesusaffen hat der Impfstoffkandidat »die Tiere **nicht** davon abgehalten, sich mit dem Virus zu infizieren.«[1153] Die diesbezügliche Auswertung von Dr. William Haseltine lautet: »**Alle geimpften** Affen, die mit dem Oxford-Impfstoff behandelt worden waren, wurden **infiziert,**« was anhand der Gewinnung von genomischer Virus-RNA aus Nasensekreten eindeutig festgestellt werden konnte.[1154]

Wenn man schon in der präklinischen Phase katastrophalen Schiffbruch erlitten hat, wirft das natürlich die Frage auf, warum »der als ChAdOx1 nCoV-19 bekannte Impfstoff in Großbritannien am Menschen getestet wird.« Auf dem Fuße liefert der *Telegraph* die ausschließlich monetäre Erklärung: »Die [britische] Regierung hat zwischen der Universität Oxford und dem Pharmaunternehmen Astrazeneca einen Vertrag über die Herstellung von bis zu 30 Millionen Dosen vermittelt [...].« Der Impfstoff solle sich als erfolgreich herausstellen, denn schließlich waren bereits »47 Millionen Pfund in die Forschung gesteckt worden.«[1155]

Doch die an sich schon verantwortungslosen Menschenversuche weisen beim Astrazeneca-Kandidaten ein weiteres schwerwiegendes Manko auf: Die Substanz wurde nicht an älteren Menschen getestet. »**Keiner** der Studienteilnehmer war über 55 Jahre alt.« So berichteten es auch deutsche Medien wie die auflagenstarke *Bild* am 27. 11. 2020 und somit leicht verdaulich aufbereitet für studienlesefaule »Regierungsexperten«.[1156] Wie im nächsten Abschnitt gezeigt wird, löst das verheerende Testprodukt in fast der Hälfte der Fälle eine Schwächung des Immunsystems aus.

Schon Anfang Juni 2020 hatte Astrazeneca »globale Lieferkapazitäten von mehr als **zwei Milliarden** Dosen« angekündigt.[1157] Kurz darauf warnte die wissenschaftliche Zeitschrift *Science Alert*, dass bald »zwei Milliarden Dosen Oxfords **ungeprüften** Coronavirus-Impfstoffs produktionsbereit sein werden.« Hinter der vorsorgewidrig übereilten »Entwicklung« des Astrazeneca-Kandidaten steckt der übliche

Verdächtige: Bill Gates.[1158] Seine Stiftung hatte »750 Millionen US-Dollar in die Verdoppelung der Dosis-Einheiten« von einer auf zwei Milliarden des damals noch klinisch »**unerprobten** Corona-Impfstoffs gesteckt.«[1159] Damit liegen zwei erschütternde Fakten auf dem Tisch: erstens Unwirksamkeit inklusive Kontraindikation und zweitens Profitgier als Triebfeder für unethische Menschenversuche.

* **RNA-Impfstoff (Biontech / Pfizer).** Der vom deutschen Biotechnologieunternehmen Biontech gemeinsam mit dem US-amerikanischen Pharmakonzern Pfizer entwickelte Impfstoff auf mRNA-Basis (BNT162b2) hat eine auf alle Realgeimpften bezogene Wirksamkeit von lediglich **0,83 Prozent**. Der Impfstoff schützt nicht wirklich vor COVID-19. Die Wahrscheinlichkeit, schwer zu erkranken, liegt für Geimpfte sogar fünfmal höher als für Nichtgeimpfte. Die Berechnungsdaten wurden der am 31. 12. 2020 im *New England Journal of Medicine* veröffentlichten Studie entnommen und in der Tabelle gemäß Abbildung 44 zusammengefasst. Vorweg ist noch zu erwähnen, dass im Rahmen der Testungen zwischen dem 27. 07. und dem 14. 11. 2020 »keine Covid-19-assoziierten Todesfälle beobachtet wurden.«[1160]

RNA-Impfstoff (Biontech / Pfizer) und COVID-19

			Fälle von COVID-19					
			Gesamt		Schwere Fälle			
Gruppe	1. Dosis	2. Dosis	Nach 2. Dosis	Anteil	Nach 1. Dosis	Anteil	Nach 2. Dosis	Anteil
Placebo	18.846	18.530	162	0,87%	9	5,56%	4	2,47%
RNA-Impfung	18.860	18.556	8	0,04%	1	12,50%	1	12,50%
Differenz	-14	-26	154		8		3	
Wirksamkeit				0,83%		0,04%		0,02%

Abb. 44 (Datenquelle: NEJM, 31. 12. 2020)[1161]

Nach Verabreichung der zweiten Dosis bzw. Scheindosis sind von den 18.530 Mitgliedern der Placebo-Gruppe lediglich 162 an COVID-19 erkrankt,[1162] das sind gerade einmal 0,87 Prozent. Diese lächerlich niedrige Zahl entspricht der allgemein geringen Prävalenz von COVID-19, die mangels Notlage eine Produktion gefährlicher Impfstoffe epidemiologisch völlig sinnlos macht. Zum gleichen Zeitpunkt (nach zweiter Dosis) ist bei immerhin acht der 18.556 mit BNT162b2 **geimpften** Testpersonen die **Erkrankung** an COVID-19 eingetreten.[1163] Die Differenz zwischen den Erkrankungen der Placebo-Gruppe (162) und jenen der echten Impfgruppe (8) beträgt 154. Diese bei der Impfung auf mRNA-Basis nicht eingetretenen Erkrankungen repräsentieren lediglich 0,83 Prozent der Impflinge. Folglich beträgt die Wirksamkeit des RNA-Impfstoffs besagte 0,83 Prozent.

Der studienseitig für die Schutzwirkung vor COVID-19 mehrfach angeführte Wert von 95 Prozent bezieht sich ausschließlich auf die wenigen Krankheitsfälle,[1164] wodurch das Trugbild einer hochwirksamen Arznei entsteht. Dass sie es nicht ist, belegen die Angaben zu den schweren Krankheitsverläufen. Diese wurden, entgegen den eigenen Studiengrundlagen, erstmals gleich »**mit Beginn**« (»with onset«) nach Verabreichung der **ersten** Dosis erhoben: insgesamt 10 schwere COVID-19-Fälle, davon neun in der Placebo-Gruppe und immerhin einer in der echten Impfgruppe.[1165]

Zu diesem verfrühten Zeitpunkt konnte jedoch der mRNA-Impfstoff seine Wirkung noch **nicht** einmal ansatzweise entfaltet haben. Schließlich besagt die Studie, dass sich erst »12 Tage nach der ersten Dosis« eine lediglich »teilweise schützende Wirkung der Immunisierung« zu entfalten beginnt.[1166] Folglich ist mit absoluter Sicherheit **ausgeschlossen**, dass der Biontech-Pfizer-Kandidat auch nur irgendeinen Einfluss auf das Ergebnis des ersten Intervalls hatte.

Die voreilige Dokumentation schwerer Krankheiten widerspricht nicht nur der etablierten Testlogik, sondern bricht auch die von Pfizer selbst aufgestellten Testregeln, wie sie im angehängten Studienprotokoll vom 29. 10. 2020 verankert sind. Dort wird an mindestens acht Stellen die Evaluierung bzw. Bestätigung jener schweren COVID-19-Fälle angeordnet, »die ab 7 Tagen und ab 14 Tagen **nach** der **zweiten** Dosis auftreten.«[1167] Aus alldem folgt, dass die im ersten Intervall gesammelten Daten über schwere COVID-19-Krankheiten vollkommen **unerheblich** sind.

Von hoher Relevanz ist allerdings die weitere Entwicklung in den drei Folgeintervallen. Um sie zu finden, ist wieder etwas detektivische Beharrlichkeit erforderlich. Im Studienanhang (»Supplementary Appendix«) ist die wichtigste Tabelle (»Table S5«) verdächtigerweise ganz ans Ende gestellt. Diese Tabelle entspricht hier der Abbildung 45. Sie offenbart, dass im letzten der vier Intervalle, also mindestens sieben Tage nach Verabreichung der zweiten Dosis, in der Placebo-Gruppe nur noch vier schwere Fälle zu Buche schlagen. Währenddessen gibt es in der echten Impfgruppe noch immer einen schweren Fall, der jedoch **neu** entstanden sein muss. Schließlich scheint im zweiten Intervall (nach Dosis 1 und vor Dosis 2) sowie im dritten Intervall (bis 7 Tage nach Dosis 2) bei der echten Impfgruppe keine schwere Erkrankung auf. Die im vierten und letzten Intervall (ab Tag 7 nach Dosis 2) aufscheinende schwere Erkrankung ist demnach bei **vollem** »Impfschutz« aufgetreten.

Efficacy Endpoint Subgroup	BNT162b2 (30 µg) (N^a=21669)		Placebo (N^a=21686)		VE (%)	(95% CI^e)
	n1^b	Surveillance Time^c (n2^d)	n1^b	Surveillance Time^c (n2^d)		
Severe COVID-19 occurrence after Dose 1	1	4.021 (21314)	9	4.006 (21259)	88.9	(20.1, 99.7)
After Dose 1 to before Dose 2	0		4		100.0	(-51.5, 100.0)
Dose 2 to 7 days after Dose 2	0		1		100.0	(-3800.0, 100.0)
≥7 Days after Dose 2	1		4		75.0	(-152.6, 99.5)

Table S5 | **Vaccine Efficacy of Severe COVID-19 Occurrence after Dose 1 (Modified Intention-to-Treat).** a. N = number of participants in the specified group. b. n1 = Number of participants meeting the endpoint definition. c. Total surveillance time in 1000 person-years for the given endpoint across all subjects within each group at risk for the endpoint. Time period for COVID-19 case accrual is from Dose 1 to the end of the surveillance period.
d. n2 = Number of participants at risk for the endpoint. e. Confidence interval (CI) for VE is derived based on the Clopper and Pearson method (adjusted for surveillance time for overall row).

Abb. 45 (Quelle: NEJM, 31. 12. 2020)[1168]

Darum wirft die besagte Studie das statistische Konfidenzintervall (Vertrauensintervall) für die Folgerichtigkeit des vierten Intervalls zu 95 Prozent (»95% CI^e«) sehr breit gefächert aus: -152,6 bis +99,5 Prozent (»-152.6, 99.5«).[1169] Das bedeutet, dass die Impfeffektivität zu 95 Prozent zwischen minus 152,6 und plus 99,5 Prozent liegt. Folglich könnte es mit einer **sehr hohen** Wahrscheinlichkeit, nämlich zu 95 Prozent, so sein, dass der Impfstoff fortan zu einem **verstärkten** Auftreten schwerer Fälle führen wird (bis zu -152,6 Prozent). Daraus und aus anderen Fakten schließt der deutsche Arzt und Statistiker Dr. Zacharias Fögen: Mit BNT162b2 wurde »ein Impfstoff genehmigt, von dem wir nicht wissen, ob er die Geimpften vor schweren Verläufen schützt oder ob er die Geimpften davon abhält, andere zu infizieren oder ob der Effekt überhaupt mehr als 2 Monate hält [...], somit auch ob der Effekt mehr als 1 % der Infizierten überhaupt ›schützt‹.«[1170]

Wir halten fest, dass die Verabreichung des mRNA-Impfstoffs von Biontech / Pfizer nicht ausreichend vor der Erkrankung an COVID-19 schützt. Wie Abbildung 44 zeigt, liegt die statistische Wahrscheinlichkeit, nach der Impfung an COVID-19 schwer zu erkranken, bei 12,5 Prozent, jene ohne Impfung bei knapp

2,5 Prozent. Demnach ist das Risiko einer schweren COVID-19-Erkrankung für Geimpfte **fünfmal höher** als für Nichtgeimpfte.

Handelt es sich auf Seiten der entwickelnden Unternehmen um Betrug und bei den unkritisch zulassenden Stellen um Bestechung?

Vor diesem Hintergrund wäre folgender Hinweis des Unternehmens Biontech zu seiner RNA-Methode als weit mehr als nur eine handelsübliche Mitteilung zur Schadensbegrenzung zu verstehen: »Von uns entwickelte Produktkandidaten sind möglicherweise **nicht wirksam**, möglicherweise nur mäßig wirksam oder weisen unerwünschte oder unbeabsichtigte **Nebenwirkungen**, Toxizitäten oder andere Merkmale auf, die unsere Erlangung der Marktzulassung ausschließen oder die kommerzielle Verwendung verhindern oder einschränken können.«[1171] Das klingt ganz nach einer versuchten Haftungsfreizeichnung für Impfschäden an Testpersonen oder an Impflingen aufgrund der ärztlichen Anwendung nicht autorisierter Substanzen (No Label Use).

Ad 4. Durch Studien belegte Unsicherheit. Neben der Unwirksamkeit ist auch die Unsicherheit von Corona-Impfstoffen durch Studien nachgewiesen: vom höheren Erkrankungsrisiko über die direkte Schädigung des Immunsystems inklusive Autoimmunerkrankungen bis hin zur Tumorbildung. Hierzu gibt es sowohl frühere als auch COVID-aktuelle Studien.

Wie oben gezeigt, arbeiten drei Hersteller auf RNA-Basis und zwei auf Vektorbasis. Virale Vektoren, wie sie beispielsweise von Astrazeneca, Johnson & Johnson und Moderna verwendet werden, können sowohl DNA als auch RNA übertragen. Dass Astrazeneca sowie Johnson & Johnson mit doppelsträngiger DNA arbeiten, wurde ebenfalls schon erwähnt. Auf die längst erforschte Überschreibung von viraler RNA in doppelsträngige DNA (retro-integrierte Virus-DNA) und deren **Vererbung** wurde bereits im ersten Kapitel hingewiesen.[1172] Zudem ist bekannt, dass auch **schädliche** virale RNA in die DNA der menschlichen Zellen transformiert wird, wo sie irreversibel bleibt und weitervererbt wird.

a. Früh erwiesene Unsicherheit. Bereits im Jahr 1975 wurde drei Forschern für die Entdeckung der Wechselwirkung zwischen **Tumore** auslösenden Viren und dem genetischen Material der menschlichen Zelle der Nobelpreis verliehen. Sie haben endgültig bewiesen, dass »das genetische Material des Virus in das genetische Material der transformierten Zellen **eingebaut** wurde. Hierdurch erwarben die Zellen **erbliche** Eigenschaften, die vom infizierenden Virus herrührten.« Bei diesem Vorgang »wird die genetische Information eines RNA-Virus, das zur Transformation fähig ist, **in DNA kopiert**,« worauf »diese DNA auf ähnliche Weise wie für ein DNA-Tumor-Virus beschrieben und in das genetische Material von Zellen **integriert**« wird. Dabei erstellt ein spezifisches Enzym (»reverse Transkriptase«) in den Partikeln des RNA-Tumor-Virus »eine DNA-Kopie von RNA.«[1173]

Im Jahr 2004 wurde eine glänzend recherchierte und schlüssig aufgebaute Studie über »die Immunisierung von Frettchen mit einem modifizierten rekombinanten Impfstoff« gegen SARS veröffentlicht. Die konsequente Empfehlung lautet: »Aufgrund des möglichen Leberschadens durch Immunisierung und Virusinfektion sollte in vorgeschlagenen Studien am Menschen mit SARS-Impfstoffen besondere Vorsicht walten.« Die Begründung ist auch für Nichtmediziner einleuchtend: Bei den geimpften Tieren zeigten sich »starke Entzündungsreaktionen im Lebergewebe«, weil die eigentlich bekämpfte **Krankheit**, nämlich Hepatitis, durch impfstoffbedingt bindende Antikörper **verstärkt** wurde. Schließlich ist »die Expression von SARS-CoV S-Protein mit einer verstärkten Hepatitis verbunden.«[1174]

Seit spätestens 2006 ist mit Studien nachgewiesen, dass DNA-Impfstoffe »in präklinischen und / oder klinischen Sicherheitsstudien kritisch bewertet werden müssen.« Die Hauptbedenken drehen sich um unerwünschte Wirkungen (adverse Effekte) wie die »Integration plasmider DNA in das Wirtsgenom, nachteilige **immunopathologische** Wirkungen, die Bildung von Anti-DNA-Antikörpern [»anti-DNA antibodies«], die zu einer **Autoimmunerkrankung** führen, sowie die Verwendung neuer molekularer Adjuvantien.«[1175] Eine Metastudie aus demselben Jahr über präklinische und klinische Sicherheitsstudien listet eine lange Reihe unerwünschter genetischer, immunvermittelter und umweltbelastender Effekte auf. Hervorzuheben sind Langzeitpersistenz, erhöhtes Risiko für **Erbgutmutationen** (Mutagenese) und **bösartige Geschwülste** (Onkogenese) durch Integration in das Wirtsgenom, Induktion von Anti-DNA-Antikörpern, immunologische Toleranz und Autoimmunität.[1176]

Eine **schwere Immunerkrankung der Lungen** bewirkt die Impfung von Mäusen mit dem wilden SARS-Virus, wie eine Studie vom April 2012 belegt: »**Alle** Mäuse zeigten zwei Tage nach der Exposition histopathologische Veränderungen in der Lunge, einschließlich aller geimpften Tiere [...].« Folglich warnen die Forscher explizit, dass bei der Anwendung eines SARS-CoV-Impfstoffs beim Menschen »Vorsicht geboten ist.«[1177]

Hinsichtlich potenziell dem **Menschen** verabreichter RNA-Impfstoffe ist auf eine Studie hinzuweisen, die speziell im Hinblick auf im Pandemietempo entwickelte COVID-19-Impfstoffe erstellt und im Mai 2020 im *New England Journal* *of Medicine* veröffentlicht wurde. Im Kontext präklinischer Erfahrungen mit Impfstoffkandidaten für SARS und MERS wird ausdrücklich auf die bereits aufgeworfenen Bedenken »über die **Verschlimmerung von Lungenerkrankungen**, entweder direkt oder als Ergebnis der antikörperabhängigen Verstärkung« hingewiesen.[1178]

Die genannten Risiken betreffend DNA- und RNA-Impfstoffe gelten auch für virale Vektorimpfstoffe, weil diese ja sowohl DNA als auch RNA transmittieren können. Ein spezifisches Risiko bei der Verwendung viraler Vektoren ist, dass die DNA-Aufnahme im Zellkern mit dem Risiko der Bildung von **Tumoren** verbunden ist. Dies geht aus einer Studie aus dem Jahr 2014 hervor.[1179]

b. Unsichere COVID-19-Impfstoffe. Hier ist obenauf die hauseigene Astrazeneca-Studie anzuführen, danach folgt die mit offensichtlichen Regelbrüchen und Verfälschungen gespickte Studie über den Biontech-Kandidaten.

* Viraler Vektor mit DNA (Astrazeneca). Am 20. 07. 2020 wurde erstmals die im Namen der Universität von Oxford bzw. der Oxford COVID Vaccine Trial Group erstellte Studie über den Astrazeneca-Kandidaten veröffentlicht. Obwohl nicht einmal das präklinische Stadium positiv absolviert werden konnte (siehe oben), wurde der vektorbasierte Impfstoff im zweiten Teil der ersten klinischen Phase zwischen 23. 04. und 21. 05. 2020 an insgesamt 543 Menschen getestet (n=543).[1180] Auf die verabreichte Substanz haben bis zu **70 Prozent** der Probanden mit **Krankheitszeichen** reagiert. 70 Prozent der Probanden waren ermüdet (»fatigue«). Die Mehrheit hatte **grippeähnliche** Symptome: 61 Prozent litten an Unwohlsein (»malaise«) und 60 Prozent an Muskelschmerzen, 18 Prozent hatten eine Körpertemperatur von 38 Grad und höher.[1181] Die Wahrscheinlichkeit, dass es sich um Zufälle handelt, liegt niedriger als fünf Prozent ($p<0,05$).[1182] Das bedeutet im Umkehrschluss, dass es sich bei mehr als 95 Prozent um Symptome handelt, die vom Impfstoffkandidaten ausgelöst wurden. Man kann hier quasi von Gewissheit sprechen.

Außerdem wurden binnen 28 Tagen nach der Impfung im Labor einige unerwünschte Nebenwirkungen festgestellt. Besonders gravierend ist, dass bei **46 Prozent** der Getesteten eine angeblich vorübergehende Neutropenie beobachtet wurde.[1183] Darunter ist »eine **außergewöhnlich niedrige** Anzahl von Neutrophilen (einer Gruppe der weißen Blutkörperchen) im Blut« zu verstehen. Diese Gruppe der weißen Blutkörperchen ist die »**wichtigste** Einsatztruppe bei der körpereigenen Abwehr gegen Bakterien und bestimmte Pilzinfektionen.« Eine Neutropenie wird generell vermutet, »wenn ein Patient häufige oder ungewöhnliche Infektionen hat.« Sie muss also die Folge einer schweren Schädigung des Immunsystems sein. Schließlich tritt Neutropenie auch häufig als »Nebenwirkung einer Krebsbehandlung mit Chemo- oder Strahlentherapie auf.« Schwere Neutropenien **erhöhen** »das Risiko einer lebensbedrohlichen Infektion erheblich.«[1184]

DNA-basierte Viralvektor-Impfstoffe greifen also Zellen an, die vorher gesund waren. Und sie töten jene Ersthelferzellen, die uns schützen. Es ist daher nicht verwunderlich, dass bei den Realgeimpften 84 schwerwiegende unerwünschte Ereignisse (»serious adverse events«) auftraten, von denen folgende zwei ausdrücklich »möglicherweise mit der Intervention verbunden« sind: Fieber von mehr als 40 Grad und die 14 Tage nach der Auffrischungsimpfung mit ChAdOx1 auftretende **Rückenmarkserkrankung** Transversale Myelitis.[1185]

* **RNA-Impfstoff (Biontech)**. Gemäß der bereits behandelten Studie vom 31. 12. 2020 haben unmittelbar nach der ersten Dosis bis zu **83 Prozent** und nach der zweiten Dosis bis zu 78 Prozent der real Geimpften unter **Schmerzen** gelitten. Ein Prozent hatte schwere Schmerzen, zwei Prozent litten an starken Kopfschmerzen.[1186] Besagte schwere Schmerzen »verhindern tägliche Aktivitäten« und verursachen ein Erbrechen, das eine »intravenöse Flüssigkeitszufuhr erfordert.« Außerdem lösen sie Durchfall mit »6 oder mehr losen Stühlen in 24 Stunden« aus.[1187] Ein Prozent mag nicht nach viel klingen, aber immerhin hatten 185 Impfprobanden (von 18.530) starke Schmerzen. Das sind um ca. 17 Prozent **mehr** als die durch den Impfstoff angeblich verhinderten 154 schweren COVID-19-Fälle (siehe oben).

Bei 59 Prozent der Jüngeren und bei 51 Prozent der Älteren zeigte sich Ermüdung. 52 Prozent der jüngeren und 39 Prozent der älteren Impfgetesteten hatten Kopfschmerzen. Nach der ersten Dosis erlitten rund **1,3 Prozent** der Geimpften **schwere Nebenwirkungen**. Die Angabe der Studie von 0,9 Prozent und weniger[1188] ist nachweislich falsch. Zum einen weist der Anhang ausdrücklich 1,1 Prozent aus. Zum anderen ist auch dieser Prozentsatz zu niedrig, weil ihm die falsche Personensumme zugrundliegt (21.621).[1189] Ausschlaggebend ist die Anzahl der tatsächlich mit Dosis 1 Geimpften. Das sind de facto 18.860 Personen,[1190] von denen 240 schwere Nebenwirkungen ertragen mussten,[1191] somit ca. 1,3 Prozent.

Aufgrund der Vielzahl derartiger Falschangaben (siehe auch oben) erhärtet sich der Eindruck, dass an vielerlei Schrauben gedreht wurde, um ein unbrauchbares Gesamtergebnis in einen »Triumph« zu verwandeln oder zumindest das Gesicht zu wahren. Fakt ist, dass rund 36 Prozent **mehr** Impfprobanden (240) an schweren Nebenwirkungen gelitten haben, als die Impfung angeblich an schweren COVID-19-Fällen (154) verhindert hat.

16 Prozent der jüngeren und 11 Prozent der älteren Realgeimpften hatten Fieber, also eine Körpertemperatur von 38 Grad und mehr. Nach der zweiten Dosis beka-

men immerhin 0,8 Prozent hohes Fieber (38,9 bis 40,0 Grad),[1192] was in etwa dem Prozentsatz der »verhinderten« schweren COVID-19-Fälle entspricht. Impfstoffbedingt ist der Konsum von fiebersenkender und schmerzstillender **Arznei** massiv angestiegen: Nach Dosis 1 griffen 28 Prozent der jüngeren und 20 Prozent der älteren Testpersonen zu Medikamenten, während nach Dosis 2 bereits **45 Prozent** der jüngeren und **38 Prozent** der älteren Impfstoffempfänger Arzneimittel einnahmen.[1193] Ganz offensichtlich stellen derartige Impfungen für etwa die Hälfte der Probanden eine intensive Gesundheitsbelastung dar.

Eine fundierte Auswertung seitens der US-amerikanischen Gesundheitsbehörde CDC weist bei den bis einschließlich 18. 12. 2020 erfolgten 112.807 mRNA-basierten Impfungen 3.150 **schwere** Gesundheitsschädigungen aus. Demnach haben **2,8 Prozent** »Health Impact Events« durchgemacht, welche tägliche Verrichtungen verhindern, arbeitsunfähig und ärztliche Hilfe erforderlich machen.[1194] Einem Briefing-Papier der US-amerikanischen Behörde für Lebens- und Arzneimittel FDA zufolge trat bereits bei vier der Geimpften, nicht aber bei der Placebo-Gruppe, das Bell's-Palsy-Syndrom auf.[1195] Dabei handelt es sich um **Gesichtslähmungen,** die von partiell funktionellen Ausfällen bis hin zur kompletten Lähmung der halbseitigen mimischen Muskulatur reichen.[1196] Ob die Bell-Lähmung jemals ausheilt, ist noch nicht bekannt.[1197]

Ende Dezember 2020 wurde in der Schweiz, wo bis dahin nur der von Biontech / Pfizer entwickelte Impfstoff zugelassen war, behördlich bestätigt, dass bereits »eine Person nach einer Impfung gegen das Coronavirus **gestorben**« ist.[1198]

Übrigens werden zum RNA-Impfstofftestverfahren von Biontech / Pfizer Schwangere **nicht** zugelassen.[1199] Kein Wunder, denn die FDA warnte im Oktober 2020 im Hinblick auf **alle** COVID-19-Impfstoffe vor 22 gefährlichen Folgewirkungen, darunter – gleich nach dem Tod – auch **Schwangerschaftsabbrüche** und **Totgeburten** (»Pregnancy and birth outcomes«).[1200] Genetische Impfstoffe stellen offenbar auch für entstehendes menschliches Leben eine Bedrohung dar. Mehr dazu im Abschnitt über die fehlende Adäquanz.

Zusammenfassung. Das Fazit über die belegte Unwirksamkeit und Unsicherheit der behandelten DNA-Vektor- und RNA-basierten Impfstoffe lautet, dass es den Studien nicht gelungen ist, den Nachweis dafür zu erbringen, dass ihre Impfstoffe vor schwerer Erkrankung oder Tod schützen. Im Gegenteil. Die direkt impfbedingten Schäden und Risiken überwiegen den vermeintlichen Nutzen deutlich. Daher ist **keine Eignung** gegeben. Die meisten der aufgezählten schädlichen Wirkungen und Risiken betreffen sowohl die Ebene der Wirksamkeit als auch jene der Sicherheit. Nichts könnte mehr für diese enge Koppelung sprechen als das Faktum, dass eine Verabreichung von genetischen (und anderen) Impfstoffen das Immunsystem massiv schädigt. Jede Ebene schließt für sich allein schon die Eignung aus. Zusammen verdeutlichen sie die Kontraindikation des Impfens. Denn mit an Sicherheit grenzender Wahrscheinlichkeit steht fest, dass die Verabreichung gentechnisch entwickelter Impfstoffe zu **schwereren** Verläufen von COVID-19 und anderen Krankheiten führt als es ohne derartige Impfungen der Fall wäre. Besonders bei hochbetagten und vorerkrankten Menschen käme es zu einer massiven Schwächung und Schädigung des Immunsystems. Folglich ist der Einsatz bei den Risikogruppen absolut **kontraindiziert**. Aber auch die massenweise Anwendung an durchschnittlich Gesunden wäre gegenangezeigt, zumal deren impfbedingte Erkrankungen mit sehr hoher Wahrscheinlichkeit das Gesundheitssystem so sehr zusätzlich belasten würden, sodass das Erreichen der vermeintlichen Ziele (Leben retten, Schonung der intensivmedizinischen Auslastung) erheblich erschwert oder verhindert wird.

Schlussfolgerungen. Aufgrund der nahezu identischen Voraussetzungen (gentechnische Grundlagen, verstümmelte Entwicklungsdauer etc.) stehen die Negativbeispiele Astrazeneca und Biontech / Pfizer höchstwahrscheinlich repräsentativ auch für die Unsicherheit und Unwirksamkeit **aller** anderen Kandidaten. Dieser naheliegende Verdacht wird durch nachfolgende Angaben erhärtet bzw. bestätigt.

Eine am 28. 10. 2020 von der US-amerikanischen Akademie der Wissenschaft veröffentlichte Studie besagt: »COVID-19-Impfstoffe, die neutralisierende Antikörper hervorrufen sollen, können Impfstoffempfänger für **schwerere** Krankheiten sensibilisieren, als wenn sie nicht geimpft wären.« Die Forscher beziehen sich ausdrücklich auf sämtliche Impfstoffarten und weisen dabei »auf ein **ernstes** mechanistisches Problem hin: Impfstoffe, die empirisch unter Verwendung des traditionellen Ansatzes entwickelt wurden [...] oder die aus Protein, viralem Vektor, DNA oder RNA bestehen, können unabhängig von der Abgabemethode die COVID-19-Krankheit durch antikörperabhängige Verstärkung (ADE) **verschlimmern.**«[1201]

Das gemeinsame Positionspapier der Ständigen Impfkommission, des Deutschen Ethikrates und der Nationalen Akademie der Wissenschaften Leopoldina vom 09. 11. 2020 betont wenigstens korrekt, dass die voraussichtlich zuerst zur Anwendung kommenden Impfstoffe »auf neuen Impfstoff-Technologien« basieren. Gerade bei diesen werde es jedoch auch zum Zeitpunkt der Zulassung »nur **begrenzte** Daten geben in Bezug auf die Wirksamkeit in bestimmten Gruppen [...] und zur Frage, ob der Impfstoff neben der Erkrankung bei infozierten Menschen auch eine **Virus-Übertragung** verhindert.«[1202] Folglich wissen die deutschen Verantwortungsträger seit spätestens 09. 11. 2020, dass die wichtigste Anforderung an die Corona-Impfstoffe selbst bei der Zulassung noch nicht geklärt sein kann.

Dies bestätigt die sogenannte COVID-19-Impfstrategie des österreichischen BMSGPK vom 25. 11. 2020. Auch dieser zufolge »ist derzeit noch **nicht** bekannt, ob Impfungen nur vor Erkrankung schützen werden oder ob diese auch die Weiterübertragung des Virus vermeiden werden können.« Deshalb seien Maßnahmen wie »das Tragen von **Masken** weiter notwendig«.[1203] Obwohl bereits im Juli 16,5 Millionen Impfdosen für die Durchimpfung von ganz Österreich vorbestellt worden waren (siehe oben), hat man zwei Monate später vom wichtigsten Punkt, nämlich dem Schutz vor viraler Übertragung, noch immer keinen blassen Schimmer. Das Fortlaufen bisheriger Corona-Maßnahmen wird angekündigt, weil ganz offensichtlich die Unwirksamkeit **aller** Impfstoffe eingeplant ist.

Die diesbezügliche Stellungnahme der österreichischen Bioethikkommission vom selben Tag (25. 11. 2020) führt richtig an, dass die Studienprotokolle und »jetzigen Prüfverfahren« der **vier** bisher erfolgreichsten Hersteller »**keine** Aussagen über den Schutz vor schwerwiegenden Verläufen bei einer Infektion zeigen.« In den klinischen Studien sind außerdem Frauen »unterrepräsentiert.« Über vulnerable Personen wie insbesondere schwangere und stillende Mütter liegen wegen deren generellem Ausschluss vom klinischen Testverfahren **keine** Erfahrungswerte vor.[1204]

Mitte Dezember 2020 gab Prof. Dr. Stefan Hockertz, vormaliger Leiter des Instituts für Experimentelle und Klinische Toxikologie am Universitätsklinikum Hamburg, ein exzellent dokumentiertes Interview betreffend die überschnelle Zulassung der Corona-Impfstoffe. Im Artikel werden ausdrücklich folgende Hersteller genannt: Astrazeneca, Biontech, Moderna und Curevac.[1205] Das sind immerhin **vier** jener fünf Unternehmen, bei denen die EU offiziell die als gentechnisch erzeugt ausgewiesenen Impfstoffe kauft (siehe oben bzw. Abb. 43). Stefan Hockertz, der grundsätzlich kein Impfgegner ist, sagt über »die Entwicklung und Zulassung der **Corona-Impfstoffe**« (Mehrzahl): »Ich habe Evidenz dafür, dass insbesondere im Bereich der Vorklinik viele Studien **nicht** gemacht wurden, die eine Effizienz und die Sicherheit und damit die Qualität dieses Impfstoffs anbetreffen. Und ich habe auch Hinweise von Seiten der beteiligten Unternehmen, dass nur **ungenügend** toxikologische Daten vorliegen. Ich bin ja von Haus aus Toxikologe, kann das also bewerten und bin mir sicher, dass hier nicht genügend gemacht wurde, um den Menschen wirklich ein sicheres Arzneimittel zu überreichen.« Konkret auf die offenbar schon beschlossene verfrühte Zulassung des RNA-Impfstoffs von Biontech angesprochen, erklärt Professor Hockertz seine korrekte juristische Beurteilung:

»Ich erachte das als vorsätzliche grobe Körperverletzung,

weil nach meinem Erachten nicht genügend Daten vorliegen, weder aus der Präklinik, noch aus der Klinik.«[1206] Hier ist anzumerken, dass anhand der oben beleuchteten klinischen Studien **bewiesen** ist, dass Hockertz' Beurteilung korrekt ist. Ein besonderes Verschulden trifft gemäß meiner Beurteilung die Hersteller, weil sie die vom Toxikologen Stefan Hockertz ins Treffen geführte Testung des Impfstoffs ausgerechnet bei jenen Menschen **unterlassen** haben, die von der Impfung am intensivsten betroffen sein werden: »Gerade bei Menschen mit geschwächtem Immunsystem« ist der Impfstoff (hier gemeint: Biontech) »noch gar nicht untersucht worden.« Biontech gebe sogar auf dem britischen Beipackzettel zu, dass nicht bekannt ist, wie die Hauptgruppe der potentiellen Impflinge auf den Impfstoff reagieren wird, nämlich Menschen, »die diese Infektion schon durchgemacht haben. Und das ist ein **inakzeptables** Risiko.«[1207]

Dass es sich um gar keine echten Impfstoffe, sondern am ehesten um »genetische Therapien« handelt, erklärt Dr. Alexandra Henrion-Caude, die vormalige Direktorin des Nationalen Instituts für Gesundheit und medizinische Forschung von Frankreich. Mitte Dezember 2020 weist die französische Genetikerin auf jene **lebensgefährlichen** Risiken hin, die mRNA-Impfstoffe für **Senioren** haben. Studien belegen das Risiko der »**Verschlimmerung** der klinischen Erkrankung und deren klinische Implikationen.«[1208]

Wir halten fest: Vorprogrammiert schädliche Impfstoffe sollen ausgerechnet in jene Menschen gespritzt werden, die qualitativ und quantitativ am stärksten betroffen sind. Eine größere Verantwortungslosigkeit im Bereich der Impfstofferzeugung ist kaum denkbar.

Im Einklang mit den bisher genannten Studien erklärt der von den meisten Medien zu Unrecht nicht geachtete, sondern geächtete Prof. Dr. Sucharit Bhakdi, dass das Virus SARS-CoV-2 normalerweise in der Lunge bliebe. Doch jetzt wird mit den neuen Impfstoffen das Virusgen selbst injiziert: »Dieses Gen geht überall hin, in den ganzen Körper. Auch dorthin, wo es nicht soll.« Die gespritzten Virusteilchen werden in vielen Zellen **nachgebaut** und anher von den körpereigenen Helferzellen attackiert: »Die Killerlymphozyten, die Sie haben, werden diese Zellen dann angreifen [...]. Das ist die Grundlage von Autoimmunerkrankungen.«[1209]

Offensichtlich haben wir es mit genetisch vorprogrammierten Selbstangriffen in Dauerschleife zu tun. Denn Prof. Dr. Stefan Hockertz stellt klar (über Vektorimpfstoffe), dass die injizierten genetischen Substanzen »tatsächlich in der Lage sind, über einen ganz einfachen Mechanismus **unser Genom zu verändern**.«[1210]

Hierzu und im Speziellen zur Gefährlichkeit von mRNA-Impfstoffen bezieht sich die irische Immunologin und Molekularbiologin Prof. Dr. Dolores Chahill Mitte Dezember 2020 auf die bereits erwähnte Studie vom April 2012 über schwere Lungenimmunerkrankungen an corona-geimpften Mäusen. Derartige Impfungen sind beim Menschen mit einem extrem hohen Sterberisiko verbunden. Die im Impfstoff enthaltene mRNA **modifiziert** die Körperzellen gentechnisch so, dass sie selbst »das Spike-Protein des Coronavirus produzieren.« Sobald die Geimpften Monate nach der Impfung Kontakt mit wilden Corona-Viren haben, wird zwar das Immunsystem aktiviert, es betrachtet jedoch »auch die selbst produzierten Spike-Proteine als Gefahr und startet einen **Großangriff gegen die eigenen Körperzellen**.« In vielen Fällen »wird ihr Immunsystem mit einem tödlichen Zytokin-Sturm reagieren.« Die Folge wird ein »septischer Schock mit multiplem Organversagen« sein, »was in der Regel mit dem **Tod** endet.«[1211]

Die Verabreichung von Impfstoffen, die vorprogrammiert der Gesundheit schaden, steht jedenfalls nicht im Dienst der Humanmedizin. Es handelt sich daher nicht um medizinisch indizierte Impfungen, sondern um willkürliche genetische Eingriffe. In diesem Sinne argumentiert der deutsch-amerikanische Rechtsanwalt Dr. Reiner Füllmich.[1212] Im Grunde sind es viel mehr als Eingriffe. Es sind **genetische Angriffe** auf unsere Gesundheit im Rahmen des bisher größten Feldversuchs zur dauerhaften Schwächung der individuellen und folglich auch der kollektiven Immunität.

Ad 5. Mangelnde Impfbereitschaft der Bevölkerung. Die schon vor COVID-19 generell niedrige Impfbereitschaft lässt sich am besten an der niedrigen Grippe-Impfquote ablesen. In Österreich wird sie zwar (noch) nicht systematisch dokumentiert, laut einer für das Gesundheitsministerium erstellten Studie aus dem Jahr 2013 steht aber fest, dass die Impfraten »sehr niedrig« sind. Obwohl Kinderimpfungen kostenlos sind, werden sie von nicht gerade wenigen Eltern entschieden verweigert.[1213]

Nicht anders, wenngleich zumindest grob beziffert, ist die Lage in Deutschland: »In der gesamten Bevölkerung liegt die Influenza-Impfrate bei etwa **30 Prozent**.« Laut einer Pressemitteilung der Deutschen Gesellschaft für Infektiologie lag die Quote sogar bei chronisch kranken Menschen in den vergangenen Jahren bei nur 40 bis 60 Prozent.«[1214]

Zur generellen Impfskepsis gesellt sich bei COVID-19 zur stetig abnehmenden Furcht vor Erkrankung auch das sukzessive steigende Misstrauen gegenüber der rücksichtslos und epidemiologisch sinnlos agierenden Regierung. Während der Corona-Plandemie sinkt die Impfbereitschaft sogar bei schweren Krankheiten: Die WHO und das Kinderhilfswerk UNICEF beklagen, dass »immer weniger Kinder gegen Tetanus, Masern, Keuchhusten und andere Krankheiten geimpft« werden.[1215] Gegenteilige Pressemeldungen über hohe Corona-Impfbereitschaften sind daher mit einiger Gewissheit nichts als Lügenpropaganda. Mit nahezu sicherer Gewissheit ist die von der WHO für eine künstliche Herdenimmunität propagierte Durchimpfungsrate von 60 bis 70 Prozent[1216] nicht einmal annähernd zu erreichen. Auch das in der österreichischen »Impfstrategie« für COVID-19 festgelegte Ziel einer »hohen« Durchimpfungsrate »von jedenfalls mehr als 50 Prozent«[1217] wird mit sehr hoher Wahrscheinlichkeit ein feuchter Traum von Kurz, Anschober und Co. bleiben.

Ein wichtiger Indikator für eine sehr niedrige Corona-Impfbereitschaft ist das mangelnde Interesse der Masse der Bevölkerung, sich eine im Verhältnis zum Impfrisiko harmlose Corona-Warn-App herunterzuladen (siehe oben). Ein zweiter relevanter Indikator ist die sogar noch niedrigere Testbereitschaft. An den ohnehin ungeeigneten Massentestungen von Anfang bis Mitte Dezember 2020 haben lediglich 23 Prozent der Österreicher teilgenommen. Besonders niedrig war die Bereitschaft im größten Ballungszentrum: Nur 14 Prozent der Wiener ließen die Minitortur der Schnelltests über sich ergehen.[1218] In Deutschland scheint die Testbereitschaft noch geringer zu sein. Zahlen werden zwar keine genannt, jedoch wird über gähnend leere Hallen berichtet.[1219]

Auf den Hausverstand des Großteils der Bevölkerung ist demnach Verlass. Und weil die epidemiologisch sinnlosen Massentestungen faktisch nichts anderes als eine »Vortestung« der Bevölkerung auf ihre Impfbereitschaft sind, müsste sich auch die Corona-Impfbereitschaft in überschaubaren Grenzen halten. Mit einer relativ hohen Bereitschaft wäre wohl nur zu rechnen, falls die Bevölkerung besonders lange und schikanös zum »Freiimpfen« genötigt oder ein scharfes Virus aus der Pipeline gelassen wird ...

Ad 6. Massenbestellungen nicht autorisierter Impfstoffe. Riesige Vorbestellungen noch gar nicht autorisierter Impfstoffe erhöhen den Zeitdruck und verringern die Motivation zur Herstellung hochqualitativer Produkte. Dafür ist ein giftiger Cocktail aus verschiedenen Zutaten verantwortlich: auf ein absolutes Minimum heruntergeschraubte Qualitätsstandards, Abnahmegarantien, Haftungsübernahmen durch den Staat bzw. die Bevölkerung und vor allem die damit einhergehenden Massenbestellungen. Sie sind ein deutliches Indiz dafür, dass die vorsehbaren und teils bereits erwiesenen Qualitätsverluste zum **Dauerzustand** werden. Dies zwingt zur Annahme, dass faktisch kein einziger der Impfstoffkandidaten geeignet sein wird. Auch wenn die offiziellen Erklärungen anders klingen mögen, so besteht doch für profitorientierte Produzenten keinerlei Veranlassung, Spitzenprodukte herzustellen und dafür die reguläre Entwicklungsdauer in Anspruch zu nehmen. Warum sollten sie auch, wenn sie schneller mehr Geld scheffeln können?

Keine Notwendigkeit

Wer, warum auch immer, die Fakten über die Untauglichkeit des Impfens nicht anerkennt, der muss zumindest akzeptieren, dass ein Impfzwang keinesfalls notwendig ist. Es gibt eine Vielzahl milderer Mittel, die obendrein mitunter mehr Erfolg versprechen. Einerseits kommen alle zuvor behandelten 11 Maßnahmen in Betracht. Zwar sind sie ebenfalls illegal, aber immerhin weniger schädlich für die Gesundheit, das wertvollste Gut des Menschen. Andererseits existieren auch einige gesündere medizinische Alternativen.

Die gesündeste medizinische Alternative ist die natürliche Stärkung des Immunsystems mittels Durchstehens der Infektion, wie es im vorliegenden Buch schon mehrfach dargelegt wurde. Hierzu empfiehlt Prof. Dr. Stefan Hockertz, den Menschen eine Anleitung zu geben, »wie Sie ihr Immunsystem stärken; **Vitamin D, Zink, Echinacin** und so weiter. So werden wir mit dieser Infektion **hervorragend** fertig.«[1220] Die Verringerung viraler Atemwegsinfektionen durch Vitamin D ist mehrfach belegt, zum Beispiel in einer JAMA-Studie vom 03. 09. 2020.[1221] Eine besonders empfehlenswerte Information über »die Wichtigkeit von Vitamin D für die defensive Immunität« hat der irische Facharzt für Innere Medizin Dr. David Grimes am 09. 10. 2020 veröffentlicht.[1222] Wer die Infektion natürlich überstanden hat, der braucht keine Impfung. Denn die erwähnten Tiroler Antikörperstudien beweisen eine »**konstante, stabile Immunität.**« Darüber hat die Medizinische Universität Innsbruck am 09. 12. 2020 im Wege der Österreichischen Presseagentur (APA) höchstvorsorglich für eine breit gestreute Information gesorgt.[1223] Sich darauf berufend, hat zum Beispiel Dr. Peter F. Mayer explizit in großen Lettern zusammengefasst: »Immunität durch Infektion **besser** als Impfung.«[1224]

Besser bedeutet hier gesünder – und zwar nicht nur im Sinne einer stärkeren positiv gesundheitserhaltenden Wirkung, sondern vor allem auch im Sinne von weniger schädlich. Hier ist daran zu erinnern, dass die Impfung bereits immuner Menschen ein sehr hohes Risiko für schwere Krankheitsverläufe und insbesondere für Autoimmunerkrankungen birgt. Wer sich in Anbetracht dieser Fakten dennoch Gift spritzen lässt, ist dümmer als Stroh und beim ultimativen Idiotentest namens COVID-19 durchgefallen.

Wer seinem Körper partout nicht vertrauen will, vielleicht weil er ihn nicht regelmäßig fit hält, für den stehen mehrere schon **vor** COVID-19 erprobte Medikamente bereit, die gegen diese Krankheit anscheinend rasch und schonend helfen.

Die Arznei Ivermectin schien bereits 2019 in drei verschiedenen Kategorien der WHO-Liste essentieller Medizin auf.[1225] Es handelt sich um ein Antiparasitikum, dessen Wirksamkeit gegen SARS-CoV-2 sich gemäß einer am 03. 04. 2020 veröffentlichten Studie wie folgt darstellt: »Nach der Infektion mit SARS-CoV-2 kann die virale RNA nach **48 Stunden** um das 5000-fache reduziert werden.«[1226] Unter Bezugnahme auf diese Studie publizierte die Deutsche Apothekerzeitung bereits am 09. 04. 2020, »dass Ivermectin SARS-CoV-2 in einem Zellmodell innerhalb von 48 Stunden so gut wie **vollständig eliminierte**.« Unter den Wirkstoffkandidaten gegen SARS-CoV-2 galt daher Ivermectin schon im April 2020 »als neuer Hoffnungsträger«.[1227]

Ein weiterer erfolgsversprechender Kandidat ist das ursprünglich als Grippe-Medikament entwickelte Molnupiravir. Eine am 03. 12. 2020 veröffentlichte Studie über präklinische Testungen an Frettchen hat die Wirksamkeit von Molnupiravir (MK-4482/EIDD-2801) »gegen SARS-CoV-2 **erwiesen**.«[1228] Darüber wurde sowohl in der deutschen Ärztezeitung des Springer Medizinverlags[1229] als auch in den Mainstreammedien berichtet.[1230]

Allem Anschein nach wirkt auch HCQ (Hydroxychloroquin) zumindest bei hellhäutigen Menschen. Auf die Unverträglichkeit bei Dunkelhäutigen wurde bereits hingewiesen.[1231]

In einer quasiexperimentellen Testung an 20 menschlichen Patienten zwischen April und Juni 2020 soll sich die Wirksamkeit von oral verabreichtem Chlordioxid (CLO_2) herausgestellt haben. Der etwas unglücklich ins Deutsche übersetzten Studie zufolge wurde dank CLO_2 die vollständige Virusbildung durch Oxidation **blockiert**.[1232] Hierzu ist auch eine sehr gut aufbereitete Fachinformation in deutscher Sprache verfügbar.[1233]

Eine weitere gesündere Alternative ist die **Stärkung des Gesundheitswesens**. Sehr früh schon, nämlich am 19. 03. 2020, ist im JAMA-Gesundheitsforum eine ärztliche Expertise über die nötigen Vorbereitungen auf COVID-19 bzw. die nächste »Pandemie« in den USA erschienen. Der Fokus liegt auf dem Schutz des Gesundheitspersonals. Empfohlen werden in erster Linie die »Herstellung eines robusten Gesundheitssystems«, die ausreichende Verfügbarkeit von Gesichtsmasken sowie die rechtzeitige Informationsbereitstellung. Impfstoffe werden mit **keinem** Wort erwähnt, also nicht einmal für Ärzte und Krankenpfleger.[1234]

Zu etwas sehr ähnlichem hatte sich Anfang Juni 2020 die bundesdeutsche Koalition mit folgender Zielvorgabe zumindest zum Scheine bekannt: »das **Gesundheitswesen stärken** und den Schutz vor Pandemien verbessern.«[1235]

Zu denken ist an die längst fälligen Aufstockungen der Intensivbetten und des medizinischen Personals sowie die Optimierung des Schutzes der Risikogruppen. Die diesbezügliche Untätigkeit der Regierungen im Sommer 2020, während dem sie schon die »zweite Welle« ankündigten, lässt nur einen Schluss zu: Die Verantwortlichen glauben selbst nicht an die Gefährlichkeit des Virus, wollen aber unbedingt die Bevölkerung durchimpfen. Dieses Verhalten ist mehrfach kriminell und verfassungswidrig.

Keine Adäquanz

Zur mehrfachen Verfassungswidrigkeit eines etwaigen Impfzwangs zählt auch dessen eindeutige Unangemessenheit. Es besteht ein ausgesprochenes Missverhältnis zwischen der Schwere des Eingriffs in das Grundrecht auf körperliche Unversehrtheit der Geimpften (Schaden) einerseits und seinem vermeintlichen Beitrag zur Ausbreitungsverhinderung bzw. zur krisengerechten Auslastung der intensivmedizinischen Kapazitäten (Nutzen) andererseits.

Zum vermeintlichen Nutzen ist zu sagen, dass die ohnehin nicht einmal legal definierten Ziele mit einem generellen Impfzwang nicht zu erreichen sind. Die erwiesene Unwirksamkeit und Unsicherheit der in Frage stehenden Impfstoffe würden mit an Sicherheit grenzender Wahrscheinlichkeit zu **höheren** Ansteckungsraten führen und folglich jedwede Zielerreichung von vornherein ausschließen. Aufgrund der Kontraindikation ist sogar mit der erheblichen Verschlimmerung der Situation zu rechnen, sprich mit der Vergrößerung des Infektionsgeschehens und der **Verschlechterung** der intensivmedizinischen Auslastungslage.

Selbst im hypothetischen Falle der Eignung eines Impfstoffs und dessen Nutzen würden die impfbedingten Gesundheitsschäden deutlich schwerer wiegen. Sie wiegen sogar zweifach schwerer, nämlich individuell als illegaler Eingriff in die körperliche Integrität und kollektiv als Schädigung der Volksgesundheit.

Im Hinblick auf den individuellen Schaden ist auf den längst aufgehobenen Pocken-Impfzwang hinzuweisen. Anlässlich der Pocken (Sterblichkeit ca. 30 Prozent) hat der deutsche Bundesgerichtshof in Karlsruhe zwar 1953 den Impfzwang als mit dem Grundgesetz vereinbar erachtet. Jedoch verließ sich das Gericht auf wissenschaftlich unhaltbare Angaben eines Handbuchs aus dem Jahr 1927 über die vermeintliche Wirksamkeit des Pocken-Impfstoffs. Der Eingriff selbst wurde ebenfalls faktenfern als »unverhältnismäßig gering« eingestuft.[1236] Diese rechtlichen Beurteilungen sind nachweislich falsch. Wie im Kapitel »Wertlose Impfungen« gezeigt wird, ist die Nichtursächlichkeit von Impfstoffen für den Rückgang der Pocken (und anderer Krankheiten) statistisch nachgewiesen.

Bezüglich der Unverhältnismäßigkeit von Zwangsimpfungen ist einem Rechtsgutachten der Wissenschaftlichen Dienste des deutschen Bundestags aus dem Jahr 2016 beizupflichten, demzufolge die vorsätzliche Infektion mit abgeschwächten Krankheitserregern »eine Gefährdung der Gesundheit der geimpften Menschen« inklusive bleibender Nebenwirkungen sowie einen **schwerwiegenden** Eingriff in das Recht auf körperliche Unversehrtheit darstellt. Nach einem Hinweis auf die relativ niedrige Masern-Sterblichkeit (die westlich höher als jene von COVID-19 ist) wird klargestellt, dass im Falle eines relativ geringen Ansteckungsrisikos für andere Menschen eine generelle Impfpflicht »verfassungsrechtlich **nicht** zu rechtfertigen wäre.«[1237]

Dass die Infektionsraten und die Prävalenz von COVID-19 sehr niedrig sind, während das Gesundheitsrisiko gerade bei den genetischen Corona-Impfstoffen sehr hoch ist, steht unverrückbar fest. Infolgedessen wäre jedweder Impfzwang bereits auf der individuellen Ebene verfassungswidrig. Dasselbe gilt auch auf der Ebene des Kollektivs, das durch einen Impfzwang gleich mehrfach in der Volksgesundheit geschädigt wäre.

Erstens könnte keine natürliche Herdenimmunität aufgebaut werden. Zweitens steigt gemäß meiner Beurteilung mit der gentechnischen Veränderung menschlicher Zellen mit sehr hoher Wahrscheinlichkeit das Risiko, an **Krebs** zu erkranken. Drittens sind gemäß der FDA, wie gesagt, mit der Verabreichung genetischer Corona-Impfstoffe 22 schwere unerwünschte Nebenwirkungen verbunden. Neben Autoimmunerkrankungen sind insbesondere vorzeitige **Schwangerschaftsabbrüche** und **Totgeburten** hervorzuheben.[1238] Zur Erinnerung: Embryos und Babys COVID-19-kranker Mütter bilden Antikörper und sind durch die Bank gesund. Dennoch werden Schwangere bei genetischen Impfstofftestungen nicht als Probandinnen zugelassen. Offenbar gefährden derartige Impfungen das werdende Leben.

Daraus kann schlüssig abgeleitet, werden, dass genetische Corona-Impfstoffe generell **fortpflanzungsunfähig** machen könnten. Genau in diesem Sinne weist Dr. Wolfgang Wodarg ausdrücklich darauf hin, dass nach der Verabreichung genetischer Impfstoffe wahrscheinlich keine Schwangerschaft mehr möglich ist. Die Unfruchtbarkeit wird durch jene Antikörper erzeugt, die nicht nur auf die geimpften Spike-Proteine losgehen, sondern auch alle ähnlich strukturierten Körperzellen neutralisieren. Darunter könnte auch das für die menschliche Fortpflanzung essentielle Protein Syncytin-1 fallen, welches für das Einnisten der befruchteten Eizelle in die Gebärmutterschleimhaut sowie die dortige Bildung der Placenta (des Mutterkuchens) verantwortlich ist. Dies geschieht zwischen dem sechsten und elften Tag der Schwangerschaft. Wenn die impfbedingten Antikörper das Protein Syncytin-1 beschädigen oder vernichten, kann es keine Placenta und folglich auch keine Schwangerschaft geben. Es kann also gut sein, dass corona-geimpfte Frauen künftig keine Kinder mehr kriegen können.[1239]

Mit dieser Begründung fordert Dr. Wodarg zurecht, es müsse »unbedingt ausgeschlossen werden, dass ein Impfstoff gegen SARS-CoV-2 eine Immunreaktion gegen Syncytin-1 auslöst, da sonst **Unfruchtbarkeit** von unbestimmter Dauer bei geimpften Frauen die Folge sein könnte.«[1240] In dieser heiklen Causa hat der engagierte Arzt Anfang Dezember 2020 eine dringende Petition an die EMA gerichtet, sie möge die COVID-19-Impfstoff-Eilzulassung untersagen und die laufenden Impfstudien stoppen.[1241]

Wenn Wolfgang Wodarg wieder einmal Recht hat, wovon mit hoher Wahrscheinlichkeit auszugehen ist, dann hätten die von Bill Gates geforderten und massiv unterstützten Gentechnik-Impfungen, die virologisch und epidemiologisch vollkommen sinnlos sind, zumindest einen Zweck: die von ihm schon ab 2010 geforderte Bevölkerungsreduktion durch **Massensterilisation**. Hier darf an das Kapitel *Dezimierung der Weltbevölkerung* erinnert werden. Falls Sie Gates noch nicht auf Video gesehen und gehört haben, sollten Sie es unbedingt nachholen.[1242] Der von ihm geforderten Bevölkerungsreduktion wäre auch die Verabreichung genetischer Impfstoffe an Hochbetagte und schwer Vorerkrankte Menschen zuträglich. Wie gesagt, liegt bei Menschen mit vorgeschwächtem Immunsystem hinsichtlich genetischer Impfstoffe wie jenem von Biontech zumindest bis Ende 2020 keinerlei klinische Testung vor. Dies verwundert umso mehr, als Bill Gates doch in der besagten *Tagesschau* vom April 2020 ausdrücklich gesagt hatte: »Und das ist hier das Wichtigste: Alte Menschen immun zu machen.« Unmittelbar danach forderte er, dass alle sieben Milliarden Menschen durchgeimpft werden.[1243]

Eines ist völlig klar: Je mehr Alte und Kranke sterben und je weniger sich die Menschheit fortpflanzt, umso eher ist das von Gates schon 2010 definierte Ziel der Bevölkerungsreduktion zum angeblichen Zweck des Klimaschutzes bzw. verringerten CO_2-Ausstoßes erreicht.

Dass es Bill Gates weder um das Wohl der Menschen noch um jenes des Planeten geht, legt die Unvereinbarkeit seiner angeblichen moralischen Ansprüche mit seinen **menschen- und umweltfeindlichen** Investitionen nahe. Einer im Mai 2020 ausgestrahlten ZDF-Dokumentation zufolge fließt ein großer Teil des Vermögens der Bill & Melinda Gates Stiftung von etwa 47 Milliarden US-Dollar in die Entwicklung und Verbreitung von Impfstoffen. Das dafür nötige Kapital stellt eine Vermögensverwaltung (Trust) bereit, über die Bill und Melinda Gates wie auch über ihre Stiftung nahezu in Personalunion herrschen. Wie die Steuerprüfung aus 2018 beweist, erwirtschaftet der Trust hohe Profite, indem er unter anderem in folgende Bereiche investiert: Beteiligung an einem britischen Waffenhersteller und -zulieferer in den Jemen-Krieg, **klimaschädliche** Investments in die Öl-, Kfz-, Flug- und Kohleindustrie sowie Beteiligungen an einem wegen Menschenrechtsverletzungen und Umweltzerstörungen angeklagten Bergbaukonzern etc. Das Resümee lautet: Bill Gates führt die Stiftung wie das Unternehmen Microsoft: »in erster Linie gewinn- und profitorientiert.« Er verfügt über folgende Komponenten: Kapital, Management-Faktoren und ein bisschen Wissen. Auf dieser Grundlage versucht Gates, »Gesundheit wie eine Ware zu vertreiben. Und das ist falsch.«[1244]

Dass der offenkundig schon mit einigen Projekten kläglich gescheiterte Milliardär mit Impfstoffen »die beste Investition aller Zeiten« macht, verriet er in seinem eigenen Artikel vom Januar 2019 im *Wallstreet Journal*. Darin gibt Gates offen zu, immer davon ausgegangen zu sein, »dass 10% meiner Technologieinvestitionen erfolgreich sein werden – und zwar sehr erfolgreich. Von den anderen **90%** erwarte ich, dass sie **scheitern**.«[1245] Das klingt nach einem verantwortungslosen Berufszocker, dessen Beteiligung gerade am Impfstoffgeschäft völlig unangebracht erscheint.

Warum also lassen sich die Regierungen ausgerechnet von Bill Gates dazu hinreißen, beim hochsensiblen Thema Impfen weiterhin Fake News zu verbreiten und Fake Laws zu erlassen?

Fake News & Laws

Den Regierungen ist bewusst, dass selbst im corona-aufgeweichten Rechtsstaat und auch bei einer schärferen Virusversion ein direkter Impfzwang illegal und höchstwahrscheinlich nicht exekutierbar wäre. Folglich setzt man erneut auf **indirekten** Zwang, der von wirtschaftlich mächtigen Privatpersonen gegenüber den von ihnen abhängigen Mitmenschen ausgeübt wird. Dieser indirekte Zwang ist ebenfalls verfassungswidrig und illegal. Wie schon bei den rechtswidrigen Ausgangsbeschränkungen vorexerziert, steht auch hinter dem indirekten Impfzwang ein dreigliedriges Konstrukt aus Fake News und Fake Laws:

1. **Illegale Rechtsgrundlage**
2. **Umgedrehte Regelungstechnik**
3. **Verschlimmernde Begleitpropaganda**

Ad 1. Illegale Rechtsgrundlage. Hierunter sind die schon behandelten und weitere COViD-19-Gesetze- und Verordnungen sowie die auf ihrer Grundlage erfolgenden direkten Eingriffe in unsere Grund- und Freiheitsrechte vom Abstandhalten bis zur Quarantäne (Maßnahmen 1. bis 10.) zu verstehen. In Ermangelung einer Eingriffssituation, einer legalen Ermächtigung und auch eines legalen Ziels sind zwar sämtliche Maßnahmen hochgradig verfassungswidrig und illegal. Mitsamt den bei »Ungehorsam« drohenden Sanktionen (Bußgelder, Strafmandate, gerichtliche Strafen) haben aber die Regierungen de facto einen immensen **Konformitätsdruck** aufgebaut. Auf der Grundlage des faktischen politischen Machtausbaus in Richtung Diktatur wird mit weiteren pseudogesetzlichen Regeln das bisher allgemeingültige Regel-Ausnahme-Prinzip bis zur Unkenntlichkeit verdreht.

Ad 2. Umgedrehte Regelungstechnik. Neben den Zulassungsregeln für das Inverkehrbringen von Impfstoffen werden auch die diesbezüglichen Haftungsregeln völlig verdreht. Die totale Umkehr des Logischen und Rechtmäßigen hat Tradition beim Impfen.

Hierzu vorweg ein Beispiel mit globalem Charakter. Schon 2014 hat die WHO ein »implizites Zustimmungsverfahren« empfohlen, welches das Elternrecht massiv beschneidet. Einverständnis der Eltern zur Impfung ihrer Kinder im Alter zwischen sechs und 17 Jahren wird angenommen, sofern »über eine bevorstehende Impfung durch soziale Mobilisierung und Kommunikation informiert« wird und die Kinder danach in der Schule anwesend sind.[1246] Die Annahme einer konkludenten (schlüssigen) Zustimmung ist jedoch zivilrechtlich unhaltbar, weil beim Impfen eine ausdrückliche Zustimmung erforderlich ist. Außerdem kommt die ärztliche Aufklärungspflicht zu kurz, was mitunter strafrechtlich relevant sein kann. Nun zu den überwiegend genetischen Corona-Impfstoffen.

* **Verdrehung des Vorsorgeprinzips.** Mit den bereits genannten Regelwerken europäischer und nationaler Art wird die Grundregel des Vorsorgeprinzips völlig auf den Kopf gestellt. Die normalerweise absolute Ausnahme einer geringfügig schnelleren Impfstoffzulassung wird in die pervertierte Regel einer gegenüber dem etablierten Standardverfahren nur noch etwa **fünfprozentigen** Entwicklungsdauer mit stark verstümmelten Phasen verwandelt. Das volle Bewusstsein der Regierungen über zu erwartende Dauerimpfschäden indiziert zum Beispiel der deutsche Gesetzesentwurf vom 03. 11. 2020 zur Änderung des IfSG: Mithilfe zusätzlich eingeholter Informationen soll »die Häufigkeit, Schwere und der **Langzeitverlauf** von **Impfkomplikationen** besser beurteilt werden.« Außerdem ist von Interesse, »ob gesundheitliche Schädigungen bzw. Erkrankungen bei geimpften Personen in einem zeitlichen Zusammenhang mit Impfungen **häufiger** vorkommen als bei ungeimpften Personen.«[1247]

Trotz der erwartbaren massiven Impfschäden haben Deutschland und Österreich bereits frühzeitig massenweise genetische Impfstoffe zur Durchimpfung der gesamten Bevölkerung vorbestellt (siehe oben bzw. Abb. 43). Im Rahmen des vermeintlichen Beurteilungsverfahrens haben nicht nur die Regierungen auf voller Linie versagt, den Schutz der Volksgesundheit zu gewährleisten. Hierzu haben die ethischen Kontrollapparate wesentlich beigetragen. Auch bei diesen Institutionen scheint sich die Verantwortungslosigkeit insofern breitgemacht zu haben, als die von ihnen erkennbar wahrgenommenen Interessen lediglich jene der Pharmaindustrie und der Regierung zu sein scheinen. In Deutschland ist das bereits am Titel des bereits erwähnten gemeinsamen Positionspapiers der Ständigen Impfkommission (beim RKI), des Deutsche Ethikrates und der Nationalen Akademie der Wissenschaften Leopoldina abzulesen: »Wie soll der **Zugang** zu einem COVID-19-Impfstoff geregelt werden?« Obwohl die **Unklarheit** der Wirksamkeit insbesondere der Übertragungsverhinderung sogar bei der Zulassung noch gegeben ist,[1248] fordern besagte Institutionen nicht etwa den sofortigen Stopp der Impfstoffbestellungen und die dringend erforderliche Verlängerung der Entwicklungsdauer. Stattdessen macht man sich ausschließlich über die Knappheit an Impfstoffen in der Anfangsphase Gedanken, die zur »ethisch« begründeten Empfehlung einer Prioritätenliste führen. Es soll gesetzlich geregelt werden, welche Personen und Personengruppen »vorrangig Zugang« erhalten. Dafür seien auch neue Strukturen zu schaffen. Als unverzichtbar bewertet wird die »zeitnahe und produktspezifische Erfassung der

COVID-19-Impfquoten in einer **zentralen Datenbank**.«[1249] Das passt zur Vorstellung des BMG bzw. der von ihm unterstützten Kampagne der Bundeszentrale für gesundheitliche Aufklärung für einen Impfpass,[1250] der laut den Plänen der Kassenärztlichen Bundesvereinigung ein **elektronischer Impfpass** sein soll.[1251]

Immerhin wird »eine undifferenzierte, allgemeine Impfpflicht« ausgeschlossen. Allerdings wird eine spezielle **Impfpflicht** »für eine präzise definierte Personengruppe« insbesondere für Berufstätige im ständigen Umfeld der Hochrisikogruppen als gerechtfertigt erachtet, nach ausreichender Beobachtung der Wirksamkeit und Sicherheit der Impfstoffe auch eine »bereichsspezifische **Impfpflicht**«.[1252] In der Presseaussendung vom selben Tag ist nur von der ausgeschlossenen undifferenzierten, allgemeinen Impfpflicht die Rede.[1253]

Der etwaige partielle bzw. regionale Impfzwang, der wichtigste Punkt für die impfverweigernde Masse der Bevölkerung, steht nur im mehrseitigen Positionspapier, das wohl nur die wenigsten Bürger lesen.

Hier wird also vorbauend ein Schlupfloch respektive ein Anreiz für einen späteren partiellen bzw. regionalen Impfzwang konstruiert, obwohl dieser weder notwendig noch legal wäre. Der deutsche ethische Kontrollapparat ist zwar eigentlich dem Erhalt der Volksgesundheit verpflichtet, zerbricht sich aber über Umsetzungsdetails im Verantwortungsbereich der Regierung den Kopf, in dem offenbar die alles entscheidende Frage nach dem Warum ebensowenig eine Rolle spielt wie die Zweck-Ziele-Mittel-Relation.

Haargenau denselben Eindruck vermittelt die ebenfalls schon erwähnte Stellungnahme der Bioethikkommission vom 25. 11. 2020. Einerseits werden das Nichtvorliegen relevanter Daten über schwerwiegende Krankheitsverläufe und vulnerable Personen (Schwangere und stillende Mütter),[1254] die Nichtverfügbarkeit langjähriger Erfahrungen sowie die »nicht vollends überschaubaren pharmakologischen Eigenschaften der Impfstoffe und sonstigen, derzeit noch nicht bekannten Rahmenbedingungen« korrekt ins Treffen geführt.[1255] Andererseits wird – ohne jede Begründung – einfach »**vorausgesetzt**, dass durch verfügbare Impfstoffe mindestens zu einem erheblichen Grade das Risiko einer Ansteckung durch geimpfte Personen (wenn nicht vollständig ausgeschlossen so doch) erheblich reduziert wird.«[1256] Wie der deutsche ethische Kontrollapparat rät auch die österreichische Einrichtung weder zum sofortigen Impfstoffbestellstopp noch zur reichlichen Ausdehnung der Entwicklungsdauer. Viel mehr erwähnt die Bioethikkommission zwar ein weiteres Mal ausdrücklich, »dass **viele** Rahmenbedingungen derzeit noch **nicht** vollends geklärt sind,« legt aber »unter der **Annahme**, dass die Impfung zumindest weitgehend auch vor einer Weitergabe des Virus an andere schützt,« ihre Empfehlungen vor. Auf welcher Evidenzbasis diese »Annahme« beruhen könnte, deutet die Impfethikkommission nicht einmal vage an. Hat man eine Hexe mit Glaskugel befragt oder handelt es sich eher um eine Gefälligkeitsstellungnahme?

Für Korruption sprechen sowohl die Reihenfolge als auch der Inhalt der Empfehlungen. Wegen vorübergehender Knappheit seien die Impfgruppen zu priorisieren: 1. Pflege- und Gesundheitspersonal, 2. besonders vulnerable Personen, 3. sonstige Multiplikatoren. Des Weiteren wird für »Gesundheits- und Pflegepersonal und ähnliche Berufsgruppen mit intensivem Körperkontakt zu Menschen verschiedenster Vulnerabilität (Friseurinnen und Friseure, Masseurinnen und Masseure, udgl.)« eine spezielle **Impfpflicht** während aufrechter COVID-19-»Pandemie« empfohlen. Diese solle jedoch anders benannt werden, nämlich als »Erfordernis für die **Berufsausübung**«, wobei »die Unterlassung einer Impfung für solche Berufsgruppen als **Schutzpflichtverletzung** angesehen werden« sollte. Daran seien »unterschiedliche rechtliche Konsequenzen« geknüpft, von denen jedoch nur die anderwärtige Verwendung genannt wird.[1257] Zu dieser falschen rechtlichen Beurteilung gelangt die Bioethikkommission, obwohl sie in diesem Kontext korrekt einräumt, dass »**keine** langjährigen Erfahrungen vorliegen, welche sicheren Aufschluss über die mit der Impfung verbundenen Risiken und Nebenwirkungen geben könnten.«[1258] Genau mit demselben Hinweis, also »in Anbetracht der mangelnden langjährigen Erfahrungen mit der COVID-19-Impfung«, wird jedoch eine allgemeine Impfpflicht ausgeschlossen, solange »**keine** absolute Notstandssituation« eingetreten ist.[1259]

Damit ist zweierlei bewiesen: Erstens ist die österreichische ethische Institution voll darüber im Bilde, dass **keine Eingriffssituation** gegeben ist. Jedweder Grundrechtseingriff hätte daher unabhängig von der Personengruppe zu unterbleiben. Zweitens differenziert die Kommission unsachlich, indem sie dieselben hohen Risiken ausgerechnet dem Gesundheitspersonal und anderen Gruppen mit Intensivkontakten zumutet, während sie die restliche Bevölkerung davon ausnimmt. Durch einen Impfzwang wären – sowohl in Österreich als auch in Deutschland – das Gesundheitspersonal und ähnliche Dienstleister in ihren Grundrechten auf **körperliche Integrität** und **Gleichbehandlung** verletzt. Außerdem bedroht der zu erwartende Ausfall impfbedingt erkrankter Ärzte, Schwestern und Pfleger die Erreichung sämtlicher vermeintlicher Impfziele, indem er das Gesundheitssystem zum Kollabieren bringen könnte.

Die Erfassung der Nebenwirkungen erfordere eine **Datenbank**.[1260] Dies spielt der Regierung doppelt in die Hände. Wie der Entwurf der sogenannten Impfstrategie zu COVID-19 vom 24. 11. 2020 verrät, ist »die digitale Dokumentation der Impfungen im Rahmen der Ausrollung des **elektronischen Impfpasses**« geplant. Dieses Erfordernis wird zweifach genannt.[1261]

Mindestens so verdächtig ist eine weit vor dem Empfehlungsteil abgedruckte Beurteilung der Bioethikkommission. Gleich nach der unbegründeten Annahme einer impfstoffbedingt reduzierten Ansteckungsrate (siehe oben) wird die **nicht zugelassene** Anwendung von Impfstoffen für prinzipiell möglich erklärt: »Eine über die Zulassung hinausgehende Anwendung eines Impfstoffes ist nicht grundsätzlich ausgeschlossen.« Ein derartiger Off-Label-Use sei darauf zurückzuführen, dass das Arzneimittelgesetz »lediglich für die Abgabe oder das Bereithalten von Arzneimitteln« relevant sei, aber ausgerechnet **nicht** für die Anwendung an Personen gelte. Dies ergebe sich neben dem Wortlaut auch aus dem Telos des Gesetzes,[1262] also seinem Zweck. Die diesbezügliche Quellenangabe[1263] verweist unter anderem auf die gleichermaßen unlogischen Ausführungen eines gewissen M. Mayrhofer vom Institut für Verwaltungsrecht und Verwaltungslehre an der Johannes Kepler Universität Linz.[1264] Es handelt sich um den schon erwähnten Prof. Dr. Markus Mayrhofer, der im April 2020 mit drei Kollegen zugunsten der Regierung von einer »dünnen Datenbasis« ausgegangen war und daher die damalige BMSGPK-Verordnung über Ausgangsbeschränkungen als rechtlich zulässig eingestuft hatte.[1265] Ist es lediglich ein Zufall, dass derselbe Herr Mayrhofer Mitglied der Bioethikkommission[1266] und daher auch für besagte Stellungnahme mitverantwortlich ist?[1267] Warum wird hier ein weder nötiges noch legales Schlupfloch für die Anwendung nicht autorisierter Impfstoffe gebuddelt?

Fest steht jedenfalls, dass der Zweck des Arzneimittelgesetzes der Schutz der Volksgesundheit vor unwissenschaftlich hergestellter Arznei ist. Wenn schon deren Herstellung und Inverkehrbringen verboten ist, muss das grundsätzlich auch für die Anwendung gelten. Dass es der Gesetzgeber zwar so gesehen, aber ausdrücklich zu erwähnen vergessen hat, liegt nahe. Der deutsche Gesetzgeber war hier, wie gesagt, sorgfältiger. Außerdem ist anzumerken, dass bei COVID-19 ein Off-Label-Use nur für bereits für die Grippe zugelassene Impfstoffe in Betracht käme. So etwas wurde jedoch weder von der Regierung angedacht noch ist es Gegenstand der bioethikkommissionellen Stellungnahme. Bei Corona-Impfstoffen kommt ein Off-Label-Use **nicht** einmal theoretisch in Betracht, weil die neuartigen genetischen Impfstoffe noch nicht für andere Anwendungsbereiche als COVID-19 zugelassen sind.

Falls in Wahrheit ein **No-Label-Use** gemeint ist, also die Anwendung überhaupt noch nicht zugelassener Impfstoffe, so scheidet auch dieser aus. Schließlich setzt ein No-Label-Use voraus, dass die Arznei bereits in einem anderen Land zugelassen ist. Die bestellten Corona-Impfstoffe sollen ja für den gesamten EU-Raum gleichzeitig zugelassen werden. Auch die Unterart des No-Label-Use ist ausgeschlossen, sprich der Compassionate-Use, die »mitfühlende Verwendung«. Eine derartige Anwendung noch nirgends zugelassener Impfstoffe (Arznei) kann lediglich unter besonders strengen Voraussetzungen für einzelne Patienten erwogen werden. Es muss sich um eine Ultima-Ratio-Situation handeln, also um eine lebensbedrohliche Krankheit, für die es **kein** anderes Heilmittel gibt. Folglich hat eine zwingende Notwendigkeit im Sinne des juristischen Notstands vorzuliegen. In der individuellen Behandlungssituation muss der voraussichtliche Nutzen schwerer wiegen als das Risiko. Von entscheidender Bedeutung ist, dass der Arzt seine **Aufklärungspflicht** erfüllt und der Patient in die Anwendung einwilligt. Sodann hat die Behandlung nach den allgemeinen Regeln der ärztlichen Kunst zu erfolgen. Zu den genannten Anwendungen hat der deutsche Fachanwalt für Medizinrecht Claus Burgardt 2019 ein patientenfreundliches Infoblatt mit wertvollen Anmerkungen zur Rechtsprechung erstellt.[1268]

Aus den genannten Gründen scheidet bei Corona-Impfstoffen sowohl der Off-Label-Use als auch der No-Label-Use auf legalem Wege aus. Daher stellt sich die Frage nach dem Zweck des besagten Hinweises seitens der Bioethikkommission inklusive der Anmerkung, dass ein Off-Label-Use »von vornherein nur auf einer gesicherten wissenschaftlichen Basis und nach entsprechender **Aufklärung** in Betracht« käme.[1269] Wie soll ein Arzt bitteschön auf die Risiken eines Impfstoffs hinweisen, die noch nicht einmal erfasst sind? Soll er sich an die besagte Hexe mit Glaskugel wenden?

Ärzte haften »auch für **schicksalsmäßig** auftretende Impfschadensfälle, wenn die Impfung ohne wirksame Einwilligung erfolgte.« So lautet die rechtliche Beurteilung der deutschen Rechtsanwältin Julia Bütikofer, die seit 1974 schwerpunktmäßig im Impfschadensrecht tätig ist (war). In einem Ärzteblatt-Heft aus dem Jahr 1997 weist Bütikofer etliche Ärzte auf deren Fehleinschätzung hin, dass sie ohne Aufklärung impfen dürfen, wenn sie nur brav den Impfempfehlungen der Impfkommission in zeitlicher in sachlicher Hinsicht folgten. Dies ist »eindeutig unzutreffend.« Eine Verletzung der Aufklärungspflicht führt nämlich zur **Haftung des Arztes** »wegen Vertragsverletzung und wegen unerlaubter Handlung, was zu einem Schmerzensgeldanspruch des Impflings führt.«

Im Zivilprozess gehen Zweifel an der Vollständigkeit der Aufklärung stets zu Lasten des Arztes. Das hängt damit zusammen, dass die Pharmakonzerne optimal abgesichert sind »durch die Hinweise in den Beipackzetteln auf mögliche Nebenwirkungen der Impfstoffe [...]«.[1270]

Was schon 1997 zutraf, gilt anlässlich COVID-19 umso mehr, weil die Pharmakonzerne neuerdings doppelt und dreifach abgesichert sind. Bei einer Anwendung sowohl nicht autorisierter als auch zugelassener Impfstoffe werden die Ärzte in der Haftungsfrage voraussichtlich ganz auf sich allein gestellt sein. Meiner Beurteilung nach hat daher die Bioethikkommission den unethischen Versuch gewagt, einen zwielichtigen Anreiz für die Anwendung nicht zugelassener Substanzen durch den Arzt zu schaffen, der letztlich alleine haften soll. Da derartige Vorgänge weder notwendig noch rechtskonform sind, hätte die Staatsanwaltschaft zu prüfen, ob Korruption vorliegt, weil eventuell Geldmittel von der Pharmabranche in Richtung Kommission geflossen sind.

Im soeben gezeigten Ethikgewirr haben Österreich und Deutschland gemeinsam mit allen anderen EU-Mitgliedstaaten die von der EMA empfohlene und von der Europäischen Kommission am 21. 12. 2020 erteilte bedingte **Zulassung** des ersten Impfstoffs für den gesamten EU-Raum gebilligt: des von Biontech / Pfizer entwickelten RNA-Impfstoffs. Bereits ab 27. 12. 2020 sollen planmäßig Impfungen stattfinden.[1271] In nächster Zukunft ist mit weiteren hastig erteilten Zulassungsbewilligungen und daher auch mit einer großen Menge Impfgeschädigter zu rechnen.

Hierfür hat man insofern zeitnah »vorgesorgt«, als bereits die nächste Umkehr des Regel-Ausnahme-Prinzips in die Waagschale des Unrechts geworfen wurde.

* **Haftungsfreistellung für Pharmariesen.** Wie von Gates und Drosten empfohlen, sind die Impfstoffproduzenten von der sie regulär treffenden Haftung weitestgehend entbunden. Denn für Impfschäden kommt der jeweilige Staat auf, also die **Bevölkerung**. Am 18. 12. 2020, sohin drei Tage vor der EU-Zulassung des RNA-Impfstoffs von Biontech / Pfizer, hat der österreichische Gesundheitsminister mittels Verordnung Impfungen gegen COVID-19 als empfohlene Impfstoffe gemäß Impfschadengesetz deklariert.[1272]

Dieser einzelne Verwaltungsakt bezeichnet genetische Corona-Impfstoffe indirekt als »nach dem jeweiligen Stand der medizinischen Wissenschaft zur Abwehr einer Gefahr für den allgemeinen Gesundheitszustand der Bevölkerung im Interesse der Volksgesundheit empfohlen«.[1273] Die Rechtsfolge ist, dass für Impfschäden, bei entsprechender Antragstellung des Geschädigten, grundsätzlich der Bund Entschädigung zu leisten hat.[1274] Auch das deutsche IfSG sieht bei öffentlich empfohlenen Schutzimpfungen[1275] im Schadensfall eine staatliche Haftung nach Antragstellung vor.[1276]

Damit steht fest, dass in Österreich und Deutschland für COVID-19-Impfschäden gemäß **gesetzlicher** Normierung grundsätzlich der Staat haftet. Gelegentlich wird die generelle Haftung der Produzenten aufgrund des Arzneimittelrechts, des Produkthaftungsrechts oder gar des bürgerlichen Rechts ins Treffen geführt. So zum Beispiel in einer Information des deutschen BMG, der zufolge »je nach Fallgestaltung eine Haftung **u.a.** des pharmazeutischen Unternehmens« in Betracht käme. Die Betonung liegt auf »unter anderem« (u.a.). Letztlich betont das BMG nämlich die Haftung des Staates bei öffentlich empfohlenen Impfungen.[1277]

Aus mehreren Gründen scheint eine direkte Belangung der Impfstoffproduzenten im Wege einer Zivilklage nicht praktikabel bzw. nicht sinnvoll zu sein. Erstens dauern gerichtliche Verfahren grundsätzlich lange, wobei beklagte Konzerne zusätzlich verzögern können und werden, wenn sich ihre Anwälte mutwillig querlegen. Zweitens wird faktisch kaum jemand ein gerichtliches Kostenrisiko für den Fall eines Prozessverlusts in Kauf nehmen, wenn jederzeit eine ungefährliche Antragstellung beim Vater Staat möglich ist. Drittens sind die Impfstoffhersteller offenbar auch von Seiten der EU von der Haftung befreit.

Laut Medienberichten hat die EU-Kommission »Haftungsklauseln in die Verträge mit Astrazeneca und Sanofi eingebaut und verhandle darüber auch mit anderen Herstellern.« Diesen Bestimmungen zufolge würden die Kommission oder die Mitgliedsstaaten »die Unternehmen im Wesentlichen für Kosten entschädigen, die von rechtlichen Schritten aufgrund solcher Fälle entstehen.«[1278] Gemäß Angaben der EU-Kommission sehen die Vorverkaufsverträge Entschädigungen für Verbindlichkeiten vor, »wenn einer der Hersteller für schadenersatzpflichtig befunden wird.« Das *Handelsblatt* resümiert daher korrekt, dass Pharmakonzerne die EU am Impfstoff-Risiko beteiligen.[1279] Anders formuliert: Bei unerwarteten Nebenwirkungen ihrer genetischen Corona-Impfstoffe werden die Pharmakonzerne »von der EU in Schutz genommen. Die Mitgliedsstaaten sollen die Hersteller für bestimmte Haftungen entschädigen.«[1280] Die deutsche Fachanwältin für Medizinrecht Isabella Beer fasst korrekt zusammen, dass die EU als »eine Art Haftpflichtversicherer im Hintergrund zu begreifen« ist. Im diesbezüglichen Zeitungartikel lautet die zweite Überschrift: »Der europäische **Steuerzahler** wird zum Haftpflichtversicherer der Industrie.«[1281]

Man kann es drehen, wie man will. Es zahlt sowieso die Bevölkerung. Vom Anfang bis zum Ende. Die öffentlich verbreitete Info, die Impfung sei für den Impfling kostenlos, ist eine glatte Lüge. Sie wird nämlich von ihm finanziert, mit seinen Steuern. Während die Pharmariesen öffentliche Zuschüsse kassieren, massive Unterstützungen erhalten und sodann gewaltige Profite einfahren, wird das unternehmerische Schadensrisiko auf die Bevölkerung abgewälzt. Der Gewinn wird privatisiert, während die Verluste sozialisiert werden. Eine typisch extremkapitalistische Vorgehensweise, die auch von den nationalsozialistischen und bolschewistischen Bonzen praktiziert wurde. Im Rahmen der genetischen Corona-Impfungen wird das Volk gleich mehrfach betrogen und missbraucht: Es soll epidemiologisch sinnlose Impfungen finanzieren, gefährliche Injektionen dulden, Gesundheitsschädigungen ertragen und auch noch die finanziellen Kosten hierfür selbst stemmen. Um erwachsene Menschen zu derart demütigen Untertanen zu erziehen, findet seit Beginn der Corona-Krise eine unerträgliche politisch-mediale Dauerberieselung statt.

Ad 3. Verschlimmernde Begleitpropaganda. Mit dieser werden nicht nur private Wünsche über die Einführung einer Teildiktatur veröffentlicht, sondern auch Falschinformationen über die angebliche Wirksamkeit der Impfstoffe verbreitet. Außerdem wird auch ein indirekter Gehorsamszwang generiert, der wiederum Privatpersonen in Machtpositionen zur Ausübung des indirekten Impfzwangs animiert. Im Ergebnis lastet auf der Bevölkerung ein immenser Impfdruck, den die Regierung alleine gar nicht ausüben könnte. Dennoch ist auch der indirekte Impfzwang verfassungswidrig und illegal.

* **Veröffentlichte Diktaturwünsche.** Offizielle Forderungen nach einem Impfzwang, auch Impfpflicht genannt, gab es schon lange vor COVID-19. Bereits **Anfang 2019** hat die WHO eine **Impfverweigerung,** ja selbst ein Zaudern (»Vaccine hesitancy«), wissenschaftlich völlig unhaltbar zur globalen **Gesundheitsbedrohung** erklärt.[1282]

Darüber wurde zeitnah, das heißt noch im Januar 2019, in den deutschsprachigen Medien berichtet. Die Headline im *Spiegel* lautet: »Masern – WHO erklärt Impfgegner zur globalen Bedrohung.«[1283] Gemäß dem darauf folgenden politischen Diskurs wurde in Deutschland per Gesetz der indirekte Impfzwang bei den Masern ab März 2020 zumindest partiell umgesetzt (siehe oben). Im April 2019 forderte die Österreichische Ärztekammer »eine **generelle** Impfpflicht bezüglich der im Österreichischen Impfplan empfohlenen Impfungen.« So lautet die Mitteilung im breiten Presseverteiler.[1284]

In beiden Ländern erhalten die Impfbefürworter durch COVID-19 einen orkanartigen Aufwind. Eine sehr frühe Massenmanipulation der Extraklasse stellt die bereits am 18. 04. 2020 im ORF transportierte Privatmeinung des österreichischen Infektiologen Dr. Christoph Wenisch dar: COVID-19 sei »erst vorbei, wenn es eine **Impfung** gibt. Es sollen ja **sieben Milliarden** Menschen so eine Impfung bekommen. Da sehe ich ein großes Sicherheitsthema, und alles, was gescheit geprüft wird, das dauert.« Laut Wenisch gebe es einen normalen Alltag »erst **nach** COVID. Das wird frühestens im 2022er-, 2023er-Jahr sein, wenn die Impfung da ist. Alles andere wäre verfrüht zu sagen.«[1285] Hat dieser Arzt tatsächlich keine Ahnung von Virologie? Oder spricht er aus anderen Gründen die Wortmeldungen von Bill Gates aus der nur sechs Tage vorher ausgestrahlten *Tagesschau* (12. 04. 2020) fast wortgetreu nach? Steht er auf der Gehaltsliste des US-Milliardärs? Ein klarer Fall für die Korruptionsstaatsanwaltschaft. Jedenfalls kündigt ein von niemandem demokratisch bestellter Virologe den Dauerausnahmezustand an.

Damit hängt ein weiteres Beispiel für massenmediale Manipulation zusammen, nämlich ein Statement der ebenfalls von niemanden gewählten Kanzler-Beraterin Mei-Pochtler. Wie Sie sich vielleicht erinnern, ist das jene italienische Unternehmensberaterin, die schon im Jahr 2003 ihre private Zukunftsvision der **Teildiktatur** (Diktokratie) verkündet hatte und die seit spätestens 2019 die Digitalisierung Österreichs vorantreibt. Am 04. 05. 2020 lässt sie erneut die Medienwelt aufhorchen, indem sie den Europäern prophezeit, sie müssten sich an Maßnahmen respektive technische Tools »**am Rand des demokratischen Modells**« gewöhnen: »Das wird Teil der neuen Normalität sein. Jeder wird eine App haben!«[1286] Dass die Erfüllung lange gehegter Diktaturpläne und persönlicher Wunschvorstellungen durch COVID-19 kein Zufall ist, wird im vierten Kapitel beleuchtet.

Als weiteres Beispiel für Manipulation und Desinformation ist die Falschmeldung zu nennen, der »Corona-Impfstoff aus Oxford **glänzt** in Phase I/II.« Dass diese rotzfreche Schlagzeile der deutschen *Pharmazeutischen Zeitung* vom 23. 07. 2020[1287] in der Realität keinen Rückhalt findet, wurde bereits anhand einschlägiger Studien gezeigt.

  * **Förderung des Impfzwangs.** Neben hochrangigen Politkern fordern und fördern auch studierte Juristen einen Impfzwang. So zum Beispiel die Österreicherin Dr. Irmgard Griss, vormals Leiterin des Obersten Gerichtshofs. Die Schlagzeile der Wiener Zeitung vom 30. 11. 2020 lautet: »Irmgard Griss spricht sich klar für Impfpflicht aus«, wobei auf eine ORF-Sendung Bezug genommen wird. Laut Griss sei die Impfpflicht »die **einzige Lösung**«.[1288] Diese Frau hat also nach mehr als acht Monaten noch immer nicht realisiert, dass keine Eingriffssituation besteht. Zur Draufgabe beherrscht sie anscheinend nicht einmal das simple Prinzip der Verhältnismäßigkeit. Wie konnte sie das Jura-Studium schaffen und ein hohes Richteramt bekleiden?

Impfbegeisterte Redakteure zitieren nicht nur andere Impfbefürworter, gelegentlich melden sie sich auch selbst zu Wort. Der deutsche Journalist Nikolaus Blome schreibt am 07. 12. 2020 im *Spiegel*: »Ich hingegen möchte an dieser Stelle ausdrücklich um **gesellschaftliche Nachteile** für all jene ersuchen, die freiwillig auf eine Impfung verzichten. Möge die gesamte Republik mit dem Finger auf sie zeigen.«[1289] Nicht genug, dass ein sogenannter Redakteur nach neun Monaten Corona-Irrsinn noch immer nicht ordentlich recherchiert hat. Obendrein fordert er auch noch zur sozialen Ächtung und Benachteiligung jener auf, die sich vernünftigerweise auf ihr Grundrecht auf Leben und Gesundheit berufen. Die öffentliche Forderung nach einem indirekten Impfzwang ist nebst der Wortwahl des Redakteurs dazu geeignet, den Tatbestand der **Volksverhetzung** zu erfüllen.

Derartige Hetzpropaganda entfaltet in Kombination mit der generellen Panikmache, den strengen Corona-Maßnahmen, der Angst vor staatlichen Sanktionen und der Hoffnung auf die Rückkehr der alten Normalität durch vorauseilenden Gehorsam eine menschenverachtende Wirkung.

Rechtliche Beurteilung

Einen indirekten Impfzwang kündigte Ende November 2020 die australische Fluggesellschaft Quantas an. Nach der ersten Impfstoffzulassung dürfen nur noch geimpfte Passagiere an internationalen Flügen teilnehmen.[1290] Rund ein Monat später peilte die Lufthansa offiziell einen etwas milderen Kurs an: Demnächst darf nur noch mitfliegen, wer einen negativen Corona-Test oder einen Impfnachweis vorlegt. Dass derzeit keine Impfpflicht geplant sei,[1291] mag zwar eventuell den Tatsachen entsprechen. Jedoch werden – analog zum angeblich nie geplanten Lockdown – voraussichtlich alle Fluglinien der Reihe nach mitziehen, sobald das erste Unternehmen den indirekten Impfzwang faktisch anordnet. Dasselbe Szenario könnte sich alsbald im gesamten Dienstleistungsgewerbe abspielen, vor allem im Veranstaltungswesen und in der Gastronomie. Vermutlich werden nach und nach auch die Arbeitgeber auf die Idee kommen, von ihren Angestellten einen Impfnachweis zu verlangen.

Machtmissbräuchen in medizinischen Arbeitsbereichen leistet die bereits erwähnte datenschutzrechtliche Bestimmung des Infektionsgesetzes (§ 23a) einen gewissen Vorschub. Zwecks Verhinderung von übertragbaren Krankenhauskrankheiten, den sogenannten nosokomialen Infektionen,[1292] »darf der Arbeitgeber personenbezogene Daten eines Beschäftigten über dessen **Impf- und Serostatus** verarbeiten, um über die Begründung eines Beschäftigungsverhältnisses oder über die Art und Weise einer Beschäftigung zu entscheiden.«[1293] Dem klaren Gesetzesvorlaut zufolge kann beispielsweise eine Krankenhausleitung festlegen, dass nicht geimpfte Bewerber kein Arbeitsverhältnis erhalten oder dass bereits angestelltes Personal ohne Impfnachweis nicht mehr am Patienten arbeiten darf. Die diesbezügliche gemeinsame Stellungnahme des Bundesministeriums für Arbeit und Soziales und des BMG vom Mai 2020 hält zwar korrekt fest, dass die nicht erfolgte positive Feststellung eines Impfschutzes »**Konsequenzen** hinsichtlich der Begründung eines Beschäftigungsverhältnisses oder der Art und Weise einer bestehenden Beschäftigung haben kann.« Jedoch wollen beide Ministerien daraus »keine Impfpflicht« ableiten. Im Arbeitsschutz gebe es »keine Impfpflicht und auch keine Impf-Nachweispflicht. Die Weigerung eine Impfung durchführen zu lassen, hat dabei auch faktisch keine negativen Auswirkungen.«[1294]

Diese Beurteilung ist in sich unschlüssig und rechtlich falsch. Gerade eine potenzielle Nichtanstellung oder die gegebenenfalls mit monetären Einbußen und Aufstiegsproblemen verbundene Änderung des Betätigungsfelds erzeugen beim Bewerber bzw. beim Arbeitnehmer einen sehr hohen Konformitätsdruck. Selbiger ist Ausdruck des indirekten Impfzwangs.

Mit derartigen Klauseln hat der Gesetzgeber bereits den Fuß in der Tür zum generellen indirekten Impfzwang. Falls er sich flächendeckend und in allen sozialen Bereichen etabliert, dann wird eine Zweiklassengesellschaft entstehen mit den sozial integrierten Geimpften hüben und den verstoßenen Ungeimpften drüben.

Um diese kriminelle Sozialspaltung abzuwenden, ist der Gesellschaft zeitnah in Erinnerung zu rufen, dass der indirekte Impfzwang (ebenso wie der direkte) verfassungs- und rechtswidrig ist. Anlässlich COVID-19 entfalten alle Grundrechte, insbesondere jenes auf körperliche Integrität, eine **Drittwirkung**. Diese bindet Privatpersonen untereinander. Wie schon gesagt, haben die epidemiologisch sinnlosen Corona-Maßnahmen zusammen mit Fake News, Fake Laws sowie Angst vor Sanktionen und Ausgrenzung eine völlig unnötige Ausnahmesituation geschaffen, die ausschließlich dem **Staat** zuzurechnen ist. Der nicht nur juristisch, sondern auch sozial untragbare Zustand scheint von der Regierung sogar erwünscht zu sein. Jedenfalls geht eine grundrechtseinschränkende Fremdbestimmung von Bürgern über andere Bürger auf die Regierung zurück. Nicht umsonst ist gemäß der erwähnten Rechtspraxis der Europäischen Kommission für Menschenrechte das Grundrecht auf Leben auch vor Gefährdungen durch **staatlich organisierte** echt freiwillige Impfaktionen geschützt.[1295] Dem Größenschluss zufolge gilt der grundrechtliche

Schutz in verstärktem Maße für unecht freiwillige Impfaktionen, die gerade bei den Corona-Impfungen mit dem denkbar **massivsten** indirekten Zwang, nämlich der Anordnung und Umsetzung sämtlicher Corona-Maßnahmen, durchgesetzt werden sollen.

Wenn also im Zuge des massiven Konformitätsdrucks wirtschaftlich mächtige Privatpersonen von ihren Angestellten, unterlegenen Geschäftspartnern oder Kunden die Vorlage eines Impfnachweises bei sonstigen Nachteilen wie etwa Kündigung oder Leistungsverweigerung verlangen, dann ist das rechtlich so zu handhaben, als habe die Regierung selbst die Grundrechte verletzt. Somit wäre ein indirekter Impfzwang unter Bürgern als verdeckter direkter Impfzwang des Staates zu behandeln (siehe auch das Kapitel über die Rechtsfolgen).

Die Pseudo-Epidemie COVID-19 soll höchstwahrscheinlich den Anschein eines dringenden Bedarfs an einem extrem schnell verfügbaren Impfstoff erwecken, der zwar epidemiologisch nichts bringt, wohl aber die Gesundheit der Geimpften schädigt. Es ist damit zu rechnen, dass mit dem Ansteigen der Impfrate auch ein synchroner Anstieg der offiziellen Corona-Zahlen und schweren Krankheitsverläufen einhergehen wird. Insgesamt dürfte dem erwünschten generellen indirekten Impfzwang die Zielsetzung zugrunde liegen, im Verbund mit der verstärkten 5G-Ausrollung bei möglichst vielen Menschen Folgendes auszulösen bzw. zu erreichen:

- Baldiger Tod bei Risikogruppen
- Nachhaltiger Immunschaden bei Gesunden
- Dauerhafte Unfruchtbarkeit bei Frauen

Für den einzelnen Impfling bedeuten diese Folgen bzw. tatsächlich eingetretenen Schäden die Verletzung der Grundrechte auf **Selbstbestimmung**, **körperliche Unversehrtheit** und **Leben**. Im Hinblick auf die Gesamtbevölkerung wird anscheinend ein schleichender **Genozid** in die Wege geleitet. Bereits die bloße Absicht, derartige Ziele zu verfolgen, verwirklicht den Straftatbestand des **Völkermordes**. Gemäß dem internationalen Übereinkommen von 1948 über die Verhütung und Bestrafung des Völkermords wird dieses Verbrechen wie folgt definiert: »Eine Handlung, die in der Absicht begangen wird, eine nationale, ethnische, rassische oder religiöse Gruppe als solche ganz oder teilweise zu zerstören.« Hierzu muss lediglich eines von fünf Kriterien erfüllt sein. Im gegebenen Kontext kommt insbesondere folgendes Kriterium in die nähere Auswahl: die »vorsätzliche Auferlegung von Lebensbedingungen für die Gruppe, die geeignet sind, ihre **körperliche Zerstörung** ganz oder teilweise herbeizuführen.«[1296] Völkermord ist ein sogenanntes abstraktes Gefährdungsdelikt. Die Vernichtung muss also nicht tatsächlich eintreten. Es kommt nur auf die **Absicht** an.[1297]

Die abstrakte Eignung kann direkter oder indirekter Natur sein. Auch der **Versuch** und jeder Beitrag sind strafbar. Völkermord verjährt nicht. Im vorliegenden Kontext ist nicht nur eine Gruppe betroffen, sondern alle Gruppen, im Grunde die gesamte Gattung Mensch. Folglich liegt potenziell das schwerste erdenkliche Verbrechen der Menschheitsgeschichte vor.

Letzte Zweifel über das Vorhandensein der zur Umsetzung erforderlichen Skrupellosigkeit der Drahtzieher und Handlanger beseitigen die von Beginn an absehbaren und dennoch über viele Monate hinweg gebilligten desaströsen Auswirkungen des illegalen Chaosmanagements.

E. Schädliche Wirkungen

Vorweg sind vier Tatsachen festzustellen. Erstens sind die schädlichen Wirkungen der Corona-Maßnahmen nicht die Folgen einer Seuche, sondern eines grob rechtswidrigen Chaos-Managements. Zweitens sind die Schäden vielfach größer als jene, die sie angeblich hätten abwenden sollten. Drittens waren die Folgewirkungen schon vor der Beschlussfassung der Corona-Maßnahmen Mitte März 2020 vorhersehbar. Viertens war ebenfalls schon vor Mitte März 2020 erkennbar, dass die Corona-Maßnahmen gar keine positive epidemiologische Wirkung haben können. Somit hätte eine rechtzeitige korrekte Schaden-Nutzen-Abwägung zur Unterlassung der Maßnahmen führen müssen.

Eine halbwegs präzise Auflistung und Bewertung sämtlicher Schäden in den Bereichen Gesundheit, Wirtschaft und Gesellschaft für das Jahr 2020 wird wahrscheinlich erst ab dem zweiten Quartal 2021 möglich sein. Derselbe zeitliche Versatz wird wohl auch für die Folgejahre gelten. Den Gesamtschaden wird man vermutlich erst ein bis zwei Jahre nach der Beendigung des Corona-Spuks evaluiert haben. Ein großer Teil der absehbaren Schäden wurde bereits in den vorigen Kapiteln behandelt oder zumindest skizziert, insbesondere bei der Detailprüfung der 12 illegalen Maßnahmen im jeweiligen Abschnitt über die fehlende Adäquanz.

Es folgt eine Zusammenschau nebst Ausblick auf die Folgejahre. Gegenstand der Betrachtung ist die vorsätzliche Schädigung der Volksgesundheit, die ebenso gewollte Ruinierung der Volkswirtschaft und die gezielte Zersetzung der Gesellschaft.

Gemäß meiner rechtlichen Beurteilung resultieren die subjektive Vorwerfbarkeit und das Verschulden der Regierung nicht zuletzt aus unzähligen von ihr ignorierten Warnungen.

Schädigung der Volksgesundheit

Alles dreht sich im vielzitierten Teufelskreis. Durch die **direkte** Schädigung der Gesundheit vieler einzelner Menschen verzögern oder verhindern die Corona-Maßnahmen potenziell eine natürliche Herdenimmunität, was dem weiteren rechtswidrigen Vollzug der Maßnahmen zuträglich ist. Insbesondere das Tragen der Virenschleudern (Masken) und das Injizieren schädlicher Substanzen (Impfungen) verschlechtern die Immunität erheblich. In Kombination mit den bereits angekündigten neuen Lockdowns bzw. deren Verlängerungen sowie der nicht gestoppten, sondern sogar intensivierten 5G-Ausrollung ist mit einer zeitnahen deutlichen Übersterblichkeit zu rechnen, vermutlich ab dem Jahreswechsel 2020 / 2021. Eine zusätzliche Verschlimmerung resultiert aus einer **indirekten** Gesundheitsschädigung durch die Corona-Maßnahmen. Schon relativ früh veröffentlichte Studien und Expertenberichte sprechen vom vermehrten Kindersterben, von der massiven Verschlechterung der psychischen Gesundheit, vom vorzeitigen Ableben aufgrund verschobener Operationen und von einer erhöhten Selbstmordrate.

Gemäß einer Analyse der UNO vom 15. 04. 2020 werden anlässlich der COVID-19-Lockdowns alleine 2020 wahrscheinlich weltweit **Hunderttausende** Kinder sterben, deren verarmte Eltern sich essentielle Ausgaben für Gesundheit und Nahrung schlichtweg nicht mehr leisten können.[1298] Wo bleibt hier das Mitgefühl der sogenannten Linken und Grünen für die Entwicklungsländer?

Wirtschaftliche Rezessionen, also konjunkturelle Abschwungphasen, steigern die Suizidalität erheblich. In Griechenland haben die rigorosen Sparmaßnahmen 2011 zu den höchsten Selbstmordraten der letzten 30 Jahre geführt: 35.7 Prozent mehr Menschen haben sich umgebracht. Die diesbezügliche Selbstmordanalyse wurde im Jahr 2014 veröffentlicht.[1299] Sohin mussten die Regierungen anlässlich COVID-19 mit einem rezessionsbedingten Ansteigen der Selbstmorde und des früheren natürlichen Ablebens rechnen.

Schon im April 2020 sind in Österreich »**depressive** Symptome von etwa vier Prozent auf über 20 Prozent angestiegen.« Das geht aus einer repräsentativen Studie der Donau-Universität Krems hervor. Eine besondere Belastung zu tragen haben

»Erwachsene unter 35 Jahren, Frauen, Singles und Menschen ohne Arbeit, während Menschen über 65 Jahre deutlich weniger belastet sind.« Am stärksten betroffen sind junge Menschen. Es wird auch auf britische Zahlen verwiesen: »In Großbritannien leidet fast jeder Zweite.« Diese und andere Fakten wurden bereits Anfang Mai 2020 medial veröffentlicht.[1300]

Eine am 12. 11. 2020 publizierte Auswertung mehrerer Studien über tatsächlich durch Corona-Maßnahmen verursachte **Selbstmorde** behandelt modellierte »**Steigerungen** zwischen 1% und 145%«, die jedoch eines Nachweises bedürfen. Jedenfalls haben zahlreiche Umfragen ergeben, dass die psychische Gesundheit von Kindern und Jugendlichen »im Vergleich zu älteren Erwachsenen überproportional beeinträchtigt« ist. Die Analyse der britischen Datenbasis für Kindersterblichkeit »hat ein besorgniserregendes Signal dafür identifiziert, dass die Selbstmordtoten unter 18 Jahren in der ersten Phase des Lockdowns in Großbritannien zugenommen haben könnten.«[1301] Auf das durch Corona-Maßnahmen erhöhte Suizidrisiko wurden die Regierungen mehrfach hingewiesen, nicht zuletzt über deutschsprachige Medien. »Corona-Krise: Psychiater beklagen Suizidwelle in Italien« lautet eine Schlagzeile vom September 2020. Der Artikel erwähnt sogar die drei besonders betroffenen Gruppen: frontal eingesetztes Gesundheitspersonal, positiv Getestete wegen der Furcht vor der Ansteckung anderer Personen sowie finanziell hart Getroffene.[1302]

Auf diese Fakten wurde die deutsche Regierung sogar von ihrem eigenen Behördenapparat hingewiesen. So wird etwa in der erwähnten deutschen Krisenmanagement-Analyse des BMI-Mitarbeiters Oberregierungsrat Stephan Kohn vom Mai 2020 ausdrücklich vor »gesundheitlichen Kollateralschäden« gewarnt: bis zu zusätzliche 125.000 Tote aufgrund verschobener oder abgesagter Operationen, bis zu 3.500 Tote aufgrund nicht ausreichender Pflege, Zunahmen von Suiziden aufgrund wirtschaftlicher Existenzvernichtung und so weiter. Außerdem wird explizit auf eine RKI-Studie hingewiesen, der zufolge »hohe Arbeitslosigkeit die **Lebenserwartung senkt**.«[1303]

Diesbezüglich weist der mutige Oberregierungsrat in seiner mittels E-Mail verbreiteten Analyse höchstvorsorglich auf die Rechtsfolgen der zu erwartenden Empfängerignoranz hin: »Diese Todesfälle werden durch das Agieren des Krisenmanagements ausgelöst und sind von diesem zu **verantworten,** sobald das **Wissen** über die in der hiermit übermittelten Analyse behandelten Sachverhalte vorliegt – auch von dem Absender dieser Informationen, der Teil des Krisenmanagements ist.«[1304] Dem bisher Gesagten zufolge gibt es kein Schlupfloch der Unwissenheit, in dem sich die

Regierung verkriechen könnte. Sie musste wissen und hat gewusst, dass sie mit ihren epidemiologisch sinnlosen Maßnahmen vormals vollständig gesunde Menschen physisch und psychisch krank macht sowie einige psychisch labile Menschen in den Tod treibt. Außerdem war von Anfang an klar, dass auch die wirtschaftlichen Grundlagen der Volksgesundheit angegriffen werden.

Ruinierung der Volkswirtschaft

Durch die schwer verfassungswidrigen Lockdown-Maßnahmen, vor allem die epidemiologisch sinnlosen Betriebsbeschränkungen, werden nicht nur etliche gewerbliche Unternehmen massiv geschädigt, sondern mit ihnen auch der staatliche Haushalt sowie der Staat als solcher. Zum einen können bereits zerstörte Firmen keine Steuern und Sozialbeiträge zahlen, was die staatlichen Haupteinnahmequellen erheblich schmälert. Zudem müssen die durch die gewerbliche Vernichtung erzeugten Arbeitslosen finanziell unterstützt werden. Zum anderen werden sehr viele künstlich marodierte Klein- und Mittelunternehmen zur signifikanten Erhöhung ihrer Kredite gezwungen, deren Last ihnen letztlich das Rückgrat bricht. Außerdem werden in Zombie-Unternehmen Millionen und Milliarden nicht wertgedeckten digitalen Geldes in Form von »Entschädigungen« gepumpt. Dadurch werden die staatlichen Ausgaben extrem in die Höhe getrieben, hoffnungslose Unternehmen am Leben gehalten und der Aufschwung blockiert. Insgesamt wird eine künstliche Staatsverschuldung und -zerstörung verursacht, die jede bisherige Wirtschaftskrise in den Schatten stellt.

Davor wurden die verantwortlichen Politdarsteller rechtzeitig, mehrfach, eindringlich und öffentlich wahrnehmbar gewarnt. Bereits Mitte März 2020 hat Prof. Dr. Gabriel Felbermayr, der österreichische Leiter des Kieler Instituts für Weltwirtschaft, öffentlich gesagt: »Ich fürchte, diese Rezession wird die **Mutter aller Rezessionen**.«[1305] Seine Prognose wird von der erwähnten Analyse des Österreichischen Instituts für Wirtschaftsforschung vom September 2020 bestätigt, indem sie bereits anhand der Datenbasis der ersten COVID-19-Monate einen wirtschaftlichen Schock in der Größenordnung der **Weltwirtschaftskrise** 1929 bis 1933 diagnostiziert hat.[1306] Der seither zunehmende Abwärtstrend ließ bereits vor den ersten Gedankenspielen über einen zweiten Lockdown viel Schlimmeres erwarten.

Schon im Jahr 2019 waren 16,9 Prozent der österreichischen Bevölkerung armuts- und ausgrenzungsgefährdet, das sind **1.472.000** Menschen, davon 303.000

Kinder und Jugendliche unter 18 Jahren. Armutsgefährdet wegen eines unter der Armutsschwelle liegenden Einkommens waren 13,3 Prozent,[1307] folglich mehr als 1.158.000 Individuen. In Deutschland lag die Armutsgefährdungsquote 2019 sogar noch höher: 16 Prozent. Betroffen waren demnach ca. 13.300.000 Menschen. Von Armut und Ausgrenzung bedroht waren 18,7 Prozent,[1308] also mehr als **15.521.000** Menschen mit ganz konkreten Einzelschicksalen. Auch vor diesem Hintergrund hätten die ohnehin epidemiologisch sinnlosen Lockdowns nicht zuletzt wegen ihres Verschlimmerungspotenzials für den sehr hohen einkommensschwachen Anteil der Bevölkerung unterbleiben müssen. Zur fehlenden Adäquanz gehört die glasklare Vorhersehbarkeit, dass die Ärmsten der Armen besonders hart getroffen werden.

Corona-Pleiten und Massenarbeitslosigkeit

* **Österreich.** Mit Stand vom September 2020 waren in Österreich inklusive der geschickt versteckten »Schulungsteilnehmer«, die nichts anderes sind als gewerblich Einkommenslose, etwa 409.000 Menschen arbeitslos. Das sind um knapp 74.300 bzw. 22,2 Prozent mehr als im Vorjahr.[1309] Zu den Arbeitslosen kommen mit Stand vom 28. 09. 2020 mehr als 290.000 sogenannte Kurzarbeiter hinzu,[1310] die moderne Form der Niedriglohnarbeiter. Gemäß offiziellen Angaben waren also im September 2020 in Summe rund **700.000** Menschen arbeitslos oder in Kurzarbeit, der Vorstufe zur Arbeitslosigkeit. Im Dezember 2020 waren es bereits mehr als **921.000**, nämlich knapp 521.000 Arbeitslose (inklusive Schulungsverpflichtete) [1311] sowie fast 400.500 Kurzarbeiter.[1312] Die Tendenz ist also sowohl gegenüber dem Vorjahr als auch innerhalb des Krisenjahrs eindeutig steigend.

Erschwerend, also zusätzlich zur bereits bestehenden Pleitewelle, kommt hinzu, dass in Österreich im Jahr 2021 etwa **100.000 KMU** (kleine und mittlere Unternehmen) vor dem corona-bedingten Aus stehen. Davor warnte der unabhängige Finanzombudsmann Mag. Gerald Zmuegg bereits im August 2020. Wie sich aus Befragungen und Simulationsrechnungen ergibt, dienen die vielfach gewährten Kredite gar nicht der Unterstützung der Unternehmen. Denn sie lösen das Problem der corona-bedingten Umsatzausfälle nicht, sondern bedeuten »eine Schuldenfalle«. Rund 100.000 Unternehmer sind dazu gezwungen, ihre Kredite um durchschnittlich 50 Prozent zu erhöhen, »während sich die Einnahmen halbieren«. Wegen der hohen Schuldenlast können die Unternehmen »nicht mehr profitabel werden.« Folglich droht der österreichischen Wirtschaft der Supergau.[1313] Hierbei ist zu berücksichtigen, dass die mittelständische Unternehmerlandschaft bereits von der von den Banken verursachten Wirtschaftskrise ab 2007 massiv vorgeschädigt wurde. Daher ist besonders der **Mittelstand** »der Willkür der Banken ohne eigene Interessenvertretung nach wie vor hilflos ausgeliefert.«[1314]

Reflektierend auf das Jahr 2019 wirft ein staatlicher Situationsbericht 337.800 österreichische KMU aus, wobei ihr Gesamtanteil an sämtlichen Unternehmen **99,6 Prozent** ausmacht. Den Großteil davon verkörpern mit 87 Prozent die Kleinstunternehmen. Diese haben jeweils weniger als 10 Mitarbeiter. Kleine Unternehmen (weniger als 50 Beschäftigte) machen 11 Prozent aus, mittlere Unternehmen (weniger als 250 Beschäftigte) lediglich zwei Prozent. Zusammen sind die KMU Arbeitgeber für zwei Millionen Menschen, das sind **67 Prozent** aller Erwerbstätigen. Demzufolge sind sie »eine wichtige Säule für die heimische Wirtschaft.«[1315] Doch das ist stark untertrieben. Das Wirtschaftsministerium stellt zutreffend fest: »Die kleinen und mittleren Unternehmen (KMU) sind das **Rückgrat** unserer Wirtschaft.«[1316]

Bedingt durch die bereits prognostizierten Unternehmenspleiten ist mit einem massiven Anstieg der Arbeitslosenzahlen zu rechnen. Gemäß obigen Angaben beschäftigt jede KMU durchschnittlich sechs Mitarbeiter. Sollten besagte 100.000 kleine und mittlere Unternehmen 2021 tatsächlich bankrott sein, dann wird die österreichische Regierung weitere 600.000 Arbeitslose produziert haben. Das wäre eine Steigerung von mehr als 115 Prozent gegenüber 2020 (mit 521.000 Arbeitslosen). Zieht man für die Kurzarbeiter dieselbe Steigerungsrate heran, wären zu den 400.500 von 2020 weitere rund 461.000 für 2021 zu addieren. Alles zusammen könnten im Jahr 2021 knapp **2.000.000** Menschen in der Arbeitslosigkeit oder ihrer Vorstufe sein. Das wäre eine für Kommunisten typische Eliminierung des Mittelstands und seiner Arbeitnehmer, eine der vielen Gemeinsamkeiten mit dem Kapitalismus, der eigentlich Kapitalfaschismus heißen müsste.

Eine weitere Belastung für alle Bürger, also den Staat, ist, dass etliche dem Tode geweihte Unternehmen nur noch künstlich mit aus dem Nichts gepumpten Geldern in einem halbtoten Zustand gehalten werden. Es geht um etwa **50.000** Unternehmen. Auf diesen »Nährboden für Zombies« und deren schädliche Wirkung auf die Gesamtwirtschaft hat der vorhin genannte Leiter des Kieler Instituts für Weltwirtschaft, Prof. Dr. Gabriel Felbermayr, bereits im September 2020 öffentlich hingewiesen: »Diese Firmen binden Human- und Finanzkapital, das in aufstrebenden Sektoren fehlt, und **behindern** somit Strukturwandel und Wachstum.«[1317] Auf dieser Grundlage sagen weitere Finanzexperten »für 2021 eine **Pleitewelle** voraus.«

Der WIFO-Ökonom Dr. Thomas Url rechnet ab Mitte Januar 2021 mit einer »Flut an Firmenpleiten.« Gegenüber Normaljahren (zwei bis drei Prozent) erhöht sich die Insolvenzrate in Krisenjahren auf sechs bis neun Prozent. Auch die Privatkonkurse werden massiv ansteigen, denn laut den Angaben des Gläubigerschutzverbandes KSV 1870 haben sich »die Insolvenzverbindlichkeiten mit 2,7 Milliarden Euro **verdoppelt**«, wovon um 12 Prozent mehr Dienstnehmer betroffen sind. Diese und andere Warnungen ergingen medial, also öffentlich, im November 2020.[1318]

* **Deutschland.** Die deutschen Zahlen sind in der Relation sehr ähnlich. Für den September 2020 wirft die Statistik sage und schreibe 2.847.000 Arbeitslose aus, von denen allein 614.000 auf die Corona-Krise zurückgeführt werden. Außerdem befanden sich immer noch 4.240.000 Menschen konjunkturbedingt in Kurzarbeit.[1319] Das geht eindeutig fast zur Gänze auf die Corona-Maßnahmen zurück. Denn im gesamten Jahr 2019 haben durchschnittlich gerade einmal ca. 145.000 Personen Kurzarbeitsgeld bezogen.[1320] Insgesamt waren also im September 2020 mehr als **sieben Millionen** Einwohner Deutschlands arbeitslos oder in Kurzarbeit. Zwar verringerte sich diese Summe bis Dezember 2020 auf immer noch beachtliche rund **4,7 Millionen** (2.707.000 Arbeitslose plus 1,99 Millionen Kurzarbeiter).[1321] Aller Voraussicht nach werden aber diese Zahlen ab 2021 wieder stark steigen.

Aufgrund der staatlichen Unterstützungen staut sich nämlich eine **Pleitewelle** auf, »die später umso heftiger über Deutschland hinwegrollen« wird. So lautet eine zusammenfassende Prognose mehrerer Konjunkturexperten von Banken und Wirtschaftsforschungsinstituten, die am 18. 12. 2020 in der *Wirtschaftswoche* veröffentlich wurde. Wie nach jeder Rezession droht auch 2021 eine Pleitewelle, wobei laut dem Chefvolkswirt der Commerzbank Dr. Jörg Krämer »das Bruttoinlandsprodukt in diesem Jahr **viel stärker sinkt** als im Durchschnitt vergangener Rezessionen.« Die Begründung, warum die Insolvenzpipeline gefüllt ist, liefert Dr. Alexander Krüger, der Chefvolkswirt des Bankhauses Lampe: »Die ausgesetzte Insolvenzantragspflicht, staatliche Hilfsgelder und der Rückgriff auf Rücklagen haben eine Pleitewelle bisher verhindert. Durch die aktuellen Lockdown-Maßnahmen entstehen aber erneut massive Umsatzausfälle, die das Überleben erschweren.« Weil niemand vorhersagen könne, wie viele der Corona-Maßnahmen 2021 noch »notwendig« sein werden, »dürften vor allem **kleine** Unternehmen mangels Perspektive von sich aus aufgeben.«[1322]

Gemäß Statista existierten in Deutschland mit Stand vom 13. 05. 2020 in Summe 3,48 Millionen Unternehmen bzw. rechtliche Einheiten. Davon machen die KMU 3,46 Millionen bzw. fast identisch wie in Österreich **99,56 Prozent** aus.

Die 3,1 Millionen Kleinst-, knapp 299.000 Klein- und etwa 65.500 Mittelunternehmen[1323] beschäftigen zusammen ca. 17,8 Millionen Mitarbeiter (bezogen auf 2018).[1324] Das entspricht **57,24 Prozent** aller in Deutschland unselbständig Erwerbstätigen. Einer Anfang Dezember 2020 veröffentlichten Umfragestudie des ifo Instituts zufolge ist die sogenannte Corona-Krise »für **15 Prozent** der deutschen Unternehmen existenzbedrohend.« Den Angaben zufolge sind vermutlich nur KMU betroffen. Dienstleister und Einzelhandel sind zu jeweils 18 Prozent in ihrer Existenz gefährdet, Druckereien zu 29 Prozent, Gaststätten zu 62 Prozent, Hotels zu 76 Prozent, das Reisegewerbe zu 86 Prozent. Haben Sie schon die Gefährdungsquote der Pharmabranche erraten? Richtig: »0 Prozent«.[1325]

Eine Corona-Pleite 2021 bei 15 Prozent der KMU wäre mit etwa 2,7 Millionen zusätzlichen Arbeitslosen verbunden (15 % von 17,8 Millionen KMU-Beschäftigen). Verdoppelt sich auch die Anzahl der Kurzarbeiter von 1,99 auf 3,98 Millionen, dann würde die »Corona-Produktion« der deutschen Bundesregierung an Arbeitslosen und Kurzarbeitern zusammengerechnet knapp **9,4 Millionen** ausmachen. Es könnte aber noch schlimmer kommen. Der in der Regel zutreffend analysierende Trendprognostiker und Chef des Edelmetallhandelsunternehmens Degussa, Dr. Markus Krall, beurteilt, dass Deutschland im September 2021 mehr als 10 Millionen Arbeitslose haben wird.[1326]

Angriff auf die Unabhängigkeit

Die von den Regierungen bewusst zerstörten Betriebe sind fast ausschließlich kleine und mittlere Unternehmen. Auf Selbständigkeit beruhende Einkommen und Sicherheiten werden vernichtet. Es handelt sich um einen gezielten Angriff sowohl auf den Mittelstand als auch auf die Selbständigkeit an sich, letztlich auf die unabhängige Lebensführung in einer liberalen Grundordnung.

Die durch die Zerstörung zahlreicher Unternehmen verursachte Massenarbeitslosigkeit beschleunigt jene Umverteilung von Arm zu Reich, auf die ich die österreichische Regierung und den Nationalrat schon 2015 hingewiesen habe: »**Vermögensungleichheit** bedeutet Vermögenskonzentration bei den Reichen, die dadurch im Verhältnis zu den ärmeren Schichten ein Übermaß an Möglichkeiten haben. Dadurch werden demokratische Entscheidungsprozesse verunmöglicht.«[1327] Die Lage hat sich schon vor COVID-19 deutlich verschlimmert. Bereits in einem frühen Stadium der Plandemie, am 02. 04. 2020, hat der Direktor des Instituts für öffentliche Finanzen an der Leibniz-Universität in Hannover, Prof. Dr. Stefan Homburg, die wirtschaftspolitische Situation wie folgt auf den Punkt gebracht: »Das ist das **größte Umverteilungsprogramm** in Friedenszeiten.« In der Corona-Krise werden »insbesondere Transferempfänger und Steuerzahler« verlieren,[1328] somit alle Menschen, die nicht spezielle große Unternehmen leiten.

Die sich seither noch weiter öffnende Kluft zwischen Arm und Reich hat nunmehr das Potenzial, der liberalen Gesellschaft das wirtschaftliche Rückgrat zu brechen und die arbeitslosen Massen in die finanzielle **Abhängigkeit** rücksichtsloser Konzerne und/oder eines totalitären Staates zu treiben. Schon zu Beginn der selbst fabrizierten Krise haben die Regierungen mit der Verstaatlichung corona-geschädigter Unternehmen geliebäugelt. In Deutschland wurde das bereits am Tag des ersten COVID-Gesetzesbeschlusses, sprich am 27. 03. 2020, über das ZDF kommuniziert: »Firmen können notfalls **verstaatlicht** werden.«[1329] »Wien bietet Firmen **Teilverstaatlichung** an«, verkündet der Kurier am 05. 04. 2020.[1330] Es ist unglaublich, wie unverschämt offen sofort eine »Lösung« für das selbst verschuldete Problem angeboten wird. Was kommt als Nächstes? Wird sich der Staat – wie die Mafia (siehe unten) – bald bei den schon monatelang finanziell gebeutelten und staatlich »unterstützten« Unternehmen einkaufen bzw. beteiligen? Damit würde der Kommunismus ein gutes Stück näher rücken. War die Verstaatlichung durch die Hintertür gar schon vor COVID-19 ein Ziel der Regierungen?

»Das Bargeld verschwindet« lautet eine Schlagzeile der *Welt* bereits am 09. 04. 2020. Sogar beim Bäcker und im Dorfladen könne man plötzlich »aus hygienischen Gründen« mit Karte zahlen. Alle würden merken, dass es bestens klappt. Als sei das ein Triumph, verkündet der Redakteur: »Scheine und Münzen werden nicht mehr gebraucht. Es spricht einiges dafür, dass das nach der Krise so bleibt.« Der Artikel liest sich weniger wie ein solcher, sondern am ehesten wie eine propagandistische Programmaschrift.[1331]

Kann man wirklich übersehen, dass gerade in einer Krise Bargeld ein viel höheres Maß an Sicherheit und Selbständigkeit bietet als eine von Strom, Geräten und Banken abhängige digitale Zahlung? Ohne Befragung der Bevölkerung und ohne hierzu sonst wie demokratisch legitimiert zu sein, kündigt die Präsidentin der EZB am 10. 09. 2020 die Einführung eines **digitalen Euros** an.[1332] Als wäre Bargeld ein Klotz am Bein, erklärt die EZB im Oktober 2020, die digitale Form des Euro sei erforderlich, um die Währung »fit für das **digitale Zeitalter**« zu machen.[1333] Die Begründung in deutscher Sprache lautet, dass ein digitaler Euro »ein schnelles, einfaches und sicheres Zahlungsmittel für Zahlungen in unserem Alltag« sei. Vor allem könne er »den Übergang der europäischen Wirtschaft in das **digitale Zeitalter** unterstützen und Innovationen im Massenzahlungsverkehr aktiv fördern.« Die Entscheidung über den Projektbeginn falle bereits Mitte 2021.[1334] Die selbstgemachte Krise wird also zur nicht vom Volk beschlossenen Beschleunigung des Digitalisierungsprozesses genutzt.

Auch ohne Bargeldabschaffung und ohne staatliche Unternehmensbevormundung könnte der Mittelstand demnächst vollständig zerbrechen. Die Schere zwischen Arm und Reich geht immer weiter auseinander. Die Armen werden immer ärmer, während die Reichen auf Kosten aller anderen immer reicher werden. Wir haben also bereits teilweise kommunistische Zustände. Bevor sich das kommunistische Regime der UdSSR oder Chinas vollständig etablieren konnte, war im Vorfeld die Gesellschaft verängstigt, gespalten und zersetzt worden.

Zersetzung der Gesellschaft

Der von den Regierungen anlässlich COVID-19 zwecks Verängstigung und Spaltung der Gesellschaft absichtlich betriebene Psychoterror sowie die damit zusammenhängenden sieben Kategorien politisch-medialer Fake News wurden bereits detailreich nachgewiesen. Trotzdem ist kaum nachvollziehbar, wie eine angeblich aufgeklärte, säkularisierte und vom dunklen Irrglauben des Mittelalters erlöste Bevölkerung sich seit März 2020 wieder vom logischen Denken und den wissenschaftlichen Prinzipien abwendet, um erneut ins tiefste geistig-seelische Verlies zurückzufallen. Plötzlich wird wieder ein Glaubenskrieg ausgetragen, in dem die regierungstreue Corona-Inquisitions-Streitmacht mit allen erdenklichen Mitteln gegen Andersdenkende und echte Experten ins Feld zieht.

Bezüglich aktueller Verhetzungen des Volks darf auf die Tagespresse und die eigene Wahrnehmung des Lesers verwiesen werden: Politiker und Redakteure hetzen gegen sachliche Corona-Maßnahmenkritiker. Besonders skrupellose Polizisten, die sich wie Blockwarte verhalten, bestrafen Verstöße gegen stupide Corona-Maßnahmen und attackieren friedliche Demonstranten, die ganz legal für unsere Freiheitsrechte eintreten. Von außen undemokratisch störend gegen die Demonstranten operiert, ebenfalls als Blockwart, die meinungsfaschistische »Antifa«. Als weitere verlängerte Arme der Regierung fungieren jede Menge halbdienstliche und freiwillige Blockwarte: Aufsichtspersonen in öffentlichen Verkehrsmitteln, halbgebildete Lehrer, übereifrige Vorgesetzte und andere untaugliche »Führungspersonen« spielen

Abstand-, Test-, -Masken und Impfdiktatoren. Dumme Nachbarn und narzisstische Vereinspräsidenten greifen und zeigen sogenannte Gesundheitsgefährder an. Kurzum: Etliche Handlanger und nützliche Idioten tragen dazu bei, dass vollständig idiotische Maßnahmen zwangsweise und fast ohne Gegenwehr durchgezogen werden. Viele Menschen fallen beim größten Idiotentest aller Zeiten durch, bleiben geistig in einer politisch-medialen Propagandablase gefangen, können aufgrund Angst und CO_2-Dauerrückatmung nicht mehr klar denken – und werden immer dümmer und aggressiver.

Die meisten Ärzte ziehen sich auf die ihrer Meinung nach unverfängliche Haltung zurück, die »Experten« der Regierung würden schon richtig liegen. Sie selbst machen nur ihren Job. Nun, das haben die Aufseher der kommunistischen und nationalsozialistischen Konzentrationslager auch gesagt. Die sogenannte Kunst schweigt auch heute. Die Masse der Berufskünstler hält den Mund und beschwert sich maximal über die corona-bedingte Schmälerung ihrer Einnahmen. In ihrem Grundauftrag, der symbolischen Vermittlung der Freiheit, versagen sie erneut auf voller Linie. Sie scheinen nur jämmerliche Bettelsänger ihrer Geldgeber und politischen Herren zu sein.

In einer derart zersetzten Gesellschaft könnte, falls es nicht schon passiert ist, eine moderne Version von Josef Stalin oder Adolf Hitler jederzeit die Macht an sich reißen. Jedenfalls zeigt die ernüchternde Bestandsaufnahme des Sozialwesens eine intensive Zerrissenheit und Spaltung der Bevölkerung. Das zahlenmäßig weit überlegene Volk steht dermaßen neben sich, dass es sich nicht gegen die tyrannisierende Minderheit auflehnt, um wieder für Recht und Ordnung zu sorgen. Stattdessen nimmt das Volk in seiner aufgezwungenen Untätigkeit sogar die nachhaltige Vernichtung unzähliger Arbeitsplätze und damit die Teilauslöschung seiner wirtschaftlichen Existenz hin.

Übrigens werden Teile des deutschen Mittelstands von der **Mafia** übernommen. Eike Bone-Winkel, ein Landesvorsitzender vom Bund Deutscher Kriminalbeamter, hat Mitte Juni 2020 bekanntgegeben, dass sich gerade in der Corona-Krise neue Tätigkeitsfelder für die organisierte Kriminalität aufgetan haben, zum Beispiel das Inverkehrbringen von gefälschten und meist unwirksamen Medikamenten. Außerdem kaufe sich die schwerreiche Mafia in krisengebeutelte kleine und mittlere Betriebe ein, indem sie deren dringenden Kapitalbedarf decke.[1335]

Wer schon sich bereichernde Mafiosi als Verbrecher bezeichnet, muss das umso mehr bei jenen Politikern tun, welche die Bereicherungssituation überhaupt erst geschaffen haben.

Blutige Politikerhände

Dieselben Politiker sind auch für die zunehmende Verrohung innerhalb der Familien mitverantwortlich. Gemäß einer großen Studie der Technischen Universität München über **häusliche Gewalt** während des ersten Lockdowns 2020 wurden Frauen und Kinder verstärkt zu Opfern. Generell wurden 3,8 Prozent der Frauen von ihrem Partner emotional bedroht. Von diesem vergewaltigt wurden 3,6 Prozent der Frauen. Sonstige physische Gewalt mussten 3,1 Prozent der Frauen ertragen. Zudem wurden in 6,5 Prozent der Haushalte »Kinder von einem Haushaltsmitglied körperlich bestraft.« Diese schon erschütternden Quoten erhöhen sich im Falle der häuslichen Quarantäne auf 7,5 Prozent körperliche Gewalt gegen Frauen und 10,5 Prozent gegen Kinder. Bei akuten finanziellen Sorgen steigt die physische Gewalt gegen Frauen auf 8,4 Prozent und jene gegen Kinder auf 9,8 Prozent. Diese Ergebnisse wurden am 02. 06. 2020 sowohl von der TU München selbst[1336] als auch von einigen Massenmedien veröffentlicht.[1337]

Bezüglich der höchsten Form der Autoaggression, den Suizid, wird auf die Ausführungen im Kapitel über die Schädigung der Volksgesundheit verwiesen. Bekanntlich reißen Selbstmorde tiefe Gräben in Familien und sonstige soziale Umfelder der Verstorbenen. Schon ab März 2020 spitzte sich alles auf eine »psycho-soziale Pandemie« zu, wie zum Beispiel Prof Dr. Michael Tsokos rechtzeitig erkannte. Als Direktor des Instituts für Rechtsmedizin der Charité und der Universitätsmedizin Berlin berichtete er schon Mitte Mai 2020 über die Zunahme der **Corona-Suizide**, die ein guter »Seismograph der Gesellschaft« sind. Bei den Corona-Suiziden handelt es sich um eine völlig neue Form des Selbstmords. Zum einen sind die Betroffenen gar **nicht** an COVID-19 erkrankt. Zum anderen haben sie sich, wie die Psycho-Autopsie anhand von Abschiedsbriefen und Beobachterberichten beweist, allein aufgrund der gesteigerten **Angst** vor der Krankheit selbst getötet. Bisher kennt Prof. Dr. Michael Tsokos »weder von HIV noch von Krebs- oder Influenzaerkrankungen, dass Menschen, die gar nicht an einer Erkrankung leiden, sich aus purer Angst davor suizidieren.«[1338]

Dass sich psychisch labile oder echt hypochondrische (eingebildet erkrankte) Menschen nicht einmal bei echten schweren Krankheiten wie AIDS oder Krebs selbst umbringen, wohl aber bei der Show-Pandemie COVID-19, offenbart, wie verbrecherisch exakt der mittels der politisch-medialen Propagandamaschinerie absichtlich ausgeübte Psychoterror funktioniert. Das Blut der Selbstmörder haftet an den Händen der verantwortlichen Politiker und Redakteure. Selbige sind nachweislich auch für jedes andere corona-bedingte Leid in der Gesellschaft verantwortlich. Durch die epidemiologisch sinnlosen Maßnahmen wird das soziale Leben von Millionen Menschen behindert. Dass dieses leicht erkennbare und noch leichter vermeidbare Leid politisch-medial billigend in Kauf genommen wird, verdeutlicht, dass eine für das Volk schädliche Agenda verfolgt wird.

Agenda des Umsturzes

Schon Mitte April 2020 wurde medial darüber berichtet, dass die Corona-Krise »das **größte Feldexperiment aller Zeiten**« ist.[1339] Es dient ganz offensichtlich der Implementierung jener digitalen Diktatur, die sich selbsternannte »Experten« wie etwa Frau Mei-Pochtler, Herr Klaus Schwab und Herr Jacques Attali schon sehr früh gewünscht hatten (siehe Kapitel »Ersehnte digitale Diktatur«). So mancher Politdarsteller zeigt seine Verzückung über die Corona-Diktatur ganz offen. Zum Beispiel hat ein Dresdner Lokalpolitiker der sogenannten Grünen schon Mitte April 2020 gejauchzt: »Ich schlage vor, dass wir die Wirtschaft jetzt mal **gegen die Wand fahren**. Lassen wir doch Tui und Co. einfach mal absaufen. Und dann probieren wir etwas Neues aus, etwas, das klima-, umwelt- und menschenfreundlicher ist.«[1340] Vermutlich zählt ein grünes Männchen aus dem Osten nicht zum inneren Kreis der politischen Machtelite. Aus deren Blickwinkel ist es wahrscheinlich nur ein klimahysterischer Blockwart respektive ein nützlicher Idiot. Fakt ist, dass ein grüner Politdarsteller offen zugibt, dass er die selbstgemachte Krise so sehr für die CO_2-Agenda nutzen will, dass er dafür die deutsche Wirtschaft opfern würde.

Wer dermaßen ideologisch verblendet ist, übersieht in der Regel, wem er wirklich dient, in diesem Fall einer gegen die Bevölkerung putschenden Politikerkaste, die drauf und dran ist, den Rechtsstaat, die Demokratie und die Freiheit vollständig zu zerstören. Selbst wenn es nicht ganz gelingen sollte, so wird doch ein nachhaltig gestörtes bis vollkommen demontiertes Vertrauen der wahlberechtigten Bevölkerung in den Staat und insbesondere in die Parteipolitik die Folge sein. Auch dessen mussten sich die politischen Regierungsparteien voll bewusst sein. Dass sie es in Kauf nehmen, verdeutlichen die vielen ignorierten Warnungen.

Ignorierte Warnungen

Ab der Verhängung der ersten Corona-Maßnahmen haben sowohl regierungsnahe als auch unabhängige Fachleute vor den dramatischen Folgen der politischen Fehlentscheidungen gewarnt. Von kompetentesten Stellen wurde frühzeitig und ausdrücklich ein Ausmaß analog zur Weltwirtschaftskrise ab 1929 prognostiziert und die Corona-Krise zur Mutter aller Rezessionen erklärt (siehe oben). Daran hat die Linzer Johannes Kepler Universität mit ihrer Presseaussendung (APA) vom 08. 04. 2020 erinnert. Die Corona-Krise ist die »**größte Rezession** in der Nachkriegsgeschichte«: Aus historischer Sicht gibt es seither »keinen so tiefen Fall der Wirtschaft wie den aktuellen.«[1341]

Der in Israel geborene Medienfachmann Ronald Barazon ist einer der renommiertesten Wirtschaftsjournalisten in Europa, Chefredakteur der Zeitschrift *Der Volkswirt* und Moderator des ORF. Am 16. 05. 2020 schrieb Barazon in den *Deutschen Wirtschaftsnachrichten*: »Würden wir rational handeln, könnten wir die Folgen der Corona-Krise rasch überwinden. Doch die Politik verbreitet Panik unter der Bevölkerung und schürt Ängste – und führt auf diese Weise eine **schwere Wirtschaftskrise** herbei.«[1342]

Ende Mai 2020 lautete der zweite Teil der Schlagzeile eines weiteren Artikels in den *Deutschen Wirtschaftsnachrichten*: »Österreichs Wirtschaft fährt mit voller Wucht gegen die Wand.«[1343]

Für träge Politiker und denkfaule Juristen haben sich sogar britische Mediziner den Kopf zerbrochen. Im *Internationalen Journal für Klinische Praxis* vom 10. 08. 2020 ist eine lupenreine Schaden-Nutzen-Abwägung abgedruckt. Die auch für Österreich und Deutschland gültige Conclusio lautet, »dass im Verhältnis zu den wahrscheinlichen Vorteilen der geretteten Leben die Kosten für die Fortsetzung strenger Beschränkungen so hoch sind, dass jetzt eine rasche Lockerung der Beschränkungen gerechtfertigt ist.«[1344]

Im August 2020 warnte Janet Yellen, die vormalige Präsidentin der US-amerikanischen Privat-Zentralbank mit dem irreführenden Namen FED (Federal Reserve Bank, Bundesreservebank), dass »die Zentralbanken die Stabilität des Finanzsystems **nicht** länger ausreichend garantieren können.« Deshalb, meint Yellen, müssten die Staaten schnell einspringen. So lautet die Kernaussage in den *Deutschen Wirtschaftsnachrichten* vom 28. 08. 2020.[1345]

Der von Janet Yellen und Jared Bernstein selbst verfasste Originalartikel in den *New York Times* vom 24. 08. 2020 beginnt mit einer reißerischen Headline: »The

Senate Is on Vacation While Americans Starve.«[1346] Zu Deutsch: »Der Senat macht Urlaub, während Amerikaner verhungern.« Auf die Krisenrolle der FED kommen wir alsbald zu sprechen.

Am selben Tag, also am 24. 08. 2020, erklärte Degussa-Chef Dr. Markus Krall öffentlich und plausibel, im Spätsommer 2021 werden wir den Kollaps des Euros bereits hinter uns haben. Die extrem hohe Geschwindigkeit des Gelddruckens überfülle die Bilanz der EZB (Europäischen Zentralbank) mit »wertlosen Assets«. Diese würden schließlich das gesamte Bruttosozialprodukt des Euroraumes übersteigen, wodurch es zur unkontrollierten Inflation käme: zur »Superinflation« oder »Hyperinflation«. Laut Kralls stringenter Begründung kann der bereits angeschlagene Euro eine derartige Megainflation nicht überleben. Ab 2021 würden sich die ersten großen Länder aus dem Euro zurückziehen, was eine Kettenreaktion auslöse, die schließlich zu einem **neuen Währungssystem** führe.[1347] Doch Experten wie Dr. Krall werden von allen Regierungen ignoriert.

Im Zuge der verschlimmerten Gesamtlage wird das Chaosmanagement der österreichischen Bundesregierung im *Standard* vom 25. 10. 2020 mit »Inszenierung und Klientelbevorzugung« gleichgesetzt. Außerdem wird mit Dr. Hannes Androsch ein praxisbewährter Finanzexperte interviewt, der vor gut 50 Jahren als junger Finanzminister Österreich aus der Ölkrise navigiert und eine noch immer erfolgreiche Unternehmensgruppe aufgebaut hat. Über die junge Kurz-Regierung urteilt Androsch hart aber gerecht: »Die können das Handwerk nicht!« Allerdings greift Androsch inmitten wertvoller Tipps zur Steigerung der Auftragslage auch selbst daneben, wenn ausgerechnet er als Hochbetagter (geboren 1938) den 5G-Ausbau forcieren will.[1348]

Kurz darauf warnte Hannes Androsch jedoch korrekt davor, dass die Regierung mit Lockdowns und Shutdowns nur ein Knockdown erziele, also ein Niederstrecken der Wirtschaft wie bei einem Boxkampf. Die Regierungsauftritte bezeichnet Dr. Androsch völlig korrekt als »narzisstische Selbstinszenierungen ohne Inhalte.« Das Handeln von Bundeskanzler Kurz ist nichts anderes als »Effekthascherei«. Über der Wirtschaft sieht Androsch schwarze Wolken aufziehen: starkes Ansteigen der Geschäftsschließungen und Arbeitslosenzahlen. Bis etwa Mitte 2021 könnten die Banken »faule Kredite« von bis zu 30 Milliarden haben. Es droht der **Staatsbankrott**.[1349]

Die wohl detaillierteste Begründung für das heranstehende Finanzchaos liefert Prof. Dr. Hans-Werner Sinn, der vormalige Direktor des Zentrums für Wirtschaftsstudien (CES) an der Münchner Ludwig Maximilians Universität. Am 03. 12. 2020 warnte Sinn über die vielgelesene *Neue Zürcher Zeitung* vor der **steigenden Inflation**. Es sei zu hoffen, dass sich die Finanzlage »nicht so schlimm wie nach dem Ersten Weltkrieg« entwickelt. Die Inflationsgefahr bestehe aufgrund der exzessiven Ausweitung der Geldmenge anlässlich COVID-19. Die EZB habe die vorher schon sehr hohe Geldmenge »vom Jahresbeginn bis zum November um 1,4 Billionen Euro auf 4,6 Billionen Euro aufgebläht. Dieser Zuwachs ist **wesentlich mehr** als die knapp 900 Milliarden Euro, die kurz vor der Lehman-Krise des Jahres 2008 insgesamt als Schmiermittel für die Euro-Zone ausgereicht hatten.« Die EZB kaufe bis zum Sommer 2021 »insgesamt über 3 Billionen Euro an Papieren öffentlicher Institutionen mit frisch gedrucktem Geld«, wobei sie diese Papiere **nicht** wieder in den Markt zurückgeben könne. Deren Kurse würden dann nämlich in den Keller purzeln, während »die Zinsen, die die Staaten zu bezahlen haben, in den Himmel gehen.« Sodann würden sämtliche in den Bankenbilanzen aufgepustete »Blasen« platzen. »Das Resultat wäre ein **riesiges Bankensterben**.« Und das höhere Zinsniveau würde »den überschuldeten Staaten der Euro-Zone bei ihrer Finanzierung Schwierigkeiten bringen.« Die schlüssige Prognose von Prof. Dr. Hans-Werner Sinn lautet, dass es »keinen Rückwärtsgang« gibt. Von dieser Schiene komme man »kaum mehr herunter. Wir laufen in ein **Dauerregime** mit extrem niedrigen Zinsen hinein, das sich eines Tages inflationär zu entladen droht. Wenn das passiert, ist hier der Teufel los.«[1350]

Diese Warnliste ließe sich beliebig fortsetzen. Das Schlusswort erhält der US-amerikanische Unternehmensberater und zumeist Volltreffer erzielende Trendprognostiker Gerald Celente, weil er die Sache global und verständlich auf den Punkt bringt.

Wir befinden uns bereits in der **größten Depression** aller Zeiten. Über die Schuldigen urteilt Celente wie folgt: »Schwachköpfe und Freaks haben die Weltwirtschaft zerstört, Millionen von Unternehmen und hunderte Millionen von Menschenleben.« Es sind »kleine junge Clowns«, die den COVID-Krieg gestartet haben, wie sie jeden Krieg starten. Sie haben jedoch **keine Ausstiegsstrategie**, weil es ihnen egal ist. Weder sterben sie im Krieg noch werden sie durch ihn etwas verlieren.[1351] Die Reichen werden immer reicher, alle anderen immer ärmer.[1352]

Auch die Euro-Zone steuert auf über eine Billion US-Dollar mehr Schulden zu, weil mehr digitales Geld in das System gepumpt wird. Ein Land nach dem anderen pumpt dieses **digitale Geld**. Dieses ist durch nichts gedeckt und nicht einmal auf einem Lappen Papier gedruckt. Die Wirtschaft wird künstlich angekurbelt: »Das ist **monetäres Methadon**, um die Junkies an den Aktienmärkten hochzuhalten.« Das monetäre Methadon wird in das von **J. P. Morgan** kriminell manipulierte Marktsystem hineingepumpt. Dahinter steckt »ein großer korrupter Club von Bangstern (Bankgangstern), die Milliarden stehlen, ein großer korrupter Club von Irren, Lügnern, Feiglingen, Freaks und Dummköpfen, die das Leben auf der Erde lange vor dem Corona-Virus zerstört haben.« Zuerst haben sie Chemikalien ins Wasser und ins Essen gebracht »und jetzt bringen sie uns natürlich finanziell um.«[1353]

Alle Währungen werden schwächer, nur jene von China steigt. Das 20. Jahrhundert war das amerikanische Jahrhundert. Und »das 21. Jahrhundert wird das **chinesische Jahrhundert** sein.« Das Geschäft (»business«) der USA ist der Krieg, dem sich alle NATO-Staaten gehorsam anschließen. Das Geschäft Chinas hingegen sind wirkliche Geschäfte im Sinne des Handels. China hat bereits kurz nach Beginn der Corona-Krise die Infrastruktur wiederaufgebaut und »bringt seine Leute in Arbeit.«[1354]

Auch über die historische Komponente erklärt Gerald Celente die Wahrheit: Illegale Bangster haben die USA **1913** übernommen. Die FED ist genauso wenig »federal« (bundesstaatlich) wie das Transportunternehmen Federal Express. Die FED ist »eine Gruppe von Privatbanken, die die **Show** leiten.« Zweifellos werden sie alles tun, um die Märkte am Leben zu erhalten, sie weiter steigen zu lassen. Sie kaufen »Junk-Bonds« auf. Mit neuen Betrügereien ist immer wieder zu rechnen. Eines Tages wird das ganze System definitiv zusammenbrechen. Wann? Das wäre eine reine Vermutung. Mental wird es bei den Leuten (auf der Straße) erst ankommen, wann die Wallstreet abstürzt.

Zu den historischen und geostrategischen Aspekten kommen wir noch im vierten Kapitel. An dieser Stelle ist festzuhalten, dass die Regierungen Österreichs und Deutschlands über den Inhalt der vorgenannten Warnungen Kenntnis hatten. Die diesbezügliche Stellungnahme des Deutschen Instituts für Verteidigung und Strategische Studien (GIDS für German Institute for Defence and Strategic Studies) an der **Führungsakademie der Bundeswehr** vom April 2020 lautet: »Vielleicht wurde das Desaster auch billigend in Kauf genommen – denn Fachleute, nicht zuletzt im GIDS, warnen schon seit Langem!«[1355]

Seit Veröffentlichung der Stellungnahme steht fest, dass das Chaos nicht nur billigend in Kauf genommen wird, sondern zuvor mutwillig erzeugt wurde. Die letzte Gewissheit hierfür bringen die Antworten auf die Frage, wem es nützt, dass trotz vorhersehbar drastischer Auswirkungen und etlicher Warnungen anlässlich COVID-19 strengere Maßnahmen verhängt werden als bei den pandemischen Planspielen zwischen 1999 und 2019.

F. Cui bono?

Die »Epidemie« ist die Inszenierung eines Riesenschwindels. Die Öffentlichkeit wird belogen und zur Einhaltung epidemiologisch sinnloser und rechtswidriger Maßnahmen genötigt. Bei einer echten Epidemie wäre das nicht nötig. Da die Maßnahmen von den offiziellen »Zielen« nicht gerechtfertigt werden können, stellt sich die Frage nach dem wahren Zweck und Nutzen.

Die auf Latein gestellte Frage »Cui bono?« lautet auf Deutsch »Wem zum Vorteil?«. Sie beschäftigt sich mit den Nutznießern bzw. Profiteuren einer Tat, zumeist einer Straftat. Wer den Nutzen hat, hat in der Regel auch das Motiv. Bei den verfassungswidrigen Corona-Maßnahmen und ihren zerstörerischen Folgewirkungen ist es einfacher, zuerst festzustellen, wem sie nicht nützen: der überwiegenden Masse der gesundheitlich, wirtschaftlich und kulturell gequälten Bevölkerung. Der Mittelstand stirbt aus und die Armen werden immer ärmer. Kurzfristig gibt es jede Menge trittbrettfahrender Profiteure, mittel- bis langfristig gewinnen im Grunde nur superreiche Familien und Konzerne.

Bei der illegalen bzw. allem Anschein nach strafrechtswidrigen Anordnung der Corona-Maßnahmen geht es nicht um die unbedarften Dritten, die zufällig in den Genuss von Vorteilen kommen. Im Brennpunkt dieses Kapitels stehen die gezielt durch Machtzuwachs und Geldzufluss profitierenden Organisationen und Akteure auf der **nationalen** Ebene. Die simple Begründung hierfür lautet, dass wir uns bisher fast ausschließlich mit dem illegalen staatlichen Handeln beschäftigt haben, weil dieses allein für die Rechtmäßigkeit des Widerstands der Bevölkerung und der Gehorsamsverweigerung der Staatsdiener maßgeblich ist. In diesem Kontext sind die internationalen Drahtzieher im Hintergrund irrelevant. Sie werden hier nur mitbehandelt, um einen Anknüpfungspunkt zum vierten Kapitel zu haben.

Daher enthält Abbildung 46 sowohl nationale als auch supranationale bzw. globale Ebenen. Der obere weiße Kreis steht sowohl für die Bevölkerung einzelner Staaten als auch für die Weltbevölkerung. Rund 99 Prozent der Menschen werden generell von einer etwa ein-prozentigen Minderheit (kleiner schwarzer Kreis) nach ihrem Belieben herumdirigiert. Die bisher versteckte Diktatur wird seit März 2020 immer deutlicher sichtbar. Schließlich wird die gigantische Mehrheit von einer winzigen Minderheit mit Corona-Maßnahmen gequält, die epidemiologisch keinen Sinn ergeben und massiven Schaden anrichten. Das wirft berechtigte Fragen auf, unter anderem nach den Verantwortlichen. Das besagte eine Prozent ist der Kreis der Macht. Wie er sich zusammensetzt, zeigt der große schwarze Kreis unterhalb.

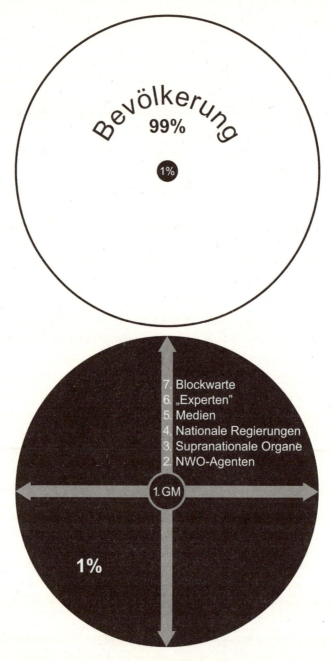

Abb. 46

Aus mehreren Gründen habe ich nicht das abgedroschene Symbol der Pyramide gewählt. Zum einen stellt der ägyptische Megakoloss ein dauerhaft stabiles Machtgebilde dar, dessen Last unveränderlich auf dem Fundament ruht, das regelmäßig mit dem »einfachen Volk« assoziiert wird. Dadurch wird der falsche Eindruck erweckt, das Volk könne nie der Souverän und frei sein. Der kleine schwarze Kreis inmitten der Bevölkerung verdeutlicht viel eher die wahren Verhältnisse: Die gewaltige Übermacht der Masse ermöglicht es ihr, tyrannische Machthaber jederzeit zu stürzen. Außerdem wird die Pyramide sowohl mit strengen Hierarchien als auch mit der Freimaurerei gleichgesetzt. Beides passt nicht.

Die grauen Pfeile im großen schwarzen Kreis stehen für fließende Übergänge und eine von innen nach außen pulsierende Einflussnahme. In der Mitte befindet sich nicht etwa die höchste Loge der Freimaurerei, sondern die öffentlich ebenfalls kaum wahrnehmbare globale Machtelite (1.). »GM« könnte auch ein Kürzel für die Geldmacht superreicher Familien und deren Konzerne sein. Diese benutzen zwar wahrscheinlich auch freimaurerische Netzwerke, sind aber viel mächtiger als rituelle Geheimniskrämer und offiziell viel stärker vernetzt, zum Beispiel über das WEF. Anschließend an die globale Machtelite kommen teils öffentlich auftretende NWO-Agenten (2.), also Vorantreiber der globalistischen »Neuen Weltordnung«. Darunter fallen profitorientierte Einzelpersonen wie Bill Gates und Organisationen wie das WEF. Daran anschließend operieren supranationale Organe bzw. Organisationen wie die UNO, die WHO, die EU oder die NATO (3.). Anher kommen die schon intensiv behandelten nationalen Ebenen: Bundesregierungen (4.), unkritische respektive systemtreue Medien (5.), deren Vorzeige-»Experten« (6.) und schließlich die Gruppe der Blockwarte, auch nützliche Idioten genannt (7.).

1. Globale Machtelite

Darunter sind jene ca. **0,01 Prozent** von Superreichen zu verstehen, die der deutsche Soziologieprofessor Dr. Hans Jürgen Krysmanski in seinem brillant aufbereiteten Sachbuch aus dem Jahr 2012 als »das Imperium der Milliardäre« identifiziert. Weltweit sind es »nur wenig tausend Personen und Familien«, die aufgrund ihres riesigen, weit verzweigten, gut platzierten und teils versteckten Vermögens auch in Krisen »absolut ruhig schlafen.«[1356] Diese »transnationale Kapitalistenklasse« ist US-amerikanisch dominiert, sodass es sich selbstverständlich um »eine **US-amerikanische** Quasi-Hegemonie« handelt.[1357]

Das Zentrum ihrer Kraftentfaltung bzw. »ihre Machtbasis ist der Geldmachtapparat.« Ebendieser hat es dem privaten Imperium ermöglicht, sich auch **Europa** anzueignen.[1358] Der Ursprung der Machtbasis liegt bei den »großen Räuberbaronen der vorletzten Jahrhundertwende«, von denen die Dynastien der **Rockefellers, Morgans** und **Rothschilds** hervorzuheben sind. Bereits um 1900 kontrollierte Rockefeller Standard Oil, den weltweit ersten multinationalen Konzern. Und J. P. Morgan »begründete die amerikanische Bankenmacht, wobei schon damals »die größten Industriekonzerne der USA unter die Kontrolle der Wallstreet« gerieten.[1359] In jüngerer Zeit legte die Bankerdynastie der Rothschilds ihre Vermögensverwaltung mit jener der Rockefellers zusammen.[1360]

Die Begründer der besagten drei Dynastien waren unmittelbar an der Vorbereitung des Ersten Weltkriegs beteiligt. Diese europäische Urkatastrophe wurde von anglo-amerikanischen Geostrategen absichtlich ausgelöst, um das wirtschaftlich aufstrebende Deutschland zu vernichten und eine globale neue »Ordnung« einzuführen. Von der Urkatastrophe führt ein von anglo-amerikanischen Geostrategen gesponnener roter Faden über den Zweiten Weltkrieg, den Kalten Krieg und 9/11 weiter zu COVID-19. Darauf gehen wir im vierten Kapitel näher ein.

Betreffend COVID-19 ist relevant, dass die globale Machtelite, die ohnehin schon fast alles besitzt, durch den Niedergang der Wirtschaft und den Aufbau einer digitalen Diktatur nach chinesischem Muster wenig oder gar nichts zu verlieren hat. Viel eher wird sie – wie auch die digitalisierten und pharmazeutischen Konzerne – an Geld und Macht dazugewinnen. Das gilt insbesondere für die **Telekommunikationsbranche** (5G) sowie **Großbanken**, die durch die gesteigerte Kreditvergabe und die daraus resultierenden Abhängigkeiten immer mehr politischen Einfluss gewinnen. Unermesslich wird die **Pharmabranche** profitieren, vor allem die Hersteller genetischer Corona-Impfstoffe – sofern sich die Menschenmassen unterwürfig fügen. In diesem Zusammenhang ist beispielhaft zu erwähnen, dass **Astrazeneca**, der Hersteller des wahrscheinlich gefährlichsten Impfstoffs (virale Vektoren mit doppelsträngiger DNA), nicht nur Hauptsponsor der Nobel-Stiftungstöchter Nobel Media und Nobel Webb war, sondern auch »gleichzeitig Rechte an den HIV-Impfstoffen« hielt.[1361] Ein Pharmakonzern befeuert also nicht nur die unsinnige, sogar mit Nobelpreis bekräftigte HIV-Theorie, sondern sahnt auch kräftig damit ab. Zur betrügerischen und korrupten Geschäftsgebarung der Pharmabranche kommen wir ab dem Kapitel über die nationalen Regierungen zu sprechen, wobei nicht nur Politiker bestochen oder erpresst werden, sondern auch Medien und Wissenschaftler.

Es ist durchwegs im Interesse der globalen Machtelite, dass Unmengen nicht gedeckten Geldes in ein marodes Finanzsystem gepumpt werden. Nicht sie, sondern unzählige kleine und mittlere Betriebe und Banken werden aufgrund der Schuldenlast zugrundegehen. Sodann können die KMU, wie im Kapitalismus üblich, wie kleine Fische von riesigen Konzernhaien aufgefressen werden. In jedem Fall wird der seit 2007 ohnehin drohende Finanzkollaps in eine für die globale Machtelite angenehme Richtung gelenkt. Aus ihrer Sicht müssen die Machtverhältnisse gewahrt oder sogar für sie verbessert werden. Dem Zweck des Machterhalts oder -ausbaus in einer überbevölkerten, zunehmend aufständischen Welt dienen zwei Ziele: Reduktion der Weltbevölkerung und Implementierung einer digitalen Diktatur. Beide Ziele sind keine Geheimnisse, weil sie von NWO-Agenten in aller Klarheit kommuniziert werden.

2. NWO-Agenten

Die von den Agenten der globalen Machtelite öffentlich propagierte NWO (Neue Weltordnung) müsste eigentlich NWC für Neues Weltchaos heißen. Eine zentrale Schnittstelle für Mitglieder und Konzerne der globalen Machtelite und deren profitgeile NWO-Agenten ist das von Prof. Dr. Klaus Schwab 1971 gegründete und seither geleitete **WEF**. Das rein **privatrechtliche** Weltwirtschaftsforum ist zwar **nicht** demokratisch legitimiert, sieht sich aber dennoch als »Internationale Organisation für öffentlich-private Zusammenarbeit.« Gemäß dessen ausdrücklich so bezeichneter »Mission« werden laut eigenen Angaben, man beachte den Wortlaut, »die wichtigsten politischen, geschäftlichen, kulturellen und anderen **Führer** der Gesellschaft engagiert, um globale, regionale und industrielle **Agenden** zu gestalten.«[1362] Zum organisatorischen Kreis des WEF zählen ausdrücklich die **Rockefeller** Foundation[1363] und die Gruppe um Edmund de **Rothschild**.[1364] Unter den vielen Partnern ist **J. P. Morgan** Chase & Co. als »ein weltweit führendes Finanzdienstleistungsunternehmen mit einem Vermögen von 2,7 Billionen US-Dollar und weltweiten Aktivitäten« gelistet.[1365] Zu den Partnern zählen neben Digitalkonzernen wie **Google**[1366] und **Facebook**[1367] auch **Microsoft**[1368] und die Bill & Melinda **Gates** Foundation[1369]

Wie gesagt, hat Bill Gates das Ziel der Bevölkerungsreduktion bereits ab 2010 sehr deutlich formuliert und begründet. Auch das hierzu erforderliche Mittel, das Durchimpfen der Massen, hat er vor und während COVID-19 mehrfach und unmissverständlich genannt. Für den Fall, dass die Menschenmassen während COVID-19 nicht spuren, hat Bill Gates schon am 23. 06. 2020 in einem Videointerview in unbeschreiblicher Selbstherrlichkeit angekündigt, dass die »**nächste Pandemie** dieses Mal dann Aufmerksamkeit bekommen wird.«[1370] Kaum kommen die mit voller Überzeugung ausgesprochenen Worte über Bills Lippen, beginnt er gemeinsam mit seiner Frau Melinda völlig synchron und geradezu satanisch zu grinsen (siehe Abbildung 47). Hat das Ehepaar Gates bereits ein stärkeres Virus mit viel höherer Sterberate in der Pipeline?

Abb. 47 (Quelle: U.S. Chamber of Commerce Foundation, 23. 06. 2020)[1371]

Wir erinnern uns, dass Prof. Dr. Steven Salzberg von der Johns Hopkins Universität im Mai 2020 die labormäßige Züchtung von Corona-Viren mit höherer Ansteckungsrate als verrückt bezeichnet hat. Im Volltext erklärt Salzberg: »Sie züchten also künstlich ein neuartiges Virus, um es noch ansteckender zu machen. Darin liegt aber das große Risiko einer Pandemie, wie wir es **jetzt** weltweit sehr drastisch mit dem neuartigen Coronavirus sehen können. Zumindest, wenn die Forscher tatsächlich erfolgreich darin sind, solch einen Virus zu kreieren – und sie behaupten, das bereits **getan** zu haben.«[1372] Dieser klaren Aussage zufolge, die sich mit den von Prof. Dr. Luc Montagnier und chinesischen Virologen erbrachten Beweisen deckt,[1373] wurde SARS-CoV-2 tatsächlich im Labor gezüchtet. Folglich besteht der dringende Verdacht, dass bereits ein weiteres, diesmal wirklich scharfes Virus gezüchtet wurde. Da »ansteckender« in der Regel zugleich »tödlicher« bedeutet, könnte Bills Prophezeiung wahr werden. Die gezielte Verbreitung würde rascher mehr Menschen zum Impfen zwingen und den Regierungen den weiteren Ausbau ihrer Macht in Richtung Diktatur ermöglichen.

Für das Ziel der digitalen Diktatur tritt Klaus Schwab bekanntlich seit spätestens 2016 ein. Weitere NWO-Agenten werden im vierten Kapitel genannt. Wie Impfgroßinvestor Bill Gates sowie die Macher von Microsoft, Google etc. profitieren sie zumindest kurzfristig und kräftig von der Corona-Plandemie: sowohl finanziell als auch technisch-ideologisch, weil sie ihren Zielen um einiges näher zu kommen scheinen.

Wie das vorhin skizzierte WEF-Netzwerk zeigt, sind vor aller Welt Augen schon seit geraumer Zeit jene hochfinanziellen und technischen Ressourcen vereint, die man für den geplanten globalen Umsturz braucht. Auch Zweck, Ziele und Mittel (inklusive 5G) liegen längst offen. Es bedarf also keines freimaurerischen Geheimzirkels. Es mag sein, dass sich gewisse NWO-Agenten in dunklen Kämmerchen in skurrilen Roben mit noch absurderen Ritualen wichtig fühlen. Bei der COVID-Agenda liegt jedoch mangels Geheimnisses keine Verschwörung vor und aufgrund der bereits erfolgenden Umsetzung keine Theorie. Wer also noch immer von einer »Verschwörungstheorie« spricht, fällt auch beim zweiten großen Idiotentest durch.

Hierzu ist anzumerken, dass es sich auch nicht um die von sogenannten Alternativmedien und selbsternannten »Aufdeckern« vielbemühte »jüdische Weltverschwörung« handelt. Die wenigsten Mitglieder der globalen Machtelite und ihrer Handlanger sind Juden. Die meisten sind wohl nur nominelle Christen, denen es nicht um biblisch-religiöse Inhalte geht. Sie haben ihre eigene Ersatzreligion entwickelt: eine ausdrücklich so genannte Datenreligion mit einer transhumanistischen Stoßrichtung, die auf den genetischen und biotechnischen Umbau des Menschen in ein Computer-Zombiewesen abzielt. Mehr dazu folgt später.

Festzuhalten ist, dass bei der COVID-Agenda mangels Verschwörung und mangels Theorie eine bereits im fortgeschrittenen Umsetzungsstadium befindliche **Agenda-Praxis** vorliegt.

3. Supranationale Organisationen

Die geplante und orchestrierte Corona-Krise ist ein wahres Eldorado für längst totgeglaubte internationale Organisationen wie die UNO und ihren privaten Ableger namens **WHO**. Ihr Leiter, der aus Äthiopien stammende Tedros Adhanom Ghebreyesus, hatte sich vor einiger Zeit der **marxistisch-leninistischen** Befreiungsbewegung TPLF (Tigray People's Liberation Front) angeschlossen, wie mitunter in deutschsprachigen Medien nachzulesen ist.[1374] Auch im November 2020 sei der WHO-Chef immer noch »Mitglied dieser Gruppe und er ist ein Verbrecher«, behauptet der äthiopische Generalstabschef Birhanu Jula, ohne dafür Beweise vorzulegen.[1375]

Was hängen bleibt, ist die unbestreitbare Nähe des WHO-Chefs zum Kommunismus. Zu dieser passt, dass Ghebreyesus laut der britischen *Times* 2017 von der kommunistischen Volksrepublik **China** als Direktor der HO installiert wurde: »Chinesische Diplomaten hatten sich mächtig für den Äthiopier eingesetzt, indem sie den finanziellen Einfluss Pekings und das undurchsichtige Hilfsbudget nutzten, um in den Entwicklungsländern Unterstützung für Ghebreyesus aufzubauen.«[1376]

Über die verdächtige Mischung von Politik und Gesundheit schreibt CNN im Februar 2020, wobei der vormalige WHO-Berater Charles Clift zitiert wird: »Das übermäßige Eindringen politischer Erwägungen in seine technische Arbeit kann seine Autorität und Glaubwürdigkeit als Fahnenträger für die Gesundheit schädigen.«[1377] Die berechtigte Frage lautet: »Wie konnte der Ex-Kader einer gewalttätigen kommunistischen Partei zum Wächter über die Gesundheit von 7,8 Milliarden Menschen aufsteigen?« Zur Beantwortung beleuchtet die schweizerische *Weltwoche* im April 2020 die »schiefe Laufbahn« von Tedros Adhanom Ghebreyesus und hebt dabei dessen ungebrochene Begeisterung über das diktatorische chinesische Vorgehen hervor: »Das ist der Vorteil von Chinas System, von dem **andere Länder lernen** können.«[1378] Am 23. 04. 2020 warnte der WHO-Generaldirektor: »Das Virus wird uns **lange Zeit** begleiten!«[1379] Am 13. 07. 2020 nahm er sich sogar die Prophezeiung heraus, auf absehbare Zeit gebe es **keine** Rückkehr zur »alten Normalität«, insbesondere falls vorbeugende Maßnahmen vernachlässigt würden.[1380]

Die mörderische Ideologie des Kommunismus, die China und die oberste WHO-Instanz verbindet, übt also nicht nur metapolitischen, sondern auch realpolitischen Einfluss auf den Rest der Welt aus. Durch die pseudomedizinische Hintertür wird über fast alle Nationen dieser Welt das **chinesische** Diktaturmodell gestülpt.

Auch bei der NATO, die seit Ende des sogenannten Kalten Kriegs und des Zusammenbruchs des Ostblocks keine Existenzberechtigung mehr hat, fühlt man sich wieder wichtiger. Möchte man bald internationale Truppenkontingente zur Zwangsbefriedung zurecht aufgebrachter Menschenmassen bereitstellen, sobald die Corona-Agenda planmäßig eskaliert und zu bürgerkriegsähnlichen Zuständen führt? Hierbei könnte die NATO mit europäischen Eingreifkontingenten wie der paramilitärischen EU-Gendarmerietruppe EUROGENDFOR oder der EU-Battlegroup zusammenarbeiten.

Der wohl größte europäische Profiteur ist dieselbe **Europäische Union**, die sowohl ab 2007 bei der Wirtschaftskrise und der Stabilisierung der Euro-Währung als auch ab 2015 im Rahmen der illegalen Massenmigration so katastrophal gescheitert ist, wie man nur versagen kann. Kaum hat der unfähige Diskutierclub mit Großbritannien seinen wichtigsten geostrategischen Partner per 01. 02. 2020 verloren (Brexit),[1381] schafft die EU wenige Monate später vorsätzlich die Entwicklungsregeln für Impfstoffe ab und sagt unverantwortliche Abnahmegarantien für hochgefährliche Produkte zu, die noch gar nicht hergestellt sind. Wo sie bisher gescheitert ist, die Bürger zu schützen, da trägt die EU anlässlich COVID-19 massiv zu deren Gefährdung bei. Geht es nur um kurzfristigen Machtzuwachs? Oder will die EU im Rahmen einer digitalen Diktatur nach chinesischem Muster dauerhaft als europäischer Unterdrückungsapparat fungieren? Für Zweiteres spricht die erwähnte Nutzung der Corona-Krise zur beschleunigten Digitalisierung des Euros, um ihn für das digitale Zeitalter fit zu machen, ohne den Souverän, also die Bevölkerung, um Erlaubnis zu fragen. Das digitale Zeitalter droht alles andere als ein demokratisches zu werden.

Wenn wir schon beim Thema Diktatur sind, darf die aufstrebende Macht **China** nicht vergessen werden. Weltweit, auch in westlichen »Demokratien«, herrschen seit Mitte März 2020 diktaturähnliche Zustände, von denen die Kommunistische Partei Chinas machtpolitisch so stark profitiert, dass ihr sowohl auf der metapolitischen (Ideologie) als auch auf der realpolitischen Ebene (diktatorische Corona-Maßnahmen) ein quasi supranationaler Status eingeräumt wird. Dieser droht sich auch immer stärker in der wirtschaftlichen Übernahme westlicher Unternehmen zu manifestieren. »Der Drache ist hungrig« warnte das *Handelsblatt* schon 2016. Nachdem der Chef der Kommunistischen Partei Chinas zur Jahrtausendwende die nationalen Gewerbetreibenden mit den Worten »Schwärmt aus!« zur Übernahme westlicher Unternehmen aufgerufen hatte, folgten ab 2015 so viele wie noch nie zu vor: »Im vergangenen Jahr [2015] stiegen die Direktinvestitionen aus Fernost in Europa um 44 Prozent auf 20 Milliarden Euro [...].«[1382]

Wie Gerald Celente anschaulich dargestellt hat, erholt sich China viel schneller von der vom eigenen Land bzw. von Wuhan ausgehenden Plandemie (siehe oben). Folglich verwundert es nicht, dass bereits Anfang Dezember 2020 mittels Umfragen geklärt ist, dass zwar 86 Prozent der chinesischen Unternehmen von der Härte der Corona-Maßnahmen getroffen sind, es sie aber nicht vor **weiteren Investitionen** in Europa abhält, weil sie sich davon deutliche Vorteile erwarten: 53 Prozent geht es um die Sicherung technischen Know-hows und die Verbesserung ihrer Forschungs- und Entwicklungskapazitäten, 42 Prozent wollen hauptsächlich das eigene Produktportfolio erweitern und »30 Prozent erhoffen sich einen besseren Zugang zum europäischen Markt«, wobei jeweils **Deutschland** das wichtigste Zielland ist.[1383]

Folglich ist damit zu rechnen, dass sich China ab 2021 noch viel kräftiger in die corona-marodierte Wirtschaft Europas und insbesondere Deutschlands einkaufen wird. Merkels DDR Version 2.0 droht Realität zu werden. Dass der hierzu erforderliche und während COVID-19 steigende metapolitische, realpolitische und wirtschaftliche Einfluss einer kommunistischen Nation in Europa mit Schwergewicht in Deutschland kein Zufall und auch kein Widerspruch zu den Zielen der globalen Machteliten ist, kann im vierten Kapitel nachgelesen werden.

4. Nationale Regierungen

Entsprechend der schon seit einigen Jahren gezeigten Inkompetenz und Kurz-Sichtigkeit, ist die moderne Parteipolitik mangels edler Ziele und Langzeitstrategie auf schnelle »Erfolge« aus, für die sie alles opfert, nur um eine weitere Runde am parlamentarischen Futtertrog zu bleiben. Mehr ist von diesen Vereinen im 21. Jahrhundert offenbar nicht zu erwarten. Viel intensiver als in den pandemischen Übungen 1999 bis 2019 vorexerziert, wird die Show-Pandemie COVID-19 von den Regierungen schamlosest zu ihrem politischen **Machtausbau** missbraucht. Das Parlament ist lahmgelegt, quasi ausgeschaltet. Die Anzahl und Schwere der epidemiologisch sinnlosen Maßnahmen sowie deren brutale Durchsetzung zeigen, worum es wirklich gehen könnte: Zuwachs an Wählerstimmen (a.), Verhinderung der eigenen Haftung für die Schädigung der Risikogruppen (b), für Schäden durch die 5G-Ausrollung (c.) und die mitverschuldete Finanzkrise (d.) sowie das übliche Lukrieren von Schmiergeldern (e.).

a. Stimmenzuwachs. Der politische Alibi-Aktionismus erweckt beim gutgläubigen Wähler oberflächlich den falschen Eindruck, die Regierungen seien aktiv und hätten die Lage im Griff. Die Verordnung der Maskenpflicht ist aber lediglich eine Symbolpolitik, die eine aktive Reaktion auf die angeblich steigenden Corona-Fallzahlen suggerieren soll. Dadurch soll ein Stimmenzuwachs bei obrigkeitshörigen Wählern lukriert werden. Wer nur kurz hinter die Kulissen blickt, erkennt sofort, dass es sich lediglich um narzisstische Selbstdarstellerei handelt. Allem Anschein nach ist es wirklich so schlimm, wie der US-amerikanische Trendprognostiker Gerald Celente sagt: Größenwahnsinnige Clowns spielen Krieg. Mein persönlicher Eindruck ist, sie wollen Götter spielen, handeln aber wie Teufel.

b. Haftung für Risikogruppen abwenden. Das von Beginn an planlos-hektische Improvisieren spricht deutlich dafür, dass die Regierungen beim **schuldhaft** unterlassenen Schutz der Risikogruppen von ihrem amtlichen Pendeluhrschlaf ablenken wollen, um einer Haftung zu entgehen. Auch der Schadenersatz für die sinnlos verschwendeten Millionen für Tests, Masken und Impfstoffe sowie deren Entsorgung kann garantiert nicht aus der Parteikassa bezahlt werden. Ganz zu schweigen von der Wiedergutmachung aller weiteren Schäden an der Volksgesundheit und -wirtschaft. Mit den weiteren Lockdowns scheinen die Regierungen auf Zeit zu spielen, vielleicht in der Hoffnung, dass die von Gates angekündigte nächste Pandemie tatsächlich tödlich ist und das rechtswidrige Verhalten rückwirkend »heilt«.

c. Haftung für 5G-Ausrollung abwenden. Wie bereits gezeigt, dient COVID-19 auch der Tarnung jener Gesundheitsschäden und Todesfälle, die eigentlich auf das Konto der verstärkten EMF-Strahlenbelastung gehen. Da die Regierungen sämtliche Warnungen ignorieren, das Vorsorgeprinzip massiv verletzt und daher die 5G-Ausrollung **voll** zu verantworten haben, liegt der besagte Corona-Tarneffekt voll in ihrem ureigensten Interesse, einem etwaigen Straf- und Schadenersatzverfahren zu entgehen. Weiters ermöglicht die Implementierung des Internets aller Dinge nachhaltige Veränderungen der »Cyber-Sicherheit«, im Zuge welcher gleich die corona-bedingte **Zensur** erheblich verschärft werden könnte. So sind sämtliche Corona-Maßnahmen- und 5G-Kritiker ganz leicht mundtot zu machen. Unter ihnen könnten sich alsbald auch einige Anti-CO_2-Aktivisten befinden, zumal das Internet aller Dinge exorbitant viel Strom verbrauchen wird, der bekanntlich erstmal in Kraftwerken erzeugt werden muss, bevor er ins Netz gespeist wird. Da ohne Kohle- und/oder Atomkraftwerke garantiert nicht das Auslangen gefunden werden kann, geht mit 5G zwangsweise ein erhöhter CO2- und Wärmeausstoß einher. Ein Grund mehr für die Regierungen, ihre Kritiker zu zensieren.

d. Haftung für Finanzkrise abwenden. Offenbar wird COVID-19 als günstige Gelegenheit genutzt, den seit der Finanzkrise ab 2007 heranstehenden Finanzcrash einem Virus in die Schuhe zu schieben. Diesfalls wird erneut von der eigenen Inkompetenz bzw. vom bisherigen faktischen Nichtregieren abgelenkt. Denn ein vorausschauendes Richten und Lenken, wofür das Wort »Regieren« eigentlich steht,[1384] hat nicht wahrnehmbar stattgefunden. Übrigens nicht einmal ein Reagieren.

Es wurde selbst dann nicht zur Tat geschritten, als Medienberichten vom Oktober 2019 zufolge ein »Kurzschluss im Finanzsystem« deutlich erkennbar war.[1385] Bereits zwei Wochen vorher, am 18. 09. 2019, hat das Massenmedium *Zeit-Online* berichtet, dass die private US-Notenbank **FED** verdächtigerweise »ihren Leitzins zum zweiten Mal in Folge um 0,25 Prozentpunkte gesenkt« hat. Die Senkung unmittelbar davor war die **erste** seit der Finanzkrise 2008. Unmittelbar vor der ersten Zinssenkung hatte die FED »über **50 Milliarden** US-Dollar für den Geldmarkt« in Form von neuem Kapital für die Geschäftsbanken ausgeschüttet.[1386] Anfang Oktober 2019 hat dann *Zeit-Online* ausführlich darüber aufgeklärt, dass die Krise über Nacht kam: »Banken drohte das Geld auszugehen. Notenbanker pumpten Hunderte Milliarden Dollar in den Geldmarkt, bloß um das Schlimmste zu verhindern.« Der Grund dafür ist, dass der im Bankenwesen essentielle Repo-Zinssatz »ohne Vorwarnung nach oben« schoss. Der Repo-Markt ist so etwas wie »das Stromnetz des Finanzsystems« und ein Zinssprung daher nichts anderes als ein Kurzschluss. Der bis 2015 amtierende FED-Präsident Narayana Kocherlakota sagt dazu, dass die Zinsausschläge am Repo-Markt ein Zeichen dafür sind, dass »etwas ziemlich falsch läuft im Finanzsystem.« Dass er Recht hat, beweist das Faktum, dass binnen kürzester Zeit »über 700 Milliarden US-Dollar ins System« geleitet wurden.[1387] Es besteht der dringende Verdacht, dass die bereits bei der Auslösung des Ersten Weltkriegs und der Weltwirtschaftskrise 1929 maßgeblich beteiligte FED auch diesmal absichtlich mittels Geldumlaufsteigerung für Chaos gesorgt hat (siehe das vierte Kapitel).

Selbst historisch und geostrategisch völlig blanke Politdarsteller oder zumindest ihre Finanz-»Experten« hätten spätestens ab Oktober 2019 realisieren müssen, dass das globale Finanzsystem am Zusammenbrechen ist. Der wirtschaftspolitische Pendeluhrschlag könnte der zweite sein, den die Regierungen mit ihren drakonischen Corona-Maßnahmen und dem dadurch verursachten Finanzchaos kaschieren wollen. Auf diese Weise entginge man auch einer weiteren Inanspruchnahme auf Schadensersatz. Durch COVID-19 kann also das Stimmvieh nach Belieben getäuscht und abgelenkt werden, auf dass es weiterhin brav seine Stimme in der amtlichen Urne beerdigt.

e. Schmiergelder. Medienberichten zufolge verdienen regierungsparteinahe Unternehmer kräftig am Corona-Test- und Maskenzwang. Ein ÖVP-Mandatar ist mit

20 Prozent an jenem IT-Unternehmen (Artichoke Computing) beteiligt, das erst anlässlich COVID-19 »auf Corona-Testlogistik umgesattelt« ist und von der niederösterreichischen Landesregierung den Auftrag in Höhe von rund einer Million Euro für die landesweite Installation von **Teststationen** an Schulen von Dezember 2020 bis Februar 2021 erhalten hat.[1388] Das mieft ebenso nach Korruption wie der Umstand, dass das größte maskenproduzierende Unternehmen (Hygiene Austria) zur Hälfte einem weiteren Unternehmen (Palmers) gehört, dessen Eigentümer »zufällig« der Ehemann der Büroleiterin im Kanzleramt von Sebastian Kurz ist. Es dürfte weder der Büroleiterin Lisa Wieser noch dem Kanzler entgangen sein, dass Hygiene Austria **monatlich 25 Millionen Masken** hergestellt[1389] und auf Kosten des Steuerzahlers riesige Einnahmen für epidemiologisch wertlose Produkte erzielt. Ob Kurz, Anschober oder ihre Parteien dafür bestochen wurden, ist von der Staatsanwaltschaft zu prüfen.

An ein wahres Wunder würde es grenzen, wenn nicht auch für den staatlich ermöglichten **Corona-Impfstoffhandel** Schmiergelder in Richtung Regierung geflossen wären.

Die Unterwerfung der Politik unter die Interessen der Pharmaindustrie hat der vormalige Präsident der Berliner Ärztekammer Dr. Ellis Huber schon vor vielen Jahren kritisiert: »Die systematische, über Jahre hinweg gewachsene Beeinflussung der Denkwelten von Politikern und Abgeordneten macht eine **informelle Macht** der pharmazeutischen Industrie aus, die von ihrer Wirtschaftsgewalt her gar nicht begründbar ist.«[1390]

Dass die Macht der Pharmaindustrie nicht nur informell, sondern auch faktisch **realpolitischer** Natur ist, wurde vom vormaligen deutschen Bundesgesundheitsminister Horst Seehofer im Juni 2006 gegenüber dem ZDF in Form eines beweiskräftigen Offenbarungseids bestätigt: Die geplante Strukturänderung zur Kostensenkung bei den Arzneimittelausgaben (Positivliste) wurde auf massiven Druck der Pharmaindustrie abgeblasen. Die verblüffte Redakteurin stellte die Kontrollfrage, ob »die Lobby wirklich so stark war dann – die Pharmalobby gegen die Politik – und Sie quasi dann da zurückziehen mussten?« Darauf antwortete Seehofer: »Ja, das ist so, seit 30 Jahren bis zur Stunde, dass sinnvolle strukturelle Veränderungen – auch im Sinne von mehr sozialer Marktwirtschaft im deutschen Gesundheitswesen – **nicht** möglich sind wegen des Widerstandes der Lobby-Verbände.« Genauso laufe es ab, und das sehr wirksam, obwohl eigentlich die Politik das Sagen haben sollte.[1391] Dass die Pharmaindustrie stärker war und ist als die Politik, wurde damals sogar fotografisch festgehalten. In einem symbolischen Akt der Unterwerfung überreichte

Seehofers Staatssekretär Baldur Wagner dem Präsidenten des Bundesverbands der pharmazeutischen Industrie Hans Rüdiger Vogel ein geschreddertes Exemplar der Positivliste wie eine Trophäe im geschmückten Bilderrahmen. Die Konsequenz: »Zu teure oder nutzlose Medikamente müssen von den Kassen bezahlt werden. Weil es die Pharmalobby so wünscht.«[1392]

Eine beeindruckende Kette von **Beweisen** für von Pharmakonzernen gesteuerte Politik und Medien liefert die außerordentlich gewissenhaft erstellte ZDF-Sendung *Das Pharma-Kartell* aus dem Jahr 2008. Der vortrefflich gewählte Untertitel lautet *Wie Patienten betrogen werden*. Für ihre investigative Meisterleistung haben die beiden Regisseure Astrid Randerath und Christian Esser 2009 die Auszeichnung für den besten Wirtschaftsjournalismus erhalten.[1393] Am Beginn der Doku erläutert Prof. Dr. Wolf-Dieter Ludwig den erwähnten Irrglauben, dass zugelassene Arzneimittel sicher seien. An ihren Nebenwirkungen sterben alljährlich **16.000** Menschen.[1394]

Über die »Nebenwirkung Tod« berichtet John Virapen als vormaliger Geschäftsführer schwedischer Pharmakonzerne aus erster Hand und in seinem gleichnamigen Buch mit dem alles sagenden Untertitel *Scheinwissenschaftlichkeit, Korruption, Bestechung, Manipulation und Schwindel in der Pharma-Welt*. Bestechung von Politikern, Journalisten und Ärzten mit Geld, Geschenken, Reisen und Bordellbesuchen ist ebenso an der Tagesordnung wie Erpressung und die Bezahlung von etwa 75 Prozent der führenden »Wissenschaftler« für geschönte »Studien«, die daher nichts anderes sind als versteckte Auftragswerbung. Für viele der zugelassenen Medikamente gibt es keinerlei Langzeitstudien, sodass die Wirkungen der dauerhaften Einnahme unbekannt sind. Krankheiten werden erfunden, medizinisch sinnlose »Medikamente« entwickelt, von bestechlichen »Experten« für unbedenklich erklärt, mit gezielten Marketingkampagnen angepriesenen und letztlich von bestochenen oder erpressten Ärzten verschrieben. Um den wunden Punkt der Erpressungsopfer zu finden, werden sie systematisch ausspioniert.[1395]

In der besagten ZDF-Doku sagt Virapen über seine ehemaligen Pharmakollegen aus: »Sie verkaufen Ihnen gefährliche Medikamente, um Geld zu machen. Nichts anderes. Falls Sie denken, dass die Pharmaindustrie Medikamente auf den Markt bringt, um Ihnen zu helfen, vergessen Sie es!« Seine eigene Aufgabe war, »Medikamente mit **massiven** Nebenwirkungen in den Markt zu drücken.« Obwohl ein sogenanntes Antidepressivum namens Zoloft gemäß Zulassungsstudie Selbstmorde auslöst, wurde es dennoch weltweit in den Verkehr gebracht. Wie der deutsche Professor für Pharmakologie Dr. Peter Schönhofer berichtet, werden von der Pharmabranche »alle Tricks eingesetzt«, damit Informationen über die Suizid-Auslösung ihrer Medikamente unterdrückt und die Patienten nicht direkt gewarnt werden. Der Pharmakonzern **Pfizer**, der sich anlässlich COVID-19 gemeinsam mit Biontech mit epidemiologisch sinnlosen mRNA-Impfstoffen eine goldene Nase verdienen will (siehe Kapitel *12.* »Angekündigter Impfzwang«), hatte mit Antidepressiva wie Zoloft allein im Jahr 2007 rund 531 Millionen US-Dollar umgesetzt. Dieses Faktum sollte der Öffentlichkeit dank der ZDF-Sendung aus 2008 ebenso bewusst sein, wie der Umstand, dass Pharmakonzerne lediglich etwa 10 Prozent des Investitionsrahmens für Forschung ausgeben, während sie sage und schreibe 40 Prozent in die Vermarktung stecken.[1396]

Die Existenz des von der Pharmabranche dicht gewobenen Korruptionsnetzes ist längst von etlichen Kritikern und kriminalpolizeilichen Fahndern nachgewiesen. Zum Beispiel hat Uwe Dolata vom deutschen Bund der Kriminalbeamten bereits im Jahr 2011 gegenüber den Medien gesagt, dass das Gesundheitswesen der »**korrupteste** deutsche Wirtschaftszweig« ist. Weiterhin fehle ein Gesetz gegen **Abgeordnetenbestechung**. Durch Korruption gehen dem Gesundheitswesen jährlich 13,5 bis 20 Milliarden Euro verloren, wobei die Dunkelziffer 97 Prozent beträgt.[1397] Der Steuerzahler wird also nicht nur gesundheitlich gefährdet, sondern auch doppelt und dreifach belogen und betrogen.

Demzufolge besteht der dringende Verdacht, dass auch bei der Eilzulassung gefährlicher gentechnischer Corona-Impfstoffe Millionen von Dollars und Euros an Schmiergeldern in Richtung Wissenschaft, Politik und Medien geflossen sind. Wenn deren Repräsentanten, vor allem jene der Bundesregierungen, nicht in das pharma-industrielle Netz der Korruption geraten sind, müsste es an das vorhin erwähnte Wunder grenzen. Denn laut dem bereits erwähnten indischen Systembiologen Dr. Shiva Ayyadurai, der die Gesundheitsbranche seit 40 Jahren erfolgreich durchleuchtet, geht es bei COVID-19 »nicht um ein Killervirus, sondern um die Etablierung einer globalen **Top-Down-Zwangsmedizin**«, wie sie zum Beispiel vom Impfpapst Bill Gates propagiert wird. Die wirtschaftliche Begründung hierfür lautet: Die meisten Medikamente versagen. Weil die Menschen schon seit längerem arzneiskeptisch sind und gesünder leben, fallen die Aktien der Pharmakonzerne systematisch in den Keller. Außerdem ist das bei herkömmlicher Arznei (Pillen) relativ hohe Haftungsrisiko bei Impfstoffen erheblich reduziert. Die sogenannte Corona-Krise ist daher nichts anderes als eine gezielte Inszenierung gewisser Kreise der Pharmaindustrie, die der zwangsweisen Durchimpfung aller Menschen dient. Die weltweite Manipulation mittels bewusst erzeugter Panikmache sei wegen der nahezu lückenlosen Verschränkung der Politik mit den gleichgeschalteten Medien möglich.[1398]

Angesichts des absolut untragbaren COVID-Verhaltens der verantwortlichen Politdarsteller sowie ihrer gewissen Distanz zu echter Arbeit, beruflicher und akademischer Bildung ist jener Ausspruch des US-amerikanischen Schauspielers Robin Williams nicht von der Hand zu weisen, der die Gleichsetzung der Politiker mit Blutsaugern vom englischen Wort »politics« (Politik) ableitet: »›Poli‹ ist ein lateinisches Wort für ›viele‹ und ›Tics‹ für ›blutsaugende Kreaturen‹.«[1399] Auch das Urteil von Gerald Celente ist lebenspraktisch nachvollziehbar: »Politiker stehlen unser Geld im Namen von Steuern. Die müssen nicht arbeiten. Sie saugen nur die Öffentlichkeit aus. Das ist alles, was sie je getan haben. Sie kümmern sich nur um ihre Egos. Eisenhower hat gesagt: ›Jeder, der das Amt des Präsidenten anstrebt, ist ein Egomane oder ein Verrückter.‹ Überall sind Egomanen und Verrückte.«[1400] Wer das Land und insbesondere das Volk liebt, tut ihm so etwas wie Corona-Maßnahmen nicht an. Daher steht fest, dass diese Leute nicht unserer Freunde sind. Viel eher sind sie unsere Feinde. Meiner persönlichen Wahrnehmung nach hatten Österreich und Deutschland noch nie zuvor unfähigere, narzisstischere und unsympathischere Politdarsteller als die Corona-Diktatoren 2020. Umgelegt auf die aktuelle Zeit, befürchte ich, dass insbesondere Kurz und Merkel jeweils empathieloser sind als Stalin und Hitler zusammen.

5. Medien

Wie gesagt, sind nicht alle Medien gemeint, sondern nur jene, die sich bei den Kernproblemen überwiegend unkritisch bis regierungshörig verhalten. Wer nicht einmal im Herbst 2020 das Vorliegen einer Eingriffssituation hinterfragt und stattdessen permanent die stupide Leier von den steigenden absoluten Infektionszahlen und der Dringlichkeit der Maßnahmen herunterspult, ist ganz offensichtlich Teil des Zwangssystems. Damit lässt sich zweifach mehr Geld als mit seriöser Medienarbeit verdienen. Erstens erzeugen aufpeitschende, angstmachende Schlagzeilen mehr Aufmerksamkeit, höhere Auflagen und höhere Gewinne. Zweitens kommt zusätzliches Geld in Form von **Förderungen** für diejenigen herein, die das gehorsame Sprachrohr der Regierung spielen: »Wes Brot ich ess, des Lied ich sing!«

Apropos: Nicht gerade wenige Medienberichte über die »Wirksamkeit« und »Sicherheit« der genetischen Corona-Impfstoffe sind so offensichtlich pharmafreundlich verfasst, dass es sich um bezahlte Auftragsartikel zu handeln scheint. Sie könnten von den Pharmakonzernen selbst geschrieben und von den Medien lediglich unter ihrem eigenen Namen veröffentlicht worden sein.

Dass eine derartige käufliche Propaganda gängige Praxis ist, wird in der erwähnten ZDF-Sendung *Das Pharma-Kartell* aus 2008 **experimentell nachgewiesen**. Ein frei erfundenes Pharma-Unternehmen wird zwecks Bewerbung seiner Phantasie-Arznei bei folgenden Medien vorstellig: *Apotheken Umschau*, Verlagsgruppe *Condé Nast* für Hochglanzmagazine wie *Vogue* sowie *Bauer*, dem größten europäischen Verlag für Zeitschriften wie *TV-Movie, Neue Post* etc. Alle sind sofort bestechlich und scheinen darin reichhaltige Erfahrung zu haben. Die *Apotheken Umschau* macht ohne Umschweife klar, dass es einen positiven »Artikel« über die Arznei nur in Form einer Anzeigenschaltung gibt, sprich vier Seiten zum Preis von knapp 58.000 Euro. Darin kämen die **eigenen** Wissenschaftler des Pharma-Unternehmens zu Wort. Auch **Pfizer** sei schon zum »Redaktionsgespräch« da gewesen. Bei *Condé Nast* wird das ausdrücklich genannte Verbot von Werbung für rezeptpflichtige Arznei prompt mit dem Hinweis umgangen, dass Geld keine Rolle spielt. Über den vom Pharma-Unternehmen **selbst** verfassten Werbeartikel inklusive eigener Fotos werde man ganz klein und unscheinbar das Wort »Promotionsanzeige« platzieren. Dem Leser soll also **planmäßig** eine als Artikel getarnte Anzeige vorgesetzt werden, die perfekt auf das Klientel zugeschnitten ist. Auch der *Bauer Verlag* lässt dem vermeintlichen Pharma-Unternehmen »redaktionell freie Hand«, wobei kein einziges Wort ohne seine vorherige Freigabe gedruckt wird. Die faktische Anzeige werde ohne Hinweis auf diese Eigenschaft als »redaktionelles Special über Gesundheit« getarnt.[1401]

Ganz offensichtlich sind bei verschiedensten Medien Korruption und Betrug auch in jenen sensiblen Bereichen fester Bestandteil des Betriebskonzepts, in denen vorsätzlich die Gesundheit der Leser gefährdet wird. Aus reiner Profitgier wird der gesetzlich vorgesehene Schutz der Konsumenten und Patienten konsequent und permanent gebrochen. Mit redaktioneller Arbeit hat das überhaupt nichts mehr zu tun. Gewisse Medien, wahrscheinlich sehr viele, prostituieren sich als reiner Werbeträger für dubiose Produkte, die sie nie zu Gesicht bekommen. Mit an Sicherheit grenzender Wahrscheinlichkeit ist davon auszugehen, dass die meisten der als Artikel getarnten Werbungen für genetische Corona-Impfstoffe auf dem gezeigten Muster der betrügerischen Korruption beruhen. Es könnte viel Arbeit auf die Korruptionsstaatsanwaltschaften zukommen.

6. »Experten«

Etliche Pseudoexperten bekommen **Geld** oder zumindest erhöhte **Aufmerksamkeit** für ihre medial verbreiteten Falschaussagen über die angebliche Gefährlichkeit von COVID-19, die vermeintliche Notwendigkeit von PCR-Corona-Tests, die angebliche Unbedenklichkeit der gentechnischen Impfstoffe etc. Entweder glauben sie selbst an ihren geistigen Müll oder sie verbreiten die Unwahrheit mit voller Absicht. Im ersten Fall sind sie Dummköpfe, im zweiten Kriminelle. Erpressungen sind in Anbetracht des großen Pools an Freiwilligen wohl eher die Ausnahme.

Neben Politik und Medien stehen, wie schon gesagt, etwa 75 Prozent der führenden »Wissenschaftler« im Sold der Pharmaindustrie. Etliche Vorzeige-»Experten« haben sich aber auch von der Politik abhängig gemacht. »Die Politik regiert in Wissenschaft hinein – über das Robert-Koch-Institut, das Paul-Ehrlich-Institut und das Friedrich-Loeffler-Institut«, kritisiert Prof. Dr. Stefan Hockertz. Er findet es verständlicherweise »immer ganz schlimm, wenn die Wissenschaft von der Politik bestimmt wird.« Denn die »heiligsten ethischen Grundsätze, die wir in der Wissenschaft haben, den Menschen zu schützen, werden für die Politik über Bord geworfen.« Sind Wissenschaftler wie in den genannten Instituten direkt der Bundesregierung unterstellt, dann müssen sie »tun, was ihnen die Regierenden, sprich Frau Merkel und Herr Spahn, aufgeben. Das kann nicht gut gehen. Wenn Politik Wissenschaft beeinflusst, das endet in der Regel fatal.«[1402] Denselben Interessenkonflikt erzeugt die Nähe zur Pharmaindustrie, die zwangsweise das Urteilsvermögen der Wissenschaftler prägt. Deshalb sind sie in den Augen von Prof. Dr. Wolf-Dieter Ludwig keine glaubwürdigen Informanten. Solche Kollegen nennt Prof. Dr. Peter Schönhofer zutreffend »Mietmäuler«, die lediglich dafür zuständig sind, blumenreich Fehlinformationen zu vermitteln.[1403]

7. Blockwarte

Im Gegensatz zu allen vorgenannten Profiteuren fahren die im Kapitel »Zersetzung der Gesellschaft« grob skizzierten Blockwarte in der Regel keine materiellen Gewinne ein. Es handelt sich um geistig minderbemittelte, unterwürfige, sadistische oder einfach nur zu Tode verängstigte Überzeugungstäter in tatsächlichen oder nur eingebildeten Machtpositionen niedriger Ebenen. Diesen aus Sicht der wirklichen Machthaber nützlichen Idioten reicht das Gefühl, sich gegen andere Menschen

durchgesetzt zu haben. Denn Blockwarte setzen die politisch-mediale Propaganda mehr oder weniger gratis um, indem sie ihre Mitmenschen besonders akribisch mit Maßregelungen, Beschimpfungen, Ausgrenzung, Drohungen, Anzeigen und Strafen quälen.

Das kommt dabei heraus, wenn die Vernünftigen schweigen. Es gibt daher keinen dümmeren Spruch als jenen, dass der Klügere nachgibt. Denn wenn die Klügeren nachgeben, haben wir die **Herrschaft der Dummen**. COVID-19 beweist es. Viele beim globalen Idiotentest Durchgefallene wollen sogar der zurückhaltenden Mehrheit oktroyieren, dass sie sich Gift spritzen lassen. Die Intensität ihrer negativen Wirkung darf nicht darüber hinwegtäuschen, dass die Blockwarte nicht nur geistig unterlegen, sondern auch quantitativ in der absoluten Minderheit sind. Dieses Verhältnis ist für jene günstig, die Widerstand leisten möchten. Somit kommen wir zu den Rechtsfolgen des illegalen Chaos-Managements.

G. Rechtsfolgen

Wo immer das Gesetz endet, beginnt die Tyrannei.
John Locke[1404]

Im Rahmen von massiven Verfassungsbrüchen erfüllt die Regierung anscheinend auch mehrere Straftatbestände. Sowohl die vielen Verfassungsbrüche als auch das multistrafbare Verhalten begründen schon jeweils einzeln das Recht zum Widerstand der Bevölkerung und die Pflicht der Beamten zur Gehorsamsverweigerung. In einer bislang einzigartigen Kombination des Rechtsbruchs berechtigen sie die Bevölkerung sogar zum gewaltsamen Aufstand. Von diesem ist jedoch dringend abzuraten. Der friedliche Widerstand ist nicht nur das einfachere, sondern auch das nachhaltigere Mittel, um wieder eine freiheitliche Ordnung herzustellen. Schon bevor dieses Ziel erreicht ist, steht den Geschädigten der volle Schadenersatz zu.

1. Strafbare Verfassungsbrüche

Im vorliegenden dritten Kapitel wurde bisher gezeigt, dass die Regierung seit Beginn der von ihr selbst verschuldeten Corona-Krise gegenüber der Bevölkerung planmäßig Psychoterror und Desinformation betreibt. Die darauffolgenden skrupellosen Verletzungen so gut wie aller Grund- und Freiheitsrechte offenbaren in ihrer seit 1945 einzigartigen Anzahl, Intensität, Dichte und Dauer einen Putsch der Regierung gegen die Bevölkerung. Nicht zuletzt aufgrund dieser mutwillig von der Staatsführung künstlich geschaffenen Ausnahmesituation gelten die Grundrechte der Bürger auch untereinander, also zwischen Privatpersonen (Drittwirkung).

Putsch gegen die Bevölkerung

Nach wochenlangem amtlichem Pendeluhrschlag übt die Regierung seit März 2020 absichtlich Psychoterror gegen die Bevölkerung aus und verletzt sie dadurch kontinuierlich in ihrem Grundrecht auf Gesundheit bzw. **körperliche Integrität**. Außerdem wird die Bevölkerung systematisch mit sieben Kategorien von Fake News desinformiert, die mittels der politisch-medialen Propagandamaschinerie bewusst erzeugt werden, um das Trugbild einer gefährlichen Seuche aufrecht zu erhalten, die Bevölkerung dadurch zur Befolgung epidemiologisch sinnloser Maßnahmen und zur Duldung massiver Grundrechtseingriffe zu nötigen. Im Rahmen dieser künstlich generierten Infodemie oder Propagandemie wird jeder einzelne Mensch in seinen verfassungsmäßig garantierten Rechten auf **Menschenwürde** und **Meinungsfreiheit** verletzt, wodurch letztlich das Wesen der Demokratie und des Rechtsstaats ins Mark getroffen wird.

Neben der staatlich betriebenen Desinformation (IV.) erfolgen vier weitere Unterlassungen, welche breite Teile der Bevölkerung in ihren Grundrechten auf **Leben** und **körperliche Integrität** verletzen: die grobe Vernachlässigung der Risikogruppen (I.), die Vernachlässigung der Krankenhaushygiene (II.), die nicht bzw. kaum erfolgte Aufstockung des medizinischen Materials (III.), die entgegen fundierten Studien und expliziten Warnungen unter anscheinend schuldhafter Verletzung des Vorsorgeprinzips verstärkt fortgesetzte 5G-Ausrollung (V.) sowie der anstatt der gebotenen Förderung natürlicher Immunität verhängte Herdenhausarrest bzw. Lockdown (VI.). Die tabellarische Gegenüberstellung der milden Maßnahmen gemäß Soll-Zustand und der strengen Maßnahmen gemäß Ist-Zustand in Abbildung 48 zeigt, dass das von der Regierung betriebene rechtswidrige Chaos-Management (Ist-Zustand) das glatte Gegenteil vom leicht erreichbaren faktenbasierten Gesundheitsmanagement (Soll-Zustand) darstellt.

In Ermangelung einer Eingriffssituation und einer legalen Eingriffsermächtigung werden fünf Baugesetze bzw. tragende Grundsätze der Verfassung dauerhaft ver-

Maßnahmen-Gegenüberstellung Soll-Zustand vs. Ist-Zustand

Nr.	Gegentand	Soll-Zustand	Ist-Zustand
I.	Risikogruppen	Besonderer Schutz	Grobe Vernachlässigung
II.	Krankenhaushygiene	Verbesserung	Vernachlässigung
III.	Medizinisches Material	Aufstockung	Kaum Aufstockung
IV.	Information der Bevölkerung	Wahrheitsgemäß	Desinformation
V.	5G-Ausrollung	Sofortiger Stopp	Fortsetzung
VI.	Natürliche Herdenimmunität	Gewährleistung	Herdenhausarrest / Lockdown
			1. Abstandsregeln
			2. Hygienediktatur
			3. Maskenpflicht
			4. Testwahnsinn
			5. Versammlungsverbote
			6. Betretungsverbote
			7. Schließung öffentl. Einrichtungen
			8. Ausgangsbeschränkungen
			9. Schließung von Betrieben
			10. Quarantäne für Einzelpersonen
			11. Angekündigte App-Pflicht
			12. Angekündigter Impfzwang

Abb. 48

letzt: das liberale Prinzip, das demokratische Prinzip, das rechtsstaatliche Prinzip, das gewaltentrennende Prinzip und das bundesstaatliche Prinzip. Im Rahmen der im Detail durchgeprüften 12 aktiven Corona-Maßnahmen, die nicht einmal ein legales Ziel verfolgen und weder geeignet noch notwendig noch adäquat sind, werden sämtliche der im Kapitel *Diktaturfreundliche Sollbruchstelle* aufgelisteten **18 Grund- und Freiheitsrechte** mehrfach verletzt, teils sogar gebrochen, oft mittels Fake Laws.

Die Verfassung wird sohin mehrfach und intensiv beschädigt, die Demokratie im Kern erschüttert, obwohl die hochgradige Rechtswidrigkeit der Vorgänge von Beginn an klar zu erkennen war und einige Experten kontinuierlich davon abraten. Zum Beispiel hat der erwähnte deutsche Professor für Öffentliches Recht und Verfassungstheorie Dr. Oliver Lepsius bereits Anfang April 2020 vor dem Niedergang des juristischen Denkens während COVID-19 gewarnt.[1405] Dr. Jan-Werner Müller, ein deutscher Professor für Politikwissenschaften an der Universität Princeton, hat Mitte April 2020 im österreichischen *Standard*, und damit öffentlich, dringend »Vorsicht vor viralen Ermächtigungsgesetzen« angeraten. Es könne kein Zweifel daran bestehen, dass »die Regierungen diesen Notfall **ausnutzen** werden, um ihre Befugnisse zu **erweitern**. Manche werden ihre neuen Befugnisse wahrscheinlich auch **nicht** aufgeben, wenn die Bedrohung vorbei ist.«[1406] Genau das ist geschehen, wobei nie eine rechtfertigende Bedrohung bestanden hat. Am 08. 11. 2020 haben 66 »Anwälte für Aufklärung« einen offenen Brief an die deutsche Bundesregierung gerichtet, in dem sie ihre wohlbegründeten »Sorgen um den Rechtsstaat« zum Ausdruck bringen. Mit Nachdruck weisen sie auf die nach wie vor »**grobe** Verfassungswidrigkeit der Corona-Maßnahmen« hin.[1407] Die Warnliste ließe sich beliebig fortsetzen. Zudem wurden und werden viele Klagen und Beschwerden eingereicht. Die Verfassungsgerichte (VfGH und BVerfG) haben bereits einige Normen wegen Rechtswidrigkeit aufgehoben.

Dass die Maßnahmen dennoch nicht nur fortgesetzt, sondern sogar intensiviert werden, lässt folgenden Schluss zu: Die Regierung hat die Gefilde der Demokratie und des Rechtsstaats verlassen, um zwecks Implementierung einer diktaturähnlichen neuen Ordnung gegen die Bevölkerung zu putschen. Anscheinend liegt ein **Staatsstreich** vor, wodurch der Straftatbestand des **Hochverrats** erfüllt wäre. Scham- und gewissenlos nutzt eine winzige politdarstellerische Minderheit die in der Verfassung bereits angelegte diktaturfreundliche Sollbruchstelle aus, um ihre eigenen Interessen zu verfolgen. Das dadurch naturgemäß geschädigte Volk wird unterdrückt, um jeden Widerstand im Keim zu ersticken. Schließlich wird das von Prof. Dr. Hans Herbert von Arnim aufgedeckte Zweitsystem der Fassadendemokratie hochoffiziell zur »neuen Normalität« und damit zum **Erstsystem** erklärt. Einen großen Teil der Verantwortung dafür trifft auch den Gesetzgeber. Dieser hatte sich für die einstimmige Beschlussfassung zumindest des ersten COVID-19-Gesetzesbündels selbst gelobt, anstatt vorher die Entscheidungsgrundlagen einzufordern oder wenigstens die Härte der geplanten Maßnahmen zu hinterfragen. Alle oder nahezu alle teuer bezahlten Abgeordneten haben einem mehrfach rechtswidrigen Entwurf eines **Ermächtigungsgesetzes** ohne Widerspruch zugestimmt. Anscheinend nimmt die sogenannte Opposition ihre Kontrollfunktion überhaupt nicht oder nur schlampig wahr, weil sie sich sonst selbst ein Auge aushaken müsste. Das ist der Gipfel einer jahrzehntelangen Entwicklung und der parteipolitische Bankrott des 21. Jahrhunderts.

Ermächtigungsgesetz 1933 vs. 2020

Adolf Hitler musste sich die absolute Macht länger und härter erkämpfen. Am 23. 03. 1933 konnte er für das vom ihm vorgeschlagene Ermächtigungsgesetz nicht einmal 70 Prozent Zustimmung erringen, obwohl Hitler unmittelbar vorher extra den Reichstag abfackeln ließ,[1408] wodurch die KPD (Kommunistische Partei Deutschlands) planmäßig ausgeschaltet war. Die 81 kommunistischen Mandate wurden einfach annulliert. 26 Sozialdemokraten (SPD) konnten ebenfalls nicht abstimmen, weil sie bereits geflohen oder verhaftet waren. Der einschüchternden Präsenz von SA und SS, deren Drohungen und der allgemein bedrohlichen Situation zum Trotz haben die verbleibenden 94 SPD-Abgeordneten »geschlossen **gegen** die Selbstentmachtung des Parlaments« gestimmt.[1409] Zuvor wurde durchwegs heftig diskutiert und das Warum, also der Zweck des Gesetzes, mehrfach kritisch hinterfragt.[1410] Hierbei ist die damalige Gesamtsituation zu berücksichtigen: In den 19 Jahren seit 1914 hatte das Deutsche Reich den ihm aufgezwungen Ersten Weltkrieg mit Ach und Krach überstanden, das staatszerstückelnde und zukunftsvernichtende Siegerdiktat von Versailles zu ertragen, die seit 1929 laufende Weltwirtschaftskrise noch immer nicht überstanden, etliche Auflösungen des Reichstags hinter sich, stark aufgerüstete Nationen ringsum und die bolschewistische Gefahr der UdSSR sogar im eigenen Land. Trotz dieser vielen realen Bedrohungen von innen und außen wurde das am 24. 03. 1933 in Kraft getretene Ermächtigungsgesetz **nicht** einstimmig beschlossen.

Fast haargenau 87 Jahre später werden in den angeblich entnazifizierten und liberalen Staaten Österreich und Deutschland ohne reale Not von innen oder außen, ohne irgendeinen epidemiologischen Nutzen, entgegen jeder Vernunft und vollkommen am Volk vorbei (ohne Volksabstimmung) hochgradig verfassungswidrige Ermächtigungsgesetze **einstimmig** bzw. nahezu einstimmig beschlossen. Diese verbessern den innerstaatlichen Zustand nicht, sondern verschlechtern ihn hochgradig. Zum einen wird eine massive Wirtschaftskrise heraufbeschwören, die das gesamte Sozialgefüge sprengen könnte. Zum anderen wird ein schleichender Genozid ermöglicht, der die Grundlagen des Menschseins auszulöschen droht. Sollten Sebastian Kurz, Angela Merkel und Konsorten den diesbezüglichen Zielen der globalen Machtelite zum Durchbruch verhelfen, werden sie wahrscheinlich als größere Verbrecher in die Geschichte eingehen als die Massenmörder Mao Tse Tung, Josef Stalin, Adolf Hitler, Dschingis Khan, Idi Amin und Pol Pot.

Am 15. 03. 2020 wurde das österreichische COVID-19-Maßnahmengesetz in **beiden** Kammern des Parlaments jeweils ohne Gegenstimmen und Enthaltungen, demnach vollkommen einstimmig beschlossen: Im Nationalrat wurde der Entwurf ausdrücklich »einstimmig angenommen«,[1411] im Bundesrat mit »Stimmeneinhelligkeit«.[1412] Im deutschen Bundestag haben sich am 25. 03. 2020 wenigstens die AfD und Die Linke ihrer Stimmen enthalten, was jedoch nicht aufhalten konnte, dass der Gesetzesentwurf zum vermeintlichen Schutz der Bevölkerung bei einer vermeintlich epidemischen Lage von nationaler Tragweite »mit den Stimmen des übrigens Hauses angenommen wurde.« Quergelegt hat sich auch hier kein einziger »Volksvertreter«, schon gar nicht von der SPD. Hatte sie 1933 mutig getrotzt, so wurde der Entwurf zum Ermächtigungsgesetz 2020 gemeinsam von CDU/CSU und **SPD eingebracht**.[1413] So ändern sich die Zeiten. Zwei Tage später, am 27. 03. 2020, hat der deutsche Bundesrat »einstimmig« zugestimmt.[1414] Somit liegt beim deutschen Gesetzgeber nahezu Einstimmigkeit vor. Sollten Sie sich die Mühe machen, die in den Fußnoten verlinkten Sitzungsprotokolle durchzuackern, werden Sie maximal Diskussionen über Nebensächlichkeiten entdecken, aber keine einzige Frage nach dem Warum (Zweck). Niemand der uns angeblich vertretenden Parlamentarier hat die alles entscheidende Frage nach der Faktenbasis gestellt. Niemand. Sie haben nicht gelitten und gekämpft wie die Bevölkerung und viele ihrer Parlamentarier bis 1933. Nein, sie haben die Demokratie und Freiheit bereitwillig, mit einem Lächeln und einstimmig verkauft.

Und derartige »Parlamentarier« wagen es, über unsere Altvordern pauschal negativ zu urteilen und im Jahr 2020 die wenigen Freiheitskämpfer, die sich mit vollem Recht gegen die Regierung auflehnen, als »Rechtsextremisten« zu denunzieren. Es ist ein offenes Geheimnis, dass sie damit eigentlich Ewiggestrige und Neonazis meinen, obwohl National-Sozialisten (sic!) politisch typisch links stehen (siehe das vierte Kapitel). Heutzutage wird eben alles, aber wirklich alles ins Gegenteil verdreht. Auch die leichte bis mittlere Corona-Grippe wird umgedeutet in eine »tödliche Seuche« namens COVID-19. Die dadurch provozierte künstliche Ausnahmesituation ist ein eindeutiger Beleg dafür, dass die vielfach geschundenen Grundrechte sowohl von jeder Behörde als auch von jeder Privatperson zu achten sind.

Unmittelbare Anwendung der Grundrechte

Generell steht außer Streit, dass die Grundrechte von **Behörden** bzw. Beamten **unmittelbar** zu beachten sind. Von der Verfassung her ist der Bürger sohin als Privatperson vor staatlichen Eingriffen in seine Grundrechte geschützt. Man könnte es vertikale Wirkung der Grundrechte zwischen Bürger und Staat nennen. Was bedeutet das in der Praxis? Zum Beispiel muss ein Beamter, dem die Untersagung einer Demonstration wegen COVID-19 aufgetragen wird, die Befolgung dieser Weisung ablehnen.

Was in Österreich vom VfGH betreffend die unmittelbare Anwendung der Grundrechte hinreichend ausjudiziert ist (siehe das Kapitel über die diktaturfreundliche Sollbruchstelle), steht im deutschen GG an oberster Stelle, also im ersten Absatz des ersten Artikels: »Die Würde des Menschen ist unantastbar. Sie zu achten und zu schützen ist **Verpflichtung** aller staatlichen Gewalt.« im dritten Absatz wird zudem angeordnet, dass alle danach aufgezählten Grundrechte »Gesetzgebung, vollziehende Gewalt und Rechtsprechung als unmittelbar geltendes Recht« binden.[1415] Die diesbezügliche Spiegelbestimmung des deutschen Beamtendienstrechts (§ 63 BBG) besagt, dass der Beamte im Falle der Verletzung der Menschenwürde selbst dann die **volle Verantwortung** für die Rechtmäßigkeit seiner dienstlichen Handlungen trägt, wenn er zuvor seine Bedenken dem nächsthöheren Vorgesetzten mitgeteilt und dieser die Anordnung bestätigt hat.[1416] Was in Deutschland vorbildlich legistisch geregelt ist, wird in Österreich zum einen vom VfGH festgestellt und ergibt sich zum anderen aus der Pflicht zur Ablehnung strafrechtswidriger Weisungen (siehe unten).

Das Ergebnis ist dasselbe: Der Beamte darf sich gerade nicht wie ein Nazi-KZ-Aufseher darauf berufen, lediglich Gesetze oder Weisungen zu befolgen. Er hat die

Grundrechte direkt bzw. unmittelbar zu beachten und zu schützen. Hierbei gibt es keine Ausrede, sodass Beamte die Befolgung jeder Verordnung, jedes Erlasses und jeder Weisung ablehnen **müssen**, wenn mit dem angeordneten Verhalten eine illegale Grundrechtsverletzung verbunden wäre. Dies gilt generell und ganz besonders im Fall der offenkundig hochgradig illegalen Corona-Maßnahmen. In der Regel sind Beamte nicht nur auf die Verfassung angelobt, sondern auch staatsrechtlich geschult. Infolgedessen ist grundsätzlich **allen** Staatsdienern auf sämtlichen Ebenen, vor allem den Sicherheitskräften (Polizisten, Soldaten) folgende rechtliche Beurteilung zumutbar.

Erstens sind die Grundrechte prinzipiell vom gesamten Staatsapparat zu wahren. Das steht unverrückbar fest. Zweitens ist die Einschränkung von Grundrechten durch einfaches Gesetz oder Verordnung selbst bei Vorliegen einer gesetzlichen »Grundlage« nicht mit der Verfassung zu vereinbaren. Formale Gesetzesvorbehalte und die dadurch eröffnete diktaturfreundliche Sollbruchstelle sind ein verfassungsrechtliches Unding. Auch hier ist auf das Kapitel über die diktaturfreundliche Sollbruchstelle zu verweisen. Drittens heben die schwer illegalen Corona-Maßnahmen und ihre exzessiven Grundrechtsverletzungen das **liberale Prinzip** aus den Angeln. Die dadurch erzeugte Teil- oder Gesamtänderung der Verfassung ist aber weder durch den Verfassungsgesetzgeber noch durch den wahren Souverän, das Volk, bewilligt worden. Viertens klingen hier strafrechtliche Aspekte wie Amtsmissbrauch und Hochverrat an. Auch aus diesem Grund **müssen** Beamte den Gehorsam verweigern. Dazu kommen wir noch.

Drittwirkung der Grundrechte

Hier geht es um die Frage, ob die Grundrechte Privatpersonen vor den Übergriffen anderer **Privatpersonen** schützen, ob also die Grundrechte horizontal für die Bürger untereinander gelten. Kurz gesagt: Anlässlich der Corona-Maßnahmen gelten die Grundrechte zwischen ungleich starken Vertragspartnern unmittelbar im Sinne von **uneingeschränkt**. Verstöße sind voll der **Regierung** anzulasten, weil sie die unnötige Ausnahmesituation überhaupt erst künstlich geschaffen hat. Beispielsweise darf ein Arbeitgeber von den Arbeitnehmern nicht das Tragen von Masken (MNS), die Duldung von PCR-Testungen oder gar die Vorlage von Impfausweisen verlangen. Tut er es trotzdem, ist sein rechtswidriges Verhalten direkt dem Staat zurechenbar, bei dem sich die Betroffenen schadlos halten können. Hierbei gilt es vermutlich einige Rechtskämpfe auszutragen, um eine einheitliche Judikatur zu erwirken. Im normalen Alltag, wie es ihn vor dem Corona-Spuk gab und auch nachher in etwas anderer Form geben wird, ist eine unmittelbare Drittwirkung der Grundrechte prinzipiell abzulehnen. Ausnahmen bestehen nur dort, wo der Gesetzgeber die unmittelbare Drittwirkung ausdrücklich anordnet. Das ist sowohl in Österreich[1417] als auch in Deutschland allgemein anerkannt.[1418]

Jedoch ist eine mittelbare Drittwirkung im Allgemeinen insofern zu bejahen, als die im österreichischen bürgerlichen Recht geltenden **guten Sitten** Eintrittspforten für die Geltung der Grundrechte im Privatrecht sind.[1419] Auch in Deutschland ist die »Ausstrahlungswirkung der Grundrechte in das bürgerliche Recht« im Wege der guten Sitten sowie von Treu und Glauben gemeinhin anerkannt.[1420] In der privatrechtlichen Geschäfts- und Arbeitswelt darf demnach der stärkere Vertragspartner dem unterlegenen Teil kein grundrechtswidriges Verhalten aufzwängen, weil das gegen die im bürgerlichen Recht verankerten guten Sitten verstoßen würde. Zum Beispiel darf der Geschäftsführer eines Supermarkt seine Kunden nicht indirekt zum Tragen von Masken nötigen, indem er für den Fall der Weigerung das Betreten der Verkaufsfläche und damit den Warenerwerb untersagt.

Wie schon im Zusammenhang mit 5G und dem angekündigten Impfzwang erklärt, hat der Staat im Sinne des Vorsorgeprinzips eine **Schutzpflicht** wahrzunehmen, die den Bürger vor Gesundheitsschäden bewahrt. Davon sind sämtliche Corona-Maßnahmen erfasst, die mit der Schädigung der **Gesundheit** einhergehen. Weiters geht mit der mittelbaren Drittwirkung der Grundrechte auch ein staatlicher Schutzauftrag in Richtung **sämtlicher** Grundrechte einher. Der Staat hat nämlich »bei fehlender Machtsymmetrie den unterlegenen Bürger vor der Beeinträchtigung seiner Grundrechte durch den überlegenen Bürger zu bewahren.« Es gehört schließlich zum Wesen des Staates selbst, »für Frieden und Rechtssicherheit in seinem Herrschaftsbereich zu sorgen.« Ansonsten wäre der umfassende Verzicht der Bürger auf ihr naturgegebenes Recht zur Selbstverteidigung inakzeptabel. Der Schutzauftrag verpflichtet daher den Staat, bei einem besonders starken Machtgefälle zwischen den Vertragsparteien »einen angemessenen **Ausgleich** durch **Spezialgesetze** herzustellen.«[1421]

Diese für die deutsche Rechtsordnung gültigen Aussagen sind aufgrund der nahezu identischen Grundlagen durchwegs auch in Österreich anzuwenden. Bekanntlich hat der Staat anlässlich der von ihm selbst geschaffenen COVID-Katastrophe gerade keine speziellen Ausgleichsgesetze, sondern – ganz im Gegenteil – eine bedrückende **Gesamtunrechtslage** geschaffen, die an Unrechtmäßigkeit kaum zu überbieten ist. Mittels Fake News und Fake Laws werden die übermächtigen Vertragspartner geradezu dazu veranlasst bzw. genötigt, ihre Machtposition zu missbrauchen, um in die Grundrechte der unterlegenen Vertragspartner einzugreifen. Ansonsten haben die wirtschaftlich überlegenen Vertragspartner nämlich mit einer Reihe von Sanktionen zu rechnen, von Geldstrafen bis zur kompletten Betriebsschließung.

Um dieses Risiko zu minimieren, verschärfen einige übermächtige Geschäftspartner sogar die offiziellen Corona-Maßnahmen. Hierdurch entfalten die Fake News und Fake Laws die volle beabsichtigte Wirkung im Ziel: Übermächtige Vertragsparteien fungieren als (meist unfreiwillige) Vollstrecker einer inoffiziellen und schwer illegalen Ersatzgesetzgebung.

Im Speziellen, also bei den illegalen Corona-Maßnahmen, hat der Staat seine Schutzpflicht so massiv **verletzt**, dass ihm sämtliche Grundrechtsverletzungen unter Privaten unmittelbar und voll zuzurechnen sind. Schließlich handelt der in der Regel selbst von der Regierung eingeschüchterte, in seiner wirtschaftlichen Existenz bedrohte und daher intensiv genötigte Vertragsteil quasi als mehr oder weniger unfreiwilliger **Erfüllungsgehilfe** des illegal handelnden Staats. Im Endeffekt handelt es sich um den wohl historisch einzigartigen Ausnahmefall einer jedenfalls unmittelbaren Drittwirkung, die im vollen Ausmaß der Regierung zuzurechnen ist. Folglich kann der unterlegene Geschäftspartner vom überlegenen Teil die Beachtung seiner Grundrechte mit Nachdruck einfordern, widrigenfalls er einen Anspruch auf **Schadenersatz** hat. Dieser kann sowohl gegen den Vertragspartner als auch gegen den Staat geltend gemacht werden. Der zweitgenannte Weg dürfte mehr Aussicht auf Erfolg haben, weil es sich um eine Haftung aus **Delikt** handelt, von welcher der genötigte Erfüllungsgehilfe voraussichtlich vom Richter freigesprochen wird. Die volle Verantwortung bleibt mit hoher Wahrscheinlichkeit beim Staat hängen. Zurecht.

2. Viele Straftatbestände

Im Rahmen der verfassungswidrigen Corona-Maßnahmen, die im vorliegenden dritten Kapitel über das rechtswidrige Chaos-Management abgehandelt sind, werden gemäß meiner rechtlichen Beurteilung jede Menge Straftatbestände erfüllt. Darüber hat aber jeweils ein Gericht zu entscheiden. Ich empfehle hiermit, folgende Delikte zu prüfen:

1. Im Rahmen der bewussten Verbreitung von Fake News kommen einige Delikte gegen die Freiheit und die Ehre in Betracht: Nötigung, Gefährliche Drohung, Täuschung, Beleidigung und Üble Nachrede.

2. Weiters besteht der begründete Verdacht, dass mit der Verordnung und Umsetzung der meisten Corona-Maßnahmen, mitunter in Verbindung mit der intensivierten 5G-Ausrollung, strafbare Handlungen gegen Leib und Leben der Bevölkerung gesetzt werden: Völkermord (Absicht, Versuch), Mord, Fahrlässige Tötung, Körperverletzung und Misshandlung Schutzbefohlener (Kinder, Pflegefälle, Hochbetagte).

3. Zudem dürften bei der Verordnung epidemiologisch nutzloser Tests und Masken sowie der Eilzulassung gentechnischer Impfstoffe Betrug und Bestechung im Spiel sein.

4. Im Zusammenhang mit den großen Verfassungsbrüchen sind allem Anschein nach folgende Delikte direkt gegen den Gesamtstaat, also das Gemeinwesen, gerichtet: Hochverrat, Amtsmissbrauch, Landzwang und Verhetzung.

Die konkreten Täter sind in den Reihen jener **Nutznießer** zu suchen, die im Kapitel »F. Cui bono?« behandelt werden. Auf der nationalen Ebene sind dies die Regierungen, die als deren Sprachrohre kollaborierenden Medien, bestochene »Experten« sowie besonders eifrige Blockwarte. Strafrechtliche Delikte werden meist von mehreren Tätern gleichzeitig begangen. Das deutsche StGB (Strafgesetzbuch) spricht hier nur von Mittätern.[1422] Das österreichische StGB differenziert zwischen dem Haupttäter und seinen Mittätern. Zweitere werden in Bestimmungs- oder Beitragstäter unterteilt. Bestimmungstäter verleiten den Haupttäter zur Tat, etwa durch dienstliche Weisung, Bestechung, bezahlten Auftrag, Anstachelung oder Erzeugung eines Irrtums. Beitragstäter erleichtern die Tat auf andere Weise.[1423] Die Unterscheidung veranschaulicht den Tathergang und schlägt sich allenfalls in der Bemessung des Strafausmaßes nieder.

Die Details der Anklagepunkte sind von den Staatsanwaltschaften zu erarbeiten. Vermutlich werden sie ganze Bücher füllen.

Delikte gegen Freiheit, Leben etc.

Eher leicht bzw. schnell abzuschließen sind vermutlich die Delikte gegen Freiheit und Ehre (1.). Bezüglich des Sachverhalts wird auf das Kapitel über die sieben Kategorien der Desinformation im vorliegenden Buch verwiesen. Hinsichtlich der

Delikte gegen Leib und Leben (2.) ist auf die Ausführungen zur Gesundheitsbedrohung durch EMF-Strahlung und besonders von 5G auch in Verbindung mit der »Corona-Warn-App«, zum unterlassenen Schutz der Risikogruppen sowie zum Aufzwingen gesundheitsschädlicher Masken, verdächtiger Testverfahren und gefährlicher gentechnischer Impfstoffe zu verweisen. Der grundlegende Sachverhalt liegt offen da, die konkreten Schädigungen wären von den Opfern individuell nachzuweisen, die rechtliche Beurteilung ist mehr oder weniger Standard. Einer Verurteilung der Täter dürfte kein nennenswertes Hindernis im Wege stehen, sofern der Rechtsstaat noch halbwegs intakt ist. Ebenfalls keine bedeutsamen Schwierigkeiten sind bei der restlosen Aufdeckung der staatlichen Korruption (3.) zu erwarten. Viel wird davon abhängen, ob sich die Staatsanwaltschaften und Gerichte mehr der Politik und der Wirtschaft oder dem Recht verpflichtet fühlen. Mit einer Verschiebung in Richtung Recht ist umso eher zu rechnen, je lauter die Empörung im Volk wird. Dem berechtigten Druck der Bevölkerung hat noch kein Gericht der Welt standgehalten. Nun werden die gegen das staatliche Gemeinwesen gerichteten Delikte (4.) behandelt.

Hochverrat

Gemeint ist nicht der Gebiets-, sondern der **Verfassungsverrat**. Dieser besteht sowohl gemäß österreichischem[1424] als auch gemäß deutschem StGB[1425] aus der Anwendung von Gewalt oder der Drohung mit Gewalt zwecks Änderung der Verfassung. Beide Normen stammen aus dem Jahr 1975 und sind seither unverändert aufrecht.[1426]

Der jeweilige Gesetzgeber hatte dabei offenbar einen gegen die Regierung gerichteten Umsturz mit physischer Gewalt im Sinn. Mit dem Risiko eines von der Regierung selbst mit hauptsächlich psychischer Gewalt betriebenen **Staatsstreichs** im Rahmen einer Pseudoepidemie hat der Gesetzgeber im Jahr 1975 garantiert nicht gerechnet. Ein Umsturz durch die bereits amtierende Regierung bedarf naturgemäß keiner physischen Gewalt, weil sie bereits über die **volle** staatliche Gewalt verfügt. Gerichtlich zu entscheiden wäre, ob sich die Regierung teils höchstbedenklicher und illegaler Machtmittel inklusive systematischem Psychoterror, Fake News und Fake Laws gegen die gesamte Bevölkerung bedient, um die Verfassung in Richtung Diktatur zu ändern. Denn anscheinend erfüllt die Regierung beide Tatbestandsmerkmale zugleich. Einerseits wendet sie nachweislich bewusst psychische Gewalt sowie auch dem Anschein nach staatliche Gewalt an, wenn sie Sanktionen exekutiert, die teilweise vom höchsten Verfassungsgericht (nachträglich) für rechtswidrig erklärt werden. Andererseits wird auch offen mit ebendiesen illegalen Sanktionen gedroht.

Eine Veränderung der Verfassung bedarf keines völligen buchstäblichen Umschreibens. Allein auf die praktizierte neue **Verfassungswirklichkeit** kommt es an, also auf die vielfach kommunizierte »neue Normalität«. Wie gezeigt, werden durch die hochgradig verfassungswidrigen Corona-Maßnahmen neben dem liberalen Prinzip auch das demokratische, das rechtsstaatliche, das gewaltentrennende und das bundesstaatliche Prinzip verletzt. Sowohl in Österreich als auch in Deutschland liegt **mindestens** eine faktische Teiländerung der Verfassung vor. Hinsichtlich der heranstehenden Gesamtänderung scheint ein Plan zu bestehen, ebenso ein diesbezüglicher Versuch.

Subjektive Vorwerfbarkeit (Verschulden) liegt meiner Beurteilung nach spätestens seit dem arroganten Ignorieren zahlreicher Warnungen durch Juristen und Politikwissenschaftler ab April 2020 vor. Außerdem setzt sich die Regierung nicht nur über zahlreiche öffentliche Massenproteste (Demos) hinweg, sondern sogar über aufhebende Entscheidungen des höchsten **Verfassungsgerichts**. Es müsste daher mindestens bedingter Vorsatz (Dolus eventualis) vorliegen. Das bedeutet, dass die Täter die Verwirklichung des Tatbestands des Hochverrats frühzeitig ernsthaft für möglich gehalten haben und sich seither damit abfinden. Das Motto des Dauerdelikts scheint zumindest am Anfang zu lauten: »Na, wenn schon!« Wie gesagt, ist dies das Mindestmaß des gezeigten Verschuldens. Es würde für eine Verurteilung genügen. Je länger das Delikt praktiziert wird, desto mehr spricht für eine stärkere Form des Vorsatzes, nämlich Wissentlichkeit (Dolus principalis): »Jetzt erst recht!« Mangels Ausstiegsszenario bzw. in Ermangelung eines erkennbaren Willens, zur leicht erreichbaren alten Normalität zurückzukehren, ist spätestens ab Ankündigung des zweiten epidemiologisch nutzlosen Lockdowns von der stärksten Form des Verschuldens auszugehen: **Absichtlichkeit**. Der Regierung geht es anscheinend wirklich darum, Hochverrat zu begehen, um noch möglichst lange an der Macht zu bleiben. Eine andere Option scheint der präsentierten Politdarstellerei nicht innezuwohnen. Letztlich ist, wie gesagt, von einem Gericht zu entscheiden, ob sich die verantwortlichen Regierungsmitglieder des Hochverrats schuldig gemacht haben. Bei absichtlichem Hochverrat hätten sie aufgrund der Dauer und Intensität wohl das Höchstmaß der Strafe auszufassen: zwanzig Jahre Haft in Österreich, lebenslang in Deutschland.

Amtsmissbrauch

Der Missbrauch der Amtsgewalt ist ein Delikt, dessen Nachweisbarkeit sich oft als schwierig erweist. Es steht zwar außer Zweifel, dass Minister diesfalls unter den Rechtsbegriff des Beamten fallen und dass die Verfügung von Verordnungen, Erlässen und Einzelweisungen zu ihren Amtsgeschäften in Vollziehung der Gesetze zählt. Allerdings sind die in der österreichischen Strafnorm angeführten Tatbestandsmerkmale oft schwer nachzuweisen: wissentlicher Befugnismissbrauch und vorsätzliche Schädigung eines »anderen an seinen Rechten«.[1427] Eine derartige Einzelstrafnorm kennt das deutsche StGB nicht. Stattdessen kommen folgende Delikte in die nähere Auswahl: Nötigung,[1428] Rechtsbeugung[1429] und Verfolgung Unschuldiger.[1430] In Bezug auf die schwer rechtswidrigen Corona-Maßnahmen sind die genannten Delikte, also auch der österreichische Amtsmissbrauch, den Tätern bzw. Mittätern höchstwahrscheinlich relativ einfach anzulasten – und zwar in der **gesamten Hierarchie** von der obersten Ebene (Regierung) bis zur untersten Ebene, sprich den vor Ort konkret umsetzenden Beamten wie etwa Amtsärzten, Polizisten und Lehrern.

Allerspätestens seit Mitte Juni 2020 musste jeder Beamte, der Corona-Maßnahmen anordnet oder vollzieht, über das gesicherte Wissen verfügen, dass COVID-19 seit Ende Mai beendet ist und dass sämtliche Maßnahmen epidemiologisch sinnlos waren. Das besagen die amtlichen Statistiken ebenso wie der eigene Hausverstand und einige der Regierung nahestehende Experten. Außerdem wurden einige Maßnahmen vom höchsten Verfassungsgericht wegen Rechtswidrigkeit aufgehoben. Folglich muss angenommen werden, dass seit spätestens Mitte Juni 2020 alle Beamten ihre amtliche Befugnis missbrauchen, wenn sie (weiterhin) epidemiologisch nutzlose Maßnahmen verfügen und vollziehen.

Wie der österreichische Oberste Gerichtshof (OGH) schon lange vor COVID-19 zutreffend festgestellt hat, kommen bei den durch einen Amtsmissbrauch verletzten subjektiven Rechten sowohl gesetzlich als auch verfassungsgesetzlich verankerte Rechte in Betracht.[1431] Mit besagten Corona-Maßnahmen wird die gesamte Bevölkerung in ihren Rechten geschädigt. Wie gesagt, werden **18 im Verfassungsrang** stehende Grund- und Freiheitsrechte mehrfach, intensiv und kontinuierlich verletzt. Die Bevölkerung wird »eingesperrt« und sozial isoliert, indem ein gemeinsames öffentliches und kulturelles Leben nahezu ausgeschlossen wird. Unzählige Menschen werden wirtschaftlich ruiniert, sehr viele in der Gesundheit geschädigt. Außerdem wird der ganze Staat bzw. das Gemeinwesen in seinem Recht auf **gesetzmäßige Vollziehung** verletzt. Zum Beispiel spricht der OGH der Republik Österreich

2013 ein Recht auf »Strafverfolgung durch gesetzmäßige Verfahrensführung und Herbeiführung inhaltlich sachgerechter Entscheidungen« zu.[1432] Dieses allgemein gültige Recht auf korrekte Amtsführung setzt voraus, dass die Verwaltung auf einer korrekten wissenschaftlichen Faktenbasis und juristisch überprüfbaren Beurteilungen beruht. Dass den hochgradig verfassungswidrigen Corona-Maßnahmen beides nicht zugrundeliegt, beweisen die Ausführungen im ersten und dritten Kapitel des vorliegenden Buchs. Sohin dürfte außer Zweifel stehen, dass die Corona-Maßnahmen sowohl jeden einzelnen Bürger mehrfach in seinen subjektiven Rechten als auch die Gesamtbevölkerung in ihrem Recht auf ordnungsgemäße Führung der Amtsgeschäfte verletzen. Hinsichtlich der subjektiven Tatseite (Verschulden) reicht auch hier Eventualvorsatz. In einem weiteren OGH-Urteil (2012) lautet es, dass zahlreiche wegen vermeintlicher Verstöße gegen die Straßenverkehrsordnung zu Unrecht Angezeigte »an ihrem Recht auf wahrheitsgemäße Anzeigeerstattung und die Republik Österreich an ihrem Recht auf korrekte Durchführung der Verwaltungsstrafverfahren« **vorsätzlich** geschädigt werden.[1433] Wenn schon unrechtmäßig Anzeige erstattenden Beamten bewusst sein muss, dass sie dadurch Menschen in ihren Rechten verletzen, muss dies bei den verfassungswidrigen Corona-Maßnahmen umso mehr gelten. Erstens ist der Beamte außer Dienst auch selbst betroffen (oft mit der eigenen Familie) und das COVID-Thema allgegenwärtig, weshalb er ein gesteigertes Interesse an der ordnungsgemäßen Amtsführung haben müsste. Zweitens erfolgen die von ihm selbst mitverursachten Eingriffe, wie gesagt, mehrfach, intensiv und kontinuierlich. Über die dramatischen Folgeschäden wird regelmäßig in nahezu allen Medien berichtet. Drittens ist der Beamte rechtlich geschult, weshalb er nicht zuletzt wegen der regelmäßigen Maßnahmenaufhebung durch das höchste Verfassungsgericht besondere Aufmerksamkeit walten lassen muss. Viertens werden seit April 2020 juristische Gutachten und Klagen veröffentlicht, die den verfassungs- und strafrechtswidrigen Charakter der Corona-Maßnahmen aufzeigen.

Die Liste ist lang. In Österreich ist in erster Linie auf die zahlreichen rechtlichen Eingaben und die hilfreiche Unterstützung für die Bevölkerung seitens der »Anwälte für Aufklärung« hinzuweisen. Sie haben sich offiziell sehr gut wahrnehmbar der Wahrung der Grundrechte verschrieben.[1434]

In Deutschland sind die frei zugänglichen Strafanzeigen und Klagen des beherzten deutschen Rechtsanwalts Wilfried Schmitz aus Selfkant hervorzuheben. Er fackelt nicht lange herum, sondern geht insbesondere wegen des Lockdowns, der Maskenpflicht, des avisierten Impfzwangs und der gesundheitsschädlichen 5G-Strahlung seit der ersten Stunde, regelmäßig und konsequent direkt gegen die Entscheidungsträger vor. Sämtliche Schritte stellt Wilfried Schmitz chronologisch auf der Homepage seiner Anwaltskanzlei dar und veröffentlicht sie zudem in ausgewählten echten Alternativmedien. Sämtliche Dokumente können kostenlos heruntergeladen werden.[1435] Am 28. 06. 2020 hat Schmitz anlässlich der vollen 5G-Ausrollung **Strafanzeige** gegen die Kanzlerin Dr. Angela Merkel sowie gegen **alle** Mitglieder der Regierungen von Bund und Land und sonstiger Behörden wegen folgender Delikte erstattet: Völkermord, Verbrechen gegen die Menschlichkeit, Mord, vorsätzliche Tötung, fahrlässige Tötung, Körperverletzung, **Nötigung im Amt** (»Amtsmissbrauch«), Verleiten von Untergebenen zu Straftaten und Misshandlung Schutzbefohlener.[1436] Lesenswert sind auch die ebenfalls gratis einsehbaren COVID-19-Schriftsätze der deutschen Rechtsanwaltskanzlei Bernhard Korn & Partner.[1437] Besonders am deutschen Recht interessierten Lesern sei zur Vertiefung die von Jessica Hamed dem Verwaltungsgericht Mainz vorgelegte Feststellungsklage vom 27. 04. 2020 empfohlen. Sie umfasst 290 Seiten.[1438]

Insgesamt kann kein ernsthafter Zweifel daran bestehen, dass sich gut wie alle Beamten vom Minister bis zum Lehrer des Amtsmissbrauchs (Österreich) bzw. der Nötigung, Rechtsbeugung und Verfolgung Unschuldiger (Deutschland) schuldig machen, wenn sie evident schwer verfassungswidrige Corona-Maßnahmen verordnen, deren Umsetzung per dienstlicher Weisung anordnen, direkt umsetzen oder sich weigernde Bürger anhalten, wegschicken, festnehmen, mit Bußgeldern belegen, Platzverbote aussprechen, Anzeigen erstatten und so weiter.

Landzwang

In der politisch-medial erzeugten Propagandemie scheint mit dem absichtlich ausgeübten Psychoterror und dem als Drohwerk aufgebauten Strafkatalog für Corona-Maßnahmen-Verweigerer der Straftatbestand des Landzwangs erfüllt zu sein.

Wer in Österreich »die Bevölkerung oder einen großen Personenkreis durch eine **Drohung** mit einem Angriff auf Leben, Gesundheit, körperliche Unversehrtheit, Freiheit oder Vermögen in Furcht und Unruhe versetzt, ist mit Freiheitsstrafe bis zu drei Jahren zu bestrafen.« Der Strafrahmen erhöht sich auf fünf Jahre, wenn die Tat »1. eine schwere oder längere Zeit anhaltende Störung des öffentlichen Lebens, 2. eine schwere Schädigung des Wirtschaftslebens oder 3. den Tod eines Menschen oder die schwere Körperverletzung (§ 84 Abs. 1) einer größeren Zahl von Menschen zur Folge« hat oder »durch die Tat viele Menschen in Not versetzt worden«

sind. Bis zu 10 Jahre Haft stehen darauf, wenn der Tod einer größeren Zahl von Menschen die Folge ist.[1439] Nach bundesdeutschem Recht wird mit bis zu drei Jahren Haft bestraft, »wer in einer Weise, die geeignet ist, den öffentlichen Frieden zu stören, wider besseres Wissen **vortäuscht**, die Verwirklichung einer der [folgenden] rechtswidrigen Taten stehe bevor«: Landfriedensbruch, schwere Körperverletzung, Straftaten gegen die persönliche Freiheit etc.[1440] Wie aus den Kapiteln »B. Staatlicher Psychoterror« und »C. Politisch-mediale Fake News« sowie den jeweiligen Abschnitten mit dem Titel »Fake Laws« bzw. »Fake News & Laws« der Kapitel über Maskenzwang, Testwahnsinn, Corona-App und avisierten Impfzwang deutlich hervorgeht, hat die politisch-mediale Propagandamaschinerie aus einer leichten Grippe das **Trugbild** einer tödlichen Seuche konstruiert. Zudem hat die Regierung – entgegen den ganz von allein gesunkenen Infektionszahlen – kontinuierlich, intensiv und nachhaltig vorgetäuscht, sie hätte mit den von ihr angeordneten Corona-Maßnahmen **Einfluss** auf das sogenannte epidemische Geschehen. Es wurde jedoch hinlänglich bewiesen, dass sämtliche 12 Corona-Maßnahmen epidemiologisch sinnlos sind. Es liegt sohin eine zweifache Täuschung vor, nämlich über Situation und Mittel, die in Kombination mit den illegalen Sanktionen für die Nichtbefolgung der Corona-Maßnahmen allem Anschein nach das Tatbestandsmerkmal der Drohung (Österreich) und jenes des Vortäuschens (Deutschland) mit einer Gefahr für Leben, Gesundheit und Freiheit der Bevölkerung erfüllt. Ein Angriff auf die individuelle Freiheit liegt insbesondere beim öffentlich angekündigten Unding des »Freitestens« oder gar »Freiimpfens« vor, zumal hierdurch wieder einmal das Regel-Ausnahme-Prinzip komplett auf den Kopf gestellt wird. Dadurch suggeriert die politisch-mediale Propagandamaschinerie, die Bevölkerung müsse sich ihr natur- und verfassungsrechtlich gegebenes Grundrecht auf Freiheit und Selbstbestimmung erst durch die Befolgung epidemiologisch nutzloser Maßnahmen verdienen. Nichts ist falscher als das. Dass durch das gesamte Regierungsverhalten das öffentliche Leben massiv gestört und sogar nachhaltig geschädigt wurde und wird, müsste auch jedem noch so vorsichtigen Staatsanwalt und Richter bekannt sein. Folglich wären die Verantwortlichen wegen Landzwangs zu verurteilen.

Verhetzung

Ein öffentlich zugänglicher Aufruf zu Hass oder das öffentlich zugängliche Verächtlichmachen durch Beschimpfung von Menschen zum Beispiel wegen ihrer Weltanschauung verwirklicht, wenn dadurch potenziell die **Menschenwürde** verletzt wird, den Straftatbestand der Verhetzung gemäß österreichischem StGB.[1441] Die präzisere deutsche Strafnorm versteht unter Volksverhetzung mitunter die »gegen Teile der Bevölkerung« gerichtete Aufstachelung zum Hass, die Aufforderung zu Gewalt- oder **Willkürmaßnahmen** sowie Angriffe auf die Menschenwürde durch Beschimpfung, böswilliges Verächtlichmachen oder Verleumdung.[1442]

Die vielfach erfolgte öffentliche Aufforderung, gesunde Menschen, die keine Masken tragen oder sich nicht testen lassen, zu denunzieren und sogar wirtschaftlich zu benachteiligen, verwirklicht meiner Beurteilung nach den Straftatbestand der Verhetzung. Außerdem werden durch die Bezeichnung gesunder Menschen als »Gefährder« die Straftatbestände der **Beleidigung** und der Üblen Nachrede erfüllt.

Die soeben behandelten vier Delikte gegen die öffentliche Ordnung sowie die übrigen drei Kategorien der in Betracht kommenden Verbrechen sprechen aufgrund ihrer Anzahl und Dichte dafür, dass deren Behandlung in regulären Verfahren die Staatsanwaltschaften und Gerichte sehr rasch an die Grenzen ihrer Kapazitäten führen würde.

Krisenverbrechertribunal

In Anlehnung an das alliierte Kriegsverbrechertribunal in Nürnberg 1945 bis 1949 gegen die nationalsozialistischen Hauptverbrecher sollte in jeder Nation ein Krisenverbrechertribunal gegen die Hauptschuldigen der Corona-Propagandemie stattfinden. Anhand einer streng wissenschaftlichen, gewissenhaften und transparenten Aufbereitung des Sachverhalts durch ein Gremium öffentlicher Ankläger (Staatsanwälte) könnte die **Bevölkerung** mittels Direktabstimmung (Gemeindeamt, Internet) über die Schuld oder Unschuld der Verantwortlichen sowohl auf der globalen bzw. supranationalen als auch auf der nationalen Ebene entscheiden. Das Strafausmaß wäre von einem Richtergremium festzulegen.

3. Pflicht zur Gehorsamsverweigerung

Wie gesagt, **müssen** Staatsdiener, sprich Beamte und Vertragsbedienstete, aufgrund der unmittelbaren Geltung der Grundrechte die Befolgung von Weisungen im Zusammenhang mit den 12 verfassungswidrigen Corona-Maßnahmen **ablehnen**. Die

Pflicht zur Verweigerung des Gehorsams ist, sobald Unrecht zu »Recht« wird, nicht nur moralisch geboten. Sie ist auch in der Verfassung und im Beamtendienstrecht verankert.

Österreichische Staatsdiener müssen gemäß Artikel 20 (1) B-VG »die Befolgung einer Weisung ablehnen, wenn die Weisung entweder von einem unzuständigen Organ erteilt wurde oder die Befolgung gegen **strafgesetzliche** Vorschriften verstoßen würde.«[1443] Zwar verwendet die besagte Verfassungsnorm das Wort »kann«, jedoch liegt sowohl gemäß der Judikatur des VwGH (Verwaltungsgerichtshofs)[1444] als auch der herrschenden Lehre zufolge kein Ermessen vor. Der Weisungsempfänger ist eindeutig zur Ablehnung der Befolgung derartiger Weisungen **verpflichtet**.[1445] Dies entspricht zum einen der Pflicht zur Remonstration (siehe unten) und zum anderen dem Verfassungsauftrag des Beamten, der deshalb auch zur Ablehnung jener Weisungen verpflichtet ist, deren Befolgung »nur« einen **Amtsmissbrauch** darstellen würde. Denn der Amtsmissbrauch zählt zu den strafrechtlich normierten Beamtendelikten. Folglich kann die gehorsame Befolgung einer Weisung niemals einen Missbrauch der Amtsgewalt rechtfertigen.[1446] Die Allgemeinheit hat schließlich ein Recht auf Einhaltung der Gesetze.

Sowohl für Beamte als auch für Vertragsbedienstete, für welche die Bestimmungen über das Weisungsrecht gleichermaßen gelten, bedeutet das, dass sie sich im Zuge der evident verfassungswidrigen Corona-Maßnahmen an keinem Grundrechtseingriff beteiligen können, ohne sich dabei selbst **strafbar** zu machen. § 44 (2) BDG (Beamten-Dienstrechtsgesetz) ordnet dieselbe Ablehnungspflicht wie Artikel 20 (1) B-VG an. Somit ist auch auf einfachgesetzlicher Stufe geregelt, dass die Befolgung von Weisungen mit strafrechtswidrigem Inhalt abzulehnen ist.[1447] Österreichische Staatsdiener müssen sich daher jedweder Grundrechtsverletzung aktiv enthalten und die Unrechtskette sofort unterbrechen.

Der Vollständigkeit halber sei auch die erwähnte Pflicht zur Remonstration erklärt. Alle anderen Weisungen eines Vorgesetzten, die also weder vom unzuständigen Organ kommen noch gegen das Strafrecht verstoßen, haben Mitarbeiter im Staatsdienst gemäß § 44 (3) BDG zu befolgen, wenn sie diese nicht »aus einem anderen Grund für **rechtswidrig**« halten. Diesfalls müssen sie ihre Bedenken dem Vorgesetzten (ausgenommen bei Gefahr im Verzug) **vor** Weisungsbefolgung mitteilen. Das sogenannte Remonstrationsrecht ist verpflichtend auszuüben, weshalb es sich in Wahrheit um eine **Pflicht** zur Remonstration handelt. Dies entspricht dem Gesetzeswortlaut (»so hat er«) und der Judikatur des VwGH.[1448] Die Rechtsfolge der Remonstration ist, dass der Vorgesetzte die Weisung schriftlich zu erteilen hat,

»widrigenfalls sie als zurückgezogen gilt.«[1449] Gelegentlich wird die Auffassung vertreten, die Remonstrationspflicht bestehe nur bei mündlich erteilten Weisungen. Diese Auffassung ist falsch, weil zum einen dem Zweck des Gesetzes und zum anderen der Judikatur des VwGH zuwiderlaufend. Der VwGH hat zurecht erkannt, dass die Remonstrationspflicht auch bei von vornherein **schriftlichen** Weisungen gilt.[1450] Aus dieser starken Position des Untergebenen im Rahmen der Remonstrationspflicht folgt, dass er nicht zuletzt gemäß Größenschluss die Befolgung strafrechtswidriger Weisungen umso mehr ablehnen muss (siehe oben).

Insgesamt wird anlässlich COVID-19 jeder Staatsdiener gut daran tun, die Befolgung von dringenden mündlichen oder schriftlichen Weisungen, die Mitbürger in ihren Grundrechten verletzen, sofort **schriftlich** abzulehnen. Ein kurzer Amtsvermerk mit Begründung, Datum und Unterschrift genügt (Kopie anfertigen!). Gegen derartige Weisungen, die Aufschub dulden, sollte man sofort **schriftlich** remonstrieren. Erfolgt keine (neuerliche) schriftliche Weisung, ist die Weisung ex lege aufgehoben. Andernfalls muss die Befolgung abgelehnt werden. Auch hier empfiehlt sich zwecks Nachvollziehbarkeit die Schriftform.

Das bisher Gesagte trifft grundsätzlich auch auf Deutschland zu. Wie gesagt, ist es gemäß dem ersten Absatz von Artikel 1 GG die »Verpflichtung aller staatlichen Gewalt«, die unantastbare Menschenwürde zu **schützen**. Schutz verlangt ein aktives Tun im Sinne einer ausdrücklichen Gehorsamsverweigerung, wenn die Grundrechte bedroht sind. Dass selbige vom Schutz mitumfasst sind, ergibt sich aus dem besagten dritten Absatz von Artikel 1 GG, dem zufolge alle Grundrechte den gesamten Staatsapparat »als **unmittelbar** geltendes Recht« binden.[1451] Die Verpflichtung zum Schutz und die unmittelbare Wirkung der Grundrechte können nicht anders als eine verfassungsrechtliche **Verpflichtung** zur Gehorsamsverweigerung von Weisungen mit grundrechtswidrigem Inhalt verstanden werden. Ebendiese Pflicht spiegelt sich in § 63 BBG (Bundesbeamtengesetz). Dieser Bestimmung zufolge tragen Beamte »für die Rechtmäßigkeit ihrer dienstlichen Handlungen die volle persönliche Verantwortung.« Eine diesbezügliche Entlastung durch Remonstration ist ausdrücklich nicht zulässig, »wenn das aufgetragene Verhalten die Würde des Menschen verletzt oder **strafbar** oder **ordnungswidrig** ist und die Strafbarkeit oder Ordnungswidrigkeit für die Beamtinnen und Beamten erkennbar ist.«[1452] Diesen klaren gesetzlichen Anordnungen zufolge haben sich deutsche Staatsdiener Grundrechtsverletzungen aktiv zu enthalten.

Für die vorbildlich präzise bundesdeutsche Remonstrationspflicht ist eine zweistufige Geltendmachung vorgesehen. Zuerst hat der Beamte seinem unmittelbaren

Vorgesetzten etwaige Bedenken gegen die Rechtmäßigkeit dienstlicher Anordnungen zu melden. Beharrt dieser auf der Befolgung der Weisung, muss sich der Beamte an den nächsthöheren Vorgesetzten wenden. Wird die Weisung auch von diesem bestätigt, muss der Beamte die Weisung ausführen, es sei denn, es besteht die vorhin behandelte Pflicht zur Ablehnung wegen Verletzung der Menschenwürde, Strafbarkeit oder Ordnungswidrigkeit.[1453]

Österreichischen wie bundesdeutschen Beamten wird gerne nachgesagt, dass sie nicht gerade die Mutigsten sind. Richtig ist jedenfalls, dass sie von Seiten der Vorgesetzten selten zu Kritik und Entscheidungsfreudigkeit ermutigt werden. Allerdings sind Beamte verfassungs- und dienstrechtlich geschult. Außerdem stehen sie gemäß geleistetem Eid in einem besonderen Treuverhältnis zu Volk und Land, nicht hingegen zu profitorientierten Konzernen und ständig wechselnden Politdarstellern. Im Rahmen des Widerstands gegen die illegalen Corona-Maßnahmen kommt den Staatsdienern auch deshalb eine potenziell starke Rolle zu, weil sie nicht nur als Beamte zur Gehorsamsverweigerung verpflichtet sind, sondern auch als Zivilisten das Recht zum Widerstand wahrnehmen können, um ihre eigenen Familien zu schützen.

4. Recht zum Widerstand

Alle Staatsbürger, also auch Beamte, haben das Recht zum Widerstand gegen die illegalen Corona-Maßnahmen. Das Widerstandsrecht ist ein **Naturrecht**, das uns Menschen von Geburt an zusteht. Es handelt sich um ein Menschenrecht, das keiner gesetzlichen Regelung bedarf, weil es einer solchen naturgemäß nicht zugänglich ist. Vor diesem Hintergrund sind etwaige gesetzliche Verankerungen des Widerstandsrechts im natur- und grundrechtlichen Sinne auszulegen und zu korrigieren. Anhand der nachfolgenden Darlegungen wird begreifbar, dass der ideale Widerstand friedlich und solidarisch ist.

Widerstand ist die »normativ begründete **Gegenwehr** gegen illegitime Herrschaft und staatliches Unrecht.«[1454] Anders als Revolution zielt widerständiges Verhalten nicht auf die Etablierung einer neuen politischen Ordnung ab, sondern konservativ auf den **Erhalt** oder die Wiederherstellung der bestehenden Rechtsordnung.[1455] Sohin ist rechtmäßiger Widerstand nicht erst dann möglich, wenn sich der neue Tyrannenstaat bereits vollständig ausgebreitet hat. Vielmehr dient die bürgerliche Gegenwirkung mitunter dazu, die Entwicklung zum (vollen) Unrechtsstaat hin »durch beharrlichen Widerstand gegen den bestehenden Zustand« bereits **im Keim** zu ersticken.[1456] Unter dem Widerstandsrecht ist das Recht zum Widerstand gegen staatliche Verletzungen der **Grundrechte** zu verstehen, selbst wenn dieses Recht in der Rechtsordnung nicht ausdrücklich festgelegt ist.[1457] Gegenüber massiven Verfassungsbrüchen ist das Widerstandsrecht auch ein »**gewaltsames** Abwehrrecht des/der Bürgers/Bürgerin zum Schutz bzw. zur Wiederherstellung einer geltenden Rechts- und Verfassungsordnung.«[1458] Das Recht zum Widerstand entspringt dem Naturrecht. Es muss flexibel bzw. situationselastisch bleiben. Denn die Entscheidung darüber, ob Widerstand rechtmäßig ist oder nicht, darf nicht dem Tyrannen vorbehalten sein. In diesem Sinne »ist der Widerstand ein Wesenselement des Rechts, gleichsam sein dynamisches Element und als solches einer gesetzlichen Fixierung naturgemäß entzogen.«[1459]

Zum besseren Verständnis der heutigen Rechtslage folgt ein kurzer rechtshistorischer Exkurs. Das germanische Rechtsdenken war von der Wahl und Abwahl des Anführers geprägt. Außerdem herrschte bei den germanischen Völkern »die allgemeine Überzeugung, dass **jeder Einzelne** bei unrechtmäßigem Verhalten des Herrschers den Gehorsam verweigern und Widerstand leisten durfte.« Das germanische Widerstandsrecht war formlos, sodass beim »Vorliegen des Rechtsbruches durch den Herrscher und somit über den Widerstandsfall jeder

Einzelne nach seinem/ihrem **Gewissen** zu entscheiden« hatte. Auch im Mittelalter galt die Treue eigentlich nicht dem Herrscher, sondern dem **Recht**. Die Treue der Gefolgschaft zum Herrscher war nämlich an die Bedingung geknüpft, »dass sich auch der Herrscher an seine Treuepflicht hielt.« Als das Christentum zur Staatsreligion erhoben wurde und auch der Kaiser Christ war, »setzte sich auch das aktive Widerstandsrecht durch.« Da ein ungerechter Herrscher vor Gott aufhörte, Herrscher zu sein, war Widerstand nicht nur ein Recht, sondern auch »eine sittlich-religiöse **Pflicht**.« Tyrannische Herrscher machte man »als Eindringlinge in die Gemeinde Gottes« unschädlich, um ihnen das Herrschaftsrecht auch nach weltlichem Recht zu entziehen. Der Tyrannenmord war ein schon im 12 Jahrhundert verschriftlichter Gedanke.[1460]

Vor diesem Hintergrund wirkt die heutige Zurückhaltung sogar vor der Teilnahme an legalen Demonstrationen geradezu erbärmlich und feige. Was ist aus unserem einst freien Volk und unseren germanischen Wurzeln geworden? Kurz gefasste Antwort: Was die römischen Besatzer mit ihren Legionen östlich des Rheins körperlich nicht geschafft hatten, leitete der in Rom etablierte zwanghafte Eingottglaube psychisch in die Wege. Das kollektivistische Pseudochristentum mit seinem globalistischen Anspruch hat unsere Altvorderen individuell dermaßen geistig-seelisch geschwächt, dass sich das Kaisertum überhaupt erst etablieren konnte. In diesem war das Widerstandsrecht zwar immer noch freier als heute geregelt, jedoch war es erstmals vom Individuum und seinem persönlichen Gewissen gelöst. Das war ein ursprünglicher fataler Schritt in Richtung Zwangskollektivismus. Später ebnete der von anglo-amerikanischen Globalisten ausgelöste Erste Weltkrieg den Weg für den kollektivistischen Nationalsozialismus. Nach dem Zweiten Weltkrieg wurden in Österreich und Deutschland, wie gesagt, nicht vom Volk genehmigte »Verfassungen« mit kollektivistischer bzw. repräsentativ-demokratischer Ausrichtung errichtet. Es entspricht der darin angelegten diktaturfreundlichen Sollbruchstelle, dass das äußerst zaghaft normierte »Widerstandsrecht« noch immer das Brandzeichen eines autoritären Ständestaats trägt. Es ist daher nicht mit einer echten freiheitlich-demokratischen Grundordnung vereinbar.

Zur Wiederholung: Das Widerstandsrecht steht uns naturrechtlich zu. Gesetze, die den naturrechtlichen Anspruch auf Widerstand einengen und beschneiden, sind rechtswidrig und unbeachtlich. Aus den im Folgenden behandelten gesetzlichen Regelungen lässt sich dennoch ein relativ freies Widerstandsrecht rekonstruieren. Dabei wird zwischen dem individuellen Widerstand gegen einzelne konkrete Amtshandlungen einerseits und dem kollektiven Widerstand gegen ein diktatorisches Regime andererseits unterschieden.

Individueller Widerstand

In Österreich entspricht der Pflicht zur Gehorsamsverweigerung der Beamten das Recht zum Widerstand der Bürger fast wortgetreu. **Aktiver** Widerstand gegen die Staatsgewalt »mit Gewalt oder durch Drohung mit Gewalt« bleibt **straffrei**, »wenn die Behörde oder der Beamte zu der Amtshandlung ihrer Art nach nicht berechtigt ist oder die Amtshandlung gegen **strafgesetzliche** Vorschriften verstößt.«[1461] Daraus folgt, dass der **passive** Widerstand generell straffrei gestellt ist.[1462] Ein solcher liegt laut OGH vor, wenn sich der Widerstandleistende »darauf beschränkt, sich selbst zum Hindernis zu machen,« indem er durch bloßes Entgegensetzen seines Körpergewichts zum Ausdruck bringt, dass er der behördlichen Aufforderung nicht nachkommen will.[1463]

Passiver Wiederstand bzw. keine Gewalt ist weiters das Auseinanderdrücken der Hände zur Verhinderung des Anlegens von Handschellen, das Festhalten an einem

Geländer, das Nichtöffnen versperrter Türen oder das bloße Anfassen eines Beamten als Ausdruck des Ersuchens um körperlichen Abstand.[1464]

Der in Deutschland für die Bürger vorteilhafter geregelte Widerstand gegen die Staatsgewalt richtet sich gegen sämtliche Amtsträger oder Bundeswehr-Soldaten, die »zur Vollstreckung von Gesetzen, Rechtsverordnungen, Urteilen, Gerichtsbeschlüssen oder Verfügungen berufen« sind. Wer gegen eine solche Vollstreckung »mit Gewalt oder durch Drohung mit Gewalt Widerstand leistet,« bleibt straffrei, »wenn die Diensthandlung **nicht rechtmäßig** ist. Dies gilt auch dann, wenn der Täter irrig annimmt, die Diensthandlung sei rechtmäßig.«[1465] In Deutschland muss also die Amtshandlung nicht unbedingt strafrechtswidrig sein, um den aktiven gewaltsamen Widerstand zu rechtfertigen. Es genügt ausdrücklich jede Form der Unrechtmäßigkeit. Sowohl in Österreich als auch in Deutschland gilt, dass ein etwaiger Gewaltexzess stets zu Lasten des Anwenders geht. Darunter ist zu verstehen, dass der persönliche Widerstand ein anderes Delikt wie etwa Körperverletzung erfüllt, wenn mehr physische Gewalt ausgeübt wird, als es in der konkreten Situation notwendig und angemessen wäre. Mitunter aus diesem Grund sollte nach Möglichkeit stets passiver Widerstand geleistet werden.

Vom passiven Widerstand ist der bloße **zivile Ungehorsam** zu unterscheiden. Dieser stellt maximal eine Ordnungswidrigkeit dar, wenn Bürger etwa keine Masken (MNS) aufsetzen, sich nicht testen lassen oder ihre Kinder wegen dem Test- und Maskenunsinn vom Schulunterricht befreien. Es ist nicht empfehlenswert, bei »Begehung auf frischer Tat« ein an Ort und Stelle verhängtes Bußgeld bar zu bezahlen. Wenn man sich seiner Sache sicher ist, kann man sich anzeigen lassen. Dabei sollte man möglichst ruhig, sachlich und freundlich bleiben sowie die Dienstnummer des Beamten verlangen. Je nach dessen Verhalten kann man die Erstattung einer Gegenanzeige wegen Gefährlicher Drohung oder versuchter Nötigung ankündigen (nicht androhen!). Erstattet der Beamte Anzeige, kann gegen den darauffolgenden Strafbescheid ein Rechtsmittel eingelegt werden. Je mehr Menschen dieses Recht wahrnehmen, desto stärker wird der Verwaltungsapparat auf Trab gehalten und desto deutlicher ist das Signal für die sogenannte Obrigkeit.

Kollektiver Widerstand

Der kollektive Widerstand richtet sich gegen einen **Staatsstreich** bzw. gegen die Beseitiger der rechtmäßigen Ordnung zwecks deren gemeinsamer Rückgewinnung.

Wie gesagt, bedarf es keiner gesetzlichen Regelung des Widerstandsrechts, weil es sich um ein naturgegebenes Menschenrecht handelt. Wer sein Recht dennoch im Gesetz finden will, wird leicht fündig. **Passiver** bzw. friedlicher Widerstand ist, wie gehabt, auch gemäß der gesatzten Rechtsordnung immer legal bzw. straffrei. Aktiver gewaltsamer Widerstand setzt einen massiven Angriff auf die liberale demokratische Grundordnung voraus. Zwar sagt die österreichische Bundesverfassung hierzu gar nichts aus, es kann jedoch eine Regelung des deutschen GG analog herangezogen werden.

Dessen Artikel 20 (4) besagt über den Schutz der verfassungsmäßigen Ordnung: »Gegen jeden, der es unternimmt, diese Ordnung zu beseitigen, haben **alle** Deutschen das Recht zum Widerstand, wenn andere Abhilfe nicht möglich ist.«[1466] Was aufs Erste löblich klingt, erweist sich bei näherer Betrachtung als problematisch. Unstrittig scheint zu sein, dass mit der verfassungsmäßigen Ordnung die **freiheitlich-demokratische** Grundordnung gemeint ist und dass bereits der **Versuch** ihrer Beseitigung durch staatliche Organe oder Private das Recht zum Widerstand begründen kann. Herbei ist dem Professor für Staats- und Verfassungsrecht Dr. Steffen Detterbeck, der auch als Richter am Hessischen Staatsgerichtshof tätig ist, beizupflichten, dass bei nur kurzfristigen oder vereinzelten Verletzungen noch kein Beseitigungsversuch vorliegt. Liegt jedoch ein derartiger Versuch vor und ist auch die zweite Voraussetzung erfüllt, dass »andere Abhilfe durch Staatsorgane objektiv nicht mehr möglich« ist, dann »ist die Rechts- und Verfassungsordnung de facto **zusammengebrochen**.« Genau dann ist aber »eine **rechtliche** Anerkennung und Durchsetzung des Widerstandsrechts« ausgeschlossen. Folglich ist laut Prof. Dr. Detterbeck »sowohl die rechtliche als auch die **praktische** Bedeutung von Artikel 20 IV GG äußerst zweifelhaft.«[1467] Vereinfacht ausgedrückt: Artikel 20 (4) GG greift zu kurz, weil dem strikten Wortlaut zufolge Widerstand erst dann zulässig ist, wenn es wahrscheinlich bereits zu spät ist.

Etwas entgegenkommender, aber alles andere als in der Praxis umsetzbar ist folgender Leitsatz des BVerfG aus dem Jahr 1956: »Alle von der Rechtsordnung zur Verfügung gestellten Rechtsbehelfe müssen so wenig Aussicht auf wirksame Abhilfe bieten, dass die Ausübung des Widerstandes das letzte verbleibende Mittel zur Erhaltung oder Wiederherstellung des Rechts ist.« Damals wurde die Kommunistische Partei Deutschlands (KPD) aus gutem Grund wegen Verfassungswidrigkeit aufgelöst.[1468] Von wem und vor allem zu welchem konkreten Zeitpunkt sollte rechtlich verbindlich festgestellt werden, dass es, objektiv gesehen, keine wirksame staatliche Abhilfe gegen die Errichtung eines Tyrannenstaats mehr gibt? Bezogen auf die illegalen Corona-Maßnahmen: Wie viele in der Sache nachweislich falsche höchstgerichtliche Entscheidungen muss das Volk erdulden? Wie viel Ignoranz der Politik gegenüber aufhebenden Entscheidungen der Höchstgerichte?

Hier ist insofern naturrechtlich zu korrigieren, als das Recht zum Widerstand gerade in jenen Anfangssituationen dynamisch wahrnehmbar sein muss, in denen sich die Etablierung des Unrechtsstaats gerade anbahnt. Es ist, wie gesagt, das unveräußerliche Recht der Bevölkerung, die Entwicklung des Tyrannenstaats von vornherein respektive **im Keim** zu ersticken. Den Keim hat die Regierung mit der bewusst erzeugten Propagandemie so groß und nachhaltig angelegt, dass die Gerichte selbst dann nicht mehr korrigierend hinterherkämen, wenn sie die zugrundliegende Faktenbasis korrekt erfasst hätten. Spätestens ab etwa Mitte 2020 wird staatlicherseits »so wenig Aussicht auf wirksame Abhilfe« geboten, dass die Bevölkerung ihr Recht auf Widerstand völlig legal auch aktiv und gewaltsam durchsetzen dürfte. Dazu wäre aber die Mitwirkung breiter Teile der Exekutive erforderlich, sprich von Polizei und Heer. Von einem gewaltsamen Widerstand ist aber, wenngleich nicht aus rechtlichen Gründen, so doch dringend abzuraten. Erstens dürfte der passive Widerstand in Kombination mit gezeigtem zivilem Ungehorsam völlig ausreichen: Es genügt, wenn wir bei der wohl größten Illusion einfach **nicht mehr mitmachen**. Zweitens ist friedlicher Widerstand stärker und nachhaltiger, weil mehrheitsfähig. Die Masse verabscheut Gewalt. Drittens bringt Gewalt wieder Gewalt hervor, wovon letztlich nur spaltende Kräfte profitieren. Viertens ermöglicht passiver Widerstand viel eher einen solidarischen Anschluss der Exekutive. Und wenn diese einfach keine Corona-Maßnahmen mehr vollzieht oder gar auf Seiten der Demonstranten mitmarschiert, wer sollte dann bitte noch auf der Seite der Regierung stehen?

Ein vielleicht unbewusstes Signal in Richtung passiver Widerstand kam vom österreichischen Staatsoberhaupt in der Nacht von 23. auf 24. 05. 2020 in Form seines demonstrativ gezeigten Ungehorsams. Bundespräsident Dr. Alexander Van der Bellen saß um etwa 00.30 Uhr, rund 1,5 Stunden nach verordneter Sperrstunde (23 Uhr), noch immer gemütlich im Gastgarten eines Wiener Lokals. Ein Vertreter der FPÖ vermeinte deshalb: »Das Staatsoberhaupt verhöhnt auf diese Weise die vom Corona-Wahnsinn der Regierung schwer geplagte Bevölkerung.«[1469] Jedoch scheint der offensichtlich nicht freiheitlichen Partei wegen parteipolitischer Scharmützel wieder einmal der Sachverstand gefehlt zu haben. Denn korrekt betrachtet, zeigte das Staatsoberhaupt, dass es die Corona-Maßnahmen als epidemiologisch sinnlos erachtet. Van der Bellens Verhalten konnte sehr wohl als Appell zum Nacheifern bzw. zum zivilen Ungehorsam oder zum passiven Widerstand verstanden werden.

Hätte die Bevölkerung den COVID-19-Blödsinn damals einfach nicht mehr mitgemacht und hätten insbesondere die Gastronomie sowie der Handel einheitlich wieder voll aufgesperrt, dann hätte der Corona-Spuk sofort ein Ende gehabt. Wer sollte die gewerblichen Unternehmen derselben Straße oder derselben Ortschaft physisch davon abhalten, dass sie alle einvernehmlich ihre Geschäfte öffnen? Wer sollte verhindern, dass sie untereinander einen Härtefonds zur Bezahlung von Bußgeldern bilden, wobei die reichsten Firmen am meisten einzahlen? Wer sollte alle Bürger Österreichs bestrafen, wenn sie ohne Masken Einkaufen gehen und sich auch sonst wie vor COVID-19 verhalten? Österreich, und auch jedes andere Land in Europa, hat **nicht** einmal ansatzweise so viel Polizei oder Heer, um die Corona-Diktatur gegen den gezeigten Willen der Bevölkerung fortzusetzen. Deshalb wird ja der ganze politisch-mediale Affenzirkus veranstaltet.

Wer aussteigen und dabei seinen germanischen Humor wiederfinden oder erstmals entdecken möchte, sollte sich unbedingt jenes Lied anhören, das in London bei Demonstrationen gegen die Corona-Maßnahmen von riesigen Menschenmengen gesungen wird. Der Refrain lautet: »You can stick your new world order up your ass!« Diese und weitere liebevoll betonte Aufforderungen sind jeweils an die Regierung gerichtet.[1470] Hier drei ermunternde Zeilen auf Deutsch:

Ihr könnt euch euer Corona-Virus in euren Arsch schieben!
Ihr könnte euch eure Giftimpfstoffe in euren Arsch schieben!
Ihr könnte euch eure Neue Weltordnung in euren Arsch schieben!

Dieser und ähnlicher Brachialhumor scheint überall dringend nötig zu sein, um das Gehirn von der politisch-medialen Dauerverschmutzung zu reinigen. Dadurch wird es möglich, wieder auf ein positives Ziel zu fokussieren: frei zu leben. Dazu gehört der gefestigte Wille, die volle Wiedergutmachung für jene Schäden zu erlangen, die durch die epidemiologisch sinnlosen Corona-Maßnahmen verursacht werden.

5. Voller Schadenersatz

Die von der Regierung mittels verfassungswidriger Corona-Maßnahmen Geschädigten müssen sich nicht mit demütig beantragten Almosen abspeisen lassen, die zum einen nicht den vollen Schaden abdecken und zum anderen potenziell in verstärkte politische Abhängigkeit führen. Unbeschadet irgendwelcher COVID-Gesetze, steht den wirtschaftlich Geschädigten zwingend der volle Schadenersatz zu, insbesondere der **volle Verdienstentgang**, wie er ursprünglich vom EpG und IfSG vorgesehen war. Jedoch ist, wie bei den gesundheitlich Geschädigten, die Geltendmachung des Schadenersatzes aus **Delikt** anzuraten.

Durch verfassungswidrige Corona-Maßnahmen bedingte **Gesundheitsschäden** resultieren offensichtlich aus den vom Staat anscheinend schuldhaft verletzten Schutzpflichten bzw. aus dem vorsätzlich missachteten Vorsorgeprinzip. Damit wird eindeutig eine Haftung aus Delikt schlagend, bei der für die Geschädigten günstigere Beweisregeln gelten. Die durch illegale Corona-Maßnahmen wirtschaftlich Geschädigten können sich höchstwahrscheinlich ebenfalls auf eine Haftung des Staats aus Delikt berufen, diesfalls auf die politisch-medial hergestellte rechtswidrige Gesamtsituation. Allerdings gibt es einen Haken: Es könnte noch eine geraume Weile dauern, bis sich auch bei den Gerichten durchgesprochen hat, dass mit COVID-19 wohl der größte »medizinische« Betrug der bisherigen Menschheitsgeschichte vorliegt. Bis es soweit ist, könnten Klagen aus dem Titel der **Produkthaftung** Aussicht auf Erfolg haben. Zu denken ist etwa an den unwissenschaftlich erstellten und daher epidemiologisch absolut nutzlosen **Drosten-PCR-Test**, dessen Zuverlässigkeit entweder nie staatlich überprüft oder trotz erwiesener Unzuverlässigkeit vorsätzlich in Umlauf gebracht wurde. Wie man es auch dreht, bleibt die Haftung für Produktmängel sowohl an den Herstellern als auch am Staat hängen. Die ganzen verfassungswidrigen Maßnahmen fußen auf dem mangelhaften PCR-Test mit seinen vielfach falschen Ergebnissen. Darum ist dieser Test letztlich auch für sämtliche gesundheitliche und wirtschaftliche Schäden mitverantwortlich, die im Zusammenhang mit den verfassungswidrigen Corona-Maßnahmen stehen.

Gegen Prof. Dr. Christian Drosten wurden, wie bereits erwähnt, ab Juni 2020 Strafanzeigen wegen Verbrechen gegen die Menschlichkeit, Anstellungsbetrug und Betrug erstattet. Im Falle einer Verurteilung käme zur Produkthaftung auch eine Haftung aus Delikt hinzu.

Zurück zur Produkthaftung. Der bereits erwähnte deutsch-amerikanische Rechtsanwalt Dr. Reiner Füllmich strengt bereits eine **Schadenersatzsammelklage** an. Dabei stützt er sich völlig korrekt auf »die Initialfunktion des von Drosten entwickelten und weltweit im Einsatz befindlichen PCR-Tests, der zusammen mit einer Reihe ähnlich funktionierender Tests noch immer für tägliche Hiobsbotschaften über steigende Infektionszahlen sorgt.« Weil die Todesfälle »im Rhythmus der jährlichen Grippewellen unauffällig geblieben wären«, hätte es ohne den Drosten-

PCR-Test keine Pandemie gegeben, die ohne geeignete diagnostische Instrumente bekämpft wird.[1471] Wo Füllmich Recht hat, da hat er Recht. Der bereits mit anderen Sammelklagen erfolgreiche Anwalt müsste auch diesmal Recht bekommen, sofern die Gerichte das juristische Grundprinzip der Kausalität (Ursache-Wirkung) nach wie vor anerkennen. Über den Stand der Dinge wird laufend auf den Internetseiten von »Corona-Schadenersatzklage« informiert.[1472]

Es dürfte nur eine Frage der Zeit sein, bis ähnliche Sammelklagen wegen der Entfachung brandgefährlicher 5G-EMF-Strahlung sowie wegen epidemiologisch nutzloser und zudem gesundheitsschädlicher Masken und Impfstoffe durchdringen. Bei Letzteren werden, wie gesagt, die Impfstoffhersteller und die Regierungen höchstwahrscheinlich versuchen, die Haftung für die vorhersehbaren **Impfschäden** auf die verabreichenden Ärzte abzuwälzen. Dies könnte durchwegs gelingen, weil in der Regel kein Arzt dieser Welt eine rechtlich haltbare Aufklärung über die Gefahren eines Impfstoffs leisten kann, über den noch gar keine Langzeitstudien vorliegen können und dessen Inhaltsstoffe mehr oder weniger geheim sind. Eine dem Impfling abverlangte Einwilligungserklärung ersetzt jedenfalls **nicht** die vorherige ordnungsgemäße Aufklärung. Generell kann der Arzt seine diesbezügliche Verantwortung nicht rechtsgültig auf den Patienten abwälzen. Zweifel gehen stets zu Lasten der Mediziner. Ärzte tun gut daran, sich zum Wohl der Menschen an ihren medizinischen Eid zu halten und keine Corona-Impfstoffe zu verabreichen. Ansonsten bzw. im Klagefall ist dringend die Konsultation eines Rechtsanwalts zu empfehlen.

Generell, das heißt in allen Schadenersatzfällen, sollte man einen Rechtsanwalt auswählen, der nicht nur aus geschäftlichem, sondern vorwiegend aus rechtlichem Interesse handelt. Am besten schaut man sich unter jenen Anwälten um, die schon früh und öffentlich gegen die Verfassungswidrigkeit der Corona-Maßnahmen aufgestanden sind. Aus persönlicher Wahrnehmung empfehle ich hiermit zwei beherzte Rechtsanwälte: Mag. Gerold Beneder in Wien und Wilfried Schmitz in Selfkant (nahe Aachen).

Abschließend ist zu erwähnen, dass die österreichische Interessenvertretung »Covid19-Schaden« bereits seit Mitte 2020 legistische Maßnahmen zur Abwehr jener Heuschrecken fordert, die in der kommenden Insolvenzwelle unsere Volks- und Privatvermögen billig einkaufen könnten, sowie die Bereitstellung von Beratungsteams für Existenzgefährdete im Sinne einer Insolvenzvorsorge. Dazu gehören auch Kontrollen und Rechtsansprüche bei Hilfs- und Schadenersatzzahlungen durch den Staat als Mitverursacher der Wirtschaftskrise.[1473]

Zusammenfassung

Die Corona-Krise ist eine von den Regierungen propagandistisch erzeugte Ausnahmesituation, in der in Österreich und Deutschland mittels illegaler Pauschalmaßnahmen jeweils bis zu 18 verfassungsmäßig gewährleistete Grundrechte massiv verletzt werden. Für die 12 im Detail geprüften Corona-Maßnahmen gibt es keinerlei wissenschaftliche Rechtfertigung, weder eine epidemiologische noch eine juristische.

Allem Anschein nach handelt es sich um einen Putsch von oben gegen die Bevölkerung. Die hochgradige Verfassungswidrigkeit aller Corona-Maßnahmen, deren lange Dauer, ihre vorhersehbaren massiven Folgeschäden und die aus alldem resultierende strafrechtliche Verantwortlichkeit der Täter lassen den Schluss zu, dass eine adäquate Epidemiebewältigung nie das politische Ziel war. Nichtreagieren und nachfolgendes absichtliches Chaos-Management inklusive Psychoterror seitens der Regierungen sprechen dafür, dass eine **Agenda** verfolgt wird, die für Volk und Land schädlich ist. Diese Agenda hängt mit den hochoffiziell angestrebten Zielen der **Durchimpfung** der Bevölkerung und der **Volldigitalisierung** des gesamten sozialen Lebens zusammen.

Mit dem 5G-Ausbau während COVID-19 werden anscheinend fünf Fliegen mit einer Klappe erschlagen. Erstens lenkt die medial verbreitete Corona-Panik vor dem forcierten 5G-Ausbau ab. Zweitens können während des Lockdowns keine Anti-5G-Aktionen wie Sitzdemos stattfinden. Drittens wird mit dem rasanten 5G-Ausbau hinter dem Rücken der Bevölkerung das künftige Trugbild der »zweiten COVID-19-Welle« vorbereitet. Denn ein dichteres 5G-Netz wird mit an Sicherheit grenzender Wahrscheinlichkeit zu vielen neuen Sterbefällen führen, die sogleich der Bevölkerung offiziell als neue Corona-Tote präsentiert werden. Viertens kann in Kombination mit vielen neuen Maskenbakterien- und Impfstoffopfern ein weiteres Trugbild geschaffen werden: Die Regierung habe mit der Ankündigung der zweiten und weiteren »Wellen« rechtgehabt, während die Kritiker angeblich falsch lagen. Und fünftens könnte man gegen Letztere intensiver vorgehen, indem man ihnen eine Sorglosigkeit im Umgang mit COVID-19 andichtet. Dass es genau umgekehrt ist, wird sich nur dem aufmerksamen Beobachter erschließen. Insgesamt handelt es sich um einen mit neuen Waffen durchgeführten Angriff, der geeignet ist, Volk und Land im größten Ausmaß seit den beiden Weltkriegen zu schädigen und dabei sowohl die körperliche als auch die geistig-seelische Widerstandskraft der Menschen endgültig zu brechen und ihre wirtschaftliche Existenzgrundlage auf Dauer zu zerstören. Zudem besteht eine große Gefahr für den Fortbestand des verfassungsmäßig vorgesehenen Rechtsstaates und der freiheitlich-demokratischen Grundordnung.

Das alles hängt damit zusammen, dass die COVID-19-Krise dazu instrumentalisiert wird, die Verantwortung für den selbst verschuldeten und unausweichlichen Finanz-Crash auf ein Corona-Virus abzuwälzen und eine überstaatliche Neue Weltordnung im Sinne einer globalen digitalen Diktatur zu implementieren. COVID-19 ist daher offenbar nichts anderes als eine gewaltige verdeckte Operation zur Implementierung eines **kollektivistisches Zwangssystems** nach **chinesischem** Vorbild und in **digitaler** Ausgestaltung, wie es sich zum Beispiel der WEF-Leiter Klaus Schwab wünscht.

Die wirtschaftliche Situation im Dezember 2020 entspricht in etwa jener des Jahres 1929, dem Beginn der Weltwirtschaftskrise. Aus politischer Sicht befinden wir uns bereits einige Monate nach dem 28. 02. 1933, dem Reichstagsbrand, der den Nationalsozialisten den Zugang zur absoluten Macht eröffnete. Sogar der damalige und heutige Sprachgebrauch ähneln sich. War der von außen kommende Feind einst der russische Bolschewismus, ist er heute das Corona-Virus. Die Rolle der innerstaatlichen Sündenböcke wurde damals hauptsächlich den Juden aufgezwungen, heute müssen dafür die »Corona-Leugner« herhalten.

Wir alle sind Zeitzeugen eines extrem perversen Spiels gewisser Machtmenschen, die im Hintergrund die Fäden ziehen. Es ist ein abgekartetes Spiel, in dem etliche Politiker und Medien nur bereitwillige Marionetten sind. Den restlichen Menschen ist die Rolle von willenlosen Statisten zugedacht. Das Spiel dient sowohl der Umsetzung der Pläne der globalen Machtelite als auch der ablenkenden Beschäftigung der Menschenmassen, die nicht durchschauen sollen, was wirklich gespielt wird, wohin die Reise gehen soll. Die Corona-Maßnahmen werden demnach nur dem Schein nach gegen ein Virus verfügt. In Wahrheit geht es nicht um den Schutz der Bevölkerung vor einem Virus, sondern um den Schutz der Regierung vor den Bürgern. Gesetze und Verordnungen werden gegen die Bürger gemacht, aus **Angst vor den Bürgern**. Es ist eine zitternde Angst, das Volk könnte aufwachen, den hinter dem mit erheblichem Aufwand betriebenen Riesenschwindel erkennen, zornig werden und sich erheben.

Weil die besagte Agenda ganz offensichtlich extrem vehement vorangetrieben wird, es keine politische Ausstiegsstrategie gibt und das unter Menschen seit jeher gültige Regel-Ausnahme-Prinzip regelmäßig ins glatte Gegenteil verkehrt wird, ist aufgrund der absehbaren Impfverweigerung der Masse der Bevölkerung ab 2021 mit einer weiteren **Intensivierung** der Corona-Maßnahmen und etwaigen Begleitmaßnahmen zu rechnen: Freitesten, Freiimpfen, soziales Punktesystem und so weiter. Alles in allem ist mit an Sicherheit grenzender Wahrscheinlichkeit davon auszugehen, dass der Corona-Spuk **nicht** von selbst enden wird. Eine Befreiung von außen wird es nicht geben.

Kein Arzt, kein Rechtsanwalt, kein Politiker und kein Messias können Ihnen, werte Leserin und werter Leser, die Verantwortung für Ihre individuelle Freiheit abnehmen. Ob Sie sich dem illegalen Druck beugen oder ob Sie den Weg der Freiheit mit allen Konsequenzen gehen, können nur Sie **selbst** entscheiden. Schließlich geht es um ihre individuelle Freiheit durch Selbstermächtigung. Alle für ihre Entscheidung maßgeblichen medizinischen und rechtlichen Fakten liegen in Form dieses Buchs vor Ihnen.

Für Ihre Entscheidung für oder gegen den Widerstand müssen Sie das vierte Kapitel nicht lesen. Dieses könnte jedoch von Interesse sein, falls Sie die letzte Gewissheit brauchen, dass der Corona-Spuk erst endet, sobald sich genügend Menschen selbst befreien.

4.
VISION 2030

In diesem Kapitel werden zwei denkbare Szenarien skizziert, wie die Welt bis zum Jahr 2030 aussehen könnte.

Szenario A beschreibt eine totale digitale Diktatur, wie sie von der globalen Machtelite zwecks Erhalt und Ausbau der eigenen Macht gewünscht ist und von ihren NWO-Agenten öffentlich propagiert wird. Hierbei ist entscheidend, dass die Propagandemie COVID-19 lediglich ein **weiterer** Meilenstein auf dem schon lange beschrittenen Weg zur vollen Etablierung der sogenannten Neuen Weltordnung ist. Sie würde keine liberale Ordnung sein, sondern ein versklavendes Chaos, eine neue Welt-Unordnung.

Das mit vereinten Kräften durchwegs erreichbare Szenario B ist meine Grundidee von einer echten freiheitlichen Ordnung. Sie wird in diesem Buch nur leicht angedeutet, weil ein positiver Wandel des äußeren Systems von einer **innerlichen** Veränderung der Menschen getragen sowie auf einem demokratischen Konsens beruhen muss. Dem Zweck der Verwirklichung einer auf Freiheit beruhenden Ordnung dienen eine graphisch untermauerte Entscheidungshilfe und einige unverbindliche Empfehlungen. Freiheit beruht, wie das Wort schon sagt, auf freier Entscheidung.

A. Neue Welt-Unordnung

Die geplante digitale Diktatur ist aller Voraussicht nach viel zu utopisch, um voll realisierbar zu sein. Das hält jedoch die Drahtzieher nicht vom weiteren beinharten Vorgehen ab. Dass die anglo-amerikanisch dominierte globale Machtelite ihre Ziele ernsthaft, konsequent und nachhaltig verfolgt, verraten zum einen die sorgfältig vorbereiteten Mittel, welche aktuell zur Reduktion der Weltbevölkerung und zur Implementierung einer digitalen Diktatur erforderlich sind. Richtungsweisend sind zum anderen auch der zugrundeliegende alte Masterplan, die damit zusammenhängende anglo-amerikanische Geostrategie, die akribisch aufgebaute politisch-mediale Propagandamaschinerie und die bereits dokumentierten historischen Umsetzungsmaßnahmen. Sie machen begreiflich, dass COVID-19 der Kulminationspunkt einer gewünschten Entwicklung ist, die bei ungebremstem Voranschreiten keinen rosigen Ausblick für das Jahr 2030 zulässt.

Masterplan und Umsetzung

Vorweg die Kurzfassung. Der Masterplan der globalen Machtelite sieht nicht mehr und nicht weniger vor als eine »Neue Weltordnung« mit einer **anglo-amerikanisch** dominierten **Weltregierung** und einer von ihr abhängigen Weltbank mit neuer Weltwährung. Dies setzt aus Sicht der »Inselstaaten« Großbritannien und USA, die konsequent am Volk vorbei von der anglo-amerikanischen Machtelite als Schattenregierung gelenkt werden, die geostrategische Kontrolle über die eurasische Kontinentalplatte voraus. Die dazu benötigte Spaltung in einen West- und einen Ostblock sowie eine sichere Aufmarschbasis in Westeuropa für das anglo-amerikanische Imperium gegen den eurasischen Osten sind längst bittere Realität. Ebenso erfüllt sind die pseudodemokratische Ausgestaltung der europäischen Vasallenstaaten und ihres Dachverbands, der Europäischen Union. Auch die sozio-kulturelle Unterwanderung inklusive Zersetzung der Familie als soziale Keim- und Kraftzelle zwecks ignoranter Duldung der wirtschaftlichen Ausbeutung ist weit fortgeschritten. Aus Sicht des Individuums sind der Staat und die Familie, in der es lebt, bereits nachhaltig geschwächt. Im Zuge der Corona-Maßnahmen geht es ihm selbst, dem Individuum, direkt an den Kragen.

Die Annahme einer homogenen Geldmachtelite wäre lebensfremd. Wahrscheinlich besteht auch Uneinigkeit, Konkurrenz und Rivalität innerhalb der globalen Machtelite. Worin Einigkeit herrschen dürfte, ist der Drang nach Machterhalt und -ausbau. Unter den besagten 0,01 Prozent der Superreichen gibt es eine ehemals geheime Gruppierung anglo-amerikanischer Kapital-Imperialisten, deren Masterplan sich weitestgehend mit der historischen Entwicklung der Welt ab Ende des 19. Jahrhunderts deckt. Diese Gruppierung nenne ich die **anglo-amerikanische Globalisierungsclique**. Sie operiert zwar unter dem Deckmantel des vormals britischen und nunmehr US-amerikanischen Imperiums, handelt jedoch nur zum Schein im Sinne ihrer Heimatländer. Selbige fungieren für sie lediglich als sichere Heimathäfen für ihre ureigenen Interessen. Bei den Mitgliedern handelt es sich vorwiegend um WASP (White Anglo-Saxon Protestants), also weiße angelsächsische Protestanten, die jedoch nur nominell Christen sind. Sie haben sich voll und ganz ihrer eigenen Ersatzreligion verschrieben: der Vorherrschaft der angelsächsischen Rasse und vor allem ihrem eigenen Machteinfluss in einer anglo-amerikanisch globalisierten Welt. Die dahintersteckenden Gesichter und Namen sind längst bekannt, was bezeichnenderweise anglo-amerikanischen Historikern und Szenekennern zu verdanken ist. An erster Stelle ist Dr. Carroll Quigley zu nennen, zu Lebzeiten Professor für Geschichte an den Universitäten von Harvard, Princeton und Georgetown. In seinem 1981 erschienenen Buch *The Anglo-American Establishment* rekonstruiert Professor Quigley die Errichtung einer geheimen Weltregierung, die auf dem britischen Kolonialreich sowie einer von Cecil Rhodes gegründeten und von Alfred Milner fortgesetzten Geheimgesellschaft fußt. Die Mitgliederliste ist lang. Schon sehr früh sind die Familien **Rothschild, Rockefeller** und **Morgan** fixer Bestandteil der anglo-amerikanischen Globalisierungsclique.[1474] Die Grundlage ihres weitreichenden Einflusses ist eine gigantische **Propagandamaschinerie**. Bildungseinrichtungen, Medien und politische Parteien werden systematisch infiltriert, um sie im Sinne der Kapital-Imperialisten »umzudrehen« und für ihre eigenen Zwecke zu missbrauchen. Auf diese Weise tragen sie wesentlich zu außenpolitischen Entscheidungen ihrer Heimathäfen Großbritannien und USA bei, vor allem wenn es um Krieg oder Frieden auf anderen Kontinenten geht.[1475] Das besagte Buch ist auch in deutscher Sprache erhältlich.[1476]

Laut Prof. Dr. Antony Sutton bildet den Kern der US-amerikanischen Machtelite der vormals geheime Orden Skull & Bones. 1983 hat der britische Historiker und Ökonomie-Professor an der California State University sein Buch *America's Secret Establishment* herausgebracht. Es ist ebenfalls auf Deutsch verfügbar.[1477] Neben den Namen und Funktionen der Ordensmitglieder von Skull & Bones arbeitet Sutton auch deren Verstrickungen mit dem restlichen Establishment in den USA und Großbritannien insbesondere über die hochfinanzielle Achse **Morgan – Rockefeller – Rothschild – Wallstreet – Federal Reserve Bank** so akribisch heraus, dass eine Beweiskette vorliegt, die vor jedem halbwegs objektiven Gericht der Welt standhalten würde.[1478] Dasselbe gilt für die Beweisführung, dass die ausgeklügelte **Propagandamaschinerie** des US-Ordens mindestens so intensiv wie ihr britisches Gegenüber Einfluss auf Bildung, Medien und Politik nimmt.[1479] Die meiste Zeit über waren **keine** Juden im Orden erlaubt. Denn schließlich handelt es sich vorwiegend um WASP mit »definitiv antisemitischen Tendenzen.« Gemeint ist eine generell antijüdische Haltung. Erst wenige Jahre vor der Ersterscheinung des Buchs (1983) wurden ausgewählte Juden (und Schwarze) zugelassen.[1480] Das ist von grundlegender Bedeutung, weil dadurch der Mythos von einer jüdischen Weltverschwörung im Keim erstickt wird.

Es ist vielmehr so, dass die anglo-amerikanische Globalisierungsclique Religionen, Rassen, politische Parteien und Nationen instrumentalisiert, um sie gegeneinander aufzubringen und selbst – als unredlicher Dritter – davon zu profitieren. Bekanntlich profitiert von Konflikten und Kriegen letztlich nur eine einzige Gruppe, nämlich jene, die im Hintergrund die Fäden zieht, in die Konfliktparteien investiert und danach absahnt. In diesem Kontext ist Antony Suttons Buch vor allem jenen Lesern ans Herz zu legen, welche die geistige Ursache für zwei Weltkriege und die Katastrophen danach verstehen möchten: die anglo-amerikanische **Spaltungsstrategie**. In einem eigenen Kapitel zeigt Prof. Sutton nach streng wissenschaftlichen Kriterien auf, wie die anglo-amerikanische Globalisierungsclique absichtlich **Konflikte erzeugt,** um Kriege und Revolutionen auszulösen. Hierzu werden stets zwei gegenpolige Parteien oder Strömungen als These und Antithese unterstützt oder überhaupt erst aufgebaut, um sie schließlich aufeinander zu hetzen. Der Zusammenprall zwischen These und Antithese ruft den erwünschten neuen Zustand hervor, eine Mischung aus These und Antithese, also die Synthese. Diese Synthese stellt die ersehnte »Neue Weltordnung« dar. Es handelt sich um einen ständigen, bis heute währenden Prozess, der »Profite erzeugt, während die Welt immer näher an die **Eine-Weltregierung** herangeführt wird.«[1481]

Gegenständliche Spaltungsstrategie entspricht zum einen dem altbewährten politischen Muster »1. Problem erzeugen, 2. Reaktion provozieren, 3. Lösung anbieten« und zum anderen der anglo-amerikanischen Geostrategie **Balance of Power.** Zweitere ist den allerwenigsten Europäern bekannt, oft nicht einmal Generälen und höchsten Offizieren, geschweige denn Historikern und Politikern. Dieses Wissen ist jedoch von fundamentaler Bedeutung für die korrekte Zuordnung sowohl historischer als auch aktueller Ereignisse.

Die Balance of Power dient der anglo-amerikanischen Kontrolle über fremde Kontinente, auf denen zwischenstaatliche Konflikte künstlich verstärkt oder geschürt werden. Hierbei unterstützen Großbritannien und die USA jeweils beide Konfliktparteien, wobei sie sich letztlich offiziell auf die unterlegene Seite stellen. Auf dem größten Kontinent, der eurasischen Platte, stehen vor allem Europas führende Industrienation **Deutschland** und das gigantische Rohstofflager **Russland** im Brennpunkt. Ein enger Schulterschluss beider Nationen wurde und wird von anglo-amerikanischen Strategen verhindert. Die Geschichte zweier Weltkriege, des Kalten Kriegs und der Ukraine-Krise beweist es anschaulich. In Kontinentaleurasien sind potenziell feindlich gesinnte Nationen völlig mit der permanenten Bereitstellung starker Landstreitkräfte ausgelastet. Dadurch entsteht weder der gemeinsame Wille noch die materielle Kapazität zur Aufstellung einer gemeinsamen eurasischen Kriegsflotte oder gar Luftwaffe. Käme eine der beiden zustande, wäre das anglo-amerikanische Imperium auf der Stelle beendet und Kontinentaleurasien würde an seinen ihm angestammten Platz als Führungskontinent treten. Um genau das zu verhindern, schüren die anglo-amerikanischen »Inselreiche« besagte Konflikte, wobei die USA ihrem Mutterhafen Großbritannien ab dem Zweiten Weltkrieg den Rang als Führungsnation abgelaufen haben. Wer von beiden diese äußere Funktion wahrnimmt, ist jedoch völlig irrelevant. Aufgrund ihrer sehr engen kulturellen, kriegshistorischen, wirtschaftlichen und vor allem hochfinanziellen Verzahnung bilden Großbritannien und die USA jeweils die strategische Reserve oder den »territorialen Flugzeugträger« für die andere Nation. Mit der größten Flotte (und Luftwaffe) werden sowohl die Handelsrouten als auch das eigene und das koloniale Festland gesichert. Wer die Weltmeere beherrscht, beherrscht die Welt. Aus diesem Grund ist das anglo-amerikanische strategische Denken maritim, großräumig und langzeitig geprägt, während man auf der eurasischen Kontinentalplatte von einer gestellten Falle in die nächste tappt. Bezüglich weiterer theoretischer Details inklusive Quellenangaben wird auf die einleitenden Grundlagen meines Buchs *Krieg, Terror, Weltherrschaft* (Band 1) verwiesen.[1482]

Das anschaulichste historische Beispiel der Balance-of-Power-Strategie ist die hochfinanzielle Unterstützung sowohl der totalitären Bolschewisten in Russland ab 1917 (These) als auch der dagegen aufgestellten, ebenfalls totalitären Nationalsozialisten in Deutschland ab 1929 (Antithese) durch ein und dieselbe totalitäre Gruppierung: die anglo-amerikanische Globalisierungsclique in Verbindung mit der Wallstreet.[1483] Aus dem künstlich entfachten Krieg zwischen zwei demokratiefeindlichen Strömungen – dem bolschewistischen und dem »nationalen« Modell des Sozialismus – sollte etwas Neues entstehen, das ebenfalls nicht viel mit echter Demokratie zu tun hat und aufs Erste höchst widersprüchlich klingt: jener **kapitalistisch** geprägte **Sozialismus**, der sich anlässlich COVID-19 zu vollenden droht. Dabei spielt es keine Rolle, ob man die Neue Welt-Unordnung lieber als Neobolschewismus oder als Neofaschismus tituliert. Es kommt alleine darauf an, dass es sich planmäßig um eine moderne Form des zwanghaften Kollektivismus handeln soll. In der Synthese aus dem pseudoliberalen kapitalistisch-sozialistischen System des Westens und dem totalitären kapitalistisch-kommunistischen System Chinas könnte sich, um bei Antony Suttons Analyse zu bleiben, »das Konzept des Staates als Gott und des Individuums als einem allmächtigen Staat völlig unterworfen widerspiegeln.«[1484]

Ersatzreligion: Zweck, Ziele, Mittel

Vereinfacht gesagt, haben die Mitglieder der anglo-amerikanischen Globalisierungsclique eine gottlose, materialistische, versklavende, **kollektivistische** Pseudoreligion erschaffen. Zu deren globaler Durchsetzung steht der globalen Machtelite ein gewaltiges Potenzial zur Verfügung. Das Zentrum der Kraftentfaltung besteht aus folgenden Elementen: Geldmachtapparat, Propagandamaschinerie, anglo-amerikanisches Imperium (militärisch-industrieller Komplex) und enge Familienbande bzw. die eigene Blutlinie. Im Hinblick auf den verfolgten Zweck, die Erringung der Weltherrschaft, bietet Abbildung 49 einen groben Überblick über die seit dem ausklingenden 19. Jahrhundert nachvollziehbare Zweck-Ziele-Mittel-Relation. Ziel 1 (Kontrolle über Eurasien) wird zusammen mit Ziel 2 (Zersetzung der Familie) in den nächsten drei Kapiteln angeschnitten. Ziel 3 (Reduktion der Weltbevölkerung) und Ziel 4 (digitale Diktatur über alle Menschen) sind Gegenstand des Kapitels »Digitales Imp(f)erium«. Das soll jedoch nicht darüber hinwegtäuschen, dass sich einige Ziele und Mittel überlagern.

Der Zweck (das Warum), also die Vision vom angestrebten Endzustand bzw. Sollzustand, ist die errungene Weltherrschaft. Deren Verwirklichung dienen die beschriebenen vier Ziele (das Was). Sie sind die Meilensteine oder Etappen auf dem Weg zur Weltherrschaft. Zur Erreichung der Meilensteine oder Etappen werden einige Mittel (das Wie) eingesetzt. Die Ziele 1 und 2 wurden mit allen Mitteln bereits vor der Verhängung der ersten Corona-Maßnahmen 2020 zumindest teilweise erreicht. Für die Verwirklichung von Ziel 3 werden die Mittel seit März 2020 geschaffen bzw. aufgestockt. Bei Ziel 4 war vor COVID-19 »nur« die erste Hälfte der Mittel (a. bis h.) großteils realisiert. Der zweiten Hälfte (i. bis p.) sollen offensichtlich die illegalen Corona-Maßnahmen zum Durchbruch verhelfen.

Zur Durchsetzung ihrer Ziele bedient sich die anglo-amerikanische Machtelite in erster Linie der Kapazitäten ihrer Heimatländer Großbritannien und USA, auch wenn es letztlich nicht im Interesse dieser Nationen ist. Um vom Ist-Zustand zum gewünschten Soll-Zustand zu gelangen, kommen bei der Anwendung der Mittel, vereinfacht gesagt, vier strategische Linien in Betracht: die militärische, die politische, die sozio-kulturelle und die wirtschaftliche (siehe Abb. 50). Diese Reihenfolge kommt insbesondere bei der Erlangung der Kontrolle über fremde Staaten oder Kontinente zum Einsatz. Zuerst wird das äußere Schutzschild des Feindes mit militärischen Mitteln geknackt, danach wird sein Inneres politisch umgeformt, sozio-kulturell und psychologisch unterwandert und schließlich wirtschaftlich ausgebeu-

Neue Weltordnung der anglo-amerikanisch dominierten Machtelite

Kraftzentrum	Zweck	Ziele	Mittel
Geldmachtapparat Propagandamaschinerie Anglo-amerik. Imperium Familienbande (Blutlinie)	Globale Herrschaft	1. Kontrolle über Eurasien	a. Geschürte Konflikte
			b. Demokratie-Abbau
			c. Soziale Indoktrination
			d. Wirtschaftlicher Raub
		2. Zersetzung der Familie	a. Hass auf Vorfahren
			b. Staatliche Einmischung
			c. Ego- und Materialismus
		3. Reduktion der Weltbevölkerung	a. Teildiktaturen
			b. Massenimpfungen
			c. EMF-Netz (5G etc.)
		4. Digitale Diktatur (Herrschaft über alle Individuen)	a. Fremderlösungsglaube
			b. Schuldkomplexe
			c. Identitätslosigkeit
			d. Selbstzweifel/hass
			e. Ego- und Materialismus
			f. Politische Korrektheit
			g. Digitale Sucht
			h. EMF-Netz (5G etc.)
			i. Verängstigung
			j. Soziale Isolation
			k. Gleichschaltung
			l. Obrigkeitshörigkeit
			m. Digitale Identität
			n. Massenimpfungen
			o. Microchip-Implantate
Abb. 49			p. Politische Datenreligion

tet. Es drängt sich das Bild einer Impfung mit genetischen Substanzen auf: Die Nadel durchdringt die Haut, um das Gift in die Blutbahn zu bringen und die Gene zu verändern. Es ist weder nötig noch möglich, dass die anglo-amerikanische Globalisierungsclique sämtliche strategischen Stränge und Mittel selbst bestimmt. Es reicht völlig aus, wenn sie zur passenden Zeit die aus ihrer Sicht richtigen Impulse setzt oder die falschen erstickt.

Die militärische Säule anglo-amerikanischer Macht bilden deren auf maritimer Beweglichkeit aufgebauten Streitkräfte und die mit diesen verpartnerte NATO. Politisch wird auf andere Nationen sowohl direkt als auch indirekt über die USdominierte UNO mitsamt ihren Ablegern wie etwa die WHO Einfluss genommen. Die sozio-kulturelle Manipulation vor allem im Bereich der Bildungseinrichtungen und Medien erfolgt über eine riesige Propagandamaschinerie. Der wirtschaftlichen Kontrolle dient das mit FED und Wallstreet verbundene Bankensystem.

Die Geschichte der Kriege des 20. Jahrhunderts und ihrer katastrophalen Nachwirkungen füllt ganze Bibliotheken. Um den Rahmen nicht zu sprengen, kann hier nur ein Überblick geboten werden, der auf meinem zweibändigen Werk *Krieg, Terror, Weltherrschaft* mit einem Gesamtumfang von rund 1.900 Seiten und ca. 5.000 Quellenangaben beruht. Im Folgenden befinden sich daher nur wenige Fußnoten.

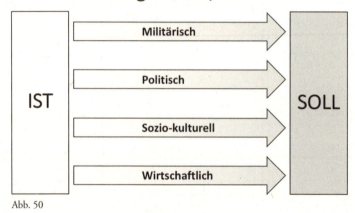

Abb. 50

Anglo-amerikanisch erzeugte Urkatastrophe

An dieser Stelle wird primär die **anglo-amerikanische** Hauptverantwortung für das durch den Ersten Weltkrieg erzeugte Chaos herausgestellt. Dieses Faktum ist heute mehr denn je von enormer Relevanz. Erstens ist die Auslösung des Ersten Weltkriegs die wohl komplexeste **verdeckte Operation** der Menschheitsgeschichte. Wer ihre Grundzüge versteht, hat ein gutes Rüstzeug für das Verständnis jeder anderen verdeckten Operation. Zweitens zeigt die anglo-amerikanische Schuld für die Urkatastrophe die Unnötigkeit und Absurdität des Schuldkomplexes, des Selbsthasses, des Identitätsverlusts und der Obrigkeitshörigkeit des vormals rebellischen deutschen Volks auf. Zu diesem gehört, selbst wenn diese unverrückbare Wahrheit gerne

»übersehen« wird, auch die indigene Bevölkerung Österreichs, des immer schon deutschen Ostreichs. Es ist die ursprünglich vom germanischen Geist der Freiheit beseelte, selbstbewusste und unbeugsame Kraft von uns Deutschen, die überhaupt erst den anglo-amerikanischen Zerstörungswillen wuchern ließ ...

Das politische und vor allem psycho-soziale Feld der Corona-Diktatur wurde schon im 20. Jahrhundert beackert. Die Wurzel des Übels ist nicht der Zweite Weltkrieg. Es besteht ein breiter Konsens, dass der **Erste Weltkrieg** die Urkatastrophe des 20. Jahrhunderts ist. Wer die Lawine dieses ersten großen Kriegs losgetreten hat, ist auch der Hauptschuldige für alle nachfolgenden Katastrophen vom Bolschewismus, Nationalsozialismus, Zweiten Weltkrieg und Holocaust über den sogenannten Kalten Krieg und die Ukraine-Krise bis hin zur illegalen Massenmigration nach Europa. Die alles entscheidende Frage ist daher, wer für den Ersten Weltkrieg verantwortlich ist. Bereits im vierten Kriegsjahr, also 1917, hat der als Begründer der Waldorfpädagogik bekannte Geisteswissenschaftler Rudolf Steiner eine fundierte Aufarbeitung der wahren Geschichte des Ersten Weltkriegs gefordert, weil »die ungeschminkte Darstellung der Tatsachen in der Tat **Deutschlands Unschuld** ergeben müsste.«[1485]

Ob Steiner Recht hat oder nicht, ist, wie jede Schuldfrage, nicht von Politikern oder Historikern, sondern von **Juristen** zu klären. Dabei sind neben politischen, wirtschaftlichen und hochfinanziellen Kriterien insbesondere auch die geo- und militärstrategischen sowie rüstungstechnischen Aspekte zu berücksichtigen. In diesem Kontext sind meine anfangs erwähnten Berufe (Juristin, strategische Analytikerin, vormals aktiver Heeresoffizier) sachdienlich. Gemäß der rechtlichen Beurteilung des deutschen Rechtsanwalts Wilfried Schmitz liegt mit dem ersten Band von *Krieg, Terror, Weltherrschaft* der **unwiderlegbare Beweis** sowohl für die Unschuld Deutschlands (und Österreich-Ungarns) als auch für die Schuld der anglo-amerikanischen Globalisierungsclique für den Beginn und Verlauf des Ersten Weltkriegs vor.[1486]

Seine Auslösung wurde mittels der bis dahin weltweit größten verdeckten Operation konstruiert. Der Erste Weltkrieg wurde ab 1906, sohin bereits acht Jahre vor Kriegsbeginn, akribisch in **London** geplant, von dort aus vorbereitet und in der Juli-Krise 1914 (den 5,5 Wochen vor Kriegsbeginn) gezielt diplomatisch ausgelöst. Der erste industriell geführte europäische Bruderkrieg war das militärische Mittel zur Erreichung folgender Hauptziele: 1. Zerstörung des friedlich zur Wirtschaftsmacht aufstrebenden deutschen Kaiserreichs mitsamt seinem Bündnispartner Österreich-Ungarn, 2. Verunmöglichung der mitteleurasischen Allianz von Hamburg bis Basra am Persischen Golf sowie 3. Verhinderung eines deutsch-jüdischen Palästinas. Der über diesen und weiteren Zielen stehende Zweck war die Implementierung einer globalen Kapitaldiktatur.

Hervorzuheben ist, dass der österreichisch-ungarische Zionistenführer Theodor Herzl den deutschen Kaiser Wilhelm II., den besten Monarchen aller Zeiten, um Unterstützung bei der Errichtung eines Judenstaats in Palästina nach Muster des **deutschen** Kaiserreichs gebeten hatte. Dafür hatte sich Wilhelm II. prompt beim osmanischen Sultan verwendet. Doch London konnte keine unkontrollierten Juden im Nahen Osten gebrauchen, schon gar nicht geschäftstüchtige deutsche Juden. Den Briten ging es nämlich damals schon um das nahöstliche **Erdöl**. Dessen strategischen Wert hatten sie früh erkannt, denn es wurde dringend für die größte **Kriegsflotte** der Welt gebraucht: Die Royal Navy wurde von Kohle- auf Ölbefeuerung umgestellt, um ihre ohnehin schon uneinholbare Überlegenheit noch weiter auszubauen. Am nahöstlichen Öl wäre eigentlich das Deutsche Reich aufgrund der von ihm errichteten Bagdad-Bahn unmittelbar und legal anspruchsberechtigt gewesen. Doch in diesen verdienten Genuss sollte das Deutsche Reich nicht kommen. Es wurde, wie der Rest der Welt, vom bereits angebahnten britischen Ölraub im Nahen Osten mittels Krieg in Europa abgelenkt.

Neben diesen und anderen geostrategischen, rüstungstechnischen, politischen, wirtschaftlichen und hochfinanziellen Hintergründen der Urkatastrophe beleuchtet *Krieg, Terror, Weltherrschaft* insbesondere auch die militärstrategischen Maßnahmen: die kriegstechnische Portionierung der Meere sowie die Platzierung zweier gefinkelt vorbereiterer **Kriegsfallen** auf dem Festland, nämlich das Attentat auf den österreichischen Thronfolger in Sarajewo und die aufgehobene belgische Neutralität. Für den nötigen Druck auf Deutschland sorgte insbesondere die massive Aufrüstung Russlands, der Bau mehrspuriger strategischer Bahnlinien mit Hauptstoßrichtung Ostpreußen, die Verkürzung der Mobilmachungsdauer zwecks Synchronisation mit Frankreich und Großbritannien sowie die heimliche Generalmobilmachung. Auf Seiten der Alliierten war längst alles bis ins kleinste Detail vorbereitet, bevor der Krieg überhaupt begann. Hingegen hatten sich Deutschland und Österreich-Ungarn lediglich kurz, vage, höchst missverständlich und obendrein unverbindlich abgesprochen. Von Planung und Vorbereitung keine Spur.

Die gezielte Aktivierung beider Kriegsfallen durch die britische, französische und russische Scheindiplomatie offenbart die Analyse der offiziellen diplomatischen Dokumente aller maßgeblich beteiligten Länder inklusive Italien. Jene Mainstream-Historiker, die Deutschland eine Verantwortung für den Kriegsbeginn zuschieben oder ihn als Ergebnis eines allgemeinen Schlafwandelns fehldeuten, werden anhand der auch ihnen vorliegenden Dokumente falsifiziert. Im Halbschlaf waren lediglich das Deutsche Reich und Österreich-Ungarn, während Frankreich und Russland hellwach und bestens vorbereitet auf den Startschuss aus dem zuerst mobilgemachten Großbritannien warteten.

Das satanische »Spiel« der von London aus gelenkten alliierten Kriegstreiber in der Juli-Krise weist frappierende Ähnlichkeiten mit der Corona-Krise 2020 auf. Damals wie heute wird in einer künstlich geschaffenen Ausnahmesituation das Recht der Aufrichtigen mit Füßen getreten: 1914 wurden die staatlichen **Souveränitätsrechte** Deutschlands und Österreich-Ungarns ignoriert und massiv verletzt, 2020 die Grund- und Freiheitsrechte aller Menschen. Es steht daher unverrückbar fest, dass nicht der deutsche Nationalismus zum Krieg geführt hat, sondern die Missachtung grundlegender deutscher Hoheitsrechte. Sohin ist nicht das Hochhalten, sondern das **Niederhalten** des deutschen Nationalstaats der Keim für Hitlers unechten Nationalismus, der lediglich ein Deckmantel für Rassismus bzw. verbrecherischen Internationalismus war. Dieses nachweislich korrekte Verhältnis zwischen Ursache und Wirkung wird, ausgehend von Großbritannien und den USA, bis zum heutigen Tag ins komplette Gegenteil verdreht. Eine weitere Parallele zur faktenresistenten Handhabung der COVID-Krise.

Zurück zum Ersten Weltkrieg, der aufgrund der lehrbuchartigen Anwendung der Strategie Balance of Power zustande kam: Die britische Regierung gab den Startschuss, indem sie sich in letzter Sekunde auch offiziell auf die Seite ihrer Verbündeten stellte. Für die hierzu erforderliche Täuschung und Überrumpelung des Parlaments und der Bevölkerung wurde eine Propaganda inszeniert, die ihresgleichen sucht und in der COVID-Krise findet. Das spätere propagandistische Meisterstück, mit dem die USA in den Krieg gezogen werden sollten, war die vorsätzliche Opferung des US-Luxusdampfers »Lusitania«. Dieser wurde von anglo-amerikanischen Verbrechern völkerrechtswidrig zum Kriegshilfsschiff umfunktioniert, mit Kriegsmaterial beladen, absichtlich verlangsamt und direkt vor den Bug eines deutschen U-Boots gelotst, dessen Position die Royal Navy genau kannte. Unmittelbar nach dem russisch-deutschen Friedensvertrag 1917 sind – ganz im Sinne der Balance of Power – die USA auf Seiten Großbritanniens auch militärisch in den Krieg eingestiegen. Schon vor Kriegsbeginn waren die USA alles andere als neutral, weil ihre Banken auf Geheiß der 1913 gegründeten **Federal Reserve Bank** Großbritannien, Frankreich und Russland fortwährend und massiv mit Krediten und Kriegsmaterial ausgeholfen haben. Ebendiese umfassende wirtschaftliche Hilfe war eine starke Triebfeder für den Kriegseintritt der USA. Sollte nämlich, was 1917 durchwegs noch möglich war, Deutschland gewinnen, wer sollte dann den alliierten Schuldenberg bezahlen? Übrigens waren höchste Vertreter der **Federal Reserve Bank** persönlich an der Installierung des Bolschewismus in Russland 1917 beteiligt, um die junge Demokratie zu Fall zu bringen und die kapitalistische Ausbeutung zu begünstigen.

Ein Wort noch zum Versailler Siegerdiktat von 1919. Dieses war so hochgradig rechtswidrig, dass sich das Deutsche Reich nicht daran hätte halten müssen. Zum einen liegt die alleinige Schuld auf Seiten der Anglo-Amerikaner und ihrer Alliierten. Zum anderen wurde die deutsche Unterfertigung des ohne deutsche Mitwirkung vorgefertigten »Vertrags« mit List und Gewaltdrohung erzwungen. Unter dem schweren Versailler Joch wurde Deutschland völlig zu Unrecht territorial amputiert, wehrunfähig gemacht, ressourcenmäßig beraubt, aufs Gröbste gedemütigt und vor eine trostlose Zukunft gestellt. Wie unschwer zu erkennen ist, wurde in Versailles bereits der Grundstein für den Zweiten Weltkrieg gelegt. Vorsätzlich.

Vom Zweiten Weltkrieg zum Selbsthass

Festzuhalten ist, dass es sich – entgegen weit verbreiteten Mythen – bei der schuldigen anglo-amerikanischen Globalisierungsclique weder um Juden noch um Freimaurer handelt, sondern schlichtweg um machthungrige **Psychopathen** im klinisch-psychologischen Sinne. Diesen Leuten dient eine Reihe weiterer inszenierter und konzertierter Ereignisse als Meilensteine auf dem Weg zur globalen Herrschaft. Davon werden im zweiten Band von *Krieg, Terror, Weltherrschaft* folgende verdeckte Operationen analysiert:

- Reichstagsbrand 1933
- Reichskristallnacht 1938
- Auslösung des Zweiten Weltkriegs 1939
- Pearl Harbor 1941
- Ermordung John F. Kennedys 1963
- Zweites Pearl Harbour 2001: 9/11
- Beginn der Ukraine-Krise 2014
- Beginn der Massenmigration nach Europa 2015
- »Islamistischer« Terror in Europa

Nach Versailles hat die anglo-amerikanische Globalisierungsclique alles unternommen, um nach der russischen auch die junge deutsche Demokratie – die fortschrittlichste ihrer Zeit – zu stürzen und mit ihr auch das **deutsch-russische Bündnis zu zerschlagen**. Zur Ablenkung von der anglo-amerikanischen Schuld an der deutschen Misere wurde ein alter Sündenbock aus dem Wandschrank hervorgeholt: die Juden. Der junge Adolf Hitler war bis inklusive 1919 nachweislich judenfreundlich und hatte in Bayerns kurzer bolschewistischer Räterepublik sogar als Bataillonsersatzrat für die Mehrheitssozialdemokratie geworben. Doch es kamen ihm die Lüge vom jüdisch verursachten Ersten Weltkrieg und die vor allem von Winston Churchill in die Welt gesetzte weitere Lüge vom jüdisch gelenkten Bolschewismus zu Ohren, der in Russland tatsächlich Millionen von Menschen systematisch ausgerottet hatte. Durch zwei antijüdische Lügen wurde der gescheiterte Künstler, Freund mehrerer Juden und tapfere Soldat Hitler auf einen Schlag zum deklarierten Judenhasser. Hierin liegt die tief vergrabene anglo-amerikanische Wurzel des schrecklichen Holocaust an den Juden.

Die völkerrechtswidrige Besetzung und Ausbeutung des Ruhrgebiets 1923 durch französische und belgische Truppen fand unter der Rückendeckung Londons statt. Dieser brutale Akt der Unterwerfung war ein wesentlicher Grund für Hitlers Putschversuch im selben Jahr. Es ist daher kein Wunder, dass Adolf Hitler laut britischen Dokumenten ab 1923 intensiv von London durchleuchtet wurde. Vor allem studierte man, im Gegensatz zu den meisten Deutschen, sein erstmals 1925 (Band 1) bzw. 1927 (Band 2) erschienenes Buch *Mein Kampf*. Aus anglo-amerikanischer Sicht war der geostrategisch unwissende Judenhasser, Russlandfeind und Revolutionär Adolf Hitler die Idealbesetzung als deutscher Diktator: Er wird die berechtigte Wut wegen Versailles nicht auf die schuldige anglo-amerikanische Globalisierungsclique lenken, sondern auf unschuldige Juden. Und er wird seinen schon in *Mein Kampf* angekündigten Krieg gegen die Sowjetunion (UdSSR) zwecks Lebensraum im Osten führen und dort mit der systematischen Auslöschung der Juden beginnen, wie er es ebenfalls bereits in *Mein Kampf* und in öffentlichen Reden angedeutet hat.

Parallel zur 1929 von der Wallstreet bewusst ausgelösten Weltwirtschaftskrise wurde Adolf Hitler im selben Jahr von derselben Wallstreet finanziell unterstützt. Erst ab diesem Zeitpunkt, bedingt durch die künstlich **erzeugte Krise** und massiven Zufluss in die Parteikassa, wurden die politisch und faktisch eindeutig linken Nazis (revolutionär, sozialistisch, gleichmachend, linkisch) so mächtig, dass sie regelmäßig die Arbeit des Reichstags blockieren konnten. Nach langem Widerstreben hat Reichspräsident General Paul von Hindenburg, ein echter Rechter (konservativ, rechtschaffen), auf massiven Druck der Industrie und schweren Herzens Hitler Ende Januar 1933 zum Reichskanzler ernannt. Vier Wochen später brannte der den Nationalsozialisten verhasste Reichstag. Das Feuer haben sie, natürlich im Auftrag Hitlers, still und heimlich selbst gelegt, um die 1932 aufstrebende KPD auszuschalten und auf scheinbar legalem Weg – per **Ermächtigungsgesetz** – an die absolute Macht zu kommen. Gegen dieses hatte sich, wie gesagt, der noch beschlussfähige Teil der SPD geschlossen verwehrt.

Hitler-Deutschland wurde mit umfangreicher anglo-amerikanischer Hilfe aufgerüstet, um ein europäisches Bollwerk gegen den russischen Bolschewismus zu schaffen. Den Weg in den Krieg gegen das ebenfalls aggressive Polen 1939 hat Hitler zwar selbständig eingeschlagen, jedoch wurde ihm mehrfach signalisiert, er könne mit der Nichteinmischung der über allem stehenden Nation Großbritannien rechnen. Schließlich hat ihm London bis dahin freie Hand bei der – vom gesamten politischen Spektrum Deutschlands geforderten – Rückeroberung jener deutschen Gebiete gegeben, die durch Versailles abgetrennt worden waren (»Appeasement«). Warum sollte das nicht auch für Danzig und den absurden neupolnischen Korridor nach Ostpreußen gelten? Jedenfalls hoffte Hitler auf den rassischen Zusammenhalt mit den Briten und US-Amerikanern. Doch die anglo-amerikanische Globalisierungsclique drehte die britische Außenpolitik völlig um. Der lokal begrenzte deutsch-polnische Krieg wurde erst durch die von London konzertierten Kriegserklärungen Großbritanniens und Frankreichs zum europäischen Krieg. Die Schlüsselfrage lautet: Warum wurde nicht auch der Sowjetunion der Krieg erklärt, obwohl sich ihre Streitkräfte zur selben Zeit die Osthälfte Polens unter den Nagel gerissen hatten? Wie Sie bestimmt schon vermutet haben, lautet die Antwort »Balance of Power«. Gemäß finnischen Dokumenten hatte Churchill bereits einen Geheimpakt mit Stalin für einen Mehrfrontenkrieg gegen Deutschland geschlossen.

Die deutsche Abwehr bekam zwar Wind davon, jedoch war Hitler mit seinen Blitzkriegen nur noch scheinbar der Herr des Geschehens. Er stapfte genau in jene Fallen, die für den »böhmischen Gefreiten« aufgestellt worden waren, um ihn in einen auf Dauer aussichtslosen Mehrfrontenkrieg zu locken. Die anfänglichen großen Erfolge, vor allem in Frankreich ab Mai 1940, sind Hitlers an Wahnsinn grenzendem Draufgängertum, der hohen Flexibilität der Generalität und der Schlagkraft der Wehrmacht geschuldet. Die Truppe war auf Drogen, um in einigen schlaflosen Wochen Frankreich einzunehmen. Die daran anschließende sogenannte Luftschlacht um Großbritannien war ein deutsches Fiasko. Ab Anfang 1941 zeichnete sich zusätzlich zur immer schon schwächeren Marine auch der Verlust der Lufthoheit und damit die Aussichtslosigkeit der gesamten Kriegsführung ab. Das vielfach umstrittene Phänomen des Russlandfeldzugs 1941 ist leicht erklärt: Stalin und Hitler wollten sich im Bewusstsein der ideologisch bedingten Unausweichlichkeit gegenseitig angreifen. Hitler wollte damit noch warten. Jedoch war der Aufmarsch der riesigen Roten Armee bereits voll im Gange, sodass Deutschland zur Unzeit gezwungen war, mit voller Wucht in die russische Offensivaufstellung zu stoßen.

Nach den ersten vorhersehbaren Rückschlägen an der Ostfront sind die USA, wie schon im Ersten Weltkrieg, auf Seiten der Alliierten in den Krieg eingetreten. Der Preis der propagandistischen Überrumpelung der kriegsunwilligen US-Bevölkerung war diesmal kein Luxusdampfer, sondern der mehr oder weniger ausgediente Teil der Pazifikflotte. Die Perlen, also die Flugzeugträger, wurden höchstvorsorglich aus Pearl Harbor abgezogen, bevor der japanische Vernichtungsangriff vorsätzlich zugelassen wurde, um weitere Fronten gegen Deutschland und Italien eröffnen zu können. Ohne den Einsatz Großbritanniens strategischer Reserve, den USA, hätte es weder die Anlandung im Mittelmeerraum noch die Offensive in der Normandie und daher auch keine Westfront gegeben. Die US-amerikanischen Langstreckenbomber, mit denen ganze deutsche Städte dem Erdboden gleichgemacht wurden, waren übrigens bereits ab Mitte der 1930er Jahre konstruiert worden.

Zugegeben: Bis etwa 1941 standen die Chancen gut für einen deutschen Gesamtsieg. Deutschland konnte nur in einer riesigen Materialschlacht bezwungen werden. Das setzt eine kontinuierlich extrem hohe Risiko- und Opferbereitschaft der Entscheidungsträger der anglo-amerikanischen Globalisierungsclique voraus. Sie haben nicht nur Millionen Menschenleben auf der Seite der Feinde und der Verbündeten geopfert, sondern auch Hunderttausende der eigenen Heimatländer. Dass der verfolgte Zweck, die Erringung der Weltherrschaft, in diesen Köpfen viel schwerer wiegt als etwa 74 Millionen Menschenleben, offenbart einen krankhaften Geisteszustand: **Psychopathie**.

Rund fünf Prozent aller Menschen sind Psychopathen. Zwar gibt es sie in allen gesellschaftlichen Schichten, aber besonders zieht es Psychopathen, die meist perfekte Lügner sind, in die höchsten Funktionen der Politik und Wirtschaft. Das bedeutet freilich nicht, dass alle Mitglieder der globalen Machtelite psychopathisch sind. Jedoch scheint ihr Anteil an Psychopathen vielfach höher zu sein als in allen anderen Bereichen und Schichten des sozialen Lebens. Psychopathen ermangelt es völlig an sozialer Kompetenz und mitmenschlicher Einfühlung. Im Wissen, dass sie mit ihrer eiskalten Skrupellosigkeit gesellschaftliche Außenseiter sind, versuchen sie, ihren krankhaften Willen der Masse der Bevölkerung aufzuzwingen. Sie wollen die

Welt nach ihren wahnhaften Vorstellungen formen, damit sie sich darin wohler fühlen. Eine kleine Minderheit von rund fünf Prozent unterjocht also die große Masse von etwa 95 Prozent der Bevölkerung, indem sie permanent neue Konflikte erzeugt und alte Konflikte verstärkt. Damit das ständige Streitschüren der Psychopaten nicht auffliegt, haben sie immer wieder Sündenböcke und Feindbilder parat.[1487]

Der Hauptverantwortliche für beide Weltkriege ist eindeutig die an der Urkatastrophe schuldige anglo-amerikanische Globalisierungsclique. Demnach ist sie zumindest Mittäter der Kriegsverbrechen und Verbrechen an der Menschlichkeit während des von ihr in den Grundzügen gelenkten Zweiten Weltkriegs, sohin auch des Holocaust. Dieser Umstand entlastet aber die Nationalsozialsten nicht im Geringsten von ihrer Schuld. Sie waren die unsagbar brutalen unmittelbaren Täter, während die verantwortlichen Mitglieder der anglo-amerikanischen Globalisierungsclique gewissenlose Bestimmungs- und Beitragstäter waren.

Das deutsche Volk hingegen war das erste **Opfer** des Nationalsozialismus. Zuerst wurde es körperlich und seelisch misshandelt, um sodann vom anglo-amerikanisch aufgebauten und gefährlich halbwissenden »Messias« in die Irre geführt zu werden. Die Masse hat einfach mitgemacht, das steht außer Frage. Wer daraus dem deutschen Volk einen Strick drehen will, muss zugeben, dass das Reich massiven inneren und äußeren Bedrohungen ausgesetzt war. Diese spitzten alles auf eine Erlöserfigur zu, deren Propaganda nahezu konkurrenzlos war. Bei der COVID-Krise 2020 hingegen gibt es weder eine reale innere noch äußere Gefahr, was aufgrund des reichhaltigen alternativen Informationsangebots jederzeit und rasch feststellbar ist. Dennoch ist der Widerstand gegen die illegalen Corona-Maßnahmen, die jeden Bürger direkt schädigen, weit geringer als die damals lebensbedrohliche Auflehnung gegen das nationalsozialistische Gewaltregime. Folglich ist davon auszugehen, dass ein moderner Hitler heutzutage ein Volk viel leichter um den Finger wickeln könnte als damals. Auch in diesem Sinne gibt es keinen Grund, unsere Altvorderen pauschal zu verurteilen, sie zu hassen oder sich ihrer zu schämen. Viel eher können wir stolz auf sie sein.

Dieser Umstand wird bis zum heutigen Tag ebenso oft verdrängt wie das Faktum, dass das Ende des Zweiten Weltkriegs fast nahtlos in den Kalten Krieg überging, wobei die anglo-amerikanische Globalisierungsclique sofort einen neuen Feind zur Hand hatte: den vormaligen Bündnispartner **Sowjetunion,** der bereits die stärkste Macht auf dem Kontinent war. Das neue Feindbild UdSSR ist daher ein typischer Anwendungsfall der Balance of Power. Mit der Zweiteilung Deutschlands ging auch die offizielle Teilung Eurasiens in einen Ost- und einen Westblock einher. Westeuropa wurde zur geplanten sicheren Aufmarschbasis des kontinuierlich wachsenden US-amerikanischen Imperiums umfunktioniert, wozu extra das Militärbündnis NATO ins Leben gerufen wurde. Die NATO ist das wichtigste geo- und militärstrategische Machtwerkzeug der anglo-amerikanischen Machtelite. Dass sie ein enormes Hindernis für eine deutsch-russische Freundschaft ist, entspricht ihrer von Anfang an festgelegten und bis heute abrufbaren Aufgabe: »Keep the Soviet Union out, the Americans in, and the Germans down«.[1488] Die NATO dient also dazu, Russland aus Europa draußen, die Amerikaner drinnen und die Deutschen unten zu halten. Nach dieser Selbstdefinition sind die USA jene Nation, die Europa mutwillig und auf Dauer **spaltet**. Infolgedessen ist die hinter den USA verdeckt agierende anglo-amerikanische Globalisierungsclique der größte Feind Europas bzw. Kontinentaleurasiens.

Der Osten war sowjetisch und vom Warschauer Pakt dominiert. Europa war also exakt im Sinne der anglo-amerikanischen Spaltungsstrategie in zwei Hälften geteilt, wovon die westlichen Nationen als Vasallenstaaten unter dem direkten militärischen und politischen Einfluss der »Inselstaaten« USA und Großbritannien standen. Wie gesagt, sind die »Verfassungen« Österreichs und Deutschlands unter dem Druck der Besatzungsmächte und unter weiträumiger Umgehung des Volks zustande gekommen. Mit echter Demokratie hat das reichlich wenig zu tun. Hinzu kommt der massive sozio-kulturelle Einfluss, der zum einen das Märchen von der Urschuld der Deutschen und ihres Nationalismus alltagstauglich in die Gehirne presste, Hass gegen die eigenen Vorfahren erzeugte und das deutsche Volk auch innerfamiliär spaltete. Zum anderen wurde das dadurch erzeugte Identitätsvakuum mit US-amerikanischer Niedrigkultur gefüllt. Einlullende Musik, die USA und ihren Lifestyle glorifizierende Zeitschriften und Filme, Zuckerwasser wie die Besatzungsbrause *Coca Cola* und viele andere Details vermitteln das Gefühl einer falschen »Freiheit«, die das unbewusste Opfer in einer Spirale aus egozentrischem Konsumrausch nur noch um sich selbst kreisen lässt. Derart abgelenkt, wurde auch das Bildungswesen, die Wirtschaft und das politische System anglo-amerikanisch infiltriert. Es dauerte nicht lange, bis die neuen Untertanen des US-Imperiums in einer zunehmend heimatlosen Spaß- und Wegwerfgesellschaft einen regelrechten **Selbsthass** entwickelten, der jedoch nur wenigen bewusst zu sein scheint.

Der Fachbegriff lautet »Oikophobie«. Im gleichnamigen Buch führt der niederländische Autor Thierry Baudet seinen Lesern vor Augen, wie sehr der Hass auf das Eigene heimatlos macht. Die selbstzerstörerische Geisteshaltung der **Abkehr vom Eigenen** ist »in allen westlichen Ländern seit dem Zweiten Weltkrieg vorherrschend, und besonders dominant ist sie bei den intellektuellen und politischen Eliten.« Die fortschreitende »Dekonstruktion des Gewesenen« sowie »die Begeisterung für alles, was unsere Heimat unterminiert und zerstört«, trägt eindeutig pathologische Züge. Es handelt sich um »eine krankhafte Abneigung gegen die Geborgenheit« unserer angestammten Heimat.[1489] Eine entwurzelte Gesellschaft hat der staatlichen Einmischung in die ohnehin schon zersetzte Familie nur wenig entgegenzusetzen. Eltern mutieren zu Robotern der Fremdarbeit, während Kinder institutionell sozialisiert und manipuliert werden. Das nachhaltig gespaltene Gemeinwesen realisiert kaum, dass es für seine vermeintlichen US-amerikanischen Befreier nicht viel mehr ist als Gratismelkvieh und Bodenpersonal einer kontinentalen Aufmarschzone und Raketenbasis. Wer sollte die wirtschaftliche Ausbeutung durch ein Imperium verhindern, dessen Alltagsgeschäft der Krieg ist? Dieses Imperium steht wiederum unter der Fuchtel der anglo-amerikanischen Globalisierungsclique und, wie Gerald Celente zu sagen pflegt, illegaler Bangster.

Wer das System der Schattenherrschaft bzw. das vormals geheime Zweitsystem in Frage stellt, wird aus dem Weg geräumt. Dass US-Präsident John F. Kennedy 1963 im Rahmen eines Putsches ermordet wurde, ist, wie gesagt, längst offiziell nachgewiesen (siehe das Kapitel über die dritte Kategorie der Fake News). Seine Mörder waren Mitglieder und Handlanger jener Schattenregierung, der JFK durch folgende Maßnahmen erfolgreich den Kampf angesagt hatte: Entmachtung der FED, friedliche Einigung mit der **UdSSR** anlässlich der Kuba-Krise, Nichteskalation des Vietnam-Kriegs, geplantes gemeinsames Weltraumprogramm zwischen USA und UdSSR etc. JFK musste sterben, weil er Sprengstoff an das hochfinanzielle und geostrategische Fundament der anglo-amerikanischen Globalisierungsclique gelegt hatte. Sein Wirken bedrohte die gesamte bisherige »Arbeit« im spaltenden Geist der Balance of Power.

Einprägsamer NWO-Auftakt: 9/11

Dass die anglo-amerikanische Machtelite im Jahrhunderttakt vorausplant, beweist das im September 2000 von der Projektgruppe für das neue **amerikanische Jahrhundert** PNAC (Project for the New American Century) vorgelegte Strategiepapier *Rebuilding Americas Defences*. Darin ist zur Durchsetzung der globalen US-amerikanischen Hegemonialmacht (»Pax Americana«) mitunter militärische Gewalt vorgesehen. Besonders hervorzuheben ist die Erklärung auf Seite 51, dass die zur uneingeschränkten Weltmacht erforderliche »**Transformation**«, die mit **revolutionären** Veränderungen verbunden sein könnte, lange dauern könnte »ohne ein katastrophales und **katalysierendes** Ereignis wie ein **neues Pearl Harbor.**«[1490] Genau ein Jahr später, konkret am 11. September 2001, ereignete sich das katastrophale und katalysierende Ereignis: die lancierten Terroranschläge in den USA (9/11). In Übereinstimmung mit einer militärstrategischen Blaupause, den Northwoods-Plänen, wurden Bauwerke pulverisiert und tausende US-Bürger geopfert, um die öffentliche Meinung auf der ganzen Welt für die uneingeschränkte Kriegsführung gegen den selbst erschaffenen Terror in Übersee zu manipulieren. In Wahrheit ging es primär um die Intensivierung des Ölraubs im Nahen Osten.

Die hochoffizielle Verschwörungstheorie der US-Regierung über 19 Teppichmesser-Selbstmordmuslime ist die absurdeste von allen. Sie ist schlichtweg nicht mit den Naturgesetzen und der Logik in Einklang zu bringen. Die wichtigste technische Faktenevidenz ist: 1. Das einst neben den Zwillingstürmen WTC 1 und 2 befindliche und 174 Meter hohe Gebäude WTC 7 in Stahlskelettbauweise ist ohne jede Flugzeugeinwirkung im freien Fall in sich zusammengefallen und zugleich mit Masse pulverisiert. Dass zwei Flugzeuge drei Türme zerstören, geht sich schon mathematisch nicht aus. 2. Auch die ebenfalls aus Stahlskeletten aufgebauten Twin Towers sind im freien Fall »kollabiert« und dabei mit Masse pulverisiert. 3. Unmittelbar nach den »Einstürzen« fehlte eine Trümmermasse von mehr als einer Million Tonnen. 4. Die Pulverisierung von Stahlträgern kann weder durch Kerosinbrand noch durch den Druck des »Einsturzes« verursacht worden sein. 5. Die Stahlträger waren auf 1.600 Grad Celsius zertifiziert, Kerosin verbrennt aber schon bei etwa 1.100 Grad Celsius. Laut dem offiziellen Märchen sollen die massiven Stahlträger nach nicht einmal einer Stunde weich geworden sein. 6. Hauptsächlich aus Aluminium bestehende Flugzeuge können sich unmöglich wie durch Butter in Stahlskelettürme schneiden und sich darin in Luft auflösen oder gar mit der zwar aus Aluminium und Kunststoff bestehenden, aber völlig unversehrten Nase auf der anderen Turmseite herausstechen wie die Nase von Pinocchio. Bei derartigen Filmaufnahmen kann es sich nur um Fälschungen handeln. Könnte Aluminium dicken Stahl durchdringen, würde sich jedes Rüstungsamt freuen. Dann könnte man sich nämlich bei panzerbrechenden Waffen die sündteuren Materialen ersparen und stattdessen hochbeschleunigte Bierdosen verwenden. Das war nur die Spitze des riesigen 9/11-Lügengebildes, das im Rahmen einer gewaltigen psychologischen Operation voll ausgeschlachtet wurde, um trotz evidenter Völkerrechtswidrigkeit ungestört im Nahen Osten militärisch operieren zu können, also Menschen umbringen.

Ungefähr während das besagte PNAC-Dokument erstellt wurde, begann die Serie der großen **pandemischen Übungen**, wie sie im ersten Kapitel des vorliegenden Buchs beschrieben werden. Offensichtlich spielen die geübten Blaupausen bei der beabsichtigen Transformation und revolutionären Veränderung der Welt eine nicht minder wichtige Rolle als 9/11. Die Terroranschlagsserie vom 11. 09. 2001 scheint der einprägsame bzw. tiefenpsychologische Auftakt für die offizielle Implementierung der anglo-amerikanischen Welt-Unordnung zu sein, bei deren Finalisierung COVID-19 eine entscheidende Rolle spielt.

Die Ukraine-Krise 2014 wurde ebenfalls anglo-amerikanisch inszeniert und befeuert, wie sogar US-amerikanische und britische Geheimdienstleute zugeben. Dabei ging es darum, **Russland** zu schwächen und den Graben zu Zentraleuropa zu vertiefen, vor allem zu **Deutschland**. Hierbei hat die EU nachweislich als Sprachrohr und Umsetzungsapparat der USA fungiert.

Auch ab Sommer 2015 hat die EU im Geiste der anglo-amerikanischen Globalisierungsclique versagt, indem sie die EU-Außengrenzen nicht gegen die schon lange vorher angekündigte Massenmigration aus Nahost und Afrika geschützt hat. Dass diese illegale Massenmigration das Begleitprodukt der völkerrechtswidrigen Kriege von USA und NATO ist, war damals schon klar. Dennoch haben die EU oder ihre Mitgliedsstaaten nicht etwa mit Nachdruck die Bereinigung der Situation in den Krisengebieten durch die Beendigung der Kriegsführung, die Bildung sicherer Zonen und die Aufnahme von Migranten in den USA gefordert. Stattdessen wurde der Bevölkerung des EU-Raums der hanebüchene Unsinn eingeredet, die Reisefreiheit der Migranten sei ein Menschenrecht, dem gegenüber das nationale Anhalterecht zurücktreten müsse. Derselben Bevölkerung redet man 2020 ein, sie müsse sich selbst einsperren oder impfen lassen, um andere Menschen vor einem Virus zu schützen, das in verschiedenen Abständen herumhüpft und dessen Existenz man nur mitbekommt, wenn man sich testen lässt. Interessant, was man erwachsenen Menschen alles einreden kann.

2015 ist die österreichische Bundesregierung leider nicht meinem mehrfach artikulierten Rat gefolgt, die eigenen Staatsgrenzen zu schützen. In Wien, der ehemaligen Bastion Europas gegen Invasionen aus dem Osten, hat man es bevorzugt, hunderttausende Migranten – gemäß Merkels Einladung – unkontrolliert nach Deutschland durchzuschleusen. Nur drei Tage nachdem ich am 10. 11. 2015 bei einem Pressegespräch im damaligen Migrations-Hotspot Nickelsdorf vor dem zu erwartenden Terror des sogenannten Islamischen Staates gewarnt hatte,[1491] fand die sorgfältig inszenierte Anschlagsserie in Paris statt. »Zufällig« war der 13. 11. 2015 jener Tag, an dem der französische Flugzeugträger in Richtung **Nahost** befohlen wurde. Und »zufällig« wurden prompt die französischen Grenzen dichtgemacht, sodass **Deutschland** mit exakt dorthin strebenden Migranten geflutet wurde. Ein weiteres Mal wurde also das wirtschaftliche Gravitationszentrum Europas destabilisiert.

Diesmal erfolgte die Destabilisierung im Rahmen einer **hybriden Kriegsführung**, wobei sich die Ablenkung, Belastung und Entzweiung der Bevölkerung durch die Massenmigration für die unterwürfige Duldung der rechtswidrigen COVID-Maßnahmen als nützlich erweist. Unter hybrider Kriegsführung versteht man die flexible und dynamische Kombination regulärer und irregulärer Kriegsführung inklusive Informations- und Wirtschaftskrieg, organisierter Kriminalität, Terrorismus, kriegsbedingter Auslösung von Migrationswellen und psychologischer Kriegsführung. Lokale konventionelle Kriege werden zwar weiterhin auch im 21. Jahrhundert geführt, vor allem im Nahen Osten, wobei jedoch eine Ausdehnung zu einem großen Krieg mit an Sicherheit grenzender Wahrscheinlichkeit zum Einsatz von Atomwaffen führen würde. Da dies mit der langen Unbewohnbarkeit weiter Teile des Planeten auch für die globale Machtelite verbunden wäre, wird sie es wohl primär nicht auf einen Atomkrieg anlegen, sondern eher als letztes mögliches Mittel (Ultima Ratio) in Erwägung ziehen. Außerdem ist die Kontrolle über **Eurasien** (Ziel 1) insofern erreicht, als die Spaltung in Ost und West so gut wie abgeschlossen ist. Damit hängt der Umbau der europäischen Nationalstaaten zu pseudodemokratischen Vasallenstaaten des US-Imperiums zusammen. Die Zersetzung der **Familie** (Ziel 2) hat erheblich zur Umstrukturierung des sozio-kulturellen Lebens beigetragen. Auch das **Individuum** ist bereits dermaßen anglo-amerikanisch konditioniert, dass es aus Sicht psychopathischer Globalisierer empfänglich für den finalen Schritt zur vollen Diktatur ist. Anders ausgedrückt: Die kollektivistische Agenda läuft schon lange. Die bereits erfolgten Angriffe gegen den Staat und die Familie haben das Individuum bisher »nur« indirekt geschwächt. Beim finalen Schritt wird das Individuum direkt attackiert, wobei es den Angriff als nötigen Schutz für Dritte, des Klimas oder einer anderen Phantasie wahrnehmen soll.

Digitales Imp(f)erium

Dass der angestrebte Endzustand für freiheitsliebende Menschen schrecklich sein würde, zeigt der COVID-Startschuss 2020. Schließlich ist er vollständig auf Chaos, Lügen, Angst, Terror, Zwang und Zerstörung aufgebaut. Die Drahtzieher sind unmöglich unsere Freunde. Sie sind die Feinde der Freiheit. Was uns bei ihrem Obsiegen erwartet, ist daher eine versklavende Unordnung. Für deren erste grobe Durchsetzung besteht lediglich ein begrenztes **Zeitfenster bis etwa 2025**. Die anglo-amerikanische Globalisierungsclique steht wegen fünf Faktoren unter einigem **Zeitdruck**.

Erstens muss, aus ihrer Perspektive, die Reduktion der Weltbevölkerung (Ziel 3) ohne unnötigen Aufschub erfolgen, damit zum einen der zeitliche Konnex zur propagierten CO_2-Reduktion gegeben ist und zum anderen die Bevölkerung den COVID-Schwindel nicht rechtzeitig durchschaut. Wird nämlich ein Bruchteil der Bevölkerung von etwa **10 Prozent** vorzeitig aktiv, dann ist das mit sehr hoher Wahrscheinlichkeit das endgültige Aus für alle bevorzugten Mittel, nämlich Teildiktatur, Massenimpfungen und voll ausgerolltes EMF-Netz. Zweitens würde die vorzeitige Erhebung der Bevölkerung auch die Erreichung der vollen digitalen Diktatur (Ziel 4) verhindern. Drittens wäre die gewünschte Herrschaft durch Künstliche Intelligenz (KI) aus technischen Gründen erst ab etwa dem Jahr 2100 möglich. Die ersatzweise technische Modifizierung der überlebenden Menschen im Massenprogramm bedarf eines Mindestmaßes an Zwang, wie ihn die Corona-Maßnahmen ermöglichen. Viertens erfordert auch die schuldhaft verursachte und verstärkte Wirtschaftskrise gerade beim heranstehenden Finanzcrash einen festen Griff über die Bevölkerung. Ein Übermaß an Ungehorsam, Widerstand, Revolten, Banden- und Bürgerkriegen hält aufgrund der relativ schwach ausgestatteten Exekutive keine westliche Regierung aus. Fünftens droht aufgrund des rasant zunehmenden Informationsflusses und der verdächtigen COVID-Umstände nicht nur das uralte Zensurprogramm, sondern auch die globale Machtelite selbst aufzufliegen. Dass sie und ihre Handlanger dies unbeschadet überleben würden, ist eher auszuschließen.

Aus den genannten Gründen müssen die globale Machtelite und ihre Erfüllungsgehilfen die Weltbevölkerung möglichst lange »dumm und klein« halten. Hierzu dient eine altbewährte Propaganda-Strategie, die schon im Vorfeld von COVID-19 perfektioniert wurde.

Propaganda-Strategie

Propaganda ist Meinungsmanipulation zwecks Verhaltenssteuerung. Es handelt sich um die psychologische Manipulation der Bevölkerung zur Erduldung von schädlichen Zuständen, die man in voller Kenntnis der Fakten bzw. bei klarem Verstand nicht akzeptieren würde. So werden Menschenmassen in für sie nachteilige Kriege und Krisen gelenkt, indem ihnen die Bereitschaft hierzu mit den Mitteln der Propaganda **eingepflanzt** wird. Zur Irreführung der Bevölkerung werden Feindbilder erzeugt, gegen die sich die Gemeinschaft abgrenzen und solidarisieren soll. Die Inhalte der ständig wiederholten Kernbotschaften sind immer kurz, einfach, einseitig und emotionalisierend (Angst, Zorn), aber auch gefälscht und gelogen, sofern Fakten den verdeckten Zielen der Manipulatoren schaden würden. So hat es schon Adolf Hitler (ab)geschrieben und praktiziert. Und so ist es bis heute der Regelfall.[1492]

Das trifft auch auf die Propaganda während der Corona-Krise zu, wie die von der politisch-medialen Propagandamaschinerie erzeugten sieben Kategorien der Fake News sowie die Fake Laws veranschaulichen. Deren Inhalt ist zwar primär auf die durch Leichtgläubigkeit, Angst und Strafe generierte Erduldung seitens der Masse gerichtet. Es sind jedoch auch **phantasierte** Feindbilder vorhanden: ein von außen in die Gemeinschaft eindringendes »Killervirus« und eine winzige aktive Minderheit von Corona-Maßnahmengegnern im Inneren, welche als »Gesundheitsgefährder«, »Verschwörungstheoretiker«, »Rechtsextremisten« etc. verächtlich gemacht, ausgegrenzt, angezeigt und gekündigt werden. Diese zwar demokratieschädliche und rechtswidrige, aber für die manipulativen Unterdrücker nützliche Vorgehensweise wird offenbar bis zur Zielerreichung fortgesetzt, also bis die Bevölkerung durchgeimpft und die digitale Diktatur implementiert ist. Als Köder zur Annahmebereitschaft dienen zwei **Utopien** in Form einer **Erlösung**, einerseits durch einen Impfstoff und andererseits durch ein digitales Schlaraffenland mit kuscheliger Rundumversorgung. Dass es sich in Wahrheit um Horrorszenarien handelt, wird in den Folgekapiteln vertieft. Das Ganze kann nur aufgehalten werden, wenn ein nennenswerter Anteil der Bevölkerung aufsteht und aktiv wird.

Der **Wendepunkt**, ab dem die öffentliche Meinung kippt und die Unterdrücker mit sehr hoher Wahrscheinlichkeit verloren haben, ist dann erreicht, wann die **aktive** Gegenbewegung eine Stärke von rund **10 Prozent** der Bevölkerung erreicht. Ab diesem Zeitpunkt orientiert sich die bis dahin neutrale Masse der Bevölkerung an der Meinung der aktiven Gegenbewegung. Um dies möglichst lange zu unterbinden, intensivieren die Unterdrücker kontinuierlich die Propaganda, während sie auch den Corona-Maßnahmenzwang (nach kurzen Lockerungen = Phasen der Hoffnung) immer wieder über das vorige Maß hinaus verstärken. Wie Abbildung 51 zeigt, üben die Unterdrücker (A) mittels Propaganda und Zwang massiven

Druck auf die Bevölkerung aus. Zwar verfügen die Maßnahmengegner (B) mit der Faktenevidenz und der daraus abgeleiteten Rechtswidrigkeit der Corona-Maßnahmen über die stärkste Waffe: die Wahrheit. Jedoch ermangelt es ihnen an der Möglichkeit, das Megageschütz schnell und schlagkräftig zum Einsatz zu bringen. Es fehlen schlichtweg (noch) die großen technischen Verbreitungsmöglichkeiten. Aber es besteht Hoffnung, was im Kapitel über den Ausblick erklärt wird.

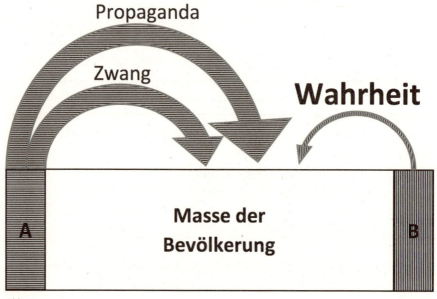

Abb. 51

Es ist ein allgemeines gesellschaftliches Phänomen, dass eine kleine Gruppe aktiv für eine Sache eintritt (A), während eine weitere kleine Gruppe aktiv dagegen auftritt (B) und sich die Masse der Bevölkerung neutral bzw. passiv verhält. Die Masse ist insofern opportunistisch, als sie jener kleinen Gruppe folgt, die stärker wird und sich durchsetzt. In Zahlen und vereinfacht ausgedrückt: Rund fünf Prozent der Bevölkerung sind für Veränderung (A), etwa fünf Prozent sind dagegen (B) und ca. 90 Prozent warten ab, wer gewinnt. Die Ableitung für die Unterdrücker (A) im Rahmen der Corona-Propagandemie lautet, dass sie die Masse möglichst lang gefügig halten, gegen die Maßnahmengegner (B) aufbringen und zum Denunziantentum verleiten muss. Das besagt nicht nur die Logik, sondern ergibt sich auch aus relativ jungen anglo-amerikanischen Quellen.

Sehr aufschlussreich ist eine Studie aus dem Jahr 2011 über die afroamerikanische Bürgerrechtsbewegung in den 1960er Jahren, als die damals noch so bezeichneten »Neger« um die ihnen zustehende rechtliche Gleichstellung mit den »Weißen« kämpfen mussten. Der Wendepunkt (Tipping Point), »an dem die anfängliche Mehrheitsmeinung von einem Netzwerk schnell zu einer konsistenten und unflexiblen Minderheit wechselt«, liegt bei rund **10 Prozent**. Ab diesem Wert »gibt es eine dramatische Verkürzung der Zeit, [...] die benötigt wird, damit die **gesamte** Bevölkerung die engagierte Meinung annimmt.«[1493]

Ein Feldhandbuch der US-Army aus dem Jahr 2006 über die Bekämpfung von Aufständischen in von US-Streitkräften besetzten Ländern wie insbesondere im Irak besagt: »In fast allen Fällen sehen sich die Aufständischen einer Bevölkerung gegenüber, in der eine aktive Minderheit die Regierung unterstützt und eine ebenso kleine militante Fraktion dagegen ist.« Ein Erfolg der Regierung setzt voraus, dass sie »von den meisten der nicht gebundenen **Mitte** als legitim akzeptiert wird, zu der auch passive Unterstützer beider Seiten gehören.« Weil Störungen leicht erzeugt sind, »reicht es für Aufständische normalerweise nicht aus, 51 Prozent der Unterstützung der Bevölkerung zu erhalten. Eine solide Mehrheit ist oft unerlässlich. Eine **passive** Bevölkerung kann jedoch alles sein, was für einen gut unterstützten Aufstand erforderlich ist, um die politische Macht zu ergreifen.« Demzufolge ist sorgfältige Aufstandsbekämpfung »der Kampf um die Unterstützung der Bevölkerung.«[1494] Dass die Passivität der Masse der Bevölkerung den Revolutionären (A) dient, beweist die überrumpelnde Machtausdehnung der Regierung gegen das propagandistisch getäuschte Volk im Rahmen von COVID-19. Bleibt die Masse passiv, bleibt die Regierung an der Macht. Aus der Sicht der Gegenbewegung (B) müssen daher möglichst viele Menschen aus der Passivität herauskommen und sich der aktiven Gegenbewegung anschließen. Ab 10 Prozent stehen die Chancen gut für die Wende bzw. die Rückeroberung der Normalität in neuer Form. Das Problem dabei ist, dass die Menschheit schon seit einer halben Ewigkeit zur Passivität umerzogen wird. Hervorzuheben sind folgende widernatürliche Strömungen: gehorsamer Glaube an die Erlösung durch Dritte, demütiges Ertragen von Untragbarem, Schuldkomplexe, Selbstzensur durch »Politische Korrektheit« und Fremdzensur durch psychopathische Gutmenschen.

Irrationaler Glaube an Fremderlösung. Das vom Imperium Romanum (Römischen Reich) modifizierte Christentum hat die Psyche des westlichen Menschen mit dem unlogischen Glauben an die Erlösung durch einen **Messias** angeknackst. Hierzu wurde das vom rebellischen Menschen Jesus von Nazareth vorgelebte und gelehrte Prinzip der Selbsterlösung in das komplette Gegenteil umgestaltet. Gemäß allen Überlieferungen vermittelte Jesus mit seinen Gleichnissen das relativ einfache Rezept für ein spirituelles Leben: erfülltes Sein im Hier und Jetzt (Diesseits) durch Selbstbefreiung aus den religiös, sozial und politisch angelegten Fesseln des Geistes. Rom hingegen machte aus dem Menschen Jesus einen »Gott«, durch dessen Vermittlung allein man zwar nicht auf Erden, dafür aber im »Himmel« (Jenseits) das Paradies betreten dürfe. Die Voraussetzung sei strenger irdischer Gehorsam. Das ist wohl das größte psychologische Verbrechen einer Kirche, die ihr gekreuzigtes Markenzeichen ausgerechnet zum Sohn jenes psychopathischen »Gottes« des Alten Testaments macht, dessen Sklavenregeln der rebellische Jude für aufgehoben erklärt hat. Das ist ähnlich pervers, als würde man den Volkshelden Robin Hood zum Sohn des tyrannischen Prinz John erklären oder den Tiroler Freiheitskämpfer Andreas Hofer zum Verbündeten Napoleons. Details nebst Quellenauswertung können in meinem ersten Buch mit dem Titel *Tiger in High Heels* nachgelesen werden.[1495] Für den Corona-Kontext ist relevant, dass Menschen zwar das Geburtsrecht haben, frei wie Tiger zu leben, sie jedoch zu Schafen erzogen werden, die auch im hohen Alter ständig auf Hilfe von außen warten, anstatt die Dinge selbst in die Hand zu nehmen.

Widernatürliches Ertragen. Auch die mit dem Christentum aufgezwungene und völlig unnatürliche, weil demütige Haltung der Toleranz hat die Widerstandskraft der Menschen geschwächt. Tolerieren leitet sich vom lateinischen Verb »tolerare« ab, das »**ertragen**« und »erdulden« bedeutet.[1496] Schon vom Wortsinn her geht es nicht um eine gesunde, auf mitmenschlicher Einfühlung und Verständnis beruhende Akzeptanz, sondern um eine künstliche Demutshaltung des Aushaltens und Verkraftens.

Schuldkomplexe. Fremderlösungsglaube und Demut sind eng an das absurde Märchen von der **Erbsünde** gekoppelt, die schon Babys für schuldig erklärt. Eine unmissverständliche Bibelstelle wurde von unseligen Kirchenvätern ins glatte Gegenteil verkehrt.[1497] An den religiösen Schuldwahn knüpft die anglo-amerikanisch erzeugte **Mea-Culpa-Psychose** (Meine-Schuld-Psychose) von uns Deutschen für zwei Weltkriege an. Diese wurden, wie gezeigt, unseren Altvordern aufgezwungen. Wer dieses Faktum nicht wahrhaben will, muss wenigstens kapieren, dass die Masse von uns damals noch nicht einmal geboren war. Dennoch wird der Hass auf das Eigene öffentlich gepflegt.

Selbstzensur. Die menschenverachtende Absurdität des schuldgläubigen Ertragens unzumutbarer Zustände erfährt seit den 1990er Jahren eine Steigerung zur

Unerträglichkeit. Seither spukt nämlich irrwitzigerweise der anglo-amerikanische Begriff »Political Correctness« auch in kontinentaleuropäischen Köpfen herum, obwohl doch jedes Kind weiß, dass die Worte »politisch« und »korrekt« so gut wie unvereinbar sind. Entweder etwas ist korrekt oder es ist nicht korrekt. Für ein friedliches und gerechtes Zusammenleben ist Korrektheit eine wesentliche Voraussetzung. Das Unding der sogenannten Politischen Korrektheit hingegen ist die geistige Dressur zur **Selbstzensur**. Es handelt sich um eine von einer Minderheit massenmanipulativ generierte Mentalakrobatik, eine psychologische Programmierung, die auf eine Neuausrichtung des Denkens im Sinne der Manipulatoren abzielt. Wer das Denken beherrscht, dominiert die Sprache und letztlich auch das daran angepasste Verhalten der Menschen. »Politische Korrektheit« ist also in letzter Konsequenz eine aus der oktroyierten Seuche des irrationalen Denkens resultierende **Verhaltenszensur**. Und Zensur, in welcher Form auch immer, beraubt den Menschen seiner Einzigartigkeit, seines individuellen Selbstausdrucks. Wo Zensur ist, dort ist die Tyrannei nicht fern. Denn Zensur macht den Menschen vom Subjekt zum Objekt, zum geformten Passstück eines gewollten Systems des Kollektivismus. Der sich selbst zensierende Mensch soll Angst davor haben, was andere von seiner Ausdrucksweise halten. Er soll fürchten, nicht jener Version von ihm selbst zu entsprechen, die andere (vermeintlich) in ihm sehen.

Fremdzensur durch psychopathische Gutmenschen. Der künstlich hervorgerufenen Angst bedienen sich Machtmenschen, Narzissten und Psychopathen insbesondere dann, wann sie als sogenannte Gutmenschen und vermeintliche Beschützer von Minderheiten auftreten, denen sie selbst gar nicht angehören. Die Auswertung einer sechsteiligen Studie der Amerikanischen Psychologenvereinigung vom Juli 2020 ergibt, »dass Personen mit Merkmalen der dunklen Triade – **Machiavellismus, Narzissmus, Psychopathie** – häufiger ein tugendhaftes Opfer signalisieren«, um durch demonstrative Zurschaustellung moralischer Werte für sich selbst Vorteile herauszuholen. Dabei kommen Übertreibungen, Fälschungen und Lügen regelmäßig zum Einsatz.[1498]

Zu dieser Gruppierung, die im Deckmantel des Gutmenschentums Andersdenkende mundtot macht, zählen meiner Meinung und Erfahrung nach einige selbsternannte »Nazijäger« aus den Reihen der deklarierten Linksextremisten, der sogenannten Grünen und der vermeintlichen Antifa, aber auch des vom offiziellen Zweck her höchstsinnvollen Dokumentationsarchivs des Österreichischen Widerstands (DÖW). Auffällig ist, dass der »Widerstand« gegen den Nationalsozialismus und den Faschismus alter Art umso intensiver wird, je länger er Geschichte ist.

Zeitgleich wird der brandgefährliche Kapitalfaschismus neuer Art nicht angegriffen, wobei dagegen Opponierende vielfach zu Unrecht in die Schublade der Nazis gesteckt werden. Meiner persönlichen Beurteilung nach wäre der Großteil der heutigen »Nazijäger« ab 1933 besonders brav mitmarschiert. Diese Leute passen anscheinend perfekt in die Gestapo oder in eine Propaganda-Abteilung von Dr. Joseph Goebbels, wo sie alles und jeden denunziert hätten, der angeblich nicht ins System passt, insbesondere Juden. Für die Plausibilität meiner Beurteilung spricht, dass besagte Gruppierung – wie auch die Masse der »Künstler« – zu den Corona-Maßnahmen schweigt oder sie sogar im Chor der Regierung bejubelt. Es würde mich daher nicht wundern, wenn gewisse Schlüsselpersonen auf der anglo-amerikanischen Gehaltsliste stünden.

Selbstzensur in Form von Toleranz und »Politischer Korrektheit« sowie Fremdzensur durch psychopathische Gutmenschen hat bereits vor COVID-19 zu einer **Meinungsdiktatur der Minderheit** gegenüber der Masse geführt, in der selbst natürliche Unterschiede zwischen den Rassen und Geschlechtern geleugnet oder korrekte Zahlen, Daten und Fakten ignoriert werden, weil sie nicht zu den vermeintlichen Gefühlen der Meinungsdiktatoren passen. Die Realität der Masse stört die Utopie der Minderheit, die uns den neuen Messias in Form von schädlichen Impfstoffen präsentiert.

Reduktion der Weltbevölkerung

Das tatsächlich bestehende Problem der Überbevölkerung hat nicht erst Bill Gates erkannt. Es war schon lange vor ihm von echten Experten vor allem im anglo-amerikanischen Raum dargelegt worden. Ziel 3, die Bevölkerungsreduktion, ist an sich nichts Verwerfliches, sondern viel mehr eine **Voraussetzung** für den gesunden Fortbestand der Menschheit. Jedoch sind die **menschenverachtenden** Mittel – Unfruchtbarmachen und Töten mit genetischen Impfstoffen und gepulster EMF-Strahlung im Rahmen einer Teildiktatur – völlig inakzeptabel. Diese Mittel lassen schließlich einen schleichenden und qualvollen Genozid erwarten. Nur aus der Sicht von Psychopathen trifft hier das Motto »Der Zweck heiligt die Mittel« zu. Aus der Perspektive der nicht gefragten, wohl aber betroffenen Bevölkerung ist schon der Zweck untragbar, sprich die Weltherrschaft durch anscheinend schwer geisteskranke Vertreter einer globalen Machtelite. Dennoch scheint das Ziel der Bevölkerungsreduktion erreichbar zu sein.

Ab 1969 hat der US-amerikanische Physikprofessor Dr. Al Bartlett in mehr als 1.700 einstündigen Vorträgen weltweit nicht nur das Problem der Energiekrise vorhergesagt, sondern auch das zugrundeliegende Problem unkontrollierter menschlicher Fortpflanzung erklärt: »Das größte Manko der Menschen ist unsere Unfähigkeit, die **Exponentialkurve** zu verstehen.«[1499] Es ist ein unwiderlegbares mathematisches Faktum, dass stetiges Wachstum irgendwann zur Verdoppelung führt. Bei einer realistisch angenommenen Wachstumsrate von jährlich 1,3 Prozent verdoppelt sich die Weltbevölkerung alle 53 Jahre. Ausgehend von 6 Milliarden Menschen im Jahr 1999, würde die Bevölkerungsdichte nach 780 Jahren, also etwa im Jahr 2780, so hoch sein, dass pro Mensch nur mehr ein Quadratmeter Festland übrig wäre.[1500] Natürlich weicht die reale Entwicklung meist von Modellrechnungen ab. Entscheidend ist aber, dass der errechnete Trend plausibel ist und es daher ohne Eingriff zur Katastrophe kommen muss. Schließlich sind auf der Erde zwei Dinge begrenzt: Platz und Ressourcen. Im Jahr 2002 hat Professor Bartlett anhand offizieller Statistiken nachgerechnet, dass schon vor dem Jahr 2000 ca. drei Viertel aller US-amerikanischen Erdölressourcen abgebaut waren und das letzte Viertel bereits verbraucht wird. Medial propagierten »Vorhersagen« über weitere Ressourcen sei nicht zu trauen.[1501] Diese Ausführungen passen jedenfalls perfekt zum intensivierten Raub nahöstliches Erdöls durch die USA nach 9/11.

Außerdem räumt Dr. Al Bartlett korrekt ein, dass sich zwar die Bevölkerung der sogenannten Entwicklungsländer am rasantesten vermehrt, das Hauptproblem des Ressourcenverbrauchs aber der Westen ist bzw. die USA sind. Denn jeder westliche Einwohner verbraucht 30 Mal mehr als jener eines Entwicklungslands. Folglich sollen primär die USA das eigene Bevölkerungswachstum stoppen.[1502] Das ist natürlich korrekt, gilt aber auch für die Entwicklungsländer. Völlig unlogisch und kontraproduktiv ist daher, dass der Westen seine endlich ausgedünnten Reihen mit **Migranten** aus Ländern füllt, die er im westlichen Sinne zu entwickeln trachtet. Genau das facht den Ressourcenverbrauch zusätzlich an. Das Problem der Bevölkerungsexplosion zum Beispiel in Afrika hat der kolonialisierende Mensch des Westens verursacht, indem er zum einen mit seinen Kriegen und seiner Unterdrückungspolitik einen radikalisierten Islam mit politisch-expansivem »Massenzuchtprogramm« befeuert und zum anderen (vermutlich in guter Absicht) die dortige Kindersterblichkeit gesenkt hat.

Die beste Lösung für alle Beteiligten scheint zu sein, dass der Westen seinen Energieverbrauch drastisch senkt, seine Geburtenrate weiterhin niedrig hält, die Einwanderung rigoros unterbindet und sich nicht mehr profitorientiert in die Angelegenheiten fremder Kontinente einmischt. Wenn sie nicht mehr ausgebeutet werden, können die Einwohner Afrikas und des Nahen Ostens ihre reichhaltigen Ressourcen zur umweltschonenden Verbesserung ihrer Lebensqualität einsetzen. Dadurch würden sich die Nachwuchsraten vermutlich von selbst auf einem niedrigeren Level einpendeln. Kurz gesagt: Der Westen wird den Gürtel enger schnallen, sich etwas von der Bescheidenheit der von ihm bisher beraubten Länder abschauen und diese künftig in Frieden lassen müssen.

Einen konstruktiven Lösungsansatz präsentieren auch die »Georgia Guidestones«. Im Jahr 1980 wurde im US-Bundesstaat Georgia ein Monument aus vier knapp sechs Meter hohen Markstreinen errichtet, den sogenannten Guidestones. In diese sind in acht Sprachen 10 »Gebote« für eine bessere Welt eingraviert. Die erste Empfehlung lautet: »Halte die Menschheit unter 500.000.000 in fortwährendem Gleichgewicht mit der Natur.« Weiters wird die weise Lenkung der Fortpflanzung empfohlen (2.), die Achtung der nationalen Autonomie bzw. Selbstregelung (6.), die Vermeidung von belanglosen Gesetzen und unnützen Beamten (7.), ein Gleichgewicht zwischen persönlichen Rechten und sozialen Pflichten (8.), Raum und nochmals Raum für die Natur (10.) und so weiter. Die Steine können jederzeit besucht,[1503] ihre Inschriften auch auf Google Maps und in Broschüren gelesen werden.[1504] Sohin handelt es sich um kein Geheimnis und folglich auch nicht um den Ausdruck einer »Verschwörung«. Über die Anzahl von 500 Millionen kann man diskutieren, über den restlichen Inhalt eher nicht. Es sind durchwegs vernünftige und menschenfreundliche Empfehlungen. Kein Hauch von Zwang, Gewalt oder Mord.

Wie gezeigt, plant und handelt die globale Machtelite völlig konträr zu den Guidestones und ist sie auch zu einem großen Teil für die Bevölkerungsexplosion in den Entwicklungsländern verantwortlich. Zur rücksichtslosen Kriegsführung und Ausbeutung fremder Völker passt auch deren rassische Abwertung durch die anglo-amerikanische Globalisierungsclique. Auf einer öffentlichen Veranstaltung, die 1991 vom Staate Iowa offiziell für den Umweltschutz ausgerichtet und von den Vereinten Nationen gesponsert wurde, gelangte ein mehrseitiges Schriftstück zu Verteilung. Es wurde vom »Sekretariat für Weltordnung« des Cobden Clubs verfasst, dessen Sitz in London ist. Vom zur Gänze einsehbaren Dokument[1505] wird nun aus zwei Absätzen zitiert: »Wir sind die lebenden Förderer vom Willen des großen Cecil Rhodes 1877, in dem Rhodes sein Vermögen wie folgt widmete: ›Der Ausdehnung der **britischen Herrschaft über die Welt** [...] sowie der endgültigen Wiedererlangung der Vereinigten Staaten von Amerika als integralen Bestandteil des Britischen Imperiums‹.« Die Verfasser stehen ebenso »zu Lord Milners Credo. Auch wir sind ›**britische Rassepatrioten**‹ und unser Patriotismus ist ›die Rede, die Tradition, die Prinzipien, die Ansprüche der britischen Rasse.‹ Haben Sie Angst, diesen Standpunkt im allerletzten Moment einzunehmen, in dem dieser Zweck verwirklicht werden kann? Sehen Sie nicht, dass jetziges Versagen bedeutet, von **Milliarden Liliputanern niederer Rassen** heruntergezogen zu werden, die sich wenig oder nicht um das angel-sächsische System kümmern?«[1506]

Bereits auf dem Vierte-Welt-Kongress 1987 hatte der NWO-Agent und US-Investmentbanker David Lang vor laufender Kamera vorgeschlagen, die Umwelt-Agenda »**keinem** demokratischen Prozess zu unterziehen. Es würde zu lange dauern und viel zu viel Kapital verschlingen, um das **Kanonenfutter**, das bedauerlicherweise die Erde bevölkert, zu erziehen.« Sie haben richtig gelesen: So gut wie alle Menschen, also auch Sie und ich, werden als Beschussobjekte betrachtet, die zum Bedauern der Finanzelite auch auf diesem Erdball wandeln. Um sicherzugehen, dass ich nicht versehentlich Stalin oder Hitler zitiert habe, können sie sich das Originalvideo ansehen. Es wurde 1992 vom darüber empörten US-amerikanischen Unternehmensberater George Hunt mit weiteren wichtigen Fakten in ein Aufklärungsvideo gegossen, das die Einverleibung der Umwelt-Agenda in die NWO der anglo-amerikanischen Globalisierungsclique anschaulich beweist.[1507] Hauptbegründer der Pseudo-Umweltbewegung war Baron de **Rothschild**, der am sogenannten UNO-Weltgipfel (UNCED) 1992 ganz offen einen »zweiten Marshall-Plan« und ein neues Währungssystem gefordert hat.[1508] Gesprochen hat unter anderem auch der Weltenergiekapitalist David **Rockefeller**.[1509]

Für die anglo-amerikanische Globalisierungsclique sind Meinungsmultiplikatoren wie der US-amerikanische Filmemacher Aaron Russo von hohem Interesse. Der inzwischen verstorbene Russo beschrieb 2006 in einem gefilmten Interview, dass ihm der vormals befreundete Nick **Rockefeller** im Herbst 2020 verraten hatte, was die globale Machtelite mit der Menschheit vorhat: »Aber sie hatten das Gefühl, dass sie die **Weltbevölkerung** reduzieren wollten, und er [Nick Rockefeller] war der Meinung, dass sie **um die Hälfte reduziert** werden sollte.«[1510] Diese und weitere schlüssige und nachvollziehbare Darlegungen von Aaron Russo passen bestens ins Gesamtbild. Vom besagten Videointerview existiert ein exaktes und mit weiterführenden Quellen versehenes Transkript.[1511]

Die Familien Rockefeller und Rothschild sind, wie gesagt, stark mit dem WEF verbandelt. In diesem Kontext zitiert George Hunt aus Unterlagen, denen zufolge schon 1992 beschlossene Sache war, was sich seit März 2020 tatsächlich ereignet:

das wirtschaftliche Niederfahren der Industrieländer **ohne** deren Einverständnis, weil sie dazu nicht bereit wären. Dieses große Zurücksetzen – der **Great Reset** – geht angeblich auf Maurice Strong zurück, den Gründungsvater und ersten Direktor des UN-Umweltprogramms.[1512] Gemäß WEF-Gründer Klaus Schwab hat ebendieser Herr Strong »die Mission des **Weltwirtschaftsforums** [...] tief in alles einbezogen, was er getan hat.« Herr Strong war, so Schwab weiter, »mein **Mentor** seit der Gründung des Forums: ein großartiger Freund; ein unverzichtbarer Berater; und seit vielen Jahren Mitglied unseres Stiftungsrats. Ohne ihn hätte das Forum seine gegenwärtige Bedeutung nicht erreicht.«[1513] Diesen Auszug aus einem Nachruf schrieb Klaus Schwab Ende November 2015. Im Folgejahr erschien sein erwähntes Buch über die angeblich nötige vierte industrielle Revolution, für deren gelenkte Einleitung es diktaturähnlicher Zustände inklusive Meinungskontrolle bedürfe (siehe Kapitel »Ersehnte digitale Diktatur«). Kaum war der Great Reset ab März 2020 im Gange, erschien kurz darauf Schwabs Buch ***COVID-19: The Great Reset***. Dazu kommen wir im folgenden Kapitel.

An dieser Stelle ist festzuhalten, dass das große Zurücksetzen der Wirtschaft für Natur und Umwelt aufs Erste bestimmt vorteilhaft ist, auf lange Sicht aber wegen der vollen 5G-Ausrollung katastrophale ökologische Auswirkungen befürchten lässt. Auch daraus ist zu schließen, dass das Thema »Umwelt« nur vorgeschoben ist. Es handelt sich um eine Idee anglo-amerikanischer Globalisten, die genauso wenig demokratisch legitimiert sind wie der von ihnen geplante Great Reset. Dieser trifft die Bevölkerung unerwartet und vernichtet wirtschaftliche Existenzen und Menschenleben. Daraus folgt, dass das große Zurücksetzen der Lebensgrundlagen der geplanten Einführung jener Teildiktatur dient, die ihrerseits eine gezielte Bevölkerungsreduktion zulässt, aber auch selbst Menschenleben auslöscht und daher ein Mittel zur Erreichung des dritten Ziels der anglo-amerikanischen Globalisierungsclique ist.

Auf der offenbar anglo-amerikanischen Internetseite namens »Deagel« werden seit Jahren Zahlen und Daten über Wirtschaftsleistung, militärische Rüstung und Bevölkerungsanzahl fast aller Länder der Erde sowohl statistisch dargestellt als auch prognostiziert. Eine kritische Auswertung vergangener Prognosen zeigt, dass »Deagel« seriös, wenngleich auch spekulativ arbeitet.[1514] Anlässlich COVID-19 wird davon ausgegangen, dass »der Great Reset, wie der Klimawandel [...], ein weiterer Versuch ist, den Verbrauch natürlicher Ressourcen drastisch zu verlangsamen und damit die Lebensdauer des derzeitigen Systems zu verlängern. Es kann für eine Weile wirksam sein, wird aber schließlich das Grundproblem **nicht** lösen und nur das Unvermeidliche verzögern. Die herrschenden Kerneliten hoffen, an der Macht zu bleiben, was praktisch das Einzige ist, worum sie sich wirklich sorgen.« Bei den multikulturell geschwächten westlichen Gesellschaften könnte ein multikausaler Zusammenbruch »einen Tribut von 50 bis 80 Prozent fordern.«[1515] Der damit zusammenhängende Bevölkerungsrückgang, der eventuell auch auf einen großen Krieg und eine Massenauswanderung zurückzuführen wäre, wird für Österreich im Jahr 2025 mit rund 2,6 Millionen Menschen prognostiziert. Demnach hätte die Alpenrepublik gegenüber 2019 statt 8,8 nur noch 6,2 Millionen Einwohner. In Deutschland sollen bis 2025 von vormals 80 Millionen nur noch 28 Millionen Menschen leben, also 52 Millionen weniger.[1516]

Ein derart massiver Bevölkerungsschwund wäre gemäß meiner Beurteilung – außerhalb von einem Nuklearkrieg und einer Massenauswanderung – nur möglich, wenn die Wirtschaft bis 2025 weiterhin und voll an die Wand gefahren wird, die Lieferketten lange unterbrochen sind, es bürgerkriegsähnliche Zustände eventuell kombiniert mit einem längeren Blackout gibt, 5G oder ein stärkeres Trägermedium für gepulste EMF-Strahlung voll ausgerollt und das genetische Impfprogramm abgeschlossen ist. Denkbar wäre auch eine echte Killerepidemie, die aufgrund der impfbedingten Immunschwäche unzählige Menschen dahinrafft. Hinsichtlich der Gefahr eines schleichenden Genozids durch gepulste EMF-Strahlung und gentechnische Impfstoffe wird auf die entsprechenden Kapitel des vorliegenden Buchs verwiesen.

Zu ergänzen ist das im Auftrag der Bill & Melinda Gates Stiftung von der Rice University in Houston Ende 2019 – »zufällig« unmittelbar vor dem »Ausbruch« von COVID-19 – fertiggestellte System des Quantenpunkt-Tattoos. Das sind mikroskopische kleine Impfnadeln, die in der Haut eine verkapselte Signatur hinterlassen.[1517] Der Kontrollfreak-Phantasie scheinen keine Grenzen gesetzt zu sein.

Den Zusammenhang zwischen CO_2-Agenda, Massenimpfungen und Bevölkerungsreduktion hat Impfpapst Bill Gates ab 2010 deutlich, mehrfach und öffentlich betont. Im erwähnten Videointerview vom 23. 06. 2020, in dem Bill eine erstzunehmende nächste Pandemie ankündigt, erklärt seine Frau Melinda, wer ihrer Meinung nach in den USA die **prioritär zu impfenden** Risikogruppen (»most vulnerables«) sind: »Schwarze« und »Indianer« bzw. »native Americans«.[1518] Haben die hellhäutigen Anglo-Amerikaner Bill und Melinda Gates generell dunkelhäutige Menschen der zitierten »niederen Rassen« im Sinn? Wird die Bewegung »Black Lives Matter« weltweit gefördert, um dunkelhäutigen Menschen den Bauch zu pinseln, damit sie die vorrangige Impfung als Besserstellung gegenüber der hellhäutigen Bevölkerung wahrnehmen und sie bereitwillig annehmen? Handelt es sich um den rassistischsten Zynismus aller Zeiten, ausgehend von einem Land der Niedrigkultur, in dem die »indianische« Urbevölkerung gnadenlos verdrängt und ausgerottet wurde und »Schwarze« bis vor nicht allzu langer Zeit Sklaven waren? Ist dieser perfide Schachzug einer Clique zuzutrauen, die in zwei Weltkriegen vorsätzlich Millionen Menschen geopfert hat sowie seit März 2020 die ganze Menschheit einsperrt und die Wirtschaft kaputtmacht? Meine Antwort lautet: Ja!

Unabhängig davon, wie viele Menschen planmäßig sterben werden, ist für die überlebende Bevölkerung eine vollständige digitale Diktatur vorgesehen.

Volldigitalisierte Versklavung

Das vierte Ziel der anglo-amerikanisch dominierten Machtelite stellt sich laut allen verfügbaren Quellen als totale digitale Herrschaft weltweit über alle Menschen dar, deren Leben nicht planmäßig ausgelöscht wird. Der geplante revolutionäre Umbau unserer bereits geschwächten Demokratie in ihre technokratische Diktatur deckt sich mit dem Zweck des Masterplans: globale Herrschaft einer selbsternannten Machtelite. Auch die gewählte Methode ist dieselbe. Nach dem Motto »Ordo ab Chao« (Ordnung aus dem Chaos) soll aus dem künstlich erzeugten Chaos eine neue Scheinordnung generiert werden: vorher Macht aus Krieg, dann Diktatur aus Corona-Krise. Die digitale Diktatur ist eine wahrscheinlich nie erreichbare Utopie, denn sie beruht auf der wahnhaften Idee der Umwandlung des Menschen in einen computertechnisch modifizierten Zombie. Die wesentlichen Voraussetzungen dafür sollen bis 2025 geschaffen und der Great Reset bis 2030 abgeschlossen sein. Ob sich diese von den NWO-Agenten öffentlich propagierte Utopie vollinhaltlich mit dem Willen der globalen Machtelite deckt, ist letztlich irrelevant. Schließlich dienen die verbrecherisch anmutenden Mittel dem oberkriminellen Zweck. Obendrein dürften sie zumindest beim ergrauten Teil der Machtelite die Hoffnung auf die technische Verlängerung ihres inhaltlich armseligen Lebens geweckt haben.

Vorweg sei klargestellt, dass Technik an sich wertneutral ist. Ob sie zum Guten oder zum Schlechten eingesetzt wird, hängt allein vom Menschen ab. Allerdings hat der Mensch, wie der israelische Historiker Dr. Yuval Noah Harari zutreffend ausführt, längst die Kontrolle über seine technischen Errungenschaften verloren. Ihr Einsatz ist in der Regel nicht demokratisch legitimiert, weil die Politik der Technik hinterherhinkt. Aus gutem Grund spricht Harari von der »Zeitbombe im Labor«.[1519] Der alles andere als technikbegeisterte Historiker setzt sich kritisch mit der sogenannten **Datenreligion** auseinander, die auch Dataismus genannt wird. Dieser neuen materialistischen Religion zufolge bemisst sich »der Wert jedes Phänomens oder jedes Wesens« nach dem von ihm erbrachten Beitrag zur **Datenverarbeitung**. Die Datenreligion hat »bereits einen Großteil des wissenschaftlichen Establishments erobert« und stellt dabei die traditionelle Erkenntnispyramide auf den Kopf: Während Daten bislang lediglich »als der erste Schritt in einer langen Kette geistiger Aktivität« galten, **glauben** (sic!) Dataisten, »dass Menschen die ungeheuren Datenströme nicht mehr bewältigen können [...].« Die fatale Schlussfolgerung der Datenreligiösen lautet: »Die Arbeit der Datenverarbeitung sollte man deshalb elektronischen **Algorithmen** anvertrauen, deren Kapazitäten die des menschlichen Gehirns weit übertreffen.«[1520]

Anstatt zuerst einmal die zu ca. 90 Prozent unbekannte Kapazität des Gehirns zu erforschen, wollen die Datengläubigen den frei geborenen Menschen einer elektrisch-maschinellen bzw. digitalen Diktatur unterwerfen. Vor der Etablierung einer Künstlichen Intelligenz (KI) und der damit verbundenen **Entseelung** der Menschheit hat Rudolf Steiner bereits im Jahr 1921 gewarnt. Wie ein Prophet schildert er »automatenartige Wesen mit einem überreichlichen Verstande«, mit deren Bewegung die Erde überzogen wird »wie mit einem **Netz**, einem Gewebe von furchtbaren Spinnen [...].«[1521] Das »medizinische« Instrument zur seelischen Verstümmelung ab dem zarten Kindesalter hat Steiner schon 1917 vorhergesagt: »Wie man heute die Leiber impft gegen dies und jenes, so wird man zukünftig die Kinder mit einem Stoff impfen, der durchaus hergestellt werden kann, so dass durch diese **Impfung** die Menschen gefeit sein werden, die ›Narrheiten‹ des spirituellen Lebens nicht aus sich heraus zu entwickeln, Narrheiten selbstverständlich im materialistischen Sinne gesprochen.«[1522]

Das absolute Gegenmodell zu der von Jesus und Buddha, aber auch von Rudolf Steiner gelehrten Spiritualität ist die materialistische Datenreligion. Unabhängig von deren Mitteln prognostiziert der Historiker Dr. Harari: »Da sich die Bedingungen für Datenverarbeitung erneut verändern, könnte die **Demokratie** schwächer werden oder sogar **verschwinden**.« Damit hängt zusammen, »dass das **Internet** heute eine freie und **rechtlose** Zone ist, die staatliche Souveränität untergräbt, Grenzen ignoriert, die Privatsphäre abschafft und vermutlich das größte globale Sicherheitsrisiko darstellt.«[1523] Just dieses rechtsfreie Instrument wollen die NWO-Agenten zum Internet aller Dinge und damit zum ultimativen Trägermittel ihrer digitalen Diktatur ausbauen. Jedoch stehen der endgültigen Versklavung der Menschen durch ihre Unterordnung unter die KI bis etwa zum Jahr **2100** technische Hindernisse im Weg. Der wohl bekannteste US-amerikanische Physiker, Prof. Dr. Michio Kaku, ist davon überzeugt, dass Roboter erst »gegen Ende des Jahrhunderts« so gescheit wie Menschen sein werden. Weil für die Entwicklung einer intelligenten Software der Mensch selbst der begrenzende Faktor ist, »ist eine Rekonstruktion des Gehirns erst gegen Ende dieses Jahrhunderts zu erwarten.«[1524]

So lange kann aber die globale Machtelite aus den genannten Gründen nicht warten: offizielle CO_2-Agenda, heranstehender Finanzcrash, befürchtetes eigenes Auffliegen. Letzteres hängt auch mit der rasanten Informationsverbreitung im Internet zusammen. Die Gegenpropaganda scheint vorwiegend vom WEF auszugehen, das bekanntlich die Schaltzentrale zwischen globaler Machtelite, NWO-Agenten, supranationalen Organisationen, Konzernen, Politik und Medien ist.

Grobarbeit bis 2025

Die mit dem WEF verbundene Familie **Rockefeller** respektive dessen Spross Nick hat laut Aaron Russo bereits im Jahr 2000 angekündigt, dass die von der Bankenindustrie gewünschte Eine-Weltregierung an die **Implantierung von RFID-Chips** in alle Menschen weltweit gekoppelt ist. RFID steht für »Radio-Frequency Identification«, sprich für die Identifizierung von Objekten und Lebewesen mit Hilfe elektromagnetischer Wellen. Auf den implantierten Chips soll das Geld digital gespeichert werden, während das Bargeld völlig verschwinden soll. Weil jeder Mensch gechipt werden soll und man digitales Geld jederzeit entziehen kann, handle es sich gemäß Rockefeller um die »totale Kontrolle« über die gesamte Gesellschaft. Jeder Mensch werde zum **Sklaven** des etablierten Systems privatrechtlicher Zentralbanken.[1525] Es ist daher kein Wunder, dass die im ersten Kapitel beschriebene **Blaupause für Diktaturen** namens »Lock Step« im Jahr 2010 von der Rockefeller Foundation erstellt wurde. Bei diesem Szenario setzen die Regierungen ihr diktatorisches Programm auch nach der beendeten Krise fort. Dabei wird ein Zitat in große rote Buchstaben gesetzt: »Es ist möglich, einige Gesellschaften für einige Zeit zu disziplinieren und zu kontrollieren, aber nicht die ganze Welt für die ganze Zeit.«[1526] Eine Mischung aus beidem, nämlich ein Zeitfenster für die Kontrolle der ganzen Welt, liegt in der COVID-Krise vor.

Anfang März 2016 warb das WEF im Sinne von Nick Rockefellers Ausführungen ganz offen dafür, dass die privatrechtliche **FED** die **Welt-Zentralbank** werden soll.[1527] In seinem ebenfalls 2016 erschienen Buch über die sogenannte vierte industrielle Revolution propagiert der Gründer und Leiter des **WEF** Prof. Dr. Klaus Schwab, wie gesagt, eine digitale Form der Teildiktatur nebst **Verhinderung** einer breiten gesellschaftlichen **Gegenreaktion**. Dass mit dieser zu rechnen ist, ergibt sich sowohl aus der prognostizierten Arbeitsplatzvernichtung von bis zu 47 Prozent[1528] als auch aus der zu erwartenden kategorischen Ablehnung von implantierten Chips, Telefonen und anderem unter die Haut gepacktem technischem Firlefanz. Von insgesamt 23 »technologischen Umwälzungen«, die angeblich zwingend stattfinden müssen, seien genannt: 1. **implantierbare Technologien**, 3. Augen als Internetschnittstelle, 4. auf der Kleidung tragbares Internet, 5. Allgegenwart der Datenverarbeitung, 8. Internet der Dinge, 15. Dienstleistungen durch Roboter, 22. genetisch designte Kinder und 23. **Neurotechnologie** bzw. die Einpflanzung eines komplett künstlichen Gedächtnisses ins Gehirn. Als Wendepunkt für diese und weitere Umwälzungen nennt die überwiegende Mehrheit der 800 befragten Führer aus dem Bereich der Wirtschaft das Jahr **2025**.[1529] Für 21 Wendepunkte wurden messbare Kriterien festgelegt, die den Trend der Volldigitalisierung im Jahr 2025 unumkehrbar machen. Der jeweilige Wendepunkt ist laut WEF erreicht, wenn 10 Prozent aller Menschen mit dem Internet verbundene Kleidung tragen, 90 Prozent der Weltbevölkerung Smartphones nutzen und regelmäßig Zugang zum Internet haben, eine Billion Sensoren mit dem Internet verbunden sind. Das und mehr soll im Jahr 2025 Realität sein.[1530]

Bis 2025 besteht offensichtlich jenes Fenster der Gelegenheit (»window of opportunity«) – sohin ein **Zeitfenster** –, das Klaus Schwab in seinem 2018 veröffentlichten Buch mit dem kommunistisch klingenden Titel *Shaping the Future of the Fourth Industrial Revolution: A Guide to Building a Better World* für die groben Veränderungen des Systems vorsieht: »Wir **müssen** diese Gelegenheit nutzen.«[1531] Eine Revolution von oben zur Veränderung des Systems für eine bessere Welt wünscht er sich also, der Herr Schwab. Derselbe Wunsch trieb schon Herrn Stalin und Herrn Hitler an. Dass sich auch Klaus Schwab wenig um das Wohl der Bevölkerung zu kümmern scheint, verrät schon der Anfang des Buchs, wo er zwar einen »technologisch getriebenen Wandel« beschreibt, aber die Sichtweise von »Technologie einfach als einem Werkzeug, dessen Gebrauch Menschen auf welche Weise auch immer festlegen können«, strikt ablehnt. Eine plausible Begründung, warum Technik nicht einfach dem Menschen dienen soll, liefert Schwab nicht.[1532] Vielmehr vermeint er, »wir müssen unsere Denkweisen und Institutionen anpassen.«[1533] Dabei betont der WEF-Leiter die Wichtigkeit einer »neuen Führungsmentalität«, mit der insbesondere »soziale und politische Systeme **gestaltet**« werden sollen. Ausdrücklich genannt wird die Gestaltung »agilerer Formen des Regierens«, wobei die Zeit zum Handeln genau **jetzt** sei:

»The time for action is therefore now [...].«[1534]

»Action« bedeutet aktives Handeln. Ganz offensichtlich geht es daher Klaus Schwab darum, die Erreichung der von seinem Gremium festgelegten Wendepunkte 2025 **künstlich** anzuschieben, sie also nicht dem freien Willen der Menschen oder dem Zufall zu überlassen. Das beweist erneut, dass es bei der vierten industriellen Revolution weder um eine technische Notwendigkeit noch um die Interessen der Bevölkerung geht, sondern vielmehr um eine Revolution einer kleinen Minderheit von Superreichen **gegen** die Bevölkerung. Insofern muss die selbstgebastelte COVID-Plandemie 2020 mit ihren freiheitsberaubenden Maßnahmen aus der Sicht von Klaus Schwab der ideale Katalysator der Volldigitalisierung sein. Als solchen bezeichnet Schwab COVID-19 tatsächlich (siehe unten). In seinem besagten Revolutionsbuch 2018 ist bis zur letzten Seite von der technologiebedingt »**weit verbreiteten sozialen Transformation**« und dem Ruf nach »Führung und Aktion« die Rede.[1535] Das WEF konnte es also schon 2018 gar nicht mehr erwarten, endlich mit dem Totalumbau der gesamten Gesellschaft zugunsten der Technik loszulegen. Auf die Idee, die Technik den Menschen und ihren Bedürfnissen anzupassen, ist beim WEF offensichtlich niemand gekommen. Es geht offenbar nicht darum, etwas Positives für die Masse der Menschen zu tun. Vielmehr soll unser gesamtes soziales, wirtschaftliches und politisches Umfeld nach den technokratischen Vorstellungen einer superreichen Minderheit umgekrempelt werden. Das ist ein weiteres deutliches Warnsignal für diktatorische Absichten im Rahmen einer revolutionären Utopie.

Abschluss des Great Reset bis 2030

Das Jahr, in dem der Great Reset abgeschlossen sein soll, ist allem Anschein nach **2030**. In jenem Jahr sollen die komplexesten Entwicklungen erfolgt sein. Mittels Neurotechnologie sollen »Bewusstsein und Gedanken besser beeinflusst« sowie »unser Gehirn zur Korrektur von Fehlern« gesteuert werden können.[1536] Ebenfalls 2030 könnten wir bereits Zeugen einer »Welle von weltraumbezogenen Technologien« sein.[1537] Bereits am 11. 11. 2016 hat das WEF das Jahr 2030 offiziell als Endpunkt des kommunistischen Weltumbaus genannt:

»Willkommen im Jahr 2030. Ich besitze nichts, habe keine Privatsphäre, und das Leben war noch nie besser.«[1538]

Dass das WEF dermaßen plump und offensiv für die kommunistische Entrechtung der Menschheit wirbt, könnte damit zusammenhängen, dass der politische Außenseiter Donald Trump das Amt des **US-Präsidenten** im Herbst 2016 schon so gut wie innehatte. Bei seiner Wahlkampfrede vom 13. Oktober 2016 kündigte Trump an, dass er mit der **Schattenregierung** aufräumen werde. Das total korrupte Establishment in Washington »sowie die Finanz- und Medienkonzerne, die es finanzieren« seien weder im Interesse der USA noch im Interesse der Welt. Sie schützen und bereichern nur sich selbst. Wie schon John F. Kennedy sprach Donald Trump ausdrücklich von einer »Verschwörung gegen euch, das amerikanische Volk«. Außerdem entlarvte der angehende 45. US-Präsident die anglo-amerikanische Globalisierungsclique mitsamt ihrer Machtbasis ganz im Sinne von Prof. Dr. Caroll Quigley und Prof. Dr. Antony Sutton: »Die zentrale Basis der politischen Weltmacht ist hier in Amerika, und es ist unser korruptes politisches Establishment, das die größte Macht hinter den Bemühungen der **radikalen Globalisierung** und der **Entrechtungsarbeit** wider die arbeitende Bevölkerung ist. Ihre finanziellen Ressourcen sind praktisch unbegrenzt, ihre politischen Ressourcen sind unbegrenzt, ihre Medienressourcen sind unerreicht und vor allem die Tiefe ihrer Unmoral ist absolut unbegrenzt.«[1539] Am 16. 01. 2017 erklärte der bereits rechtskräftig gewählte US-Präsident Donald Trump die **NATO**, das wichtigste geo- und militärstrategische Machtinstrument der anglo-amerikanischen Globalisierungsclique, für überflüssig.[1540] Außerdem kündigte Trump der illegalen Massenmigration den Kampf an.[1541]

Der neue US-Präsident hatte also sowohl den Willen als auch die Macht, der anglo-amerikanischen Globalisierungsclique einen fetten Strich durch die globalistische Rechnung zu machen. Dieses und nur dieses Faktum ist der Grund für die von London ausgehende jahrelange Hetze und Schikane gegen den vom US-Volk rechtmäßig gewählten Donald Trump. Wohl aus demselben Grund erfolgte ab 17. 01. 2017 die beschriebene Verschärfung der pandemischen Übungen, für die Bill Gates unter anderem beim WEF für die kriegstechnische Behandlung von Pandemien eintrat (siehe erstes Kapitel). Schließlich kann sich im Rahmen einer scharfen Krise nicht einmal der US-Präsident einer härteren Taktung auf globaler Ebene entziehen. Hinsichtlich der von der UNO bereits 2015 beschlossenen **Agenda 2030**, die insbesondere die Verfügbarkeit von Impfstoffen für alle Entwicklungsländer vorsieht (siehe erstes Kapitel), nennt das WEF im Jahr 2019 als treibenden Faktor die Ausrollung von **5G in Afrika**.[1542] Hier sticht ins umwelt- und klimabewusste Auge, dass die angestrebte afrikanische Flächendeckung mit 5G einen eklatanten Stromverbrauch nach sich ziehen würde, der weder mit der offiziellen CO_2-Agenda noch mit dem Umweltschutz unter einen Hut zu bringen ist. Gepulste EMF-Strahlung ist jedoch in Kombination mit genetischen Impfungen ein geeignetes Mittel, die afrikanische Bevölkerung und den Rest der Weltbevölkerung drastisch zu reduzieren. Der bereits erwähnten Physikerin Dr. Katherine Horton zufolge geht es darum, »so viele wie möglich zu töten.«[1543] Die Kombination aus einer biologischen und einer EMF-basierten Waffe müsste das hinterhältigste und nachhaltigste Massentötungsmittel der Welt sein.

China als Modellstaat

Die Schwächung der westlichen Demokratien vor und während der COVID-Krise entspricht der in Abbildung 51 gezeigten Strategie der chinesischen Machtelite. Deren strategische Linien kommen gegenüber jenen der anglo-amerikanischen Strategie (siehe Abb. 50) in umgekehrter Reihenfolge zum Einsatz: Wirtschaftliche und sozio-kulturelle Unterwanderung erfolgt vor der politischen Einflussnahme. Zuletzt kommt, falls notwendig, militärische Gewalt in Betracht. Die chinesische und die anglo-amerikanische Strategie überlappen sich in ihren Anwendungszonen, vor allem in Europa. Weil die chinesische Machtpolitik sowohl die Spaltung Eurasiens als auch die globale Diktatur vorantreibt, dient sie letzlich auch den Interessen der anglo-amerikanischen Globalisierungsclique. Beide verfolgen das Ziel der neokommunistischen Beherrschung der Welt. Sollte sich China durchsetzen, wird die globale Machtelite bestimmt ihre Pfründe zu sichern wissen. Schließlich gilt die digitale Versklavung auch im nahezu ständestaatlich aufgebauten China nur für das »Fußvolk« unterhalb der Herrscherkaste.

Schon der chinesische General und Philosoph Sun Tsu formulierte vor etwa 2.500 Jahren die wichtigste Kriegskunst: »Die größte Leistung besteht darin, den Widerstand des Feindes ohne einen Kampf zu brechen.«[1544]

In diesem Sinne dient gleich das erste von insgesamt 36 Strategemen – das sind seit Jahrtausenden perfektionierte chinesische Kriegslisten – der Zieltarnung und Kursverschleierung. Es wird »Tarnkappen-Strategem« und »Coram-Publico-Strategem« genannt.[1545]

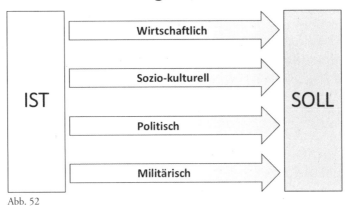

Abb. 52

Der Gegner wird offiziell und systematisch geködert, eingelullt und geschwächt. Die USA werden aufgrund ihrer imperialen Überdehnung und inneren Zerrüttung »in absehbarer Zeit diese Führungsrolle einzubüßen haben.« In das mitverursachte Vakuum vorzudringen, ist das langsame, aber beständige Vorhaben der chinesischen Machtelite, sprich der KP Chinas (Kommunistischen Partei Chinas). Die Ausdehnung ihres Wirtschaftsraums bei gleichzeitiger sozio-kultureller Unterminierung des Westens ist, wie gezeigt, schon vor COVID-19 voll im Gang gewesen. Dass Chinas Strategie insgesamt sehr langfristig angelegt ist, »um einen ›friedlichen Aufstieg‹ zur **Weltmacht** zu vollziehen«, erläutert der politische Stratege Lee Kuan Yew, der vormalige Premierminister von Singapur. China wird sich (von sich aus) innerhalb der nächsten Jahrzehnte gewiss nicht direkt mit den USA anlegen. Chinesische Strategen warten vielmehr auf den richtigen Zeitpunkt. Bis dahin wenden sie »weiche Macht« an, vor allem den Handel, »um andere Länder zu beeinflussen«, westliche Technik zu kopieren, fremde Bildungseinrichtungen zu unterwandern und weiterhin eigene Bildungseliten aufzubauen.[1546]

Die inhaltliche Ausgestaltung der umfassenden chinesischen Unterwanderung des dafür völlig blinden Westens hat ein chinesisches Autorenteam aus im Exil lebenden Historikern und anderen Wissenschaftlern im dreibändigen Werk *Wie der Teufel die Welt beherrscht* exakt herausgearbeitet. Die KP Chinas wird als das große Böse identifiziert, dessen Primärziel es ist, »die **Menschheit zu ruinieren.**« Der Totalitarismus ist die Konsequenz der kommunistischen Politik. Sie dringt in sämtliche Aspekte des Privatlebens ein, um alle Bürger vollständig zu kontrollieren.

In einer Atmosphäre des Terrors und Drucks wird der freie Wille vernichtet und die Gutherzigkeit unterdrückt.[1547]

Der chinesischen Machtelite geht es darum, den Kommunismus, der naturgemäß ein Kernstück der Globalisierung ist, in die ganze Welt zu tragen. Darauf hatte die KP Chinas von Anbeginn abgezielt. Jedoch hat sie nach dem Zusammenbruch der Sowjetunion 1991 eine »neue, nicht konfrontative Vorgehensweise« gewählt, um die restliche Welt zur Einlassung auf die vermeintlich kapitalistische Marktwirtschaft Chinas zu verführen. Währenddessen behält China jedoch sein totalitäres System bei. So wird der »friedliche Aufstieg« Chinas zur Weltmacht getarnt. Einerseits wird dabei auch die chinesische Bevölkerung zur Anbetung des Geldes verleitet. Andererseits ist das übergeordnete Ziel, »dass sich die Welt bei der wirtschaftlichen Zusammenarbeit und in internationalen Angelegenheiten an der KP Chinas ausrichtet.«[1548]

Für Chinas politische Funktion als Ausgangspunkt der globalen kapital-kommunistischen Revolution haben indirekt (bewusst oder unbewusst) auch europäische Politiker geworben. Beim WEF-Treffen im Januar 2019 plädierte die deutsche Kanzlerin Dr. Angela Merkel »für eine neue Weltordnung« und eine »Reform der globalen Architektur« im Kontext der auszubauenden Digitalisierung, KI, Gentechnik etc. »Neue Formate mit China im Zentrum« verstehe sie zwar als Warnschuss, eigene Reformpläne gab sie jedoch nicht bekannt. Aber das Feindbild war klar: Gegen »populistische Herausforderungen« und »nationalistische Kräfte« müsse man entschieden antreten, wobei Merkel hier dezidiert von einer klareren und stärkeren **Schlachtordnung** sprach.[1549]

Populismus kommt vom lateinischen Wort für **Volk,** wobei »populus« mitunter das im Gegensatz zum Adel »niedere Volk« meint.[1550] Wenn also Politdarsteller wie Frau Merkel gegen volksnahe Politik wettern, dann stellt sich die Frage, wem sie eigentlich dienen, wenn nicht dem rechtmäßigen Souverän. Nach meinem Dafürhalten hat die in der DDR sozialisierte Frau Merkel ihre Chance gewittert, Deutschland den chinesischen Kapital-Kommunismus überzustülpen und gegen den Willen der Bevölkerung eine DDR Version 2.0 zu errichten.

Auch der österreichische Kanzler schien schon früh vom totalitären Modell Chinas zu schwärmen. Anlässlich eines Vortags des israelischen Historikers Yuval Noah Harari im Mai 2020[1551] hat Sebastian Kurz ausgesprochen, dass Demokratie und wirtschaftlicher Erfolg »vielleicht **nicht** mehr eins zu eins miteinander Hand in Hand gehen« müssen. Das streng geführte China sei wirtschaftlich mindestens so erfolgreich wie der Westen, wenn nicht erfolgreicher. »Ich glaube, wenn wir an

Wettbewerbsfähigkeit verlieren als Europäische Union, dann wird es auch immer düsterer sein, und immer düsterer werden für unsere Grundwerte: Demokratie, Rechtsstaatlichkeit und alles, was uns in Österreich und in Europa Gott sei Dank so heilig ist.«[1552]

Die schmucke, wenngleich geheuchelt wirkende Rhetorik des österreichischen Kanzlers verbirgt meiner Beurteilung nach einen Kniefall vor der chinesischen Diktatur, den sich ein westlicher Politiker vor COVID-19 noch nicht öffentlich leisten konnte, ohne sich sein politisches Grab zu schaufeln.

Aber während der selbstgestrickten COVID-Krise werden ungeniert demokratische und rechtsstaatliche Grundwerte vergraben, wird China als Vorzeigemodell gelobt, werden chinesisch vorexerzierte Corona-Maßnahmen rechtswidrig angewandt und analog zu Rockefellers Lock Step über das Ende der Epidemie hinaus gnadenlos umgesetzt. All das dient in letzter Konsequenz sowohl anglo-amerikanischen als auch chinesischen Machtinteressen.

Wie erwähnt, erfüllt das harmlose Virus SARS-CoV-2 laut chinesischen Forschern alle Kriterien einer uneingeschränkt einsetzbaren biologischen Waffe. Diese sei absichtlich in China freigesetzt worden, um gegen die ganze Menschheit unbeschränkten biologischen Krieg führen zu können.[1553] Sichtbar ist jedenfalls der politische Krieg, den China gegen den Rest der Welt führt. Zusammen mit der Ablenkung von der intensivierten 5G-Ausrollung, dem Hinauszögern des Finanzcrashs und der Verdunkelung der Drahtzieher ist die inszenierte Corona-Plandemie ein viele Faktoren vereinigendes Gesamtpaket.

Auf die Einführung einer digitalen Diktatur nach chinesischem Muster war die Bevölkerung bereits mit folgenden Mitteln vorkonditioniert worden: a. Fremderlösungsglaube, b. Schuldkomplexe, c. Identitätslosigkeit, d. Selbstzweifel und -hass, e. auf Egoismus beruhender Materialismus, f. Selbstzensur durch »Politische Korrektheit« sowie g. eine umfassende **Sucht** nach digitalen Produkten aller Art, insbesondere Smartphones.

Auch das EMF-Trägersystem 5G (h.) wurde bekanntlich schon vor COVID-19 eingeführt. Im Zuge dieser Propagandemie wurden bereits folgende vier Mittel realisiert: i. Verängstigung, j. soziale Isolation, k. Gleichschaltung und l. Obrigkeitshörigkeit der Bevölkerung.

Vier weitere Mittel, nämlich m. bis p. (siehe Abb. 49 und unten), waren schon vor COVID-19 in der Pipeline. Ihr Durchbruch soll offenbar im Zuge der COVID-Krise erfolgen.

Pandemisches 9/11: COVID-19

Ab Mitte März 2020 war er da, der von der globalen Machtelite herbeigesehnte und mehrfach vorgeübte Great Reset. Keine vier Monate später, das heißt bereits im **Juli 2020**, ist das WEF-Buch **COVID-19: The Great Reset** erschienen. Laut den offiziellen Angaben soll die 280 Seiten umfassende Schrift erst im Juni verfasst worden sein.[1554] Das scheint jedoch gelogen zu sein. Zieht man nämlich vom Erscheinungstermin (Juli 2020) angemessene drei Monate für Lektorat, Korrektorat, Layout (Satz), Druck und Auslieferung ab, muss das Manuskript spätestens im April 2020 fertiggewesen sein. Folglich ist davon auszugehen, dass an der Propagandaschrift bereits einige Zeit vor März 2020 geschrieben wurde, wahrscheinlich schon ab Jahresbeginn mit den ersten Corona-Berichten aus China. Jedenfalls sehen Klaus Schwab und sein Co-Autor in COVID-19 das katalysierende Ereignis für die »digitale Transformation«. Die Formulierung erinnert an das ein Jahr vor 9/11 herbeigesehnte zweite Pearl Harbor, mit dem Unterschied, dass hier nachträglich zugegeben wird, was man sich ohnehin schon Jahre vorher gewünscht hat:

> »Mit dieser Pandemie hat die ›digitale Transformation‹, auf die sich so viele Analysten seit Jahren beziehen, ohne genau zu wissen, was sie bedeutet, ihren <u>Katalysator</u> gefunden.«[1555]

Damit übereinstimmend, wird Schwab auf der Homepage des WEF wie folgt zitiert: »Die Pandemie bietet ein seltenes, aber **enges Zeitfenster**, um unsere Welt zu reflektieren, neu zu definieren und **zurückzusetzen**.«[1556] Mit derartigen Aussagen hat Herr Schwab meines Erachtens sowohl die perfide Agenda offenbart als auch zur Schau gestellt, dass er und Seinesgleichen glauben, die Öffentlichkeit zum Narren halten zu dürfen.

In der Einleitung des COVID-19-Reset-Buchs wird betont, dass sich »viele Dinge für immer ändern« und dass »wirtschaftliche Störungen von monumentalen Ausmaßen« die Folge sein werden. Dass die illegalen und wirtschaftsschädigenden Corona-Maßnahmen ausgerechnet vom sogenannten Weltwirtschaftsforum nicht kritisiert werden, spricht schon Bände. Stattdessen wird COVID-19 für ein »Potenzial zur Transformation« gehalten – und die Leser anscheinend für dumm. Wie schon seit 2016 wird weiterhin »**globales Regieren und Führen**« gefordert. Die »Zeit für eine **Neuerfindung**« sei gekommen.[1557] Das hochgradig verfassungswidrige Handeln der Regierungen wird zwar nicht als solches bezeichnet, sehr wohl aber als die »Rückkehr der ›großen‹ Regierung« gefeiert, die nicht nur »kraftvoll«, sondern auch »vital« sei.[1558] Die vorsätzliche Zerstörung hunderttausender Lebensgrundlagen kann wohl nur ein Psychopath als »lebendiges« Regieren interpretieren. Obwohl weder nötig noch wirtschaftlich gesund, legt das WEF eine lange Liste aller möglichen Zurücksetzungen vor – vom wirtschaftlichen und sozialen über den geopolitischen, ökologischen, technologischen und industriellen bis hin zum individuellen Reset.[1559] Die mit einer kaltblütigen Selbstverständlichkeit präsentierte Euphorie legt nahe, dass die COVID-Profiteure zugleich die Verursacher sind.

Dafür spricht auch das Verhalten von Bill Gates, der schon Anfang April 2020 gegenüber den *Financial Times* im Video-Interview verlautbart hat, dass »für die ganze Welt die Normalität erst zurückkehrt, wenn wir die gesamte **Weltbevölkerung** weitgehend **geimpft** haben.«[1560] Die ungeschminkte Dreistigkeit, mit der Gates für seine private Agenda die Weltbevölkerung in Geiselhaft nimmt, könnte wesentlich zu seinem vorzeitigen Scheitern beitragen. Apropos Scheitern: Bill Gates hat von der Fäkalien- bis zur Atommüllaufbereitung schon mit mehreren Projekten versagt. Laut seinen eigenen Angaben hat er schon als Kind »Krieg gegen meine Eltern« geführt. Ein Therapeut riet dem jungen Bill, dass er seiner Mutter ihren eigenen Willen lassen soll. Seine ihm zustehende Rolle in der Gesellschaft hat Gates also von klein auf völlig umgedreht. Die eigene Mutter meint, dass er nicht mit Emotionen umgehen kann, weshalb er »Zuflucht im Intellekt sucht.«[1561] Doch auch mit dem Denken scheint es nicht zu klappen. Nicht einmal seine Frau Melinda möchte in Bills Hirn sein, weil es darin »total chaotisch« zugeht, »so komplex, das **reinste Chaos**.« Ausgerechnet so ein geistig-seelischer Krüppel will die »Welt retten«, indem er vermeintlich Krankheiten ausrottet? Dabei ist er Tag und Nacht fokussiert, **fanatisch,** immer zu Risiken und stets dazu bereit, das **Extremste** zu tun.[1562] Bill Gates vermittelt den Eindruck, dass er der ganzen Welt auf die Nerven geht, weil er nicht mit sich selbst zurechtkommt. Anscheinend sollte er sich dringend in Psychotherapie begeben. Und mit ihm die anderen NWO-Agenten.

In seinem Buch von 2016 prognostiziert Schwab die erwähnte Arbeitsplatzvernichtung, die zwangsweise mit der Volldigitalisierung einhergehe, mit 47 Prozent. Im Januar 2018 verkündet er, dass aufgrund der Fokussierung der »Technologiegiganten auf die Entwicklung aussagekräftiger Werkzeuge für **Künstliche Intelligenz**« und der damit verbundenen technischen Innovationen das Risiko besteht, dass »Millionen oder sogar **Milliarden** Menschen **arbeitslos** werden.«[1563] Demnach ist COVID-19 der gewünschte Auslöser der vierten industriellen Revolution. Denn der WEF-Leiter hält in seinem Buch von 2020 über den großen COVID-

19-Reset zutreffend fest, dass wegen der sogenannten Pandemie »**Millionen** von Unternehmen Gefahr laufen, zu **verschwinden**«, während viele Branchen vor einer ungewissen Zukunft stehen und einige gedeihen werden.[1564] Durch das soziale und physische Abstandhalten habe man »a remote everything« kreiert, also eine »Alles-Fernbedienung«.[1565] Sehr praktisch für jene, die sich die volle Digitalisierung der Welt schon seit geraumer Zeit wünschen und seit März 2020 damit noch mehr Geld machen. Das WEF hat daher keinen Grund, die verfassungswidrigen und die analoge Wirtschaft massiv schädigenden Corona-Maßnahmen zu kritisieren oder zumindest zur Rettung nicht digitalisierbarer Unternehmen beizutragen.

Davon ist auch im WEF-Papier *Resetting the Future of Work Agenda* (Zurücksetzen der Zukunft der Arbeitsagenda) vom Oktober 2020 nichts zu erkennen. Einer Übersicht über die geplanten COVID-Geschäftsmaßnahmen zufolge werden 13 Prozent der Arbeitskräfte permanent verschwinden, 28 Prozent temporär reduziert und 30 Prozent vorübergehend neuen Aufgaben zugewiesen. Zieht man von diesen insgesamt 71 Prozent den temporären und fixen Zuwachs an Arbeitskräften von zusammen sechs Prozent ab,[1566] dann ergibt das **65 Prozent** bereits vernichtete oder zumindest »wackelige« Arbeitsplätze. Das bedeutet, dass zwei von drei Arbeitnehmern eine unsichere wirtschaftliche Zukunft vor sich haben. Die Empfehlungen des WEF gehen allesamt in Richtung technische Neuorientierung bzw. Digitalisierung der Unternehmen. Der abschließende Aufruf zum Handeln nennt ausdrücklich einen »**10-jährigen** Gesamtschirm des Forums für die Initiative zur Umschulungsrevolution«. Alle Unternehmer weltweit sollen sich aktiv auf eine »postpandemische ›neue‹ **Zukunft der Arbeit**« ausrichten.[1567] Hierin spiegelt sich die COVID-Propaganda von der »neuen Normalität«, die nach den Vorstellungen des WEF ganz offensichtlich im Jahr **2030** (zehn Jahre nach 2020) Realität sein soll.

Hierzu hat das WEF etwa zeitglich mit dem Erscheinen des COVID-19-Reset-Buchs den sogenannten »COVID Action Plan« online gestellt.[1568] Dabei handelt es sich um einen in allen Punkten mustergültig ausgearbeiteten Masterplan für die digitale Transformation **aller** Lebensbereiche, die nanotechnologische Entmenschlichung und die Erschaffung optimal funktionierender hybrider Sklaven, die kaum noch Menschen wären. Der hochwertige Ausarbeitungsgrad bzw. die unglaubliche Detailschärfe und der hohe Programmieraufwand lassen keinen vernünftigen Zweifel darüber aufkommen, dass die vom WEF angelegte **COVID-Transformationskarte** in ihren Grundzügen bereits lange vor COVID-19 erarbeitet wurde. Ein Besuch der Internetseite lohnt sich. Die »Karte« hat die Form eines Auges oder eines Corona-Virus. Jeweils in Ringform sind innen acht und außen 50 Fachbereiche von

Impfstoffen, Biotechnology und digitaler Identität über globales Regieren bis hin zu Aktivitäten im Weltraum angeführt. Klickt man auf einen Bereich, öffnen sich weitere Unterbereiche mit den jeweiligen Erläuterungen.[1569]

Der Bereich »Human Enhancement«, also die angebliche menschliche Verbesserung, beschäftigt sich damit, »Leistungsaspekte über natürliche Grenzen hinaus zu erweitern und zu steigern.« Gemäß »Enhanced Genes« sollen mittels Reparatur oder Änderung des genetischen Codes Krankheiten ausgerottet werden, »unter anderem durch die Bearbeitung des menschlichen **Genoms**. Von besonderem Interesse sind genetische Veränderungen, die möglicherweise vorgenommen werden können, um neurologische und Stoffwechselerkrankungen anzugehen und das **Altern** zu beeinflussen.« In der Rubrik »Biotechnology« werden genetisch bearbeitete **Babys** thematisiert. Die sogenannte Keimbahn-Gentherapie soll die gezielte Behandlung von Ei- und Spermienzellen, die Weitergabe eines inserierten Gens und auch nichttherapeutische genetische »Verbesserungen« ermöglichen: Vorauswahl der Augenfarbe, Größe oder Muskelkraft zukünftiger Kinder.

Offenbar geht es um ein eugenisches Zuchtprogramm, das den Nazis mit ihrer Utopie vom Übermenschen gefallen hätte. Sieht die NWO-Agenda vor, dass die mit EMF-Strahlung und genetischen Impfungen unfruchtbar gemachte Bevölkerung künftig nur noch Kinder aus dem Reagenzglas bekommen kann? Kinder, die wirtschaftliche Produkte und damit Eigentum des Unternehmens sind?

Zu erwähnen ist auch »Behaviour and Decision-Making«, das heißt soziales Benehmen und Entscheidungsfindung. Nicht optimale Mechanismen haben »Auswirkungen auf alles, von der öffentlichen Ordnung über persönliche Beziehungen bis hin zum Gesetz.« Einige tief in unserem Gehirn verwurzelte Mechanismen können verhindern, »dass wir in der modernen Welt eine **optimale Leistung** erbringen.« Sollen leistungsfähige Sklaven für die globale Machtelite erschaffen werden? »Leadership in the Fourth Industrial Revolution« soll jedenfalls eine neue Generation von Führungskräften produzieren, die ein »gesundes Gleichgewicht der auf ihren Social-Media-Plattformen geäußerten **Ansichten** erreichen.« Eine derart versachlichte Welt würde das Ende des freien Willens bedeuten.

Die Auswahl »Global Governance« (globales Regieren) öffnet unter anderem die Rubrik »Anti-Globalism«. Darin wird – fast im Wortlaut von Angela Merkel 2019 – behauptet, die »nationalistische Gegenreaktion« habe »ein wirksames globales Regieren schwieriger und notwendiger gemacht. Das weit verbreitete Wiederaufleben der nationalistischen und populistischen Politik hat ernsthafte Fragen nach der Zukunftsfähigkeit des globalen Regierens aufgeworfen.« Der Präsident des deutschen

Bundestags Dr. Wolfgang Schäuble, der in der Corona-Krise ebenfalls »eine große Chance« sieht, begründet dies im Sinne von WEF und Merkel: »Der **Widerstand** gegen Veränderung wird in der Krise **geringer**. Wir können die Wirtschafts- und Finanzunion, die wir politisch bisher nicht zustande gebracht haben, jetzt hinbekommen – auf der Grundlage der Überzeugung, dass derjenige, der entscheidet, auch die Verantwortung dafür übernimmt. In diese Richtung haben wir uns mit dem **Hilfspaket** bewegt.«[1570] Schäubles eigenen Worten zufolge hält also die »Krise« dazu her, einerseits den Widerstand zu verstummen und andererseits die von der Bevölkerung erwirtschafteten Geldmittel (Hilfspaket) in jene Richtung zu bewegen, die einen Zustand erzeugt, der ohne Krise mangels Rückhalt in der Bevölkerung nicht möglich wäre. Folglich ist die vorzüglich formulierte journalistische Sichtweise korrekt, dass »die krisenbedingten Sondervollmachten der Politik zur Verwirklichung ideologischer Planspiele« missbraucht werden. Es liegt ein »widerstands- und geräuschloser **Systemumbau**« vor. Die Methodik des Versuchs ist derselbe wie bei der von den Nazis per Reichstagsbrands 1933 inszenierten Krise. Denn seit März 2020 wird versucht, »per Ausnahmezustand einen globalen politischen Masterplan durchzusetzen, für den es vor Corona schlicht keine Mehrheiten gegeben hätte.«[1571] Dies ist ein weiterer Hinweis auf einen Putsch der Regierungen gegen die Bevölkerung, sprich **Hochverrat**.

Wie gezeigt, stand die Abwehr der berechtigten Gegenreaktion der Bevölkerung schon lange vor März 2020 ganz oben auf der Agenda. Seither wird sie rücksichtslos durchgezogen. Ist der Name »Corona« (Lateinisch für Krone) insofern Programm, als er absichtlich die Krönung der Neuen Welt-Unordnung symbolisiert?

Mittel zur Finalisierung

Von den 16 Mitteln zur Erreichung des Ziels der digitalen Diktatur wurden bereits jene 12 behandelt, die schon eine Weile vor COVID-19 vorhanden waren und eingesetzt wurden (Mittel a. bis j.). Hier werfen wir einen Blick auf die letzten vier Mittel, die zwar vor COVID-19 zumindest in Vorbereitung waren, aber erst im Laufe der Krise zum flächendeckenden Einsatz kommen sollen: m. die für eine digitale Identität erforderlichen Instrumentarien, n. Massenimpfungen, o. Mikrochip-Implantate und p. eine politisch motivierte und auf Datenfetisch beruhende Ersatzreligion. An der wahnhaften Utopie dieser Mittel wird das Gesamtvorhaben der digitalen Diktatur mit sehr hoher Wahrscheinlichkeit scheitern.

Ad m. Instrumentarien für eine digitale Identität. Gemeint ist nicht eine simple digitale Scheinidentität wie die eines Avatars in einem Videospiel. In der von der UNO im Jahr 2015 erstellten Agenda 2030 lautet ein Ziel: »Bis **2030** Sicherstellen der rechtlichen Identität aller, einschließlich der Geburtsregistrierung.«[1572] Unter ausdrücklichem Bezug auf dieses Ziel fordert die Allianz ID2020 für **jede** Person eine eigene digitale Identität, die von der Geburt bis zum Tod gilt und »über mehrere Methoden überall erreichbar« ist. Die sich angeblich aus einem Menschenrecht ergebende Notwendigkeit wird nicht schlüssig erklärt.[1573] Transparent ist hingegen, wer die Allianzpartner sind: der von Bill Gates gegründete Konzern **Microsoft**, die von Bill Gates gesponserte **Impfallianz** GAVI, die **Rockefeller** Foundation etc.[1574] Die Partner sind sich einig: »Wir müssen schnell handeln. Es gibt ein dringendes **Drei- bis Fünfjahresfenster**, um die Flugbahn der digitalen ID festzulegen.«[1575] Der im Jahr 2020 erstellten Übersicht zufolge muss also, passend zum allgemeinen Fahrplan, die Grobarbeit bis **2025** abgeschlossen sein.

Einheitlichkeit besteht auch hinsichtlich des organisatorischen Rahmens, denn auch die Agenda-Schaltzentrale WEF spielt eine Rolle: »Im Januar 2019 hat die Allianz auf dem Weltwirtschaftsforum in Davos das ID2020-Zertifizierungszeichen eingeführt.«[1576]

Worum es bei der digitalen Identität und dem Great Reset wirklich geht, bringt WEF-Chef Prof. Dr. Klaus Schwab wie folgt auf den Punkt: »Am Ende wird die vierte industrielle Revolution zu einer Verschmelzung unserer physischen, unserer digitalen und unserer biologischen Identität führen.«[1577] Diese Kurzfassung entspricht der Agenda des Transhumanismus, die auf die Verschmelzung von Mensch und Technik abzielt, um Menschen in Cyborgs zu verwandeln. Letztlich ist der Transhumanismus nichts anderes als der die meisten Religionen prägende Traum vom ewigen Leben.[1578]

Bezeichnenderweise sind die NWO-Hauptagenten Klaus Schwab (geboren 1938) und Bill Gates (geboren 1955) im gehobenen Alter. Die Erklärung über die Verschmelzung sämtlicher Identitäten hat Schwab beim Chicago Council on Global Affairs im Mai 2019 ausgesprochen. Das diesbezügliche Video sollte man allein schon wegen Schwabs steifer Vortragsart und seiner Aussprache ansehen.[1579] Zwar verwendet er die richtigen englischen Worte, er spricht sie aber aus wie ein deutsches Kleinkind ohne fremdsprachliche Vorkenntnisse. Insgesamt erweckt Schwab einen ähnlich geistig-seelisch blockierten Eindruck wie Bill Gates. Haben sie eine massive Angst vor dem Tod und fühlen sie und ihre Gesinnungsgenossen sich fremd in einer Welt voller Menschen, die sowohl gefühlvoll sind als auch klar denken können? Sollen auch junge gesunde Menschen fleischlich computerisiert werden, damit sie zu geistig-seelischen Zombies mutieren?

Seit Beginn des 21. Jahrhunderts ist die Digitalisierung des sozialen Lebens kontinuierlich vorangeschritten. Mit dem Ausbau von 5G (oder einem stärkeren EMF-Trägersystem) soll, wie gesagt, das Internet aller Dinge weltweit flächendeckend zum Einsatz kommen, sodass sich ihm niemand entziehen kann. Nicht umsonst wird es das Internet aller Dinge genannt. Um auch den letzten Winkel der Erde zu erreichen bzw. mit dem Internet zu versorgen, hat der milliardenschwere Unternehmer Elon Musk 2019 angekündigt, sein Raumfahrtunternehmen SpaceX werde insgesamt 42.000 Satelliten in den Himmel schießen. Auch andere Betreiber wie One Web oder Amazon haben eigene Satellitenflotten im Programm.[1580] Ende 2020 waren alles in allem ca. 3.000 Satelliten im Orbit.[1581] Der mehr als zehnfache Anstieg allein durch Musks Flotte würde nicht nur aufgrund der Beförderung durch Trägerraketen den CO_2-Ausstoß drastisch erhöhen, den Nachthimmel verschandeln und den Weltraumschrott exponentiell wachsen lassen. Auch die EMF-Strahlenbelastung auf der Erde wird höher. Außerdem wird der vom WEF gesetzte Wendepunkt zur Volldigitalisierung überschritten, wenn ab 2025 rund 90 Prozent der Menschen das allgegenwärtige Netz nutzen. So der Plan.

Die Internetvollabdeckung der Erde wird jedoch sehr wahrscheinlich scheitern, zumindest bis 2030 oder gar bis 2025. Zum einen sind die Stromnetze jetzt schon überlastet und für Blackouts anfällig. Der exorbitant höhere Energiebedarf für das Netz aller Dinge ist mit an Sicherheit grenzender Wahrscheinlichkeit nicht ohne eine massive Erweiterung der Atomkraft möglich. Diese wäre jedoch weder zeitlich machbar noch mit der offiziellen Klima-Agenda vereinbar. Zum anderen scheinen weder die nötige digitale Steuerungseinheit noch die zentrale Speicherkapazität für ein allumfassendes Internet rechtzeitig bereitzustehen. Ein weiteres Problem dürfte die zu geringe Reichweite implantierbarer Computer-Chips sein, die für eine Totalkontrolle nötig sind. Die Implementierung der geplanten digitalen Volldiktatur erscheint daher bis 2030 aus technischen Gründen ausgeschlossen zu sein. Diese Beurteilung resultiert aus Gesprächen mit zivilen und militärischen Experten. Aber ich lasse mich jederzeit eines Besseren belehren.

Nicht zu vergessen ist die natürliche Ablehnung derartiger Vorgänge seitens der Masse der Bevölkerung. Nichtsdestotrotz soll unsere »Bereitschaft« zur Volldigitalisierung offenbar im Rahmen der COVID-Propagandemie erzeugt werden. Hierbei dürften sich die zahlreichen und immens hohen Spenden von Bill Gates an diverse Organisationen und Medien im Wege seiner Stiftung bezahlt machen.[1582]

Die WHO erhält jährlich etliche Millionen US-Dollar aus jeweils verschiedenen Anlässen. Allein aus dem Titel (issue) »Globales Gesundheits- und Entwicklungsbewusstsein und -analyse, vernachlässigte Tropenkrankheiten« waren es im Jahr 2020 stolze 11 Zuwendungen,[1583] wobei jene vom November knapp 7,6 Millionen US-Dollar beträgt.[1584] Aus demselben Titel kassieren auch gewisse Medien, mitunter deutsche. Zum Beispiel hat *Spiegel Online* schon Ende 2018 mehr als 2,5 Millionen US-Dollar erhalten.[1585] Wer zahlt, schafft bekanntlich an. Folglich kann man sich des Eindrucks nicht erwehren, dass sich Gates die Propaganda für seinen weltweiten Impf- und Digitalisierungsfeldzug hochoffiziell erkauft.

Die Wirkung der Propaganda allein bei COVID-19 ist jedem bekannt. Man denke an die medial kaum hinterfragte Impf-Agenda der nationalen Regierungen, massenhaft Heimarbeit (Homeoffice), digitalen Unterricht, geschlossene Geschäfte, allerlei Bestellungen über das Internet bis zur eingeforderten bargeldlosen Bezahlung in Geschäften. Ganz im Sinne von Nick Rockefeller scheint Bargeld ein vorprogrammiertes Verfallsdatum zu haben.

Unabhängig von Spenden waren automatisiertes Fahren und Drohnen schon vor COVID-19 im Rennen. Im April 2019 ist in Wien das erste unbemannte Lufttaxi Österreichs abgehoben.[1586] Bereits Babys werden mit der digitalen Unterhaltungselektronik angefixt, indem verantwortungslose Eltern zur Ablenkung ihres Nachwuchses das Smartphone als »digitalen Schnuller« verwenden.[1587] Dadurch werden bei Kindern Entwicklungsstörungen ausgelöst, die dem Autismus ähneln. Zu viel Nähe zum digitalen Babysitter und zu wenig Blickkontakt zu den Eltern verzögern die Sprachentwicklung.[1588] Im Alltag scheinen sehr viele Menschen nicht einmal dann den Blick vom praktischen Nervtöter (Smartphone) abwenden zu können, wenn sie seltenen Besuch haben. Schon vor der COVID-Plandemie wiesen breite Teile der Gesellschaft Symptome auf, die auf eine hochgradige Störung sowohl der individuellen Psyche als auch des sozialen Lebens hindeuten. Diese macht sie anfällig für die wahnsinnigen Ideen der globalen Machtelite.

Ad n. Massenimpfungen. Die Intensivierung der bereits vorhandenen psychischen und sozialen Störungen durch Corona-Panik, Terror und Zwang wird einen gewissen Prozentsatz der Bevölkerung zur Duldung von Impfungen mit gefährlichen Corona-Impfstoffen nötigen. Aller Voraussicht nach wird sich aber ohne echte Killerseuche nicht einmal die Hälfte der Bevölkerung dem Impfzwang beugen. Deshalb wird höchstwahrscheinlich versucht werden, die maßnahmengequälten Menschen besonders schikanös zum »Freiimpfen« zu zwingen. Bei dem sich unterwerfenden

Teil der Bevölkerung besteht eine hohe Wahrscheinlichkeit, dass ihm auch der nächsten Schritt aufgeschwatzt werden kann:

Ad o. Mikrochip-Implantate. Im Geiste der von ihm propagierten physisch-digital-biologisch verschmolzenen Identität des Menschen schreibt Klaus Schwab schon 2016 im Namen des WEF über »intelligente Tattoos und andere einzigartige Chips«, die ab **2025** zur Identifikation und Standortbestimmung unter die menschliche Haut implantiert werden sollen. Außerdem werden »implantierte Geräte« und »eingebaute Smartphones« zwecks Übermittlung von Gedanken genannt.[1589] Auch im Buch von 2018 scheint der WEF-Leiter von »implantierbaren Chips, welche die Hautbarriere unseres Körpers brechen«, zu schwärmen. Auf drei Seiten führt er derartige technische Errungenschaften an, wobei er sich auch mit biologischen Computern, »Biohacking« (technischer Modifizierung des Körpers) und der Langzeitspeicherung von Daten in der menschlichen DNA befasst. »Computer werden auch ein **physischer Bestandteil** von uns sein.« Diese weniger wie eine sachliche Beurteilung, sondern vielmehr wie eine virulente Wunschvorstellung klingende Aussage untermauert Klaus Schwab damit, dass »äußerlich tragbare Geräte« wie intelligente Uhren, Ohrhörer und Brillen »den Weg bahnen für aktiv implantierbare Mikrochips«.[1590]

Dabei scheint Herr Schwab zu vergessen, dass derlei technischer Schnickschnack eigentlich unnötig und weniger die Antwort auf eine Nachfrage aus der Bevölkerung ist. Die Menschen werden psychologisch angefixt, bevor die Geräte massenweise auf den Markt geworfen werden.

Bei aller Utopie scheinen die NWO-Agenten fest an die Erreichbarkeit ihres Ziels zu glauben. Nicht ganz ohne Grund. Denn die Ortung unserer gechipten Autos und Haustiere ist schon seit geraumer Zeit möglich. Im Jahr 2008 wurden synthetische Nanopartikel erfolgreich in die Gehirne lebender Tiere übertragen, um die Entstehung von Krankheiten zu erforschen, die beim Menschen in ähnlicher Form auftreten. Dabei wurde gemäß einer Studie gezeigt, dass Nanopartikel nicht nur als **effiziente Genträger** fungieren, sondern gleichzeitig diagnostische Sonden für die direkte Echtzeit-Visualisierung des Gentransfers und der nachgeschalteten Prozesse tragen können. Auf diese Weise können jene Mechanismen untersucht werden, »welche die Neurogenese sowie neurodegenerative Störungen steuern.«[1591] Mit ein wenig Phantasie lässt sich ausmalen, dass der Stand der Forschung beim Menschen und die Entwicklung der entsprechenden Nanotechnik bis zum Jahr 2014 erheblich vorangeschritten ist. In jenem Jahr appellierte Raymond Kurzweil, der technische Direktor des Megakonzerns Google, man müsse bereit sein für hybrides Denken (siehe unten).

Im August 2017 wurde für einen gewissen Richard A. **Rothschild** in den USA ein Patent betreffend »System und Verfahren zur Verwendung und zur Anzeige **biometrischer Daten**« eingetragen.[1592] Damit könnte das von **Microsoft** im Juni 2019 beantragte Patent für ein auf der Nutzung biometrischer Daten beruhendes virtuelles bzw. digitales Währungssystem zusammenhängen: ein »**Kryptow**ährungs**system** basierend auf Daten der Körperaktivität«. Dabei soll »ein Sensor, der kommunikativ an das Gerät des Benutzers gekoppelt ist oder in diesem enthalten ist, die Körperaktivität des Benutzers erfassen.« Das System der Kryptowährung ist kommunikativ an das Benutzergerät gekoppelt und überprüft, »ob die Körperaktivitätsdaten [...] festgelegte Bedingungen erfüllen, und dem Benutzer, dessen Körperaktivitätsdaten überprüft werden, Kryptowährung zuweisen.«[1593] Diese und eine weitere Microsoft-Patentnummer für das biometrisch gestützte Kryptowährungssystem wurden am 26. 03. 2020 eingetragen, also zeitnah zum ersten COVID-Lockdown. Unter den zu überwachenden biometrischen Daten wird mehrfach die **Gehirnaktivität** angeführt.[1594]

Seit Mai 2018 wirbt das WEF offiziell für bereits funktionstüchtige Chip-Implantate: »Tausende Schweden tauschen Ausweise gegen Mikrochips.«[1595] Demzufolge befand sich die von Nick Rockefeller angekündigte chip-basierte Finanzkontrolle schon vor COVID-19 in der Einführungsphase. Die Corona-Plandemie soll offenbar der Katalysator für eine breit gefächerte Umsetzung sein. Dem scheint auf der Basis von regulären Mikrochip-Implantaten technisch nichts im Wege zu stehen. Ob ausreichend Menschen mitmachen, darf bezweifelt werden. Ohne verstärkten illegalen Druck auf die Bevölkerung scheint die Sache eher aussichtslos zu sein.

Nicht erwiesen ist, ob der erwähnte vormalige italienische Armee-Offizier Marco Pizzuti mit der Einschätzung richtig liegt, dass 5G in Kombination mit Nanorobotern zeitnah die totale digitale Kontrolle über die Menschheit bringen wird. Nanoroboter sind bereits in der Medizin verwendete winzigste Roboter, die nicht größer sind als ein Milliardstel Meter. Angeblich kann man sie als an die DNA gebundene »stille Killer« einsetzen. So behauptet es Pizzuti im Interview für die *Deutschen Wirtschaftsnachrichten* vom Juli 2020.[1596] Grundsätzlich ist der globalen Machtelite zwar alles zuzutrauen, jedoch scheint die Variante 5G plus genetische Impfungen das effizientere, vor allem kostengünstigere und unauffälligere Mittel zur Bevölkerungsreduktion zu sein. Für einzelne »Querulanten« wären Nanoroboter rentabel, wobei jedoch, wie gesagt, fraglich ist, ob das 5G-Netz bis 2030 flächendeckend ausgerollt ist. Die kommenden Jahre werden es weisen.

Nicht von der Hand zu weisen ist die Schlussfolgerung, dass Impfstoffe den Weg zur digitalen Identität ebnen.[1597] Diese ist schließlich sowohl der zentrale Anknüpfungspunkt des Transhumanismus als auch das Alpha und Omega der politischen Datenreligion.

Ad p. Politische Datenreligion. Jede institutionalisierte Religion bedeutet kollektivistische Menschenkontrolle. Bei der Datenreligion kommt das besonders deutlich zum Vorschein. Der Mensch wird zum Terminal degradiert, zum lediglich zur Dateneingabe und -abfrage bestimmten Computer-Endgerät. Programmierung und Datenauswertung sind den Kontrollinstanzen im Hintergrund vorbehalten. Um das Interesse des Fußvolks für diese absurde Utopie zu wecken, wird sie buchstäblich als Gottwerdung im Diesseits angepriesen. Gegenüber den alten Religionen wird also das Betreten des »Paradieses« in der Jetztzeit versprochen. Das Opfer ist die eigene Verstümmelung zum Maschinenwesen. Genau das möchte man schmackhaft machen. Wahrscheinlich vergeblich.

»Wie ein **Biotech-Gott** das synthetische Leben zur Welt brachte« lautet eine Schlagzeile[1598] über das vom US-Biochemiker Dr. John Craig Venter 2010 erstmals hergestellte synthetische Erbgut. Ob Sie es glauben oder nicht, die mit digitalem Computer-Code geschaffene Zelle hat im genetischen Code sogar »ihre eigene Website«. Venter (geboren 1946) trägt übrigens ähnlich leblos vor wie Schwab und Gates.[1599]

Einen Hauch sympathischer, aber inhaltlich umso wahnsinniger sprach der Leiter der technischen Entwicklung bei **Google**, Raymond Kurzweil (geboren 1948), im Jahr 2015 seine »Prognose« für das ominöse Zieljahr 2030 aus. Von etlichen Medien, allen voran *CNN*, wurde Kurzweil wie folgt korrekt zusammengefasst: Das menschliche Denken werde bis **2030** »eine Mischung aus biologischem und nicht-biologischem Denken sein.« Und: »Die Menschen werden bis 2030 **Hybriden** sein.«[1600] Am 30. 09. 2015 erklärte Raymond Kurzweil an der von ihm mitbegründeten »Singularitäts-Universität« zuerst einigermaßen nachvollziehbar, dass die Evolution ein spiritueller Prozess sei, der uns »gottähnlich« mache. Allerdings stellte er dann die absurde Theorie auf, alle Intelligenz, Kreativität und Schönheit komme ausschließlich aus dem **Neocortex**; das ist der motorische und multisensorische Bereich der Großhirnrinde. Daraus folgert der binär denkende Computer-Mensch Kurzweil, für den es offenbar keine Seele gibt, eine künstliche Erweiterung des Neokortex mittels Vernetzung mit tausenden simultan verlinkten Computern in der Cloud mache uns »noch gottähnlicher«.[1601] Die zutreffende Übersetzung der Medien lautet: »Mit Robotern in unserem Gehirn werden wir gottähnlich« oder

»*Ja, wir werden Götter.*«[1602]

Kurzweil erachtet es als notwendig, dass bis 2030 Nanoroboter (Nanobots) in unseren Körper eindringen, um neuronale Schnittstellen zu schaffen, die unser Gehirn mit einer Online-Wolke verbinden können: Nanobots »werden durch die Kapillaren in unser Gehirn gelangen und unseren Neokortex im Grunde mit einem synthetischen Neokortex in der Cloud verbinden, der eine Erweiterung unseres Neokortex darstellt.« In Kurzweils Vorstellungswelt wird unser Denken »eine Mischung aus biologischem und nicht-biologischem Denken sein, aber der nicht-biologische Teil unterliegt meinem Gesetz der Beschleunigung der Rendite. Er wird exponentiell wachsen.«[1603] Gemäß der Beschreibung von Raymond Kurzweil werden wir »in der Lage sein, den Nanokortex auszubauen und mehr **wie Gott** zu werden.«[1604]

Anfang Dezember 2020 wurde auf **Microsoft** ein Patent für ein Programm ausgestellt, mit dem aus den persönlichen Daten einer spezifischen Person ein virtueller Chat-Partner fabriziert werden kann.[1605] Die Hauptanwendungsgebiete dieses grenzenlosen Missbrauchs der menschlichen Einzigartigkeit werden wohl sein: Das Patent kann »die Möglichkeit eröffnen, eine Software zu erstellen, die mit **Verstorbenen** identisch klingt und eine neue Ära für Cyber-Betrug und Identitätsdiebstahl einläuten könnte.«[1606] Alte Menschen, die unser Land aufgebaut haben, denen wir viel zu verdanken haben, leben meist am Rand der Gesellschaft. Seit der absurden Corona-Krise vereinsamen sie zunehmend und sterben oft in Isolation. Was wir im Leben verabsäumt haben, sollen wir nun im Gespräch mit einer Maschine nachholen? Ein Selbstgespräch soll den verabsäumten Kontakt zu unseren Lieben ersetzen? Wenn sich dieser menschenverachtende Unfug durchsetzt, ist das wohl die krankste Entartung unserer Gesellschaft.

Die digitale Denklogik nach dem binären System von Nullen und Einsen haben uns bereits bedenklich nahe an die Türschwelle des transhumanistischen Technofaschismus gebracht. Das Ergebnis dieser einseitig fixierten Gedankenwelt ist ein regelrechter Krieg gegen die Natur des Menschen, gegen das Menschsein an sich. Die politische Datenreligion suggeriert, dass sie drei Grundängste transformiert: 1. Die Angst vor dem Tod oder dem Sterbevorgang soll durch die Hoffnung auf eine mechanische Verlängerung des »Lebens« als halbtotes Zombiewesen und ein digitales Weiterleben des Gehirns in der Cloud gemildert werden. 2. Die Angst vor sozialer Ächtung erlischt angeblich, indem man sich in der Erwartung wohlverhält, vom sozialen Bewertungssystem gemäß chinesischem Punkteschema materiell zu profitieren. 3. Materielle Verlustängste (Arbeit, Eigentum) sollen zusätzlich mittels Vertrauen auf die digitalisierte Rundumversorgung durch einen autoritären Staat ausgleichen werden. Sohin beruht die politische Ausrichtung der Datenreligion, also die totale digitale Kontrolle über alle Menschen, auf deren utopischen Hoffnungen und der Illusion ihrer Erfüllbarkeit durch die Machthaber. Diese wären die wahren neuen »Götter«.

Ausblick 2030

In den Köpfen der globalen Machtelite dürfte der ersehnte Sollzustand 2030 in etwa wie folgt aussehen: Die Weltbevölkerung ist drastisch reduziert, wobei der überlebende Rest als ideale Hybridsklaven in vollautomatisierten Megastädten lebt. Denaturalisierter Lebensraum, hohe EMF-Strahlenbelastung, Mangelversorgung mit gesunder Nahrung, regelmäßige Impfungen etc. sorgen zur Freude der Pharmaindustrie dafür, dass die leicht lenkbare und brav robotende Masse kontinuierlich physisch und psychisch vor sich hin kränkelt. Für sie gibt es Kinder nur nach Bewilligung und aus der Retorte. Der Nachwuchs ist allerdings, wie alles andere, das Eigentum von Konzernen. Die Masse der Bevölkerung hat, wie es das WEF propagiert, kein Eigentum und keine Privatsphäre. Und keine nennenswerten Rechte. Die Superreichen hingegen leben auf dem Land und im Überfluss. Sie spielen den unantastbaren Geldadel, der die Vermögensumverteilung von Arm zu Reich abschließt und sich als einzige soziale Schicht natürlich fortpflanzt. Dieses Gesamtbild wäre aus der Sicht der Bevölkerung das Worst-Case-Szenario, die modernste Form des monokulturellen Kollektivismus. Das kollektivistische System gilt jedoch, wie der Kommunismus und der Nationalsozialismus zeigen, nur für die unterworfenen Massen. Die selbsternannte Elite steht über dem System und macht, was sie will.

Die geplante transhumanistische Volldigitalisierung der Welt ist keinesfalls ein Teil der menschlichen Evolution, sondern wäre deren Ende durch mutwillige Selbstzerstörung. Die volle digitale Diktatur ist, wie erwähnt, mit sehr hoher Wahrscheinlichkeit bis 2030 aus technischen Gründen nicht realisierbar. Dazu trägt vor allem im Westen die zunehmende Zerstörung der Wirtschaft bei. Diese wird höchstwahrscheinlich zu großen sozialen Unruhen führen und letztlich zur gewünschten Bevölkerungsreduktion beitragen. Folglich scheint das Primärziel der globalen Machtelite die Bevölkerungsreduktion zu sein, die utopische digitale Diktatur über die Restbevölkerung das Sekundärziel.

Der Zweck, die Ziele und die längst im Stadium der Umsetzung befindlichen Mittel sind ebenso bekannt wie die Hauptakteure und ihre Pläne. Dennoch handelt es sich sowohl um eine Agenda-Praxis als auch um eine Verschwörungspraxis. Aus der Perspektive sich selbständig informierender Menschen, einer Minderheit, liegt aufgrund der offen daliegenden Fakten eine **Agenda-Praxis** im fortgeschrittenen Umsetzungsstadium vor. Für die Masse der Bevölkerung, die sich hauptsächlich von den Medien des Mainstreams berieseln lässt, handelt es sich, sobald ihr Schleier gelüftet ist, um eine **Verschwörungspraxis**. Bis dahin wurde ja öffentlich propagiert, dass alles nur eine absurde »Verschwörungstheorie« sei. In jedem Fall haben wir es mit einer für das Volk schädlichen Praxis zu tun, die konsequent umgesetzt wird.

Diese Feststellung gebietet zum einen das wissenschaftliche Grundprinzip der Kausalität, der logische Zusammenhang zwischen Ursache und Wirkung. Zum anderen haben gemäß dem in der wissenschaftlichen Methodik angewandten »Ockhams Razor« (Ockhams Rasiermesser) die geprüften Fakten, direkten Beweise und Indizienketten zur plausibelsten und einfachsten Erklärung zu führen. Sie hat aus möglichst wenigen, in logischen Beziehungen zueinanderstehenden Variablen und Hypothesen zu bestehen. Der sich aus ihnen ergebende Sachverhalt muss schlüssig sein. »Ockhams Razor« ist wissenschaftlicher Standard und kann beispielsweise in der Philosophischen Enzyklopädie der Universität von Stanford nachgelesen werden.[1607] Aus wissenschaftlicher Sicht besteht nicht der geringste Zweifel, dass der anglo-amerikanische Masterplan zu den von den nationalen Regierungen krisenbedingt eingeführten Corona-Teildiktaturen geführt hat.

Gruppe A

Unter Bezugnahme auf Abbildung 51 steht hier die übermächtige Gruppe A im Vordergrund. Politik und Medien werden sich in nächster Zukunft vorhalten lassen müssen, dass fast alle von ihnen als »Verschwörungstheorien« ins Lächerliche gezogenen Erklärungen im Kontext von COVID-19 einen **hohen Wahrheitsgehalt** haben. Auch dieses Faktum und der wachsende Anteil der hellhörigen Bevölkerung werden mit hoher Wahrscheinlichkeit zum frühzeitigen Scheitern der Corona-Diktatur beitragen. Das inszenierte Chaos könnte in absehbarer Zeit außer Kontrolle geraten. Wenn die Menschheit bis 2025 nicht vollständig verblödet ist, wird sie die satanische Utopie durchschauen und den gegen ihre Freiheit, ihre Gesundheit und ihren natürlichen Fortbestand begonnenen Mehrfrontenkrieg durch friedliche Verweigerung beenden. Die politisch-medialen Corona-Lügen sind leicht zu durchschauen, die surrealen Maßnahmen sind schlichtweg nicht zu verstehen, maßnahmenbedingte Gesundheitsschäden werden sich herumsprechen und aufgebrachte Menschen, deren wirtschaftliche Existenz vernichtet ist, haben immer weniger zu verlieren. Dessen sind sich die Neodiktatoren zumindest teilweise bewusst. Daher wird sich, bis genügend Menschen aus dem politisch-medial erzeugten Koma erwacht sind, die Gesamtlage mit an Sicherheit grenzender Wahrscheinlichkeit verschlimmern.

Für diese Verschlimmerung kann aufgrund des Regierungsverhaltens 2020 ein Trend für die bis 2025 zu erwartende **Steigerung** der Grundrechtseingriffe prognostiziert werden. Das Jahr 2025 wird herangezogen, weil es aus Sicht der angloamerikanischen Globalisierungsclique das Zieljahr für den Abschluss ihrer Grobarbeit ist. Die nationalen Regierungen werden mit sehr hoher Wahrscheinlichkeit versuchen, ihre Macht weiter auszubauen und die Bevölkerung nach der **Salamitaktik** zu knechten. Weil die italienische Dauerwurst in dünnen Scheiben serviert wird, bezeichnet man »die Verfolgung eines [großen] Ziels in kleinen Schritten Salamitaktik.«[1608] Die Regierungen haben diese Taktik 2020 nachweislich angewandt und sich sogar des psychologischen Tricks der verneinenden Vorankündigung bedient. Wie schon das DDR-Regime bis zuletzt posaunt hatte »Niemand hat vor, eine Mauer zu errichten!«,[1609] so verkündeten die Regierungen 2020, es werde keinen Lockdown geben, keine Maskenpflicht, keinen indirekten Impfzwang und so weiter. Das Unterbewusstsein kennt die Begriffe »nicht« und »kein« nicht. Es hört nicht »keinen Impfzwang«, sondern nur »Impfzwang«. Hierdurch wird der Mensch unterbewusst auf den Impfzwang vorprogrammiert sein innerer Widerstand bei der tatsächlichen Maßnahmenanwendung geschwächt. Auf diese Weise wird alles vorher ausdrücklich Bestrittene nachher umso leichter in die Tat umgesetzt.

Da sich am politdarstellerischen Machstreben nichts geändert hat, die Bevölkerung aber »ungehorsamer« wird, muss von der weiteren Beschneidung der Grund- und Freiheitsrechte ausgegangen werden. Dabei wird es aller Voraussicht nach weiterhin zu bestimmten Zeiten Lockerungen der Maßnahmen geben. Diese sollen bei der Bevölkerung immer wieder die Hoffnung auf ein baldiges Ende des Spuks hervorrufen. Die Lockerungen fallen jedoch nicht unter das vorige Niveau. Sobald sie aufhören, werden die Daumenschrauben enger als vor den Lockerungen angezogen. Durch die Anwendung dieser perfiden Taktik, die nichts anderes ist als Crazy Making, wird die Freiheit immer mehr beschnitten (siehe Abb. 53), bis von der Salamistange kaum noch etwas übrig ist.

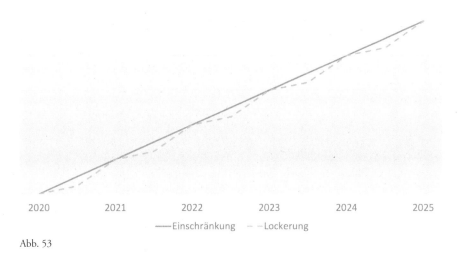

Abb. 53

Dass die Regierungen von selbst zur sogenannten Normalität zurückkehren, scheint gemäß ihren eigenen Ankündigungen völlig ausgeschlossen zu sein. Vermutlich ist der **Point of no Return** (Punkt ohne Rückkehr) längst überschritten. Den Verantwortlichen dürfte klar sein, dass sie aus der selbst verschuldeten Situation nur noch gebückt herauskommen: reumütig gestehend oder gesteinigt. Da beides unerwünscht ist, flüchtet man sich anscheinend in den totalen Krieg gegen das Volk. Bemerkenswert ist daher, dass sich die Wirkungen der illegalen Corona-Maßnahmen bis Ende 2020 bereits weitgehend mit jenen der Zwangsmaßnahmen des **kommunistischen** Regimes der UdSSR gegenüber US-amerikanischen Kriegsgefangenen (der Air Force) decken. Der sogenannte Biderman-Report von 1957 behandelt folgende generelle Methoden, mit denen zum Entlocken falscher Geständnisse der **Wille** der Gefangenen **gebrochen** werden sollte: Isolation, psychische und physische Schwächung, Monopolisierung der Wahrnehmung (Dauerfokussierung auf die künstliche Zwangslage), Drohungen, gelegentliche Nachsichtigkeit (Lockerungen), dauerhaft demonstrierte Omnipotenz inklusive Allwissen, Abwertung von Widerstandsversuchen, Erzwingen einfachster Forderungen zwecks **Gewöhnung an die Gefügigkeit**.[1610] Es handelt sich um klassische Anwendungsfälle des Machtinstruments Psychoterror.

Übertragen auf unsere Zeit und Kultur sowie die Möglichkeiten der politisch-medialen Propagandamaschinerie, haben wir bereits 2020 zumindest teilweise neokommunistische oder neonationalsozialistische Zustände. Die uns von Natur aus zustehenden Rechte werden mit schikanösen Maßnahmen illegal eingeschränkt, damit wir im Sinne der Politdarsteller eine Untertanenmentalität entwickeln, verunsichert auf neue Befehle warten und froh sind, wenn wir als »Gefälligkeit« für unseren Kadavergehorsam wenigstens einen Teil der uns ohnehin gehörenden Rechte zurückbekommen. Von uns werden offenbar demütige Kniefälle dafür erwartet, dass wir wieder am sozialen Leben teilnehmen dürfen: vom »Freitesten« zum »Freiimpfen« weiter zum »Freichipen«? In Anlehnung an Abbildung 53 wird dazu voraussichtlich ein epidemiologisch sinnloser Lockdown nach dem anderen verhängt werden. Die Schikanen werden wohl solange fortgesetzt, bis die politischen Ziele erreicht sind oder sich die Bevölkerung erhebt. Daher werden die Kritiker im Rahmen einer umfassenden Zensur systematisch ignoriert oder propagandistisch mundtot gemacht. Auch die obersten Wächter der Verfassung werden kategorisch übergangen.

Werden die diktatorische Verhaltenssteuerung und die machtpolitische Institutionalisierung des Corona-Ausnahmezustands lange genug erfolgreich fortgesetzt, besteht die große Gefahr einer dauerhaft etablierten Autokratie, in der die »neue Normalität« dem Kommunismus nach chinesischem Muster immer ähnlicher wird. Gelingt die Generalprobe des Polizeistaats, dann wird die uns bekannte Welt zumindest teilweise im Sinne der WEF-Vorgaben umgestaltet, ohne dass wir jemals gefragt wurden. An diesem menschenverachtenden Konzept wird die Corona-Diktatur meiner Beurteilung nach **scheitern**. Die Unterdrücker haben den Faktor Mensch vergessen. Damit kommen wir zur Gruppe B.

Gruppe B

Ein großer Lichtblick ist, dass die Bevölkerung das böse Spiel nach und nach durchschaut. Allerdings signalisiert die Masse ihre Gefügigkeit sogar optisch (Maske, Abstände). Ein eher geringer Teil der Bevölkerung (A) steht aus voller Überzeugung hinter den Maßnahmen. Vermutlich haben die Angehörigen der unterdrückenden Gruppe bereits viele Mitglieder der Gegenbewegung (B) verspottet und denunziert. Folglich hat Gruppe A eine starre Position bezogen, die sie wohl eher nicht aufgeben wird, auch wenn sie sich damit ins eigene Fleisch schneidet. Selbst wenn sie das böse Spiel durchschaut, wird sie nach dem psychologischen Muster der Abwehr durch Projektion ihren Unmut kaum an den Verantwortlichen entladen, sondern viel eher am Widerstand (B). Es dürfte schwierig sein, Gruppe A zum Verlassen ihres eigenen Denkgefängnisses zu animieren. Folglich muss sich Gruppe B, wenn sie erfolgreich sein will, positiv auf die **Masse** konzentrieren und Gruppe A indirekt auf Trab halten, zum Beispiel auf dem Rechtsweg.

Generell hat Gruppe B auf Dauer die besseren Karten, denn sie hat die mächtige Waffe der **Wahrheit** auf ihrer Seite. Die Masse der Menschen interessiert die Wahrheit, sofern sie zu ihrem Vorteil ist. Das ist gleichzeitig die Achillesferse der Gruppe A, die mit knechtenden Lügen operiert. Je länger sie es tut und damit der Masse schadet, desto mehr verliert die politisch-mediale Propagandamaschinerie an Einfluss und Macht. Darin liegt die große Chance für Gruppe B, das Megageschütz Wahrheit erfolgreich einzusetzen. Mit anderen Worten: Gruppe B braucht viel Geduld. Was die Zukunft bringen wird, ist schwer vorherzusagen. Mit einiger Gewissheit werden wir Zeitzeugen eines Paradoxons: Je enger die Regierung bzw. Gruppe A das Korsett der Bevölkerung schnürt und je mehr wirtschaftlicher Schaden dadurch entsteht, desto größer werden die Chancen für Gruppe B. So schlimm es auch ist; vermutlich wird noch einiges kaputtgehen, bevor wir unser Leben zurückgewinnen.

Krise als Chance

Die Corona-Krise ist eine Chance für beide Seiten, also auch für Gruppe B. Da Gruppe A allem Anschein nach keinen Ausstiegsplan hat, muss sie ihre bisherige Taktik immer trickreicher fortsetzen. Sofern nicht das vielzitierte Wunder geschieht oder sich eine nicht vorhersehbare Riesenkatastrophe ereignet, ist mit einer Reihe von verschlimmernden Faktoren zu rechnen, die von den Corona-Maßnahmen ausgelöst oder verstärkt werden. Die nachfolgende Darstellung erhebt keinen Anspruch auf Exaktheit oder Vollzähligkeit. Mögliche Entwicklungen werden lediglich grob skizziert. Die Reihenfolge entspricht der beurteilten Eintrittswahrscheinlichkeit, die von oben nach unten abnimmt. Die Steigerung der Grundrechtseingriffe könnte sich wie folgt darstellen: willkürliche Maßnahmenmodifikationen, Verbot von Kleinstgruppen als »illegale Versammlungen«, Maskenpflicht auch im Freien, generell stärkere Lockdowns, Abriegelungen von Städten und Ländern nach dem Ampelsystem, volle Ausgangssperren, verstärkte Kontrollen im Privatbereich (Wohnstätte, Kraftfahrzeug), Zwangstests, indirekter Impfzwang (Arbeit und soziales Leben nur mit Impfnachweis), amtliches Register für Nichtgeimpfte, erhöhte Bußgelder, erweiterte Polizeibefugnisse, offizielles Spitzelwesen durch angeheuerte Blockwarte, direkter Impfzwang, Isolationslager für Verweigerer und andere »Gefährder«, auf Dauer angelegte Einschränkung der Freiheit, Verunmöglichung oder Aufhebung demokratischer Wahlen, Verbot der stärksten Oppositionsparteien, Vollermächtigung der Verwaltung durch restlose Selbstentmachtung des Parlaments und so weiter.

Sollte mit derlei Maßnahmen der politisch gewünschte Erfolg (Durchimpfen, digitale Identität) noch immer nicht eintreten, könnte die Lage mit absichtlich begünstigten Wellen der illegalen **Massenmigration** nach Europa verschärft werden. Damit ließe sich die Propaganda von einem durch Migranten eingeschleusten neuen »gefährlichen Virus« verbinden. Sowohl aus diesem als auch aus einem anderen Grund könnte die Stimmung kippen, zumal schon 2020 die Masse der Corona-Betten mit Migranten belegt war. So berichtet die *Basler Zeitung* Anfang Dezember, dass in den Schweizer Corona-Intensivbetten **70 Prozent** Migranten liegen.[1611] In Österreich und Deutschland wird darüber zwar der »politisch korrekte« Mantel des Schweigens ausgebreitet, jedoch ist von einer ähnlich hohen, wenn nicht höheren Intensivbettenbelegung durch Migranten auszugehen. Man stelle sich die berechtigte Aufregung darüber vor, dass die einheimische Bevölkerung, die das Gesundheitswesen finanziert, weggesperrt wird und keine Operationen erhält, weil ein sehr hoher Anteil von Migranten die Intensivbetten in Anspruch nimmt. Die im Jahr 2020 generell sehr niedrige Bettenauslastung könnte ab 2021 aufgrund neuerlicher Migrationswellen drastisch ansteigen und der Regierung Vorwände für weitere Lockdowns liefern.

Zu denken wäre auch an ein digitales Virus, das eine sogenannte **Cyber-Pandemie** auslöst. Sorgfältig lancierte Cyber-Angriffe im großen Stil könnten zur Einführung eines »sicheren Internets« benutzt werden sowie zum totalen Ausschluss aller Kritiker und »Ungehorsamen« führen. Vor einem großen Cyber-Angriff warnt das WEF seit dem Sommer 2020.[1612] Klaus Schwab persönlich mahnt mit Videobotschaft zur Vorsicht vor einem mittels Cyber-Kriminalität ausgelösten Totalausfall der Wirtschaft. Zu dessen Vermeidung sei dringend die große Herausforderung eines »sicheren Internets für die globale Wirtschaft« anzunehmen. Dafür sei unbedingt die COVID-19-Krise als zeitlich begrenzte Möglichkeit zu nutzen, um auf der globalen Ebene eine »starke privat-öffentliche Zusammenarbeit« voranzutreiben.[1613] Eine Cyber-Pandemie würde zwar eine Weile den eigenen Propagandaapparat schwächen, wäre aber für die globale Machtelite persönlich relativ ungefährlich.

Weiters kämen zur künstlichen Verschärfung der Lage in Betracht: ein echtes Killervirus, lancierte physische Terroranschläge, ein Bürgerkrieg, ein großer konventioneller Krieg oder ein Atomkrieg. Mit diesen Maßnahmen würden sich jedoch die Machthaber selbst einschränken und gefährden. Allerdings wurde die Ebene der Logik längst verlassen.

Meiner Einschätzung zufolge ist das wahrscheinlichste Szenario, dass die massiv steigende Arbeitslosigkeit und Armut gepaart mit der desaströsen Finanzgebarung von unbegrenzt ins System gepumptem digitalem Geld in absehbarer Zeit zu einer gewaltigen Geldentwertung, zur Hyperinflation und zum endgültigen **Staatsbankrott** führen. Sollte die Regierung auf die Idee kommen, den Staatshaushalt durch eine Währungsreform inklusive Steuer- und Abgabenerhöhung sowie Zwangsenteignungen (Bankensperren, Einziehen von Sparguthaben, Zwangshypotheken) zu sanieren, könnte das in Anbetracht der bereits offenliegenden Fakten über die Plandemie zum Volksaufstand führen.

Denkbar ist auch, dass die steigende Armut und Perspektivenlosigkeit in Kombination mit Versorgungsengpässen erhöhte Kriminalität und Bandenkriege auslösen. Dieses ungünstige Setting könnte radikale ethnische Minderheiten oder fanatische Religionsanhänger ihrerseits zum gewalttätigen Ausbau ihres Einflussbereichs im jeweiligen Gastland einladen. Ein derartiges Szenario würde den Corona-Ausnahmezustand derart intensivieren, dass die in westlichen Nationen stark geschwächte Exekutive nach wenigen Tagen heillos überlastet wäre.

Ein immer wahrscheinlicher werdendes **Blackout** würde die Zivilisation zusätzlich massiv schädigen. Dabei ist jedoch weniger an einen lancierten Angriff auf das Stromnetz zu denken, weil schließlich die gesamte Herrschafts- und Überwachungsstruktur auf der Verfügbarkeit von Strom beruht. Ein großer Strom- und Infrastrukturausfall würde jedenfalls das bestehende Chaos potenzieren. Nur falls alle anderen Maßnahmen unterhalb der Schwelle des Kriegs versagen, käme aus der Perspektive der Machtelite ein absichtlich herbeigeführtes volles Blackout als Notbremse in Betracht. Das Zusammenspiel von bürgerkriegsähnlichen Zuständen und Strommangel würde die Bevölkerungsreduktion beschleunigen.

Wie gesagt, kann die Zukunft nicht seriös prognostiziert werden. Sehr wahrscheinlich ist eine flexible Kombination aus mehreren Faktoren unterhalb des konventionellen Kriegs. Dabei sollte uns jedoch bewusst sein, dass wir nicht mehr auf den Dritten Weltkrieg warten müssen. Auch ohne offizielle Kriegserklärungen sind wir bereits mittendrin. Wie gezeigt wurde, finden die kollektivistischen Angriffe gegen Staat und Familie schon seit langem statt. Nun geht es den Individuen ans Leder. Es ist daher anzuraten, sich und sein Nahumfeld auf möglichst viele Faktoren persönlich vorzubereiten.

Vielleicht befinden wir uns in einer Art Endkampf des Bösen gegen das Gute. Der Feind der Freiheit hat endgültig seine Maske fallen lassen, indem er a. uns welche verordnet hat und b. die Umgestaltung der Welt ganz offiziell auf dem künstlich erzeugten Leid der Menschen aufbauen will. Dieses Signum des Verrats an der Bevölkerung gilt es in den nächsten Monaten und vielleicht Jahren für möglichst viele Menschen sichtbar zu machen. Es geht um unser aller Freiheit, Unabhängigkeit, Selbstbestimmung und die alles entscheidende Individualität.

Unsere **Individualität** ist der Knackpunkt. Sie ist das naturgegebene Existenzrecht jedes Menschen und damit die ultimative Wahrheit. Sie wird der Corona-Diktatur letztlich das Rückgrat brechen. Noch keine Diktatur hat ewig gehalten. Die Corona-Diktatur könnte sehr rasch vorbei sein, wenn möglichst viele Menschen einfach nicht mehr mitmachen. Die Fakten liegen auf dem Tisch. Die Bürger haben das Recht zum Widerstand und die Staatdiener die Pflicht zur Gehorsamsverweigerung. Wahrscheinlich war es noch nie so einfach wie jetzt, eine angehende Diktatur im Keim zu ersticken. Wer Angst davor hat, zu sich zu stehen und dementsprechend zu handeln, sollte sich weniger fragen, was passiert, wenn er es tut. Die entscheidende Frage ist vielmehr, was geschieht, wenn wir es **nicht** tun.

Die für uns negative NWO-Agenda muss und wird scheitern. Auch wenn es noch eine Zeit lang sehr unangenehm für uns werden könnte, sollten wir jetzt schon auf den Wieder- bzw. Neuaufbau fokussieren.

B. Freie Weltordnung

Eine große Herausforderung ist, dass wir uns nicht vom Negativen leiten lassen, auch wenn das nicht ganz so einfach ist. Der Fokus sollte auf das Positive bzw. **Konstruktive** gelenkt werden, in diesem Fall auf eine zumindest vage Vision vom ersehnten Sollzustand: Wie soll unsere Welt im Jahr 2030 aussehen? Diese Systemfrage wird uns im Rahmen der Corona-Diktatur förmlich aufgedrängt. Dafür können wir dankbar sein. Denn unsere Welt lag schon vor COVID-19 im Argen. Ansonsten wäre es nicht möglich gewesen, dass überhaupt eine Riesenshow von Politdarstellern veranstaltet wird und breite Teile der Bevölkerung beim größten Idiotentest seit 9/11 mit Bomben und Granaten durchfallen. Eine Rückkehr zur alten Normalität ohne jede Optimierungsarbeit erscheint daher wenig erstrebenswert. Die Zeit ist reif für nachhaltige Veränderung. Vermutlich hat im Film *Der Tag, an dem die Erde stillstand* der von John Cleese gespielte Professor Barnhardt Recht, wenn er sagt: »Nur unmittelbar vor dem Abgrund entwickeln wir uns weiter.«[1614] So gesehen, könnte COVID-19 die größte Chance der Menschheitsgeschichte sein, ein auf den Werten Freiheit und Ordnung basierendes rechtes bzw. gerechtes Gemeinwesen entstehen zu lassen.

Meine Vision von der kommenden Wende ist eine Gesellschaft, in der auf der Grundlage der Wahrheit das Recht der Freiheit dient. Das höchste Gut und die tiefste Wahrheit ist die **individuelle Freiheit**. Gemeint ist die verantwortungsvoll wahrgenommene Freiheit des Selbstausdrucks in jeder Form, die weder andere Menschen noch die Natur schädigt. Die soziale Ordnung hat einerseits die Freiheit des Individuums zu gewährleisten, andererseits verpflichtet sie jedes Individuum zur Achtung der Freiheit der anderen Individuen. Gemäß dem Vorrang der Individualität kommt die Freiheit immer vor der Gleichheit. Die Achtung, der Schutz und die bestmögliche Integration der Natur sind ein integraler Bestandteil der sozialen Ordnung. Dieser Ordnung wird die herkömmliche Vorstellung von der Demokratie nicht gerecht, zumal in ihr 51 Prozent der Bevölkerung die anderen 49 Prozent tyrannisieren und sie ihrer Freiheit berauben können. Was wir brauchen, ist eine Verfassung, die sogar einen einzigen Menschen vor einer irre gewordenen Mehrheit von 99,99 Prozent schützt.

Folglich bedarf es einer besonderen Form der Verfassung, in der die individuellen Grund- und Freiheitsrechte (analog zur ursprünglichen Verfassung der USA) unabänderlich an oberster Stelle stehen und vor jedweder Abänderung geschützt sind. Eine gute Mischung aus einer Republik mit einem mächtigen Präsidenten und der direkten Demokratie könnte das Idealmodell sein. In der Verfassung sollte auch die Stärkung der Gemeinden im Sinne deren prioritärer Selbstverwaltung geregelt sein. Nur was die Gemeinden nicht selbst wahrnehmen können, geht auf das Land oder den Bund über. Der Mensch engagiert sich dort am meisten, wo er lebt. Das ist nun einmal sein Wohnort, wo er im Idealfall auch arbeitet. Die Entscheidung über die Verfassung obliegt der gesamten Bevölkerung. Vorher hat eine sachliche Auseinandersetzung stattzufinden und ist auch die gelebte Individualität zu fördern. Wer sein Inneres kennt, kann sich im Äußeren dafür einsetzen.

Gelebte Freiheit braucht ein Mindestmaß an sozio-kultureller Homogenität, sprich Identität und Solidarität. Abzustimmen ist daher auch über den maximalen Ausländeranteil, die Abschiebung krimineller Migranten und das Verbot von als »Religion« getarnter Unterdrückung und Expansionspropaganda. Da in einer gesunden Gesellschaft die Regierenden im Falle von Korruption Angst vor dem Volk haben müssen, aber nicht umgekehrt, hat die Bevölkerung das uneingeschränkte Privileg, Waffen zu besitzen. Ein auf materiellen und ideellen Werten beruhendes Finanzsystem hat den Menschen zu dienen, aber nicht die Menschen dem Mammon. Zur elektronischen Technik ist zu sagen, dass analoge Menschen über digitale Werkzeuge herrschen und nicht andersherum. Auch die medizinische Praxis sollte umgedreht werden: Anstatt erst die Kranken zu behandeln, sollte die Medizin dem Erhalt der Gesundheit verschrieben sein.

Für die Etablierung einer rechten Ordnung im dargelegten Sinn könnten sich Österreich und Deutschland als globale Wegbereiter der Freiheit erweisen. Das gilt insbesondere für das heutige Ostdeutschland. Denn die dort lebende Bevölkerung hat dreimal hintereinander den nahtlosen Übergang von einer kollektivistischen Diktatur zur nächsten erdulden müssen: Nationalsozialismus, Kommunismus, Extremkapitalismus. Drei Ismen, drei Kollektivismen, drei systematische Freiheitsberaubungen. Wer das Unrecht in geballter Form erlebt hat, wer also weiß, wo es brennt, der weiß auch, wo man löscht. Es liegt nahe, dass die ostdeutsche Bevölkerung nicht nur genau weiß, was sie nicht will, sondern auch was sie will.

Falls Sie noch nicht wissen, wo Sie stehen und wo Sie hinwollen, hilft Ihnen vielleicht das nächste Kapitel weiter.

Entscheidungshilfe

Ohne Provokation keine Evolution. Falls Sie bisher der Ansicht waren, dass die politisch Linken kuschelnde Träumer sind und die politisch Rechten die bösen Nazis, werden Sie hiermit herausgefordert (provoziert), Ihre nachweislich falsche Meinung abzulegen. Die Wahrheit ist: Die Linken sind die Bösen und die **Rechten** sind die **Guten**. Links bedeutet eine auf Lüge und Unrecht aufbauende kollektivistische Versklavung. Rechts steht für eine durch Wahrheit und Recht geschützte Freiheit (siehe Abb. 54). Der Linke muss lügen und versklaven, weil seine Utopien nicht der Realität entsprechen. Der Rechte pflegt und lebt reale **Werte** wie Freiheit und Ordnung. Diese sind naturgemäß von selbst mehrheitsfähig. Das Problem ist, dass es heutzutage (noch) keine einzige rechte politische Partei gibt. Rechte gibt es in allen politischen Lagern, auch wenn sie sich anders nennen.

Abb. 54

Die Verdrehung dieser Wahrheit erfolgt hauptsächlich durch die falsche Zuordnung der Rechten zum tatsächlich linken Nazigesindel. Das ist die wohl größte propagandistische Leistung der linken Abteilung. Dadurch schiebt sie den Dreck aus dem eigenen Lager den Rechten zu, die (noch) gar kein eigenes politisches Lager haben. Damit es gar nicht dazu kommt, werden die Rechten prophylaktisch verächtlich und mundtot gemacht. Damit muss endlich Schluss sein! Nachfolgende Ausführungen sind für jene Menschen nützlich, die zum Beispiel berechtigt gegen den Corona-Irrsinn aufstehen und dafür als »Rechtsextremisten« oder »Rechtsradikale« angeprangert werden. Da man aus dieser Schublade nur schwer oder gar nicht mehr herauskommt, muss ihr Inhalt im alten Sinne **richtig** definiert werden: Links ist falsch, rechts ist richtig.

Vorweg die lockere Herangehensweise. Wer keine Zeit oder Energie für lange Diskussionen hat, kann gerne meine Erklärungen im Rahmen von Interviews verwenden: »Wenn Sie mit rechtsextrem meinen, dass ich extrem oft Recht habe, dann bin ich rechtsextrem«. Oder: »Wenn mit rechts gemeint ist, dass ich für Freiheit und Ordnung eintrete, dann bin ich sogar rechtsradikal.« Diese Satzkonstruktion empfiehlt sich, weil sie nicht gegen ihren Aussagewert verstümmelt werden kann. Sagen Sie also bitte nie »Ich bin rechtsradikal, weil ...« Der zweite Teil kann leicht weggeschnitten werden, womit die Aussagekraft beim Teufel wäre. Auch folgende Aussage hat bisher noch jeder Gesprächspartner verstanden: »Rechts kommt vom **Recht**. Ich habe Rechtswissenschaften studiert. Linkswissenschaften gibt es nicht.« Mein Gegenüber hat dann meist ein erfülltes Lächeln der inneren Gewissheit und Freude der Bestätigung im Gesicht. Auch wenn uns die »politisch korrekte« Propaganda das Gegenteil einredet, gibt es dennoch eine objektive Wahrheit, in der das Richtige (Rechte) das Falsche (Linke) ausschließt.

Links ist falsch

Das Wort »links« ist dem mittelhochdeutschen Wort für »**lahm**« und »schwach« entlehnt. Man beachte, dass das englische »left« eigentlich genau das bedeutet.[1615] »Left« ist zudem die Vergangenheitsform von »leave«, also verlassen. »You are left« bedeutet »Du bist verlassen.« Im Deutschen steht links für unbeholfen und ungeschickt, woraus sich »linkisch« ableitet. In der Gaunersprache bedeutet link so viel wie **schlecht**, fragwürdig und **hinterhältig**. Darum heißt es ja »linke Geschäfte« oder »linken«. Die politische Bedeutung leitet sich aus der französischen Restaurationszeit ab, als die links vom Präsidenten sitzenden Parteien die erklärten **Gegner** der Regierung waren. Damit hängt die Zuordnung der Linken zu einer sozialistischen oder kommunistischen Gruppierung zusammen.[1616]

Sozialisten sind also eindeutig politisch links gelagert. Dass nicht nur die Kommunisten, sondern auch die Nationalsozialisten Sozialisten und damit **links** waren, steckt schon im Begriff. Auch inhaltlich ist der Nationalsozialismus eindeutig links. Zu Hitlers Zeiten wusste man das noch. Zum Beispiel begründet der 1933 nach England emigrierte deutsche Jurist und Journalist Dr. Sebastian Haffner den vielfach geleugneten Sozialismus der Nazis mit der in Perfektion betriebenen Sozialisierung der Menschen von der Wiege bis zur Bahre. Die Bevölkerung wurde zu einer **kollektiven** Lebensführung **genötigt**. Vom Jungvolk und der Hitlerjugend aufwärts konnte sich niemand der Sozialisierung entziehen. Der Führer der Nationalsozialisten Adolf **Hitler** war »ein sehr **leistungsstarker Sozialist**«.[1617] Und jetzt bitte besonders gut aufpassen: Die einzige Opposition, die Hitler bis zum Schluss zu schaffen machte, »kam von rechts. Von ihr aus gesehen stand Hitler links.« Als Demagoge hat der Führer seine Macht auf die Massen gestützt, nicht auf die Eliten.[1618] Das Offensichtlichste wird gern übersehen: Hitler war kein echter Nationalist, sondern ein Rassist und damit **Internationalist**. Länder interessierten ihn nur als Aufmarschgebiet für den rassisch motivierten Krieg und Endsieg. Als Künstler und Putschist ist auch Hitlers Wesen typisch links. Er passte perfekt zu seiner Partei, deren Grundkonzept von Propagandaminister Dr. Joseph Goebbels 1931 wie folgt beschrieben wird: »Der Idee der NSDAP entsprechend sind wir die deutsche **Linke**! Nichts ist uns verhasster als der rechtsstehende nationale Besitzbürgerblock.«[1619] Das Linke ergibt sich nicht nur aus dem Parteiprogramm, sondern auch aus einer antimonarchistischen und alles andere als konservativen Haltung. Der Nationalsozialismus war reaktionär bzw. revolutionär.

Ohne den russischen Kommunismus und seine Millionen Menschenopfer hätte es wohl keine nationalsozialistische Gegenrevolution gegeben. Und doch verbindet beide Sozialismen mehr als sie trennt. Wie der US-amerikanische Geschichtsprofessor und Stalin-Biograph Dr. Stephen Kotkin nachvollziehbar erklärt, waren Hitler und Stalin auf ihre Art jeweils Nationalisten mit **globalen** Intentionen: »Hitler der antisemitische [antijüdische] deutsche Nationalist, Stalin der marxistisch-leninistische russisch-imperiale Nationalist.«[1620] Die gelegentlich als Zwillingsgestirne beschriebenen Diktatoren pflegten beide eine wahnsinnige Utopie als Reaktion auf den anglo-amerikanisch verschuldeten Ersten Weltkrieg, wurden beide von der Wallstreet gefördert, kamen beide mit Lügen und Gewalt zur absoluten Macht, ließen sich beide als »Führer« ansprechen, etablierten beide ein kollektivistisches Zwangssystem, wollten beide die Weltherrschaft zur Ausdehnung ihrer Reiche erringen und rotteten beide jeweils Millionen Menschen aus, wobei beide die Arbeiterbewegung als Kanonenfutter missbraucht haben. Weitere Details mit Quellen können im zweiten Band von *Krieg, Terror, Weltherrschaft* nachgelesen werden.

Die vielleicht wichtigste Parallele ist, dass es sich sowohl beim Kommunismus als auch beim Nationalsozialismus um **politische Religionen** handelt. Die Gemeinsamkeit der »nicht nur sittlich schlechten, sondern religiös bösen, satanischen Substanz« hat der 1938 vor den Nazis aus Wien in die USA geflüchtete Politologe Dr. Eric Voegelin im selben Jahr mit seinem Buch *Die politischen Religionen* veröffentlicht.[1621] Einige Forscher haben herausgearbeitet, dass der Totalitarismus nichts anderes ist als Religionsersatz bzw. Ersatzreligion. Was oberflächlich verschiedene politische Ideologien »verbindet, besteht vor allem in der **Gläubigkeit**, die die Individuen zu einer **Masse** verschweißt und eine bedingungslose Gefolgschaft dem politischen Führer und seiner Lehre gegenüber erzeugt.« Weltliche Größen wie Rasse oder Nation werden mit dem Ziel vergöttlicht, die absolute Anhaftung an »Erlösungs- und Heilsvorstellungen, eine nach innen gewandte Eschatologie« zu erzeugen.[1622] Unter Eschatologie ist eine prophetische Heilslehre zu verstehen, die Hoffnungen auf individuelle oder universale **Vollendung** weckt. Die genannten Gewaltregime des 20. Jahrhunderts wollten beide einen **neuen Menschen** erschaffen, »der seine Herren anbeten und die Ukase der Staatsmacht als Dogmen anbeten soll.«[1623]

Mit anderen Worten: Der Kommunismus und der Nationalsozialismus haben die auf das Jenseits ausgerichteten alten Religionen ersetzt, indem sie daraus jeweils eine Ersatzreligion mit irdischer Erlösung gemacht haben. Die Heilserwartung wird auf das Diesseits vorverlagert und dafür die politische Führung als Repräsentant des Kollektivs zum »Gott« erhoben. Dem Gläubigen wird suggeriert, durch die Opferung seiner menschlichen Individualität werde er im Kollektiv zu einem von vielen Superwesen. Genau das verheißt auch der **Transhumanismus**, wobei hier sogar die gesteigerte Form der biotechnischen Anbindung des gechipten Hybriden an ein digital erzeugtes Gott-Kollektiv ausschlaggebend ist. Eine linkischere Religion ist kaum vorstellbar.

Rechts ist richtig

Recht, rechts, gerecht und richtig haben denselben Ursprung. Das Adjektiv »recht« leitet sich von der indogermanischen Wurzel »reg-« ab, die **aufrichten**, recken und geraderichten bedeutet. Das lateinische Wort »rectus« steht für gerade, geradlinig, **richtig**, recht und sittlich **gut**. Und das »Adverb rechts ist der erstarrte Genetiv Singular des Adjektivs«, also von »recht«. In zusammengesetzter Form bedeutet das neudeutsche Wort »rechtfertig« nichts anderes als recht, gut, ordentlich, **gerecht** und gut machen. Wer rechtschaffen ist, erweist sich als tüchtig, ehrlich und **ordentlich**.[1624]

Die deutsche Sprache zeigt eindeutig, dass das Rechte positiv zu bewerten und unerlässlich ist für eine friedliche liberale Ordnung. Im Englischen heißt »right« sowohl Recht und richtig als auch rechts. Es ist das Recht, das den Rahmen bzw. die Ordnung für die Freiheit des Individuums schafft. Die Grundrechte sind dazu da, unsere Freiheit gegenüber der Obrigkeit zu schützen.

Bezeichnend ist daher, dass beim Beschluss des ersten COVID-Ermächtigungsgesetzes im März 2020 keine einzige politische Partei dagegen gestimmt hat. Im deutschen Bundestag haben sich wenigstens die AfD und Die Linke der Stimme enthalten. Diese oberflächlich nicht zusammenpassenden Parteien haben anscheinend jeweils einen viel höheren Anteil an Rechten als alle anderen Parteien zusammen. Das ist ein weiterer Hinweis darauf, dass der rechte Weg der richtige ist. Buddhas edler achtfacher Pfad reicht übrigens von der rechten Ansicht über die rechte Tat bis zur rechten Konzentration. Alle acht Pfade beginnen mit dem Bezug auf rechts. Der rechte bzw. richtige Weg schließt einseitiges Denken und Handeln aus, weil Einseitigkeit nicht der Realität entspricht.

Jeder Ismus ist eine einseitige Fokussierung und daher links bzw. falsch. Das gilt nicht nur für den Kollektivismus, sondern auch für den Individualismus. Die Wahrheit ist, dass wir Menschen sowohl einzigartige Wesen als auch Teil eines großen Ganzen sind. Menschliches Zusammenleben braucht eine Ordnung, damit die gelebte Individualität des einen nicht auf die Kosten des anderen geht. Aufbauend auf dieser Wahrheit, stellt in einem rechten Gemeinwesen das Recht den Rahmen der individuellen Freiheit dar.

Ein solches rechtes respektive gerechtes Gemeinwesen repräsentierten zum damaligen Entwicklungsstand das deutsche Kaiserreich und danach die Weimarer Republik. Heute gibt es etwas Vergleichbares vermutlich nur in der Schweiz. Sowohl die benachbarte Alpenrepublik (Österreich) als auch Deutschland und dort insbesondere Ostdeutschland haben meiner Einschätzung nach das Potenzial, nach der Überwindung der hoffentlich nur kurz dauernden Corona-Diktatur eine rechte Gemeinschaftsordnung auf die Beine zu stellen. Mögen die folgenden Empfehlungen und vor allem der germanische Geist der Freiheit dazu beitragen.

Empfehlungen

*Der Gott, der Eisen wachsen ließ, der wollte keine Knechte,
drum gab er Säbel, Schwert und Spieß dem Mann in seine Rechte;
drum gab er ihm den kühnen Mut, den Zorn der freien Rede,
dass er bestände bis aufs Blut, bis in den Tod die Fehde.*

*Lasst brausen, was nur brausen kann, in hellen, lichten Flammen!
Ihr Deutsche alle Mann für Mann, zum heil'gen Krieg zusammen!
Und hebt die Herzen himmelan, und himmelan die Hände,
und rufet alle, Mann für Mann: »Die Knechtschaft hat ein Ende!«*

Obiges Zitat besteht aus der ersten und vierten Strophe des Vaterlandslieds, das von Ernst Moritz Arndt im Jahr 1812 im Rahmen der Befreiungskriege gegen Napoleons Tyrannei gedichtet wurde.[1625] Zwar bevorzuge ich schweres Eisen (Heavy Metall), aber wenn Heino das Vaterlandslied singt, kommen mir die Tränen der Freude und der Hochachtung für die Leistungen unserer Altvorderen.[1626] Wie tapfer haben sie für ihr angeborenes Recht auf Freiheit und Unabhängigkeit gekämpft! Wie viele Entbehrungen haben sie erlitten, wie viel Blut vergossen, wie viele Leben im selbstlosen Heldenmut gelassen!

Im Vergleich dazu ist das Auflehnen gegen die Corona-Diktatur ein »Lercherlschas«, sprich ein Darmwind eines Kleinvogels, womit man in Wien eine Geringfügigkeit meint. Zur Beendigung der Corona-Diktatur muss kein Blut, ja nicht einmal Schweiß vergossen werden. Es muss nicht einmal etwas getan werden. Es genügt völlig, wenn wir nichts tun, nämlich einfach nicht mehr mitmachen. Keine Masken, keine Impfungen, keine Apps, keine Chips bedeuten keinen High-Tech-Überwachungsstaat. So einfach ist das. Wenn etwa 10 Prozent der Bevölkerung aktiv im Sinne von demonstrativ aus dem Unrechtssystem aussteigen, müsste der Corona-Spuk ziemlich rasch vorbei sein. Die Begründung hierfür befindet sich in den Kapiteln über die Propagandastrategie der Unterdrücker und den Ausblick auf das Jahr 2030.

Wie schon mehrfach erwähnt, können über Ihren persönlichen Umgang mit den Corona-Maßnahmen nur Sie allein entscheiden. Die wesentlichen Fakten sind im vorliegenden Buch übersichtlich aufbereitet, das Recht zum Widerstand der Privatpersonen und die Pflicht zur Gehorsamsverweigerung der Staatsdiener werden nachvollziehbar erklärt. Im Zweifelsfall sollten Sie meine Angaben nachprüfen. Weniger aus rechtlichen, sondern vielmehr aus moralischen Gründen möchte ich nicht für Ihre Entscheidung für oder gegen das weitere Ertragen rechtswidriger Corona-Maßnahmen mitverantwortlich sein. Das hängt mit meiner bereits genannten Überzeugung zusammen, dass Freiheit auf **Selbstermächtigung** und Eigenverantwortung beruht. Genau deshalb kaue ich hier hinsichtlich der Umsetzung keine mundgerecht aufbereiteten Einzellösungen vor. Meine Empfehlungen sind als grober Anhalt zu verstehen, wie Sie den Mut zur eigenen **kreativen** Umsetzung finden können. Am wichtigsten erscheint mir daher die Vermittlung der psychologischen Komponente.

Entscheidend ist, sich nicht (nur) gegen die Unterdrückung zu stemmen. Darüberhinaus sollte man eine **positive Vision** von sich selbst und der Zukunft haben, eine klare Momentaufnahme in Form eines inneren Bilds vom Sollzustand. Wenn Sie zum Beispiel keine Corona-Maske aufsetzen möchten, ist es ratsam, nicht dauernd an »keine Maske« zu denken. Sie wissen ja, was Ihr Unterbewusstsein dann sieht. Stellen Sie sich stattdessen als **frei atmenden** Menschen vor, damit sich Ihr Unterbewusstsein darauf programmiert. Dasselbe gilt für saubere Blutbahnen (statt »keine Impfung«). Wenn Sie klar und positiv eingestellt sind, werden Ihr Unterbewusstsein und Ihre Gedanken für kreative Umsetzung sorgen. Im Kapitel *Selbsthilfe* folgen kurze Anregungen für individuelles Verhalten. Wie Sie sich zusätzlich seelisch stärken können, wird im Kapitel *Ich-Reform* behandelt. Ideen für den gesellschaftlichen Wandel in der Zeit nach der Corona-Diktatur enthält das Kapitel *Wir-Reform*.

Selbsthilfe

Einfach nicht mehr mitzumachen, bedeutet, Zivilcourage zu zeigen, sich nicht mehr erpressen zu lassen und dem inzwischen mehrfach schädlichen System die eigene Energie zu entziehen. Wenn wir uns nicht an die verfassungswidrigen Corona-Maßnahmen halten, sind wir zwar in der Regel im Recht. Das hilft uns jedoch in einem sich etablierenden Unrechtssystem reichlich wenig. In der konkreten Alltagssituation, wenn es hart auf hart kommt, sollten wir grundsätzlich davon ausgehen, dass wir alleine dastehen. Erwarten wir also keine Hilfe von außen. In der Regel wird niemand kommen. Kein Anwalt, kein Arzt, kein Politiker, kein Gewerkschafter, kein Personalvertreter, kein Messias, kein Q-Irgendwas. Der im Recht altbewährte Vertrauensgrundsatz scheint immer weniger anwendbar zu sein. Am besten stellt man sich die Welt seit COVID-19 als offene Psychiatrie vor, in der die Rollen vertauscht sind: Die Wärter sind die Gestörten, die Insassen die Gesunden. Sollte wider Erwarten Hilfe von Dritten kommen, kann man sich freuen. Positiv gesehen, befinden wir uns in einem Dauer-Live-Kabarett. Seien wir also auch dann nachsichtig und freundlich, wenngleich bestimmend, wenn man uns ans Leder will.

Wenn wir frei sein wollen, müssen wir uns dazu selbst ermächtigen. Wie schon in der Einleitung gesagt, kann man sich die Freiheit nur selbst geben. Besser gesagt, holen wir uns die Freiheit zurück, indem wir uns ihrer wieder bewusst werden. Wie die Agenda der Psychopathen zeigt, haben sie keine echte Macht aus sich selbst heraus. Sie scheinen keine Kraft aus der Natur, der Liebe, der Kreativität, ihrer Seele oder von Gott zu schöpfen. Darum brauchen sie ja ein irres stromgespeistes Netz aller Dinge. Ihr Leben ist gewiss nicht selbstbestimmt. Wenn man die riesige Show bedenkt, die sie betreiben, um uns in die Irre zu führen und sich auf unsere Kosten zu bereichern, sind sie in ihrem Machtdrang nichts anderes als von uns abhängige armselige Würstchen. Ihre Macht ist eine **Illusion**, denn sie resultiert aus unserer Duldung. Die Psychopathen und ihre Handlanger sind jedoch nicht unsere Feinde. Sie sind insofern unsere Lehrmeister, als Ihr schamloses Betragen auf ein altes Muster des Machtmissbrauchs hinweist. Wenn wir unsere eigene Duldung beenden, durchbrechen wir das Unrechtssystem. Sobald wir erkennen, dass wir immer schon frei waren, erkennen wir unser wahres Selbst. Und wir erkennen, dass die Psychopathen schon verloren haben. Derart gewappnet, haben wir keine Angst vor den Konsequenzen unseres Ausstiegs. Dazu kommen wir im nächsten Kapitel.

Ein Vortrag über das wahre Selbst wäre höchstwahrscheinlich nicht sinnvoll, wenn Sie von einem Polizisten zum Beispiel wegen Maskenverweigerung oder »illegalem Spazierengehen« angehalten werden. Man sollte im Hinterkopf haben, dass der Beamte auch nur seine Arbeit macht, mit hoher Wahrscheinlichkeit selbst schon von den Corona-Maßnahmen genervt ist und schön langsam durchschaut, dass er inzwischen einem Unrechtssystem dient. Vielleicht will er Sie gar nicht bestrafen. Ein freundliches Gespräch mit wenigen sachdienlichen Informationen (nicht überfordern!) kann unter Umständen ein kleines Wunder bewirken. Ansonsten darf man sich rechtlich helfen. Wie im Kapitel über den individuellen Widerstand beschrieben, muss ein an Ort und Stelle verhängtes Bußgeld nicht bezahlt werden. Man kann sich anzeigen und die Dienstnummer des Beamten geben lassen, wobei man auch dabei ruhig, sachlich und freundlich bleiben sollte. Falls nötig, kann man erwägen, eine Gegenanzeige (Gefährliche Drohung, versuchte Nötigung) anzukündigen. Gegen einen etwaigen Strafbescheid können Sie ein Rechtsmittel einlegen.

Hierzu können Sie anwaltliche Hilfe in Anspruch nehmen. Es gibt etliche darauf spezialisierte Anwälte, von denen angeblich einige der Sache wegen unentgeltlich zur Verfügung stehen. Schließlich ermöglicht die gelieferte rechtliche Munition eine höhere Auslastung des Verwaltungsapparats, die wiederum für verstärkte öffentliche Aufmerksamkeit sorgt.

Wenn Sie selbst Staatsdiener sind, wissen Sie spätestens seit der Lektüre dieses Buchs, dass Sie von Rechts wegen zur Verweigerung des Gehorsams verpflichtet sind. Von dieser Pflicht kann Sie hinsichtlich der verfassungswidrigen Corona-Maßnahmen nicht einmal das Remonstrationsrecht befreien (siehe das Kapitel »Pflicht zur Gehorsamsverweigerung«). Was Sie davon abhält, zum Beispiel bei einer Demonstration gegen die Corona-Maßnahmen den Helm abzunehmen und mit jenen mutigen Menschen mitzumachen, die auch für **ihre** Grundrechte und die ihrer Familie kämpfen, ist wahrscheinlich die Angst vor Ächtung seitens der Blockwartkollegen, vor einem Disziplinarverfahren oder vor der Entlassung. Vielleicht hilft die Erinnerung, dass sie ein vereideter **Volksdiener** sind, der sich zur Wahrung der Rechtsordnung verpflichtet hat. Sie sind nicht gegenüber der Politik, sondern gegenüber dem wahren Souverän verpflichtet: dem Volk. Dies ist ein rechtlicher Hinweis. Ob und wie Sie ihre Verpflichtung wahrnehmen, ist ganz allein Ihrem Gewissen überlassen. Dabei wäre auch zu bedenken, dass es analog zur Nachkriegszeit eine Nachkrisenzeit geben wird, in der gegebenenfalls mit Rechtsbrechern abgerechnet wird.

Auch rechtsbewusste Private und Beamte sollten regelmäßig Psychohygiene betreiben. Dazu gehört der Selbstschutz vor der politisch-medialen Propagandamaschinerie. Dieser zieht man den Stecker aus der Dose, indem die selbst ins Eigenheim gestellten Propagandasender, sprich Fernseher und Radio, nur selten oder gar nicht mehr aufdreht werden. Abonnements von Zeitungen und Magazinen lassen sich sehr einfach abbestellen. Auch bei den sogenannten Alternativmedien sollte man Obacht walten lassen. Einige verzapfen unreflektiert Unsinn, einige spielen absichtlich die kontrollierte Opposition. Zur Meinungsbildung unerlässliche Informationen bezieht man im Idealfall aus verschiedenen Quellen. Das Ende der unbewussten Sucht nach entstellten Nachrichten führt dazu, dass wir uns nicht mehr danach richten. Kniefälle vor sogenannten Experten sind unangebracht. Diese haben oft weniger Verstand als Ihr Briefträger. Bilden Sie sich stets Ihre eigene Meinung, indem Sie überall nach der Wahrheit suchen, wo sie vergraben sein könnte! Wenn Sie es möchten, werden Sie Wege finden, die Wahrheit schonungslos auszusprechen.

Aufreibende Diskussionen mit fanatischen Systemknechten der Gruppe A sollte man wegen Sinnlosigkeit eher vermeiden. Ein dezentes Zustecken von Infokarten und dergleichen kann man jedoch erwägen. Bei der eigenen Familie und dem Freundeskreis darf man ruhig geduldig sein. Vertrauensverhältnis und Fakten sind eine gute Mischung. Den fruchtbarsten Boden für die Saat der Wahrheit findet man in der Masse der Bevölkerung, vor allem bei jenen Mitmenschen, die bereits an der Richtigkeit der Corona-Maßnahmen zweifeln. Als Faustregel gilt, dass man möglichst unter vier Augen sprechen sollte, um das Gegenüber nicht in die Gelegenheit zu bringen, in den blockierten Modus der »Politischen Korrektheit« zu verfallen.

Um mehr Menschen aufzuklären, empfiehlt sich die Vernetzung mit Gleichgesinnten, also anderen Angehörigen der Gruppe B. Äußerste Vorsicht ist bei Vereinen mit großspurigem und diktatorischem Ton geboten. Bei mitmenschlichen Kontakten zählt gerade in Corona-Zeiten Qualität mehr als Quantität. Wenige engagierte Multiplikatoren sind tausend Mal mehr wert als viele Mitläufer, die sich nur wichtig machen wollen.

Generell ist es ratsam, sich durch alles geistig und körperlich fitzuhalten, was das Immunsystem natürlich stärkt und uns auf eine etwaige echte schwere Epidemie vorbereitet: gesunde Ernährung, Vitaminpräparate, Naturheilmittel, ausreichend Schlaf, genügend Sonne auf nackter Haut, regelmäßig barfuß gehen auf der Wiese oder im Bachbett, Sport, Wanderungen, Kraftorte im Wald, handwerkliches Hobby, bedingungslose Liebe, Sex, Meditation, viel Humor, positive Stimmung im Rahmen der Familie und mit echten Freunden, Trennung von schadhaften Einflüssen aller Art, möglichst analoge Lebensführung, EMF-Enthaltsamkeit beginnend beim WLAN-Verzicht. Auch das Smartphone sollte man wie Gift behandeln. Mitten im größten Chaos kann man innehalten, sich kurz zurückziehen, tief durchatmen und sich einen von Rudolf Steiner entwickelten geistigen Selbstschutz gönnen: »Die äußere Hülle meiner Aura verdichte sich. Sie umgebe mich mit einem undurchdringlichen Gefäß gegenüber allen unreinen, unlauteren Gedanken und Empfindungen. Sie öffne sich nur der göttlichen Weisheit.«[1627]

Auch auf eine längere Unterbrechung der Lieferketten und einen massiven Stromausfall sollte man vorbreitet sein. Ein Grundvorrat an Lebensmitteln, Wasser, Notbeleuchtung etc. für mehrere Wochen ist sinnvoll. Was in einem Fluchtrucksack enthalten sein sollte, wo man seine »Fluchtburg« baut und wie man sich vor Plünderern schützt, verraten einschlägige Seiten im Internet. Braucht man später nichts davon, schadet es nicht. Vorbereitet schläft es sich besser. Allgemein sollte man immer auf das Schlimmste vorbereitet sein, aber stets positiv denken und handeln.

Von Corona-Maßnahmen befreiende Atteste sollte man sich nur im medizinisch indizierten Fall vom gewissenhaften Arzt des Vertrauens geben lassen. Sogenannte Online-Atteste ohne jeglichen Patientenkontakt sind eine riesige Dummheit, die nur sich bereichernden Ärzten und Kurpfuschern nützen. Sie schaden sowohl den wirklich Bedürftigen als auch der gesamten Widerstandsbewegung. Zu viele gefälschte Ausnahmen führen zum einen möglicherweise zur Nichtanerkennung echter Atteste, zum anderen berauben sie uns der Selbstermächtigung und geben der Gruppe A Gelegenheit, Gruppe B als Lügner und Fälscher hinzustellen. Folglich ist dringend davon abzuraten, selbsternannten Guru-Ärzten zu folgen. Messiasse führen nur in eine Richtung: in den menschlichen Abgrund. Diktatoren sind nichts für selbstbewusste Menschen.

Ich-Reform

*Die besten Reformer,
die die Welt je gesehen hat,
sind die, die bei sich selbst anfangen.*
George Bernard Shaw[1628]

Dieses Kapitel ist insbesondere für jene Leser gedacht, die mutiger sein oder sich generell selbst optimieren wollen. Es geht um das Selbstbewusstsein. Damit ist nicht der übersteigerte Egoismus gemeint, der viele von uns schon lange vor COVID-19 geprägt hat. Gemeint ist ein höheres Bewusstsein über unser wahres Selbst, sprich die innere Kraftquelle, die uns ermächtigt, unsere Einzigartigkeit schamlos und verantwortungsbewusst auszuleben.

Eine fassettenreich aufbereitete »Anleitung« hierzu stellt das erwähnte Buch *Tiger in High Heels* dar.[1629] Obwohl es das wohl wichtigste Buch ist, das ich bisher geschrieben habe, wird es bis dato am wenigsten gelesen. Das dürfte damit zusammenhängen, dass sich nur wenige Menschen wirklich mit sich selbst befassen möchten. Dabei ist genau das der Schlüssel zu mehr Selbstbewusstsein und Zufriedenheit. Beim autobiographischen Rahmen geht es letztlich nicht um mich. Mein buntes Ich, seine Blockaden und die Lösungen sind »nur« das Trojanische Pferd, das den Leser dazu animiert, sein eigenes **geistiges Gefängnis** zu erkennen. Realisieren wir den Tiger in uns, wird uns schlagartig bewusst, dass wir innerlich bereits **frei sind.** Dann fällt es leichter, die gesellschaftlich zugedachte Rolle als

Schaf abzulegen. Mit allen Vor- und Nachteilen. Mehr Freiheit bedeutet auch mehr Verantwortung. Außerdem polarisieren Tiger. Die einen lieben sie abgöttisch, die anderen hassen sie wie die Pest – und zwar unabhängig vom bewussten Zutun des Tigers. Der Hass der im Käfig sitzenden Schafe kann so weit gehen, dass sie den Tiger töten wollen. Damit muss man erst einmal umgehen lernen. Aber es lohnt sich, den teilweise steinigen Weg der Freiheit zu gehen. Wenn man die Freiheit in sich trägt, kämpft sich der äußere Kampf für die Freiheit wie von selbst. Es passiert einfach. Daher ist der Freiheitskampf meines Erachtens der einzig legitime Kampf.

Die Erkenntnis über den Tiger in uns transformiert unsere tiefsten Ängste. Ich sage nicht, dass wir dann angstfrei sind. Aber wir realisieren, dass wir zwar Angst haben, aber nicht die Angst sind. Wer die Angst als warnenden Helfer wahrnimmt, kann sich ihr stellen. Im Angesicht der Angst vor den Konsequenzen intelligent für die Freiheit zu kämpfen, ist das, was man gemeinhin **Mut** nennt.

Im Kontext der Corona-Plandemie wird uns die Auseinandersetzung mit den genannten drei Ängsten direkt aufgezwungen: die Angst vor dem Tod bzw. Sterben, die Angst vor sozialer Ächtung und Strafe sowie die Angst vor materiellem Verlust. Sie reißt uns aus dem kreativen Hier und Jetzt in eine furchteinflößende Zukunft. Die Hauptangst ist die absichtlich geschürte Todesangst. Sie ist gemäß meinen Recherchen und der unmittelbaren Wahrnehmung während meiner Nahtoderfahrung absolut unnötig.[1630] Den wunderschönen »Übergang« in den sogenannten Tod hat Mutter Natur oder Gott sehr weise angelegt. Unser Bewusstsein ist unendlich, die Seele unsterblich. Davor Angst zu haben, ist sinnlos bis absurd. Angst ist nur ein Gefühl, das uns auf etwas hinweist.

Ebenso verhält es sich mit der Angst vor sozialen Sanktionen. Warum sollte der Tiger vor der Meinung und dem Verhalten der Schafe Angst haben, wo er sie doch im Bruchteil einer Sekunde zerfetzen könnte? Abfällige Bemerkungen und Strafen für unser nicht konformes Verhalten während dem großen Corona-Idiotentest sind als Verzweiflungsaktionen der Gruppe A und als Auszeichnungen für Gruppe B zu betrachten. Wir können sie sogar gegen die Absender verwenden, indem wir damit das Unrecht öffentlich sichtbar machen (siehe unten).

Auch die Angst vor dem Verlust des Materiellen ist, was vor allem den Beruf betrifft, in letzter Konsequenz unnötig. Laut WEF sind ohnehin etwa 50 Prozent der Berufssparten dem Aussterben geweiht, rund zwei Drittel der Arbeitsplätze sind unsicher. Wer seinen Beruf mit hoher Wahrscheinlichkeit verlieren wird, kann die durchwegs berechtigte Angst davor in etwas Positives transformieren, zum Beispiel in einen neuen Beruf. Wer weiß, dass er bereits frei ist, kann sich unmöglich den

Corona-Zwängen im Angestelltenverhältnis beugen. Die isolation während der Corona-Propagandemie ist ein guter Anlass, einen Beruf zu wählen oder kreieren, der unserer Begabung entspricht, der uns Freude macht. Ein Schlüssel dazu können die verschütteten Träume der Kindheit sein. Mit dem Buch *Das Kind in uns* gibt der US-amerikanische Psychologe Dr. John Bradshaw seinen Lesern hervorragende Werkzeuge zur Selbstentdeckung in die Hand. Nach dem Motto, dass es für eine glückliche Kindheit nie zu spät ist, kann der Leser seine Wunden wie im Kinosessel sitzend selbst heilen.[1631] Wer sich lieber an Geschichten über andere erfährt, dem sei *Der Tigerbericht* des japanischen Zen-Meisters Shunryu Suzuki empfohlen.[1632]

Durch die Befassung mit der lebenspraktischen Philosophie des Zen während eines von vermutlich noch mehreren Lockdowns wird der Unsinn der »Politischen Korrektheit« zur bewussten inneren »Zen-sur« des absurden Alltagsgeschehens. Zusammen mit der politisch-medialen Abstinenz filtern wir den Propagandadreck der Gruppe A aus uns heraus. Außerdem legen wir auf diese Weise unsere unangebrachten Vorurteile über andere Menschen ab. Anstatt sich spalten zu lassen, sollten die sogenannten Linken mit den sogenannten Rechten eine Querfront gegen den Extremkapitalismus bilden. Als Vermittler kommen echte Rechte in Frage, die den Weg der Mitte bereits im Hier und Jetzt gehen.

Um in der Mitte zu sein, sollten Emotionen herausgelassen werden, vor allem die Wut darüber, verarscht worden zu sein, sowie die Trauer oder Scham, selbst mitgemacht zu haben. Danach pendeln wir uns in der eigenen Mitte ein, im Hier und Jetzt. In dieser Mitte kann man sich in aller Ruhe positiv programmieren. Der grandiose britische Schauspieler Sir Anthony Hopkins (geboren 1937) appelliert anlässlich COVID-19 an die Jugend, **total im Hier und Jetzt** zu leben, eine klare Vision zu haben, konsequent an sie zu glauben und sie mit voller geistiger »Gewalt« ins Hier und Jetzt zu ziehen, als wäre sie bereits **Realität**.[1633] Eine generelle Vision könnte lauten: »Meine Freiheit ist mein natürliches Recht! Ich lebe sie aus!« In diesem Punkt können sich Erwachsene an jenen jungen Menschen orientieren, die sich die rebellische Urkraft der Jugend bewahrt haben. Freiheit als Menschenrecht ist **kompromisslos**. Dazu passt ein Sinnspruch des deutschen Zen-Lehrers Om C. Parkin: »Wer viele Kompromisse macht, macht kleine Schritte. Wer wenig Kompromisse macht, macht große Schritte. Wer keine Kompromisse macht, macht keinen Schritt. Er lässt gehen.«[1634] Das verstehe ich unter konsequentem Nichtmitmachen bei der Corona-Diktatur. Wer nicht mitmacht, wird attackiert, wodurch sich die Angreifer selbst als Unterdrücker bloßstellen und ihr eigenes Zwangssystem zum Kippen bringen.

Konsequentes Nichtmitmachen ist für Eltern besonders von kleinen Kindern gewiss nicht immer einfach. Jeder Mensch soll nur soweit gehen, wie er es für sich und seine Lieben verantworten kann. Dabei ist zu berücksichtigen, dass es gerade beim Widerstand gegen die Corona-Maßnahmen nicht nur um das Gedenken an unsere Altvorderen, sondern insbesondere auch um das Wohl der Kinder und Jugendlichen sowie der nächsten Generationen geht. Die Balance zwischen Vorfahren und Nachfahren ist eine Gelegenheit, mittig im Hier und Jetzt zu sein. Durch die Überwindung des kollektiven Entwicklungstraumas können neue mitmenschliche Beziehungen entstehen, in denen ein gesundes Kollektiv als die Summe individuell lebender Menschen verstanden wird. Es war vermutlich noch nie so wichtig wie jetzt, individuell zu sein, möglichst selbstbestimmt und frei zu leben, wir selbst zu sein. Auch wenn wir unabhängiger von fremden Meinungen sind, tut uns die Gesellschaft von respektvollen Menschen gut.

Wir-Reform

> *Zuerst ignorieren sie dich, dann lachen sie über dich, dann bekämpfen sie dich und dann gewinnst du.*
> Mahatma Gandhi[1635]

Die zitierten Worte Mahatma Gandhis entsprechen seiner Erfahrung als erfolgreicher pazifistischer Freiheitskämpfer gegen die britische Unterwerfung Indiens. Bedenkt man die extrem kurze Zeitspanne, in der ab März 2020 die politisch-mediale Propaganda vom Ignorieren zum Bekämpfen der Gruppe B gekippt ist, dann kann es bis zum Obsiegen des Widerstands gegen die illegalen Corona-Maßnahmen nicht mehr allzu lange dauern. Der weitere Ablauf könnte aus folgenden Phasen bestehen: 1. Friedlicher Freiheitskampf, 2. Krisenverbrechertribunal, 3. Herstellung der liberalen Ordnung.

1. Friedlicher Freiheitskampf

Die Chancen für den Sieg der Gruppe B erhöhen sich, wenn sie absolut friedlich und intelligent durchdacht vorgeht. Dabei sollte Wissen vermittelt und die ganze Wahrheit schonungslos offengelegt werden. Die Themen EMF-Strahlenbelastung durch 5G, genetische Impfstoffe und Finanzdiktatur ermöglichen solide **Quer-**

fronten zwischen Corona-Maßnahmengegnern, Naturschützern, Menschenrechtlern und einigen »Linken«. Im Sinne obiger Ausführungen über das Gewinnen der Masse durch Gruppe B definiert der US-amerikanische Politikwissenschaftler Dr. Gene Sharp in seinem Leitfaden für die Befreiung von Diktaturen die erste von vier Aufgaben wie folgt: »Man muss die unterdrückte Bevölkerung in ihrer Entschlossenheit, in ihrem Selbstvertrauen und in ihren Widerstandsmöglichkeiten stärken.«[1636]

Das Erreichen möglichst vieler Menschen und der damit verbundene Zuwachs der aktiven Gruppe B auf rund 10 Prozent erfordern eine ausgeklügelte Informationsbereitstellung.

Die Effizienz des Widerstands steigert sich, wenn er sowohl von Einzelpersonen im Alltag als auch von Großgruppen im Rahmen von **provokativen Aktionen** praktiziert wird. Derartige Events können als künstlerische Performance nach dem extrem herausfordernden Vorbild von Christoph Schlingensief oder als spontane Straßeninszenierung stattfinden. Zu beachten ist, dass die provokative Kernaussage anlassbezogen, ästhetisch, positiv und klar zu erkennen sein muss. Sie muss Aufmerksamkeit erregen, Mut erzeugen und für Beitritte zu Gruppe B sorgen. Eine profimäßige Verfilmung und ihre virale Verbreitung im Internet potenzieren die Wirkung im Ziel. Der Zuseher wird künstlerisch provoziert, indem ihm in stark übertriebener Form seine gegenwärtige Misere als Corona-Schaf vor Augen geführt wird. Mut wird durch den Blick auf eine mögliche **positive Zukunft** erzeugt, das heißt durch das vorgeführte Ablegen des Schafspelzes und das Hervortreten des Tigers. Die Bilder müssen eindeutig und einprägsam sein.

Zu denken ist etwa an eine im Stechschritt marschierende Gruppe von Schülern mit dicken Masken im Gesicht und einer Schultüte in Form einer Impfspritze im Arm. Plötzlich machen sie Halt, zerreißen die Masken und zerbrechen die Spritzen. Danach verlassen sie den Platz lachend und tanzend. Anzudenken wäre auch die öffentliche Verleihung von Ehrenurkunden an jene Menschen, die mehrfach erfolglos wegen Verstößen gegen Corona-Maßnahmen angezeigt wurden. Auch besonders erfolgreiche Anwälte wären zu küren. Die am schönsten formulierten Rechtsmittel könnte man laut vorlesen. Und so weiter.

Parallel zu provokativen Aktionen können privat initiierte **Volksbegehren** nicht schaden, wenn sie nicht als sklavische Bittgesuche, sondern in deutlich bestimmender Form zum Ausdruck bringen, was das Volk als Souverän will. Auf die sogenannte politische Opposition sollte sich Gruppe B nur im Fall der klar gezeigten solidarischen Handlungsbereitschaft einlassen. Unter keinen Umständen darf man zulassen, von der Parteipolitik instrumentalisiert zu werden. Jedenfalls ist von einer Volksabstimmung über die Fortsetzung der Corona-Maßnahmen und insbesondere über einen Impfzwang generell abzuraten. Zum einen darf die allgegenwärtige Propaganda der Gruppe A nicht unterschätzt werden, zum anderen hat die Mehrheit schlichtweg nicht über die Gültigkeit der Grundrechte einer Minderheit zu entscheiden.

Sobald Gruppe B gewonnen hat und die alte Regierung abgetreten ist, sollte eine aus ausgezeichneten Beamten bestehende Expertenregierung sofort alle verfassungswidrigen Corona-Maßnahmen offiziell aufheben, den Ausgleich des Schadens beschleunigen und der Staatsanwaltschaft die Strafverfolgung der Verantwortlichen aus den Bereichen Politik, Medien, Pharmabranche usw. erleichtern.

2. Krisenverbrechertribunal

Führt die Abhaltung des im dritten Kapitel skizzierten Tribunals für Krisenverbrecher zur strafrechtlichen Verurteilung der Verantwortlichen, dürfen diese die Bevölkerung für eine lange Zeit der Demütigung öffentlich um Verzeihung bitten. Mittels Volksabstimmung könnte festgelegt werden, ob und in welcher Form die rechtskräftig verurteilten Täter einer öffentlichen Erniedrigung nach dem Motto »Auge um Auge, Zahn um Zahn« zuzuführen sind. Dies würde zum einen die Heilung der Volksseele beschleunigen und zum anderen ein mahnendes Exempel für die nächste Regierung sein.

3. Herstellung der liberalen Ordnung

Zuallererst empfiehlt sich das gesellschaftliche Ablegen der Oikophobie mittels offizieller **Restituierung** des Ansehens unserer Altvorderen Im Wege der korrekten Aufarbeitung der Geschichte zweier Weltkriege. Geschichtsstunde statt Märchenstunde. Das Vertrauen in den Staat ist wiederherzustellen. Er ist mitunter ein wichtiges Bollwerk gegen weitere schädliche Globalisierungsmaßnahmen.

Danach könnte man sich an die bereits skizzierte Neuausrichtung der vom Volk direkt zu beschließenden Verfassung machen. In dieser sollte an oberster Stelle ein umfassender und übersichtlicher Grundrechtskatalog als unabänderliches Baugesetz definiert werden: das liberale Baugesetz. Darin wird die unmittelbare **Drittwirkung** der Grundrechte auch unter Privatpersonen ausdrücklich angeordnet. Das Grundrecht auf körperliche Integrität umfasst explizit auch die Impf- und Maskenfreiheit. Das Recht auf Eigentumsfreiheit wird um das verfassungsmäßig gewährleistete Recht auf Bargeld, Privatbesitz und dauerhaft abgabenbefreiten Wohnsitz erweitert. Das Grundrecht auf Meinungsfreiheit beinhaltet auch das Recht auf faktenbasierte Information seitens der Medien. Und so weiter. Wer entgegen dieser obersten Ordnung Grundrechte oder andere Baugesetze einzuschränken versucht, macht sich automatisch **strafbar**. Neben dem rechtsstaatlichen, dem bundesstaatlichen und dem gewaltentrennenden Prinzip werden auch das verstärkte republikanische Prinzip, der Status der Gemeinden als Selbstverwaltungskörper, die völkerrechtliche Neutralität und die direkte Demokratie explizit als unabänderliche Baugesetze in Kraft gesetzt.

Die direkte Demokratie lebt einerseits von der regelmäßigen Durchführung von Volksbefragungen und Volksabstimmungen zu grundlegenden Themen. Andererseits ist der personell zu verschlankende Gesetzgeber lediglich für nachrangige Gesetze zuständig und dabei der unmittelbaren **Kontrolle** durch einen vom Volk direkt gewählten Präsidenten unterworfen. Dieser hat ein sowohl formales als auch inhaltliches Vetorecht, sofern Baugesetze bzw. grundlegende Interessen der Bevölkerung betroffen sind. Der neue große Machtfaktor des Präsidenten ist seiner Funktion als vereideter **Wächter** der Baugesetze geschuldet. Zusätzlich unterliegen Gesetzgeber und Präsident der unmittelbaren Kontrolle durch ein oberstes Verfassungsgericht, das im Verdachtsfall von Amts wegen einzuschreiten hat und demnach an keinen Antrag gebunden ist.

Gesetzgeber und Regierung verstehen sich ausdrücklich als vom Volk gewählte und bezahlte Manager der Infrastruktur, aber nicht als Menschenverwalter. Demnach haben sie eine Dienstleistung zu erbringen, die an eine hohe Verantwortung gebunden ist. Vor dem Amtsantritt ist die erfolgreiche Absolvierung einer akademischen Ausbildung und eine mindestens fünfjährige Berufstätigkeit mit inhaltlichem Bezug zur politischen Funktion nachzuweisen. Politiker werden verfassungsgesetzlich persönlich **haftbar** gemacht, die politische Immunität wird grundsätzlich aufgehoben.

Auch ein neues Medienrecht wird in Form eines Baugesetzes verabschiedet. Die Medien werden per Verfassung zur Objektivität, zur transparenten Informationsbereitstellung und zur Wahrnehmung ihrer Funktion als kritische vierte Macht im Staat **verpflichtet**. Es wird eine Kennzeichnungspflicht festgelegt, gemäß der faktenbasierte Berichte und Privatmeinungen der Redakteure strikt zu trennen sind. Verdeckte Propaganda, öffentliche Denunzierungen Andersdenker und andere indirekte Beschränkungen der bürgerlichen Meinungsfreiheit werden mit hohen

Geldstrafen bis zum Berufsverbot bestraft. Medienförderungen durch Politik und Wirtschaft sind streng untersagt, weil sie der geforderten Objektivität zuwiderlaufen.

Das Finanzsystem wird insofern verstaatlicht, als nur noch die im staatlichen Eigentum stehende **Notenbank** Geld in Umlauf bringen darf. Privatbanken sind davon ausgeschlossen. Geld muss durch einen realen **Gegenwert** in Gold, Silber oder materiell messbaren Arbeitsleistungen gedeckt sein. In Übereinstimmung mit dem Grundrecht auf Bargeld hat ein von der Notenbank festzulegender Anteil aller Geldmittel aus Geldscheinen und Münzen zu bestehen.

Krisengesetze wie das EpG und das IfSG sind zu überarbeiten, wobei die Begriffe »Pandemie« und »Epidemie« exakt zu definieren sind, zum Beispiel anhand einer Sterblichkeit von fünf Prozent. Primär ist auf den Schutz der Risikogruppen abzustellen. Hinsichtlich der unerlässlichen Spezifizierung in zeitlicher, regionaler und personeller Hinsicht wird auf das dritte Kapitel verwiesen. Sämtliche Maßnahmen beruhen auf der sorgfältig zu erzielenden Einsicht und Freiwilligkeit der Bevölkerung. Jeglicher Zwang ist mit dem Grundrechtskatalog unvereinbar.

Das Gesundheitswesen kommt komplett in die staatliche Hand und wird weitgehend zum prophylaktischen Gesundheitserhalt umfunktioniert. Das Gesundheitsministerium, das unter direkter Aufsicht des Präsidenten und des obersten Verfassungsgerichts steht, hat eine absolute **Vetopflicht** bei der Einführung oder beim Ausbau potenziell gesundheitsschädlicher technischer Errungenschaften wie etwa 5G oder 6G.

Die Entscheidung über die Betreuung und die Ausbildung von Kindern fällt an die Eltern und Elternvereine zurück. Der Staat wird aus der natürlichen elterlichen Zuständigkeit verdrängt. Der Staat hat jedoch kindergerechte Leistungen bereitzustellen. Ob und wie sie in Anspruch genommen werden, entscheiden alleine die Eltern bzw. Erziehungsberechtigten. Dabei haben sie natürlich das liberale Baugesetz zu beachten.

Dem leitenden Prinzip der gelebten Individualität folgend, entwickelt eine Gesellschaft ihr volles Potenzial ausschließlich durch die umfassende Förderung freier Individuen, die ihre Talente selbstbestimmt entwickeln, einsetzen und zur Verfügung stellen. In diesem Sinne besteht die Gesellschaft aus menschlichen Kraftwerken. Dies setzt, wie die Vereinigung »Kraftwerk Mensch« vortrefflich herausstellt, einige soziale Bausteine voraus: Freiheit durch freies Geistesleben und gleiches Rechtsleben durch gesetzliche Gleichstellung, Brüderlichkeit auch im Wirtschaftsleben etc.[1637]

Zusammenfassung

Aus wissenschaftlicher Sicht besteht nicht der geringste Zweifel, dass die inszenierte Corona-Krise für die anglo-amerikanisch dominierte globale Machtelite ein weiterer Meilenstein auf dem Weg zur Weltherrschaft ist. Eventuell handelt es sich um den finalen Schritt bzw. den letzten großen Umwälzungsversuch. Die Analyse des alten Masterplans, der Zweck-Ziele-Mittel-Relation und der Propagandastrategie legt einen **roten Faden** frei, der von der anglo-amerikanisch eingefädelten Urkatastrophe Erster Weltkrieg bis zur Corona-Plandemie führt.

Die Grobarbeit der großen Umwälzung soll bis 2025 erfolgen, die Finalisierung bis 2030. Von den teils öffentlich artikulierten Zielen ist die Reduktion der Weltbevölkerung mit sehr hoher Wahrscheinlichkeit das Primärziel und die Implementierung einer vollständigen digitalen Diktatur das Sekundärziel. Die gewünschte Auslöschung eines großen Bevölkerungsanteils von etwa 50 Prozent erfordert neben Massenimpfungen und flächendeckender gepulster EMF-Strahlung höchstwahrscheinlich zusätzliche Katastrophen wie die Totalzerstörung der Wirtschaft, Blackouts, unkontrollierbare Wellen der Massenmigration, bürgerkriegsähnliche Zustände, eine echte Killerseuche oder konventionelle Kriege. Ein Atomkrieg dürfte nur als allerletzte Notbremse in Betracht kommen. Das Sekundärziel der allumfassenden Digitaldiktatur ist bis zum Jahr 2030 mit sehr hoher Wahrscheinlichkeit sowohl aus technischen als auch aus psychologischen Gründen **nicht** erreichbar. Einerseits scheinen die finalen Mittel für eine digitale Identität, 5G-Flächendeckung und geeignete Mikrochip-Implantate bis zum geplanten Abschlussjahr des Great Reset (2030) nicht ausgereift zu sein. Andererseits ist weder das utopische Gesamtkonzept der neokommunistischen Entrechtung nebst körperlich-geistig-seelischer Verstümmelung noch die dahinterstehende Datenreligion für genügend Menschen attraktiv. Die Massentauglichkeit ist nicht gegeben.

Diese Umstände setzen die allem Anschein nach psychopathischen Drahtzieher unter hohen Umsetzungsdruck. Bis zum Jahr 2025 ist daher im Rahmen der illegalen Corona-Maßnahmen gemäß Salamitaktik mit der sukzessiven **Verschlimmerung** der Lage und der kontinuierlichen Steigerung der Grundrechtsbeschränkungen zu rechnen. Die zunehmende Entrechtung der Bevölkerung und die Zerstörung der Wirtschaft werden jedoch höchstwahrscheinlich den Einfluss der ursprünglich übermächtigen und mit **Lügen** operierenden politisch-medialen Propagandamaschinerie auf die Bevölkerung deutlich verringern. Die nach und nach durchschaute Unwahrheit ist nicht massentauglich.

Dies ist die große Chance des friedlichen Widerstands gegen die Corona-Diktatur. Er besitzt die Megawaffe **Wahrheit**, die er am besten durch demonstrativ gezeigtes Nichtmitmachen zum Einsatz bringt. Die Wahrheit kann jeder einzelne Mensch vermitteln. Dazu ist es nützlich, den Mut zum Ausleben der eigenen **Individualität** zu finden. Der einzeln und in Gruppen bewirkte Zuwachs des widerständischen Teils der Bevölkerung auf rund 10 Prozent würde ziemlich sicher den Wendepunkt bedeuten. Seiner möglichst effizienten Erreichung wären starke **Querfronten** mit Umwelt- und Menschenrechtsaktivisten etc. zuträglich. Die friedliche Beendigung der Corona-Diktatur hat das große Potenzial, nach der Bestrafung der Verantwortlichen den krankhaften Hass auf das Eigene zu heilen und schließlich eine gerechte, wirklich freiheitliche Neuordnung der Gesellschaft einzuführen. Hierbei könnten Österreich und Deutschland, insbesondere Ostdeutschland, mit gutem Beispiel vorangehen und, wie einst, den germanischen Geist der Freiheit in die Welt tragen.

Wenn das vorliegende Buch seinen Beitrag dazu leisten darf, wäre es mir eine Freude und Ehre!

ABBILDUNGSVERZEICHNIS

Abb. 01   (S. 14) Zeichnung: Corona-EvolutionVon Jasmin Donner nach einer Idee der Autorin
Abb. 02   (S. 34) Diagramm: Pandemische Planspiele und Dokumente; von der Autorin, Datenquelle: Fn gem. dortigem Kapitel
Abb. 03   (S. 71) Diagramm: COVID-19 Hubei Fälle / Grade; von der Autorin, Datenquelle: Fn 183
Abb. 04   (S. 74) Diagramm: COVID-19 Sterbealter vs. allg. Lebenserwartung; von der Autorin, Datenquelle: Fn 190-192
Abb. 05   (S. 90) Tabelle: Grippe-Saison 2017/2018; von der Autorin, Datenquelle: Fn 245
Abb. 06   (S. 91) Diagramm: Sterberaten MERS bis Grippe; von der Autorin, Datenquelle: Fn 246-248
Abb. 07   (S. 93) Diagramm: Todesfälle KH-Keime bis COVID-19 (DEU, AUT); von der Autorin, Datenquelle: Fn 250, 251, 256, 254
Abb. 08   (S. 94) Diagramm: Todesfälle KH-Keime bis COVID-19 (Welt); von der Autorin, Datenquelle: Fn 252, 257, 258, 254
Abb. 09   (S. 96) Tabelle: Sterbefälle 2020 (AUT, DEU, Welt); von der Autorin, Datenquelle: Fn 259, 260, 250-252, 256-258, 254
Abb. 10   (S. 96) Diagramm: Sterbefälle 2020 (Welt); von der Autorin, Datenquelle: Fn 260, 252, 258, 254
Abb. 11   (S. 104) Diagramm: Grippekurve 2019/2020 (DEU); Quelle: Fn 290
Abb. 12   (S. 104) Diagramm: Grippekurve 2019/2020 (AUT); Quelle: Fn 291
Abb. 13   (S. 105) Diagramme: Grippekurven 2018-2020 (Welt); Quelle: Fn 293
Abb. 14   (S. 106) Diagramm: Grippekurve 2019/2020 (DEU); Quelle: Fn 294
Abb. 15   (S. 109) Diagramm: Corona-Fälle (AUT); Quelle: Fn 308
Abb. 16   (S. 110) Diagramm: EUROMOMO 20/2020 (AUT); Quelle: Fn 312
Abb. 17   (S. 111) Diagramm: EUROMOMO 20/2020 (AUT) / Ausschnitt; Quelle: Fn 313
Abb. 18   (S. 113) Diagramm: Corona-Fälle (DEU); Quelle: Fn 315
Abb. 19   (S. 115) Diagramm: EUROMOMO 20/2020 (DEU); Quelle: Fn 317
Abb. 20   (S. 115) Diagramm: EUROMOMO 20/2020 (DEU) / Ausschnitt Berlin; Quelle: Fn 318
Abb. 21   (S. 115) Diagramm: EUROMOMO 20/2020 (DEU) / Ausschnitt Hessen; Quelle: Fn 318
Abb. 22   (S. 116) Diagramm: Corona-Fälle (CH); Quelle: Fn 324
Abb. 23   (S. 117) Diagramm: Corona-Fälle (CH); Quelle: Fn 325
Abb. 24   (S. 123) Diagramm: COVID-19-Tote im Gesamtverhältnis; von der Autorin, Datenquelle: Fn 254, 259, 260
Abb. 25   (S. 128) Tabelle: EMF-Strahlungswerte 2017; von der Autorin, Datenquelle: Fn 359
Abb. 26   (S. 161) Tabelle: Zusammenschau der EMF-Effekte; Quelle: Fn 478
Abb. 27   (S. 181) Tabelle: Zielrichtung der COVID-19-Maßnahmen; von der Autorin, Datenquelle: Fn 359
Abb. 28   (S. 184) Diagramm: Krisenbeurteilung (SKKM/BMI): Quelle: Fn 537
Abb. 29   (S. 197) Organigramm: Corona-Krisenstab / BMSGPK; Quelle: Fn 571
Abb. 30   (S. 212) Zeichnung: Sinken der Titanic; von Jasmin Donner nach einer Idee der Autorin
Abb. 31   (S. 223) Hierarchie: Stufenbau der Rechtsordnung A; von der Autorin
Abb. 32   (S. 233) Hierarchie: Stufenbau der Rechtsordnung B; von der Autorin
Abb. 33   (S. 260) Diagramm: Intensivbettenauslastung (CH); Quelle: Fn 774
Abb. 34   (S. 267) Grafik: Relevante Personengruppen; von der Autorin
Abb. 35   (S. 283) Tabelle: Verhältnismäßigkeitsprüfung; von der Autorin
Abb. 36   (S. 290) Merkbild: Tragen von Masken (JAMA); Quelle: Fn 825
Abb. 37   (S. 291) Screenshot: Tragen von Masken (WHO); Quelle: Fn 829
Abb. 38   (S. 294) Screenshot: Tragen von Masken (RKI); Quelle: Fn 844
Abb. 39   (S. 364) Diagramm: Phasen der Impfstoffherstellung (AGES); Quelle: Fn 1070

Abb. 40	(S. 366) Diagramm: Phasen der Impfstoffherstellung (EMA); Quelle: Fn 1073
Abb. 41	(S. 374) Diagramm: Phasen-Gegenüberstellung (EMA); Quelle: Fn 1111
Abb. 42	(S. 376) Diagramm: Phasen-Gegenüberstellung (Dauer); von der Autorin, Datenquelle: Fn 1070, 1072
Abb. 43	(S. 380) Tabelle: Impfstoffentwicklung und Dosensicherung; von der Autorin, Datenquelle: Fn 1109, 1119, 1125, 1127
Abb. 44	(S. 386) Tabelle: RNA-Impfstoff (Biontech) / COVID-19; von der Autorin, Datenquelle: Fn1160
Abb. 45	(S. 388) Tabelle: RNA-Impfstoff (Biontech) / schweres COVID-19; Quelle: Fn 1168
Abb. 46	(S. 436) Grafik: 1%-Machtkreis; von der Autorin
Abb. 47	(S. 440) Screenshot: Impf-Ehepaar Gates; Quelle: Fn 1369
Abb. 48	(S. 455) Tabelle: Maßnahmen-Gegenüberstellung Soll / Ist; von der Autorin
Abb. 49	(S. 491) Tabelle: Anglo-amerikanische NWO; von der Autorin
Abb. 50	(S. 492) Grafik: Strategie GBR / USA; von der Autorin
Abb. 51	(S. 508) Grafik: Bewegung – Masse – Gegenbewegung; von der Autorin
Abb. 52	(S. 525) Grafik: Strategie China; von der Autorin
Abb. 53	(S. 543) Diagramm: Grundrechtseingriffe bis 2025; von der Autorin
Abb. 54	(S. 551) Grafik: Entscheidungshilfe links – rechts; von der Autorin

ABKÜRZUNGSVERZEICHNIS

AGES	Agentur für Gesundheit und Ernährungssicherheit
BBG	Bundesbeamtengesetz (DEU)
BDG	Beamten-Dienstrechtsgesetz (AUT)
BMLV	Bundesministerium für Landesverteidigung
BMSGPK	Bundesministerium für Soziales, Gesundheit, Pflege und Konsumentenschutz
BPI	Bundesverband der Pharmazeutischen Industrie (DEU)
BVerfG	Bundesverfassungsgericht (DEU)
bspw.	Beispielsweise
BVerfG	Bundesverfassungsgericht (DEU)
B-VG	Bundes-Verfassungsgesetz (AUT)
bzw.	Beziehungsweise
CFR	Case Fatality Rate (Fallsterberate)
CoV	Corona Virus
COVID-19	Corona Virus Disease 2019 (Corona-Virus-Krankheit 2019)
d.h.	Das heißt
DNA	Desoxyribonukleinsäure
Dr.	Doktor
EbM	Deutsches Netzwerk für evidenz-basierte Medizin
EGMR	Europäischer Gerichtshofs für Menschenrechte
EMA	European Medicines Agency (Europäische Arzneimittel-Agentur)
EMF	Elektromagnetische Felder
EMZ	Epidemiologische Monitoring Zentrale (Erfindung der Autorin)
et. al.	und andere (et alii)
etc.	etcetera (und so weiter)
EU	Europäische Union
EZB	Europäische Zentralbank
f. / ff.	folgend / folgfolgend
FED	Federal Reserve Bank (private US-amerikanische Zentralbank)
Fn	Fußnote (Endnote)
Gem.	Gemäß
GG	Grundgesetz (DEU)
HCQ	Hydroxychloroquin
IFR	Infection Fatality Rate (Infektionssterberate)
ILI	Influenza-like Illness (Grippeähnliche Erkrankung)
insb.	insbesondere
iVm	in Verbindung mit
JAMA	Journal of the American Medical Association (Magazin des Amerikanischen Medizinerverbands)
KH-Keime	Krankenhauskeime
KI	Künstliche Intelligenz
KMU	Kleine und mittlere Unternehmen
KW	Kalenderwoche
MERS	Middle East Respiratory Syndrome (Mittelöstliches Respiratorisches Syndrom)
Min.	Minute
MNS	Mund-Nasen-Schutz (Maske)
OGH	Oberster Gerichtshof (AUT)
PHARMIG	Verbandes der pharmazeutischen Industrie (AUT)

Prof.	Professor
RKI	Robert-Koch-Institut
Rn	Randnummer
RNA	Ribonukleinsäure
RT-PCR	Real Time Polymerase Chain reaction (Echtzeit Polymerase Kettenreaktion)
S.	Seite
SARS	Severe Acute Respiratory Syndrome (Schweres Akutes Respiratorisches Syndrom)
StGB	Strafgesetzbuch
VfGH	Verfassungsgerichtshof (AUT)
VfSlg	Entscheidungssammlung des VfGH
VGH B-W	Verwaltungsgerichtshof Baden-Württemberg
VwGH	Verwaltungsgerichtshof (AUT)
WEF	World Economic Forum (Weltwirtschaftsforum)
WHO	World Health Organization (Weltgesundheitsorganisation)
WIFI	Österreichisches Instituts für Wirtschaftsforschung
WLAN	Wireless Local Area Network (drahtloses lokales Netzwerk)
5G	Fünfte Generation des Mobilfunks

DANKSAGUNG

Meiner lieben Frau Jasmin Donner möchte ich an erster Stelle danken. Sie hat mir fleißig beim Recherchieren geholfen, immer mitgelesen und mir den Rücken freigehalten, sodass Jasmin das Buch quasi mitgeschrieben hat. Außerdem hat sie den Buchsatz (Layout) gemacht und das Cover gestaltet. Mehr Hilfe konnte ich mir nicht einmal erträumen. Zu danken habe ich auch meiner Mutter Helga Kumpfmüller und meinem Schwiegervater Karl Hoffmann, die wie immer geduldige Zuhörer waren und zum jeweils vorgetragenen Kapitel kritische Fragen gestellt haben. Für wertvolle Anregungen danke ich auch meiner Cousine Cordula Heller. Ein fast familiärer Dank gilt meinen Freunden und Kameraden des Österreichischen Bundesheers: dem Strategie- und Sicherheitsexperten Oberst des Generalstabsdienstes Mag. Thomas Reiter, dem Buchautor Oberst Mag. Hermann H. Mitterer und dem Krisenexperten Oberst iR Gottfried Pausch. Sie haben mich sowohl sachlich als auch seelisch unterstützt, wenn ich ausgelaugt war vom Hinterhertippen hinter dem ratternden Corona-Wahnsinn. Für diese Form der Hilfe danke ich außerdem meinem Freund und Rechtsanwalt Wilfried Schmitz, dem Buchautor Dr. Michael Ley, dem vormaligen Nationalratsabgeordneten Dipl.-Ing. Karlheinz Klement, der vernetzenden Juristin Dr. Lygia Simetzberger, der tatkräftigen Heilpraktikerin Dr. Merith Streicher, dem Leiter von Upendo TV Ing. Alexander König, der Vorsitzenden der Initiative für Heimat und Umwelt Inge Rauscher sowie Melanie Jurak und Stefka Berg, den Veranstalterinnen zukunftsweisender Online-Kongresse. Weiters gilt mein Dank den vielen aufrichtigen und nicht auf den Mund gefallenen Menschen aller Berufe und Schichten, vor allem den Vorkämpfern Dr. Wolfgang Wodarg und Prof. Dr. Sucharit Bhakdi. Sie alle haben irgendwie zum Entstehen dieses Buchs beigetragen!

Alles Liebe, Monika

ÜBER DIE AUTORIN

Mag.a Monika Donner (geboren 1971 in Linz) ist Juristin, diplomierte Lebensberaterin, wissenschaftliche Leiterin des Instituts für freie Forschung und Förderung der Menschenrechte (IFM) und Leiterin der Akademie für strategische Bildung (Monithor). Hauptberuflich ist sie als Ministerialrätin im österreichischen Verteidigungsministerium tätig. Zuvor war sie aktiver Offizier der 4. Panzergrenadierbrigade. Donners Biographie ist im Buch *Tiger in High Heels* sowie teilweise auf folgender Homepage enthalten:

http://www.monika-donner.at

ENDNOTEN

Sämtliche Quellen wurden zuletzt am 31. 12. 2020 abgerufen. Bei Mehrfachnennungen wird die Quelle nur beim ersten Mal vollständig angeführt. Hervorhebungen im Kerntext stammen von der Autorin.

1 Meist wird das Zitat Bertolt Brecht zugeschrieben, teilweise aber auch älteren Prominenten wie etwa Papst Leo III. Siehe Andreas Khol, *Wo Recht zu Unrecht wird ...* in Die Presse vom 19. 10. 2007: https://www.diepresse.com/338215/wo-recht-zu-unrecht-wird
2 Siehe Monika Donner, *God bless you, Putin! Strategische Analyse inklusive rechtlicher Beurteilung der sicherheitspolitischen Lage Europas am Beispiel Österreich* (Styx, 2015, 2. Auflage)
3 Siehe http://www.monithor.at/analysen/verfassungsbrueche/
4 Hier dokumentiert bis inklusive 2016: http://www.monithor.at/analysen/massenmigration/
5 Siehe Monika Donner, *Krieg, Terror, Weltherrschaft* – Band 1: http://www.monithor.at/buecher/krieg-terror-weltherrschaft-band-1/
6 Siehe George Orwell, *Animal Farm – A Fairy Story* (1945), S. 16: http://englishonlineclub.com/pdf/George%20Orwell%20-%20Animal%20Farm%20-%20A%20Fairy%20Story%20[EnglishOnlineClub.com].pdf
7 Siehe Monika Donner, *Tiger in High Heels – Zweimal Käfig und zurück* (Monithor, 2019, 5. Auflage) sowie http://www.monika-donner.at/home/monika-donner/rechtskrampf/
8 Siehe Monika Donner, *COVID-19 Nr. 02 – Strategische Analyse vom 22. 03. 2020*: http://www.monithor.at/analysen/covid-19-nr-2/
9 Siehe den Artikel *COVID-19 Nr. 2 – Aufruf zu parlamentarischem Untersuchungsausschuss* in Nachrichtenspiegel vom 25. 03. 2020: http://www.nachrichtenspiegel.de/2020/03/25/covid-19-nr-2-aufruf-zu-parlamentarischem-untersuchungsausschuss/
10 Siehe *Corona-Diktatur – Wissen, Widerstand, Freiheit – Monika Donner* (Monithor, 30. 05. 2020): https://youtu.be/zfFnIR-IngE
11 Siehe Torsten Engelbrecht und Claus Köhnlein, *Virus-Wahn – Corona/COVID-19, Masern, Schweinegrippe, Vogelgrippe, SARS, BSE, Hepatitis C, AIDS, Polio: Wie die Medizin-Industrie ständig neue Seuchen erfindet und auf Kosten der Allgemeinheit* (Emu, 2020, 8. Auflage)
12 Siehe Donner, *Tiger* gem. Fn 7, S. 414ff und 443ff.
13 Siehe Engelbrecht / Köhnlein gem. Fn 11, S. 17
14 Siehe Suzanne Humphris und Roman Bystrianyk, *Dissolving Illusions: Disease, Vaccines, and the Forgotten History* (CreateSpace, 2013)
15 Siehe Suzanne Humphris und Roman Bystrianyk, *Die Impf-Illusion: Infektionskrankheiten, Impfungen und die unterdrückten Fakten* (Kopp, 2018, 2. Auflage), S. 310ff. und insb. die Grafiken 14.1 bis 14.6
16 Siehe Bernard Guyer et. al., *Annual Summary of Vital Statistics: Trends in the Health of Americans During the 20th Century* (Pediatrics, Vol. 106, Nr. 6, 06. 12. 2000), S. 1314: https://www.factchecker.gr/wp-content/uploads/2017/10/PediatricsDec.2000-VOl-106No.6.pdf
17 Siehe die Synopsis auf https://childrenshealthdefense.org/research_db/annual-summary-of-vital-statistics-trends-in-the-health-of-americans-during-the-20th-century/
18 Siehe Humphris / Bystrianyk gem. Fn 15, S. 24,
19 Siehe Engelbrecht / Köhnlein gem. Fn 11, S. 333
20 Siehe Andreas Moritz, *Die geimpfte Nation: Wie Impfen der Bevölkerung schadet. Warum ADHS, Autismus, Asthma und Allergien dramatisch zunehmen* (Unimedica, 2018)
21 Siehe Carola Javid-Kistel et. al. (Hrsg.): *Krank geimpft - Betroffene erzählen* (Didactus, 2020)
22 Siehe Torsten Engelbrecht, *Risiken und Todesfälle eingeschlossen* in Der Freitag vom 03. 12. 2004: https://www.freitag.de/autoren/der-freitag/risiken-und-todesfaelle-eingeschlossen sowie Engelbrecht / Köhnlein gem. Fn 11, S. 15
23 Siehe »Es gibt keine echten Wissenschaftler mehr, nur noch Akademiker, die kuschen« – Shiva

	Ayyadurai (Der Fehlende Part, 21. 04. 2020), ab Min. 03:40: https://youtu.be/w0DMuH44h1Y
24	Siehe Martin Hubert, *Meine Bakterien und ich: Der Mensch als Metaorganismus* in Deutschlandfunk vom 30. 12. 2018: https://www.deutschlandfunk.de/meine-bakterien-und-ich-der-mensch-als-metaorganismus.740.de.html?dram:article_id=436989
25	Siehe Rubikon gem. Fn 23, ab Min. 06:50
26	Siehe Jörg Blech, *Die Krankheitserfinder: Wie wir zu Patienten gemacht werden* (Fischer, 2005)
27	Hans U. P. Tolzin, *Die Seuchen-Erfinder: Von der spanischen Grippe bis EHEC: So werden wir von unseren Gesundheitsbehörden für dumm verkauft!* (Michaels Verlag, 2012)
28	Siehe den Artikel *Drei Europäer erhalten Nobelpreis für Medizin* in Cordis vom 07. 10. 2008: https://cordis.europa.eu/article/id/29946-three-europeans-scoop-nobel-prize-for-medicine/de
29	Siehe die Beschreibung auf https://www.fbw-filmbewertung.com/film/die_aids_rebellen
30	Siehe Fritz Poppenberg, *Die AIDS-Rebellen* (1992), ab Min. 56:50 und 58:50
31	Siehe ebendort, insb. ab Min. 02:40, 38:00, 44:00 und 61:00
32	Siehe Engelbrecht / Köhnlein gem. Fn 11, S. 93ff.
33	Siehe William A. Wells, *When is a virus an exosome?* in The Journal of Cell Biology, Reihe 162, Nummer 6, 2003, S. 960: https://dx.doi.org/10.1083%2Fjcb1626rr1
34	Siehe die anschauliche Erklärung auf *Studyflix*: https://studyflix.de/biologie/vesikel-1974
35	Siehe Rita Jurgens-Krüssmann, *Der Erreger ist nichts, das Milieu ist alles* in Naturheilpraxis (19. 06. 2013): https://heilpraktikerinessen.net/2013/06/19/der-erreger-ist-nichts-das-milieu-ist-alles/
36	Siehe Engelbrecht / Köhnlein gem. Fn 11, S. 354
37	Siehe den Artikel *Public Health at Johns Hopkins* auf https://rockfound.rockarch.org/public-health-at-johns-hopkins
38	Siehe Robert Roos, *Johns Hopkins biodefense experts head in new direction* in CIDRAP vom 23. 09. 2003: https://www.cidrap.umn.edu/news-perspective/2003/09/johns-hopkins-biodefense-experts-head-new-direction
39	Siehe den Artikel *Hopkins Center For Civilian Biodefense Studies Co-Sponsors Symposium On Medical/Public Health Response To Bioterrorism* in Science Daily vom 10. 02. 1999: https://www.sciencedaily.com/releases/1999/02/990209115924.htm
40	Siehe Jason Bardi, *Aftermath of a Hypothetical Smallpox Disaster* in Emerging Infectious Diseases, Reihe 5, Nr. 4 (August 1999), S. 550: https://wwwnc.cdc.gov/eid/article/5/4/pdfs/99-0417.pdf bzw. https://wwwnc.cdc.gov/eid/article/5/4/99-0417_article
41	Siehe ebendort, S. 549f.
42	Siehe Sophie Matzik, *Pocken* in Netdoktor (18. 07. 2016): https://www.netdoktor.de/krankheiten/pocken/
43	Siehe den Artikel *2nd National Symposium on Medical and Public Health Response to Bioterrorism* in Center for Health and Security: https://www.centerforhealthsecurity.org/our-work/events-archive/2000_2nd_natl_symposium/
44	Siehe David Fidler, *Legal Issues Surrounding Public Health Emergencies* in Center for Health and Security: https://www.centerforhealthsecurity.org/our-work/events-archive/2000_2nd_natl_symposium/Transcripts/index.html#fidler
45	Siehe den Abschnitt *Panel Discussion: Epidemic Response Scenario: Decision Making in a Time of Plague* in Center for Health and Security: https://www.centerforhealthsecurity.org/our-work/events-archive/2000_2nd_natl_symposium/Transcripts/index.html#panel
46	Siehe Thomas Inglesby, *Lessons from TOPOFF* in Center for Health and Security: https://www.centerforhealthsecurity.org/our-work/events-archive/2000_2nd_natl_symposium/Transcripts/index.html
47	Siehe RKI, *Antworten auf häufig gestellte Fragen zu Pest* (26. 10. 2017): https://www.rki.de/SharedDocs/FAQ/Pest/FAQ_Liste.html
48	Siehe Tara O'Toole et. al., *Shining Light on »Dark Winter«* in Clinical Infectious Diseases, Band 34, Ausgabe 7 (01. 04. 2002), S. 972 bis 983, insb. 975, 977, 982 und 979: https://academic.oup.com/cid/article-pdf/34/7/972/901793/34-7-972.pdf bzw. In Oxford Academic (01. 04. 2002): https://academic.oup.com/cid/article/34/7/972/316999
49	Siehe Johns Hopkins Center for Civilian Biodefense / Center for Strategic and International Studies, *Dark Winter: Bioterrorism Exercise, Andrews Air Force Base, June 22-23, 2001*, S. 40: https://www.

centerforhealthsecurity.org/our-work/events-archive/2001_dark-winter/Dark%20Winter%20Script.pdf
50 Siehe ebendort, S. 15
51 Siehe ebendort, S. 28 und 35
52 Siehe den Artikel *Move to share bio-terrorism fight* in BBC vom 08. 11. 2001: http://news.bbc.co.uk/2/hi/americas/1644462.stm
53 Siehe U.S. Department of State, *Health Ministers Launch Initiatives to Improve Health Security Globally* (06. 12. 2020): https://2001-2009.state.gov/g/oes/rls/or/2004/40909.htm
54 Siehe Hans Riebsamen, *BSE ist vergessen – Rare, medium oder well done?* in Frankfurter Allgemeine vom 17. 11. 2002, S. 6 sowie Engelbrecht / Köhnlein gem. Fn 11, S. 170
55 Siehe die SARS-Info des BMSGPK mit inhaltlichem Stand vom 30. 09. 2019: https://www.sozialministerium.at/Themen/Gesundheit/Uebertragbare-Krankheiten/Infektionskrankheiten-A-Z/SARS-(Schweres-Akutes-Respiratorisches-Syndrom).html
56 Siehe bspw. das 2006 in erster Auflage erschienene Buch Engelbrecht / Köhnlein gem. Fn 11, S. 185ff.
57 Siehe BMGF (heute BMSGPK), *Influenza-Pandemieplan* (3. Auflage, 2006), S. 71; dieser war bis 10. 09. 2020 nicht auf der Homepage des BMSGPK, sondern ausschließlich auf der Homepage der Österreichischen Apothekerkammer abrufbar; und zwar bis 19. 04. 2020 als freier Download, danach nur noch mit Zugangsdaten: https://www.apotheker.or.at/internet/OEAK/NewsPresse_1_0_0a.nsf/agentEmergency!OpenAgent&p=4C22534C3A72668BC125705B0040978E&fsn=fsStartHomeFachinfo&iif=0 - Auf Anfrage der Presse gab das BMSGPK Ende Januar 2020 bekannt, dass sich besagter Pandemieplan in Überarbeitung befinde. Siehe bspw. Kleine Zeitung vom 30. 01. 2020: https://www.kleinezeitung.at/oesterreich/5761121/Coronavirus_Oesterreichischer-Pandemieplan-wird-derzeit-ueberarbeitet
58 Siehe RKI, *Nationaler Pandemieplan 2007, Teil III* (2. Fassung, Mai 2007), S. 7: https://edoc.rki.de/bitstream/handle/176904/6227/Pandemieplan2007.pdf?sequence=1&isAllowed=y
59 Siehe RKI, *Exercise GLOBAL MERCURY: Post Exercise Report* (12. 01. 2005), S. 4f., 18f. und 21: https://www.rki.de/EN/Content/infections/biological/Preparedness_Plan/Exercise
60 So auch Engelbrecht / Köhnlein gem. Fn 11, S. 203ff
61 Siehe WHO, *Cumulative number of confirmed human cases of avian influenza A(H5N1) reported to WHO* (23. 10. 2020): https://www.who.int/influenza/human_animal_interface/2020_OCT_tableH5N1.pdf?ua=1
62 Siehe Bradley T. Smith et. al., *After-Action Report: Navigating the Storm: Report and Recommendations from the Atlantic Storm Exercise* in Biosecurity and Bioterrorism, Band 3, Nr. 3 (2005), S. 256f. und 261: https://www.centerforhealthsecurity.org/our-work/events-archive/2005_atlantic_storm/pdf/Atlantic%20Storm%20After-Action.pdf
63 Siehe ebendort, S. 259, 261f. und 266
64 Siehe Michelle M. Becker et. al., *Synthetic recombinant bat SARS-like coronavirus is infectious in cultured cells and in mice* in PNAS (16. 12. 2008): https://www.pnas.org/content/105/50/19944
65 Siehe Peter F. Mayer, *Antikörper Tests und Studien zeigen geringe Covid-19 Sterberate* in Mein Bezirk (Niederösterreich) vom 06. 05. 2020: https://www.meinbezirk.at/niederoesterreich/c-politik/antikoerper-tests-und-studien-zeigen-geringe-covid-19-sterberate_a4058100
66 Siehe WHO, *Emergencies preparedness, response: Assessing the severity of an influenza pandemic* (11. 05. 2009): https://www.who.int/csr/disease/swineflu/assess/disease_swineflu_assess_20090511/en/
67 Siehe bspw. Daniel J. DeNoon, *H1N1 Swine Flu No Worse Than Seasonal Flu* in WebMD (07. 09. 2010): https://www.webmd.com/cold-and-flu/news/20100907/h1n1-swine-flu-no-worse-than-seasonal-flu
68 Siehe CDC, *First Global Estimates of 2009 H1N1 Pandemic Mortality Released by CDC-Led Collaboration* (25. 06. 2012): https://www.cdc.gov/flu/spotlights/pandemic-global-estimates.htm
69 Siehe Kapitel *C. Niedrige Sterberate*
70 Siehe Engelbrecht / Köhnlein gem. Fn 11, S. 279
71 Siehe Juliane Ziegler, *Pandemrix – nur noch teurer Restmüll* in Deutsche Apothekerzeitung vom 17. 08. 2011: https://www.deutsche-apotheker-zeitung.de/news/artikel/2011/08/17/pandemrix-nur-

noch-teurer-restmuell
72 Siehe Nicola Kuhrt, *Tamiflu & Co. Deutschland zahlte 330 Millionen Euro für fragwürdige Grippemittel* in Spiegel vom 14. 02. 2015: https://www.spiegel.de/wissenschaft/medizin/tamiflu-deutschland-zahlte-330-mio-fuer-grippemittel-a-1018327.html
73 Siehe *Talk Spezial mit Prof. Dr. Ducharit Bhakdi – Corona-Wahn ohne Ende?* (Servus-TV, 15. 05. 2020), ab Min. 37:30: https://www.servustv.com/videos/aa-23zjmvcz51w12/
74 Siehe Hans-Ulrich Holtherm, *Entwicklung einer multinationalen »Deployment Health Surveillance Capability (DHSC)« für die NATO* in Wehrmedizin und Wehrpharmazie vom 19. 12. 2012: https://wehrmed.de/article/2180-entwicklung-einer-multinationalen-deployment-health-surveillance-capability-dhsc-fuer-die-nato.html,%20zuletztaufgerufen%20am%2001.04.2020
75 Siehe *Bill Gates über Energie: Innovation nach Null! auf TED vom Februar 2010* (TED, 2010), insb. ab Min. 04:30: https://www.ted.com/talks/bill_gates_innovating_to_zero?language=de#t-103995%20sowie%20https://youtu.be/JaF-fq2Zn7I
76 Siehe Danielle Dellorto, *Bill Gates: Vaccine-autism link ›an absolute lie‹* in CNN vom 04. 02. 2011: http://edition.cnn.com/2011/HEALTH/02/03/gupta.gates.vaccines.world.health/index.html
77 Siehe ebendort
78 Siehe Sanjay Gupta, *CNN's Sanjay Gupta interviews philanthropist Bill Gates on efforts to eradicate diseases — and the Wakefield controversy* in CNN vom 05. 11. 2011: https://cnnpressroom.blogs.cnn.com/2011/02/05/cnns-sanjay-gupta-interviews-philanthropist-bill-gates-on-efforts-to-eradicate-diseases-and-the-wakefield-controversy/ bzw. http://transcripts.cnn.com/TRANSCRIPTS/1102/05/hcsg.01.html
79 Siehe Adolf Hitler, *Mein Kampf* (Verlag Franz Eher Nachf. GmbH, 1939, 464. – 468. Auflage, ungekürzte Ausgabe), S. 144ff.
80 Siehe The Rockefeller Foundation und Global Business Network, *Scenarios for the Future of Technology and International Development* (Mai 2010), S. 16-25, insb. 18f.: https://archive.org/details/pdfy-tNG7MjZUicS-wiJb/mode/2up
81 Siehe ebendort, S. 28, 31, 35f., 41, 44 und 51
82 Siehe BMSGPK, *MERS-CoV (Middle East Respiratory Syndrome - Coronavirus)* mit inhaltlichem Stand vom 30. 09. 2019: https://www.sozialministerium.at/Themen/Gesundheit/Uebertragbare-Krankheiten/Infektionskrankheiten-A-Z/MERS-CoV-(Middle-East-Respiratory-Syndrome---Coronavirus).html
83 Siehe WHO, *Middle East respiratory syndrome coronavirus – MERS-CoV* (Abfrage vom 30. 11. 2020): https://www.who.int/emergencies/mers-cov/en/
84 Siehe Deutscher Bundestag, 17. Wahlperiode, Drucksache 17/12051 vom 03. 01. 2013, *Unterrichtung durch die Bundesregierung – Bericht zur Risikoanalyse im Bevölkerungsschutz* 2012, S. 5f. und 55ff.: https://www.bbk.bund.de/SharedDocs/Downloads/BBK/DE/Downloads/Krisenmanagement/BT-Bericht_Risikoanalyse_im_BevSch_2012.html
85 Siehe ebendort, S. 5 und 76
86 Siehe ebendort, S. 67-69
87 Siehe ebendort, S. 59
88 Siehe Jocelyn Kaiser und David Malakoff, *U.S. halts funding for new risky virus studies, calls for voluntary moratorium* in Science (17. 10. 2014): https://www.sciencemag.org/news/2014/10/us-halts-funding-new-risky-virus-studies-calls-voluntary-moratorium
89 Siehe Ben Schwan, *Sie züchten Viren, um sie ansteckender zu machen* in Technology Review / Heise (28. 05. 2020): https://www.heise.de/hintergrund/Virologie-Sie-zuechten-Viren-um-sie-ansteckender-zu-machen-4717438.html
90 Siehe Bill Gates, *The next epidemic – lessons from Ebola, Supplementary Appendix* in NJEM (09. 04. 2015): https://www.nejm.org/doi/full/10.1056/NEJMp1502918
91 Siehe ebendort sowie Bill Gates, *We're not ready for the next epidemic* in Gates Notes vom 18. 03. 2015: https://www.gatesnotes.com/Health/We-Are-Not-Ready-for-the-Next-Epidemic
92 Siehe Bill Gates, *How to Fight the Next Epidemic* in The New York Times vom 18. 03. 2015: https://www.nytimes.com/2015/03/18/opinion/bill-gates-the-ebola-crisis-was-terrible-but-next-time-could-be-much-worse.html

93 Siehe Robin Stanley Mathea, *Modellierung von Infektionskrankheiten zur Beurteilung von Syndromüberwachung* (Master of Science Arbeit, Helmut Schmidt Universität / Universität der Bundeswehr Hamburg, 30. 05. 2015): https://studylibde.com/doc/10758898/technischer-report---helmut-schmidt
94 Siehe Vereinte Nationen, Resolution A/RES/70/1 vom 25. 09. 2015, *Transforming our world: the 2030 Agenda for Sustainable Development*, S. 18 / Pkt. 3.d: https://www.un.org/en/development/desa/population/migration/generalassembly/docs/globalcompact/A_RES_70_1_E.pdf
95 Siehe ebendort, S. 17 / Pkt. 3.8 und S. 18 / Pkt. 3.b
96 Siehe ebendort, S. 16f. / Ziel 2 mit den Punkten 2.1 bis 2.5 und 2.a bis 2.c
97 Siehe Deutsche Bundesregierung, *G7-Präsidentschaft 2015: Abschlussbericht der Bundesregierung über die G7-Präseinetschaft 2015* (22. 02. 2016), S. 31: http://www.bundesgesundheitsministerium.de/fileadmin/Dateien/3_Downloads/G/G7/2016-g7-abschlussbericht.pdf
98 Siehe ebendort, S. 16-22
99 Siehe ebendort, S. 22ff.
100 Siehe Vineet D. Menachery et. al., *A SARS-like cluster of circulating bat coronaviruses shows potential for human emergence* in Nature Medicine (09. 11. 2015): https://www.nature.com/articles/nm.3985
101 Siehe WHO, *WHO publishes list of top emerging diseases likely to cause major epidemics* (10. 12. 2015): https://www.who.int/medicines/ebola-treatment/WHO-list-of-top-emerging-diseases/en/ sowie das Workshop-Dokument (08. - 09. 12. 2015), S. 1 und 3: https://www.who.int/blueprint/what/research-development/meeting-report-prioritization.pdf?ua=1
102 Siehe Vineet D. Menachery et. al., *SARS-like WIV1-CoV poised for human emergence* in NCBI (15. 03. 2016): https://www.ncbi.nlm.nih.gov/pmc/articles/PMC4801244/
103 Siehe RKI, *Nationaler Pandemieplan 2017, Teil II* (Stand 02. 03. 2017), S. 75 und 79ff.: https://www.rki.de/DE/Content/InfAZ/I/Influenza/Pandemieplanung/Downloads/Pandemieplan_Teil_II_gesamt.html?nn=2370466
104 Siehe WHO, *WHO Research and Development Blueprint: 2018 Annual review of diseases prioritized under the Research and Development Blueprint* (06. bis 07. 02. 2018), S. 2 und 9: https://www.who.int/docs/default-source/blue-print/2018-annual-review-of-diseases-prioritized-under-the-research-and-development-blueprint.pdf?sfvrsn=4c22e36_2
105 Siehe Alyson Shontell, *Bill Gates warnt vor einer neuen Art Terrorismus: »Ihr Zerstörungspotential ist sehr groß«* in Business Insider vom 17. 01. 2020: https://www.businessinsider.de/wirtschaft/bill-gates-warnt-vor-einer-neuen-art-terrorismus-und-ihr-potenzial-ist-sehr-sehr-gross-2017-1/
106 Clive Cookson und Tim Bradshaw, *Davos launch for coalition to prevent epidemics of emerging viruses* (18. 01. 2017): https://www.ft.com/content/5699ac84-dd87-11e6-86ac-f253db7791c6
107 Siehe das Transkript *Speech by Bill Gates at the 53rd Munich Security Conference* (18. 02. 2017): https://securityconference.org/assets/02_Dokumente/03_Materialien/MSC2017_Speech_Bill_Gates.pdf
108 Siehe BMG, *Gesundheitsministertreffen im Rahmen der G20-Präsidentschaft* (20. 05. 2017): https://www.bundesgesundheitsministerium.de/ministerium/meldungen/2017/mai/g20-gesundheitsminister-treffen.html
109 Siehe BMG, *G20-Gesundheit: Paket zur G20 Krisensimulationsübung* (01. 12. 2017): https://www.bundesgesundheitsministerium.de/themen/internationale-gesundheitspolitik/g20-gesundheit/g20-krisensimulationsuebung.html
110 Siehe ebendort
111 Siehe ebendort, *6. Beispielagenda für die Simulationsübung / Download*: https://www.bundesgesundheitsministerium.de/fileadmin/Dateien/3_Downloads/G/G20-Gesundheitsministertreffen/Sample_agenda_for_the_5C_Health_Emergency_Simulation_Exercise.pdf
112 Siehe ebendort, *3. Zusätzliche Materialien / Zeitung Download*: https://www.bundesgesundheitsministerium.de/fileadmin/Dateien/3_Downloads/G/G20-Gesundheitsministertreffen/Newspaper.pdf
113 Siehe ebendort, *4. Faktenblatt des fiktiven Landes »Anycountry« / Download*: https://www.bundesgesundheitsministerium.de/fileadmin/Dateien/3_Downloads/G/G20-Gesundheitsministertreffen/Fact_sheet_of_Anycountry.pdf
114 Siehe *G20 Emergency Simulation Exercise Video 7* (Bundesministerium für Gesundheit, 01. 12. 2017): https://youtu.be/H1xJQJtgqAI

115 Siehe *G20 Emergency Simulation Exercise Video 8* (Bundesministerium für Gesundheit, 01. 12. 2017): https://youtu.be/0vW7GW33-dk?list=PL6W8NUmiDIpx4xZsdn3nuuUrH9W4rNWZZ
116 Siehe *Berliner Erklärung der G20 Gesundheitsminister: Gemeinsam für eine gesündere Zukunft* (20. 05. 2017), Pkt. 9., 16., 17., 27., 30. und 32.: http://www.g20.utoronto.ca/2017/170520-health-de.html
117 Siehe ebendort, Pkt. 10.
118 Siehe Nick Alexopulos, *Clade X pandemic exercise highlights policies needed to prevent or reduce the worst possible outcomes in future pandemics* in Center for Health Security (15. 05. 2018): https://www.centerforhealthsecurity.org/news/center-news/2018/2018-05-15_clade-x-policy-recommendations.html
119 Siehe die Ausarbeitung *Clade X Modell Summary* in in Center for Health Security / Clade X Resources: https://www.centerforhealthsecurity.org/our-work/events/2018_clade_x_exercise/pdfs/Clade-X-model.pdf
120 Siehe die PowerPoint-Präsentation *Clade X Exercise Presentation Slides* in Center for Health Security / Clade X Resources, S. 62: https://www.centerforhealthsecurity.org/our-work/events/2018_clade_x_exercise/pdfs/Clade-X-exercise-presentation-slides.pdf
121 Siehe ebendort, S. 31f.
122 Siehe ebendort, S. 10 und 66 bis 71
123 Siehe Yi Fan et. al., *Bat Coronaviruses in China* in MDPI (02. 03. 2019): https://www.mdpi.com/1999-4915/11/3/210/htm
124 Siehe https://www.mdpi.com/about/contact
125 Siehe Yi Fan et. al., *Bat Coronaviruses in China* in NCBI (11. 03. 2020): https://www.ncbi.nlm.nih.gov/pmc/articles/PMC6466186/
126 »Das GPMB-Sekretariat wird von der Weltgesundheitsorganisation ausgerichtet, und seine Arbeit folgt den Regeln, Vorschriften und Verfahren der WHO.« Siehe https://apps.who.int/gpmb/about.html
127 Siehe GPMB, *A world at risk: Annual report on global preparedness for health emergencies – Global Preparedness Monitoring Board* (September 2019), S. 6, 8, 10, 16, 19, 25 und 28: https://apps.who.int/gpmb/assets/annual_report/GPMB_Annual_Report_English.pdf
128 Siehe Event 201, *Segment 1 – Intro and Medical Countermeasures (MCM) Discussion* (18. 10. 2019), ab Min. 14:40: https://www.centerforhealthsecurity.org/event201/videos.html
129 Siehe Event 201, *For immediate release* (Update vom 17. 10. 2019): https://www.centerforhealthsecurity.org/event201/191017-press-release.html
130 Siehe https://www.centerforhealthsecurity.org/event201/
131 Siehe Event 201, *Segment 1* gem. Fn 128, ab Min. 20:00
132 Siehe Event 201, *Segment 4* gem. Fn 128, ab Min. 06:30
133 Siehe Event 201, *Public-private cooperation for pandemic preparedness and response – A call to action, 7. Governments and the private sector should assign a greater priority to developing methods to combat mis- and disinformation prior to the next pandemic response*: https://www.centerforhealthsecurity.org/event201/recommendations.html
134 Siehe Carl von Clausewitz, *Vom Kriege – Vollständige Ausgabe* (Nikol Verlag, 2014, 6. Auflage), S. 21-59, insb. 21-29, 37, 47 und 52-56
135 Siehe ebendort, S. 56 iVm 29f.
136 Siehe Schweizer Armee, Reglement 50.040 d: *Führung und Stabsorganisation der Armee 17* (FSO 17, gültig bis 31. 12. 2017), S. 12ff.: https://docplayer.org/21164936-Fuehrung-und-stabsorganisation-der-armee-17.html
137 Siehe Event 201, *Segment 1* gem. Fn 128
138 Siehe Event 201, *Segment 2* gem. Fn 128, insb. ab Min. 08:00 und 32:00
139 Siehe Event 201, *Segment 3* gem. Fn 128, insb. ab Min. 02:50
140 Siehe auch Johns Hopkins Universität, *Statement about nCoV and our pandemic exercise*: https://www.centerforhealthsecurity.org/news/center-news/2020-01-24-Statement-of-Clarification-Event201.html
141 Siehe Event 201, *Segment 4* gem. Fn 128, insb. ab Min. 33:00
142 Siehe Event 201, *Segment 5* gem. Fn 128, insb. ab Min. 00:30 und 03:50
143 Siehe folgende Sicherheitspolitische Jahresvorschauen des BMLV: 2015, S. 30-32; 2016, S. 374f.; 2017, S. 46; 2018, S. 24f. sowie 2019, S. 29 und 35 – jeweils abrufbar auf https://www.bundesheer.

at/wissen-forschung/publikationen/beitraege.php
144 Siehe https://www.bundesheer.at/cms/artikel.php?ID=10259
145 Siehe BMLV / Direktion für Sicherheitspolitik, *Sicher. Und Morgen? Sicherheitspolitische Jahresvorschau 2020* (18. 12. 2019), S. 44f. und die Tabelle auf S. 35: https://www.bundesheer.at/pdf_pool/publikationen/sipol_jahresvorschau2020.pdf
146 Siehe ebendort, S. 213
147 Siehe ebendort, S. 221f.
148 Siehe Yong Xiong und Nectar Gan, *This Chinese doctor tried to save lives, but was silenced. Now he has coronavirus* in CNN vom 03. 02. 2020: https://edition.cnn.com/2020/02/03/asia/coronavirus-doctor-whistle-blower-intl-hnk/index.html
149 Siehe Sven Hoti, *Er warnte vor dem Virus – und starb selbst daran* in Tagesanzeiger vom 06. 02. 2020: https://www.tagesanzeiger.ch/wissen/medizin-und-psychologie/er-warnte-vor-dem-virus-und-starb-selbst-daran/story/27578374
150 Siehe Kapitel *Biologische Waffe* bzw. Li-Meng Yan et. al. gem. Fn 303
151 Siehe WHO, *Neuartiges Coronavirus in China* (10. 01. 2020): https://www.euro.who.int/de/health-topics/health-emergencies/coronavirus-covid-19/news/news/2020/01/novel-coronavirus-emerges-in-china
152 Siehe WHO, *News*: https://www.euro.who.int/de/health-topics/health-emergencies/coronavirus-covid-19/news/news/news?root_node_selection=427762
153 Siehe Justin Huggler, »Infect the young and isolate those at risk« - One German scientist's plan to end the lockdown in The Telegraph vom 11. 04. 2020: https://www.telegraph.co.uk/news/2020/04/11/german-scientist-predicted-european-epidemic-calls-end-lockdown/ sowie Fn 514
154 Siehe Robert Koch, Über bakteriologische Forschung, in: *Verhandlungen des X. Internationalen Medizinischen Kongresses 1890* (Verlag August Hirschwald, 1891), S. 655: https://edoc.rki.de/bitstream/handle/176904/5173/650-660.pdf?sequence=1&isAllowed=y
155 Siehe The Perth Group, *HIV – a virus like no other* (12. 07. 2017), S. 2: http://www.theperthgroup.com/HIV/TPGVirusLikeNoOther.pdf sowie Engelbrecht / Köhnlein gem. Fn 11, S. 368f.
156 Siehe Stefan Lanka, *Fehldeutung Virus II: Anfang und Ende der Corona-Krise* in Wissenschafftplus, Nr. 02/2020, S. 6: https://wissenschafftplus.de/uploads/article/wissenschafftplus-fehldeutung-virus-teil-2.pdf
157 Siehe Victor M Corman et. al., *Detection of 2019 novel coronavirus (2019-nCoV) by real-time RT-PCR* in Eurosurveillance, Band 25, Ausgabe 3 (23. 01. 2020), S. 1: https://www.eurosurveillance.org/content/10.2807/1560-7917.ES.2020.25.3.2000045#html_fulltext
158 Siehe ebendort, S. 3
159 Siehe https://www.ukw.de/frauenklinik/team/detail/name/kaemmerer-ulrike/
160 Siehe *Livestream am 24. Juli 10:30 Uhr: Sitzung 04: Der Drosten-Test, die Immunität und die zweite Welle* (Stiftung Corona-Ausschuss, 24. 07. 2020), ab Minute 16:30: https://youtu.be/B8eUP1ils8I
161 Siehe Nobelprize, *Kary B. Mullis – Facts*: https://www.nobelprize.org/prizes/chemistry/1993/mullis/facts/
162 Siehe *What Kary Mullis says about PCR testing – some take away lessons for #COVID19?* (Wouter De Heij, 22. 09. 2020): https://youtu.be/iWOJKuSKw5c
163 Siehe Susanne Kutter, *Virologe Drosten im Gespräch 2014: »Der Körper wird ständig von Viren angegriffen«* in Wirtschaftswoche vom 16. 05. 2014: https://www.wiwo.de/technologie/forschung/virologe-drosten-im-gespraech-2014-der-koerper-wirdstaendig-von-viren-angegriffen/9903228-all.html
164 Siehe Corman et. al gem. Fn 157, S. 1 und 8
165 Siehe den Artikel *Strafanzeige gegen Prof. Christian Drosten* in Politikstube vom 14. 06. 2020: https://politikstube.com/anzeige-gegen-prof-christian-drosten/ sowie den gleichnamigen Artikel in Deutsche Lobby vom 15. 06. 2020: https://deutschelobbyinfo.com/2020/06/15/strafanzeige-gegen-prof-christian-drosten/#comments
166 Siehe Na Zhu et. al., *A Novel Coronavirus from Patients with Pneumonia in China, 2019* in NEJM Nr. 382 (24. 01. 2020 , Update 29. 01. 2020, Letztstand 20. 02. 2020), S. 731 und 733: https://www.nejm.org/doi/full/10.1056/nejmoa2001017
167 Siehe Fan Wu et. al., *A new coronavirus associated with human respiratory disease in China* in Nature

Nr. 579 (03. 02. 2020), S. 268: https://www.nature.com/articles/s41586-020-2008-3

168 Siehe Wan Beom Park et. al., *Virus Isolation from the First Patient with SARS-CoV-2 in Korea* in JKMS (24. 02. 2020): https://jkms.org/DOIx.php?id=10.3346/jkms.2020.35.e84

169 Siehe Engelbrecht / Köhnlein gem. Fn 11, S. 369.

170 Siehe Gemma Chavarria-Miró et. al., *Sentinel surveillance of SARS-CoV-2 in wastewater anticipates the occurrence of COVID-19 cases* (Preprint) in MedRxiv (13. 06. 2020): https://www.medrxiv.org/content/10.1101/2020.06.13.20129627v1

171 Siehe Universität von Barcelona, *SARS-CoV-2 detected in waste waters in Barcelona on March 12, 2019* (26. 06. 2020): https://www.ub.edu/web/ub/en/menu_eines/noticies/2020/06/042.html

172 Siehe Chavarria-Miró et. al. gem. Fn 170 (Volltext), S. 2ff., insb. 5: https://www.medrxiv.org/content/10.1101/2020.06.13.20129627v1.full.pdf

173 Shiyi Cao, *Post-lockdown SARS-CoV-2 nucleic acid screening in nearly ten million residents of Wuhan, China* in Nature Communications (21. 11. 2020): https://www.nature.com/articles/s41467-020-19802-w%C2%A0

174 Siehe WHO, *Transmission of COVID-19 by asymptomatic cases* (11. 06. 2020): http://www.emro.who.int/health-topics/corona-virus/transmission-of-covid-19-by-asymptomatic-cases.html

175 Siehe Beda M. Stadler, *Schweizer Professor erklärt, warum bei Corona alle falsch lagen und immer noch falsch liegen* in New Swiss Journal vom 20. 06. 2020: https://www.new-swiss-journal.com/post/schweizer-professor-erkl%C3%A4rt-warum-bei-corona-alle-falsch-lagen-und-immer-noch-falsch-liegen

176 Siehe MWGFD (Mediziner und Wissenschaftler für Gesundheit, Freiheit und Demokratie), *COVID-19 – Immunität und Impfung* (22. 08. 2020), ab Min. 04:30: https://www.mwgfd.de/2020/08/covid-19-immunitaet-und-impfung-prof-dr-med-sucharit-bhakdi/ bzw. https://youtu.be/-eR1j9vqKi8

177 Siehe *Italiens Top-Virologin packt aus – Billy Six im Gespräch mit Prof. Maria Rita Gismondo* in Jouwatch vom 31. 07. 2020, ab Min. 04:00: https://www.journalistenwatch.com/2020/07/31/italiens-top-virologin/

178 Siehe Annika Neide et. al., *SARS-CoV-2 T-cell epitopes define heterologous and COVID-19-induced T-cell recognition* in Researchsquare (16. 06. 2020), insb. S. 5, 8f. und 11: https://www.researchsquare.com/article/rs-35331/v1 bzw. https://www.researchsquare.com/article/rs-35331/v1.pdf

179 In diesem Sinne auch Lanka gem. Fn 156, S. 4

180 Siehe bspw. Palmiro Poltronieri et. al., *RNA Viruses: RNA Roles in Pathogenesis, Coreplication and Viral Load* in NCBI (16. 10. 2015), S. 1f.: https://www.ncbi.nlm.nih.gov/pmc/articles/PMC4763971/

181 Siehe Felix Broecker und and Karin Moelling, *Evolution of Immune Systems From Viruses and Transposable Elements* in NCBI (29. 01. 2019), S. 4: https://www.ncbi.nlm.nih.gov/pmc/articles/PMC6361761/

182 Siehe Coco Feng und Minghe Hu, *Race to diagnose coronavirus patients constrained by shortage of reliable detection kits* in South China Morning Post vom 11. 02. 2020: https://www.scmp.com/print/tech/science-research/article/3049858/race-diagnose-treat-coronavirus-patients-constrained-shortage

183 Siehe Yanping Zhang et. al. (The Novel Coronavirus Pneumonia Emergency Response Epidemiology Team), *Vital Surveillances: The Epidemiological Characteristics of an Outbreak of 2019 Novel Coronavirus Diseases (COVID-19) — China, 2020* in China CDC Weekly 2020, Nr. 2/8 (17. 02. 2020), S. 113-122: http://weekly.chinacdc.cn/en/article/doi/10.46234/ccdcw2020.032

184 Siehe den Artikel *80 Prozent der Infektionen mit Sars-CoV-2 nehmen milden Verlauf* in Ärzteblatt (18. 02. 2020): https://www.aerzteblatt.de/nachrichten/109466/80-Prozent-der-Infektionen-mit-Sars-CoV-2-nehmen-milden-Verlauf

185 Siehe Zunyou Wu und Jennifer M. McGoogan, *Characteristics of and Important Lessons From the Coronavirus Disease 2019 (COVID-19) Outbreak in China* in JAMA (24. 02. 2020), S. 1: https://jamanetwork.com/journals/jama/fullarticle/2762130

186 Siehe Zhang et. al. gem. Fn 183

187 Siehe ebendort, S. 116

188 Siehe C. Jason Wang et. al., *Response to COVID-19 in Taiwan – Big Data Analytics, New Technology, and Proactive Testing* in JAMA (03. 03. 2020): https://jamanetwork.com/journals/jama/fullarticle/2762689

189 Siehe Fei Zhou et. al., *Clinical course and risk factors for mortality of adult inpatients with COVID-19 in Wuhan, China: a retrospective cohort study* in The Lancet (11. 03. 2020): https://www.thelancet.com/journals/lancet/article/PIIS0140-6736(20)30566-3/fulltext
190 Siehe Istituto Superiore di Sanità, *Report sulle caratteristiche dei pazienti deceduti positivi a COVID-19 in Italia Il presente report è basato sui dati aggiornati al 17 Marzo 2020* (17. 03. 2020), S. 2 und 3: https://www.epicentro.iss.it/coronavirus/bollettino/Report-COVID-2019_17_marzo-v2.pdf
191 Siehe Istituto Nazionale Statistica, Dokument 2019/12/1: https://www.istat.it/it/files//2019/12/1.pdf
192 Dies sind die Mittelwerte für Europa mit 83,8 (F) und 78,3 (M) sowie die Welt mit 74,7 (F) und 70,4 (M) gemäß https://www.laenderdaten.info/lebenserwartung.php
193 Siehe RKI, *Epidemiologischer Steckbrief zu SARS-CoV-2 und COVID-19 – Stand: 13. 11. 2020*, 15. Risikogruppen für schwere Verläufe: https://www.rki.de/DE/Content/InfAZ/N/Neuartiges_Coronavirus/Steckbrief.html;jsessionid=FD05BA21FC62613B01D2B9EC2FD8BBFE.internet081#doc13776792bodyText15
194 Siehe Michael Fleischhacker, *Es geht viel mehr, als uns die Politik weismachen will* in Addendum vom 06. 04. 2020: https://www.addendum.org/coronavirus/interview-sprenger/?fbcli
195 Siehe WHO, *WHO erklärt COVID-19-Ausbruch zur Pandemie* (12. 03. 2020): https://www.euro.who.int/de/health-topics/health-emergencies/coronavirus-covid-19/news/news/2020/3/who-announces-covid-19-outbreak-a-pandemic
196 Siehe WHO, *Pandemic influenza risk management* (Mai 2017), S. 13ff.: https://apps.who.int/iris/handle/10665/259893
197 Siehe den Artikel *WHO-Chef: Virus hat »pandemisches Potenzial«* in Presse vom 27. 02. 2020: https://www.diepresse.com/5776081/who-chef-virus-hat-pandemisches-potenzial
198 So auch der Artikel *Coronavirus: WHO spricht von Pandemie* in MDR vom 11. 03. 2020: https://www.mdr.de/nachrichten/politik/ausland/who-pandemie-coronavirus-100.html
199 Siehe Maria Rita Gismondo gem. Fn 177, ab Min. 03:00
200 Siehe Peter Doshi, *The elusive definition of pandemic influenza* in NCBI (01. 07. 2011), S. 532-534: https://www.ncbi.nlm.nih.gov/pmc/articles/PMC3127275/
201 Siehe RKI, *Was ist eine Pandemie* (10. 06. 2009): https://www.rki.de/SharedDocs/FAQ/Pandemie/FAQ18.html
202 Siehe https://www.duden.de/rechtschreibung/Epidemie
203 Siehe das Ermächtigungsgesetz vom 24. 03. 1933 mit der offiziellen Bezeichnung *Gesetz zur Behebung der Not von Volk und Reich*: https://www.1000dokumente.de/index.html?c=dokument_de&dokument=0006_erm&object=abstract&st=&l=de
204 Siehe WHO, *Pandemic influenza risk management* gem. Fn 196, S. 13f., 20 und 22
205 Siehe Michael Rolle und Anton Mayr, *Medizinische Mikrobiologie, Infektions- und Seuchenlehre* (Enke, 2006, 8. Auflage), S. 12ff.
206 Siehe Anna Richter-Trummer, *Corona-Update vom 30. September 2020: 772 Corona-Neuinfektionen, 327 davon in Wien, drei Todesfälle in 24 Stunden in Österreich* in Mein Bezirk vom 30. 09. 2020: https://www.meinbezirk.at/innere-stadt/c-lokales/772-corona-neuinfektionen-327-davon-in-wien-drei-todesfaelle-in-24-stunden-in-oesterreich_a4268361
207 Siehe RKI, *Epidemiologisches Bulletin 40/2020* (01. 10. 2020). S. 8: https://www.rki.de/DE/Content/Infekt/EpidBull/Archiv/2020/Ausgaben/40_20.pdf?__blob=publicationFile&fbclid=IwAR1_6SrLEHRx_xAheHjltg01uFZZE8UecObly0_zN4lXfHaV0xLMcyAM5TE
208 Siehe Julia Merlot, *Corona-Impfstoff: Erfolgsmeldung mit Lücken* in Spiegel vom 10. 11. 2020: https://www.spiegel.de/wissenschaft/medizin/coronavirus-was-die-impfstoff-erfolgsmeldung-von-pfizer-und-biontech-bedeutet-a-60eba553-5fcc-41cf-ac0b-ad1e36a57107
209 Siehe Pfizer, *PF-07302048 (BNT162 RNA-Based COVID-19 Vaccines), Protocol C4591001* per 09/2020, S. 15 und 34: https://pfe-pfizercom-d8-prod.s3.amazonaws.com/2020-09/C4591001_Clinical_Protocol.pdf
210 Siehe EbM (Deutsches Netzwerk Evidenz-basierte Medizin e.V.), *COVID-19: Wo ist die Evidenz?* – Stellungnahme vom 08. 09. 2020, S. 4f: https://www.ebm-netzwerk.de/de/veroeffentlichungen/covid-19
211 Siehe Addendum gem. Fn 194

212 Siehe RKI, *Lagebericht zum Coronavirus des Robert Koch Instituts am 13.03.20* (Phoenix, 13. 03. 2020), ab Min. 26:10: https://youtu.be/9-KEC0FRZFk
213 Siehe ebendort, ab Min. 15:10
214 Siehe Fn 196
215 Siehe Fn 183 bis 185
216 Siehe den Artikel *Verhalten in der Pandemie – Enkelkinder umarmen ja, hüten nein* in SRF News vom 27. 04. 2020: https://www.srf.ch/news/schweiz/verhalten-in-der-pandemie-enkelkinder-umarmen-ja-hueten-nein
217 Siehe Stadler gem. Fn 175
218 Siehe Zhang L. et. al., *Analysis of the pregnancy outcomes in pregnant women with COVID-19 in Hubei Province* in NCBI (25. 03. 2020): https://pubmed.ncbi.nlm.nih.gov/32145714/
219 Lingkong Zeng et. al., *Neonatal Early-Onset Infection With SARS-CoV-2 in 33 Neonates Born to Mothers With COVID-19 in Wuhan, China* in JAMA (26. 03. 2020): https://jamanetwork.com/journals/jamapediatrics/fullarticle/2763787
220 Siehe Hui Zeng et. al., *Antibodies in Infants Born to Mothers With COVID-19 Pneumonia* in JAMA (26. 03. 2020): https://jamanetwork.com/journals/jama/fullarticle/2763854
221 Siehe Kimberly A. Lackey et. al., *SARS-CoV-2 and human milk: What is the evidence?* in Wiley Online Library (30. 05. 2020): https://doi.org/10.1111/mcn.13032 sowie RKI gem. Fn 222
222 Siehe RKI, *SARS-CoV-2 Steckbrief zur Coronavirus-Krankheit-2019 (COVID-19)*, Stand: 24.7.2020: https://www.rki.de/DE/Content/InfAZ/N/Neuartiges_Coronavirus/Steckbrief.html#doc13776792bodyText5
223 Siehe RKI gem. Fn 193, *16. Kinder und Jugendliche*
224 Siehe WH, *Q&A on coronaviruses (COVID-19) / What are the symptoms of COVID-19?* (23. 02. 2020): https://web.archive.org/web/20200227000551/https://who.int/news-room/q-a-detail/q-a-coronaviruses
225 Siehe Angus Nicoll et. al., *Influenza-related deaths – Available methods for estimating numbers and detecting patterns for seasonal and pandemic influenza in Europe* in Research Gate (Mai 2012), S. 2: https://www.researchgate.net/publication/224965300_Influenza-related_deaths_-_Available_methods_for_estimating_numbers_and_detecting_patterns_for_seasonal_and_pandemic_influenza_in_Europe
226 Siehe http://www.52maps.com/english/maps_show.asp?id=8b48137a16a1acd0
227 Favoriten (10. Wiener Gemeindebezirk) hat eine Dichte von ca. 6.500 Ew./km^2 (207.000 Ew. auf ca. 32 km^2): https://de.statista.com/statistik/daten/studie/682157/umfrage/einwohner-in-wien-nach-bezirken/
228 Berlin hat eine durchschnittliche Dichte von 4.055 Ew./km^2: https://de.statista.com/statistik/daten/studie/255791/umfrage/bevoelkerungsdichte-in-berlin/
229 Siehe *Corona Virus (COVID-19) – Erste offizielle Studie, 14.03.2020* (Permedio, 14. 03. 2020), ab Min. 02:50: https://youtu.be/d2GfTm0hRRs
230 Siehe Donner gem. Fn 8
231 Die E-Mail-Korrespondenz liegt beim Verlag auf.
232 Siehe *Erste Resultate der Corona-Studie in Heinsberg* (ARD Tagesschau, 09. 04. 2020): http://www.tagesschau.de/regional/nordrheinwestfalen/corona-studie-heinsberg-101.html sowie Alexander Keßel, *Coronavirus: Öffnen Schulen und Kitas in NRW nach Ostern? Virologe mit eindeutiger Ansage* in Der Westen vom 09. 04. 2020: https://www.derwesten.de/region/coronavirus-schulen-kita-kitas-wann-oeffnen-offen-19-april-ostern-osterferien-lehrer-laschet-merkel-heinsberg-studie-virologe-nrw-deutschland-aktuell-news-id228883637.html
233 Siehe Universität Bonn, *Ergebnisse der »Heinsberg-Studie« veröffentlicht* (04. 05. 2020): https://www.uni-bonn.de/neues/111-2020
234 Siehe Nelde et. al. gem. Fn 178
235 Siehe MWGFD gem. Fn 176, ab Min. 17:00
236 Siehe ORF / Im Zentrum (Dach Medien, 19. 04. 2020), ab Min. 55:30: https://youtu.be/L0uVnmF-tygI
237 Siehe Mayer gem. Fn 65 bzw. die dortige Verlinkung zu folgender Excel-Tabelle: https://docs.google.

com/spreadsheets/d/1zC3kW1sMu0sjnT_vP1sh4zL0tF6fIHbA6fcG5RQdqSc/edit#gid=0
238 Siehe Mayer gem. Fn 65
239 Siehe https://www.phc.ox.ac.uk/team/carl-heneghan
240 Siehe https://www.phc.ox.ac.uk/team/jason-oke
241 Siehe Jason Oke und Carl Heneghan, *Global Covid-19 Case Fatality Rates* in CEBM (17. 03. 2020, aktualisiert 17. 05. 2020): http://www.cebm.net/covid-19/global-covid-19-case-fatality-rates/
242 Siehe SWPRS, *Studies on Covid-19 lethality* in Swiss Policy Research (12. 05. 2020, aktualisiert 21. 06. 2020): https://swprs.org/studies-on-covid-19-lethality/
243 Siehe Christiane Fux, *Coronavirus oder Grippe? Das sind die Unterschiede!* in NetDoktor (25. 03. 2020): https://www.netdoktor.de/krankheiten/coronavirus-infektion/coronavirus-oder-grippe-das-sind-die-unterschiede/
244 Siehe bspw. Mayer gem. Fn 65
245 Siehe für Österreich https://www.ages.at/themen/krankheitserreger/grippe/mortalitaet/ – für Deutschland https://influenza.rki.de/Saisonberichte/2018.pdf – für die Schweiz https://www.infovac.ch/docs/public/influenza/bericht-zur-grippesaison-2018-19-.pdf – für die USA https://www.cdc.gov/flu/about/burden/2017-2018.htm
246 Siehe BR24 / Faktenfuchs, *Was ist gefährlicher – Corona oder Grippe?* (17. 03. 2020): https://www.br.de/nachrichten/wissen/faktenfuchs-was-ist-gefaehrlicher-corona-oder-grippe,RtUiWta
247 Siehe Permedio gem. Fn 229, ab Min. 03:50
248 Siehe AGES, zitiert vom ORF, *Grippe ansteckender als Coronavirus* (27. 01. 2020): https://orf.at/stories/3152374/
249 Siehe Kapitel *B. Staatlicher Psychoterror*
250 Siehe Christian Gottschalk, *Mehr Tote durch Keime als durch Verkehrsunfälle* in Stuttgarter Nachrichten vom 10. 11. 2017: https://www.stuttgarter-nachrichten.de/inhalt.krankenhauskeime-neue-regeln-fuer-beweislast-im-krankenhaus.7d851f16-2cfd-4998-8db1-ab2f68e94005.html sowie den Artikel *40.000 Tote pro Jahr: Der Kampf gegen die Krankenhauskeime* in Focus *(25. 10. 2018)*: https://www.focus.de/gesundheit/news/hamburg-40-000-tote-pro-jahr-der-kampf-gegen-die-killer-keime_id_9794114.html?fbc=fb-shares sowie W. Popp und K.-D. Zastrow, *Letales Risiko durch nosokomiale Infektionen* auf DGKH (01. 12. 2015): https://www.krankenhaushygiene.de/informationen/hygiene-tipp/hygiene-tipp2015/557
251 Siehe Andrea Heigl, *Nosokomiale Infektionen: Lebensgefährlich, aber vermeidbar* in APA/OTS vom 20. 11. 2019: https://www.ots.at/presseaussendung/OTS_20191120_OTS0144/nosokomiale-infektionen-lebensgefaehrlich-aber-vermeidbar-bild
252 Siehe den Artikel *700.000 Tote im Jahr: Antibiotika-Resistenz macht sich breit – Wundermittel verliert Wirkung* in In-Franken vom 03. 09. 2018: https://www.infranken.de/ratgeber/gesundheit/studie-immer-mehr-bakterien-immun-gegen-antibiotika-700-000-tote-im-jahr-durch-resistenz-art-3658277
253 Siehe Kapitel *COVID-19 endet im Mai 2020*
254 Siehe das WHO-Dashbord vom 02. 06. 2020, nach 18 Uhr: https://covid19.who.int/
255 Siehe *Der unsichtbare Feind – Tödliche Supererreger aus Pharmafabriken* (Das Erste, 08. 05. 2017): https://www.ardmediathek.de/ard/video/reportage---dokumentation/der-unsichtbare-feind---toedliche-supererreger-aus-pharmafabriken/das-erste/Y3JpZDovL2Rhc2Vyc3RlLmRlL3JlcG9ydGFnZSBfl-GRva3VtZW50YXRpb24gaW0gZXJzdGVuLzYzZDFmMDhiLTE0ZjEtNDY0Zi1iYmI2LWEyZT-JiY2FmMTA4ZA/
256 Siehe AGES, *Grippe* (Stand 01. 04. 2020): https://www.ages.at/themen/krankheitserreger/grippe/mortalitaet/
257 Siehe den Artikel *Grippewelle war tödlichste in 30 Jahren* in Ärzteblatt vom 30. 09. 2019: https://www.aerzteblatt.de/nachrichten/106375/Grippewelle-war-toedlichste-in-30-Jahren sowie RKI, *Bericht zur Epidemiologie der Influenza in Deutschland Saison 2018/19*, S. 8: https://influenza.rki.de/Saisonberichte/2018.pdf
258 Siehe Gregory Härtl, *Up to 650 000 people die of respiratory diseases linked to seasonal flu each year* (WHO, 14. 12. 2017): https://www.who.int/news-room/detail/14-12-2017-up-to-650-000-people-die-of-respiratory-diseases-linked-to-seasonal-flu-each-year
259 Stand vom 22. 03. 2020 hochgerechnet für Juli 2020: https://www.laenderdaten.de/bevoelkerung/

einwohner.aspx
260 Stand vom 22. 03. 2020 hochgerechnet für 2020 anhand https://www.laenderdaten.de/bevoelkerung/sterberate.aspx
261 Siehe Philip J. Landrigan et. al., *The Lancet Commission on pollution and health* in The Lancet, Vol. 391, Nr. 10119 (19. 10. 2017): https://www.thelancet.com/commissions/pollution-and-health
262 Siehe Alice Yan, *Pollution claims 1.8 million lives in China, latest research says* in South China Morning Post vom 20. 10. 2017: https://www.scmp.com/news/china/society/article/2116342/pollution-claims-18-million-lives-china-latest-research-says
263 Siehe den Artikel Caos alla Camera dei Deputati dopo le dichiarazioni rilasciate da Vittorio Sgarbi durante la discussione del decreto legge »Cura Italia« in Area Napoli vom 24. 04. 2020: https://www.areanapoli.it/varie/video---sgarbi-numeri-falsi-il-963-dei-morti-non-sono-per-coronavirus-scoppia-il-caos_369262.html
264 Siehe *Sgarbi Scatebato »State mentendo sul numero dei morti per imporre una dittatura del consenso!«* (Radio Radio TV, 24. 04. 2020): https://youtu.be/ok9Qu5rQRBc
265 Siehe Gismondo gem. Fn 177, ab Beginn bis Min. 04:00 sowie ab 10:00
266 Siehe Jessica Hellwig, *Markus Lanz: Pathologe untersucht Corona-Tote – und stellt diese These auf (...)* in Der Westen vom 11. 04. 2020: https://www.derwesten.de/panorama/promi-tv/markus-lanz-pathologe-corona-tote-zdf-coronavirus-mediathek-virus-id228887903.html sowie die ganze Sendung auf https://youtu.be/XIrHnaq2zzI
267 Siehe EUROMOMO Woche 21/2020: https://www.euromomo.eu/graphs-and-maps
268 Siehe Bettina Mittelacher, *Alle 133 Hamburger Corona-Toten hatten Vorerkrankungen* in Hamburger Abendblatt vom 27. 04. 2020: https://www.abendblatt.de/hamburg/article228991759/Corona-Tote-Hamburg-Prof-Klaus-Pueschel-UKE-Rechtsmedizin-Vorerkrankungen-Covid-19-Obduktion-Kita-Oeffnen-Masken-Pflicht-Antikoerper-Test.html
269 Siehe Tina Schaller et. al., *Postmortem Examination of Patients With COVID-19* in JAMA (21. 05. 2020): https://jamanetwork.com/journals/jama/fullarticle/2766557
270 Siehe Martin Posch et. al., *Erste Analysen österreichischer Covid-19 Sterbezahlen nach Alter und Geschlecht* (Update 21. 04. 2020), S. 3f. und die Tabelle auf S. 8: https://cemsiis.meduniwien.ac.at/fileadmin/cemsiis/MS/data/2020_04_06_COVID_19_Analyse_Sterbezahlen.pdf
271 Siehe den Artikel *Lungenversagen häufigste Todesursache* in ORF Steiermark vom 04. 05. 2020.: https://steiermark.orf.at/stories/3047042/?fbclid=IwAR0g2JyqcWgLoxUSWpZeHjQnJBJ-VTf-f5RZxJv0mP7zDofQbMUp0Nh8A5Gw
272 Siehe den Artikel Österreichs Covid-19-Opfer sterben »altersgerecht« in Tiroler Tageszeitung vom 07. 04. 2020: https://www.tt.com/artikel/30727362/oesterreichs-covid-19-opfer-sterben-altersgerecht
273 Siehe bspw. Permdieo gem. Fn 229, ab Min. 13:00
274 Siehe Adelina Comas-Herrera und Joseba Zalakain, *Mortality associated with COVID-19 outbreaks in care homes: early international evidence* in LTC (12. 04. 2020), S. 1 und 3f.: https://ltccovid.org/wp-content/uploads/2020/04/Mortality-associated-with-COVID-12-April-4.pdf
275 Siehe Adelina Comas-Herrera et. al., *Mortality associated with COVID-19 outbreaks in care homes: early international evidence* in LTC (21. 05. 2020, Update), S. 2, 6 und 9.: https://ltccovid.org/wp-content/uploads/2020/06/Mortality-associated-with-COVID-21-May-1.pdf
276 Siehe Yanis Roussel et. al., *SARS-CoV-2: fear versus data* im International Journal of Antimicrobial Agents, Nr. 105947 (19. 03. 2020): https://doi.org/10.1016/j.ijantimicag.2020.105947
277 Siehe Holly Yan et. al., *CDC official affirms coronavirus deaths really are coronavirus deaths* in CNN vom 02. 09. 2020: https://edition.cnn.com/2020/09/02/health/us-coronavirus-wednesday/index.html
278 Siehe CDC (Centers for Disease Control and Prevention), *CDC 2019-Novel Coronavirus (2019-nCoV) Real-Time RT-PCR Diagnostic Panel*, CDC-006-00019, Revision: 05 CDC/DDID/NCIRD/Division of Viral Diseases (13. 07. 2020), S. 38: https://www.fda.gov/media/134922/download
279 Siehe RKI, *Epidemiologisches Bulletin 39/2020* (24. 09. 2020), S. 8: https://www.rki.de/DE/Content/Infekt/EpidBull/Archiv/2020/Ausgaben/39_20.html
280 Siehe Kapitel *Keine Ansteckung durch Symptomlose* bzw. Fn 182 sowie Corona: »Die Epidemie, die nie da war« – Dr. med. Claus Köhnlein [DFP 69] (Der Fehlende Part, 20. 03. 2020): https://youtu.be/

TzTr_RjtgUk
281 Siehe https://www.wodarg.com/
282 Siehe Elizabeth Whittaker et. al., *Clinical Characteristics of 58 Children With a Pediatric Inflammatory Multisystem Syndrome Temporally Associated With SARS-CoV-2* in JAMA (08. 06. 2020), S. E1: https://jamanetwork.com/journals/jama/fullarticle/2767209
283 Siehe John Magufuli, *Corona-Tests in Tansania: Früchte, Ziegen und Vögel positiv! - deutsche Übersetzung!* (Reinhard Gröll, 08. 05. 2020): https://youtu.be/Fz-nEwB3wHQ sowie den Artikel *Rätselhaftes Syndrom bei Kindern mit Corona* in Bote vom 18. 05. 2020: https://www.bote.ch/nachrichten/international/raetselhaftes-syndrom-bei-kindern-mit-corona;art46446,1241653
284 Siehe Kapitel *Biologische Waffe* bzw. Li-Meng Yan et. al. gem. Fn 303
285 Siehe Julius Klaus, *Corona bei einer Papaya?* in ZDF vom 09. 05. 2020: https://www.zdf.de/nachrichten/panorama/coronavirus-papaya-ziege-tansania-test-100.html
286 Siehe Pieter Borger et. al., *Review report Corman-Drosten et al. Eurosurveillance 2020* (27. 11. 2020): https://cormandrostenreview.com/report/
287 Siehe Pieter Borger et. al., *Retraction request letter to Eurosurveillance editorial board* (28. 11. 2020): https://cormandrostenreview.com/retraction-request-letter-to-eurosurveillance-editorial-board/
288 Siehe RKI, *Influenza-Wochenbericht 14/2020*, S. 1: https://influenza.rki.de/Wochenberichte/2019_2020/2020-14.pdf
289 Siehe Österreichische Apothekerkammer, *Aktuelle Influenza-Information 2019/2020: Ende der Grippewelle*: https://www.apotheker.or.at/internet%5Coeak%5Cnewspresse.nsf/
290 Siehe RKI gem. Fn 288, S. 2 (strichlierte Line von der Autorin eingefügt)
291 Siehe https://www.ages.at/themen/krankheitserreger/grippe/saison-201920/ (strichlierte Line von der Autorin eingefügt)
292 Siehe WHO, *Influenza Laboratory Surveillance Information by the Global Influenza Surveillance and Response System (GISRS)*: https://apps.who.int/flumart/Default?ReportNo=10
293 Siehe WHO gem. Fn 292 (Pfeil von der Autorin eingefügt)
294 Siehe WHO, *Influenza Laboratory Surveillance Information by the Global Influenza Surveillance and Response System (GISRS)*: https://apps.who.int/flumart/Default?ReportNo=7 (Pfeil von der Autorin eingefügt)
295 Siehe den Artikel *Grippe ansteckender als Coronavirus* in ORF vom 27. 01. 2020: https://orf.at/stories/3152374/
296 Siehe RKI, *Täglicher Lagebericht des RKI zur Coronavirus-Krankheit-2019* (06. 03. 2020), S. 4: https://www.rki.de/DE/Content/InfAZ/N/Neuartiges_Coronavirus/Situationsberichte/2020-03-06-de.pdf?__blob=publicationFile
297 Siehe *Die Spanische Grippe – Eine der tödlichsten Seuchen der Menschheit* (MDR, 02. 03. 2020): https://www.mdr.de/zeitreise/die-spanische-grippe-auf-der-spur-einer-der-toedlichsten-seuchen-der-menschheit-100.html
298 Siehe Par Geoffroy Clavel, *Luc Montagnier, prix Nobel controversé, accuse des biologistes d'avoir créé le coronavirus* in Le Huffington Post vom 17. 04. 2020: https://www.huffingtonpost.fr/entry/luc-montagnier-le-controverse-prix-nobel-accuse-des-biologistes-davoir-cree-le-coronavirus_fr_5e998515c-5b63639081ccebc?utm_hp_ref=fr-homepage
299 Siehe Nobelpreisträger bestätigt: Coronavirus (Covid-19) ist im Labor gezüchtet worden mit HIV-Anteilen! (sassuki, 18. 04. 2020): https://youtu.be/uiURmEIYgU4
300 Siehe *Nobel Prize Winning Scientist: Coronavirus was leaked from a laboratory and has HIV DNA* (Rair Foundation USA, 19. 04. 2020): https://youtu.be/9MmqJmleaw8
301 Siehe By Paul Anthony Taylor, *Video: Nobel Prize-Winning Scientist Who Discovered HIV Says Coronavirus Was Created in Laboratory* in Global Research vom 27. 04. 2020: https://www.globalresearch.ca/nobel-prize-winning-scientist-who-discovered-hiv-says-coronavirus-created-laboratory/5711463
302 Siehe den Artikel »Das Corona-Virus kommt aus dem Labor« in Bild vom 14. 09. 2020: https://www.bild.de/news/inland/news-inland/corona-virologin-aus-china-das-virus-kommt-aus-dem-labor-72903656.bild.html
303 Siehe Li-Meng Yan et. al., *SARS-CoV-2 Is an Unrestricted Bioweapon: A Truth Revealed through Uncovering a Large-Scale, Organized Scientific Fraud* in Research Gate (08. 10. 2020), S. 1f. und 26f:

https://www.researchgate.net/publication/344545028 bzw. die deutsche Übersetzung von Axel B.C. Krauss: https://axelkra.us/wp-content/uploads/2020/10/SARS-CoV-2-ist-eine-uneingeschraenkt-einsetzbare-Biowaffe.pdf

304 Li-Meng Yan et. al. gem. Fn 303, S. 2ff., 15ff. und 23ff.
305 Siehe ebendort, S. 2, 15 und 20 / Tabelle 3
306 Siehe ebendort, S. 1f.
307 Siehe ebendort, S. 26
308 Siehe https://www.trendingtopics.at/corona-faelle-oesterreich/ – Stand vom 02. 06. 2020 (strichlierte Line von der Autorin eingefügt)
309 Siehe den Artikel *Wie lange dauert es, bis ein Lockdown Wirkung zeigt? Zahlen aus China zeigen es* in Watson vom 19. 03. 2020: https://www.watson.ch/schweiz/international/273493741-coronavirus-wann-zeigt-ein-lockdown-wirkung-ein-laendervergleich
310 Siehe den Artikel *TU Wien: Coronavirus-Maßnahmen sollten bald Wirkung zeigen* in Futurezone vom 14. 03. 2020: https://futurezone.at/science/tu-wien-coronavirus-massnahmen-sollten-bald-wirkung-zeigen/400781156
311 Das Interview gemäß Fn 310 wurde am 13. 03. 2020 (»Freitag«) geführt und die ersten Wirkungen wären (wenn alle mitmachen) »Ende nächster Woche« zu verzeichnen. Das Ende der nächsten Woche ist mit Sonntag dem 22. 03. 2020 markiert.
312 Siehe EUROMOMO Woche 20/2020: https://www.euromomo.eu/graphs-and-maps (Ellipse von der Autorin eingefügt)
313 Siehe ebendort (Ellipse und strichlierte Linie von der Autorin eingefügt)
314 Siehe RKI gem. Fn 296
315 Siehe RKI, *Epidemiologisches Bulletin 17/2020* (22. 04. 2020), S. 14, Abbildung 4: https://www.rki.de/DE/Content/Infekt/EpidBull/Archiv/2020/Ausgaben/17_20_SARS-CoV2_vorab.html (senkrechte strichlierte Linien und Daten von der Autorin eingefügt)
316 Siehe BMG, *Coronavirus SARS-CoV-2: Chronik der bisherigen Maßnahmen*: https://www.bundesgesundheitsministerium.de/coronavirus/chronik-coronavirus.html
317 Siehe EUROMOMO Woche 20/2020 gem. Fn 312 (Ellipsen von der Autorin eingefügt)
318 Siehe ebendort (Ellipse und strichlierte Linie von der Autorin eingefügt)
319 Siehe Fn 318
320 Siehe Stefan Homburg, *Statistik widerspricht Lockdown* in RP Online vom 27. 04. 2020: https://rp-online.de/panorama/coronavirus/wirtschaftsprofessor-stefan-homburg-warum-der-lockdown-unberechtigt-ist_aid-50253127 sowie *Neue RKI-Zahlen widersprechen Kanzlerin Merkel - Punkt.Preradoviv mit Prof. Dr. Stefan Homburg* (Punkt.Preradovic, 17. 04. 2020): https://youtu.be/Vy-VuSRoNPQ
321 Siehe *Nun sicher: Shutdown hat nichts gebracht! – Bystrons Blattschuss* (Deutschland Kurier, 21.04. 2020): https://youtu.be/8t8PyCUIiYg
322 Siehe Fanny Jimenez und Lars Petersen, *Verwirrung um RKI-Papier: Hatten die Kontaktverbote keine Auswirkungen auf die Eindämmung der Corona-Pandemie?* in Business Insider vom 22. 04. 202: https://www.businessinsider.de/politik/deutschland/verwirrung-um-rki-papier-hatten-die-kontaktverbote-keine-auswirkungen-auf-die-eindaemmung-der-corona-pandemie/
323 Siehe auch Peter F. Mayer, *Studien von ETH und RKI zeigen: Lockdown war überflüssig* in Mein Bezirk vom 22. 04. 2020: https://www.meinbezirk.at/niederoesterreich/c-politik/studien-von-eth-und-rki-zeigen-lockdown-war-ueberfluessig_a4040841
324 Siehe Fn 323 (strichlierte Linie von der Autorin eingefügt)
325 Siehe Stephan Weber, *Aktuelle ETH-Zahlen – Was brachte der Lockdown wirklich?* in SRF vom 21. 04. 2020: https://www.srf.ch/news/schweiz/aktuelle-eth-zahlen-was-brachte-der-lockdown-wirklich (strichlierte Linie von der Autorin eingefügt)
326 Siehe Toi Staff, *Top Israeli prof claims simple stats show virus plays itself out after 70 days* in Times of Israel vom 14. 04. 2020: www.timesofisrael.com/top-israeli-prof-claims-simple-stats-show-virus-plays-itself-out-after-70-days/
327 Siehe Kapitel *5. Versammlungsverbote*
328 Siehe Stadler gem. Fn 175
329 Siehe auch Florian Rötzer, *COVID-19: Höhepunkt nach 40 Tagen, Ende bei 60 Tagen unabhängig von*

Maßnahmen? in Heise vom 25. 04. 2020: https://www.heise.de/tp/features/Covid-19-Hoehepunkt-nach-40-Tagen-Ende-bei-60-Tagen-unabhaengig-von-Massnahmen-4709759.html

330 Siehe bspw. den Artikel *Benjamin Netanjahu wegen Korruption angeklagt* in Zeit Online vom 21. 11. 2019: https://www.zeit.de/zustimmung?url=https%3A%2F%2Fwww.zeit.de%2Fpolitik%2Fausland%2F2019-11%2Fisrael-benjamin-netanjahu-wird-wegen-korruption-angeklagt%3Fprint

331 Siehe bspw. Netael Bandel, *Netanyahu's corruption trial to start next week after court denies request for delay* in Haaretz vom 10. 03. 2020: https://www.haaretz.com/israel-news/elections/.premium-netan-yahu-s-corruption-trial-to-open-next-week-after-court-denies-request-for-delay-1.8659801

332 Siehe Amos Harel, *Analysis – Israel Loosens Coronavirus Lockdown as Doubts About Netanyahu's Policy Widen* in *Haaretz* vom 27. 04. 2020: www.haaretz.com/israel-news/.premium-israel-s-coronavi-rus-lockdown-is-loosening-as-doubts-about-netanyahu-s-policy-widen-1.8801130

333 Siehe den Artikel *Kurz: »Ihr unterschätzt das« – Anruf von Netanyahu hat mich wach gerüttelt* in Die Presse vom 20. 03. 2020: https://www.diepresse.com/5788564/kurz-ihr-unterschatzt-das-anruf-von-netanyahu-hat-mich-wach-geruttelt sowie bezüglich des Zeitpunkts der Telefonkonferenz (09. 03. 2020) Barbara Tóth, »Was passiert, wenn es eng wird?« in Falter vom 12. 05. 2020: https://www.falter.at/zeitung/20200512/was-passiert-wenn-es-eng-wird

334 Siehe bspw. ORF / Im Zentrum gem. Fn 236, ab Min. 26:00

335 Siehe den Artikel *Indizien häufen sich: Außenseiter Schweden auf Corona-Erfolgskurs* in Jouwatch vom 24. 04. 2020: https://www.journalistenwatch.com/2020/04/24/indizien-aussenseiter-schweden/

336 Siehe Johannes Perterer, *Lockdown verschiebt Tote in die Zukunft* in Addendum vom 24. 04. 2020: https://www.addendum.org/coronavirus/interview-johan-giesecke/

337 Siehe ebendort

338 Siehe den Artikel *Schwedens alternative Strategie im Corona-Kampf scheint aufzugehen* in Deutsche Wirtschaftsnachrichten vom 20. 04. 2020: https://deutsche-wirtschafts-nachrichten.de/503569/Schwedens-alternative-Strategie-im-Corona-Kampf-scheint-aufzugehen

339 Siehe Addendum gem. Fn 336

340 Siehe ebendort

341 Siehe Deutsche Wirtschaftsnachrichten gem. Fn 338

342 Siehe den Artikel *WHO says Sweden's Corona strategy could be »a future model« post lockdowns* in Radio Sweden vom 30. 04. 2020: https://sverigesradio.se/sida/artikel.aspx?programid=2054&artikel=7463561&fbclid=IwAR2W_dhZaTV8Gz6iP_pHyy-3DbJR9m0HbGwJ-B53xGwqfT_sYL9A-BUK9yqA

343 Siehe https://www.citypopulation.de/de/sweden/admin/stockholm/0180__stockholm/

344 Siehe Kapitel *C. Niedrige Sterberate*

345 Siehe WHO-Dashbord gem. Fn 254

346 Siehe Wolfgang Wodarg, *Der Pandemie-Krimi* in Rubikon vom 02. 05. 2020: https://www.rubikon.news/artikel/der-pandemie-krimi

347 Siehe *Dr. med. Dietrich Klinghardt über COVID 19, Stand und Entwicklungen in NaturMedizin QS24 07 05 2020* (Andreas Tübner, 12. 05. 2020), ab Min. 02:20 und 14:30: https://youtu.be/FAymh-D3EkeE

348 Siehe Fn 336 bis 338

349 Siehe die graphisch untermauerte WHO-Info vom 08. 04. 2020: https://www.who.int/images/default-source/health-topics/coronavirus/myth-busters/web-mythbusters/eng-mythbusting-ncov-(15).tmb-1920v.png

350 Siehe die kurze Erklärung *COVID-19 and RF EMF* auf ICNIRP (April 2020): https://www.icnirp.org/en/activities/news/news-article/covid-19.html

351 Siehe Joseph Mercola, *EMF – Elektromagnetische Felder* (Kopp, 2020), S. 48

352 Siehe den Artikel *Eröffnung einer Teststrecke für automatisiertes und vernetztes Fahren im Herzen Berlins (DIGINET-PS)* in Smart City Berlin vom 19. 09. 2019: https://www.smart-city-berlin.de/news/newsdetail/eroeffnung-einer-teststrecke-fuer-automatisiertes-und-vernetztes-fahren-im-herzen-berlins-diginet-ps/

353 Siehe den Artikel *Das Testfeld im Herzen einer Millionenmetropole* auf Diginet-PS: https://diginet-ps.

de/sensorik/
354 Siehe den Artikel *Telekombehörde: 5G bringt Antenne »auf jedem zweiten Gebäude«* in Standard vom 18. 09. 2018: https://www.derstandard.at/story/2000087559068/telekombehoerde-5g-bringt-antenne-auf-jedem-zweiten-gebaeude
355 Siehe Martin Pall, *Martin Pall's book on 5G is available online* in EMFacts Consultancy vom 20. 08. 2018: https://www.emfacts.com/2018/08/martin-palls-book-on-5g-is-available-online/
356 Siehe Martin Pall, »Totally insane«: Telecomm Industry ignores 5G dangers (RT America, 06. 03. 2019): https://youtu.be/ML7wx_5n2z8
357 Siehe Mercola gem. Fn 351, S. 45
358 Siehe ebendort, S. 46ff, insb. 140-169
359 Siehe Josh del Sol, *Take back your Power* (Bigpitcher Films, 2017), Min. 44:30 bis 47:20: https://www.takebackyourpower.net/watch-take-back-your-power-2017/ sowie https://youtu.be/8ZTiT9ZSg3Q
360 Siehe ebendort, ab Min. 54:30
361 Siehe del Sol gem. Fn 359
362 Siehe den Beitrag *Grenzwerte* in Mobilfunkzukunft: https://www.mobilfunk-zukunft.de/grenzwerte/
363 Siehe den Beitrag *Grenzwerte für magnetische Wechselfelder ohne Beschränkungen für Hochspannungsleitungen* auf diagnose:funk, Rubrik Elektrosmogverordnung: https://www.diagnose-funk.org/themen/elektrosmog-themen/hochspannungs-leitungen/grenzwerte-magnetische-wechselfelder
364 Siehe Mercola gem. Fn 351, S. 72-92
365 Siehe Artikel 191 (2) des Vertrags über die Arbeitsweise der Europäischen Union: https://eur-lex.europa.eu/eli/treaty/tfeu_2016/art_191/oj sowie https://eur-lex.europa.eu/legal-content/DE/TXT/?uri=LEGISSUM%3Al32042
366 Siehe Umweltbundesamt, *Vorsorgeprinzip* (23. 11. 2015): https://www.umweltbundesamt.de/themen/nachhaltigkeit-strategien-internationales/umweltrecht/umweltverfassungsrecht/vorsorgeprinzip
367 Siehe Umweltbundesamt, *EU-Rahmenbedingungen für Umwelttechnologien* (2020): https://www.umweltbundesamt.at/umweltthemen/industrie/bvt
368 Siehe Bundesamt für Umwelt, *Bundesrat entscheidet über weiteres Vorgehen im Bereich Mobilfunk und 5G* (22. 04. 2020): https://www.bafu.admin.ch/bafu/de/home/themen/elektrosmog/dossiers/bericht-arbeitsgruppe-mobilfunk-und-strahlung.html
369 Siehe den Beitrag *diagnose:funk fordert bei 5G das Vorsorgeprinzip - Pressemitteilung* in diagnose:funk (26. 03. 2019): https://www.diagnose-funk.org/publikationen/artikel/detail&newsid=1364
370 Siehe EMRK, BGBl. Nr. 210/1958, zuletzt geändert durch BGBl. III Nr. 30/1998: https://www.ris.bka.gv.at/eli/bgbl/1958/210/A2/NOR12016933
371 Siehe EGMR vom 09. 06. 1988 LCB sowie Robert Walter und Heinz Mayer, *Bundesverfassungsrecht* (Manz, 2000, 9. Auflage), S. 622
372 Siehe Alexander Hiersche, *Sanitätsdienstliche Bekämpfung übertragbarer Krankheiten* (Dissertation, Universität Wien, 2010); S.48: http://othes.univie.ac.at/9726/
373 Siehe Andreas Danzer, *Schutzpflichten des Staates im Rahmen der Europäischen Menschenrechtskonvention* (Universität Wien, Master Thesis, 2016), S. 52: http://othes.univie.ac.at/43793/1/45537.pdf
374 Siehe BVerfGE 39, 1 vom 25. 02. 1975, Pkt. 1. sowie II., Rn 149: https://www.servat.unibe.ch/dfr/bv039001.html
375 Siehe den Hinweis auf https://5gunplugged.com/2-warum-5g-eine-riesen-gesundheitsgefahr-bedeutet/
376 Siehe bspw. R. I. Kiselev and N. P. Zalyubovskaya, *Effects of Millimeter-band Electromagnetic Waves in the Cell and Certain Structural Elements of the Cell* in Soviet Physics Uspekhi, Jahrgang 16, Band 4: https://iopscience.iop.org/article/10.1070/PU1974v016n04ABEH005323/pdf
377 Siehe N.P. Zalyubovskaya, *Biological effect of Millimeter Radiowaves* in Vrachebnoye Delo, Nr. 3, 1977, S. 116-119, CIA-Freigabe 2012, S. 57: https://mdsafetech.files.wordpress.com/2019/02/biological-effects-of-millimeter-wavelengths.-zalyubovskaya-declassif-by-cia-1977-biol-eff-mm-waves.pdf
378 Siehe Jan Walleczek, *Elektromagnetische Feldwechselwirkungen mit dem Immunsystem: Die Rolle von Kalziumionen* in *Kleinheubacher Berichte*, Band 35 (1992), S. 283ff.: https://www.diagnose-funk.org/download.php?field=filename&id=960&class=NewsDownload
379 Siehe Jitendra Behari et. al. (Bioinitiative Working Group 2012), *Bioinitiative 2012: A Rationale for*

Biologically-based Exposure Standards for Low-Intensity Electromagnetic Radiation, S. 8: https://bioinitiative.org

380 Siehe Olle Johansson, *Disturbance of the immune system by electromagnetic fields-A potentially underlying cause for cellular damage and tissue repair reduction which could lead to disease and impairment* in NCBI (23. 04. 2009): https://pubmed.ncbi.nlm.nih.gov/19398310/

381 Siehe Conrado Avendano et. al., *Use of laptop computers connected to internet through Wi-Fi decreases human sperm motility and increases sperm DNA fragmentation* in Research Gate (November 2011): https://www.researchgate.net/publication/51827745_Use_of_laptop_computers_connected_to_internet_through_Wi-Fi_decreases_human_sperm_motility_and_increases_sperm_DNA_fragmentation

382 Siehe Kavindra Kumar Kesari et. al., *Radiations and male fertility* in NCBI (09. 12. 2018): https://www.ncbi.nlm.nih.gov/pmc/articles/PMC6240172/

383 Siehe Olle Johansson, *Prof. Dr. Olle Johansson Prof. Olle Johansson on WiFi - »Irreversible sterility within five generations«* (SSITAorgUK, 10. 05. 2013): https://youtu.be/BH3gJctqKk4 sowie New Earth Project gem. Fn 436, ab Min 55:40

384 Siehe Ärztearbeitskreis Digitale Medien Stuttgart, *Offener Brief an die baden- württembergische Sozialministerin Altpeter und Kultusminister Stoch* (01. 10. 2014): https://www.diagnose-funk.org/download.php?field=filename&id=163&class=NewsDownload sowie https://www.diagnose-funk.org/publikationen/artikel/detail&newsid=530

385 Siehe Igor Yakymenko et. al., *Oxidative mechanisms of biological activity of low-intensity radiofrequency radiation* in NCBI (07. 07. 2015): https://pubmed.ncbi.nlm.nih.gov/26151230/

386 Siehe Dina Fine Maron, *Major Cell Phone Radiation Study Reignites Cancer Questions* in Scientific American (27. 05. 2016): https://www.scientificamerican.com/article/major-cell-phone-radiation-study-reignites-cancer-questions/

387 Siehe www.5gappeal.eu/signatories-to-scientists-5g-appeal/

388 Siehe Gerd Oberfeld et. al., *Scientists warn of potential serious health effects of 5G* (13. 09. 2017), S.1: https://ehtrust.org/wp-content/uploads/Scientist-5G-appeal-2017.pdf sowie www.5gappeal.eu/scientists-and-doctors-warn-of-potential-serious-health-effects-of-5g/

389 Siehe P. R. Doyona und O. Johansson, *Electromagnetic fields may act via calcineurin inhibition to suppress immunity, thereby increasing risk for opportunistic infection: Conceivable mechanisms of action* in Science Direct, Medical Hypotheses, Reihe 106, September 2017, S. 71-87: https://doi.org/10.1016/j.mehy.2017.06.028

390 Siehe Telekom Deutschland GmbH, *Bedienungsanleitung Speedport Smart* (Ausgabe vom 08. 09. 2017), S. 21: https://www.telekom.de/hilfe/downloads/kurzbedienungsanleitung-speedport-smart.pdf

391 Siehe Telekom Deutschland GmbH, *Bedienungsanleitung Speedport Smart/Smart 2* (Ausgabe vom 13. 11. 2018), S. 26: https://www.telekom.de/hilfe/downloads/bedienungsanleitung-speedport-smart.pdf

392 Siehe International Society of Doctors for Environment, *5G networks in European Countries: appeal for a standstill in the respect of the precautionary principle* (April 2017): http://www.isde.org/5G_appeal.pdf

393 Siehe Priyanka Bandara und David O. Carpenter, *Planetary electromagnetic pollution: it is time to assess its impact* (Dezember 2018): https://doi.org/10.1016/S2542-5196(18)30221-3

394 Siehe Universitätsklink RWTH Aachen, *EMF-Portal*: www.ukaachen.de/kliniken-institute/institut-fuer-arbeits-sozial-und-umweltmedizin/femu/emf-portal.html

395 Siehe Karl Hecht, *Gesundheitsschädigende Effekte von Smartphones, Radar, 5G und WLAN – Wissenschaftlich begründete Warnung eines Arztes vor den Todsünden der digitalisierten Menschheit* (Januar 2019), S. 73f.: https://kompetenzinitiative.com/forschungsberichte/gesundheitsschaedigende-effekte-der-strahlenbelastung/ mit Link zum Download: https://kompetenzinitiative.com/wp-content/uploads/2019/08/KI_FB_2019_04_01_Hecht_web.pdf

396 Siehe Hans-Ulrich Jakob, *Dringende Warnung vor 5G: Was man über die neuen Basisstationen und Antennenanlagen wissen sollte* in Kompakt (diagnose:funk), Nr. 03 / 2018, S. 11 und Abb. 3: https://www.diagnose-funk.org/download.php?field=filename&id=424&class=DownloadItem

397 Siehe Martin L. Pall, *5G als ernste globale Herausforderung – Gesundheitliche Gefährdungen des Mobilfunks*, Heft 12, März 2019: https://5gunplugged.com/wp-content/uploads/2019/07/2019-03-25_RZ-pall-webvorlage.pdf

398 Siehe Werner Thiede, *Internet und Mobilfunk sind Feinde des Klimas!* in Welt vom 23. 08. 2019: www.welt.de/debatte/kommentare/article199030437/Klimawandel-Internet-und-Mobilfunk-sind-Feinde-des-Klimas.html
399 Siehe bspw. die Auflistung in JMercola gem. Fn 351, S. 64-69
400 Siehe Hannelore Crolly, »Strahlen-Tsunami« – Jetzt formiert sich der Widerstand gegen 5G in Welt vom 16. 08. 2019: https://www.welt.de/wirtschaft/webwelt/article198625757/Bruessel-verweigert-sich-dem-5G-Netzausbau.html
401 Siehe ebendort
402 Siehe Oxford Economics, *The Economic Impact of Restricting Competition in 5G Network Equipment* (Dezember 2019), S. 8f.: https://www.oxfordeconomics.com/recent-releases/Economic-Impact-of-Restricting-Competition-in-5G-Network-Equipment
403 Siehe Michael Fiala, *A1 kündigt »größtes 5G Netz Österreichs« an* in Horizont vom 20. 01. 2020: https://www.horizont.at/digital/news/a1-kuendigt-groesstes-5g-netz-oesterreichs-an-73067
404 Siehe den Artikel *5G Mobilfunk: A1 startet mit 350 Basisstationen in allen Bundesländern* in Industriemagazin vom 21. 01. 2020: https://industriemagazin.at/a/5g-mobilfunk-a1-startet-mit-350-basisstationen-in-allen-bundeslaendern
405 Siehe Thorsten Neuhetzki, *5G statt Glasfaser: Funklösungen könnten Gigabit-Netze ins Haus bringen* in Inside Digital vom 13. 05. 2020: https://www.inside-digital.de/ratgeber/5g-wtth-fwa-funk-glasfaser-ersatz-telekom-o2
406 Siehe Andrea Hodoschek, *Think Austria – die Denkfabrik des Kanzlers startet neu* in Kurier vom 21. 01. 2020: https://kurier.at/wirtschaft/think-austria-die-denkfabrik-des-kanzlers-startet-neu/400732626
407 Siehe Dejan Jovicevic, *Digital Austria Kick-Off: Leiterin von Think Austria Antonella Mei-Pochtler* in Der Brutkasten vom 22. 02. 2019: https://www.derbrutkasten.com/videos/digital-austria-kick-off-leiterin-von-think-austria-antonella-mei-pochtler/
408 Siehe Antonella Mei-Pochtler, *Es lebe die »Diktokratie«* in Standard vom 22. 09. 2003: https://www.derstandard.at/story/1418423/es-lebe-die-diktokratie
409 Siehe Jacques Attali, *Conversation avec Jacques Attali: Changer, par précaution* in L'Express vom 03. 05. 2009: https://blogs.lexpress.fr/attali/2009/05/03/changer_par_precaution/
410 Siehe den Artikel *Attali: une petite pandémie permettra d'instaurer un gouvernement mondial!* in Solidarité & Progrès vom 13. 05. 2009: https://solidariteetprogres.fr/actualites-001/attali-une-petite-pandemie
411 Siehe Klaus Schwab, *Die Vierte Industrielle Revolution* (Pantheon, 2016, 4. Auflage), S. 17 iVm 61
412 Siehe ebendort, S. 172
413 Siehe ebendort, S. 12
414 Siehe ebendort, S. 19f.
415 Siehe ebendort, S. 20
416 Siehe Deutscher Bundestag / Wissenschaftliche Dienste, WD 8 - 3000 - 049/19, *Kommunikationsstandard 5G – Aspekte zu möglichen Gesundheitsrisiken*, (29. 04. 2019), S. 10: https://www.bundestag.de/resource/blob/651456/6e823f50f134f303e2197e0c823fac22/WD-8-049-19-pdf-data.pdf
417 Siehe Deutscher Bundestag, *Klimaschutz, 5G-Gefahren und Beihilferecht Themen im Petitionsausschuss* (23. 09. 2019): https://www.bundestag.de/dokumente/textarchiv/2019/kw39-pa-petitionen-657842
418 Siehe Cornelia Mästle et. al., *Offener Brief: Ärzte warnen vor 5G* (Oktober 2019): https://www.presseportal.de/download/document/613876-aerzte-brief-zu-5g-an-kretschmann-2019-10.pdf
419 Siehe *2019 05 06 arte Xenius; Elektrosmog Eine unterschätzte Gefahr – 084702 003 Deutsch Hörgeschädigte* (Michael Merkel, 10. 06. 2019): https://youtu.be/-u8SBzEQA48
420 Siehe diagnose:funk, *Ärzte warnen vor 5G-Mobilfunk – Ärzte-Delegation zieht vors Staatsministerium in Stuttgart* in Presseportal vom 23. 20. 2019: https://www.presseportal.de/pm/134366/4411809
421 Joshua M. Pearce, *Limiting liability with positioning to minimize negative health effects of cellular phone towers* in Research Gate (November 2019), S. 1f. und 4: https://www.researchgate.net/publication/337624982_Limiting_liability_with_positioning_to_minimize_negative_health_effects_of_cellular_phone_towers
422 Siehe National Toxicology Program, *Cellphone Radio Frequency Radiation Studies* (Januar 2020),

https://ntp.niehs.nih.gov/whatwestudy/topics/cellphones/index.html sowie https://ntp.niehs.nih.gov/ntp/htdocs/chem_background/exsumpdf/wireless051999_508.pdf

423 Marco Ruggiero, *The Human Microbiota and the Immune System; Reflections on Immortality* in Madridge Journal of Immunology (23. 09. 2017): https://www.researchgate.net/publication/332095037_The_Human_Microbiota_and_the_Immune_System_Reflections_on_Immortality/fulltext/5c9f5eb645851506d73494b1/The-Human-Microbiota-and-the-Immune-System-Reflections-on-Immortality.pdf

424 Siehe den Artikel *5G – Dr. Marco Ruggiero, PhD, MD – Molecular Biologist – Fractal Antenna – Quantum Biology – Microbiome – Viruses – Exosomes*: https://stop5g.cz/us/tag/health-hazard/page/2/ sowie New Earth Project gem. Fn 436, ab Min. 42:20

425 Siehe *International Appeal Stop 5G on Earth and in Space* (Stand 28. 06. 2020): https://www.5gspaceappeal.org/the-appeal sowie https://www.5gspaceappeal.org/s/Internationaler-Appell-Stopp-von-5G-auf-der-Erde-und-im-Weltraum-pwbp.pdf

426 Siehe den Artikel *Video: 5G Is War on Humanity. Towards An Unspoken Global Health Catastrophe? Claire Edwards* in Global Research (15. 02. 2019): https://www.globalresearch.ca/video-5g-is-war-on-humanity-towards-an-unspoken-global-health-catastrophe-claire-edwards/5668695 sowie Claire Edwards, *UN Secretary General Confesses Ignorance on Known 5G Dangers* (GreenMedInfo.com, 04. 01. 2019): https://youtu.be/9bardNO_Ryk

427 Siehe Environmental Health Trust, *Expert Forum: Wireless Radiation and Human Health Hebrew University Medical School, January 23-26 2017*: https://ehtrust.org/science/key-scientific-lectures/2017-expert-forum-wireless-radiation-human-health/

428 Siehe Department of Defense, *Joint Non-Lethal Weapons Program Active Denial Technology Fact Sheet* (Mai 2016): http://jnlwp.defense.gov/Portals/50/Documents/Press_Room/Fact_Sheets/ADT_Fact_Sheet_May_2016.pdf

429 Siehe Environmental Health Trust, *The Internet of Things Poses Human Health Risks: Scientists Question the Safety of Untested 5G Technology at International Conference* (08. 03. 2017): https://ehtrust.org/internet-things-poses-human-health-risks-scientists-question-safety-untested-5g-technology-international-conference/

430 Siehe Paul Ben-Ishai, *Potential Risks to Human Health from Future Sub-MM Communication Systems: Paul Ben-Ishai, PhD* (Environmental Health Trust, 15. 02. 2017): https://youtu.be/VuVtGldYXK4

431 Siehe Environmental Health Trust gem. Fn 429

432 Siehe bspw. Andres Büchi, *Strahlung mit unbekanntem Risiko* in Beobachter vom 04. 01. 2018: https://www.beobachter.ch/gesundheit/5g-mobilfunk-strahlung-mit-unbekanntem-risiko

433 Siehe Werner Thiede, *5G-Funk geht unter die Haut: Die Zukunft des Mobilfunks begeistert – und weckt international tiefe Besorgnis* in Raum & Zeit, Nr. 216/2018, S. 30-42: https://www.aromaveda.ch/app/download/9977242685/%275G-Funk-geht-unter-die-Haut.pdf%27.pdf?t=1596389922

434 Siehe Martin Blank und Reba Goodman, *DNA is a fractal antenna in electromagnetic fields* in NCBI (28. 02. 2011): https://pubmed.ncbi.nlm.nih.gov/21457072/#affiliation-1

435 Siehe New Earth Project, *5G Apocalypse - The Extinction Event* (Sacha Stone, 24. 03. 2019), ab Min. 46:00: https://youtu.be/ol3tAxnNccY,

436 Siehe ebendort, ab Min. 09:30

437 Siehe ebendort, ab Min. 34:00

438 Siehe ebendort, ab Min. 08:00 und 68:00

439 Siehe Moritz Enders, *5G und Nano-Roboter: Neue Technologien zur Kontrolle der Menschheit* in Deutsche Wirtschaftsnachrichten vom 29. 07. 2020: https://deutsche-wirtschafts-nachrichten.de/505362/5G-und-Nano-Roboter-Neue-Technologien-zur-Kontrolle-der-Menschheit

440 Siehe https://www.researchgate.net/profile/Katherine_Horton4

441 Siehe *Dr. Katherine Horton: Defeating 5G as a mass DEW Terraforming platform for AI Artificial Intelligence* (Alfred Lambremont Webre, 24. 06. 2019), Min. 06:00 bis 21:40: https://youtu.be/zvQ3Eb-2j2jw

442 Siehe den Beitrag *Geschäftsfelder von Rohde & Schwarz: Aerospace, Verteidigung, Sicherheit*: https://www.rohde-schwarz.com/at/unternehmen/uebersicht/arbeitsgebiete/geschaeftsfelder_229375.html

443 Siehe Reiner Stuhlfauth, *The road to 5G: LTE-A evolution, Internet of Things and first 5G aspects* (Roh-

de & Schwarz, 2016), insb. S. 11, 29 und 54-62: https://cdn.rohde-schwarz.com/fr/general_37/local_webpages/LTE-A_IoT_On-the_road_to_5G_RS_France_March2017_5G.pdf sowie https://stop007.org/wp-content/uploads/2018/03/lte-a_iot_on-the_road_to_5g_rs_france_march2017_5g.pdf

444 Siehe *RADWIN 5000 Jet Beamforming Technology* (t3 Wireless Inc., 2016): https://youtu.be/5iFcS2igi64
445 Siehe Horton gem. Fn 441, Min. 21:40 bis 39:00
446 Siehe den Artikel *5G Transmitters – High Gear Dielectric Lens Antenna – Chemical Nano Spraying – 3D Maps – 868 MHz – Battlefield Interrogation Equipment – Chemtrails*: https://stop5g.cz/us/tag/health-hazard/page/2/
447 Siehe New Earth Project gem. Fn 435, ab Min. 45:00
448 Siehe Deutscher Bundestag, 16. Wahlperiode, Drucksache 16/12178 (05. 03. 2009): http://dip21.bundestag.de/dip21/btd/16/121/1612178.pdf
449 Siehe Brian Dunbar, *Tracers – Clouds and Trails* (NASA, 04. 08. 2017): https://www.nasa.gov/mission_pages/sounding-rockets/tracers/metals.html
450 Siehe bspw. http://stopthecrime.net/wp/nasa-war-plan-document/
451 Siehe https://archive.org/details/FutureStrategicIssuesFutureWarfareCirca2025/mode/2up
452 Siehe Dennis M. Bushnell, *Future Strategic Issues/Future Warfare [Circa 2025]* vom Juli 2001 (7/01), S. 1, 4, 43 u. 45: http://docplayer.net/12628409-Future-strategic-issues-future-warfare-circa-2025.html
453 Siehe https://www.nasa.gov/centers/langley/news/researchernews/snapshot_DBushnell.html
454 Siehe NATO, *Unclassified, Action Sheet to PO(2002)167* vom 02. 12. 2002, *Request for Approval of the NATO Joint Civil/Military Frequency Agreement (NJFA) 2002*, S. 8: https://halberdbastion.com/sites/default/files/2018-04/NATO-Joint-CivilMilitary-Frequency-Agreement_%282002-Dec%29.pdf
455 Siehe Electronic Communications Committee (ECC) within the European Conference of Postal and Telecommunications Administrations (CEPT), *The European Table of Frequency Allocations and Applications in the Frequency Range 8.3 kHz to 3000 GHz (ECA Table)*, genehmigt im Oktober 2017, S. 97f.: https://halberdbastion.com/sites/default/files/2018-04/European-Table-of-Frequency-Allocations-and-Utilisations_%282017-Oct%29.PDF
456 Siehe New Earth Project gem. Fn 435, ab Min. 11:30
457 Siehe Europäisches Parlament / Generaldirektion Wissenschaft-Direktion A, STOA – Bewertung Wissenschaftlicher und Technologischer Optionen, Optionsbrief und Zusammenfassung, PE Nr. 297.574 März 2001, *Die physiologischen und umweltrelevanten Auswirkungen nicht ionisierender elektromagnetischer Strahlung*, S. 3: https://www.next-up.org/pdf/00-07-03sum_de.pdf
458 Siehe ebendort, S. 6 und 5 (in dieser Reihenfolge)
459 Siehe ebendort, S. 6
460 Siehe ebendort, S. 2, 6 und 7
461 Siehe ebendort, S. 1
462 Siehe ebendort, S. 3
463 Siehe Amtsblatt der Europäischen Union, C 137 E/38 vom 27. 05. 2010, *Die Gesundheitsproblematik in Zusammenhang mit elektromagnetischen Feldern – Entschließung des Europäischen Parlaments vom 2. April 2009 zu der Gesundheitsproblematik in Zusammenhang mit elektromagnetischen Feldern (2008/2211(INI))*, S. 4 / Pkt. 14.: http://eur-lex.europa.eu/LexUriServ/LexUriServ.do?uri=OJ:C:2010:137E:0038:0042:DE:PDF
464 Siehe Jerry Phillips, *Whistleblower Dr. Jerry Phillips On Motorola Cell Phone Radiation Research* (RF-SAFE, 23. 02. 2016): https://youtu.be/28FtRM4Xw9U sowie den Artikel *USA: Whistleblower Dr. Jerry Phillips On Motorola Cell Phone Radiation Research* in Stop UMTS vom 29. 05. 2016: https://www.stopumts.nl/doc.php/Berichten%20Internationaal/9973/usa_whistleblower_dr_jerry_phillips_on_motorola_cell_phone_radiation_research
465 Siehe https://ethics.harvard.edu/people/norm-alster
466 Siehe Norm Alster, *Captured Agency: How the Federal Communications Commission Is Dominated by the Industries It Presumably Regulates* (Edmond J. Safra Center for Ethics, 2015)
467 Siehe *FCC Chair Tom Wheeler speaks at The National Press Club - June 20, 2016* (National Press Club

Live, 20. 06. 2016), ab Min. 22:00: https://youtu.be/tNH35Kcao60
468 Siehe *Prepared Remarks of FCC Chairman Tom Wheeler »The Future of Wireless: A Vision for U.S. Leadership in a 5G World«, National Press Club Washington, D.C.* (20. 06. 2016), S. 3: https://transition.fcc.gov/Daily_Releases/Daily_Business/2016/db0620/DOC-339920A1.pdf
469 Siehe National Press Club Live gem. Fn 467, ab Min. 13:30
470 Siehe Larry Kudlow, *White House 5G Summit* (The White House, 28. 09. 2018), Min. 20:00 bis 26:00: https://youtu.be/lBbY8fvTidU
471 Siehe ebendort, Min. 15:40 bis 19:40 und 23:30 bis 27:10
472 Siehe Colin Blackman and Simon Forge, *5G Deployment: State of Play in Europe, USA and Asia* (PE 631.060, April 2019), S. 11 / Pkt. 1.7. und S. 27: https://www.europarl.europa.eu/RegData/etudes/IDAN/2019/631060/IPOL_IDA(2019)631060_EN.pdf
473 Siehe ÖAW / ITA, *5G-Mobilfunk und Gesundheit* (Januar 2020), S. 5 und 6 / Pkt. 4.: https://www.parlament.gv.at/ZUSD/FTA/5G-Gesundheit_Endbericht_final.pdf
474 Siehe Vasile Surducan et. al., *Effects of Long-Term Exposure to Low-Power 915 MHz Unmodulated Radiation on Phaseolus vulgaris L.* in Bioelectromagnetics (06. 02. 2020): https://doi.org/10.1002/bem.22253 sowie https://www.emfdata.org/de/studien/detail&id=559
475 Diana Soghomonyan et. al., *Millimeter waves or extremely high frequency electromagnetic fields in the environment: what are their effects on bacteria?* in Applied Microbiology and Biotechnology (18. 04. 2016): https://link.springer.com/article/10.1007/s00253-016-7538-0 sowie www.researchgate.net/publication/301353417_Millimeter_waves_or_extremely_high_frequency_electromagnetic_fields_in_the_environment_what_are_their_effects_on_bacteria
476 Siehe ÖAW / ITA gemäß Fn 473, S. 6 / Pkt. 5. sowie S. 7 / Pkt. 6. und 7.
477 Siehe ebendort, S. 80
478 Siehe ebendort, S. 32 / Tabelle 4
479 Siehe Parlamentskorrespondenz Nr. 221 vom 06. 03. 2020: https://www.parlament.gv.at/PAKT/PR/JAHR_2020/PK0221/index.shtml
480 Siehe *Foresight und Technikfolgenabschätzung – Einzelstudien*: https://www.parlament.gv.at/SERV/STUD/FTA/Einzelstudien/index.shtml
481 Siehe Thomas Szekeres, Österreichischer Infrastrukturreport 2020 / Novomatic Forum vom 04. 11. 2019, übermittelt von der Parlamentarischen Bürgerinitiative »Stopp 5G-Mobilfunknetz«, registriert im Parlament mit 39/SBI 1 vom 20. 05. 2020 zu 21/BI (XXVII. GP), S. 7: https://www.parlament.gv.at/PAKT/VHG/XXVII/SBI/SBI_00039/index.shtml
482 Siehe *Stellungnahme der Ärztekammer für Wien zu 5G* (14. 02. 2020), S. 1: https://www.aekwien.at/documents/263869/289873/Mobilfunk+-+Stellungnahme+der+%C3%84rztekammer+zu+5G.pdf/fe0fdc3e-4100-b87b-7c4f-911132fb4203?version=1.1&t=1581934460467
483 Siehe Thomas Szekers, *Präsentation: »Österreichischer Infrastrukturreport 2020«| Infrastruktursymposium Future Business Austria – »Zukunftsinfrastruktur 5G: Vom digitalen Traum zur Wirklichkeit«* (Novomatic Forum, 04. 11. 2019): https://www.bau-biologie.at/wp-content/uploads/2020/01/A%CC%88rztekammerpra%CC%88sident-spricht-Klartext.pdf
484 Siehe den offenen Brief deutscher Ärzte vom 06. 04. 2020 (aktualisiert am 16. 04. 2020): http://www.aerzte-und-mobilfunk.eu/AUM/wp-content/uploads/2020/05/appell_corona_und_mobilfunk_aerzte_05_05_2020.pdf
485 Siehe die deutsche Übersetzung der *Guidelines for Limiting Exposure to Time-Varying Electric, Magnetic, and Electromagnetic Fields (up to 300 GHz)* in *Berichte der Strahlenschutzkommission*, Heft 23 (1998), S. 64f., 71 und 75: https://www.icnirp.org/cms/upload/publications/ICNIRPemfgdlger.pdf
486 Siehe Schaller et. al. gem. Fn 269 bzw. die Abbildungen A und B im downloadbaren PDF
487 Siehe auch den Artikel *Studie an verstorbenen Patienten zeigt: COVID-19 richtet massive Lungenschäden an* in Healthcare in Europe vom 22. 05. 2020: https://healthcare-in-europe.com/de/news/covid-19-richtet-massive-lungenschaeden-an.html
488 Siehe *Dr. Cameron Kyle-Sidell: Urgend information* (Chico and Debbie Jimenez, 05. 04. 2020): https://youtu.be/7Ru6gxv6_fQ
489 Siehe Klinghardt gem. Fn 347, ab Min. 06:20
490 Siehe M. Fioranelli et. al., *5G Technology and induction of coronavirus in skin cells* in NCBI (16. 07.

	2020): https://pubmed.ncbi.nlm.nih.gov/32668870/
491	Siehe den offenen Brief deutscher Ärzte gem. Fn 484
492	Siehe Bartomeu Payeras i Cifre, *Study of the correlation between cases of coronavirus and the presence of 5G networks* (March-April 2020, 14. 04. 2020): http://www.tomeulamo.com/fitxers/264_CORONA-5G-d.pdf sowie die englische Übersetzung: https://www.stop5gticino.ch/wp-content/uploads/2020/04/Study-of-correlation-coronavirus-5G-Bartomeu-Payeras-i-Cifre.pdf
493	Siehe Joachim Dorfs et. al., *Winfried Kretschmann und die Autoindustrie: »Wir dürfen uns nicht abhängen lassen«* in Stuttgarter Zeitung vom 23. 07. 2018: https://www.stuttgarter-zeitung.de/inhalt.kretschmann-zum-wandel-der-autobranche-wir-duerfen-uns-nicht-abhaengen-lassen.772dd75d-8d84-42d2-9151-8c8336921555.html
494	Siehe New Earth Project gem. Fn 436, ab Min. 67:00 und 76:30
495	Siehe Epidemiegesetz 1950 (EpG) in der Fassung vom 14. 03. 2020, zuletzt geändert durch BGBl. I Nr. 37/2018: https://www.ris.bka.gv.at/GeltendeFassung.wxe?Abfrage=Bundesnormen&Gesetzesnummer=10010265&FassungVom=2020-03-14
496	Siehe das am 20. 07. 2000 erlassene Infektionsschutzgesetz (IfSG) in der Fassung vor dem 01. 03. 2020: https://www.buzer.de/gesetz/2148/v237994-2020-03-28.htm
497	Siehe das Video-Interview gem. Fn 10
498	Siehe John P. A. Ioannidis et. al., *Population-level COVID-19 mortality risk for non-elderly individuals overall and for non-elderly individuals without underlying diseases in pandemic epicenters* in MedRxiv (05. 05. 2020), S. 2 u. 3: https://www.medrxiv.org/content/10.1101/2020.04.05.20054361v2.full.pdf
499	Siehe ebendort, S. 21
500	Siehe Stadler gem. Fn 175
501	Siehe http://moelling.ch/wordpress/karin-molling/
502	Siehe *SARS-Corona 2: »Wir brauchen eine Herden-Immunität und keine Ausgangssperre«* (Vitalstoff-Blog, 22. 03. 2020), ab Min. 17:30: https://youtu.be/dZ6tZDoNAa4
503	Siehe Addendum gem. Fn 194
504	Siehe RKI gem. Fn 213
505	Siehe RKI gem. Fn 212, ab Min. 10:50 und 22:00
506	Siehe Ärzteblatt gem. Fn 184
507	Siehe § 3 IfSG vom 20. Juli 2000 (BGBl. I S. 1045), zuletzt geändert durch Artikel 3 des Gesetzes vom 27. 03. 2020 (BGBl. I S. 587): https://www.gesetze-im-internet.de/ifsg/__3.html
508	Siehe Kapitel *A. Staatliche Aufgabe* bzw. RKI gem. Fn 196
509	Siehe RKI gem. Fn 212, ab Min. 22:00 und insb. 24:00
510	Siehe bspw. ORF / Im Zentrum gem. Fn 236, ab Min. 38:50
511	Siehe ebendort, ab Min. 12:20
512	Siehe ebendort, ab Min. 33:00 sowie *Science* vom 20. 04. 2020: https://science.apa.at/site/kultur_und_gesellschaft/detail?key=SCI_20200420_SCI40111351054231220
513	Siehe ORF / Im Zentrum gem. Fn 236, ab Min. 33:00
514	Siehe den Artikel *Virologe stellt These auf: Schaden durch Lockdown größer als durch Corona* in MSN vom 14. 04. 2020: www.msn.com/de/nachrichten/coronavirus/virologe-stellt-these-auf-schaden-durch-lockdown-gr%C3%B6%C3%9Fer-als-durch-corona/ar-BB12wLjR?li=BBqg6Q9#page=1
515	Siehe Theo Anderes, *Regierungsberatung: Experte Sprenger hat genug von der Corona-Taskforce* in Standard vom 09. 04. 2020: https://www.derstandard.at/story/2000116710462/experte-spenger-hat-genug-von-der-corona-taskforce
516	Siehe VitalstoffBlog gem. Fn 502
517	Siehe den Artikel *Schulen und Kitas bald wieder öffnen, um »Herdenimmunität« gegen Corona aufzubauen?* in News4Teachers vom 29. 03. 2020: http://www.news4teachers.de/2020/03/schulen-und-kitas-bald-wieder-oeffnen-um-eine-herdenimmunitaet-gegen-corona-aufzubauen/
518	Siehe Anderes gem. Fn 515
519	Siehe Addendum gem. Fn 194
520	Siehe den Artikel *Franz Allerberger: »Dieses Virus ist nicht so ansteckend, wie manche annehmen«* in Profil vom 10. 05. 2020: https://www.profil.at/oesterreich/franz-allerberger-corona-interview-11472377

521 Siehe Alyson A Kelvin und Scott Halperin, *COVID-19 in children: the link in the transmission chain* in *The Lancet* (25. 03. 2020): https://www.thelancet.com/journals/laninf/article/PIIS1473-3099(20)30236-X/fulltext
522 Siehe Juanjuan Zhang et. al., *Changes in contact patterns shape the dynamics of the COVID-19 outbreak in China* in Science (29. 04. 2020): https://science.sciencemag.org/content/early/2020/05/04/science.abb8001
523 Siehe Peter F. Mayer, *Kinder wenig ansteckend: Kinderärzte und Studien* in Mein Bezirk vom 03. 05. 2020: https://www.meinbezirk.at/niederoesterreich/c-politik/kinder-wenig-ansteckend-kinderaerzte-und-studien_a4054245
524 Siehe den Artikel *Coronavirus: Rechtsmediziner appelliert an Merkel: Macht Deutschland wieder auf!* in Tag24 vom 15. 04. 2020: https://www.tag24.de/thema/coronavirus/hamburg-coronavirus-rechtsmediziner-klaus-pueschel-angela-merkel-appell-corona-regeln-1487336
525 Siehe Addendum gem. Fn 336
526 Siehe Universität Bonn gem. Fn 233
527 Siehe *Andreas Gabalier & Xavier Naidoo - A Meinung haben – Live* (Truth Connection. 26. 07. 2019): https://youtu.be/3uoRqV0sp_I
528 Siehe Oliver Lepsius, *Vom Niedergang grundrechtlicher Denkkategorien in der Corona-Pandemie* in Verfassungsblog vom 06. 04. 2020: https://verfassungsblog.de/vom-niedergang-grundrechtlicher-denkkategorien-in-der-corona-pandemie/
529 Siehe Hans Herbert von Arnim, *Das System: Die Machenschaften der Macht* (Knaur, 2004), S. 26f.
530 Siehe ebendort, S. 27
531 Siehe Kathrin Zinkant, »Wir müssen die Forscher befreien« in Süddeutsche Zeitung vom 03. 04. 2020: https://www.sueddeutsche.de/wissen/wissenschaft-meta-research-ioannidis-1.4394526?reduced=true
532 Siehe John P.A. Ioannidis, *A fiasco in the making? As the coronavirus pandemic takes hold, we are making decisions without reliable data* in Stat vom 17. 03. 2020: https://www.statnews.com/2020/03/17/a-fiasco-in-the-making-as-the-coronavirus-pandemic-takes-hold-we-are-making-decisions-without-reliable-data/
533 Siehe bspw. den Artikel *Coronavirus: Österreichischer Pandemieplan wird derzeit überarbeitet* in Kleine Zeitung vom 30. 01. 2020: https://www.kleinezeitung.at/oesterreich/5761121/Coronavirus_Oesterreichischer-Pandemieplan-wird-derzeit-ueberarbeitet
534 Siehe https://www.sozialministerium.at/public.html
535 Siehe BMGF (heute BMSGPK), *Influenza-Pandemieplan* (3. Auflage, 2006) gem. Fn 57
536 Siehe BMI, *Krisen- und Katastrophenmanagement – Zivilschutz in Österreich*: https://www.bmi.gv.at/204/Katastrophenmanagement/start.aspx sowie https://www.bmi.gv.at/204/SKKM/start.aspx sowie https://www.bmi.gv.at/magazinfiles/2014/11_12/FILES/katastrophenschutzmanagement.pdf
537 Siehe ebendort sowie https://www.bmi.gv.at/204/Katastrophenmanagement/images/007Risikoanalyse.png – Stand vom 21. 06. 2020 (Ring um den Kreis für Pandemie von der Autorin eingefügt)
538 Siehe BMSGPK, *1. Sitzung des Beraterstabs der Taskforce Corona – Ergebnisprotokoll*, S. 2:
539 Siehe BMSGPK, *2. Sitzung des Beraterstabs der Taskforce Corona – Mitschrift*, S. 9: https://www.sozialministerium.at/dam/jcr:a14c3a1a-2faf-4da7-81f0-771c32085fb5/1.%20Sitzung%20des%20Beraterstabs%20der%20Taskforce%20Corona%20.pdf
540 Siehe BMSGPK, *1. Sitzung des Beraterstabs* gem. Fn 538 , S. 2 bis 6, insb. S. 6, Punkt 9.
541 Siehe ebendort, S. 7, Punkt 10.
542 Siehe Barbara Tóth, »Was passiert, wenn es eng wird?« in Falter vom 12. 05. 2020: https://www.falter.at/zeitung/20200512/was-passiert-wenn-es-eng-wird
543 Siehe BMSGPK, *Coronavirus - Taskforce / Gesundheitsministerium richtet Taskforce ein* (Stand vom 18. 06. 2020): https://www.sozialministerium.at/Informationen-zum-Coronavirus/Neuartiges-Coronavirus-(2019-nCov)/Coronavirus---Taskforce.html
544 Siehe Michael Jungwirth, *Geheimpapiere: Corona-Taskforce warnte »vor der Kernschmelze des Gesundheitssystems«* in Kleine Zeitung vom 28. 06. 2020: https://www.kleinezeitung.at/politik/innenpolitik/5831924/Geheimpapiere_CoronaTaskforce-warnte-vor-der-Kernschmelze-des

545 Siehe BMSGPK, *2. Sitzung des Beraterstabs* gem. Fn 539, S. 4
546 Siehe ebendort, S. 5 bis 7
547 Siehe ebendort, S. 6 und 8
548 Siehe RKI, *Ergänzung zum Nationalen Pandemieplan – COVID-19 – neuartige Coronaviruserkrankung* (Stand 04. 03. 2020): https://www.rki.de/DE/Content/InfAZ/N/Neuartiges_Coronavirus/Ergaenzung_Pandemieplan_Covid.pdf?__blob=publicationFile
549 Siehe ebendort, S. 24
550 Siehe BMSGPK, *3. Sitzung des Beraterstabs der Taskforce Corona – Mitschrift*, S. 2-4 und 9: https://www.sozialministerium.at/dam/jcr:dc42dade-c2f7-4a51-b566-d04b336eaf89/3.%20Sitzung%20des%20Beraterstabs%20der%20Taskforce%20Corona.pdf
551 Siehe ebendort, S. 4f.
552 Siehe ebendort, S. 5-10
553 Siehe *Duden, Band 7 – Das Herkunftswörterbuch, Etymologie der deutschen Sprache* (Dudenverlag, 2007, 4. Auflage), S. 844
554 Siehe Bundeszentrale für gesundheitliche Aufklärung (Hrsg.), *Forschung und Praxis der Gesundheitsförderung – Band 04: Prävention durch Angst? Stand der Furchtappellforschung* (1998), S. 114 und 121: https://www.bzga.de/infomaterialien/fachpublikationen/forschung-und-praxis-der-gesundheitsfoerderung/band-04-praevention-durch-angst-stand-der-furchtappellforschung/
555 In diesem *Brotzeit: Angstforschung - Im freien Fall ins Mittelalter* (Das Eule, 19. 06. 2020): https://youtu.be/HEc-VAIRwV8
556 Siehe Xaver Bitz und Boris Herrmann, »Bis zu 70 Prozent könnten sich anstecken« in Süddeutsche Zeitung vom 11. 03. 2020: https://www.sueddeutsche.de/politik/coronavirus-merkel-spahn-pressekonferenz-1.4840274 sowie das dortige Video »Ausbreitung muss verlangsamt werden«: https://www.sueddeutsche.de/panorama/coronavirus-angela-merkel-1.4841127
557 Siehe dwh, *Corona: Worst Case Szenario und Gegenmaßnahmen* (12. 03. 2020): https://www.dwh.at/blog/corona-worst-case-szenario-und-gegenmassnahmen/
558 Siehe den korrekt erfassenden *Artikel Protokoll legt nahe: Angst vor Ansteckung von Regierung erwünscht* in Krone vom 27. 04. 2020: https://www.krone.at/2143772
559 Siehe BMSGPK, *4. Sitzung des Beraterstabs der Taskforce Corona – Mitschrift*, S. 7 / Pkt. 20. und 21.: https://www.sozialministerium.at/dam/jcr:149127c4-3854-499f-887e-88a2814cf3d6/4.%20Sitzung%20des%20Beraterstabs%20der%20Taskforce%20Corona.pdf
560 Siehe ebendort, S. 2 / Pkt. 4. sowie S. 4 / Pkt. 12f.
561 Siehe ebendort, S. 2 / Pkt. 4., S. 5 / Pkt. 14., S. 6 / Pkt. 19., S. 7 / Pkt. 14. sowie S. 8 / Pkt. 25. und 26.
562 Siehe ebendort, S. 7 / Pkt. 20.
563 Laut dem deutschen BMI wurde das besagte Szenarienpapier im März 2020 erstellt; siehe BMI, *Wie wir COVID-19 unter Kontrolle bekommen* vom 28. 04. 2020: https://www.bmi.bund.de/SharedDocs/downloads/DE/veroeffentlichungen/2020/corona/szenarienpapier-covid-19.html – laut den Recherchen von FragDenStaat vom 01. 04. 2020 wurde das Geschäftsstück nach dem 18. 03. 2020 unter Verschluss verteilt: https://fragdenstaat.de/blog/2020/04/01/strategiepapier-des-innenministeriums-corona-szenarien/ und am 22. 03. 2020 wurde es dem Verteidigungsministerium und dem Bundeskanzleramt übermittelt; siehe Martin Knobbe, *Kampf gegen Covid-19: Vertrauliche Regierungsstudie beschreibt Corona-Szenarien für Deutschland* in Spiegel vom 27. 03. 2020: https://www.spiegel.de/politik/deutschland/corona-in-deutschland-vertrauliche-regierungsstudie-beschreibt-verschiedene-szenarien-a-1cafaac1-3932-434d-b4de-2f63bce0315d – folglich muss das Dokument spätestens Mitte März 2020 fertig erstellt worden sein.
564 Siehe deutsches BMI, *Wie wir COVID-19 unter Kontrolle bekommen* (Veröffentlichung vom 28. 04. 2020), S. 1ff, insb. 15: https://www.bmi.bund.de/SharedDocs/downloads/DE/veroeffentlichungen/2020/corona/szenarienpapier-covid-19.html sowie im Original (Verschlusssache) auf http://fragdenstaat.de/dokumente/4123-wie-wir-covid-19-unter-kontrolle-bekommen/
565 Siehe ebendort, S. 3 und 14
566 Siehe ebendort, S. 8 und 15
567 Siehe ebendort, S. 13

568 Siehe Ernest Becker, *The Denial of Death* (The Free Press, 1973), S. 11: https://www.auro-ebooks.com/download/denial-death-pdf/
569 SIehe William Breitbart, *Existential Guilt and the Fear of Death* in NCBI (22. 08. 2017): https://www.ncbi.nlm.nih.gov/pmc/articles/PMC5597483/
570 Siehe deutsches BMI gem. Fn 564, S. 14
571 Siehe die Antwort des BMSGPK mit GZ 2020-0.221.633 vom 10. 04. 2020 bzw. 888/AB vom 13. 04. 2020 auf die parlamentarische Anfrage 876/J (XXVII. GP) vom 14. 02. 2020 im PDF auf S. 3: https://www.parlament.gv.at/PAKT/VHG/XXVII/AB/AB_00888/index.shtml
572 In diesem Sinne Johannes Öhlböck, *Fake-News: Rechtlich betrachtet* (24. 03. 2017): https://www.raoe.at/news/single/archive/fake-news-rechtlich-betrachtet/
573 Siehe Deutscher Bundestag / Wissenschaftliche Dienste, WD 10 - 3000 - 003/17, *Fake-News: Definition und Rechtslage*, (17. 02. 2017), S. 6: https://www.bundestag.de/resource/blob/502158/99feb7f3b7fd1721ab4ea631d8779247/wd-10-003-17-pdf-data.pdf
574 Siehe § 276 StGB, BGBl. Nr. 60/1974 aufgehoben durch BGBl. I Nr. 112/2015, in der Fassung vom 25. 09. 2015: https://www.ris.bka.gv.at/eli/bgbl/1974/60/P276/NOR40023142
575 Siehe http://www.monika-donner.at/home/medien/
576 Siehe Addendum gem. Fn 194
577 Siehe AGES gem. Fn 248
578 Siehe Stephan Kohn, *KM4 Analyse des Krisenmanagements (Kurzfassung), KM 4 – 51000/29#2*, der voranstehenden Zusammenfassung vom *Auswertungsbericht des Referats KM 4 (BMI), KM 4 – 51000/29#2*, 25. 04. 2020 / 07. 05. 2020, S. 3 / Pkt. 8.: https://behoerden.blog/wp-content/uploads/2020/05/Bericht-KM4-Corona-1_geschw%C3%A4rzt.pdf sowie https://empamil.eu/category/bmi-corona-dokument/
579 Siehe ebendort, S. 70
580 Siehe den Artikel *Verstöße gegen Corona-Maßnahmen: 10.000 Anzeigen* in OÖN vom 30. 03. 2020: https://www.nachrichten.at/panorama/chronik/coronavirus-bereits-mehr-als-hundert-polizisten-infiziert;art58,3246107
581 Siehe Douglas P Horne, *Inside the Assassination Records Review Board – The U.S. government's final attempt to reconcile the conflicting medical evidence in the assassination of JFK*, Volume I-V (2010, 2. Auflage) sowie Monika Donner, *Krieg, Terror, Weltherrschaft – Band 1* (Monithor, 2019, 2. Auflage), S. 35f.
582 Siehe *1/4/1967 [104-10406-10110] Dispatch: Countering Critisism of the Warren Report* in History Matters: https://www.history-matters.com/archive/jfk/cia/russholmes/104-10406/104-10406-10110/html/104-10406-10110_0001a.htm
583 Siehe zu alldem Monika Donner, *Krieg, Terror, Weltherrschaft – Band 1* (Monithor, 2019, 2. Auflage), S. 35-38 sowie weitere Details im zweiten Band
584 Siehe die Gesamtdarstellung und die jeweiligen Kapitel *Propagandistische Operation* in Monika Donner, *Krieg, Terror, Weltherrschaft* (Band 1 und 2)
585 Siehe den Artikel *Offener Brief Ärzte prangern Google und Facebook an: »Wir können nicht gleichzeitig Lügen bekämpfen und Leben retten«* in Stern vom 07. 05. 2020: https://www.stern.de/digital/online/christian-drosten-und-co---wir-koennen-nicht-gleichzeitig-luegen-bekaempfen-und-leben-retten--9252654.html
586 Siehe Kapitel *Dezimierung der Weltbevölkerung* bzw. Gates gem. Fn 75
587 Siehe Kapitel *3. Keine Notwendigkeit* bzw. Gates gem. Fn 812
588 Siehe bspw. https://www.okitube.com/video/875/monika-donner---krise-als-chance-202012?channelName=FranzJosefSuppanz bzw. http://www.monithor.at/buecher/corona-diktatur/
589 Siehe Gustav Theile, *Gegen Corona-Fake-News : Virologen beschweren sich über Facebook, Twitter und Google* in FAZ vom 07. 05. 2020: https://www.faz.net/aktuell/wirtschaft/digitec/corona-virologen-legen-sich-mit-tech-konzernen-an-16757974.html
590 Siehe Stern gem. Fn 585
591 Siehe Falter gem. Fn 542 sowie den Artikel *Protokolle zeigen, wie Regierung gegen Expertenmeinungen handelte* in Standard vom 13. 05. 2020: https://www.derstandard.at/story/2000117476751/protokolle-zeigen-wie-regierung-gegen-expertenmeinungen-handelte?ref=article

592 Siehe *Herbert Kickl - Coronavirus (COVID-19) – 27. 02. 2020* (FPÖ / Österreich zuerst, 27. 02. 2020), ab Min. 08:50: https://youtu.be/gPSME_dsxhQ
593 Siehe *Herbert Kickl: Es braucht harte Maßnahmen, um die Zahl der Ansteckungen zu reduzieren!* (FPÖ-TV, 13. 03. 2020): https://youtu.be/krVkYvQPlrk sowie den *Artikel FPÖ fordert wegen Coronavirus »Lockdown« Österreichs* in K.at vom 13. 03. 2020: https://k.at/news/fpoe-fordert-wegen-coronavirus-lockdown-oesterreichs/400780193?fbclid=IwAR0oNXfiezqSRSGeMWEDil36zHxKSlur7-yDhjDmh_6B3e30Qhcw0992MLk
594 Siehe Gregor Waschsinki, *Opposition in Corona-Zeiten: FDP kämpft mit PR-Desastern* in Handelsblatt vom 11. 05. 2020: https://www.handelsblatt.com/politik/deutschland/pandemie-opposition-in-corona-zeiten-fdp-kaempft-mit-pr-desastern/25819344.html?ticket=ST-1576601-3MroEPSrLYrVbZ-hwC4nu-ap3
595 Siehe Donner gem. Fn 8
596 Mangels abgeschlossener beruflicher oder akademischer Ausbildung; siehe Fn 600
597 Siehe Hans Rauscher, *Zu viele Verharmloser* in Standard vom 30. 03. 2020: https://www.derstandard.at/story/2000116339872/zu-viele-verharmloser sowie Falter gem. Fn 542
598 Siehe den Artikel *Kanzler zu Corona-Krise: »Bin heilfroh, dass wir diesen Weg gegangen sind«* in Kurier vom 06. 04. 2020: https://kurier.at/politik/inland/kanzler-zu-corona-krise-bin-heilfroh-dass-wir-diesen-weg-gegangen-sind/400805168
599 Siehe Nina Horaczek und Barbara Tóth, *Sebastian Kurz - Österreichs neues Wunderkind?* (Residenz, 2017)
600 Siehe Antje Mayer-Salvi, *Die Kurz-Biografin* in *c/o Vienna*: https://www.co-vienna.com/de/leute/die-kurz-biografin/
601 Siehe den Artikel *Mit dem »Geilomobil« ins Staatssekretariat* in Standard vom 19. 04. 2011: https://www.derstandard.at/story/1302745628398/mit-dem-geilomobil-ins-staatssekretariat
602 Siehe Monika Donner, *Kurz: linkischer 2. Zerstörer der Regierung* in Fisch und Fleisch vom 22. 05. 2019: https://www.fischundfleisch.com/monika-donner/kurz-linkischer-2-zerstoerer-der-regierung-56479
603 Siehe Standard gem. Fn 515
604 Christian Bartlau, *Er, nur er allein* in Zeit Online vom 27. 04. 2020: https://www.zeit.de/zustimmung?url=https%3A%2F%2Fwww.zeit.de%2Fpolitik%2Fausland%2F2020-04%2Fsebastian-kurz-coronavirus-krisenmanagement-strategie
605 Siehe Walter Müller, *Regierungskommunikation: Gefährliche Überhöhung* in Standard vom 13. 04. 2020: https://www.derstandard.at/story/2000116810367/regierungskommunikation-gefaehrliche-ueberhoehung
606 Siehe den Artikel *Bundeskanzler Sebastian Kurz »Bald wird jeder von uns jemanden kennen, der an Corona gestorben ist«* in Kleine Zeitung vom 30. 03. 2020: https://amp.kleinezeitung.at/5793215
607 Siehe den Artikel *Sebastian Kurz in ZIB 2: »100.000 Tote, wenn ...«* in Heute vom 06. 04. 2020: https://www.heute.at/s/sebastian-kurz-in-zib-2-100-000-tote-wenn--54901251
608 Siehe Andreas Peter, *ÖAK Jahresschnitt 2019: Die Krone ist erneut auflagenstärkste Tageszeitung* in APA/OTS0096 vom 19. 02. 2020: https://www.ots.at/presseaussendung/OTS_20200219_OTS0096/oeak-jahresschnitt-2019-die-krone-ist-erneut-auflagenstaerkste-tageszeitung
609 Siehe den Artikel *Düstere Aussichten: »Bald kennt jeder von uns jemanden, der am Virus gestorben ist«* in *Krone* vom 31. 03. 2020: https://www.krone.at/2127340
610 Siehe Michael Nikbakhshs, *Das Killerargument in Profil* vom 14. 04. 2020: https://www.profil.at/wirtschaft/michael-nikbakhsh-das-killerargument/400863383
611 Siehe den Artikel *Kurz-Inszenierung fliegt auf: Kanzler probt Rede vor laufender Kamera* in Zack-Zack vom 29. 05. 2020: https://zackzack.at/2020/05/29/kurz-inszenierung-fliegt-auf-kanzler-probt-rede-vor-laufender-kamera/?fbclid=IwAR3TBv4VugRcVPutAey2_84HbH6-VxBahCXnvTnqZrxPNSle9g-pL3V1Cg-M sowie https://youtu.be/MWQKUB6kYeE
612 Siehe *Corona Aktuell: Dringende Anfrage an den Bundeskurzler!* (RPP Institut, 30. 05. 2020): https://youtu.be/12UihHFskks
613 Siehe *Dagmar Belakowitsch - Masken, Handy-App – 28. 04. 2020* (FPÖ / Österreich zuerst, 28. 04. 2020): https://youtu.be/kKL988rzvBs

614 Siehe Mathias Beiglböck et. al., *Stellungnahme zur COVID-19-Krise* (Erstfassung vom 30. 03. 2020): https://www.amz-gmbh.net/breaking-news-stellungnahme-zur-covid19-krise-30-3-2019/ sowie die Aktualisierung vom 31. 03. 2020: https://www.oesterreich.gv.at/dam/jcr:a9ba0dbb-fc05-4b6f-a7cb-ecb8b6842364/Executive%20Summary%20Covid19%20v2.pdf sowie deren Sicherungskopien auf http://www.monithor.at/wp-content/uploads/2020/04/202020330-Executive-Summary-Covid19v1.pdf und http://www.monithor.at/wp-content/uploads/2020/04/20200331-Executive_Summary_Covid19v2-Update.pdf

615 Siehe ebendort, S. 7 (Erstfassung) und S. 8 (Aktualisierung)

616 In diesem Sinne auch Mölling gem. Fn 502, ab Min. 09:00

617 Siehe Beiglböck et. al. gem. Fn 614, S. 4-6, insb. 5 und 9

618 Siehe Mölling gem. Fn 502

619 Siehe Laure Wynants et. al., *Prediction models for diagnosis and prognosis of covid-19: systematic review and critical appraisal* in BMJ (07. 04. 2020): https://www.bmj.com/content/369/bmj.m1328

620 Siehe Medizinische Universität Wien, *COVID-19: Zweifelhafte Modelle könnten zu fehlerhaften Diagnosen und Prognosen führen* (10. 04. 2020): https://www.meduniwien.ac.at/web/ueber-uns/news/detailseite/2020/news-im-april-2020/covid-19-zweifelhafte-modelle-koennten-zu-fehlerhaften-diagnosen-und-prognosen-fuehren/

621 Siehe Constanze von Bullion, *Whistleblower oder Wichtigtuer* in Süddeutsche Zeitung vom 19. 05. 2020: https://www.sueddeutsche.de/politik/coronavirus-innenministerium-whistleblower-wichtigtuer-1.4912746

622 *Wem können wir noch glauben? – Dr. Wolfgang Wodarg im Gespräch* (Der Fehlende Part, 07. 07. 2020): https://youtu.be/4_NG3XNrFGM

623 Siehe Andreas Mihm, *Lob und Geld vom Kanzler* in FAZ vom 23. 04. 2020: https://www.faz.net/aktuell/feuilleton/medien/lob-und-geld-vom-kanzler-oesterreichs-medienfoerderung-16736773.html

624 Siehe Servus-TV gem. Fn 73

625 Siehe *Der Wegscheider* (Servus-TV, 16. 05. 2020), ab Min. 02:20: https://www.servustv.com/videos/aa-23anvvrbw2112/

626 Siehe bspw. den Artikel *Gefährliche Gerüchte: Spahn dementiert angeblichen »Lockdown«* in NTV vom 14. 03. 2020: https://www.n-tv.de/politik/Spahn-dementiert-angeblichen-Lockdown-article21641486.html

627 Siehe den Artikel *Innenminister Nehammer: »Wird natürlich keine Ausgangssperren geben«* in Kurier vom 13. 03. 2020: https://kurier.at/politik/inland/innenminister-nehammer-wird-natuerlich-keine-ausgangssperren-geben/400780484 sowie den Eintrag auf Gastro News Wien vom 13. 03. 2020 um 12:42 Uhr: https://gastronews.wien/2020/03/corona-update/?fbclid=IwAR0lev7j0MEsidcgcTdFL2VQC0-iLLFrl1U8wWty4wdJkZzlQPz81rcklGA

628 Siehe *Dok 1: Glauben statt Wissen – Fake News: Hanno Settele über Fake News und Deep Fake* (ORF, 13. 05. 2020): https://tv.orf.at/highlights/orf1/200513_dok1_fake_news100.html

629 Siehe *Glauben statt Wissen - Fake News* (TV Austria Replay, 08. 06. 2020), ab Min. 09:00: https://youtu.be/nnFu3X8Nx1k

630 Siehe EbM gem. Fn 210

631 Siehe die Rubrik *Seltene Krankheit* in Flexikon: https://flexikon.docccheck.com/de/Seltene_Krankheit

632 Siehe WHO, *Coronavirus Disease (COVID-19) Dashboard: https://covid19.who.int/*

633 Siehe BMSGPK, *Behördliche Vorgangsweise bei SARS-CoV-2 Kontaktpersonen: Kontaktpersonennachverfolgung* (25. 08. 2020), S. 5 und 7: https://www.sozialministerium.at/dam/jcr:0606b9e2-72f6-4589-9816-2107c7c4e7f/20200825_Beh%C3%B6rdliche%20Vorgangsweise%20bei%20SARS-CoV-2%20Kontaktpersonen%20Kontaktpersonennachverfolgung.pdf

634 Siehe ebendort, S. 9

635 Sehe RKI, *Kontaktpersonen-Nachverfolgung bei respiratorischen Erkrankungen durch das Coronavirus SARS-CoV-2* (09. 09. 2020): https://www.rki.de/DE/Content/InfAZ/N/Neuartiges_Coronavirus/Kontaktperson/Management.html

636 Siehe WHO-Dashbord gem. Fn 632

637 Siehe bspw. den *Artikel Will das RKI Obduktionen verhindern?* in Tagesschau vom 09. 04. 2020: https://www.tagesschau.de/faktenfinder/inland/corona-obduktionen-101.html

638 Siehe Bundesverband Deutscher Pathologen, *Pressemitteilung BDP/DGP – COVID-19-Verstorbene: Offene Fragen durch Obduktion klären* (Pathologie.de, 07. 04. 2020): https://www.pathologie.de/aktuelles/bdp-pressemitteilungen/bv-pressemitteilungen-detailansicht/?tx_ttnews%255Btt_news%255D=1672&cHash=b566f545e6aa47c5dd22ffe1f70e032e
639 Siehe RKI, *Empfehlungen zum Umgang mit SARS-CoV-2-infizierten Verstorbenen* (24. 04. 2020): https://www.rki.de/DE/Content/InfAZ/N/Neuartiges_Coronavirus/Verstorbene.html
640 Siehe BMSGPK, *Corona-Virus: Aktuelle Informationen:* https://www.sozialministerium.at/Informationen-zum-Coronavirus/Neuartiges-Coronavirus-(2019-nCov).html
641 Siehe *Coronavirus: RKI-Pressekonferenz am 20. 03. 2020* (Phoenix, 20. 03. 2020), ab Min. 13:50: https://youtu.be/p4STGeb3uqQ
642 Siehe Bianca Hoffmann, *Bewertung: Richtig – Corona-Virus: Ja, auch Infizierte, die gewaltsam sterben, werden in die Statistik aufgenommen* in Correctiv vom 23. 04. 2020: https://correctiv.org/faktencheck/2020/04/23/coronavirus-ja-auch-infizierte-die-gewaltsam-sterben-werden-in-die-statistik-aufgenommen
643 Siehe bspw. den Artikel *Neue Statistik: 55 Corona-Tote »auferstanden«?* in Heute vom 15. 04. 2020: https://www.heute.at/s/statistik-55-corona-tote-auferstanden--49487538
644 Siehe Charles Creitz, *Minnesota doctor blasts »ridiculous« CDC coronavirus death count guidelines* in Fox News vom 09. 04. 2020: https://www.foxnews.com/media/physician-blasts-cdc-coronavirus-death-count-guidelines.print
645 Siehe bspw. den Beitrag *Künstliche Beatmung & Corona: Entscheiden Sie über Ihre Versorgung* in Meine Patientenverfügung: https://www.meinepatientenverfügung.de/ratgeber/medizinische-hintergruende/corona-beatmung-patientenverfuegung/
646 Siehe Hans-Georg Wehling, *Konsens à la Beutelsbach? Nachlese zu einem Expertengespräch* in Siegfried Schiele / Herbert Schneider (Hrsg.): *Das Konsensproblem in der politischen Bildung* (1977), S. 179f. sowie BPB, *Beutelsbacher Konsens* (07. 04. 2011): https://www.bpb.de/die-bpb/51310/beutelsbacher-konsens
647 Siehe Hitler gem. Fn 79, S. 44, 196–198 und 200–202
648 Siehe *Massenmigration – Verschwörungspraxis – Medienpropaganda gemäß »Mein Kampf«* (Monithor, 2015, erneut hochgeladen am 01. 12. 2019): https://youtu.be/54AdSrh_Pmc
649 Siehe bspw. die Artikel 7, 14 (7), 26, 60, 83 (2), 95 und 117 B-VG, BGBl. Nr. 1/1930 (WV) idF BGBl. I Nr. 194/1999, zuletzt geändert durch BGBl. I Nr. 24/2020: https://www.ris.bka.gv.at/GeltendeFassung.wxe?Abfrage=Bundesnormen&Gesetzesnummer=10000138
650 Siehe EMRK, BGBl. Nr. 210/1958, zuletzt geändert durch BGBl. III Nr. 139/2018: https://www.ris.bka.gv.at/GeltendeFassung.wxe?Abfrage=Bundesnormen&Gesetzesnummer=10000308
651 Siehe die Auflistung in Robert Walter und Heinz Mayer, *Bundesverfassungsrecht* (Manz, 2000, 9. Auflage), S. 552f.
652 Siehe die Artikel 1 bis 19 GG vom 23. 05. 1949, zuletzt geändert durch Art. 1 G v. 15. 11. 2019 I 1546: https://www.gesetze-im-internet.de/gg/BJNR000010949.html
653 Ähnlich (allerdings mit EU-Recht) Vereinigung der Österreichischen Richterinnen und Richter, *Stufenbau der Rechtsordnung*: https://richtervereinigung.at/justiz/rechtssystem/stufenbau-der-rechtsordnung/
654 Ähnlich Walter / Mayer gem. Fn 651, S. 70-83
655 Siehe Artikel 44 B-VG: https://www.ris.bka.gv.at/eli/bgbl/1930/1/A44/NOR40045767
656 Siehe Artikel 20 (4) GG: https://www.gesetze-im-internet.de/gg/art_20.html
657 Siehe Artikel 1 B-VG: https://www.ris.bka.gv.at/Dokument.wxe?Abfrage=Bundesnormen&Dokumentnummer=NOR12015119
658 Siehe Artikel 20 (2) GG: https://www.gesetze-im-internet.de/gg/art_20.html
659 Auch die indigene Bevölkerung Österreichs war, ist und bleibt deutsch.
660 Siehe Artikel 146 GG: https://www.gesetze-im-internet.de/gg/art_146.html
661 Siehe Walter / Mayer gem. Fn 651, S. 33ff. sowie https://www.parlament.gv.at/PERK/VERF/BVG/index.shtml
662 Siehe Artikel 56 B-VG: https://www.ris.bka.gv.at/eli/bgbl/1930/1/A56/NOR40045780
663 Siehe Artikel 38 (1) GG: https://www.gesetze-im-internet.de/gg/art_38.html

664 Siehe Paul Kevenhörster, *Abgeordneter* (BPB) https://www.bpb.de/nachschlagen/lexika/handwoerterbuch-politisches-system/201755/abgeordneter?p=all
665 Siehe Jean-Jacques Rousseau, *Der Gesellschaftsvertrag oder Die Grundsätze des Staatsrechts* (1758), 3. Buch, 15. Kapitel: http://www.zeno.org/Philosophie/M/Rousseau,+Jean-Jacques/Der+Gesellschaftsvertrag/Drittes+Buch/15.+Von+den+Abgeordneten+oder+Vertretern+des+Volkes
666 Siehe ebendort
667 Siehe Edmund Burke, *Reflections on The Revolution in France and on the Proceedings in Certain Societies in London – Relative to that Event in a Letter Intended to have been sent to a Gentleman in Paris* (1790), S. 47f.: https://socialsciences.mcmaster.ca/econ/ugcm/3ll3/burke/revfrance.pdf
668 Siehe Artikel 2 EMRK: https://www.ris.bka.gv.at/eli/bgbl/1958/210/A2/NOR12016933
669 Siehe Artikel 10 EMRK: https://www.ris.bka.gv.at/eli/bgbl/1958/210/A10/NOR12016941
670 Siehe Artikel 8 EMRK: https://www.ris.bka.gv.at/eli/bgbl/1958/210/A8/NOR12016939
671 Siehe ebendort
672 Siehe Artikel 14 EMRK: https://www.ris.bka.gv.at/Dokument.wxe?Abfrage=Bundesnormen&Dokumentnummer=NOR12016945 sowie Artikel 7 B-VG: https://www.ris.bka.gv.at/eli/bgbl/1930/1/A7/NOR40152496 sowie Artikel 3 GG: https://www.gesetze-im-internet.de/gg/art_3.html
673 Siehe Artikel 11 EMRK: https://www.ris.bka.gv.at/eli/bgbl/1958/210/A11/NOR12016942
674 Siehe Artikel 6 EMRK: https://www.ris.bka.gv.at/eli/bgbl/1958/210/A6/NOR12016937
675 Ad. Recht auf Bildung siehe bspw. Artikel 2 des 1. Zusatzprotokolls der EMRK: https://www.menschenrechtskonvention.eu/stichwort/konvention/ sowie Artikel 28 des Übereinkommens über die Rechte des Kindes (Vereinte Nationen, New York, 20. 11. 1989), BGBl. Nr. 7/1993 idF BGBl. Nr. 437/1993: https://www.ris.bka.gv.at/GeltendeFassung.wxe?Abfrage=Bundesnormen&Gesetzesnummer=10001223 – ad Unterrichtsfreiheit (Österreich) siehe bspw. Artikel 17 Staatsgrundgesetz (StGG), RGBl. Nr. 142/1867: https://www.ris.bka.gv.at/eli/rgbl/1867/142/A17/NOR12000056
676 Siehe Artikel 5 EMRK: https://www.ris.bka.gv.at/eli/bgbl/1958/210/A5/NOR12016936
677 Siehe Artikel 2 des 4. Zusatzprotokolls der EMRK, BGBl. Nr. 434/1969, zueltzt geändert durch BGBl. III Nr. 30/1998: https://www.ris.bka.gv.at/GeltendeFassung.wxe?Abfrage=Bundesnormen&Gesetzesnummer=10000465
678 Siehe Artikel 8 EMRK gem. Fn 670 sowie Artikel 2 (1) iVm 1 (1) GG
679 Siehe Artikel 1 des 1. Zusatzprotokolls der EMRK, BGBl. Nr. 210/1958, zuletzt geändert durch BGBl. III Nr. 30/1998: https://www.ris.bka.gv.at/eli/bgbl/1958/210/ANL1/NOR40193134
680 Siehe Artikel 1 Charta der Grundrechte der Europäischen Union: https://www.europarl.europa.eu/charter/pdf/text_de.pdf
681 Siehe Artikel 9 EMRK: https://www.ris.bka.gv.at/eli/bgbl/1958/210/A9/NOR12016940
682 Siehe für Österreich Artikel 6 Staatsgrundgesetz (StGG), RGBl. Nr. 142/1867: https://www.ris.bka.gv.at/eli/rgbl/1867/142/A6/NOR12000062 sowie für Deutschland Artikel 12 GG: https://www.gesetze-im-internet.de/gg/art_12.html
683 Siehe Artikel 8 (1) EMRK gem. Fn 670
684 Siehe für Österreich das Datenschutzgesetz (DSG), BGBl. I Nr. 165/1999, zuletzt geändert durch BGBl. I Nr. 14/2019: https://www.ris.bka.gv.at/GeltendeFassung.wxe?Abfrage=bundesnormen&Gesetzesnummer=10001597 sowie für Deutschland das Bundesdatenschutzgesetz (BDSG) vom 30. 06. 2017, zuletzt geändert durch Art. 12 G v. 20.11.2019 I 1626: https://www.gesetze-im-internet.de/bdsg_2018/BJNR209710017.html
685 Siehe Artikel 8 (1) EMRK gem. Fn 670
686 Siehe Detlev W. Belling et. al., *Die Wirkung der Grundrechte und Grundfreiheiten zwischen Privaten* in Badó/Belling (Hrsg.), *Rechtsentwicklungen aus europäischer Perspektive im 21. Jahrhundert* (Acta Iuridica Universitatis Potsdamiensis, Band 2, 2014), S. 53: https://publishup.uni-potsdam.de/opus4-ubp/files/7455/S53-111_aiup02.pdf
687 Siehe BVerfGE 7, 198, 204; 50, 290, 337 und 68, 193, 205 sowie Belling et. al. gem. Fn 686
688 Siehe Artikel 1 (3) GG: https://www.gesetze-im-internet.de/gg/art_1.html
689 Siehe Walter / Mayer gem. Fn 651, S. 552 / Rn 1327 / Pkt. 3.
690 Siehe ebendort, S. 552 / Rn 1338
691 Siehe Artikel 8 (2) EMRK: https://www.ris.bka.gv.at/eli/bgbl/1958/210/A8/NOR12016939

692 Siehe bspw. EuGRZ 1979, 387 (26. 04. 1979), EuGRZ 1984 (25. 03. 1984), EuGRZ 1985, 170 (25. 03. 1985), EuGRZ 1990, 255 (28. 03. 1990) sowie hierzu Walter / Mayer gem. Fn 651, S. 551 / Rn 1337
693 Siehe Artikel 18 (1) B-VG: https://www.ris.bka.gv.at/eli/bgbl/1930/1/A18/NOR40139660
694 Siehe VfSlg 11455 (29. 09. 1987), Pkt. III / 2.: https://www.ris.bka.gv.at/Dokument.wxe?Abfrage=Vfgh&Sammlungsnummer=11455&SkipToDocumentPage=True&SucheNachRechtssatz=False&SucheNachText=True&ResultFunctionToken=929963b7-f831-4e03-8385-f0e2d1abbf89&Dokumentnummer=JFT_10129071_87G00138_00
695 Siehe Artikel 20 (3) GG: https://www.gesetze-im-internet.de/gg/art_20.html
696 Siehe Artikel 19 (1) GG: https://www.gesetze-im-internet.de/gg/art_19.html
697 Siehe Kapitel *Schuldhaft verletztes Vorsorgeprinzip* sowie Fn 371 und 372
698 Siehe BMSGPK, *Coronavirus - Fachinformationen: Fachinformationen, Handlungsempfehlungen und allgemeine Informationsmaterialien zum Coronavirus*: https://www.sozialministerium.at/Informationen-zum-Coronavirus/Coronavirus---Fachinformationen.html
699 Siehe BMSGPK, GZ 2020-0.177.736, *Schreiben betreffend Vorbereitungsmaßnahmen in Krankenanstalten* (12. 03. 2020): https://www.sozialministerium.at/dam/jcr:b76f4af7-e2ab-4148-be70-5521d789d7fa/Standardausgang_BMSGPK_.pdf (bis ca. Mitte August, dann nicht mehr online verfügbar); Sicherung auf http://www.monithor.at/wp-content/uploads/2020/09/20200312-BMSGPK-VbMn.pdf
700 Siehe Stefan Hockertz, *Corona-Berlin: Das Virus macht uns nicht krank ...* in *rs2* am 24. 03. 2020: https://corona.rs2.de/blog/interview/das-virus-macht-uns-nicht-krank/ sowie https://youtu.be/dg-C6PQCD0SE
701 Siehe *Michel Friedman Corona Spezial: Neurobiologe Gerald Hüther zu Angst in der COVID-19-Isolation* (Welt Nachrichtensender, 28. 03. 2020): https://youtu.be/Ad2h2ZO1pw0
702 Siehe bspw. die Schadenssätze *in Schmerzensgeld für psychische Schäden: Beeinträchtigung von Geist und Seele* (23. 08. 2020): https://www.koerperverletzung.com/schmerzensgeld-psychische-schaeden/
703 Siehe Artikel 1 Charta der Grundrechte der Europäischen Union gem. Fn 680
704 Siehe Artikel 1 (1) GG: https://www.gesetze-im-internet.de/gg/art_1.html
705 Siehe Artikel 10 EMRK: https://www.ris.bka.gv.at/eli/bgbl/1958/210/A10/NOR12016941
706 Siehe Council of the European Union, 8711/20: *Shaping Europe's Digital Future, Outcome of proceedings* (09. 06. 2020), S. 14, Pkt. 36: https://www.consilium.europa.eu/media/44389/st08711-en20.pdf
707 Siehe §§ 4 (2), 6 (1), 7 (1a), 10 (1), 14f, 17 (4), 20 (1), 22 (1) und 24 EpG 1950, zuletzt geändert durch BGBl. I Nr. 62/2020: https://www.ris.bka.gv.at/GeltendeFassung.wxe?Abfrage=Bundesnormen&Gesetzesnummer=10010265
708 Siehe Kapitel *G. Rechtsfolgen* bzw. Fn 1408 und 1409
709 Siehe §§ 1 und 2 COVID-19-Maßnahmengesetz, BGBl. I. Nr. 12/2020, geändert durch BGBl. I Nr. 16/2020: https://www.ris.bka.gv.at/GeltendeFassung.wxe?Abfrage=Bundesnormen&Gesetzesnummer=20011073
710 Siehe VfSlg 10.179 (04. 10. 1984), Pkt. I. / b.: https://www.ris.bka.gv.at/Dokument.wxe?Abfrage=Vfgh&Sammlungsnummer=10179&SkipToDocumentPage=True&SucheNachRechtssatz=False&SucheNachText=True&ResultFunctionToken=48ccc3cb-8570-4a37-acb9-f2684f6faa1b&Dokumentnummer=JFT_10158996_84G00070_00
711 Siehe Walter / Mayer gem. Fn 651, S. 254 / Rn 573
712 Siehe Artikel 19 (1) GG
713 Siehe Kapitel *G. Rechtsfolgen* bzw. Fn 1410 und 1411
714 Siehe BGBl. I 2020 Nr. 14 vom 27. 03. 2020, S. 587-592: http://dipbt.bundestag.de/extrakt/ba/WP19/2605/260577.html
715 Siehe ebendort, S. 587 bzw. § 5 (1) IfSG: https://www.gesetze-im-internet.de/ifsg/__5.html
716 Siehe § 5 (2) Nr. 1. bis 8. IfSG gem. Fn 715
717 Siehe Thomas Mayen, *Coronakrise: Der verordnete Ausnahmezustand* in Anwaltsblatt vom 20. 05. 2020, S. 3: https://anwaltsblatt.anwaltverein.de/de/anwaeltinnen-anwaelte/anwaltspraxis/coronakrise-der-verordnete-ausnahmezustand
718 Siehe BVerfG, BvR 2074/05 vom 11. 03. 2008, Pkt. C. II. / Rn 94f.: https://www.bundesverfassungs-

719 gericht.de/SharedDocs/Entscheidungen/DE/2008/03/rs20080311_1bvr207405.html
719 Siehe Deutscher Ethikrat, *Solidarität und Verantwortung in der Corona-Krise* – Ad-Hoc-Empfehlung (27. 03. 2020), S. 6 und 7: https://www.ethikrat.org/fileadmin/Publikationen/Ad-hoc-Empfehlungen/deutsch/ad-hoc-empfehlung-corona-krise.pdf sowie Pressemitteilung 04/2020: https://www.ethikrat.org/mitteilungen/2020/solidaritaet-und-verantwortung-in-der-corona-krise/
720 Siehe BVerfG, BvR 2074/05 vom 11. 03. 2008 gem. Fn 718, C. II / Rn 95
721 Siehe § 43 (3) bis (5) EpG, zuletzt geändert durch BGBl. I Nr. 43/2020: https://www.ris.bka.gv.at/eli/bgbl/1950/186/P43/NOR40223142
722 Siehe § 51 EpG, zuletzt geändert durch BGBl. I Nr. 63/2016: https://www.ris.bka.gv.at/eli/bgbl/1950/186/P51/NOR40185453
723 Siehe bspw. §§ 1 (2) und 4 (1) EpG
724 Siehe §§ 1, 2 und 5 COVID-19-Maßnahmengesetz gem. Fn 709
725 Siehe § 54 IfSG: https://www.gesetze-im-internet.de/ifsg/__54.html
726 Siehe § 5 (2) IfSG gem. Fn 715
727 Siehe Thomas Mayen gem. Fn 717, S. 3
728 Siehe § 5 (5) IfSG gem. Fn 715
729 Siehe Thomas Mayen gem. Fn 717, S. 8
730 Siehe Artikel 80 (1) GG: https://www.gesetze-im-internet.de/gg/art_80.html
731 Siehe BVerfGE 150, 1, 2 BvF 1/15 vom 19. 09. 2018, Pkt. D. II. / Rn 199 sowie 2BvF 2/15, Pkt. 1. und II. / Rn 149: https://www.bundesverfassungsgericht.de/SharedDocs/Entscheidungen/DE/2018/09/fs20180919_2bvf000115.html
732 Siehe den Artikel *Grenze überschritten! Wien nach Fällen nun Corona-Rot* in Heute vom 20. 09. 2020: https://www.heute.at/s/grenze-ueberschritten-wien-nach-faellen-nun-corona-rot-100102888
733 Siehe den Artikel *Corona-Maßnahmen: Verschärfungen beschlossen, weitere könnten folgen* in Ärzteblatt vom 15. 10. 2020: https://www.aerzteblatt.de/nachrichten/117420/Coronamassnahmen-Verschaerfungen-beschlossen-weitere-koennten-folgen
734 Siehe VfGH, B282/62 vom 27. 06. 1963: https://www.ris.bka.gv.at/VfghEntscheidung.wxe?Abfrage=Vfgh&Dokumentnummer=JFT_19630627_62B00282_00&IncludeSelf=True
735 Siehe BVerfG, 2 BvR 821/16 vom 14. 10. 2017, Pkt. III. / Rn 15: http://www.bverfg.de/e/rk20171004_2bvr082116.html
736 Siehe BVerfGE 78, 249, 2 BvL 9/85 und 3/86 vom 08. 06. 1988, Pkt. C. III. / Rn 72: https://www.servat.unibe.ch/dfr/bv078249.html
737 Siehe Deutscher Bundestag / Wissenschaftliche Dienste, WD 3 - 3000 - 080/20, *Staatsorganisation und § 5 Infektionsschutzgesetz* (02. 04. 2020), S. 7f.: https://www.bundestag.de/resource/blob/690262/cb718005e6d37ecce82c99191efbec49/WD-3-080-20-pdf-data.pdf
738 Siehe Thorsten Kingreen, *Stellungnahme als geladener Einzelsachverständiger* (02. 09. 2020), S. 4: https://www.bundestag.de/resource/blob/711094/b9a4cf52e94d8add55525142b5c8b-d5c/19_14_0197-2-_Prof-Dr-Kingreen-data.pdf
739 Siehe Lepsius gem. Fn 528
740 Siehe Amnesty International Österreich, *Stellungnahme zum Ministerialentwurf betreffend ein Bundesgesetz, mit dem das Epidemiegesetz 1950, das Tuberkulosegesetz und das COVID-19-Maßnahmengesetz geändert werden* (28. 08. 2020), S. 2: https://www.parlament.gv.at/PAKT/VHG/XXVII/SNME/SNME_01698/imfname_817788.pdf
741 Siehe bspw. § 9 (3) WFA-Grundsatz-Verordnung, BGBl. II Nr. 489/2012: https://www.ris.bka.gv.at/eli/bgbl/ii/2012/489/P9/NOR40145766
742 Siehe Bundeskanzleramt, GZ 2020-0.516.872, *Entwurf eines Bundesgesetzes, mit dem das Epidemiegesetz 1950, das Tuberkulosegesetz und das COVID-19-Maßnahmengesetz geändert werden; Begutachtung; Stellungnahme* (27. 08. 2020): https://www.parlament.gv.at/PAKT/VHG/XXVII/SNME/SNME_01713/imfname_817799.pdf
743 Siehe das Interview *Mit kritischem Blick* in REWI vom 07. 04. 2020: https://rewi.uni-graz.at/de/neuigkeiten/detail/article/mit-kritischem-blick/
744 Siehe *Talk im Hangar 7 – Rückkehr der Maskenpflicht: Schutz oder Schikane?* (Servus-TV, Talk im Hangar 7, 23. 07. 2020), ab Minute 42:20: https://www.servustv.com/videos/aa-23wpn3t6h1w12/

745 Siehe den Artikel *Gericht in Tschechien kippte Coronavirus-Maßnahmen* in ÖO Nachrichten vom 23. 04. 2020: https://www.nachrichten.at/politik/aussenpolitik/gericht-in-tschechien-kippte-coronavirus-massnahmen;art391,3252946
746 Siehe Artikel 19 (2) GG
747 Siehe Rolf Schmidt, *Grundrechte sowie Grundzüge der Verfassungsbeschwerde* (Hochschule für Angewandte Wissenschaften Hamburg, 2019, 24. Auflage), S. 433
748 Ähnlich Walter / Mayer gem. Fn 651, S. 72
749 Siehe § 50 EpG
750 Siehe WHO, *Pandemic Influenza Risk Management* gem. Fn 196, S. 26
751 Siehe https://www.ris.bka.gv.at/GeltendeFassung.wxe?Abfrage=Bundesnormen&Gesetzesnummer=10010265
752 Siehe https://www.buzer.de/gesetz/2148/l.htm
753 Siehe Artikel 8 (2) EMRK
754 Siehe bspw. EGMR vom 25. 03. 1983 (Silver) sowie Walter / Mayer gem. Fn 651, S. 552
755 Siehe bspw. VfSlg 10.392 und 10.179
756 Siehe bspw. BVerfG, 1 BvR 3139/08 und 1 BvR 3386/08 vom 17. 12. 2013, Rn 178: https://www.bundesverfassungsgericht.de/e/rs20131217_1bvr313908.html
757 Ähnlich Kluge, *Etymologisches Wörterbuch der deutschen Sprache* (Walter de Gryter, 2002, 24. Auflage), S. 734
758 Siehe den Langtitel sowie §§ 1 und 2 COVID-19-Maßnahmengesetz gem. Fn 709
759 Siehe §§ 1 und 28 IfSG gem. Fn 715
760 Siehe § 5 (2) Nr. 1. und 2. IfSG
761 Siehe ebendort, Nr. 3., 4., 7. und 8.
762 Siehe John P. A. Ioannidis et. al., *Forecasting for COVID-19 has failed* in NCBI (25. 08. 2020): https://www.ncbi.nlm.nih.gov/pmc/articles/PMC7447267/
763 Siehe EbM-Netzwerk gem. Fn 630, S. 2
764 Siehe DIVI-Intensivregister vom 22. 04. 2020: https://www.divi.de/divi-intensivregister-tagesreport-archiv/divi-intensivregister-tagesreport-2020-04-22/viewdocument/3800
765 Siehe DIVI-Intensivregister vom 31. 08. 2020: https://www.divi.de/divi-intensivregister-tagesreport-archiv/divi-intensivregister-tagesreport-2020-08-31/viewdocument/5025
766 Siehe den Artikel *Kliniken und Praxen meldeten Kurzarbeit für mehr als 400.000 Mitarbeiter an* in Ärzteblatt vom 28. 07. 2020: https://www.aerzteblatt.de/nachrichten/115076/Kliniken-und-Praxen-meldeten-Kurzarbeit-fuer-mehr-als-400-000-Mitarbeiter-an
767 Siehe bspw. Nike Heinen, »Überall berichten mir die Kollegen von gähnender Leere« in Zeit vom 07. 04. 2020: https://www.zeit.de/hamburg/2020-04/pflegepersonal-kurzarbeit-intensivstationen-krankenschwester-deutschland-coronavirus-krise
768 Siehe EbM-Netzwerk gem. Fn 630, S. 2 sowie BMSGPK-Dashbord: https://info.gesundheitsministerium.at/dashboard_Hosp.html?l=de
769 Siehe BMSGPK-Dashbord (31. 08. 2020): https://info.gesundheitsministerium.at/dashboard_Hosp.html?l=de
770 Siehe bspw. den Artikel *Trotz Corona-Krise: Kurzarbeit in Krankenhäusern* in oe24 vom 08. 04. 2020: https://www.oe24.at/coronavirus/trotz-corona-krise-kurzarbeit-in-krankenhaeusern/425414354
771 Siehe den Artikel *Teils Kurzarbeit auch im Krankenhaus* in Tirol-ORF vom 07. 04. 2020: https://tirol.orf.at/stories/3042830/
772 Schweizerische Gesellschaft für Intensivmedizin, *COVID-19: Bisherige Belegung der Schweizerischen Intensivstationen & Rolle der Intensivmedizin bei erneut steigenden Infektionszahlen* (Stellungnahme vom 16. 07. 2020), S. 1 https://www.sgi-ssmi.ch/de/covid19.html?file=files/Dateiverwaltung/COVID_19/Stellungnahmen%20SGI/IMSGCVCM_Stellungnahme_COVID-19_200716_DE_06.pdf
773 Siehe BAG (Bundesamt für Gesundheit), *Coronavirus-Krankheit-2019 (COVID-19): Situationsbericht zur epidemiologischen Lage in der Schweiz und im Fürstentum Liechtenstein – Woche 36 (31.08.-06.09.2020)*, S. 1 und 8: https://www.bag.admin.ch/dam/bag/de/dokumente/mt/k-und-i/aktuelle-ausbrueche-pandemien/2019-nCoV/covid-19-woechentlicher-lagebericht.pdf.download.pdf/BAG_COVID-19_Woechentliche_Lage.pdf

774 Siehe bspw. Bettina Cadotsch, *Leere Betten: Bündner Spitäler beantragen Kurzarbeit* in Südostschweiz vom 03. 04. 2020: https://www.suedostschweiz.ch/aus-dem-leben/2020-04-03/leere-betten-buendner-spitaeler-beantragen-kurzarbeit
775 Siehe ebendort, S. 8 / Abb. 10
776 Siehe BVerfG, 1 BvR 1541/20 vom 16. 07. 2020, Pkt. II. / Rn 9: http://www.bverfg.de/e/rk20200716_1bvr154120.html
777 Siehe RKI, *Neue Schätzung zur Krankheitslast durch Krankenhaus-Infektionen – Pressemitteilung des Robert Koch-Instituts* (15. 11. 2019): https://www.rki.de/DE/Content/Service/Presse/Pressemitteilungen/2019/14_2019.html
778 Siehe BVerfG, 2 BvR 483/20 vom 19. 05. 2020, Pkt. II. / Rn 9: http://www.bverfg.de/e/rk20200519_2bvr048320.html
779 Siehe UNO, *WHO Hunger Statistics* (14. 05. 2014): https://un.org.au/2014/05/14/who-hunger-statistics/
780 Siehe die Statistik *People who died from hunger – In the world, this year*: https://www.theworldcounts.com/challenges/people-and-poverty/hunger-and-obesity/how-many-people-die-from-hunger-each-year/story
781 Siehe Willy Brandt, *Der organisierte Wahnsinn – Wettrüsten und Welthunger* (Kiepenheuer & Witsch, 1985), S. 44
782 Siehe Walter / Mayer gem. Fn 651, S. 551
783 Siehe BVerfG gem. Fn 756, Rn 173
784 Siehe §§ 6 (2): https://www.ris.bka.gv.at/eli/bgbl/1950/186/P6/NOR40223137 und 27 (1) EpG: https://www.ris.bka.gv.at/eli/bgbl/1950/186/P27/NOR12130011
785 Siehe § 26a (2) EpG: https://www.ris.bka.gv.at/eli/bgbl/1950/186/P26a/NOR40079914
786 Siehe oben bzw. Fn 720
787 Siehe § 28 (1) IfSG: https://www.gesetze-im-internet.de/ifsg/__28.html
788 Siehe oben bzw. Fn 724
789 Siehe Artikel 14 EMRK: https://www.jusline.at/gesetz/emrk/paragraf/artikel14 sowie Artikel 3 (1) GG: https://www.gesetze-im-internet.de/gg/art_3.html sowie für Österreich Artikel 2 StGG: https://www.jusline.at/gesetz/stgg/paragraf/artikel2
790 Siehe Walter / Mayer gem. Fn 651, S. 561 / Rn 1350
791 Siehe bspw. VfSlg 2956 (14. 03. 1956), 5727 (24. 06. 1968) sowie 15396 (18. 12. 1998): https://www.ris.bka.gv.at/VfghEntscheidung.wxe?Abfrage=Vfgh&Dokumentnummer=JFT_10018782_98G00221_00&IncludeSelf=True&ShowPrintPreview=True
792 Siehe bspw. VfSlg 8217 (19. 12. 1977), 8806 (08. 05. 1980), 13558 (01. 10. 1993) sowie 13965 (06. 12. 1994): https://www.ris.bka.gv.at/Dokument.wxe?Abfrage=Vfgh&Sammlungsnummer=13965&SkipToDocumentPage=True&SucheNachRechtssatz=False&SucheNachText=True&ResultFunctionToken=916a67eb-0fc9-4dff-86f4-5c7397b2f112&Dokumentnummer=JFT_10058794_94V00073_00
793 Siehe bspw. BVerfGE 88, 87, 1 BvL 38, 40, 43/92 vom 26. 01. 1993, Pkt. B. / 1. / Rn 34: https://www.servat.unibe.ch/dfr/bv088087.html
794 Siehe den Artikel *Bundeskanzlerin Merkel: Beschränkungen bleiben bis 19. April bestehen* in FAZ vom 06. 04. 2020: https://www.faz.net/aktuell/politik/kanzlerin-merkel-beschraenkungen-bleiben-auf-jeden-fall-bis-19-april-16714970.html
795 Siehe Lepsius gem. Fn 528, S. 3
796 Siehe insb. §§ 5, 7 und 17 EpG
797 Siehe insb. §§ 5 (2) Z. 2, 27, 28 (1), 29 (1), 30 (1) und 31 IfSG: http://www.gesetze-im-internet.de/ifsg/index.html
798 Siehe RV zu BGBl. I 63/2016 in *Epidemiegesetz 1950: Texte, Materialien, Judikatur – Stand: 1. März 2020* (proLibris, 2020), S. 30
799 Siehe § 1 Absonderungs-Verordnung, BGBl. II Nr. 21/2020, zuletzt geändert durch BGBl. II Nr. 21/2020: https://www.ris.bka.gv.at/GeltendeFassung.wxe?Abfrage=Bundesnormen&Gesetzesnummer=10010177
800 Siehe den Artikel *Virologe zu Corona-Handytracking: »Sehe keinen Nutzen darin«* in Watson vom 07. 04. 2020: https://www.watson.de/digital/coronavirus/972437046-coronavirus-virologe-zu-covid-

	19-handytracking-ich-sehe-keinen-nutzen-darin
801	Siehe WHO, *WHO Information Notice for Users of In Vitro Diagnostics 2020/4* (01. 09. 2020), Issue 3, Nr. 4.: https://www.who.int/news/item/01-09-2020-who-information-notice-for-users-of-in-vitro-diagnostics-2020-4
802	Siehe BMSGPK, *Kontaktpersonennachverfolgung* gem. Fn 633, S. 3 und 7
803	Siehe § 2 Z.3. bis 5. und § 4 der Verordnung gemäß § 2 Z 1 des COVID-19-Maßnahmengesetzes, BGBl. II Nr. 98/2020, zuletzt geändert durch BGBl. II Nr. 197/2020: https://www.ris.bka.gv.at/eli/bgbl/1950/186/P43/NOR40223142
804	Siehe BMSGPK, *Kontaktpersonennachverfolgung* gem. Fn 633, S. 3
805	Siehe RKI, *Kontaktpersonen-Nachverfolgung* gem. Fn 635, S. 3 und 10
806	Siehe Die Bundesregierung, *Regeln, Einschränkungen, Lockerungen: Sich und andere schützen:* https://www.bundesregierung.de/breg-de/themen/coronavirus/corona-massnahmen-1734724
807	Siehe RKI, *Kontaktpersonen-Nachverfolgung* gem. Fn 635, S. 7 und 10
808	Siehe BMGF, *Influenza-Pandemieplan* gem. Fn 57, S. 38
809	Siehe RKI, *Nationaler Pandemieplan 2017, Teil I* (Stand 02. 03. 2017), S. 8. https://www.gmkonline.de/documents/pandemieplan_teil-i_1510042222_1585228735.pdf
810	Siehe WHO, *Global Influenza Program: Non-pharmaceutical public health measures for mitigating the risk and impact of epidemic and pandemic influenza* (Oktober 2019), S. 3: https://www.who.int/influenza/publications/public_health_measures/publication/en/
811	Siehe Siehe BVerfG gem. Fn 756, Rn 183
812	Siehe Bill Gates, *Bill Gates über Corona-Impfstoff* in *Tagesschau* vom 12. 04. 2020, insb. ab Min. 04:20, 07:10 und 05:40 (in dieser Reihenfolge): https://youtu.be/083VjebhzgI
813	Siehe Kapitel *G. Natürliches Absinken / Sinnloser Lockdown*, insb. Fn 315
814	Siehe Die Bundeskanzlerin, Presse- und Informationsamt der Bundesregierung (15. 04. 2020), laufende Nr. 124, Ausgabejahr 2020, *Telefonschaltkonferenz der Bundeskanzlerin mit den Regierungschefinnen und Regierungschefs der Länder am 15. April 2020*, Pkt. 17: https://www.bundeskanzlerin.de/bkin-de/aktuelles/telefonschaltkonferenz-der-bundeskanzlerin-mit-den-regierungschefinnen-und-regierungschefs-der-laender-am-15-april-2020-1744228
815	Siehe Die Bundesregierung, *Transkript Podcast »Geberkonferenz Covid-19«* (02. 05. 2020): https://www.bundesregierung.de/resource/blob/1726066/1749936/1bafdc1cdae76816e056a45d192c402a/download-pdf-data.pdf.download=1 sowie https://www.bundesregierung.de/breg-de/themen/coronavirus/corona-pandemie-impfstoff-1749946
816	Siehe das Koalitionspapier *Corona-Folgen bekämpfen, Wohlstand sichern, Zukunftsfähigkeit stärken – Ergebnis Koalitionsausschuss* (03. 06. 2020), S. 14: https://www.bundesfinanzministerium.de/Content/DE/Standardartikel/Themen/Schlaglichter/Konjunkturpaket/2020-06-03-eckpunktepapier.pdf?__blob=publicationFile&v=9
817	Siehe Siehe BVerfG gem. Fn 756, Rn 187f.
818	Siehe WHO, *Global Influenza Program* gem. Fn 810, S. 4
819	Siehe Fn 803 und 806
820	Siehe §§ 23 und 36 IfSG
821	Siehe Jingyi Xiao et. al., *Nonpharmaceutical Measures for Pandemic Influenza in Nonhealthcare Settings—Personal Protective and Environmental Measures* (06. 02. 2020) in EID Journal, Ausgabe 26, Nr. 5 vom Mai 2020, S. 969: https://wwwnc.cdc.gov/eid/article/26/5/19-0994_article
822	Siehe Deutsche Bundesregierung, *Informationen der Länder Corona-Regelungen in den Bundesländern*: https://www.bundesregierung.de/breg-de/themen/coronavirus/corona-bundeslaender-1745198 sowie die übersichtliche Aufstellung auf https://www.twobirds.com/de/news/articles/2020/germany/covid-19-maskenpflicht-uebersicht-hygienemassnahmen-und-empfehlungen-bundeslaender
823	Siehe insb. §§ 1, 2 (1a) und 13 COVID-19-Lockerungsverordnung, BGBl. II Nr. 197/2020: https://www.ris.bka.gv.at/GeltendeFassung.wxe?Abfrage=Bundesnormen&Gesetzesnummer=20011162
824	RKI, *Nationaler Pandemieplan 2017, Teil II* gem. Fn 103, S. 75
825	Siehe *Tägliches Pressebriefing Robert-Koch-Institut zu COVID-19 in Deutschland* (Phoenix, 28. 02. 2020), ab Min. 17:45: https://youtu.be/AsQW0AVbTNo
826	Angel N. Desai und Preeti Mehrotra, *Medical Masks* in JAMA (04. 03. 2020): https://jamanetwork.

com/journals/jama/fullarticle/2762694

827 Siehe *When and how to wear medical masks to protect against the new coronavirus* (Ministry of Information & Broadcasting, 13. 05. 2020): https://youtu.be/meI4ixEjg9A
828 Siehe WHO, *Coronavirus disease (COVID-19) advice for the public: When and how to use masks* (aktueller Stand): https://www.who.int/emergencies/diseases/novel-coronavirus-2019/advice-for-public/when-and-how-to-use-masks
829 Siehe Desai und Mehrotra gem. Fn 826
830 Siehe WHO gem. Fn 828 (gemäß PDF-Sicherung vom 22. 05. 2020)
831 Siehe bspw. Jacqueline Howard, *WHO stands by recommendation to not wear masks if you are not sick or not caring for someone who is sick* in CNN vom 31. 03. 2020: https://edition.cnn.com/2020/03/30/world/coronavirus-who-masks-recommendation-trnd/index.html
832 Siehe bspw den Artikel *Verwirrung nach Rat der WHO, keinen Mundschutz zu tragen* in Kurier vom 30. 03. 2020: https://kurier.at/chronik/welt/who-raet-davon-ab-mundschutz-zu-tragen/400797812
833 Siehe *Talk aus Berlin – rbb Fernsehen* (ARD, 29. 01. 2020), ab Min. 25:50: www.ardmediathek.de/rbb/player/Y3JpZDovL3JiYi1vbmxpbmUuZGUvdGFsa2F1c2Jlcmxpbi8yMDIwLTAxLTI5VDIzOjMwOjAwAxzE1N2Y4YjJmLThkMGEtNDM5YS1iMGM3LWZkNzc2NDk5ZGUzOC8yMDIwMDEyMDEyOV8yMzMw/prof-dr-christian-drosten-leiter-des-instituts-fuer-virologie-an-der-berliner-charite (abrufbar bis 29. 01. 2021) sowie die Sicherung des Zitats: https://youtu.be/a9FcvtQhB-c
834 Siehe Xiao et. al. gem. Fn 821, S. 970f.
835 Siehe den RKI-Lagebericht vom 13. 03. 2020 gem. Fn 212, ab Min. 38:30
836 Siehe Tom Jefferson et. al., *Physical interventions to interrupt or reduce the spread of respiratory viruses. Part 1 - Face masks, eye protection and person distancing: systematic review and meta-analysis* in MedRxiv (30. 03. 2020): https://www.medrxiv.org/content/10.1101/2020.03.30.20047217v2
837 Diana J. Mason und Christopher R. Friese, *Protecting Health Care Workers Against COVID-19—and Being Prepared for Future Pandemics* in JAMA (19. 03. 2020): https://jamanetwork.com/channels/health-forum/fullarticle/2763478
838 Siehe den Artikel *WHO gegen allgemeines Mundschutztragen* in Luxemburger Wort vom 30. 03. 2020: https://www.wort.lu/de/international/who-gegen-allgemeines-mundschutztragen-5e821602da2c-c1784e35a512
839 Siehe Seongman Bae et. al., *Effectiveness of Surgical and Cotton Masks in Blocking SARS–CoV-2: A Controlled Comparison in 4 Patients* in Annal of Internal Medicine (06. 04. 2020): https://www.acpjournals.org/doi/full/10.7326/M20-1342
840 Siehe den Artikel *COVID-19-Patienten husten Viren durch chirurgische Masken und Baumwollmasken hindurch* in Ärzteblatt vom 07. 04. 2020: https://www.aerzteblatt.de/nachrichten/111799/COVID-19-Patienten-husten-Viren-durch-chirurgische-Masken-und-Baumwollmasken-hindurch
841 Siehe Eline Schaart und Ashleigh Furlong, *Keine Maskenpflicht – Der Sonderweg der Niederlande* in Welt vom 03. 08. 2020: https://www.welt.de/politik/ausland/plus212766705/Corona-Pandemie-Keine-Maskenpflicht-Der-Sonderweg-der-Niederlande.html
842 Siehe Profil gem. Fn 520
843 Siehe Marilyn M. Singleton, *Mask Facts* in AAPS (01. 06. 2020): https://aapsonline.org/mask-facts/
844 Siehe RKI, *Was ist beim Tragen einer Mund-Nasen-Bedeckung in der Öffentlichkeit zu beachten?* (21. 08. 2020): https://www.rki.de/SharedDocs/FAQ/NCOV2019/FAQ_Mund_Nasen_Schutz.html
845 Siehe RKI, *Ist das Tragen einer Mund-Nasen-Bedeckung in der Öffentlichkeit zum Schutz vor COVID-19 sinnvoll?* (Screenshot vom 22. 05. 2020 bei identischem Hyperlink wie Fn 843)
846 Siehe Markus Veit, *Hauptsache Maske!? in Deutsche Apotheker Zeitung* vom 13. 08. 2020 (DAZ 2020, Nr. 33): https://www.deutsche-apotheker-zeitung.de/daz-az/2020/daz-33-2020/hauptsache-maske
847 Henning Bundgaard et. al., *Effectiveness of Adding a Mask Recommendation to Other Public Health Measures to Prevent SARS-CoV-2 Infection in Danish Mask Wearers – A Randomized Controlled Trial* in Annals of Internal Medicine (18. 11. 2020): https://doi.org/10.7326/M20-6817
848 Siehe insb. das Zitat gem. Fn 540
849 Siehe Veit gem. Fn 846
850 Siehe Ulrike Butz, *Rückatmung von Kohlendioxid bei Verwendung von Operationsmasken als hygienischer*

Mundschutz an medizinischem Fachpersonal (Doktorarbeit am Institut für Anästhesiologie der Technischen Universität München, angenommen von der medizinischen Fakultät am 11. 05. 2005), S. 29, 40 und 55: https://mediatum.ub.tum.de/doc/602557/602557.pdf

851 Siehe den Artikel *Sachverständiger beweist live: CO2-Werte unter Masken gesundheitsschädlich* in Wochenblick vom 09. 09. 2020: https://www.wochenblick.at/sachverstaendiger-beweist-live-co2-werte-unter-masken-gesundheitsschaedlich/

852 Siehe § 2 (2) Grenzwerteverordnung 2020, BGBl. II Nr. 382/2020 in Verbindung mit Anhang I/2018, S. 52 / Zeile 4 / Spalte 6: https://www.ris.bka.gv.at/GeltendeFassung.wxe?Abfrage=Bundesnormen&Gesetzesnummer=20001418

853 Siehe § 4 (1) Z. 1 Grenzwerteverordnung 2020 in Verbindung mit Anhang I/2018, S. 52 / Zeile 4 / Spalte 6

854 Siehe § 4 (1) Z. 1 Grenzwerteverordnung 2020 in Verbindung mit Anhang I/2018, S. 52 / Zeile 4 / Spalte 10 und 11

855 Siehe BMLFUW, *Richtlinie zur Bewertung der Innenraumluft* (09. 11. 2017), S. 6: https://www.bmlrt.gv.at/dam/jcr:301b8404-06eb-429c-950c-93fd1e7eed25/Teil%207%20-%20CO2_2017.pdf

856 Siehe Umweltbundesamt, 2008 – 51:1358–1369 DOI 10.1007/s00103-008-0707-2, *Gesundheitliche Bewertung von Kohlendioxid in der Innenraumluft*, S. 1363: https://www.umweltbundesamt.de/sites/default/files/medien/pdfs/kohlendioxid_2008.pdf

857 Siehe Sven Fikenzer et. al., *Effects of surgical and FFP2/N95 face masks on cardiopulmonary exercise capacity* (06. 07. 2020) https://link.springer.com/article/10.1007/s00392-020-01704-y sowie www.uniklinikum-leipzig.de/presse/Seiten/Pressemitteilung_7089.aspx

858 Siehe Gismondo gem. Fn 177, ab Min. 07:00

859 Siehe den Artikel *Nächster Arzt gegen Maskenpflicht: »Das sind Virenschleudern«* in oe24 vom 16. 04. 2020: https://m.oe24.at/coronavirus/Naechster-Arzt-gegen-Maskenpflicht-Das-sind-Virenschleudern/426520484?fbclid=IwAR2Ii8uO57g0g2jxiEniuFJtMKxmECXoHNb5voktEnTRishL0lsUPSpWRVo

860 Siehe Andreas Schildknecht, *Gesichtsmasken sind voll von Bakterien und Pilzen* in K-Tipp 15/2020 (17. 09. 2020): https://www.ktipp.ch/artikel/artikeldetail/gesichtsmasken-sind-voll-von-bakterien-und-pilzen/

861 Siehe den Artikel *Labortest deckt auf: Masken sind Bakterienschleudern* in Politaia vom 05. 10. 2020: https://www.politaia.org/labortest-deckt-auf-masken-sind-bakterienschleudern/

862 Siehe Veit gem. Fn 846

863 Siehe Wilfried Schmitz, *Antrag auf Normenkontrolle nach § 47 VwGO in Verbindung mit einem Antrag auf Erlass einer einstweiligen Anordnung nach § 47 Abs. 6 VwGO* (28. 04. 2020), Anlage K 6 / S. 13f, insb. Pkt. 3. und 4.: https://www.rechtsanwalt-wilfried-schmitz.de/wp-content/uploads/2020/05/28.4.2020-öff.Vers_.Fertige.Antragsschrift.Bayern.pdf

864 Siehe Andrew Court, *Dentists declare »mask mouth« a new phenomenon as they see an explosion in patients suffering from tooth decay and gum disease after wearing face coverings* in Daily Mail vom 07. 08. 2020: https://www.dailymail.co.uk/news/article-8604639/Dentists-says-mask-wearing-causing-tooth-decay-gum-disease.html

865 Siehe WHO, *Considerations for the provision of essential oral health services in the context of COVID-19: Interim guidance* (03. 08. 2020), S. 1: https://www.who.int/publications/i/item/who-2019-nCoV-oral-health-2020.1

866 Siehe Ärzte stehen auf i.V. Dr. M. Resch, *Offener Brief: epidemische Lage nationaler Tragweite* (09. 11. 2020): https://www.pandalis.de/de/aktuell/detail/artikel/offener-brief-von-aerzte-stehen-auf-fuer-einen-verhaeltnismaessigen-und-evidenzbasierten-umgang-mit-sar/

867 Siehe Daniela Prousa, *Studie zu psychischen und psychovegetativen Beschwerden mit den aktuellen Mund-Nasenschutz-Verordnungen* (20. 07. 2020), S. 1: https://www.psycharchives.org/handle/20.500.12034/2751 sowie https://www.psycharchives.org/bitstream/20.500.12034/2751/1/Studie_PsychBeschwerdenMasken_DP.pdf

868 Siehe den *Artikel Ohne Maske im Supermarkt: Das sagt Kogler* in oe24 vom 05. 04. 2020: https://www.oe24.at/coronavirus/ohne-maske-im-supermarkt-das-sagt-kogler/425023359

869 Siehe den Artikel *Kurz zu Kleinwalsertal: »Gewisse Dinge kann man nicht planen«* in ORF vom 14. 05. 2020: https://orf.at/stories/3165746/

870 Siehe den Artikel Anschober-Appell: *Wenn es »zu eng« wird, freiwillig Maske tragen* in Kurier vom 14. 06. 2020: https://kurier.at/politik/inland/anschober-appell-wenn-es-zu-eng-wird-freiwillig-maske-tragen/400939991
871 Siehe den Artikel *Auf Wiener Märkten gilt »strenges Maskengebot«* in Vienna vom 10. 04. 2020: https://www.vienna.at/auf-wiener-maerkten-gilt-strenges-maskengebot/6584749
872 Siehe § 5 (1) EpG: https://www.ris.bka.gv.at/eli/bgbl/1950/186/P5/NOR40226631
873 Siehe § 25 (3) Nr. 1. IfSG: https://www.gesetze-im-internet.de/ifsg/__25.html
874 Siehe CDC gem. Fn 278, S. 37f.
875 Siehe den Livestream der Stiftung Corona-Ausschuss gem. Fn 160, ab Min. 16:30
876 Siehe ebendort, ab Min. 18:20
877 Siehe Deutscher Bundestag, *Ausschuss für Gesundheit, Ausschussdrucksache 19(14)233(4) zur öffentlichen Anhörung am 28. 20. 2020 – COVID-19 Teststrategie* (30. 10. 2020) – Prof. Dr. Werner Bergholz, Schriftliche Stellungnahme, S. 3: https://www.bundestag.de/resource/blob/802668/28dabb1926 5f7b240fe2bbea253c12ba/19_14_0233-4-_ESV-Werner-Bergholz_Cov19-Teststrategie-1--data.pdf
878 Siehe Kapitel B. *Geringes* Übertragungsrisiko bzw. Fn 216 bis 222 sowie Kapitel E. *Weiterhin wertloser Test* bzw. Fn 282 und 283
879 Siehe Universität Leipzig, *Corona-Schulstudie: Ergebnisse der Basiserhebung Ende Mai/Juni 2020* (03. 08. 2020): https://home.uni-leipzig.de/lifechild/corona-schulstudie-ergebnisse-der-basiserhebung-ende-mai-juni-2020-03-08-2020/ bzw. Anne Jurkutat et. al., *Zusammenfassung der Ergebnisse der Basiserhebung Ende Mai/Juni 2020 – Studie zur Bewertung des Infektionsgeschehens mit SARS-CoV-2 bei Lehrkräften, Schülerinnen und Schülern in Sachsen* (03. 08. 2020): https://home.uni-leipzig.de/lifechild/wp-content/uploads/2020/08/Kurzbericht_Corona_Schulstudie.pdf
880 Siehe https://www.rki.de/DE/Content/InfAZ/N/Neuartiges_Coronavirus/AK-Studien/AKS_Personengruppen.html
881 Siehe EbM-Netzwerk gem. Fn 630, S. 4f.
882 Siehe Andrea Siebenhofer und Thomas Semlitsch, Österreichweite Testung auf COVID-19 – Was uns ein Qualitätscheck zeigt in MedUni Graz (24. 11. 2020), S. 5: https://allgemeinmedizin.medunigraz.at/fileadmin/institute-oes/allgemeinmedizin/pdf/news/20201124_Siebenhofer_Semlitsch_SARS-CoV-2_Massentest_%C3%96sterreich_Rapid_Report.pdf
883 Siehe Wolfgang Wodarg, *Corona-Panik beenden!* in der Rubrik *Regierungen und Justiz auf dünnem Eis*: https://www.wodarg.com/
884 Siehe EbM-Netzwerk gem. Fn 630, S. 1 und 5
885 Siehe *Corona-Test: So funktioniert der Abstrich für das neuartige Coronavirus SARS-CoV-2* (Universitätsmedizin Mannheim, 08. 04. 2020): https://youtu.be/qyIaZp4oFEw
886 Siehe *Coronavirus-Test: Wie wird Sars-CoV-2 nachgewiesen? | Visite | NDR* (NDR Ratgeber, 24. 03. 2020), ab Min. 00:07: https://youtu.be/7JKFE03ix6E
887 Siehe *07. 08. 2020 Fest für die Freiheit Rednerin Gisella »erzwungene« PCR-Tests an Kindern in Tiefgaragen* (Juergen Lessner NeueWahrheit DOT com, 08. 08. 2020): https://youtu.be/rStK3A0ZZqo
888 Siehe ebendort, ab Min. 09:00
889 Siehe *Corona-Test in Waldorfschule* (Aurich.TV, 10. 09. 2020): https://youtu.be/67vVKiwmlYs
890 In diesem Sinne Uschi Jonas, *Nein, Corona-Tests führen zu keiner Schädigung der Blut-Hirn-Schranke* in Correctiv vom 30. 07. 2020: https://correctiv.org/faktencheck/2020/07/30/nein-corona-tests-fuehren-zu-keiner-schaedigung-der-blut-hirn-schranke
891 Eva Rudolf Müller, *Blut-Hirn-Schranke* in NetDoktor (15. 05. 2017): https://www.netdoktor.de/anatomie/gehirn/blut-hirn-schranke/
892 Siehe NDR Ratgeber gem. Fn 886, ab Min. 02:40
893 Siehe § 15 EpG: https://www.ris.bka.gv.at/eli/bgbl/1950/186/P15/NOR40079908
894 Siehe § 28 (1) Satz 2 iVm Satz 1 IfSG gem. Fn 787
895 Siehe den Artikel *Eine repräsentative Stichprobenuntersuchung ergab, dass in Österreich mit Anfang April vermutlich 28.500 Personen mit dem Coronavirus infiziert waren* in Vienna vom 10. 04. 2020: https://www.vienna.at/dunkelziffer-der-corona-infizierten-liegt-bei-rund-30-000-personen/6584317
896 Siehe Josef Isensee, *Das legalisierte Widerstandsrecht: Eine staatsrechtliche Analyse des Art. 20 Abs. 4 Grundgesetz* (Gehlen, 1969), S. 60 sowie Katharina Rogan, *Widerstand als gewährleistetes Recht? Dis-*

kurs über das Bestehen eines Widerstandsrechts aus rechtshistorischer Perspektive (Diplomarbeit, Universität Graz, 2014), S. 58: https://unipub.uni-graz.at/obvugrhs/download/pdf/252005?originalFilename=true

897 Siehe den Artikel *Die kriminelle Vergangenheit von George Floyd* in Zur Zeit vom 05. 06. 2020: https://zurzeit.at/index.php/die-kriminelle-vergangenheit-von-george-floyd/

898 Siehe Jemima McEvoy, *New Transcripts Reveal How Suspicion Over Counterfeit Money Escalated Into The Death Of George Floyd* in Forbes vom 08. 07. 2020: https://www.forbes.com/sites/jemimamcevoy/2020/07/08/new-transcripts-reveal-how-suspicion-over-counterfeit-money-escalated-into-the-death-of-george-floyd/#319332f146ba

899 Siehe *Black woman claim stop with the hypocrisy of Black Lives Matter* (el machetero, 02. 06. 2020), ab Min. 00:05, 08:30, 01:00 und 07:20 (in dieser Reihenfolge): https://youtu.be/5c9wn6RUH8E

900 Siehe die Aussagen von »Joy« in *Why this black woman is against Black Lives Matter* in New York Post vom 03. 04. 2019: https://nypost.com/video/why-this-black-woman-is-against-black-lives-matter/

901 Siehe den Artikel *Polizei löst Demo gegen CoV-Maßnahmen auf* in ORF vom 24. 04. 2020: https://wien.orf.at/stories/3045671/

902 Siehe den Artikel *»Black Lives Matter«-Demo: Abstand kein Grund für Auflösung* in ORF vom 05. 06. 2020: https://orf.at/stories/3168409/

903 Siehe den Artikel *Berlin verbietet Corona-Demonstration am Wochenende* in RBB24 vom 27. 08. 2020: https://www.rbb24.de/politik/thema/2020/coronavirus/beitraege_neu/2020/08/corona-demonstration-berlin-senat-verbot-.html

904 Siehe Megan Crepeau et. al., *Two black women denounce Black Lives Matter protests in unusual confrontation in West Town* in Chicago Tribune vom 07. 06. 2020: https://www.chicagotribune.com/news/breaking/ct-chicago-protests-george-floyd-20200608-k4jqco5skjeffjpfmuzdyayr6y-story.html

905 Siehe Artikel 9 (1) EMRK gem. Fn 681

906 Siehe VfSlg 10.547 (27. 09. 1985), Spruch I.: https://www.ris.bka.gv.at/Dokument.wxe?Abfrage=Vfgh&Sammlungsnummer=10547&SkipToDocumentPage=True&SucheNachRechtssatz=False&SucheNachText=True&ResultFunctionToken=a28ad099-1f8c-4f33-9a8c-3bf48da3922e&Dokumentnummer=JFT_10149073_82B00643_00

907 Siehe Artikel 4 (2) GG

908 Siehe BVerfGE 138, 296-376, 1 BvR 471/10 und 1181/10 vom 27. 01. 2015, Beschluss / Z. 3.: https://www.bundesverfassungsgericht.de/e/rs20150127_1bvr047110.html

909 Siehe § 12 EpG: https://www.ris.bka.gv.at/eli/bgbl/1950/186/P12/NOR12129996

910 Siehe § 11 EpG: https://www.ris.bka.gv.at/eli/bgbl/1950/186/P11/NOR12129995

911 Siehe § 20 (1) iVm (2) und (3) EpG: https://www.ris.bka.gv.at/eli/bgbl/1950/186/P20/NOR12130004

912 Siehe § 24 EpG: https://www.ris.bka.gv.at/eli/bgbl/1950/186/P24/NOR40079912

913 Siehe § 28 (1) Satz 2 iVm Satz 1 IfSG gem. Fn 787

914 Siehe § 36 (2) IfSG: https://www.gesetze-im-internet.de/ifsg/__36.html

915 Siehe § 36 (1) iVm (4) und (5) IfSG gem. Fn 914

916 Siehe § 36 (10) IfSG gem. Fn 914

917 Siehe Andreas Reinstaller und Klaus S. Friesenbichler, *Wie kann man die österreichische Exportindustrie während der COVID-19-Pandemie stärken? (Strengthening Austria's Export Industry During the COVID-19 pandemic)*, Research Briefs 11/2020 (WIFO, September 2020): https://www.wifo.ac.at/publikationen/publikationssuche?detail-view=yes&publikation_id=66332

918 Siehe § 9 (1) EpG: https://www.ris.bka.gv.at/eli/bgbl/1950/186/P9/NOR12129993

919 Siehe § 18 EpG: https://www.ris.bka.gv.at/eli/bgbl/1950/186/P18/NOR12130002

920 Siehe § 10 (1) EpG: https://www.ris.bka.gv.at/eli/bgbl/1950/186/P10/NOR12129994

921 Siehe § 28 (1) Satz 2 iVm Satz 1 IfSG gem. Fn 787 iVm § 33 IfSG: https://www.gesetze-im-internet.de/ifsg/__33.html

922 Siehe *Kapitel J. Liberale und rechtskonforme Maßnahmen*, insb. Fn 513 bis 520

923 Siehe Nicolas Banholzer et. al., *Impact of non-pharmaceutical interventions on documented cases of COVID-19* in MedRxiv (28. 04. 2020): https://www.medrxiv.org/content/10.1101/2020.04.16.20062141v3

924 Siehe Artikel 6 EMRK gem. Fn 674
925 Siehe EGMR vom 16. 09. 1996, Bsw 17371/90, EGM00084: https://www.ris.bka.gv.at/Dokument.wxe?Abfrage=Justiz&Dokumentnummer=JJT_19960916_AUSL000_000BSW17371_9000000_000
926 Siehe Julie M. Donohue und Elizabeth Miller, *COVID-19 and School Closures* in JAMA (29. 07. 2020), S. 845f.: https://jamanetwork.com/journals/jama/fullarticle/2769033
927 Siehe Christina Kunkel, *Schüler leiden massiv unter Schulschließungen* in Süddeutsche Zeitung vom 03. 08. 2020: https://www.sueddeutsche.de/gesundheit/schulschliessung-corona-psychologische-auswirkungen-kinder-1.4987962
928 Siehe § 24 EpG: https://www.ris.bka.gv.at/eli/bgbl/1950/186/P24/NOR40079912
929 Siehe § 28 (1) erster Satz gem. Fn 787
930 Richard Schabas, *Severe acute respiratory syndrome: Did quarantine help?* in Canadian Journal of Infectious Diseases and Medical Microbiology, Band 15, Nr. 4 (Juli / August 2004), S. 204: http://downloads.hindawi.com/journals/cjidmm/2004/521892.pdf
931 Siehe Kapitel *2. Keine Eignung* bzw. Fn 809
932 Siehe Troy Day et. al., *When Is Quarantine a Useful Control Strategy for Emerging Infectious Diseases?* in American Journal of Epidemiology, Band 163, Ausgabe 5 (01. 03. 2006), S. 479 und 481: https://academic.oup.com/aje/article/163/5/479/61137
933 Siehe Leonard E. G. Mboera et. al., *Mitigating lockdown challenges in response to COVID-19 in Sub-Saharan Africa* in International Journal of Infectious Diseases (Nr. 96, 2020), S. 309: https://www.ijidonline.com/article/S1201-9712(20)30325-8/pdf
934 Siehe Jessica Hamzelou, *WHO expert: We need more testing to beat coronavirus* in New Scientist vom 16. 03. 2020: https://www.newscientist.com/article/2237644-who-expert-we-need-more-testing-to-beat-coronavirus/
935 Siehe https://www.centerforhealthsecurity.org/our-people/C-Watson/
936 Siehe Nicholas Florko, *Explaining a mass quarantine: What does it mean to 'shelter in place'? And who has the power to call for it?* in Stat News vom 17. 03. 2020: https://www.statnews.com/2020/03/17/mass-quarantine-lockdown-explainer/
937 Siehe Johan Giesecke, *The invisible pandemic* in The Lancet (05. 05. 2020): https://www.thelancet.com/journals/lancet/article/PIIS0140-6736(20)31035-7/fulltext
938 Siehe WHO, *Considerations for quarantine of contacts of COVID-19 cases – Interim guidance* (19. 08. 2020): https://www.who.int/publications/i/item/considerations-for-quarantine-of-individuals-in-the-context-of-containment-for-coronavirus-disease-(covid-19)
939 Siehe Armin von Bogdandy und Pedro A. Villarreal, *International Law on Pandemic Response: A first stocktaking in light of the Corona virus Crisis* in MPIL Research Paper Series, Nr. 2020-07, S. 18: https://papers.ssrn.com/sol3/papers.cfm?abstract_id=3561650
940 Siehe WHO, *Coronavirus disease (COVID-19): Herd immunity, lockdowns and COVID-19* (15. 10. 2020): https://www.who.int/news-room/q-a-detail/herd-immunity-lockdowns-and-covid-19
941 Siehe die Zusammenfassung von Ross Upshur, *The Ethics of Quarantine in Virtual Mentor* (2003, 5 / 11), S. 394: https://journalofethics.ama-assn.org/article/ethics-quarantine/2003-11
942 Siehe Joseph Barbera et. al., *Large-Scale Quarantine Following Biological Terrorism in the United States: Scientific Examination, Logistic and Legal Limits, and Possible Consequences* in JAMA (05. 12. 2001): https://jamanetwork.com/journals/jama/article-abstract/194439
943 Siehe Claudia Zinkl, *Infektiologe Allerberger auf Ö3:* »*Das Virus bleibt bei uns. Jeder von uns wird es früher oder später kriegen, außer er stirbt vorher.*« in APA/OTS vom 25. 10. 2020: https://www.ots.at/presseaussendung/OTS_20201025_OTS0013/infektiologe-allerberger-auf-oe3-das-virus-bleibt-bei-uns-jeder-von-uns-wird-es-frueher-oder-spaeter-kriegen-ausser-er-stirbt-vorher
944 Siehe WHO gem. Fn 940
945 Siehe Day et. al. gem. Fn 932, S. 479
946 Siehe Zinkl gem. Fn 943
947 Siehe die Radiosendung Ö3 Frühstück bei mir: Persönlichkeiten ganz persönlich im Hitradio Ö3 / Franz Allerberger (25. 10. 2020), insb. ab Min. 59:00: https://files.orf.at/vietnam2/files/oe3/202044/781169_fh_oe3_fruehstueck_201025_781169.mp3
948 Siehe ebendort, ab Min. 00:00

949 Siehe Samantha K. Brook et. al., *The psychological impact of quarantine and how to reduce it: rapid review of the evidence* in The Lancet, Band 395, Ausgabe 10227 (14. 03. 2020), S. 912: https://doi.org/10.1016/S0140-6736(20)30460-8
950 Siehe Ralph Hertwig et. al., *Was Massenquarantäne mit uns macht* in Zeit Online vom 01. 04. 2020: https://www.zeit.de/wissen/gesundheit/2020-03/isolation-coronavirus-social-distancing-folgen/komplettansicht
951 Siehe Giuseppe Lippi et. al., *Health risks and potential remedies during prolonged lockdowns for coronavirus disease 2019 (COVID-19)* in Diagnosis, Band 7, Heft 2 (07. 04. 2020), S. 86: https://www.degruyter.com/view/journals/dx/7/2/article-p85.xml?tab_body=pdf-78589
952 Siehe den Artikel *Lockdown-Folgen: Mehr Krebstote als sonst erwartet* in Redaktionsnetzwerk Deutschland vom 29. 04. 2020: https://www.rnd.de/gesundheit/corona-lockdown-folgen-mehr-krebstote-als-sonst-erwartet-LLB5SJR5DCMPE4EZHZVULX43II.html
953 Siehe Edward R. Melnick und John P. A. Ioannidis, *Should governments continue lockdown to slow the spread of covid-19?* in BMJ (03. 06. 2020): https://www.bmj.com/content/369/bmj.m1924
954 Siehe WHO gem. Fn 940
955 Siehe das Interview *Dr. John Ioannidis (Second Interview): Perspectives on the Pandemic IV – An Update with Dr. John Ioannidis, Stanford University* (17. 04. 2020): https://www.thepressandthepublic.com/post/perspectives-on-the-pandemic-iv
956 Siehe Ulrich Schmidt, *Warum wir über den Wert des Lebens reden müssen* in Wirtschaftswoche vom 13. 05. 2020: https://www.wiwo.de/politik/deutschland/corona-shutdown-warum-wir-ueber-den-wert-des-lebens-reden-muessen/25816404-all.html
957 Siehe §§ 1 und 2 Z. 1. COVID-19-Maßnahmengesetz gem. Fn 709
958 Siehe §§ 1 und 2 der Verordnung des Bundesministers für Soziales, Gesundheit, Pflege und Konsumentenschutz gemäß § 2 Z 1 des COVID-19-Maßnahmengesetzes, BGBl. II Nr. 98/2020, in der Fassung vom 20. 03. 2020: https://www.ris.bka.gv.at/GeltendeFassung.wxe?Abfrage=Bundesnormen&Gesetzesnummer=20011078&FassungVom=2020-03-20
959 Siehe https://www.jku.at/institut-fuer-verwaltungsrecht-und-verwaltungslehre/ueber-uns/team/michael-mayrhofer/
960 Siehe *JKU Corona Update: Pandemie ohne Grundrechte?* (Johannes Kepler Universität Linz, 07. 04. 2020), ab Min. 18:00: https://youtu.be/g1VOeTZ3D_A
961 Siehe ebendort ab Min. 13:20
962 Siehe ebendort, ab Min. 20:40
963 Siehe den originalen TV-Ausschnitt in *JKU Corona Update* gem. Fn 960, ab Min. 17:10
964 Siehe https://oeffentliches-recht.uni-graz.at/de/praxisprofessuren/eisenberger/zur-person/
965 Siehe bspw. Jasmin Bürger, Coronavirus: Beschränkungen »an der Grenze des gesetzlich noch Gedeckten« in OÖ Nachrichten vom 07. 04. 2020: https://www.nachrichten.at/oberoesterreich/wie-sich-die-corona-massnahmen-mit-unserem-recht-vereinbaren-lassen;art4,3248808
966 Siehe Patricia Huber, *Die Regierung gibt sich Vollmachten – und bringt den »Rechtsstaat in Gefahr«* in Kontrast vom 14. 04. 2020: https://kontrast.at/coronavirus-grundrechte-kontrolle-rechtsstaat/
967 Siehe bspw. *Corona-Diktatur* gem. Fn 10, ab Min. 67:00
968 Siehe den Artikel *Coronavirus: Bayern verhängt landesweite Ausgangsbeschränkungen* in BR24 vom 20. 03.2020: https://www.br.de/nachrichten/bayern/jetzt-live-soeder-verkuendet-weitere-corona-massnahmen,RtlTwSN
969 Siehe Bayerisches Ministerialblatt (BayMBl.) 2020 Nr. 152, Punkt 4. und 5.: https://www.verkuendung-bayern.de/baymbl/2020-152/
970 Siehe Bundesregierung, *Besprechung von Bundeskanzlerin Merkel mit den Regierungschefinnen und Regierungschefs der Länder zum Coronavirus – Die Bundeskanzlerin und die Regierungschefinnen und Regierungschefs der Länder fassen folgenden Beschluss*, Pressemitteilung 104 (22. 03. 2020): https://www.diepresse.com/5802439/fake-laws-regierungswunsche-als-geltendes-recht-hingestellt
971 Siehe Marcus Giebel, *Nur noch im Notfall außer Haus: Corona-Ausgangssperre: Bayern verhängt Ausgangsbeschränkung - Was ist der Unterschied?* in Merkur vom 19. 04. 2020 (Aktualisierung): https://www.merkur.de/bayern/corona-kontaktverbot-ausgangsbeschraenkung-unterschied-bayern-soeder-ausgangssperre-covid-19-definition-zr-13607789.html

972 Siehe Michael Jungwirth, *Kanzler Kurz im Interview: »Es gibt nur noch drei Gründe, das Haus zu verlassen«* in Kleine Zeitung vom 14. 03. 2020: https://www.kleinezeitung.at/international/corona/5784923/Kanzler-Kurz-im-Interview_Es-gibt-nur-noch-drei-Gruende-das-Haus
973 Siehe BMSGPK, *Erlass, § 15 Epidemiegesetz 1950, Verbot von Zusammenkünften*, GZ. 2020-0.201.688 vom 01. 04. 2020: https://www.sozialministerium.at/dam/jcr:f2d9d0c9-059b-4b58-a193-bb-94d20585b0/Standardausgang_BMSGPK7448.pdf
974 Siehe BMSGPK, *Erlass, § 15 Epidemiegesetz 1950*, GZ 2020-0.221.712 vom 06. 04. 2020: https://www.sozialministerium.at/dam/jcr:0a724683-7410-45a5-8326-fb4fc43700f4/Erlass,%20%C2%A7%2015%20Epidemiegesetz%201950.pdf
975 Siehe den Artikel *Corona-Krise: Kritik an zu schwammigen Vorgaben der Regierung* in Vienna vom 07. 04. 2020: https://www.vienna.at/corona-krise-kritik-an-zu-schwammigen-vorgaben-der-regierung/6580720
976 Siehe bspw. Heinz Meditz und Georg Negwer, *Fake Laws: Regierungswünsche als geltendes Recht hingestellt* in Presse vom 19. 04. 2020:
977 Siehe den *Artikel Was bedeuten die Verkehrsbeschränkungen für den einzelnen?* in Mein Bezirk vom 15. 03. 2020: https://www.meinbezirk.at/tirol/c-lokales/was-bedeuten-die-verkehrsbeschraenkungen-fuer-den-einzelnen_a3988098
978 Siehe BayMBl. 2020 Nr. 152 gem. Fn 969, Punkt 5. g.
979 Siehe Giebel gem. Fn 971
980 Siehe VG München, M 26 S 20.1252 (540) vom 24. 03. 2020, Rn 23f.: http://www.vgh.bayern.de/media/muenchen/presse/pm_2020-03-24_b1.pdf
981 Siehe ebendort, Rn 27
982 Siehe VfGH, *COVID-19-Gesetz ist verfassungskonform, Verordnungen über Betretungsverbote waren teilweise gesetzwidrig* (22. 07. 2020): https://www.vfgh.gv.at/medien/Covid_Entschaedigungen_Betretungsverbot.de.php
983 Siehe den Artikel *Trotz Lockerungen: Bussi baba: Küssen in der Öffentlichkeit verboten* in oe24 vom 30. 04. 2020: https://www.oe24.at/coronavirus/bussi-baba-kuessen-in-der-oeffentlichkeit-verboten/428330487
984 Siehe VfGH gem. Fn 982
985 Siehe den Artikel *Richterbund: Neun von zehn Eilanträgen gegen Teil-Lockdown gescheitert* in Deutschlandfunk vom 18. 11. 2020: https://www.deutschlandfunk.de/richterbund-neun-von-zehn-eilantraegen-gegen-teil-lockdown.1939.de.html?drn:news_id=1195778
986 Siehe VGH B-W, 1 S 3388/20 vom 06. 11. 2020, Rn 25 und 32-36: http://www.landesrecht-bw.de/jportal/?quelle=jlink&docid=MWRE200004388&psml=bsbawueprod.psml&max=true&doc.part=L&doc.norm=all
987 Siehe ebendort, Rn 30
988 Siehe ebendort, Rn 37f.
989 Siehe ebendort, Rn 41
990 Siehe ebendort
991 Siehe VfGH gem. Fn 982
992 Siehe VGH B-W gem. Fn 986, Rn 44-46
993 Siehe ebendort, Rn 48 und 61
994 Siehe ebendort, Rn 49
995 Siehe Kapitel *III. Keine Verhältnismäßigkeit / 2. Keine Eignung*
996 Siehe § 7 (1a) EpG: https://www.ris.bka.gv.at/eli/bgbl/1950/186/P7/NOR40226633
997 Siehe § 17 (1) EpG: https://www.ris.bka.gv.at/eli/bgbl/1950/186/P17/NOR40079909
998 Siehe § 7 (2) EpG gem. Fn 996 sowie § 17 (2) gem. Fn 997
999 Siehe § 29 IfSG: https://www.gesetze-im-internet.de/ifsg/__29.html
1000 Siehe § 30 (1) und (2) IfSG: https://www.gesetze-im-internet.de/ifsg/__30.html
1001 Siehe § 30 (2) Satz 4 IfSG gem. Fn 1000 iVm Artikel 104 (2) GG
1002 Siehe § 28 (1) Satz 3 IfSG gem. Fn 787
1003 Siehe Deutscher Bundestag / Wissenschaftliche Dienste, WD 9 - 3000 - 046/20, *Quarantäne-Maßnahmen während der Corona-Pandemie: – Zur Absonderung von Flüchtlingen gemäß § 30 Abs.*

2 Infektionsschutzgesetz (26. 05. 2020), S. 8f.: https://www.bundestag.de/resource/blob/703110/ed229099e74a65d3408686fd47e21d49/WD-9-046-20-pdf-data.pdf

1004 Siehe Steven Cole, *What the health effects of loneliness say about illness and cell activity* in David School of Medicine vom 21. 03. 2016: https://medschool.ucla.edu/body.cfm?id=1158&action=-detail&ref=575

1005 Siehe Louise C. Hawkley und John Cacioppo, *Loneliness Matters: A Theoretical and Empirical Review of Consequences and Mechanisms* in Oxford Academic am 22. 07. 2010 https://academic.oup.com/abm/article/40/2/218/4569527 sowie in NCBI (30. 12. 2013): https://www.ncbi.nlm.nih.gov/pmc/articles/PMC3874845/

1006 Siehe Veronique de Turenne, *The pain of chronic loneliness can be detrimental to your health* in UCLA (University of California) vom 21. 12. 2016: https://newsroom.ucla.edu/stories/stories-20161206

1007 Siehe bspw. Christian Wolf, *Psychologie: Soziale Isolation ist gefährlich* in Stuttgarter Zeitung vom 04. 01. 2010: https://www.stuttgarter-zeitung.de/inhalt.psychologie-soziale-isolation-ist-gefaehrlich.2f879b62-2b3f-4867-aeba-81191f9aadf1.html

1008 Siehe den Artikel *Sachsen will Quarantäne-Verweigerer in Psychiatrien sperren* in Zeit vom 10. 04. 2020: https://www.welt.de/politik/deutschland/article207198029/Coronavirus-Sachsen-willå-Quarantaene-Verweigerer-in-Psychiatrien-sperren.html

1009 Siehe Alex Baur, *Showdown in der Arztpraxis* in Weltwoche vom 15. 04. 2020: https://www.weltwoche.ch/amp/2020-16/inland/showdown-in-der-arztpraxis-die-weltwoche-ausgabe-16-2020.html

1010 Siehe bspw. Willi Huber, *Wenn ein Infizierter das Haus verlässt – Deutscher SWR: Quarantänebrecher erschießen, unschädlich machen* in Wochenblick vom 08. 09. 2020: https://www.wochenblick.at/deutscher-swr-quarantaenebrecher-erschiessen-unschaedlich-machen/

1011 Siehe bspw. RKI, *Infektionsketten digital unterbrechen mit der Corona-Warn-App* (30. 11. 2020): https://www.rki.de/DE/Content/InfAZ/N/Neuartiges_Coronavirus/WarnApp/Warn_App.html

1012 Siehe Sangchul Park et. al., *Information Technology–Based Tracing Strategy in Response to COVID-19 in South Korea — Privacy Controversies* in JAMA (23. 04. 2020): https://jamanetwork.com/journals/jama/fullarticle/2765252

1013 Siehe BMSGPK, *BMSGPK-Position zu Contact Tracing Apps* (10. 06. 2020), S. 2, 4, 6, 8, 10: https://www.sozialministerium.at/dam/jcr:7f239f3e-2ad8-49bf-a9ea-fdc8002fcf35/BMSGPK_Position_zum_Thema_Contact_Tracing_Apps.pdf

1014 Siehe ebendort, S. 13

1015 Siehe Die Bundesregierung, *Unterstützt uns im Kampf gegen Corona*: https://www.bundesregierung.de/breg-de/themen/corona-warn-app

1016 Siehe oben bzw. Rockefeller / GBN gem. Fn 81, S. 19

1017 Siehe The Rockefeller Foundation, *National Covid-19 Testing Action Plan: Pragmatic steps to reopen our workplaces and our communities* (21. 04. 2020), S. 6: https://www.rockefellerfoundation.org/national-covid-19-testing-action-plan/

1018 Siehe Isobel Braithwaite gemäß der umfassenden Auswertung mit dem Titel *Was haben Corona-Apps bisher gebracht?* in Science Media Center vom 03. 09. 2020: https://www.sciencemediacenter.de/alle-angebote/rapid-reaction/details/news/was-haben-corona-apps-bisher-gebracht/

1019 Siehe *Joint Statement on Contact Tracing: Date 19th April 2020*, S. 1: https://drive.google.com/file/d/1OQg2dxPu-x-RZzETlpV3lFa259Nrpk1J/view

1020 Siehe bspw. den Artikel *Offener Brief – Corona-App: 300 Forscher mahnen Datenschutz ein* in Krone vom 21. 04. 2020: https://www.krone.at/2140158

1021 Siehe Mathias Fischer in der umfassenden Auswertung mit dem Titel *Offener Brief zu Kontaktverfolgungs-Apps beim Coronavirus* in Science Media Center vom 20. 04. 2020: https://www.sciencemediacenter.de/alle-angebote/rapid-reaction/details/news/offener-brief-zu-kontaktverfolgungs-apps-beim-coronavirus/

1022 Siehe Douglas Leith und Stephen Farrell, *Measurement-Based Evaluation Of Google/Apple Exposure Notification API For Proximity Detection in a Commuter Bus* in arXiv (15. 06. 2020): https://arxiv.org/abs/2006.08254

1023 Siehe Hannes Federrath in Science Media Center gem. Fn 1018

1024 Siehe Douglas Leith und Stephen Farrell, *Measurement-based evaluation of Google/Apple Exposure Noti-*

fication API for proximity detection in a light-rail tram in NCBI (30. 09. 2020): https://pubmed.ncbi.nlm.nih.gov/32997724/

1025 Siehe Stephen Farrell in Science Media Center gem. Fn 1018
1026 Siehe den Artikel *Studie: Stopp-Corona-Apps funktionieren in öffentlichen Verkehrsmitteln nicht richtig* in Standard vom 21. 08. 2020: https://www.derstandard.at/story/2000119497516/studie-stopp-corona-apps-funktionieren-in-oeffentlichen-verkehrsmitteln-nicht-richtig
1027 Siehe den Artikel *Studie: Corona-Apps funktionieren nicht in den Öffis* in Futurezone vom 17. 08. 2020: https://futurezone.at/science/studie-corona-apps-funktionieren-nicht-in-den-oeffis/401003285
1028 Siehe Watson gem. Fn 800
1029 Siehe Alexandra Dmitrienko et. al., *Sinn und Unsinn der Corona-Warn-App* (13. 10. 2020), S. 3: https://tracecorona.net/wp-content/uploads/2020/10/20201013_Sinn-und-Unsinn_Corona-Warn-App.pdf
1030 Siehe RKI, *Kennzahlen zur Corona-Warn-App* (Stand vom 01. 09. 2020): https://www.rki.de/DE/Content/InfAZ/N/Neuartiges_Coronavirus/WarnApp/Kennzahlen.pdf?__blob=publicationFile
1031 Siehe Felix Rebitschek in Science Media Center gem. Fn 1018
1032 Siehe Paula Stehr in Science Media Center gem. Fn 1018
1033 Siehe Ashkan Soltani et. al., *Contact-tracing apps are not a solution to the COVID-19 crisis* in Brookings vom 27. 04. 2020: https://www.brookings.edu/techstream/inaccurate-and-insecure-why-contact-tracing-apps-could-be-a-disaster/
1034 Siehe Science Media Center gem. Fn 1018
1035 Jerry J. Jaboin, *The Radiation Safety of 5g – Wi-Fi Reassuring or Russian roulette?* in International Journal of Radiation Oncology, Ausgabe 101, Nr. 5, 2018, S. 1274f.: https://mdsafetech.files.wordpress.com/2018/07/mcclelland-open-letter-5g-2018.pdf
1036 Siehe Stephan von Voithenberg, *Telekom zündet den 5G-Turbo* in Telecom-Handel vom 17. 06. 2020: https://www.telecom-handel.de/consumer-communications/deutsche-telekom/telekom-zuendet-5g-turbo-2546023.html?fbclid=IwAR0rrI37TgeBoT1MJid8M51rm_1MiYyrPZncA6UFz-4v-CO3k-0WefQ2u88o
1037 Siehe Pia Habel, *5G-Boost: 5G ab heute für über 16 Millionen Menschen in Deutschland* in Telekom vom 17. 06. 2020: https://www.telekom.com/de/medien/medieninformationen/detail/5g-boost-fuer-deutschland-602166 sowie Daniel Herbig, *Deutsche Telekom nimmt 12.000 5G-Antennen in Betrieb* in Heise vom 17. 06. 2020: https://www.heise.de/news/Deutsche-Telekom-nimmt-12-000-5G-Stationen-in-Betrieb-4786574.html
1038 Siehe Fn 1019
1039 Siehe den Artikel *Corona-Novelle: Stille und schnelle Reform des Epidemiegesetzes* in Krone vom 24. 04. 2020: https://www.krone.at/2142147
1040 Siehe bspw. George Knowles, *China's disappeared: At least one is dead and the rest haven't been heard from in months, so why isn't the world asking what happened to the brave souls who dared to speak up about the coronavirus outbreak after Beijing lied to the world?* in Daily Mail vom 19. 04. 2020: https://www.dailymail.co.uk/news/article-8233203/Chinas-disappeared-happened-dared-speak-coronavirus.html sowie den Artikel *China: Kritiker verschwinden spurlos dank Corona-Apps* in Jouwatch vom 21. 04. 2020: https://www.journalistenwatch.com/2020/04/19/china-kritiker-corona/
1041 Siehe den Artikel *Gekommen, um zu bleiben: die Corona-App in China* in BR24: https://www.br.de/nachrichten/deutschland-welt/gekommen-um-zu-bleiben-die-corona-app-in-china,S8Jq9Nj
1042 Siehe bspw. den Artikel *Die Corona-Ampel: Ohne Gesundheits-App kein Zutritt* in W&V vom 30. 03. 2020: https://www.wuv.de/agenturen/die_corona_ampel_ohne_gesundheits_app_kein_zutritt
1043 Siehe Paul Mozur et. al., *In Coronavirus Fight, China Gives Citizens a Color Code, With Red Flags* in The New York Times vom 07. 08. 2020 (Update): https://www.nytimes.com/2020/03/01/business/china-coronavirus-surveillance.html
1044 Siehe den Artikel *Corona-Warn-App als Dauerzustand?* in Tagesschau vom 21. 08. 2020: https://www.tagesschau.de/ausland/corona-app-china-101.html
1045 Siehe den Artikel *Chinas Geheimnisse der Gesichtserkennungs- und Überwachung in großem Umfang durchgesickert* in Netzfrauen vom 15. 10. 2020: https://netzfrauen.org/2020/10/15/china-30/
1046 Siehe Heinz Mayer, *Das österreichische Verfassungsrecht: B-VG, Grundrechte, Verfassungsgerichtsbarkeit*,

Verwaltungsgerichtsbarkeit (Manz, 1994), S. 419
1047 Siehe § 17 (3) und (4) EpG in der Fassung vom 30. 11. 2020: https://www.ris.bka.gv.at/eli/bgbl/i/2009/135/P17/NOR40112718
1048 Siehe BMGF gem. Fn 57, S. 38
1049 Siehe § 23a IfSG: https://www.gesetze-im-internet.de/ifsg/__23a.html
1050 Siehe § 20 (6) und (7) IfSG: https://www.gesetze-im-internet.de/ifsg/__20.html
1051 Siehe die Synopse Änderung § 20 IfSG vom 01. 03. 2020 auf https://www.buzer.de/gesetz/2148/al85910-0.htm
1052 Siehe den Artikel *Impfpflicht gegen Masern ab 1. März 2020* in Kassenärztliche Bundesvereinigung (27. 11. 2020): https://www.kbv.de/html/1150_43061.php
1053 Siehe § 20 (8) iVm (9) und (12) IfSG gem. Fn 1050
1054 Siehe § 20 (14) IfSG gem. Fn 1050
1055 Siehe § 73a (1a) Nr. 7c iVm (2) IfSG: https://www.gesetze-im-internet.de/ifsg/__73.html
1056 Siehe § 34 (1) IfSG: https://www.gesetze-im-internet.de/ifsg/__34.html
1057 Siehe Bundesrat, *Drucksache 358/19* (09. 08. 2019), *Gesetzentwurf der Bundesregierung: Entwurf eines Gesetzes für den Schutz vor Masern und zur Stärkung der Impfprävention (Masernschutzgesetz)*: https://www.bundesrat.de/SharedDocs/drucksachen/2019/0301-0400/358-19.pdf?__blob=publicationFile&v=1
1058 Siehe Stephan Rixen, *Verfassungsfragen der Masernimpfpflicht: Ist die Impfpflicht nach dem geplanten Masernschutzgesetz verfassungswidrig?* (Rechtsgutachten vom 11. 10. 2019), S. 2 und 7: https://www.individuelle-impfentscheidung.de/pdfs/Rixen/Verfassungsgutachten.pdf
1059 Siehe ebendort, S. 4 bis 6
1060 Siehe ebendort, S. 20 / Rn 29
1061 Siehe ebendort, S. 33 / Rn 89
1062 Siehe ebendort, S. 83ff.
1063 Siehe Hasso Suliak, *Verfassungsbeschwerde gegen Impfpflicht »Mit Zwang zu drohen, ist nicht verfassungskonform«* in Legal Tribune Online vom 02. 03. 2020: https://www.lto.de/recht/hintergruende/h/impfpflicht-masern-eltern-kinder-kitaplatz-schule-grundrechte-zwang-gesundheit-schutz
1064 Siehe PHARMIG, *Arzneimittelforschung & Entwicklung* (zuletzt abgerufen am 30. 11. 2020): https://www.pharmig.at/arzneimittelforschung-entwicklung/
1065 Siehe BPI, *Vom Patient zum Medikament: Der Lebenszyklus eines Wirkstoffs* sowie ebendort *F&E* (Abfrage vom 30. 11. 2020): https://www.bpi.de/de/bpi/wir-wirken/lifecycle-eines-arzneimittels
1066 Siehe Europäische Kommission, *Mitteilung der Kommission an das Europäische Parlament, den Europäischen Rat, den Rat und die Europäische Investitionsbank: EU-Strategie für COVID-19-Impfstoffe*, COM / 2020 / 245 final (17. 06. 2020), S. 1: *https://eur-lex.europa.eu/legal-content/DE/TXT/PDF/?uri=CELEX:52020DC0245&from=EN* sowie *https://eur-lex.europa.eu/legal-content/EN/TXT/?qid=1597339415327&uri=CELEX:52020DC0245*
1067 Siehe Christian Lüttmann, *Impfstoffentwicklung gegen Corona: Deutsche Forscher im Rennen um Corona-Impfung* in Labor-Praxis vom 18. 03. 2020: https://www.laborpraxis.vogel.de/deutsche-forscher-im-rennen-um-corona-impfung-a-914638/
1068 Siehe Ursula Wiedermann et. al., *Entwicklung von Impfstoffen* in ÖÄZ 23/24 (15. 12. 2017), S. 30: https://www.aerztezeitung.at/fileadmin/PDF/2017_Verlinkungen/State_Entwicklung_Impfstoffe.pdf
1069 Siehe PHARMIG gem. Fn 1064, Abschnitt *Medikamentencheck in 4 Phasen*
1070 Siehe BPI, *Klinische Forschung* (Abfrage vom 30. 11. 2020): https://www.bpi.de/de/alle-themen/klinische-forschung
1071 Siehe BASG / AGES in Wiedermann et. al. gem. Fn 1068, S. 34 sowie Lüttmann gem. Fn 1067
1072 Siehe Lüttmann gem. Fn 1067
1073 Wiedermann et. al. gem. Fn 1068, S. 35f.
1074 Siehe EMA, *COVID-19 vaccines: development, evaluation, approval and monitoring* (Abfrage vom 30. 11. 2020): https://www.ema.europa.eu/en/human-regulatory/overview/public-health-threats/coronavirus-disease-covid-19/treatments-vaccines/covid-19-vaccines-development-evaluation-approval-monitoring (Linienverstärkung von der Autorin)
1075 Siehe ebendort

1076 Siehe die Verordnung (EG) Nr. 726/2004 des Europäischen Parlaments und des Rates vom 31.März 2004 zur Festlegung von Gemeinschaftsverfahren für die Genehmigung und Überwachung von Human- und Tierarzneimitteln und zur Errichtung einer Europäischen Arzneimittel-Agentur (Text von Bedeutung für den EWR): https://eur-lex.europa.eu/legal-content/DE/ALL/?uri=CELEX%3A32004R0726 bzw. https://eur-lex.europa.eu/legal-content/DE/TXT/PDF/?uri=CELEX:32004R0726&from=DE

1077 Siehe ebendort, bspw. Artikel 5 (2) und (3) sowie Artikel 6 (1)

1078 Siehe ebendort, Artikel 6 (2) lit. b) und d)

1079 Siehe ebendort, Artikel 6 (3)

1080 Siehe ebendort, Artikel 9 (4)

1081 Siehe ebendort, Artikel 10a (1)

1082 Siehe ebendort, Artikel 12 (1) iVm (2)

1083 Siehe ebendort, Artikel 14 (1)

1084 Siehe ebendort, Artikel 14a

1085 Siehe § 4 Arzneimittelgesetz in der Fassung vom 02. 03. 1983, zuletzt geändert durch BGBl. I Nr. 23/2020 vom 04. 04. 2020: https://www.ris.bka.gv.at/GeltendeFassung.wxe?Abfrage=Bundesnormen&Gesetzesnummer=10010441&FassungVom=2020-11-30

1086 Siehe § 5 Arzneimittelgesetz vom 24. 08. 1976 in der Fassung der Bekanntmachung vom 12. Dezember 2005 (BGBl. I S. 3394), das zuletzt durch Artikel 5 des Gesetzes vom 9. Dezember 2020 (BGBl. I S. 2870) geändert worden ist: https://www.gesetze-im-internet.de/amg_1976/BJNR024480976.html

1087 Siehe §§ 28ff. des österr. Arzneimittelgesetzes gem. Fn 1085 sowie §§ 40ff. des deutschen Arzneimittelgesetzes gem. Fn 1086

1088 Siehe Christian Esser und Astrid Randerath, *Das Pharmakartell – Wie wir als Patienten betrogen werden* (ZDF / Frontal 21, 09. 12. 2008) via Youtube (Die andere Wahrheit, 07. 09. 2013), ab Min. 00:30: https://youtu.be/bVQ58hzbwWI

1089 Siehe Gates gem. Fn 812, ab Min. 04:50

1090 Siehe Johns Hopkins Bloomberg School of Public Health / Center for Health Securitiy, *Center News: The Johns Hopkins Center for Health Security, World Economic Forum, and Bill & Melinda Gates Foundation Call for Public-Private Cooperation for Pandemic Preparedness and Response* (17. 01. 2020), Pkt. 4.: https://www.centerforhealthsecurity.org/news/center-news/2020-01-17-Event201-recommendations.html

1091 Siehe Event 201 gem. Fn 133, Nr. 4 sowie den im Artikel gem. Fn 1090 angeführten Link: https://www.centerforhealthsecurity.org/event201/event201-resources/200117-PublicPrivatePandemicCalltoAction.pdf

1092 Siehe Bill Gates, *Responding to Covid-19 — A Once-in-a-Century Pandemic?* in The New England Journal of Medicine (28. 02. 2020 / 30. 04. 2020). S. 1677-1679: https://www.nejm.org/doi/full/10.1056/nejmp2003762 bzw. https://www.nejm.org/doi/pdf/10.1056/NEJMp2003762?articleTools=true

1093 Siehe den Artikel *(16) Coronavirus-Update: Brauchen Abkürzungen bei der Impfstoffzulassung* in NDR vom 18. 03. 2020: https://www.ndr.de/nachrichten/info/16-Coronavirus-Update-Wir-brauchen-Abkuerzungen-bei-der-Impfstoffzulassung,podcastcoronavirus140.html

1094 Siehe Gates gem. Fn 812, ab Min. 03:40

1095 Siehe Petra Apfel, *Jagd nach dem Impfstoff: Forscher entschlüsseln Coronavirus – doch für einen Impfstoff braucht es noch Zeit* in Focus vom 14. 03. 2020: https://www.focus.de/gesundheit/ratgeber/corona-impfung-die-verzweifelte-jagd-nach-einem-wirkstoff_id_11717745.html

1096 Siehe Gates gem. Fn 812, ab Min. 03:40

1097 Siehe ebendort, ab Min. 04:35

1098 Siehe Kapitel *3. Keine Notwendigkeit* bzw. Gates gem. Fn 812

1099 Siehe Kapitel *3. Keine Notwendigkeit*

1100 Siehe Isabelle Daniel, *Kurz will Corona-Impfstoff für jeden Bürger* in oe24 vom 15. 05. 2020: https://m.oe24.at/oesterreich/politik/Kurz-will-Corona-Impfstoff-fuer-jeden-Buerger/433849488?fbclid=IwAR3ExxTKr19nKi99djWRwIJ_eryua0aSs_9twfJcQ1AlVqPCIHndHqQkDcA

1101 Siehe Europäische Kommission gem. Fn 1066, S. 1 und 10

1102 Siehe ebendort, S. 1
1103 Siehe erstes Kapitel beziehungsweise. Fn 94
1104 Siehe Europäische Kommission gem. Fn 1066, S. 2
1105 Siehe ebendort, S. 8
1106 Siehe ebendort, S. 2
1107 Siehe ebendort, S. 8f.
1108 Siehe Artikel 2 und 4 der Verordnung (EU) 2020/1043 des Europäischen Parlaments und des Rates vom 15. 07. 2020 über die Durchführung klinischer Prüfungen mit genetisch veränderte Organismen enthaltenden oder aus solchen bestehenden Humanarzneimitteln zur Behandlung oder Verhütung der Coronavirus-Erkrankung (COVID-19) und deren Abgabe: https://eur-lex.europa.eu/legal-content/DE/TXT/PDF/?uri=CELEX:32020R1043&from=DE sowie https://eur-lex.europa.eu/legal-content/DE/TXT/?uri=CELEX%3A32020R1043
1109 Siehe ebendort, S. 3
1110 Siehe European Commission, *Securing future COVID-19 vaccines for Europeans, Factssheet FS/20/2244* (30. 11. 2020), S. 2: https://ec.europa.eu/commission/presscorner/detail/en/fs_20_2244
1111 Siehe Deutscher Bundestag gem. Fn 84, S. 59, 61 und 73
1112 Siehe EMA gem. Fn 1074 (Zusammenstellung und Linienverstärkung von der Autorin)
1113 Siehe Bill Gates, *The vaccine race, explained – What you need to know about the COVID-19 vaccine* in Gates Notes vom 30. 04. 2020: https://www.gatesnotes.com/Health/What-you-need-to-know-about-the-COVID-19-vaccine
1114 Siehe William A. Haseltine, *The Risks of Rushing a COVID-19 Vaccine – Telescoping testing time lines and approvals may expose all of us to unnecessary dangers* in Scientific American vom 22. 06. 2020: https://www.scientificamerican.com/article/the-risks-of-rushing-a-covid-19-vaccine/
1115 Siehe Florian Deisenhammer et. al., *6-month SARS-CoV-2 antibody persistency in a Tyrolian COVID-19 cohort* in Wiener Klinische Wochenschrift (09. 12. 2020), S. 1: https://www.ncbi.nlm.nih.gov/pmc/articles/PMC7734454/pdf/508_2020_Article_1795.pdf bzw. in NCBI (09. 12. 2020): https://www.ncbi.nlm.nih.gov/pmc/articles/PMC7734454/
1116 Siehe Armin Siebert, *Toxikologe Hockertz: Zulassung des Corona-Impfstoffs ist »vorsätzliche grobe Körperverletzung«* in SNA vom 16. 12. 2020): https://snanews.de/20201216/toxikologe-corona-impfstoff-187459.html
1117 Siehe RKI, *Impfstofftypen (Stand: 02. 11. 2020), Was wissen wir über mRNA-Impfstoffe?*: https://www.rki.de/SharedDocs/FAQ/COVID-Impfen/FAQ_Liste_Impfstofftypen.html
1118 Siehe ebendort, *Was wissen wir über vektorbasierte Impfstoffe?*
1119 Siehe WHO, *Draft landscape of COVID-19 candidate vaccines* (02. 06. 2020): https://www.who.int/publications/m/item/draft-landscape-of-covid-19-candidate-vaccines sowie Clemens Arvay, *Genetische Impfstoffe gegen COVID-19: Hoffnung oder Risiko?* in Schweierische Ärztezeitung, 2020; 101 (27-28), Tribüne (01. 07. 2020), S. 863: https://saez.ch/article/doi/saez.2020.18982
1120 Siehe WHO, *Draft landscape of COVID-19 candidate vaccines* (03. 11. 2020): https://www.who.int/docs/default-source/blue-print/novel-coronavirus-landscape-covid-191cf012d2866d-4102b9430ef02369d152.pdf?sfvrsn=f52877c4_1&download=true
1121 Siehe ebendort, S. 1 bis 4
1122 Siehe European Commission gem. Fn 1110
1123 Siehe WHO gem. Fn 1120, S. 1f.
1124 Siehe Jonathan Corum und Carl Zimmer, *How the Oxford-AstraZeneca Vaccine Works* in The New York Times vom 23. 11. 2020: https://www.nytimes.com/interactive/2020/health/oxford-astrazeneca-covid-19-vaccine.html
1125 Siehe Jonathan Corum und Carl Zimmer, *How the Johnson & Johnson Vaccine Works* in The New York Times vom 16. 11. 2020: https://www.nytimes.com/interactive/2020/health/johnson-johnson-covid-19-vaccine.html
1126 Siehe WHO gem. Fn 1120, S. 3
1127 Siehe BMG, *Fragen und Antworten zur COVID-19-Impfung* (31. 12. 2020), *Wie viel Impfstoff bekommt Deutschland von welchem Hersteller nach jetzigem Stand im Falle einer Zulassung?*: https://www.bundesgesundheitsministerium.de/coronavirus/faq-covid-19-impfung.html

1128 Siehe BMSGPK, *COVID-19 – Impfstrategie* (25. 11. 2020), S. 3: https://www.sozialministerium.at/Informationen-zum-Coronavirus/COVID-19-Impfung.html

1129 Siehe Nicole Sagener und Melanie Weiner, *Interview – Virologe Kekulé:* »Es sind experimentelle Impfstoffe – kann es nicht oft genug sagen« in T-Online vom 25. 11. 2020: https://www.t-online.de/gesundheit/krankheiten-symptome/id_88977596/corona-lage-ein-impfbeginn-heisst-nicht-dass-die-pandemie-zu-ende-ist-.html

1130 Siehe den Offenen Brief *Open letter from medical doctors and health professionals to all Belgian authorities and all Belgian media* (05. 09. 2020), Überschrift *Vaccine*: https://docs4opendebate.be/en/openletter/

1131 Siehe Deutscher Bundestag gem. Fn 84, S. 58 und 59

1132 Siehe ebendort, S. 62 und 63

1133 Siehe http://cov-glue.cvr.gla.ac.uk/#/home

1134 Siehe CoV-Glue, *Amino acid replacements*: http://cov-glue.cvr.gla.ac.uk/#/replacement

1135 Siehe CoV-GLUE, Coding region insertions: http://cov-glue.cvr.gla.ac.uk/#/insertion

1136 Siehe CoV-GLUE, Coding region deletions: http://cov-glue.cvr.gla.ac.uk/#/deletion

1137 Siehe Wolfgang Wodarg, *Krieg gegen einen Joker* (04. 05. 2020): https://www.wodarg.com/2020/05/04/corona-was-always-here/

1138 *Siehe Impfung gegen Covid-19 sinnlos - Punkt.PRERADOVIC mit Prof. Dr. Sucharit Bhakdi* (Punkt. PRERADOVIC, 25. 04. 2020), ab Min. 13.30: https://youtu.be/zMAO0F5bBKc

1139 Siehe Arvay gem. Fn 1119

1140 Siehe Shibo Jiang, *Don't rush to deploy COVID-19 vaccines and drugs without sufficient safety guarantees* in Nature (16. 03. 2020): https://www.nature.com/articles/d41586-020-00751-9

1141 Siehe ebendort

1142 Siehe Tomomi Takano et. al., *Pathogenesis of oral type I feline infectious peritonitis virus (FIPV) infection: Antibody-dependent enhancement infection of cats with type I FIPV via the oral route* in Journal of Veterinary Medical Science, 2019, Reihe 81, Ausgabe 6 (23. 04. 2019), S. 911: https://www.jstage.jst.go.jp/article/jvms/81/6/81_18-0702/_article bzw. https://www.jstage.jst.go.jp/article/jvms/81/6/81_18-0702/_pdf/-char/en

1143 Siehe Jiang gem. Fn 1140

1144 Siehe Yiu Wing Kam et. al., *Antibodies against trimeric S glycoprotein protect hamsters against SARS-CoV challenge despite their capacity to mediate FcɣRII-dependent entry into B cells in vitro* in Science Direct, Vaccine, Reihe 25, Ausgabe 4 (08. 01. 2007), S. 729: https://www.sciencedirect.com/science/article/pii/S0264410X06009534?via%3Dihub bzw. https://www.sciencedirect.com/science/article/pii/S0264410X06009534/pdfft?isDTMRedir=true&download=true

1145 Siehe Fn 1130

1146 Siehe ebendort

1147 Siehe Iana H. Haralambieva et al., *The impact of immunosenescence on humoral immune response* in NCBI (27. 03. 2015): https://www.ncbi.nlm.nih.gov/pmc/articles/PMC4376784/ bzw. https://www.ncbi.nlm.nih.gov/pmc/articles/PMC4376784/pdf/pone.0122282.pdf

1148 Siehe RKI gem. Fn 193, *18. Impfung*

1149 Siehe EMA, *COVID-19 vaccines: key facts* (Abfrage vom 30. 11. 2020): https://www.ema.europa.eu/en/human-regulatory/overview/public-health-threats/coronavirus-disease-covid-19/treatments-vaccines/covid-19-vaccines-key-facts

1150 Siehe ebendort, *Why did development only start after the pandemic was declared?*

1151 Siehe ebendort, *When will the vaccines be approved?*

1152 Siehe ebendort, *Is there a vaccine to protect against COVID-19?* sowie *What process and methods are used to develop and approve COVID-19 vaccines?*

1153 Siehe Sarah Newey und Paul Nuki, *Doubts over Oxford vaccine as it fails to stop coronavirus in animal trials* in The Telegraph vom 18. 05. 2020: https://www.telegraph.co.uk/global-health/science-and-disease/doubts-oxford-vaccine-fails-stop-coronavirus-animal-trials/

1154 Siehe Willam A. Haseltine, *Did The Oxford Covid Vaccine Work In Monkeys? Not Really* in Forbes (16. 05. 2020): https://www.forbes.com/sites/williamhaseltine/2020/05/16/did-the-oxford-covid-vaccine-work-in-monkeys-not-really/?sh=1075d6413c71

1155 Siehe Newey und Nuki gem. Fn 1153
1156 Siehe den Artikel *Herber Rückschlag für AstraZeneca: Wirksamkeit des Impfstoffs muss neu geprüft werden* in Bild vom 27. 11. 2020: https://www.bild.de/ratgeber/gesundheit/gesundheit/astrazeneca-wirksamkeit-des-impfstoffs-muss-neu-geprueft-werden-74166378.bild.html
1157 Siehe den Artikel *AstraZeneca takes next steps towards broad and equitable access to Oxford University's potential COVID-19 vaccine* in Astrazeneca (04. 06. 2020): https://www.astrazeneca.com/media-centre/articles/2020/astrazeneca-takes-next-steps-towards-broad-and-equitable-access-to-oxford-universitys-potential-covid-19-vaccine.html
1158 Siehe Mia Jankowicz, *2 Billion Doses of Oxford's Unproven Coronavirus Vaccine Will Soon Be Ready to Produce* in Science Alert vom 06. 06. 2020: https://www.sciencealert.com/2-billion-doses-of-oxford-s-potential-coronavirus-vaccine-could-soon-become-available
1159 Siehe Redaktion Futurezone, *Unerprobter Corona-Impfstoff soll bald in Massenproduktion gehen* in MSN vom 07. 06. 2020: https://www.msn.com/de-at/nachrichten/coronavirus/unerprobter-corona-impfstoff-soll-bald-in-massenproduktion-gehen/ar-BB158b7V?ocid=sf
1160 Siehe Fernando P. Polack et. al., *Safety and Efficacy of the BNT162b2 mRNA Covid-19 Vaccine* in The New England Journal of Medicine (2020; 383: 2603-2615), S. 2609: https://www.nejm.org/doi/full/10.1056/NEJMoa2034577 bzw. https://www.nejm.org/doi/pdf/10.1056/NEJMoa2034577?articleTools=true
1161 Siehe ebendort, S. 2603 iVm 2607 und 2613 / Tabelle 3, 2605f., 2608ff., insb. 2612 / Tabelle 2 und 2613 / Tabelle 3 sowie die hierortige Fn 1168
1162 Siehe ebendort, S. 2603 iVm 2607
1163 Siehe ebendort, S. 2603 iVm 2607 und 2613 / Tabelle 3
1164 Siehe ebendort, S. 2603, 2605f., 2608ff., insb. 2612 / Tabelle 2 und 2613 / Tabelle 3
1165 Siehe ebendort, S. 2603
1166 Siehe ebendort, S. 2609
1167 Siehe Pfizer, *PF-07302048 (BNT162 RNA-Based COVID-19-Vaccines), Protocol C4591001, Protocoll Amendment 9* (29. 10. 2020), bspw. S. 20, 21, 42, 116 und 121 : https://www.nejm.org/doi/suppl/10.1056/NEJMoa2034577/suppl_file/nejmoa2034577_protocol.pdf
1168 Siehe Fn 1169
1169 Siehe *Supplementary Appendix* (17. 12. 2020), S. 11 / Tabelle S5: https://www.nejm.org/doi/suppl/10.1056/NEJMoa2034577/suppl_file/nejmoa2034577_appendix.pdf
1170 Siehe Zacharis Föge, *Impfstoff: Betrug im Kleingedruckten? Zahlen-Zauberei bei Studie in Reitschuster* vom 26. 12. 2020: https://reitschuster.de/post/impfstoff-betrug-im-kleingedruckten/
1171 Siehe BioNTech, *Quarterly Report for the Three and Nine Months ended September 30, 2020* (30. 09. 2020), S. 68: https://www.sec.gov/Archives/edgar/data/1776985/000156459020053062/bntx-ex991_6.htm
1172 Siehe Kapitel *Keine Ansteckung durch Symptomlose* bzw. Fn 180 und 181
1173 Siehe The Nobel Prize, *Press release: Karloniska Institutet – October 1975*: https://www.nobelprize.org/prizes/medicine/1975/press-release/
1174 Siehe Hana Weingartl et. al., *Immunization with Modified Vaccinia Virus Ankara-Based Recombinant Vaccine against Severe Acute Respiratory Syndrome Is Associated with Enhanced Hepatitis in Ferrets* in Journal of Virology (November 2004, S. 12672–12676, Reihe 78, Nr. 22), S. 12672 und 12676: https://www.ncbi.nlm.nih.gov/pmc/articles/PMC525089/pdf/0975-04.pdf bzw. https://www.ncbi.nlm.nih.gov/pmc/articles/PMC525089/
1175 Siehe bspw. T. D. E. Medjitna et. al., *DNA vaccines: safety aspect assessment and regulation* in NCBI (2006; 126:261-70; discussion 327): https://pubmed.ncbi.nlm.nih.gov/17058502/
1176 Siehe Johanna A.C. Schalk et. al., *Review: Preclinical and Clinical Safety Studies on DNA Vaccines* (16. 01. 2006) in Human Vaccines 2:2, 45-53, März/April 2006, S. 45f. bzw. Tabelle 1: https://www.researchgate.net/publication/6781974_Preclinical_and_Clinical_Safety_Studies_on_DNA_Vaccines bzw. https://www.researchgate.net/profile/Tjeerd_Kimman/publication/6781974_Preclinical_and_Clinical_Safety_Studies_on_DNA_Vaccines/links/00b49521465c893688000000/Preclinical-and-Clinical-Safety-Studies-on-DNA-Vaccines.pdf
1177 Siehe Chien-Te Tseng et. al., *Immunization with SARS Coronavirus Vaccines Leads to Pulmonary*

Immunopathology on Challenge with the SARS Virus in Plos One, Band 7, Ausgabe 4, e35421 (April 2012), S. 1: https://journals.plos.org/plosone/article/file?id=10.1371/journal.pone.0035421&type=printable bzw. https://doi.org/10.1371/journal.pone.0035421

1178 Siehe Nicole Lurie et. al., *Developing Covid-19 Vaccines at Pandemic Speed* (21. 05. 2020) in The New England Journal of Medicine (2020; 82: 1969-1973), S. 1970: https://www.nejm.org/doi/full/10.1056/NEJMp2005630 bzw. https://www.nejm.org/doi/pdf/10.1056/NEJMp2005630?articleTools=true

1179 Siehe Takehiro Ura et. al., *Developments in Viral Vector-Based Vaccines* in NCBI (29. 07. 2014): https://www.ncbi.nlm.nih.gov/pmc/articles/PMC4494222/ sowie in Vaccines (2014, 2014, 2, 624-641), insb. S. 3: https://www.ncbi.nlm.nih.gov/pmc/articles/PMC4494222/pdf/vaccines-02-00624.pdf

1180 Siehe Pedro M. Folegatti et. al., *Safety and immunogenicity of the ChAdOx1 nCoV-19 vaccine against SARS-CoV-2: a preliminary report of a phase 1/2, single-blind, randomised controlled trial* in The Lancet (20. 07. 2020): https://www.thelancet.com/journals/lancet/article/PIIS0140-6736(20)31604-4/fulltext# bzw. Heft Nr. 396 (15. 08. 2020), S. 467 und 473: https://www.thelancet.com/action/showPdf?pii=S0140-6736%2820%2931604-4

1181 Siehe ebendort, S. 474
1182 Siehe ebendort, S. 467
1183 Siehe ebendort, S. 475
1184 Siehe Mary Territo, *Neutropenie (Agranulozytose; Granulozytopenie)* in MSD Manual (2020): https://www.msdmanuals.com/de/heim/bluterkrankungen/st%C3%B6rungen-der-wei%C3%9Fen-blutk%C3%B6rperchen/neutropenie
1185 Siehe Maria Deloria Knoll und Chizoba Wonodi, *Oxford–AstraZeneca COVID-19 vaccine efficacy* in The Lancet (08. 12. 2020): https://www.thelancet.com/journals/lancet/article/PIIS0140-6736(20)32623-4/fulltext
1186 Siehe Polack et. al. gem. Fn 1160, S. 2606
1187 Siehe ebendort, S. 2610 / Abbildung 2
1188 Siehe ebendort, S. 2606
1189 Siehe *Supplementary Appendix* gem. Fn. 1169, S. 9 / Tabelle S3
1190 Polack et. al. gem. Fn 1160, S. 2607
1191 Siehe Fn 1189
1192 Siehe Polack et. al. gem. Fn 1160, S. 2606
1193 Siehe ebendort
1194 Siehe Thomas Clark, *Anaphylaxis Following m-RNA COVID-19 Vaccine Receipt* in CDC (19. 12. 2020), S. 6: https://www.cdc.gov/vaccines/acip/meetings/downloads/slides-2020-12/slides-12-19/05-COVID-CLARK.pdf
1195 Siehe FDA, *Vaccines and Related Biological Products Advisory Committee Meeting* (10. 12. 2020), S. 6, 38 und 43: https://www.fda.gov/media/144245/download
1196 Siehe den Beitrag *Bell-Lähmung* in Flexikon (21. 11. 2020): https://flexikon.doccheck.com/de/Bell-L%C3%A4hmung
1197 Siehe Siebert gem. Fn 1116
1198 Siehe Reuters Staff, *Behörde bestätigt Todesfall in der Schweiz nach Covid-Impfung* in Reuters vom 30. 12. 2020: https://www.reuters.com/article/schweiz-covid-impfung-idDEKBN29415U
1199 Siehe Pfizer gem. Fn 1167, S. 73
1200 Siehe Steve Anderson, *CBER Plans for Monitoring COVID-19 Vaccine Safety and Effectiveness – VRBPAC Meeting* (22. 10. 2020), S. 17: https://www.fda.gov/media/143557/download
1201 Siehe Timothy Cardozo und Ronald Veazey, *Informed consent disclosure to vaccine trial subjects of risk of COVID-19 vaccines worsening clinical disease* in NCBI (28. 10. 2020): https://pubmed.ncbi.nlm.nih.gov/33113270/
1202 Siehe das Positionspapier der gemeinsamen Arbeitsgruppe aus Mitgliedern der Ständigen Impfkommission, des Deutsche Ethikrates und der Nationalen Akademie der Wissenschaften Leopoldina, *Wie soll der Zugang zu einem COVID-19-Impfstoff geregelt werden?* (09. 11. 2020), S. 1f.: https://www.ethikrat.org/fileadmin/Publikationen/Ad-hoc-Empfehlungen/deutsch/gemeinsames-positionspapier-stiko-der-leopoldina-impfstoffpriorisierung.pdf

1203 Siehe BMSGPK, *COVID-19 – Impfstrategie* (25. 11. 2019), S. 6: https://www.sozialministerium.at/Informationen-zum-Coronavirus/COVID-19-Impfung.html
1204 Siehe Bioethikkommission, *Ethische Fragen einer Impfung gegen COVID-19 – Stellungnahme der Bioethikkommission* (25. 11. 2020), S. 6 und 12: https://www.bundeskanzleramt.gv.at/dam/jcr:d92558b8-c664-46a5-af86-d4f6994a9ec8/201127_StN_COVID_Impfstoff.pdf
1205 Siehe Siebert gem. Fn 1116
1206 Siehe ebendort
1207 Siehe ebendort
1208 Siehe *Irish Professor Dolores Cahill & French Geneticist Alexandra H. Caude on C-19 Vaccine* (Common Life Of Common People, 14. 12. 2020), ab Min. 03:30 und 09:30: https://lbry.tv/@commonlifeofcommonpeople:6/MedicalExpertsOnC19Vaccine:c sowie Burkhardt gem. Fn 1211
1209 Siehe News, *Horror-Risiken: Nach Corona-Impfung bekämpft Körper eigene Zellen* in Deimelbauer vom 26. 12. 2020: https://www.deimelbauer.at/horror-risiken-nach-corona-impfung-bekaempft-koerper-eigene-zellen/
1210 Siehe Siebert gem. Fn 1116
1211 Siehe Roger Burkhardt, *14. Dezember 2020 – Immunologin Prof. Dolores Cahill: Warum COVID-19 Geimpfte Monate nach der mRNA-Impfung sterben werden* in TSG-Referendum (14. 12. 2020): https://tsg-referendum.ch/de/arzt-und-offizier-der-bundeswehr-die-massnahmen-rund-um-das-coronavirus-sind-unverhaeltnismaessig/ sowie *Professor Dolores Cahill: Why People Will Start DYING A Few Months After The First mRNA Vaccination* (SixthSense, 31. 12. 2020): https://www.bitchute.com/video/Dxjp6nkwhWn8/ sowie Fn 1207
1212 Siehe *Dr. Reiner Fuellmich: Es ist keine Impfung, sondern ein genetischer Eingriff* (Der Freie, 20. 12. 2020): https://www.bitchute.com/video/9OUiG9Jf6Dq4/
1213 Siehe Maria M. Hofmarcher, *Das österreichische Gesundheitssystem –Akteure, Daten, Analysen* (Medizinisch Wissenschaftliche Verlagsgesellschaft, 2013): S. 188f.: https://broschuerenservice.sozialministerium.at/Home/Download?publicationId=545
1214 Siehe Deutsche Gesellschaft für Infektiologie, *Mythen und Fakten zu Influenza: Irrtümer reduzieren Impfbereitschaft* (2016): https://www.dgi-net.de/mythen-und-fakten-zu-influenza-irrtuemer-reduzieren-impfbereitschaft/ bzw. http://www.dgi-net.de/wp-content/uploads/2016/01/PM-DGI-Influenza-2016.pdf
1215 Siehe den Artikel *Gesundheitsvorsorge: Impfbereitschaft in Corona-Krise gesunken* in Deute Welle vom 15. 07. 2020: https://www.dw.com/de/impfbereitschaft-in-corona-krise-gesunken/a-54192337
1216 Siehe den Artikel *WHO: Bis zu 70 Prozent Corona-Impfrate für Herdenimmunität nötig* in Ärztezeitung vom 29. 11. 2020: https://www.aerztezeitung.de/Nachrichten/WHO-Bis-zu-70-Prozent-Corona-Impfrate-fuer-Herdenimmunitaet-noetig-415123.html
1217 Siehe BMSGPK gem. Fn. 1203, S. 2
1218 Siehe Statista, *Anteil der auf Corona getesteten und davon infizierten Personen bei Massentests in Österreich nach Bundesländern* (Dezember 2020): https://de.statista.com/statistik/daten/studie/1193363/umfrage/ergebnisse-der-corona-massentests-in-oesterreich-nach-bundeslaendern/#professional
1219 Siehe bspw. Stefan Locke, *Angst vor der Wahrheit? Kaum einer kommt zu den Massentests* in FAZ vom 04. 12. 2020: https://www.faz.net/aktuell/politik/inland/kaum-einer-kommt-zu-den-corona-massentests-17085643.html
1220 Siehe Siebert gem. Fn 1116
1221 Siehe David O. Meltzer et. al., *Association of Vitamin D Status and Other Clinical Characteristics With COVID-19 Test Results* in JAMA (03. 09. 2020): https://jamanetwork.com/journals/jamanetworkopen/fullarticle/2770157
1222 Siehe Dr. David Grimes, *Covid-19 and Vitamin D: summary of evidence* (09. 10. 2020): http://www.drdavidgrimes.com/2020/10/covid-19-and-vitamin-d-summary-of.html
1223 Siehe den Artikel *Corona - Antikörperstudien belegen konstante, stabile Immunität* in Medizinische Universität Innsbruck (09. 12. 2020): https://www.i-med.ac.at/mypoint/news/749681.html
1224 Siehe Peter F. Mayer, *MedUni Innsbruck: Immunität durch Infektion besser als Impfung* in TP (12. 12. 2020): https://tkp.at/2020/12/12/meduni-innsbruck-immunitaet-durch-infektion-besser-als-impfung/

1225 Siehe WHO, *World Health Organization Model List of Essential Medicines – 21st List* (2019), S. 6 / Pkt. 6.1.1 und 6.1.2 sowie S. 26 / Pkt. 6.6: https://apps.who.int/iris/bitstream/handle/10665/325771/WHO-MVP-EMP-IAU-2019.06-eng.pdf?ua=1

1226 Siehe Leon Caly et. al., *The FDA-approved drug ivermectin inhibits the replication of SARS-CoV-2 invitro* in Elsevier (03. 04. 2020), S. 1: https://www.sciencedirect.com/science/article/pii/S0166354220302011?via%3Dihub

1227 Siehe den Artikel *Wirkstoffkandidaten gegen SARS-CoV-2: Ivermectin als neuer Hoffnungsträger?* in DAZ vom 09. 04. 2020: https://www.deutsche-apotheker-zeitung.de/news/artikel/2020/04/09/ivermectin-als-neuer-hoffnungstraeger

1228 Siehe Robert M. Cox et. al., *Therapeutically administered ribonucleoside analogue MK-4482/EIDD-2801 blocks SARS-CoV-2 transmission in ferrets* in Nature vom 03. 12. 2020: https://www.nature.com/articles/s41564-020-00835-2

1229 Siehe Anne Bäurle et. al., *Corona-Splitter der KW 49: Experimentelles Virostatikum hemmt SARS-CoV-2 im Tiermodell* in Ärztezeitung vom 04. 12. 2020: https://www.aerztezeitung.de/Nachrichten/Experimentelles-Virostatikum-hemmt-SARS-CoV-2-im-Tiermodell-415332.html

1230 Siehe bspw. den Artikel *Corona-Medikament: Einfaches Grippemittel soll Übertragung von Covid-19 blockieren können* in In Franken vom 04. 12. 2020: https://www.infranken.de/ratgeber/gesundheit/coronavirus/corona-medikament-grippemittel-soll-covid-19-uebertragung-blockieren-koennen-art-5127468

1231 Siehe Kapitel *I. Immunschwäche durch 5G und Konsorten*

1232 Siehe Genesis Foundation, *Bestimmung der Wirksamkeit von oralem Chlordioxid bei der Behandlung von COVID 19* in ICH GCP (01. 06. 2020): https://ichgcp.net/de/clinical-trials-registry/NCT04343742

1233 Siehe Rainer Taufertshöfer, *Chlordioxid und seine Adjuvantien: Ein innovativer Ansatz einer dezentralen SARS-CoV-2 Pandemie-Bekämpfung und Prophylaxe* (Mai 2020): https://cdn.website-editor.net/31ebb640b63a445b913fbb9152c94a0e/files/uploaded/Chlorine_dioxide_COVID-19-Therapy_May_2020.pdf

1234 Siehe Diana J. Mason und Christopher R. Friese, *Protecting Health Care Workers Against COVID-19—and Being Prepared for Future Pandemics* in JAMA (19. 03. 2020): https://jamanetwork.com/channels/health-forum/fullarticle/2763478

1235 Siehe das Koalitionspapier gem. Fn 816, S. 1

1236 Siehe Bundesgerichtshof I. Zivilsenat, 25. 01. 1953, VRG 5/51, S. 5f.: https://www.prinz.law/urteile/bgh/VRG___5-51

1237 Siehe Deutscher Bundestag / Wissenschaftliche Dienste, WD 3 - 3000 - 019/16, *Verfassungsrechtliche Zulässigkeit einer Impfpflicht* (27. 01. 2016), S. 4: https://www.bundestag.de/resource/blob/413560/40484c918e669002c4bb60410a317057/WD-3-019-16-pdf-data.pdf

1238 Siehe Steve Anderson gem. Fn 1200

1239 Siehe *Nach Impfung keine Schwangerschft mehr möglich!* (Der Freie, 30. 11. 2020): https://www.bitchute.com/video/43mtYWaSHq31/

1240 Siehe Wolfgang Wodarg, *Impfen?* (01. 12. 2020), *Petition an EMA: Keine Covid-19 Impfstoff-Eilzulassung und Stopp der laufenden Impfstudien*: https://www.wodarg.com/impfen/

1241 Siehe Wolfgang Wodarg, *Urgent: Petition/Motion for administrative/regulatory action regarding confirmation of efficacy endpoints and use of data in connection with the following clinical trial(s): Eudract number: 2020-002641-42, Sponsor Protocol number:* 4591001 (01. 12. 2020), insb. S. 5 / Pkt. XI.: https://www.wodarg.com/app/download/9033912514/Wodarg_Yeadon_EMA_Petition_Pfizer_Trial_FINAL_01DEC2020_signed_with_Exhibits_geschwa%CC%88rzt.pdf?t=1610098774

1242 Siehe Gates gem. Fn 75

1243 Siehe Gates gem. Fn 812, ab Min. 04:00

1244 Siehe Jutta Sonnewald, *Zweifelhafte Profite der Gates-Stiftung* in ZDF vom 22. 05. 2020: https://www.zdf.de/nachrichten/heute-plus/videos/zweifelhafte-profite-der-gates-stiftung-100.html sowie https://youtu.be/nRTRvAS2aSs

1245 Siehe Bill Gates, *Bill Gates: The Best Investment I've Ever Made* in The Wallstreet Journal vom 16. 01. 2019: https://www.wsj.com/articles/bill-gates-the-best-investment-ive-ever-made-11547683309

1246 Siehe WHO, *Considerations regarding consent in vaccinating children and adolescents between 6 and 17 years old* (IVB/14.04, 2014), S. 3 / Pkt. 3.: https://www.who.int/immunization/programmes_systems/policies_strategies/consent_note_en.pdf?fbclid=IwAR1IUKIk-EJ6GFtbkAi32QC0uDYWgRJbVpnRym_Qq3-CwciuIr9v80Xgkn8

1247 Siehe Deutscher Bundestag, Drucksache 19/23944, 19. Wahlperiode, 03. 11. 2020, *Gesetzentwurf der Fraktionen der CDU/CSU und SPD Entwurf eines Dritten Gesetzes zum Schutz der Bevölkerung bei einer epidemischen Lage von nationaler Tragweite*, S. 24 / Zu Buchstabe c / Zu Doppelbuchstabe aa: https://dip21.bundestag.de/dip21/btd/19/239/1923944.pdf

1248 Siehe oben bzw. das Positionspapier gem. Fn 1202, S. 1f.

1249 Siehe ebendort, S. 2, 3 und 5

1250 Siehe BMG, *Impfungen* (Abfrage vom 30. 11. 2020), *BZgA-Kampagne »Deutschland sucht den Impfpass«*: https://www.bundesgesundheitsministerium.de/themen/praevention/impfungen.html

1251 Siehe den Artikel *Elektronischer Impfplan erster Baustein der Patientenakte* in Ärzteblatt vom 22. 01.2020: https://www.aerzteblatt.de/nachrichten/108835/Elektronischer-Impfplan-erster-Baustein-der-Patientenakte

1252 Siehe das Positionspapier gem. Fn 1202, S. 2

1253 Siehe die gemeinsame Pressemitteilung von STIKO, DER und Leopoldina, *Empfehlungen für einen gerechten und geregelten Zugang zu einem COVID-19-Impfstoff* (09. 11. 2020): https://www.ethikrat.org/mitteilungen/2020/empfehlungen-fuer-einen-gerechten-und-geregelten-zugang-zu-einem-covid-19-impfstoff/ bzw. https://www.ethikrat.org/fileadmin/PDF-Dateien/Pressemitteilungen/gemeinsame-pressemitteilung-stiko-der-leopoldina.pdf

1254 Siehe Bioethikkommission gem. Fn 1204

1255 Siehe ebendort, S. 8

1256 Siehe ebendort, S. 9f.

1257 Siehe ebendort, S. 21f.

1258 Siehe ebendort, S. 18

1259 Siehe ebendort, S. 18 und 22

1260 Siehe ebendort, S. 20 und 22

1261 Siehe BMSGPK, Vortrag an den Ministerrat, *COVID-19-Impfstrategie* (39/10, 24. 11. 2019), S. 2 und 4: https://www.sozialministerium.at/Corona-Schutzimpfung.html bzw. https://www.sozialministerium.at/dam/jcr:35ea9215-c56b-42ee-a08b-6cdcb66718df/201125_Ministerratsvortrag_Covid-19_Impfung.pdf

1262 Siehe ebendort, S. 10

1263 Siehe ebendort bzw. die dortige Fn 20

1264 Siehe M. Mayrhofer, »Off label use« von Analgetika in der perioperativen Kinderschmerztherapie aus rechtlicher Sicht in Springer vom 20. 02. 2014: https://link.springer.com/article/10.1007/s00482-013-1385-z

1265 Siehe Kapitel *8. Ausgangsbeschränkungen*

1266 Siehe Bundeskanzleramt, *Mitglieder der Bioethikkommission* (Abfrage vom 30. 11. 2020): https://www.bundeskanzleramt.gv.at/themen/bioethikkommission/mitglieder-bioethik.html

1267 Siehe Bioethikkommission gem. Fn 1204, S. 24

1268 Siehe Claus Burgardt, *Off-Label-Use, No-Label-Use, Compassionate-Use – Was bedeutet das für den Patienten?* in DLH, Info 68 I/2019: https://www.leukaemie-hilfe.de/nc/dlh-infoblaetter.html?tx_drblob_pi1%5BdownloadUid%5D=475

1269 Siehe Bioethikkommission gem. Fn 1204, S. 10

1270 Siehe Julia Bütikofer, *Schutzimpfungen: Schlusswort* in Ärzteblatt, Heft 26/1997, S. A-7: https://www.aerzteblatt.de/pdf.asp?id=9032 bzw. https://www.aerzteblatt.de/archiv/9032/Schutzimpfungen-Schlusswort

1271 Siehe Europäische Kommission, *Europäische Kommission erteilt erste Zulassung für sicheren und wirksamen Impfstoff gegen COVID-19* (Pressemitteilung vom 21. 12. 2020): https://ec.europa.eu/commission/presscorner/detail/de/ip_20_2466

1272 Siehe § 1 Z.1. der Verordnung über empfohlene Impfungen 2006, zuletzt geändert durch BGBl. II Nr. 577/2020 (18. 12. 2020): https://www.ris.bka.gv.at/GeltendeFassung.wxe?Abfrage=Bundesnorme

n&Gesetzesnummer=20005199
1273 Siehe § 1b (2) Impfschadengesetz 1973, zuletzt geändert durch BGBl. I Nr. 135/2020 (15. 12. 2020): https://www.ris.bka.gv.at/GeltendeFassung.wxe?Abfrage=Bundesnormen&Gesetzesnummer=10010356
1274 Siehe ebendort, § 1b (1) sowie § 4ff.
1275 Siehe § 20 (2) und (3) IfSG: https://www.gesetze-im-internet.de/ifsg/__20.html
1276 Siehe § 60 (1) IfSG: https://www.gesetze-im-internet.de/ifsg/__60.html
1277 Siehe BMG, *Fragen und Antworten zur COVID-19-Impfung* (31. 12. 2020), *Wer haftet bei Schäden?*: https://www.bundesgesundheitsministerium.de/coronavirus/faq-covid-19-impfung.html#c19944
1278 Siehe den Artikel *Corona-Impfung: Wer zahlt bei unerwünschten Folgen?* in Nordbayern vom 15. 12. 2020: https://www.nordbayern.de/region/corona-impfung-wer-zahlt-bei-unerwunschten-folgen-1.10671329
1279 Siehe Hans-Peter Siebenhaar, *COVID-19: Pharmakonzerne beteiligen die EU am Impfstoff-Risiko* in Handelsblatt vom 11. 1.. 2020: https://www.handelsblatt.com/politik/international/covid-19-pharmakonzerne-beteiligen-die-eu-am-impfstoff-risiko/26613584.html?ticket=ST-5228234-buFSdp3heVfQqg1kUEU7-ap5
1280 Siehe den Artikel *Pharmakonzerne werden in der EU von Haftung bei Corona-Impfstoff freigestellt* in Deutsche Wirtschaftsnachrichten vom 22. 09. 2020: https://deutsche-wirtschafts-nachrichten.de/506477/Pharmakonzerne-werden-in-der-EU-von-Haftung-bei-Corona-Impfstoff-freigestellt
1281 Siehe den Nordbayern-Artikel gem. Fn 1278
1282 Siehe WHO, *Ten threats to global health in 2019* (2019): https://www.who.int/news-room/spotlight/ten-threats-to-global-health-in-2019
1283 Siehe den Artikel *Masern WHO erklärt Impfgegner zur globalen Bedrohung* in Spiegel (19. 01. 2019): https://www.spiegel.de/gesundheit/diagnose/impfen-who-erklaert-impfgegner-zur-globalen-bedrohung-fuer-die-gesundheit-a-1248913.html
1284 Siehe den Artikel *Ärztekammer fordert generelle Impfpflicht in Österreich* in APA/OTS vom 10. 04. 2019 (OTS0146): https://www.ots.at/presseaussendung/OTS_20190410_OTS0146/aerztekammer-fordert-generelle-impfpflicht-in-oesterreich
1285 Siehe den Artikel *CoV-Experte: Rückkehr zu Normalität hängt von Impfung ab* in ORF vom 18. 04. 2020: https://orf.at/stories/3162359/?fbclid=IwAR0bEaGPZVE8_ZXy6EezIs_E34ZuAZvidM53_lBdeIclr5jb839wMH9yVvE
1286 Siehe den Artikel *Kurz-Beraterin: »Jeder wird eine App haben«* in Presse vom 04. 05. 2020: https://www.diepresse.com/5808981/kurz-beraterin-jeder-wird-eine-app-haben
1287 Siehe Daniela Hüttemann, *Corona-Impfstoff aus Oxford glänzt in Phase I/II* in Pharmazeutische Zeitung vom 23. 07. 2020: https://www.pharmazeutische-zeitung.de/corona-impfstoff-aus-oxford-glaenzt-in-phase-iii-118979/
1288 Siehe den Artikel *Irmgard Griss spricht sich klar für Impfpflicht aus* in Wiener Zeitung vom 30. 11. 2020: https://www.wienerzeitung.at/nachrichten/politik/oesterreich/2084002-Irmgard-Griss-spricht-sich-klar-fuer-Impfpflicht-aus.html
1289 Siehe Nikolaus Blome, *Corona-Bekämpfung Impfpflicht! Was denn sonst?* in Spiegel vom 07. 12. 2020: https://www.spiegel.de/politik/deutschland/impfpflicht-was-denn-sonst-a-2846adb0-a468-48a9-8397-ba50fbe08a68
1290 Siehe den Artikel *Auf Interkontinentalflügen: Qantas plant Corona-Impfpflicht* in ZDF vom 24. 11. 2020: https://www.zdf.de/nachrichten/panorama/corona-qantas-impfpflicht-interkontinentalfluege-100.html
1291 Siehe den Artikel *Lufthansa-Chef – Spohr: Langstrecke wohl nur mit Corona-Test* in ZDF vom 27. 12. 2020: https://www.zdf.de/nachrichten/wirtschaft/corona-test-langstrecke-lufthansa-100.html
1292 Siehe § 23 (3) IfSG: https://www.gesetze-im-internet.de/ifsg/__23.html
1293 Siehe § 23a IfSG gem. Fn 1049
1294 Siehe BMAS und BMG, *Zwischen dem Bundesministerium für Arbeit und Soziales und dem Bundesministerium für Gesundheit abgestimmte Stellungnahme zu § 23a Infektionsschutzgesetz (IfSG), insbesondere zum Verhältnis zur Verordnung zur arbeitsmedizinischen Vorsorge (ArbMedVV)*, AZ(BMAS): IIIb1-30921-3/31 (29. 05. 2020), S. 2: https://www.baua.de/DE/Aufgaben/

Geschaeftsfuehrung-von-Ausschuessen/AfAMed/pdf/Stellungnahme-Infektionsschutzgesetz.pdf?__blob=publicationFile&v=3

1295 Siehe oben bzw. Fn 1045
1296 Siehe Artikel II. c. des internationalen Übereinkommens vom 09. 12. 1948 über die Verhütung und Bestrafung des Völkermords: https://www.voelkermordkonvention.de/uebereinkommen-ueber-die-verhuetung-und-bestrafung-des-voelkermordes-9217/
1297 Siehe Christoph Safferling, *Internationales Strafrecht: Strafanwendungsrecht – Völkerstrafrecht – Europäisches Strafrecht* (Springer, 2011), S. 161
1298 Siehe UNO, *Policy Brief: The Impact of COVID-19 on children* (15. 04. 2020), S. 9: https://unsdg.un.org/resources/policy-brief-impact-covid-19-children
1299 Siehe Charles C. Branas et. al., *The impact of economic austerity and prosperity events on suicide in Greece: a 30-year interrupted time-series analysis* in BMJ (13. 10. 2014): https://bmjopen.bmj.com/content/5/1/e005619
1300 Siehe bspw. den Artikel »Alarmierend«: Psychische Probleme in Österreich vervielfacht in Kurier vom 05. 05. 2020: https://kurier.at/wissen/alarmierend-psychische-probleme-in-oesterreich-vervielfacht/400832843
1301 Siehe Ann John et. al., *Trends in suicide during the covid-19 pandemic* in BMJ (12. 11. 2020), S. 1: https://www.bmj.com/content/371/bmj.m4352.full.pdf bzw. https://doi.org/10.1136/bmj.m4352
1302 Siehe bspw. den Artikel *Corona-Krise: Psychiater beklagen Suizidwelle in Italien* in Kurier vom 07. 09. 2020: https://kurier.at/chronik/welt/corona-krise-psychiater-beklagen-suizidwelle-in-italien/401023949
1303 Siehe Kohn gem. Fn 578, S. 6 bis 8
1304 Siehe ebendort, S. 9
1305 Siehe Donata Riedel, *Coronavirus Ökonom Felbermayr erwartet die »Mutter aller Rezessionen«* in Handelsblatt vom 17. 03. 2020: https://www.handelsblatt.com/politik/deutschland/coronavirus-oekonom-felbermayr-erwartet-die-mutter-aller-rezessionen/25654514.html?ticket=ST-113456-WqGXzm-W5xSxwOLD11lnp-ap5
1306 Siehe Kapitel *6. Betretungsverbote* bzw. Fn 916
1307 Siehe Statistik Austria, *Pressemitteilung 12.247-087/20: 1.472.000 Menschen in Österreich waren 2019 armuts- oder ausgrenzungsgefährdet, davon 303.000 Kinder und Jugendliche unter 18 Jahren* (28. 05. 2020): https://www.statistik.at/web_de/presse/123287.html
1308 Siehe J. Rudnicka, *Armut in Deutschland – Statistiken zum Thema* in Statista vom 04. 12. 2020: https://de.statista.com/themen/120/armut-in-deutschland/
1309 Siehe AMS, *Übersicht über den Arbeitsmarkt 09/2020*, S. 1: https://www.ams.at/content/dam/download/arbeitsmarktdaten/%C3%B6sterreich/berichte-auswertungen/001_spezialthema_0920.pdf
1310 Siehe BMAFJ, *COVID-19: Aktuelle Arbeitsmarktzahlen* (18. 09. 2020): https://www.bmafj.gv.at/Services/News/Aktuelle-Arbeitsmarktzahlen.html
1311 Siehe AMS, *Übersicht über den Arbeitsmarkt 12/2020*, S. 1: https://www.ams.at/content/dam/download/arbeitsmarktdaten/%C3%B6sterreich/berichte-auswertungen/001_uebersicht_aktuell_1220.pdf
1312 Siehe BMAFJ, *COVID-19: Aktuelle Arbeitsmarktzahlen* (21. 21. 2020): https://www.bmafj.gv.at/Services/News/Aktuelle-Arbeitsmarktzahlen.html
1313 Siehe den Artikel *Jedes dritte Lokal muss schließen: 100.000 Firmen droht jetzt die Corona-Pleite* in oe24 vom 12. 08. 2020: https://www.oe24.at/coronavirus/100-000-firmen-droht-jetzt-die-corona-pleite/441786052
1314 Siehe Gerald Zmuegg, *Ihr Finanzombudsmann: Mag. Gerald Zmuegg* (2019): http://finanzombudsmann.at/der-finanzombudsmann/
1315 Siehe BMDW, *KMU im Fokus 2019: Bericht über die Situation und Entwicklung kleiner und mittlerer Unternehmen der österreichischen Wirtschaft* (01/2020), S. 16 bis 18: https://www.bmdw.gv.at/dam/jcr:6d9387eb-9d42-4558-9838-cbc77f83e9cb/Beilage_KMU_im_Fokus_2019_barrierefrei.pdf
1316 Siehe BMDW, *KMU in Österreich* (01/2020): https://www.bmdw.gv.at/Services/Zahlen-Daten-Fakten/KMU-FactsandFeatures.html
1317 Siehe Andreas Schnauder, *Wenn die Hilfen auslaufen: Droht 50.000 Betrieben in Österreich das Aus?* in Standard vom 12. 09. 2020: https://www.derstandard.at/story/2000119948827/wenn-die-hilfen-

auslaufen-droht-50-000-betrieben-in-oesterreich

1318 Siehe bspw. Alexander Hahn, *Experten sagen für 2021 eine Pleitewelle voraus* in Standard vom 09. 11. 2020: https://www.derstandard.at/story/2000121559852/experten-sagen-fuer-2021-eine-pleitewelle-voraus

1319 Siehe Bundesagentur für Arbeit, *Monatsbericht zum Arbeits- und Ausbildungsmarkt September 2020*, S. 9, 12 und 13: https://www.arbeitsagentur.de/datei/arbeitsmarktbericht-september-2020-_ba146655.pdf

1320 Siehe Statista, *Anzahl der Kurzarbeiter in Deutschland von 1991 bis 2019 (Jahresdurchschnittswerte) und in den Monaten von Januar bis November 2020*: https://de.statista.com/statistik/daten/studie/2603/umfrage/entwicklung-des-bestands-an-kurzarbeitern/

1321 Siehe Bundesagentur für Arbeit, *Monatsbericht zum Arbeits- und Ausbildungsmarkt Dezember und Jahr 2020*, S. 13 und 17: https://www.arbeitsagentur.de/datei/arbeitsmarktbericht-dezember-2020_ba146814.pdf

1322 Siehe Malte Fischer, »Die Insolvenzpipeline ist gefüllt«: Kommt 2021 die große Pleitewelle? Sechs Experten geben Antwort in Wirtschaftswoche vom 18. 12. 2020: https://www.wiwo.de/politik/deutschland/die-insolvenzpipeline-ist-gefuellt-kommt-2021-die-grosse-pleitewelle-sechs-experten-geben-antwort/26739020.html

1323 Siehe Statista, *Unternehmen in Deutschland: Anzahl der rechtlichen Einheiten* in Deutschland nach Beschäftigtengrößenklassen im Jahr 2018* in Statista vom 13. 05. 2020: https://de.statista.com/statistik/daten/studie/1929/umfrage/unternehmen-nach-beschaeftigtengroessenklassen/#professional

1324 Siehe Statista, *Anzahl der Beschäftigten in Unternehmen in Deutschland nach Unternehmensgröße im Jahr 2018* in Statista (2020): https://de.statista.com/statistik/daten/studie/731962/umfrage/beschaeftigte-in-unternehmen-in-deutschland-nach-unternehmensgroesse/

1325 Siehe ifo Institut, *Coronakrise bedroht Existenz von 15 Prozent der deutschen Firmen* (01. 12. 2020): https://www.ifo.de/node/60249

1326 Siehe Markus Krall auf Twitter (23. 08. 2020): https://twitter.com/markus_krall/status/1297454591953510401

1327 Siehe Donner, *Putin* gem. Fn 2, S. 67ff, insb. 70

1328 Siehe den Artikel *Finanz-Professor: »Das ist das größte Umverteilungsprogramm in Friedenszeiten«* in Rundblick vom 02. 04. 2020: https://www.rundblick-niedersachsen.de/finanz-professor-das-ist-das-groesste-umverteilungsprogramm-in-friedenszeiten/

1329 Siehe den *Artikel Beschluss des Bundesrats - Milliardenschwere Corona-Hilfe kann fließen* in ZDF vom 27. 03. 2020: https://www.zdf.de/nachrichten/politik/coronavirus-bundesrat-hilfspaket-100.html

1330 Siehe Christoph Schwarz, *Corona-Krise: Wien bietet Firmen Teilverstaatlichung an* in Kurier vom 05. 04. 2020: https://kurier.at/chronik/oesterreich/corona-wien-bietet-firmen-teilverstaatlichung-an/400803830

1331 Siehe Frank Stocker, *Das Bargeld verschwindet* in Welt vom 09. 04. 2020: https://www.welt.de/finanzen/article207157509/Zahlungsverhalten-Das-Bargeld-verschwindet.html

1332 Siehe den Artikel *Speech by Christine Lagarde, President of the ECB, at the Deutsche Bundesbank online conference on banking and payments in the digital world* in EZB vom 12. 09. 2020: https://www.ecb.europa.eu/press/key/date/2020/html/ecb.sp200910-31e6ae9835.de.html

1333 Siehe EZB, *Report on a digital euro* (Oktober 2020), S. 2: https://www.ecb.europa.eu/pub/pdf/other/Report_on_a_digital_euro-4d7268b458.en.pdf#page=4

1334 Siehe den Artikel *Ein digitaler Euro / Warum ein digitaler Euro?* in EZB (Oktober 2020): https://www.ecb.europa.eu/euro/html/digitaleuro.de.html

1335 Siehe den Artikel *Corona: Die Mafia übernimmt Teile des deutschen Mittelstands* in Deutsche Wirtschaftsnachrichten vom 19. 06. 2020: https://deutsche-wirtschafts-nachrichten.de/504582/Corona-Die-Mafia-uebernimmt-Teile-des-deutschen-Mittelstands

1336 Siehe TU München, *Erste große Studie zu Erfahrungen von Frauen und Kindern in Deutschland: Häusliche Gewalt während der Corona-Pandemie* (02. 06. 2020): https://www.tum.de/studinews/ausgabe-032015/show-032015/article/36053/

1337 Siehe bspw. den Artikel *Studie zu Auswirkungen der Corona-Krise: Viel Gewalt während des Lockdown* in TAZ vom 02. 06. 2020: https://taz.de/Studie-zu-Auswirkungen-der-Coronakrise/!5690324/

1338 Siehe Kerstin Kotlar, *Michael Tsokos im Gespräch – Charité-Rechtsmediziner: Wir sehen mittlerweile »Corona-Suizide«* in Focus vom 18. 05. 2020: https://www.focus.de/gesundheit/news/rechtsmediziner-mahnt-michael-tsokos-wir-werden-eine-psycho-soziale-pandemie-erleben_id_11988295.html

1339 Siehe Daniel Witzeling, *Corona, das größte Feldexperiment aller Zeiten* in Standard vom 16. 04. 2020: https://www.derstandard.at/story/2000116800729/corona-das-groesste-feldexperiment-aller-zeiten

1340 Siehe den Artikel »Tui und Co. einfach mal absaufen« lassen: Grünen-Lokalpolitiker empört mit Corona-Tweet in Redaktionsnetzwerk Deutschland vom 18. 04. 2020: https://www.rnd.de/politik/tui-und-co-einfach-mal-absaufen-lassen-grunen-lokalpolitiker-emport-mit-corona-tweet-ILWOLPADEBCRJM4ZUA6TD54QBM.html

1341 Siehe JKU, *Felbermayr: Staatshilfen bei großen Unternehmen gegen Aktienbeteiligung des Staates* in APA/OTS vom 08. 04. 2020 (OTS0186): https://www.ots.at/presseaussendung/OTS_20200408_OTS0186/felbermayr-staatshilfen-bei-grossen-unternehmen-gegen-aktienbeteiligung-des-staates

1342 Siehe Ronald Barazon. Ängste schüren, Panik verbreiten: Nicht Corona treibt uns in die Krise, die Politik tut es in Deutsche Wirtschaftsnachrichten vom 16. 05. 2020: https://deutsche-wirtschaftsnachrichten.de/504086/AEngste-schueren-Panik-verbreiten-Nicht-Corona-treibt-uns-in-die-Krise-die-Politik-tut-es

1343 Siehe Andreas Kubin, *Massenentlassungen drohen: Österreichs Wirtschaft fährt mit voller Wucht gegen die Wand* in Deutsche Wirtschaftsnachrichten vom 31. 05. 2020: https://deutsche-wirtschafts-nachrichten.de/504336/Massenentlassungen-drohen-OEsterreichs-Wirtschaft-faehrt-mit-voller-Wucht-gegen-die-Wand

1344 Siehe David K. Miles et. al., »Stay at Home, Protect the National Health Service, Save Lives«: A cost benefit analysis of the lockdown in the United Kingdom in The International Journal of Clinical Practise (10. 08. 2020), S. 1: https://onlinelibrary.wiley.com/doi/epdf/10.1111/ijcp.13674

1345 Siehe Nicolas Dvorak, *Ehemalige Chefin der Fed: Die Zentralbanken sind mit ihrem Latein am Ende, die Regierungen müssen sofort übernehmen* in Deutsche Wirtschaftsnachrichten vom 28. 08. 2020: https://deutsche-wirtschafts-nachrichten.de/506018/Ehemalige-Chefin-der-Fed-Die-Zentralbanken-sind-mit-ihrem-Latein-am-Ende-die-Regierungen-muessen-sofort-uebernehmen?src=XNASLSPREGG

1346 Siehe Janet Yellen und Jared Bernstein, *The Senate Is on Vacation While Americans Starve* in The New York Times vom 24. 08. 2020: https://www.nytimes.com/2020/08/24/opinion/coronavirus-federal-reserve.html

1347 Siehe *Markus Krall: Wir werden 2021 in einer neuen Welt aufwachen! – Utagramm 20 Sondersendung* (Eigentümlich frei, 24. 08. 2020): https://youtu.be/a4k_nu3fQu4 sowie Redaktion, *Markus Krall und Marc Friedrich: Crash 2021, Gelddrucken ersetzt Denken* in Finanzmarktwelt vom 27. 11. 2020: https://finanzmarktwelt.de/markus-krall-und-marc-friedrich-185014/

1348 Siehe Hans Rauscher, *Das Handwerk der wirtschaftlichen Krisenbekämpfung* in Standard vom 25. 10. 2020: https://www.derstandard.at/story/2000121176788/das-handwerk-der-wirtschaftlichen-krisenbekaempfung

1349 Siehe *Mit Lockdown und Shutdown erzeugt man nur Knockdown, Dr. Hannes Androsch* (ICI - Initiative Corona Info, 01. 12. 2020): https://youtu.be/0Bs38LuUbqk

1350 Siehe Michael Ferber, *»Es ist zu hoffen, dass es nicht so schlimm kommt wie nach dem Ersten Weltkrieg«* in NZZ vom 03. 12. 2020: https://www.nzz.ch/finanzen/hans-werner-sinn-im-interview-ueber-corona-inflation-und-den-euro-ld.1589720#register

1351 Siehe *Gerald Celente – Bereiten Sie sich auf die größte Depression vor* (Internationale Edelmetall- & Rohstoffmesse, 06. 11. 2020), ab Min. 07:20 und 26:30: https://youtu.be/iDJX08ghpwI

1352 Siehe ebendort, ab Min. 18:10

1353 Siehe ebendort, ab Min. 10:20

1354 Siehe ebendort, ab Min. 23:50

1355 Siehe Matthias Rogg, *COVID-19 – die Pandemie und ihre Auswirkungen auf die Sicherheitspolitik, #GIDSstatement 1/2020*, S. 3: https://gids-hamburg.de/wp-content/uploads/2020/04/GIDSstatement2020_1_Rogg_COVID19.pdf

1356 Siehe Hans Jürgen Krysmanski, *0,1 Prozent: Das Imperium der Milliardäre* (Westend, 2012), S. 7, 12 und 37

1357 Siehe ebendort. S. 29

1358 Siehe ebendort. S. 39, 54ff. und 82ff.
1359 Siehe ebendort. S. 14f.
1360 Siehe ebendort, S. 159
1361 Siehe Engelbrecht und Köhnlein gem. Fn 11, S. 311
1362 Siehe WEF, *Our Mission: The World Economic Forum in WEF* (Abfrage vom 30. 11. 2020): https://www.weforum.org/about/world-economic-forum/
1363 Siehe WEF, *Rockefeller Foundation* (Abfrage vom 30. 11. 2020): https://www.weforum.org/organizations/the-rockefeller-foundation
1364 Siehe WEF, *Groupe Edmond de Rothschild* (Abfrage vom 30. 11. 2020): https://www.weforum.org/organizations/edmond-de-rothschild-sa
1365 Siehe WEF, *JPMorgan Chase & Co.* (Abfrage vom 30. 11. 2020): https://www.weforum.org/organizations/jpmorgan-chase-co
1366 Siehe WEF, *Facebook* (Abfrage vom 30. 11. 2020): https://www.weforum.org/organizations/facebook-inc
1367 Siehe WEF, *Google* (Abfrage vom 30. 11. 2020): https://www.weforum.org/organizations/google
1368 Siehe WEF, *Microsoft* (Abfrage vom 30. 11. 2020): https://www.weforum.org/organizations/microsoft-corporation
1369 Siehe WEF, Bill & Melinda Gates Foundation (Abfrage vom 30. 11. 2020): https://www.weforum.org/organizations/bill-melinda-gates-foundation
1370 Siehe Bill Gates in *A Special Edition of Path Forward with Bill and Melinda Gates* (U.S. Chamber of Commerce Foundation, 23. 06. 2020), ab Min. 06:30: https://youtu.be/fWQ2DsHWrQE
1371 Siehe ebendort
1372 Siehe Schwan gem. Fn 89
1373 Siehe Kapitel *Biologische Waffe*
1374 Siehe Bianca Blei, *Tedros Adhanom Ghebreyesus, ein Afrikaner in globaler Mission* in Standard vom 28. 04. 2020: https://www.derstandard.at/story/2000117159120/tedros-adhanom-ghebreyesus-ein-afrikanischer-arzt-in-globaler-mission
1375 Siehe Reuters Staff, *Ethiopia accuses WHO chief Tedros of backing Tigray rebels* in Reuters vom 19. 11. 2020: https://www.reuters.com/article/ethiopia-conflict-who-idINKBN27Z17C
1376 Siehe Rebecca Myers, *Mugabe's new role as UN goodwill ambassador is »payoff for China«* in The Times vom 22. 10. 2017: https://www.thetimes.co.uk/article/mugabes-new-role-as-un-goodwill-ambassador-is-payoff-for-china-x2l2cd3g6
1377 Siehe James Griffiths, *The coronavirus crisis is raising questions over China's relationship with the World Health Organization* in CNN vom 17. 02. 2020: https://edition.cnn.com/2020/02/14/asia/coronavirus-who-china-intl-hnk/index.html
1378 Siehe Urs Gehriger, *Eilmeldung: Schiefe Laufbahn* in Weltwoche vom 07. 04. 2020: https://www.weltwoche.ch/ausgaben/2020-15/kommentare-analysen/schiefe-laufbahn-die-weltwoche-ausgabe-15-2020.html
1379 Siehe den Artikel »Virus will be with us for a long time«, warns WHO chief in France 24: https://www.france24.com/en/20200423-who-world-health-organisation-tedros-adhanom-ghebreyesus-coronavirus-covid-19-pandemic
1380 Siehe den Artikel *WHO sounds alarm as coronavirus cases rise by 1 million in matter of days* in Israel Hayom vom 14. 07. 2020: https://www.israelhayom.com/2020/07/14/who-sounds-alarm-as-coronavirus-cases-rise-by-1-million-in-matter-of-days/
1381 Siehe BKA, *Brexit: Informationsangebot der Bundesregierung zum Brexit*: https://www.bundeskanzleramt.gv.at/themen/brexit.html
1382 Siehe Bert Fröndhoff und Stephan Scheuer, *Der Drache ist hungrig* in Handelsblatt vom 16. 02. 2016: https://www.handelsblatt.com/unternehmen/industrie/china-kauft-ein-der-drache-ist-hungrig/12970350-all.html
1383 Siehe den Artikel *Corona-Pandemie hält chinesische Unternehmen nicht von Investitionen in Europa ab* in EY vom 04. 12. 2020: https://www.ey.com/de_de/news/2020/12/ey-corona-pandemie-haelt-chinesische-unternehmen-nicht-von-investitionen-in-europa-ab
1384 Siehe Kluge gem. Fn 757, S. 752

1385 Siehe bspw. Heike Buchter, *Kurzschluss im Finanzsystem* in Zeit-Online vom 01. 10. 2019: https://www.zeit.de/2019/41/us-notenbank-zinssatz-repo-markt-finanzsystem
1386 Siehe den Artikel *US-Notenbank: Fed senkt erneut den Leitzins* in Zeit-Online vom 18. 09. 2020: https://www.zeit.de/wirtschaft/2019-09/us-notenbank-fed-zinsentscheidung-donald-trump?print
1387 Siehe Buchter gem. Fn 1385
1388 Siehe Sebastian Fellner, *Niederösterreich beauftragt Firma eines VP-Mandatars mit COVID-Tests an Schulen* in Standard vom 30. 11. 2020: https://www.derstandard.at/story/2000122106306/niederoesterreich-beauftragt-firma-eines-vp-mandatars-fuer-covid-tests-an
1389 Siehe den Artikel *Ehemann von Kurz-Assistentin Österreichs größter Maskenproduzent: Maskenconnection ins Kanzleramt* in ZackZack vom 21. 07. 2020: https://zackzack.at/2020/07/21/maskenconnection-ins-kanzleramt-ehemann-von-kurz-assistentin-oesterreichs-groesster-maskenproduzent/
1390 Siehe Thomas Gehringer, *Pillendrehers Paradies* im *Tagesspiegel* vom 10. 04. 2016: www.tagesspiegel.de/gesellschaft/medien/akte-d-zur-pharainddustrie-pillendrehers-paradies/13427302.html
1391 Siehe das ZDF-Interview vom 06. 06. 2006 im Artikel *Der Druck der Pharma-Lobby war zu groß* auf www.aerzte-und-mobilfunk.eu/der-druck-der-pharma-lobby-war-zu-gross/ sowie Renate Hartwig, *Krank in Deutschland – Ein Tatsachbericht* (dotbooks, 2013), S. 12
1392 Siehe ebendort sowie Horst Seehofer betreffend *Positivliste* (Die Wahrheiten, 27. 08. 2008): https://youtu.be/DCy1D1HGeeA
1393 Siehe den Artikel *ZDF-»Frontal 21«-Redakteure Astrid Randerath und Christian Esser beste Wirtschaftsjournalisten 2009* in ZDF (10. 05. 2010): https://www.presseportal.de/pm/7840/1611504
1394 Siehe Esser und Randerath gem. Fn 1088, ab Min. 00:40
1395 Siehe John Virapen, *Nebenwirkung Tod: Scheinwissenschaftlichkeit, Korruption, Bestechung, Manipulation und Schwindel in der Pharma-Welt* (Familienverlag Buchner, 2009, 5. Auflage)
1396 Siehe Esser und Randerath gem. Fn 1088, Min. 10:40 bis 17:30
1397 Siehe Daniel Baumann, *Wirtschaftskriminalist im Interview: »Gelegenheit macht Diebe«* in Frankfurter Allgemeine vom 30. 07. 2011: https://www.fr.de/wirtschaft/gelegenheit-macht-diebe-11718265.html
1398 Siehe Der Fehlende Part gem. Fn 23, ab Min. 17:30
1399 Siehe Robin Williams in Goodreads: https://www.goodreads.com/quotes/159089-politics-poli-a-latin-word-meaning-many-and-tics-meaning
1400 Siehe Celente gem. 1350, ab Min. 26:30
1401 Siehe Esser und Randerath gem. Fn 1088, Min. 19:10 bis 33:40
1402 Siehe Siebert gem. Fn 1116
1403 Siehe Esser und Randerath gem. Fn 1088, ab Min. 35:40
1404 Siehe den Beitrag *John Locke on the idea that »wherever law ends, tyranny begins«* (1689) in Online Library of Liberty: https://oll.libertyfund.org/quotes/115
1405 Siehe am Anfang des dritten Kapitels beziehungsweise. Fn 528
1406 Siehe Jan-Werner Müller, *Vorsicht vor viralen Ermächtigungsgesetzen* in Standard vom 12. 04. 2020: https://www.derstandard.at/story/2000116758305/vorsicht-vor-viralen-ermaechtigungsgesetzen
1407 Siehe Andreas Ackermann et. al., *Anwälte schreiben offenen Brief an die Bundesregierung: Wir machen uns Sorgen um unseren Rechtsstaat* in Jouwatch vom 08. 11. 2020: https://www.journalistenwatch.com/2020/11/08/anwaelte-brief-bundesregierung/
1408 Siehe das Kapitel über den Reichstagsbrand in Monika Donner, *Krieg, Terror, Weltherrschaft – Band 2* (Monithor, erscheint 2021)
1409 Siehe den Beitrag *Vor 85 Jahren: Reichstag verabschiedet Ermächtigungsgesetz* in Bundeszentrale für politische Bildung (23. 03. 2018): https://www.bpb.de/politik/hintergrund-aktuell/156904/80-jahre-ermaechtigungsgesetz-22-03-2013
1410 Siehe Deutscher Reichstag, *8. Wahlperiode 1933, 2. Sitzung, 23. 03. 1933*, S. 25ff.: https://www.reichstagsprotokolle.de/Blatt2_w8_bsb00000141_00029.html
1411 Siehe Republik Österreich / Parlament, *Stenographisches Protokoll der 16. Sitzung des Nationalrates der Republik Österreich* (15. 03. 2020), S. 69: https://www.parlament.gv.at/PAKT/VHG/XXVII/NR-SITZ/NRSITZ_00016/fname_798123.pdf
1412 Siehe Republik Österreich / Parlament, *Stenographisches Protokoll der 903. Sitzung des Bundesrates der Republik Österreich* (15. 03. 2020), S. 42: https://www.parlament.gv.at/PAKT/VHG/BR/BRSITZ/

BRSITZ_00903/fname_797704.pdf
1413 Siehe Deutscher Bundestag, *Plenarprotokoll 19/154, Stenografischer Bericht: 154. Sitzung* (25. 03. 2020), S. 19169 (B): http://dipbt.bundestag.de/dip21/btp/19/19154.pdf#P.19169
1414 Siehe Deutscher Bundesrat, *Plenarprotokoll 988, Stenographscher Bericht: 988. Sitzung* (27. 03. 2020), S. 99: 2. Beratung: http://dipbt.bundestag.de/dip21/brp/988.pdf#P.98
1415 Siehe Artikel 1 (1) und (3) GG gem. Fn 688
1416 Siehe § 63 (2) Satz 4 Bundesbeamtengesetz (BBG) in der Fassung vom 29. 11. 2018 (BGBl. I S. 2232), in Kraft getreten am 07. 12. 2018: https://dejure.org/gesetze/BBG/63.html
1417 Siehe Walter / Mayer gem. Fn 651, S. 549 / Rn 1330
1418 Siehe Belling et. al. gem. Fn 686, S. 75 und 109
1419 Siehe Walter / Mayer gem. Fn 651, S. 549 / Rn 1331
1420 Siehe Belling et. al. gem. Fn 686, S. 55, 83ff. und 108-110
1421 Siehe ebendort, S. 55, 83, 108 bis 110
1422 Siehe § 25 (2) StGB, BGBl. I S. 3322; zuletzt geändert durch Artikel 47 G. v. 21. 12. 2020 BGBl. I S. 3096: https://dejure.org/gesetze/StGB/25.html
1423 Siehe § 12 StGB gem. Fn 574: https://www.ris.bka.gv.at/eli/bgbl/1974/60/P12/NOR12029553 sowie allgemein Diethelm Kienapfel, Grundriss des österreichischen Strafrechts – Allgemeiner Teil (Manz, 1998, 7. Auflage), S. 192f und *Kommentar zum § 12 StGB* in Jusline (03. 02. 2017): https://www.jusline.at/gesetzeskommentare/456486578
1424 Siehe § 242 (1) StGB: https://www.ris.bka.gv.at/eli/bgbl/1974/60/P242/NOR12029791
1425 Siehe § 81 (1) Nr. 2 StGB, BGBl. I S. 3322; zuletzt geändert durch Artikel 47 G. v. 21. 12. 2020 BGBl. I S. 3096: https://dejure.org/gesetze/StGB/81.html
1426 Für den deutschen § 81 StGB siehe: https://www.buzer.de/s1.htm?a=80-82&ag=6125
1427 Siehe § 302 (1) StGB: https://www.ris.bka.gv.at/eli/bgbl/1974/60/P302/NOR40140764
1428 Siehe § 240 StGB: https://dejure.org/gesetze/StGB/240.html
1429 Siehe § 339 StGB: https://dejure.org/gesetze/StGB/339.html
1430 Siehe § 344 StGB: https://dejure.org/gesetze/StGB/344.html
1431 Siehe bspw. OGH, GZ 17Os6/13f vom 27. 05. 2013, S. 6: https://www.ris.bka.gv.at/Dokumente/Justiz/JJT_20130527_OGH0002_0170OS00006_13F0000_000/JJT_20130527_OGH0002_0170OS00006_13F0000_000.pdf
1432 Siehe ebendort, S. 5
1433 Siehe OGH, GZ 17Os16/12z vom 02. 10. 2012, S. 3: https://www.ris.bka.gv.at/Dokument.wxe?Abfrage=Justiz&Dokumentnummer=JJT_20121002_OGH0002_0170OS00016_12Z0000_000
1434 Siehe Rechtsanwälte für Grundrechte, *Anwälte für Aufklärung*: https://www.afa-zone.at/
1435 Siehe Wilfried Schmitz, *CDL, Lockdown, PCR-Tests, Impfzwang, 5G … Transhumanismus?!*: https://www.rechtsanwalt-wilfried-schmitz.de/corona-hype/
1436 Siehe Wilfried Schmitz, *Strafanzeige gegen Bundeskanzlerin Dr. Angela Merkel wegen Beteiligung am Völkermord und am Verbrechen gegen die Menschlichkeit zum Nachteil der in Deutschland lebenden Menschen gem. § 6 und § 7 Völkerstrafgesetzbuch (VStGB) u.a.* (28. 06. 2020): https://www.openpetition.de/pdf/blog/verbot-des-5g-netzes-im-freistaat-bayern_strafanzeige-5g_1593592893.pdf
1437 Siehe Bernard Korn & Partner, *Aktuelle »Corona-Verfahren«* (30. 09. 2020): https://www.ckb-anwaelte.de/aktuelle-corona-verfahren
1438 Jessica Hamed, *Feststellungsklage und Antrag auf einstweilige Anordnung* (27. 04. 2020): https://www.ckb-anwaelte.de/download/Festellungsklage_Verwaltungsgericht_Mainz_270420.pdf
1439 Siehe § 275 StGB: https://www.ris.bka.gv.at/eli/bgbl/1974/60/P275/NOR40023140
1440 Siehe § 126 (2) iVm (1), insb. Nr. 1., 3. und 4. StGB: https://www.gesetze-im-internet.de/stgb/__126.html
1441 Siehe § 283 (1) Z. 1. und 2. StGB: https://www.ris.bka.gv.at/eli/bgbl/1974/60/P283/NOR40229320
1442 Siehe § 130 StGB: https://dejure.org/gesetze/StGB/130.html
1443 Siehe Artikel 20 (1) B-VG: https://www.ris.bka.gv.at/eli/bgbl/1930/1/A20/NOR40094598
1444 Siehe VwGH, VwSlgNF 9995A/1979 und 10.924A/1982
1445 Siehe Walter / Mayer gem. Fn 651, S. 255 / Rn 577 und S. 274f. / Rn 617 sowie Mayer gem. Fn 1046, S. 118f.

1446 Siehe VwGH gem. Fn 1444 sowie Mayer gem. Fn Fn 1046, S. 119
1447 Siehe § 44 (2) BDG 1979, BGBl. Nr. 333/1979, zuletzt geändert durch BGBl. I Nr. 10/1999: https://www.ris.bka.gv.at/eli/bgbl/1979/333/P44/NOR12116757
1448 Siehe bspw. VwGH, VwSlg 14313 A/1995: https://www.ris.bka.gv.at/Dokumente/Vwgh/JWR_1995120122_19950906X07/JWR_1995120122_19950906X07.pdf
1449 Siehe § 44 (3) BDG gem. Fn 1447
1450 Siehe VwGH, Zl. 86/09/0110 vom 30. 03. 1989 und 94/12/0241 vom 25. 03. 1998; siehe auch Walter / Mayer gem. Fn 651, S. 275 / Rn 617
1451 Siehe Artikel 1 (1) und (3) GG gem. Fn 1415
1452 Siehe § 63 (1) und (2) BBG gem. Fn 1416
1453 Siehe § 63 (2) BBG gem. Fn 1416
1454 Siehe Dieter Nohlen et. al. (Hrsg.), *Lexikon der Politik, Band 7* (C. H. Beck, 1998), S. 725
1455 Siehe Dieter Nohlen und Florian Grotz (Hrsg.), *Kleines Lexikon der Politik* (C. H. Beck, 2011), S. 687
1456 Siehe Arthur Kaufmann und Leonhard E. Backmann (Hrsg.), *Widerstandsrecht* (Wissenschaftliche Buchgesellschaft, 1972), S. XII.
1457 Siehe Anna Gamper, *Staat und Verfassung: Einführung in die Allgemeine Staatslehre* (Facultas, 2014), S. 254
1458 Siehe Ilse Reiter-Zatloukal, *Widerstandsrecht oder ziviler Ungehorsam? Zur rechtshistorischen Einordnung von Widersetzlichkeit* in Juridikum Nr. 3/2012, S. 292: https://www.juridikum.at/fileadmin/user_upload/ausgaben/juridikum_3-2012.pdf
1459 Siehe Kaufmann und Backmann gem. Fn 1456, S. XIII.
1460 Siehe Rogan gem. Fn 896, S. 14ff.
1461 Siehe § 269 (1) iVm (4) StGB: https://www.ris.bka.gv.at/eli/bgbl/1974/60/P269/NOR12029818
1462 Siehe Rogan gem. Fn 896, S. 46
1463 Siehe OGH, GZ 12 Os 183/86, SSt 58/8 vom 22. 01. 1987
1464 Siehe Rogan gem. Fn 896, S. 52 / Fn 356
1465 Siehe § 113 (1) iVm (3) StGB: https://www.gesetze-im-internet.de/stgb/__113.html
1466 Siehe Artikel 20 (4) iVm (3) GG: https://www.gesetze-im-internet.de/gg/art_20.html
1467 Siehe Steffen Detterbeck, *Öffentliches Recht: Ein Basislehrbuch zum Staatsrecht, Verwaltungsrecht und Europarecht mit Übungsfällen* (Franz Vahlen, 2013, 9. Auflage), S. 239 / Rn 548
1468 Siehe BVerfGE 5, 85 vom 17. 08. 1956, *KPD-Verbot*, 10. Leitsatz: https://servat.unibe.ch/dfr/bv005085.html
1469 Siehe den Artikel *Nach 23 Uhr im Schanigarten: Trotz Sperrstunde im Lokal: Riesen-Wirbel um Van der Bellen* in oe24 vom 24. 05. 2020: https://www.oe24.at/coronavirus/trotz-sperrstunde-im-lokal-riesen-wirbel-um-van-der-bellen/431095397
1470 *Siehe Daz Nez leads London crowd in singing »you can stick your new world order up your ass«* (TheMiddleBlitz, 06. 12. 2020): https://youtu.be/2utuqB_1o_4
1471 Siehe Ulrich Schödlbauer, *Füllmich. Eine Pandemie wird zur Kasse gebeten* in PT-Magazin vom 29. 09. 2020: https://www.pt-magazin.de/de/gesellschaft/aufgespiesst/f%C3%BCllmich-eine-pandemie-wird-zur-kasse-gebeten_kfnplvfl.html
1472 Siehe https://www.corona-schadensersatzklage.de/
1473 Siehe https://www.covid19-schaden.at/
1474 Siehe Carroll Quigley, *The Anglo-American Establishment* (Books in Focus, 1981), S. 34ff. und 183ff.
1475 Siehe ebendort, S. 140ff.
1476 Siehe Carroll Quigley, *Das Anglo-amerikanische Establishment: die Geschichte einer geheimen Weltregierung* (Kopp, 2016)
1477 Siehe Antony C. Sutton, *Amerikas geheimes Establishment: Band 1 bis 3* (Books on Demand, 2019)
1478 Siehe Antony C. Sutton, *America's Secret Establishment: An introduction to the Order of Skull & Bones* (Trine Day, 2002), S. 17ff, 23, 26, 29, 56 und 120ff.
1479 Siehe ebendort, S. 62ff.
1480 Siehe ebendort, S. 17 und 23
1481 Siehe ebendort, S. 115

1482 Siehe Donner, *Krieg, Terror, Weltherrschaft* (Band 1) gem. Fn 5, S. 47 bis 56 bzw. die dortigen Fn 51 bis 83
1483 Siehe Sutton gem. Fn 1478, S. 138ff. und 164ff.
1484 Siehe ebendort, S. 119
1485 Siehe Rudolf Steiner, Gesamtausgabe 24: *Aufsätze über die Dreigliederung des sozialen Organismus und zur Zeitlage 1915 – 1921, Die Memoranden vom Juli 1917, Erstes Memorandum*, S. 346: https://anthrowiki.at/GA_24 bzw. http://www.bdn-steiner.ru/cat/ga/024.pdf#view=Fit
1486 Siehe *Nazisau – Medienpropaganda, Schuldkomplex, historische Realität* (Monithor, 12. 01. 2020), ab Min. 07:00: https://youtu.be/_7-ZEm7J7_s sowie *Monika Donner – Krise als Chance-202012* (Franz Joseph Suppanz, Dez. 2020, ab Min. 22:30: https://www.okitube.com/video/875/monika-donner---krise-als-chance-202012?channelName=FranzJosefSuppanz
1487 Siehe Donner, *Krieg, Terror, Weltherrschaft* (Band 1) gem. Fn 5, S. 84 bis 89 bzw. die dortigen Fn 171 bis 179
1488 Siehe NATO, *Lord Ismay*: https://www.nato.int/cps/us/natohq/declassified_137930.htm
1489 Siehe Thierry Baudet, *Oikophobie: Der Hass auf das Eigene und seine zerstörerischen Folgen* (Ares, 2017), S. 8
1490 Siehe PNAC, *Rebuldiing America's Defences: Strategy, Forces and Resources For a New Century – A Report of The Project for the New American Century* (September 2000), S. 51: https://web.archive.org/web/20121014140636/http://www.newamericancentury.org/RebuildingAmericasDefenses.pdf
1491 Siehe Monika Donner, *Massenmigration 2015 – Warnung, Maulkorb, Lösung* in Monithor: http://www.monithor.at/analysen/massenmigration/
1492 Siehe Donner, *Krieg, Terror, Weltherrschaft* (Band 1) gem. Fn 5, S. 108 bis 111 bzw. die dortigen Fn 225 bis 232
1493 Siehe J. Xie et. al., *Social consensus through the influence of committed minorities* in Physical Review E 84, 011130 (22. 07. 2011), S. 1 und 5f.: https://journals.aps.org/pre/abstract/10.1103/PhysRevE.84.011130 sowie https://www.researchgate.net/publication/51595379_Social_consensus_through_the_influence_of_committed_minorities
1494 Siehe Headquarters Department of the Army Washington DC, *Counterinsurgency*, FM 3-24, MCWP 3-33.5 (Dezember 2006), S. 1-20 und 1-28: https://www.hsdl.org/?view&did=468442
1495 Siehe Donner, *Tiger* gem. Fn 7, insb. S. 385 bis 413
1496 Siehe *Duden / Herkunftswörterbuch* gem. Fn 553, S. 849
1497 Siehe Donner, *Tiger* gem. Fn 7, S. 453f.
1498 Siehe Ekin Ok, *Signaling Virtuous Victimhood as Indicators of Dark Triad Personalities* in Journal of Personality and Social Psychology, ISSN 0022-3514 (02. 07. 2020), insb. S. 1 und 25: http://dx.doi.org/10.1037/pspp0000329 bzw. https://scottbarrykaufman.com/wp-content/uploads/2020/07/Ok-et-al.-2020.pdf
1499 Siehe Al Bartlett, *Arithmetic, Population and Energy – a talk by Al Bartlett*: https://www.albartlett.org/presentations/arithmetic_population_energy.html
1500 Siehe *Arithmetic, Population and Energy - Full length* (kip399, 26. 01. 2012), ab Min. 13:25: https://youtu.be/sI1C9DyIi_8 sowie https://www.albartlett.org/presentations/arithmetic_population_energy_video1.html
1501 Siehe ebendort, ab Min. 40:10
1502 Siehe ebendort, ab Min. 59:50
1503 Siehe https://www.exploregeorgia.org/elberton/general/historic-sites-trails-tours/georgia-guidestones
1504 Siehe bspw. Elberton Granite Finishing Co. Inc., *Let these be Guidestones to an age of reason* (1981): https://www.wired.com/wp-content/uploads/archive/images/multimedia/magazine/1705/Wired_May_2009_Georgia_Guidestones.pdf
1505 Siehe The Cobden Club, Secretariat for World Order, *Initiative for ECO-92 Earth Charter* bzw. *A UNA Environment and Development Conference to provide broad public debate and support for United Nations Earth* in *10-25-11 UNCED 1992 Document Scan From George W. Hunt*: https://de.scribd.com/doc/101240390/10-25-11-UNCED-1992-Document-Scan-From-George-W-Hunt
1506 Siehe ebendort, S. 4 (Schreiben) bzw. 5 (PDF)
1507 Siehe George Hunt, *The UNCED Earth Summit Meeting* (Originalaufnahme vom 01. 05. 1992), ab

Min. 07:50; abrufbar als *UNCED Earth Summit by George Hunt 1992* / EN, VHS Videotape – Original (DudeWEblogTV, 11. 05. 2020): https://www.bitchute.com/video/2gvm7GGBFB2P/ sowie als *George Hunt – UNCED_Earth_Summit_1992 AGENDA_21 Pt.1-6* (radiofri, 26. 10. 2014): https://youtu.be/AOyRMz3-zpU

1508 Siehe ebendort, ab Min. 09:10 und 22:00
1509 Siehe ebendort, ab Min. 23:00
1510 Siehe *Reflections And Warnings: An Interview With Aaron Russo* (Infowars, 2009), ab Min. 50:15: http://www.infowarsshop.com/Reflections-And-Warnings-An-Interview-With-Aaron-Russo_p_27.html sowie https://youtu.be/FIolXnOG96g
1511 Siehe Matt Prather, *Aaron Russo: Reflections and Warnings — Full Transcript*: https://sites.google.com/site/themattprather/Reading/aaron-russo/reflections-and-warnings-full-transcript
1512 Siehe Hunt gem. Fn 1507, ab Min. 15:00
1513 Siehe Klaus Schwab, *Maurice Strong: an appreciation* (29. 11. 2015): https://www.weforum.org/agenda/2015/11/maurice-strong-an-appreciation/
1514 Siehe Konstantin Knirsch, *Was taugen die Prognosen der Deagel-Liste? In Deutschland 60% Bevölkerungsrückgang in den kommenden 7 Jahren??* (Update vom 13. 10. 2020): http://www.konstantinkirsch.de/2017/08/was-taugen-die-prognosen-der-deagel-liste.html
1515 Siehe Deagel, *Disclaimer* (25. 09. 2020): https://www.deagel.com/forecast
1516 Siehe ebendort die Länderliste unter der Auswahl *Forecast 2025*, Nr. 33 Deutschland und Nr. 54 Österreich
1517 Siehe Mike Williams, *Quantum-dot tattoos hold vaccination record* in Rice University (18. 12. 2019): https://news.rice.edu/2019/12/18/quantum-dot-tattoos-hold-vaccination-record/
1518 Siehe Gates gem. Fn 1370, ab Min. 04:10
1519 Siehe Yuval Noah Harari, *Homo Deus – Eine Geschichte von Morgen* (C.H. Beck, 2010, 12. Auflage), S. 431ff.
1520 Siehe ebendort, S. 563f.
1521 Siehe Rudolf Steiner, Gesamtausgabe 204: *Perspektiven der Menschheitsentwickelung, Vierzehnter Vortrag, Dornach* (13. 05. 1921), S. 245: https://anthrowiki.at/GA_204 bzw. http://fvn-archiv.net/PDF/GA/GA204.pdf#view=Fit
1522 Siehe Rudolf Steiner, Gesamtausgabe 177: *Die spirituellen Hintergründe der äußeren Welt. Der Sturz der Geister der Finsternis, Dornach* (27. 10. 1917), S. 237: https://anthrowiki.at/GA_177 bzw. http://fvn-archiv.net/PDF/GA/GA177.pdf#view=Fit
1523 Siehe Harari gem. Fn 1519, S. 573f.
1524 Siehe Michio Kaku, *Die Physik der Zukunft – Unser Leben in 100 Jahren* (Rowohlt, 2011), S. 179 bis 182
1525 Siehe *Reflections And Warnings* gem. Fn 1510, ab Min. 23:55 und 70:30
1526 Siehe Rockefeller Foundation / GBN gem. Fn 80, S. 20
1527 Siehe Andrés Velasco, *Why the Federal Reserve should be the world's central bank* in WEF (03. 03. 2016): https://www.weforum.org/agenda/2016/03/why-the-federal-reserve-should-be-the-worlds-central-bank
1528 Siehe Kapitel *Ersehnte digitale Diktatur* bzw. Fn 411 bis 415
1529 Siehe Schwab, *Die Vierte Industrielle Revolution* gem. Fn 411, S. 171 bis 228
1530 Siehe ebendort sowie S. 44f., insb. Tabelle 1
1531 Siehe Klaus Schwab, *Shaping the Future of the Fourth Industrial Revolution: A Guide to Building a Better World* (Currency, 2018), S. 16
1532 Siehe ebendort, S. 7f.
1533 Siehe ebendort, S. 13
1534 Siehe ebendort, S. 15 und 17
1535 Siehe ebendort, S. 238 und 240
1536 Siehe ebendort, S. 167
1537 Siehe ebendort, S. 211
1538 Siehe WEF, *Welcome to 2030. I own nothing, have no privacy, and life has never been better* (11. 11. 2016): https://www.weforum.org/agenda/2016/11/shopping-i-can-t-really-remember-what-that-is/

1539 Siehe das Transkript *Donald Trump's Speech Responding To Assault Accusations* in NPR vom 13. 10. 2016: https://www.npr.org/2016/10/13/497857068/transcript-donald-trumps-speech-responding-to-assault-accusations

1540 Siehe den Artikel *Opinion: Trump's threats* in DW vom 16. 01. 2017: https://www.dw.com/en/opinion-trumps-threats/a-37144781

1541 Siehe den Beitrag *20. Januar 2017: Donald Trump wird als Präsident der USA vereidigt* in BPB (16. 01. 2017): https://www.bpb.de/politik/hintergrund-aktuell/240788/amtsantritt-trumps

1542 Siehe WEF, *How 5G can advance the SDGs* in WEF (03. 04. 2019): https://www.weforum.org/agenda/2019/04/how-5g-can-advance-the-sdgs

1543 Siehe Horton gem. Fn 441, ab Min 11:30

1544 Siehe Sun Tsu, *Die Kunst des Krieges* (Nikol, 2008), S. 8

1545 Siehe Harro von Senger, *Strategeme – Band 1* (Scherz, 2008, 11. Auflage), S. 37ff.

1546 Siehe Georg Immanuel Nagel, *Der Drache und der Adler: Wie die chinesische Weltexpansion die weiße Welt bedroht, Eckartschrift 241* (Österreichische Landsmannschaft, 2020), S. 4 und 40ff.

1547 Siehe *Wie der Teufel die Welt beherrscht – Band 1* (Epoch Times, 2020, 3. Auflage), S. 15 und 313ff.

1548 Siehe *Wie der Teufel die Welt beherrscht – Band 3* (Epoch Times, 2020, 3. Auflage), S. 129f. und 174ff.

1549 Siehe den Artikel *Weltwirtschaftsforum in Davos: Merkel plädiert für eine neue Weltordnung* in T-Online vom 23. 01. 2019: https://www.t-online.de/nachrichten/ausland/internationale-politik/id_85133976/weltwirtschaftsforum-in-davos-angela-merkel-plaediert-fuer-neue-weltordnung.html

1550 Siehe Stowasser et. al., *Der kleine Stowasser* (Hölder-Pichler-Tempsky, 1980), S. 348

1551 Siehe den Artikel »The European Dream« – *Wie Europa fit für die Zukunft wird* in GPK vom 07. 05. 2020: https://gpk.at/project/the-european-dream/

1552 Siehe *Yuval Noah Harari & Kanzler Sebastian Kurz im Gespräch* (Yuval Noah Harari, 13. 05. 2019), insb. ab Min. 38:50: https://youtu.be/lzbAOE4qfDw sowie mit Transkript: *Düstere Prognose für Demokratie und Rechtsstaat 2050 / von Sebastian Kurz* (Red Condor TV, 04. 06. 2020): https://youtu.be/ErZiVgPj_fQ

1553 Siehe Kapitel *Biologische Waffe* bzw. Fn 303

1554 Siehe Klaus Schwab und Thierry Malleret, *COVID-19: The Great Reset* (WEF / Forum Publishing, 2020), S. 12

1555 Siehe ebendort, S. 153

1556 Siehe WEF, *The Great Reset*: https://www.weforum.org/focus/the-great-reset

1557 Siehe Schwab / Malleret gem. Fn 1554, S. 11

1558 Siehe ebendort, S. 89

1559 Siehe ebendort, S. 36 bis 242

1560 Siehe das Transkript *Bill Gates speaks to the FT about the global fight against coronavirus* in Financial Times vom 09. 04. 2020: https://www.ft.com/content/13ddacc4-0ae4-4be1-95c5-1a32ab15956a

1561 Siehe *Der Mensch Bill Gates – Teil 1* (Netflix, 2019), ab Min. 29:00 und 45:00

1562 Siehe *Der Mensch Bill Gates – Teil 2* (Netflix, 2019), ab Min. 02:00, 12:00 und 32:00

1563 Siehe Editor, *4IR and jobs: Billions of people at risk of losing out unless leaders take charge now* in Biz News vom 22. 01. 2018: https://www.biznews.com/wef/davos-2018/2018/01/22/4ir-jobs-billions-people

1564 Siehe Schwab / Malleret gem. Fn 1554, S. 11

1565 Siehe ebendort, S. 153

1566 Siehe WEF, *Resetting the Future of Work Agenda: Disruption and Renewal in a Post-COVID World, White Paper* (Oktober 2020), S. 4 / Abb. 1: http://www3.weforum.org/docs/WEF_NES_Resetting_FOW_Agenda_2020.pdf

1567 Siehe ebendort, S. 25

1568 Siehe WEF, *COVID Action Platform*: https://www.weforum.org/platforms/covid-action-platform/

1569 Siehe WEF, *Strategic Intelligence*: https://intelligence.weforum.org/topics/a1G0X000006O6EHUA0?tab=publications

1570 Siehe Neue Westfälische, *Die Corona-Krise ist eine große Chance* (20. 08. 2020) auf der Homepage von Wolfgang Schäuble (21. 08. 2020): https://www.wolfgang-schaeuble.de/die-pandemie-ist-eine-grosse-chance/

1571 Siehe den Artikel *Schäuble verrät die wahren Ziele: Corona als »Chance« für den großen Systemumbau* in Jouwatch vom 22. 08. 2020: https://www.journalistenwatch.com/2020/08/22/schaeuble-ziele-corona/
1572 Siehe Vereinte Nationen, Resolution A/RES/70/1 gem. Fn 94, S. 25 / Pkt. 16.9
1573 Siehe ID2020, *The Need for Good Digital ID is Universal*: https://id2020.org/digital-identity#approach
1574 Siehe ID2020, *The ID2020 Alliance is unique in its philosophy and transparent governance*: https://id2020.org/alliance
1575 Siehe ID2020, *At a Glance* bzw. *Alliance-Overview* (2020), S. 1: https://id2020.org/uploads/files/ID2020-Alliance-Overview.pdf
1576 Siehe ebendort, S. 3
1577 Ähnlich der Artikel *Klaus Schwab: »Great Reset« wird zur Verschmelzung unserer physischen, digitalen und biologischen Identität führen* in Deutsche Wirtschaftsnachrichten vom 10. 12. 2020: https://deutsche-wirtschafts-nachrichten.de/507640/Klaus-Schwab-Great-Reset-wird-zur-Verschmelzung-unserer-physischen-digitalen-und-biologischen-Identitaet-fuehren
1578 Siehe den Artikel *Transhumanismus – Der Traum vom ewigen Leben* in HWZ Digital vom 11. 11. 2019: https://www.hwzdigital.ch/transhumanismus-der-traum-vom-ewigen-leben/
1579 Siehe *World Economic Forum Founder Klaus Schwab on the Fourth Industrial Revolution* (Chicago Council on Global Affairs, 13. 05. 2019), ab Min. 16:45: https://youtu.be/CVIy3rjuKGY
1580 Siehe Christoph Seidler, *42.000 Satelliten geplant: Darf Elon Musk den Nachthimmel verschandeln?* in Spiegel vom 16. 10. 2019: https://www.spiegel.de/wissenschaft/weltall/spacex-von-elon-musk-will-40-000-satelliten-starten-a-1291881.html
1581 Siehe *UCS Satellite Database*: https://www.ucsusa.org/resources/satellite-database
1582 Siehe Bill & Melinda Gates Foundation, *Grantmaking: Awarded Grants*: https://www.gatesfoundation.org/How-We-Work/Quick-Links/Grants-Database
1583 Siehe ebendort mittels Eingabe »World Health Organisation« in der Suchmaske und mittels Einstellung der Filter (Jahr, Thema)
1584 Siehe Bill & Melinda Gates Foundation, *How We Work: Grant: World Health Organization* (November 2020): https://www.gatesfoundation.org/How-We-Work/Quick-Links/Grants-Database/Grants/2020/11/INV-005937
1585 Siehe Bill & Melinda Gates Foundation, *How We Work: Grant: Spiegel Online* (Dezember 2018): https://www.gatesfoundation.org/How-We-Work/Quick-Links/Grants-Database/Grants/2018/12/OPP1203082
1586 Siehe den Artikel *Teststrecke: Erstes unbemanntes Lufttaxi hebt 2020 in Linz ab* in Standard vom 14. 05. 2019: https://www.derstandard.at/story/2000103120464/erste-teststrecke-fuer-e-lufttaxis-2020-in-linz
1587 Siehe den Artikel *Familie: Smartphone als digitaler Schnuller* in ORF Salzburg vom 05. 04. 2019: https://salzburg.orf.at/v2/news/stories/2974323/
1588 Siehe *Digitaler Schnuller: Smartphone als Babysitter* (ORF, 2020)
1589 Siehe Schwab, *Die Vierte Industrielle Revolution* gem. Fn 411, S. 172
1590 Siehe Schwab, *Shaping the Future* gem. Fn 1531, S. 83 bis 85
1591 Siehe Indrajit Roy et. al., *Non-viral gene transfection nanoparticles: Function and applications in the brain* in Science Direct vom 02. 06. 2008: https://doi.org/10.1016/j.nano.2008.01.002
1592 Siehe Patent US2017229149 (A1) – 2017-08-10, *System and Method for Using, Biometric, and Displaying Biometric Data*: https://worldwide.espacenet.com/publicationDetails/originalDocument?FT=D&date=20170810&DB=&locale=&CC=US&NR=2017229149A1&KC=A1&ND=6
1593 Siehe Patent WO2020060606, *Cryptocurrency System using body activity data*, Nr. WO/2020/060606, (Antrag: 20. 06. 2019, Veröffentlichung: 26. 03. 2020): https://patentscope.wipo.int/search/en/detail.jsf?docId=WO2020060606
1594 Siehe Patent US 2020/0097951 A1, *Cryptocurrency System using body activity data*, (Antrag: 21. 08. 2018, Veröffentlichung: 26. 03. 2020), S. 2 [0026] und S. 3 [0036]: https://patentimages.storage.googleapis.com/41/6d/65/1c4aee838dec14/US20200097951A1.pdf
1595 Siehe Alexandra Ma, *Thousands of Swedish people are swapping ID cards for microchips* in WEF (16. 05.

2018): https://www.weforum.org/agenda/2018/05/thousands-of-people-in-sweden-are-embedding-microchips-under-their-skin-to-replace-id-cards

1596 Siehe Enders, *5G und Nano-Roboter* gem. Fn 439

1597 Siehe Eric Wagner, Über Impfstoffe zur digitalen Identität? in Telepolis vom 01. 05. 2020: https://www.heise.de/tp/features/Ueber-Impfstoffe-zur-digitalen-Identitaet-4713041.html?seite=all

1598 Siehe Jan Wellmann, *The Inception Of Synthia: How A Biotech God Gave Birth To Synthetic Life* in Honey Colony vom 03. 01. 2017: https://www.honeycolony.com/article/synthia/

1599 Siehe *Craig Venter stellt künstliches Leben vor* (TED, Mai 2010): https://www.ted.com/talks/craig_venter_watch_me_unveil_synthetic_life?language=de#t-355250

1600 Siehe Jillian Eugenios, *Ray Kurzweil: Humans will be hybrids by 2030* in CNN vom 04. 06. 2015: https://money.cnn.com/2015/06/03/technology/ray-kurzweil-predictions/ sowie Chris Matyszczyk, *Google exec: Humans will be hybrids by 2030* in Cnet vom 04. 06. 2020: https://www.cnet.com/news/google-exec-humans-will-be-hybrids-by-2030/

1601 Siehe *Ray Kurzweil: We'll Become Godlike When We Connect Our Brains to The Cloud* (*The WorldPost*, 30. 09. 2015): https://youtu.be/uHg0FIilK0E

1602 Siehe bspw. Matyszczyk, *Google exec* gem. Fn 1601

1603 Siehe *Get ready for hybrid thinking* (TED, März 2014), ab Min. 07:30: https://www.ted.com/talks/ray_kurzweil_get_ready_for_hybrid_thinking/transcript?referrer=playlist-talks_on_artificial_intelligen#t-448366

1604 Siehe Fn 1601

1605 Siehe Patent US 10.853.717 B2, *Creating a conversational chat bot of a specific person* (Veröffentlichung: 01. 12. 2020): https://patentimages.storage.googleapis.com/8d/2a/7e/325266284d79df/US10853717.pdf

1606 Siehe Entrepreneur Staff, *Microsoft files patent for a chatbot that 'could' become the 'twin' of a deceased person* in Entrepreneur vom 11. 12. 2020: https://www.entrepreneur.com/article/361529

1607 Siehe *William of Ockham / 4.1 Ockham's Razor* in Stanford Encyclopedia of Philosophy: https://plato.stanford.edu/entries/ockham/#OckhRazo

1608 Siehe Kluge, *Etymologisches Wörterbuch* gem. Fn 757, S. 781

1609 Siehe *Historische Fakes*: »Niemand hat die Absicht, eine Mauer zu errichten« (Tagesschau, 15. 06. 2017): https://youtu.be/Yz9DNSTrHBY

1610 Siehe Albert D. Biderman, *Communist attempts to elicit false confessions from Air Force prisoners of war* in Bulletin of the New York Academy of Medicine, 33 (9), 1957, S. 616 bis 625: https://www.ncbi.nlm.nih.gov/pmc/articles/PMC1806204/ bzw. https://www.ncbi.nlm.nih.gov/pmc/articles/PMC1806204/pdf/bullnyacadmed00378-0046.pdf

1611 Siehe Daniel Wahl, *70 Prozent Migranten in den Spitalbetten* in Basler Zeitung vom 02. 12. 2020, S. 1f.: https://www.svp-zug.ch/wp-content/uploads/sites/11/Download-PDF-103.pdf

1612 Siehe WEF, *How to vaccinate your organization against a cyber pandemic* (01. 07. 2020): https://www.weforum.org/agenda/2020/07/vaccinate-organization-cyberattack-pandemic/

1613 Siehe *Welcoming Remarks. Klaus Schwab* (BI.ZONE, 24. 07. 2020), ab Min. 06:50: https://youtu.be/EOvz1Flfrfw

1614 Siehe *Der Tag, an dem die Erde stillstand* (Scott Derrickson, 2008), ab Min. 72:00

1615 Siehe *Duden / Herkunftswörterbuch* gem. Fn 553, S. 487

1616 Siehe ebendort

1617 Siehe Sebastian Haffner, *Anmerkungen zu Hitler* (Fischer, 2017, 32. Auflage)

1618 Siehe ebendort, S. 70

1619 Siehe Joseph Goebbels in Angriff vom 06. 12. 1931, zitiert in Wolfgang Venohr, *Dokumente deutschen Daseins: 500 Jahre deutsche Nationalgeschichte – 1445-1945* (Athenaeum, 1980), S. 291

1620 Siehe Stephen Kotkin, *Stalin: Waiting für Hitler 1929-1941* (Penguin Press, 2017), S. 888

1621 Siehe Eric Voegelin, *Die politischen Religionen* (Wilhelm Fink, 2007, 3. Auflage), S. 6

1622 Siehe Peter J. Opitz (Hrsg.), *Voegeliniana / Occasional Papers Nr. 75* (Juni 2009): Hans Otto Seitschek, *Raymond Arons Konzept der »politischen Religionen« – Ein eigener Weg der Totalitarismuskritik*, S. 13 und 19: https://www.gsi.uni-muenchen.de/forschung/forsch_zentr/voegelin/publikationen/papers/op-75.pdf

1623 Siehe ebendort, S. 27
1624 Siehe *Duden / Herkunftswörterbuch* gem. Fn 553, S. 656f.
1625 Siehe Ernst Moritz Arndt, *Der Gott, der Eisen wachsen ließ* (1812): http://www.balladen.de/web/sites/balladen_gedichte/autoren.php?b05=24&b16=753
1626 Siehe *Heino – Der Gott, der Eisen wachsen ließ / 1977* (Heino, 28. 05. 2018): https://youtu.be/86e5YHkBJsk
1627 Siehe Rudolf Steiner, Gesamtausgabe 268: *Mantrische Sprüche – Seelenübungen, Band II, 1903 – 1925*, S. 37: https://anthrowiki.at/GA_268 bzw. http://fvn-archiv.net/PDF/GA/GA268.pdf#view=Fit
1628 Siehe https://zitatezumnachdenken.com/george-bernard-shaw/2592
1629 Siehe Donner, *Tiger* gem. Fn 7
1630 Siehe ebendort, insb. S. 359f.
1631 Siehe John Bradshaw, *Das Kind in uns. Wie finde ich zu mir selbst* (Droemer Knaur, 2000)
1632 Siehe Dietrich Wild, *Der Tigerbericht* (Sheema Medien, 2004)
1633 Siehe *Sir Anthony Hopkins: »Congratulations Class of 2020« – a message to all graduating in 2020* (Zsuzsanna Uhlik, 17. 05. 2020): https://youtu.be/RoKcHWSr4r8
1634 Siehe Om C. Parkin, *Donnerschlag und Tempelstille* – Unterweisungen eines modernen Zen-Lehrers für jeden Tag des Jahres (advaitaMedia, 2004), 27. Februar
1635 Siehe https://zitatezumnachdenken.com/mahatma-gandhi/6693
1636 Siehe Gene Sharp, *Von der Diktatur zur Demokratie – Ein Leitfaden der Befreiung* (C.H. Beck, 2014, 6. Auflage), S. 20
1637 Siehe https://kraftwerk-mensch.de/

Monithor, die Akademie für Strategische Bildung, setzt sich für Wahrheit, Recht und Freiheit ein, indem sie das geistige Rüstzeug für ein möglichst freies, selbstbestimmtes und verantwortungsbewusstes Leben der Menschen und Völker in Europa vermittelt. Die Themenschwerpunkte sind:

- **Freiheit:** Hilfestellung bei der individuellen geistigen Selbstverteidigung
- **Recht:** Empfehlung zu gestärkten Nationalstaaten in einem geeinten Europa
- **Wahrheit**: Geostrategisch-historische Aufarbeitung ab dem Ersten Weltkrieg

Besagte Themenschwerpunkte werden sowohl mit Video-Dokumentationen und gefilmten Vorträgen als auch mit den zugrundeliegenden Büchern vermittelt. Über diese Bücher informieren die folgenden Seiten. Besuchen Sie uns auch im Internet auf

www.monithor.at

Monika Donner
Krieg, Terror, Weltherrschaft – Band 1: Warum Deutschland sterben soll

2019, 2. Auflage
Hardcover, 826 Seiten
Zahlreiche Abbildungen und Tabellen
Format: ca. 21,5 x 15 x 5 cm
Preis: 34,90 Euro

ISBN 978-3-9503314-1-7

Dieses Buch beweist unwiderlegbar, dass der Erste Weltkrieg – die europäische Urkatastrophe – ab 1906 und damit bereits acht Jahre vor Kriegsbeginn in London akribisch geplant, von dort aus militärstrategisch vorbereitet und sodann diplomatisch ausgelöst wurde, um das deutsche Kaiserreich und Österreich-Ungarn zu zerstören, die geplante mitteleurasische Allianz, einschließlich ein deutsch-jüdisches Palästina, zu verhindern und die globale Kapitaldiktatur zu implementieren. Die Deutschen trifft keinerlei Verantwortung! Schuldig sind anglo-amerikanische Globalisierer.

Bestellung:
info@monithor.at

- Auslösung des Ersten Weltkriegs 1914
- Versenkung der Lusitania 1915

Monithor – Akademie für Strategische Bildung
Mag.a Monika Donner
Carl-Appel Straße 7/31/4
1100 Wien
www.monithor.at

www.monithor.at

Monika Donner
Krieg, Terror, Weltherrschaft – Band 2: Warum Deutschland leben muss

Erscheint 2021
Hardcover, ca. 830 Seiten
Zahlreiche Abbildungen und Tabellen
Format: ca. 21,5 x 15 x 5 cm
Preis: 34,90 Euro

ISBN 978-3-9503314-2-4

Auf der logischen Struktur des ersten Bands aufbauend, werden jene verdeckten Operationen von der Zeit nach dem Ersten Weltkrieg bis heute aufgedeckt, die den anglo-amerikanischen Globalisierern zum Ausbau und Erhalt ihrer Macht über Eurasien und die Welt dienen:

Bestellung:
info@monithor.at

- Reichstagsbrand 1933
- Reichspogromnacht 1938
- Auslösung des Zweiten Weltkriegs 1939
- Pearl Harbor 1941
- Ermordung John F. Kennedys 1963
- Zweites Pearl Harbour 2001: 9/11
- Beginn der Ukraine-Krise 2014
- Massenmigration nach Europa ab 2015
- »Islamistischer« Terror in Europa

Monithor – Akademie für Strategische Bildung
Mag.a Monika Donner
Carl-Appel Straße 7/31/4
1100 Wien
www.monithor.at

www.monithor.at

Monika Donner
Tiger in High Heels – Zweimal Käfig und zurück

2018, 5. Auflage
Softcover, 576 Seiten
16 Abbildungen und 18 Illustrationen
Format: ca. 21 x 15 x 3 cm
Preis: 29,90 Euro

ISBN 978-3-9503314-3-1

Warum werden Tiger in Käfige gesteckt?

Weil sie sonst eine Gefahr für die gezähmte Gesellschaft darstellen. Uns Menschen geht es im Grunde genauso. Tief drinnen sind wir frei wie Raubkatzen. Aber schon als Kind werden wir in soziale Käfige voller Normen, Rollen und Zwänge eingesperrt. Sie machen uns zu angepassten Marionetten des Systems. Die Autorin holt den Menschen wieder in den Vordergrund bzw. hilft ihm, seinen Käfig zu erkennen. Dies macht sie anhand ihrer Biographie, die jedoch nur als Trojanisches Pferd dient, um den Leser zur Beschäftigung mit sich selbst anzuregen. Man taucht ein in eine einzigartige Kombination aus biographischen, psychologischen, rechtlichen und auch spirituellen Abhandlungen.

Bestellung:
info@monithor.at

Monithor – Akademie für Strategische Bildung
Mag.a Monika Donner
Carl-Appel Straße 7/31/4
1100 Wien
www.monithor.at

www.monithor.at

Monika Donner &
Peter Hajek
**Normal war gestern
(Roman)**

2014
Verlag Berger
Hardcover, 376 Seiten
Format: ca. 18,5 x 11,5 x 3 cm
Preis: 19,90 Euro

ISBN 978-3-85028-646-6

Ein humorvoller, provokanter und zugleich tiefgründiger Roman, der den Blick auf den Urgrund unserer modernen Gesellschaft zu richten vermag. Ehrlich, schonungslos und obsessiv wird das Leben der Protagonisten durchleuchtet.

Bestellung:
www.verlag-berger.at

Zwei Elternpaare wollen ihre pubertierenden Sprösslinge vom Anderssein heilen, erkennen jedoch ausgerechnet mithilfe der jugendlichen Rebellen und einer transsexuellen Therapeutin, dass der Schlüssel zum Glück in der eigenen Besonderheit liegt. Im Therapiezentrum auf der Ritterburg fallen schnell die Masken. Jenseits aller gesellschaftlichen Schubladen erscheint die Mannigfaltigkeit des Menschseins und am Ende auch die wahre Bestimmung.

Monithor – Akademie für Strategische Bildung
Mag.a Monika Donner
Carl-Appel Straße 7/31/4
1100 Wien
www.monithor.at

www.monithor.at